経済新語辞典

日本経済新聞社 編

New Economic Business Terms

2005

日本経済新聞社

はじめに

　経済は生き物です。
　昨日と今日とでは変化がないようにみえても，世の中は動いています。そうした変化に合わせ，経済やビジネスに関連した新しい言葉も登場します。また言葉は同じでも意味合いが変わってきたりします。
　本書は，そうした日々のニュースを追う上で欠かせない，新しい用語や基本用語から，約3,700語を選んで収録・解説した用語辞典です。
　執筆は日本経済新聞社の第一線の記者が手がけました。用語の意味の説明はもちろん，その言葉にまつわる最新事情も織り込みながら解説しているのが，本辞典の特色です。
　また，経済・金融・証券・産業・流通から世界経済，科学技術まで幅広く用語を網羅していることも大きな特長です。
　この一年で話題になり，今後の経済にも影響を与えるようなトピックスについては，コラムとして取り上げ，とくに詳しく解説しました。
　毎年収録語を全面的に見直し，新語の入れ替えを行っていますが，引き続き収録している用語についても，情勢変化に合わせ，解説内容を改訂しています。
　本書が，経済，ビジネスの現状について知識を深めるための座右の書として，多くの方に愛用していただけることを願っています。

2004年9月

　　　　　　　　　　　　　　　　　　日本経済新聞社

凡例

<項目例>

市街化区域 ──①

【urbanization promotion area】──②

既成市街地とその周りの区域で優先的・計画的に市街化を図る区域のこと。都市計画法で，都市計画区域は開発を促進する市街化区域と無秩序な開発を抑制する市街化調整区域とに分けられることになっているが，2000年成立の改正都市計画法でこうした区域を線引きするかどうかは都道府県の判断にゆだねられることになった。市街化区域では，地方自治体が住居地域，商業地域，工業地域といった用途地域を決め，都市計画として少なくとも道路，下水道，公園などの都市施設を重点的に整備する。──③

→線引き，都市計画法 ──④

市街化調整区域 urbanization control area ⇨ 市街化区域 ──②④

①見出し語
・和文見出しの配列は50音順。配列上，カタカナ語などの長音は無視し，促音・濁音は清音と同じ扱いとした。
・欧文略語の配列はアルファベット順。数字はアルファベットの前に配列した。例えば「G7」は「GAB」より前に配列されている。また，「&」や「／」などの記号は，配列上は無視している。

②見出し語の英訳
・見出し語の次の行に，【 】で囲んで示した。また，語釈なしでそのまま他の項目に送っている場合は，【 】で囲わずに示した。
・直前の用語の同義語は( )の中に示した。「買い持ち」の項で overbought (long) position とあるのは，overbought position でも long position でも正しいということになる。また，省略してもいい言葉は[ ]の中に示した。例えば「市中金利」の項に money [market] rate とあるのは，money rate でも通用するということを表す。

③語釈
・要点を冒頭に配置し，ゴシック書体で示した。

④参照送り
・→や⇨印の後は見出し語の同義語，または関連用語。語釈の末尾に参照送りがある場合は「→」で，語釈なしで他の項目へ送る場合は ⇨ で示した。

索引 index

あ

アイセーフレーザー……1
アウトソーシング……1
アウトプレースメント…1
アウトレットストア……1
青色発光ダイオード……1
赤字国債……2
赤字地方債……2
アキュミュレーション…2
アクセスチャージ……2
アクティブ運用……2
悪の枢軸……2
アグリビジネス……3
アザデガン油田……3
アジア欧州会議……3
アジアカー……3
アジア開発基金 ⇨ADF
アジア開発銀行 ⇨ADB①
アジア協力対話……4
アジア債構想……4
アジア相互協力信頼醸成会議……4
アジア通貨危機支援資金……4
アジア通貨基金構想……4
アジェンダ21……5
アジェンダ2000……5
アセットマネジメント…5
新しいケインズ主義……5
圧縮記帳……5
圧電プラスチック……6

後入れ先出し法…………6
後仕切り……6
アナアナ変換……6
アナウンス効果……6
アナリスト……6
アナログ ⇨デジタル
アパルトヘイト……7
アービトラージCDO…7
アブソープション分析…7
アフターバーナー……7
アフリカ開発会議……7
アフリカ開発銀行⇨ADB②
アフリカ民族会議 ⇨ANC
アフリカ連合……8
アプリケーションソフト……8
アポトーシス……8
アミノ酸飲料……8
アムステルダム条約……8
アメニティ……9
アモルファス金属……9
アラブボイコット……9
アリアンロケット……9
亜硫酸ガス ⇨SOx
アルカリ骨材反応……9
アルジャズィーラ……10
アルゼンチン危機……10
アルツハイマー病……10
アルミナ……10
アルミニウム－リチウム合金……11
アルミボディ……11

アレルギー物質………11
アンクタッド ⇨UNCTAD
暗号……11
暗号化技術……12
アンゴラ内戦……12
アンザス……12
アンタイド……12
アンダーライター……12
アンバンドル……13

い

委員会等設置会社……13
以遠権……13
硫黄酸化物 ⇨SOx
イオン交換膜……13
異業種の銀行参入ルール……13
育児・介護休業法……13
育児休業制度……14
医工連携……14
イーサネット……14
諫早湾干拓事業……14
イージス艦……14
column イスラエル・パレスチナの分離壁……443
イスラム原理主義……15
イソフラボン……15
委託保証金……15
委託保証金率……16
板寄せ……16
市売り……16
1次エネルギー……16

index

索引

- 一時解雇制 ⇨ レイオフ制
- 1次産品カルテル ⇨ 生産国カルテル
- 一任勘定……………………16
- 1年制大学院………………16
- 一括物流……………………17
- 一致指標 ⇨ 先行指標
- 一般会計……………………17
- 一般貸付債権の流動化……17
- 一般借り入れ取り決め ⇨ GAB
- 一般教書 ⇨ 大統領教書
- 一般競争入札………………17
- 一般歳出……………………17
- 移転価格税制………………17
- 遺伝子組み換え食品………18
- 遺伝子組み換え植物………18
- 遺伝子工学…………………18
- 遺伝子診断…………………18
- 遺伝子創薬…………………19
- 遺伝子治療…………………19
- 遺伝子特許…………………19
- 遺伝子バンク………………19
- 移転所得……………………19
- 移動発生源…………………20
- 移動平均線…………………20
- 移動平均法…………………20
- 医薬品開発受託機関 ⇨ CRO
- 医薬品製造受託……………20
- イラク経済制裁……………20
- イラク上空飛行禁止区域…………………………21
- イラク戦争…………………21
- イラク駐留多国籍軍………21
- イラク復興支援特別措置法…………………………21
- イラン・イラク戦争………22
- イラン・リビア制裁強化法…………………………22
- 医療制度改革………………22
- 医療モール…………………23
- イールド ⇨ 利回り

- イールドスプレッド………23
- 入れ替え商い………………23
- 院外調理……………………23
- インカムゲイン……………23
- 印僑…………………………24
- インクジェット用紙………24
- インサイダー取引…………24
- 印紙税………………………24
- インストアブランチ………25
- インダストリアルエンジニアリング ⇨ IE
- インターネット……………25
- インターネットオークション…………………………25
- インターネット広告………25
- インターネット視聴率……25
- インターネット専業銀行…………………………25
- インターネット調査………26
- インターネット調達………26
- インターネット電話………26
- インターネットバンキング…………………………26
- インターバンク取引………26
- インタレストカバレッジ…………………………28
- インターンシップ制………28
- インデックス取引…………28
- インデックスファンド……28
- インデックスリンク債……28
- インデペンデントアクション…………………………28
- インドシナ難民……………29
- イントラネット……………29
- 院内感染……………………29
- インパクトローン…………29
- インバーター制御電車……29
- インフォマーシャル………30
- インフォームドコンセント…………………………30
- インフラストラクチャー…………………………30

- インフレ……………………30
- インフレ会計 ⇨ 物価変動会計
- インフレギャップ…………30
- インフレ参照値……………31
- インフレーション ⇨ インフレ
- インフレ目標………………31
- インフレ連動債……………31
- インベスターリレーションズ ⇨ IR
- インボイス…………………31
- インマルサット……………31

う

- ウィスカー…………………32
- column ウィニー…………27
- ウィニペグ市場……………32
- ウィンテル…………………32
- ウィンドウズXP……………32
- ウエアラブルコンピューター…………………………32
- 牛海綿状脳症………………32
- 薄スラブ連続鋳造法………33
- 宇宙開発政策大綱…………33
- 宇宙観光……………………33
- 宇宙航空研究開発機構……33
- 売上債権回転日数…………33
- 売上高総利益率……………34
- 売上高付加価値率…………34
- 売りオペ ⇨ 公開市場操作
- 売掛金 ⇨ 買掛金
- 売掛債権の流動化…………34
- 売り持ち ⇨ 為替持ち高
- ウルグアイラウンド………34

え

- 英国のユーロ参加問題……35
- エイズ………………………35
- エイズ治療のコピー薬……35
- 衛星通信……………………36
- 衛星デジタル放送…………36

液化石油ガス　⇨LPG
液化天然ガス　⇨LNG
液化天然ガス(LNG)運搬船
　　　…………………………36
液晶……………………………36
液晶表示装置…………………36
エクイティスワップ……37
エクイティファイナンス…
　　　…………………………37
エクイティペイメント…37
エクスポージャー………37
エクスワラント…………37
エコカー……………………38
エコツーリズム…………38
エコノフィジックス……38
エコノメトリックス　⇨計
　量経済学
エコノメトリックモデル
　⇨計量経済モデル
エコマテリアル……………38
エコマネー……………………38
エコロジー……………………39
エコロジービジネス……39
エージェンシーコスト…39
エージェント…………………39
エシュロン……………………39
エチオピア・エリトリア紛
　争…………………………40
エネルギー税………………40
エネルギー政策基本法…40
エブリデーロープライス…
　　　…………………………40
エマージングエコノミー…
　　　…………………………40
エラーレート測定器……41
エリアマーケティング…41
エリスリトール……………41
エルニーニョ…………………41
エレクトロニックコマース
　　　…………………………41
円・円スワップ……………42
円金利スワップ先物……42

エンゲル係数…………………42
縁故地方債……………………42
エンジェル……………………42
エンジニアリングプラスチ
　ック…………………………42
円高不況………………………43
円建て外債　⇨サムライ債
エンドース……………………43
円の国際化……………………43
エンプロイアビリティ…43
エンベデッドバリュー…43
エンロン事件…………………43

お

オイルサンド　⇨タールサ
　ンド
欧州安保協力機構………44
欧州委員会　⇨EU
欧州議会………………………44
欧州共通通商政策………44
欧州共同体　⇨EU
欧州経済共同体　⇨EEC
欧州経済通貨同盟………44
欧州原子力共同体　⇨ユー
　ラトム
欧州食品安全機構………45
欧州中央銀行…………………45
欧州通貨制度…………………45
欧州通貨統合…………………46
欧州投資銀行…………………46
欧州農業指導保証基金
　⇨FEOGA
欧州の将来像に関する諸問
　会議…………………………46
欧州の年金制度改革……46
欧州復興開発銀行………46
欧州預託証券　⇨EDR
欧州理事会……………………46
欧州連邦(構想)……………47
応募者利回り…………………47
大型株…………………………47
大型ハドロン加速器⇨LHC

大型汎用機……………………47
大口融資規制…………………47
オーガニック食品………47
オークション取引………48
送り状　⇨インボイス
オシロスコープ……………48
汚染者負担原則⇨PPP①
オートオークション……48
オートモール…………………48
オーナー………………………48
オーバーアロットメント…
　　　…………………………48
オパール世代…………………49
オーバーローン……………49
オブジェクト指向………49
オフショア市場……………49
columnオフショアリング…
　　　…………………………51
オプション……………………49
オフバランス取引………50
オープン価格…………………50
オープン型投信……………50
オープンシステム………50
オープンソース……………50
オペレーショナルリスク…
　　　…………………………52
オペレーション　⇨公開市
　場操作
オペレーションズリサーチ
　⇨OR
オペレーター…………………52
オペレーティングリース…
　　　…………………………52
思いやりある保守主義…52
オリゴ糖………………………52
オルタナティブ投資……52
卸売業者………………………53
卸売市場………………………53
卸売市場法……………………53
卸売物価指数…………………53
卸電力取引所…………………53
卸電力販売……………………54

index

音楽ネット配信………54
温室効果………54
音声認識………54
温暖化ガスの自主削減目標
………54
オンデマンド印刷………55
オンラインゲーム………55
オンライン書店………55
オンライン取引………55
オンラインマーク………55

か

加圧水型軽水炉 ⇨PWR
買入債務回転日数………57
買い入れ償還 ⇨ 買い入れ消却
買い入れ消却………57
海運市況………57
買いオペ ⇨ 公開市場操作
海外投資保険………57
海外の新興市場………57
海外発行の円債………58
買掛金………58
外貨準備高………58
外貨建て取引会計基準………58
外貨預金………59
開業率………59
会計監査………59
外形標準課税………59
かいこう………59
外国為替資金特別会計
⇨ 外為会計
外国為替証拠金取引………60
外国為替法 ⇨ 改正外為法
外国人労働者問題………60
外国投信………60
外国貿易障壁報告………60
介護タクシー………60
介護報酬………61
介護保険………61
介護予防………61
外債………61

概算要求………61
会社型投信………61
会社更生法………62
会社分割………62
会社分割税制………62
外需………62
改正会社更生法………62
改正外為法………63
column 改正下請法と特殊指定………215
改正商工会法………63
改正職業安定法………63
改正食糧法………63
改正男女雇用機会均等法…
………64
改正著作権法………64
改正投信法………64
改正都市計画法………64
改正日銀法………64
外為会計………65
外為先物取引 ⇨ 為替予約
外為市場………65
開発援助………65
開発援助委員会 ⇨DAC
開発独裁………65
開発輸入………66
外部監査………66
買い持ち ⇨ 為替持ち高
解約返戻金………66
カウンターパーチェス………66
カオス理論………66
科学技術基本計画………66
科学技術基本法………67
科学研究費補助金………67
価格硬直性 ⇨ 下方硬直性
化学的酸素要求量 ⇨COD
化学物質排出・移動登録制度………67
化学兵器禁止条約………67
化学兵器禁止法………67
価格メカニズム ⇨ 市場メカニズム

核拡散防止条約………70
格付け………70
確定給付企業年金法………70
確定拠出年金………70
確定申告………71
核燃料………71
核燃料サイクル………71
核燃料税………71
核燃料の再処理………71
column 核の闇市場………68
額面株………72
額面発行 ⇨ 時価発行
核融合………72
隠れ借金………72
家計調査………72
化合物半導体………72
貸株 ⇨ 借株
貸し渋り………72
貸倒引当金………73
瑕疵担保条項………73
貸付信託………73
カシミール問題………73
加重平均利回り………74
過剰貯蓄論………74
可処分所得………74
ガスタービン………74
カスタマー・リレーションシップ・マネジメント
⇨CRM
カスタムスメルター………74
カストディー………74
カストディアン………74
ガスの小売り自由化………75
カスピ海経済協力機構………75
カスピ海油田開発………75
課税最低限………75
課税所得………75
課税ベース………76
寡占………76
寡占価格 ⇨ 寡占
仮想商店街………76
加速度原理………76

index

ガソリン輸入自由化……76
課徴金……76
ガット……77
活動基準原価計算 ⇨ABC
カットオフ条約……77
合併差益……77
合併特例債……77
カテキン……77
カテゴリーキラー……78
カテゴリー納品……78
カテゴリーマネジメント……78
家電リサイクル法……78
稼働率指数……78
カーナビゲーションシステム……78
カバードワラント……79
カーブ……79
カフェテリアプラン……79
株価格付け……79
株価規制……80
株価指数オプション取引……80
株価指数先物取引……80
株価指数連動債……80
株価指数ワラント……81
株価収益率 ⇨PER
株価純資産倍率……81
株価のテクニカル分析／ファンダメンタル分析……81
株券上場審査基準 ⇨上場基準
株券振替決済制度 ⇨保管振替制度
column 株式会社学校……543
株式会社の農地取得……81
株式公開買い付け制度 ⇨TOB
株式交換制度……81
株式税制改革……82
株式投資信託……82
株式の保有制限……82

株式配当……82
株式売買委託手数料……82
株式分割……83
株式ミニ投資……83
株式持ち合い……83
株式夜間取引……83
株式累積投資制度……84
カフジ油田……84
株主価値経営……84
株主権……84
株主資本……84
株主資本比率……85
株主総会……85
株主代表訴訟……85
株主提案権……85
株主割り当て……85
貨幣数量説……85
壁掛けテレビ……86
下方硬直性……86
カーボンナノチューブ……86
空売り……86
空売り規制……86
空買い……87
ガラス固化体……87
カラット……87
ガリウムひ素半導体……87
借株……87
仮需要……88
ガリレオプロジェクト……88
カルタヘナ議定書……88
カルテル……88
カレンシーボード……88
為替換算調整……88
為替管理……89
為替先渡し契約 ⇨FRA
為替市場介入 ⇨市場介入
為替持ち高……89
為替予約……89
感圧・感熱色素……89
簡易型携帯電話 ⇨PHS
環境アセスメント……89
環境ODA……90

環境会計……90
環境監査……90
環境管理計画……90
環境基本計画……90
環境基本法……90
環境JIS……91
環境スワップ……91
環境税……91
環境定期券……91
環境適応型高性能小型航空機……91
環境適応型高性能小型航空機用エンジン……91
環境配慮事業促進法……92
環境報告書……92
環境保護の南北問題……92
環境ラベル……92
観光立国……92
関西国際空港……93
管財人……93
監査基準……93
監査報告……93
監査法人……93
監査役……94
監査役会……94
関税貿易一般協定 ⇨ガット
関税率……94
関税割り当て制……94
間接金融 ⇨直接金融
間接税……94
完全買い取り仕入れ……95
完全競争……95
完全雇用……95
完全失業率……95
カントリーリスク……95
感熱紙……96
間伐材……96
カンパニー制……96
かんばん方式……96
がん保険……96
管理フロート ⇨マネジドフロート

index

管理貿易……………97
監理ポスト……………97

き

機械受注統計……………97
キーカレンシー ⇨ 基軸通貨
機関化現象……………97
基幹システム……………97
機関投資家の議決権行使…………97
企業改革法……………98
企業会計基準委員会……98
企業会計原則……………98
企業会計審議会……………98
企業会計制度改革………98
起業家教育……………99
企業再生ファンド………99
企業再編……………99
企業市民……………99
企業短期経済観測調査……………100
企業の社会的責任………100
企業の内部告発者保護制度……………100
企業利潤率……………100
議決権……………100
期限表示……………100
起債市場……………101
期先 ⇨ 限月
基軸通貨……………101
技術移転機関……………101
技術経営(MOT)………101
基準・認証制度……………101
気象衛星……………102
希少金属……………102
気象ビジネス……………102
キシリトール……………102
規制改革推進計画………102
季節調整……………103
季節別・時間帯別料金制度……………103
基礎控除……………103

基礎年金……………103
基礎年金の税方式化…103
基礎年金番号……………103
期待成長率……………104
北大西洋条約機構⇨NATO
期近 ⇨ 限月
キトサン……………104
希土類磁石……………104
機能繊維……………104
既発債……………104
揮発油税……………104
希望退職……………104
希望ナンバー制度………105
決め商い……………105
逆ざや……………105
逆浸透膜……………105
逆日歩……………105
キャッシュアウト………106
キャッシュ・アンド・キャリー……………106
キャッシュ・バランス・プラン……………106
キャッシュフロー………106
キャッシュフロー経営……………107
キャッシュフロー計算書……………107
キャッチオール規制…107
キャピタルゲイン ⇨ インカムゲイン
キャピタルロス ⇨ インカムゲイン
キャラクター商法………107
キャリア開発計画………107
キャリアカウンセラー……………108
93SNA……………108
求車求貨システム………108
旧ソ連対外債務……………108
牛肉の価格安定制度……108
給与勧告制度……………108
給与所得控除……………109

急冷凝固アルミ粉末冶金合金……………109
供給曲線⇨需要供給の法則
供給の法則⇨需要供給の法則
狂牛病 ⇨ 牛海綿状脳症
恐慌……………109
共済年金……………109
業種別株価指数先物取引……………109
教書 ⇨ 大統領教書
行政改革……………109
業績相場……………110
競争価格 ⇨ 完全競争
業態別子会社方式………110
共通農業政策……………110
業転品⇨石油の業者間転売品
共同債権買取機構……111
共同実施……………111
協同組織金融機関………111
共同発行地方債……………111
京都議定書……………111
京都メカニズム…………112
業務改善命令……………112
業務純益……………112
共用品……………112
極限作業ロボット………112
巨視的経済学⇨マクロ分析
巨視的分析 ⇨ マクロ分析
寄与度……………113
寄与率 ⇨ 寄与度
キルギス日本人技師拉致事件……………113
均一価格販売方式………113
緊急雇用対策……………113
緊急輸入制限権 ⇨ セーフガード
銀行国有化……………113
銀行等保有株式取得機構……………113
銀行取引停止処分………114

index

索引

- 銀行の株式保有規制 … 114
- 銀行法 … 114
- 均衡理論 … 114
- 金庫株 … 114
- 金市場 … 114
- 近・新・大 … 115
- 金銭債権信託 … 115
- 金銭信託 … 115
- 金融機関 … 115
- 金融危機対応会議 … 115
- 金融機能強化法 … 116
- 金融恐慌 … 116
- 金融検査マニュアル … 116
- 金融工学 … 116
- 金融債 … 116
- 金融再生プログラム … 117
- 金融先物取引 … 117
- 金融サービス法 … 117
- 金融収支 … 117
- 金融商品販売法 … 117
- 金融所得の一体課税 … 118
- 金融審議会 … 118
- 金融政策 … 118
- 金融政策決定会合 … 118
- 金融制度改革 … 118
- 金融相場 … 119
- 金融庁 … 119
- 金融の量的規制 … 119
- 金融派生商品 ⇨ デリバティブ
- 金融持ち株会社 … 119
- 金利キャップ … 119
- 金利減免 … 120
- 金利先渡し契約 ⇨ FRA
- 金利スワップ … 120

く

- クイック ⇨ QUICK
- クイックレスポンス ⇨ QR
- 空間経済学 … 120
- 空港使用料 … 120
- 空港整備特別会計 … 120
- 空中給油機 … 121
- 国の利子補給 … 121
- 区分所有法 … 121
- クライアントサーバー … 121
- クラウディングアウト … 121
- クラスター … 121
- クラスノヤルスク合意 … 121
- クラッド鋼板 … 122
- クリアリングハウス … 122
- 繰越控除 … 122
- クリック・アンド・モルタル … 122
- グリッドコンピューティング … 122
- 繰り延べ勘定 … 123
- 繰り延べ税金資産 … 123
- クリーンエネルギー … 123
- クリーン開発メカニズム … 123
- クーリングオフ制度 … 123
- グリーンケミストリー … 124
- グリーン購入 … 124
- グリーンシート … 124
- グリーン税制 … 124
- グリーンフィールド投資 … 124
- グリーンメーラー … 124
- クルーソー … 125
- クルド人問題 … 125
- クルド労働者党 … 125
- グループウエア … 125
- クレジットクランチ … 125
- クレジットデリバティブ … 126
- クレジット・トランシュ … 126
- クレジットリンク債 … 126
- グレーマーケット … 126
- クロイツフェルト・ヤコブ病 … 126
- クロス … 127
- グロース株 … 127
- クローズド期間 … 127
- クロスメディア … 127
- クロスライセンス … 127
- クローニー資本主義 … 127
- グローバルアライアンス … 128
- グローバル債 … 128
- グローバルスタンダード … 128
- クロヨン(九六四) … 128
- クローリングペッグ … 128
- クローン … 128

け

- ケアプラン … 129
- ケアマネジャー … 129
- 経営事項審査 … 129
- 経営指標 … 130
- 経過利子 … 130
- 景観緑3法 … 130
- 景気ウオッチャー調査 … 130
- 景気基準日付 … 130
- 景気循環 … 130
- 景気動向指数 … 131
- 景気の山と谷 … 131
- 景気変動 ⇨ 景気循環
- 景気予測 … 131
- 経済協力協定(CEPA) … 131
- 経済財政諮問会議 … 132
- 経済財政白書 … 132
- 経済循環 … 132
- 経済制裁 … 132
- 経済成長率 … 132
- 経済的付加価値 … 132
- 経済同友会 ⇨ 同友会
- 経済特区 … 133
- 経済報告 ⇨ 大統領教書

9

index

軽自動車の規格拡大……133
形状記憶合金…………133
経常収支………………133
経常収支率……………134
経常的支出……………134
形態安定衣料…………134
携帯オーディオプレーヤー
…………………………134
携帯ゲーム機…………134
携帯電話………………134
携帯電話の番号ポータビリティ
…………………………135
携帯電話用コンテンツ……
…………………………135
競売……………………135
景品規制………………135
景品表示法……………135
契約型投信 ⇨ 投資信託（投信）
契約者配当……………136
軽量気泡コンクリート……
…………………………136
計量経済学……………136
計量経済モデル………136
軽量新聞用紙…………136
系列小売店……………138
ケインズ政策…………138
激甚災害………………138
血液製剤………………138
決済性預金……………138
決済専門銀行…………138
決済リスク……………139
決算……………………139
月例経済報告…………139
ゲノム創薬……………139
ケベック宣言…………140
ゲーム理論……………140
限界効用均等の法則…140
限界効用逓減の法則…140
限界消費性向…………140
原価計算………………141
原価主義………………141

減価償却………………141
限月……………………141
限月間スプレッド取引……
…………………………141
健康保険組合…………141
減債基金………………142
現先取引………………142
検索連動型広告………142
原産地規制……………142
減資……………………142
原子力安全サミット…143
原子力長期計画………143
原子力発電……………143
建設国債………………143
建設産業政策大綱……143
減損会計………………143
限定意見報告書………143
原発維持基準…………144
原発廃炉 ⇨ 廃炉
現引き…………………144
原油先物取引…………144
原油中継基地…………144
原油直接取引 ⇨ DD原油
原油バスケット価格…145
権利落ち………………145

こ

コアコンピタンス……145
コイルセンター………145
ゴーイングコンサーン基準
…………………………145
広域イーサネット……145
公益法人改革…………146
公開かぎ基盤…………146
公会計…………………146
公開市場操作…………146
公害防止条例…………146
交換尻…………………147
高規格幹線道路………147
高吸水性樹脂…………147
公共工事の発注改革…147
公共債…………………147

公共事業………………147
公共事業等予備費……148
公共職業安定所………148
公共職業訓練制度……148
公共投資乗数…………148
高強度ボディー………148
公共料金………………148
航空機リース…………148
合計特殊出生率………149
高結晶性高分子材料…149
鉱工業生産指数………149
公社債市場……………149
公社債店頭売買参考統計値
…………………………149
公社債投信……………149
公社債投信の時価評価……
…………………………150
高純度金属……………150
更新投資 ⇨ 投資
公正競争規約…………150
合成債務担保証券（CDO）
…………………………150
更生特例法……………150
厚生年金………………151
厚生年金基金…………151
厚生年金の民営化……151
抗生物質………………151
構造改革特区…………151
構造的失業率…………152
高速インターネットサービス
…………………………152
高速デジタル専用線…152
抗体医薬………………152
高張力鋼………………152
郷鎮企業………………152
口蹄疫…………………153
公定歩合………………153
公的固定資本形成……153
公的資金………………153
公的年金等控除………153
公的年金の自主運用…153
公的輸出信用供与……154

index

索引

- 行動科学……154
- **column 行動経済学**……137
- 高度道路交通システム…154
- 構内交換機 ⇨PBX
- 公認会計士・監査審査会……154
- 後配株……154
- 購買動機調査 ⇨モチベーションリサーチ
- 購買力平価説……154
- 後発医薬品……155
- 高品位テレビ ⇨ハイビジョン
- 抗弁権の接続……155
- 公募債……155
- 公募増資……155
- 高密度織物……155
- 鋼矢板……155
- 合理的期待理論……156
- 高流動コンクリート…156
- 高齢者医療制度……156
- 高齢者雇用安定法……156
- 高レベル放射性廃棄物……156
- コエンザイムQ₁₀……157
- 氷蓄熱システム……157
- 子会社……157
- 子会社業績連動株式 ⇨トラッキングストック
- 顧客満足 ⇨CS
- 国債……157
- 国債依存度……157
- 国際宇宙ステーション……158
- 国際エネルギー機関 ⇨IEA
- 国債買い切りオペ……158
- 国際会計基準……158
- 国際開発協会 ⇨IDA
- 国際協力銀行……158
- 国際金融公社 ⇨IFC
- 国際金融先物取引……160
- 国際刑事裁判所……160
- 国際決済銀行 ⇨BIS
- 国債現先オペ……160
- 国際原子力機関 ⇨IAEA
- 国際航空運送協会 ⇨IATA
- 国債市場懇談会……160
- 国債市場特別参加者制度……160
- 国際収支……161
- 国際証券取引所連合…161
- 国際商事仲裁……161
- 国際商品……161
- 国際商品協定……161
- 国債整理基金特別会計……161
- 国際石油資本 ⇨メジャー
- 国際石油取引所……161
- 国際船舶制度……162
- 国際短期資金 ⇨ホットマネー
- 国際チャーター便……162
- 国際通貨基金 ⇨IMF
- 国債DVPシステム……162
- 国際鉄鋼協会 ⇨IISI
- 国債投資家懇談会……162
- 国際熱帯木材協定 ⇨ITTA
- 国際農業開発基金……162
- 国債の資金運用部資金引き受け……163
- 国債の即時グロス決済……163
- 国債の日銀引き受け…163
- 国債の入札制度……163
- 国債の入札前取引……164
- 国債引き受けシンジケート団……164
- 国際標準化機構 ⇨ISO
- 国際複合一貫輸送……164
- 国際復興開発銀行 ⇨世界銀行
- 国際分散投資……164
- 国債ベーシス取引……164
- 国際流動性……164
- 国際労働機関 ⇨ILO
- 国産小型ジェット旅客機 ⇨環境適応型高性能小型航空機
- コークス炉ガス……165
- 国勢調査……165
- 極超短波 ⇨UHF
- 国土開発幹線自動車道……165
- 国土法……165
- 国土利用計画法 ⇨国土法
- 国内総生産……165
- 国民協議会(MPR)……166
- 国民経済計算年報……166
- 国民健康保険……166
- 国民車計画……166
- 国民所得……166
- 国民所得勘定……166
- 国民所得統計速報……167
- 国民生活金融公庫……167
- 国民生活白書……167
- 国民総所得……167
- 国民総生産 ⇨国民総所得
- 国民年金……167
- 国民負担率……168
- 穀物メジャー……168
- 国立大学の独立法人化……168
- 国連安全保障理事会決議……168
- 国連環境開発会議……168
- 国連工業開発機関 ⇨UNIDO
- 国連食糧農業機関 ⇨FAO
- 国連大学……168
- 国連難民高等弁務官事務所……169
- 国連貿易開発会議 ⇨UNCTAD
- ココム……169

index

コージェネレーション……169
古紙パルプ……169
個人消費支出……170
個人情報保護……170
個人向け国債……170
個人向け社債……170
コストインフレ……170
コースの定理……171
コソボ紛争……171
国家公務員倫理法……171
国家平和発展評議会……171
国境税調整……171
骨髄移植……172
骨髄バンク ⇨骨髄移植
固定資産……172
固定資産回転率……172
固定資産の評価替え……172
固定費……172
固定比率……172
固定負債……173
コーデックス規格……173
コードシェアリング……173
5年物利付国債……173
5％ルール……173
コピーガード……173
個別株オプション……174
コーポラティブ住宅……174
コーポレートガバナンス……174
コーポレートブランド経営……174
コマーシャルペーパー……174
ごみ固形燃料 ⇨RDF
コミットメントライン……175
コミュニティーバス……175
コミュニティービジネス……175
ゴム補強プラスチック……175

コメ関税化……175
コメ市場改革……176
コメックス……176
コメ入札……176
コモンズ……176
雇用延長……176
雇用者所得……176
雇用対策基本計画……177
雇用調整……177
雇用調整助成金……177
雇用のミスマッチ……177
雇用保険……177
コラボレーション……178
コール……178
コールオプション……178
コール市場 ⇨コール
コールセンター……178
コールドチェーン……178
コールマネー ⇨コール
コルレス契約……178
コールレート……179
コールローン ⇨コール
混合型企業年金……179
混合診療……179
コンゴ(旧ザイール)内戦……179
コンストラクションマネジメント……180
昆虫農薬……180
コンディショナリティー……180
コンティンジェンシープラン……180
コンテンツ……180
コンテンツビジネス振興……180
コンテンツファンド……181
コンバージョン……181
コンピテンシー……181
コンピューターウイルス……181
コンピューターグラフィッ

クス……182
コンプライアンス……182
コンポジットインデックス……182
コンポスト……182

◆さ◆

財界3団体……183
最恵国待遇……183
財形貯蓄……183
債券オプション取引……183
債券現先……183
債券先物取引……184
債券登録業務……184
債券の会計処理……184
債券の発行条件……184
債権の流動化……184
債権放棄……185
債権流動化商品……185
債券レポ市場……185
最高経営責任者
　⇨CEO,COO
最高執行責任者
　⇨CEO,COO
最高税率……185
在庫循環……186
在庫調整……186
在庫投資……186
最終利回り……186
在職老齢年金……186
財政安定・成長協定……186
再生医療……187
財政・金融分離……187
財政構造改革法……187
再生紙……187
再生繊維……187
財政投融資……188
在宅ケアビジネス……188
財団法人 ⇨社団法人
最低資本金規制……188
最低賃金制……189
裁定取引……189

し

財投機関債 … 189
財投債 … 189
歳入欠陥 … 190
栽培漁業 … 190
サイバースペース … 190
サイバーテロ … 190
裁判員制度 … 190
再販売価格維持契約 … 190
再保険 … 191
財務会計基準機構 … 191
債務キャッシュフロー比率 … 191
財務諸表 … 191
財務制限条項 … 191
財務代理人 … 192
債務超過 … 192
債務の株式化 … 192
債務不履行 ⇨ デフォルト
債務保証 … 192
裁量労働制 … 192
サウジアラムコ … 193
先入れ先出し法 ⇨ 後入れ先出し法
サーキットブレーカー … 193
先物市場 … 193
先物取引 … 193
サクセッションプラン … 193
指し値 … 194
サッカーくじ … 194
作況指数 … 194
サードパーティーロジスティクス … 194
サーバー … 194
サハリン沖開発 … 194
サービサー … 195
サービスコントラクト … 195
サービス残業 … 195
サービス貿易 … 195
サービス貿易交渉 … 195

サプライサイドエコノミックス … 196
サプライチェーンマネジメント ⇨ SCM
36協定 ⇨ 時間外労働協定
サマータイム … 196
サミット ⇨ 主要国首脳会議
サムライ債 … 196
サムライCP … 196
ザラバ … 196
サリン … 197
サルファーフリー … 197
三角協力 … 197
三角債 … 197
産学連携 … 197
残価設定型ローン … 198
産業カウンセリング … 198
産業基盤整備 … 198
産業構造審議会 … 198
産業再生機構 … 198
column 産業再生 … 199
産業再生法 … 200
三峡ダム開発 … 200
産業廃棄物 … 200
産業用ロボット … 200
3元触媒 … 200
三次元CAD … 201
3次元測定機 … 201
3市場信用残高 … 201
30年国債 … 201
酸性雨 … 201
残存価額 ⇨ 定額法
三通 … 201
暫定予算 … 202
3PL ⇨ サードパーティーロジスティクス
360度評価 … 202
三位一体改革 … 202
3面等価の原則 … 202
残油流動接触分解装置 ⇨ RFCC
3割ルール … 202

シーアイランド・サミット … 203
シアトル系カフェ … 203
シーア派 ⇨ スンニ派・シーア派
シエラレオネ内戦 … 203
市街化区域 … 203
市街化調整区域 ⇨ 市街化区域
市街地再開発 … 203
時価会計 … 204
シカゴIMM … 204
シカゴ学派 … 204
シカゴ商品相場 … 204
時価主義 ⇨ 原価主義
時価総額 … 204
時価発行 … 204
時間外労働協定 … 205
色素増感太陽電池 … 205
士気調査 ⇨ モラールサーベイ
磁気ディスク … 205
直物相場 … 205
事業債 … 205
事業再生 … 206
事業統合会社 … 206
事業部制 … 206
仕切り売買 … 206
資金移動表 … 206
資金運用表 … 207
資金ポジション … 207
軸受け … 207
仕組み債 … 207
仕組み船 … 207
資源有効利用促進法 … 207
自己金融 … 208
自己金融比率 … 208
自己査定 … 208
自己資本 ⇨ 株主資本
自己資本比率 ⇨ 株主資本

index

比率
自己資本比率規制 …… 208
自己申告制度 ………… 208
自己診断キット …… 208
自己売買 ………… 209
自己破産 ………… 209
自己融資 ………… 209
資産効果 ………… 209
資産再評価 ………… 209
資産担保CP ………… 210
資産担保証券 ⇨ABS
資産デフレ ………… 210
資産・負債承継 ⇨P&A
自社株買い ………… 210
自社株買い消却 …… 210
自主開発油田 ……… 211
自主マーチャンダイジング ………… 211
市場介入 ………… 211
市場間競争 ………… 211
市場調査 ⇨マーケティングリサーチ
市場内部要因 ⇨内部要因
市場のくら替え ……… 212
市場の失敗 ………… 212
市場メカニズム ……… 212
地震探鉱 ………… 212
ジス ⇨JIS
システミックリスク … 212
システムインテグレーション ………… 213
システム運用 ……… 213
システム液晶 ……… 213
システムLSI ……… 213
システム思考法 …… 213
次世代コークス炉 …… 213
次世代主力戦闘機 ⇨JSF
次世代光ディスク …… 213
私設取引システム …… 214
事前協議制度 ……… 214
事前購入割引 ……… 214
自然失業率 ………… 214

自然増収 ………… 214
持続可能な開発委員会 ………… 214
私訴制度 ………… 216
市中金利 ………… 216
市中相場 ………… 216
column 市町村合併と道州制 ………… 287
視聴率 ………… 216
失業の輸出 ………… 216
失業率 ⇨完全失業率
シックスシグマ …… 216
シックハウス症候群 … 217
失権株 ………… 217
実験経済学 ………… 217
実現主義 ………… 217
実効税率 ………… 217
執行役員 ………… 218
湿式製錬 ………… 218
実質金利 ………… 218
実質国民所得 ⇨名目国民所得, 国民所得
実質GDP ………… 218
実質成長率 ⇨経済成長率, 実質GDP
実質賃金 ⇨名目賃金
実需 ………… 218
実収入 ………… 218
実績配当型金銭信託 … 219
疾病保険 ………… 219
仕事 ………… 219
シティー ………… 219
指定(替え) ………… 219
指定基準 ⇨上場基準
指定産地 ………… 219
指定年金数理人 …… 219
仕手株 ⇨仕手
私的整理 ………… 219
私的年金 ………… 220
自動化施工システム … 220
自動車の基準・認証制度 ………… 220

自動車リサイクル法 … 220
自動測量 ………… 220
自動翻訳システム …… 221
シナジー効果 ……… 221
ジニ係数 ………… 221
シネマコンプレックス ………… 221
支配証券 ………… 221
支配力基準 ………… 221
四半期業績開示 …… 222
市販後安全対策 …… 222
地ビール ………… 222
時分割 ………… 222
私募債 ………… 222
私募投信 ………… 223
資本回転率 ………… 223
資本組み入れ ……… 223
資本コスト ………… 223
資本財 ………… 223
資本市場 ………… 223
資本収支 ………… 224
資本準備金 ………… 224
資本剰余金 ………… 224
資本ストック ……… 224
資本生産性 ………… 224
資本注入 ………… 224
資本逃避(キャピタルフライト) ………… 225
資本と経営の分離 …… 225
資本の限界効率 …… 225
資本輸出 ………… 225
シームレスパイプ …… 225
指名競争入札 ……… 225
社外監査役 ………… 226
社会資本 ………… 226
社会主義市場経済 …… 226
社会的生産基盤 ⇨インフラストラクチャー
社会的責任投資 …… 226
社外取締役 ………… 226
若年失業 ………… 227
車検の簡素化 ……… 227

索引

社債 ⇨ 事業債	住宅着工戸数……233	準天頂衛星……240
社債管理会社不設置債……227	住宅品質確保促進法…233	準備預金制度……240
社債決済制度……227	住宅ローンの証券化商品……234	省エネルギー法……240
社債担保証券……228	自由貿易協定……234	障害者支援費制度……240
社債の管理業務……228	自由貿易圏……234	傷害保険……240
ジャス ⇨ JAS	住民税……234	紹介予定派遣……241
ジャスダック ⇨ JASDAQ	重要財産委員会……234	償還……241
ジャスダック市場……228	受益証券……234	償還差益……241
ジャスダック値付け新システム……229	主幹事会社……235	償却前利益……241
column ジャスダックの取引所化……625	需給ギャップ……235	商業手形……241
	需給調整規制……235	商業統計……241
ジャスト・イン・タイム方式……229	需給調整条項……235	上空通過料……242
社団法人……229	授権株式数 ⇨ 授権資本	証券アナリスト ⇨ アナリスト
社内公募制……229	授権資本……235	証券化……242
社内資本金制度……229	酒税改正……235	証券会社間売買……242
社内ベンチャー……229	受精卵移植……236	証券会社の自己資本規制……242
社内預金……230	受託・委託制度……236	
社内留保 ⇨ 内部留保	出荷指数 ⇨ 生産者出荷指数	証券金融会社……243
社内レート……230		証券決済システム改革法……243
ジャパンプレミアム…230	出資型非営利法人……236	
ジャンクボンド……230	出資証券……236	証券総合口座……243
上海閥……230	出生前診断……236	証券代行……243
上海万博……231	首都機能移転……237	証券仲介業……243
上海浦東地区開発……231	首都圏基本計画……237	証券投資顧問業法……243
収益還元価格……231	首都圏第3空港……237	証券投資信託 ⇨ 投資信託（投信）
収穫逓減の法則……231	ジュネーブ条約……237	
住基ネット……231	酒販免許の規制緩和…237	証券取引所……244
従業員持株制度……232	需要インフレ ⇨ デマンドプル型インフレ	証券取引所の株式会社化……244
重債務貧困国……232		
自由参入 ⇨ 完全競争	需要関数 ⇨ 需要供給の法則	証券取引審議会……244
自由準備……232	需要供給の法則……237	証券取引等監視委員会……244
終身雇用……232	需要曲線 ⇨ 需要供給の法則	
自由診療……232	主要国首脳会議……238	証券取引法……245
修正倍率……232	需要予測方式……238	証券保管振替機構…245
住宅金融公庫……232	種類株……238	証券免許制……245
住宅金融専門会社（住専）……233	シュレッダーダスト…239	商工ローン……245
	循環型社会……239	上場株式時価総額 ⇨ 時価総額
住宅財形……233	循環的成長……239	
住宅性能表示制度……233	純金積立口座……239	上場基準……246
	巡航ミサイル……239	上場商品……246
	純資産 ⇨ 株主資本	上場投資信託……246

15

index

証書貸し付け……246
乗数 ⇨ 乗数理論
乗数効果 ⇨ 乗数理論
乗数理論……246
譲渡性預金 ⇨ CD
消費財……246
消費者契約法……247
消費者信用……247
消費者心理……247
消費者物価指数……247
消費者ローン……247
消費税……248
消費性向……248
商品価格スワップ……248
商品勘定……248
商品先物市場……248
商品先物取次会社 ⇨ FCM
商品市況……248
商品指数先物……248
商品投資顧問会社 ⇨ CTA
商品投資事業法……249
商品取引員……249
商品取引所……249
商品取引所法……249
商品ファンド……249
商品ファンド運用管理会社 ⇨ CPO
商物分離……250
商法改正……250
情報家電……250
情報技術協定 ⇨ ITA
情報公開法……250
情報収集衛星……251
情報セキュリティー……251
情報の非対称性……251
常務会……251
剰余金……252
省力化投資……252
食育……252
食肉のセーフガード……252
職能考課……252
食品安全委員会……252

食品リサイクル法……252
植物ゲノム……253
植物検疫……253
植物ステロール……253
植物たんぱく……253
職務給……253
職務発明……254
職務分析……254
食物繊維……254
食料自給率……254
ショップ・イン・ショップ……254
所得決定の貯蓄・投資理論 ⇨ 貯蓄・投資の所得決定論
所得効果……255
所得控除……255
所得税……255
所得分配……255
ジョブディスクリプション……255
ジョブレスリカバリー……256
ジョブローテーション……256
所有期間利回り……256
所有と経営の分離 ⇨ 資本と経営の分離
シリコン太陽電池……256
シリコンバレー……256
自律コンピューター……256
シーリング ⇨ 概算要求
シールド工法……257
白衿族……257
白物新三種の神器……257
新エネルギー……257
新型転換炉……257
新型肺炎、重症急性呼吸器症候群（SARS＝サーズ）……258
新株……258
新株引受権付社債 ⇨ ワ

ラント債
新株予約権……258
新借り入れ融資協定 ⇨ NAB
シングルマーケット……258
人工筋肉……258
人口推計……258
人工生命……260
人口動態統計……260
人工皮革……260
申告所得……260
申告納税制度……260
申告分離課税……260
新古書店……260
人材銀行……261
人材派遣業……261
人材流動化……261
新事業創出促進法……261
シンジケートローン……261
人事考課……261
新自由主義学派 ⇨ シカゴ学派
深層面接法……262
信託……262
信託業法の改正……262
信託銀行……262
信託財産留保金制度……262
信託報酬……263
人的資本理論……263
新発10年国債利回り……263
新BIS規制……263
新貿易自由化交渉……264
新ポ発会……264
新宮沢構想……264
column 人民元の切り上げ問題……335
信用買い残の評価損益率……264
信用収縮……264
信用状……264
信用乗数……265

信用取引‥‥‥‥‥265
信用取引の期日‥‥‥‥265
信用取引の規制‥‥‥‥265
信用取引の金利‥‥‥‥265
信用取引銘柄‥‥‥‥266
信用リスク‥‥‥‥‥266
診療報酬‥‥‥‥‥266

す

水銀汚染‥‥‥‥‥266
水素エネルギー‥‥‥‥266
水素吸蔵合金‥‥‥‥267
水素ステーション‥‥‥‥267
水中コンクリート‥‥‥‥267
垂直的分業‥‥‥‥‥267
スイッチOTC‥‥‥‥267
水平的分業‥‥‥‥‥268
数理経済学 ⇨ 計量経済学,計量経済モデル
数量イメージ調査‥‥‥‥268
スキャンロン方式‥‥‥‥268
スキル管理‥‥‥‥‥268
スクランブル‥‥‥‥268
スケルトン貸し‥‥‥‥268
スタグフレーション‥‥‥268
スタッフ ⇨ ラインとスタッフ
スタンダード・アンド・プアーズ株価指数 ⇨ S&P株価指数
スタンドバイクレジット‥‥‥‥‥‥269
スーダン内戦‥‥‥‥269
スチールハウス‥‥‥‥269
ステップアップ債‥‥‥‥269
ステルス戦闘機‥‥‥‥269
ストック‥‥‥‥‥269
ストックオプション‥‥269
ストック調整‥‥‥‥270
ストップ‥‥‥‥‥270
ストップロス‥‥‥‥270
ストラクチャード・ファイナンス‥‥‥‥270
ストラテジスト‥‥‥‥270
ストラドル取引‥‥‥‥271
ストリップス債‥‥‥‥271
ストリーミング‥‥‥‥271
ストレージ‥‥‥‥‥271
スパイ衛星‥‥‥‥‥271
スーパーオーディオCD‥‥‥‥‥‥271
スーパーK‥‥‥‥‥272
スーパーごみ発電‥‥‥272
スーパー・ゴールド・トランシュ ⇨ リザーブ・トランシュ
スーパーコンピューター‥‥‥‥‥‥272
スーパー301条‥‥‥‥272
スーパーセンター‥‥‥‥272
スーパー定期‥‥‥‥273
スーパーバイザー‥‥‥273
スーパーメジャー‥‥‥273
すばる‥‥‥‥‥‥273
スパンデックス‥‥‥‥273
スービック‥‥‥‥‥273
スピンオフベンチャー‥‥‥‥‥‥‥274
スピントロニクス‥‥‥274
スプレッド取引‥‥‥‥274
スプレッドプライシング‥‥‥‥‥‥274
スペシャリティーケミカル‥‥‥‥‥‥274
スペシャル301条‥‥‥274
スペースシャトル‥‥‥275
スペースチャーター‥‥275
スポット原油‥‥‥‥275
スポンジチタン‥‥‥‥275
スミソニアン合意‥‥‥275
スミソニアン体制 ⇨ スミソニアン合意
スムージングオペレーション‥‥‥‥‥276
スモールオフィス・ホームオフィス ⇨ SOHO
スモールカー‥‥‥‥276
スライディングパリティ ⇨ クローリングペッグ
スラグ‥‥‥‥‥‥276
スラッジ‥‥‥‥‥276
スロット‥‥‥‥‥276
スロット配分ルール‥‥277
スワップ協定‥‥‥‥277
スワップコスト‥‥‥‥277
スワップ取引‥‥‥‥277
スンニ派三角地帯‥‥‥277
スンニ派・シーア派‥‥277

せ

税外収入‥‥‥‥‥278
税外負担‥‥‥‥‥278
税額控除‥‥‥‥‥278
成果主義‥‥‥‥‥278
生活改善薬‥‥‥‥‥278
税源移譲‥‥‥‥‥279
税効果会計‥‥‥‥‥279
税効果資本‥‥‥‥‥279
生産関数‥‥‥‥‥280
生産管理‥‥‥‥‥280
生産工学 ⇨ IE
生産国カルテル‥‥‥‥280
生産財‥‥‥‥‥‥280
生産者出荷指数‥‥‥‥280
生産者製品在庫指数‥‥‥‥‥‥‥280
生産能力指数‥‥‥‥281
生産緑地‥‥‥‥‥281
制震工法‥‥‥‥‥281
税制適格年金‥‥‥‥281
生鮮食料品の予約取引‥‥‥‥‥‥‥281
製造物責任‥‥‥‥‥281
生態学 ⇨ エコロジー
生体適合材‥‥‥‥‥281
column 生体認証‥‥‥‥427

index

索引

成長率のゲタ …………… 282
成長率の瞬間風速 …… 282
性転換手術 ……………… 282
製販同盟 ………………… 282
税引き利益 ……………… 282
整備新幹線 ……………… 282
政府開発援助 ⇨ODA
政府管掌健康保険 …… 283
政府間取引原油 ⇨DD原油
政府系金融機関 ……… 283
政府経済見通し ……… 283
政府紙幣 ………………… 283
西部大開発(中国) …… 284
政府短期証券 ………… 284
生物化学的酸素要求量
　⇨BOD
生物多様性条約 ……… 284
生物農薬 ………………… 284
政府認証基盤 ………… 284
政府保有株 ……………… 285
生分解性プラスチック ……
　…………………………… 285
生保の株式会社化 …… 285
生保の実質純資産 …… 285
生保の予定利率引き下げ…
　…………………………… 285
生命保険契約者保護機構…
　…………………………… 286
整理回収機構 ………… 286
整理信託公社 ………… 286
整理ポスト ……………… 286
政令指定都市 ………… 286
ゼオライト ……………… 286
世界銀行 ………………… 288
世界経済白書 ………… 288
世界食糧計画 ………… 288
世界貿易機関 ⇨WTO
世界貿易機関(WTO)農業
　交渉 …………………… 288
column セカンドオピニオ
ン ………………………… 505
石特会計 ………………… 288

セキュア・ソケット・レイ
　ヤー ⇨SSL
石油規制の緩和 ……… 289
石油公団廃止 ………… 289
石油コンビナートの統合…
　…………………………… 289
石油先物取引 ………… 289
石油スポット市場 …… 290
石油税 …………………… 290
石油製品価格月決め制……
　…………………………… 290
石油製品先物 ………… 290
石油製品のバーター … 290
石油TES ………………… 291
石油デリバティブ …… 291
石油の業者間転売品 … 291
石油備蓄計画 ………… 291
石油輸出国機構 ⇨OPEC
セキュリタイゼーション
　⇨証券化
セキュリティー ……… 291
セクシュアルハラスメント
　…………………………… 292
セグメント情報 ……… 292
世代会計 ………………… 292
瀬戸際外交 ……………… 292
セーフガード ………… 292
セル ……………………… 292
セル生産方式 ………… 293
セルフガソリンスタンド…
　…………………………… 293
セルフ販売 ……………… 293
セルフメディケーション…
　…………………………… 293
セルフレジ ……………… 293
セレクトショップ …… 293
ゼロエミッション …… 294
ゼロ金利政策 ………… 294
ゼロクーポン債 ……… 294
戦域ミサイル防衛 ⇨TMD
船級 ……………………… 294
先行指標 ………………… 294

全国液卵公社 ………… 295
全国農業協同組合連合会
　⇨全農
潜在株調整後1株利益……
　…………………………… 295
潜在失業者 ……………… 295
潜在需要 ⇨有効需要
潜在成長率 ……………… 295
潜在成長力 ⇨潜在成長率
全社の品質管理 ⇨TQC
全人種選挙 ……………… 295
選択的支出 ……………… 295
選択料金制 ……………… 296
センターフィー ……… 296
全農 ……………………… 296
線引き …………………… 296
船腹(量) ………………… 296
専門職制度 ……………… 296
専門大学院 ……………… 297
専門大店 ………………… 297
戦略的提携 ……………… 297
戦略備蓄 ………………… 297

そ

騒音基準 ………………… 297
総額表示 ………………… 297
総括原価方式 ………… 298
早期購入割引 ⇨事前購入
　割引
早期是正措置 ………… 298
早期退職制 ……………… 298
総合課税 ………………… 298
総合割賦方式 ………… 298
総合小売業 ⇨GMS
総合的品質管理 ⇨TQC
総合土地政策要綱 …… 298
相互援助資金制度 …… 299
相互接続 ………………… 299
総固定資本形成 ……… 299
増資 ……………………… 299
総資金利ざや ………… 299
総需要管理政策 ……… 299

創造科学技術推進事業……300
相続税・贈与税の一体化…300
総代会……………………300
増値税……………………300
想定元本…………………300
総平均法…………………300
総報酬制…………………301
総量規制…………………301
即時グロス決済 ⇨RTGS
底入れ……………………301
底割れ……………………301
素材インフレ……………301
組織培養…………………302
ソーシャルアントレプレナー……302
column ソーシャル・ネットワーキング………651
租税条約…………………302
租税弾性値………………302
租税特別措置法…………302
外税………………………303
ゾーニング条例…………303
ソフトウエア……………303
ソフトダラー……………303
ソフトVE…………………303
ソブリン格付け…………303
ソリューション…………304
ソルベンシーマージン……304
損益計算書………………304
損益分岐点………………304
尊厳死……………………305
損失補てん………………305
存続可能性………………305

た

帯域免許制度……………306
代位弁済…………………306
ダイオキシン……………306
ダイオキシン耐容1日摂取量……………………306
対外純資産………………306
大学発ベンチャー………306
大規模小売店舗立地法……307
対共産圏輸出統制委員会 ⇨ココム
対抗関税…………………307
代行返上…………………307
対顧客相場………………307
第5次全国総合開発計画…307
第3号被保険者…………308
第三者割り当て増資……308
第3世代携帯電話………308
太子党……………………308
貸借対照表………………308
貸借取引…………………309
貸借銘柄 ⇨貸借取引
第10次5カ年計画(中国)……309
退職勧奨
退職給付会計……………309
退職給与引当金…………309
耐震改修促進法…………309
対人地雷全面禁止条約(オタワ条約)………………310
大深度地下利用法………310
大西洋マグロ類保存条約……310
代替効果 ⇨所得効果
代替投資商品……………310
対中円借款………………310
対テロ戦争………………311
大統領教書………………311
大統領経済諮問委員会 ⇨CEA
タイドローン……………311
対内直接投資……………311
第7次空港整備7カ年計画……………………311
第2世銀 ⇨IDA
第二地銀…………………312
対日投資会議……………312
第2東名・名神…………312
対米武器技術供与………312
太平洋・島サミット……312
タイム・シェアリング・システム ⇨時分割
タイムラグ………………312
大メコン圏構想…………313
ダイヤモンド半導体……313
代用証券…………………313
太陽電池…………………313
耐用年数…………………314
対リビア制裁決議………314
大量破壊兵器……………314
大量保有報告書…………314
ダイレクトバンキング……314
ダイレクトマーケティング……315
ダウ工業株30種平均……315
ダウ・ジョーンズ商品相場指数……………………315
託送………………………315
宅配便……………………315
ダークファイバー………315
多孔質セラミックス……316
多国間主義………………316
多国間投資協定…………316
他社株転換社債…………316
立ち会い外分売…………316
タックスヘイブン………317
建玉………………………317
棚卸し資産………………317
棚卸し資産回転日数……317
他人資本 ⇨株主資本
たばこ会社訴訟…………317
多頻度少量(小口)配送……318
ダブル・スタック・トレイン……………………318

index

索引

ダブルハルタンカー…318
ターミナルアダプター……318
タミル問題…318
ダメージトレラント…319
タリバン…319
タリフクォータ ⇨ 関税割り当て制
タールサンド…319
多連装ロケットシステム ⇨ MLRS
ターンアラウンドマネジャー…319
単位価格表示 ⇨ ユニットプライス制
単位型投信 ⇨ ユニット型投信
団塊ジュニア…319
短期外資…320
短期金融市場 ⇨ 資本市場
短期国債…320
短期資本規制…320
単元株…320
短SAM…320
短資 ⇨ コール
短資市場 ⇨ コール
単純平均株価…321
男女雇用機会均等法…321
炭素基金…321
炭素税…321
炭素繊維…321
弾道ミサイル防衛…322
単独運用指定金銭信託……322
単品管理…322
ダンピング提訴…322
担保掛け目…322

ち

地域開発投資…323
地域金融機関…323
地域通貨 ⇨ エコマネー
地域冷暖房…323
チェチェン紛争…323
チェルノブイリ原発事故…323
チェーンストアオペレーション…324
地価公示制度…324
地下室付き住宅…324
地下水汚染…324
地価税…324
地球温暖化…325
地球温暖化防止条約…325
地球環境基金…325
地球再生計画…325
地球サミット ⇨ 国連環境開発会議
地球シミュレータ…326
地区計画制度…326
遅行指標 ⇨ 先行指標
地産地消…326
地上デジタル放送…326
地政学的リスク…326
地層処分…326
地対空ミサイル ⇨ SAM, 短SAM, 中SAM
窒素酸化物 ⇨ NOx
column 知的財産・職務発明裁判…389
知的財産推進計画…327
知的所有権…327
知的所有権保護条項…327
地熱発電…327
知能ロボット…328
チベット問題…328
地方公営企業…328
地方公社…328
地方交付税…328
地方債…329
地方債格付け…329
地方債計画…329
地方財政計画…329
地方証券取引所のベンチャー企業向け市場…329
地方譲与税…329
地方単独事業…330
地方分権一括法…330
チャイニーズウォール…330
チャート…330
チャネルマーケティング…330
column 中医協(中央社会保険医療協議会)…457
中央銀行…331
中央防災会議…331
中間決算…331
中間貯蔵…331
中間配当…332
中間法人…332
中間留分…332
中期国債…332
中期国債ファンド…332
中期防衛力整備計画…333
中空糸…333
中国株投資信託…333
中国脅威論…333
「中国圏」経済…333
中国の為替レート統一…334
中国の金融体制改革…334
中国の経済体制改革…334
中国の国有企業改革…336
中国の資本市場…336
中国の人権問題…336
中国の人口問題…336
中国のWTO加盟…337
中SAM…337
中山間地直接支払い制度…337
中小企業技術革新制度…337
中小企業基本法…337
中小企業退職金共済制度…338

中小企業等投資事業有限責任組合法 ⇨ 投資事業有限責任組合法
中心市街地活性化法 …… 338
中水道 …………………… 338
中台関係 ………………… 338
中東開発銀行 …………… 339
中東民主化構想 ………… 339
中東和平会議 …………… 339
中東和平の指針となるロードマップ（行程表） … 340
中部国際空港 …………… 340
中米自由貿易協定 ……… 340
中ロ軍事交流 …………… 340
超過償却 ………………… 341
長期エネルギー需給見通し …………………………… 341
長期金融市場 ⇨ 資本市場
長期金利 ………………… 341
長期修繕計画 …………… 341
長期信用銀行 …………… 341
長期波動 ⇨ 景気循環
超硬工具 ………………… 342
超高純度金属 …………… 342
超極細繊維 ……………… 342
調査捕鯨 ………………… 342
超小旋回油圧ショベル …………………………… 342
調整インフレ …………… 343
調製品 …………………… 343
調整保管 ………………… 343
朝鮮半島エネルギー開発機構 ⇨ KEDO
調達制度改革 …………… 343
長短分離 ………………… 343
超長期国債 ……………… 343
超電導 …………………… 344
超電導電力貯蔵システム …………………………… 344
直鎖状低密度ポリエチレン …………………………… 344
直接還元製鉄 …………… 344

直接金融 ………………… 344
直接税 …………………… 345
直接投資 ………………… 345
直接取引原油 ⇨ DD原油
直接販売原油 ⇨ DD原油
直接利回り ……………… 345
直動案内装置 …………… 345
著作隣接権 ……………… 345
貯蓄性向 ⇨ 消費性向
貯蓄・投資の所得決定論 …………………………… 345
貯蓄・投資バランス …… 346
貯蓄預金 ………………… 346
直間比率 ………………… 346
賃金インフレ …………… 346
賃金決定方式 …………… 346
賃金割増率 ……………… 346

■■■ つ ■■■

追加型投信 ⇨ オープン型投信
通貨オプション ………… 347
通貨供給量 ……………… 347
通貨スワップ（交換）… 347
通貨バスケット ………… 347
通貨発行益 ……………… 348
通関ベース ……………… 348
通信回線の接続料 ……… 348
通信販売 ………………… 348
通知預金 ………………… 348
通年採用 ………………… 349
付け売り ………………… 349
つなぎ売買 ……………… 349
ツーバイフォー工法 …… 349

■■■ て ■■■

低アルコール飲料 ……… 349
低温流通体系 ⇨ コールドチェーン
定額償却 ⇨ 定額法
定額貯金 ………………… 349
定額法 …………………… 350

定額方式 ………………… 350
定期借地権付き住宅 …… 350
定期借家権 ……………… 350
低コスト航空会社 ……… 351
低周波騒音 ……………… 351
ディスインフレ ………… 351
ディスカウントキャッシュフロー …………………… 351
ディスカウントストア …………………………… 352
ディスカウントTOB …………………………… 352
ディスカウントブローカー …………………………… 352
ディスクロージャー …… 352
ディーゼルエンジン …… 353
抵当権 …………………… 353
ディフィーザンス ……… 353
ディーラー ……………… 353
定率減税 ………………… 353
定率償却 ⇨ 定額法
定率法 ⇨ 定額法
低リン化 ………………… 353
手形売りオペ …………… 354
手形買いオペ …………… 354
手形交換 ………………… 354
手形の割引 ……………… 354
手形レート ……………… 354
手形（割引）市場 ……… 354
テーク・オーバー・ビッド ⇨ TOB
テークオフ ……………… 354
テクノストレス ………… 355
テクノスーパーライナー …………………………… 355
デザインビルド方式 …… 355
デジタル ………………… 355
デジタル家電 …………… 355
デジタル・シグナル・プロセッサー ⇨ DSP
デジタルスケール ……… 355
デジタルスチルカメラ ……

index

………… 356
デジタル通信………… 356
デジタルデバイド…… 356
デジタルVTR………… 356
デジタル放送………… 357
デジタルマニュファクチャリング………… 357
手数料自由化………… 357
デスバレー…………… 357
データウエアハウス… 357
データセンター……… 357
データベース………… 358
データ放送…………… 358
データマイニング…… 358
鉄鋼摩擦……………… 358
鉄スクラップの輸出… 358
デットアサンプション………… 359
デット・エクイティ・スワップ………… 359
デット・エクイティ・レシオ………… 359
デット・サービス・レシオ………… 359
デット・デット・スワップ………… 359
デノミ………………… 360
デノミネーション ⇨ デノミ
デパ地下・ホテイチ… 360
デビットカード……… 360
デファクトスタンダード………… 360
デフォルト…………… 361
デフレ………………… 361
デフレギャップ ⇨ インフレギャップ
デフレーション ⇨ デフレ
デフレスパイラル…… 361
デフレーター………… 361
デポジット制度……… 361
テポドン1号………… 361

テーマパーク………… 362
デマンドプル型インフレ………… 362
手元流動性（比率）…… 362
デュアルカレンシー債………… 362
デュアルシステム…… 362
デューデリジェンス… 363
テリトリー制………… 363
デリバティブ………… 363
デリバティブ投信…… 363
デレギュレーション… 363
テレビ会議…………… 364
テレビゲーム機……… 364
テレビショッピング… 364
テレマーケティング… 364
天安門事件…………… 364
転換価格……………… 365
転換社債……………… 365
転換社債の乖離率…… 365
電気事業法…………… 365
電気自動車…………… 366
電気通信事業法……… 366
天候相場……………… 366
天候デリバティブ…… 366
電子決済……………… 366
電磁鋼板……………… 366
電子航法……………… 367
電子CP………………… 367
電子商取引…………… 367
電子商取引ネットワーク………… 367
電子書籍……………… 367
電子署名……………… 368
電子署名・認証法…… 368
電子透かし…………… 368
電子スチルカメラ ⇨ デジタルスチルカメラ
電子政府……………… 368
電子データ交換 ⇨ EDI
電磁波シールド材料… 368
電子ビーム露光装置… 369

電子ペーパー………… 369
電子マネー…………… 369
電子メール…………… 369
電子稟議……………… 369
店頭株………………… 369
店頭上場株 ⇨ 店頭株
店頭デリバティブ…… 369
店頭取引……………… 370
電波時計……………… 370
電力貯蔵用NAS電池………… 370
電力の小売り自由化… 370
電力融通……………… 370

と

ドイモイ(刷新)政策…… 370
ドゥ・イット・ユアセルフ ⇨ DIY
東欧のEU加盟問題… 371
投下資本収益率 ⇨ ROI
糖価調整法…………… 371
東京工業品取引所…… 371
東経110度CS………… 372
統合基幹業務システム………… 372
統合国際深海掘削計画………… 372
糖鎖…………………… 372
当座貸し越し………… 372
当座比率……………… 372
投資…………………… 372
投資勘定……………… 373
投資減税……………… 373
投資顧問業…………… 373
投資財 ⇨ 資本財
投資事業有限責任組合法………… 373
投資者保護基金……… 373
投資収益率…………… 374
投資乗数……………… 374
投資信託（投信）……… 374

index

透湿防水素材……… 375
投資保険……… 375
投資保証協定……… 375
東証アローズ……… 375
東証株価指数……… 375
鄧小平の南巡講話…… 376
投信の運用評価……… 376
投信の基準価格……… 376
投信の銀行窓口販売… 376
投信の純資産……… 376
投信の直販……… 378
投信のパフォーマンス……… 378
投信の目論見書……… 378
闘争民主党……… 378
導電性高分子……… 378
東南アジア諸国連合
　⇨ASEAN
東南アジアのテロネットワーク……… 378
東南アジア非核兵器地帯条約……… 379
東南アジア友好協力条約……… 379
豆乳……… 379
東北振興……… 379
同友会……… 379
登録債……… 379
道路公団民営化……… 380
道路交通情報通信システム……… 380
道路特定財源……… 380
特殊鋼……… 380
特殊法人……… 380
独占禁止法……… 381
特定海外債権引当金… 381
特定金銭信託……… 381
特定口座……… 381
特定資産流動化法…… 381
特定石油製品輸入暫定措置法……… 382
特定通常兵器使用禁止・制限条約……… 382
特定非営利活動促進法……… 382
特定引当金……… 382
特定保健用食品……… 382
特定目的会社……… 383
特別会計……… 383
特別検査……… 383
特別減税……… 383
特別公的管理……… 383
特別支援……… 384
特別清算指数……… 384
特別セーフガード…… 384
特別土地保有税……… 384
特別引き出し権　⇨SDR
匿名組合……… 384
独立行政法人……… 384
独立国家共同体……… 385
特例公債……… 385
塗工紙……… 385
都市基盤整備公団…… 385
都市計画法……… 385
都市再生本部……… 386
土壌汚染……… 386
土壌汚染対策法……… 386
土壌汚染防止法……… 386
途上国……… 386
都心温泉……… 387
土地再評価法……… 387
土地収用権……… 387
土地流動化……… 387
土地利用基本計画…… 387
特許協力条約……… 387
特許権　⇨知的所有権
特許権の証券化……… 388
特許調和条約……… 388
独禁法の域外適用…… 388
独禁法の適用除外…… 388
特恵関税……… 390
ドットネット……… 390
トドラー……… 390
豆満江開発構想……… 390
ドミナント出店……… 390
ドメイン名……… 390
トライアル雇用……… 391
トラッキングストック……… 391
ドラッグストア……… 391
トランクルーム……… 391
トランスジェニック動物……… 391

column 鳥インフルエンザ
……… 259

取り組み……… 392
取締役会……… 392
トリハロメタン……… 392
取引所　⇨証券取引所, 商品取引所
取引所会員……… 392
取引所外取引……… 392
取引所集中義務……… 393
取引動機　⇨流動性選好
ドル化……… 393
トレーサビリティ…… 393
トロイオンス……… 393
トロン……… 393

な

内外価格差……… 394
内外金利差……… 394
ナイジェリア民主化… 394
内需……… 394
内部収益率……… 394
内部要因……… 395
内部留保……… 395
内分泌かく乱化学物質……… 395
仲卸業者　⇨卸売業者
中食……… 395
仲間取引……… 395
ナショナルトラスト… 395
ナショナルブランド　⇨NB
ナスダック……… 396
7E7……… 396

index

索引

7カ国財務相・中央銀行総裁会議　⇨G7
77カ国グループ……396
ナノカーボン素材……396
ナノガラス……397
ナノ繊維……397
ナノテクノロジー……397
ナノバイオ……397
ナノパーティクル……398
なべ底景気……398
鉛フリーはんだ……398
名寄せ……398
ナレッジマネジメント……398
南沙・西沙諸島……398
南水北調……399
南南協力……399
南南問題……399
南部アフリカ開発共同体　⇨SADC
南米共同市場 ⇨ メルコスル
南北キプロスの再統合……399
南北経済協力推進委員会……400
南北問題……400
難民条約……400

に

二元的所得税……400
2国間主義……400
21世紀COEプログラム……400
二重船体タンカー……401
二重反転プロペラ……401
ニース条約……401
日銀預け金……401
日銀貸し出し……401
日銀券発行高……402
日銀考査……402
日銀政策委員会……402

日銀短観　⇨ 企業短期経済観測調査
日銀帳じり……402
日銀当座預金……402
日銀特融……403
日銀ネット……403
日銀の銀行保有株買い取り……403
日銀法改正……403
日米規制緩和協議……404
日米航空協定……404
日米構造協議……404
日米装備技術定期協議　⇨S&TF
日米通信回線接続料問題……405
日米鉄鋼ダンピング問題……405
日米独占禁止協定……405
日・メキシコ自由貿易協定……405
日経株価指数300……406
日経国際商品指数……406
日経主要商品価格指数……406
日経商品先物指数……406
日経平均株価……406
日産バリューアップ……407
日産180……407
日商……407
日中漁業交渉……407
日朝平壌宣言……407
日本(にっぽん)経済団体連合会　⇨ 日本経団連
日本経団連……408
日本郵政公社……408
2・28事件……408
日本異質論……408
日本型401k……408
日本語ドメイン……409
日本実験モジュール……409
日本証券業協会……409

日本商品先物取引協会……409
日本・シンガポール自由貿易協定……409
日本政策投資銀行……410
入札オペ……410
ニューエコノミー……410
ニュートリノ……410
ニューロコンピューター……411
認証局……411
認証保育所……411

ぬ

ヌーボマルシェ……411

ね

ネオコン……411
熱可塑性エラストマー……412
熱交換器……412
熱水鉱床……412
ネッティング……412
ネット起債……413
ネット証券取引……413
ネットスーパー……413
ネット大学……413
ネットバブル……413
ネットワーク家電……414
ネットワークのオープン化……414
根抵当……414
値幅制限　⇨ ストップ
年間臨時給協定……414
年金ALM……414
column年金改革法……415
年金財形……416
年金資金運用基金……416
年金の一元化……416
年金の積立不足……416
年功序列型賃金体系……416
年頭教書　⇨ 大統領教書

index

燃費規制法…………416
年俸制…………417
年率換算…………417
燃料電池…………417
燃料電池車…………417
燃料（原料）費調整制度…418

の

ノーアクションレター制度…418
納会…………418
農協…………418
農業協同組合 ⇨農協
農業経営安定対策……418
農協再編…………418
農業生産法人…………419
農業の多面的機能……419
農業保護削減…………419
農産物輸入自由化……419
脳死移植…………420
濃縮ウラン…………420
納税者番号制度………420
農地転用制度…………420
農林系金融機関………420
農林石…………420
ノースカン在庫………420
ノックアウトマウス…421
ノドン1号…………421
延べ払い輸出…………421
ノーベル経済学賞……421
ノミナル…………422
のれん代…………422
ノーロード…………422
ノンアルコールビール……422
ノンストップ自動料金収受システム…………422
ノンバンク社債法……423
ノンリコースローン…423

は

バイイングパワー……424
排煙脱硝…………424
排煙脱硫…………424
バイオインフォマティクス…424
バイオエシックス……424
バイオエタノール……425
バイオディーゼル……425
バイオテクノロジー…425
バイオ特許…………425
バイオハザード………425
バイオプラスチック…426
バイオベンチャー……426
バイオマーカー………426
バイオマス…………426
バイオリアクター……428
バイオレメディエーション…428
排ガス規制…………428
廃棄物処理法…………428
配偶者特別控除………428
バイク便…………429
廃車リサイクル………429
買収ファンド…………429
排出基準…………429
排出権取引…………429
排水基準…………430
バイト…………430
配当可能利益…………430
配当性向…………430
配当利回り…………430
売買監理銘柄…………430
売買証拠金 ⇨委託保証金
売買同時入札 ⇨SBS
ハイパーインフレ……430
ハイパーマーケット…431
ハイパワードマネー…431
ハイビジョン…………431
ハイブリッド車………431
バイヤーズクレジット……431
バイラテラリズム ⇨2国間主義
廃炉…………431
ハウスウエディング…432
バウチャービジネス…432
パケット通信…………432
派遣店員…………432
破産…………432
橋本・エリツィン・プラン…433
バスケット売買………433
バズマーケティング…433
バーゼル条約…………433
パーソナルロボット…433
パターン認識…………433
バーチャルコーポレーション…434
バーチャルブランチ…434
バーチャルモール ⇨仮想商店街
バーチャルリアリティ…434
波長多重通信…………434
ハッカー…………434
バックアップライン…434
バックエンド費用……435
バックマージン………435
発行市場…………435
発行済み株式数………435
発行登録制度…………435
発行日取引…………435
バッジシステム………436
パッシブ運用…………436
発生主義 ⇨実現主義
バッチ処理…………436
発泡酒…………436
ハードウエア…………436
パートタイム労働者…436
ハードディスク装置…437
パートナーシップ協力協定…437
ハートビル法…………437
パトリオット…………437

index

ハネウエル特許 …… 437
羽田空港の国際化 …… 438
パネル調査 …… 438
パフォーマンス …… 438
ハブ空港 …… 438
バブル経済 …… 438
早場米 …… 438
はやぶさ …… 439
パラダイム …… 439
パラメーター …… 439
バランスシートCDO …… 439
バランスシート調整 …… 440
バランスシート不況 …… 440
バランススコアカード …… 440
バリアフリー …… 440
パリクラブ …… 440
パリティ …… 441
バリュー・アット・リスク …… 441
バリューエンジニアリング ⇨VE
バリュー株 …… 441
バリュー・チェーン・マネジメント …… 441
波力発電 …… 441
バルクキャリヤー ⇨バルク輸送
バルク輸送 …… 441
パルス符号変調方式 ⇨PCM
パルマラットの不正経理事件 …… 441
パレスチナ自治政府 …… 442
パレスチナ民族評議会 …… 442
パレート最適 …… 442
バレル …… 444
ハローワーク ⇨公共職業安定所
パワーセンター …… 444

パワーリバース債 …… 444
範囲の経済 …… 444
番組供給会社 …… 444
バンクミーティング …… 444
反グローバル化運動 …… 444
パンケーキ問題 …… 445
反原発運動 …… 445
万国著作権条約 …… 445
反ダンピング関税 …… 445
反ダンピング(不当廉売)法 …… 446
半導体製造装置 …… 446
半導体用高純度ガス …… 446
反トラスト法の域外適用 …… 446
万能細胞 ⇨ES細胞
販売時点情報管理 ⇨POS
販売手数料 …… 446
反腐敗闘争 …… 447
汎用樹脂 …… 447

ひ

ピア・ツー・ピア …… 447
ヒアルロン酸 …… 447
非価格制限行為 …… 447
比較広告 …… 448
比較生産費説 …… 448
比較制度分析 …… 448
非核ゾーン …… 448
東アジア共同体構想 …… 448
東アジア経済圏 …… 449
東アジア・ラテンアメリカ・フォーラム …… 449
東アフリカ共同体 …… 449
東ティモール問題 …… 449
非課税貯蓄制度 …… 449
光IC …… 450
光アクセス …… 450
光磁気ディスク …… 450
光触媒 …… 450
光通信 …… 451
光ディスク …… 451

光ファイバー …… 451
引当金 …… 451
ピギーバックシステム …… 451
ピグー効果 ⇨資産効果
非公募債 ⇨公募債
非再販本 …… 451
ビジネスサーベイ …… 452
ビジネススクール …… 452
ビジネスモデル特許 …… 452
非上場株 …… 452
非消費支出 …… 452
column ビジョナリーカンパニー …… 559
ヒストリカルDI …… 452
非線形光学材料 …… 452
非対称デジタル加入者線 ⇨ADSL
ビット …… 452
ビデオ・オン・デマンド …… 453
ビデオカメラ …… 453
非同盟諸国 …… 453
1株当たり純資産 ⇨株価純資産倍率
1株当たり利益 …… 453
ヒトクローン技術規制法 …… 453
ヒトゲノム計画 …… 454
非ノースカン在庫 …… 454
日々公表銘柄 …… 454
日歩 ⇨信用取引の金利
非木材紙 …… 454
ひも付き鋼材 …… 454
ひも付き販売 …… 455
ひも付き融資 ⇨タイドローン
100円ショップ …… 455
112条評価益 …… 455
ヒューマン・フロンティア・サイエンス・プログラム …… 455

index

病院会計基準……455
病院評価……456
評価性引当金 ⇨引当金
評価損……456
標準バスケット方式…456
表面処理鋼板……456
ビルトインスタビライザー……456
貧困国債務の帳消し…458
品質管理 ⇨QC

ふ

ファイアウォール……458
ファイナンシャルプランナー……458
ファイル交換ソフト…458
ファインケミカル……459
ファインセラミックス……459
ファウンドリー……459
ファクタリング……459
ファクトリーアウトレット ⇨アウトレットストア
ファクトリーオートメーション ⇨FA
ファシリティマネジメント……459
ファストフード……459
ファブレス……460
ファミリーフレンドリー企業……460
ファンダメンタルズ…460
ファンド・オブ・ファンズ……460
ファンドトラスト……460
ファンドマネジャー…460
フィナンシャルアドバイザー……461
フィナンシャル・タイムズ100種総合株価指数……461
フィリップス曲線……461

フィールドバス……461
フィルム液晶……461
フェアトレード……461
富栄養化……462
フェイル……462
フェデラルファンド…462
フェリカ……462
フェロアロイ……462
フェロー制度……463
フォトレジスト……463
フォーミュラプラン…463
フォワーダー……463
フォワード……463
付加価値……463
付加価値税……464
不拡散型輸出規制……464
付加税……464
負荷率……464
不完全競争……464
普銀転換……464
複合一貫輸送……464
複合汚染……465
複合材料……465
複合繊維……465
複合発電……465
複雑系……465
複式簿記……465
複占 ⇨寡占
複線型人事制度……466
含み資産……466
含み資産株 ⇨含み資産
含み損益……466
覆面介入……466
不公正貿易報告書……466
符号分割多元接続 ⇨CDMA
負債……467
負債性引当金 ⇨引当金
負債比率……467
不織布……467
不斉合成……467
不正侵入検知システム……467

付属明細書……467
札割れ……468
プーチン政権……468
普通銀行……468
物価指数……468
物価変動会計……468
column 物価連動国債……159
ブックビルディング方式……468
物質特許……469
ブッシュ政権……469
ブッシュドクトリン…469
物的証券……469
沸騰水型軽水炉 ⇨BWR
プットオプション……470
不定期船運賃指数……470
不適正決算……470
フード・アンド・ドラッグ……470
浮動株……470
浮動株指数……470
不動産共同投資事業…470
不動産投資信託……471
不動産の証券化……471
フードコート……471
部分肉……471
部分肉流通センター…471
不法就労……472
ブミプトラ政策……472
ブーメラン効果……472
フューチャー……472
プライスキャップ……472
プライストーク……472
プライスバンド制……472
フライ・バイ・ライト……473
フライ・バイ・ワイヤ……473
プライバシーマーク…473
プライベートエクイティ……473

索引

index

プライベート・エクイティ・ファンド……473
プライベートバンキング……473
プライベートブランド……474
プライマリーディーラー……474
プライマリーバランス……474
プライムレート……474
ブラウザー……474
プラザ合意……474
プラズマパネル……474
ブラックマンデー(暗黒の月曜日)……475
フラッシュメモリー……475
プラットホーム……475
フラーレン……475
フランチャイズチェーン……475
ブランド肉……476
プラント輸出……476
フリーキャッシュフロー……476
フリークエント・ショッパーズ・プログラム……476
フリーター……476
フリータンカー……477
ブリッジバンク……477
プリパッケージ型倒産……477
プリプレス……477
不良債権……477
不良債権の一括売却……477
不良債権の最終処理……478
不良債権の証券化……478
フリーレント方式……478
フリーローン……478
プール協定……478
プルサーマル……478
ブルーストリーム計画……479
プール制……479
ブルートゥース……479
プルトニウム……479
ブルーレイ・ディスク……479
フレキシブル・マニュファクチュアリング・システム……480
フレックスタイム……480
ブレトン・ウッズ協定 ⇨ブレトン・ウッズ体制
ブレトン・ウッズ体制……480
プレミアムビール……480
フレームリレー……481
ブレレトン石……481
フロー……481
ブローカー……481
ブローカーズブローカー ⇨BB
column ブログ……585
プロクシーファイト……481
プログラマブルコントローラー……481
プログラム売買……482
プロジェクションテレビ……482
プロジェクトファイナンス……482
プロセスオートメーション……482
プロダクツ・ポートフォリオ・マネジメント……482
ブロック経済……482
プロテオミクス……483
プロテオーム……483
フロート ⇨変動相場制
プロトコル……483
ブロードバンド通信……483
プロバイオティクス……483
プロバイダー……483
プロパティマネジメント……484
フロリダ州再集計問題……484
フロン……484
フロン回収法……484
フロンガス規制……484
分散投資……485
分子素子……485
分子農業……485
分子標的薬……485
分社経営……485
粉飾決算……486
分税制……486
分離課税……486
分類債権……486

へ

ベアリングズ倒産……486
米移民流入規制……486
米・EU間バナナ紛争……487
米大型減税……487
ペイオフ……487
米海運法……487
米会計検査院 ⇨GAO
平均株価……487
平均消費性向……488
米金融制度改革法……488
米国際貿易委員会 ⇨ITC
米国新農業法……488
米国土安全保障省……488
米国同時多発テロ事件 ⇨対テロ戦争
米穀年度……488
米国の医療保険改革……488
米国のエネルギー政策……489
米国の対中最恵国待遇……489
米財政均衡問題……489
米州開発銀行……489

index

索引

米州機構 ⇨OAS
米州サミット……490
米州自由貿易地域……490
米証券取引委員会
　⇨SEC
米大統領経済諮問委員会
　⇨CEA
米中関係……490
米中軍事交流……490
米朝枠組み合意……491
米通商法301条……491
米通信改革法……491
並列コンピューター……492
並列処理……492
米連邦公開市場委員会
　……492
米連邦住宅貸付抵当公社…
　……492
米連邦通信委員会 ⇨FCC
米連邦取引委員会 ⇨FTC
平和のための協調協定
　⇨PFP協定
北京五輪……492
北京・上海高速鉄道…492
ベースメタル……493
ペッグ制……493
ヘッジ外債……493
ヘッジファンド……493
ヘッジング ⇨つなぎ売買
ヘッドハンティング…493
ペットボトル……494
ベビー・ベル……494
ヘラクレス……494
ヘルシンキ会議 ⇨欧州
　安保協力機構
ヘルスビューティケア
　⇨HBC
ベルヌ条約……494
変額保険……495
便宜置籍船……495
ベンチャーキャピタル……
　……495

ベンチャー向け新市場……
　……495
ペンティアム……496
変動相場制……496
変動費……496
変動プライムレート…496
変動利付債……496

【 ほ 】

ポイントカード……496
ポイント式退職金……497
貿易管理令 ⇨貿管令
貿易・サービス収支…497
貿易統計……497
貿易保険……497
包括通商法……497
包括的核実験禁止条約
　⇨CTBT
包括払い制……498
包括利益……498
貿管令……498
放射光……498
放射性廃棄物……498
方針管理 ⇨目標管理
法人事業税……499
法人所得……499
法人税……499
放送衛星……499
放送法……499
法定準備金……499
法定労働時間……500
放電加工機……500
放熱鋼板……500
報復関税……500
包容（太陽）政策……500
簿外債務保証……500
簿外資産……500
保管振替制度……501
北東アジア……501
北米自由貿易協定……501
ポケット株……501
保険管理人……502

保健機能食品……502
保険業法……502
保険つなぎ
　⇨つなぎ売買
保険の第3分野……502
保険ブローカー……502
保護貿易主義……503
ボゴール宣言……503
ポジション調整……503
補助金……503
ホスティング……503
ポストゲノム……504
ボスニア・ヘルツェゴビナ
　紛争……504
ホスピス……504
保税制度……504
補正予算……506
母川国主義……506
ポータルサイト……506
北海油田……506
ホット・ダイレクト・ロー
　ル……506
ポット方式……506
ホットマネー……506
北方領土の共同経済活動…
　……507
ポートディール方式…507
ポートフォリオ……507
ポートフォリオインシュア
　ランス……507
ボトル缶……508
ボトルネックインフレ……
　……508
骨太の方針……508
ホームシアター……508
ホームセンター……508
ホームファッション…509
ホームページ……509
ホームヘルパー……509
ホーム・ミール・リプレイ
　スメント ⇨HMR
ボラティリティ……509

index

ボランティア休暇……509
ポリイミドフィルム…509
ポリオレフィン……509
ポリカーボネート……510
ポリシーミックス……510
ポリフェノール……510
ポリプロピレン……510
ポリマーアロイ……510
ホールセールクラブ…510
ホールディングカンパニー ⇨金融持ち株会社, 持ち株会社
ボールねじ……511
ホログラフィー……511
ホワイトウォーター疑惑……511
ホワイトボックス……511
香港返還……511
本州四国連絡橋……512
本船渡し ⇨FOB
ボンドインデックス…512
ボンド制度……512

ま

マイクロウエーブ……513
マイクロ化学……513
マイクロガスタービン……513
マイクロソフト分割…513
マイクロマシン……514
毎月勤労統計調査……514
column 毎月分配型投信……377
マイナス金利……514
マイライン……514
マイルドリセッション……514
膜利用装置……514
マクロ……515
マクロ経済学 ⇨マクロ分析
マクロ分析……515

マーケットメーク……515
マーケティング……516
マーケティングマネジメント……516
マーケティングリサーチ……516
マザーズ……516
マザーマシン……516
マシニングセンター ⇨MC
マージン取引 ⇨信用取引
マスタートラスト……516
マーストリヒト条約…517
マーチャンダイザー制……517
マーチャンダイジング……517
窓口問屋方式……517
窓販……517
マニピュレーター……517
マニフェスト……517
マネーサプライ ⇨通貨供給量
マネジドフロート……518
マネジメント・バイイン……518
マネタリズム……518
マネタリーベース……518
マネー・マネジメント・ファンド……519
マネーロンダリング…519
真水……519
マルタ会談……519
マルチ商法……520
マルチメディア端末…520
マル優 ⇨非課税貯蓄制度
マンガン団塊……520
万景峰号……520
マンモグラフィー……520

み

ミクロ ⇨マクロ, マクロ分析
ミクロ分析……521
ミサイル防衛……521
未実現利益……521
水の安全保障……521
店売り販売……521
未達……522
3つの代表……522
ミッドセンチュリー…522
ミッドデッキタンカー……522
緑の党……522
ミドルウエア……523
みなし大会社……523
南アジア自由貿易圏…523
南アジア地域協力連合 ⇨SAARC
南太平洋諸国会議……523
南太平洋非核地帯条約……523
ミニ公募債……523
ミニ高炉……524
ミニ・ディスク・プレーヤー ⇨MD①
ミニマムアクセス ⇨コメ関税化
ミューチュアルファンド……524
ミリ波……524
民活法……524
民間在庫品増加……524
民間債務返済のメキシコ方式……524
民工潮……525
民事再生法……525

む

ムーアの法則……525
無菌充てん……525
無形固定資産……526
無人搬送台車 ⇨AGV
無税償却……526

無洗米……526
無線LAN……526
無断変速機……526
無担保コール……527
無担保債……527
無法者政権……527

め

名義貸し……527
名実逆転……527
メイプルリーフコイン……527
名目国民所得……528
名目賃金……528
メガディーラー……528
メカトロニクス……528
メガピクセル……528
メガフロート……528
メキシコ通貨危機……528
メジャー……529
メセナ……529
メタノール車……529
メタロセン触媒……529
メタンハイドレート……530
メディアレップ……530
メモリーカード……530
メルコスル……530
免疫抑制剤……530
免震工法……531
免税点……531
メンタルヘルス……531

も

目標管理……531
目標相場圏……531
モーゲージ担保証券……532
モジュール……532
モジュール化……532
モスクワ条約……532
モーダルシフト……532
モーダルミックス政策……532
持ち株会社……533
持ち分法……533
モチベーションリサーチ……533
モデム……533
元売り……534
モノクローナル抗体……534
モバイルインターネット……534
モバイルコンピューティング……534
モラトリアム……534
モラールサーベイ……534
モラルハザード……534
もんじゅ……535
モントリオール議定書……535

や

役員報酬の個別開示……536
約定ショートセール……536
役職定年制……536
約束手形……536
ヤコブ病　⇨クロイツフェルト・ヤコブ病
薬価基準……536
ヤードスティック方式……536
山元……537
ヤミ価格協定……537
ヤミ・カルテル　⇨ヤミ価格協定

ゆ

遺言信託……537
優越的地位の乱用……537
有価証券報告書……537
有機EL……538
有機農産物……538
有機農産物認証団体……538
有機農法……538
有期労働契約……538
有形固定資産……538
有効求人倍率……539
有効需要……539
有事関連3法……539
融資枠契約……539
融通手形……539
郵政関連4法……540
有税償却……540
優先株……540
優先出資制度……540
有線テレビ　⇨CATV
有担保コール……540
誘導品……540
郵便貯金の自主運用……541
有利子負債……541
有料職業紹介事業……541
ユーコス事件……541
ユーゴスラビア空爆……541
輸出自主規制……541
輸出貿易管理令　⇨貿管令
ゆとり教育……542
ユニタリータックス……542
ユニット型投信……542
ユニット住宅……542
ユニットプライス制……542
ユニドー　⇨UNIDO
ユニバーサルサービス……542
ユニバーサルデザイン……544
ユニバーサルバンク……544
ユニバーサルファッション……544
輸入インフレ……544
輸入住宅……544
輸入促進地域……544
輸入割当制……544
ユニラテラリズム……545
ユビキタス……545
ユーラトム……545
ユーレカ計画……545

index

【 よ 】

- ユーロ……………545
- ユーロ円…………546
- ユーロネクスト……546
- 要介護認定…………546
- 要管理債権…………546
- 容器包装リサイクル法……………546
- 揚水式発電…………547
- 用途地域制度………547
- 溶融還元製鉄法……547
- 預金準備率…………547
- 預金保険……………547
- 預金保険機構………548
- 預金保険機構債……548
- 予算教書 ⇨大統領教書
- 余資運用……………548
- 予想利回り…………548
- 預貸金利ざや………548
- 預貸率………………548
- 予定利率……………548
- ヨハネスブルク宣言…549
- 予約相対取引………549
- 4大改革……………549
- 401kプラン…………549

【 ら 】

- ライフサイクルアセスメント……………550
- ライフサイクル(型)ファンド……………550
- ラインとスタッフ……550
- ラインロビング……550
- ラスパイレス式……550
- ラップ口座…………551
- ラニーニャ…………551
- ランニングストック…551

【 り 】

- リアルオプション……551
- リアルタイム防災……551
- 利益供与罪…………551
- 利益準備金…………552
- 利益率………………552
- リオ宣言……………552
- リコール……………552
- リコンフィギュラブルプロセッサー……………552
- リサイクル資源……552
- リサイクル法………553
- 利差損益……………553
- リザーブ・トランシュ…553
- 利潤証券……………553
- リージョナルチェーン……………554
- リジン………………554
- リース………………554
- リース会計…………554
- リスクウエート……554
- リスク管理債権……554
- リスク限定型投信……555
- リスク資本…………555
- リスクマネジメント…555
- リスケジューリング…555
- リストラクチャリング……………555
- リースレート………556
- リセッション………556
- リチウムイオン電池…556
- リチウムポリマー電池……………556
- 利付金融債 ⇨金融債
- リッチメディア……556
- リテールサポート……556
- リニアモーターカー…557
- リバースモーゲージ…557
- リパッケージ債……557
- リビアの大量破壊兵器廃棄……………557
- リフレーション……558
- リフレ政策…………558
- リベート……………558
- リボルビングクレジット……………558
- リボルビング払い……558
- 利回り………………558
- 利回り曲線…………560
- 流体軸受け…………560
- 流通外資……………560
- 流通系列化…………560
- 流動資産……………560
- 流動性選好…………560
- 流動性選好説………561
- 流動性のわな………561
- 流動性預金…………561
- 流動比率……………561
- 流動負債……………561
- 量子暗号通信………561
- 量子効果素子………561
- 量子コンピューター…562
- 量的金融緩和………562
- 量的金融緩和の解除条件……………562
- 旅客手荷物搬送システム ⇨BHS
- 旅程保証……………562
- リレーションシップバンキング……………562
- 理論価格 ⇨パリティ
- リングメンバー……563
- リーン生産…………563

【 る 】

- 累進課税……………563
- 累積赤字……………563
- 累積債務……………563
- ルーター……………563
- ルック・イースト政策……………564

【 れ 】

- レアアース ⇨希土類磁石
- レアメタル ⇨希少金属
- レイオフ制…………564

冷凍トン……………564
レーガノミックス……564
レセプト……………564
劣後債………………564
劣後転換社債…………565
劣後ローン……………565
レトルト食品…………565
レトロフィット………565
レバレッジドリース…565
連結会計制度…………565
連結決算……………566
連結財務諸表…………566
連結対象子会社………566
連結納税制度…………566
連合…………………566
連合国暫定当局………567
連続焼鈍設備…………567
連続地中壁工法………567
連単倍率……………567
連邦準備銀行 ⇨FRS
連邦準備制度 ⇨FRS
連邦準備理事会 ⇨FRB

ろ

ロイター商品相場指数……
………………………567
労災保険……………567
労働安全衛生管理システム
………………………568
労働基準法……………568
労働協約……………568
労働契約承継法………568
労働災害……………568
労働者派遣法…………568
労働生産性……………569
労働生産性指数………569
労働分配率……………569
労働力人口……………569
労働力調査……………569
老年者控除……………570
ローカル・エリア・ネット
ワーク ⇨LAN

ロコ・東京……………570
ロコ・ロンドン………570
ロシアの安全保障会議……
………………………570
ロシアの新興財閥……570
ロシア・ベラルーシ連邦条
約……………………570
ロジスティクス………571
ロースクール…………571
ロスシェアリング……571
6カ国協議……………571
ロードプライシング…571
ロビイスト……………571
ローマクラブ…………572
ローミング……………572
ローロー船……………572
ロングライフミルク…572
ローン担保証券………572
ロンドン・ガイドライン…
………………………572
ロンドン金属取引所
 ⇨LME
ロンドンクラブ………572
ローンパーティシペーショ
ン……………………573
ロンバード型貸出制度……
………………………573

わ

ワイヤレス・ローカル・ル
ープ…………………574
ワーキングホリデー…574
ワク組み壁工法 ⇨ツーバ
イフォー工法
ワークシェアリング…574
ワークステーション…574
ワシントンコンセンサス…
………………………574
ワシントン条約………574
ワッセナー協約………575
ワラント……………575
ワラント債……………575

ワラントバリュー……576
割引金融債 ⇨金融債
割引債………………576
割引率………………576
ワールドカー…………576
ワールドスケール……576
湾岸協力会議…………576
湾岸戦争……………577
ワンストップ行政サービス
………………………577
ワンストップショッピング
………………………577
ワン・トゥ・ワン・マーケ
ティング……………577
ワンビリング…………578
ワンプライス販売……578

index

A

- A380 ……… 579
- ABC ……… 579
- ABCP ……… 579
- ABS ……… 579
- ABWR ……… 579
- ADB ……… 579
- ADF ……… 580
- ADR ……… 580
- ADSL ……… 580
- AFTA ……… 580
- AGV ……… 581
- AIM ……… 581
- ALM ……… 581
- ANC ……… 581
- AOL ……… 581
- APEC ……… 582
- API比重 ……… 582
- APS ……… 582
- ARF ⇨ASEAN地域フォーラム
- ASEAN ……… 582
- ASEAN地域フォーラム ……… 583
- ASIC ……… 583
- ASP ……… 583
- AVMシステム ……… 583
- AVパソコン ……… 584
- AWACS ……… 584
- A株・B株 ⇨ 中国の資本市場

B

- B777 ……… 584
- BB ……… 584
- BBレシオ ……… 584
- BHS ……… 584
- BI ……… 586
- BIOS ……… 586
- BIS ……… 586
- BIS規制 ……… 586
- BMD ……… 587
- BOD ……… 587
- BOT方式 ……… 587
- BRICs ……… 587
- BS ⇨ 放送衛星
- BSE ⇨ 牛海綿状脳症
- BSデジタル放送 ……… 587
- BS放送 ……… 587
- BtoB ……… 587
- BtoC ……… 588
- BWR ……… 588

C

- C^4I ……… 588
- CAD/CAMシステム ……… 588
- CAE ……… 588
- CALS ……… 588
- CARDS ……… 589
- CATV ……… 589
- CBO ……… 589
- CB・Q平均 ……… 589
- CBT・ユーレックス同盟 ……… 589
- CCD ……… 590
- CCV ……… 590
- CD ……… 590
- CDC ……… 590
- CDMA ……… 590
- CD-ROM ……… 591
- CEA ……… 591
- CEFTA ……… 591
- CEO,COO ……… 591
- CFE条約 ……… 591
- CFRC ……… 591
- CFTC ……… 592
- CG ⇨ コンピューターグラフィックス
- CGRT ……… 592
- CIF ……… 592
- CIS ⇨ 独立国家共同体
- CLO(ローン担保証券) ……… 592
- CMBS ……… 592
- CMO ……… 592
- CMOS型IC ……… 593
- CNC ……… 593
- COD ……… 593
- CPO ……… 593
- CPU ……… 593
- CRB先物指数 ……… 593
- CRM ……… 594
- CRO ……… 594
- CRS ……… 594
- CS ……… 594
- CS放送 ……… 594
- CTA ……… 594
- CTBT ……… 594
- CX ……… 595

D

- DAC ……… 595
- DDR(ダブル・データ・レート) ……… 595
- DD原油 ……… 595
- DHA ……… 596
- DIPファイナンス ……… 596
- DIY ……… 596
- DLP ……… 596
- DNA ……… 596
- DNAチップ ……… 597
- DOE ……… 597
- DPF ……… 597
- DRAM ……… 597
- DSP ……… 597
- DVD ……… 598
- DVD-RAM ……… 598
- DVD-RW ……… 598
- D-VHS ……… 598

E

- eエコノミー ……… 598
- eラーニング ……… 599
- EAEC ……… 599

index

EAI ·················· 599
EB ➪ 他社株転換社債
EBITDA ············ 599
ECB ➪ 欧州中央銀行
ECCS ················ 600
ECM ················· 600
ECN ➪ 電子商取引ネットワーク
ECR ················· 600
EDA ················· 600
EDGAR ············ 600
EDI ·················· 600
EDR ················· 601
Edy ················· 601
EEC ················· 601
e-Europe ············ 601
EGR ················· 601
EIB ➪ 欧州投資銀行
EICAS ·············· 601
e-Japan戦略 ······· 602
EMS ················· 602
EOS ················· 602
EPA ················· 602
EQ ··················· 603
ERP ➪ 統合基幹業務システム
ESC ················· 603
ESCAP ············· 603
ESCO ··············· 603
ESOP ··············· 603
ES細胞 ·············· 603
ETC ➪ ノンストップ自動料金収受システム
EU ··················· 604
EU型付加価値税 ··· 604
EU緊急対応部隊 ··· 604
EU憲法 ·············· 604
EV ··················· 605
EVA ················· 605
EVSL ··············· 605

F

F1 ···················· 605
F2 ···················· 605
F22 ··················· 606
FA ···················· 606
FAO ················· 606
FASB ··············· 606
FAZ ➪ 輸入促進地域
FC ➪ フランチャイズチェーン
FCC ················· 607
FCM ················· 607
FDIC ················ 607
FED ················· 607
FEOGA ············· 607
FeRAM ············· 607
FFP ·················· 608
FIT ·················· 608
FIX ·················· 608
FLOPS ·············· 608
FOB ················· 609
FPGA ➪ PLD
FRA ················· 609
FRB ················· 609
FRN ➪ 変動利付債
FRP ················· 609
FRS ················· 609
FSX ················· 610
FTAA ➪ 米州自由貿易地域
FTC ················· 610
FTTH ··············· 610
FT株価指数 ➪ フィナンシャル・タイムズ100種総合株価指数
FUPカード ········· 610
FXA ➪ FRA

G

G7 ··················· 610
G10 ·················· 610
GAB ················· 611
GAO ················· 611

GATT ➪ ガット, WTO
GCC ➪ 湾岸協力会議
GDP ➪ 国内総生産
GDPギャップ ······ 611
GDPデフレーター ·· 611
GIS ·················· 611
GLOBEX ··········· 612
GMRヘッド ········ 612
GMS ················· 612
GPS ················· 612
GRC ················· 612
GUI ·················· 612
GXロケット ········ 613

H

H2Aロケット ······ 613
HACCP ············· 613
HBC ················· 613
HDR ················· 614
HIMR ··············· 614
HMR ················ 614
HTML ··············· 614
H形鋼 ················ 614
H手順 ················ 614

I

iモード ·············· 614
IAEA ················ 615
IAS ➪ 国際会計基準
IATA ················ 615
IBRD ➪ 世界銀行
ICCAT ➪ 大西洋マグロ類保存条約
ICGN（国際コーポレート・ガバナンス・ネットワーク） ·········· 615
ICカード ············ 615
ICタグ ··············· 616
IDA ················· 616
IE ···················· 616
IEA ·················· 616
IFC ·················· 616

索引

35

index

- IGメタル ……………… 616
- IH調理器 ……………… 617
- IISI ……………………… 617
- ILO ……………………… 617
- IMF ……………………… 617
- IMF-JC ………………… 617
- IMFクォータ …………… 618
- IMF国際通貨委員会 …………………………… 618
- IMF借款 ……………… 618
- IMFの金融特別審査 …………………………… 618
- IMFポジション ………… 618
- IMO ……………………… 618
- IMT-2000 ……………… 619
- IOSCO ………………… 619
- IP ………………………… 619
- IPCC …………………… 619
- IPO ……………………… 619
- IPP ……………………… 620
- IPv6 ……………………… 620
- IP-VPN ………………… 620
- IPアドレス ……………… 620
- IP電話 ………………… 620
- IP網 …………………… 621
- IQ制 ⇨ 輸入割当制
- IR ………………………… 621
- IRS ……………………… 621
- ISDN …………………… 621
- ISMS …………………… 621
- ISO ……………………… 621
- ISO9000 ……………… 622
- ISO14000 ……………… 622
- IT ………………………… 622
- ITA ……………………… 622
- ITC ……………………… 622
- ITER …………………… 622
- ITIC …………………… 623
- ITS ⇨ 高度道路交通システム
- ITTA …………………… 623
- IT一括法 ……………… 623
- IT戦略本部 …………… 623
- IWC …………………… 624

J

- JANコード ……………… 624
- JAS ……………………… 624
- JASDAQ ……………… 626
- JAS法 ………………… 626
- Java …………………… 626
- JCA-H手順 ⇨ H手順
- JFEグループ ………… 626
- JIS ……………………… 626
- JR完全民営化 ………… 627
- JSF ……………………… 627
- Jカーブ効果 …………… 627

K

- KEDO ………………… 627

L

- Lモード ………………… 627
- LAN …………………… 628
- LBO …………………… 628
- L/C ⇨ 信用状
- LCOS(リキッド・クリスタル・オン・シリコン) …………………………… 628
- LDC …………………… 628
- LHC …………………… 628
- LIBOR ………………… 629
- LIFFE ………………… 629
- Linux ………………… 629
- LME …………………… 629
- LNG …………………… 629
- LPG …………………… 630
- LTPS(低温ポリシリコンTFT) ………………… 630

M

- M_1 ⇨ 通貨供給量
- M_2 ⇨ 通貨供給量
- M_3 ⇨ 通貨供給量
- M&A …………………… 630
- MBI ⇨ マネジメント・バイイン
- MBO …………………… 630
- MC ……………………… 630
- MD ……………………… 631
- MEMS(マイクロ・エレクトロ・メカニカル・システム) ………………… 631
- MIGA …………………… 631
- MIPS …………………… 631
- MLRS …………………… 631
- MMF …………………… 632
- MO ⇨ 光磁気ディスク
- MOS型IC ……………… 632
- MOX燃料 ……………… 632
- MPEG ………………… 632
- MPU …………………… 632
- MRAM ………………… 633
- MRF …………………… 633
- MTN …………………… 633
- MULTOS ……………… 633
- MVA …………………… 633
- MVNO ………………… 633

N

- NAB …………………… 634
- NAFTA ⇨ 北米自由貿易協定
- NASA ………………… 634
- NASDAQ ⇨ ナスダック
- NATM工法 …………… 634
- NATO ………………… 634
- NATO・ロシア理事会 … 635
- NB ……………………… 635
- NC ……………………… 635
- NC工作機械 …………… 635
- NEEDS ………………… 636
- NEET …………………… 636
- NEPAD ………………… 636
- NGO …………………… 636
- NMD …………………… 636

index

索引

Non-GMO食品 ⇨ 遺伝子組み換え食品
NOx ……………………… 636
NOx規制 ………………… 637
NPM ……………………… 637
NPO ……………………… 637
NPO融資 ………………… 637
NSG(原子力供給国グループ) …………………… 637
NTT分離分割 …………… 638
NT倍率 …………………… 638

O

OAS ……………………… 638
OCR ……………………… 638
ODA ……………………… 638
ODA大綱 ………………… 639
ODM ……………………… 639
OECD …………………… 639
OEM ……………………… 639
OH1 ……………………… 639
OIC ……………………… 640
OJT ……………………… 640
OPEC …………………… 640
OR ………………………… 640
ORHA …………………… 640
OS ………………………… 641
OTO ……………………… 641

P

P&A ……………………… 641
PB ⇨ プライベートブランド
PBEC …………………… 641
PBR ⇨ 株価純資産倍率
PBX ……………………… 641
PCM ……………………… 641
PCT ⇨ 特許協力条約
PC工法 ………………… 642
PDA ……………………… 642
PDI ……………………… 642
PDM ……………………… 642

PDPテレビ ⇨ プラズマパネル
PER ……………………… 642
PERT …………………… 642
PEX運賃 ………………… 643
PFI ……………………… 643
PFP協定 ………………… 643
PHS ……………………… 643
PIPEs …………………… 644
PKO ……………………… 644
PL ⇨ 製造物責任
PLC ……………………… 644
PLD ……………………… 644
PLO ……………………… 645
POS ……………………… 645
PPC ……………………… 645
PPP ……………………… 645
PPS ……………………… 646
PSI ……………………… 646
PTS ……………………… 646
PTT繊維 ………………… 646
PWR ……………………… 647
PX ………………………… 647

Q

QC ………………………… 647
QCサークル …………… 647
QE ⇨ 国民所得統計速報
QR ………………………… 647
QUICK …………………… 648

R

RAM ……………………… 648
RDF ……………………… 648
REIT ⇨ 不動産投資信託
RFCC …………………… 648
RISC …………………… 648
RMA ……………………… 649
RNA ……………………… 649
RNA干渉 ………………… 649
ROE ……………………… 649
ROI ……………………… 649

ROM ……………………… 650
RTC ⇨ 整理信託公社
RTGS …………………… 650

S

SAARC ………………… 650
SADC …………………… 650
SAM ……………………… 650
SBS ……………………… 650
SBU ……………………… 652
SCM ……………………… 652
SDR ……………………… 652
SEC ……………………… 652
SEC基準 ………………… 653
SEO/SEM ……………… 653
SFA ……………………… 653
SFRC …………………… 653
SI ⇨ システムインテグレーション
SIMEX ………………… 653
SIS ……………………… 653
S&L問題 ………………… 654
SMO ……………………… 654
SNP ……………………… 654
SoC ……………………… 654
SOHO …………………… 654
SOx ……………………… 654
SPA ……………………… 655
SPC法 …………………… 655
SPF豚 …………………… 655
S&P株価指数 ………… 655
SQF2000 ………………… 655
SRAM …………………… 656
SSL ……………………… 656
SST ……………………… 656
START ………………… 656
S&TF …………………… 656
STN ……………………… 657
SUV ……………………… 657

T

TCO ……………………… 657

37

index

TCP/IP ……………… 657
THAAD ……………… 657
TIBOR ……………… 657
TICAD ⇨アフリカ開発会議
TLO ⇨技術移転機関
TMD ………………… 658
TOB ………………… 658
TOC ………………… 658
TOPIX ⇨東証株価指数
ToSTNet …………… 659
TPM ………………… 659
TQC ………………… 659
TQM ………………… 659
TRIPs協定 ………… 659
TSA ………………… 659
Tボンド先物 ……… 659

U

UHF ………………… 660
UHV送電 …………… 660
UNCTAD …………… 660
UNDP ……………… 660
UNIDO ……………… 660
UNIX ……………… 660
USTR ……………… 660
Uターン現象 ……… 661

V

VAR ………………… 661
VE ………………… 661
VHF ………………… 661
VICS ……………… 661
VLCC ……………… 662
VMI ………………… 662
VOD ⇨ビデオ・オン・デマンド
VPN ………………… 662
VRML ……………… 662
VWAP ……………… 662

W

WAN ………………… 662
WDM ………………… 663
WHO ………………… 663
WIPO ……………… 663
WLL ⇨ワイヤレス・ローカル・ループ
WTI ………………… 663
WTO ………………… 663
WWW ……………… 664

X

XML ………………… 664
column X世代(ジェネレーションX) …………… 665
X理論 ……………… 664

Y

YSX ………………… 664
Y理論 ⇨X理論

あ

アイセーフレーザー
【eye-safe laser】
人間の目に当たっても害にならない特定の波長のレーザー。測距装置などに応用可能で、既に製品化されている。戦車やヘリコプター搭載装置としても期待され、1996年9月からアイセーフレーザーレーダーの日米共同研究が始まった。

アウトソーシング
【outsourcing】
情報システムの構築や運用、アップグレード、保守などの業務を外部企業に委託すること。主として、①業務の外注により人材やスペースなど経営資源の有効活用、②システム運用・維持コストの削減、③先進的な情報技術の活用——などのメリットが期待できる。企業が事業の選択と集中を進めるなかで、情報システムは専門企業にまかせようというアウトソーシング需要は拡大しており、IT企業と共同出資会社を設立して部門ごと移管する例も出てきた。IT各社にとっても情報システムの構築・運用を丸ごと受託できるメリットは大きく、コンピューター会社、システムインテグレーター(SI)は受注拡大を目指している。

アウトプレースメント
【outplacement】
再就職支援。企業のリストラクチャリング(事業の再構築)に伴い、整理される人員に対して就職試験のコンサルティングや再就職先の紹介をするサービス。アウトプレースメントを専門とする企業によって行われることが多いが、大手人材派遣会社の間でもこの分野に進出する動きが広まっている。リストラも一巡したため大企業からの大口需要は減少傾向で、より専門性が求められている。

アウトレットストア
【outlet store】
メーカーや専門店が自社の売れ残り品や規格外品を格安で販売する店。通常価格を大幅に下回る価格で買えることから消費者の人気を集めている。アウトレットとは「出口」「はけ口」の意味。発祥の地、米国では1980年代後半の不況で、消費者の価格志向が強まったことを追い風に普及。日本では93年に開業した「アウトレットモールリズム」(埼玉県大井町)を皮切りに、各地でモールの開設が相次いでおり、米チェルシーなど外資も参入している。

青色発光ダイオード
【blue light-emitting diode ; blue LED】
電圧をかけると青い光を出す半導体素子。徳島県の日亜化学工業が1993年に商品化した。LEDは赤色や緑色の商品化が先行し、窒化ガリウム系の化合物を使って初めて青色が実現した。三色を組み合わせるとあらゆる色が出せる。表示板や携帯電話、信号機などへの実用化が進んでおり、消費電力の少ない照明装置などへの応用も期待される。年間2,000億円以上の市場が見込まれ、豊田合成やロームなど参入企業も多い。特許を巡る紛争も起きている。日亜の元社員、中村修二・米カリフォルニア大サンタバーバラ校教授が2001年8月、発明対価の支払い等を求め、日亜を訴えた。東京地裁は04年1月の判決で中村氏の請求通り約200億円を支払うように日亜に命じた。日亜は控訴している。

赤字国債
【deficit-covering bond】
　国の一般会計予算のうち，経常経費の歳入不足を補てんするために発行する国債をいい，公共事業などの財源に充てるための，いわゆる建設国債と区別している。赤字国債を発行するためには特別立法を必要とする。1975年度補正予算から発行してきたが，財政再建とバブル期の税収増で90年度には発行額がゼロとなり，いったん赤字国債依存体質から脱却した。しかし94年度から再び発行を迫られ，2004年度当初予算では30兆円に上っている。→建設国債

赤字地方債
【deficit-covering municipal bond】
　地方財政で生じる歳入不足を穴埋めする財源にするため発行する地方債の一つ。臨時財政対策債と呼ぶ。次年度予算の編成時に歳入の不足額を国と地方で折半し，地方はこの赤字地方債を発行して財源不足分を調達する。2004年度の発行予定額は4兆2,000億円。本来は財政赤字の穴を地方債で埋めることは財政規律を守るうえで認められないが，01年度から3年間の時限措置として導入。不況に伴う税収減が続いたことから，06年度までさらに延長された。

アキュミュレーション
【accumulation】
　債券の償還差益（償還額と購入額の差額）を債券の残存期間に均等に配分すること。その逆がアモチゼーション（amortization）。低金利局面では，過去に発行した高クーポン（表面利率）の債券は，購入額が額面を上回るため，機関投資家は償還差損の均等配分（アモチゼーション）をしなければならない。

アクセスチャージ
【access charge】
　NTTの東西地域会社市内回線に新電電などが接続してもらう際に支払う事業者間接続料金。原則として事業者間の協議にゆだねられていたが，1997年度からはNTTが接続料や技術的条件などを含めた接続約款を作成，総務大臣から認可を得なければならない仕組みとした。2000年夏の日米合意で01年度までに98年比で約20％引き下げることが決まった。算定方式には長期増分費用方式が導入されることになり，同方式では現在利用可能な技術と設備で，現行と同じネットワークを新たに構築した場合の費用を，総通信料で割って計算する。通信量の減少を理由にNTTは03年度，04年度の接続料の平均5％値上げを申請，総務省は03年4月にこれを認可した。この認可に対し，KDDIなど新電電がいっせいに反発し，行政訴訟を起こした。算定方式の見直し議論に発展している。

アクティブ運用
【active investing】
　運用成績を評価する基準指数となるベンチマーク（東証株価指数や日経平均株価など）を上回る収益をねらう運用手法。運用責任者が積極的に銘柄を絞り込んで投資する。市場の平均的な投資収益率をねらうパッシブ運用と反対の意味で使われる。銘柄選択が成功した場合は市場平均を上回る運用成績を上げる可能性がある一方で，失敗すると値下がり損が生じたり，銘柄選択のための調査や売買に伴う費用が多くかかったりする弱点がある。年金ではアクティブ運用よりもパッシブ運用が大きなウエートを占めつつある。→パッシブ運用

悪の枢軸
【Axis of Evil】

ブッシュ米大統領が2002年1月の一般教書演説で、「大量破壊兵器を開発し、テロ組織を支援している」として北朝鮮、イラン、イラクを非難したときに使用した表現。第2次大戦中の「枢軸国」を思い出させる強い表現だったため、名指しされた各国だけでなく欧州や中国などからも反発が相次いだ。イラク戦争後の03年6月に仏エビアンで開いた主要国首脳会議では、米国の強い働きかけもあって、北朝鮮の核開発問題の平和的解決やイランの核拡散防止条約(NPT)完全順守を迫るなど、残る2カ国に対する国際社会の包囲網強化を印象付けた。
→イラク戦争

アグリビジネス
【agribusiness】
「アグリ」(agri)は「農業」、「ビジネス」は「企業、産業」のことで、「農業関連産業」と訳すことが多い。農業機械産業から食品加工業までを指すが、広い意味では農業そのものも含む。米国で最初に使われた言葉だといわれ、日本では、商社や食品会社などの農業関連分野への新規参入の動きを指して使われることが多い。

アザデガン油田
【Azadegan oilfield】
イラン南西部で1999年に発見された中東最大級の油田。推定埋蔵量は50～260億バレル前後。同油田の開発は経済産業省が自主開発原油の確保を目的にイラン政府との交渉を全面支援し、2004年2月に国際石油開発がイラン石油公社と開発推進で基本合意した。日量20万バレル前後の生産量が見込まれ、アラビア石油がカフジ油田のサウジアラビア分利権を失った後の日本にとっては貴重な原油の代替ソースとなり得る。イラク南部の油田と地下でつながっているとみられ、利権を巡る争いが懸念されている。

アジア欧州会議
【Asia Europe Meeting ; ASEM】
アジアと欧州の首脳が政治、経済、文化などの幅広い分野で対話機会を増やすために設けられた会合。第1回目の首脳会合は1996年3月、タイの首都バンコクで開いた。首脳会合は2年に1回開き、2回目会合は98年4月にロンドンで開催した。米国やアジア各国・地域などで構成するアジア太平洋経済協力会議(APEC)が経済協力面で成果を上げているのに対抗、欧州側はアジアとの経済関係強化をねらっている。参加国は東南アジア諸国連合(ASEAN)の中の7カ国に日本、中国、韓国を加えたアジア10カ国と、欧州連合(EU)15カ国、欧州委員会の計25カ国・委員会。→APEC

アジアカー
【asia car】
日本の自動車メーカーがアジア市場専用に開発した車のことで、主に乗用車を指す。東南アジア諸国連合(ASEAN)は域内で部品輸入に関する相互補完協定を結んでおり、これを利用して各国にある系列工場間で部品を相互融通して組み立て、広くアジア地域で販売する。気候や現地需要に合わせて装備を簡素化し、現地調達する資材や部品を増やすことで低価格に抑え、モータリゼーション需要に対応するねらいがある。トヨタ自動車が2002年から中国・天津で生産を始めた小型車「ヴィオス」や、ホンダが同年に全面改良した小型車「シティ」などがある。シティは02年秋から「フィットアリア」として日本でも販売を始めた。アジアカーの品質向上が進み、日本の消費者にも受け入れられ始めている。

アジア開発基金 ⇨ADF
アジア開発銀行 ⇨ADB①

アジア協力対話
【Asia Cooperation Dialogue】
アジア,中東22カ国で構成する新しい経済協力の枠組みを指す。タイのタクシン首相が提唱し,2002年に発足した。各国の閣僚級が分科会方式でテーマごとに議論する。エネルギーの安全保障や貧困対策など18のプロジェクトが進行中。03年6月にタイのチェンマイで開いた会合では,地域経済安定のためにアジア債券市場の育成に向け法制度や政策の調整などで協力することをうたった「チェンマイ宣言」を採択した。

アジア債構想
【Asian Bond Initiative】
アジアの資金を域内で有効活用するための債券市場育成構想。2002年10月にタイのタクシン首相が提唱した。欧米金融機関からの短期貸し付け依存がアジア通貨危機時の打撃を拡大させた反省から,債券発行による長期資金の供給パイプを域内で整備するのがねらい。03年6月には日本を含む東アジア,オセアニアの中央銀行11行が約10億ドルを拠出する「アジア債券基金」の設立で合意した。当面の投資対象はアジア域内のドル建て国債や政府機関債などだが,将来はアジアの現地通貨建て債や民間企業債にも広げる。市場インフラ整備の一環として格付け機関や保証機構も創設する方針。域内各国の通貨をバスケットにしたアジア通貨単位(ACU)建て債券の発行を促し,将来のアジア共通通貨の土台とする構想もある。

アジア相互協力信頼醸成会議
【The Conference on Interaction and Confidence Building Measures in Asia ; CICA】
カザフスタンのナザルバエフ大統領が1992年に提唱した国際会議で,多国間の取り組みを通じたアジア情勢の安定化を目的とする。99年にカザフのアルマトイで外相会合を開いた。2002年6月には初の首脳会合が開催され,地域紛争を抱えるアジア・中東地域の16カ国・組織が正式メンバーとして参加したほか,国連など国際機関,日米などもオブザーバーとして出席した。

アジア通貨危機支援資金
【Asian Currency Crisis Support Facility ; ACCSF】
インドネシアや韓国,タイなど通貨危機に見舞われた国々の経済回復に欠かせない資金の調達を助けるため,いわゆる新宮沢構想の一環として日本が拠出した30億6,000万ドルの資金。アジア開発銀行(ADB)が,この資金で設けた特別基金を通じ,2002年3月まで支援した。具体的には,ADBの融資事業に関連して各国が負う債務の利払い補てん,新規の資金調達に対する保証,技術援助などに充て,各国の構造改革を重点的に支援する。

アジア通貨基金構想
【Asian Monetary Fund ; AMF】
アジアの通貨・金融市場の安定を目的として,アジア各国・地域が協力して設立する基本構想のこと。1997年7月にタイの通貨バーツが事実上切り下げられ,他のアジア通貨もドミノ式に急落するアジア通貨・金融危機が発生したことが契機。アジア通貨が不安定な状態に陥るのを防ぐために,基金を利用して為替市場に介入したり,金融・通貨当局の一時的な外貨不足を補ったりする。1,000億ドル規模の基金を想定。当初,東南アジ

ア諸国連合（ASEAN）は日本に応分の負担を求めるなど、アジア通貨基金設立への日本の役割を期待する声が大きかったが、国際通貨基金（IMF）や米国の反対もあり構想は立ち消えた。だが、東アジア域内の経済統合を探る潮流の中で、再び必要性が提唱されつつある。現在、ASEANと日中韓の間で交渉が進む通貨スワップ（交換）協定の基本的な機能はAMFに近い。

アジェンダ21
【agenda 21】
1992年6月の国連環境開発会議（地球サミット）で採択された環境保全と持続可能な開発を実現するための行動計画。人口問題や大気保全、途上国への資金援助、技術移転など40章からなり、各国が取るべき政策や企業活動を規定している。ただ条約ではないため、法的拘束力はない。97年6月の国連環境開発会議で行動計画の取り組み状況をチェックした。2002年8～9月に南アフリカで開いた持続可能な開発に関する世界首脳会議（環境開発サミット）で、アフリカの開発など具体的な実施計画を盛り込んだ。

アジェンダ2000
【agenda 2000】
欧州連合（EU）の財政改革プログラム。1999年3月にベルリンで開いた首脳会議で合意した。EU予算の大半を占める共通農業政策（CAP）と構造改革を進め、①2000～06年のCAP予算は年平均405億ユーロを上限の目標とする、②同期のEU予算上限をEU全体のGNPの1.27％に凍結する——ことなどを決めた。

アセットマネジメント
【asset management；AM】
オフィスビル、マンションなどの買収・売却で保有資産の組み合わせを変えたり、テナントの入れ替えや賃料の引き上げなどによって、不動産から得られる収益を高めること。大手不動産会社がビルを保有する企業や不動産投資法人から業務を受託し、手数料収入を得ているケースが多い。個々のビルの運営管理が対象のプロパティマネジメント業務に対し、AM業務は保有資産全体の運用を対象にしている。→プロパティマネジメント

新しいケインズ主義
【new Keynesianism】
経済主体の合理的行動を前提としたミクロ的なアプローチでケインズ理論を説明するニューケインジアンの考え方。ケインズ経済学では失業などの現象を賃金や価格の硬直性を仮定することで説明し、例えば不況で失業者が出たとしても、新古典派がいうように賃金が十分に下落するのであれば企業が雇用を増やし完全雇用が達成されるが、実際には賃金は下がりにくいため失業が常態化すると考える。この場合に従来のケインジアンは、賃金の下方硬直性を労働組合の存在などマクロ的に説明するが、ニューケインジアンは例えば労働者の勤労意欲は賃金水準に比例するという「効率賃金仮説」に立ち、失業者が低い賃金を提示しても、企業は新規に雇用するより既存の社員の賃金を引き上げて働かせた方が効率的と考えるため、失業は解消されないと説明する。

圧縮記帳
【reduction entry】
法人が固定資産を取得する場合、税法に基づき一定の条件の下で取得価額から一定の金額を控除して帳簿価額とすること。取得価額を圧縮した金額を帳簿価額とするので圧縮記帳と呼ぶ。取得価額と帳簿価額の差額を損金に算入することができ、一時的

には減税の効果がある。国庫補助金や保険金などで固定資産を取得した場合，国庫補助金などの金額を取得価額から控除したものが帳簿価額となる。また，土地収用法などで土地が強制的に収用され代替地を取得した場合も，売却・譲渡益の全部または一部について圧縮限度の範囲内で圧縮記帳が認められている。

圧電プラスチック
【piezoelectric plastics】
変形させたり，温度を変化させたりすると電荷を生じる高機能プラスチック。赤外線センサーや手書き文字図形入力センサー，温度センサー，ブザーやスピーカーの振動体などの用途に使う。従来は圧電材料はチタン酸・ジルコン酸鉛などのセラミックスが主流だったが，プラスチックの方が割れにくく大きなものが作れるうえ，成型加工が容易で薄膜化できることから需要が伸びている。

後入れ先出し法
【last-in first-out (LIFO) method】
棚卸し資産の評価方法の1つ。後から仕入れた商品あるいは原材料で作った品物から売れたことにして，残った商品，原材料を評価する。インフレ時代に資産内容を堅実にする方法である。例えば100円，110円，120円の順に1個ずつ仕入れた商品がその決算期中に2個売れた場合，期末に残った商品の評価は，後から仕入れた110円，120円が売れたものと見て1個100円とする。これに対して，先入れ先出し法は，最初に受け入れたものから順々に払い出していくやり方。→棚卸し資産

後仕切り
【re-pricing after delivery】
問屋がメーカーから仕入れる時点で値を決めず，売れた後で仕入れ値を決める方式。相場が下げ過程にある時，問屋に損をさせないため考えられたもので，鋼材など市況商品でよく見られる。リベート，報奨金なども実質的には後仕切りといえる。日本の市場の閉鎖性を象徴する不透明な取引慣行として米国などからの批判が強まっており，紙や石化製品などの流通業界に続き鉄鋼業界でも是正に向けた動きが活発化している。

アナアナ変換
【analogue-analogue conversion】
アナログ周波数変更対策の略称で，地上波デジタル放送の開始前に必要な混信対策を指す。現在の地上波アナログ放送に利用されている電波の周波数はほぼ満杯で，デジタル放送を始めるためには，一部の放送局が使っている電波をより高い周波数に移す作業が必要となる。対象世帯ではアンテナやチャンネル設定を変更する必要がある。作業は国が委託する電気通信事業者が対象世帯に事前に告知して戸別訪問して行う。一般家庭の対策費は国が全額負担する。→地上デジタル放送

アナウンス効果
【announcement effect】
予測や計画などを公表した場合，人々がそれを考慮して行動を変化させ，かえって現実が想定した姿と食い違ってしまうこと。アナウンスメント効果と呼ぶこともある。特に政府の作る経済計画の場合，経済成長率などにおいて積極的な計画を打ち出すと，そのことが民間の経済活動を刺激し，実績値が計画値を上回ることが過去にしばしば起こっている。

アナリスト
【analyst】
株式を発行している会社の財務内容や収益力を調査し，投資価値を判断

する専門家。分析する人，解剖学者などの意味だが，経済用語としては証券アナリスト(証券分析家＝securities analystまたは金融分析家＝financial analyst)を指す。日本では日本証券アナリスト協会が検定制度を実施し，資格を与えている。株式市場全体の動向について分析する人を特にマーケットアナリストと呼ぶ。

アナログ analog(ue) ⇨ デジタル

アパルトヘイト
【apartheid】
南アフリカ共和国の人種隔離政策を指す。同国のオランダ系白人の使うアフリカーンス語で「分離」を意味する。1948年の国民党白人政権成立以来，同党による人種差別的政治制度を指して一般的に使われるようになった。89年9月就任のデクラーク大統領は，同政策に対する国際世論の非難を背景に民主化政策を開始。90年2月の国会演説で，アフリカ民族会議(ANC)など黒人解放運動組織の合法化，終身刑で28年間獄中にあったネルソン・マンデラ氏の釈放などを表明，アパルトヘイト廃止へと踏み出した。以来，ANCとの和解予備交渉の開始，非常事態宣言の解除と改革を推進，アパルトヘイトの根幹をなしていた人種隔離四法のうち90年10月には公共施設分離法を，91年6月には人種別集団地域法，原住民土地法，人種登録法の三法を撤廃，94年4月の総選挙で黒人最大勢力のアフリカ民族会議(ANC)が勝利し，黒人初のマンデラ大統領が誕生したことで完全に消滅した。→ANC

アービトラージCDO
【arbitrage CDO】
社債やローンなど債務を組み合わせて商品化した合成債務担保証券(CDO)のうち，担保となる資産(債務)を市場から買い付けてきて組成するもののこと。市場から買い付ける担保によってその証券の運用成績が変わるため，投資マネジャーの目利き，力量が大きく問われる証券化といえる。→合成債務担保証券(CDO)，バランスシートCDO

アブソープション分析
【absorption approach】
国際収支の動きを説明する1つの分析方法。アレクサンダー(Sidney Stuart Alexander)が展開した理論で，経常収支の黒字は国内総生産のうち国内支出によって吸収されない部分に対応するというのが基本的な考え方である。別の表現をすれば，貯蓄のうち投資(国内)によって吸収されない部分(貯蓄・投資の不均衡)が経常収支の黒字に対応することになる。この考え方に従うと，日本の大幅な経常収支黒字は貯蓄に対し投資が不足していることが原因となる。このため黒字を減らすには，貯蓄を減らすか投資を増やす(あるいはその両方を行う)必要がある。政府が内需を振興するのも，こうした考え方が背景になっている。

アフターバーナー
【afterburner】
ジェットエンジンの後部にもう1つ燃焼室を設け，排ガスに再度燃料を噴射し再燃焼させる装置。超音速機には不可欠の装置で，離陸時や超音速への移行時の加速で一時的に推力を増加するのに使う。この方法だと20～30％の推力増強が可能になる。特に急上昇，急加速，急旋回を要求される今日の戦闘機には必須の装置となっている。

アフリカ開発会議
【Tokyo International Conference on African Development ; TICAD】
アフリカ開発のための戦略や具体的な

施策について話し合う目的で，日本政府が国連などと共催で開催する国際会議。1993年の1回目の会議では「先進国からの援助がすべてを解決するわけではない」とアフリカ諸国による民主化努力などを訴えた「アフリカ開発に関する東京宣言」を採択。2003年に開いた第三回会議（TICAD III）はアフリカ23カ国の首脳など87カ国，51の国際機関・地域機関が参加する大規模な会議となり，アフリカとアジア諸国との間の経済交流拡大を目指すことを柱とした「TICAD10周年宣言」をまとめた。

アフリカ開発銀行 ⇨ADB②
アフリカ民族会議 ⇨ANC
アフリカ連合
【African Union ; AU】
2002年7月9日にアフリカ統一機構（OAU）が改組して誕生した。アフリカ大陸の53カ国が加盟，行政執行機関のアフリカ委員会の初代委員長にアマラ・エシー氏（コートジボワール出身）が就任した。欧州連合（EU）を模範に議会や委員会，共通裁判所，中央銀行を設置する計画。アフリカ復興を進める「アフリカ開発のための新パートナーシップ（NEPAD）」の具体化を進め，23年のアフリカ経済共同体設立，さらに将来のアフリカ共通通貨導入などを目指す。

アプリケーションソフト
【application software】
ワープロや表計算，さらには業務用の在庫管理や販売管理など，コンピューターを利用者の使用目的に合うよう働かせるプログラム。既製品として販売されるパッケージソフトウエアと個々のユーザー向けに受託製作するオーダーメード（カスタムメード）ソフトウエアがある。→OS

アポトーシス
【apoptosis】
生体中の不要になった細胞や有害な細胞が，自殺するように死滅する現象。あらかじめ遺伝子でプログラムされた細胞死ともいわれる。腸表面の細胞の入れ替わりやオタマジャクシがカエルになる際の尾の消滅などが該当するとされる。アポトーシスはがんやエイズなどの病気に深く関与しているとされ，その仕組み解明や治療に応用する研究が活発化している。

アミノ酸飲料
【amino acid beverages】
たんぱく質を形成する物質であるアミノ酸を含んだ清涼飲料。2001年2月にキリンビバレッジが発売した「アミノサプリ」が予想を大きく上回るヒット商品となったことで，サントリーの「アミノ式」など各社が相次いでアミノ酸入り飲料を発売し，ブームとなった。清涼飲料市場全体が横ばい状態となる中，アミノ酸飲料を含め，栄養補給や体力向上などを売り物とした機能性飲料は着実に需要を伸ばしている。

アムステルダム条約
【Amsterdam Treaty】
欧州連合（EU）加盟15カ国首脳が1997年6月，アムステルダムで合意し，99年5月1日に発効したEUの基本法。EU設立や欧州単一通貨導入の道筋を定めたマーストリヒト条約（欧州連合条約，92年2月調印）の改正条約で，EUの"新憲法"というべきもの。2004年5月の中・東欧への拡大に備え，共通外交・安保政策で従来の全会一致方式を改め，特定国の棄権が全体の採決を妨げないように「建設的棄権」を導入した点や，意欲のある国だけで統合を深化する「柔軟性原理」を打ち出した点などが特徴。「雇用委員会」の設置など，

社会環境の変化にも応じた。03年2月、ニース条約が発効し、東欧、中欧諸国の加盟をにらみ、議会での多数決方式の拡大など政策決定をより柔軟にすることが合意された。

アメニティ
【amenity】
建物や気候などの感じの良さから、美しい風景などまでを含む幅広い概念で、一般に「快適性」「快適な環境」と訳される。環境省はアメニティが「住み心地の良さ」「生活環境の快適さ」を意味し、大気汚染防止や水質汚濁防止という従来の環境行政の延長上にあると判断している。1976年11月に開かれた経済協力開発機構(OECD)環境委員会が「日本は公害対策では成果をあげているが、アメニティを守る政策では後れをとっている」と指摘したのを契機に、関心を集め始めた。

アモルファス金属
【amorphous metal】
通常、金属は原子が整然と並んだ結晶状態になっているが、アモルファス金属は原子の並び方が無秩序になっている。溶けた金属を急冷したりして製造する。普通の金属より優れた磁気特性を持ち、耐食性、強度も高い。非晶質金属、ガラス状金属ともいう。この長所を生かしてテープレコーダー、VTR(ビデオテープレコーダー)用の高性能磁気ヘッド、センサー、レーザー用電源への応用がなされているほか、エネルギー損失が少ない変圧器としての開発が進んでいる。

アラブボイコット
アラブ諸国が対立関係にあったイスラエルの経済力を削ぐために実施していた間接的な経済制裁。アラブ連盟の下部機構であるアラブ・イスラエル・ボイコット委員会が親イスラエル企業をリストアップし、アラブ諸国にこれらの企業との取引を止めるように指令している。しかし、1991年のロンドン・サミットでイスラエルの占領地への入植禁止と引き換えにボイコットを中止することを提案、エジプトやアラブ首長国連邦(UAE)がこの提案を支持した。94年9月、サウジアラビアなど湾岸協力会議(GCC)6カ国がボイコット部分解除で合意、10月にアラブ連盟はボイコットは継続するとの声明を発表したが、事実上は形骸化した。2000年10月のアラブ首脳会議ではイスラエル軍とパレスチナ住民の衝突激化を受けてシリア、リビアなどがボイコット復活などを呼び掛けたが、共同声明ではイスラエルとの新規外交関係停止を呼び掛けるにとどまった。01年7月のアラブ連盟会合でも対イスラエル強硬派と穏健派の意見が対立し、共同歩調は取れなかった。

アリアンロケット
【Ariane rocket】
英仏独など欧州15カ国で組織しているESA(欧州宇宙機関)が開発し、アリアンスペース社が製造・打ち上げを行っている人工衛星打ち上げ用ロケット。最初の打ち上げは1979年12月。最新の実用機は「アリアン5」で、衛星を高度3万6,000キロメートルの静止軌道に打ち上げる能力は約7トン。96年6月に試験1号機の打ち上げに失敗したが、97年、98年と連続して成功、商業化にメドをつけた。打ち上げは南米のフランス領ギアナのクールー基地から。打ち上げビジネスではシェアも50％強と世界を一歩リードしている。

亜硫酸ガス ⇨SOx

アルカリ骨材反応
【alkali aggregate reaction】
コンクリート劣化現象の1つで、鉄道

のトンネル崩落事故などで社会問題化した。骨材に含まれるガラスなどの結晶度の低いシリカ質成分と、セメントのアルカリ分が反応、コンクリート中に水ガラス（ケイ酸ソーダ）ができてその膨張圧力でコンクリートにひび割れが生じる。こうしたひび割れから雨水が入り込むと鉄筋を浸食し、コンクリート劣化の被害を増大させることから、建設・建材業界や各種の研究機関でアル骨反応対策が進められている。低アルカリセメントの開発、アル骨反応を起こしやすいとされる骨材（安山岩など）の使用制限のほか、鉄筋からコンクリート表面までの厚さを確保するなど施工上の抑制策が採られている。

アルジャズィーラ
【Al Jazeera】
カタールに本拠をおくアラビア語衛星テレビ局。英BBCなどで働いていたアラブ人記者が1996年に設立した。世界に30以上の支局を持つ。政府寄りの報道機関が多いアラブ諸国では異例の独立性の高さが売り物。国際テロ組織アルカイダの首謀者ウサマ・ビンラディン氏のメッセージや映像をたびたび独占放映したことに米政府が懸念を表明したこともある。2004年にイラクでおきた邦人拘束事件では犯人グループからの映像や声明だけでなく、イラクのイスラム教聖職者が事件解決を求めるメッセージも紹介するなど解放に向け大きな役割を果たした。

アルゼンチン危機
【Argentine crisis】
2001年12月の公的対外債務の一時支払い停止に端を発するアルゼンチンの国内外での経済混乱。1991年以来、固定相場制を維持してきたアルゼンチンだが、放漫財政で1,500億ドルに膨張した対外債務や恒常的な経常赤字などを背景に通貨ペソが信認を失い、事実上の債務不履行（デフォルト）と固定相場制放棄に追い込まれた。ペソ下落に伴う物価高騰や銀行の営業休止で暴動が頻発、死者が出たほか、国際金融市場では1,915億円の円建て外債（サムライ債）を含む公募債の元利払い停止が投資家に打撃を与え、その影響は新興国市場全体に波及した。債務再編交渉が難航する中で、03年5月に就任したキルチネル大統領は、投資家に元本削減を求めていく考えを示した。

アルツハイマー病
【Alzheimer's disease】
痴呆などを起こす神経疾患。患者は国内で150万人に達する。発病すると脳機能が全般的に低下し、全身が衰弱して死に至る。確立した治療法はない。死亡した患者の脳を解剖すると、特徴的な老人斑が見られ、それを作るアミロイドと呼ばれるたんぱく質が脳細胞に沈着することなどが病気の発症に関係するのではないかと考える研究者が多い。治療薬ができれば1兆円以上の市場規模が見込まれ、各社が開発にしのぎを削っている。

アルミナ
【alumina】
酸化アルミニウムのこと。ボーキサイトからアルミ地金を製造する際の中間品として知られているが、最近はアルミ精錬用以外にセラミックの原料などへの用途が注目されている。硬くて耐摩耗性があるほか、耐熱性、耐蝕性、電気絶縁性、精密加工性などにすぐれ、電子部品、耐火物、研磨材、触媒などに用途が広がっている。国内で生産されるアルミナの約9割がこうした非精錬用。特に、アルミナ繊維は繊維強化金属の材料として注目されている。ルビーなどの宝石も化学的に

はアルミナの一種であり、高純度アルミナは人工合成宝石として装飾用・工業用に使われている。

アルミニウム－リチウム合金
【aluminium-lithium alloy】
リチウムは金属の中で最も密度が低い元素。このリチウムをアルミニウムに添加して作る。リチウムを1％添加することで、合金の密度が3％低減するという。宇宙・軍用関係で一部実用化されており、高い弾性や加工性を持つうえ、強度は超々ジュラルミンに匹敵する。用途は航空機用部品が最も有望視されている。また、これまでのアルミ合金にはない高電気抵抗の性質を持つため、核融合装置材料としても実用化の検討が進められている。

アルミボディ
【aluminium car body】
従来の鋼板の代わりにアルミニウム板を使用した自動車のボディ(車体)を指す。自動車の燃費向上を目的とする車体軽量化の切り札として注目を集めている。1990年9月に発売されたホンダの高級スポーツカー「NSX」に初めて採用。その後、94年3月にスイス・ジュネーブのモーターショーで独アウディがオールアルミボディの最上級車「A8」を発表。量産車としては初めて自動車ボディにアルミニウム合金を採用した。英ジャガーが2003年に日本で発売した最高級新型セダン「XJ」は、アルミの多用により同クラスの競合車よりボディ重量が最大200キログラムも軽い。スチール材のモノコック構造とは異なり、アルミ合金をビーム(梁)で囲み、スペースフレームをつくりシャシー(車台)としての剛性を保つ。アルミの重さは鉄の約3分の1。鉄に比べて強度で劣る分、板を厚くする必要があり、3分の1の軽量化とはならないが、大幅に軽くなる。しかし材料費が鋼板の約4倍もするので、コスト削減が課題になっているほか、プレス加工や溶接に高度な技術が必要になるなどの難点がある。比較的加工がしやすいボンネットなどへの部分的採用も進んでいる。

アレルギー物質
【allergy-causing substance】
特定の人が食べると血圧降下、呼吸困難、じんましんなどのアレルギー症状を起こす原因となる物質。2001年4月に食品衛生法の施行規則が改正され、加工食品に表示義務が課された。小麦、そば、卵、乳、落花生の5品のいずれかを含む場合は必ず表示。イカや大豆など19品目に関しても可能な限り表示することが望ましいとされている。消費者にとっては安全確認の手段が増えたが、メーカーにとっては検査体制の構築など負担も大きく、対応し切れていないケースも出ている。食品衛生法改正後、アレルギー物質の混入により商品回収や契約停止に追い込まれるケースが頻発している。

アンクタッド ⇨UNCTAD

暗号
【cryptogrophy】
特定の発信者と受信者の間だけに通用するように、情報を意味の分からない形に変換したもの。本来の秘密の通信手段にとどまらず、最近はデータ改ざんなどコンピューター犯罪を防止したり、送られてきたデータの発信者を確認するなど、情報通信の安全性を確保するための暗号応用システムとして使われる。既に金融取引、企業通信や携帯電話、衛星放送などで使われている。より厳重で使いやすい暗号化技術の研究が進んでおり、個人が不特定多数を相手に手軽に使える新タイプの暗号技術も実用化され始

めている。→情報セキュリティー

暗号化技術
【encryption technology】
インターネット上で受発注などの商取引を行う際には第三者による盗聴や本人と偽る「なりすまし」などの危険が常につきまとう。このため，個人情報が他人に見えないように文字の配列を変えたり，改ざんができにくくしたりする技術。情報の秘匿以外にも暗号の出番は増えている。情報を暗号化する「共通かぎ暗号」方式のほか，顔の見えないネット上で本人を確認する手段として1970年代に「公開かぎ暗号」方式という手法が編み出され，電子決済などに採用されている。

アンゴラ内戦
1975年にポルトガルから独立して以来，政権をとったアンゴラ解放人民運動(MPLA)と，ほぼ同規模の戦力を持つゲリラ組織アンゴラ全面独立民族同盟(UNITA)との間の内戦。冷戦終結後，大国から両者への援助が切れたことで和平交渉が動き出し，94年11月に和平協定が調印され停戦。95年3月にはアンゴラ政府とUNITAが国民統合和解政府と合同軍を作ることで合意した。98年12月には再び内戦状態となったものの，2002年4月に両勢力が停戦協定に調印し，アフリカで最長の27年に及んだ内戦はようやく終結した。

アンザス
【ANZUS】
オーストラリア(Australia)・ニュージーランド(New Zealand)・米国(United States)相互安全保障条約のこと。加盟3国の頭文字をとってこう呼ばれる。1951年に締結され，同条約に基づき加盟国の外相で構成される理事会と理事会への勧告を行う軍事委員会が設置されている。84年成立のニュージーランドのロンギ労働党政権が非核政策を打ち出したため，米国は86年8月，条約に基づく防衛上の義務を一時的に打ち切ると公式に表明。実質的に米国とオーストラリア2国だけの軍事同盟になった。

アンタイド
【untied】
途上国援助のうち，資材の調達先を日本などに限定しない方式。「ひもなし」ともいう。2003年版ODA白書によると，02年度の円借款のうち，調達先に一切制限のない「一般アンタイド」は96.4％を占めた。調達先を日本に限定した「タイド」は2.1％，日本と途上国を調達先に限定した「部分アンタイド」が0.0％，日本と借入当該国に限る「2国間タイド」が1.6％となっている。ひも付きは輸出振興につながるため，国際的な批判が強く，政府は基本方針としてアンタイド化を表明している。

アンダーライター
【underwriter】
引受証券会社のこと。企業や公共機関が時価発行増資や公社債を発行する際，投資家との間を取り持つ。単数あるいは複数のアンダーライターが有価証券を一括して引き受け，引受シンジケート団を通じて販売する。公共債は銀行でもアンダーライターになれるが，その他の有価証券については，証券取引法に基づいて金融庁がアンダーライターの免許を与えた証券会社だけに資格がある。1993年4月の金融制度改革で，普通社債に限って，銀行の証券子会社も引き受けができるようになり，その後転換社債や株式の引き受けも順次可能になった。最近はインターネットを使った電子引受けが増えている。発行額，発行価格，表面利率，期間などの発行条件

を発行者と協議し、引受団のとりまとめ役となる証券会社を主幹事という。

アンバンドル
【unbundle】
通信事業者のネットワークを細分化し、接続する事業者に必要な電気通信設備を提供すること。電気通信事業法の規定により、NTT東西地域会社は保有する回線網を加入者回線や市内電送などに分けて、新電電などが利用できるようにしなければならない。光ファイバー設備についてもアンバンドルに関する接続ルールが2001年4月に決まり、NTTは全国同一の基準で設備を貸し出さなければならない。

い

委員会等設置会社
2003年4月に施行された改正商法により、資本金5億円以上または負債総額200億円以上の「大会社」などが選択できるようになった米国型の企業統治形態。この方式を採用した企業は業務執行を担う執行役を置き、担当分野の業務に専念させることができる。一方、取締役会は戦略の決定、監督といった機能に特化する。監査役制度はない。その代わり、取締役会に「指名」「報酬」「監査」の3委員会を設置する必要がある。

以遠権
【beyond right】
航空協定で認められている国際航空運送上の権利の1つ。協定を結んだ相手国と第三国との間で旅客や貨物を運送できる権益を指す。

硫黄酸化物 ⇨SOx

イオン交換膜
【ion-exchange membrane】
陽イオンと陰イオンを選択して片方だけを通過させる合成樹脂の膜。従来、食塩や苛性ソーダの生産に使われていたが、食品や医薬の精製、海水の淡水化にも使用され始めた。

異業種の銀行参入ルール
【rules concerning entry into banking business by nonfinancial companies】
異業種企業が銀行業に参入する場合に金融庁が活用する監督や認可の基準。銀行の健全性を維持するために導入することにした。保険業に参入する場合も適用する。20％以上の株式を所有するなど銀行経営に実質的な影響力を持つ株主を「主要株主」と位置付け、事前に銀行設立の認可を得ることを義務付けるほか、金融庁が必要に応じて立ち入り検査することも可能とする。

育児・介護休業法
【Law Concerning the Welfare of Workers Who Take Care of Children or Other Family Members Including Child Care and Family Care Leave】
民間企業の男女労働者に、子供が1歳になるまでの最高1年間、育児のため休業することを認めるよう事業主に義務付ける法律。施行は1992年4月1日。子供を養育する労働者が退職することなく、仕事を続けることができるようにするのが目的で、休業のほかにも育児のための短時間勤務の導入などを盛り込んでいる。さらに99年4月からは、同居家族などに介護の必要が生じた場合、申請に基づき3カ月以内の期間で休業を認める「介護休業」に関する規定が施行された。2002年4月からは子供の看護のための休暇を認めるように事業主に努

力義務を課したほか、3歳以上小学校就学前の子を持つ従業員への支援の努力義務も課した。育児・介護休業の期間中は休業前賃金の40％が雇用保険から支給される。政府は04年中に育児休業期間を最大1年半に延ばす法改正をめざしている。

育児休業制度
【childcare leave system】
一定の期間、育児のために休業することを認める制度。働く女性の急増や人手不足を背景にこの制度を導入する企業が増えている。流通、サービスなど女性の社員が多い企業は早くから導入しているところもあり、出産後1年間の休業を認めるケースがほとんど。ただ実際の運用では職場復帰後の処遇などで企業が解決すべき問題も多い。2002年4月に改正育児・介護休業法が施行され、短時間勤務など育児と仕事の両立支援措置の対象となる子の年齢が1歳未満から3歳未満に引き上げられた。子の看護のための休暇の設置についても企業に努力義務が課された。

医工連携
【medical-engineering collaboration】
医学と工学それぞれの専門家が垣根を超えて協力、医療機器や診断技術を共同開発する研究のあり方。傷ついた組織を修復する再生医療やナノテクノロジー（超微細技術）のほか、高性能の医療画像診断機器など、医工両分野の知識が欠かせない場面が増えており、医工連携の動きが活発になってきた。ここ1～2年の間に東京大学や千葉大学、大阪大学などが相次いで医工連携に取り組む研究センターを新設している。理工分野に強い早稲田大学と東京女子医科大学が学術協定を結ぶといった従来にない動きもある。

イーサネット
【ethernet】
LAN（構内情報通信網）の代表的なデータ伝送方式で、米国のゼロックス社がデジタルイクイップメント（DEC）、半導体メーカーのインテルの2社と共同開発し、1980年に商品化し特許を公開した。LANの国際標準化を進めている米国電気電子学会（IEEE）の標準方式の1つに採用されている。最大伝送速度は毎秒10メガ（メガは100万）ビットが一般的だったが、既に10ギガ（ギガは10億）ビットまで高速化している。用途もLANだけではなく、広域のデータ通信で使える「広域イーサネットサービス」が登場。企業の拠点間通信網として使われている。

諫早湾干拓事業
【Isahaya bay land reclamation project】
九州・諫早湾の湾奥を埋め立てて農地にする農林水産省の公共事業。大規模な農地の確保や湾岸地域を高潮などから守ることを目指して1986年に着手した。97年に潮受け堤防で湾奥を外部から閉め切った後で、有明海のノリが不作となる問題が発生。ノリ漁業者が事業の中止や堤防の水門開放を要求した。この結果、農林水産省の設けた第三者委員会が2001年に干拓事業とノリ不作の関係を探る水門開放調査を提言し、02年4月から2カ月間の短期調査を実施した。また、01年には農林水産省が干拓の規模を半分に抑えることを決めた。04年5月、農水省は水門開門調査は時間と費用がかかりすぎると判断、開門調査を見送る方針を決めた。

イージス艦
【aegis ship】
米国が開発した最新鋭の防空ミサイ

ル艦。ギリシャ神話でゼウスがアテナにあらゆる邪悪をはねのける盾（エイジス，AEGIS）を授けたことに由来する。数百の目標を同時にキャッチし，追尾できるレーダー「SPY」，多数のミサイルを同時発射できる装置「VLS」などを備え，敵の航空機やミサイルによる攻撃から艦隊全体を守る。海上自衛隊は1995年度までの中期防衛力整備計画で4隻を発注，98年3月までに「こんごう」「きりしま」「みょうこう」「ちょうかい」の4隻を配備している。2001年度から05年度までの中期防衛力整備計画では，従来のイージス・システムに比べて防空能力を向上させた2隻の整備を計画。いずれも三菱重工業に発注した。→弾道ミサイル防衛

イスラム原理主義
【Islamic Fundamentalism】
イスラム世界での社会的な不公正の広がりや西欧文明の影響拡大に対抗して，イスラム教本来の教義に戻ることでイスラムの復権を目指そうという運動。厳しい戒律の遵守などを主張するが，一部の過激派は，イスラムの教義に基づく国家樹立などを目指してテロ活動を展開している。原理主義の高まりの背景にはベールをかぶる女性が増えるなどイスラム回帰の社会的風潮に加え，イスラム諸国の経済不振による失業者の増加，特に若年層の社会への不満の高まりが指摘されている。世界では中近東諸国や南アジア，中央アジアなどで原理主義勢力の動きが活発で，イラン，スーダンなどが原理主義勢力を支援しているとされるほか，アルジェリアやエジプト，イエメンなどでは原理主義勢力が反政府武装活動を展開しており，外国人へのテロや誘拐事件などを引き起こしている。2001年9月に起きた米同時テロと，それに続く対テロ戦争によってテロの首謀者とされたウサマ・ビンラディン氏をかくまっていたアフガニスタンの原理主義勢力タリバンは崩壊したが，米国はあくまで自国に脅威を与えるテロ組織の壊滅を目指してイエメンやグルジア，フィリピンなど各国政府に強くテロ取り締まりを求めたり，周辺で軍事演習を実施するなど圧力をかけ続けている。

イソフラボン
【isoflavon】
大豆の胚芽（はいが）に多く含まれるポリフェノール化合物の一種。女性ホルモン「エストロゲン」に似た働きを持ち，更年期症状を緩和するとされる。さらに骨のカルシウムを維持して骨粗しょう症の予防にも役立つほか，脳卒中や心筋こうそくなど血管系の生活習慣病の予防効果もあるといわれている。健康効果が認知されるようになり，豆乳などの大豆製品のブームにつながっているほか，栄養補助食品（サプリメント）の原料としても需要が増えている。

委託保証金
【consignment guarantee money】
商品の清算取引，株式の信用取引，株価指数先物・オプション，債券先物，金融先物取引をする客（委託者）が，証券会社などに納める証拠金のこと。証拠金ともいう。現金だけでなく，一定の有価証券なら代用として認められる。相場が大きく動いて，それまでの委託保証金だけでは不十分になったときは委託追証金（商品），追加差し入れ保証金（株式）などといって，証拠金を追徴される。略して追い証ともいう。取引所は相場が過熱した場合，委託保証金率を引き上げることで，投機的な動きを規制する。
→信用取引

委託保証金率
【margin requirements】
信用取引で売買する株の時価に対して担保として預けなければならない委託保証金の率。証拠金率ともいう。証券取引法49条には保証金率を30％以上としなければならない旨が規定されている。→信用取引，委託保証金

板寄せ
不特定多数の売り手と買い手の間で取引価格を決定する手法の1つ。一定時間内に売りの総量と買いの総量が一致するまで競り価格を上下させる。売りの総量が多ければ価格を下げ，買いの総量が多ければ価格を上げて取引を成立させる。一定時間内に決まる取引価格は1つだけなので，「単一約定値段方式」とも呼ばれる。世界的にはザラバ方式による値決めが一般的だが，日本の商品先物取引では板寄せ方式を採用する品目が多い。→ザラバ

市売り
木材取引の一種。市売り問屋が木材の販売を委託され，一定の手数料をとって，決まった日時，場所で競（せ）りにより販売する。市場は株式会社組織をとり，敷地と建物を提供するが，実際の売買は会員の問屋が行うケースが多い。大阪が発祥の地で，東京は戦後誕生した。現在，全国には約560ヵ所あるが，大都市市場は製材品，地方市場は原木中心である。近年は外材のシェア増大を背景にした付け売り問屋の巻き返し，木材センターの進出などで，市売りは伸び悩み気味。また，原則は委託販売だが，最近は買い取り販売の問屋も増えている。→付け売り

1次エネルギー
【primary energy】
主に加工されない状態で供給されるエネルギー。石油，石炭，天然ガス，原子力をはじめ，水力，地熱，まきなどを指す。これに対し，1次エネルギーを転換・加工して得られる電気，都市ガス，コークスなどを2次エネルギーと呼ぶ。日本の1次エネルギーの構成は石油が約48％，石炭が約21％，天然ガスが14％，原子力が14％となっており，全体で80％程度を輸入に依存している。

一時解雇制 system of temporary lay-off ⇨ レイオフ制

1次産品カルテル ⇨ 生産国カルテル

一任勘定
【discretionary account】
証券会社が顧客から有価証券売買の一任を受け，運用すること。証券会社への一任業務は1991年に発覚した損失補てん事件を機に一時禁止されたが，日本版ビッグバンの一環として98年度に解禁された。2004年4月からは「ラップ口座」の規制が緩和され，投資一任サービスをより利用しやすくなった。

1年制大学院
【one-year graduate school】
1999年9月の文部省（当時）の大学院設置基準の一部改正で新たに設立が認められた1年コースの大学院修士課程。専門性の高い職業人の育成に的を絞ったのが特徴で，2000年4月から名古屋商科大学が情報技術コースで，法政大学も情報技術(IT)の分野で各々新設，授業を開始した。大学院改革のなかでは既に一部で実施されている専門大学院の正式な制度化に加え，通信制大学院，長期在学型大学院などとともに，全く新しいタイプの大学院の1つとして期待されている。1年制ではないが，04年4月に法科大学院（ロースクール）が開校さ

れるなど専門職大学院を設立する動きもある。→専門大学院

一括物流
スーパーやコンビニエンスストアなど小売りの店舗の注文に応じて、一カ所の物流センターで受注商品をとりまとめて納品する仕組み。店の売り場の棚単位に商品を詰め直して納品する。従来は複数の卸や物流業者が店舗にバラバラに納品していた。一括物流は配送効率が高まり、店舗での陳列作業の負担が軽減されるのが特徴。食品や日用雑貨を中心に急速に拡大しており、卸の再編を促すきっかけにもなっている。

一致指標 coincident indicator ⇨先行指標

一般会計
【general account】
国の最も基本的な会計で、国が一般行政を進めるための主要な経費を賄う会計。租税収入、日銀納付金などの税外収入、国債発行による収入を財源とする。国の財政はもともと1つの会計で処理することができ、これを予算の単一主義という。しかし現状では予算全体を1本にして処理するには複雑過ぎるので、特別な事業や、特別な資金の運用を対象とするものは、特別会計として別に処理している。→特別会計

一般貸付債権の流動化
金融機関が資金を効率的に回転させるために、企業向け貸し付けを第三者に譲渡すること。米国では1960年代から始まったが、日本では民法の指名債権譲渡方式を利用する形で90年3月に解禁された。譲渡先を資力のある金融機関に限定し、転売は認めない形にするなどの制限があったが、92年12月から信託方式の活用によって転売が可能になった。

一般借り入れ取り決め ⇨GAB
一般教書 State of the Union Message ⇨大統領教書
一般競争入札
【open bidding (system)】
公共工事で発注官庁が建設業者を決める入札制度の1つ。公告を経て入札説明書を配布、建設業者が申請書と資料を発注者の官庁に提出する方式。基本的には入札参加資格は定めないが、申請時の資料をもとに不良業者を排除する。1993年のゼネコン(総合建設業者)汚職で公共工事の入札制度に批判が高まった結果、従来の指名競争入札に代わって94年度から導入された。事前に業界側が受注業者を決める談合が問題となったが、一般競争入札だと業界内の拘束も効かず、結果として入札が透明になると期待されている。国の直轄工事については7億3,000万円以上、地方公共団体や公団などの工事については24億3,000万円以上を対象としている。

一般歳出
【general expenditures】
国の一般会計予算のうち国債費、地方交付税交付金などを除く政策的経費のこと。財政再建に向けて厳しい歳出抑制を進めていた大蔵省(現財務省)が1980年度予算の編成段階から用いるようになった区分方法で、自動的に歳出額が決まる国債費や地方交付税交付金と違って行政判断で増減の操作が可能なのが特徴。

移転価格税制
【transfer pricing taxation system】
親会社と海外子会社など関連企業間の国際取引について、実際の取引価格ではなく、税務当局が適正と判断した価格に基づいて所得を計算、法人税の課税額を決める制度。国によって法人税率に高低があるのを利用、

取引価格を操作して、税率の低い国に所得を移転し、企業グループ全体が納める税金を少なくしようとするケースが増えており、こうした課税逃れを防ぐのが目的。先進国のほとんどが採用しており、日本も1986年度に導入した。

遺伝子組み換え食品
【genetically modified (GM) food】
外部から別の生物の遺伝子を細胞に入れることで、自然にはない性質を持たせた食品のこと。第一号は米企業が開発した日持ちのよいトマトで、1994年に発売された。日本でも厚生労働省が遺伝子組み換え作物の安全性を確認した結果、96年から4作物7品種の輸入が認可された。2004年3月時点では6作物57品種が食品として流通が認められている。

遺伝子組み換え植物
【transgenic plant】
有用な性質を持つように遺伝子を操作した植物。ウイルスに強い耐病性のタバコや青いバラ、アレルギーを起こしにくい米など、農作物や園芸植物で研究が進んでいる。交配による品種改良技術と違い、自然にはなかった全く新しい性質を短期間で導入できるのが特徴。日本ではアレルギーや花粉症を和らげるイネなどの研究が進んでいる。将来、寒さや乾燥に強い穀物や収量の多い穀物などが作り出せれば食糧危機の切り札になると期待されている。ただ、作り出した植物を食べると有害である可能性もあるため、野外での栽培の前に安全性の確認が義務付けられている。2000年には米国から輸入した中に日本で未認可の害虫に強い組み換えトウモロコシ「スターリンク」が混入していたのが発覚し問題となった。

遺伝子工学
【genetic engineering】
外来の遺伝子を導入して生物の性質を変えたり、遺伝子自体を解明するために必要な遺伝子操作技術の総称。具体的には目的の遺伝子を取り出す、コピーして大量に増やす、酵素で切る、つなぐ、ほかの生物や細胞に導入して働かせるなどの方法がある。大腸菌などの操作しやすい微生物の遺伝子に別の遺伝子を導入してホルモンや酵素などの有用物質を大量生産させる技術は既に実用化されており、抗がん剤や腎不全治療薬などが生産されている。病気に強い植物や収量が多い農作物の開発、人間の全遺伝子を解明するヒトゲノム計画も、全面的に遺伝子工学を用いている。半面、遺伝子工学を活用すると通常では起きない生物の改変が可能になるため、新たな環境汚染や病気を引き起こす危険がある。技術の乱用を防いで人間や環境に悪影響を及ぼさないための実験指針が、植物や動物など分野ごとに定められている。

遺伝子診断
【gene diagnosis】
遺伝子の異常によって起こる病気になるリスクを、遺伝子の本体であるDNA(デオキシリボ核酸)を調べて診断すること。特定の酵素によって切り出したDNAの断片が、健康な人のものと異なることを利用して見つける。血友病や筋ジストロフィーなど、胎児の段階で診断できる遺伝病もある。最近ではほとんどの病気が遺伝子に関係していることがわかってきており、がんや心臓病、糖尿病などさまざまな病気の引き金となる遺伝子も発見されている。将来、発病するリスクの予測に役立つが、治療法のない病気を発病前に診断することの是非や、胎児の遺伝子を調べてよいかといった倫

理的な課題も大きい。米国では遺伝子診断の結果を理由とした雇用差別なども報告されており、プライバシー保護のための体制作りが進んでいる。
→遺伝子治療

遺伝子創薬
【genetic drug discovery】
体の設計図に相当するヒトゲノム(人間の全遺伝情報)などの解読結果を活用して医薬品を開発する手法。 ゲノム創薬ともいう。新薬候補となる物質を手当たり次第に探索し、臨床試験を重ねる従来の方法に比べ、新薬候補を効率よく見つけだせる。病気の仕組みを遺伝子やたんぱく質レベルで解明したうえで候補を探すため、効果が大きく副作用が少ない医薬品開発につながるとされる。大量のデータを分析するため、バイオに加え情報技術の知識が重要になる。

遺伝子治療
【gene therapy】
薬の代わりに遺伝子を患者の体に入れ、病気を治す治療法。 遺伝子の異常によって起こる遺伝性疾患の患者に正常な遺伝子を補ったり、がんなど後天性疾患の患者に病気をたたく物質を作る遺伝子を投与したりする。1990年3月に米国立衛生研究所(NIH)が先天性免疫異常疾患の子供に対して行ったのをきっかけに世界的に広がった。日本では93年4月に厚生省(当時)が実施のためのガイドラインを決め、95年8月に北海道大学病院が初めて先天性免疫不全の男児に対して遺伝子治療を実施、一定の効果を上げた。世界で3,000件以上実施されている。一時停滞していた日本でも、2001年秋以降申請が増えている。ただ、安全性は確立しておらず、効果もばらつきが大きい。→遺伝子工学

遺伝子特許
【gene patent】
遺伝子情報の解明に対する特許。 生物の設計図となるゲノム(全遺伝情報)解読がヒトやイネなどで進む中、その重要性は一層高まっている。機能・構造を明らかにして権利を押さえれば新薬や新品種作りで主導権を確保でき、ばく大な利益を生む可能性がある。ヒトゲノム解読で米国に後れをとった日本は、体内で実際に働き、薬の標的でもあるたんぱく質の機能・構造解明でばん回を目指す。2002年から3,000種を対象とした「タンパク3000プロジェクト」を理化学研究所を中心にスタートさせた。

遺伝子バンク
【gene bank】
さまざまな病気の患者や健康な人の遺伝子、微生物や動植物の遺伝子を目的に応じて集めたもの。 病気と関係の深い遺伝子タイプを突き止めるなど貴重な研究資源になる。国内では、がんや糖尿病などいろいろな病気の患者30万人分の遺伝子バンクを作る文部科学省の大規模プロジェクトが2002年度から始まった。英国は04年にも50万人規模でバンクの整備に着手する計画。アイスランドは製薬会社と共同で全国民28万人の遺伝子を集め、既にさまざまな研究に利用し始めている。

移転所得
【transfer income】
生産に直接寄与せずに個人が政府または企業から受ける収入。 これは個人の生産活動によって生み出されたのではなく、単に政府や企業の所得が個人の所得に振り替わっただけなので、一般の所得と区別して移転所得という。例えば個人が政府から受ける恩給、年金、遺族援護費、育英資金、

個人が会社からもらう病気見舞い金など。

移動発生源
【mobile sources】
移動しながら汚染物質を排出するもので，自動車，航空機，船舶などのこと。特に NOx の排出，騒音，廃油流出などの対策が焦点となっている。工場などの固定発生源に比べると，責任負担などを明確化しにくく，集団的な公害防止策がとりにくい。→ NOx

移動平均線
【moving average】
株式市場における売買高，売買代金，株価などの動きを示す指標の1つ。過去の平均的数値から現状をとらえ，将来の予測に活用するのが目的。平均をとる期間によって5日，10日，25日，75日，100日，150日，200日などの移動平均線があり，このうち25日ぐらいまでを短期線，100日ぐらいまでを中期線，それ以上を長期線と呼ぶ。毎日新しい数値を加えると同時に，最も古い日の分を除き平均値をはじき直す。移動平均線は上方か下方かの方向性によって相場の強弱感を判断する指標になるほか，方向および，移動平均と日々の株価との乖離率から将来の株価を予測する指標として使われる。

移動平均法
【moving average method】
棚卸し資産の払い出し原価を計算する方法の1つ。新しく棚卸し資産を計上するごとに，その数量，金額をすでに在庫として持っている数量，金額に加え，合計金額を合計数量で割って平均原価を求める。次の棚卸し資産の計上があって平均原価が改定されるまで，その平均原価を払い出し原価として用いることになる。→棚卸し資産，総平均法

医薬品開発受託機関 ⇨CRO
医薬品製造受託
【contract manufacturing】
新薬メーカーから医薬品の製造を請け負うこと。2005年4月の薬事法改正で，医薬品の製造販売承認制度が導入される。医薬品開発会社の工場保有を前提としなくなり，製造の全面的な委受託が可能になる。主な生産対象は注射剤などの単価が低く，発売から年月が経った長期収載品とみられる。中堅の専業や新薬メーカーから分社化した生産工場会社などが受託拡大に向け相次ぎ専用設備を増強している。新薬メーカーは社外の設備を使いながら効率的な生産体制を築くことができ，研究開発から販売まで一貫して手がけてきた製薬業界のあり方を変える転機になる可能性もある。

イラク経済制裁
1990年8月の湾岸危機に伴う国連の経済制裁。その後，イラクの石油輸出禁止措置は96年から段階的に緩和され，イラク政府は国連経由で石油を輸出し，その代金で人道物資に限って輸入できるようになった。しかし，輸入物資を制限する経済制裁はフセイン政権ではなくイラク国民だけを苦しめているとする批判を受けて2002年5月の安保理は民生品の輸入を事実上自由化する一方，軍事転用が可能な品目のリストを作成し輸入禁止とする決議案を採択した。だが，03年5月22日，国連安保理で対イラク経済制裁を解除する決議が賛成14，棄権1（シリア）で採択され，約13年にわたって続いた経済制裁が正式に解除された。決議には，国連事務総長が「特別代行」を任命するなど，イラク復興に対する国連の一定

の関与が明記された。だが同時に「イラク開発基金」を設置し、米英などが事実上イラクの石油輸出を管理することなどが盛り込まれ、イラク戦争を戦った米英の主導的役割が鮮明になった。

イラク上空飛行禁止区域
【Iraqi no-fly zones】
米英仏ロ4カ国によって設定された、すべてのイラク軍機の飛行を禁止する区域のこと。違反した場合は直ちに撃墜するとの通告を伴う。湾岸戦争後の1991年4月にイラク政府による弾圧からクルド人を保護することを目的に北緯36度以北が、92年8月にはイスラム教シーア派住民保護のために同32度以南がそれぞれ設定された。96年9月、イラク軍が同国北部のクルド人自治地域に進攻したのに対して米国がミサイルで攻撃。イラク軍の攻撃能力制限を理由に米国は南部の飛行禁止区域を北緯33度以南に拡大した。98年12月、イラクは区域内での米英軍の監視飛行を「領空侵犯」として攻撃対象とすると表明。しばしば対空砲火で迎撃。米英軍はこれを理由に地上のイラク軍レーダー施設や防空施設などに爆撃を加えてきた。2003年3月のイラク戦争開戦前には、こうした地上への攻撃が激化しており、本格的空爆を控えた事実上の前哨戦だったと見られている。

イラク戦争
【U.S.-led war on Iraq】
米英両国により2003年3月20日（日本時間）に開始された対イラク戦争。01年9月の米同時テロをきっかけにした対テロ戦争でアフガニスタンのイスラム原理主義組織タリバンを壊滅させた米国は、「今なお大量破壊兵器を開発・保有してテロ組織を支援している」としてイラクを「悪の枢軸」と名指しし、軍事圧力を強めた。イラク政府は02年11月、4年ぶりに国連査察団を受け入れたが、査察団の評価は「イラクの協力は不十分」というものだった。ドイツやフランスなどは米単独での武力行使に強く反対し査察団の継続を主張。国際社会に深刻な亀裂が生じたが、米英両国はイラク周辺に20万人以上の兵力を結集。03年3月20日、ついに対イラク開戦に踏み切った。開戦2週間目には首都バグダッド郊外の国際空港をほぼ制圧。3週間後の4月9日にはイラク軍の大規模な抵抗を受けないまま首都バグダッドを陥落させ、14日には大統領の出身地ティクリートに到達し、米英軍はイラク全土をほぼ掌握。ブッシュ米大統領は5月2日、米空母の艦上で、事実上の戦闘終結宣言を行った。

イラク駐留多国籍軍
【Multinational Forces in Iraq】
2004年6月28日に行われたイラクへの主権移譲後に治安維持のために同国に駐留する多国籍軍。同年6月に採択された国連決議1546に基づく。実体としてはイラク戦争後に駐留していた米軍主体の連合軍がほぼそのまま衣替えして発足し、米軍が指揮権を維持している。発足当初の陣容は35カ国16万人で、米軍が13万8,000人と大半を占めた。人道復興支援のために派遣されていた自衛隊も初めて多国籍軍に参加した。日本政府は自衛隊は日本の指揮権の下で活動すると強調し、米英両政府から事前了解を得たことを示す文書を公表した。ただ、民主党など野党は曖昧な点を批判している。

イラク復興支援特別措置法
イラク復興支援に自衛隊を派遣するための法律。相手国による受け入れの

同意を条件としていた国連平和維持活動（PKO）協力法と違い、同意なしでの自衛隊派遣を可能にする。活動内容は①生活物資の配布など人道・復興支援、②イラクに駐留している米英軍などへの後方支援——が柱。2003年7月の延長国会で成立した。
→PKO

イラン・イラク戦争
【Iran-Iraqi War】
1980年9月、イラクがイランを奇襲攻撃して始まった戦争。88年8月に停戦が実現するまで7年11カ月にわたり、死傷者は両国合わせて約100万人に上った。当初、近代兵器で勝るイラク有利に戦局は展開したが、兵力が3倍以上のイランが押し返した。互いに首都へのミサイル攻撃をしかけるなど戦争が泥沼化するなか、88年にイラクが再び盛り返し、戦線を開戦前の国境線まで戻したところで、国連の調停を受け入れる形で停戦に至った。停戦交渉では両国の国境をシャトルアラブ川の中央部と定めたアルジェ協定を主張するイランと、同協定の無効を主張するイラクで対立していたが、91年8月、湾岸危機の勃発でイラクはシャトルアラブ川の領有権を取り下げた。湾岸戦争後、イランがイラク国内の反イランゲリラの牽制を目的にバグダッド郊外を爆撃するなど両国の関係にはしこりが残っていたが、97年のイランのハタミ政権発足後は、戦争捕りょの交換や巡礼のための国境開放が実現するなど徐々に関係改善が進んでいる。

イラン・リビア制裁強化法
【Iran and Libya Sanctions Act of 1996】
イランとリビアが国際テロ活動支援や大量破壊兵器開発を行っているとして、両国を制裁対象とした米国の法律。ダマト法ともいう。米政府は1995年5月に、米企業による両国への投資や貿易を全面禁止した。しかし、この措置を受けて、欧州やアジア企業がイランとのビジネスを拡大し、制裁が骨抜きになっているとして、ダマト上院議員らが中心となり外国企業も対象にした制裁強化法案を議会に提出。96年6月に上下両院を通過した。しかし仏トタルがロシアのガスプロム、マレーシアのペトロナスと組んで、イランのサウスパルス・ガス田を開発する計画については、98年5月、クリントン前大統領が同法の定める制裁回避（ウェイバー）条項を適用した。イランのハタミ政権による穏健路線の定着やリビアのパンナム機爆破容疑者引き渡し実現などの結果、同法は形骸化している。イラン、イラクなどに欧州などの石油会社が相次ぎ進出していることを受け、石油業界と関係が深いブッシュ政権は制裁緩和についての報告書を用意していると報告された。制裁強化法は2001年8月までの時限立法だったが、同年7月に米議会は同法の5年延長を可決。8月にはブッシュ大統領がこれを承認した。

医療制度改革
【reform of the medical system】
高齢化に伴って増え続ける医療費を抑えることを最大の目的とした改革。政府はこれまで患者の自己負担を引き上げることによって医療費を抑えてきたが、自己負担も限界に近づきつつあるため、制度全体を抜本的に見直し安定した制度をつくることにした。2003年3月にまとめた医療制度改革の基本方針によると、特に重点を置いたのは高齢者が使う医療費の部分で、①75歳以上の高齢者だけが加入する医療保険制度を創設し、財源

は75歳以上が負担する保険料と，健康保険組合や国民健康保険などからの支援金，公費で賄う，②65〜74歳については，この世代が多く加入する国民健康保険に対して加入者が若く財政的余裕がある健康保険組合などが支援する，③診療報酬体系の見直し——を決めた。また，財政基盤安定化のため，現在は市町村単位で運営されている国民健康保険を都道府県単位に再編する方針なども盛り込んだ。これらの改革は08年度までの実現を目指すとしている。

医療モール
【medical mall】
内科，眼科，歯科など複数の診療所を1カ所に集めた医療施設。専門店が集積するショッピングモールになぞらえて，こう呼ぶ。医者は単独で開業するのに比べ初期投資を抑えられるメリットがある。患者も1カ所で複数科目を受診できる。医師の相互協力による連携サービスを受けられる医療モールもある。医療ビジネスの将来的な市場拡大をにらんで，医療モールの設立・運営事業に不動産や建設，商社など異業種からの参入が相次いでいる。

イールド yield ⇨ 利回り
イールドスプレッド
【yield spread】
金利から見た株価水準を測る物差しの1つで，長期金利と株式益回り（株価収益率の逆数）との差を指す。この差が通常より拡大すると，金利に対する株価の割高感が強まり，株価が下落することが多いといわれている。例えば，株価の上昇ピッチが企業収益の伸びを大きく上回ると株式益回りは低下するが，この時，金利水準が変わらなければイールドスプレッドは拡大する。ただし，適正なスプレッドは何％と決まっているわけではない。過去の実績などを参考に判断するもので，経済環境によっては，スプレッドが拡大しても株価が割高と限らない場合もある。近年のゼロ金利下では，尺度として使うケースは少ない。

入れ替え商い
債券の売買手法の1つで，保有債券を売却すると同時に別の債券を買うこと。主として機関投資家が利回りの改善や流動性向上，担保価値の向上などを目的に行う。利回り曲線（償還までの期間を横軸に，利回りを縦軸にしてプロットしたグラフ）の分析を通じ，価格が割高な期間の債券を売って，割安な期間の債券を買うなどの投資戦略がこれに当たる。このほか，金融機関が決算対策として行うことも多い。例えば，含み損を償却する必要のある上場債券を売って，償却義務のない非上場債券を買うといったケースである。ここ数年は低金利が定着しており，過去に発行された高クーポン債は，満期まで持ち切ることが多い。

院外調理
病院外で行う入院患者の給食調理。給食会社がセントラルキッチンなどで大量調理することで病院経営の効率化に貢献すると期待される。医療法施行規則の改定で1996年4月に解禁された。現状では病院が設備や人員を抱えていることから主流にはなっていないが，病院側もコスト削減を迫られている。病院内の調理を外注し，さらに院外調理を活用する動きも出ている。

インカムゲイン
【income gain】
利子・配当収入。これと対照的なものがキャピタルゲインで，直訳すれば資本収益であるが，平たくいえば元本

の値上がり益である。例えば，株式の配当はインカムゲインで，相場が買値より上がればその差額がキャピタルゲイン，下がればキャピタルロスになる。

印僑
【overseas Indians】
在外インド人ビジネスマンのこと。華僑・華人が世界に5,000万人以上といわれるのに対し，印僑は推定1,500万人。1996年6月，シンガポールで開いた「世界インド人起業家会議」は世界中の印僑の旗揚げ式となった。華僑・華人に比べ横のつながりが薄いといわれる印僑の結束を強めるのがねらい。主催者のシンガポール・インド商工会議所が業種，連絡先などの基礎データを作り，インターネットを通じて世界各国から閲覧できるようにし，ビジネスパートナー選びなどに活用する。98年には核実験後の経済制裁対策として印僑向け外貨建て国債を募集。応募総額は41億6,000万ドルに達し，外国投資の凍結など制裁の影響緩和に寄与。その後も国外在住インド人の本国への送金は，インドの外貨準備の大きな部分を占めている。

インクジェット用紙
【inkjet printing paper】
カラープリンターの新しい印刷方式であるインクジェット方式に対応した専用の印刷用紙。インクジェットはノズルからごく微細なインクを噴き出して紙に文字や絵を描く方式で，より細かい絵をスピーディーに低コストで印刷できるが，紙の品質によってインクのにじみ方が異なる。均質な絵や文字を印刷するためには一定のにじみ方をする専用紙が必要。一般にインクが付着した面積の2～3倍ににじむのが条件とされているが，プリンターメーカーによって規格が異なるため，製紙会社はそれぞれの規格に合わせた紙を開発している。写真画質の品質も実現，家庭からミニラボまで広く使われている。

インサイダー取引
【insider trading】
企業の社員や役員，大株主などがその職務や地位により得た一般には未公開の情報を利用して自社株などを売買すること。米国では厳しく規制されており，日本でも1987年に起きたタテホ化学工業の財テク失敗事件を契機に法整備が進められた。89年4月に施行された改正証券取引法ではインサイダー取引をした者には刑事罰が科せられることになったほか，役員や大株主の自社株売買については報告義務が課せられた。法律の整備にあわせて日本証券業協会は「内部者取引管理規則」という自主ルールを整備，88年7月から証券会社が自社の社内規則として導入した。自主ルールではインサイダー取引の規制そのものだけでなく，法人情報を営業部門などに漏れないようにする社内の情報障壁（チャイニーズウォール）の強化などを定めている。

印紙税
【stamp duty】
不動産売買やお金の貸借契約書，手形，領収書，株券，預金通帳など経済取引に伴う文書にかかる流通税のこと。国税の1つで，納税義務者（文書の作成者）が所定額の収入印紙を購入し，文書に張るという形で納める。印紙税は通帳などについては一律200円（ただし1年分）の定額税率を適用しているが，手形，領収書などについては原則として金額に応じて税額が変わる「階級税率」を適用している。先進国ではこうした税制を残している国はほとんどない。

インストアブランチ
【in-store branch】
スーパーなど小売業の店舗内に銀行,証券といった金融機関が開く小型の店舗内店舗。1997年に金融機関の出店規制が緩和され,壁やドアなどの仕切りを持たない店舗開設が可能になった。ショッピングセンターに支店を構えるのとは異なり,営業時間も小売店舗とそろえるなど一体感が強い。金融機関は出店コストを半分以下に抑え,集客コストも低い。小売り側は来店客の利便性を向上できる。

インダストリアルエンジニアリング
⇨IE

インターネット
【internet】
米国防総省高等研究計画局(DARPA)が1970年ごろに行った研究を起源とするコンピューター通信ネットワーク。「TCP/IP」とよばれる通信の規則(プロトコル)を使用し,世界中の研究機関や大学,企業,個人などを結ぶ世界最大規模のネットワーク。93年に日本でもインターネットへの接続サービスが本格化。世界全体で7億人以上,国内で7,000万人以上が利用しているとされる。接続方法も電話線を使った従来のダイヤルアップ接続から,ADSL(非対称デジタル加入者線)や光ファイバーを用いたFTTH(ファイバー・トゥ・ザ・ホーム)など高速化が進む。高速化に伴い送受信するデータの内容も,文章から動画などに広がっており,関連ビジネスも活発化している。→ADSL,FTTH

インターネットオークション
【internet auction】
インターネットを使い美術品,パソコンや不要なブランド品などを値段の競り上がる方式で落札者を決めるサービス。世界最大手の米イーベイが有名。日本では検索大手のヤフー,楽天,ディー・エヌ・エーなどがサービスを手掛けているが,ヤフーが出品数などで大きく他社を引き離す。プライムリンク(東京・渋谷)の運営する「e-オークション」など,ホテル・旅館の宿泊オークションの活用も広がっている。

インターネット広告
【internet advertising】
インターネットを使った広告のことで,ホームページの一部に短冊状のスペースを表示,その中に広告主企業の社名,商品ブランドなどを掲載するバナー(旗)広告がその代表例。消費者がこのスペースをクリックすると広告主のホームページに移動できる。従来の広告と比較して,ネットの双方向性を活用することで,消費者の反応を直接探ったり,対象を絞り込んだ広告展開が可能になる。料金基準には露出数,クリック回数などがある。広告主の電子商取引の取引成約高に応じて報酬を受け取る料金基準もある。バナー広告のほか,電子メールでダイレクトメールを送るメール広告,携帯電話向け広告などがある。ブロードバンド(高速大容量)通信の普及に伴い,テレビCMや短編映画など動画をネットで流す動きも出ている。

インターネット視聴率
【internet audience rating】
ウェブサイトを利用者がいつどれくらいの時間見ているかを示すデータ。パネルになった利用者のパソコンに特殊なソフトを組み込み,ネットの利用状況を集計・分析する。サイトの人気度が分かるため,ネット広告の掲載料金を決める基準に使われる。

インターネット専業銀行
【internet bank】
通常の店舗を使わずに,インターネッ

トで決済などの金融取引ができる銀行で，設立が相次いでいる。三井住友銀行などが設立したジャパンネット銀行やソニー銀行のほか，大手銀行もネット上の仮想店舗での決済用に支店を開設している。人件費を抑えられるので通常の銀行に比べて預金金利を上乗せするところが多い。ネット専業銀行は預金だけでなく投資信託，ローン，保険商品なども取り扱い，総合的な金融サービスを志向している。

インターネット調査
【internet research】
インターネットを使った，消費者動向や企業行動などに関する調査。調査会社が個人や法人と調査モニターの契約を交わし，ネットを介して質問・回答をやりとりする。街頭調査や郵便を使った調査に比べて，短時間に多くの人・企業からアンケートを回収できる。商品に対する消費者の反応などを迅速に回収したい企業のニーズを受けて，市場規模が拡大している。ネット調査の専業企業だけでなく，従来型調査会社の市場参入も増えている。

インターネット調達
【internet procurement】
企業がインターネットを用いて資材や社内備品を購入すること。対象品目は電子部品，鋼材，化学製品などに広がっている。従来の取引企業に限定せず，ネットの双方向性を生かしてより多くの企業から安い調達先を選ぶことができる。取引簡素化により社内業務コストを大幅削減できる効果もある。

インターネット電話
【internet telephone】
公衆インターネット回線と公衆回線を結んで通話するシステム。1995年頃に開発され，最初はパソコン端末にそれぞれ専用ソフトを組み込んでマイクなどを使って会話していた。最近では電話機同士で会話できるサービスを提供する会社が増え，利便性が高まっている。広義のIP（インターネットプロトコル）電話の一種だが，専用のIP網を使い品質を高めた狭義の「IP電話」とは区別される。→IP電話

インターネットバンキング
【internet banking】
残高照会や振り込み・振り替えなどの銀行サービスをインターネットを利用して受け付けること。顧客は自宅のパソコンを通じて銀行と直接，取引できるため，店舗に足を運ばなくてすむというメリットがある。運営費用が安く抑えられるため，銀行も顧客との新たな取引形態として注目している。既存銀行と異業種が提携して，あるいは異業種が銀行免許を取得してインターネット専業銀行を立ち上げた例もある。ネット上の金融取引はハッカーによる妨害などセキュリティ上の問題も多く，金融当局の検査体制などが課題となっている。→インターネット専業銀行

インターバンク取引
【interbank transaction】
為替や資金取引のうち銀行間での取引のこと。最近は仲介人を通じて売買するよりも銀行同士での直接取引が主流になっている。例えばA銀行は10万ドルの売り持ち（業者の輸入決済のために売った外貨が，買い取った外貨を超過している状態）であるのに対して，B銀行は10万ドルの買い持ち（売り持ちの反対で外貨が余計に手元にある状態）となっている場合には，B銀行からA銀行に10万ドル売り渡せばAB両銀行とも為替持ち高の不釣り合いを改めることができる。→為替持ち高

コラム

ウィニー
Winny

　国産のファイル共有ソフト。ファイル共有ソフトとは，コンピューター同士をインターネット経由で直接接続し，互いのコンピューター内に保存された動画や音楽，静止画などを自由にやりとりするための仕組み。ソフトの利用者や開発者が著作権法違反ほう助の容疑で逮捕され，インターネット上で議論が沸騰するなど社会問題化した。

　2000年に米国で訴訟問題に発展した「ナップスター」など第一世代の「ファイル交換ソフト」は，サービスに参加しているパソコンの情報や交換可能なファイルの種類を管理するコンピューターが必要になるが，「ウィニー」の場合はパソコン同士が直接接続されているため必要ない。

　また中央にあるコンピューターが参加パソコンの情報のみを管理する「WinMX」などの第二世代の交換ソフトでは，手持ちのファイルと相手の別のファイルを文字通り「交換」するが，「ウィニー」の場合はファイル取得の対価が必要ないため「共有ソフト」と呼び区別する。

　「ウィニー」を使えば，高速大容量（ブロードバンド）化が進むインターネットを使い，映画やアニメ，音楽ファイルなどを無料で入手できるため，パソコン上級者を中心に一時は100万人以上が利用していたと見られる。

　03年11月に「ウィニー」を使い映画やゲームを送信可能な状態にしていたとして少年ら2人が逮捕された後，一時的に利用者が減少した。その後作者とされる東大助手が逮捕されると，利用者離れが進んだ。

　直接パソコン同士でファイルをやりとりするため記録に残らず，サービスを提供する企業も存在しないため，逮捕される危険性が低いとされていた。

　また送受信するファイルや各パソコンのアドレスは暗号化されており，誰がサービスに参加しているかが容易にわからない仕組みになっていた。

　ファイルを取得する場合も直接1対1でやりとりするのではなく，複数のパソコンをバケツリレー式に経由させる，ファイルの断片を複数のパソコンから取得するなど，著作権法違反に問われる可能性の高い送信者の身元をわかりにくくする工夫が盛り込まれていた。

　開発者の逮捕に際しては是非を巡りインターネット上で激しい議論が交わされた。映画などを違法に交換するために最適化されたソフトを開発した行為そのものの是非を問う声や，インターネット関連ソフトの開発に悪影響を与えるとの声もあり，結論は出ていない。

インタレストカバレッジ
【interest coverage】
企業の金利負担能力。支払利息や手形割引料など企業の金利負担に対して企業が通常の営業活動によって得た利益（営業利益＋受取利息・配当金）が何倍になっているかで表す。インタレストカバレッジが1倍なら，企業の通常のもうけがすべて金融費用に消えているということ。この値が大きければ大きいほど債権者にとっては安全であり，企業は有利な条件で資金を調達できる。このため社債の格付けの際にはこの比率が有力な指標として用いられている。また企業にとっても，有利子負債をさらに拡大することができるかどうかを判断する上での指標の1つとなっている。

インターンシップ制
【internship program】
学生が企業で一定期間働いて職場体験する制度。早期に職業観を刺激して学ぶ方向を明確にさせる効果があるとして，欧米では普及している。日本でもここ数年，大学，企業の双方で採用の動きが広がっている。ただ，学生の青田買いにつながる懸念もあり，学生の権利保護や大学での学習機会の確保が課題となる。

インデックス取引
【index-linked trading】
株価指数の値動きと連動性が高い銘柄群を一括売買して，あたかもその指数に投資するのと同じ運用効率を求める取引。例えば，日経平均を構成する225銘柄すべてを同株数ずつ同時に売買すれば，理論上は日経平均と全く同じ投資成果が上がる。実際には売買金額や売買コストなどの制約から，統計的に株価指数と極めて近い株価変動をする銘柄を数十銘柄選び出して取引するのが一般的である。

→裁定取引

インデックスファンド
【index fund】
東証株価指数や日経平均株価，日経株価指数300など株価指数と連動するように組み入れ銘柄を選び，常に市場平均並みの運用成果を上げることをねらった投資信託。ファンドマネジャーが銘柄を選んで投資しても，株価指数を上回る収益率を上げるのが難しいことから人気化。日本では1985年6月に国際証券が初めて発売。投信以外，例えば年金の運用などでも指数連動運用をするものについて，インデックスファンドという。

インデックスリンク債
【index linked bond】
為替，金利，株式などのインデックス（指数）の動きによって償還金額が増減する仕組みの債券。1980年代後半，世界的な金利低下の中でハイリスク・ハイリターン型の商品として，国際金融市場で開発された。85年末に米IBMが発行した為替インデックス債（通称天国地獄債）が代表例。日本の国債大量償還に対応して，88年に入って海外発行の円債で日経平均株価など株価指数の変動によって償還額の変わるタイプの発行が相次ぎ，個人投資家などの間で人気が広がった。投資家の側から見れば，先物，オプションなどデリバティブ（金融派生商品）が発達したこともあり，株価が下がれば運用成績が向上する投資信託などさまざまな金融商品が発売され，選択の幅が広がっている。

インデペンデントアクション
【independent action】
運賃カルテルに関してメンバーが組織の決定（運賃やサービス）に不満があれば，事前通告で独自の行動をとれるようにする制度。IAと略す。もともと

米国鉄道で発達した制度。米国では独禁法による規制が強いにもかかわらず，鉄道の運賃カルテル（フレートビューロー）が地域独占を欲しいままにしたことから，荷主や中小鉄道を保護するため導入された。1999年施行された新海運法で，北米航路では海運会社は運賃を届け出る必要がなくなり，事実上，カルテルを骨抜きにした。

インドシナ難民
【refugees from Indo-china】
1975年のベトナム戦争終了後，社会主義化政策を嫌ってインドシナ3国から国外に逃亡した難民。このうち船でベトナムを脱出した難民は"ボートピープル"と呼ばれた。89年のインドシナ難民国際会議で祖国への帰還を促す「包括的行動計画」が採択された。国連難民高等弁務官事務所（UNHCR）は94年2月にベトナムからのボートピープルは難民として扱わず，一般の亡命希望者と同等に扱うことを決定。96年3月にはUNHCRと日米欧，アジアなどの関係国・地域がボートピープルへの支援活動を打ち切ることを決めた。これを受けてフィリピン，日本などが強制送還を開始した。→国連難民高等弁務官事務所

イントラネット
【intranet】
インターネットを企業など組織内の情報通信網と融合させたシステム。組織内の情報やノウハウを共有化し，生産性の向上を図るのがねらい。インターネットを生かし，比較的低コストで最先端のネットワークを構築できる。「イントラ」は「内部」の意。組織内のネットワークと，インターネットというオープンなネットを結び付けるため，社外からの不正な接続を防ぐファイアウォールというソフトウエアの「防護壁」が必要になる。→ファイアウォール②

院内感染
【nosocomial infection】
病院など医療施設における感染症の集団発生。感染症の治療薬である抗生物質の乱用が原因で，薬が効かない耐性菌が増加する傾向にある。メチシリン耐性黄色ブドウ球菌（MRSA）もその1つで，抵抗力の弱い患者や老人の死亡が多発するケースもある。米系製薬会社が2001年4月にMRSAの治療に用いる抗生物質が効かないVRE（バンコマイシン耐性腸球菌）向けの抗生物質「ザイボックス」を日本で発表した。耐性菌の出現と新しい抗生物質の開発のいたちごっこが続いている。細菌のほかウイルスが広がるケースもある。

インパクトローン
【impact loan】
使途を制限されない外貨借り入れ。具体的には，企業が設備資金や輸入決済など，さまざまな目的の支払いに充てるため銀行から借り入れる資金をいう。外貨を国内での設備投資や人件費などの調達に充てることにより，雇用と賃金所得が増え，消費財に対する需要が増大してインフレへの衝撃（インパクト）作用をもたらす——といった意味合いから生まれた言葉。

インバーター制御電車
最先端の電子技術を応用した速度調整方式を採用した電車。VVVF（variable voltage variable frequency＝可変電圧可変周波数）制御方式と呼び，直接電源から3相交流電源をつくり，交流モーターを回す。スイッチなど接点を大幅に減らすことができるため整備の手間が省け，省エネルギー効果も大きい。

インフォマーシャル
【informercial】
インフォメーション（情報）とコマーシャル（広告）の合成語。商品や店舗に関する詳細な情報を提供し，視聴者（消費者）の理解を促す広告の手法。米国テキサス州サンアントニオ市にあるCATV会社，コンシューマー・ケーブル社が初めて使った用語で，単なる販売促進広告とは違う。「広告色を思い切り薄めた広告」とも定義されている。わが国で最初に本格的なインフォマーシャル番組を放送したのは双方向CATV，ハイ・オービス（奈良）のチャンネルリースで，その後自主制作番組を流している各地のCATVの間で，インフォマーシャル番組を手掛けるところが増えてきた。

インフォームドコンセント
【informed consent】
医師が患者に治療を施す際，事前にその内容を説明，同意を得ること。「十分な説明の上での同意」と訳される。投薬や手術など診療全般に関して医師が患者に十分に説明し，患者が診療内容を理解，納得し，診療に同意，または別の診療方法を選択すれば，それに応じて医師が治療を進める。1998年4月から新薬の効果を調べる臨床試験に際しては必ず実施することに決められた。医者のミスを問う医療過誤裁判では実施の是非が大きな争点になる。また遺伝子を使った研究の進展により手術などでとった組織や血液を研究に利用するときにも実施することになっている。

インフラストラクチャー
【infrastructure】
社会的生産基盤。経済活動の基盤を形成する基礎的な施設のこと。道路，河川，港湾，農業基盤，空港といった経済活動に密着した社会資本のことを指すが，最近は学校や病院，公園といった社会福祉，生活環境施設的な社会資本やコンピューター関連の通信ネットワークなども含めている。
→社会資本

インフレ
【inflation】
一般に物価水準が持続的に上昇することをいう。インフレは，その発生原因の相違により性格や現象に違いがある。主な種類は次の通り。①紙幣インフレ＝流通に必要な数量以上に紙幣，特に不換紙幣が乱発され，そのために貨幣価値が異常に下落していく過程ないしその現象をいう。②信用インフレ＝銀行の信用創造による貸し出し増加によって起こる物価騰貴の状態で，特に金融機関が放漫な貸し出しを行い，企業の過剰投資を助長するときに起こる。1980年代後半のバブル期には一般物価は比較的落ち着いていたが，金融機関が土地担保融資に極端に傾斜したため，地価を中心に「資産インフレ」が起きた。③為替インフレ＝国際収支の支払い超過が異常に増えて為替相場が暴落し，輸入品の価格が急騰して国内物価がこれにつれて上がり，さらに海外への資本逃避と為替投機のため為替相場の下落と国内物価水準の騰貴が悪循環する状態。④賃金インフレ（同項参照），⑤コストインフレ（同項参照），⑥需要インフレ（「デマンドプル型インフレ」参照），⑦財政インフレ，⑧公債インフレ，⑨輸入インフレ（同項参照），⑩ボトルネックインフレ（同項参照）。

インフレ会計 inflation accounting ⇨
物価変動会計

インフレギャップ
【inflationary gap】
非自発的失業が解消している完全雇

用所得水準のもとでは，有効需要が増大してもそれに伴って産出量を増やすことができず，総需要が総供給を上回った状態になる。この差額のことをインフレギャップといい，物価は上昇する。逆に有効需要が完全雇用水準を下回るとデフレギャップが発生し，物価は下がる。ケインズ経済学では完全雇用水準のもとで投資が貯蓄を上回る部分のことをインフレギャップと定義している。

インフレ参照値
【inflation reference】
中央銀行が参考として掲げる一定の物価上昇率を指す。中長期的な物価の水準を中央銀行が数字で示すという点では，インフレ目標値とよく似ている。だが，インフレ目標値が期限を区切って一定の物価上昇率を達成する枠組みなのに対し，インフレ参照値では実現の時期や実現そのものに対する中央銀行のコミットメントは必要ないとされる。日銀の量的緩和の解除を視野に入れた議論の中で，複数の政策委員が提唱している。

インフレーション inflation ⇨ インフレ

インフレ目標
【inflation target】
中央銀行が一定の物価上昇率の目標を設定し，その達成を優先する金融政策。インフレ率目標政策ともいう。日本のデフレ（持続的な物価下落）傾向を食い止める有力手段として注目を集める。1998年11月下旬の日銀政策委員会・金融政策決定会合で，消費者物価上昇率をゼロ％まで引き上げる案が提出されたことが，この政策に関する初めての議論とされる。これまで海外では英国，カナダなどが実質的なインフレ目標を導入しているが，その目的は現在の日本で議論されているのとは逆に，物価上昇率を低めに抑えることにあった。

インフレ連動債
【inflation-linked bond】
元本と支払利息がインフレ率に連動する債券。物価連動債ともいう。物価の上昇・下落に伴う債券価値の変動を避けられる。国債に導入すれば，政府は物価下落による実質的な債務負担の増大を免れる。デフレ抑制の効果も指摘されている。米国では，1997年から消費者物価指数の上昇に応じて元本が増える仕組みの国債を定期発行している。

インベスターリレーションズ ⇨IR

インボイス
【invoice】
売買契約の条件を正当に履行したことを記し，売り主が買い主にあてて出す書類。同時にその取引の明細通知書であり，品物の名前や荷物の数，買い主の支払う金額，手数料，運賃，保険料などを書き入れる。輸入業者が輸入品の仕入れ書として，税関に提出する輸入申告書に添付する送り状のほか，仕入れ時の消費税の支払いを明示する税額票を指すこともある。

インマルサット
【International Maritime Satellite Organization ; INMARSAT】
国際海事衛星機構。海上安全の立場から，衛星を船舶通信に利用しようと1979年に発足した国際機関。64年に発足したインテルサット（国際電気通信衛星機構）と同様に，参加各国の共同出資，共同運営で成り立っている。船舶通信だけでは需要が少ないため，85年には航空機との通信，89年には地上の移動体通信にそれぞれ利用できるよう条約を改正した。99年4月には民間会社として新スタ

ートを切り，外部資金を積極的に導入している。

う

ウィスカー
【whisker】
ひげ状の結晶のことで，普通，太さ約0.1ミクロンから数ミクロンの針状単結晶を指す。原子配列の乱れの一種である「転位」がほとんどないため，理論的限界に近い強度がある。軽量，高強度の自動車，航空・宇宙用複合材料として期待される。炭化ケイ素ウィスカー，窒化ケイ素ウィスカーなどが生産されている。

ウィニペグ市場
【Winnipeg Commodity Exchange】
カナダ・マニトバ州の州都ウィニペグにある商品取引所のこと。ウィニペグはカナダ最大の穀物集散地で，取引所では小麦，大麦，カラス麦，亜麻仁，菜種などを上場して国際取引の場になっている。なかでも亜麻仁，菜種はカナダが世界最大の生産国ということもあり，国際相場の基準になっている。

ウィンテル
【wintel】
ウィンドウズとインテルの合成語。ウィンドウズは米のマイクロソフトが開発した基本ソフト。インテルは「ペンティアム」シリーズなどの超小型演算処理装置(MPU)のメーカー。いずれもそれぞれの分野で圧倒的なシェアを持ち，両者を利用したパソコンが事実上の業界標準(デファクトスタンダード)機になっていることから，こう呼ばれる。パソコン業界で見えない支配力を持っており，問題視する向きもある。

→ペンティアム，ウィンドウズXP

ウィンドウズXP
【Windows XP】
米マイクロソフトが2001年10月に発売したパソコンなどのコンピューターに使う新しいOS(基本ソフト)。一般個人向けの「ホームエディション」と，企業向けの「プロフェッショナルエディション」の2種類がある。従来のウィンドウズに比べて操作性や安定性が大幅に向上したほか，デジタル周辺機器との親和性を高めた。また，音声・映像対応の会話型電子メール機能を標準搭載するなど，マルチメディア機能を強化した。

ウエアラブルコンピューター
【wearable computer】
衣服を着るような感覚で身に着けるコンピューター。米マサチューセッツ工科大メディア研究所などが提唱しているコンピューター利用の新しい概念で，キーボード代わりの入力機能がある手袋，3次元ディスプレーを搭載した眼鏡などが試作されている。米IBMはベルト型や腕時計型のパソコンを試作した。

牛海綿状脳症
【Bovine Spongiform Encephalopathy; BSE】
牛の脳に小さな穴があいて運動神経に障害をきたし，死に至る病気。脳がスポンジのような状態になる。狂牛病(mad cow disease)ともいう。原因はまだ解明されていないが，スクレイピーと呼ばれる同様の脳障害を起こした羊の脳や臓器の混じった飼料を食べたことが発症の原因との説が有力となっている。1985年に英国で初めて症状が確認され翌年11月，狂牛病と認定された。英国政府は反すう動物由来の飼料を反すう動物に与えることを禁止するなどの措置をとった。96年

になって騒ぎが再燃したのは、英国の海綿状脳症問題委員会が人間の脳の病気であるクロイツフェルト・ヤコブ病との関連性を示唆する声明を発表したため。これを受け欧州各国は相次いで英国からの輸入を禁止するなどの措置を取り、これに英国が反発。政治問題に発展した。2000年11月にはフランス、ドイツなど欧州各国への感染が判明。日本政府は01年1月から欧州連合（EU）産の牛肉輸入を禁止した。日本では同年9月に初めて感染が確認された。消費者の牛肉離れが急速に進み、その年の秋から02年初めにかけ、牛肉の売れ行きは前年比3～4割落ち込んだ。牛肉卸値も一時、例年比4割安に下落するなど混乱が広がった。03年12月には米国産牛でも感染が確認され、農水省が同国からの食肉輸入を停止した。このため、牛丼チェーンなどは肉不足に見舞われ、豚肉を使ったメニューへの転換を迫られた。輸入再開に向けた04年の日米協議では、米国が日本同様「全頭検査」するかが争点となった。

薄スラブ連続鋳造法
【thin slab continuous casting】
製鋼プロセスで、加熱炉や粗圧延機を通さずに、溶鋼から一気に薄い鋳片を作り出す方法。鋳造技術の主流であるスラブ連続鋳造法では鋳片の厚みが200～300ミリあるのに対し、薄スラブ連鋳法では30～70ミリにできる。①既存の連鋳機に比べ設備がコンパクト、②粗圧延機が省略でき大型の圧延設備が不要、③溶鋼から直接、鋳片が得られるため省エネ効果がある――などの利点があり、電炉メーカーを中心に採用が進んできた。

宇宙開発政策大綱
【Fundamental Policy of Japan's Space Development Program】
宇宙開発委員会がまとめるもので、10～15年先を見込んだ日本の宇宙開発の基本指針。1978年に初めて策定し、96年1月に3度目の改定をしたが、H2ロケットやM5ロケットの打ち上げ失敗が相次いだため、2000年12月に再改定。技術が未成熟なまま手を広げ過ぎて国際的な競争力に欠けたことへの反省から、得意分野に開発資金を集中する重点化戦略を掲げた。

宇宙観光
【space tourism】
2001年4月、米航空宇宙局（NASA）で働いた経験もある実業家のデニス・チトー氏がロシアの宇宙船で人類史上初の宇宙観光旅行に出発し、日米欧ロが共同開発する国際宇宙ステーションに滞在した。旅行代金は約2,000万ドルとされる。宇宙観光は東西冷戦が終わり国家事業としての宇宙開発が見直される中、新たな分野として各国が注目。NASAや米国のベンチャー企業のほか、日本の民間企業も研究を進めている。

宇宙航空研究開発機構
【Japan Aerospace Exploration Agency; JAXA】
宇宙開発事業団、文部科学省の宇宙科学研究所、独立行政法人の航空宇宙技術研究所の宇宙関連3組織が統合して2003年10月1日に発足した独立行政法人。略称はジャクサ。大学や企業と連携してロケットや国際宇宙ステーションを中心とした宇宙開発・利用を促進する役割を果たす。初代理事長には山之内秀一郎・宇宙開発事業団理事長が就任した。

売上債権回転日数
【receivables turn-over period】
売上債権の滞留期間、つまり受取手

形や売掛金が現金・預金に振り替わる速度を日数で表したもの。式で表すと,

$$\frac{売上債権（期首期末平均）}{売上高（年間）} \times 365（日）$$

となる。この日数は短いほど良く、これが長くなると代金の回収が長引き、資金繰りが苦しくなる。また、この算出式の分子と分母を入れ替えたもの（売り上げは年換算）を売上債権回転率といい、この率は高いほど良い。

売上高総利益率
【ratio of gross profits to sales】
売上高から売上原価を引いたものを総利益（または粗利益）という。この総利益が売上高の何パーセントに当たるかを示すのが売上高総利益率である。製造業ならば管理部門などを除いた生産段階の収益性、商品の採算性を見るのに使われる。→利益率

売上高付加価値率
【value-added to sales ratio】
企業の付加価値額を売上高で割った指標。その企業が生み出すモノやサービスの加工度を示す。付加価値額は利益に人件費、減価償却費、事業税、支払利息などを加えた金額。従業員1人当たり売上高に売上高付加価値率を掛けたものが労働生産性となる。

売りオペ selling operation ⇨ 公開市場操作

売掛金 accounts receivable ⇨ 買掛金

売掛債権の流動化
【liquidation of credit receivable】
企業が製品などを販売した後に代金を回収していない売掛債権を第三者を通じて流動化すること。企業は早期に資金回収できるうえ、回収分だけ運転資金を銀行から借り入れる必要がなくなり、資金効率が高まる。流動化は特別目的会社（SPC）方式と信託方式がある。SPC方式は企業がSPCに売掛債権を譲渡し、SPCがその売掛債権を裏付けとしてコマーシャルペーパー（CP）を発行し資金化する。信託方式は企業が信託銀行に売掛債権を譲渡し、信託銀行が小口の受益権証書を投資家に販売して資金を調達する。→特定目的会社、コマーシャルペーパー

売り持ち oversold position ⇨ 為替持ち高

ウルグアイラウンド
【Uruguay Round of multilateral trade negotiations】
東京ラウンド（1973〜79年）に次ぐガット（関税貿易一般協定）の多角的貿易交渉。93年12月15日の貿易交渉委員会（TNC）でサザランド・ガット事務局長が提示した最終合意案を全会一致で採択、7年3カ月にわたる交渉はようやく妥結した。86年に南米ウルグアイのプンタデルエステで交渉を開始、農業、市場アクセス、サービスなど15分野で協議が続いていたが、農業保護などを巡って米欧が対立したため交渉は難航した。93年7月、四極閣僚会議で市場アクセス分野の大枠で合意。12月には米国と欧州共同体（EC＝当時）が農業で合意、日本もコメ市場の部分開放を受け入れた。サザランド事務局長は農業の例外なき関税化や鉱工業品の関税平均40％引き下げ、サービス開放、知的所有権保護などの最終包括協定案を提示し、広範な分野で世界貿易の自由化に向けたルール構築で各国が合意した。ガットは94年4月、モロッコのマラケシュで開いた閣僚会議で新ラウンド合意と世界貿易機関（WTO）の設立を盛り込んだ閣僚宣言（マラケシュ宣言）を採択。95年1月1日にWTOが発足した。→ガット、WTO

え

英国のユーロ参加問題
【issue of Britain's entry into the euro zone】
1999年に誕生した欧州単一通貨「ユーロ」への英国の参加を巡る問題のこと。英国はスウェーデン、デンマークとともに参加していない。英政府は2003年6月、「ユーロ導入のための経済条件が整っていない」との理由で、参加をさらに先送りすることを決めた。ブレア英首相は「ユーロ参加は英国の国益」と訴え、経済条件が整えば国民投票を実施、賛成を得てユーロを導入する方針を公約に掲げて総選挙に2度勝利した。しかし、国内世論はポンドを廃貨してユーロを流通させることに反発。首相の政治的なライバルであるブラウン財務相も経済面で慎重な立場を崩さず、首相は事実上の目標としていた05年までの導入決定を断念せざるを得なかった。ただブレア首相は04年1月、英メディアに07年を目標にユーロ導入を実現すると表明。ユーロ参加機運の盛り上げに腐心している。→欧州通貨統合

エイズ
【acquired immune deficiency syndrome ; AIDS】
後天性免疫不全症候群。エイズウイルスに感染して、免疫機能が低下した状態。感染から10年前後で発病、リンパ球が破壊され、細菌やがんなどに対する抵抗力が著しく低下して最後は感染症やがんで死亡する。2003年末現在、感染患者数は4,000万人。欧米、アフリカが多発地帯だが、最近ではアジアでの急速なまん延が特に懸念されている。日本では04年3月までに報告された患者数は外国人も含めて2,960人、発病はしていないがウイルスに感染している人は同5,929人と報告されている。複数の薬を投与するカクテル療法など医療の進歩により感染者の生存期間は次第に延びているが、決定的な治療薬、予防薬はまだ開発されていない。また02年5月の報告では、その他に輸入血液製剤による感染者数が1,432人（患者168人、死亡544人を含む）とされており、薬害エイズとして社会問題になった。

エイズ治療のコピー薬
【generic drugs for AIDS/HIV】
すでに使用されているエイズ薬の成分を分析して開発した医薬品。効果はもとの薬と変わらないとされるが、安全性や安定供給に問題があるとの懸念もある。研究開発にかかる費用を低く抑えることができることから価格が安くすむ。インドやブラジルなどの製薬会社が大量に生産、販売している。特許を持つ企業とのライセンス契約なしに開発・生産されるため、知的所有権の侵害に当たるとの批判を呼んだ。医薬品は多額の開発投資を要するため、上市（発売）から一定期間が過ぎて特許が切れるまでは販売価格も高く、エイズ禍の直撃を受けながら貧困にあえぐアフリカ諸国では薬が患者に行き届かない。企業の知的財産保護よりも治療を優先する考えが重要との国際世論に加え、企業の社会的責任（CSR）への認識が高まり、現在は大手製薬がアフリカなどの最貧国に対して感染症治療薬の価格を割引して供給したり、無償提供したりする動きに発展した。特許が切れた後の技術を使って開発した医薬品は「後発医薬品」と呼び、「コピー薬」とは

区別する。

衛星通信
【satellite communication】
人工衛星を利用して無線電波を送る長距離通信方法。ほとんどの場合,赤道上空約3万6,000キロメートルの静止軌道に打ち上げた衛星を使う。衛星1個で地球のおよそ3分の1の地域をカバーできる。上空からシャワーのようにデータを送れるという同報性,広域性の点では地上ネットワークよりも優れている。日本では国産実用衛星のCSシリーズに引き続き,1989年には民間企業が衛星2機を打ち上げ,衛星の本格的利用がスタートした。企業の研修やCATV(有線テレビ)への番組配信などが主な用途である。

衛星デジタル放送
【satellite digital broadcasting】
地上波や放送衛星(BS)を使ったテレビがアナログ方式であるのに対し,画像圧縮技術による多チャンネル化が可能なデジタル方式のテレビ放送。衛星の中継器1本で6～8波程度の放送ができるため,低コストで多チャンネル化が図れる。日本では1996年秋からパーフェクTVが放送を開始。さらに同社はルパート・マードック氏やソニー,フジテレビジョンが株主のJスカイBと98年5月に合併,スカイパーフェクTVとして新発足。ディレクTVジャパンも97年末に放送を開始したが加入者が伸び悩み,2000年3月にスカイパーフェクTVと事業統合した。同年12月からはBSデジタル放送も始まった。

液化石油ガス ⇨LPG
液化天然ガス ⇨LNG
液化天然ガス(LNG)運搬船
【Liquified Natural Gas Carrier】
液化天然ガスを超低温でタンクに積載し,運搬する船。丸いタンクを搭載する「モス型」,船体内に角形のタンクスペースを設ける「メンブレン型」の主流2タイプのほか,角形では石川島播磨重工業が開発した「SPB型」もある。世界的なLNG需要の高まりを受け,一度に積めるガス容量は現在の15万立方メートル程度から20万立方メートルへと大型化が進むとみられる。

液晶
【liquid crystal】
「流動性」という液体の性質と「結晶性」という固体の性質を兼ね備えた物質(有機物)のこと。電圧をかけると内部の結晶の方向が変わり,バックライトから供給される光を通したり,遮断したりする。赤,緑,青の3色を配したカラーフィルターに伝える光を調節し,希望の色を再現するための材料として使う。現在の主力の需要分野は携帯電話やノート型パソコンの表示装置だが,鮮明化,向きが変わる速さの高速化によりテレビ受像機などに用途が急拡大している。

液晶表示装置
【liquid crystal display；LCD】
液晶と結晶の中間物質である液晶を利用したディスプレー。液晶に電圧をかけると分子の配列が変化し,光の通り方が変わる原理を応用している。電圧のかけ方により単純マトリクス型とアクティブマトリクス型の2種類に分かれる。時計や電卓などに使われるのがSTN(超ねじれネマティック)方式で,最近はより高画質のTFT(薄膜トランジスタ)方式の市場が拡大している。主な用途はテレビや携帯電話機,ノート型パソコンのモニター。特に液晶テレビは薄型テレビの代表製品となっている。省スペース,低消費電力が特徴。

エクイティスワップ
【equity swapping】
固定金利の収入と株式の売買損益を交換する取引のこと。例えば日経平均株価に連動する株式ポートフォリオ100億円を保有する投資家が、証券会社に「1年後の日経平均の収益」を支払う代わりに、証券会社は年2％の固定金利を支払うという取引。株式持ち合いなどで株式を保有している企業などが、固定化している資産の有効活用法として利用する。日本では取引所以外での先物・オプションの売買を禁じた証券取引法201条や、刑法185条のとばく罪に抵触する恐れがあるとして認められていなかったが、1999年12月の法改正で店頭デリバティブ取引が解禁され、認可を受けた会社は取り扱えることになった。

エクイティファイナンス
【equity finance】
新株発行を伴う資金調達のこと。公募や私募による増資（普通株式発行）のほか、転換社債（CB）や新株引受権付社債（ワラント債、WB）、優先株の発行などがある。企業にとって株主資本の充実につながるメリットがある。半面、1株当たりの価値の希薄化（ダイリューション）が発生する。設備投資などの資金需要が大きい成長企業が活用するのに有効とされる。株式相場の上昇もあり、日本企業は1980年代に大量のエクイティファイナンスを実施。89年度には26兆円に達した。しかし、90年代に入ると大量の株式発行による株式需給の悪化や1株利益の低下を招き、株式相場が下落し、新規公開時などを除いて公募増資が途絶えることがあった。現在は1株利益や資本効率、配当に対する投資家の見方が厳しくなり、ファイナンスを公表すると株価が下落することが多い。

エクイティペイメント
【equity payment】
ベンチャー企業などがコンサルティング会社などに対して、支払いの一部を株や新株予約権などで支払うこと。資金が不足していることが多いベンチャー企業にとっては当座の現金支出が抑えられる。一方株式を受け取る側にとっては、対象ベンチャーが株式を公開すれば、通常の支払い以上の収入が得られる。米国ではシリコンバレーを中心に法律事務所などが採用しているが、日本でも株式公開企業が増えるにつれ、一部の人材紹介会社などが採用している。ただ、株価が低迷し株式公開が低調な時期には支払いとして機能しないなど問題もある。

エクスポージャー
【exposure】
リスクにさらされている投融資や保証のこと。企業の活動が国際化するに従って、出資金や貸付金がリスクにさらされるようになる。しかし途上国のカントリーリスクが高まったからといって直ちに取引を打ち切れるわけではない。海外で多額の不良債権を抱え込むなどの事態を避けるには、カントリーリスクの分析と同時に、リスクにさらされている投資や貸付金、つまりエクスポージャーの総額・内容を調整・管理する必要が出てくる。企業は業態によって部門が多岐に分かれ、エクスポージャーの種類も雑多になるため、エクスポージャーを各形態ごとに区分し、リスクを分析することが大切になる。

エクスワラント
【ex-warrant】
ワラント債の社債部分のこと。ポンカスとも呼ばれる。→ワラントバリュー

エコカー
【eco-friendly car】
ガソリンエンジンと電気モーターを併用するハイブリッド自動車や電気自動車など、温暖化ガスの原因となる二酸化炭素(CO_2)や窒素酸化物など有害物質の排出量を削減した自動車の総称。量産タイプのハイブリッド自動車では1997年12月にトヨタ自動車が世界で初めて「プリウス」を発売、燃料電池車も02年12月にトヨタ、ホンダが日米で実用化した。97年12月の地球温暖化防止京都会議で日本は2008年から12年までに温暖化ガスを90年比で6％削減することで合意しており、各社とも開発を急いでいる。2000年代半ば以降は燃料電池で発電した電気でモーターを回す燃料電池車の商品化が進むと見られる。その開発には数千億円かかるといわれ、自動車業界の国際再編の一因となっている。

エコツーリズム
【ecotourism】
旅先の自然や生活、文化、人々との交流を目的とする滞在型の旅行。環境を意味するエコロジー(ecology)と観光旅行を意味するツーリズム(tourism)を組み合わせた造語。グリーンツーリズム(greentourism)ともいう。自然環境への理解を深める機会にもなるとして人気が高まっている。清掃活動や野生生物の保護などに余暇を費やす動きもエコツーリズムの流れの一環。自然の保全と観光産業を両立し、地域振興につなげる動きも盛り上がっている。環境省は2004年度から3年計画で知床(しれとこ)地区など13カ所を選定し、モデル事業を始めた。

エコノフィジックス
【econophysics】
経済学(economics)と物理学(physics)を組み合わせた造語で、経済物理学と訳す。物理学の概念や手法を用いて、現実の経済現象を科学的に実証、分析しようとする新しい研究分野。カオス、フラクタルに代表される、複雑な物理現象を解析するための統計物理学の研究成果を活用して、市場における価格変動のような経済現象の仕組みや問題点を明らかにしようという試み。

エコノメトリックス econometrics
⇨計量経済学

エコノメトリックモデル econometric model ⇨計量経済モデル

エコマテリアル
【environment conscious materials】
環境に対する影響が少ない材料。製造に必要なエネルギーが少なく、二酸化炭素などの排出量が少ない、リサイクルが容易、寿命が長い、自然分解するなどの機能を備えている必要がある。現在、研究開発が進んでいるが、すべてに優れた材料を作るのは難しいため、導入に当たっては経済性、製造・使用過程でのエネルギー消費、リサイクルコストなどを総合的に考慮するシステムが必要。植物原料で作る生分解性素材など、実用化したものもある。

エコマネー
【ecomoney】
エコロジー(生態環境)、エコノミー(経済)、コミュニティー(地域)、マネー(お金)の4つの意味を含む、日本で生まれた造語。町や市など比較的狭い地域で限られたメンバーの間で条件を決め、特定の財(商品)やサービスの交換に使う地域通貨。通常の通貨「円」とは異なる。老人介護のようなボランティア活動の価値を評価する手段として注目される。

エコロジー
【ecology】
生態学。初期のエコロジーは植物を対象にした植物生態学だったが、その後、対象は動物、さらに人類も含む生物全体に拡大し、20世紀初頭には生物学の総合分野としてエコロジーの基礎が出来上がった。最近では環境問題が深刻になってきたため、エコロジーの対象は生物学の研究室を離れて全人類的な自然環境、社会環境の問題に拡大してきた。現代のエコロジーは、①水、酸素などの無生物、②草木、森林など植物、③肉食動物、草食動物などの動物、④バクテリアなどの分解体――の4要素で自然環境が調和を保っているとし、汚濁物などによってその均衡が崩されるため、このメカニズムにメスを入れることが大きな役割とされている。

エコロジービジネス
【ecology business】
環境保全ニーズに対応した企業活動のことで、「エコビジネス」と呼ばれることもある。環境問題に対する関心の高まりや公害規制の強化などを背景に、「環境」が商品やサービスを提供するうえで重要な要素として浮上している。経済活動のあらゆる局面に芽生えているが、①公害対策型、②環境保全型、③環境創造・維持管理型、④情報・金融型――の4つに大別できる。あけたフタが離れない飲料缶、ガソリンエンジンと電気モーターを併用した「ハイブリッド車」など新たな商品やサービスが続々と登場しており、成長産業として脚光を浴びている。
→エコカー

エージェンシーコスト
【agency cost】
経済取引で当事者の間に生じる情報の非対称性を補完するためのコスト。エージェンシーは代理人の意味。例えば企業統治では、株主と経営者の利害は必ずしも一致しない。そのため、株主がエージェントとしての経営者のモラルハザードを抑制するために設定するストックオプションや、経営行動を監視するためのモニタリングコストなどのエージェンシーコストが発生する。

エージェント
【agent】
コンピューターネットワーク上で、利用者が命令した複雑な作業を「代理人」としてこなしてくれるソフトウエアやその技術のこと。命令を理解したうえで、関係する複数のデータベースを検索し、必要な情報だけを自ら判断して集めてくる機能を持つ。いくつかの試作システムはできているが、学習機能など高度な技術を必要とするため完全なものはまだできていない。オンデマンド型のサービスが各種広まると、利用者は莫大な量の情報の中から必要な情報、サービスを検索しなければならず、手間がかかる。エージェントはそうした作業を代行してくれることを期待される。例えば旅行の計画を立てる場合、目的地、日程、交通機関などを入力しておけば、それらの情報を検索できるデータベースと情報交換しながら、旅行計画を作成してくれたり、切符を予約してくれる。すべての電子機器にコンピューターを組み込む「ユビキタスコンピューティング」では中核技術になると予想されている。→ユビキタス

エシュロン
【Echelon】
米英など英語圏5カ国が秘密裏に運営しているとされる通信傍受システムのこと。その存在は長い間不明だったが、欧州議会が2001年7月、エシ

ュロン問題を審議する特別委員会による「存在は間違いない」とする報告書を賛成多数で採択した。同報告書によると、米英のほか、オーストラリア、カナダ、ニュージーランドが1948年に署名、通信衛星で電波を傍受している。冷戦期は旧東側諸国の軍事情報入手に活用、冷戦終結後は民間企業の情報を入手していると見られる。

エチオピア・エリトリア紛争
【Ethiopia-Eritrea border conflict】
エチオピアとエリトリアの間で1998年にぼっ発した国境紛争。両国関係は93年にエリトリアが分離独立して以来良好だったが、97年にエリトリアが独自の通貨を発行してから悪化。98年5月にエチオピア北西部の国境地域で両国軍が衝突して戦闘が本格化した。一時下火となったが2000年5月、エチオピアの総攻撃で再燃した。同年6月18日、両国はアフリカ統一機構(OAU)の仲介で停戦協定に調印したが、まだ国境画定作業が残っており、不安定な情勢が続く。

エネルギー税
【energy tax】
石油や石炭など二酸化炭素(CO_2)を排出するエネルギーに税金をかけ、消費量を抑えようという炭素税や、石油、石炭、天然ガス、原子力などから発生する英国熱量単位(BTU)を基準に、各種のエネルギーから幅広く課税する「新エネルギー税」などの総称。税収の増加に加え、省エネや環境保全に役立つメリットがある。環境先進地域を自認する欧州ではスウェーデン、ノルウェー、フィンランド、デンマークが既にCO_2課税を実施済み。米国のクリントン前政権も、1993年に財政再建策の一環として新エネルギー税の導入を打ち出したが、石油業界や消費者団体などからの反発が強かったため、導入に失敗した。日本では2005年にも環境税を導入するのに伴い、石炭、天然ガスなどへの税率を炭素含有量に応じて見直す予定だが、電力会社などの反対で議論は難航している。→炭素税

エネルギー政策基本法
【Basic Energy Law】
自民・公明・保守の与党3党が提出し、2002年6月に議員立法で成立した、エネルギー政策の基本的な方向性を示す法律。エネルギーの安定供給と地球温暖化防止を実現したうえで、市場原理の導入などを目指している。同法は10年先を見通したエネルギー基本計画の策定を求めており、現在、総合資源エネルギー調査会(経済産業相の諮問機関)で検討中。03年秋にまとまった。従来は長期エネルギー需給見通しなどしかなかった。04年末までには、原子力発電所から出た放射性廃棄物の最終処理費用について、国と電力会社の分担割合などを決める方針。

エブリデーロープライス
【every day low price ; EDLP】
小売業の価格政策の1つ。短期的なチラシ特売などで売価を上下させず、恒常的に低価格で販売する。米ウォルマート・ストアーズが代表例。店舗作業の繁閑が平準化され、販売量の予測も容易になるため、人件費、広告費など販管費の削減や欠品抑止の効果があるとされる。日本市場ではウォルマート傘下に入った西友のほか、大手のイオンが特売を多用する「ハイロー」の価格政策からEDLPへの移行を目指している。

エマージングエコノミー
【emerging economy】
経済が急成長している途上国・地域

を指し、新興経済と訳される。1980年代後半から東欧などの共産主義国が市場経済化し、中南米諸国などの累積債務問題が解決に向かった。この結果、市場開放、民営化、外資導入などを通じて経済成長に成功した国・地域が、低成長が続く先進国の企業にとって輸出、投資先として魅力が高まり、注目を集めていた。ただ、97年夏に東南アジアで起こった通貨危機では、先進国からの投資に頼る実体経済の弱さも浮き彫りになった。

エラーレート測定器
【bit error rate tester】
デジタルの電気信号を光信号に転換して伝送する光通信で、デジタル信号が乱れることなく伝わるかどうかをチェックする測定器。光通信の伝送速度は高速化が進んでおり、2000年には毎秒10ギガビット（1ギガは10億）の伝送速度に対応したエラーレート測定器が爆発的に売れた。02年以降は毎秒40ギガビット以上の伝送速度に対応した、次世代通信機器開発向けの測定器開発が進んだ。

エリアマーケティング
【area marketing】
全国を一律視したマーケティングのあり方への反省から生まれてきた考え方で、地域の特性に応じたキメ細かなマーケティング手法の総称。広告面における地方FM局の活用、ビール会社の地域別ブランド販促策など、メーカーや小売業の発想が地域に応じたキメ細かなものになってきている。

エリスリトール
【erythritol】
糖アルコールの一種で、果実やキノコ類のほか、ワイン、日本酒、しょうゆ、味噌などの発酵食品に含まれている天然の糖質。ぶどう糖を原料として酵母の発酵で生産され、「ぶどう糖発酵甘味料」と呼ばれる。砂糖の約75％の甘味度を持ちながら、カロリーがほぼゼロで冷却効果がある。主に清涼飲料やキャンデー、ガムなどに使われている。摂取し過ぎるとおなかがゆるくなり、1998年夏には一部飲料メーカーがエリスリトール使用の飲料を回収した。

エルニーニョ
【El Niño】
南米ペルー沖を中心に、赤道付近の東部太平洋で起きる海水温の異常上昇のこと。エルニーニョはスペイン語で「神の子」の意味で、水温上昇がクリスマスの頃に起きやすいので、こう呼ばれている。水温上昇は1年から1年半も続くことが多く、南米沿岸のカタクチイワシなどが不漁に陥り、世界の飼肥料の需給・価格に響くだけでなく、北半球の気象にも影響するといわれる。1997年秋から98年冬に発生したエルニーニョは観測史上最大の規模に発達し、中部太平洋の赤道周辺海域で月間数百ミリから1,000ミリの降雨があった。99年には、東太平洋赤道付近の海水温が低下する「ラニーニャ」が発生している。→ラニーニャ

エレクトロニックコマース
【electronic commerce】
消費者や企業がコンピューターネットワークを通じて行う経済活動全般を指す。電子商取引、Eコマースともいう。具体的にはインターネットを経由して商品を購入したり、サービスを提供したりする。インターネット上で電子商取引をスムーズに進めるには受発注や契約書類などのデータ交換や決済の処理など、情報を安全にやり取りするセキュリティー技術の確立が不可欠。このため金融機関や電機メーカー、ソフトウエア会社などが標準規

格を目指して取り組んでいる。ただ、多数の買い手と売り手が集まり市場を仮想的に形成する「マーケットプレイス」形式においては事業者の撤退が相次いでいる。

円・円スワップ
【yen-yen swap】
銀行間や企業間で金利を互いに交換する金利スワップの1つで、円金利同士を交換するもの。固定金利と変動金利の交換が典型的で、企業や銀行が金利変動に伴うリスクを回避するために利用する。短期資金を取り扱う銀行が長期資金を扱う生命保険会社との取引で長期資金を調達し、一定の利ざやを乗せて長期の住宅ローンを貸し出す例が一般的。

円金利スワップ先物
【Yen SwapnoteTM】
中長期の固定金利と短期の変動金利を交換する金融先物取引。東京金融先物取引所(TIFFE)が2003年5月に5年物と10年物を上場した。同取引所では「標準物」の固定金利を3％(365日ベース、年2回払い)、変動金利をロンドン銀行間取引金利(LIBOR)6カ月物、想定元本を1,000万円に設定。取引参加者は標準物を売買することで長期金利の変動リスクを回避できる。

エンゲル係数
【Engel's coefficient】
家計支出に占める飲食費の割合を百分比で表した係数。生活程度を示す指標といわれ、係数20以下は上流、25はゆとりのある生活、30はややゆとりのある生活、50はやっと生活できるということになっている。

縁故地方債
【municipal bond purchased privately by financial institutions】
自治体に関係の深い公金取り扱い銀行、共済組合などが引き受ける地方債。公募地方債を発行できるのは東京都や大阪市など33団体(2004年4月から4団体増)に限られているので、民間機関を引き受け手とする地方債のほとんどがこれである。2002年度末の発行残高は45兆4,600億円で、地方財政の悪化とともに年を追って増えている。発行条件は公募地方債の応募者利回りをもとに、引受機関との個別の話し合いで決める。証券形式のものは流通するが発行量が小さいため市場での流通性には劣る。

エンジェル
【angel】
資金を提供したり経営に助言したりして、ベンチャー起業家を支援する個人投資家のこと。米国では成功を遂げたベンチャー経営者らが、若手起業家の育成のために自己資金と経営ノウハウを提供するケースが多く、有力なベンチャー企業が数多く現れる要因になっている。米国や英国にはエンジェル向けの優遇税制措置がある。日本でも個人のベンチャー企業投資に対し、損失を3年にわたって繰り越せたり、ベンチャーに投資した場合、投資時点で、投資額を、ほかの株式譲渡益から差し引くことができる優遇税制がある。設立10年以内であることなど投資先企業が一定の条件を満たすことが必要。日本では株式公開を果たしたオーナー経営者や外資系企業日本法人の元経営者らがエンジェルになるケースが多い。また最近は一般個人が未公開企業に出資するための「エンジェルファンド」の設立も相次いでいる。

エンジニアリングプラスチック
【engineering plastics】
合成樹脂(プラスチック)のうち、機械

部品や構造材料などの工業用途で,主に金属の代わりに使われる高機能樹脂。ポリエチレンや塩化ビニールなどの汎用樹脂に比べ熱や摩耗,衝撃に強く,それだけ価格も高い。DVD（デジタル多用途ディスク）などに使うポリカーボネート,OA機器の部品などに使うポリアセタールやポリアミド（ナイロン）がその代表格。エンジニアリングプラスチックの中でさらに機能の高いものをスーパー・エンジニアリングプラスチック（超高機能樹脂）と呼んで区別することもある。摂氏200度前後の高温下でも変形せず,特殊な電子部品や自動車部品などに使われる。ポリイミド,ポリエーテルエーテルケトン,フッ素樹脂などがある。

円高不況
【strong yencaused recession】
為替レートが円高になると輸出の価格競争力が低下し,輸出の円ベースの手取りも減るなどデフレ効果が働き,景気後退が起きることをいう。例えば1985年秋以降の急速な円高進行で,86年1～3月期の実質経済成長率はマイナスを記録,86年中は円高不況の状況になった。95年春の円急騰時にも輸出企業の景況感が足踏みした。

円建て外債 ⇨ サムライ債

エンドース
【endorse】
国内線の航空便利用者が,空港に早く着き過ぎたなどの理由から航空券を発券した航空会社以外の便に振り替えてもらうこと。厳密には空港カウンターでしてもらう証明用の「裏書き」のこと。差額の精算が必要。

円の国際化
【internationalization (globalization) of the yen】
国際取引で円建て比率を高めたり,海外投資家の円資産保有を促進したりすること。これまでの主な環境整備には,1986年12月の東京オフショア市場創設,95年8月の非居住者のユーロ円債の還流制限の撤廃などがある。98年には,実質的にドル相場に自国通貨がリンクしていて混乱が拡大したアジア通貨危機の教訓や,単一通貨ユーロの誕生を契機に,金融・資本市場などの整備を求める気運が高まった。

エンプロイアビリティ
【employability】
「雇用されるにふさわしい能力」「企業から雇われ得る能力」などと訳される。この能力が高いと,転職や再就職の際,市場で自分の労働力を高く売ることができる。雇用の流動性が高い米国で発達した概念で,企業はリストラを機動的に行う代わりに,雇用者が他社でも通用する就業能力を高められるよう努力しなければならないとする。日本でも,雇用情勢の悪化や雇用流動化の加速を背景に,1990年代後半から注目されるようになった。

エンベデッドバリュー
【embedded value】
生保の企業価値を評価する有力な指標で,現在の純資産に保有契約から生じる将来の利益を足し合わせて算出する。買収価値が数値で表せることから,買収の盛んなヨーロッパやカナダで普及してきた。1年間でどれだけ企業価値が高まったかを把握できる利点もあり,日本でも株式会社に転換した大同生命保険などが開示を始めている。ただ,計算の前提条件を変えると数値が大きくぶれるなどの問題点も指摘されている。

エンロン事件
【accounting scandal involving Enron Corp.】
2001年10月に発覚し,全米を揺

るがせた不正会計事件。米国のエネルギー大手のエンロンは、特定目的会社（SPC）を使った簿外取引により決算上の利益を水増しして計上していたことが分かり、同年末経営破たんに追い込まれた。この事件を発端に米有力企業による不正な会計処理が相次いで表面化。これらを受けて、米国では02年7月末にサーベンス・オクスレー法（企業改革法）が成立した。同法では、決算書で虚偽の報告をした場合の経営者に対する罰則規定を強化したほか、会計監査を担当する会計事務所への規制も強めた。→企業改革法

お

オイルサンド oil sand ⇨ タールサンド

欧州安保協力機構
【Organization for Security and Cooperation in Europe；OSCE】
東西欧州諸国と米国、カナダの計55カ国が参加して欧州を中心とした相互の安全保障について話し合う機構。1975年に開いたヘルシンキ会議が起源で、国境不可侵などをうたったヘルシンキ宣言を採択した。90年11月の首脳会議で「新欧州のためのパリ憲章」に調印、「全欧安保協力会議」（CSCE）として制度化が図られた。95年1月から欧州安保協力機構（OSCE）に改称、機構化・機能強化が実現した。99年11月の首脳会議で民主主義や人権重視などの理念をうたった「欧州安保憲章」を採択した。2002年12月の閣僚理事会で中央アジアを中心に武器や麻薬密輸の取り締まりを強化するなどの「テロ対策憲章」を採択した。

欧州委員会 European Commission
⇨EU

欧州議会
【European Parliament】
欧州連合（EU）の政策決定機関の1つで、1958年設立。79年6月から各国とも国民の直接選挙により議員を選出。現在、定員は626人で任期は5年。2002年1月、アイルランド選出の自由主義グループ、パトリック・コックス氏を議長に指名した。本会議場は仏のストラスブールにある。当初は立法権は認められず、諮問機関としての色彩が強かった。しかし、87年に単一欧州議定書によって、EC（現EU）への新規加盟の承認や、第三国との協定締結について欧州理事会との共同承認権限が付与された。01年5月にベルリンで開かれた第5回欧州社会党大会では、シュレーダー独首相が率いるドイツの社会民主党が欧州議会の権限強化を柱とするEU組織改革案を発表。EU改革の必要性では各国とも一致しているが、独主導の改革には反発も出ている。

欧州共通通商政策
【European Common Trading Policies】
1968年に完成した関税同盟を基礎に、輸出入、ダンピング、原産地等に関する共通規則により欧州連合（EU）がとっている通商政策のこと。加盟国は第三国との通商交渉や通商協定を結ぶことを認められず、欧州委員会が理事会の指令で第三国と交渉する。

欧州共同体 ⇨EU
欧州経済共同体 ⇨EEC
欧州経済通貨同盟
【Economic and Monetary Union；EMU】
欧州における通貨統合同盟。政治的

には2つの世界大戦を経た欧州の平和と安定を実現することが目的。第1段階は1990年7月に始まり、域内資本移動の自由化などが実現。94年、第2段階として欧州通貨機関（EMI）が設立された。99年1月からユーロを導入した第3段階に入り通貨統合が実現した。欧州連合（EU）加盟国がEMUに参加するためにはマーストリヒト条約で定められた5つの経済条件を満たさなければならないことが決められた。条件は、①EMU参加1年前の物価上昇率が加盟国中最も低い3カ国の平均を1.5％より上回らない、②長期金利が1年間平均で最も低い3カ国の平均から2％より上回らない、③財政赤字は名目国内総生産（GDP）の3％を超えない、④公的債務残高がGDP比で60％を超えない、⑤為替レートは参加前の最低2年間は欧州通貨制度（EMS）の変動幅以内で推移しなければならない。

欧州原子力共同体 European Atomic Community ⇨ユーラトム

欧州食品安全機構
【European Food Safety Authority】
欧州連合（EU）加盟国の食品行政を統合・調整する関連組織。2002年1月28日に発足した。欧州で狂牛病など畜産の根幹を揺るがす病気が大規模に広がったのを受け、食品安全の科学的根拠を提供する目的で設立が決まった。生産から加工、販売まで食品に関するあらゆる段階に関与し、未然に病気の流行を防ぐ。

欧州中央銀行
【European Central Bank ; ECB】
欧州通貨統合のスタートに伴い、欧州共通の通貨発行権を持ち、欧州全体の金融政策を決める唯一の中央銀行。「ユーロの番人」として、参加12カ国からなるユーロ圏の金融政策全般に最終責任をもつ。ECBは前身の欧州通貨機関（EMI）を衣替えする形で1998年6月に発足、本部を独フランクフルトに置く。初代総裁はオランダ出身のドイセンベルク氏。最高意思決定機関となる理事会は正副総裁と4人の理事に各国中央銀行総裁を含めた17人の陣容。職員を含む全体では約500人が政策立案から経済情勢分析までを手掛け、物価の安定を第一目標に、ユーロ圏の金融政策の策定と実施、加盟国の外国為替オペレーション、外貨準備などを行う。ドイセンベルク総裁は2003年10月末に退任。後任としてフランス銀行総裁のトリシェ氏が就任した。

欧州通貨制度
【European Monetary System ; EMS】
欧州共同体（EC）の域内通貨の安定を図るために1978年7月のEC首脳会議で西独のシュミット首相と仏のジスカールデスタン大統領（いずれも当時）が提案した、各国通貨に一定の変動幅を設定した制度。79年3月に発足した。EMSは参加通貨に、①欧州通貨単位（ECU）に対し変動幅を上下2.25％にとどめる、②介入は原則として自国通貨で行う、③介入後の決済はECUで行う――などの為替相場メカニズム（ERM）を課した。87年から90年代初めにかけては安定していたが、ドイツ再統一に伴う同国の高金利政策の影響を受け、各国の経済格差が表面化。市場で通貨の変動幅が経済のファンダメンタルズに見合わないと受け止められた国は、通貨が激しく売り込まれる不安定な状態にたびたび陥った。96年10月にはフィンランドがERMに加盟した。また、同年11月にイタリアがERMに4年ぶりに復帰した。99年からERM2に移行、通貨統合がスタートした。

欧州通貨統合

1998年5月,欧州連合(EU)首脳会議はEU加盟15カ国中,ドイツ,フランス,イタリア,スペイン,ポルトガル,オランダ,ベルギー,ルクセンブルク,オーストリア,アイルランド,フィンランドの11カ国にユーロ圏参加資格を認め,99年1月,通貨統合がスタートした。英国,デンマーク,スウェーデンは参加基準を満たしたものの国内の反対論から参加を見送った。同月,単一通貨ユーロが導入され,銀行間取引など帳簿上の決済通貨として使用開始。2002年1月からは実際のユーロ紙幣・通貨が市中に出回り,各国の従来の通貨は,数カ月の移行期間を経て回収された。ギリシャは参加基準を満たしていないとして第一陣に加われなかったが,財政赤字削減など経済改革を進め,01年1月に参加を果たした。

欧州投資銀行

【European Investment Bank; EIB】
EC内部の低開発地域の開発,発展を援助するために設立された銀行で,加盟国の国,公企業,私企業を対象に長期借款を提供する。最近では東欧やアジアなど域外への融資も増えている。設立は1957年で業務開始は58年から。本部はルクセンブルク。

欧州農業指導保証基金 ⇨FEOGA

欧州の将来像に関する諮問会議

【the Future of Europe Convention】
欧州統合の在り方を話し合う目的の会議で,2002年2月28日にブリュッセルで初会合を開いた。議長に就任した元フランス大統領のジスカールデスタン氏は,欧州連合(EU)の役割や市民の権利と義務などを示した欧州統一憲法の制定を支持する考えを明らかにした。約1年かけて議論し,提言をまとめる。正式名称は「欧州の将来に関する協議会」。欧州連合(EU)加盟15カ国政府の代表に加え,欧州委員会,各国議会,欧州議会の代表ら計66人で構成。

欧州の年金制度改革

【pension reform in Europe】
社会の高齢化や少子化に対応するため,ドイツ,フランス,イタリアなどで進んでいる年金制度の改革。独政府は2003年,年金支給開始年齢を現行の65歳から67歳に段階的に引き上げるよう勧告。仏政府は同年夏,公務員の年金積立期間を2.5年延ばして官民一律40年とする改革法案を成立させた。伊政府も08年以降,年金積立期間を現行の35年から40年に延長する計画を打ち出した。3カ国とも財政赤字の圧縮が急務だが,国民の反発は強く,04年の欧州議会選では政権与党の支持率低迷が鮮明になった。

欧州復興開発銀行

【European Bank for Reconstruction and Development】
旧ソ連,東欧諸国の市場経済への移行を支援するため1991年4月に設立された国際金融機関。本部はロンドン。資本金は200億ユーロ。世界60カ国や欧州投資銀行などが出資しているが,最大の出資国は米国で10%,それに続いて日本,英国,ドイツ,フランス,イタリアがそれぞれ約8.6%ずつ拠出している。旧ソ連や東欧諸国が市場経済の移行に必要な民間プロジェクト事業などに長期資金を投融資するのが主な業務。最近は支援の重点を東欧諸国から市場経済移行が遅れている旧ソ連諸国に移している。

欧州預託証券 ⇨EDR

欧州理事会

【European Council】
欧州連合(EU)首脳会議の別名。閣僚

理事会とは別に年4回定期的に開いている。実質的なEUの最高意思決定機関。EUが直面する課題を加盟各国首脳が自ら実務的に処理していくのがねらいで、フランスの提案に基づき1974年12月のパリ首脳会議で設置が決まった。一国の大臣に相当する委員からなる欧州委員会が提案した予算案や政策を審議、法的拘束力を持つEU法令として成立させる役割を果たす。

欧州連邦（構想）
欧州連合（EU）統合を進め、加盟国を1つの連邦国家のように運営する構想。ドイツのフィッシャー外相が2000年5月に提唱したのを機に、EU内で議論が活発化している。フィッシャー案は欧州統一憲法の制定、直接選挙による欧州大統領の選出、強力な立法・行政機関の設置などが柱。フランスのジュペ元首相は同年6月、より国家主権を重んじる内容の対案を発表した。EU拡大を控え、EUの権限強化の必要性では各国とも意見が一致しているが、統合をリードしてきた独仏の間で閣僚理事会の改変などを巡り、意見の相違も目立つ。

応募者利回り
【yield to subscribers】
投資家が新しく発行された債券（新発債）を購入し、途中で売らずに償還まで保有したときの1年当たりの利回り。債券は、額面（100円）より、やや低い価格で発行（アンダーパー発行）される場合もあり、この額面との差額も、最終的には投資家の利益になるわけで、利回りに加算される。計算式は次の通り。

$$\frac{表面利率 + \frac{額面 - 発行価格}{期間}}{発行価格} \times 100$$

大型株
【large-capital stock】
発行済み株式数の多い銘柄のこと。東京証券取引所の分類では発行済み株式数が旧50円額面に換算して2億株以上で、規模別株価指数の大型株指数も、この分類に従っているが、株式市場で一般に大型株という場合は少なくとも10億株以上の銘柄を指す。新日本製鉄、東京電力、三菱重工業などが代表銘柄。資本金が大きく発行された株式数が多いので、株主数や市場で売買される量も多い。小型株と違って大量の買いがないと株価は上がりにくい。

大型ハドロン加速器 ⇨LHC

大型汎用機
【mainframe】
さまざまな用途に使えるコンピューター。事務処理から科学技術計算、文書処理、図形処理まで幅広く対応。IBM、ユニシスなどが米国勢、国産では富士通、日立製作所、NECが製造する。低コストで柔軟性の高いクライアント・サーバシステムに市場を奪われてきているが、金融や流通業向けなどに根強い需要もある。科学技術計算に特化した機種をスーパーコンピューターと呼ぶ。→スーパーコンピューター、ワークステーション

大口融資規制
【regulations on large-lot loans】
金融機関の経営を健全に保つ目的で、1つの貸出先に対する融資額を、その金融機関の自己資本の20％以内に抑えるという規制。実際には違反した場合の罰則が軽く、1994年に破たんした旧東京協和、旧安全のいわゆる「2信組」問題で制度の不備が顕在化した。

オーガニック食品
【organic foods】
農薬や化学肥料などを使用しないで

有機栽培した食品。野菜や果物などが多い。米国から広がり、日本でも外食産業、食品メーカーが相次ぎ採用している。農産物については農水省が「農薬・化学肥料を3年以上使わない土壌で栽培したもの」という厳格な基準を設け、2000年度に第三者機関による認証制度を導入、日本農林規格(JAS)法も改正した。そのためこれまであいまいに使用されていた「有機」の表示は激減している。→JAS法

オークション取引
【auction】
せり売り、競売。物品やサービスの販売で売り手が複数の買い手に購入する価格を提示させ、最高値をつけた人に販売する取引の形態。従来から美術品や生鮮食品の卸売販売など主に業者や専門家の間での取引で採用されてきた。インターネットの普及に伴い、最近ではオークション取引を行う専用のサイトが相次いで開設されており、一般消費者が参加できるものも多い。取り扱い品目も自動車やホテルの宿泊など幅広い分野に及んでいる。さらに「逆オークション」と呼ばれる取引を行うサイトも登場。買い手が購入したい物品やサービスについて、複数の売り手に価格を競り下げさせ、最低価格をつけた売り手から購入する取引の形態だ。

送り状 ⇨ インボイス
オシロスコープ
【oscilloscope】
電流・電圧や音・振動などさまざまな物理的な動きを電気信号に変換し、時間の変化との関係をブラウン管上に表示する機械。アナログ信号をそのまま表示するアナログオシロスコープと信号を細分化して電気信号に変換し、画面上に表示するデジタルオシロスコープの2種類がある。デジタル式は波形を電気信号で処理するため、計算やデータ解析などコンピューターを用いた計測に適している。近年、開発・製造現場へのパソコンの普及で、デジタル式の需要が高まっている。

汚染者負担原則 ⇨ PPP①
オートオークション
【auto auction】
中古自動車の競(せ)り市。日本では新車ディーラーや中古車卸売専業者、中古車小売専門店の団体などが主催者となって開かれる。中古車専業者の仕入れは50%以上がこうしたオークション経由のものになっており、ここでの成約状況は業者間の相対売買の指標となる。競りには会員の業者しか参加できないが、最近ではオークション情報を一般消費者に流通させるサービスも始まりつつある。

オートモール
【auto mall】
複数メーカーチャネルの自動車ディーラーが、1カ所に集積して販売する施設。品ぞろえの相乗効果による集客力を背景に、米国で急増している。自動車流通は、1ディーラー1メーカーの専売制と、営業区域を限定するテリトリー制によるフランチャイズ制度に縛られている。そのため、一度に多くの商品を見たい消費者ニーズに合わなくなっているのが現状。日本でも、オートモールへの関心が高まっている。

オーナー
【owner】
海運用語としては、貸し船業者または純船主。船を持ち、船員を抱え、修繕や保船の費用は自分でまかなうが、船は運航せず、オペレーターから用船料を取って貸している。→オペレーター

オーバーアロットメント

【overallotment】
企業が株式の公募・売り出しを実施する際，市場の需要が多い場合に引受証券会社が株主から株を借りて，公募・売り出しと同じ条件で追加的に投資家に販売する仕組み。追加の上限は公募・売り出し株数の15％。株の需給に応じて追加販売ができるため，引受証券会社のリスクや売出人のコストを減らせる利点がある。オーバーアロットメントで販売した株券を元の株主に返却するための調達方法は「グリーンシューオプション」と「シンジケートカバー取引」の2種類がある。

オパール世代
【older people with active lifestyles】
米国の研究機関による造語。日本では高齢者をシルバー世代というが，米国では前向きで活動的な高齢者は七色に光り輝く宝石＝オパールと呼ぶ。健康的で流行に敏感な高齢者の増加に伴い，日本でもシルバー世代の言い換えに用いる例が増えている。従来のイメージだけでは生活スタイルを推し量れないが，他の世代に比べ経済力があることからさまざまな業界が注目している。

オーバーローン
【over-loaned situation；over-borrowed situation of commercial banks】
貸し出し過多の状態。市中銀行の貸し出しが預金に比べて著しく多い状態を指す。正確に定義付けると「市中銀行の貸し出し，有価証券など全運用資金が預金と自己資本の合計額を上回り，その差額を常時中央銀行の貸し出しに頼って穴埋めしている」状態。経営が不安定な中小金融機関の場合は流動性リスクが高まるという問題がある。

オブジェクト指向
【object-oriented】
部品を組み立てる手法を導入して，複雑なソフト開発の生産性を大幅に向上させる技術。ソフトを工程ごとに部品化し，各部品ごとに開発して後から組み合わせて完成させる。ソフト開発工程では，プログラムに関するデータとデータを読み書きするための手続きを記述するが，この2つを一体化したのがオブジェクト。アイコン(絵文字)を使ったGUI(グラフィカル・ユーザー・インターフェース)などは，オブジェクト指向の技術を使った事例である。

オフショア市場
【offshore market】
国内市場と切り離した形で，非居住者の資金調達，運用を，金融，税制，為替管理などの規制が少ない自由な取引として認める市場。IBF(インターナショナル・バンキング・ファシリティー)型，ロンドン型に大別される。IBF型は市場への参加銀行がIBF勘定を設定し，この勘定で非居住者や他行のIBFと取引する。米国IBFでは証券業務は認められていない。ロンドン型は国内金融取引と対非居住者取引が一体化した市場である。オフショア市場は現在ロンドン，米国IBFのほか，香港，シンガポール，バーレーン，ルクセンブルクなどにある。わが国では1986年12月に東京オフショア市場(JOM)が創設された。

オプション
【option】
①一定期間中に，株式や債券，為替，貴金属，農産物などを，ある一定の価格で買う(または売る)権利を取引すること。買う権利を取引するコール，売る権利を取引するプットがあり，少ない資金で大きなもうけが期待できる。例えばコールオプションの買い手

は期日までに予想通り株価が上昇すれば，上昇分から一定の手数料を差し引いた分がもうけになる。予想に反して株価が下落した場合は，権利を放棄することで支払った手数料以上の損失を避けられる。オプションの買い方や売り方次第で株式の買い手，売り手の双方にとってリスクを小さくする効果もある。→株価指数オプション取引

②仮発注。航空・航空機業界で航空機購入の際，正式契約以前に製造中の航空機について購入予定の製造番号を特定して注文すること。

オフバランス取引
【off-balanced trade】
バランスシート(貸借対照表)に数字が出ない帳簿外の取引。金利，通貨スワップ，金利先物取引などが代表例。国際金融市場の証券化に伴い，このところオフバランス取引が急増している。金融機関の資金調達・運用手段が貸し付けから証券に移行し，さまざまな金融取引の技術を駆使する動きが広がっている。最近は一般企業が金利，為替相場の変動リスクを回避するのに活用するケースが増え，この手数料が銀行の収益源の1つになっている。国際決済銀行（BIS）は，銀行経営の健全性を保つためオフバランス取引にも監視の網をかぶせた自己資本比率規制の国際統一基準を設けた。→BIS

オープン価格
【open price】
メーカーが自社の製品に希望小売価格（標準小売価格）を設定せず，小売業者が市場動向を見て独自につける価格のこと。家庭電器製品の二重価格が問題になり，「15％以上の値引きが市場の3分の2以上で，あるいは20％以上の値引きが市場の2分の1以上で行われている場合は二重価格」という基準が公正取引委員会によって設けられてから，この基準に触れないように，家電メーカーが値崩れの激しい製品に適用することが多い。2000年6月の公取委通達廃止後は業界の自主規制に委ねられている。

オープン型投信
【open-end fund】
あらかじめ信託財産の限度を決め，それに達するまで随時，受益証券を発行して投資家から資金を集め，次々に信託財産に追加するもの。運用も，当初設定分と追加分を1つの信託財産として合同運用するのが特徴。追加型投資信託ともいう。ユニット型と異なり，いつでも購入または解約(換金)できる。→インデックスファンド，ユニット型投信

オープンシステム
異なるメーカーのコンピューターを接続し，ソフトウエアが自在に利用できるシステム。特定メーカーの製品だけで構成する閉鎖的なシステムに対する言葉として使われる。ハードウエアやソフトウエアの仕様を公開，標準化することで実現する。ワークステーションの基本ソフト「UNIX」や格安の「Linux」などが代表例。

オープンソース
【Opensource software】
基本設計図である「ソースコード」が公に開示されているソフト。基本ソフト（OS）「Linux」やホームページを表示する「ウェブサーバーソフト」である「アパッチ」などが代表格。いずれもソースコードが公開されているため，インターネットなどで取得し対価を払わずに利用できる。ただ「リナックス」の場合，商業利用を目的に改変した場合は改変部分の開示を求められる場合もある。

コラム

オフショアリング
Off-shoring

　企業が国内業務の一部を中国やインドなど人件費の安い海外に移管・委託すること。オフショア(「海外」「本土から離れた場所」)へ移す意味からこの呼び名が付いた。

　製造業の生産拠点だけにとどまらず，最近の特徴として電話での顧客対応やソフト制作などサービス業や情報技術(IT)分野へと波及している。米国のITバブル崩壊に伴う企業の雇用調整に加えて，高速通信網を駆使した業務委託の流れが加速しつつある。時間と距離の制約を受けることなく海外頭脳の活用を図ろうとする企業の意欲は強く，インドでは法務，会計，研究開発などより広い部門を巻き込んだ受託ブームに沸いている。インドや中国，ロシア・東欧では米大学の電子工学やコンピューター科学の修士号に相当するレベルの人材が豊富と言われている。

　一方，米国では国境を越えた雇用の流動化が国内経済にもたらす影響について，大きな論争に発展。国内雇用の減少を警戒するオフショアリング脅威論が台頭，米大統領選の争点にも浮上した。民主党の大統領候補，ケリー上院議員の陣営は，オフショアリングを進める企業に対して，税優遇措置の撤廃を通じて実質的な税負担を重くして国外からの雇用流出を阻止する方針を打ち出している。

　ただ，オフショアリングのプラス面に着目する見方も根強くある。資源の最適利用を通じた製品・サービス価格の低下や企業の収益力向上による雇用余力の増加などの恩恵をもたらすとして，オフショアリング規制論とは真っ向から対立する。ブッシュ政権もオフショアリングを規制することは米企業の自由な国際展開をしばることになり，経済にとってマイナスとの立場を取る。米雇用統計の改善でオフショアリング脅威論は一時と比べると沈静化しつつあるが，今後の雇用情勢いかんでは議論が再燃する可能性もありそうだ。

米国の雇用状況
失業率
雇用者数の前月比増減
＊季節調整済み，失業率は軍人を除く，雇用者数は非農業部門

オペレーショナルリスク
【operational risk】
システム障害などのトラブルから社内犯罪まで金融機関が日常業務の中で抱えるリスク。与信に伴う信用リスク，有価証券保有などに伴う市場リスク以外のすべてのリスクとも定義される。事務リスク，システムリスク，法務リスク，情報漏れリスク，決済リスクが代表例。2002年4月にみずほフィナンシャルグループが一時250万件もの口座振替に遅延を発生させ，大きな問題として社会的に批判を浴び，金融庁が業務改善命令を発動した。金融庁と日銀は金融機関に対する検査体制の強化に乗り出している。

オペレーション operation ⇨ 公開市場操作

オペレーションズリサーチ ⇨OR

オペレーター
【operator】
海運用語としては，運航業者。オーナーと同じように自分で船を持っているが，これを運航するだけでなく，オーナーから船を借り，あわせて大規模に運航するもの。いわゆる海運会社。
→オーナー

オペレーティングリース
【operating leasing】
リース契約時にリース満了後の残存価格（残価）をあらかじめ見積もっておき，残価を差し引いた金額でリース料を決めるやり方。リース対象となる物件は自動車や産業・工作機械などで中古市場が確立しているもの。メーカー系リース会社が市場を大きくしようと試みている。

思いやりある保守主義
【compassionate conservatism】
移民をはじめとする少数派に寛容な立場をとる保守主義。2000年の米大統領選で共和党のブッシュ候補が唱えた。ライバルの民主党と比較して共和党は保守色が濃く，排他的な印象をもたれているが，中南米からの移民増加などを背景に，ブッシュ氏はより広範な支持を得るため軌道修正した格好だ。大統領に就任したブッシュ氏は保守色を強め，「思いやり」は薄れた感がある。

オリゴ糖
【oligosaccharide】
糖類の最も基本的な物質である単糖（グルコース）が2～10個ぐらい結合したもの。結合の仕方や単糖の数によって，フラクトオリゴ糖，イソマルトオリゴ糖，ガラクトオリゴ糖などがある。腸内の有用菌であるビフィズス菌を増やす働きがあり，オリゴ糖を摂取することで腸の調子を整えることができる。食品・医薬品メーカー各社がオリゴ糖を配合した食品を相次いで商品化している。また，配合飼料の一成分として使用すると，豚の繁殖能力を高める効果もあるとされており，用途が広がっている。→保健機能食品

オルタナティブ投資
【alternative investment】
国内外の上場株式や債券に投資する従来の一般的な資産運用とは異なる投資・運用手段の総称。代替投資ともいう。明確な定義はないが，金融派生商品（デリバティブ）や商品ファンド，ヘッジファンド，私募形式の投資信託，未公開株に投資するプライベートエクイティ，不動産投資信託などが代表的。株式や債券の値動きとは相関性・関連性が薄い運用が可能なため，資産運用におけるリスクを分散させる効果が期待できる。ただ，投資手法が複雑で，投資に失敗すると損失が大きくなる商品も少なくない。日本では，低金利や株安に悩む企業年

金や金融機関の間でニーズが高まっている。ヘッジファンドに運用を委託するケースも目立つ。金融機関の間では新たな投資商品の開発に力を入れる動きも出ている。

卸売業者
【wholesalers】
特に生鮮の場合，青果，水産など取扱品目ごとに農林水産大臣の許可を受け，生産・出荷者から集荷し，仲卸業者，売買参加者（仲卸業者以外で競（せ）り，または入札に参加する業者。小売商が多い）に販売する者。一般には卸売会社，荷受け（会社）ともいう。卸売業者は事業年度ごとに事業報告書を開設者を通して農林水産大臣に提出し，年2回純資産額を報告するなどの監督を受け，兼業業務は届け出なければならない。販売方式は生産・出荷者からの委託販売で，手数料は中央卸売市場で野菜が販売価格の8.5％，果実7％，水産物5.5％，食肉3.5％，花き9.5％が原則。定められた手数料以外の自己の計算による卸売りをしてはならないが，一定の特定物品については例外として認められている。水産物では冷凍品，加工品などがそれ。東京都中央卸売市場では水産物の流通量の約60％強を占めるまでになっている。仲卸業者（仲卸売人，仲卸ともいう）は市場開設者（地方自治体）の許可を受け，卸売業者から買った生鮮食品などの仕分け，調整，販売をする業者で，取扱品目ごとに1市場内の数の最高限度や保証金などが定められている。

卸売市場
【wholesale market】
卸売市場法に基づき，野菜，果実，魚類，肉類等の生鮮食料品や花きなどの卸売のために開設される市場。農林水産大臣の認可を受けて開設される中央卸売市場と，都道府県知事の許可による地方卸売市場がある。中央卸売市場は，生鮮食料品等の円滑な流通を確保するための中核的拠点となっている。

卸売市場法
【Wholesale Market Law】
1971年7月施行された卸売市場に関する法律。産地直接取引・販売の拡大など生鮮食料品流通を取り巻く環境の変化に対応しきれない，との批判が強まり，2004年6月に改正された。従来品目ごとに一律だった卸売業者が徴収する委託手数料は，機能やサービスにあった設定ができるよう09年4月から自由化する。取引する商品を必ず市場に持ち込む商物一致の原則も見直し，電子商取引を利用する場合などは，産地からの直接配送を認めた。

卸売物価指数
【wholesale price index】
卸売り段階での物価の動きを示す指数。ここでいう卸売りの意味は，「原則として生産者に最も近い卸売業者の販売価格」で，必ずしも卸売業者の販売に限るものではない。日本では日銀が2003年1月発表分から卸売物価指数を新指数「企業物価指数」に変更した。→物価指数

卸電力取引所
【electric power exchange】
電力会社や新規参入業者（特定規模電気事業者），自家発電設備を持つ企業などが参加し，電気を卸取引する市場。1999年の電気事業法改正で設置が決まり，2005年4月に運営を開始する予定。正式名称は有限責任中間法人日本卸電力取引所。電力小売りの自由化範囲の拡大に伴い，新規参入業者が電源を調達しやすく

するねらいがある。具体的には，電力会社や自家発電所を持つ企業が電気の売り手となり，主に新規参入業者が買い手となって，最終需要家に電気を小売りする。翌日受け渡しの電気を取引する「スポット市場」，一定期間後に受け渡しを行う電気を取引する「先渡定型市場」，掲示板への自由な書き込みによる取引を行う「先渡掲示板市場」の3つの市場を用意する。

卸電力販売
【wholesale power sales】
　一般企業が電気を起こして電力会社に販売すること。日本では1995年12月に電気事業法の改正で自由化された。現在は電力会社が自社電源を優先した後に不足分を補う程度にとどまっているが，鉄鋼，化学，セメント，紙パルプなどの素材業種や石油，ガス会社などが参入，発電所の運転が始まっている。卸部門の自由化によって一般電気事業者のコスト削減が促されると見られる。

音楽ネット配信
【music distribution over the internet】
　デジタル信号化した音楽をインターネットを使ってパソコンや携帯端末などに配信すること。1997年ごろから音楽CD（コンパクトディスク）などの音源をMP3と呼ばれる圧縮形式でファイル化，ネット上に流通させる行為が個人や企業などで行われるようになった。ただMP3は複製が容易なため，著作権を無視した違法コピーがまん延。このためレコード会社などがコピー防止機能を付けた独自の圧縮・配信方式で配信事業を始めている。また，携帯電話に「MIDI」という形式で音楽を配信する「着メロ」サービスが拡大している。携帯電話の普及とともに1,000億円近い市場になったともいわれており，レコード会社も共同で参入している。

温室効果
【greenhouse effect】
　二酸化炭素やメタン，フロンなどのガスが大気中に増えると地表の熱が宇宙空間に放散しにくくなり，大気が温暖化する現象。温室に使われるガラスやビニール膜などと同じ性質を持つため，こう呼ばれる。温室効果を持つ気体を温室効果ガス，温暖化ガスと呼ぶ。最も排出量の多い温室効果ガスは二酸化炭素。メタンガスやオゾン層を破壊するフロンガスなどは量は少ないが強力な温室効果を持つ。これらのガスは太陽光の主成分である紫外線の一部や可視光線を通す一方，地表から宇宙に出る赤外線（熱線）を吸収する性質がある。温室効果ガスの増大による地球温暖化は地球環境問題の最大の課題になっており，これを防ぐための気候変動枠組条約が1994年3月に発効した。

音声認識
【voice recognition】
　エレクトロニクス技術により人間の声などをソフトウエアで分析してその意味を理解すること。人間の声などを波形でとらえ，波形をデジタル（数値）化して判別するのもその一手段。コンピューターを利用したパターン認識技術を使って，音節の組み合わせで話し言葉を符号化するなどして音声情報を判別させている。特定話者の単語1つずつの認識は，分野を限ればほぼ実現，特定話者の連続的な認識，さらに不特定の人の音声を認識する技術の開発も進んでいる。音声認識技術が実用化すれば，人間が話しかける言葉通りに働いてくれる対話コンピューターや自動翻訳電話が登場してくる。

温暖化ガスの自主削減目標

【self-imposed goals to cut global warming gases】
1997年12月の温暖化防止京都会議で決めた削減目標を実現させるため、産業界が業種ごとに策定した自主行動目標のこと。日本経団連が業種別に二酸化炭素排出量ベースの削減・抑制目標を策定している。目標は産業界が社会と結ぶ「公約」として機能し、実現しない場合は社会的制裁を受けるとされている。この方針は98年6月決定の「地球温暖化対策推進大綱」に盛り込まれ、毎年、事後調査の結果が総理大臣に報告される。他にもフロンで自主削減目標を決めている。

オンデマンド印刷
【print on demand】
複写機や高速プリンター、簡易製本装置などを用い、小ロットの印刷物を短期間で制作・納入するサービス。従来の印刷物は発注主と印刷会社がやり取りしながら時間をかけて大部数を作り上げるのに対し、ビジネス資料集などを短期間で作らなくてはならない需要などに即応できる。ネットワークの発達とパソコンやプリンターの機能向上で可能になってきたもので、プリンターや複写機メーカーなどが対応を加速、既存の印刷会社との業界の壁が崩れ始めている。

オンラインゲーム
【online game】
通信回線を通じて多人数が参加するゲーム。マージャンや格闘ゲームのように2～4人程度が参加する「対戦型」と、5,000人程度が冒険などに参加する「MMORPG型」がある。特にMMORPG型はチャット（おしゃべり）をしながらゲーム内で仮想社会を形成するという、従来にない遊び方が人気で、種類、利用者とも急増している。パソコンに加え、「プレイステーション2」などの家庭用ゲーム機でも遊べるようになってきた。インターネットカフェが普及している韓国が先進国で、日本で運営されているものも韓国発のゲームが多い。

オンライン書店
【online bookstore】
インターネットの普及と電子商取引技術の発達により、ネットを通じてパソコンや地方特産品を通信販売するビジネスが広まった。特に成長著しいのが書籍を扱う「オンライン書店」。日本では1995年に参入した丸善が先駆け。紀伊國屋書店、ヤマト運輸子会社のブックサービスなどが有名。2000年には米アマゾン・ドット・コムの日本法人が参入した。競合の激化で事業継続を断念する企業も出てきたが、一部の勝ち組は単年度黒字化のメドをつけている。現在では書籍市場の2.5％程度をオンライン書店が占めると見られている。

オンライン取引
【online trading】
電子通信回線を使用した商取引一般を指すが、特に証券取引の注文を通信回線を使って出すことをいう場合が多い。個人投資家の株式や投資信託の売買注文をインターネットで受け付ける証券会社が増え、1999年10月からの株式売買委託手数料自由化を受けてオンライン取引の手数料を大幅に割り引く業者が現れた。既に個人の売買の7割を占めている。競争も激化しており、専業証券の再編も進んでいる。

オンラインマーク
【online seal program】
消費者向けインターネット通販の適正な事業者を認定する制度。日本商工会議所と日本通信販売協会が2000

おんら

年6月に始めた。事業者からの申請に基づいて両団体が，①事業活動の実績，②返品制度，③代金支払い方法，④消費者相談窓口，⑤関連法令への対応——などについて審査し，適正と判断した事業者にマークを付与する。両団体のマークを取得した事業者は2004年6月時点で約630社。

か

加圧水型軽水炉 ⇨ PWR

買入債務回転日数
【trade payable turnover period】
買入債務，つまり支払手形と買掛金がどのくらいの期間で支払われているか，どのくらい滞留しているかを日数で見ようというもの。売上債権回転日数と同じように，この日数が短いほど，その企業の支払い条件が良いことを表す。通常，資金繰りに余裕があるときはこの日数が短縮化する。

$$\frac{買入債務（期首期末平均）}{売上高（年間）} \times 365（日）$$

→買掛金，売上債権回転日数

買い入れ償還 ⇨ 買い入れ消却

買い入れ消却
【retirement of bond（債券），retirement of shares（株）】
債券の場合は，償還の1つの方法。金利の変動を受けて発行した債券の一部を償還期限を待たずに償還するとき，流通市場から債券を買い入れてそれを行う。買い入れ償還ともいう。なお，期中の償還方法としては，このほか抽選で行うもの(抽選償還)もある。一方，株式でも減資の1つの方法として，市場から株式を買い入れて消却することができるが，これを買い入れ消却という。株式上場企業が相次いで自社株買いによる株式の消却に取り組んでいる。2001年秋の商法改正で企業が買った自社株を消却せずに抱えたままにしておく金庫株の導入も認められた。

海運市況
海上運賃の状況。タンカーおよび不定期船の海上運賃は世界景気の動向を反映した貿易量と現存船腹量のバランスによって変動する。穀物はUSガルフ—日本，USガルフ—西欧，石炭はハンプトンローズ—日本，原油はペルシャ湾—西欧／日本の相場が指標となっている。また，不定期船の動きはノルウェー—ジャン不定期船運賃指数が参考となる。→ワールドスケール

買いオペ buying operation ⇨ 公開市場操作

海外投資保険
【Overseas Investment Insurance】
海外投資に伴う事故などによる損失を補てんする制度で，貿易保険の一種。2001年4月に貿易保険は経済産業省から独立行政法人「日本貿易保険」に業務移管した。政府は再保険という形で信用力を補完する。対象になる事故は，①投資先の戦争や革命のため事業継続が不可能な場合，②投資先企業の倒産，③投資先政府による元本，不動産の強制収容，為替取引制限——など。01年4月から新たに相手国での天災やゼネスト，国連制裁による支払い不能といったリスクも補償するようになった。保険金額を限度として，損失額の95％の保険金が支払われる。1994年10月からASEAN6カ国について保険の引き受け基準を緩和，95年1月にはミャンマー向けの保険再開も表明した。2000年1月にはイランへの投資事業に対して保険を8年ぶりに適用した。02年10月からは，偽ブランド品による知的財産権侵害による損失なども補償の対象に加わった。

海外の新興市場
【overseas emerging market】
欧州では，ロンドン証券取引所の新興企業向け市場であるAIMは東アジアやインドの新興企業の呼び込みに力

を入れ急拡大している。ユーロネクスト・パリは2005年に新興市場「オルターネクスト」を創設する。ネット株バブルの崩壊を受け，03年までに新興市場の閉鎖・撤退があったが，最近の市況回復を受け，市場間競争が再燃しつつある。アジアでは，韓国のKOSDAQ，台湾のOTC，香港のGEMなどがある。

海外発行の円債
【euroyen bond】
海外市場で円建てで発行される債券。1977年4月発行の欧州投資銀行（EIB）債が第1号で，このあと世界銀行債，アジア開発銀行債，欧州鉄道金融公社債などが発行されている。スワップを使い調達した円をドルなどに転換することが多い。ここ数年はドル，ユーロなどに比べて円の金利水準が低いため，海外の発行元が最終的に有利な条件で資金調達できるようになっている。円の対外為替相場が強含みで推移しているとき，投資家にとって円債を保有することは「強い円資産」を持つことになり，有利な投資となる。海外市場での円債発行は円が国際的にも認知されたことを意味し，大蔵省（当時）は「円の国際化」のため，79年3月には国際金融機関だけに発行を認めてきた従来の方針を転換，外国政府にも認めていくことになり，フィンランド政府が80年6月に発行した。さらに84年4月からは国内の民間企業の発行も解禁された。当初は発行された円債をすぐに日本に持ち込むことは禁止されていたが，98年に還流制限が撤廃された。

買掛金
【accounts payable】
商品，原材料などを買って品物は手に入れたがまだ代金を支払っていない金額。支払手形と合わせて買入債務という。営業上の短期の未払い金である。品物を売って相手に渡したが，代金を受け取っていないという営業上の未収入金を売掛金という。

外貨準備高
【gold and foreign currency reserves】
国が輸入代金の決済や借金の返済などの対外支払いに充てられる公的な準備資産をどれだけ持っているかを金額で示すもの。景気の先行きや経済成長の前途を判断するための重要な経済指標の1つで，日本では毎月，財務省が発表する。日本の外貨準備高は，①政府保有の分（MOF勘定と外貨証券），②日銀保有の分（外貨と金）——の公的なものに限られ，為替銀行や商社が保有する分や，清算勘定の貸越残高などは含めない。2003年末時点の残高は6,645億ドルで世界一の水準。

外貨建て取引会計基準
【dealings settled in foreign currency】
1995年5月に企業会計審議会（現金融庁の諮問機関）がそれまで公表義務のなかった外貨建て金銭債権・債務の含み損などについて一定の条件下で損失として計上することを義務付けたもの。通貨スワップ，オプションなどでヘッジした債権・債務に関しては，スワップによる円評価額や，オプションの権利行使が確実に見込まれる場合には権利行使による円評価額を記載。同時に契約時点で確定した差損益は契約終了時までの期間に応じて分配し処理することになった。しかし，現在の基準では1年以内の短期の債権・債務は決算時のレートで評価，長期は所得時または発生時の為替相場を用いて円換算する原価法が採用されている。金融商品の時価会計導入が決まったことから，企業会計審議会は2000年4月からすべて

決算日に一本化。為替レートは決算日の直物相場か，決算日前後のおおむね1カ月間の平均相場とする。

外貨預金
【foreign currency deposit】
ドルやユーロなど外国の通貨をわが国にある銀行に預けること。預金金利はそれぞれの通貨の国内金利が適用されるため，円預金にはない利息が期待でき，満期日が預け入れ日よりも円安になっていれば為替差益も享受できる。逆に円高になれば差損が出て高金利が吹き飛ぶこともある。もともと国際的な取引をする商社，運輸会社，保険会社などの便宜を図るために作られたものだが，その後徐々に制約が取り除かれた。最近の円金利が極めて低いこともあり，日本では為替リスクはあるものの高利回りの金融商品として注目を集め，取り扱いが急増している。

開業率
【new-business opening rate】
一定の期間中に開業した事務所数の年平均を総事務所数で除した比率。起業が活発かどうかを知る目安となる。「中小企業白書」によると，1999～2001年の日本の開業率は3.1％で，70年代の6％弱に比べほぼ半減し，米国の10％程度を大きく下回っている。一方，日本の廃業率は70年代の4％弱から99～2001年には4.5％に上昇，80年代後半から開業率を上回り，産業界の「少子化」が指摘されている。起業が増えれば新規の雇用や産業の創出などを通じ経済の活性化につながるため，政府は03年2月施行の中小企業挑戦支援法で，商法の最低資本金規制の特例として資本金が1円でも起業できる制度を導入している。

会計監査
【auditing】
会計記録担当者の作成した一連の会計記録（会計伝票，諸勘定元帳，各種補助簿，計算表，試算表，財務諸表など）が会計基準に従って正しく記載されているか，妥当であるかを判断し，その結果について証明をし，または意見を述べること。商法上の会計監査は，監査役，公認会計士が総会前に行い，株主総会招集通知書に監査証明書（監査報告書）を添付することになっている。→外部監査

外形標準課税
【assessment by estimation on the basis of the size of business】
税収を安定させ，所得のない赤字企業にも税金を負担させるため，建物の面積や従業員数のように外から見て一目で分かるものを標準にして税金を決める課税方式。政府税制調査会（首相の諮問機関）は早期導入の必要性を主張。2003年3月に改正地方税法が成立し，資本金が1億円を超える大企業を対象に，04年度から法人事業税に導入されることが決まった。東京都が大手銀行を対象に導入した外形標準課税条例をめぐる訴訟では，東京高裁が03年1月に都側敗訴の判決を言い渡した。

かいこう
【unmanned deep-sea probe vessel KAIKO】
世界最深の水深約1万1,000メートルまで潜水できる最新鋭の無人探査機。海洋研究開発機構が所有する。海底近くを自由に動き回る全長3メートルのビークル（探査機）と，ビークルの海中発着台となる全長約5メートルのランチャーからなる。支援母船「かいれい」とはケーブルで結ばれており，「かいれい」船内から遠隔操縦する。深海底の様子を高性能テレビカ

メラで実況中継でき、機械の腕を使って深海の生物や岩石を採集できる。1994年3月に実施したマリアナ海溝への初の潜航試験は機器トラブルのため失敗したが、95年3月に再挑戦し、1万803メートルの潜航記録を達成、その後、1万911メートルの世界最深記録も達成した。ただ、2003年5月下旬からビークルが行方不明。

外国為替資金特別会計 ⇨ 外為会計

外国為替証拠金取引
【foreign exchange margin trading】
証拠金を差し入れて外国通貨を売買する取引。 金融関連の規制を一斉に抜本緩和する日本版ビッグバンの一環として、1998年に外国為替業務が自由化されたことを受け、扱う業者が増えてきた。商品先物会社や証券会社のほか、行政の監督を受けない専業会社も目立つ。少ない元手で巨額の取引が可能な半面、相場見通しが外れたときなどに損失が膨らみやすいなどのリスクも大きい。業者からの過剰な勧誘や取引についての説明不足、解約に応じないといった苦情やトラブルも急増している。金融庁は外国為替証拠金取引に新しい規制を導入するため、監督官庁への事業者の登録の義務付け、電話や訪問による勧誘の禁止などを柱とする法整備を検討している。

外国為替法 ⇨ 改正外為法

外国人労働者問題
【foreign workers problem】
経済の国際化により、日本で働きたいという外国人が増えているが、日本は入管法で外国人労働者の受け入れを制限しているために生じている問題。 特に、タイ、韓国、中国などアジア諸国から観光ビザなどで入国し、仕事に就く不法就労者が急増しており、劣悪な労働環境下で働いているケースもある。政府は、技術・専門職従事者などには門戸を広げる方向だが、単純労働者は基本的に受け入れない方針。不法就労者については1990年6月に施行した入管法で雇用主への罰則を新設し厳しく対処することにしており、悪質なブローカーや不法就労者の摘発が相次いでいる。

外国投信
【foreign fund】
海外の運用会社が現地の法令に従って設定、運用する投資信託。 日本では代行証券会社が「輸入販売」している。高利回りの外債などに投資していることから一時、投資家の人気を集めた。分配金を毎月支払ったり、元本を確保する商品なども販売されている。ほとんどが外貨建てだが、1999年から円建ても発行されるようになった。外国株式や外国債券を組み入れた国内投信と区別するために、「外国籍投信」と呼ぶこともある。

外国貿易障壁報告
【USTR's report on global trade barriers】
米通商代表部（USTR）が毎年3月末にまとめる米国から見た貿易相手国の不公正な貿易慣行や行為を列挙した報告書。 USTRが米産業界の意見を吸い上げ、発表するもので、米国の通商分野での「不平・不満リスト」との見方もある。2004年版は中国に触れたページ数が初めて日本を上回り、人民元の変動幅拡大や半導体優遇税制の改善を求めた。日本については簡保と共済を民業圧迫と批判している。→スーパー301条

介護タクシー
【nursing care service taxi】
介護が必要な高齢者を通院などの目的で有償で輸送するサービス。 2級ヘルパーの資格を有する運転手が乗り降

りを介助する。介護保険制度で利用者負担額の一部が公費補助される。介護報酬は1回1,000円だが、事業者によっては一般のタクシーと同様に走行距離に応じて別料金を徴収する場合もある。一方で、非営利法人(NPO)が実費程度の利用料金で提供する輸送サービスも普及しており、自治体によって介護保険制度の適用に関して解釈が分かれていることで、利用者から不満の声も上がっている。

介護報酬
【long-term care fees】
介護保険から介護事業者に支払う報酬。訪問入浴サービスであれば1回当たり1,250単位という具合に各サービスについて決めてあり、1単位を原則10円として計算する。3年に一度、物価や介護事業者の経営状態などを踏まえて見直すことになっており、最近では2003年4月に改定が行われた。この改定は、在宅サービス拡充のため在宅サービスの報酬を引き上げたことが特徴。一方で施設サービスについては、事業者の経営状況が比較的良好であることなどから若干報酬を引き下げた。

介護保険
【long-term care insurance】
国民から徴収した保険料に国や地方の公費を併せて財源とし、保険料を払っていた人が介護が必要な状態となったときに、介護サービスの現物や介護費用を給付する制度。保険料は65歳以上の高齢者は原則として年金から天引き、40～64歳の被保険者は健康保険料に上乗せして徴収されている。2005年の介護保険見直しでは、保険料を徴収する対象を40歳未満に広げることが検討課題となっている。

介護予防
【preventive measures for healthy / independent aged】
高齢者が老化などによって身体機能が低下するのを予防する活動。歩行や筋力トレーニングなど、機能訓練や運動サービスなどを指す。市町村が老人保健事業として40歳以上の住民を対象に機能訓練や健康相談などを提供しているほか、65歳以上を対象に介護予防・地域支え合い事業として筋力向上トレーニングや転倒骨折予防教室などを開いている。2004年6月現在、厚生労働省は05年度にも改正される見通しの介護保険制度で、介護予防を保険給付対象に組み入れようと議論している。

外債
【foreign bond】
主として長期資金を調達するため外国で発行する国債、政府保証債、社債などの債券。発行地の現地通貨や、基軸通貨である米ドルでの資金調達が多かったが、最近はユーロ建て外債も増えている。円建て外債(サムライ債)も外債の1つ。

概算要求
【budget request】
政府各省庁が例年8月末日までに財務省に提出する次年度予算要求。歳入歳出、継続費、繰り越し明許費、国庫債務負担行為の見積もり書から成っている。財務省は9月から12月にかけて提出官庁(要求官庁)の説明を聞き、査定するが、予算規模の膨張、安易な予算要求を避けるため、7月末ごろ概算要求の限度額(概算要求基準、シーリング)を閣議で決めている。

会社型投信
【corporate-type investment trust】
投資会社は株式を発行して応募者から資金を集める。つまり、投資家は投資会社の株主として資金運用益の

分配を受ける形式をとる。これを会社型投信という。欧米の投資信託は会社型が主流である。日本では税制の関係上，事実上設定ができなかったが，1998年12月の制度改正で解禁された。2004年5月末現在，株価指数連動型の上場投資信託（ETF）が東京・大阪証券取引所に合計18銘柄，不動産を投資対象とする不動産投資信託（REIT）が東証・大証に計13銘柄，それぞれ会社型投信として上場されている。→投資信託（投信），上場投資信託，不動産投資信託

会社更生法
【Corporation Reorganization Law ; Corporation Rehabilitation Law】
経営の行き詰まりで窮境にあるが，再建の見込みがある株式会社について，債権者や株主などの利害を調整しながら会社の事業を継続し，その更生を図ることを目的とした法律。会社（場合によっては大口債権者または大株主）が裁判所に更生手続き開始の申し立てをし，裁判所が受理すると財産保全命令が出される。裁判所はその決定または棄却をするが，決定の場合は1人または数人の管財人を選ぶ。管財人は更生計画を立て，裁判所の認可を受けたうえで再建に乗り出す。→管財人，改正会社更生法

会社分割
【company spin-off】
企業が機動的に組織を再編し，効率的な経営ができるよう事業部門を分離・独立させる手法。部門を子会社化する分社化と違い，会社分割は会社の資産や負債を2つ以上に分けて資本関係もなくしてしまう。新会社を設立する新設分割と，他の企業に吸収させる吸収分割がある。欧米では事業を再構築するために使われる一般的な手法。日本では2000年5月に企業の組織再編を促す会社分割制度を創設する改正商法が成立。01年4月に施行された。

会社分割税制
【taxation designed to encourage company spin-off】
企業の事業再編を後押しする会社分割制度の創設に対応して，企業が事業部門を分離・独立させる場合の課税特例を定めた税制。2001年度から導入した。分割後の会社に株式などの資産を帳簿上の価格（簿価）で引き継ぐ場合に限り，資産移転に伴って会計上発生する譲渡益（含み益）への課税を繰り延べるのが柱。特例が悪質な課税逃れに使われるのを避けるため，分割後の会社がそれぞれ独立して事業を継続できることなどを条件とする。

外需
【overseas demand】
国内の需要である内需に対し，海外からの需要を外需という。一般には輸出から輸入を引いたもので，国民所得統計ではこれを財貨・サービスの純輸出と呼んでいる。経済成長は内需と外需の増加によって達成されるが，外需の割合が大きくなると外需依存型の成長になる。

改正会社更生法
【revised Corporation Reorganization Law ; revised Corporation Rehabilitation Law】
1952年に施行された会社更生法が初めて全面改正され，2003年4月に施行された。経営破たん企業の再建手続きを迅速化するため，申し立て条件を民事再生法並みに緩和するなど利便性を高めた。旧法では制限がなかった更生計画案の提出期限を1年以内と定めたほか，計画案の可決条件は債権総額の3分の2以上から

2分の1以上に緩和。申し立てをする裁判所などの選択肢も広がった。再建の筋道を事前に決めた上で法的整理に持ち込む「プリパッケージ型」の再建手法も可能になる。→会社更生法

改正外為法
【revised Foreign Exchange and Foreign Trade Control Law】
1998年4月から施行された外為取引に関する新法律。欧米諸国が外為制度の自由化を先行させる中、日本でも完全自由化を進め、東京市場を活性化するねらいがあった。外為取引業務を公認銀行に限る為銀主義を廃止。内外資本取引の事前許可、届け出制度も原則廃止した。企業、個人の海外預金口座開設、居住者間外貨決済も自由化。決済手段の多様化で企業の外為取引のコスト削減が見込まれる。また、個人金融資産が外貨建て資産に向かう流れの一因となった。2001年9月の米同時多発テロを受けて、02年5月の改正・施行後はテロリストの資産凍結を機動的に実施できるようになった。また、04年2月には再度改正され、政府の独自の判断で北朝鮮への送金などを停止できるようにした。

改正商工会法
【revised Commerce and Industry Association Law】
主として町村における商工業の総合的な改善発達を図る等のための組織として、商工会及び商工会連合会を設け、それにより国民経済の健全な発展に寄与することを目的とした法律。町村にある中小企業を支援する商工会の合併を促すため、合併に伴う法人税軽減措置や諸手続きの簡素化などを盛り込み2001年に改正した。小規模な商工会では複数の経営指導員を配置できず、十分なサービスを提供できないことが合併理由だが、補助金を出す自治体の財政難も背景にある。商工会の数は改正時の2,800から04年4月現在で2,738とあまり合併は進んでいない。04年4月に成立した改正法により、合併規定が緩和される。

改正職業安定法
有料職業紹介事業の対象職種を建設、港湾運送業以外の全職種に拡大し、民間の職業紹介市場の規制緩和を進めた法律。1999年12月施行。改正前はサービス、製造、運輸通信などの職業紹介を禁止するなど対象職種に制約があった。有料職業紹介事業の許可の有効期間を1年から3年(更新は5年)に延ばすなど、民間の参入を促すため規制も緩和した。2002年春には省令などの改正で、求職者本人からの手数料徴収を解禁するなどした。03年に法改正し、04年3月から地方自治体が無料職業紹介を届出だけで可能にした。

改正食糧法
【Revised Staple Food Act】
コメの生産や流通を規制する法律。2004年4月の改正で、規制が大幅に緩和された。農家にイネを作付けしない農地を強制的に割り振る「減反制度」を廃止し、販売実績に応じて増産できるようにした。また、国が一括して買い上げていた計画流通米制度をやめ、農家が小売店へ自由にコメを売れるようにし一定の市場競争を促した。この結果、農家は好きな銘柄の生産・販売が可能になり、消費者も高品質のコメを以前より安く手に入れられるようになった。ただ、輸入米に対する高関税など、保護政策は維持されたままで、安い外国産米との競争は不十分との指摘も根強い。

改正男女雇用機会均等法
【revised Equal Employment Opportunity Law】
募集・採用，配置・昇進・教育訓練，福利厚生，定年，退職・解雇の各分野について，女性に対する差別を禁止する法律。1999年4月より施行。差別行為の禁止は従来，企業の努力義務にとどまっていたが，99年4月からは完全な義務となった。また，新たにセクシュアルハラスメント（性的嫌がらせ）についても規定，企業にはセクハラを防止するための配慮義務を求めている。

改正著作権法
2004年に開いた第159通常国会で，海外向け邦楽CDの逆輸入禁止措置や，貸本店への著作権料支払いを義務付けた改正著作権法が成立した。音楽分野では，主にアジア向けの販売用に価格設定を下げた邦楽CDの日本市場への逆輸入が，日本市場向けのCD販売を圧迫しているとレコード業界が問題視していた。逆輸入禁止の対象国・地域を明記していないため，小売店など一部からは欧米からの輸入盤洋楽CDの販売に影響がでるのではないかと懸念が出ている。出版分野では，コミックなどを貸し出す貸本屋が増え，新刊販売に影響が出ていると作家団体が問題視していた。改正により，出版物にも音楽CD同様に貸し出しの際にも著作者の権利を認める「貸与権」が明記された。両分野とも実施に向けた詳細は決まっておらず，05年1月の施行に向けて関係諸団体間での調整が続いている。

改正投信法
【revised Securities Investment Trust Law】
金融改革関連法案の1つで，1998年12月施行。証券投資信託法の大幅改正は，受益者への忠実義務などを盛り込んだ67年以来。この改正は，資産運用のグローバル化，投資家ニーズの多様化に対応した効率的な運用を可能にすることが大きなねらい。会社型投信・私募投信の解禁，銀行など金融機関による投信販売の解禁，運用指図の外部委託の解禁，投信委託会社の認可制移行などが盛り込まれた。

改正都市計画法
【revised City Planning Law】
都市計画の内容及びその決定手続，都市計画制限，都市計画事業その他都市計画に関し必要な事項を定めることにより，都市の健全な発展と秩序ある整備を図り，もって国土の均衡ある発展と公共の福祉の増進に寄与することを目的とした法律。画一的に全国の都市計画区域を設定しているとの批判があった同法を32年ぶりに抜本改正。2000年5月に公布，01年4月に施行した。既成市街地の規制緩和と郊外の乱開発抑止に重点を置き，都道府県や市町村に大幅に権限を委譲した。例えば，都市計画区域外でも大規模小売店舗など特定の施設の建設を制限できる「特定用途制限地域」や，インターチェンジ周辺などの乱開発を防ぐ目的で「準都市計画区域」を市町村が設定できる。市街化区域と市街化調整区域の線引きをするかどうかの選択権も三大都市圏を除いて都道府県に移した。自治体が大規模店の出店規制に活用できることから，大規模小売店舗法の廃止に伴う措置という側面も持つ。大規模小売店舗立地法，中心市街地活性化法と併せ「街づくり関連三法」とも呼ばれる。→大規模小売店舗立地法，中心市街地活性化法

改正日銀法

【revised Bank of Japan Law】
1997年6月に成立し，98年4月から施行された。旧日銀法は第2次大戦中の1942年に戦時立法として制定されたもので，56年ぶりの抜本改正となった。新日銀法の基本精神は独立性と透明性。「スリーピングボード（休眠委員会）」とされてきた日銀政策委員会を名実ともに最高意思決定機関とし，金融政策やその他の重要施策を決める。金融政策に関しては議事要旨の公表などで決定過程を透明にする。政府による日銀役員の解任権や業務命令権を廃止し，政府からの独立性を担保した。ただ，政府代表が政策委員会に必要に応じて出席できるほか，政府による議決延期請求権，金融政策に支障のない経費に関する予算認可権を認めるなど，一定の政府の関与は残っている。→日銀法改正

外為会計
【foreign exchange fund special account】
外国為替資金特別会計の略。政府の特別会計の1つで，外国為替（外貨）の保有，売買およびこれに伴う取引を処理する。銀行は外貨が余るときは政府に外貨を売って円を受け取り，外貨が足りないときは円を支払って政府から外貨を買い入れる。輸出が伸びれば国庫にある外為資金（円）の支払いが進み，輸入が増えると円の引き上げが進む。この外為資金の受け払いに伴う損益を経理するのがこの特別会計である。→特別会計

外為先物取引 forward exchange transaction ⇨ 為替予約

外為市場
【foreign exchange market】
外国為替市場の略。普通，銀行間で外貨を交換する「銀行間取引」をいう。輸出入企業や機関投資家など顧客と銀行との取引を含めた広義の市場を指す場合もある。取引注文は為替ブローカー（仲介業者）が電話で取り次ぐのが通例だったが，東京市場では1990年代後半からコンピューター端末で売買注文を打ち込む「電子ブローキング」で，仲介業者を介さない銀行同士の直接取引が主流になっており，24時間グローバルで取引されるようになっている。

開発援助
【development aid】
途上国の経済，社会開発に対する援助で，軍事援助は含まない。どこまでを開発援助に含めるか，その境界ははっきりしないが，「DAC（開発援助委員会）」では，政府が財政資金を用いて行う緩やかな条件の援助を政府開発援助（ODA）と定義し，国際比較に用いている。開発援助は，内容によって資金援助と技術援助の2つに分かれる。資金援助の中には，プロジェクト援助と商品援助とがある。→途上国，DAC，ODA

開発援助委員会 ⇨ DAC

開発独裁
【national development under strong leadership】
自国の経済開発を最重要課題に掲げ，軌道に乗るまで大統領などの政治指導者が強烈なリーダーシップを発揮，独裁的に経済を運営する体制。アジア地域の途上国・地域の政治・経済体制を指すことが多い。経済成長に一定の効果があるとされる半面，政権が長期化するため，大統領一族を中心とした特権的事業の増加など政治と癒着した経済運営（親族ビジネス）が常態化しやすく，国民の反発を招くことが多い。インドネシアのスハルト元大統領の政権や，フィリピンの

故マルコス政権下で見られたクローニー資本主義は、開発独裁の副産物との見方もある。マレーシア、シンガポールなどの政治体制も開発独裁に分類されることが多い。→クローニー資本主義

開発輸入
【develop-and-import scheme】
技術や資金を第三国に提供して未開発の資源などを開発したり、製品化して輸入したりすること。開発参加輸入ともいう。多くの場合、技術力や資金力の乏しい途上国から先進国が農水産資源や鉱業資源を輸入するときにこうした手法がとられる。この方式の代表的なものは「投下した先進国の資本の返済を途上国が生産物で行う方式」で、これをプロダクション・シェアリング・システム(生産分与方式＝PS方式)という。→途上国

外部監査
【external audit】
会社外の会計専門家(公認会計士)が公正な第三者の立場から企業会計を監査、調査、検査し、それを証明して事実を報告すること。外部監査に対比するものに内部監査がある。→会計監査

買い持ち overbought (long) position
⇨為替持ち高

解約返戻金
【money refundable on contract cancellation】
生命保険会社が保険料の払い込みが途絶えて契約が失効したり、解約されたりした場合に払い戻すお金のこと。生保は保険金の支払いに備えて責任準備金を積み立てており、これを取り崩して解約返戻金の支払いに充てる。生命保険契約で契約者から払い込まれる保険料は預貯金のようにそのまま積み立てられるのではなく、一部は死亡保険金などの支払いや生保の経費にも充てられる。このため、解約返戻金の額は払い込み保険料の合計より少なくなる。

カウンターパーチェス
【counter purchase；CP】
見返り輸入。プラントなど大型商品の輸出に際し、輸出額のある割合を定めて相手国製品を購入すること。慢性的な外貨不足に悩む東欧諸国が自国製品・産品の輸出促進策として多用していたが、原油販売不振からインドネシアが1982年に実施、これを皮切りにマレーシア、フィリピンなどが導入した。最近はイランなど中近東諸国にも採用の動きが出ている。CP比率は50％(輸出額の半分を輸入)前後が一般的とされるが、100％や、まれには100％を超えるケースもある。CP契約は輸出契約と別建てにするのが原則である。

カオス理論
【chaos theory】
不規則で混とん(カオス)とした動きの背景に非確率論的な規則性を見出す理論のこと。数学や物理学で近年、脚光を浴び始めた。非常に複雑に見える現象を簡単な構造モデルで説明しようという試みは、経済学では株価変動、景気変動などの分析に応用され始めている。

科学技術基本計画
【science and technology basic plan】
科学技術基本法に基づき国の科学振興策の基本的な指針を示した計画。基本法では「10年程度を見越した5年計画の策定」が義務付けられている。2001年度から第2期計画が始まり、5年間で24兆円の研究開発投資を政府が支出することなどが明記された。また、公募で得た研究費に人材費などインフラ費用をのせる機関充

当研究費(オーバーヘッド)の導入など，競争的な環境につながる研究開発システムの改革も打ち出したが，必ずしも効果は上がっていない。

科学技術基本法
【Science and Technology Basic Law】
新産業の創出や大学の活性化など21世紀に向けた科学技術振興の枠組みを示す法律。1995年11月，議員立法で成立，施行された。これまでの日本の科学技術は欧米諸国に追随する傾向が目立ったが，基本法では独創的な技術や人材の育成を通じた「科学技術創造立国」を掲げ，国や自治体の責務を定めた。

科学研究費補助金
【grants-in-aid for scientific research】
文部科学省及び日本学術振興会が，審査・評価をして研究者に配分する公募型研究助成費。人文・社会科学から自然科学までのあらゆる分野における独創的・先駆的な研究を発展させることを目的としている。2003年度の予算額は約1,700億円で，配分先は大学が約9割。04年度から，民間企業の研究者も応募できるようになった。

価格硬直性 price rigidity ⇨ 下方硬直性

化学的酸素要求量 ⇨COD

化学物質排出・移動登録制度
【pollutant release and transfer register；PRTR】
工場や事業所が使っている化学物質を自ら調べ，大気や河川など環境へ排出する量や廃棄物として事業所外へ移動する量を行政に報告し，行政がデータを公表する制度。商業生産されている化学物質は10万種類を超えるが，発がん性など人体に悪影響をもたらすと判定された物質はこのうち1％程度にすぎない。ただ化学物質の安全確認には年月を要するため，欧米では被害を未然に防ぐことを目的に制度が導入され，日本でも環境省と経済産業省が共同提出した法案が1999年夏に成立し，2001年度に施行された。

化学兵器禁止条約
【Chemical Weapons Convention】
あらゆる種類の化学兵器の生産，貯蔵，使用を禁止し，10年以内に化学兵器とその生産施設を破壊することを定めた条約。ジュネーブの軍縮会議で12年にわたって交渉が続けられた結果，1992年9月，条約案を採択，97年4月に発効した。「チャレンジ(抜きうち)査察」も盛り込み，大量破壊兵器全廃に向けて強力な内容となっている。条約発効に伴い，ハーグを本部とする化学兵器禁止条約機関(OPCW)が発足した。97年11月，最大保有国のロシアが批准手続きを完了。加盟国は2004年6月時点で162カ国に達したが，朝鮮民主主義人民共和国(北朝鮮)やイスラエル，シリアなどは参加していない。

化学兵器禁止法
【Law Prohibiting Production, Distribution and Possession of Chemical Weapons】
正式名称は「化学兵器の禁止及び特定物質の規制等に関する法律」。化学兵器の原材料になる毒性物質の生産を規制するのが目的。日本も署名した化学兵器禁止条約が1997年に発効したのに先立ち，条約を国内で実施できるよう95年度に成立した。毒ガスを使った化学兵器の製造・所持や輸出入などを禁止している。これによりサリンなど化学兵器に使用される化学物質の製造などが規制され，違反した場合には厳しい罰則が科せられる。

コラム

核の闇市場
global black market in nuclear weapons and related technology

2004年1月にパキスタンのカーン博士が20年間にわたり,世界規模で核技術を売買していたことを同国当局に供述,長年うわさされてきた「核の闇市場」の存在が明るみに出た。

博士が01年まで所長を務めたカーン研究所はパキスタンの核開発の中核を担い,1998年には核実験を成功させている。

03年末にリビアが大量破壊兵器の破棄に応じた際に米側に提供した資料の中に,カーン博士の関与が書かれていたことから,カーン博士は供述に追い込まれた。

米政府の分析によると,カーン博士の闇取引網はドバイのコンピューター会社を介してマレーシアから遠心分離機の部品などを調達。その他の部品もこの会社を介して欧州と中東のエージェントから仕入れた。博士自身はイラン,リビア,北朝鮮を頻繁に行き来し,核兵器の製造支援や部品売却を数億円単位で請け負ったとされる。

さらにカーン博士は同年2月,イラン,リビア,北朝鮮に核技術を供与していたことを認めた。国際原子力機関(IAEA)の査察により,リビアが提示したウラン濃縮用の遠心分離機の設計図はカーン博士から流出したことが明らかになった。

パキスタン政府は関与を否定しているが,パキスタンを代表する科学者が国家機密である核技術を政府や軍の許可なしに持ち出すのは難しく,パキスタン政府関係者の関与が疑われている。IAEAによると世界各国の20社以上がイラン,リビア,北朝鮮に核兵器製造につながる技術を違法に提供した疑いがある。

米政府は直ちに闇市場の封じ込めに乗りだし,「現段階で完全なウラン濃縮・核燃料再処理技術を持たない国」へ核関連技術の提供を禁止することを含む新しい規範作りを提唱,核拡散防止条約(NPT)体制を根本から見直す考えを表明した。

エルバラダイIAEA事務局長も核技術の拡散防止には「各国政府の輸出規制だけでは不十分」と述べ,核拡散防止条約(NPT)体制の強化の必要性を強調した。

規制強化の焦点は,核技術の民生利用をどこまで制限するか。軍事利用は米ロ英仏中の5カ国に限定しているが,現在まで民生利用の権利は制限してこなかった。

米国は核燃料技術の新規供与禁止を訴えているが,原子力の平和利用を目指す途上国から,NPT体制の不平等性がさらに拡大することに不満の声があがっている。

核の闇市場

価格メカニズム price mechanism ⇨ 市場メカニズム

核拡散防止条約
【Nuclear Non Poliferation Treaty；NPT】

核兵器の保有国が現在以上に増えることを防ごうとする条約。1970年3月発効。日本は米国，旧ソ連，英国などとともにこの協定に調印し，97番目の条約参加国となった。加盟国は2003年12月現在で189カ国。核保有国のインドやパキスタンは調印していない。1995年4～5月の再検討・延長会議ではNPTの無期限延長を全会一致で採択し「恒久条約」となったが，98年5月，インドとパキスタンが世界で6番目，7番目の核保有国を宣言し，NPT体制は外部から大きく揺さぶられる結果となった。体制再強化策が議題となった2000年の再検討会議では，核保有国による「核兵器全廃に向けた明確な約束」を合意文書に盛り込んだが，法的拘束力はない。03年1月に朝鮮民主主義人民共和国（北朝鮮）がNPTからの脱退を宣言，国際社会の批判を受けた。北朝鮮は93年にも脱退宣言したが留保していた。→IAEA

格付け
【rating】

債券，コマーシャルペーパー（CP），資産担保証券（ABS）などの元本，利子の支払いの安全の度合いを「A」「B」「C」といった簡単な記号で示したもの。「A」なら債務不履行となるリスクは低く，「C」ならリスクが高い。米国で発達した制度で，ムーディーズ・インベスターズ・サービスやスタンダード・アンド・プアーズが格付け会社として知られている。企業の収益，財務状況，経営力，受託契約の内容などを総合的に評価したうえで格付けしている。日本の格付け会社としては，格付投資情報センター（R&I）が有名。企業などが起債しようとすれば，こうした金融庁の認定を受けた格付け会社の格付けを取っていなければならない。1996年1月には財務内容などによって社債を発行できる会社を限っていた適債基準が撤廃された。また倒産の増加などから信用リスクが高まり，格付けの重要性はますます高まっている。

確定給付企業年金法
【Defined-Contribution Pension Law】

既存の確定給付型の企業年金を対象に年金受給権の保護を主な目的として制定された法律。2001年6月に成立。施行は02年4月。受給権保護の面で問題がある税制適格年金を10年以内に廃止することや，厚生年金基金が厚生年金を国に代わって運用・給付している代行部分を国に返上できるようにしたことが主な内容。この法律が施行されたことによって，将来の年金額をあらかじめ定めておく確定給付型の企業年金は，①厚生年金基金，②厚生年金基金から厚生年金の代行部分を取り除いた基金型企業年金，③税制適格年金を改良した規約型企業年金――の3つに再編された。→税制適格年金，厚生年金基金，厚生年金

確定拠出年金
【defined-contribution pension scheme】

毎月一定の掛け金を負担して老後資金を積み立てる年金制度の総称。定額積立預金に似た仕組み。掛け金は債券や株式などで運用するため，同じ掛け金負担でも運用実績により受け取る年金額は異なってくる。従来の日本の年金は，公的年金，企業年金

のどちらも最初に老後の受取額を決めたうえで掛け金負担を変えていく「確定給付型」の財政方式をとっていた。ただし、確定給付型だとあらかじめ見込んでいた運用実績を上げられない場合に、年金額を維持するため追加負担が生じる。企業年金では近年の超低金利で追加負担が急速に膨らみ、企業経営を揺るがすケースもある。米国では401k、IRAなどいくつかの確定拠出型年金があり、ベンチャー企業を中心に急速に普及している。日本でも2001年度秋に確定拠出年金制度が解禁された。→日本型401k、401kプラン

確定申告
【final declaration】
所得税については、毎年1月1日から12月31日までの所得金額とそれに付する税額を計算し、次の年の2月16日から3月15日までの間に申告書に記入して税務署に提出することになっている。これが確定申告。一般のサラリーマンなど給与所得（年収2,000万円以下）だけの場合は確定申告の義務はない。また、医療費控除や雑損控除などの還付を受けるためには確定申告をする必要がある。→所得税

核燃料
【nuclear fuel】
核分裂物質（ウラン235、プルトニウム239など）を原子炉用の燃料に加工したもの。通常の核燃料8グラム程度で一般家庭の電気の半年分を賄えるといわれている。

核燃料サイクル
【nuclear fuel cycle】
天然にあるウラン鉱石を核燃料にし、原子炉で利用した後、一部を再利用、残りを廃棄物として安全に処分するまでのプロセスをいう。一般的な軽水炉の場合、①鉱石の採掘、②製錬・濃縮、③原子炉燃料への成型加工、④原子炉での燃焼、⑤プルトニウムの抽出など再処理、⑥不要物質の廃棄——の6過程がある。日本は従来フランス、英国などに再処理を依頼してきたが、青森県六ケ所村にウラン濃縮、使用済燃料再処理、低レベル放射性廃棄物処理の3施設の建設を進めている。ただ、ウラン濃縮技術は核拡散防止の観点から国際的に慎重に扱われている。

核燃料税
【nuclear fuel tax】
原子力発電所などに搬入する核燃料に課す法定外普通税。原発が立地する福島や新潟、福井、鹿児島などの各県に加え、使用済み核燃料の再処理工場などがある青森県も独自に定めている。原発の場合、原子炉に挿入する核燃料の価格に課すのが一般的。燃料価格の下落で落ち込んだ税収を底上げするため、税率を10％程度に引き上げる動きが各地で進んでいる。福島は従量税も導入した。最近は核燃料税と別に、原発で使った後の燃料に課税する「使用済み核燃料税」を新設する動きが浮上。新潟県柏崎市と鹿児島県川内市が独自の条例をそれぞれ可決し、総務省も大枠で了承した。ただ核燃料税との二重課税になるとの指摘などもあり、柏崎市は東京電力から同意を得られていない。

核燃料の再処理
【reprocessing of spent nuclear fuel】
再処理とは原子力発電所から出る使用済みウラン燃料から核分裂生成物（いわゆる死の灰）を除去し、プルトニウムやウランを取り出すこと。しかしこの再処理技術で純粋なプルトニウムを抽出できるため、プルトニウム原爆

の拡散の原因になりかねないと指摘する声もある。わが国では電力業界などが出資する日本原燃が1993年4月, 青森県・下北半島の六ケ所村で再処理工場の2003年1月の運転開始を目指して準備を進めていたが, 再検討作業の追加などが影響し, 運転開始時期を2006年に延期している。建設コストが当初予定の3倍近くの2兆1,400億円に達し, 原子力発電のコスト増要因になる懸念も出ている。

額面株
【stock with par value】
額面金額の書いてある株式のこと。2001年10月に施行された改正商法で額面株式は廃止され, 無額面株式に統一された。また, 無額面株式の「発行価額は5万円を下回ってはならない」との規制もなくなった。旧商法下では50円額面がほとんどだったこともあり, 現在でも「旧額面換算」で株価はいくらというように使うケースもある。

額面発行 par issue ⇨ 時価発行

核融合
【nuclear fusion】
水素, 重水素, 三重水素など軽い元素を高温高圧下に閉じ込めるとヘリウムなど新たな元素ができるとともに, 巨大なエネルギーが放出される現象。太陽で起きているのと同じ現象だが, これを静かに制御しエネルギー源として利用しようという核融合炉の開発が進んでいる。わが国では1975年度ごろから開発が本格化し, 日本原子力研究所が中心になり, 試験装置JT60を製作した。また, 日, 米, 欧, ロシア, 中国の共同により, 国際熱核融合実験炉(ITER)計画が進行中。実験炉誘致をめぐって日本とフランスの一騎打ちが続いている。→ITER

隠れ借金
【hidden deficit】
国が一般財源難対策として政管健保の国庫補助の繰り入れ特例や国債整理基金特別会計への定率繰り入れの停止など, 本来一般会計で負担すべき支出をせずに済ませてきた結果生まれている「赤字」。ただちに歳出増にはつながらないが, 将来, 国が返済する必要があると見込まれる潜在的な支出を指す。2004年度当初予算では約1兆7,000億円。

家計調査
【family (household) budget survey ; family income and expenditure survey】
全世帯の収支をサンプル調査して, 国民の収入と支出の実態, 生活水準の推移, 地域的差異などを明らかにし, 経済政策の基礎資料とするため, 総務省統計局で行う調査。全国168市町村, 約8,000世帯の標本調査。勤労者(サラリーマン)世帯とそれ以外の世帯に分けている。2つを合わせた全世帯集計とともに, 勤労者世帯の消費支出もよく利用される。調査の翌月末に勤労者世帯, 翌々月初に全世帯の速報を公表している。

化合物半導体
【compound semiconductor】
ガリウムやひ素, リンなど2種類以上の元素が結合して半導体の性質を示す物質の総称。シリコンに比べて高速素子が作りやすい。発光ダイオードや半導体レーザー, トランジスタが開発され, 実用化されている。シリコン材料に比べて結晶の品質を高めるのが難しく, 価格が高くなる問題点を解消することが市場を広げるカギ。

貸株 lending stock ; stock loan ⇨ 借株

貸し渋り
【credit crunch】

経営に問題がない企業に対して銀行が貸し出しに慎重になり、貸し出しの削減や回収に走ること。最近では1990年代初頭の米国や97年秋以降の日本で起きた現象で、企業の経営を直撃して景気の足を引っ張る。銀行の自己資本が不良債権処理で減少、銀行が必要な自己資本比率を確保するために広がったが、資金調達が不安定になる場合や、景気が低迷して金融機関が貸し出しに慎重になる際にも、金融機関への批判として指摘されることが多い。

貸倒引当金
【allowance for uncollectable accounts】
売掛金や受取手形などの売掛債権や貸付金が回収不能になった場合に備え、各期の利益から債権の額に応じて積み立てておく引当金。債権の回収不能(貸し倒れ)が決まったとき、これを取り崩して損失を埋める。

瑕疵担保条項
【loan buyback provision】
旧日本長期信用銀行(現新生銀行)と旧日本債券信用銀行(現あおぞら銀行)の資産譲渡契約に盛り込まれた約束。両行が保有する貸出債権が貸出先企業の経営悪化などで譲渡契約時から3年以内に2割以上価値が目減りすれば、政府・預金保険機構に譲渡時の価格で買い取るよう請求できる。

貸付信託
【loan trust】
信託銀行(受託者)が多数の顧客(委託者)から一定の契約に基づいて受け入れたお金を電力会社や鉄鋼会社などの基幹産業に対し長期資金として貸し付け、その運用収益を委託者に配当する仕組み。信託銀行の発行する受益証券を買い入れる方法で現金を預けるのが特色。元本は保証されているが、運用の成績次第で配当は増減する。運用収益の配当を満期時に一括して支払うビッグ(収益満期受取型貸付信託)が代表格。だが、最近では企業の資金需要低下で残高が落ち込んでおり、三菱信託銀行などは05年にも新規の募集を取りやめる方針だ。
→金銭信託

カシミール問題
【Kashmir problem】
ヒマラヤ山脈のふもとに位置し、日本の本州ほどの広さがある山岳地帯「カシミール」の領有権を巡る紛争。インドとパキスタンは50年以上にわたって衝突を繰り返してきた。1998年、両国が核実験を実施したことにより、核保有国同士の紛争というより深刻な国際問題に発展した。第3次印パ戦争後の72年、カシミール地方は南東部のジャム・カシミールをインド側の支配地域とし、残る北西部をパキスタンが支配するという形で国境が画定した。ただ、双方とも対象地域全体の領有権を主張して譲らず、現在まで対立が続いている。99年2月、パキスタンのラホールで両国首脳が相互の信頼醸成などを盛り込んだラホール宣言を発表したが、同年5月にはパキスタンが支援するイスラム武装勢力がジャム・カシミールに侵入してインド軍と激戦となり、緊張が高まった。2000年3月にはクリントン前米大統領が南アジアを歴訪。インドのバジパイ首相、パキスタンのムシャラフ陸軍参謀長と会談し、両国間の対話促進によって地域の安定化を図るよう要請した。インド政府の対話呼びかけに応じる形で01年7月に印パ首脳会談が開催されたが、物別れに終わった。01年12月にパキスタンのイスラム過激派がインド国会を襲撃して以後、両国関係が緊張。02年にはイスラム

過激派のインドへの越境テロを巡り，印パ関係は衝突寸前まで緊迫したが，03年4月にインドのバジパイ首相が対話姿勢を表明。関係改善が進んでいる。

加重平均利回り
【compound yield based on weighted average】
平均利回りは株式の利回りを算術平均したものだが，数量を加味して市場全体として見た場合に総配当額が総投資金額に対してどの程度の利回りになっているかを示す指標をこう呼ぶ。→利回り，時価総額

過剰貯蓄論
【over-savings theory】
日本の大幅な貿易黒字の原因は高い貯蓄率にあるという考え方。貯蓄が投資を大幅に上回ると国内金利が低下し貯蓄の余剰分は金利の高い海外に流出，為替レートを押し下げ貿易黒字を生むという理論。

可処分所得
【disposable income】
個人所得から税と社会保障負担などを差し引いた残りの部分で，個人が自由に処分できる所得。個人の購買力を測る1つの目安となっている。→国民所得

ガスタービン
【gas turbine】
回転式内燃機関の一種。基本的には空気を圧縮する圧縮機，混合気を燃やす燃焼室，ガスの膨張力を回転力に変えるタービンの3つで構成される。軽量，高出力を要求される分野で，きわめて効率の良いエンジンである。ジェットエンジンもガスタービンの一種。このほか，船舶，機関車，発電機などに使われる。自動車用としては，低騒音，低振動，低価格（構造が簡単），重油・微粉炭などの代替燃料エンジンとして期待されているが，低速での燃料消費効率，発進加速が悪いなどの問題点が残っている。タービンを現在の耐熱合金に代え，超耐熱・軽量のセラミックにできれば，これらの問題を解決できるといわれている。

カスタマー・リレーションシップ・マネジメント ⇨CRM

カスタムスメルター
【custom smelter】
自前鉱山を持たないか，その比重が少なく買鉱が主体となっている金属精錬業者。日本の非鉄大手はすべてがこのタイプ。買鉱には単純買鉱，融資買鉱などがあり，買鉱条件は金属地金価格の基本となるLME相場との関係が強い。TC (treatment charge)あるいはRC (refining charge)と呼ばれる精錬加工賃を主たる収益源としている。日本の非鉄大手は近年，鉱石の調達安定化のため海外の鉱山開発プロジェクトへの参画などで自前の鉱石を確保する動きを強めている。→LME

カストディー
【custody】
投資家に代わって有価証券を保管・管理する業務。保管している有価証券について時価や発行企業の情報などを提供して売買の参考にしてもらうほか，利子・配当の受け払い，名義の書き換えなどを全般的に手掛ける。国内投資家の外国証券投資や海外投資家の国内証券投資が対象となる。

カストディアン
【custodian】
外国証券などを買い入れた場合，そのたびに本券を国内に持ち込むのは実際上できにくい。そこで，現地の専門の保管業者と契約を結んで，本券を委託することが国際的な慣行になって

いる。この専門的機関がカストディアンである。カストディアンは①本券の保管，②売買の受け渡し，③配当，増資，利払い等の権利，義務手続き，④名義書き換え――などの有価証券保有に関する事務代行を主な業務にしている。最近では，リスクヘッジのために，現物株を空売りするケースも多くなったため，カストディアンの多くは株式を貸し出している。

ガスの小売り自由化
異業種の企業などにガス市場を開放すること。都市ガスは全国に約230あるガス事業者による地域独占が続いてきたが，1995年にまず年間契約量200立方メートル以上の顧客に直接販売する小売りが自由化された。段階的に自由化範囲は広がり，2004年4月からは同50万立方メートル以上，2007年には同10万立方メートル以上になる。新規参入者の代表は発電燃料の液化天然ガス（LNG）を大量に持つ電力会社。ガス業界は東京ガス，大阪ガス以外は比較的小規模の企業が多く，自由化による競争激化で業界再編が進む見通し。

カスピ海経済協力機構
イラン，ロシア，カザフスタン，トルクメニスタン，アゼルバイジャンのカスピ海周辺5カ国で構成する地域経済協力機関。1992年2月，ラフサンジャニ・イラン前大統領の呼びかけにより設立された。本部はテヘラン。カスピ海の海運，漁業，環境，貿易のほか海底資源開発などについて加盟国で協議，協力を進めているが，トルコと中央アジア地域での主導権を争っているイランが，トルコの黒海経済協力機構に対抗してつくった色合いが強い。またカスピ海が「湖」か「海」かを巡って対立が鮮明となった。2002年4月にトルクメニスタンで，カスピ海沿岸の領有権を巡って初の首脳会議を開いた。ただ，湖のように海底を均等分割すべきとの立場をとるイランと，国際法上の海とみなして海底を沿岸からの中間線で分割すべきと主張した4カ国との溝は埋まらなかった。同5月にはロシア，カザフスタン両国が共同でカスピ海北部の資源開発を進めることで合意した。

カスピ海油田開発
【development of caspian undersea oilfields】
旧ソ連とイランにまたがる内陸湖であるカスピ海に埋蔵されている原油の開発プロジェクト。千数百億バレルと，サウジアラビアやイラクに匹敵する原油埋蔵量が期待されている。「カザフ・中国石油」，「南カフカス・ガス」，「イラン・アルメニア・ガス」の3ルートで原油，天然ガスの輸出計画が進んでいる。2006年以降，輸出能力が大幅に向上するため，日米欧諸国やエネルギー需要が急増する中国が調達先として注目している。

課税最低限
【minimum taxable income】
所得税や住民税のかかる最低限の所得（年収）。つまり課税最低限未満の所得しかない人には税金はかからない。税法上の用語ではないが，所得税負担の軽重を示す場合にしばしば使われる。2003年度の税制改正で，配偶者特別控除が廃止されたことから，夫婦に子2人の標準的なサラリーマン世帯の場合，04年分の所得税の課税最低限は325万円に下がる。

課税所得
【total taxable income】
個人の総所得の中から基礎控除，配偶者控除，扶養控除，生命保険料控除，社会保険料控除，医療費控除，雑損控除などの控除を差し引いた残

りの金額。この金額に所得税の税率をかけて各人の所得税額を算出する。
→所得税，基礎控除

課税ベース
【taxation base】
一般に担税力の指標とされ，所得，消費，資産が課税ベースとして挙げられる。日本の税体系は，所得税，法人税など所得を課税ベースとする税目中心に構成されているが，消費税などの比重が増しつつある。地方法人税への外形標準課税の導入は，従業員数，面積など所得以外の要素に課税ベースを広げるのがねらい。所得控除制度を見直し，課税最低限を引き下げるという議論も，広義の課税ベースの拡大ということができる。

寡占
【oligopoly】
少数者間の競争をいう。特に少数の大企業が市場の大部分を支配する形態を指す。一般に寡占状態では，ある企業だけが価格を上げると敵対企業に市場を奪われ，また市場を広げるために価格を下げても，敵対企業が対抗して下げるので効果がないといわれる。ただしゲーム理論による分析が進んだ結果，寡占企業同士が協調あるいは暗黙の協調によって生産制限や価格引き上げを行う可能性もあることがわかっており，独禁政策上の重要な課題となっている。

寡占価格 oligopoly price ⇨ 寡占

仮想商店街
【virtual mall】
主にインターネット上の仮想商店の集積を指す。地方特産品，本，音楽CD，衣料品から音楽などコンテンツ（情報の内容）を販売するものまである。秋田県の特産品だけを集めたものなど特徴を持たせたモールもある。2000年にジャスダック上場した楽天の「楽天市場」は約8,400店が約700万点の商品を売る最大手と見られる。検索サイトのヤフーが1999年にモール事業に参入するなど動きが活発になっている。

加速度原理
【acceleration principle】
資本ストック量の変化，つまり投資の大きさと生産量の変化の間に一定の比率があるとして，投資が生産量の増加に応じて誘発されることを示した理論。例えば，消費財の需要が増加すると，それまでの機械だけでは生産が間に合わなくなるため，新しい機械が必要になり，この機械を作るために投資が行われるなどして次々と波及していく。加速度原理は初めの消費財の需要の増加がどれだけの投資を引き起こしたかを示すもので，ケインズ以降，乗数理論と組み合わせて景気変動や経済成長が生じる仕組みを明らかにする重要な分析用具となっている。→乗数理論

ガソリン輸入自由化
【liberalization of gasoline imports】
石油製品の輸入を事実上，石油会社に限定していた特定石油製品輸入暫定措置法（特石法）が1996年3月末に廃止され，ガソリン，軽油，灯油などの輸入が自由化された。86年に施行された特石法は，輸入促進をねらいとしながらも，輸入業者を精製能力，備蓄能力などを持つ者に限っていた。このため，輸入拡大の要請，規制緩和の流れの中で同法廃止が決まった。自由化以降は，石油業界の競争は激化している。

課徴金
【surcharge】
独占禁止法の骨子の1つ。談合やカルテルにより不当な利益を得た企業に課すもの。課徴金の額は業種によって

異なり、製造業はカルテル実行期間における売上高の2％、小売業は1％などとなっていたが、日米構造協議を受けた独禁法改正で1991年7月1日から製造業6％、小売業2％などに引き上げられた。ただし、課徴金の額が50万円未満の場合は徴収の対象とならない。政府の規制改革推進計画などに沿って、公正取引委員会の権限強化のため課徴金を大幅に引き上げる検討が進んでいる。→独占禁止法

ガット
【General Agreement on Tariffs and Trade；GATT】
関税貿易一般協定。関税や各種輸出入規制などの貿易障壁を多国間の交渉によって除去し、自由貿易を維持・拡大する目的で1948年に発足した。ジュネーブに本部を置き、日本は55年に加盟した。多角的貿易交渉として代表的なのは、64～67年のケネディラウンド、73～79年の東京ラウンドなど。86年9月からのウルグアイラウンドは93年12月15日、サザランド事務局長の最終合意案で妥結。95年1月にガットより権限の強い世界貿易機関（WTO）が設立され、ガットにとって代わった。→ウルグアイラウンド、WTO、知的所有権

活動基準原価計算 ⇨ABC
カットオフ条約
【Fissile Material Cut-off Treaty；FMCT】
核弾頭の原料となるプルトニウムや濃縮ウランなどの核分裂性物質の生産禁止を目的とする条約。ジュネーブ軍縮会議で1994年7月から条約案の検討に入っているが、禁止の対象を将来の生産に限るか現在の貯蔵も含むかなどで対立があり、交渉は始まっていない。インド、パキスタン、イスラエルなどNPT非締約国の核能力凍結をねらいとしている。

合併差益
【merger gain】
企業が合併する際に帳簿上に発生する利益のこと。合併後に登記上なくなる会社（被合併会社）の資本勘定から、合併後の存続会社に引き継ぐ資本金を差し引いた金額を指し、被合併会社の保有株式や不動産の含み損の処理にあてることができる。金融機関では住友・さくら銀行と三和・東海銀行がそれぞれ合併時にこの利益を活用した。みずほフィナンシャルグループはグループ内の再編時に「分割差益」と呼ばれる利益をねん出し、保有株の含み損の処理に振り向けている。

合併特例債
【bonds issued by local municipalities to promote their mergers】
1965年に制定された市町村の合併の特例に関する法律が99年に一部改正され、創設された地方債。合併市町村の公共施設の整備などを賄うために起債できる。2005年3月までに合併した市町村に限定されるが、元利償還金の70％が地方交付税交付金で手当される。

カテキン
【catechin】
緑茶に含まれるポリフェノール構造を持つフラボノイドの一種で、茶の渋みのもととなる成分。酸化されやすく、たんぱく質に結合しやすいという性質を持つため、殺菌、抗ウイルス、抗酸化、脂肪減少など様々な機能を持つ。2003年5月に花王が特定保健用食品の認可を受けた「ヘルシア緑茶」を発売したのを機に、カテキンを強化した緑茶飲料が相次いで発売さ

れた。菓子パンやキャンデー，ガムなど飲料以外での製品化も進んでいる。

カテゴリーキラー
【category killer】
がん具や家電など，1つの商品分野（カテゴリー）に的を絞り込み，豊富な品ぞろえと低価格を実現することで，百貨店や総合スーパーからその売り場をなくして（キル）しまう大型専門店のこと。米国ではがん具専門店のトイザラス，日本では郊外型紳士服専門店の青山商事が代表例。→パワーセンター

カテゴリー納品
【delivery by category】
出荷する時点で売り場単位別に商品を分類，カートに搭載してトラックに積み込み，物流センターから店舗に納品する方式。店舗側では降ろされたカートをそのまま売り場まで運べばよく，荷さばき時間を短縮できる。また，商品の陳列作業も効率化できる。例えば加工食品をカテゴリー納品する場合，乾物，調味料，飲料など8種類程度に分類。それぞれのカテゴリーにカート1台を割り当てるといったやり方をする。大手スーパーを中心に，導入する例が増えている。

カテゴリーマネジメント
【category management】
小売店などがそれぞれの商品分野（カテゴリー）ごとに戦略を立て，商品単位ではなく分野単位で売り上げ，利益を拡大できるよう管理する手法。具体的には分野別の市場規模や成長性，個別店舗の商圏特性などに基づいて店舗内の各売り場の面積配分や配置を決定，さらに商品の売れ行きデータなどに基づき売り場ごとの品ぞろえや配列を決めるなどの方法をとる。最近は商品分野ごとに有力メーカーがカテゴリーマネジメントの手法を取り込んだ小売店向けの最適売り場レイアウトの作成支援ソフトを開発，提案活動を通じて取引先小売店との関係強化を図る動きも目立つ。

家電リサイクル法
【Home Appliance Recycling Law】
1998年5月に成立した特定家庭用機器再商品化法のこと。2001年4月に施行された。家庭で不要になったテレビ，エアコン，洗濯機，冷蔵庫の4品目について，家電メーカーに廃家電製品の回収とリサイクルを，消費者に費用負担を義務付けている。04年4月から冷蔵庫と同じ区分で，冷凍庫が追加された。施行から3年を経過し，一部小売店では回収した商品がメーカーに戻らず輸出業者に横流しされる事件が発覚するなど制度の不備も指摘されている。家電製品協会は運用マニュアルを全面改訂して全国の小売店に配布するなど対応を強化している。03年度には前年度比3％増の1,046万台の廃家電を同法に基づき回収した。

稼働率指数
【index of operating ratio】
ある基準時の生産設備の稼働状況を100としたとき，その時点と比較してどの程度実際に設備が稼働しているかを示す指数。景気動向を敏感に反映し，好況時には上昇し，不況時には低下する。経済産業省が毎月発表する。現行の指数は2000年を100としている。

カーナビゲーションシステム
【car navigation system】
自動車を運転しながら運転席の画面で道路情報などを見ることができる走行位置確認装置。カーナビと略す。新車に搭載する純正品に加え市販品が相次いで発売されており，大手自動車・自動車部品メーカー，家電メ

ーカーなど20社以上が参入。価格，機能競争を加速させている。市場の主流は，ジャイロセンサーを使った自立航法式と，静止軌道上のGPS（全地球測位システム）衛星からの電波で絶対位置を検出するGPS方式を組み合わせた「ハイブリッド」方式となっている。目的地を入力すると，自動設定されたルートを地図画面と音声で案内する。地図情報の記憶媒体としてDVD（デジタル多用途ディスク）などを使っている。最近ではDVDよりもルート検索速度やデータの転送レートが高速化したハードディスク装置（HDD）を内蔵したカーナビが登場している。2002年にパイオニアが通信機能を内蔵した「通信ナビ」を発売した。1996年4月からは産学官共同による次世代交通インフラ，道路交通情報通信システム（VICS）のサービス提供が始まった。渋滞・交通規制情報をリアルタイムでカーナビなど車載装置に送り込んで画面上に表示することで，交通障害を回避したり，空き駐車場を探し出すことができる。情報提供会社もトヨタ自動車が中心となって運営する「MONET（モネ）」と日産自動車グループの「コンパスリンク」などがある。

カバードワラント
【covered warrant】
株式や株価指数などを対象に，あらかじめ決めた価格で買ったり売ったりする権利を小口に証券化した商品。金融派生商品（デリバティブ）の一種で，1998年12月の証取法改正で有価証券として認められた。一般的にコール型（買う権利）とプット型（売る権利）の2種類がある。株価の上昇を予想すればコール型，下落すると見ればプット型を購入する。発行対象の株価や株価指数の変動が大きくなるほどリスクが高まるが，投資妙味も大きくなるハイリスク・ハイリターン型商品。例えば権利行使価格1万1,000円の日経平均株価のコールを購入した投資家は，満期日に1万3,000円に上昇していれば差額の2,000円が利益となる。半面，1万1,000円に達しなければ価値はゼロとなる。

カーブ
【kerb】
場外取引のこと。非鉄金属の国際取引などでよく使われる。アルミや銅ではニューヨークカーブが国内の価格を決める際の重要な指標となっている。これはロンドン金属取引所（LME）での取引が終わった後に，ニューヨークに舞台を移し，米国の有力トレーダーが品質，売買単位などLMEのルールにのっとった場外取引を行うため。日本でも東京カーブはあるが，参加者の層が薄く低迷している。→LME

カフェテリアプラン
【cafeteria plan】
住宅，医療，育児補助といった社員向けの福利厚生を会社が一律に決めるのではなく，社員がメニューから選ぶ方式。もともと米国で広まった。日本では西友，ベネッセコーポレーションがいち早く導入した。社宅を現物供与した方が会社，社員の双方に税制上有利になるなど，税制面の扱いも課題。

株価格付け
【stock rating】
株式の個々の銘柄について，一定期間にどれぐらいの投資成果が得られるかを，簡単な記号で示すこと。米国では，早くからアナリストが「buy（買い）」「hold（持続）」「sell（売り）」といった形で，投資判断を示していた。日本では，野村総合研究所が野村証券の要請に基づいて1993年4月から

本格実施に踏み切り、94年4月には、他の大手証券系調査機関も追随した。証券会社が営業のやり方を調査重視へと切り換えようとしている中で、その切り札として定着しつつある。

株価規制
【regulations on stock prices ; stock price restraints】
株価が騰貴して人気過熱の恐れがあるときに、金融庁や取引所が中心となって、相場の急騰あるいは急落を緩和するために売買に加える制限。信用取引の利用率が高まり、回転率が過度に高まった場合、あるいは、貸株の調達が困難になる可能性が出てきたときなどは、委託保証金率を引き上げる措置がとられる。また、担保にする代用有価証券の担保率を低める場合もある。→信用取引、ストップ

株価指数オプション取引
【trading of stock index option】
株式相場全体の動きを示す株価指数を対象にしたオプション取引。日本で最初に導入された株価指数オプション取引は、大阪証券取引所で1989年6月にスタートした日経平均オプションで、同年10月には、名古屋証券取引所のオプション25と東京証券取引所のTOPIXオプションが始まり、さらに94年2月には大証に日経株価指数300オプション、2001年6月には東証にS&P／TOPIX150オプションが上場された。株式投資の世界でオプション取引が利用されるのは、ヘッジ機能があるほか、少ない資金で大きな利益を得られるレバレッジ効果も期待できるため。またさまざまなオプションを組み合わせたり、オプションと先物の組み合わせで多様な投資戦略を立てられることも要因として見逃せない。→オプション①

株価指数先物取引
【trading of stock index futures】
先物取引とは将来のある時点にある特定の商品を特定の価格で売買することを契約する取引。農産物や貴金属を対象とした商品先物と、通貨や金融商品を対象とした金融先物があり、金融先物の一種で株価指数を対象としたのが、株価指数先物取引である。日本では1988年9月にスタートした日経平均先物（大阪証券取引所）とTOPIX先物（東京証券取引所）が最初。金融の自由化・国際化の進展とともに株式相場の変動が激しくなり、機関投資家中心に価格変動を回避する手段が欲しいとの要請が出てきたほか、証券会社などから先物の利用による収益機会追求のニーズが強まってきたのが市場創設の背景。株価指数先物は株価指数が対象だけに、決済するときに現物株の受け渡しは不可能で、契約時の値段との差をやりとりする差金決済方式をとっている。途中でも反対売買によって決済できる。取引約定金額の一定額を収めるだけで取引ができる証拠金制度を採用しており、安いコストで取引できることも特徴の1つ。94年2月には大証に日経株価指数300先物、2001年6月からは東証にS&P／TOPIX150先物も上場された。

株価指数連動債
【bond linked to stock price index】
日経平均やTOPIXなど株価指数の値動きによって償還額が変動する債券。「ベア（弱気）型」の場合、償還の際対象となる株価指数が、あらかじめ決められた行使価格を下回っていれば全額が償還されるが、逆に上回っていると償還差損が発生する。最近では、行使価格が半年ごとに変動するなど、より複雑なタイプが個人向けに販売されるようになった。リスクがある分、利

率は高めに設定される。

株価指数ワラント
【stock index warrant】
証券会社と海外投資家との間の株価指数を対象にした長期(通常1〜2年)のオプション取引。取引所に上場されている株価指数オプションと異なり、相対で契約を結ぶ。1988年に認められ、自由に期間を決められるなど使い勝手が良いのと、取引コストの安さから、主として日経平均株価を対象にした取引が普及した。その後、90年以降の株価暴落の過程で、この取引が株式相場のかく乱要因になっているとの批判が出て、取引が認められなくなった。しかし、94年4月、欧米市場で同種の取引が広く行われているのを追認する形で、日経株価指数300を対象にした取引に限り、大蔵省(当時)が承認した。→オプション①、日経株価指数300

株価収益率 ⇨PER
株価純資産倍率
【price book-value ratio; PBR】
株価を1株当たりの純資産(簿価による株主持ち分)で割ったもの。株価はその会社の総合的な評価といえるが、その株価が1株当たり純資産、すなわち株主持ち分を上回っている部分はその会社の潜在的プレミアムと考えることができる。つまり、株価純資産倍率が高い会社は、その経営の総合力を高く評価されていることになる。通常この指標は株価収益率と組み合わせて使用されるが、これは株価純資産倍率がその会社をストック面から見ているのに対して、株価収益率はフロー面から見ていて、2つの指標がそれぞれ補完関係にあるため。ただ株価純資産倍率にも、株主持ち分を帳簿価格に基づいて計算しているため、いわゆる土地や保有株の含み資産が必ずしも反映されないことや、計算基準が前期の決算期となるなどの難点もある。

株価のテクニカル分析／ファンダメンタル分析
【technical analysis/fundamental analysis of stock prices】
株価が先行き上昇するか下落するかを判断する際の代表的な2種類の分析方法。テクニカル分析は、主に株価の推移を示すグラフ(チャート)に注目して相場の展開を予測するもので、チャート分析ともいう。一方、ファンダメンタル分析は、企業の利益水準や財務状況といった経済の基礎的条件に照らして、投資すべきかどうかを判断する。証券会社や運用会社にはテクニカル、ファンダメンタルそれぞれの専門アナリストが多数所属し、投資家への情報提供や自らの運用判断に分析を活用している。

株券上場審査基準 ⇨ 上場基準
株券振替決済制度 ⇨ 保管振替制度
株式会社の農地取得
【farm land purchase by joint-stock companies】
農地法で農地は生産者が保有するのが原則となっており、法人については事業内容などが農業の経営体としてふさわしい要件を備える場合に農地取得を認めている。これまで組織の形態は農事組合法人または合名・合資・有限会社に限られていたが、2001年3月施行の改正農地法で担い手の経営形態の選択肢を広げる観点から、株式の譲渡制限など条件付きで農業法人に株式会社制を認めた。

株式公開買い付け制度 ⇨TOB
株式交換制度
【stock-swap [exchange] system】
M&A(企業の合併・買収)や持ち株会社設立の際に、株式の移転を簡単に

する制度。買収の場合、買収される企業の発行済み株式と親会社になる企業が発行する新株式とを交換する。少数株主の反対があっても企業を100％子会社にできる。株式の取得、売却ではなく単純に交換するため、手続きが少なく、持ち株会社設立や買収のコストを圧縮できる利点がある。米国では普及しているが、政府は日本企業の競争力を高めるために、M&Aを促進しようと、商法を改正し導入した。既存株主に税負担が生じないように、株式の交換時に発生する譲渡益への課税を繰り延べることができる。

株式税制改革
【security tax reform】
2003年以降、市場活性化をねらって実施されている株式取引や配当などに関する一連の税制変更。①株式譲渡益課税の源泉分離方式を廃止し、03年1月から申告分離方式に一本化。原則20％の税率を07年12月末までは特例で10％に引き下げ、②株式配当への課税を03年4月から金額にかかわらず税率20％に一本化。08年3月末までは特例で税率10％に引き下げ、③04年1月から株式投資信託の解約・償還損と株式譲渡益との損益通算が可能に――などを柱とする。

株式投資信託
【stock investment fund】
信託財産を株式中心に運用する投資信託。運用開始時のみ買うことができる単位（スポット）型と、運用途中でも購入可能な追加（オープン）型とに大別できる。運用対象の中心が株式でも、それぞれの商品によって組み入れる銘柄の種類や、信託財産に占める株式の割合（組み入れ比率）が異なる。また、運用対象を発行済み株式数の多い会社の株式や株価水準の低い低位株、外国株式などに限定するものもあり、それぞれの特徴をとって大型株ファンド、低位株や外国株投信などと呼ぶ。株式と債券、転換社債を組み合わせたバランス型の投信も増えている。

株式の保有制限
【regulations on stock holding】
金融機関などが特定企業の株式を一定以上保有するのを制限すること。1977年5月に成立した改正独禁法では銀行について総発行株式数の5％以上を保有してはならないなどと規定している。ただ、企業救済など特別の理由がある場合、金融機関が5％以上の株式を保有するのを弾力的に認めることにしている。株式保有を制限しているのは、株式を通じて企業を支配することにより自由な競争が制限されるなど種々の弊害が生じるのを防ぐことがねらい。金融機関以外の事業会社の場合も資本金350億円以上または純資産1,400億円以上の会社は、資本金または純資産の額を超えて国内の他の会社の株式を保有してはならないことになっていたが、2002年に公正取引委員会はこの規制を廃止する法改正を実施した。

株式配当
【stock dividend】
現金配当の代わりに配当の一部を新しく発行する株式で行うこと。企業が現金の流出を抑えたいときなどに行われる。この場合、利益金または利益剰余金のうち配当相当分が資本に組み入れられる。資本金の株式額面超過分を原資にすることや、法定準備金を資本に組み入れる株式分割（無償増資）とは異なる。

株式売買委託手数料
【brokerage commission】

投資家が株式を売買する場合に取り次ぎを依頼した証券会社に支払う手数料。日本版ビッグバンのなかで1998年4月から売買代金5,000万円超の部分を自由化、99年10月からはすべての株式委託手数料が自由化された。ちなみに、米国が75年に完全自由化、英国も86年10月から自由化されている。

株式分割
【stock split ; split-ups】
株式を細分化する。つまり、資本金は変わらないが、発行株数を増やし、株主にその持ち株数に応じて増加分を分配すること。これは、①株価が高い場合、分割によって株価を下げて買いやすくする、②分割前の配当金を変えずに増配になる形で株式分割して株主に報いる——などのケースが多い。株式分割は時価増資や転換社債の発行で生じたプレミアムを株主に配分するために行うケースが多い。

株式ミニ投資
通常の売買単位の10分の1で売買できる株式の取引方法。大蔵省(当時)が1995年4月に株式市場活性化策の1つとして打ち出し、同年10月から始まった。東京、大阪証券取引所に上場している銘柄を対象に、売買単位が1,000株なら100株で売買できる。株価1,000円の銘柄は従来なら最低でも100万円の資金が必要だったが、株式ミニ投資では10万円ですむ。証券会社に払う委託手数料も10分の1で、購入、売却は随時可能。その代わり、単位株に達しなければ、名義は販売した証券会社となり、議決権は生じない。一般の個人投資家を株式市場に呼び込む手段として期待されているが、証券会社にとってはコストのかかる取引で、取り扱う証券会社は限られている。

株式持ち合い
【cross-shareholding】
金融機関や事業法人などの会社同士が互いに相手の株式を持つこと。株式の安定化、企業間の取引関係強化や業務提携、経営権の取得、グループ化といったねらいで取得するケースが多かった。資本自由化で外資による会社支配の懸念の高まった1960年代後半から顕著に進んできたが、株式持ち合いにより安定株式の比重が増すと、株式市場での株の流通量が減って株価が実態以上に高くなったり、一般投資家の株式投資への参加を妨ぐことになったりするという批判が出ていた。90年以降には、株価の急落で持ち合い株式の評価損、含み損が大量に発生。業績悪化の中で経営や資金を効率化する必要性が叫ばれ、銀行を中心に株式を売却して持ち合いを解消する動きが広がった。持ち合い解消の動きは目先の株価上昇を抑えることにつながるが、長期的には経営効率を向上させるものと見られている。

株式夜間取引
【after-hours stock trading】
証券取引所が取引を終了した後の時間帯にインターネットで売買注文を集め、売買を成立させる取引。日本では米大手証券のゴールドマン・サックスとインターネット専業証券のDLJディレクトSFG証券が共同で、さらにネット専業証券のマネックス証券が単独で、2001年1月に夜間取引市場を開設し、サービスを始めた。個人投資家の間にネット取引が新たな売買手法として定着、夜間にも株式取引をしたいというビジネスマンなどのニーズに対応して生まれた。取引時間は午後5時から11時台まで、対象も主要銘柄に限られている。ただ、当初の

期待ほど売買高が増えず、ゴールドマンは02年5月にサービスを休止した。

株式累積投資制度
【cumulative stock investment program】
少額の資金を定期的に積み立てて株式に投資する制度。継続投資の一種で、まとまった資金を持たない個人投資家の株式投資を可能にする。1992年8月の政府の総合経済対策に株式市場活性化策として盛り込まれ、93年2月にスタートした。具体的には、投資家が月々一定額（1万円以上1,000円単位）を証券会社に支払い、あらかじめ選んだ銘柄を買っていく仕組み。証券会社は、複数の投資家から集めた資金で株式を買い付け、個々の投資家に支払額に応じた持ち分の形で分配する。投資家は持ち分を時価で売却することもできるし、単位株数に達するまで投資を続けて名義変更することも可能。買い付け、売却時にそれぞれ売買委託手数料と消費税を差し引かれるほか、口座管理料もかかる。95年8月からは店頭銘柄も対象に加わった。

カフジ油田
【Khafji oilfield】
日本のアラビア石油がサウジアラビア、クウェート両国から採掘利権を獲得し1960年から原油を生産していた油田。日量約27万バレルを生産しほぼ全量を日本に輸出していたが利権更新の見返りとしてサウジ側が求めた鉱物鉄道建設を巡って交渉が決裂。サウジ分の利権は2000年2月に失効した。同社は03年1月に同様の利権が期限切れとなるクウェートとの交渉に全力を挙げた結果、利権付与ではなく生産受託方式に切り替え、同国での操業継続に一応のめどを付けた。

株主価値経営
【shareholder value management】
株主の価値を最重視した経営の在り方。企業のステークホルダー（利害関係者）は株主以外にも従業員、債権者、取引先、ユーザー、税務当局、地方自治体（工場などがある）など多岐にわたるが、この中で株式会社の所有者である株主を最も満足させる経営のこと。株主価値＝株式時価総額を極大化させる米国流の経営といえる。米国の場合、株主の目を意識し過ぎた結果、利益を水増しするようなディスクロージャー（情報開示）が2001年以降に相次いで表面化し、株主価値経営の在り方が問われている。

株主権
【shareholder's right】
株式会社の株主としての権利。①利益に対する配当を受ける権利、②株主総会で株数に応じた議決権を行使する権利、③増資新株を引き受ける権利、④会社が解散したとき残り財産の分配を受ける権利——が中心で、そのほか株主に関係ある書類を見る、株主総会の招集を請求する、株主総会の決議や会社設立の無効を訴える、株式の買い取りを会社に請求するなどの権利がある。

株主資本
【shareholders' equity】
自己資本のこと。株主勘定、純資産ともいう。株主が払い込んだ資本金、資本準備金はもちろん、それらが生み出した利益である利益準備金や剰余金も本来株主に属すべきものという考え方を背景にした呼び方である。これまでわが国の上場企業においては、資本金だけが株主のものであり、額面に対する配当率を安定させればよいという考え方をとる企業が多かった。しかしこれが個人投資家の株式離れを招いたとして、自己資本はすべて株主の

ものという意識をはっきりさせ，利益に見合った配当をするという考えを定着させるために，株主資本という呼び方になった。

株主資本比率
【capital-adequacy ratio】
株主資本（自己資本）の総資産（株主資本＋他人資本）に対する割合。

$$\frac{株主資本}{総資産} \times 100$$

→ROE，ROI

株主総会
【general meeting of shareholders】
会社の組織，その他の重要事項および取締役，監査役の任免権をもつ法律上の会社の最高機関。その意思決定の権限は法律で限定されており，通常業務執行に対する決定権はなく，取締役会にゆだねられている。株主総会の主な決議事項は，①会社の組織，業態に関する事項（定款の変更，資本の減少，解散，合併その他），②機関の構成員の選任，解任等に関する事項（取締役，監査役，清算人の選任，解任，同報酬の決定その他），③業務運営，株主利益に関する事項（配当その他）──の3つに分かれる。決算期ごとに開かれる定時総会と必要があれば開かれる臨時総会があるが，その招集は通常取締役会が行う。普通株主は議決権を持つ。

株主代表訴訟
【derivative lawsuit】
取締役が法令や定款に違反し，会社に損害を与えた場合，株主が会社に代わって取締役に賠償を求める制度。
不適切な経営判断による損害も対象になる。取締役が敗訴すれば，"自腹"で会社に賠償金を支払う。1993年10月施行の改正商法で訴訟手数料が一律8,200円になり，訴訟が起こしやすくなった。2002年の商法改正で，株主代表訴訟での取締役の賠償責任は軽減され，犯罪行為に関与した場合を除き，賠償責任を代表取締役で報酬の6年分，社内取締役で4年分，社外取締役で2年分までとすることとなった。ただし事前に株主総会で決議し，取締役会に軽減する権限を委譲する必要がある。

株主提案権
【stockholder's suggestion right】
株主総会に株主が議案を提出する権利。 1982年10月施行の新商法で明記された（232条の2）。従来，提案権については規定がなく，総会の招集は取締役会が決めることから，取締役会が専有すると理解されていた。新商法は，6カ月前から引き続き，発行済み株式総数の100分の1相当の株式または300株（単位株制度を採用している会社は300単位）を所有する株主は，総会の6週間前までに代表取締役に書面を提出して，一定の事項を会議の目的とすることや，提出する議案の要領を株主に対する通知または公告に記載することを請求できるとしている。

株主割り当て
【issues to shareholders】
会社が増資のため株式を発行する場合，その会社の株主に一定の割合で新株の引き受け権を与えるやり方。
既存株主が払い込むのが有償割り当て増資である。また，時価と額面の中間価額で株主に割り当てる中間発行増資もある。これに対し，特定の第三者に割り当てる増資が第三者割り当て，不特定多数を対象に新株を発行するのが公募増資である。→第三者割り当て増資，公募増資

貨幣数量説
【quantity theory of money】
古典派経済学の理論体系の中核をな

すもので，マネタリズムもこの考え方に立脚している。通常$MV=PT$（Mは通貨供給量，Vは貨幣の流通速度，Pは物価，Tは取引量）で表され，物価は通貨供給量によって決定されるとする。この場合，貨幣の流通速度は一定と考えられてきたが，最近の米国では流通速度の変動が大きく，マネーサプライ（通貨供給量）政策の効果に疑問が投げかけられている。また，そもそも物価は需要と供給のバランスによって決まるとする批判も根強く，インフレやデフレが「純粋に貨幣的現象」であるかどうかについては意見が分かれている。→通貨供給量，マネタリズム

壁掛けテレビ
【wall-mounted television】
ブラウン管方式に比べ，薄くて軽量のテレビ。デジタルテレビや広告宣伝用に需要が拡大すると見られており，世界の家電メーカーが開発に力を入れている。カギとなる薄型の表示装置の開発では，プラズマ・ディスプレー・パネル（PDP）が先行している。ブラウン管や液晶表示装置（LCD）では困難な40インチ以上の高画質・大画面が実現できるが，家庭への普及にはどこまで価格を下げられるかが課題になっている。

下方硬直性
【downward rigidity】
価格はその商品に対する市場の需要と供給の関係を反映して上下するはずだが，本来下がるべき価格がなんらかの理由で下がらないことを「価格の下方硬直性」といい，物価上昇の1つの要因と見られている。価格の伸縮性を妨げる要因として，特に寡占的な状態を背景にした，さまざまな型のカルテル的な動きが価格の低下を妨げたり，賃金の上昇によって生産性向上の分だけ価格を下げることができないなどの点が指摘される。

カーボンナノチューブ
【carbon nanotube】
炭素原子が規則正しく並んでできた筒状の巨大分子。直径は約1ナノ（10億分の1）メートルから数十ナノメートル。1991年にNECの飯島澄男特別主席研究員が発見した。ナノテクノロジーを代表する新素材。引っ張り強さは世界最強で，銅より電気をよく通し，ダイヤモンドよりよく熱を伝える。壁掛けテレビや超小型電子素子，水素貯蔵，高性能蓄電池の電極材料，航空宇宙向け超高強度軽量材料，高性能化学反応システムなど幅広い産業応用が期待され，日米が量産技術の開発を急いでいる。→ナノテクノロジー，フラーレン

空売り
【short ; short sale ; short selling】
株式の信用取引を利用し，一定の保証金を積むことによって，現在持っていない株式を売ること。証券会社や証券金融会社から借りてきた株を売るもので，実物取引の形だが，持っていない株を売るためこれを空（から）売りという。空売りしている株が値下がりしたとき，その株を買い戻して値ざやを稼ぐのが目的。商品の場合でも清算取引に利用されている。1998年12月から，一般の株券貸借市場で借り入れた株式（借株）による売りも空売り規制の対象に含めるよう制度が改正された。→信用取引，借株

空売り規制
【short selling regulation】
空売りとは自分の持っている株でなく，機関投資家や証券金融会社などから借りた株を売ることで，後に買い戻して返却する。株価が値下がりすれば儲かる。株の流通を活発にする半

面，空売りを使って株価を故意に値下がりさせて利益を得ようとする事例が増えたため，政府が規制を強化した。証券会社が空売りをする際，空売りであることを明示し，投資家に確認する義務を徹底させ，株価の下落局面では直近の取引価格以下で空売りをすることを禁止した。

空買い
【margin buying；buying on margin】
株式の信用取引を利用し，一定の資金（委託保証金）を証券会社に積んで手持ち資金以上の株式を買うこと。信用買いともいう。株の値上がり益をねらうのが目的。空買いの決済方法には，買い付け代金を証券会社に差し入れて空で買った株式を引き取る現引きと，反対売買による方法がある。

ガラス固化体
【vitrification】
使用済み核燃料からウランとプルトニウムを取り出す再処理をした後に残る，高レベルの放射性廃液をガラス原料とともに固めたもの。放射線が漏れないよう，ステンレス製の容器に封入して保管する。日本はフランスなど海外に再処理を委託しており，今後10数年かけて約3,500本のガラス固化体が返還される予定。返還されたガラス固化体は青森県六ケ所村にある日本原燃の貯蔵管理センターで30～50年間保管された後，地下に埋設する計画。

カラット
【carat】
金，宝石で使われる単位。金の場合は24カラットを純金として合金中の金の割合をいう。例えば14カラットは24分中14の金を含んだものを指し，14金ともいう。宝石の場合は質量を表し，1カラットは0.2グラムに相当する。

ガリウムひ素半導体
【gallium arsenide semiconductor】
2種類以上の元素からできた化合物半導体の代表格。現在最も広く使われているシリコン製半導体に比べ，①電子移動度が5倍で高速演算が可能，②可視光や赤外光を出す発光機能，効率よく光エネルギーを電気エネルギーに変換する受光機能がある，③熱，放射線に強い，④高周波特性が優れている——などの特性がある。発光ダイオードやレーザーダイオード，太陽電池などに使われているほか，携帯電話の高周波部品としての需要もある。メーカー各社は大口径のガリウムひ素ウエハー（基板）の製造技術確立を競い，通信機器向けなどに使われている。

借株
【borrowed stock】
株券を借りること。貸す方の立場からいえば貸株である。借株の必要は次の3つの場合に起こる。①後日，株が手に入るのだが，それまでに売っておきたいため，一時株を借りて売っておく，②現在，株を持たず，後日も手に入る予定はないが，相場が下がると予想して株を借りて売る。つまり空売りをする，③株を持っているが，その株を持ったままで値下がりリスクを避けるために，別途，同じ株を借りて売っておく。信用取引で株を借りる場合で説明すると，客の空売り注文を受けた証券業者が，証券金融会社へ，客の売る株を借りたいと申し込むことを借株申し込み，証券金融会社から株を借りて売った人が，その株を買い戻すか，別途に調達するかして証券金融会社へ返すことを借株返済といい，借りたまま返済していない株の総数を借株残株という。最近は海外の投資家が貸株専門の市場で調達するケースも増加している。このため，機

関投資家や大手の証券会社などから新たな貸株市場の創設を求める声が強まり、1998年12月からは、証券会社が機関投資家から株券を直接調達する新しい取引が正式に制度化された。→信用取引、信用取引銘柄、空売り

仮需要
【imaginary demand ; fictitious use ; speculative demand】
実需に対する言葉で、値段が上がりそうだとか物資が不足しそうだというときに、実際の需要（実需）がないにもかかわらず出てくる需要のこと。仮需ともいう。最終的な消費者段階よりも、中間的な流通段階（商社、問屋など）で起こることが多い。

ガリレオプロジェクト
【Galileo Project】
欧州連合（EU）が自動車、航空機などの位置確認や誘導に使う独自のナビゲーションシステムを開発するプロジェクトの名称。米軍が管理する全地球測位システム（GPS）に依存すると、安保上の問題が生じると判断し、2001年春に官民の共同プロジェクトとしてスタートすることが決まった。総投資額は32億5,000万ユーロで08年までの業務開始を目指す。衛星総数は30基を予定している。

カルタヘナ議定書
【Cartagena Protcol】
遺伝子組み換え生物の輸出入に環境影響評価を義務付ける規制などを定めた議定書。自然界の生物多様性への悪影響を防ぐねらい。生物多様性条約に基づく議定書として、2000年に採択された。遺伝子組み換え大豆が国内の野生種とし交雑したり、組み換え微生物が野外で使われたときの影響が懸念されていた。03年には国内法として「遺伝子組み換え生物使用規制による生物多様性確保法」が成立した。

カルテル
【cartel】
同種の商品を生産する企業が、価格、生産、出荷数量などで協調する行為。自由競争が損なわれ消費者が不利益を被るため、独占禁止法で原則として禁じている。1953年の独禁法改正で、不況期に過剰設備の廃棄などで協調する不況カルテルや、企業間で協調して合理化を進めるための合理化カルテルが認められたが、99年に適用除外整理法により廃止された。

カレンシーボード
【currency board】
自国通貨と米ドルとの交換レートを安定させるため、当局が自国通貨を無制限にドルと交換することを約束する制度。制度の裏付けとして、中央銀行などが自国通貨の発行高を上回る外貨準備を保有する。実質的な固定相場制とすることにより、通貨変動の経済的な影響を排除しようとするもので、香港、アルゼンチン、エストニア、リトアニアなど8カ国が採用している。通貨暴落や財政赤字拡大のもとでのインフレスパイラルを抑制するのに有効といわれている。ただ、1997年以降のアジア通貨危機の際には、香港の金融当局が香港ドル防衛のために高金利を維持せざるを得なくなり、景気後退を招くといった問題が表面化。大量の投機資金が国境を越えて動く時代に、この制度を維持できるのかどうか疑問視する声も多い。

為替換算調整
【foreign exchange adjustment】
海外子会社の資産、負債、資本を円換算するときに生じる差額を調整する会計項目。海外子会社の資産と負債は決算日の為替レートで円換算するの

が原則。資本は剰余金は発生時に，資本金などは親会社が子会社に出資したときの為替レートを用いるため，貸借対照表上でその差額を調整する。

為替管理
【exchange control】
国際収支または産業政策上の目的から外国為替の取引を管理，規制すること。普通は国内資本の海外逃避や為替投機の禁止という比較的緩い規制から出発するが，統制が強まると輸入面では外貨の節約のため全面的な輸入許可制が行われ，輸出面では外貨収入を政府が確保するため輸出業者などが受け取った外貨をすべて外為銀行などを通じて強制的に買い上げるようになる。さらに管理が厳しくなると，国民の持つ外国有価証券，金など外貨に準ずる資金まで動員することになる。→国際収支

為替先渡し契約 forward exchange agreement；FXA ⇨FRA
為替市場介入 ⇨ 市場介入
為替持ち高
【exchange position】
銀行はたえず外貨と円貨との資金上の不釣り合いを埋めるように操作しているが，顧客の求めに応じて外貨を売買していると，自然に各種の外貨について，①売り為替の合計が買い為替のそれを超過する場合＝売り持ち(short)，②逆に買い為替の合計が売り為替の合計を超える場合＝買い持ち(long)，③売買為替がほぼ同額になる場合(square)——の3つが起こる。これを総称して為替持ち高という。買い持ちのときに外貨の値打ちが下がれば損をするし，売り持ちのときに外貨の値打ちが上がればやはり損をするので，銀行は通常，為替持ち高を売り買い同額にしようと努めるが，値上がりしそうな通貨を買い持ちに，値下がりしそうな通貨を売り持ちにする外為ディーリングも収益源の1つとしている。

為替予約
【forward exchange contract】
外国為替取引で，顧客と銀行が一定の為替レートをあらかじめ決めたうえで，将来の期日に売買する取引のこと。為替先物取引ともいう。企業が輸出入を行う際，決済時に受け払いする輸出入代金を事前に確定できるので，所得の目減りを回避する手段として使われている。

感圧・感熱色素
【pressure sensitive・thermosensible pigment】
圧力や熱に反応して発色する色素のこと。紙に塗り，ノーカーボン紙や感熱紙として使う。感圧色素の場合，発色剤の入ったマイクロカプセルがペンなどの加圧により破れ発色する。感熱色素の場合，互いに接触しないように塗ってある発色剤と顕色剤が熱により溶融，反応し，色が出る。感熱色素の用途は多く，ファックス用紙のほか，鉄道乗車券や定期券などに使われている。

簡易型携帯電話 ⇨PHS
環境アセスメント
【environmental assessment】
環境影響評価。地域開発や各種公共事業の計画を実施に移す前に開発対象地域の自然破壊度や影響を調査し，計画の適否を診断して公害発生や自然環境の破壊を未然に防ぐための事前評価。無秩序な地域開発には計画段階でストップをかけたり，計画内容の変更を求めるために，科学的裏付けを得ると同時に地域住民の意見を反映するのがねらい。日本では1997年，経済開発協力機構(OECD)加盟国中，最も遅れて環境アセスメント法

が成立，99年6月に施行された。

環境ODA
政府開発援助（ODA）のうち，大気汚染対策など公害防止だけでなく，上下水道や廃棄物処理施設といった居住環境整備も含めた幅広い支援を指す。タイ，インドネシア，中国，メキシコ，チリでは環境研修センターを設置している。日本は国連環境開発会議（地球サミット）で1992年度から5年間に9,000億円から1兆円の環境ODAを約束，92～99年度で累計約2兆6,000億円を援助している。

環境会計
【environment accounting】
環境対策にかかる費用とその効果を金額で示す手法。米国では環境保護局が1995年に入門書を発行し，企業の導入を支援。欧米では有力企業は既に独自の会計基準を作り，公表している。日本でも99年3月に環境庁がコスト把握のための指針案を作成した。富士通やソニー，松下電器産業などが独自の基準で公表し，注目度が高まっている。費用には環境設備の投資や生産，研究開発，従業員教育費用などさまざまな分野に含まれる支出を計上，効果にはコスト削減額や汚染物質の削減量などを計上する。

環境監査
【environmental auditing】
企業の環境対策の改善を目的として，通常の公害対策だけでなく，環境方針や組織的な責任体制の確立，環境保全計画の達成度など，企業の環境管理活動を定期的にチェックし，市民に情報提供する仕組み。欧州で制度作りが進んでいるほか，国際標準化機構（ISO）の国際規格ISO14000が1996年に発効した。日本では情報公開の程度や，監査人を企業内部の人にするか外部監査人にするかが大きな論点となっている。

環境管理計画
【environmental management plan；environmental protection plan】
地域ごとに自然環境の条件，産業開発，人口動向などのデータを整備したうえで，その地域の環境容量を確定し，環境保全の立場から開発行為をチェックしていこうとする計画。従来の公害防止計画より広い概念でとらえられている。環境アセスメント（影響評価）が個別の開発案件を環境保全の立場から評価するのに対し，アセスメントの前提となる環境条件をあらかじめ整備しておき，開発行為全般を一定の方向に誘導するのが環境管理計画の特徴。→環境アセスメント

環境基本計画
【the basic environment plan】
1993年11月に成立・施行された環境基本法に基づき，94年に制定された新たな環境保全策のあり方を示す国の計画。「廃棄物などをできる限りリサイクルする循環型経済社会の実現」「自然と人間との共生」「あらゆる主体の環境保全行動への参加」「国際的取り組み」の4つの長期目標を掲げた。焦点の数値目標は先送りされ，目標の達成状況をチェックする総合指標を早急に開発することを政府に求めた。2000年の改定では環境税など経済的手法の導入を検討することを盛り込んだ。

環境基本法
【Environment Basic Law】
公害防止と自然保護を柱とした環境行政を，地球環境保全という新たな枠組みに即して進めるための基盤となる環境政策の基本法。1993年に制定。環境基本計画の策定や環境アセスメントの推進，環境税など経済的

措置の検討・導入などを盛り込んでおり、あらゆる国家行政や経済社会活動に大きな影響を及ぼす。→環境アセスメント

環境JIS
【Japan Industrial Standards for Environment Protection】
日本工業規格（JIS）で定める再生品や再利用品など環境に配慮した製品に関する統一基準。経済産業省が2002年度から、再生素材の利用率や再生品の品質、耐用性など128項目について順次制定している。規格に合う製品に工業標準化法に基づく適合印であるJISマークを付けることで、消費者は環境に優しい製品を選びやすくなる。企業に対して、環境保全やリサイクルに効果的な製品の開発を促すねらいもある。

環境スワップ
途上国の対外債務を自然保護活動を手掛ける民間援助団体（NGO）などが債権市場を通じて買い、途上国は現地通貨で資金を受け取り、環境保全に利用する。債務と環境を交換（スワップ）する仕組み。

環境税
【environment tax】
地球温暖化ガスの二酸化炭素（CO_2）を排出する石油など化石燃料に課す税。「炭素税」「温暖化対策税」ともいう。燃料に含まれる炭素量に応じて税額を決める。CO_2の排出が少ない燃料への切り替えを促したり、温暖化対策の財源を確保するねらいがある。先行導入した欧州各国は燃料の輸入や卸売り段階で課税し、税収を一般財源に組み入れ、社会保険料の引き下げなどの財源に充てている。日本では環境省を中心に導入に向けて準備を進めている。2003年8月に同省がガソリン1リットル当たり2円課税する案をまとめ公表した。

環境定期券
【Umweltkarte（独）】
土曜、日曜、祝日、年末年始などにバスの通勤定期の利用者と一緒に乗れる同居家族（2親等以内）の運賃を全路線で大幅に安くする制度。休日のマイカー利用による燃料消費量を減らし二酸化炭素（CO_2）による地球温暖化を防ぐ目的がある。日本では1997年から導入が相次ぎ、2002年4月までに166社が導入している。欧州では84年から独フライブルク市などで普及、「環境利益」を算出して事業者の赤字を自治体が補てんする仕組みだが、日本は事業者の独立採算制が徹底している。

環境適応型高性能小型航空機
【eco-friendly high-performance small airplane】
経済産業省が2003年度から開始した国産初の小型ジェット旅客機開発計画。三菱重工業を主体に富士重工業が参加して30～50席級の機体を開発、07年度までに実証機を完成させる。開発費は官民折半で約500億円となる見込み。事業化を念頭に置いた計画で、量産が実現すればプロペラ旅客機「YS11」以来、ほぼ半世紀ぶりの国産旅客機となる。複合材の活用などで軽量化や空気抵抗の低減を図り、燃料消費効率を約20％向上させて環境負荷低減を目指す。機体開発と同時に、経産省は環境適応型小型航空機用エンジン開発も開始している。→環境適応型高性能小型航空機用エンジン

環境適応型高性能小型航空機用エンジン
【eco-friendly airplane engine】
経済産業省が2003年度から開始した小型旅客機向けジェットエンジン開

発計画。石川島播磨重工業を主体に三菱重工業、川崎重工業が参加して50席級の小型機向けのエンジンを開発する。09年度までに実証試験用エンジンを完成させる。開発費は官民合計で約350億円となる見込み。部品点数の大幅削減や構造のシンプル化などで、騒音や窒素酸化物(NOx)を低減、運用効率を約15％向上させる。戦後、実用化した国産の航空機(ヘリコプターを除く)用ジェットエンジンは防衛庁の練習機向けの2機種だけで、民間機向けでは初の独自開発となる。経産省はエンジン開発と同時に小型機の機体開発計画も開始している。→環境適応型高性能小型航空機

環境配慮事業促進法
独立行政法人や特殊法人など公的事業者に環境報告書の作成を義務付ける法律。2004年5月に成立した。行政機関のほか、国立大学や日本郵政公社などの100余りが対象となると見られている。民間企業は義務化に反対し自助努力に委ねた。

環境報告書
【environmental report】
企業の事業活動に伴う環境への負荷や環境問題への取り組み姿勢といった情報を自主公開するための報告書。単に「環境にやさしい」とアピールするだけでなく、数値にして公表することで、環境活動の透明性や信頼感を高めるのがねらい。欧米では、企業が環境に配慮した製品を優先的に購入したり、金融機関が融資を判断する際の材料になっている。具体的な記載内容は、①環境保全に向けた経営方針、②工場ごとの廃棄物・騒音の発生状況や対策、③地球温暖化の原因になる二酸化炭素や化学物質の利用量の削減計画——など。

環境保護の南北問題
熱帯林など環境保護の対象になる地域が途上国(南側)に集中しているのに対し、対策を進めるための技術、資金などの資源は先進諸国(北側)に集中していることや、先進国主導で進んでいるフロンガスや二酸化炭素(CO_2)の放出の国際的な規制の動きに対し、途上国には「こうした規制で今後の開発が抑制される」との不満もあるなどの問題を指す。これらの問題に対しては援助や技術移転、累積債務の肩代わりなどの方法が考えられているが、決め手はない。

環境ラベル
【environmental label】
消費者が環境調和型の商品を選びやすいように、製品やサービスの環境への影響を一目で分かるように表示したもの。製品自体や取り扱い説明書に表示され、日本では「エコマーク」が知られる。国際標準化機構(ISO)が規格化を進めている。生産から消費、廃棄までの製品の「一生」が環境に与える影響を数値化する新しいタイプが、これからの主流と見られている。製品の環境貢献度が数値として分かるため、企業が環境負荷の少ない製品を開発する意欲を促すことが期待されている。

観光立国
【country promoting tourism as a major industry】
地域の特色を生かして訪問、旅行したくなるような環境を整備し、より多くの観光客を呼べる国作りを進めること。日本の観光立国化を推進する「観光立国懇談会」は、英国などをモデルに2010年までに海外からの観光客を現在の倍の1,000万人に増やすことを目指している。具体的には観光ビザの発給を容易にしたり、空港など

を整備したりするほか、日本の観光地の魅力を海外に売り込むことなどを検討している。

関西国際空港
【Kansai International Airport】
大阪湾・泉州沖に建設された、本格的な空港としては日本で初めて24時間使用可能な国際空港。1994年9月4日に開港した。国、地方自治体、民間が出資して84年10月に特殊法人関西国際空港株式会社を設立、87年1月末に一期工事に着工した。一期工事の総事業量が金利負担込みで1兆4,000億円に上る大型プロジェクトなので、海外の関心も高く、特に米国は外国企業の参入や外国製品の調達を日本政府に強く要望。日本の建設市場開放問題にまで発展したが、88年3月末に合意に達した。96年度からの第7次空港整備7カ年計画で、2本目の滑走路を建設する二期工事着工が盛り込まれ、99年度から本格着手した。2005年3月期に経常黒字化するという目標の達成は今のところ不透明だ。

管財人
【trustee】
破産または更生会社の財産を預かり、法律手続きに従って財産の処分、事業の経営に当たる人。裁判所により任命される。破産または更生会社をそれまでの経営者にゆだねることは財産の処分、その他に関し著しく公正を欠くことになりかねない。しかもそれらの会社の財産は破産または更生手続きを申請したときから裁判所の管轄となり、何びとも自由にできない。このため裁判所が任命した管財人(通常1人でも数人でもよく、自然人に限らず信託会社、銀行などの法人でもよい)が第三者の公平な立場から財産の処分を行うことが必要となる。→会社更生法、破産

監査基準
【auditing standards】
公認会計士が企業の財務諸表を監査するときに順守する規範。金融庁の企業会計審議会は2002年1月に監査基準の改訂に関する報告書を公表。倒産の恐れのある企業については経営者に経営計画などを財務諸表で注記させるよう義務付けた。2003年3月期決算から適用を開始した。

監査報告
【audit report】
監査証明ともいう。証券取引法は取引所に上場している企業に対し提出すべき一定の貸借対照表、損益計算書、その他の財務諸表に企業と利害関係のない公認会計士による監査報告(証明)を添えることを定めている。この監査報告は公認会計士が実施した監査に基づいて作成された監査報告書によって行われる。しかし1974年の商法改正で、監査役に会計監査のほか、業務監査権が与えられたため、監査報告書の記載事項として、業務監査の方法や取締役の職務遂行に問題がある場合の記載が付け加えられた。企業の経営状況の悪化に伴い、最近は業績に大きな影響を与える事項について注意換起する特記事項を記載するケースが増えている。

監査法人
【audit corporation】
公認会計士の法人組織。1966年6月に公認会計士法が改正され、この制度が導入された。その目的は、①組織的な監査によって、適正な監査を実現する、②企業経営の多角化に対処して、業種、部門に精通した公認会計士のチームワークで監査を徹底する、③企業と「なれあい」になる弊害を防ぎ監査の独立性を確保する

——などである。77年度からは上場会社に連結決算制度が導入され、連結の監査も必要になった。また82年の商法改正により公認会計士または監査法人の監査対象会社が、非上場も含めて資本金5億円以上のすべての会社に拡大された。

監査役
【auditor [as a company officer]; auditing officer】

企業の会計監査、業務監査の担当者。1974年の商法改正で業務監査権を取り入れ、監査役の権限強化を図ったが、82年施行の新商法ではさらに権限を一段と強めた。新商法では、①監査役は取締役に対して営業の報告を求めることができる（従来通り）ほか、支配人、その他の使用人に対しても同様のことができる、②取締役会に報告する事由があるとき、監査役が自ら取締役会を招集できる、③監査役の報酬は株主総会で決議する、④取締役や使用人の協力を得られず、監査のための十分な調査ができなかった場合、監査報告書にその旨を記載する——などとした。一方、監査報告書の重要な事項について虚偽の記載があり、これによって第三者に生じた損害については、監査役が無過失を立証しない限り、損害賠償責任があるとし、責任も一段と重くなった。2001年の商法改正で、負債200億円以上の大企業は3人以上の監査役のうち半数以上（最低2人）は社外から起用することが義務付けられた。任期も3年から4年に延長された。→監査役会

監査役会
【auditor's meeting】

1993年の商法、商特法改正で監査役の任期延長、社外監査役とともに導入された。監査役はそれぞれ独立しているのが原則だが、それだけでは特に大会社の場合、効率的で実効性のある監査は難しい。そこで、監査役会で各監査役の分担や調査方法などを決め、それに従って各自が調査した結果を持ち寄り、効率的な監査をするのがねらい。2001年の商法改正で、監査役の選任は経営側の思うままにならないよう、監査役会の同意が必要になった。

関税貿易一般協定 ⇨ ガット

関税率
【tariff】

輸入商品にかける関税の率。このうち国内法によって定めているものを国定税率という。また他の国と通商（関税）条約を結んで定めた税率を協定税率という。実際に適用される税率（実行税率）は、これらのうち最も低いものとなる。関税貿易一般協定（ガット）による多国間交渉で関税率の上限（譲許税率）が引き下げられた。1999年の全品目の平均譲許税率は4.8％、鉱工業品の平均譲許税率は1.5％となった。

関税割り当て制
【tariff quota】

一定期間内に輸入される特定物品につき割り当て数量までは低税率（または無税）を適用し、それを超えるものには高税率を適用する二重税率制度。事前割り当て制度（あらかじめ低関税率適用数量を定め、その数量を事前に割り当てる方式）と先着順方式（あらかじめ低関税率適用数量を定め、先着順に低関税率の適用を行う方式）の2つがある。

間接金融 indirect financing ⇨ 直接金融

間接税
①【indirect tax】

税金を納める人と、実際に負担する

人が別である税金。消費税，酒税，たばこ税，揮発油税，有価証券取引税，関税などがある。→直接税
②【indirect taxes】
国民総生産を構成する1つの項目で，企業の経常勘定の上では経費であって所得にならず，しかも最終購入者に転嫁される税および税外負担のこと。

完全買い取り仕入れ
【goods purchases without returns】
小売りが問屋やメーカーから商品を仕入れる際の一形態。返品は一切せずに，小売り側がすべてのリスクを負う。百貨店では自主開発商品などで実施している。他の仕入形態より売買差益率が高いため，百貨店やスーパーの一部では収益性改善の有効な手段として完全買い取り仕入れに取り組む動きがある。

完全競争
【perfect competition】
①純粋競争の条件，②ビジネスデモクラシーの条件，③フリーエントリー（自由参入）の条件，④完全競争の条件——などを備えた場合の競争をいう。①は市場で取引する売り手と買い手がともに多数いて，単独では市場価格を動かせないこと，②はどんな個人や企業でも，何かの事業を始めようとするときに，必要な資本をいつでも容易に調達できること，③は特定の産業ないし業種に新しい事業家が自由に参入できること，④は(a)売り手と買い手が最大の経済的成果を上げようとする行動を妨げる人為的，制度的，技術的制限がなく，(b)売り手と買い手がその市場について完全な知識を持っており，(c)買い手が市場で供給される商品について，偏向的な好みを少しも持っていないことである。これらの条件を備えた完全競争が行われる市場を完全競争市場といい，この市場で成立する価格を競争価格という。完全競争の対極は独占である。→不完全競争，寡占

完全雇用
【full employment】
働く意思と能力を持ち，就職を望む者（労働力人口）が原則として全員雇用されること。つまり労働の需要と供給が一致する状態をいう。ケインズ理論では，公共事業などの国家投資で完全雇用を実現できると主張している。転職や地域間移動等に伴う摩擦的失業は恒常的に存在すると考えられるから，日本では労働人口に対する失業者数の比率が1％前後であれば完全雇用とされるが，労働市場の構造変化に伴い，完全雇用とされる水準も変化してきたとの見方が出ている。

完全失業率
【unemployment rate】
労働力人口に占める完全失業者の割合。総務省統計局が「労働力調査」で毎月発表している。完全失業者とは，現在仕事をしておらず，仕事があればすぐに就くことができて，仕事探しをしている人を指す。仕事探しをあきらめてしまうと失業者とみなされず，非労働力人口となる。これまで日本は欧米に比べ失業率が低いといわれてきたが，バブル崩壊後は景気低迷の長期化や転職の増加で上昇基調となり，2001年7月に初めて5％の大台に乗り，03年度平均は5.1％になっている。本格的な「高失業時代」を迎えている。

カントリーリスク
【country risk】
対外投資や対外融資の対象国の信用度をいう。1人当たり国民所得，外貨準備，輸出額，国際収支，対外債務，政治の安定度などから返済能力

の有無を判断するもの。最近では朝鮮民主主義人民共和国（北朝鮮）や経済危機に陥ったアルゼンチンなどのカントリーリスクが高い。具体的な数値や危険度は民間の格付け会社などが公表するケースが多い。

感熱紙
【thermal paper】
表面に発色剤を塗布した紙のこと。半導体などの熱素子による化学反応で発色する。静電気や放電方式による発色法に比べ印字時の音が静かで、設備コストが安上がりなためファクシミリ用紙として急速に普及した。最近では印字の保存性が向上したこともあり、プリンターの開発と並行してスーパーなどのレジ用紙や、銀行などでのATMやCDの明細書など、これまでにない分野の用途開拓が進んでおり、製品開発も盛んだ。

間伐材
木が成長し、枝葉や根が競合し始める16年生ごろから35年生ごろまでに2～3回実施する間引きを間伐といい、間伐して出荷する材を間伐材という。戦後、大量に造林された森林がちょうど間伐期にさしかかっている。間伐しないと森林全体がやせて、せっかくの森林資源も役に立たない。そこで政府や地方自治体は補助金を出して間伐を奨励しているが、山林労働者の高齢化や人手不足などで最近は未整備の山林も増えている。

カンパニー制
【company system】
1つの企業を、事業分野ごとの独立性を高めた複数の企業の集合のように組織すること。米国では持ち株会社の下に子会社を配置する完全な分社化が多いが、これが不可能だった日本では社内の事業本部をカンパニーと改称、投資など決裁権限を与えた。カンパニーのトップを「プレジデント」などと名付ける。ソニーが代表的導入例。1997年の独禁法改正で「純粋持ち株会社」が認められたほか、2000年の商法改正で会社分割法制も整った。今後は連結納税などをにらみながら、持ち株会社への移行をさぐる企業が増える見通しだ。

かんばん方式
【just-in-time production system；kanban system】
トヨタ自動車が発案、実施している生産管理方式。「必要なものを必要なときに必要なだけつくる」という考え方に基づいた、在庫をできるだけ持たない生産の仕組み。「かんばん」は部品納入の時間、数量を明示した作業指示書で各部品箱についている。後工程で新しい部品箱の最初の1つを取り出したとき、その部品箱のかんばんをはずして前工程や部品メーカーに戻し、その分だけ部品を補給する。最近ではトヨタグループ以外の部品会社、異業種でも導入が進んでいる。また、トヨタは情報記録技術の活用で従来の100倍のデータを盛り込める「電子かんばん」の導入を進めている。米国でも「かんばん方式」で通じるほど、国際的にも有名になっている。

がん保険
【cancer insurance】
人の死を対象とする生命保険（第1分野）と、自動車事故などモノを対象にした損害保険（第2分野）の中間の「第3分野」に属する保険商品。単独商品として販売できるのは外資系と中堅保険会社に限られていたが、2001年1月に大手保険の子会社を通じた販売が、同年7月には大手本体による販売が解禁された。大手の参入で商品開発競争が激しくなり、保険料の引き下げを促す可能性があ

る。→傷害保険

管理フロート ⇨ マネジドフロート

管理貿易
【managed trade】
自国の産業保護や貿易摩擦の回避などのために、政府が民間の輸出入量を規制すること。輸出量を制限したり、輸入を認める代わりに自国製品の購入を義務付ける、といった貿易政策を指す。米国が日本に自動車部品や半導体などの輸入量の目標値を政府間で決めるよう求めているが、これなども新しい形の管理貿易といえる。

監理ポスト
①浮動株不足や債務超過、無配継続で上場廃止に該当する可能性がある、②不適当な合併で上場廃止の恐れがある——などの銘柄が、取引所が最終的な認定を下すまでの期間、売買されるポスト。場合によっては上場廃止になる銘柄であることを投資家に知らせるのがねらいで、売買手法は一般の銘柄と同じ。→整理ポスト

き

機械受注統計
【survey of orders received for machinery】
機械製造業者が各産業から1カ月間にどれだけ受注したかを調べる調査。内閣府が毎月全国280社の機械製造業者から受注額を集計し発表している。受注の内容は外需（海外からの受注）、官公需（官公庁からの受注）、民需（国内民間企業からの受注）に分けられるが、特に「船舶・電力を除く民需」（電力業以外の民間企業が発注した船舶を除く機械需要）は6〜9カ月先の民間設備投資動向の先行指標として注目される。毎月10日ごろに、2カ月前の結果が発表される。

キーカレンシー ⇨ 基軸通貨

機関化現象
株式の個人持ち株比率が低下、法人の持ち株比率が上昇している株式保有構造の変化を指す場合と、市場の売買で機関投資家の比重が高まっている流通構造の変化をいう場合とがある。1971年の資本自由化をきっかけに、安定株主作りが活発化した結果、銀行など法人の持ち株比率が上昇した。流通株式数の減少を招き、株価乱高下の一因となると指摘されている。また、生保などは80年代半ばから機関投資家として株式運用を積極化、巨額の資金による売買が株価形成により大きな影響を与えるようになった。90年代後半以降は、年金資金や外国人投資家の比重が高まっている。

基幹システム
預金取引など金融機関の中枢業務を処理する大規模なコンピューターシステムのこと。勘定系システムに加え、顧客情報などを取り扱う情報系システムなどを含める場合もある。新商品・サービスが開発されるとシステムの手直しが必要になるため、都市銀行は毎年数百億円の投資を実施している。地域金融機関では1つのコンピューターを共同利用することで1行当たりの投資額を圧縮する動きが相次いでいるほか、大手銀行も投資の効率化をねらって経営統合するケースも多い。ただ統合の際にトラブルを起こす例も相次いでおり、システム統合のあり方が問題になっている。

機関投資家の議決権行使
【execution of voting rights by institutional investors】
投資顧問、投資信託、年金基金など

他人のお金を預かって投資する運用会社や，運用機関が，企業の株主総会で取締役の選任や経営方針など重要事項の決議に参加すること。かつて機関投資家は「物いわぬ株主」と呼ばれ，総会で経営側に異を唱えることはほとんどなかった。ただ，相場の低迷を背景に運用成績が悪化し，投資収益の改善を目指し，経営への監視を強めている。

企業改革法
【Sarbanes-Oxley Act of 2002】
米エネルギー大手エンロンの破たんなどを機に，2002年7月に成立したサーベンス・オクスレー法のこと。企業統治（コーポレートガバナンス）や企業会計の改革がねらい。企業の不正行為を防止する目的で，経営者らの不正行為に適用する禁固刑を最長20年とするなど罰則を強化。監査法人の監視や企業の情報開示も強化している。同法に基づいた米証券取引委員会（SEC）などの運用が注目されている。欧州各国の企業関連法や日本の商法などにも影響を与えそうだ。

企業会計基準委員会
【Accounting Standards Board of Japan ; ASBJ】
日本の会計基準を決める民間組織。米国の財務会計基準理事会（FASB）にならい，常勤の委員や専門のスタッフを置き，行政から独立しているのが特色。財団法人「財務会計基準機構」が2001年7月に発足，その中に設けた。委員長は斎藤静樹明治学院大教授。従来，日本の企業会計基準は企業会計審議会がつくってきたが，行政の意向で会計ルールが変わることに批判が集まっていた。現在では，会計基準づくりは全面的に企業会計基準委員会に委託されている。

企業会計原則
【business [corporate] accounting principles】
金融庁企業会計審議会が決めた会社会計の処理の仕方の基準。その体系は一般原則，損益計算書原則，貸借対照表原則から成り，すべての企業の会計処理，公認会計士の財務監査などに適用される。一般に公正妥当と認められたところを要約したものであり，法律そのものではないがそれに近い性格を持っている。一般原則には，①真実性の原則，②正規の簿記の原則，③資本と利益の区分の原則，④明瞭性の原則，⑤継続性の原則，⑥保守主義の原則，⑦単一性の原則の7つがある。

企業会計審議会
【Business Accounting Council】
金融庁長官の諮問に応じて企業会計基準の設定（第1部会），監査基準の設定（第2部会）をテーマに審議する。戦後，企業会計制度の統一を図る必要性が強まり1948年，当時の経済安定本部内に設置された「企業会計制度対策調査会」が前身。53年には大蔵省理財局に移り，その後同省証券局などに属したが，2000年7月からは金融庁内に事務局を置いている。現在は01年7月に発足した民間組織，企業会計基準委員会が行政から独立して実際の会計基準を決めている。米国の財務会計基準理事会（FASB）をモデルにしてつくられた。
→監査法人

企業会計制度改革
【reform of corporate accounting system】
2000年から始まった日本の会計制度改革で，別名「会計ビッグバン」と呼ばれる。連結・年金・時価会計について，日本基準を欧米などの会計基準と整合性がとれるような形に近

づけることをねらった。まず2000年3月期に日本企業は連結中心の決算へと移行。01年3月期からは退職給付会計が導入され，将来の年金・退職金支払いに必要な備え（退職給付債務）の開示が義務付けられた。同年には金融商品の時価会計も始まり，保有株式などを期末の市場価格で評価し直し，損益計算書に反映するようになった。02年3月期からは持ち合い株の時価と簿価の差を貸借対照表に反映させ，株主資本が株価変動に左右されるようになった。06年3月期には固定資産の減損会計も導入される。

起業家教育
【entrepreneur education】
問題の発見・解決能力に優れ，起業意欲旺盛な人材を育成する教育手法のこと。会社設立や資金調達など起業に必要なノウハウを伝授する手法を指すこともある。起業家精神は実際に起業する際だけでなく，大企業の中で新規事業を立ち上げる際にも必要なため，重要性が認識され始めている。日本では1990年代後半，ベンチャーブームを背景にして大学生・大学院生向けの講座が各地の大学に設置された。最近では幼児向けや小中高校生向けの教育も充実している。大学などの教育機関のほか，起業家教育を事業化したベンチャー企業も複数ある。内容はお買い物ごっこレベルから，株式発行や決算，株主総会まで疑似体験するものなど多彩だ。国際的にはフィンランドやドイツ，英国のスコットランドなどで盛んに行われている。既存の産業が衰退した際に，新しい産業を興そうという活動の中から活発になる傾向がある。類似の概念で，起業活動に慣れ親しむことを目的とした企業教育もある。

企業再生ファンド
【corporate revitalization fund】
未公開株投資会社などが運用する投資資金（ファンド）の一種。経営状態が悪化し，本業のテコ入れを必要としている企業を投資対象に据えるのが特徴。一度に多額の資金を投じ，ファンド運用会社から役員を派遣するなどして経営権を握り，投資先企業の再成長を全面的に後押しする投資手法が一般的。最終的には株式公開や他社への売却などで利益を得る。日本企業を投資対象とした企業再生ファンドは，米リップルウッドなど外資系投資会社が先行して設立。その後は国内投資会社による設立も相次いだ。投資実行は増えており，ユニゾン・キャピタルによるアスキーの再生など投資回収に至るケースも現れている。

企業再編
【corporate reorganization】
会社分割や分社化，株式移転・交換などの手段を通じ，機動的に企業が事業を再編すること。本業以外の部門の経営不振が足かせとなっている企業の活性化や，従業員が株主となって経営に参加することで士気の向上を見込めるメリットがある。経営者や社員による企業買収（マネジメント・バイアウト，MBO）や分社化手続きの軽減が産業再生法によって可能となった。

企業市民
【corporate citizen】
企業を個人と同様に一市民としてとらえ，企業行動を見直そうという考え方。通常の事業活動のみならず，地域社会の発展や環境，教育，文化など多方面にわたり，積極的に貢献していくことが求められている。旧経団連（現日本経団連）が設立した経常利益の1％を寄付しようという「1％ク

ラブ」などが代表的な事例。欧米では企業行動を投資判断の基準とする投資信託も登場している。

企業短期経済観測調査
【short-term economic survey of enterprises in Japan】
日銀が金融政策運営の参考にするため四半期（3,6,9,12月）ごとに実施する全国1万社近くを対象にしたアンケート調査（発表は4,7,10,1月の各上旬）。通称，日銀短観。このうち最も注目度が高いのが全国大企業の調査。調査時点から発表までのタイムラグが小さいのが特徴。業況判断，製品需給，製品在庫水準などに関する企業の判断を指数（DI）として算出し，景気，物価の動向を探る材料とする。このほか，売上高，経常利益，設備投資額，金融機関の貸し出し態度などを調べて発表している。ビジネスサーベイの1つ。→ビジネスサーベイ

企業の社会的責任
【corporate social responsibility ; CSR】
企業が社会の一員として存続していくために，社会的公正性の実現や環境への配慮を経営活動の中に組み込んでいく責任。具体的には法令順守，消費者保護，環境の重視，労働安全衛生，人権擁護，社会貢献などが対象。欧米を中心に1990年代後半から関心が高まり，国連や英米NGO，日本の研究機関などがさまざまな基準や規格を発表しており，現在，国際標準化機構（ISO）も国際規格化に向け検討中。→社会的責任投資

企業の内部告発者保護制度
【whistle-blower protection program】
社員や取引先などが社内の不正を内部告発した場合，解雇などの不当な扱いから守ること。自動車会社のリコール隠しや，牛肉偽装事件など，内部告発によって企業不祥事が相次いで明るみになったため，コンプライアンス（法令順守）の観点から，社内や弁護士事務所など内部通報窓口を設ける企業が増えている。告発者の保護は企業だけでなく，官公庁にも及ぶことから，04年6月，公益通報者保護法が成立した。内部告発を理由とした解雇や，減給，降格など不利益な処遇を禁止している。同法は06年4月の施行を目指すが，保護される範囲などを巡り，実効性を疑問視する声もある。

企業利潤率
【profit to total asset ratio】
企業が資産全体を使ってどれだけの利潤を上げたかを見る指標。利潤は税引き利益に配当金，法人税，支払利息・割引料を加えた額。これを総資産で割る。総資産には受取手形割引高，受取手形裏書譲渡高を加える。企業利潤率が借入金コストを上回ると，企業が設備投資をする環境が整ったと見ることができる。

議決権
【voting rights】
企業の株主総会で，議案の賛否に投票する権利。通常は普通株1株当たり1票分の権利がある。株主は株主総会に出席して議決権を行使するが，委任状に基づき代理人に行使を委任することもできる。

期限表示
【best before indication】
消費者が加工食品の鮮度を判断する際の目安。食品衛生法の施行規則改正に伴い，1995年4月1日を境に従来の「製造年月日」から「期限表示」に変わった。肉や弁当など腐りやすいものには「消費期限」を表示し，清涼飲料水や冷凍食品など保存しや

起債市場
【primary market】
国債, 地方債, 事業債などの債券を発行する市場。市場といっても, これらの債券の発行者や消化先で構成する取引の仕組みのことで, 取引の場となる建物があるわけではない。発行市場ともいう。

期先 distant ⇨ 限月

基軸通貨
【key currency】
国際間の決済や金融取引の基軸となる特定国の通貨で, もともとは米国のドルと英国のポンドを指し, 米英両国を基軸通貨国といった。国際通貨ともいう。第2次大戦まで英ポンドは大英帝国の威信と経済力をバックに基軸通貨としての資格を保ってきた。しかし第2次大戦後, ブレトン・ウッズ体制のもとでは, 米国が各国中央銀行にドルの金交換を約束したことから, ドルが基軸通貨の中心となった。米国は1971年8月にドルの金交換性を停止したが, その後も事実上, 基軸通貨の役割を果たしている。99年に登場した欧州単一通貨「ユーロ」は市場で定着しており, 2002年の流通開始に伴い, ドルと並ぶ基軸通貨になった。

技術移転機関
【technology licensing organization ; TLO】
大学での研究成果を特許などで権利化したうえで民間企業の事業化に活用するのを促進する組織。得られた収益の一部を大学や研究者本人に還元することで, 研究開発の活性化につなげるねらいもある。大学では一部の研究成果が大企業との共同研究を通じて実用化されているが, 埋もれたままの技術も多い。1998年に技術移転機関へ補助金を支給する法律が成立したことを背景に, 東京大学, 東北大学, 早稲田大学などで設立された。ただ, 実際に技術移転で収益を上げているTLOは全体の一部で, 移転実績がほとんどない機関も多い。特許の専門知識などを持った人材の育成が今後の課題。最近は大学発ベンチャーの育成に力を入れる機関も多い。

技術経営(MOT)
【management of technology】
技術経営(MOT)はもともと, 技術の開発や事業化などに必要な専門的経営能力の向上を目指す教育プログラムを指し, 1980年代に米国で始まった。企業が新技術を事業化して新たな価値を創造するには, 限られた経営資源の中で研究開発を進め, その成果である技術を評価し, 市場ニーズに基づいて投資額を決めたり, 開発から生産までの事業化計画を立案したりするMOTの能力が必要だが, 日本ではこれまで体系的に学べる場が少なかった。MOTでは技術と経営を融合し, このような能力を持つ「技術が分かる経営者」や「経営が分かる技術者」を養成する。すでに東北大学や早稲田大学など10以上の大学が専門コースを設けているほか, 民間教育機関も養成に乗り出している。経済産業省は2007年度をめどにMOTの専門家を年間1万人規模で養成できる体制つくりを目指しており, 大学や企業内で教材として利用できる教育プログラムの開発を支援するなど取り組みを加速させている。

基準・認証制度
【standard and certification system】
外国製品を輸入する際に必要な検査

手続きや，外国製品，国産品を問わず国内で販売する製品に関する基準・規格を定めた制度の総称。日本では，消費者の生命や安全については企業だけでなく政府にも責任があるという考え方が一般的で，法令でこと細かく基準や検査手続きを定めている。規制改革の流れの中で自己認証を原則とし，これを補完する民間による基準認証を全面的に導入する方向が強まっている。

気象衛星
【meteorological satellite】
気象観測機器を載せて宇宙から雲の状態，風速，風向などの気象観測をする衛星。日本では1977年7月に宇宙開発事業団が中心になって初の静止気象衛星「ひまわり」を米国から打ち上げた。99年11月には航空管制機能が加わった運輸多目的衛星（MTSAT）が「ひまわり5号」後継機として打ち上げられたが，H2ロケットのエンジン不調のため軌道への投入に失敗。MTSATは2003年夏に打ち上げ予定だったが，搭載カメラの不具合で04年に延期された。一時的に米国海洋大気庁の静止気象衛星が観測業務を引き継いでいる。

希少金属
【rare metal】
ニッケル，クロム，タングステン，希土類（レアアース）など埋蔵量の限られた31鉱種の金属のこと。レアメタルともいう。鉄，銅，鉛，亜鉛など古くから利用されてきたベースメタルに対し，主に第2次大戦以降利用が進んだ。強度，耐熱性，磁性，耐蝕性，感光性，ガス吸脱着性など，さまざまな特性があり，特殊鋼用の添加材をはじめ用途は幅広い。資源は南アフリカ共和国，中国，オーストラリアなど特定国に偏在しており，安定供給が課題となっている。

気象ビジネス
【weather forecast business】
民間気象情報会社が特定の場所を対象に降雨，気温，湿度などの気象予報を提供するサービス。天候により売り上げが変動するスーパーや作業進行に影響する建設業者などの業種を中心に需要が高まっている。料金は情報量や予報のキメ細かさで異なる。インターネットや携帯電話などを通じた個人向けサービスもある。1995年の天気予報自由化で，気象庁の許可を受ければ民間事業者でも一般向けに予報を提供できるようになった。

キシリトール
【xylitol】
自然界に存在する天然の5炭糖の糖アルコール。すべての糖アルコールの中で最も砂糖に近い甘味度を持つ。野菜や果実，穀類，キノコなどに特に多く含まれ，工業的には白樺や樫，さとうきびの茎などを原料に作られる。口中で溶けるときにスーッとした冷涼感があるほか，虫歯の原因となるミュータンス菌の活動を抑える働きがあるという。1997年4月に厚生省（当時）が，食品添加物に指定，キシリトールを使用したガムなどの食品が相次いで登場した。水を吸って温度を下げる働きもあり，スポーツウエアなどにも使われている。

規制改革推進計画
【Deregulation Package】
政府が1995年3月に発表した規制緩和のアクションプラン。当初は規制緩和推進計画という名称で5カ年計画だったが，同年4月の緊急円高・経済対策で3カ年計画に繰り上げられた。毎年末に見直し，毎年度末に見直し結果を反映した新たな計画を策定している。2001年度から規制改

革推進計画に名称変更した。

季節調整
【seasonal adjustment】
経済統計の原計数から季節変動を除去すること。季節修正ともいう。例えば1月には生産が急に減るが、これは必ずしも景気が悪くなったからではなく、休みが多いことなどによる季節要因である。したがって、季節変動を調整して数値を見ないと実態がよくわからない。その方法としては、連環比率（センサス局）法や12カ月移動平均法でまず季節指数を出したのち、季節調整済み計数

$$\frac{原計数}{季節指数} = 季節調整済み計数$$

を出す。

季節別・時間帯別料金制度
【time of use】
電力需要が小さい夜間や春、秋などの電気料金を安く、需要期の夏場の日中などを高くすることで、需要を移行させ平準化させることをねらった制度。電力会社の発電設備はピーク需要に合わせて建設されるが、ピークが突出して高くなると年間を通じた設備稼働率が低下、非効率になるため、平準化は大きな意味を持つ。真夏など事前に決めた時期に工場の操業を休止、需要を減らす計画調整契約、緊急の需給逼迫時に電力供給を止める随時調整契約、深夜にだけ電力を使う深夜電力料金制度などがある。

基礎控除
【basic exemption】
所得税の対象となる課税所得は、収入から給与所得控除を差し引いた給与所得からさらにいくつかの控除を差し引いて求めるが、その際、すべての人に控除が認められているのが基礎控除。現在は38万円。→給与所得控除

基礎年金
【basic pension】
全国民共通の年金（40年加入で満額支給の場合、月約6万6,000円）を指す。政府は1986年4月から年金制度を抜本的に改め、それまでの国民年金を全国民の共通部分となる基礎年金とした。サラリーマンの厚生年金は、基礎年金に報酬比例年金を上乗せする"2階建て年金"になった。基礎年金の給付費の3分の1は保険料ではなく国庫負担分で賄っている。2004年の年金改革で、政府はこれを09年度までに2分の1に引き上げる方針だ。

基礎年金の税方式化
全国民共通の基礎年金（国民年金）の財源を全額消費税などの租税で賄う方式に変更すること。現行の社会保険料方式では財源の3分の1を国庫が負担し、残りを保険料で賄っている。保険料徴収には強制力がないため、自営業者・学生など国民年金の対象者の約4割が保険料を支払わない空洞化問題が発生している。税方式化には国民年金の空洞化を解決できる利点が見込める半面、消費税率などを大幅に引き上げる必要がある。

基礎年金番号
【basic pension numbers】
厚生年金や国民年金など公的年金に関する個人の情報を管理・記録するため、20歳以上の全国民が加入する基礎年金に付く10ケタの番号。1997年1月から導入された。これまでのように厚生年金や国民年金など加入する公的年金制度ごとに加入者に番号を設けるのと比べ、職業が変わっても加入記録を一括管理できるため、年金額が即座に分かり、行政サービスの向上につながるなどの利点があるとされている。ただ、手続き違い

などで複数の番号を割りふられた人が多数いる問題が表面化している。

期待成長率
【expectational growth rate】
企業や家計が予測する将来（通常は5年先ぐらいまで）の国内総生産（GDP）ベースの成長率。新たに設備投資を実施するかどうかを決める際の最も重要な判断材料の1つで、期待成長率が下がるとリスクの多い投資活動を控えようとする傾向が強くなるため、現実の成長率も低下することになる。政府は構造改革を通じて期待成長率を引き上げ、現実の経済成長につなげるシナリオを描いている。→経済成長率

北大西洋条約機構 ⇨NATO

期近 nearly ⇨ 限月

キトサン
【chitosan】
カニやエビなど甲殻類の殻から抽出した高分子、キチンをアルカリ処理した素材。反応性に富んだアミノ基を持っており、これまでは廃液中のたんぱく質などを吸収する処理剤として使われてきた。近年は血圧抑制効果やコレステロール濃度を下げる作用、抗菌性などの機能性が確認され、用途が広がっている。加ト吉など食品メーカーは食品素材として利用。アレルギー性皮膚炎を緩和する衣類も商品化されている。またエーザイはキトサンが傷口を治癒する効果に着目し、シート状の医療材として販売している。

希土類磁石
【rare earth permanent magnet】
ネオジウム・鉄・ボロン磁石とサマリウムコバルト磁石が一般的。従来から多く使われているフェライト磁石よりも磁力が大変強く、パソコンのハードディスク駆動装置などとして電子機器の小型・軽量化ニーズを受け需要が拡大している。ただ、ネオジウム・鉄・ボロン磁石はやや耐熱性で劣り、サマリウムコバルト磁石は価格が高めなのが難点。

機能繊維
【functional fiber】
快適性を高めるため、素材が本来持たない機能を人工的に付加した繊維。衣料、寝装品分野で普及している。合繊素材では吸湿・吸水、はっ水、芳香、制電、難燃、耐熱、保温、抗菌・防臭、消臭、紫外線カットなどがある。天然繊維では防縮・防シワ機能が形態安定衣料で脚光を浴びた。原料段階で化学物質を混入したり、織物にして後から加工剤を塗布するといった方法を用いる。カニやエビから取れる「キトサン」をアクリル繊維やレーヨンに練り込んだり、ビタミンCや日本酒エキスなど美容効果を付与した製品も登場している。→形態安定衣料

既発債
【outstanding bond】
発行された後、公社債の流通市場で売買されたり、投資家が保有し続けたりしている債券。新たに発行される新発債に対する言葉。

揮発油税
【benzine tax】
ガソリンを製造場から移出するか、あるいは保税地域から引き取る際に課税する国税。地方の財源となる分を地方道路税といい、いったん国税として徴収したうえで、その金額を地方公共団体に譲与する。これが地方道路譲与税になる。→地方譲与税

希望退職
【voluntary retirement】
雇用調整の手段として、企業が退職を受け入れる人を募集して、それに応じた人が会社を辞めること。企業が早

期退職優遇制度などを設け，退職金の上積みなどで対応している場合が多い。従来は50歳代の雇用者が対象になるケースが大半だったが，平成不況のもとで40歳以降の雇用者が対象になるケースも増えている。情報技術(IT)不況に直面した2001年には大手電機各社が相次いで導入し，大幅な人員削減を進めた。

希望ナンバー制度
【selection of desired license number [plate]】
自動車の登録ナンバーを自由に選べる制度で1998年5月から開始した。 車種を示す2ケタの55（普通乗用車）などの番号が3ケタになり登録番号に余裕ができたため実施された。希望できる数字は最後の4ケタで，人気が高い「777」などは毎週1回の抽選で割り当てが決まる。希望ナンバーは注文生産となるので手数料は別途徴収される。

決め商い
株式市場で大口投資家の成り行き注文に対して，証券会社の自己売買部門が指し値注文で受ける売買手法。 機関投資家の買い注文に証券会社が売り向かうことを「買い決め」，売り注文に買い向かうことを「売り決め」という。機関投資家がポートフォリオの入れ替えなどで20銘柄程度から多い場合は100銘柄以上の株式をいっぺんに売買するときに使う。通常は取引が成立しやすい前後場の寄り付きや立会外取引で執行される。機関投資家にとっては意図した値段から大きくぶれない株価で，しかも必ず取引が成立するというメリットがある。逆に証券会社は価格変動のリスクを負うことが多く，自己売買部門である程度のポジション（持ち高）を持てる大手証券などしか対応できない。1990年代半ばから公的資金が使い始め，その後一般化した。

逆ざや
【negative spread】
資金の運用利回りが調達時を下回る状態を指す。運用すればするほど損失は膨らむ。逆は順ざや。 1990年代後半以降は超低金利の長期化により，生命保険会社の運用利回りが契約者に対し保険の加入時に約束した保証利回り（予定利率）を下回る逆ざやが目立ち，それによる収益の悪化で体力に劣る生保の破たんが相次いでいる。2004年3月期で見て，生保大手9社の場合，逆ざやの総額は約1兆577億円と依然として高い。

逆浸透膜
【reverse osmotic membrane】
逆浸透圧を利用し，水と他の物質を分離する特殊な膜。 濃縮，精製，脱塩などさまざまなプロセスに使用でき，超純水の製造，果汁の濃縮，医薬品製造などの分野に加え，海水の淡水化用に使用される。海外の海水淡水化装置には東レ，東洋紡など日本メーカーの逆浸透膜が使われるケースも多い。

逆日歩
【negative per-diem interest rate on seller side】
株式の信用取引で，ある株式について，証券金融会社から株を借りて空売りしている株数が，証券金融会社から融資を受けて空買いしている株数より多いとき，その株は株不足になる。証券金融会社は不足分を大株主などから調達しようとするが，売り方はみな借り賃（品借り料）を払わなければならない。それが逆日歩で，買い方がそれをもらう。 その決め方は，日証金（日本証券金融）の場合，まず貸し株超過で株不足になった銘柄は借株返

済の追加申し込みを受け付け、それでもまだ株不足の場合には、不足の株を借り集めて、セリで借り賃（逆日歩）を決める。逆日歩は「1株につき何十銭」という形をとっている。なお、買い方が支払う金利を順日歩という。順日歩は逆日歩がついている銘柄についてもつく。→信用取引

キャッシュアウト
【cash out】
デビットカードのサービスの一種。買い物をした場合に、購入金額に加えて現金を欲しいと思う客が店員にその欲しい金額を伝えれば、レジから現金を渡すサービス。その客の口座からは購入商品の金額に加えてレジで手にした金額が差し引かれる。欧米では一般的だが、日本では実現していない。→デビットカード

キャッシュ・アンド・キャリー
【cash and carry system】
現金払い持ち帰り制。商品を購入する際、客が文字通り現金買いし、持ち帰ることから転じ、小売店が問屋から現金払いで商品を持ち帰る場合に用いられる。問屋から小売店が商品を仕入れる方法としては、通常は、問屋が店頭もしくは指定場所まで配送する。ところがC&Cシステムの場合は、逆に小売店が問屋まで出向き、商品を選択して持ち帰る。現金問屋を指すこともある。ドイツ最大の流通業グループ、メトロはグループ売上高の約5割をC&C事業で稼ぎ出す。日本では丸紅との合弁でC&C事業に着手、2002年12月には千葉市に1号店を開業した。国内資本でも、トーホーや神戸物産（兵庫県稲美町）などがC&C事業を手がけている。

キャッシュ・バランス・プラン
【cash balance plan】
一定の年金を保障する確定給付企業年金と、個人勘定があり加入者が積立金額を把握しやすい確定拠出年金の両方の特徴を併せ持った混合型（ハイブリッド）の企業年金の一種。分類上は確定給付年金と見なされる。米国で導入されている混合型年金の1つである「キャッシュ・バランス・プラン」を参考にして、日本でも2002年度から導入できるようになった。従業員1人ひとりに個人勘定を設定し、給与の一定割合などと定めた掛け金を積み立てる。積立金には国債利回りなどを参考にした利息がつき、その元利合計が年金原資となる仕組み。利息は経済状況に応じて変えることができ、企業は従来の確定給付年金のように一度決めた高い利回りに苦しむことはなくなる。従業員に分かりやすく、企業も運用リスクを負わずにすむことから、導入する企業が増えつつある。→確定給付企業年金法、確定拠出年金

キャッシュフロー
【cash flow】
営業活動や資金調達、返済、設備投資などを通じて生じる現金の流れのこと。現金収支。実際のお金の出入りを示し、プラスであればキャッシュ（現金）を増やしたことになり、マイナスは減らしたことになる。キャッシュフローが大きければ大きいほど、外部資金に依存する必要が少ないため、財務の健全性を示す指標の1つとして使われる。単年度で経営活動を評価する「利益」に対して、長期的な経営活動の評価や意思決定のための指標として使われるようになっており、企業の合併・買収などの際に、企業価値の判断の指標にもなっている。簡単な算出法では、毎期の税引き利益から配当金、役員賞与を差し引いたものに現金の支払いを伴わない費用の代表である減価償却費を加えて算出する（この

場合，内部創出資金と呼ばれることもある）。2000年3月期から日本企業に開示が義務付けられた連結キャッシュフロー計算書では，営業活動，投資活動，財務活動の3つに分けてキャッシュフローを開示することになった。

キャッシュフロー経営
【cashflow [cash flow] management】
実際のお金の出入りを示す現金収支の拡大を重視した経営を指す。現金収支が多ければ，銀行融資など外部資金に依存する必要が少なくなり，経営の安定度が増す。逆に売り上げや利益が増えていても，売掛金の回収などが遅れて現金がなければ，経営が行き詰まることにもなりかねない。取引銀行との株式持ち合い解消が進み，安易な銀行借り入れが難しくなっていることからも，キャッシュフロー重視の経営を強化する必要性が高まっている。

キャッシュフロー計算書
【cash flow statement】
企業の現金の受け取りと支払いの状況を示す資金収支表。企業会計審議会が1997年7月にまとめた「連結財務諸表制度の見直しに関する意見書」では，「連結情報重視の観点から連結キャッシュフロー計算書を導入することが適当」と指摘。これに沿った形で2000年3月期からの連結決算への本格移行に伴い，連結キャッシュフロー計算書が導入された。

キャッチオール規制
【catch-all controls】
輸出規制の方式の1つ。日本の輸出規制は従来，国際的な合意で決まっている特定の貨物や技術だけを対象とする「リスト規制」だった。これに対し2002年4月に導入したキャッチオール規制は，食料品や木材を除くすべての貨物が規制の対象。貨物が大量破壊兵器の開発などに使われる恐れがある場合，輸出者は経済産業省に輸出の許可を申請しなければならない。経産省は大量破壊兵器への転用の恐れがある貨物として，チタン合金や質量分析計など36品目を例示している。また，注意しなければならない輸出先企業を示す「外国ユーザーリスト」も作成。04年3月には129社から160社に増やした。なかでも北朝鮮企業の数は17から33に拡大，最も重要な監視対象にしている。

キャピタルゲイン capital gain ⇨ インカムゲイン

キャピタルロス capital loss ⇨ インカムゲイン

キャラクター商法
【character goods business】
人気を集める漫画やテレビ番組，映画などに登場するキャラクター（人や動物など）の知名度を商品・サービスの販売促進や企業イメージの向上に利用する商法。子供を対象とした商品が圧倒的に多いが，衣類などは大人向けもある。キャラクターはおもちゃ，文房具，衣類，食品（包装）などに印刷したり，人形にする。登録されたキャラクターは著作権法で保護され，その商品化には権利を買うか使用料を支払う必要がある。

キャリア開発計画
【career development plan】
さまざまな職場での経験や各種の研修を通じ，社員の職能を高めていく制度。キャリアプログラム，職能開発計画などともいう。社員から将来の地位や役職についての希望を吸い上げる一方，そこにたどり着くまでに経験すべきポストを明確化し，人事異動を進めていく。1950年代半ばに，米国で連邦政府職員の人事管理手法として

作られた。

キャリアカウンセラー
【career counselor】
幅広い職業や心理学などの知識をもとに個人の適性を見ながら進路の相談に乗る人。 これまで日本では社会的な資格制度がなかったが，民間企業が集まる全国産業人能力開発団体連合会などが独自の認定制度をスタートした。企業の人事部や大学の就職部などで資格を取得する動きが広がっている。年功序列型の人事制度の中ではあまり注目されなかったが，成果主義や能力主義が広がり，人材が流動化する中で関心を集めている。

93SNA
【93 System of National Accounts】
1993年に国連が採用を勧告した国民経済計算の新体系。 日本では2000年10月に22年ぶりに基準を改め，93SNAに移行した。基準の変更点は以下の2つ。①企業が受注するソフトウエアについては，生産活動の段階で消費される中間消費として，これまで国内総生産（GDP）には含めてこなかったが，新基準では生産活動に必要な機械などと同様に総固定資本形成とみなす。②一般政府が所有する社会資本については，固定資本減耗分を社会資本の対価と位置づけ，政府最終消費に計上する。

求車求貨システム
インターネットを使って荷台の空いたトラックを探し出し，貨物を充てるシステム。 トラックは行きに比べ帰りの荷物が少ない。ネットを使えば一度に多くの空き情報や貨物情報が集められ，積載率向上や運賃抑制になる。物流会社と荷主企業を会員にし，会費や手数料を取る場合が多い。

旧ソ連対外債務
旧ソ連共和国の各国が旧ソ連から引き継いだ対外債務。 1991年12月，旧ソ連共和国首相会議で調印した対外債務分担比率に関する協定によると，ロシアが61.34％，ウクライナ16.37％，ベラルーシ4.13％，カザフスタン3.86％などとなったが，ロシアが旧ソ連の債務をすべて引き継ぐことで合意した。ロシア政府が抱えている公的・民間債務は総額1,450億ドルで，このうち1,000億ドルが旧ソ連から引き継いだ債務とされる。ロシア政府と債権者会議（ロンドンクラブ）は2000年2月，対外民間債務の一部帳消しや返済繰り延べで合意した。01年4月の独口首脳会談ではロシアが抱える多額の対外債務の一部を，ドイツ企業による対口投資に転換する新たな返済策を協議し始めた。02年4月の独口首脳会談では，ロシアが02年から合計5億ユーロを支払うことで合意した。

牛肉の価格安定制度
【beef price stabilization system】
生産者，消費者保護を図るため，1975年5月から設けられた。畜産物価安定法に基づく。 対象は去勢中規格。東京，大阪の中央卸売市場の卸価格が，安定基準価格（下限価格）を下回り異常に安くなった場合には農畜産業振興機構が買い支え，また安定上位価格を上回り高騰した場合には同機構が買い入れ，保管している肉を放出し，需給を調整する。両価格は，農水省が肉用牛の生産コスト，需給動向などを考慮し，畜産振興審議会に諮問したうえで決める。2004年度は安定上位価格が1キロ1,010円，安定基準価格（下限値）が780円となっている。

給与勧告制度
【recommendations of the national personnel authority】

一般職国家公務員の給与について，人事院が毎年民間との差を調査し，内閣と国会に勧告する制度。この制度は，国家公務員にスト権，団交権の労働基本権が与えられていないことの代償として，人事院が政府と国家公務員の間に入り，客観的なデータを基に給与改定を勧告するもの。2003年度は2年続けて月例給を引き下げ，ボーナスに当たる期末・勤労手当てを減らすなど，年収ベースで5年連続のダウンとなった。

給与所得控除
【deduction for employment income】
所得税は，生活を営んで所得を得るのに必要な経費として各種の控除を差し引き，残った所得に税率を掛けて課税する。この各種の控除のうち，給与所得を得るのに必要とみなしている経費が給与所得控除。給与収入の金額に応じて一定の比率で算出される。

急冷凝固アルミ粉末冶金合金
【rapid solidification aluminium powder metallurgical alloy】
溶融したアルミニウム合金を霧状にし，極度に急冷して作った粉末を原料とする合金。この粉末には均一な合金成分が高い濃度で含まれる。このため合金に成形，加工すると，強度，耐摩耗性，耐熱性などの優れた性質を持つ材料となる。また，鍛造や切削などの加工が容易という利点もある。家電，自動車用部品などのほか，航空機用部品など過酷な条件で使われる材料として用途が広がっている。

供給曲線 supply curve ⇨ 需要供給の法則
供給の法則 law of supply ⇨ 需要供給の法則
狂牛病 mad cow disease ⇨ 牛海綿状脳症

恐慌
【panic】
株価暴落などをきっかけに経済が極度の混乱状態に陥ること。銀行や企業の信用力が急速に縮小し，金融機関や企業が連鎖的に破たんする事態を招く。1927年の昭和金融恐慌，29年からの米国発の世界恐慌などがその代表例。

共済年金
【mutual-aid pension】
公務員などが加入する共済組合という独自の年金制度。財政運営なども独自に行っている。共済組合には国家公務員等共済組合，地方公務員共済組合，それに公務員ではないが私立学校教職員共済組合がある。JR，NTT，JTの旧3公社も独自の共済年金を持っていたが，1997年度に厚生年金に統合された。農協職員らのための農林漁業団体職員共済組合，農林共済も2002年4月に厚生年金と統合。国家公務員と地方公務員の共済の統合も課題となっており，両者間で財政調整する方向だ。

業種別株価指数先物取引
【trading in stock price index futures by industry】
東京証券取引所や大阪証券取引所などに上場している業種別の株価指数を対象とした先物取引。東証の場合，東証株価指数(TOPIX)のサブインデックスである電気機器，輸送用機器，銀行業などの指数の先物取引が行われている。

教書 ⇨ 大統領教書
行政改革
【administrative reform】
行政機構やその運営を合理的，効率的なものにするための改革。1962年に設置された臨時行政調査会(第1次

臨調，佐藤喜一郎会長）は64年の答申で，中央省庁の部局整理，特殊法人の統廃合など40項目の提言をしたが，このうち完全実施したのはわずか11項目。その後，財政再建のため行革の推進が急務になり，鈴木首相は第2次臨時行政調査会（土光敏夫会長）を設置した。同調査会は中央省庁や特殊法人の統廃合など中長期的課題について82年7月，基本答申をまとめた後，83年3月に最終答申を提出して解散した。94年1月に細川内閣が行政改革推進本部を設置，同2月，規制緩和，地方分権などを柱とする「行革大綱」をまとめた。村山内閣も行革を最優先課題とし，95年3月に規制緩和推進計画を打ち出した。橋本内閣では首相直属の機関である行政改革会議で2001年に中央省庁を1府12省庁に再編することを決め，内閣府が設置された。

業績相場
【stock market rally backed by good corporate earnings】
株式市場で，企業業績の改善を手掛かりにして相場が形成されること。これに対し低金利下のカネ余りをよりどころとする相場を金融相場という。株価と企業業績の関係はPER（株価収益率＝株価÷1株利益）で表される。業績相場か金融相場かの明確な区分は難しいが，1つの目安としてPERが一定のまま株価が上昇する（1株利益も増加する）相場を業績相場と呼ぶ場合が多い。一方，金融相場ではPERのほかにPBR（株価純資産倍率＝株価÷1株純資産）などが株価の目安として用いられることが多い。→金融相場

競争価格 competitive price ➪ 完全競争

業態別子会社方式
金融制度改革の1つで，普通銀行，長期信用銀行，信託銀行，証券会社という従来の金融機関の業務分野は維持するものの，各業態が子会社を通じて他の業態の業務へ参入できるようにする方式。カナダが1987年からこの方式で制度改革を進めている。日本では91年の金融制度調査会の提言を受け，92年に銀行法などを改正。93年春以降，長信銀，農中，都銀などの証券子会社，証券会社の信託銀行子会社の設立が可能になった。このほか95年5月の保険業法改正で，保険分野でも生命保険会社，損害保険会社の子会社方式での相互参入が認められた。

共通農業政策
【Common Agricultural Policy；CAP】
欧州連合（EU）15カ国が単一の農産物市場の実現などを目的に農業分野で採用している共通政策。1968年に確立された。この政策で加盟国間の農産物輸入制限が廃止され，域内の農産物統一価格が徐々に実現されている。しかし域外諸国に対しては，①農産物の国際価格より域内価格を高くする二重価格制，②域外からの安い農産物への変動課徴金の賦課，③大規模な輸出補助などを柱とする域内農業の保護育成政策を採っている。このためEU予算の中で約半分を占めるなど，大きな財政負担となっているほか，米国や途上国からEUの農業保護政策として批判されてきた。農業補助金を巡る議論はEU予算最大の拠出国ドイツと農業補助金の最大の受け取り国フランスが鋭く対立，難航してきたが，2002年10月，07年から13年までの中期予算では農業予算の総額を実質ベースで凍結する内容の妥協が成立した。03年6月には農家への補助金支給方式を変更し，

原則として過去の実績に基づく農家への固定額給付に切り替える改革も決めた。

業転品 ⇨ 石油の業者間転売品

共同債権買取機構
【Cooperative Credit Purchasing Co.】
金融機関の不良債権処理を促すため,金融機関から不動産担保付きの債権を買い取る会社のこと。都市銀行や長期信用銀行,信託銀行など162の金融機関が共同出資して設立した。買い取った担保不動産を処分,低迷する土地取引の活性化もねらう。出資金融機関が持ち込んだ債権を,①外部の不動産鑑定士や内部の価格判定委員会に委託して購入価格を決め,②同機構は金融機関の出資金で担保付き不動産を購入,処分を進め債権を回収する――という仕組み。2000年度末で買い取り業務を終え,01年度からは債権回収業務に専念している。

共同実施
【joint implementation】
複数の先進国が協力して地球温暖化の原因となる二酸化炭素（CO_2）などの温暖化ガスの排出を抑制する共同事業。1997年12月の地球温暖化防止京都会議で導入が決まった仕組みで,経済協力開発機構（OECD）加盟国や東欧諸国の間で行われるプロジェクトが対象になる。制度は2008年に始まる。プロジェクトによる削減量を自国の削減分として加味できることから,参加国は温暖化ガス削減の有力手段と位置付けている。

協同組織金融機関
【financial institutions established by credit unions】
経営形態が株式会社でなく,協同組合の方式を採用している金融機関。地域や職域などが同じ人や団体,事業体が資金を出し合って協同で経営する。利潤追求を目的とする株式会社の金融機関と異なり,出資者の相互扶助を重視するのが本分。信用金庫や信用組合,労働金庫,信用農業協同組合,信用漁業協同組合などがあり,信金や信組は中小企業や個人,労金は労働組合や消費生活協同組合などを出資者としている。しかし金融自由化の動きを背景に金融機関同士の競争が激化,都市銀行や地方銀行など大手が中小企業向け貸し出しを強化するにつれ,協同組織金融機関は経営の独自性を保つのが難しくなっている。なかにはバブル経済期に不動産向け融資を拡大して大量の不良債権を抱え込み,経営が破たんするケースも出ている。

共同発行地方債
【cooperative local government bond】
31の地方自治体が共同で発行する公募債のこと。公募地方債は東京都,大阪府,神奈川県,横浜市など33の都道府県・政令指定都市がそれぞれ発行しているが,このうち東京都と横浜市を除く31自治体が共同発行債を出している。発行される月によって資金を調達する自治体の組み合わせは異なるが,債務は31自治体すべての連帯債務になる。→地方債

京都議定書
【Kyoto Protocol】
1997年12月の地球温暖化防止京都会議が採択した議定書。二酸化炭素（CO_2）など6種類の温暖化ガスについて先進国の排出削減目標を定めた。2008～12年の間に,90年比で日本は6％,米国は7％,欧州連合（EU）は8％削減しなければならない。01年3月,国内経済に悪影響を与えるとして米国が離脱した。その後,日,

欧，ロシア，途上国などで協議して同年11月には運用ルールが確定。02年6月には日本政府が批准した。ロシアの批准が遅れ，発効のめどが立っていない。

京都メカニズム
【Kyoto Mechanism】
京都議定書を批准した先進国が温暖化ガス削減目標を柔軟に達成するために設けられた制度。自国内で高いコストをかけて削減するのに代えて，低コストで海外から調達した排出権を削減量に組み込むことを認めた。各国が余剰の排出枠を売買する「排出権取引」，発展途上国で温暖化ガス削減事業を手掛けて排出権を得る「クリーン開発メカニズム」，旧共産圏を含む先進国が共同で削減事業を実施し排出権を分け合う「共同実施」の3種類がある。

業務改善命令
【business improvement order】
金融機関の経営の健全性を確保するため，金融庁が実施する行政処分の1つ。銀行法は行政当局が必要に応じて銀行に資料提出や報告を求めたり，検査に入ったりする権限を明記している。その上で，同法第26条で「監督上必要な措置を命ずることができる」として，業務改善命令の根拠を定めている。銀行だけでなく信用金庫や信用組合にも準用するほか，証券会社や保険会社の関連法令でも同様の規定がある。改善命令よりも重い行政処分としては，業務停止命令や免許取り消しなどがある。

業務純益
【net business profits】
銀行が貸し出しなど本業でどれだけもうけたかを示す利益指標。金融自由化で銀行の業務が多様化したのに伴い，1989年度から採用された。貸出利息の受け取りから預金利息の支払いを差し引いた「資金利益」，手数料などの「役務取引等利益」，債券，外為などの売買益を示す「その他業務利益」の合計が「業務粗利益」で，これから経費などを差し引いたものが業務純益になる。ただ，実態を正確に示していないとの指摘もあり，最近は一般貸倒引当金を控除する前の「実質業務純益」や，債券売買益を除いた「コア業務純益」なども指標として用いられるケースが増えている。

共用品
【Kyoyo-Hin (accessible design)】
障害者，高齢者，健常者のより多くの人が利用できるように配慮設計されたバリアフリー製品・サービスの総称。「共用品・共用サービス」ともいう。同様の概念に，米国生まれの「ユニバーサルデザイン（universal design）」がある。社会の高齢化で年々ニーズが高まり，経済産業省と(財)共用品推進機構の調査によると，2001年度国内出荷金額は前年度比1.1％増の2兆2,159億円に達する。

極限作業ロボット
【robotics used for extremely dangerous work environment】
原子力発電所，深海底，炭鉱内，災害現場などの厳しい環境下で人間に代わって作業をする特殊ロボット。例えば原子力発電所関係では点検・パトロールロボット，補修ロボット，原子炉解体ロボットなどの開発，実用化に期待が集まっている。旧通産省・工業技術院は1983年から90年まで，国の大型プロジェクトの一環として極限作業ロボットの開発事業を官民協力で進めた。

巨視的経済学 macroeconomics ⇨ マクロ分析
巨視的分析 ⇨ マクロ分析

寄与度
【contribution】
経済成長率の変動などについて，個別の項目がどれだけ寄与しているかを示す数値。GDP統計では，輸出から輸入を差し引いた外需の寄与度がよく利用される。GDP成長率が1％で，外需だけで成長率を0.5％押し上げた場合は，外需の寄与度は0.5ポイントということになる。

寄与率 ⇨ 寄与度

キルギス日本人技師拉致事件
旧ソ連中央アジア・キルギスの南部山岳地帯で1999年8月23日，地質調査をしていた日本人技師4人と警護や通訳のキルギス人が，隣国のタジキスタンから越境してきたイスラム原理主義武装勢力「ウズベキスタン・イスラム運動」に拉致された事件。キルギス政府による交渉の結果，同年10月25日に人質全員が無事解放され，解決した。

均一価格販売方式
債券を発行価格通りに売る方式。1991年12月の日本電信電話(NTT)債の販売の際，証券界が取り入れた。従来は証券会社間の競争などがあって，発行価格より安く販売することが多かった。これが債券相場をゆがめる一因ともなっており，市場実勢を尊重して決めた発行価格以外では販売できないようにした。しかしこの方式で売ると決めても値引き販売が出るケースも少なくない。

緊急雇用対策
【emergency employment [job security] measures】
雇用情勢の悪化に対応するため，1999年6月に政府がまとめた対策。総事業規模は3,299億円で，99年度第一次補正予算で計上。70万人の雇用創出を目標とした。対策の柱は，国や地方自治体が行政情報のデジタル化作業などを企業や非営利団体(NPO)に委託して雇用を創出する事業で，予算額は2,000億円。2000年5月に同計画を一部見直した雇用対策を策定。助成金の支給対象の拡大，職業訓練の強化などが柱で，35万人の雇用創出を目指した。01年9月には規制改革の内容も取り込んだ「総合雇用対策」を作成し，01年度補正予算に8,000億円超の費用を計上した。02年度補正予算では不良債権処理加速に伴う雇用の安全網拡充などで約5,000億円を計上した。

緊急輸入制限権 ⇨ セーフガード

銀行国有化
【bank nationalization】
一般的には銀行の株式を国が全額買い上げ，保有する措置を指す。政府は1998年に旧日本長期信用銀行，旧日本債券信用銀行を国有化した。これに対して2003年5月に決めたりそなグループへの公的資金による2兆円の資本注入は，実質的な国有化といえる。政府は03年11月に足利銀行を長銀，日債銀と同様の枠組みで国有化することを決めた。国有化は一時的に金融を安定化する効果が見込める半面，預金の保護や資本注入に多額の公的資金を要するために，大きなコストがかかる。

銀行等保有株式取得機構
【Banks Shareholdings Purchase Corp.】
大手銀行や地方銀行などが出資して2002年1月に設立した認可法人で，銀行が持ち合い解消に伴って手放す株式を買い取る。株式の大量売却で市場の需給が悪化，株価が下がるのを防ぐ受け皿の役割を果たす。買い取りは時価で，02年2月に始まり06年9月まで続ける。機構の存続期

間は最長10年。銀行の要請を受けて株式を買い取り、長期保有する「特別勘定」は、機構の清算時に生じる可能性がある損失を公的資金で穴埋めできる仕組み。日銀も02年9月に大手銀行の保有株式を直接買い取る方針を打ち出し、3兆円を上限に購入を開始した。

銀行取引停止処分
【suspension of business with banks】
事業会社や個人が不渡り手形を出した場合、処罰として手形交換所加盟銀行が取引を停止すること。

銀行の株式保有規制
【regulations on stock holding by banks】
銀行経営が株価に左右され経済全体が不安定化している事態から脱するために、2001年4月の政府の金融経済対策に盛り込まれた規制。従来は1企業に対し5％以下とする個別規制だったが、政府は06年9月までに、保有株式をその銀行の自己資本の範囲内に収めるように求めている。さらに国際決済銀行（BIS）の規制に合わせ、銀行保有株式にリスクを勘案した自己資本の積み増しを義務付ける。この規制導入に伴って銀行から放出される株式の受け皿として、02年1月に「銀行等保有株式取得機構」が大手銀行などの出資で設立されたほか、日銀も取得に乗り出した。→銀行等保有株式取得機構

銀行法
【Bank Law】
銀行経営のあり方などを規定した法律で、銀行経営の"憲法"といわれている。1927年制定の銀行法は81年5月に全面改正され、82年4月から施行された。ここに盛り込まれたのは、①公共債の窓口販売、②半期から通期への決算変更、③経理内容の公開義務付け――など。93年4月からは金融制度改革に伴ってさらに大幅改正され、銀行が子会社を通じて証券業務に参入する枠組みができた。2001年度にはさらに一部が改正され、銀行の発行済株式の15～20％以上を保有する主要株主に対して立入検査ができるようにするなど、異業種銀行の親会社に対する経営チェックができるようにした。

均衡理論
【equilibrium theory】
部分均衡理論と一般均衡理論がある。経済に多数の市場があるとき、特定の一市場で成立する均衡が「部分均衡」(partial equilibrium)であり、すべての市場で均衡が成立している状態が「一般均衡」(general equilibrium)である。市場で需要と供給が一致している状態を均衡、需要と供給を一致させる価格を均衡価格（equilibrium price)と呼ぶ。部分均衡理論は主にマーシャルによって発展し、一般均衡理論はワルラスによって定式化された。

金庫株
【treasury stock】
会社が一度発行した自社の株式を、何らかの理由で買い取って保持しているものを指す。米国の会計法では自社株取得が広範囲に認められているが、日本の商法では、株式消却やストックオプション（自社株購入権）用、端株の買い取りなどに限定していた。2001年10月1日に解禁された。企業が金庫株を利用するには、定時株主総会で買い付ける株数や金額の上限を決める必要があった。しかし04年9月の商法改正で、株主総会で定款を変えれば、その後は取締役会が自社株買いの時期や取得枠を自由に決められるようになった。

金市場

【gold market】
金の取引市場。金地金の市場は現物取引でロンドンとチューリヒ，先物取引でニューヨークと東京工業品取引所（東工取）が有力。香港は極東・東南アジアでの現物市場の中心になっている。東工取は1982年3月，世界で11番目の先物市場として前身の東京金取引所が開設された（84年11月1日から東京工業品取引所となる）。中国政府も2001年に上海に開設した。→東京工業品取引所

近・新・大
都心に立地し（近），新築など築年数が浅く（新），大規模（大）なオフィスビルを指す不動産業界の用語。この3条件がテナント企業のビル選びの基準になっている。バブル崩壊後，リストラの一環で多くの企業がオフィスを賃料の安い郊外に移転し，都心では空室率が上昇するビル不況が続いていたが，賃料が大幅に下落したために企業がオフィスの都心回帰に動き始めた。これに対し，都心から遠く古い小規模ビルは高い空室率と賃料低迷を余儀なくされている。ただ，2003年に都市の大型再開発ビルが相次ぎ完成してオフィス供給が増え，今や近・新・大だけでは競争に勝ち抜けなくなっている。

金銭債権信託
【monetary claims trust】
貸付金債権や生命保険請求権などの金銭債権を信託財産として受け入れる信託をいう。典型的なのは住宅ローン債権信託。銀行や生命保険会社，住宅金融専門会社などが保有する住宅ローンを一括して信託し，信託受益権を第三者に販売することで住宅ローン債権の資金化をはかる。

金銭信託
【money trust；money in trust】
信託銀行が顧客から金銭を信託財産として預かり，これを事業会社への貸し出し，社債の買い入れなどに運用して一定期間後に金銭で元本や収益を受益者に渡す仕組み。これには委託者（顧客）が預けた金銭の運用方法を具体的に細かく決める特定金銭信託や，運用については貸し出しや有価証券の買い入れを大ざっぱに決めるだけの指定金銭信託などがある。1989年までの株価高騰で企業の特定金銭信託利用が急増したが，その後の株価低迷で人気が薄れた。

金融機関
【financial institution】
お金の需要者と供給者の間に立って仲介役を果たしている機関。金融機関はいろいろあるが，わが国では次のように分類される。①日本銀行＝中央銀行で，ただ1つの発券銀行，②銀行＝都市銀行，地方銀行，第二地方銀行，長期信用銀行，信託銀行，③中小企業関係金融機関＝信用金庫，信用組合，商工組合中央金庫，④農業関係金融機関＝市区町村の信用農業協同組合（単協），都道府県単位の信用農業協同組合連合会（信連），農林中央金庫，⑤保険会社＝生命保険会社，損害保険会社，⑥短資業者と証券会社＝短資会社，証券金融会社，証券会社，⑦政府系金融機関＝日本政策投資銀行，国際協力銀行，中小企業金融公庫，農林漁業金融公庫，国民生活金融公庫，住宅金融公庫など全額政府出資の銀行や公庫。政府は2006年度に住宅金融公庫を廃止する方針を打ち出している。

金融危機対応会議
【Task Force to Deal with Financial Crisis Management】
預金保険法102条で定められた金融危機への対応を協議するための政府の

会議。首相が議長を務め，官房長官，金融担当相，財務相，日銀総裁らが参加する。会議が「国または地域の信用秩序の維持に極めて重大な支障が生ずる恐れがある」と認めたとき，公的資金による資本注入や預金を全額保護する破たん処理，一時国有化といった緊急措置を決定することができる。2003年5月に初めて開催し，資本不足に陥ったりそなグループへの資本注入を決めた。同年11月には足利銀行の一時国有化も決定した。

金融機能強化法
【Financial Function Early Strengthening Law】

正式名称は「金融機能の強化のための特別措置に関する法律」。金融機関の申請に基づき，国が公的資金を資本注入する枠組みを定める。2004年6月の国会で成立，同8月に施行。当面2兆円の注入枠を予算で確保した。金融危機の恐れがあるときに発動する預金保険法に対し，危機の兆しがなくても経営基盤の強化を望む金融機関の要請に応じて資本注入できるのが特徴。金融機関同士が合併と組み合わせて注入を申請する場合は，経営責任を当面棚上げできる。政府はこの資本注入制度をテコとして，主に地域金融機関の再編を進め，金融システムを安定化させる効果を期待している。

金融恐慌
【credit crisis】

何らかの原因で支払いの流れが断ち切られ，商品価格の低落，株価の急落，為替相場の急落など金融全般に生じる激変を総称していう。日本では1927年，衆院予算委での片岡蔵相の失言をきっかけに起きた昭和金融恐慌が名高い。失言による銀行取り付けが全国に広がり，37の中小銀行が休業に追い込まれた。その後，鈴木商店の取引停止，台湾銀行の休業を招いた。

金融検査マニュアル
【manual used to inspect financial institutions】

金融監督庁（現金融庁）が1999年4月に決定した金融検査に対する新しい業務指針。運用当初，銀行，信用金庫などすべての預金取り扱い金融機関が対象だったが，その後，保険会社や証券会社向けのマニュアルも作られた。不良債権の判定では貸し倒れリスクに応じた借り手企業の債務者区分を明確に示し，金融機関に厳格な資産査定を促すのが特徴。金融機関の意思決定過程なども検査の点検項目として，リスク管理に対する意識の向上を求めている。2004年2月には中小企業向け検査の弾力化をねらい，マニュアルの一部を改正した。

金融工学
【financial engineering】

統計数理など複雑な数式を駆使して，金融商品の市場価格や企業の信用力の変動などに伴う金融取引のリスクを減らし，効率的に少しでも大きな利益を上げる方法を追求する学問を指す。金融派生商品（デリバティブ）の価格が将来どう変動するのか，個別の企業が倒産する確率はどの程度なのか，といったリスクなどを定量的に示し，投資や融資をする際の重要な判断材料を提供する。新たな金融商品の開発にも重要な役割を果たしている。

金融債
【bank debenture】

特定の金融機関が，特定の法律に基づいて発行する債券。毎年一定の利息が支払われる利付金融債と割引価格で発行され額面で償還される割引

金融債がある。預金で資金を集める一般の金融機関に対し，金融債を発行して資金を集めるところを特に債券発行銀行（金融機関）という。金融債を発行しているのは，みずほ銀行，新生銀行，あおぞら銀行，商工組合中央金庫，農林中央金庫の各金融機関。また，1989年から信金中央金庫も，利付金融債に限り発行を認められるようになった。

金融再生プログラム
【Financial Revitalization Program】
政府が2002年10月にまとめた不良債権問題解決のための総合策。04年度に大手銀行の不良債権比率を半分程度に引き下げる目標を提示。自己資本不足に陥った銀行に公的資金を投入する「特別支援」の枠組みや，大口の貸出先に対する資産査定や引当金上積みの強化を明記している。

金融先物取引
【financial futures transaction】
3カ月後とか6カ月後というように将来の特定の日時に商品の受け渡しと代金の決済をすることを現在時点で契約する取引を先物取引と呼び，これを通貨や金利など金融商品に応用したもの。1972年にシカゴ・マーカンタイル取引所（CME）が国際通貨市場（IMM）を設立，西独マルク，日本円などの通貨取引を始めたのが最初。81年12月にドル金利，82年2月からは株価指数の取引が始まるなど金融先物商品の広がりはめざましく，日本でも85年10月に長期国債を対象にした債券先物取引がスタートした。88年5月には金融先物取引法が成立，東京金融先物取引所で金利，通貨の先物取引が89年6月から始まった。

金融サービス法
【Financial Service Law】
多様な金融商品を対象に資産を運用する投資家を保護するための法律。英国では1986年のビッグバン（証券大改革）と同時に制定した。投資業，投資物件を包括的に定義するとともに詐欺行為や誤解を招く商品説明の禁止規定などを盛り込んでいる。英国を手本に日本版ビッグバンに取り組んだ日本政府も同様な投資家保護法の制定を検討，その第1弾として商品の元本割れリスクなどの説明を金融機関に義務付ける金融商品販売法が2001年4月に施行された。専門家の間ではより包括的な法体系の整備を求める声が多く，投資家保護の視点を重視した「投資サービス法」を定めるべきだとの意見も出ている。

金融収支
【financial account balance】
受取利息や配当金などの金融収入と支払利息，手形割引料などの金融費用の収支のことで，営業外損益を構成する重要な要素として損益に影響を与える。企業は預金，有価証券など金融資産を保有して運用することにより金融収入を得る一方，借入金，社債などの利息を支払う。これらの差額が金融収支だが，キャッシュフロー計算書の開示が2000年3月に始まったことで，金融収支への注目度は低下している。→キャッシュフロー

金融商品販売法
銀行や証券会社などが金融商品を販売する際に，商品が持つ元本割れリスクなどの説明を義務付ける法律。2001年4月以降に結んだ契約から適用している。顧客は説明がなかったことさえ証明できれば，金融機関が反証を示さない限り，元本割れ相当額の損害賠償を受けられる。商品先物取引や郵便貯金，宝くじなどは対象外。→金融サービス法

金融所得の一体課税
【unified taxation on all financial income】
金融取引関連の所得をひとまとめにして課税すること。株式，投資信託，公社債，預貯金など様々な金融商品の取引を通じて発生した損失と利益を相殺することを認めれば，支払う税額を減らせるようになる。預貯金など「貯蓄」に偏ってきた日本の個人金融資産を，株式や債券など一定のリスクを覚悟する「投資」にも振り向け，投資資金を広く行き渡らせることで産業活性化につながるよう税制面から後押しするねらいがある。政府税制調査会などが具体案の検討に着手した。税金の減額や還付を受けるには正確な所得の把握が必要で，納税者番号制の導入を求める意見も出ている。

金融審議会
金融制度のあり方について検討する首相らの諮問機関。日本版ビッグバン（金融大改革）による業態間の相互乗り入れをにらみ，金融制度調査会，証券取引審議会，保険審議会の金融関連3審議会を統合して98年8月に発足した。2000年7月からは事務局が大蔵省（当時）から金融庁に移った。04年は金融所得の一体課税，保険商品の窓口販売，日本の株式市場に上場する外国企業に対する英語での財務情報開示などを協議している。

金融政策
【monetary policy】
物価の安定など経済が持続的に成長するのに必要な条件を整えるために中央銀行が実施する経済政策。金融機関を相手に資金を供給・吸収する公開市場操作（オペレーション）や公定歩合の変更を通じ，短期金融市場の資金需給を調節して短期金利を操作することにより，中長期金利や金融機関の貸出金利，株価などにも影響を与え，企業や家計の資金需要を刺激したり抑制したりする効果がある。短期市場の資金需給を緩めにして金利を引き下げる金融緩和政策は，企業の生産活動や設備投資，家計の住宅投資などに必要な資金を金融機関から借り入れるコストを軽減して景気を刺激し，物価上昇を促す。逆に金融引き締め政策で金利が上がると，企業などは資金を借り入れにくくなり，投資や生産を手控えるので，景気や物価上昇を抑制する方向に働く。
→金融の量的規制，公定歩合，公開市場操作，準備預金制度

金融政策決定会合
【BOJ Monetary Policy Meeting】
日銀の政策委員会が金融政策を集中的に話し合うために開く会合。1998年1月に発足した。公定歩合のほか，金融調節の基本方針，預金準備率の変更などを決める。月に1,2回開く。議決権のあるメンバーは日銀総裁，同副総裁2人，審議委員6人の計9人。財務省と内閣府も代表者を派遣できるが，議決権はない。討議の結果は政策変更の有無にかかわらず，会合終了後直ちに公表する。政策決定の背景となる景気判断などは，「金融経済月報」で示し，日銀総裁も記者会見する。会合の約1カ月後には討議した内容を「議事要旨」として公表。10年後にはより詳細な「議事録」も公開する。同会合発足まで，金融政策の変更は臨時に開く政策委員会で決めることが多く，議事内容も公開していなかった。→日銀政策委員会，改正日銀法

金融制度改革
【reform of financial system】
銀行，証券，信託銀行などの業態間の垣根を低くし，業務の相互乗り入

れを促進すること。1997年6月には蔵相(現財務相)の諮問機関である証券取引審議会,金融制度調査会,保険審議会が日本版ビッグバン(金融大改革)の枠組みを決めた。これを受けて株式売買委託手数料の自由化,銀行による持ち株会社の解禁などが98年から実施された。金融機関の経営形態や業務を自由にすることで日本市場の生き残りを図るねらい。→証券取引審議会,業態別子会社方式

金融相場
金融緩和を手掛かりに相場が形成されること。景気停滞期の後半から景気回復期の初期にかけての株価上昇を指していう。景気の低迷が続くと,景気刺激策として政策当局は金融緩和に踏み切るため,資金量が増え,金利が低下し,資金が株式市場に向かいやすくなる。その結果,株価が上昇するので金融相場と呼ぶ。→業績相場

金融庁
【Financial Services Agency】
金融監督庁と大蔵省金融企画局が統合して2000年7月1日に発足した行政機関。現在は内閣府の外局。大蔵省改革の一環として,大蔵省の管轄だった金融制度の企画・立案機能と,金融監督庁の担当する金融機関の検査・監督機能を統合してできた。01年1月には金融再生委員会が廃止され,個別金融機関の破たん処理機能も吸収した。初代長官に金融監督庁長官で検察出身の日野正晴氏が就いた後は,旧大蔵省出身の長官が2代続いた。透明なルールに基づく事後監視型の行政を目指す。

金融の量的規制
【financial quantitative regulation】
中央銀行が金融を引き締めたり,緩めたりするために資金量を調節する手段には金融の量的規制と質的規制の2つがある。前者は民間に放出される資金の量を機械的に調節することであり,後者は資金の量よりもむしろ各部門に流れる資金の流れに対して統制を加えるものである。量的規制の主なやり方は,①公定歩合を上げ下げして市中銀行の日銀借り入れを調節する,②有価証券(国債,手形など)を市中銀行などに売買して資金を放出したり吸収したりする——など。準備預金制度(支払準備制度)も量的調整の手段である。→中央銀行,金融政策,公定歩合,公開市場操作,準備預金制度

金融派生商品 ⇨ デリバティブ

金融持ち株会社
【holding company of financial institutions】
銀行や証券会社が設立する持ち株会社。1998年12月の独占禁止法の改正や金融持ち株会社関連法の成立で解禁された。金融界は,①銀行自体も子会社になるため,現在の業態別子会社方式よりもファイアウォール(業務隔壁)が強化される,②株式の取得・売却を通じて機動的に子会社を売買できるため,金融の再編に役立つ,③部門ごとの採算管理を強化でき経営効率化につながる——などの効果があるとしている。米国の金融機関は大半が持ち株会社形態をとっており,日本でも大手銀行・証券の多くが持ち株会社に移行している。

金利キャップ
スワップやオプション取引を利用して,ローンの契約時点で金利の上限を決めておく手法。借り手は金利上昇リスクを回避できる代わりに貸し手に対して,一種の金利負担料を支払う。金利上昇が見込まれる時期に利用が膨らむ。これとは逆に金利の下限

を設定しておくフロアーという手法もある。

金利減免
【reductions or moratorium on interest payment】
銀行など債権者が，経営難に陥った企業など債務者に対する貸付金の金利を，契約時に比べ軽減したり，免除したりすること。金融機関にとっては利払いの延滞と同様，利息収入の減少につながるが，減免の場合は契約の変更を伴うところが延滞と異なる。減免対象は通常，再建の見込みがある企業に限られ，減免幅は企業の経営状況などに応じて企業と取引金融機関との間で決められる。国内の銀行などは，バブル崩壊で経営難に陥った旧住宅金融専門会社（住専）や関連ノンバンクを，この手法を使って支援してきた。

金利先渡し契約 ⇨FRA

金利スワップ
【interest rate swapping】
変動金利と固定金利を交換する取引のこと。想定元本を設定し金利部分だけを交換するため，バランスシートに載らない簿外取引となる。6カ月物LIBOR（ロンドン銀行間取引金利）など代表的な変動金利と交換対象になる固定金利がスワップ金利。一般に金利上昇観測が広がると調達金利を固定化しようとして，固定金利を払い，変動金利を受け取る取引が膨らむ。この際，固定金利を受け取る（固定金利運用）ニーズが減るため，スワップ金利は上昇する。

クイック ⇨QUICK

クイックレスポンス ⇨QR

空間経済学
【spatial economics】
都市や産業の集積が形成・発展していくメカニズムを解明する経済学の新しい分野。都市経済学や国際経済学，地域経済学などを統合する形で1990年代から研究が進んだ。一般的に，人やモノの移動のコストや情報通信コストが安くなれば企業立地は分散すると考えられているが，実際には東京一極集中や特定産業の特定都市への集積は加速している。空間経済学は，人や情報などが一カ所に集まることの利点（集積効果）を理論化し，こうした集積が自己増殖的に拡大することを強調する。

空港使用料
【airport fee】
航空会社が空港を使用する際に支払う料金。航空機が空港に着陸する回数に応じた着陸料，航空管制などのサービス料である航行援助施設利用料がある。日本では空港使用料のほか，航空機燃料税も課しており，空港整備特別会計の財源となっている。日本の国際線着陸料は各国と比べ割高で，成田空港を100とすると，フランスのシャルル・ドゴール空港は31，シンガポールのチャンギ空港は28になる。→上空通過料

空港整備特別会計
空港整備を一元的に管理するための国の特別会計。国は空港の種類に応じて建設費の30〜100％をこの会計から負担する。ただし，成田空港，関西国際空港，建設中の中部新国際空港は独立採算制をとっており，空港整備特別会計から出資を受けるなどして整備，運営している。空港整備特別会計の毎年の収入は航空会社が支払う着陸料をはじめとする空港使

用料のほか，一般会計からの繰り入れなどで賄っている。このうち，空港使用料の割合が約4割と高いため，航空会社は「使用料の負担が重く，公共事業費など一般会計からの繰り入れ比率を高めてほしい」と要望している。

空中給油機
【tanker】
飛行中の航空機に燃料を供給するための特殊機。主に軍用に使われ，戦闘機などの航続距離を伸ばす役割を果たす。フォークランド紛争の際の英軍，リビアを爆撃した米軍が渡洋攻撃の支援に使った。防衛庁は戦闘機が空中で敵機を待ち受ける空中警戒待機などの用途を想定。2001年度からの中期防衛力整備計画に4機の導入が盛り込まれた。米ボーイングのB767型機が採用され，06年に納入される予定。

国の利子補給
【interest subsidy】
政府系金融機関や各公団，公庫の貸付金利を政策的に低くするため，国が利子の一部または全部に相当する資金を補給すること。例えば住宅金融公庫は財政融資資金特別会計資金を主な原資にして，それより低い金利で融資するケースもあり，逆ざやが生じることがある。政府はこの逆ざやを埋める目的で一般会計から補給金や出資金を同公庫に支出している。

区分所有法
建物の区分所有権について定めた法律。区分所有権は1棟の建物のうち，住居や店舗などの用途に利用できる部分に対する所有権のこと。阪神大震災で住宅の再建問題が持ち上がり，政府は区分所有者の5分の4の賛成で全壊したマンションの建て替えができる内容を盛り込んだ法律を制定した。法務省は建て替え条件の明確化と緩和を目的に法改正を実施した。

クライアントサーバー
パソコンやワークステーション（WS）をホストコンピューターなどと接続し，各種の業務を効率的に分散・並行処理するネットワーク型の情報処理形態。ホスト機と端末によるホスト中心の従来型システムに比べ，端末側をシステムの主役＝クライアント（客）と位置付け，ホストはこれらクライアントに対し共通のサービスを提供するサーバーの役割を担う。

クラウディングアウト
【crowding out】
政府の経済活動が民間の経済主体の活動を圧迫すること。政府が景気対策などで大量の国債を発行し，それによる金利の上昇が民間の設備投資などを抑制することを指すのが一般的。

クラスター
【cluster】
特定分野の企業，研究機関などが，ある範囲の地域に本来の意味であるブドウの房のように集まり，競争しつつ協力して相乗効果を生み出す状態を指す。競争戦略論で著名なハーバード大学のマイケル・ポーター教授が，その概念を提唱した。日本では，文部科学省が地域の研究開発拠点づくりを目指す知的クラスター創成事業を推進。経済産業省も地域競争力を再生する仕掛けとして産業クラスター計画を積極的に進めている。

クラスノヤルスク合意
【Krasnoyarsk agreement】
1997年11月，橋本元首相がシベリアのクラスノヤルスクを訪れ，エリツィン元ロシア大統領と非公式に会談した際の合意事項。2000年までに平和条約締結を目指すことで一致した。日本側は北方領土問題解決が

条約締結の前提との立場だが、ロシア側は「広範な分野で両国の友好協力を推進する条約」との考え方をとっている。さらに、両首脳は98年4月、静岡・川奈で会談し、橋本元首相は「国境線画定」を柱とした北方領土問題の解決を提案。同年には小渕元首相が訪ロ、「モスクワ宣言」を発表し公式文書として初めて条約の締結期限を盛り込んだ。2001年10月の日ロ首脳会談では、小泉首相とプーチン大統領が歯舞、色丹両島の2島先行返還と4島返還の2つの方法を並行協議することで大筋合意。ただ、02年初めから、日本の外務省が外相更迭や鈴木宗男衆議院議員にまつわるロシア人脈の逮捕問題で揺れ、日ロ関係は冷え込んだ。03年1月の首脳会談でも「4島の帰属問題を解決する」との基本原則の確認にとどまっており、領土問題の解決に向けた道のりは険しい。

クラッド鋼板
【clad plate】
主に厚鋼板を母材とし、その片面または両面にニッケル、ステンレス鋼、銅、チタン、アルミニウムなど異なった鋼種または金属を接合した複合材。金属層を繰り返し重ねた多層クラッドもある。最近では薄鋼板を母材に使う例も出てきた。例えばオールステンレスに比べ、クラッド鋼は表面だけをステンレス鋼にするので、安くできる。製造方法は爆着法、圧着圧延法、肉盛圧延法、鋳込み法の4種類がある。

クリアリングハウス
【clearing house】
商品取引業務のうちの取引証拠金の預託、諸差金勘定の受け払いなど清算業務を行う組織。取引所内に置くインハウス型と取引所外の法人とするアウトハウス型がある。東京工業品取引所は2003年にインハウス型を導入した。

繰越控除
【tax breaks for carryover loss】
企業決算で欠損金が生じた場合、翌期に欠損金を持ち越して利益と相殺できる制度。欠損金が生じた年の翌年から原則5年間まで繰り越すことができる。欠損金を抱えた企業から見れば、翌期以降の課税所得を圧縮できるため税負担が軽減される利点がある。金融庁は金融機関の不良債権処理を税制面で支援するねらいから、繰越控除期間を5年から10年に延長することを要望している。財務省も繰越期間の延長を検討しているが、金融機関だけを優遇するのではなく全産業を対象として、期間も7年程度にとどめたい考えだ。

クリック・アンド・モルタル
【clicks and mortar】
インターネット通販に実社会で知名度のある企業が参入するようになり、新しいビジネスモデルとして脚光を浴びた「現実店舗との連動・融合」を意味する。クリックは「カチッ」という擬音を表し、この語では仮想店舗を、モルタルはセメントと砂を水で練ったもので、ここでは現実店舗を指す。融合する要素はブランド力をはじめ商品調達や物流、サービス、顧客情報など多岐にわたる。例えば、現実店舗で積み上げたブランドの信用力を仮想店舗に生かすことで、ネット通販に特有の消費者の不安感を取り除くことができる。投資規模が大きい情報・物流システムを共用して効率化を図る例もある。最近ではネット専業だった企業が実店舗を展開する動きも出ている。

グリッドコンピューティング
【grid computing】

複数のコンピューターをネットワーク経由で接続して, 処理能力を飛躍的に高める技術のこと。各コンピューターに業務を分散し, 並列して処理を進めることで, 一台一台の性能が低い場合でも, 高速な計算が可能になる。インターネット経由で家庭のパソコンを使って医療研究などの複雑な処理を進めるプロジェクトのほか, 研究機関・大学などでサーバーをネット経由で接続, グリッドコンピューティングを進める例も増えている。世界的にグリッド関連技術の標準化も進みつつある。

繰り延べ勘定
【deferred account】
本来は費用または収益の性質を持つが, 一度に全部を費用や収益として計上するのが必ずしも適当でないものについて, 一時的に資産, または負債として処理してあるもののこと。会社設立時の創立費や開業費, 新株発行費, 社債発行差金, 開発費, 試験研究費, 建設利息などがあげられる。ただし, 企業会計の健全性の原則からは, 繰り延べ勘定の乱用は望ましくないとされている。

繰り延べ税金資産
【deferred tax asset】
税効果会計を採用している企業で, 税法で認められる限度額を超えて貸倒引当金などを計上(有税引き当て)した場合に, 納め過ぎた税金(前払いした税金)がいずれ戻ってくると想定し, 貸借対照表の資産の部に計上する額のこと。税法では税法上の赤字である欠損金が発生した場合, 繰越欠損金として翌期から5年間に限り課税所得と相殺できるため, 前払いした税金を将来, 取り戻すには, 翌期以降の課税所得がそれなりの黒字であることを前提としている。したがって, 繰り延べ税金資産に見合うだけの課税所得を5年以内に稼げるかどうかという点が重要となる。日本公認会計士協会の実務指針では, 収益力や含み益から慎重に検討する必要があるとしており, 2002年には厳格適用を求める通達を出している。

クリーンエネルギー
【clean energy】
NOxやSOxなどの環境汚染物質を発生しないエネルギーのこと。経済産業省が中心となって開発を進めているサンシャイン計画は, 石油, 石炭などの化石燃料に代わって, 水素エネルギー, 地熱, 太陽光など環境負荷の小さいクリーンエネルギーを国家的事業として開発することを目指している。またLNG(液化天然ガス)などもNOx, SOx発生量が少ないことから, 広義のクリーンエネルギーの1つとされている。→NOx, SOx

クリーン開発メカニズム
【clean development mechanism; CDM】
先進国が途上国に技術や資金面で協力して地球温暖化の原因となる二酸化炭素(CO_2)などの温暖化ガスの排出を抑制するプロジェクト。先進国が途上国の排出量削減に寄与した一部を先進国側の削減分とみなす仕組み。1997年12月の地球温暖化防止京都会議で導入が決まった。

クーリングオフ制度
【system of cooling-off】
例えば, 保険外務員(セールスマン)と生命保険の加入契約をし, 保険料を支払った場合でも, 一定期間なら無条件で契約の取り消しができ保険料を全額返してもらえるという仕組み。つまり"頭を冷やして(英語でクーリングオフという), もう一度考え直す"期間を契約者に与えるわけである。こ

のほか、物品の訪問販売や先物取引などにもこの制度が導入されている。

グリーンケミストリー
【green chemistry】
新たな物質を設計したり合成したりする際に、環境への影響をあらかじめ考慮する化学の新しい考え方。これまでの合成化学が効率を重視し過ぎ、さまざまな有害物質を生み出した反省から提唱された。化学物質が合成され、使われ、捨てられる過程で有害物質を出さないよう工夫して分子設計をし、合成法を考える。

グリーン購入
【green procurement】
消費者や企業、行政機関などが、環境に配慮した商品を優先して購入する仕組み。廃棄物の量を減らしたり、環境破壊を防ぐのがねらい。環境配慮商品の開発を促す効果も見込める。2001年4月には官公庁など国の機関が環境配慮商品を優先購入することを義務付けた「グリーン購入法」が施行された。対象物品は文具やOA器機、自動車など。同様の取り組みは消費者団体や地方公共団体などでも広まっている。

グリーンシート
【green sheet】
日本証券業協会が1997年に開設した未上場株式を取引する市場。東証などに上場を目指す新興企業からなる「エマージング」、上場廃止企業が対象の「フェニックス」、地域密着型企業のための「リージョナル」、不動産投信など「投信・SPC」の4種類に区分される。登録基準は緩やかで赤字企業でも、証券会社に成長性が認められれば登録できる。投資家は登録時に実施する公募増資で株式を購入でき、その後は投資家からの注文に基づいて証券会社が公表する気配値で売買する。2004年は札証アンビシャスに上場した企業が1社出た。

グリーン税制
【green tax plan】
環境保護の考え方を盛り込んだ税制。CO_2の排出量など、環境負荷に応じて税率に差をつける。製品やサービスの価格に環境への悪影響や廃棄物の処理費用が反映されないことで起きる「市場の失敗」を防ぐねらい。日本では環境省と国土交通省が中心となって自動車税のグリーン化を検討しているが、自動車業界や経済産業省との利害調整が難航している。

グリーンフィールド投資
【Green Field Investment】
直接投資の形態の1つで、投資先の国に法人を新しく設立する方式の投資のこと。企業の合併・買収(M&A)による直接投資とは異なる。グリーンフィールド投資では社屋・工場の建設、従業員の採用や顧客のネットワーク作りを新たに始めなければならない。それに対し、M&Aは現地企業を買収することで、人材や製造ライン、流通網、特許権などを一気に獲得することができる。競争が激化している市場ではスピードが求められるため、M&Aが選ばれる傾向にある。

グリーンメーラー
【greenmailer】
会社の株式を買い集め、高値で引き取りを迫る人、または集団。そのような行為を意味するグリーンメールから生じた。英語で脅迫状のことをブラックメールというが、ドル紙幣の色が緑色なのをひっかけた表現といわれる。通常、敵対的なM&A(企業の合併・買収)を仕掛けて集めた株にプレミアムをつけて買い取ることを要求する。仕手グループにこの種の投資家が多いといわれる。→M&A

クルーソー
【Crusoe microprocessor】
米国半導体ベンチャーのトランスメタ社が開発した省電力型MPU（超小型演算処理装置）。 従来のMPUを搭載したノート型パソコンに比べ，クルーソー搭載品だとバッテリー駆動時間は約2倍になる。2000年秋から日立製作所など日本のパソコンメーカーが採用。10時間以上連続使用できる商品も登場した。今後は携帯情報端末（PDA）などのモバイル（携帯）端末や小型サーバーにも搭載される見込み。

クルド人問題
イラン，イラク，トルコなどの国境にまたがって居住している少数民族であるクルド人の自治を巡って起きている紛争。 イラク領内では湾岸戦争後，しばしばクルド人同士の対立が起きている。またトルコ領内のクルド人は分離独立を目指しテロ活動を展開した経緯もある。クルド人は欧州にも広く移民として渡っており，欧州におけるクルド人支援活動も根強い。イラク北部にはイラク戦争前からクルド人による自治区が設置されており，イラク暫定統治機構設置をめぐる交渉にも参加しているクルド人の二大勢力であるクルド愛国同盟（PUK）とクルド民主党（KDP）がそれぞれ自治区を分割支配している。これらの一部にはイラクから独立したクルド人国家の設立を目指す動きや，イラク北部の大油田地帯であるキルクークを「クルド国家の首都」などと主張する勢力もあり，国内に1,000万人以上のクルド人を抱え，独立運動に神経をとがらせる隣国トルコなどを刺激している。

クルド労働者党
【Kurdistan Workers Party；PKK】
トルコのクルド人反体制組織で通称PKKと呼ばれる。 アブドラ・オジャラン党首がリーダーで，トルコからの分離・独立を求めて1978年に創設，84年には武力闘争を開始した。シリアやイラクにも拠点があるほか，西欧諸国に住むクルド人からの経済的支援もあると見られている。オジャラン党首は80年代にトルコを脱出，トルコ政府から国際手配された。99年2月にナイロビでトルコ治安当局に身柄を拘束，逮捕された。12月には死刑が確定したが，欧州各国からの批判もあり，トルコ政府は2000年1月に，死刑執行手続きを延期することを決めた。オジャラン党首自身もPKKの武力闘争中止を呼びかけており，PKKのテロ活動は沈静化している。

グループウエア
【groupware】
チームや組織的な活動を支援し，その生産性を高めるコンピューターソフト。 LAN（構内情報通信網）を使った電子会議システムや電子メールソフトなどがその一種。これまでの情報システムが個人の意思決定をベースに作られてきたのに対し，グループをベースにしたもの。米ロータスの「ノーツ」が代表的な製品。

クレジットクランチ
【credit crunch】
金融の極端なひっ迫のこと。 明確に定義付けられてはいないが，一般には金融機関が貸し渋りの姿勢を強めて金融が量的に極端に引き締まり，企業などが採算を超える高い金利を支払っても資金を取り入れることができなくなるような状況を指す。1997年以降，日本で起こったとされるクレジットクランチは，不良債権問題や国際決済銀行（BIS）の自己資本比率規制の達成を求めた早期是正措置の導入などが背景にあるとされている。クレジットクランチが起きると，企業の

資金繰りに支障が出るので景気失速の要因となる。

クレジットデリバティブ
【credit derivatives】
信用リスクの高い国や企業向け資産のリスク部分を分離して金融機関など投資家に売却する取引。債務不履行などリスクが発生した場合，投資家は資産を購入する義務を負い，購入できない場合は資産価格下落の相当分を支払う。投資家は契約期間中は金利など手数料を受け取る。→デリバティブ

クレジット・トランシュ
【credit tranche】
国際通貨基金（IMF）加盟国がリザーブ・トランシュ以外にIMFから引き出せる部分のこと。各国の出資額（クォータ）の100％までとなっている。25％ごとに4段階に分かれており，最初の25％までの引き出しは緩やかな条件でできる。しかし第2，第3段階と額が増えるごとに貸し出し条件が厳しくなる。貸し出し条件はIMFとの交渉で個別に決められ，財政赤字やインフレ率の抑制などが条件になることが多い。石油ショックや累積債務の発生などでリザーブ・トランシュとクレジット・トランシュを使い切っても資金繰りがつかない国も出てきた。このため1974年に拡大信用供与措置（EFF），81年には増枠融資制度ができた。→IMF，リザーブ・トランシュ

クレジットリンク債
【credit-linked bond】
仕組み債の一種で，第三者の倒産リスクにリンクした債券。Aという発行体がBという企業を対象にしたクレジットリンク債を発行した場合，Bが倒産するとこの債券は紙くずになる。また，発行体であるAが倒産してもやはりこの債券は紙くずになってしまう。こうした二重のリスクがある分，利息が高くなるよう設定されている。投資家はAもBも倒産しないと思って買ったり，高い利息を目当てに購入したりする。実際の取引では海外のペーパー会社にクレジットリンク債を発行させることも多い。この債券には様々なバリエーションがあり，5社から10社程度を選んで，そのうち1社でも倒産したら元本が戻ってこない可能性がある代わりに，利息がより高い「ファースト・トゥ・デフォルト」と呼ばれるものもある。

グレーマーケット
【gray market】
欧州市場ではワラント債などの債券の発行に先立ち，表面利率（クーポン）などの条件決定・調印までの仮募集期間中に"グレーマーケット"取引と呼ばれる業者間売買が行われる。引受業者が販売用の在庫手配に利用するほか，短期的売買益をねらう参加もある。この時点では仮の発行条件に基づく気配値が値付け業者によって提示される。グレーマーケットでの人気が発行条件の正式決定に影響を与えるケースも少なくなく，関係者の関心は高い。日本，米国の国内ではこの取引は認められていない。

クロイツフェルト・ヤコブ病
【Creutzfelat-Jakob Disease】
重症の痴ほうを引き起こす感染症。「プリオン」と呼ばれるたんぱく質がかかわっているとされている。脳外科手術などで移植したヒト硬膜が病原体に汚染されていたため，1978年からこれまでに少なくとも93人が感染したと見られる。米食品医薬品局（FDA）が87年に回収・廃棄を勧告したのに対し，厚生省（現厚生労働省）は97年に世界保健機関（WHO）が使用中止を勧告するまで回収などの措置を取

らず、患者が同省などを訴えていたが、患者救済などを条件に02年に和解した。

クロス
【cross ; crossing】
1967年10月のバイカイ廃止後採用されている株式の大口売買の方法。同一証券会社が同一銘柄について売り買いの注文を成立させるところはバイカイと同じだが、バイカイでは市場内における他の売買注文とほとんど無関係に行われるのに、クロスでは同一値段で時間的に優先して出ている他の証券会社の注文を成立させなければならない。時価発行にからむ株価操作事件などから株価形成への批判が高まったのに伴い、証券界は73年4月以降、自主ルールを作り、クロス商いを規制した。その内容は、①自己売買で作った値段ではクロスを行わない、②クロス商いでは原則として自己の空売りを避ける——など。金融機関や事業会社の保有株の益出しに利用することが多いが、公認会計士などが一種の利益操作とみなして認めないケースもあり、このルールは92年から一段と強化された。2000年のルール改正で現在では益出しのためのクロス取引は原則として認められなくなった。→時価発行、空売り

グロース株
【growth stock】
企業の将来の成長性と比較して現在の株価が割安な水準で取引されている株式。新興企業や成長産業に多い。現在の収益力や安定性より利益成長力が重視され、株価収益率（PER）は市場平均より高くなる傾向がある。
→バリュー株

クローズド期間
【closed term】
解約不能期間。投資信託が設定されてから一定期間、解約を制限する仕組み。資金の減少を防ぎ、運用資金を安定させるのがねらい。

クロスメディア
【crossmedia】
1つのコンテンツ（情報の内容）を複数の媒体に同時に展開し、各媒体の特徴を生かして相乗効果を狙う情報発信の手法。例えばテレビCMにURLを掲載してホームページに消費者を誘致し、ネット上で懸賞やアンケートを実施するなどして市場調査に役立てる。このことで多人数に一斉に発信できるが一方通行のマスメディアと、集客は難しいが相互発信に強みを持つインターネットの双方の利点を同時に生かすことができる。

クロスライセンス
【cross licence】
ある企業が、自社の持っている製造技術や特許使用の技術などを提供することを条件に、他の企業から新しい技術などを導入すること。技術バランスの差額は金銭で補う。研究開発投資負担がかさむのを嫌い、必要な技術をすべて自前で揃える戦略を転換する大手企業も増えており、クロスライセンス契約が広がっている。

クローニー資本主義
【crony capitalism】
クローニー（crony）は英語で「親友、旧友」の意味。大統領などの政治権力者が血縁者や親しい知人に意図的に経済上の利権を配分し、その力で経済の発展を推し進める手法を指す。もともとはフィリピンの故マルコス政権末期に、同政権に近いビジネス（企業）グループに対して使った言葉。1998年5月に辞任したインドネシアのスハルト元大統領の政権も、三男を国産自動車メーカー社長に据えるなど親族らのグループにさまざまな許認

可を優先的に与えたことから、クローニー資本主義の1つとされる。→開発独裁

グローバルアライアンス
【global alliance】
地球的規模の協調配船。外航海運会社の最大の使命は定期コンテナ航路の安定運航である。1社だけでは航路網の構築には限界がある。このため日本郵船、商船三井、川崎汽船の国内3社はそれぞれが中核となって、世界の主要海運会社と組んで協調配船することにした。それぞれの海運会社が地域特性を生かしたコンテナ網を築き、サービスを向上させることをねらっている。1996年1月からスタート、97年再編した。

グローバル債
【global bond】
日米欧で同時に募集する債券のこと。極めて広い範囲の投資家を対象に募集できるので、一度に大量の資金を調達できる。世界銀行や、米国の政府系金融機関などが活発に発行している。1996年5月に米住宅金融抵当金庫（ファニーメイ）が発行したグローバル円債は発行額が1,000億円だった。民間企業でも米ウォルト・ディズニーが96年春に26億ドルのグローバルドル債を発行し、話題になった。ただ、米連邦機関が発行するグローバル債は、米国内で募集する分が大半を占める場合が多い。

グローバルスタンダード
【global standard】
世界に通用する標準的な経営手法。規制金利時代の邦銀は監督当局の意向に従っていれば安定した収益を確保できたが、金融の自由化、国際化が進む中で多くの邦銀は「米銀などが採用している経営手法を導入しないと生き残れない」との危機感を強めている。具体的には時価会計制度の導入、自己資本の充実や利益率の向上を重視する経営、経営内容のディスクロージャー（情報開示）の徹底、実力主義に基づく人事・給与制度の導入などに取り組んでいる。

クロヨン（九六四）
一般に課税所得の捕捉度合いをいう。給与所得者は所得のうち9割までを課税対象としてとらえられるのに対し、個人事業所得者は6割、農業所得者は4割しかとらえられないといわれているところから、この言葉が生まれた。サラリーマンの税金が個人事業者や農家などに比べて重過ぎるということを示すときなどに使われる。最近では、トーゴーサン（十五三）ともいわれる。

クローリングペッグ
【crawling peg】
漸進的な平価変更方式で、平価切り下げ（または切り上げ）の必要がある場合、一度に10％とか20％というように大幅に変更するのではなく、例えば毎月0.2％ずつ、1年間で計2.4％切り下げ（切り上げ）るというように、連続的、小刻みに変更すること。スライディングパリティと呼ばれることもある。金融のグローバル化とともに変動相場制に移行する国が増えている。

クローン
【clone】
ギリシャ語で「さし木に使う小枝」の意味で、親とまったく同じ遺伝形質を持った子供またはその個体群のこと。動物や植物の体を構成する細胞の核を、核を取り除いてある未受精卵に移して元の動物や植物を作り出す、いわゆる複製生物（コピー生物）。1997年に英国ロスリン研究所の研究チームが体細胞（大人の細胞）からクロ

ーン羊を複製することに成功したと発表。高等動物でも複製生物がつくれることが現実になった。ロスリン研究所の成功以降、世界中でクローン技術の人間への応用を禁止する決定が相次いでいる。日本もクローン人間の作成を禁止する法案が2001年6月に施行された。一方、受精卵を分割して作るクローン技術で生まれた「受精卵クローン牛」が市場に出回っていることが99年4月に明らかになり、食品への応用を巡っても議論になった。02年から03年にかけてフランスの宗教団体などがクローン人間の出産に成功したと発表したが、証拠は提示できず、真偽は不明のまま。

け

ケアプラン
【nursing care plan】
介護サービスの内容を定める計画で、介護計画とも呼ぶ。 公的介護保険制度でサービスを受ける前に作成する。高齢者自身や家族が作成してもいいが、専門知識が必要なことから、依頼を受けたケアマネジャー（介護支援専門員）が作成するケースが大半。利用者の体の状態だけでなく、家族構成や希望を取り入れながら、「訪問介護」や「訪問入浴」などのサービスを組み合わせて計画を作成する。このため、ケアプランは個人によって違う。介護事業者は計画に沿ってサービスを提供する。計画は高齢者の心身の状況によって随時、見直す。

ケアマネジャー
【nursing care manager】
介護を受ける高齢者の意向に沿ってケアプラン(介護計画)を作成する専門職。介護支援専門員とも呼ぶ。 計画を作るほか、利用者が希望に合ったサービスを受けられるよう、サービスを提供する事業者と連絡を取り合ったり、事業者が提供したサービスの実績の管理を手掛ける。都道府県が実施する試験を受けて資格を取得する。看護師、介護福祉士、薬剤師などに受験資格がある。1件当たりの介護報酬が低いケアプラン作成で採算をとるためには、1人のケアマネジャーが50人程度の利用者を担当する必要があるとされる。ただ、事務作業が煩雑で多人数を担当するのは難しいのが現状。2003年4月の介護報酬改定に合わせ、担当する利用者の居宅を月1回以上訪問することなどが求められるようになった。介護報酬額の引き上げなど、ケアマネジャーのなり手の不足を解消する策が望まれている。→要介護認定

経営事項審査
【Land,Infrastructure and Transport Ministry's assessment of contractors bidding for public works projects】
公共事業に参画する建設会社の実力を客観的に判断するために、国土交通省が算定する指標。略称は経審。 各社の売上高や経営内容、技術力などの項目に一定の数式を掛け合わせて点数を算出する。これに、発注者が決める主観点と合わせて、建設会社をランク付け、応札できる公共事業の規模が決まる。これまで売上高など会社の規模が重視される傾向にあり、建設各社は経審の点数を上げるために無理な受注競争に走り、財務内容を悪化させる一因になったとの指摘もある。こうした批判に対応して、国土交通省は1999年3月期決算から経営状況の項目を強化し、有利子負債

や現金収支などの財務体質を重視するようになった。

経営指標
【management index】
企業の経営状態を判断する各種の指標。健全(安定)性,収益性,資産効率の3つの側面に大きく分類される。健全性を示す代表的な指標が株主資本比率(株主資本を株主資本と負債の合計で割って算出)。収益性の指標としては売上高経常利益率,資産効率の指標には使用総資本回転率などがある。最近ではキャッシュフローや株式時価総額の増減などを加味した指標や,投下した資本コストや株式コストを重視した指標を導入する企業が増えている。

経過利子
【accrued interest】
公社債の利子は半年ごとにもらう場合が多いが,公社債を売買するときは,前の利払い日の翌日から売買受け渡し日まで経過した日数について利子を日割り計算し,それが売り手と買い手に配分される。この際に,買い方が日割りに応じて売り方に支払う分のこと。ただ,実際の売買は経過利子を売買値段に織り込んだ形で行う。

景観緑3法
【Scene Formation Law】
都市や農山漁村で良好な景観を形成するための基本理念や,国や事業者などの責務を規定するのが景観法。都市計画法や屋外広告物法など関連法規を整備する景観法関連法,大規模開発時に一定の敷地面積の緑化を義務付ける都市緑地法という同時成立した2法も合わせて,景観緑3法と呼ぶ。景観法は景観に関する初めての総合的な法律として2004年6月に可決成立し,04年末までに施行する予定。自治体などが規制する景観計画を策定。計画区域内の建築は届け出制となり,変更命令もできる。また市町村は建築物の形態や色,デザインなどを総合制限する強制力の強い「景観地区」を都市計画区域内に定めることも可能。景観緑3法は,自治体が制定する従来の景観条例と異なり,強制力を持つのが特徴で,街並みの保全や農地など郊外での大規模開発に一定の歯止めをかける効果を期待する声もある。

景気ウオッチャー調査
【economy watchers survey】
内閣府が街角の景況を調べるために2000年2月から公表を開始した月次の経済統計。タクシー運転手やコンビニエンスストア店長ら,各地域で景気に関連の深い動きをつぶさに観察できる人々を景気ウオッチャーに任命。3カ月前と比べた景気の現状や2,3カ月先の景気の見通しなどを5段階評価で聞き,指数化する。代表的なウオッチャーの生の声も合わせて発表している。

景気基準日付
【reference date of business cycle】
景気の転換点にあたる特定の時点のこと。日本では内閣府が,学識経験者らで構成する「景気動向指数研究会」の意見を参考に,景気の山と谷の「年月」を事後的に決めている。景気の山から谷が景気後退期,谷から山が拡大期で,ある谷から次の谷までを一循環と呼んでいる。米国では民間の非営利機関である全米経済研究所(NBER)が景気の転換点を判定している。→景気循環,景気動向指数

景気循環
【business cycle(米);trade cycle(英)】
上昇(拡張)と下降(収縮)を繰り返す資本主義経済の活動の波を景気変動

と呼ぶ。また変動するだけでなく普通，4つの景気局面が循環することから景気循環ともいう。景気の波は，①コンドラチェフの波，②ジュグラーの波，③キチンの波——の3つに分かれる。景気の局面は，①不況(depression)，②回復(recovery)，③好況(prosperity)，④後退(recession)——の4つに区分するのが普通である。

景気動向指数
【diffusion index】
内閣府が毎月発表する景気の転換局面をとらえるための景気指標。鉱工業生産指数などの景気関連指標について，季節調整済みのデータをそれぞれ3カ月前の水準と比較して，上回っていればプラス，下回っていればマイナスとし，プラスとなった個別指標が全体のうちでどれだけあったかを百分比で示す。一致指数の場合，プラスとなった指標が過半数（指数は50％を上回る）あれば景気は上昇過程にある，半分以下なら下降過程にあると判断する。また各指標のうち景気の実体との時間的なズレについて分類し，機械受注など景気の先行きを示すものを先行指数，景気実態より遅れて動く指標を遅行指数として，それぞれの系列で百分比を計算し発表する。毎月10日前後に速報値，20日前後に改定値を発表する。→景気予測

景気の山と谷
【business cycle peak, business cycle trough】
景気循環の転換点となる時点のこと。景気の上昇（拡張）局面から下降（後退）局面への転換点が景気の「山」，その逆が「谷」。景気の谷から次の谷までが景気の一循環となる。実際にいつが景気循環の山で，いつが谷だったかは，内閣府が景気動向指数の推移をもとに事後的に判定する。米国では民間の非営利機関，全米経済研究所（NBER）が決定している。山と谷の両方を合わせて景気基準日付とも呼ぶ。→景気循環，景気動向指数

景気変動 business fluctuation ⇨ 景気循環

景気予測
【economic (business) forecast】
好況，不況など景気の移り変わり，つまり景気循環をいろいろな資料，方法によって予想すること。近代経済学による数量分析が発達したことによって景気予測は客観的，合理的な性格を帯びるようになった。戦後の景気予測は単に将来の景気の状態を予知するだけでなく，景気の波をなだらかにするための経済政策を立案する際の重要な資料となっている。現在用いられている代表的な方法としては，①段階的接近法，②計量モデル，③景気全体を単一の総合指数で表す景気動向指数，④サーベイデータ法（日本では内閣府の法人企業動向調査や日銀の企業短期経済観測を活用するもの）——などがある。

経済協力協定（CEPA）
【Closer Economic Partnership Arrangement】
中国政府と香港特別行政区政府が結んだ自由貿易協定（FTA）を指す。CEPAは「シーパ」と読む。中国政府は2004年1月1日より香港から中国に輸出する電機・電子製品，アパレルなど273品目の香港製品の関税を免除し，コンサルティング，広告など17業種のサービス分野を香港企業に開放した。香港は中国復帰後にデフレと経済低迷が続いており，CEPAは中国政府による香港経済テコ入れの意味合いがある。香港は中国の一部であるため，国家間交渉を前提と

するFTAの用語を避け、CEPAと呼んでいる。

経済財政諮問会議
【Council on Economy and Fiscal Policy】
2001年1月の省庁再編に伴って内閣府に新設された、マクロ経済政策や予算編成の大枠づくりを担当する機関。米国の国家経済会議（NEC）にならったもので、首相や内閣府に置かれる担当大臣、関係大臣の諮問に応じて答申したり、自ら必要な意見を述べたりする。内閣府が事務局の母体となる。

経済財政白書
【annual report on Japan's economy and public finance】
年に1回、内閣府が作成する経済・財政に関する報告書。正式名称は年次経済財政報告。かつての経済白書を2001年度から衣替えした。日本の経済・財政の現状分析や政策運営、今後の見通しなどを総合的に解説している。

経済循環
【economic cycle】
財貨やサービスが生産から消費へと繰り返して流れる状態を、国民経済全体としてとらえたもの。経済循環のとらえ方には、生産物の総量の流れを見る場合と、中間投入物を除いた最終生産物の流れを見る場合がある。前者が再生産、後者が国民所得循環である。再生産は、財貨やサービスの生産から消費への流れを生産財の生産と消費財の生産の相互関係からとらえるもので、経済循環の規模は全産業の総生産額の合計で表される。再生産の過程で経済規模がどう変わるかによって、単純再生産、拡大再生産、縮小再生産の3つの型に分けられる。一方、国民所得循環は正味の純生産額、つまり付加価値額の流れをとらえるもので、経済循環の規模は付加価値額の合計である国民所得の大きさで示される。国民所得循環は生産、分配、支出の3つの国民所得の間の付加価値額の流れの繰り返しで、これによって生産から分配、支出へと流れる循環が明らかにされる。特に支出国民所得はどの需要項目にどれだけ支出されたかを示すもので、経済循環の分析に最も一般的に利用される。再生産、国民所得循環のいずれの場合も、生産物の流れに対応する貨幣の流れがあることはいうまでもないが、専ら通貨の流通面から経済循環の姿をとらえようとするのがマネーフロー分析である。このほか産業連関分析は、中間投入物を含む産業間相互の物の流れの面から経済循環を解明するものである。→国民所得、付加価値

経済制裁
【economic sanctions】
国際的な利害対立や紛争解決のために輸出入や送金を止め、相手国を経済的に孤立させること。最近では国連の安全保障理事会が決議、制裁するケースが多い。内容は貿易・資本取引の禁止、航空機の運航禁止、渡航制限など。

経済成長率
【economic growth rate】
一国の経済規模が年間にどれだけ増加したかを示す割合。通常は国内総生産（GDP）の増加率を指す。消費や設備投資などの項目がその時点の価格でどれだけ変動したかを表すのが名目経済成長率、これをもとに物価変動の影響を除いて算出するのが実質経済成長率である。→国民所得

経済的付加価値
【economic value added ; EVA】

企業価値を計測する指標。米コンサルティング会社のスターン・スチュワート社が開発した。従来の売上高経常利益率やROE（株主資本利益率）など会計的数値を利用した指標とは異なり、その企業が負債コストと株主資本コストを合わせた総資本コストをどれだけ上回るキャッシュフローを生み出したかで評価する。従来の日本企業は、いったん調達した株主資本にかかるコスト意識が希薄とされてきたが、EVAを重視することは株主資本コストを折り込んで企業価値を高めることを目指すことになるため、「株主価値」を追求する経営になるといわれる。

経済同友会 ⇨ 同友会
経済特区
【special economic zone】
中国が対外開放政策に基づいて設けた制度。特区で中国資本と合弁事業を行う外国資本に対して、企業所得税の減免などの優遇措置をとるもの。1979年に福建省の厦門（アモイ）、広東省の深圳（シェンチェン）、珠海（チューハイ）、汕頭（スワトウ）の4市を「経済特区」に指定。88年には海南島を省に格上げするとともに全島を経済特区に決定した。また、経済特区に準ずるものとして、84年には14の沿海開放都市を、85年には3つの沿海経済開放区をそれぞれ指定した。ただ90年代に入り、沿海部と内陸部の格差是正のため内陸部を重視する政策に切り替わっており、外資優遇措置も全体として縮小する方向にある。

経済報告 economic report ⇨ 大統領教書
軽自動車の規格拡大
【expansion of minivehicle size standards】
1998年10月に軽自動車の全長と全幅が10センチ、8センチずつ拡大され、それぞれ3.4メートル以下、1.48メートル以下になったこと。軽自動車への衝突安全基準の導入に伴う措置。軽自動車の規格は54年に初めて導入され、当時は全長3メートル以下、全幅1.3メートル以下、排気量360ccだった。しかし、その後の76年、90年の規格拡大を経て現在の全長3.4メートル、全幅1.48メートル、排気量660ccとなった。98年の規格拡大をめぐっては商品力向上への警戒から、業界内でも反発が強く、排気量の拡大は初めて見送られた。

形状記憶合金
【shape-memory alloy】
力を加えて変形させても、ある温度を境に元の形状に戻る性質を持つ特異な合金。形状記憶効果を持つ合金は金・カドミウム、銅・亜鉛など十数種発見されており、中でもニッケル・チタン合金は実用化が進んでいる。継ぎ手類や自動車関係の機械部品、各種制御装置、医療用スポーツ用品など応用が期待される分野は広い。曲げてもすぐに元の形状に戻る特性を生かした実用例も増えている。代表的なのは携帯電話のアンテナ。

経常収支
【the current account】
経常勘定ともいう。国際収支のうちモノやサービスの経常取引による収支。国際通貨基金（IMF）の基準改定を受けて、日本の統計も1996年1月分から新基準に切り替わり、①モノの輸入と輸出のバランスを表す「貿易収支」、②サービス取引を表す「サービス収支」、③対外直接投資や証券投資の収益を表す「所得収支」、④政府開発援助（ODA）のうちの医薬品

など現物援助を表す「経常移転収支」——の4つで構成されることになった。従来の基準と比較すると、投資用金の購入・解約や途上国への無償資金援助が資本収支に分類変更され、経常収支に含まれなくなったのが特徴。また従来のドル・円2本建てから円建てのみの表示になった。

経常収支率
【ratio of current income to current expense】
企業の資金繰りを見る指標の1つ。経常支出に対する経常収入の割合で、経常支出が増え、経常収入が減れば経常収支率が小さくなるので、この数字が大きい方が企業内容はいいことになる。

経常的支出
【current (ordinary) expenditures】
財政支出のうち、人件費、物件費など、国が毎年定期的に必要とする財貨、サービス購入費。経常費ともいう。この経費は毎年必要な経費だから、予算を組むときは永続性のある財源を充てねばならない。費目別に見ると、公務員の給与費や国債の元利払い、恩給費や各種補助金などが含まれる。公共事業費などの投資的支出と区別する。

形態安定衣料
【wrinkle-free wear】
綿、毛、麻など天然繊維の分子組織に化学的な架橋結合加工をして、素材に防シワ・防縮性を持たせた衣料品。ノーアイロン、形状記憶シャツともいう。加工には綿はホルマリン、メラミン系の樹脂、毛は天然高分子を用いる場合が多い。原料溶液を素材に含ませ、高熱処理で反応させる。加工したものは洗濯、着用時の摩擦でもシワになりにくく、縮みも少なくなるほか、速乾性も向上する。1960年代にも同様の加工商品が発売されたが、完成度が低く受け入れられなかった。93年秋に新製品が紳士綿シャツで発売されヒット商品になった。婦人服、ユニホームなど用途が広がっている。

携帯オーディオプレーヤー
【portable audio player】
プレーヤー本体に内蔵したハードディスク(HD)や半導体メモリーなどの記憶媒体に、大容量の音楽データを保存し、持ち歩くことができる音楽再生機。40ギガ(ギガは10億)バイトのHDを内蔵するタイプなら、1万曲程度の音楽ファイルを保存できる。アップルコンピュータの「iPod(あいぽっど)」のヒットで普及が進んだ。ソニーや東芝などの大手も製品を市場に投入。2004年の国内出荷台数は、業界推定で100万台を超える見込み。動画を保存できる機種も登場した。

携帯ゲーム機
【hand-held video game machine】
ディスプレー一体型の小型ゲーム機。任天堂が1989年に発売した「ゲームボーイ」シリーズは世界で累計15億2,000万台弱を出荷、カラー表示の「ゲームボーイアドバンス」が普及し、任天堂がほぼ市場を独占していたが、ソニーが新規格光ディスクを採用した「PSP」を2004年末に発売すると発表。音楽なども再生できる多機能機で携帯ゲーム機市場へ参入を計画している。一方、任天堂は2つの液晶画面を搭載した新機種で対抗する。

携帯電話
1979年12月に日本電信電話公社(現NTT)が自動車電話サービスを開始したのが始まり。電話機から、最寄りの基地局へ電波が発信され、基地局から交換機を通して、かけている相手の最寄りの基地局につなぎ、そこ

から相手の電話へ電波を通して音声を伝える方式をとる。94年4月の端末「売り切り制」導入で需要は一気に拡大。日産自動車の撤退、日本テレコム系のJ-フォンへのブランド統一、DDIとIDOの合併など業界再編が進み、NTTドコモ、日本テレコム、KDDIの3系列に集約された。その後、2001年秋に日本テレコムは英ボーダフォンに買収され、J-フォンは実質上ボーダフォンの傘下に入り、03年10月、ボーダフォンに社名変更した。高速通信ができる第3世代携帯電話はドコモが01年10月、KDDIが02年4月から開始。J-フォンも02年12月からスタートした。04年3月末の累計加入台数は携帯電話全体で8,152万台。

携帯電話の番号ポータビリティ
【Local Number Portability】
電話番号を変えることなく、携帯電話会社を乗り換えることができる制度。総務省は2004年6月、導入時期を06年度のなるべく早い時期にするとの指針をまとめた。現在、サービスの良い他社に加入しようとしても、番号が変わることを嫌って断念する人も多い。固定電話に導入した「マイライン」に似た制度で、圧倒的に高いNTTドコモのシェアを切り崩す好機と見る電話会社もある。

携帯電話用コンテンツ
【mobile contents】
インターネットに接続した携帯電話を使い閲覧できる情報の総称。着信音や画像、ゲームが代表例で、このほかにニュースや交通情報、占いなども含む。1999年にNTTドコモが始めたネット接続サービス「iモード」の実施を機に利用が急速に広がった。携帯電話会社が情報の内容を精査し、承認すると「公式コンテンツ」となり、利用者からの利用料徴収も携帯電話会社が代行する。承認を得ずに立ち上げたサイトは「勝手サイト」と呼ばれる。

競売
【auction】
借りたお金を返せなくなった債務者の担保不動産を裁判所が強制的に売却する制度。銀行など債権者は、まず債務者と担保不動産の任意売却交渉を進めるが、交渉がまとまらなかった場合は裁判所に競売を申し立てる。裁判所は一般の人が参加する競争入札を実施し、一番高い価格を提示した人に担保不動産を売り渡す。債権者は売却代金を受け取り、貸し倒れに伴う損失の穴埋めに使う。「きょうばい」とも読む。

景品規制
【premium regulation】
企業などが消費者に提供できる景品の規制。公正取引委員会が上限を定めている。良質で安い商品を供給するという商売本来の目的を逸脱する恐れがあるため、1962年に「不当景品類及び不当表示防止法」を定め規制している。現行の規制は96年4月からで、応募者全員を抽選の対象にするオープン懸賞の上限が1,000万円、商品購入者を対象にした一般懸賞の上限が10万円などとなっている。

景品表示法
【The Act Against Unjustifiable Premiums and Misleading Representations】
過大な景品付き販売、誇大な広告や宣伝、うそつき表示などで消費者を惑わすような販売を防ぐために1962年に制定された法律。正式には「不当景品類及び不当表示防止法」という。公正取引委員会が違反企業に排除命令を出すことができるほか、都道府県もこの法律に基づいて違反とりや

めを企業に指示することができる。

契約型投信 contractual-type investment trust ⇨ 投資信託（投信）

契約者配当
【policy dividend（米），bonus（英）】
生命保険の保険料は契約期間を通じての資産運用利率，死亡率，事業費率を予定して計算されるが，通常，これらの予定率は実績と一致しない。その結果，支払われた保険料に過不足が生じるが，実際には予定率には適度の安全を見込んであるので保険料は過剰となるのが本来の姿。保険料の取り過ぎから生ずる剰余金は，決算ごとに保険契約者に清算還元される。これが契約者配当である。ただ近年は市場金利が資産運用利率を下回る「逆ざや」が続いており，配当が出ない契約が増えている。

軽量気泡コンクリート
【autoclaved light-weight concrete】
セメントまたは石灰石とケイ砂を主体とした原料に水と発泡剤を加え，鉄筋を組み込んだ後，高温高圧養生窯で養生し，成型してつくるコンクリート系建材。発泡剤がセメントモルタルの中で化学反応を起こし，コンクリート内部に無数の気泡が発生する。いわば「空気を包んだコンクリート」で，鉄筋を除いたカサ比重は0.5と水より軽い。断熱性が通常のコンクリートより10倍も優れているため，外壁材などに利用されている。

計量経済学
【econometrics】
数学や統計学の手法を応用して経済現象を量的に計測することで，現状分析や予測に役立てようとする経済学の一分野。仮説をもとに複数の方程式からなる経済モデルを作り，所得，貯蓄，消費，投資，価格，需要，供給など過去の統計データからそれぞれの方程式の係数を推定し，例えば所得税減税の経済成長率押し上げ効果のシミュレーションなどのように，ある事項の変化が，経済の各方面にどのような影響を与えるかを量的に明らかにすることを目的としている。

計量経済モデル
【econometric model】
個々の経済現象を数量でとらえ，その相互依存関係を数式化したもの。例えば，消費は所得のほか消費者物価，保有流動資産，生活水準などで決まることが多いので，その関係を経験的に探り数式化して，消費動向の予測や分析に用いている（消費関数）。また，相互に関連する数十本の連立方程式を組み合わせて経済全体の数式化を行い，マクロ経済の体系的分析もなされる。これにより主観を排した客観的な経済分析・予測が可能になるが，その半面，複雑な経済現象に対し抽象化・単純化のそしりは免れない。

軽量新聞用紙
【light-weight newsprint】
従来の1平方メートル当たり52グラムを基準とするものに比べて大幅に軽い新聞用紙。約6％軽い49グラムを基準とするものだと，24ページの朝刊1部で8〜9グラム軽くなる。欧米では1973年の石油危機以降，省資源の観点から全面的に軽量紙に移行している。わが国でも77年から軽量紙の生産が本格化した。新聞各社がページ数を増やす傾向にあるため，軽量紙から42〜43グラムの超軽量紙に需要が急速に移り始めている。紙を薄くすると1本の巻き取り紙面積を増やして印刷途中の巻き取り掛け替え回数を減らせるほか，発送，配送作業も若干楽になる。最近では40グラムの「超々軽量紙」も登場している。

コラム

行動経済学
behavioral economics

　心理学の理論を経済学に導入することで生まれた経済学の一分野。人間は往々にして非合理的な判断をしてしまう存在であるという点を加味しながら，人々の経済行動や経済社会現象を分析する視点を取り入れているのが特徴だ。伝統的な経済学では，経済活動を行う人間を「合理的な存在」と規定してきた。しかし人間の判断は感情や能力の限界によって左右され，満足度（効用）を最大化するよう常に最適な意思決定をするとは限らない。現に加熱した株式市場や行き過ぎた不動産投資などに代表される「バブル」の発生はこうした考え方では説明が難しかった。

　行動経済学は人間の意思決定の部分について，認知心理学の研究成果を経済学に導入して生まれた。米プリンストン大学のダニエル・カーネマン教授と同大学教授の故エイモス・トヴァスキーが行った心理学の研究が端緒となっている。両教授らの業績の中でも特に重要とされるのが1979年発表の「プロスペクト理論」。これは，先行きが見通せない「不確実性」が存在する状況下で人間がどう行動するかを説明する理論だ。例えば，以下の状況で多くの人はどう行動するだろうか。

> ＜質問A＞　（甲のケース）70万円を与えられる
> 　　　　　　（乙のケース）100万円を与えられるが，25％の確率
> 　　　　　　　　　　　　　で与えられないこともありうる
> ＜質問B＞　（甲のケース）70万円を支払わなければならない
> 　　　　　　（乙のケース）100万円を払うが，25％の確率で支払わ
> 　　　　　　　　　　　　　なくてもよい

　質問Aの場合は甲を，質問Bの場合は乙を選ぶ人が多い。しかし，経済学的な「期待値」で考えると質問Aは乙，質問Bでは甲を選ぶのが正しい判断となる。プロスペクト理論は総じて人々は確実な方を選びがちで，損失と利益が同じ規模ならば損失をより重大に受け止める傾向があることを示している。

　カーネマン教授はプロスペクト理論などの研究で2002年にノーベル経済学賞を受賞した。もともとは心理学の研究だが，経済学やファイナンス理論へ応用され，経済学の発展に貢献したと評価されたためだ。

　行動経済学を金融・資本市場の分析に応用したものが「行動ファイナンス」と呼ばれる。株価のリスク・プレミアムの存在や価格バブルの発生を研究する分野だ。行動経済学自体はまだ発展途上にあり，今後も様々な分野への応用が期待されている。

系列小売店
【affiliated sales outlet】
メーカーが販売拡張や小売価格維持のために組織した小売店。リベート、販促材料、資金などの援助が受けられる。複数の商品群が同居している酒店や食料品店では系列色が薄く、家電や化粧品などほぼ単一の商品群で経営が成り立っている小売店で系列化が進んでいる。同じ系列店でも自動車ディーラーのように1社専売制に近い形態と、数社と契約している化粧品店方式に分かれる。ただし従来、1社専売に近かった家電店で複数メーカーの商品を扱う動きが一般化している。化粧品では最近、新ブランド投入を機に、ブランドごとに新規契約を結び直し、メーカーが系列店をランク分けする動きもある。→流通系列化

ケインズ政策
【Keynesian policy】
財政・金融を中心とする総合的な景気調整政策のこと。景気後退期には公共事業の追加などで財政支出を拡大、金融緩和を進めて有効需要を刺激する。1990年代の日本経済は財政支出による景気刺激策を繰り返してきたが、本格的な景気回復は実現できなかった。この間の積極的な財政支出が巨額の財政赤字を招き、かえって経済成長の阻害要因になっているとの指摘もある。→新しいケインズ主義、有効需要

激甚災害
【serious disaster】
地震などで多額の損害が見込まれる災害のこと。激甚災害に指定されると、①道路や河川施設など公共土木施設の復旧に対して国庫の補助率を一般災害より手厚くする、②被災者のために地方自治体が公営住宅を建設する場合の国の補助率を通常より引き上げる——などの特例措置がとられる。

血液製剤
【blood derivatives】
血液を原料にして作った医薬品。血液製剤は、①血液すべての成分を必要とする場合の輸血に使う全血製剤、②貧血や外科手術の際に使う赤血球製剤・血漿製剤・血小板製剤などの血液成分製剤、③血漿に含まれるたんぱく質などを製剤化した血漿分画製剤——の大きく3種類に分けられる。血漿分画製剤には血友病の治療に使う凝固因子製剤、やけどや急な出血に使うアルブミン製剤、感染症の予防・治療に使う免疫グロブリン製剤がある。アルブミン、グロブリン製剤の国内自給率はそれぞれ約40％、約80％で、徐々に改善している。1980年代に約2,000人の血友病患者が輸入血液製剤でエイズウイルスに感染し、安全面の問題がクローズアップされた。売血に対する倫理的な批判も強く、厚生労働省は輸入に頼らない国内献血による自給を目指している。

決済性預金
【deposit for settlement purposes】
当座預金と普通預金のことで、流動性預金とも呼ばれる。原則としていつでも預け入れや引き出しが可能で、銀行の法人や個人顧客が貯蓄目的ではなく資金決済に使っている。政府はこうした預金について2005年3月末まで、金融機関が経営破たんした場合でも全額、預金者に払い戻す措置をとっている。ただ、定期預金や貯蓄預金はペイオフ解禁の対象となっているため、1,000万円とその利息までしか保護されない。

決済専門銀行

【bank specializing in settlement operations】
預金の出し入れや振り込みなど，個人向けの決済サービスだけに業務を絞り込んだ銀行のこと。企業向けの融資はせず，国債などの金融商品で運用し，預金に利子を付ける。イトーヨーカ堂が2001年5月にアイワイバンク銀行を設立。傘下のセブン-イレブン・ジャパンの店舗に現金自動預け払い機（ATM）を設置した。収益の大部分が手数料であるのが特徴になっている。

決済リスク
【settlement risk】
証券や代金の支払いによって取引を終了する際に生じる危険のこと。信用リスク，流動性リスク，システミックリスクの3種類があり，代金の決済機能を持つ銀行が最終的にこれらのリスクを負う。信用リスクは取引の相手が支払いできなくなった場合に発生する。このとき，銀行が不足資金を十分に調達できない状態になるのが流動性リスクである。1997年11月の三洋証券をはじめとする金融破たんでは，インターバンク取引の参加者が決済リスクに敏感になり，信用収縮が生じた。このように1つの決済不履行が次々に決済システムの参加者に波及して，システム全体がマヒすることをシステミックリスクという。日銀は決済リスクを小さくするために，2001年1月から日銀当座預金を時点ネット決済から即時グロス決済（RTGS）に移行した。民間銀行もそれに合わせて決済システムの改善を進めた。→RTGS

決算
【settlement of account】
企業が一定期間の経営成績や財政状態をまとめる一連の作業のこと。収益の状況は損益計算書，資産，財務の状況は貸借対照表に表される。これらの計算は計算書類規則，企業会計原則に従い，営業報告書や有価証券報告書として一般に公表される。商法では，企業が最低年1回決算を行うことを義務付けている。

月例経済報告
【monthly economic report】
主要な経済統計の動きをもとに，日本経済がどのような状況にあるのかを月ごとにまとめた報告。経済財政担当相が月例経済報告関係閣僚会議に提出する。政府が経済政策を運営するうえでの判断材料であり，その時点での景気動向を「おおむね横ばいだが，不透明感が見られる」などと表現する基調判断が注目されている。

ゲノム創薬
【pharmacogenomics】
人間の全遺伝情報（ヒトゲノム）をもとに画期的な新薬開発に挑む手法。ゲノムから疾患に関連する遺伝子や，その遺伝子が産出するたんぱく質の構造を解明。それらの働きを抑える化合物を合成したり，遺伝子やたんぱく質そのものを薬として使う手法も開発が進められている。米バイオベンチャーや国際プロジェクトにより，ヒトゲノムの解読が完了したことなどを背景に，各製薬会社はゲノム創薬の体制を整備，既にこの手法を使った新薬候補物質も発見され，臨床段階に入っている。従来の医薬品研究が数万の化合物の活性を調べて選び出す，いわば偶然の産物だったのに対し，遺伝子の働きやたんぱく質の立体構造をもとに化合物を合成するため，必然性が高く開発を効率化できるとの期待もある。さらに，従来の手法では予期しない副作用が起きる可能性があったが，ゲノム創薬により個人の遺伝子の特

徴と照らし合わせてあらかじめ副作用を推定する道も開け、個人の体質に合わせた薬を選ぶ「テーラーメード医療」にもつながるようになった。

ケベック宣言
【Quebec Declaration】
2005年末までに米州自由貿易地域（FTAA）を実現させることをうたった宣言。2001年4月、カナダのケベックで開催された第3回米州首脳会議で採択された。実現すれば南北米大陸とカリブ諸国の34カ国で形成する自由貿易地域が誕生し、人口8億人、域内総生産13兆ドルという巨大マーケットになる。FTAA構想は早期実現を目指す米国が2003年を交渉期限とするよう主張していたが、米主導に反発する他の参加国に妥協した。宣言実現を目指した行動計画の実行には、参加国の足並みをそろえることが不可欠だが、中南米で独自の自由貿易圏を形成する動きもある中、先行きには不透明感もある。

ゲーム理論
【theory of games】
トランプをする場合、相手が次に打ってくる手を予想しながら、その条件の下で自分の得点を最も良くするか、あるいは失点を最も少なくするような手はどれかという計算がなされる。ゲーム理論は、このような人間行為の駆け引きの心理を経済理論に応用したもの。次の表はAとBとの勝負で、Aが得点する場合の得点表（Bにとっては失点表）である。

	B_1	B_2
A_1	5	2
A_2	3	1

AとBはそれぞれ2つの手をもっており、例えばBがB_1の手を打つのに対し、AがA_1の手を打てば、Aは5点を得る。このような場合、Aは最大の得点を上げたいが、逆にBは失点が最小となる手を選ぶことは確実だから、AはA_1、A_2の2つの手に対する最小の得点 (3,1) のうち最大のもの (3) を期待するのが安全である。つまり最小のうちの最大をねらうわけで、これをミニマクス (minimax) の原則という。逆にBの側から見れば、Aが最大の得点をねらうことは確実だから、B_1、B_2の2つの手に対する最大の失点 (5,3) のうち最小のもの (3) を与えると考えるのが安全で、これをマクスミニ (maxmini) の原則という。この例ではAのミニマクスとBのマクスミニが一致する。この点をサドルポイント (saddle-point) という。

限界効用均等の法則
【law of equimarginal utilities】
個人や企業などの経済主体が限られた資本や所得で財を買い入れる場合に、それらの財によって得られる限界効用（財が1単位増えるごとに得られる満足）が等しくなるという経済学上の法則。つまり、同じ経済主体が得たA財の限界効用に比べB財のそれが小さいということはあり得ない。経済行為の中心となる選択行為によってこの法則は実現する。

限界効用逓減の法則
【law of diminishing marginal utilities】
財が1単位増えるごとに得られる満足（限界効用）は次第に減っていくという法則。例えば、同じ消費者にとって1台目のテレビよりも2台目のテレビの方が効用の増え方が少ない。このように、財を消費することによって得られる消費者の満足度は、財の消費量が増えるに従って、その増加の度合いが次第に鈍ってくる。

限界消費性向

【marginal propensity to consume】
所得のうち消費に向ける割合を消費性向，貯蓄に回す割合を貯蓄性向というが，限界消費性向とは新たに増えた所得のうち消費に向けられる割合を指す。一般に所得の増加分を$\varDelta Y$，消費の増加分を$\varDelta C$として，$\varDelta C / \varDelta Y$で表される。インフレ時にはこの限界消費性向が高く，また一般に低額所得者層は高額所得者層に比べて限界消費性向が高い傾向がある。→消費性向

原価計算
【cost accounting】
製品やサービスの1単位（例えば自動車1台，電力1キロワット）を作るのにいくらかかったかを計算すること。原価計算を行うには材料費，物品費，労務費，減価償却費，保険料などの経費を集計し，これを生産量で割る。原価計算の目的は，①損益の算出（財務会計目的），②原価の節減（管理会計目的），③販売価格の決定（同）——などについての基礎データを作ることにある。

原価主義
【cost valuation basis ; cost method】
貸借対照表に記載する資産の価格を取得原価で評価記載することが妥当であるという考え方。取得原価主義ともいう。資産が販売されるまではその資産について利益も損失も生じないというのがこの考え方の根拠。これとは別の資産評価に時価主義と低価主義がある。時価主義は時価を基準にし，時価が原価を上回ればそれだけ利益となる。低価主義は最も堅実な貸借対照表の作成方式で，時価に比べ原価が低い場合は原価を基準にし，時価が原価を下回れば時価を基準にするやり方。→貸借対照表

減価償却
【depreciation】
企業が使用する器物や設備などの固定資産は年々消耗するが，この価値の減る分（減価）を経費として計上すること。ただ，実際にはお金が流出するわけではなく，資金繰り上はプラス要因として働く。一般的には積極的な設備投資をしている会社ほど減価償却費は多い。企業は減価分を製品やサービスの原価に織り込んで回収し積み立て，この積み立て（償却）分を器物や設備が古くなったとき更新する資金に充てる。減価償却には定額法と定率法がある。

限月
【contract month ; delivery month】
先物取引の受け渡し期限のことで，受け渡しは売買契約を結んだ際に決めた月の末に行う。限月は「期限の月」の略称。先物取引は何カ月か先に現品のやり取りをすることにして売買の契約を結ぶものである。例えば，4月に約定して4月末に受け渡しをするものを4月ぎりといい，6カ月先の9月末に受け渡しをするものは9月ぎりという。この場合，4月ぎりと5月ぎりを期近，6月ぎりと7月ぎりを期中（きなか），8月ぎりと9月ぎりを期先という。→先物取引

限月間スプレッド取引
株価指数先物取引で，2つの限月の価格差（スプレッド）を取引対象とするもの。取引が成立した場合，一方の限月の売りと他方の限月の買いが同時に成立する。現物株と先物期近限月との間の裁定取引を，現物株と先物期先限月との間の裁定取引に乗り換える際などに利用される。→株価指数先物取引

健康保険組合
【health insurance society】
主に大企業が従業員のために設立す

る公的な医療保険制度。従業員の収入の一定割合を原則労使折半で保険料として徴収、それを財源に医療費を支払っている。2004年4月1日時点で全国に1,599組合ある。医療機関で受診すると、従業員本人やその家族はかかった医療費の原則3割を自己負担する。

減債基金
【sinking fund】
債券の償還に備えて、償還期限前から一定の金額を積み立てたもの。発行者が円滑に償還できるようにし、投資家を保護するのがねらい。制度としては、買い入れ消却や抽選償還など定時償還制度と同じものといえる。普通社債の場合、借り換えが一般化しており、減債基金を積み立てるケースは少ない。しかし、転換社債の場合は、買い入れ消却や抽選償還は、投資家の転換期待権を損なうことになりかねず、減債基金積立制度を採用することが多い。国債にはこの制度はないが、国債整理基金特別会計がその役割を果たしている。

現先取引
【gensaki trading under repurchase (resale) agreement】
国債や譲渡性預金(CD)などを一定期間後に買い戻す(あるいは売り戻す)条件をつけて売る(買う)取引。実質的には債券などを担保とした銀行や証券会社間の資金の貸し借りという意味合いを持つ。日銀も公開市場操作(オペレーション)で、国債を使った現先取引によって金融市場の資金需給を調節している。また、大蔵省(現財務省)は資金運用部資金(現財政融資資金)について、2000年4月より金融市場から資金を一定期間調達するのに国債の現先売り取引を利用している。

検索連動型広告
【paid listing】
インターネット利用者が検索のために入力したキーワードに対応し、広告料金を高く提示した企業を検索結果の上位に表示するサービス。通常の検索結果一覧のほかに「スポンサーサイト」などのただし書きを付けて企業サイト名が表示される。米企業のオーバーチュア・サービシズと、グーグルが日本でも検索サイトを運営する企業と連携し事業展開。米国ではネット広告市場の3割を超えたともいわれ、日本でも成長が見込まれている。

原産地規制
物品の国籍を判定するために使うルール。消費者保護のため輸入品に表示したり、特恵関税を供与する対象国かどうかを判定したりするときに原産地が必要になる。国際的なルールはなく、各国または欧州連合(EU)などの地域貿易協定に基づく地域が独自に決めている。日本では2000年7月、農水省がすべての生鮮食品に原産地表示を義務付けた。01年からは加工食品の一部やコメについても原産地表示が義務付けられた。

減資
【reduction of capital】
株主から預かった資本金を減額すること。多くは経営が悪化した会社が取る手段。資本金を取り崩して損失を穴埋めする。通常は剰余金や法定準備金で損失を埋めるが、それでも足りなくなると資本金に手を付ける。発行済み株式数の削減と、株数を変えずに資本金だけを減らす金額減少の2つの方法が一般的。株数を減らすには複数の株を1株に併合して新しい株券に交換する方法がよく取られる。株価に対する直接の影響はない。例えば50%減資で2株を1株に併合した場

合，証券取引所は減資直後の取引価格を2倍に引き上げるので，株主の持つ株式価値は変わらない。減資には100％減資もある。100％減資といっても資本金がゼロになるわけではなく，減資と同時に増資をして会社を継続させなければならない。

原子力安全サミット
【Moscow nuclear summit】
1996年4月にモスクワで開催された原子力利用に関する首脳会談。主要7カ国（G7）とロシアの首脳が会談した。この中で，①原子力の利用には安全に絶対的優先順位を与える，②放射性廃棄物の海洋投棄禁止に責任を負う，③1996年9月までに包括的核実験禁止条約（CTBT）交渉を妥結させる，④核物質の密輸防止や核テロに共同歩調をとる――ことなどに合意した。チェルノブイリ原発の閉鎖問題ではウクライナのクチマ大統領も協議に加わり，2000年までの閉鎖を目標とすることを再確認，2000年12月に最後まで稼働していた3号炉が停止し，完全閉鎖が完了した。03年6月のエビアン・サミットでも原子力問題を話し合った。

原子力長期計画
正式には「原子力の研究，開発及び利用に関する長期計画」。日本の長期的な原子力開発の方向を示すもので，原子力委員会がほぼ5年ごとに改定している。2005年11月をメドに改定作業中で，核燃料サイクル政策の是非などを議論している。

原子力発電
【atomic power generation】
原子核が核分裂する際に放出するエネルギーを利用して発電する方式。沸騰水型，加圧水型などの方式があり，ウラン235またはプルトニウム239のような核分裂性物質を原子核分裂させ，そのときに放出する熱エネルギーで水を加熱し，発生した蒸気でタービンを回転させることによって発電する。

建設国債
【construction bond】
公共事業費と出資金，貸付金の財源に充てるために発行される国債。財政法第4条の規定に基づいているため4条国債ともいう。これに対して，経常経費の財源不足を補うために発行する国債は赤字国債と呼んで，この2つの国債を区別している。自民党内には建設国債の使い道を柔軟にして，研究開発費などにまで広げるべきだとの意見もある。→赤字国債

建設産業政策大綱
1995年4月，建設省建設経済局長の諮問機関である建設産業政策委員会がまとめた建設業界の将来ビジョン。2010年までの建設産業政策の基本方向を示している。建設業界の競争促進を前面に打ち出し，技術と経営に優れた企業を育成するため，制度上の環境整備を提言している。

減損会計
【accounting for the impairment of assets】
固定資産の収益性が低下し，資産価値が簿価を大幅に下回ったときに，その差額を損失に計上する会計制度。本社や支店の土地・建物，工場の生産設備，賃貸ビルなどが対象。金融庁の企業会計審議会は，企業の自主判断で2003年度から適用し，05年度に完全導入するよう提唱した。→時価発行

限定意見報告書
【qualified opinion report】
企業の決算書類に対する監査報告書には無限定，限定付き，不適正，意見差し控えなど監査人の意見が書か

れている。監査をする場合，①一定の範囲で監査が企業によって制限されたり，監査手続きを省略したとき，②企業の会計処理の原則，手続きが企業会計原則に準拠していないとき，③企業が前年度と同一の会計処理の原則，手続きを適用していないとき，④重要な未確定事項があるとき――などには決算書類の内容に疑義が生ずるが，その程度が軽いと判断されると限定付きで「適正」という監査報告書が作成される。→監査報告

原発維持基準
【safety standards on nuclear power plant operations】
原子力発電所に軽微な傷やひびなどが見つかっても，安全に問題がなければ修理しなくても運転を認める新たな安全基準。東京電力の原発点検データ隠しなど一連の不祥事が2002年に明らかになったのを受け，原子炉等規制法や電気事業法が改正され，03年10月から導入された。炉心隔壁や再循環系配管など原発の部品は長期間使用しているとひび割れなどが生じやすい。米国などは既に維持基準があるが，日本には新設時の基準しかなく，運転開始後も新品並みの無傷さを求められていたことがデータ隠しにつながったとの指摘を受け，導入を決めた。ひびなどの許容値は日本機械学会や米国の学会などの民間基準を基本的に採用する。

原発廃炉 ⇨ 廃炉
現引き
信用取引を利用して株を買うと6カ月以内に決済しなければならないが，その場合に買い代金を渡して買い建てしていた株券を引き取り決済すること。買った株が値下がりしたときなどに手元資金の余裕があれば現引きすることがある。通常，信用買いは市場で売り戻すことによって決済され，現引きによる決済は少ない。逆に信用売りしていたときに，手持ち株券を引き渡して決済することを現渡しという。

原油先物取引
【futures trading of crude oil】
1983年3月にニューヨーク・マーカンタイル取引所（NYMEX）に原油先物が上場されたのが最初。その後，88年6月にはロンドンの国際石油取引所（IPE）でも先物取引が始まった。原油は長らく，メジャー（国際石油資本）やOPEC（石油輸出国機構）が価格決定力を握ってきたが，80年代に入って供給過剰に陥ったことから，市況商品化した。そこで，価格変動に伴う損失を回避するための先物市場が必要となった。今ではNYMEXのウエスト・テキサス・インターミディエート（WTI）やロンドン国際石油取引所（IPE）の北海ブレントが原油価格全体の先行指標的な役割を果たしている。このほかシンガポール国際金融取引所（SIMEX）でも原油の先物取引が実施されている。東京工業品取引所でも2001年9月から中東産原油が上場されたが，売買が低迷しておりNYMEXなどとの提携に活路を見出そうとしている。→国際石油取引所，SIMEX

原油中継基地
【crude oil transshipment station；CTS；crude oil staging terminal】
石油備蓄基地ともいう。原油の膨大な輸入量に応じて，これを安く安定的に供給するために考え出された。超大型タンカーで安く原油をCTSに運び，需要に応じて製油所まで中小タンカーで運ぶ。最近は備蓄機能も重視されている。新日本石油が鹿児島県喜入に持つCTSは735万キロリッ

原油直接取引 ⇨DD原油

原油バスケット価格
石油輸出国機構(OPEC)が原油販売の目安としている世界7油種の加重平均価格で，国際原油価格の指標となる。OPECは1986年末の総会で固定価格制への復帰を決めた際，アラビアンライト，ドバイや非OPECのメキシコ産イスムスなど代表的な7油種の生産量を考慮した加重平均価格を生産調整などを巡る指標としている。90年代に入ると，ニューヨークなどの先物市場がより重視され，バスケット価格の指標性は低下している。

権利落ち
【ex-rights ; "rights off"】
広義には株式分割などの割り当ての権利と配当の権利を落とすことをいう。普通は増資新株の場合に使い，新株落ちともいう。配当金の場合は配当落ちという。株式取引では4日目決済が普通となっているため，株式分割などの権利は割り当て日の4日前に落ち，これらの株のプレミアムに見合って株価が下がることになる。その値段を権利落ち計算値という。

こ

コアコンピタンス
【core competence】
企業が抱える複数事業のうち，最も他社との競争力を持つ中核事業。得意分野にヒト，モノ，カネなどの経営資源を絞り込むことをコアコンピタンス経営という。不得意な領域は外注することが多い。この視点を持たずにリストラを進めれば，将来企業にとって必要なスキルを持つ人材まで手放す恐れがある。1990年代初頭にロンドン・ビジネススクールのゲリー・ハメル教授とミシガン大学ビジネススクールのC.K.プラハラード教授が提唱した。

コイルセンター
薄鋼板の加工・販売業者のこと。鉄鋼メーカーから熱延薄鋼板，冷延薄鋼板などをコイル状で受け取り，需要家の要求するサイズに切断，加工して納入する。鉄鋼メーカーの下工程，あるいは自動車・電機メーカーの下請け部門といったさまざまな性格の業者がある。自社で加工を受注，切り板を販売するほか，主に大口需要家向けに商社から加工を受託するケースも多い。最近は納期管理，在庫販売など問屋機能も果たしており，その役割は多様化している。

ゴーイングコンサーン基準
【going concern basis】
債務超過など企業経営の継続性に懸念がある場合,リスク要因を有価証券報告書に記載する情報開示規定。欧米では財務情報の一部として定着している。日本では監査報告書の「特記事項」として投資家に注意喚起するだけだったが,金融庁の企業会計審議会が2002年に公表した新基準で盛り込まれ,03年3月期決算から導入された。経営者が破たんにつながる可能性のある事項や対応策を決算書に記載,会計士がチェックする。

広域イーサネット
【wide-area Ethernet】
LAN(構内情報通信網)の通信規格「イーサネット」を使って複数の拠点を結ぶデータ通信技術。通信事業者はデータの経路を振り分けるLANスイッチを使い独自に構築した広域イーサネット網を利用し，複数の企業にあたかも専用線のような通信サービスを

提供できる。LANスイッチは，ATM（非同期転換モード）やフレームリレーなど従来型サービスに必要な通信機器と比べて安価。さらに広域イーサネット網自体を複数の顧客企業が共有するため，サービス料金を大幅に引き下げられるのが特徴。

公益法人改革
【reform of public service corporations】
政府は2003年6月に「公益法人制度の抜本的改革に関する基本方針」を閣議決定。官庁の許可制を柱とする現行の公益法人制度に代え，登記だけで設立できる「非営利法人制度」を創設する方針を打ち出した。05年度末までに法整備する。ただ，新法人を原則課税にするかどうかは結論を先送りした。公益法人は民法34条に基づく財団法人と社団法人のほか，宗教法人，学校法人，医療法人なども広い意味で含む。社会の役に立つ活動をしているという理由で原則非課税なのが特徴。所轄官庁が設立を許可し，その指導・監督を受ける。このため天下りや不正の温床になっているとの批判が絶えない。

公開かぎ基盤
【public key infrastructure ; PKI】
電子文書の内容を暗号化する秘密かぎ，暗号化した内容を元に戻して解読する公開かぎという一対の暗号かぎを使う公開かぎ暗号技術を用いるセキュリティー基盤技術のうち，特に電子証明書を利用する認証システムを指す。ネットワーク内に設置された認証局（CA）が，電子書類に添付された電子証明書を検査，改ざんや「なりすまし」などの不正を防ぐ。ネット社会の基盤となる技術の1つ。→暗号化技術，政府認証基盤

公会計
【public account】
国の一般会計や特別会計，特殊法人も含めた公的部門の財務状況を公表する制度全体のこと。日本では国会に提出される予算書・決算書のほかに，財務省が試算している国のバランスシートが代表例。政府が示す中期的な財政見通しや特殊法人の行政コスト計算書，年金の財政再計算なども含める。財政制度等審議会は2003年6月に，公会計を幅広く充実させていく方針を決定した。今後は民間会計の手法をとり入れながら，各省別の財務書類などを作成する方向だ。公的部門の財務内容が分かりやすくなることで，政府の予算の無駄を抑える効果が期待されている。

公開市場操作
【open market operation】
中央銀行（わが国では日銀）が有価証券，手形類を金融機関との間で売買することによって市場の資金量を増減すること。中央銀行の有効な金融調節手段である。資金が市場にだぶついているとき（通貨量が多過ぎるとき）には手持ち証券を売却して資金を市場から引き揚げ(売りオペ)，逆に市場で金詰まりがひどくなっているときには市中から証券を買い上げて資金を放出する（買いオペ）。従来，わが国の公開市場操作は金融機関が短期資金をやり取りするコール市場を主な対象としていたが，1972年6月からは市中に出回っている優良手形を新たに対象に加え，手形割引市場を通じての手形オペを実施している。

公害防止条例
【pollution prevention ordinance】
地方公共団体が制定する公害に関する条例。その地域の実情によって，国が定める公害防止の条件よりも厳しい内容のものが多くなっており，こ

うした上乗せは、大気汚染防止法第4条、水質汚濁防止法第3条などにより認められている。

交換尻
【clearing balance】
銀行は毎日一定時に手形交換所に集まって互いに相手銀行と手持ちの小切手、手形を交換する。この交換で債権、債務を相殺し、その差額を中央銀行（日銀）の本支店にある各銀行の預金で決済することになっている。交換尻は、この決済差額のこと。なお、毎日の新聞に出る手形交換高、枚数はその日に手形交換に回った手形、小切手の総額、枚数をいう。→手形交換、中央銀行

高規格幹線道路
【high-graded trunk roads】
信号なしで時速80キロメートル程度の高速走行ができる自動車専用道路。高規格幹線道路の大半は、日本道路公団が費用を全額負担する国土開発幹線自動車道の形で建設される。政府は21世紀初頭までに1万4,000キロメートルの高規格幹線道路建設を第4次全国総合開発計画に盛り込んだが、実現したのはまだ7,000キロ強にすぎない。

高吸水性樹脂
【super-absorbent polymer】
自分の重さの数百倍から1,000倍の水を吸い取ってしまう樹脂。尿でも数十倍から100倍の吸水能力があるため、主に紙おむつや生理用品に使われている。乾燥地用の土壌保水剤や土木用パッキング材など応用範囲も広い。現在、合成高分子のアクリル酸ナトリウム樹脂が主流で、他にでんぷん系やセルロース系などもある。

公共工事の発注改革
国土交通省は国の大規模な公共事業を対象に、工事を受注した総合建設会社（ゼネコン）の倒産に備えて取引銀行に求める保証金額（履行保証額）を10％から30％に引き上げた。財務内容が悪いゼネコンは公共事業を受注しにくくし、業界再編につなげるのがねらいだ。

公共債
【public bond】
国債、政府保証債、地方債など国、政府関係機関、地方公共団体が債務者あるいは債務保証者となって発行する債券。公債ともいう。財投機関債などもこれに含まれる。民間企業が発行する債券と区分する意味で用いる場合が多い。事業債などと異なり、銀行が引き受け、投資家に販売（窓販）したり、既発債の売買（ディーリング）をすることができる。公的機関が債務負担者となるため信用が高く、金利は民間企業が発行する債券に比べて相対的に低い。→国債、地方債

公共事業
【public works projects】
国や地方自治体が道路、港湾、住宅、下水道などの公共施設などを整備すること。事業主体によって「直轄事業」「補助事業」「地方単独事業」に分かれる。国は事業内容によって長期計画を策定している。政府は1994年10月に、95年から2004年までに630兆円の公共投資を実施するとの新たな公共投資基本計画を策定した。財政再建を実現するための財政構造改革の議論では公共事業の圧縮が大きな課題となった。事業別の配分割合（シェア）や省庁別のシェアの硬直化が問題となっており、小泉政権は揮発油税など特定税目の収入を道路整備に限って使う道路特定財源の見直しなどに取り組んだ。2004年度予算では施設費と合わせた公共投資関係費は前年度比3.3％減となった。

公共事業等予備費
【public works contingency fund】
年度途中で発生する公共事業関係の「予見しがたい予算の不足」に充てるため、あらかじめ使い道を決めずに計上する国の経費。当初予算の公共事業関係費とは別枠になる。1999年度、2000年度予算に5,000億円、01年度に3,000億円を盛り込んだが、02年〜04年度は計上を見送った。「経済状況を見て使う」のが建前だが、実質的には補正予算と同様に公共事業の上積みになっている。国会開会中は補正予算案の編成を優先するため、使用を決められない。

公共職業安定所
【public employment security office】
厚生労働省管轄の公共機関で、全国に477カ所(2004年4月現在)あり、職業の紹介、指導のほか雇用保険の給付手続きなどを行う。1990年1月から「ハローワーク」という愛称を採用。具体的な業務内容は、①求職、求人申し込みの受理、②職業相談とあっせん、③職業訓練の受講援助——など。02年春からは、東京、埼玉、大阪の3カ所で、広域の求人情報を提供したり、相談業務を充実させた新型のハローワーク、「就職サポートセンター」を開設したりしている。

公共職業訓練制度
【government-financed job-skills program】
就職に必要な技術を習得するために公共職業安定所の指示などを受け、教育訓練を受ける制度。失業手当の受給期間中に訓練を受け始めると、訓練終了まで失業手当の給付期間を延長できる。国や県の訓練施設と国が委託した民間教育機関の約2,000のコースを受講できる。

公共投資乗数
【public investment multiplier】
公共投資に投じた金額が、最終的に国内総生産(GDP)をどれほど増加させるかを示す係数。公共事業を受注した企業の収益や労働者の所得が増加すると、この増加額が原資となって新たな消費や設備投資などが生まれるパターンを繰り返し、当初の投資金額より大きな付加価値がGDPに加わる。最近は公共投資により誘発された需要のうち輸入によって賄われて海外に所得が漏れる割合が高まり、内需を増やす波及効果が落ちているという見方が有力になっている。

高強度ボディー
【reinforced body】
衝突時の変形を最小限に抑えることで安全確保をねらった自動車用車体。日米が独自の試験方法で生命を守る安全基準を設定してメーカーに順守を求めるなど衝突安全に対する関心が高まっており、トヨタが新衝突安全ボディー「GOA」を、日産自動車が「ゾーンボディー」を開発している。

公共料金
【government-regulated public service charges】
政府並びに地方自治体が直接関与することができる財貨・サービスの価格。①国立学校の授業料などのように政府が決定するもの、②私鉄運賃、電気、ガス料金などのように事業を行っている企業が申請し、政府が認可するもの——などがある。

航空機リース
【aircraft leasing】
航空機を航空会社にリース契約で貸し出すこと。旅客機の価格は最も高価な500席超の大型機では1億5,000万ドル以上にのぼり、航空会社にとっては旅客機の購入費用が経営の負担になるケースも多い。そこで

金融機関，機関投資家が買い入れた旅客機を一定の金利を支払う形でリースしてもらう航空機リースを利用する航空会社が増えている。乗員・乗務員つきのリースであるウェットリースも盛んだ。

合計特殊出生率
【total fertility rate】
1人の女性が生涯に産む子どもの数の推計値。日本では1970年に約2.1だったが，2002年には1.32まで低下した。人口を維持するのに必要な水準は2.1。現在の水準が続けば日本の人口は減り続け，社会・経済に多大な影響を与える。国立社会保障・人口問題研究所の推計では，長期的に見ると1.39で安定するとしている。

高結晶性高分子材料
【crystalline polymer】
軽くて加工しやすいというプラスチック本来の特徴を生かしながら，鉄やアルミ並みの強度や硬さを備えた素材。金属材料の代替として各素材メーカーは競って研究開発を進めている。実用化されている代表的な素材がアラミド繊維で消防服や防護衣料などに使う。

鉱工業生産指数
【[[Mining and Manufacturing] Index of Industrial Product】
月々の鉱工業生産量をある一定時期における生産量を基準として指数化したもので，鉱工業生産全体の動きを示す代表的な生産指数。現在は2000年の生産量を100としている。わが国では経済産業省が作成，月別，年別に発表しており，各種統計の中で最も早く経済実態をとらえるものとして景気判断の重要な指標となっている。指数は，石油，鉄鋼，機械，繊維，化学，食料品，非鉄金属，紙・パルプなどから527品目を選び算出する。指数には個別指数と，個別指数をグループごとに総合平均化した総合指数がある。

公社債市場
【bond market】
国債，金融債，社債などいわゆる公社債の発行と流通を行う市場。新発債の発行の場を発行市場，既発債の売買の場を流通市場と呼んでいる。

公社債店頭売買参考統計値
公社債は，株式と異なり，取引所に上場されている銘柄が少ないので，主要な売買仲介業者が，それぞれの店頭で取引している。この店頭取引価格を日本証券業協会に報告し，協会はそれをもとに，投資家の売買の参考になる債券価格（と利回り）を公表している。この制度で示されている各種債券の価格，利回りを公社債店頭売買参考統計値という。この制度は店頭基準気配制度として1966年にスタート，76年12月から長い間，指標気配，標準気配，現先参考利回りの3本立てになっていた。しかし，91年の損失補てん問題を受けて，92年1月から基準気配に一本化された。2001年4月から野村証券が日証協への気配値の提供をやめ，独自に気配を出すようになった。日証協は02年8月から集計方法を一部変更。現在の名称に変わった。

公社債投信
【bond investment trust fund】
国債，社債などの債券や，コールローンで運用する投資信託すべてを指す。株式を少しでも組み入れる可能性のあるものは株式投信であり，例えば転換社債ファンドは株式投信である。公社債投信と株式投信とは税制上の扱いが異なる。追加型の公社債投信は基準価格が1万円を割ると，追加設

定できないなどの制限がある。このため，実際には株式に投資しないけれども「株式投信」として販売する事実上の公社債投信もある。中期国債ファンドや，マネー・マネジメント・ファンド（MMF），短期公社債投信も公社債投信の一種。→中期国債，マネー・マネジメント・ファンド

公社債投信の時価評価
【market valuation of bond investment trust】

公社債投資信託が保有する債券をすべて時価で評価し，基準価格に反映させること。従来は取引所に上場されている債券は時価評価していたが，非上場の債券については取得時の価格で評価していた。このため，社債や地方債などは，取得後に価格が変動しても，投信の価値を示す基準価格には影響を与えなかった。投信の運用実態を正確に反映させるため，短期公社債投信，マネー・マネジメント・ファンド（MMF）などは1999年7月から，長期公社債投信や中期国債ファンドは2001年4月から時価評価が導入された。それまで公社債投信は，取得価格のまま評価していた非上場債の含み損益を調整することで運用利回りを安定させてきたが，そうした運用はできなくなった。このため長期公社債投信は2002年4月から，元本が1万円を割っても追加設定できる仕組みに変わった。

高純度金属
【high purity metal】

いったん精製分離した金属を再度，精製工程にかけたり，全く新しい精製方法を使ったりすることによって純度を高めた金属のこと。金属材料に対する要求が高度になるにつれて，従来の精製方法で作られる金属の純度だけでは対応できなくなってきた。こうした需要にこたえるために作られている。例えばアルミニウム箔では電線被覆用には99.7％程度の純度のアルミニウムが使われるのに対し電解コンデンサー向けでは99.99％のアルミニウムが必要とされる。ほかに，半導体のウエハー材料として使う高純度ガリウムなどが知られている。

更新投資 replacement investment ⇨ 投資

公正競争規約
【fair competition rule】

事業者や事業団体が景品類の提供や表示，広告について自主的に決める際のルールのこと。販売競争が品質や価格を離れて誇大な宣伝広告合戦や景品の豪華さを競うものになるのを防ぐため，景品表示法に基づいて公正取引委員会がこの設定を指導し，認定している。クーポン付き新聞広告，預金金利などの比較広告など規約の緩和が進んでいる。

合成債務担保証券（CDO）
【collateralized debt obligation；CDO】

証券化商品を分類する際には，その証券の元利払いの担保となる資産によって呼び名を分けて区別しているが，担保資産に社債もあればローンもある証券化商品が合成債務担保証券（CDO）。これに対し，債券（社債）を担保にしたものは社債担保証券（CBO），貸し出し（ローン）を担保にしたものはローン担保証券（CLO）と呼ばれる。

更生特例法
【special exemption under the Corporate Rehabilitation Law】

一般事業会社の会社更生法にあたり，金融機関が経営難になった場合に裁判所の下で再建を目指す倒産手続き。2000年6月に生命保険会社につい

ても適用できるようになった。保険業法による破たん処理に比べ、債務超過になる前でも手続きが開始でき、資産劣化を早期に防げる。更生手続き中は解約などは禁止され、更生管財人が再建計画を策定する。同年秋に破たんした千代田生命保険と協栄生命保険は更生特例法を申請した。

厚生年金
【employees' pension insurance】
一般サラリーマンを対象に1942年に創設された公的年金制度。被保険者は年収の一定割合の保険料を労使折半で負担する。2004年6月現在の保険料率はは年収の13.58％。政府は04年10月から毎年0.354％ずつ14年連続で引き上げ、17年度以降は18.30％で固定する予定だ。厚生年金保険の主な給付としては老齢年金、障害年金、遺族年金がある。老齢年金は、原則として、①25年以上加入、②60歳などの条件を満たしたときに支給される。加入者は03年度末で3,158万人。

厚生年金基金
【employees' pension fund】
代表的な企業年金制度。1966年に発足。企業独自の年金部分と、厚生年金の一部を国に代わって運用・給付する代行部分で構成されている。企業の独自部分だけよりも厚生年金の一部を併せた方が運用効率もよいとして始まった。2003年4月1日時点で全国に1,218基金ある。ここ数年は資産運用利回りの低迷や加入者の減少で解散が増えている。02年4月からは代行部分を国に返上できるようになり、許可を受ければ、認可時点以降は代行部分を新たに積み立てる必要がなくなった。過去に積み立てた代行部分の資産は03年9月から返上できるようになり、代行返上する基金が増えている。

厚生年金の民営化
【privatization of employees' pension funds】
国が運営している厚生年金の報酬比例部分を廃止し、後は民間の自助努力に任せること。厚生年金の財政は現役世代の保険料で支えられている。少子高齢化が進むと働く世代の負担が重くなり経済活動に支障をきたすとの懸念から、民営化論が出てきた。民営化すると、現役世代は高齢者の年金のための保険料と自分の将来の年金のための保険料を二重に負担する必要がある。厚生労働省によると二重の負担は総額で430兆円に上る。

抗生物質
【antibiotic】
カビや細菌の分泌物で、病原菌など他の微生物の発育や増殖を抑える物質の総称。化学合成によるものもある。細菌感染に対する治療薬として使われ、ペニシリンやストレプトマイシンが有名。ただ、最近では抗生物質を投与しても生き延びる耐性菌が出現、耐性菌に対する新規抗生物質の開発、それに対する耐性菌の出現というイタチゴッコが続いている。

構造改革特区
【Special zones for structural reform】
全国一律の規制を特定の地域に特別区域（特区）を設けて撤廃したり緩和したりする試み。2002年に成立した「構造改革特別区域法」により可能になった。国の補助金など財政資金面での支援に頼らず、地方経済を活性化させる目的で設ける。企業など事業者の意向をふまえて自治体が政府に認定を申請する。2004年6月までに386件の特区が認定された。24時間通関できる福岡県北九州市の国際

物流特区や，企業が直接ブドウを栽培できる山梨県のワイン産業振興特区などがある。

構造的失業率
【structural and frictional unemployment rate】
完全失業率のうち，年齢や職種，能力，地域的な隔たりが原因で発生する失業率。ミスマッチ失業ともいう。景気変動によって経済全体で見た労働力の需給関係が変わる「需要不足失業」と区別する。構造的失業率は，第3次産業の比率が高まる経済のサービス化，人口構成の少子高齢化など日本社会を取り巻く構造的な要因で発生し，上昇基調が続いている。近年の5％台の完全失業率のうち約4％は構造的失業率が占める。→完全失業率

高速インターネットサービス
【broadband internet】
動画像や音楽を円滑に送受信できるインターネット。既存の電話回線を使ったデジタル加入者線（DSL）やケーブルテレビ網を利用したCATVネット，光ファイバー通信などがある。特にDSLは月額3,000円前後の低料金が人気で1,100万加入を超え，利用者の急拡大が続いている。

高速デジタル専用線
【high-speed digital leased line】
やりとりする通信量の多い企業を対象にしたデジタル専用線サービス。光ファイバーケーブルを主体にした伝送路で，毎秒64キロビットから6メガビットまでの高速品目と，150メガビットなどの超高速品目がある。6メガビットは電話に換算すると192回線分で，音声のほか，データ伝送やファクシミリ伝送，テレビ会議などの画像伝送にも使用できる。

抗体医薬
抗体というたんぱく質を使った新しい医薬品。体内に入った病原菌などに抗体が結合し，働きを抑制する。副作用が少なく，がんやリウマチなど難病への効果が期待され，2001年で5,000億円前後の世界市場は，10年に数兆円に達するとの試算もある。先行する海外の製薬・バイオ企業に続き，中外製薬やキリンビール，協和発酵も参入している。ただ細胞を培養する設備が必要で，普及には生産能力拡大とコストダウンが課題となる。

高張力鋼
【high-tensile steel】
引っ張りに対して強い鋼材。通称「ハイテン」。薄さの割には強いため，自動車や船舶の軽量化，省エネルギーのために採用されている。マンガンなどの合金元素の添加量を増やしたり，熱処理によって強さを出す。1平方ミリメートル当たり50キログラム以上（普通鋼は40キログラム程度）の引っ張り強度を対象にしており，100キログラム強度まで実用化されている。強度が上がると加工しにくくなる鋼板の性質を克服した製品の開発もされている。

郷鎮企業
【xiang-zhen company】
中国で人民公社が解体した1980年代半ば以降，村（郷，鎮などと呼ぶ）の経済組織が経営する企業や農家による個人経営，共同経営の企業の総称。中国農業部の統計では2002年末現在，従業員は1億3,300万人。企業数は少なくとも2,100万社前後とみられる。生産請負制の実施による農村の余剰労働力の流入や政府の税制面での優遇策などにより，工業の成長に大きな役割を果たした。ただ，農村の余剰労働力の吸収先として期

口蹄疫
【foot-and-mouth disease】
牛，豚，羊など偶蹄類の動物がかかるウイルス性の伝染病。発熱の後，口の粘膜，蹄部皮膚に水疱ができ，ただれる。このため食欲不振，起立困難となって病畜はやせ衰える。米国，カナダ，オーストラリア，ニュージーランドなど少数の地域を除き，ほぼ全世界に見られる。伝染力が強く，流行が早いため，発生したら殺処分しか対応策はない。根絶が難しいため，清浄国は病気が発生した国からの輸入を禁止する。1997年には台湾で，2000年と02年には韓国で肉豚などの感染が明らかになり，対日輸出が全面的に禁止された。01年には英国で20年ぶりに発生が確認され，フランスなど近隣諸国にも感染被害が拡大。連日大量の家畜が処分された。

公定歩合
【official discount rate ; bank rate】
中央銀行が取引先に対して貸し出しを行う場合に適用される金利のこと。以前は公定歩合の変更が金融政策の主な手段となっていたが，その後，金融機関が短期資金をやり取りするコール市場の金利を誘導する方法に変更されたため政策金利としての意味は薄れている。2001年3月には，取引先の申し出により公定歩合で貸し出しを行うロンバート型貸出制度が導入された。

公的固定資本形成
【formation of fixed capital of the public institutions】
国内総支出を構成する1項目。一定期間中に，国や地方自治体による公共投資がどの程度行われたかを示す。したがって国や自治体の公共事業予算の規模をほぼそのまま反映する。予算にはこのほかに社会保障や文教経費などの経常経費があるが，これらは国民所得計算の上では「政府最終消費支出」に計上される。景気テコ入れのために公共事業予算を大幅に増やすと，公的固定資本形成は大きく増え，これが全体の内需を押し上げることになる。→ケインズ政策

公的資金
【public fund [tax payers' money]】
一般会計，特別会計，財政投融資，国債など最終的に国民の税金で負担する可能性のある財政資金の総称。1998年に金融システム安定化のため投入を決めた総額30兆円が典型例。通常，預金者保護などの資金は民間の金融機関が拠出する預金保険料が原資になるが，政府は金融システム不安を抑えるため民間資金だけでは不足すると見て，公的資金の投入に踏み切った。2003年にはりそなグループに約2兆円投入したほか，国有化した足利銀行にも譲渡時に1兆円超を拠出することを決めた。

公的年金等控除
【tax deduction for public pension benefits】
個人所得税で，課税対象から一定額を除ける控除の1つ。公的年金の受給者に認められている。現役世代に比べ税優遇が手厚いとして，2004年度税改正で縮小。05年1月から65歳以上を対象にした最低保障額を現行の140万円から120万円に引き下げる。

公的年金の自主運用
【voluntary management of public pensions by the Ministry of Health and Welfare】
厚生年金と国民年金の積立金は大部分が財政融資資金として預託されて

いる。これを改め、厚生労働省が直接市場で運用するのが自主運用。預託よりも高い利回りを上げ、将来の年金給付に備えるのが目的で、2001年度から始まっている。過度の運用リスクを避けるため、国内外に分散投資することになっている。ここ数年は運用利回りの低迷で赤字が問題となっていたが、03年度は株価上昇で黒字になったと見られる。

公的輸出信用供与
【official credit accommodation】
政府系金融機関による輸出金融と、公的機関による貿易保険制度の適用を指す。わが国では国際協力銀行がバンクローン(銀行間借款)、またはサプライヤーズクレジット(輸出者に対する信用供与)の形で実施しており、貿易保険は経済産業省が所管している。先進各国は途上国向けのプラント輸出などを有利にするため低利の公的融資を付けているが、その際の金利を各国が独自に設定すると輸出秩序が乱れる恐れがあることから、経済協力開発機構(OECD)がガイドラインを設けて一定の金利水準を示し、過当競争を防いでいる。

行動科学
【behavioral science】
人間は、どのような状況の下で、どのような行動をとるか、また、それはなぜか、といったことを体系的に究明する学問。経営の分野では、従業員にやる気を起こさせるため、組織内における人間行動をとらえ、訓練したり、経営環境を変えたりする場合に応用する。行動科学の立場から考え出された管理手法に、コンピテンシー評価、目標管理などがある。→目標管理

高度道路交通システム
【intelligent transport systems ; ITS】
情報・通信技術を活用して自動車交通の安全性や輸送効率、環境保全を高める次世代交通システム。路上や車両にセンサーを設置して他の車両との車間距離を自動的に保ち、必要に応じてドライバーに警告する自動運転交通システム(AHS)や有料道路の料金所で停車せずに料金を支払える自動料金収受システム(ETC)、道路の渋滞情報などを提供する道路交通情報通信システム(VICS)などを総称して指す。ITSは2015年度までの15年間に累計60兆円の市場規模が見込まれている。

構内交換機 ⇨PBX

公認会計士・監査審査会
【Certified Public Accountants and Auditing Oversight Board】
公認会計士や監査法人による会計監査活動が適正かどうかを点検する金融庁の機関。いわば「監査を監査する」のが役割で、2004年4月に、それまでの公認会計士審査会を衣替えして発足した。公認会計士試験制度の運営にもあたる。審査会は、企業の財務諸表を適切に監査しているかどうかを毎月点検している日本公認会計士協会に対し、立ち入り検査を実施することができる。検査では必要に応じて監査法人や監査先の企業も対象にできる。粉飾決算を許すなどの問題行為が見つかれば、審査会は行政処分を勧告することもできる。

後配株
【deferred stock】
利益の配分(配当)や残余財産の分配を受ける資格が普通の株式より後位になる株式のこと。→優先株

購買動機調査 ⇨ モチベーションリサーチ

購買力平価説
【theory of purchasing power parity】
為替相場の決定を各国貨幣の購買力

で説明しようとするもの。スウェーデンのグスタフ・カッセルが代表的論者。外貨を求めるのは，互いにその国々の財貨やサービスを購入しようとするからで，2国間の貨幣交換比率（為替相場）は，両国貨幣が自国で持つ購買力の比率によって決まるとする考え方。ある国の貨幣価値が下落すれば，その為替相場も下落するというわけである。

後発医薬品
【generic】
既に商品化されている医薬品と化学的に全く同一の医薬品のことで，ジェネリックとも呼ぶ。研究開発費がほとんどかからないため，低価格で供給できるのが特徴。新規の化学構造を持つ「新薬」の特許期間の終了に伴ってゾロゾロ出回るため，批判的に「ゾロ品」とも呼ばれる。日本の医療用医薬品市場は現在約6兆円。このうち後発品は数量ベースで1割強と見られ，5割前後に達する欧米諸国に比べ普及が進んでいない。2002年度の診療報酬改定で，使用促進に向け，後発品を使えば医療機関が受け取る処方せん料が上乗せされることになり，医療費抑制の手段として後発品の利用が進む可能性も出てきた。

高品位テレビ ⇨ ハイビジョン

抗弁権の接続
割賦で購入した商品の販売業者が倒産し，アフターサービスなどを受けられなくなった場合，それを理由にクレジット会社への支払いを拒める権利。1997年に5年後の買い戻し保証をうたい文句に急成長したココ山岡宝飾店が倒産した際，ダイヤの購入者が主張したことで注目された。

公募債
【publicly issued bonds】
公社債には不特定多数に売るものと，特定の人（または機関）に引き受けてもらうものがある。前者を公募債，後者を非公募債（私募債，縁故債）という。国債，金融債はほとんど公募債。非公募債は地方債，公社・公団・公庫債に多い。

公募増資
【public stock offering】
新株の発行に当たって，その引き受け権を現在の株主や特定の第三者に与えず，広く一般の投資家を対象に応募させること。公募に当たっては，①発行条件を均等にする，②価格が著しく不公正にならない——ことを商法で規定している。会社が公募を行うのは設備投資などの資金を広く一般投資家から集めるためで，同時に，（イ）株主層を拡大する，（ロ）株式を分散して，株式市場での流通性を高める——といったメリットがある。公募価格は既存株主の利益を損なわないように，時価に近い（その時点の株価を2％程度下回る）水準で決められる。

高密度織物
極細繊維を高密度に織り上げたもので，透湿防水機能を持つ。ラミネート，あるいはコーティングした透湿防水素材に比べ，織物本来の風合い，光沢などに優れる。一方，耐水圧は500〜700ミリ程度で，激しい降雨下では十分対応しきれない。このため，スキーウエアなど防水機能を要求される衣類ではなく，コート，ブルゾンなどファッション性を大切にするウエアに使われる。→透湿防水素材

鋼矢板
【sheet piles】
護岸工事，ダム工事，建築基礎工事などに使う鋼材。業界ではシートパイルと呼んでいる。U形鋼矢板といわれる弓状の形態のものが主流で，ツメの部分を組み合わせて地中に打ち込む。

2001年度の国内総生産量は78万2,000トン。これまで国内では高炉が独占的に生産していたが、電炉最大手の東京製鉄が1994年度から生産・販売を開始したほか、03年度は5,000トンが輸入された。

合理的期待理論
【rational expectation theory】
①人々は情報を最大限活用して「期待」（expectation）を形成する、②その期待は経済政策の効果に影響する——などのメカニズムを説明した理論。裁量的な財政・金融政策は全く効かないという「政策無効性命題」で知られる。1970年代から80年代にかけて、スタグフレーションに対する裁量政策の有効性が問われたという時代背景もあり、反ケインズ派の代表的な理論となった。この理論の最大の貢献は、①マクロ経済学に期待の役割を厳密な形で織り込んだこと、②ミクロ的な基礎づけからマクロ経済の理論を構築したこと——などが挙げられる。95年にはこれらの貢献から、米シカゴ大学のロバート・ルーカス教授にノーベル経済学賞が与えられた。
→マクロ分析、マネタリズム、有効需要

高流動コンクリート
【hi-performance concrete】
流動性が高く、型枠の隅まで自重で流れ込むコンクリート。自己充てんコンクリートともいう。施工を効率化するために開発された。水和反応を遅らせるために、「ビーライト」と呼ぶケイ酸カルシウム化合物の含有率が高いセメントを使う。凝結時間が普通セメントの2～3倍と長いため、凝結時間を制御する混和剤や骨材の研究が進められている。

高齢者医療制度
【medical service program for elderly people】
高齢者の医療費を賄う仕組み。高齢化に伴って高齢者の医療費が急増、この費用を主に負担している現役世代の負担が増える一方であるため、政府は2003年3月に高齢者医療費を賄う仕組みの見直し案を固めた。75歳以上を対象とする新たな保険制度を創設し、その費用は高齢者が負担する保険料と税金で賄う。このほか健康保険組合や共済組合、市町村の国民健康保険などが資金支援する。08年度の実現を目指すが、現役世代の負担増を抑えることができるかどうかは不透明だ。

高齢者雇用安定法
【Law Concerning Stabilization of Employment of Older Persons】
正式名称は「高年齢者等の雇用の安定等に関する法律」。従来は定年を60歳以上にするよう企業に努力義務を課してきたが、1998年度から「60歳定年」を義務化した。さらに2000年の改正で、定年の引き上げ、継続雇用の導入などによる65歳までの雇用の確保を企業の努力義務とした。厚生労働省は厚生年金の支給開始年齢の引き上げに合わせ、法改正して65歳雇用を06年から段階的に義務付ける方針。

高レベル放射性廃棄物
【high-level radioactive waste】
軽水炉で利用した後の使用済み核燃料を再処理し、ウランやプルトニウムを取り出す過程で出る廃棄物。放射能レベルが高く危険なため、ガラス固化体に加工して貯蔵する。日本は再処理を英国、フランスに委託しており、作業に伴って出た高レベル放射性廃棄物の返還は1995年4月に始まった。ガラス固化体は青森県六ケ所村の管理施設に30～50年の間、一時

貯蔵して冷却する。2000年5月に最後処分の枠組みを定めた高レベル放射性廃棄物処分法が成立した。同年秋に電力業界が恒久的に地下に埋設するための事業主体「原子力発電環境整備機構」を設立、30年代以降に埋設処分を開始する。→プルトニウム

コエンザイムQ₁₀
【coenzyme Q₁₀】
人の細胞中のミトコンドリア内に存在する補酵素。細胞を活性化し、人体のエネルギー生成に必要な成分。加齢とともに保有量が減少するため、外部から摂取する必要がある。従来は心不全治療薬など医薬品原料として使用されてきたが、2001年の食薬区分改正により食品の原料としても使用できるようになり、サプリメント（栄養補助食品）などで手軽に摂取できるようになった。強い抗酸化作用があり、疲労回復や老化防止、血行改善など様々な機能を持つと言われる。

氷蓄熱システム
【ice thermal storage】
夜間電力で冷凍機を動かして氷を作り、昼間にその冷熱を利用して冷房するシステム。電力需要が最大となる夏季の昼間の電気を節約することになるため、電力会社は発電設備への投資を抑制でき、結果的に電気料金の内外価格差縮小につながる。大規模なビルや工場向けには冷水で蓄熱するシステムが普及しているが、蓄熱槽が大型になるため中小規模のビルには導入が難しかった。氷蓄熱の場合、蓄熱槽を小型化できるため、屋上や地下に設置することが可能。

子会社
【subsidiary】
一般には、経営権を支配している会社のことを指す。資本の論理でいえば出資比率が50％超の会社が子会社となるが、連結決算が主流になるに従い、出資比率が50％以下（例えば40％程度）でも、社長を親会社から派遣するなど実質的に親会社の支配下にある会社は子会社とみなし、連結子会社の対象となる。子会社は親会社の販売部門や製造部門、あるいは多角化部門など親会社の手足となり、事実上、親会社と一体となって経営をしている会社が多い。企業を判断するためには親会社だけでなく、その子会社群にも注意する必要がある。→連結決算

子会社業績連動株式 ⇨ トラッキングストック

顧客満足 ⇨ CS

国債
【government bond】
国が歳入の不足を補うため発行する債券。使途により、経常的経費を賄う赤字国債、投資的経費に充てる建設国債などがある。国債は財源調達を目的とするもののほか、国庫の資金繰りを一時的につけるため発行するものがある。そのうち償還期間が短いものが政府短期証券であり、償還が比較的長くなるのが短期国債。財源調達を目的とする国債は、わが国では2～6年の中期利付国債、10年の長期利付国債のほか15年ないし30年の超長期利付国債がある。財務省は大量発行時代を乗り切るため、昨年には小口で買える個人向け国債を発売。2004年3月には消費者物価指数に連動して元本が増減する「物価連動債」を発行し始めた。→赤字国債、建設国債、中期国債

国債依存度
【ratio of reliance on bond issues to national budget】
ある年度の一般会計予算が国債収入

にどの程度依存しているかを示すもので，一般会計歳入に占める国債発行額の割合をいう。2004年度当初予算では44.6％と高水準にある。

国際宇宙ステーション
【international space station】
一般的には宇宙に浮かび，宇宙活動の拠点となる宇宙基地を指す。宇宙工場や宇宙観測所などがこれに当たる。具体的なプロジェクトとしては日米欧加12カ国による宇宙ステーション計画がスタート，1993年にはロシアも加わり，国際共同プロジェクトとなった。日本は実験棟「きぼう」をステーションに取り付け，宇宙実験室として活用する。98年11月に，高度400キロメートルの低軌道に基地の要素が初めて打ち上げられ，2000年から常時2～3人の宇宙飛行士が滞在している。現行計画では，10年に完成し，常駐飛行士が7人になる予定。日本の実験棟は05年に建設が始まる。しかし，01年に米政府が膨張を続ける建設費に待ったをかけ，当面は現行の運用体制を維持しつつ新たな計画を策定することになったほか，03年2月のスペースシャトル「コロンビア号」の事故で，予定していた実験が計画通りにはできない可能性も出てきた。

国際エネルギー機関　⇨IEA
国債買い切りオペ
【Bank of Japan's outright purchases of government bonds】
日銀が金融市場から国債を買い上げる公開市場操作（オペレーション）のこと。売り戻し条件付きの現先オペと違い，日銀が経済成長に伴って必要なマネーを供給する手段。1990年代以降，政府の財政支出がかさみ，国債の増発が続いたため，国債を市場で順調に消化するため日銀が買い切りオペを増額すべきとの意見が強まった。2001年3月の金融の量的緩和策導入後は，日銀当座預金を円滑に供給するため，長期国債の買い切りを繰り返し増額している。

国際会計基準
【international accounting standards；IAS】
1973年6月29日に設立された国際会計基準委員会(International Accounting Standards Committee；IASC)により統一化が進められてきた国際的な経理基準のこと。98年秋に主要基準（コアスタンダード）が完成。各国の証券市場監督当局で作る証券監督者国際機構(IOSCO)は2000年5月に国際会計基準を，企業が国際市場で資金調達をする際に使う指針として認めた。国際的な統一基準づくりにとどまらず，各国の国内基準を国際基準に統合することを目的に掲げ，2001年から組織を大幅に変更，名称も国際会計基準理事会（International Accounting Standards Board)とし，従来の会計士による組織ではなく常勤の専門家による組織とした。各国の会計基準設定機関とも連携，時価主義の基準づくりを進めている。資産価値の増減を利益に反映させる包括利益の導入，保険会社の時価会計導入などが議論されている。

国際開発協会　⇨IDA
国際協力銀行
【Japan Bank for International Cooperation】
特殊法人改革の一環として1999年10月に日本輸出入銀行と海外経済協力基金(OECF)が統合して発足した銀行。輸出入促進のための融資，保証，政府開発援助(ODA)など対外的な公的金融業務を一手に引き受ける。
→特殊法人

コラム

物価連動国債
inflation-indexed government bonds

　景気が回復して企業の生産量が増え，消費が活発化，それにつれて物価も上昇していく―。そうしたインフレを念頭に，物価が上昇するほど元本が増え，利回りも上がる国債の発行が2004年3月から始まった。

　国債の超大量発行時代に備え，財務省は国債の買い手増加を目指しており，この「物価連動債」の投入もその一環だ。

　満期10年で04年度の発行額は6,000億円を予定，財務省では「市場のニーズ次第では，05年度以降，さらに発行量を増やしていく」（理財局）としている。

　物価連動国債は，生鮮食品を除く消費者物価指数（コアCPI）に連動して元本が増減する。ある投資家が額面で100億円分を購入，当時の消費者物価指数が100だったとして，1年後に同指数が102に上昇（2％上昇）すれば，元本も2％上昇して102億円になる。表面利率は変わらないが，元本が増えるので投資家が受け取る利息が増える。満期の10年後に消費者物価指数が120まで上昇（20％上昇）すれば，元本も同じ率で増加し，償還額は120億円となる。

　5年や10年など通常の固定利付国債は，物価が上昇すれば元本と利息の実質的な価値が目減りしてしまうのに対し，物価連動国債にはその心配がない。個人や外国人は買えず，購入できるのは金融機関など機関投資家に限られている。投資信託に物価連動債を組み込むケースもある。もっとも，物価の下がるデフレ局面では元本割れに注意する必要がある。

　また，物価連動国債には市場の期待インフレ率を把握するのに役立つというもう1つの特徴がある。将来のインフレ予想が強いほど元本増加への期待から物価連動債の人気が高まる。元本の増加期待が大きい分だけ利回りは10年物国債より低くなる。したがって，通常の10年物国債と物価連動国債との利回りの格差は，市場が予測する今後10年間の年平均インフレ率を示しているともいえる。海外では金融政策に物価連動国債を活用するケースもある。

　世界の主要国では1981年に英国が物価連動国債を最初に発行。97年には米国も発行を始めた。発行額が多い主要6カ国（英，米，仏，豪，カナダ，スウェーデン）の03年の時価総額は約5,000億ドルに達しており，02年末に比べて1.4倍強に膨らんでいる。

　財務省にとってはインフレ期待が大きいほど低い表面利率で多くの資金を集められるメリットがある。一方，10年後の満期償還時に投資家の期待以上にインフレが進行し償還元本が膨らむと，最終的な発行コストが増大する恐れもある。

国際金融公社 ⇨IFC
国際金融先物取引
【international financial futures】
将来の特定の期日にあらかじめ約束した価格で金融資産を受け渡し，代金を決済する取引。期日前に反対売買により，当初の契約を精算でき，相場の変動に伴うリスクを回避できる。1972年にシカゴ・マーカンタイル取引所（CME）で通貨の先物取引が始まったのが最初。77年にはシカゴ商品取引所（CBT）が長期国債（Tボンド）を対象に先物取引を開始，これが現物取引をしのぐ活況を見せ，金融先物取引は一大マーケットに成長した。82年9月にロンドン国際金融先物取引所（LIFFE）が開設されたのに続き，東京市場でも85年10月に長期国債を対象にした先物取引が始まった。さらに89年6月には東京金融先物取引所（TIFFE）がオープンし，金利，通貨に先物取引の対象が拡大した。シンガポールでは99年12月，証券取引所と国際金融先物取引所（SIMEX）が合併した。

国際刑事裁判所
【International Criminal Court ; ICC】
大量虐殺などの戦争犯罪や「人道に反する罪」にかかわった個人を国境を越えて裁く初の常設国際法廷。場所はオランダ・ハーグ。初代検察官には2003年4月にアルゼンチン人のルイス・モレノオカンポ氏が選ばれた。締約国で起きた犯罪，国連安保理が付託した犯罪などについて訴追する。設立を定めたローマ条約は1998年7月に採択され，02年7月に発効した。米国は条約署名を拒否，さらにボスニア・ヘルツェゴビナでの国連平和維持活動（PKO）からの引き揚げまで示唆したことから，02年7月，ローマ条約の未批准国のPKO要員を事実上「免責」する国連決議が成立した。ローマ条約は日本も批准していない。

国際決済銀行 ⇨BIS
国債現先オペ
【the purchase/sale of Japanese government bond with repurchase agreements】
国債を一定期間後に買い戻す（あるいは売り戻す）条件をつけて売る（買う）現先取引を通じた日銀の公開市場操作（オペ）。利付国債，割引短期国債（TB），政府短期証券（FB）が売買の対象となる。「国債借り入れ（レポ）オペ」と「短期国債現先オペ」を統合したもので，日銀は2002年11月に初めて実施した。債券貸借の形をとる日本独特のレポ取引から，国際標準である現先取引への切り替えを金融機関に促す役割が期待されている。

国際原子力機関 ⇨IAEA
国際航空運送協会 ⇨IATA
国債市場懇談会
国債の大量発行時代を迎え，市場を円滑に運営するために財務省が発足させた組織。国債の発行市場，流通市場の円滑な運営のために議論をしている。建前は市場の声を聞くためとされているが，金融機関の認識では事実上のプライマリーディーラーシップと見られており，メンバーになることが一定のステータスになっている。→国債投資家懇談会

国債市場特別参加者制度
【primary dealer system】
国債の超大量発行時代に円滑な消化を促すねらいで，財務省が2004年10月から導入する新たな国債管理政策。特別参加者となった金融機関には，国債入札で一定の応札や落札シェアを守るよう求める一方，その見返りとして，通常の入札とは別枠で新発債を購入したり，市場で需給がひっ迫し

ている既発債を新たに手に入れたりできるといった特典を与える。欧米主要国ですでに実施している政府公認業者（プライマリーディーラー）の仕組みに倣っており，「日本版プライマリーディーラー制度」とも呼ばれる。

国際収支
【international balance of payment】
外国との国際経済取引で一定期間に生じた貨幣の受け払いをまとめた勘定。モノやサービスの取引から生じる経常勘定と証券投資などを示す資本勘定に大別でき，経常勘定収支は貿易・サービス収支と所得収支などで構成される。国際収支は1996年1月から改定され，以前より国民所得統計との整合性が高まった。

国際証券取引所連合
【International Federation of Stock Exchanges】
1961年，ヨーロッパ証券取引所連合を母体としてできた証券取引所の国際組織。会員相互の情報交換と共通する問題についての勧告が主な業務。東証や大証などが加盟。

国際商事仲裁
【international commercial arbitration】
国際的な企業間のトラブルを裁判所ではない第三者の仲裁によって解決すること。日本では経済産業省の外郭団体である国際商事仲裁協会が普及活動を進めている。企業が取引契約を交わす際にあらかじめ「紛争発生時には商事仲裁で処理する」と定めておけば，業界に精通した仲裁人による迅速な解決が期待できる。下された仲裁判断は国連条約により法的拘束力を持つ。

国際商品
【international commodity】
国際的に広い需給関係を持つ商品の総称。具体的には銅，アルミ，鉛などの非鉄金属，綿花，小麦，羊毛，砂糖，天然ゴム，油脂，皮革，コーヒーなど。原油は超大型国際商品といえる。いずれも国際貿易の中で大きな比重を占め，需給に不均衡が生ずると相場が激しく変動し，世界経済に大きな影響を及ぼす。→国際商品協定

国際商品協定
【international commodity agreement】
国際商品の価格があまり激しく上下しないよう，生産国と消費国の間で結ばれる国際協定。生産量，価格や価格操作するための在庫量，需給統計のまとめや研究開発，消費振興について定められる。需要と供給のバランスが崩れて世界経済全体に大きな影響を与えるのを防ぐのが目的。

国債整理基金特別会計
【debt consolidation fund special account】
国債の利払い，償還，発行，借り換えなどを管理する特別会計。1966年度に建設国債を発行し始めたのを受け，翌67年度に現行の制度ができ上がった。一般会計や各特別会計から毎年，資金を繰り入れて少しずつ償還財源を積み立てていく仕組み。繰り入れの方法としては，①前年度当初の国債総額の100分の1.6に相当する額を一般会計などから繰り入れる定率繰り入れ，②前年度の一般会計剰余金の2分の1を下回らない額を繰り入れる剰余金繰り入れ，③必要な場合に一般会計などに計上して繰り入れる予算繰り入れ——の3通りがある。

国際石油資本 ⇨ メジャー
国際石油取引所
【International Petroleum Exchange】
原油，石油製品の先物取引をする目

的で，BP（ブリティッシュ・ペトロリアム）を中心とするメジャー（国際石油資本）や石油ブローカーが，ロンドンの金融街シティーに開設した取引所。1988年6月に原油（北海ブレント）の先物売買を再開，加鉛ガソリンなども上場されている。ニューヨークの石油先物市場に比べマーケットの層が薄いが，アジア向け原油需要の急増などで再び注目されている。→シティー

国際船舶制度
一定の日本籍船を維持するため税制面などで優遇する制度。外航海運は構造不況と円高が重なって真空化現象が進んだ。外国籍船が増え，日本人船員が少なくなれば，有事の際，貨物が滞り，また操船技術の伝承が途絶えることになる。諸外国では自国籍船を税制面で優遇する制度があり，日本も1996年4月から一部優遇制度が導入された。

国際短期資金 ⇨ホットマネー
国際チャーター便
【international chartered flight】
時刻表に載っていない，不定期に運航される国際航空便の総称。主に旅行会社のツアーや修学旅行などに利用される。地方空港の増加に伴い便数も増える傾向にある。2001年2月，羽田空港でも出発・到着は深夜早朝で週2往復という制限付きながら解禁された。成田空港に比べ都心からの接続が良いため，各航空会社とも大きな需要を見込んでいる。→羽田空港の国際化

国際通貨基金 ⇨IMF
国債DVPシステム
【government bond delivery versus payment system】
日銀が1994年4月11日から稼働させている国債と資金の同時受け渡しシステム。国債の取引は，それまで国債と資金の受け渡しが前者は日銀ネット，後者は全銀システムと，別々に行われていた。この場合，国債の受け渡しは最終が午後3時，資金の受け渡しは午後1時となっており，時間差に伴う決済不履行のリスクが存在していた。そこで，日銀では，国債に関するネットワークと当座預金のネットワークを接合することで，同時処理を可能にし，国債取引での決済リスクが大幅に軽減した。さらに，受け渡しの安全性と効率性を高めるため，国債清算機関もスタートする予定。遅れていた社債決済制度も国債DVPシステムにならってよりリスクの少ない方向へ改革する検討が進んでいる。

国際鉄鋼協会 ⇨IISI
国債投資家懇談会
【panel of government bond investors】
財務省が国債市場の参加者と直接意見交換するために2002年4月に新設した懇談会。既存の国債市場懇談会は証券会社が中心メンバーだが，投資家懇は都銀，地銀，信託，生損保，農中など国債で資金運用する有力な機関投資家の代表者と学識経験者で構成する。投資家が購入しやすい国債の年限や表面利率の水準，発行量，税制などについて意見を聞き，大量発行時代の国債のあり方に反映させていく。3カ月に1度のペースで開催する。→国債市場懇談会

国際熱帯木材協定 ⇨ITTA
国際農業開発基金
【International Fund for Agricultural Development；IFAD】
1974年11月，世界食糧会議で国連の機関として設立が決まった基金。途上国の農業開発に対する融資を目的としている。貸し出しの種類は，①金利なし，据え置き期間10年を含む償還期間50年，手数料1％の超ソ

フトローン，②金利4％，据え置き期間5年を含む償還期間20年の中間的ローン，③金利8％，据え置き期間3年を含む償還期間15〜18年のハードローン——の3種類。設立以来の融資・支援額は77億ドルに上る。事務局はローマ。

国債の資金運用部資金引き受け
国債の消化は金融機関や証券会社が引き受ける市中消化が原則だが，これを補完するため財務省資金運用部も一部引き受けている。運用部原資の大部分は郵便貯金。毎年度運用部がどのくらい引き受けるかは財政投融資計画編成の際に決められ，国会の承認が必要。→郵便貯金の自主運用

国債の即時グロス決済
【real-time gross settlement of government bonds】
頭文字を取ってRTGS方式と呼ばれる。金融機関の間で行われる国債取引で1回取引するごとに即時に決済する方式。2001年1月から，日銀が導入した。それまでは，約定から4日目の午後3時に複数の相手先との売買を相殺して決済する「時点決済」方式となっていた。しかし，この方式だと約定から決済までの間に金融機関の破たんが起こると連鎖的に資金決済が滞る「システミックリスク」が避けられない。RTGS化により，今後さらに金融機関の破たんが起こった場合でも，「システミックリスク」を極力小さくしていくことをねらっている。しかし，RTGSになると金融機関は決済のために多額の資金が必要になるなど負担が増す面もある。

国債の日銀引き受け
【direct underwriting of government bonds by the Bank of Japan】
日銀が国債を市場を経由せずに直接買い入れること。財政法5条では，特別な理由で国会の議決がない限りは公債の日銀引き受けを禁じている。1998年末，国債増発による国債の需給悪化懸念で長期金利が急上昇した際，景気回復前の金利上昇は日本経済にマイナスとなるため，政治家などから国債の日銀引き受けで国債の消化を促すべきだとの声が出た。しかし日銀は，「日銀が財政資金を融通することになり，通貨の増発に歯止めがかからず悪性インフレを招くことになる」として拒否している。先進各国でも中央銀行による国債引き受けは制度的に禁止されている。

国債の入札制度
【government bond auction system】
国債の売買，発行の際，価格や利回りを応募者の競争入札により決める制度。1978年1月の資金運用部の国債売却から本格的に導入された。現在，完全に制度化されているのは，①短期国債，中期国債，超長期国債の発行，②運用部，国債整理基金の対民間既発国債売買，③日銀オペ——などがある。長期国債（10年国債）では，一定額をシ団引受方式で発行，残りについて価格競争入札を行う，部分的な入札制度が89年度から始まった。シ団引受方式を残したとはいえ，発行価格は引受分も入札時の落札価格で決まるため，流通市場の実勢が反映されることになった。米国から完全競争入札を求める声が強まってきたのに対応して，90年10月からは価格競争入札で引き受ける部分を広げた。その後も，入札部分を拡大する動きが続いており，2004年5月から85％になった。入札には価格入札と利回り入札があり，落札価格あるいは落札利回り決定方式にはコンベンショナル方式（複数価格入札方式），ダッチ方式（統一価格入札方

式）がある。現在はコンベンショナル方式による価格入札が定着している。運用部売買や日銀オペは既発債が対象なので、コンベンショナル方式の価格入札。

国債の入札前取引
【pre-auction government bond trading】
国債の入札に際し、証券会社や機関投資家などが発行条件の公表から入札結果発表までの期間に、別の業者と国債の売買契約を結ぶ取引。米国などではすでに実施されており、日本では2004年2月に導入された。財務省は入札前取引の動向から市場の買い意欲などを事前にとらえることが可能になり、表面利率や発行額などの調整ができるようになる。国債の大量発行を控え、市場の安定や入札当日に国債がさばききれないといった事態を避けるねらいがある。

国債引き受けシンジケート団
国債引き受け団のことで、国債発行の際、金融機関や証券会社が1つの集団を作り、国に代わって国債を募集し、応募額が発行予定総額に満たない場合にはその差額を自分で消化する仕組み。構成メンバーは、都市銀行、長期信用銀行、信託銀行、地方銀行、第二地方銀行、在日外国銀行、全国信用金庫連合会、農林中央金庫、生命保険会社、証券会社などである。

国際標準化機構 ⇨ISO
国際複合一貫輸送
【international multimodal transport】
異なる輸送機関を組み合わせて国際間のドア・ツー・ドア輸送を行うこと。トラックと船や、最近は航空機も利用される。米フェデックスのように1社で全てのサービスを手掛ける会社のほか、航空会社と航空貨物混載業者（フォワーダー）、トラック輸送会社などが組んで手掛ける例などがある。

国際復興開発銀行 ⇨世界銀行
国際分散投資
【international diversified investment】
運用リスク（危険）を減らして、高い運用益を上げるため、多通貨に分散して投資する手法。1つのファンドで日本株、米国株、欧州株に投資することなどを指す。巨大な資産を運用する機関投資家は、特に国際的な分散投資の必要性が高い。

国債ベーシス取引
【government bond basis trading】
ベーシスとは先物価格と現物価格との差をいう。先物市場のある10年物長期国債を対象にベーシスを売ったり買ったりするのが国債ベーシス取引。大手証券などは独自に行っていたが、1994年12月から日本相互証券などが仲介業務に乗り出した。ベーシスの取引によって債券ディーラーや機関投資家など市場参加者は先物価格から見て妥当と判断する価格で国債を売買でき、価格変動リスクの軽減がしやすくなる。またベーシスそのものの価格変動に着目したさや取り商いもできる。ただ日本では証券取引法上の制約からベーシスそのものの取引は認められておらず、ベーシスの売りは現物売り・先物買い、買いは現物買い・先物売りの形を取る。

国際流動性
【international liquidity】
各国は貿易や投資などのために必要となる支払いに対して、それに充当する準備資金を持っているが、この対外支払い準備の保有額のことをいう。計算方法は次の通り。

　　国際流動性＝［（金・外貨準備—金・外貨準備の最低限度額）＋公的融資＋私的融資］—公・私的融資の

利用による最低限度額の上昇分この保有額が必要額に比べて相対的に多いほど、国際流動性は十分ということになり、それだけ世界全体ないしその国は貿易の拡大、景気の振興を図る余裕が多くなる。この状態ではインフレの危険があるが、逆に国際流動性が不足する場合はそうした余地が乏しくなる。

国際労働機関 ⇨ILO
国産小型ジェット旅客機 ⇨ 環境適応型高性能小型航空機
コークス炉ガス
【coke-oven gas】
石炭をコークス炉に投入し、コークスを作る際に発生するガス。原料炭1トン当たり300立方メートルのガスが発生し、Cガスと略称される。ガスの組成はメタンと水素が中心で、発熱量は高炉ガスよりも多い。製鉄所ではコークス炉ガスをおもに製銑、圧延、ボイラー用の燃料として自家消費している。コークス炉ガスから水素を抽出するなど、ガスの分離精製技術の開発も進んでいる。

国勢調査
【census】
政府が全国民について行う人口の統計調査。総務省統計局が5年ごとに実施、発表する。人口の動静とこれに関係する項目を全国一斉に調査し、国勢の消長を明らかにするのが目的。調査結果は、行政や財政など国政一般に利用される。

極超短波 ⇨UHF
国土開発幹線自動車道
【national development arterial express ways】
日本道路公団が建設、管理する一般の高速道路で、国幹道と略称される。高規格幹線道路(高速国道)の大半を占める。国土開発幹線自動車道建設法の中に予定路線として盛り込まれたうえで、ルートや採算問題などが片付くと、国土交通相が施工命令を出して建設が始まる。予定路線は、第4次全国総合開発計画(4全総)の策定に伴い、1987年9月にそれまでの7,600キロメートルに3,920キロが追加され、1万1,520キロとなった。プール採算性を採っているため、地方の不採算路線の建設が増えると、全体の通行料を値上げすることになる。→高規格幹線道路

国土法
【National Land Use Planning Act】
国土の適正な利用と地価の抑制をねらいとした法律。正式名称は国土利用計画法。1974年6月、共産党を除く与野党の共同提案の形で成立した。具体的手段としては、①知事が規制区域を指定し、その地域内での地価を基準価格で凍結するとともに、取引は一切許可制とする、②規制区域より規制の緩い監視区域を指定し、区域内の一定規模以上の土地取引について取引価格、資金計画の届け出を義務付け、基準価格を著しく上回るような取引は知事が中止を勧告できる、③値上がり待ちをしているような遊休土地に対して、知事は地主に処分、利用計画を提供するよう強制できる——の3点を柱としている。

国土利用計画法 ⇨ 国土法
国内総生産
【gross domestic product ; GDP】
国内における経済活動によって生み出される付加価値の総計。ある一国の純然たる国内の経済活動の規模や動向を示す指標として用いる。内閣府が各種の基礎統計を基に作成している。ある期間のGDPが前の期に比べてどれだけ増減したかが経済成長率となる。日本では2000年から統計の作

成方法を「93SNA」と呼ばれる新基準に切り替えた。→93SNA, 国民所得

国民協議会(MPR)
【the People's Consultative Assembly】
インドネシア国権の最高機関。国策大綱の決定と正副大統領の選出を行う。憲法の制定権も持つ。定員700人。民意をより正確に反映させるため、大統領が任命する議員の数を削減した。内訳は国会議員議席500、全国27州からそれぞれ5人ずつ選ばれる地方代表議席135、宗教関係者・経済団体・学識経験者など諸組織の代表議席65。国会議員は44年ぶりに実施された民主的な選挙(投票・開票は1999年6月7日)によって選出された。大統領選出には全議席の過半数の承認が必要。議長は国内第2のイスラム組織ムハマディア前議長のアミン・ライス氏。

国民経済計算年報
【Annual Report on National Accounts】
内閣府が毎年1回まとめる一種の「国民所得白書」ともいうべき統計集。内容は、①基本勘定および主要系列表、②国民所得の分配および国民総支出に関する付表、③産業別国内総(純)生産(生産物接近法による)に関する付表、④付録——の4部門に分けて発表される。→国民所得

国民健康保険
【national health insurance】
農漁民や商工自営業者など非給与所得者すべてを対象とした医療保険制度。全国の市町村がその財政運営を行う。なお開業医や弁護士、建築技能労働者などは独自に国民健康保険組合を作っている。市町村国保の数は2002年3月末で3,235、国保組合は166である。国保は家族全員が被保険者であり、給付率は入院も外来も7割。国保の被保険者は約4,900万人。国保は低所得者や高齢者の被保険者が多いことから医療費がかさみ、財政事情が悪化している。

国民車計画
【national car project】
東南アジアなど乗用車の普及が遅れている国・地域の政府が、自動車産業の育成をねらって推進する政策。特定の企業を国民車メーカーに指定し、税制面などの恩典を与えることで低価格を実現する。その一方で、国民車メーカーには部品の高い現地調達率を要請するケースが多く、周辺産業の育成につなげる。国民車計画の代表例としては、マレーシア政府が三菱自動車工業などの協力を得て1983年に設立したプロトン社がある。ただ、輸入車人気の高まりで2002年は国内シェアが6割を下回るなど、苦戦している。乗用車の輸出も開始、外貨獲得にも貢献している。96年2月にはインドネシア政府も国民車計画を打ち出したが、選定で公平性を欠いていると、日本や米国の政府、業界が反発。その後のアジア通貨危機で計画はとん挫している。

国民所得
【national income】
サラリーマンの所得や企業の利益など、一国の所得を合計したもの。国民経済計算を所得面からとらえた概念といえる。通常は国民総生産から固定資産である設備の消耗分と間接税分を差し引いて求める。国民所得に占める雇用者報酬の割合が労働分配率で、その国の生産の効率性などを表す。→国民総所得、デフレーター、間接税

国民所得勘定
【national income account】
わが国の居住者が一定期間(通常1カ

年)に作り出した財貨とサービス(用役)を貨幣価値で表現したもの。産業連関表，国民貸借対照表，資金循環表(マネーフロー表)などと並ぶ代表的な国民経済計算の1つ。普通，国民所得の大きさが一国の総合的な経済力を示すバロメーターだと考えられている。その中心がGDP(国内総生産)であることから，GDP統計とも呼んでいる。

国民所得統計速報
【Preliminary Quarterly Estimates of National Expenditure】
内閣府が四半期ごとに発表するGDP(国内総生産)統計で，一般に略してQ.E.(Quick Estimation)と呼ばれており，景気の動向を示す最も重要な指標の1つ。名目系列と実質系列があり，実質の季節調整済み値の前期比増減率が景気判断に使われる。例えばGDP全体の前期比伸び率が0.5%から1.5%に上昇すると，景気はかなりのテンポで拡大していると考えられる。→国民所得勘定

国民生活金融公庫
【National Life Finance Corporation】
国民金融公庫と環境衛生金融公庫が統合して1999年10月に発足した政府系金融機関。国民金融公庫は小規模な企業の事業資金や個人向けの教育資金を融資，環境衛生金融公庫は環境衛生関係業者の事業資金を融資してきた。業務内容が類似しているため，政府は97年に閣議決定した「特殊法人の整理合理化」の中で統合することを決めた。役員，総務部門などは縮小するが，業務内容は維持されるため，統合による行政改革効果は乏しいとの指摘がある。

国民生活白書
【Annual Report on the National Life】
内閣府が毎年1回まとめる国民生活の動きや変化を分析した報告書。特に家計調査や消費者物価指数，各種の給与，雇用統計などを中心に国民生活の階層別，地域別の所得，消費内容の移り変わりなどを明らかにするのがねらい。その年によって問題の焦点を絞り，国民生活全般についての問題を浮き彫りにする方法をとっている。2004年度はNPOなどの新たな「地縁」活動が地域の活性化に及ぼす影響についてまとめた。→家計調査，消費者物価指数

国民総所得
【gross national income ; GNI】
各経済主体が，海外からも含めて受け取った所得の総計。新しい国民経済計算体系の93SNAが採用されたのに伴い国民総生産(GNP)の概念がなくなり，新たにGNIが導入された。名目GNIは名目GNPと同一となる。実質化する際には，従来の実質GNPには輸出入の実質的な数量による純輸出は含まれるものの，輸出入価格の差によって生じる所得の実質額は計上されていなかった。実質GNIは所得の実質額である交易利得を加えることで調整する。→国民所得

国民総生産 ⇨ 国民総所得

国民年金
【national pension】
自営業や農業，あるいは開業医など，給与所得者でない20歳以上60歳未満の人すべてを対象とする年金。保険料は加入者の所得と関係なく定額で，現在月1万3,300円。国民年金には老齢年金，障害年金などがあり，加入中に死亡すれば死亡一時金が支給される。1986年4月からはサラリーマンとその妻も国民年金に加入することになり，全国民共通の年金になったので「基礎年金」とも呼ばれるよう

になった。サラリーマンの場合，保険料は厚生年金の保険料の一部が充てられる仕組みになっている。景気低迷に配慮し，99年の年金制度改革時から保険料の引き上げは凍結されていたが，政府は2005年4月から毎年280円（04年度価格）ずつ引き上げ17年度以降は16,900円で固定する予定だ。

国民負担率
租税負担率と社会保障負担率の合計。租税負担率は租税収入金額（国税＋地方税）を国民所得で割ったもので，税金の軽重を表す指標となる。社会保障負担率は分母が国民所得，分子が医療保険や年金の保険料などの社会保障負担。政府は財政赤字を含めた「潜在的な国民負担率」の考え方を新たに取り入れ，この比率が50％を超えないようにすることを目標としている。2004年度の国民負担率は，前年度と同じ35.5％となる見通し。→国民所得

穀物メジャー
【major grain companies】
世界中に根を張る大手穀物商社のこと。国際流通での支配力が強いため，石油のメジャーを連想してこの言葉が生まれた。米国，カナダ，オーストラリア，アルゼンチンなど世界の主要穀物産地に集荷網を張りめぐらしており，情報の収集力にも定評がある。

国立大学の独立法人化
国立大学を国の直轄から独立した法人とし，教職員は非公務員となる。国立大学法人法の成立で2004年4月から全国に89の国立大学法人が誕生する。法人化後は，各学長に運営費や教員人事などで幅広い裁量権が認められるトップダウン型の統治が導入される。各大学は文部科学省の指針に基づいて中期計画を作成。その達成状況を第3者が評価し，国からの運営交付金の振り分け額が決まる。競争原理の導入で産学連携などの進展が期待される半面，大学間での教職員の賃金体系や授業料のばらつきなどの調整が課題となる。

国連安全保障理事会決議
【United Nation Security Council resolution】
国際社会の意向を示すために国連の安全保障理事会（安保理）が採択する決議のことで，経済制裁や軍事力行使の根拠となる。安保理は常任理事国5カ国と非常任理事国10カ国で構成されている。理事国15カ国中9カ国以上が賛成したうえ，常任理事国5カ国が拒否権を発動しない場合に決議は採択となる。2003年3月，対イラク修正決議案の扱いを巡り，武力行使の方針を貫く米英と慎重派の仏ロ独が対立し，採決しないままイラク戦争に突入して安保理の権威が低下する事態を招いた。

国連環境開発会議
【United Nations Conference on Environment Development ; UNCED】
いわゆる地球環境サミット。1992年6月に「持続可能な開発」をテーマにブラジルのリオデジャネイロで開いた。同会議には182カ国が参加し，環境と開発に関するリオ宣言や，環境保護への行動計画「アジェンダ21」を採択した。しかし，行動に移すための資金調達問題は決着していない。第2回サミットは2002年夏に南アフリカで開催された。

国連工業開発機関　⇨UNIDO
国連食糧農業機関　⇨FAO
国連大学
【The United Nations University】
正式には国連国際大学。1969年に

当時のウ・タント国連事務総長が提案、72年の国連総会で国連大学憲章が決議され、75年、東京・渋谷に本部が設置された。92年、本部ビルが完成し、93年には、ガリ国連事務総長が出席して開所式が行われた。同ビルには国連機関の事務所が集まっている。日本に本部を置く唯一の国連機関。大学といっても学生を募集して教育を行うものではなく、博士号取得者などを対象に世界的な規模で研修制度を設け、世界の研究機関と提携して環境、資源、貿易、安全保障など国連の目的と密接な関係にある問題の研究推進を目的としている。直属の研究機関としてはヘルシンキに世界開発経済研究所（WIDER）がある。

国連難民高等弁務官事務所
【Office of the United Nations High Commissioner for Refugees ; UNHCR】
1951年1月に発足した国連の下部機構で、国内・国際紛争や災害による難民の保護、救済、自発的帰国などの斡旋を行う。本部はジュネーブ。122カ国に現地事務所がある。資金は各国の資金協力による難民緊急基金から支払われる。91年1月、UNHCR高等弁務官に緒方貞子・上智大学外国学部長が就任、日本人女性としては初の国連機関トップ（日本人としては2人目）となった。92年3月から始まったカンボジア難民の帰還事業でも陣頭指揮をとったほか、コソボ難民問題でも積極的な支援活動を展開した。緒方貞子・高等弁務官は2000年末で退任、後任にはルベルス前オランダ首相が就いた。

国連貿易開発会議 ⇨UNCTAD

ココム
【Coordinating Committee for Export Control】
対共産圏輸出統制委員会。旧ソ連、中国など共産圏諸国向けの戦略物資の輸出を禁止することを目的に1949年に発足した機関。89年のベルリンの壁崩壊や91年のソ連邦崩壊を受け、94年3月末に解散した。ココムに代わる新たな輸出管理機構として96年4月に新機構「ワッセナー協約」の設立総会が開かれた。加盟国はココム参加国のほかココムの規制対象国だったロシア、ポーランドなど旧共産主義国、スイス、オーストリアといった中立国、韓国、アルゼンチンなどが加わり33カ国となった。輸出規制の対象を通常兵器や関連汎用品の約100品目とした。→ワッセナー協約

コージェネレーション
【cogeneration】
熱電併給システム。発電と同時に排熱を使い冷暖房や給湯などを行う分散型電源システム。排熱も利用するため総合エネルギー効率は80％程度と高い。既に実用化されているシステムではガスタービンエンジンやディーゼルエンジンで発電機を回し熱利用もしている。ホテル、病院、ショッピングセンターなどに設置されるのが大半。ただ、熱需要と発電需要のバランスが取れないと効率は上がらない。このため電気と熱をほぼ半々に取り出せる燃料電池が注目されている。熱源には天然ガス、ナフサ、灯油などがある。

古紙パルプ
【recycled pulp】
新聞や雑誌、コンピューターのアウトプット用紙などを再び紙の原料として使うために、水に溶かしインクを洗剤を含んだアワで洗い落としたパルプのこと。脱墨パルプともいう。かつては新聞用紙など黒ずんだ紙の原料にしか

使えなかったが，脱墨技術の向上に伴い，コピー用紙など白さが求められる紙にも使えるようになった。→再生紙

個人消費支出
【personal consumption expenditure】
家計の支出の合計で，国民総支出の中で約55％と最も大きな比重を占める項目。国民所得計算上は民間最終消費支出をいう。国民所得勘定の1つである個人勘定の1項目でもある。個人消費支出は，国民総支出に占めるウエートが大きいため，その増減は景気の動向，経済成長のテンポに大きな影響を与える。→国民所得

個人情報保護
【protection of personal data】
氏名や住所，電話番号など個人を特定できる情報を不特定な第三者から保護すること。インターネットサービス事業者から，大量の顧客情報が流出して注目を集めた。情報が漏えいするのは，顧客情報を閲覧できる利用者番号とパスワードを使って通信網を通じて盗み出す方法や顧客情報が保存されたノートパソコンやCD-ROMなどを紛失したことによって第三者の手に渡ってしまうなどのパターンがある。2005年4月から個人情報保護法が全面施行され，企業や官公庁は所有する個人情報の保護が義務付けられる。情報系各社からはフロッピーなどの外部記憶装置に情報を複写できないようにするソフトウエアなど情報漏えい対策製品の発売が相次いでいる。

個人向け国債
【government bond for individual investors】
個人投資家を対象に発行されている日本国債のこと。大量発行が続いているいる国債の消化を円滑に行うための商品性多様化の一環として，2003年から発行されるようになった。少額資金で買えるよう従来型の国債よりも小口化されていることと，投資家の受け取る利息が金利情勢に応じて変化する「変動利付き債」になっていることが最大の特徴。郵便局や証券会社，銀行などの金融機関で購入できる。

個人向け社債
【corporate bond targeting at individual investors】
機関投資家ではなく，個人投資家を主な販売対象にした社債。1992年6月発行の近畿日本鉄道債が第1号といわれ，94年以降，ボーナス時期を中心に発行が相次いでいる。社債の消化基盤を拡充して安定消化につなげるとともに，IR（インベスターリレーションズ）に役立てようという動きが出てきたのが背景。社債に続いてサムライ債（円建て外債）やユーロ建て債でも個人を対象にした起債が増えている。超低金利状態が長期化していることから，金利面で預金などより相対的に有利な金融商品として個人投資家の人気が高まっている。

コストインフレ
【cost-push inflation】
コスト・プッシュ・インフレーションの略。生産コストのうち主に賃金の上昇が引き起こす物価の上昇をいう。労働者1人当たりが生み出す付加価値（生産性）の増加額以上に賃金が上昇した場合，企業は利潤の減少を防ぐため価格を引き上げる。この傾向をコストインフレという場合もあり，またこの価格引き上げの結果，生計費が増加し，それが賃上げをもたらし物価が引き上げられるという連続的な現象についてコストインフレという場合もある。→インフレ

コースの定理
【coase theorem】
権利を当事者間にどのように割り当てようと，結果的には同一の資源配分が達成されるという定理。例えば，製造物責任をめぐる欠陥商品の場合，責任の所在が買い手にあろうと売り手にあろうと，当事者間の交渉を通じて資源配分は同一となる。この定理が成り立つには，被害の確定や交渉などに伴う「取引費用」がゼロという前提が必要だが，現実の世界ではこの前提は成立しない。つまりコースの定理は，経済制度の分析に当たって，取引費用の果たす役割がいかに大きいかを示している。この定理を考案したロナルド・コース米シカゴ大学教授は，1991年にノーベル経済学賞を受賞した。

コソボ紛争
【Kosovo conflict】
国家連合，セルビア・モンテネグロ（旧称：ユーゴスラビア連邦共和国）のコソボ自治州で人口の大半を占めるアルバニア系住民が分離・独立を求めている問題。1998年に内戦状態となり，99年3～6月には北大西洋条約機構（NATO）軍がユーゴを空爆。現在は，同州の最終的地位が固まるまでの措置として，国連コソボ暫定統治機構（UNMIK）とNATOを中核とする国際部隊が行政・治安を担っている。2002年3月に自治州議会は，議会選で第一党となった穏健独立派のコソボ民主同盟のルゴバ党首を初代大統領に選出。新たに自治政府が発足，住民による限定的な自治が始まった。03年10月には国連が仲介し，セルビア・モンテネグロ政府と同自治州政府がウィーンで初めて協議した。

国家公務員倫理法
公正な行政を目指すため，国家公務員に一定の規律を求める法律。大蔵官僚の過剰接待問題などが表面化したのを受け，1999年に国会で成立し，2000年4月に施行された。本省の課長補佐級以上の公務員が5,000円を超える接待や贈与を受ける場合，上司への報告を義務付ける。省庁から許認可や補助金を受ける者など，国家公務員の職務権限が及ぶ「利害関係者」からの接待や贈与は原則として禁止されている。

国家平和発展評議会
【State Peace and Development Council; SPDC】
ミャンマーの軍事政権。1997年11月，それまでの国家法秩序回復評議会（SLORC）を解散し，メンバーを大幅に入れ替えて発足した。19人で構成。前身のSLORCは，88年9月のクーデターで約26年半続いたネ・ウィン体制を打破し，全権を掌握。総選挙を公約，当初は民政移管までの暫定政権としていた。ところが，90年5月の総選挙で民主化を求める国民民主連盟（NLD）が圧勝したにもかかわらず，軍政側は「憲法制定が政権移譲の前提」として民政移管を拒否。民主化運動のリーダー，アウン・サン・スー・チーNLD書記長を総選挙の前年の89年7月から95年7月まで自宅軟禁に処すなど，民主化の動きを封じ込め，欧米から強い批判を浴びた。97年7月，ミャンマーは東南アジア諸国連合（ASEAN）に加盟した。2000年9月に再びスー・チー氏を自宅軟禁していたが，02年5月に解放した。

国境税調整
【border tax adjustment】
外国からの輸入品に対して関税のほかに国内産品と同率の消費税を課し，輸出品については国内消費税部分を

払い戻す制度。消費税は消費地で課税すべきとの考え方（仕向け地課税主義）に基づいている。国境税調整は輸出入に際し，国内の消費税率の範囲内で行われる限り，世界貿易機関（WTO）違反にはならない。しかしこの税制は，輸入抑制，輸出促進の効果があるとされ，特に欧州連合（EU）諸国のような間接税の比重の大きい国に有利で，直接税中心の米国などには不利に働くとの論議がある。→付加価値税

骨髄移植
【bone marrow transplant】
すべての血液細胞のもとになる造血幹細胞を含む骨髄液の移植術。白血病など，血液の病気を持つ患者に実施される。提供者（ドナー）と患者とは白血球の血液型（HLA）が一致しなければならないため，実施には多くの提供希望者が登録した「骨髄バンク」が活動している。日本では1991年に旧厚生省所轄の骨髄移植推進財団が発足し，93年から同財団のバンクを通した移植が始まった。2003年8月に，バンクを通した移植が5,000件を超えた。ドナー登録者は約17万3,000人。また，骨髄移植に協力するためドナー休暇を導入する企業も増えている。

骨髄バンク ⇨ 骨髄移植
固定資産
【fixed assets】
土地，建物，機械，器具，特許権，のれん代など営業の基礎になり，長期間継続して使える資産をいう。重化学工業などの装置型産業は固定資産の割合が大きく，金融業や商業ではその割合が小さい。→流動資産

固定資産回転率
【fixed assets turnover】
ある営業期間内の売上高（年間に換算）を土地，建物，機械など固定資産の総額で割った比率のこと。これは固定資産の利用能率を示すもので，経営効率を判断するのに使われる。一般的にはこの回転率が高いほど成績のいい会社だが，業種によって差が出てくる。算式は次の通り。

$$\frac{売上高（年換算）}{\frac{期首固定資産＋期末固定資産}{2}}$$

固定資産の評価替え
【reappraisal of fixed assets】
固定資産税は毎年1月1日現在の土地，家屋，償却資産の所有者に課税されるが，土地と家屋について1958年から起算して3年ごとに課税の標準となる価格を評価し直すことをいう。この評価額は課税台帳に登録され，原則として次の評価替えまで3年間据え置かれ課税標準となるが，第2，第3年目に地目の変更や家屋の改築があった場合は評価額の変更が認められている。

固定費
【fixed costs】
一定期間中に生産したり，販売したりする数量の増減に関係なく，常に必要な一定の費用のこと。不変費ともいう。人件費，減価償却費，金融費用，諸経費などで構成される。もっとも，定額とはいえ物価の変動で変わることがあるので，定額に近い費目を固定費とする場合もある。→変動費

固定比率
【fixed [assets] ratio ; fixed assets to net worth ratio】
固定資産を株主資本（自己資本）で割った比率。固定資産はなかなか換金できず，またこれに投資した資産の回収（減価償却）も長期間かかるので，なるべく株主資本で賄い，他人資本

に依存しないのが望ましい。つまり，この比率は100％以下であることが理想で，比率が低いほど一般的には，いい会社といえる。

$$\frac{固定資産}{株主資本} \times 100$$

→固定資産

固定負債
【fixed liabilities】
流動負債に対立する概念で，支払い期限1年以上のもの。長期負債ともいう。社債，長期借入金，長期性引当金などがこれに当たる。→流動負債，負債

コーデックス規格
【Codex Standards】
国連食糧農業機関（FAO）と世界保健機関（WHO）が合同で設立した食品規格委員会（コーデックス委員会）が定めた国際食品規格の略称。委員会は1962年に発足，日米欧など約150カ国が参加する。これまでに砂糖や缶詰，果汁，ハム，ココア，乳製品など国際貿易上重要な食品約250品目について残留農薬や食品衛生，表示，輸出入の検査証明などの項目を定めてきた。採用の可否は各国の自由で採択率は低く，日本が正式採用を表明した規格は過去1件だけだった。しかし，世界貿易機関（WTO）協定締結に伴い，食品に国際規格がある場合，WTO加盟国は原則としてそれに従うことになり，コーデックス規格の重要性は高まっている。

コードシェアリング
【code sharing】
複数の航空会社が1つの飛行機に双方の便名を付けて運送を行う形態。 日本では飛行機や運航乗務員が自社に属する場合を「共同運航」，提携先に属する場合を「共同運送」と呼び，区別している。もともとは需要の少ない路線の運航を共同化してリスクを分散する目的で導入されたが，今では航空会社間の戦略提携の一項目になっている。

5年物利付国債
【five-year government coupon bond】
期間5年の国債。財政赤字の増大に悩む政府が2000年2月から発行を始めた。大量に定期発行することで市場性を持たせ，政府の資金調達コストの引き下げをねらっている。かつては金融債の中心が5年物利付金融債だったため，政府は5年物利付国債の発行を見送っていた。

5％ルール
【so-called 5% rule】
1990年の証券取引法改正で，株集めグループの情報公開を進めるため日本にも導入されたルール。内容は，①同一グループが同一銘柄を5％以上買った場合には財務省に報告する，②5％取得後，持ち株に1％以上の変動があったら届け出る，③買収目的，資金源などを開示する──などが柱。違反すると刑事罰の対象となる。市場の透明性を高め，一般投資家が仕手戦で不測の損害を被らないようにするのが目的である。

コピーガード
【copy guard】
音楽CD，ビデオ，衛星放送などのソフトが不正に複製されるのを防ぐ技術。デジタル技術やインターネットの発達・普及により，ソフトをコピーし，簡単に流布できるようになったことで注目を集めている。特に音楽業界は，米ナップスターなどによる楽曲ファイルのネット交換サービスにより巨額の損害が生じたと見ている。ただ，私的複製の権利まで制限されるとの見方があるほか，標準技術が確立していない

ため混乱も起きている。

個別株オプション
【individual stock options】
株式市場で個別銘柄ごとにオプション取引をすること。東京証券取引所、大阪証券取引所が市場活性化策の一環として1997年7月18日から取引を始めた。大証の日経平均オプション、日経300オプション、東証のTOPIXオプションなど株価指数を対象にしたオプションは既にあったが、個別株のオプションは初めて。取引開始時の対象銘柄は東証、大証ともに20で、現在は東証が約150銘柄、大証は約100銘柄を対象にしている。

コーポラティブ住宅
【cooperative house】
入居希望者が自発的に集まって資金を出し合い、思い通りの仕様で建設する共同住宅。住環境への関心が高まる中で、自由に内装設計できる点が注目を集め、施工例が増えている。ライフスタイルや価値観が似た家族が集まることで、新しい共同体的な街づくりを促す効果もある。分譲方式だけでなく、スケルトン貸しや定期借地権付き住宅への応用例も始まっている。→スケルトン貸し、定期借地権付き住宅

コーポレートガバナンス
【corporate governance】
株主など企業のステークホルダー（利害関係者）によって企業が指揮され、統制されるシステムのこと。「企業統治」とも訳す。企業の業績悪化や不祥事の発生の原因が経営者中心の専制的なガバナンスにあったとの問題認識から、米国や英国では1980年代以降にガバナンスを改革しようとする動きが活発化した。日本でも2003年4月の商法改正を機に、統治機能をより高めた委員会等設置会社への移行会社が出現、統治手法の議論が活発化している。

コーポレートブランド経営
【management of corporate brands】
株主を重視する米国型経営か、従業員を大事にする日本型経営かの二者択一ではなく、株主価値、従業員価値、顧客価値という対立しがちな3つの価値を連結し、相互に高める経営を目指すべき、という考えに基づいた経営モデル。企業のブランド（コーポレートブランド）が高まれば、顧客は惹きつけられ、業績が安定し、従業員も自社に誇りを持ち、満足して働き、それがまた顧客満足につながり……という良い連鎖が生み出されるという。SCM（サプライチェーンマネジメント）などのビジネスモデルを駆使し、コーポレートブランドを高めることが経営の中心課題となる。

コマーシャルペーパー
【commercial paper；CP】
企業が短期の資金調達のため発行している単名・自己宛の無担保約束手形。もともと、米国とカナダだけに見られたが、1980年代に入って国際金融市場でも発行されるようになった。日本では87年11月から発行が認められ、大企業の銀行借り入れに代わる短期資金の有力な調達手段として定着し、発行残高も拡大した。発行企業は、CP販売業務を認められている証券会社や銀行との間で販売人契約を結び、発行日の2日前に発行条件を決める。米国のように企業が機関投資家などに直接売り出す「直接発行」も98年から認められた。93年4月の証取法改正で有価証券の一種となった。また、当初は金融機関には発行が認められていなかったのが、88年12月に証券金融会社、90年1月に証券会社、93年6月からノン

バンク，94年4月からは保険会社の発行が解禁された。95年度の政府の規制緩和の一環で，期間2週間未満および9カ月超1年未満のCPの発行も解禁。リース会社などノンバンクの発行制限（使途制限）も撤廃されるなど，使い勝手が一段と向上した。98年6月の大蔵省（当時）の金融通達廃止により，期間や金額の発行制限が解かれ，銀行のCP発行も解禁となった。2001年にゼロ金利が復活してから0.1％という低い金利水準で発行が可能になり，需要が高まっている。

ごみ固形燃料　⇒RDF

コミットメントライン
【commitment line】
企業が金融機関に手数料を支払う代わりに，必要なときに一定金額まで資金を借りることができる融資枠。米国では主流の銀行取引だが，日本でも株主資本比率向上のために貸出資産を圧縮したい銀行の思惑と，財務の効率化を進める企業のニーズが合致し，需要が高まっている。1999年3月に，手数料が利息制限法と出資法の上限金利規制から適用除外となり，活用する企業が増えた。2003年4月現在では総額約14兆円が利用されている。一時的に多額の運転資金が必要となる大手の商社やメーカーの利用が多い。

コミュニティーバス
【community bus】
定義はないが，主に自治体がバス事業者に委託して運営する，小型車両を利用したバス路線を指す。安価かつ均一料金が多く，交通不便地域を巡回する。乗用車の普及やバス事業の規制緩和で民間バス路線の廃止が増加。その穴を埋めるため，1990年代後半から広まった。特に東京・武蔵野市の「ムーバス」が成功したことで自治体の導入が相次ぎ，主なものだけで100件を超えるといわれる。

コミュニティービジネス
【community business】
福祉，教育，文化，環境保護などの社会需要を満たすサービス分野で手掛ける地域密着型事業のこと。従来は地方自治体が取り組むことが多かった分野だが，行政サービスの外部委託の進展などで新たな事業機会として注目を集めている。企業だけでなく，非営利組織（NPO）が事業を担う例もある。英国ではサッチャー政権時代の行財政改革で社会サービスを事業化する人々が多く出ており，「社会起業家」と呼ばれている。

ゴム補強プラスチック
粒子分散型複合材料の一種で，微細なゴム粒子を複合（アロイ）して，耐衝撃性を高めたプラスチック。もろい性質のポリスチレンやアクリロニトリル樹脂に直径数マイクロ（1マイクロは100万分の1）メートルのゴム粒子を共重合すると強靱なプラスチックになる。代表的なものはABS（アクリロニトリル・ブタジエン・スチレン）樹脂で，合成ゴムのポリブタジエンとアクリロニトリルを共重合した。耐衝撃性のほかに成型性，剛性，着色性が良いため，自動車の内装品やOA機器の外装などに使われている。また，ポリブタジエンとスチレンだけを共重合したHIPS（耐衝撃性スチレン）がある。

コメ関税化
【tariffication of imported rice】
1999年4月から関税を支払えばコメ輸入が可能になったこと。ウルグアイラウンド合意で，日本は95〜2000年度にコメ関税化をせず，最低輸入義務（ミニマムアクセス，MA）を受け入れたが，毎年増大する外国産米が国内のコメ余りを加速，MAを抑

制するため関税化に移行した。04年度のMA枠は76.7万トン。一方の関税額は、WTO（世界貿易機関）の協定に基づき、04年度は1キロ341円。値段の安いタイ産米でも国産米を大幅に上回る価格になるため、関税を払ってコメ輸入をする事例はほとんどない。→ウルグアイラウンド

コメ市場改革
【rice market feform】
政府の規制が強かったコメの生産・販売に市場原理を導入し需要に応じたコメ作りと流通の効率化を促す狙いの制度改革。1995年11月の食糧管理法（食管法）廃止と食糧法施行で本格化スタートした。2004年4月には改正食糧法が施行され、「売れるコメづくり」のスローガンのもと一律減反が廃止され、国が流通を管理する計画流通制度もなくなった。

コメックス
【COMEX】
ニューヨークにあるCommodity Exchange（商品取引所）の略。上場品目は銅、アルミニウム、金、銀、プラチナ、パラジウムと金・銀オプション。アルミは1983年に上場したあと上場休止の状態にあったが、99年5月に再上場を果たした。94年、NYMEX（ニューヨーク・マーカンタイル取引所）と合併した。

コメ入札
【rice auctioning】
コメの価格形成に市場原理を導入するため1990年から実施しているコメ取引。コメ価格センター（全国米穀取引・価格形成センター＝04年4月に自主流通米価格形成センターから改称）が運営し、全農や各県の経済連などが売り手、資格を持つコメ卸業者が買い手となり、自主流通米を入札方式で取引する。入札会は早期米（早場米）を除き、東京、大阪の2取引所で合計12回。また、新潟・魚沼コシヒカリなど人気銘柄の地域区分上場も実現した。

コモンズ
【commons】
本来は「共有地」の意味。公共施設や自然環境のうち、「公」でも「私」でもなく、地域単位で共同管理されているものなどを指す。もともとはイギリスで土地の所有形態を示す言葉だった。日本でも入会権が設定された森や山などのある場所は少なくない。自然や社会インフラを行政所有や個人所有といった形で管理するのが困難な状況にあり、新たな所有概念として注目されている。最近は著作権の所有形態としても主張され始めている。

雇用延長
【employment extension】
定年年齢に達した労働者を退職させることなく、引き続き雇用すること。同種の言葉に「再雇用」「定年延長」がある。一般に再雇用は定年年齢に達した労働者を一度退職させた後、再び雇用することを示す。定年延長は定年年齢の引き上げであり、原則すべての従業員が対象であるのに対し、雇用延長や再雇用は会社が必要と認めた場合に限られることが多く、賃金も以前より低くなる例が多い。将来の労働力人口の減少や公的年金の支給開始年齢の引き上げなどを背景に、65歳まで働き続けることができる環境整備が課題となっている。

雇用者所得
【income of employed persons】
国民所得分配勘定および個人勘定の中の項目の1つで、民間および政府の企業などに雇われている人（正確には居住者）に対して労働の報酬として支払われる現金、現物など一切の所

得を指す。主に賃金，手当てなどのその他給与，社会保険に区分できる。→国民所得

雇用対策基本計画
【basic employment plan】
労働者が能力を有効に発揮できるよう，雇用対策法に基づき作成される計画。1967年の第1次計画以来，第9次計画まで作られている。99年8月に閣議決定した第9次計画（99年から21世紀初頭の10年間程度）では，少子化により2005年をピークに労働力人口が減少に向かうと予測した。

雇用調整
【employment adjustment】
不況による操業短縮などに対処して行う雇用者数の調整。最近では事業の再構築（リストラ）によるケースも増えている。いろいろな手段があり，残業規制や新卒・中途採用の削減，臨時工・パートタイム労働者の解雇，休日の増加，出向，配置転換などがある。不況が深刻化すると，一時帰休，希望退職，解雇などが増えてくる。

雇用調整助成金
【government subsidies for employment adjustment】
企業が社員の自宅待機（休業）や教育訓練，出向を実施する際に，国が賃金や費用の一部を支給する制度。希望退職や解雇など深刻な雇用調整を未然に防ぐために労働省が1975年に創設した。生産量や売上高が減少している企業が対象で，対象となる業種を指定していた方式は2001年10月に廃止した。

雇用のミスマッチ
【supply-demand mismatching in employment】
企業が労働者に求める条件（職種，技能，年齢など）と，仕事を求める求職者の満たす条件・適性が一致しないため，求人が多くても失業が減らない状況のこと。情報技術（IT）関連職種の求人が増えているにもかかわらず，求職者の専門技能が不足しているために就職に結び付かない現象が，雇用ミスマッチの典型例といえる。こうしたミスマッチ型の失業は高齢化の進展や経済の一層の国際化，産業構造の変化に伴い，今後さらに増加する可能性が高い。→完全失業率

雇用保険
【employment insurance】
離職者の生活保障などを行う失業等給付のほかに，企業負担を原則に雇用安定，能力開発，雇用福祉の3事業を行う雇用に関する総合的保険制度。従来の失業保険制度を発展解消する形で，1975年4月から実施された。失業給付は離職して再就職の意思がある人に，離職前6カ月間に支払われた賃金（ボーナスを除く）の1日平均金額の原則5～8割を一定日数支給する雇用安全網（セーフティーネット）の基本的な制度。89年10月からは，パートタイム労働者（週所定労働時間20～30時間）にも適用が拡大され，95年4月からは育児休業給付などが加わった。失業給付の受給者の急増で財政基盤が揺らいでいるため厚生労働省は雇用保険法を改正し，2001年4月から保険料の引き上げと給付日数の変更を実施したが，失業者の急増で再改正が検討されている。失業者給付の財源の4分の1は国庫負担，残りを労使折半の保険料（月収の1.2％）で賄っている。03年5月から通常労働者とパートタイム労働者の所定給付日数，下限額などを一本化するなど，雇用保険財政の改善を図った。

コラボレーション
【collaboration】
異なる業種・業態間での共同作業を指す。商品開発や取引，広告，音楽などの場で幅広く使われており，互いの利点を生かしながら異業種と組むことで，新たな相乗効果を出すねらいがある。例えば，企業間のコラボレーションでは，他店との独自性を出したいコンビニエンスストアと消費者の反応を知りたい食品メーカーが商品コンセプトから味までを共同で検討し，その店の独自商品として売り出す動きが広がっている。

コール
【call loan (money)】
金融機関相互の短期の貸し付け，借り入れのことで，「呼べばこたえる」といった具合にごく短期で回収できる貸借のためにコールの名が生じた。供給者（出し手）から見てコールローン，需要者（取り手）から見てコールマネーと呼ぶ。コール取引には有担保と無担保があり，有担保は従来の無条件物に相当する翌日物と2日から6日物までがある。1985年7月からは無担保コールが導入され，現在では翌日物から1年物まで期間を金融機関同士で自由に設定できるようになった。取引金利の刻み幅は当時，32分の1％に限られていた。その後，0.01％の刻み幅が追加され，主力になった。量的緩和下の2001年9月に0.001％に変更された。→コールレート

コールオプション
【call option】
日経平均株価やTOPIXなどを一定の期間内に定められた行使価格で買う権利のこと。例えば，日経平均が2万円だとすると，今後相場が上昇すると予想した場合に権利行使価格2万1,000円のコールをオプション価格300円で買う。相場が予想通り上がり2万1,300円（権利行使価格＋オプション料）を超えたら権利を行使すれば収益が出る。逆に見通しがはずれて日経平均が下落しても権利を放棄すればよく，損失は支払ったオプション価格だけで済む。→プットオプション

コール市場 call market ⇨ コール
コールセンター
【call center】
電話とコンピューター技術を融合して，効率的に顧客への電話対応を行う設備。オペレーターは電話を受けると同時に，顧客の購買・取引履歴を参照しながら電話応答できる。従来は苦情処理を専門としてきたが，現在は新規顧客の開拓やマーケティングに利用する企業が増えている。自動音声応答装置などの情報技術（IT）を駆使したコールセンターも多い。

コールドチェーン
【cold chain；CC】
低温流通体系。冷凍，冷蔵による生鮮食料品の流通方式。魚，肉，青果物などの生鮮食料品を生産地から家庭の台所まで低温で保ち，鮮度を落とさず届ける方法。生鮮食料品の生産は自然条件に左右されて不安定である上に，流通機構は複雑で，生産者から消費者に渡るまでにいくつもの段階を通らなければならない。このため消費者が手に入れるまでには長旅で鮮度が落ちたり，流通経費がかさんで値が高くなる。また値段の変動も激しい。この悩みを解決する決め手として生まれたのがコールドチェーンで，これによって生鮮食料品もいわゆる「生もの」の不利な条件から解放される。

コールマネー call money ⇨ コール
コルレス契約

【correspondent arrangement】
金融機関がほかの金融機関に実質的に支店業務を代行してもらうために結ぶ取引契約のこと。コルレス契約では商業信用状，取り立て手形，送金などについての決済勘定，事務処理方法，取引に伴う信用授受などを取り決め，これに基づいて銀行間の為替取引が行われる。一般に対外コルレス契約には，コルレス先銀行に預金勘定を開き，この勘定で外貨の受け払いをやってもらう契約（デポジトリーコルレス）と，預金勘定を開かず単に信用状の通知や手形の取り立てなどをしてもらうだけの契約（ノンデポジトリーコルレス）の2つがある。

コールレート
【call rate】
金融機関相互のごく短期の資金貸借であるコールの金利。コールレートは基本的には財政資金の動きや個人，企業の現金需要などを背景とした金融市場の需給によって変動する。1988年11月に日銀が「新金融調節」を開始してからは，市場の資金需給に沿って金利が自由に決まるようになった。最近では無担保コール翌日物金利は，日銀が実施している金融の量的緩和策により通常はゼロ％近傍で推移している。90年11月から有担保コールの金利も自由化された。→コール，公定歩合

コールローン call loan ⇨ コール

混合型企業年金
【hybrid corporate pension program】
運用次第で将来の年金額が変動する確定拠出型の年金と，将来の年金額をあらかじめ定める確定給付型の年金の両方の特徴を併せもった年金。キャッシュ・バランス・プランと呼ばれる制度などがある。米国では企業年金の一種として普及している。日本では2002年度から確定給付型企業年金の一形態として導入が認められた。→確定拠出年金

混合診療
【mixed medical services】
健康保険などの公的医療保険が適用される診療と，公的保険が適用されない全額自己負担の診療を組み合わせる診療行為。患者が不利になりやすいことから，一部の例外を除き日本では禁止されている。患者が受けた一連の治療の中に一部でも公的保険が適用されない部分があれば，原則として一連の治療行為全体が保険適用外となる。

コンゴ（旧ザイール）内戦
ザイール（現コンゴ）のツチ族系反政府勢力「コンゴ・ザイール解放民主勢力連合（ADFL）」と同国政府軍による内戦。半年以上の戦闘の末，32年間ザイールを支配したモブツ政権が崩壊，1997年5月にADFLのカビラ議長が新たに大統領に就任した。しかしその後，98年にはルワンダ，ウガンダの支援を受けた反政府勢力が反攻を開始。これに対しジンバブエ，ナミビア，アンゴラが政府側を支援するなど，周辺各国を巻き込んだ地域戦争へ発展した。99年7月にはコンゴ政府と反政府勢力，それぞれの支援国の計6カ国がザンビア大統領の仲介で，停戦や平和維持部隊派遣などを盛り込んだ「ルサカ合意」を取り決めた。外国部隊の撤退など，同合意の履行は大幅に遅れていたが，紛争当事者は2002年7月に和平合意。12月には，反政府勢力も参加する暫定政府を設置し，2年後をめどに選挙を実施することなどを定めた和平協定に調印した。98年からの戦闘と，それに伴なう飢餓などで200万人以上が死亡したとされる。

コンストラクションマネジメント
【construction management ; CM】
これまでのようにゼネコン（総合建設業者）に一括して発注し，工事を任せるのではなく，発注者の立場に立ったコンストラクションマネジャーが，く体（骨組み）設備，外装など専門工事業者を選定，工事ごとに分離発注するとともに，施工も段階的に進めていく工事の発注・工程管理方式。工費の削減と工期の短縮をねらっている。米国で生まれた方式で，日米建設摩擦を背景に日本でも導入機運が高まった。個々のコストが明示されず"どんぶり勘定"との批判が多い建設コストの透明化に資すると期待されている。CMの主導権を巡り施工業者と建設コンサルティング業者の間でせめぎ合いが繰り広げられている。

昆虫農薬
【insect herbicide】
天敵昆虫を使い害虫を駆除する農薬のこと。化学農薬の使用量を減らすことができ，残留農薬も発生しない次世代の農薬として注目を集めている。有機栽培農産物の生産に適しており，現在国内ではアリスタライフサイエンスティエム（大阪市）などが手掛けている。イチゴの害虫ハダニを食べるチリカブリダニや，トマトの害虫オンシツコナジラミの幼虫に卵を産み付けて駆除するオンシツツヤコバチなどが国内で農薬登録を受けている。現在は外来種の輸入品が多いが，日本在来種を商品化する動きも活発になっている。→生物農薬

コンディショナリティー
【conditionality】
国際通貨基金（IMF）が国際収支危機に陥った加盟国へ融資する条件として，受け入れ国に求める経済政策。財政赤字の削減や補助金の廃止，民営化の推進などを条件とすることが多い。ただ，1997年のアジア通貨危機で韓国，タイ，インドネシアに融資した際にはコンディショナリティーが必ずしも各国の実情に即していたわけでなく，紋切り型の構造改革案が危機をより深刻化させたとのIMF批判の声も上がった。

コンティンジェンシープラン
【contingency plan】
大規模な事故や災害などの緊急時を想定して，対応可能な措置をまとめた計画。危機管理がねらいで，エネルギー，交通，金融など社会的なインフラを維持するために立てられることが多い。特に金融では，2002年4月のみずほグループの統合直後に起きた大規模なコンピューターのシステムトラブルをきっかけに，必要性が強く認識された。金融庁は経営者の動機付けや初期対応の手順，復旧の計画などを常に備えておくよう指導している。

コンテンツ
【content】
パソコンや情報通信ネットワークで使われるデジタル化された情報の内容の総称。映画，音楽，ゲームなどのエンターテインメントから，ニュースやビジネス，書籍，百科事典といった教養まで幅広い。ブロードバンド時代には，映像など膨大な情報量のコンテンツをインターネットを通じて呼び出し，自分の情報端末に取り込むことができる。インターネットの普及とともに，コンテンツの制作，流通，加工といったビジネスが大きな市場になりつつある。

コンテンツビジネス振興
アニメや映画，ゲームソフトなどのコンテンツ（情報の内容）関連ビジネスを，21世紀の日本のリーディング産業と

して育成していく政策のこと。そのために必要な関連法律を一括改正する方向が、政府が2003年7月に決定した「知的財産推進計画」に盛り込まれた。日本のコンテンツ産業の規模は、エンターテインメント系だけでも11兆円に上るとされる。宮崎駿監督のアニメ「千と千尋の神隠し」の米アカデミー賞受賞を機に、日本のコンテンツが国際的にも注目された。アジアでは日本のポップス音楽や漫画などの人気が高いが、そのほとんどが海賊版・模倣品。模倣品を根絶し、コンテンツを有力な輸出産業に育てることが期待されている。→知的財産推進計画

コンテンツファンド
【content fund】
映画や音楽、アニメ、ゲームソフトといったコンテンツ(情報の内容)作品をつくるに当たり、その制作資金などを投資家から幅広く集めるために設けるファンドのこと。完成した作品の販売や興行で得た利益を、出資比率に応じて投資家に還元する。制作会社そのものに直接出資するのとは違って個別作品などに出資する仕組みのため、制作会社の柔軟な資金調達や投資家のリスク軽減につながるとされる。米国の映画産業では活発。日本でも、投資専門会社が機能し始めるなど活発になりつつある。

コンバージョン
【conversion】
用途転換の意味で、老朽化した建物を改装し別の用途に転用することを指す。オフィスビルに水回りや部屋を区切る壁の工事を施しマンションにするケースが多い。社員寮を老人ホームにする例もある。米国が先進地。日本では東京都心などでオフィスビルが大量供給された「2003年問題」で中古ビルの空室率上昇や賃料下落が顕在化したのを受け本格化した。既存のストックを需要がある形態に変え有効活用する意義もある。

コンピテンシー
【competency】
米国防省(ペンタゴン)などが軍事組織のチーム編成を判断する方法として採用し、1990年代半ばから企業に広がった人事評価の考え方。「望ましい行動」という要素に人間の行動を落とし込み、それを多角的に評価する。実績、成果に偏らず、人材がもつ潜在能力に基づき評価することで、能力開発の目標として利用される。

コンピューターウイルス
【computer virus】
通信回線やソフトウエアなどを経由して紛れ込みコンピューターを正常に機能させなくしたり、蓄えたデータを破壊する特殊なプログラム。コンピューターに被害を与えようと故意に作られるもので、コンピューターに次から次へと移り、増殖する。病気を引き起こすウイルスに似ていることから、この名が付いた。ワープロや表計算ソフトで作ったファイルに紛れ込んで侵入したり、ウイルスを含んだ電子メールを勝手に送信してしまう自己増殖タイプのウイルスが、各国で被害を広げている。2002年には「クレズ」の表題のついた電子メールで被害をまきちらすウイルスが世界中で猛威を振るった。被害を防ぐには感染を調べたりウイルスを取り除くワクチンソフトウエアが欠かせない。国内では経済産業省の外郭団体である情報処理振興事業協会が、ウイルス被害の届け出状況をまとめている。情報処理推進機構によると、03年に届け出のあったウイルス被害の件数は1万7,000件強と前年に比べて減少した。

コンピューターグラフィックス
【computer graphics ; CG】
コンピューターによる画像処理。宇宙や人体内など現実に見ることができない画像を表示できるなどの利点があり, デザイン, アニメーション, ゲームのほか, 地図, 測量, 医療などさまざまな分野に応用されている。

コンプライアンス
【compliance】
法令遵守。法律や社会的な常識・通念を厳密に守ること。一般には民間企業の監督官庁に対する贈賄や反社会的な勢力との接触を禁止することを指す。1997年に第一勧業銀行（当時）の総会屋への利益供与が発覚したほか, 銀行の大蔵省（当時）・日銀への接待攻勢が明るみに出て, 金融機関を中心に日本の企業にコンプライアンス活動を強化するところが相次いだ。具体的には公務員への贈答や取引先への過剰接待の停止で, 社員にマニュアルを配布して事件の未然防止を図る企業が多い。

コンポジットインデックス
【composite index ; CI】
内閣府が景気動向指数（DI）の参考値として公表しており, 景気に敏感な指標の量的な動きを合成した指標と定義される。DIが景気が上向きか下向きかの方向を表すのに対して, CIは景気変動の大きさを示し, 数字の大きさで景気の拡大や後退のテンポを見ることができる。DIと同様に, 景気の現状を表す一致指数や, 景気の先行きを示す先行指数, 景気の現状に遅れて動く遅行指数がある。米国では主要な経済指標として活用されており, 日本でも総合的な景気の動きを表す指標として注目され始めている。

コンポスト
【compost】
都市廃棄物の生ごみや下水処理場, し尿処理場から出る下水汚泥, し尿汚泥などを原料とした有機肥料または堆肥のこと。化学肥料の大量投下による農地の地力低下が大きな問題となっている現在, コンポストを用いることは廃棄物の処理, ごみの再資源化になるだけでなく, 地力回復にもつながる。

財界3団体
2002年5月に経団連と日経連が統合し、新たに日本経団連が発足した。この結果、財界は日本経団連、日本商工会議所、経済同友会の3団体になった。日本経団連は1,500を超える主要大手企業などが加盟し、経済政策全般の意見形成を図るとともに、春闘対策などを担う。日商は法律に基づいて作られた全国組織で、大企業だけでなく中小企業の声を代表する。同友会は経営者個人の勉強会といった色彩を持っている。→日本経団連、同友会

最恵国待遇
【most-favored nation treatment】
通商、関税、航海など2国間の関係について、第3国に与えている諸条件よりも不利にならない待遇を与えること。もし第3国とより有利な最恵国待遇を結ぶと、その効力は他の最恵国待遇国にも適用される。通商航海条約など2国間の条約、協定で決められる。また1995年に発足した世界貿易機関（WTO）は最恵国待遇が原則で、同種の産品、サービス、知的所有権をその国籍に関係なく無差別、平等に扱うことを締約国に義務付けている。

財形貯蓄
【workers' property accumulation savings】
勤労者財産形成貯蓄制度。勤労者が給与の一部を原則として長期預貯金、貸付信託、有価証券などに振り向けるよう税制面の優遇策で誘導しようというもの。1972年1月から実施された。勤労者の資産作りを援助するのが目的で、順次制度が拡張されている。これまで事業主にしか融資されなかったが、勤労者にも直接融資する制度が取り入れられた。住宅、年金（個人年金）、一般の3種類があり、住宅と年金を合わせて残高550万円まで非課税。一般財形の場合は利子に税率20％の源泉分離課税を受ける。

債券オプション取引
【bond options trading】
債券を対象にした「コール＝買う権利」や「プット＝売る権利」の売買。権利を行使すると、現物の受け渡しが発生する現物オプションと、先物のポジションが発生する先物オプションとがあり、前者は店頭市場で、後者は東京証券取引所で売買されている。先物オプションは1990年5月11日から取引が始まった。

債券現先
【bond transaction with repurchase agreement】
債券を一定期間後に買い戻す（あるいは売り戻す）条件で売る（あるいは買う）短期金融取引のことをいう。期間は1週間程度から6カ月程度までさまざまだが、1〜2カ月程度の取引が最も多い。買い手はこの間資金の運用ができるし、売り手は資金調達ができる。証券会社が仲介者となる委託現先、証券会社が売り手となる自己現先のほか、銀行が証券会社を経由せずに、直接、顧客と現先取引を行う直現先（直取現先）がある。債券現先には有価証券取引税の負担が大きいという弱味があり、1996年4月に債券レポ取引（現金担保付き債券貸借取引）がスタートすると、債券保有者の資金運用の場の主役はレポに移った。ただ、99年4月から有価証券取

引税が撤廃されたことを受け，日本証券業協会が中心となって債券貸借取引研究会（レポ研）が発足。2002年4月からは欧米のレポ取引に近い新現先取引が本格的に始まった。

債券先物取引
【bond futures transaction】
将来の特定の日に債券をあらかじめ定めた価格で取引する契約を現時点で結ぶこと。取引は取引所で定型的に行われるのが特色。契約執行日に現物を受け渡しすることはほとんどなく，反対売買で決済するのが普通である。先物取引には相場変動に伴うリスクをヘッジする機能と金利のさや取り機能がある。世界的に見ると，債券先物取引のほとんどは国債を対象にしたもので，シカゴでの米国債先物が最も古く，規模も大きかったが，ここ数年は欧州のユーレックス，ロンドン国際金融先物取引所の売買高が急増している。わが国でも1985年10月に東京証券取引所が10年物国債の先物取引をスタートさせた。東証では88年7月に20年物国債先物，96年2月に5年物国債先物の取引を始めた。

債券登録業務
日本の社債市場では，金融機関が発行された債券を帳簿の上で管理している。この業務を登録業務という。銀行が管理している帳簿には，例えば「東京電力135回債の1番は，○○生命が保有している」，などと記録されている。投資家が流通市場で売買した場合，登録している帳簿の名義を動かして対応する。主力銀行のシェアが大きく，登録業務は銀行の収益源になってきたが，決済の迅速化などを図るため，登録業務を証券保管振替機構に一元化し，発行や流通取引も電子化することになっている。

債券の会計処理
【securities accounting】
企業が保有する有価証券に時価会計が導入されたのに伴って，債券の会計処理にも原則時価の考え方を適用するもの。企業は保有債券を，①短期間の売買によって利益を得ることを目的とする「売買目的の債券」と，②「満期保有目的の債券」に大別。①の「売買目的」の場合は時価評価し，毎期の損益計算書に評価損益を計上する。一方，②の「満期保有目的」の場合は取得原価に基づいて会計処理するが，取得価額と額面金額が異なる際には別途対応が必要となる。取得価額が額面金額を上回っている場合，償還まで毎期，取得価額を減額修正し，減額分を損失計上する必要がある（いわゆるアモチゼーション）。取得価額が額面金額を下回っている場合にはその逆の処理が必要（アキュミュレーション）。

債券の発行条件
【conditions for issuing new bonds】
公社債の発行に伴う表面利率，発行価格など一連の条件のこと。債券は，一度条件が決まって発行されると，変動利付債の利率などを除けば償還まで変更されることがない。なかでも額面（100）に対する毎年の利息（表面利率）と実際の発行価格，償還までの期間の3つで決まる応募者利回りが最も重要。→応募者利回り

債権の流動化
【liquidation of claims (credit)】
資金の固定化を防ぎ，資金を効率的に回転させるねらいで，債権を売買すること。日本では，1973年に，大蔵大臣（当時）の諮問機関であった金融制度調査会（現金融審議会）が住宅ローン債権の流動化の方針を打ち出したのが始まり。住宅ローン債権信託，地方公共団体向け貸し付けのほか，

90年春からは、事業会社向けなどの一般貸出債権の流動化も始まった。92年12月には大蔵省（当時）が信託方式による流動化を解禁。97年4月からは、土地流動化策の一環として、さらに流動化の対象範囲が広がった。最近では自己資本比率の維持・向上のため、比率を算出する際の資産を圧縮するために行われるケースが増えている。

債権放棄
【debt forgiveness】
取引先企業の経営再建を支援するため、金融機関が貸出債権の一部を放棄する手法。企業が再建を果たし、金融機関が残りの債権を確実に回収できることが前提となる。債権放棄の実行には一般に経営責任、貸し手責任、株主責任の厳格化と、将来展望の4点が不可欠な条件とされる。「安易な放棄は企業のモラルハザードを助長しかねない」として、2001年秋には「私的整理ガイドライン（指針）」が金融界・産業界の合意で作成された。

債権流動化商品
銀行やノンバンクなどの抱える貸し出し、リースやクレジット債権、企業の持つ売掛債権などを流動化して作り上げた金融商品。米国ではクレジット債権担保証券（CARDS）を中心に早くから普及していたが、日本の場合、1993年6月の「特定債権譲渡規制法」（特債法）施行で、ようやく公に販売できるようになった。流動化の方法としては、特定目的会社（SPC）に譲渡した債権を小口化して投資家に販売する「譲渡方式」、信託銀行に債権を信託し、受益権証書を販売する「信託方式」、投資家がSPCに資金を出し、債権からの金利を受け取る契約を結ぶ「匿名組合方式」がある。ノンバンク各社が自ら商品を作って販売しているほか、証券会社も仲介業務に乗り出した。96年4月にはリースクレジット債権を担保にした証券が証券取引法上の有価証券に指定され、購入した投資家が転売できるようになった。また、98年9月には「特定目的会社の証券発行による特定資産の流動化に関する法律」（SPC法）が施行されるなど、流動化に向けた環境整備が進んでおり、市場は拡大している。

債券レポ市場
【bond loan market】
現金を担保に債券を貸し借りする市場で、現金担保付き債券貸借市場ともいう。債券ディーラーなどが機動的に債券を借りて売却するのを可能にすることで債券流通を円滑にし、価格形成をより適正にするのに役立っている。1996年4月に取引のスキームが固まり、実際の取引が始まった。債券の貸借取引は日本では89年5月末に全面解禁されたが、その大半が無担保取引で、安全性の面で問題ありとされた。特に95年3月に英国の証券会社であるベアリングズが先物取引の失敗から経営破綻に陥った事件を契機に、この問題がクローズアップされ、現金担保付き債券貸借の実現など市場の改革を望む声が高まっていた。債券レポ市場は取引開始後、急速に拡大している。

最高経営責任者 ⇨CEO, COO
最高執行責任者 ⇨CEO, COO
最高税率
【highest tax rate】
課税所得が最も高い層に対して適用される税率。所得税の最高税率は37%、個人住民税は13%に設定されている。この結果、所得課税の最高税率は所得税・住民税を合わせて

50％となり，英国の40％などを超えている。

在庫循環
【inventory cycle】
在庫投資の循環的変動のことで，在庫投資循環ともいう。在庫投資の変動が景気循環に強い影響力を持っているので，在庫投資を主因とする景気循環を在庫循環と呼ぶことも多い。景気変動の要因として設備投資を無視することはできないが，短期の景気変動（小循環）は在庫投資の変動によるものとされている。つまり好況のあとには在庫調整による景気後退があり，それが一段落すると再び在庫投資が始まり，また景気がよくなるというもので，その周期は平均35〜40カ月といわれる。→景気循環

在庫調整
【inventory adjustment】
製品などの売れ行きを見極めながら在庫の水準を調節すること。実際には「在庫削減」の意味で使われることが多い。消費や輸出の伸びが鈍って製品が売れなくなると，企業は生産量を抑えて在庫を減らそうとする。減産による在庫調整は雇用や賃金の抑制などにつながるため，景気悪化の引き金になりやすい。最近は，情報技術（IT）を活用した在庫管理の方法が発達し，企業は製品の売れ行き状況を素早く把握し，ただちに在庫を調節できるようになった。パソコンを使って，販売時点情報管理（POS）システムで1週間ごとに需要を調査し，店頭の動きに即応して生産を調節することも可能になっている。

在庫投資
【inventory investment】
在庫の増減分を指し，生産者の原材料在庫投資，製品在庫投資，仕掛かり品在庫投資，流通業者の販売在庫投資などがある。在庫投資は，企業の思惑や金融の動向に敏感で変動が激しく，特に在庫の増加（減少）分を重視するので，仮に在庫水準が減っていても，その減り方が落ちれば，有効需要の面からは増加になるという働きがあり，景気変動に及ぼす影響は大きい。

最終利回り
【yield to maturity】
公社債を流通市場から買って償還まで持ったとき，利息収入など利益の総額が投資額に対してどれだけの割合になるかを1年当たりで表したもの。算式は次の通り。

$$\frac{\text{表面利率} + \dfrac{\text{額面} - \text{買付価格}}{\text{残存期間}}}{\text{買付価格}} \times 100$$

公社債の流通市場で最もよく用いられ，通常利回りとは最終利回りを指す。→応募者利回り，所有期間利回り

在職老齢年金
【old-age pension for active employees】
厚生年金を受け取れる年齢になっても，働いて給与所得があると，保険料を支払う一方で収入に応じて本来受け取ることができる年金額が減額されて支給される制度のこと。60〜69歳の人に適用される。60〜64歳と65〜69歳の人では年金減額の計算式が異なり，60歳代後半の方が減額が緩やかになる。2004年の政府の年金改革法案では，60〜64歳の一律2割削減を廃止する一方，70歳以上に制度適用を拡大する。

財政安定・成長協定
【Growth and Stability Pact】
1999年1月の欧州連合（EU）の通貨統合実施後も，単一通貨「ユーロ」価値の安定性を担保するため，統合参加国に引き続き財政規律を義務付

ける**協定**。97年6月にアムステルダムで開かれたEU首脳会議で正式合意した。ある国の財政赤字が国内総生産（GDP）比3％を超えた場合，GDP比0.5％を上限にEUが制裁金を課し無利子で積み立てる。2年以内に赤字が減らない場合には，制裁金は没収されEU財源の一部となる。例外規定として，実質成長率がマイナス2％，またはそれより深刻な場合には制裁は適用されない。マイナス0.75％からマイナス2％未満の場合には，蔵相理事会が制裁するかどうか決める。2001年にポルトガル，02年にドイツの財政赤字が3％枠を越え，EUの是正手続きを適用された。またフランスも02年度の赤字がGDP比3.1％となり，欧州委員会から赤字削減勧告を受けている。

再生医療
【regenerative medicine】
傷ついたり機能を失ったりした臓器や組織を再生させて治療する未来の医療。薬では治らない難病に対する根治治療につながると有望視されている。臓器や組織の元になる幹細胞を体外に取り出し，試験管の中で培養して治療用の臓器や組織を作る。主な材料として心臓の筋肉の細胞や皮膚細胞に成長することがわかってきた骨髄細胞，すべての組織に成長する能力を持つES細胞（万能細胞）などがある。→ES細胞

財政・金融分離
【separation of fiscal and financial duties of Ministry of Finance】
大蔵省（当時）が持っていた財政政策，金融政策の権限を分離し，金融政策を大蔵省から独立させること。住宅金融専門会社（住専）処理での公的資金投入，国民福祉税構想，金融機関からの過剰接待などを受け，強大な権限を持つ大蔵省への批判が強まったことが原因。1998年6月に金融機関の監督・検査行政が分離して金融監督庁が発足したのに続き，2000年7月には金融制度の企画・立案行政も分離して金融庁が誕生。01年1月には大蔵省が財務省に名称変更し，財金分離が形式上完成した。

財政構造改革法
【Fiscal Structure Reform Law】
政府・与党の財政構造改革会議がまとめた歳出削減策を基本として1997年11月に成立した法律。内容は，①2005年度までに財政赤字を国・地方合わせて国内総生産の3％以内に，赤字国債の発行をゼロとする，②公共事業，社会保障など主要経費の縮減目標を設ける――などが柱。98年5月の法改正でGDP（国内総生産）の伸びが年率1％未満になるなど経済の停滞が明らかな場合は，赤字国債の毎年度削減を一時停止できる「弾力条項」を盛り込んだ。景気回復を最優先する小渕内閣の発足により，98年末に凍結された。

再生紙
【recycled paper】
古紙パルプを原料にした紙のこと。これまでも段ボールには90％，新聞用紙に約6割の古紙パルプが使われてきたが，環境問題への関心の高まりに伴い，名刺やコピー用紙などでの再生紙利用が進んでいる。最近では100％古紙パルプの新聞用紙やコピー用紙，印刷用紙が相次ぎ開発されている。日本の古紙利用率は年々向上しており，業界では2005年度に利用率60％を達成しようとの運動が進められている。→古紙パルプ

再生繊維
【regenerated fiber】
天然高分子をいったん薬品で溶解し，

紡糸して再生させた繊維。特殊な多糖質系繊維を除きパルプを原料とするレーヨン，ポリノジックと，綿実の周囲に付着した短い繊維のコットンリンターを原料とするキュプラの2種類が一般的。レーヨンは吸湿性があり，いろいろな染料によく染まるのが特徴。ポリノジックはレーヨンを改良し，強度を上げ，洗濯による縮みを少なくした製品。高級裏地に使われるキュプラは旭化成の「ベンベルグ」（商品名）が有名で，繊細な風合い，光沢が特徴になっている。

財政投融資
【fiscal investment and loan program】
政府系金融機関や公団を中心とする特殊法人などに公的な資金を投融資する国の制度。毎年度，予算編成とともに財投計画を作成する。2000年度までは郵便貯金や公的年金などを資金運用部特別会計に一括して預託していた。高度成長期には社会資本整備などで「第二の予算」の役割を果たしたが，景気低迷で特殊法人肥大化などの問題が生じ，01年度から資金運用部を廃止し市場から資金調達する財投改革を実施した。特殊法人が独自に財投機関債などで資金調達し，郵貯・年金は資金を自主運用するのが原則。だが，必要資金の大半は資金運用部に代わる財政融資資金特別会計が財投債を発行して賄っている。経過措置として財投債の多くを郵貯や年金が引き受けている。→財投債

在宅ケアビジネス
【home health-care business】
自宅療養患者や介護が必要な高齢者を対象にした医療・介護関連ビジネス。高齢化の進行や入院医療費抑制などで世界的に市場が拡大している。日本では民間企業が直接医療行為にかかわることは難しいが，近年，家庭に看護師を訪問させたり，呼吸器疾患向けの酸素治療や腎不全患者の腹膜透析などに使う医療器具を届けたり，保守したりといった事業が拡大している。一方，2000年4月の公的介護保険制度のスタートで，ホームヘルパー派遣，巡回入浴サービスや福祉機器レンタルなどを民間企業が直接手掛けることができるようになり，専業の事業者が増加。電機メーカーや建設業者など異業種の参入も相次いでいる。保険会社も在宅介護の諸費用が支払われる介護費用保険を商品化している。過疎地での医療や在宅患者の増加に対応するため，テレビ電話や画像伝送などマルチメディアを利用した在宅ケアが今後広がりそうだ。

財団法人 incorporated foundation
⇨ 社団法人

最低資本金規制
日本の商法・有限会社法は会社設立時の資本金の額を，株式会社は1,000万円，有限会社は300万円と定めている。1990年以前は株式会社は35万円，有限会社は10万円だったが，バブル時の実体のないペーパー会社の増加などを背景に，90年の商法改正で引き上げられた。ただ90年代後半以降，開業の促進が急務の課題となった。政府は2003年2月施行の中小企業挑戦支援法で，商法の最低資本金規制の特例として，資本金が1円でも起業できる制度を導入した（1円起業）。事業を興したい人が経済産業省に届け出て本人確認など一定の要件を満たせば，特例で会社設立を認める。ただ特例は5年限定で，株式会社の場合，5年後には1,000万円以上への増資が必要に

最低賃金制
【minimum wage system】
国家が法律で労働者に支払う賃金の最低の限度を決める制度。 都道府県単位の地域別最低賃金と、労使が必要と認めた産業別最低賃金の2本建て。地域別の最低賃金は中央最低賃金審議会が示す目安をもとに各都道府県で決定、産業別は地域別最低賃金を上回る水準に決める。1986年度までに産業別最低賃金の見直し作業を行い、産業分類を変えた新産業別最低賃金に衣替えした。2002年からは時給による表示に切り替えている。

裁定取引
【arbitrage】
さや、つまり値段の差に着目して利益を上げること。 同一銘柄についての上場市場間の価格差、新株と旧株、株式と転換社債、あるいは先物取引での限月間の価格差などさまざまなズレを活用する。金利のさや取りもある。最も一般的なのは、株価指数先物と現物株との間の裁定取引だ。先物価格と現物価格の差をベーシス、先物理論価格と現物価格の差を理論ベーシスと呼ぶが、ベーシスが理論ベーシス以上になった時点で先物を売り建てると同時に、現物株(対象指数とほぼ連動するように構成された現物株のポートフォリオ)を買う。そしてベーシスの理論値からの乖離が解消した時点で先物を買い戻すとともに現物を売却する。仮に反対売買のチャンスがなくても、取引最終日には先物と現物価格はその時の値段の水準がどのようになっていても必ず一致するので全くリスクなしで収益を上げられる。裁定取引を実施した時点で収益が確定しているわけだ。逆の場合には、逆の行動を取ればよい。現物株のポートフォリオは手数料の節約や売買の効率性を考えて銘柄を絞って作るので、完全に現物株指数の動きをトレースするとは限らない。このズレをトラッキングエラーと呼ぶ。債券取引で割高な銘柄を売り割安な銘柄を買って将来それぞれ反対売買するような取引も裁定取引の一種。

財投機関債
【fiscal investment and loan program agency bond】
財投機関である特殊法人がそれぞれの活動資金を個別に民間金融市場から調達するため発行する債券。 郵貯、年金の預託義務を廃止する財投改革の一環。政府が一括して調達するために発行する財投債と併用される。財投機関債は、財投機関への市場の監視が働いて情報開示や効率化を促す効果が利点とされる。不透明・非効率とみなされ資金調達できない財投機関は淘汰される可能性もある。初年度である2001年度は20機関しか発行せず、総額は1兆1,000億円強を予定したが、実際には1兆円強の発行にとどまった。2004年度は23機関が総額4兆4,046億円を発行する計画。→財政投融資、財投債

財投債
【bond issued to finance fiscal investment and loan programs】
政府が財政投融資(財投)の資金を民間金融市場から一括して調達するために発行する債券。 郵貯、年金の預託義務を廃止する財投改革の一環。個別の特殊法人ごとに発行する財投機関債と併存する。財投債は、政府の信用で必要額だけ低コストで調達し、政策判断に合わせた配分が可能なことが利点。一方で個別の特殊法人に対する市場の監視が働かず肥大

化是正の決め手にならないとの指摘もある。2004年度計画の財投債発行は約41兆円に増額した。→財政投融資, 財投機関債

歳入欠陥
【revenue shortfall】
予算で見込んだ歳入より実際の歳入が少なくなって穴があくこと。税収が予算の見込みを大幅に下回ると歳入欠陥が起きやすくなる。歳入欠陥が生じると決算調整資金を取り崩して補てんしなければならない。1981年度に初めて歳入欠陥が生じ, バブル崩壊で法人税収が大幅に落ち込んだ92, 93年度や97年度, 2001年度にも歳入欠陥が生じた。

栽培漁業
【farming fisheries】
人工的に稚魚を大量に生産し, これを適地に放流し, 自然に成長させてとる漁業。魚を人工的に育てる漁法としては, これまでもウナギやハマチなどの養殖があるが, 養殖がいけすや湾内の一部を小さく囲って育てるのに対し, 栽培漁業は水域全体の資源量を大きくしようという大規模なもの。水産庁では, 200カイリ経済水域時代になって, 遠洋漁業の漁獲量が減少する分を自国沿岸で確保するため, 栽培漁業の育成に力を入れている。特に乱獲で資源量の減った魚種で有効だ。

サイバースペース
【cyber-space】
電脳空間。コンピューターネットワークで形成される仮想的な空間を総称するいい方。インターネットなどを使えば, 居ながらにして世界中の情報が得られ, 買い物や会話, 商談, 銀行決済までが可能になる。パソコンの普及に伴いネットワーク上の仮想社会が急拡大しつつある。

サイバーテロ
【cyberterrorism】
インターネットを悪用したテロ行為。コンピューターに不正アクセスして保存データを破壊・改ざんしたり, コンピューターウイルスをばらまいたりする。インターネットの普及に伴い社会的な影響は急速に拡大している。日本では2000年初めに中央官庁のホームページの書き換え事件が相次ぎ, 対策の甘さが浮き彫りになった。→コンピューターウイルス

裁判員制度
【system allowing citizens to assist judges in criminal cases】
一般市民が刑事裁判に直接参加する制度。殺人など重大な刑事裁判に, 有権者から無作為に選ばれた「裁判員」が裁判官とともに参加, 判決を下す仕組み。時間がかかり過ぎる, 判決内容がわかりにくいなどと指摘されることの多い刑事裁判に市民の常識を反映させ, 迅速化するねらい。政府の司法制度改革審議会が2001年6月に決定した最終意見で導入を提示した。裁判員法は04年5月, 参院本会議で可決, 成立した。政府は5年の準備期間を経て, 09年にスタートさせる方針。

再販売価格維持契約
【resale price maintenance contract】
メーカーが卸・小売価格(定価)を決めて販売業者と契約すること。不公正な取引方法に当たり, 原則として独占禁止法19条に違反するが, 公正取引委員会が指定する商品は同法の適用除外となる。公取委は価格の高止まり批判に応えて再販制度の見直しを実施, 96年度末に指定再販を廃止した。同法には新聞や書籍など著作物6品目について再販制度を認める規定があり, 公取委は廃止も視

野に制度見直しを検討していたが、2001年3月に同制度を当面存続させると決定した。

再保険
【reinsurance】
大規模な地震などの災害、航空機事故などのように、1つの保険会社では損失による保険金の支払い負担を背負いきれないないような事態に備え、保険会社が互いにかけ合う保険のこと。保険金支払いのリスクを分散するのが狙いで、一般の損害保険会社が他社の保険を引き受けたり、再保険を専門に手がける保険会社もある。再保険を引き受けた保険会社は、移転されたリスクに見合う再保険料を受け取る。大規模な災害が頻発すると、再保険料は高騰しやすくなる。2001年9月の米同時多発テロでは再保険市場で保険金の支払いが膨らみ、再保険会社の経営が苦しくなったり、保険料の高騰につながった。

財務会計基準機構
【financial accounting standards foundation ; FASF】
一般に公正・妥当と認められるような企業会計基準の調査研究などを目的に、2001年7月に設立した財団法人。理事会、評議員会、企業会計基準委員会、テーマ協議会の4組織からなる。このうち企業会計基準委員会は日本の会計基準を決める役割を果たしており、企業の財務担当者、投資家、公認会計士、学者ら13人の委員で構成する。同委員会が決めた会計基準は、最終的には金融庁が承認する。

債務キャッシュフロー比率
【debt to cashflow ratio】
企業の有利子負債が、純現金収支（フリーキャッシュフロー）の何倍に当たるかを示す指標。債務返済能力など、企業の財務柔軟性を判断する目安になる。フリーキャッシュフローは、営業活動によって得た現金から設備投資などに用いた現金を差し引いたもので、これが有利子負債削減の原資にもなる。債務キャッシュフロー比率が小さい（フリーキャッシュフローが相対的に多い）企業ほど、債務返済能力があるといえる。

財務諸表
【financial statements】
企業は経営に伴う財務の状況を記録、計算、整理して経理内容を明確にするとともに、株主などに報告するため各種の計算表を作成する。これらの表が財務諸表である。貸借対照表と損益計算書によって代表される。商法の規定では上記の2つの書類のほか、営業報告書と損益処分案、および以上の書類の付属明細書を挙げているのに対し、企業会計原則では、貸借対照表と損益計算書に加え、財務諸表付属明細表、利益金処分計算書（欠損金処理計算書）を挙げている。
→貸借対照表，損益計算書

財務制限条項
【restrictive financial covenant】
債券発行に際し、発行者と引受証券会社などとの間で結ばれるもので、発行者の財務状態や行為について一定の制約や条件を付けることにより、社債権者を予防的に保護するのがねらい。米国では無担保社債を発行する場合に、この条項を付けることが、古くから慣行になっている。日本でも無担保で社債が発行されるようになったのに伴い、募集委託契約証書に織り込まれるようになった。その内容としては、日本の場合、①担保提供制限、②純資産額維持、③利益維持、④配当制限——などがある。違反すれば、ただちにその債券を強制的に償還する

か，担保を提供しなければならない。大蔵省（当時）は社債市場の規制緩和の一環として，1996年1月から財務制限条項の義務付けを撤廃した。券面が1億円以上の機関投資家向け社債を中心に，社債管理会社を置かない起債（不設置債）が急増しており，社債権者保護のためには，関係者が相談して案件ごとに「財務上の特約」を設定するという形に移行している。

財務代理人
【fiscal agent】
企業が発行する社債の元利払いなどの事務・管理業務を社債発行企業に代わって行う。普通社債の発行額の増加を受け最近，注目を集めている。手数料はいくぶん低いものの，発行企業が倒産した際に元利払い請求をするといった投資家の代理としての役割が求められないことから，「リスクを伴わない新しい手数料ビジネスの1つ」として銀行の間で同業務の獲得競争が激化している。

債務超過
【liabilities in excess of assets】
欠損額が資本金，法定準備金，剰余金など株主資本（自己資本）の合計額を上回り，資本勘定がマイナスになること。つまり，その企業の資産はすべて借入金などの他人資本によって賄われているわけで，財務体質はきわめて危険な状態にあるといえる。投資家保護の立場にある全国の証券取引所は上場廃止基準を改正し，2003年1月1日以降の決算期に該当する企業から最近3年間債務超過（連結かつ単独）ならば上場を廃止することにした。それ以前は最近3年間債務超過で，かつ最近5年間無配を続けている企業だったため，基準が厳しくなった。

債務の株式化
【dept equity swap】
企業の債務を株式に転換すること。銀行などの金融機関が企業の過剰債務を軽減する手法の1つ。経営再建中の総合建設会社や小売会社など多額の債務を抱えた企業で最近，多用されている。債務免除に近い効果があり，利払いの負担が軽減される。企業は本業に専念できる。株式化する場合一般的に，普通株でなく，債権者だった株主側が企業にさまざまな義務を科す優先株を発行することが多い。借金の棒引きである債権放棄と違い，経営に引き続き関与できるのが特徴。

債務不履行 ⇨ デフォルト

債務保証
【guarantee of debt】
信用や十分な担保がない個人や法人が借り入れをする際，信用のある第三者がその債務に対して保証をすること。万一，保証を受けた企業が返済不能に陥った場合，保証した企業が債務額を返済しなければならない。親会社が，信用力の不十分な子会社の借入金などに対して保証する例が多い。契約を伴う債務保証のほか，保証類似行為として金融機関からの要請で債務保証に切り替わる保証予約や，親会社が子会社の経営責任を取ることを明示した経営指導念書などもある。日本公認会計士協会は1999年3月期の決算からすべての企業に，保証類似行為も含めた事実上の債務保証額の開示を義務付けた。上場企業の子会社に対しても，金融機関の融資姿勢が厳しくなったこともあり，上場企業の債務保証額は急増している。

裁量労働制
【free working hours system】
実際に働いた時間にかかわらず，労使協定で定めた時間だけ働いたものとみ

なして賃金を支払う制度。労働基準法38条の2に規定されている。みなし労働時間制ともいう。使用者による時間管理になじまず、通常の方法では労働時間の算定が困難な業務に適用される。労使協定の締結と労働基準監督署への届け出が必要。従来は新技術の研究開発、情報処理システムの分析・設計、記事の取材・執筆など11業種が適用対象業務とされてきたが、雇用形態の多様化に対応し2000年4月には労働基準法の改正を受けて、ホワイトカラー職場の一部にも適用された。

サウジアラムコ
【Saudi Aramco】
サウジアラビア国営石油会社。もともとはシェブロン、エクソンなど米国系国際石油資本との合弁だったが、1970年代にサウジ政府が米企業分を買収し、完全国営化した。サウジの石油生産・開発を一手に握るアラムコは本社をサウジ東部のダーランに構える。米国流経営で独立性の強い組織だったが、資源の国家管理強化を目指すサウジ政府は2000年に石油鉱物資源最高評議会（SPC）を発足させ、アラムコを事実上SPCの傘下に置いた。

先入れ先出し法 first-in, first-out
(FIFO) ⇨ 後入れ先出し法

サーキットブレーカー
【circuit breaker】
先物価格が現物価格に先行して大きく下落、または上昇した際に、先物取引を一時中断する措置。先物相場の急激な変動が現物相場の混乱を招くのを防ぐことを目的としている。米国では1987年秋の株価暴落時に、先物が現物の株価下落を加速させたとの批判が出たのを契機に導入された。日本では94年2月に日経平均株価指数300先物が大阪証券取引所に上場したのを機に、大証の日経平均先物、東京証券取引所の東証株価指数（TOPIX）先物とともに導入された。
→株価指数先物取引

先物市場
【future market】
先物取引の行われる市場のことで、商品取引市場、外国為替、株式、債券市場などで使われる言葉。わが国では1985年10月から東京証券取引所に債券先物市場が開設されたのに続き88年9月から東証と大阪証券取引所で株価指数、89年6月から東京金融先物取引所でユーロ円金利など、通貨、金利の先物市場がスタートした。→先物取引

先物取引
【futures trading】
3カ月後とか6カ月後というように、将来の約束の日時に商品の受け渡しと代金の決済をすることを現在時点で契約する取引。定期取引ともいう。商品の受け渡しをしないのであれば、転売または買い戻しをして、売買差額を清算することができる。商品の大量生産、大量販売が進むにつれ、価格変動に伴って受ける心配のある損失を防ぐことを目的としたもので、商品取引所はこの取引を専門に行う市場。

サクセッションプラン
【succession plan】
企業が社長など経営トップの後継者候補をあらかじめ選定し、人材を育成しようとする制度。サクセッションとは職務継承の意味。不測のトップ交代があった場合にも経営が混乱しないよう備えるほか、コーポレートガバナンス（企業統治）の観点から経営陣の選出について社内外への透明性を確保するねらいもある。米ゼネラル・

エレクトリックが実力会長のジャック・ウェルチ氏の後任を選定する委員会を設けるなど、米有力企業で普及している。日本企業でも帝人や東京エレクトロンなど、採用の動きが徐々に及んでいる。

指し値
【limit ; limit price】
株式用語としては、売買の注文を出すときに客が指定する値段のこと。値段を指定した注文を指し値注文という。これに対し、値段を指定しないものを成り行き注文という。

サッカーくじ
【the football pools [soccer lottery]（英）; toto calcio（伊）】
サッカーJリーグの試合結果を予想し、当たると配当金を受け取ることができるくじ。イタリアの「トトカルチョ」が有名で、当選金額が高額になるケースも多い。日本では、議員立法で提出したスポーツ振興投票実施（サッカーくじ）法が1998年5月に成立、2001年3月から販売が始まった。1口100円で、Jリーグ十数試合の勝敗などを予想。的中率に応じて当選金を払い戻す。PTAや法曹界からは導入反対の声が強かったため、購入できるのは19歳以上とした。

作況指数
【crop situation index】
コメなどの作柄を表す指標で、10アール当たりの平年収量を100として、調査時点の作柄を表す。94以下を不良、95〜98をやや不良、99〜101を並、102〜105をやや良、106以上を良と区分している。また一般に98以下を不作、99〜101を平年作、102以上を豊作と呼んでいる。1993年には冷夏の影響で74と戦後最悪の水準に落ち込んだが、94年は109と一転して大豊作に転じた。

2003年は天候不順から92と、10年ぶりの不作となった。

サードパーティーロジスティクス
【third party logistics ; 3PL】
従来の物流業務を担ってきた荷主企業、運輸会社のいずれにも属さず、物流業務を受託する第3の物流主体とその業務を指す。カギを握るのは混載力と設備投資能力。事業者は比較的大規模な企業に限られ、日本では総合商社や大手運送業者が有力候補と見られる。

サーバー
【server】
複数のコンピューターをLAN（構内情報通信網）などのネットワークで結んで利用する場合、全体の利用効率を上げるためにファイル管理やデータベース管理などの特定の役割を専門に引き受けるコンピューターを置くことがある。その業務別に割りあてたコンピューターをいう。ユーザーが求めるサービスを提供するもの、という意味。代表的なものにファイルサーバー、データベースサーバーなどがある。これに対して、サービスを受けるユーザー側の端末をクライアントという。→LAN

サハリン沖開発
サハリン（樺太）の大陸棚に埋蔵されている原油や天然ガスを日本とロシアで共同開発しようという計画で、旧ソ連邦時代の1975年1月に基本契約が調印された。現在、進んでいる日ロ共同プロジェクトは2つ。ともにサハリン島北東部沖合開発で、1つは日米欧（三井物産、三菱商事、ロイヤル・ダッチ・シェルなど）4社合弁のサハリン・エナジー・インベストメントがピルトン・アストフ、ルニの2鉱床で開発（通称「サハリン2」）を進め、99年7月に原油の一部生産を開始、

天然ガスは2007年の見通し。03年5月，事業化宣言し，東京電力が初めて同事業を通じて07年4月から天然ガスを購入することを発表した。もう1つは累積債務問題で清算されたサハリン石油開発協力（SODECO）の事業を引き継いだ「サハリン石油ガス開発」（伊藤忠商事，丸紅，石油資源開発など13社が出資）など日米ロ4社連合で，オドプト，チャイウオ，アルクトン・タギの3鉱床を開発中で，05年にも商業生産に着手する（通称「サハリン1」）。可採埋蔵量は原油・ガスコンデンセートが25億バレル，天然ガス2億6000万トン（LNG換算）に上り，自主開発油田としてはアラビア石油のカフジ油田に次ぐ規模になる。パイプラインを通じて日本に天然ガスを運び込む計画。

サービサー
【servicer [ban loan collecting agency]】
債権の回収を専門に手掛ける業者。金融機関などから不良債権の担保物件を買い取り，それを売却して収益を上げる。米国では不良債権回収の中心的な役割を担っている。日本では弁護士法の規定で回収業務は弁護士しかできなかったが，1999年に解禁された。

サービスコントラクト
【service contract】
1984年米国海運法（新海運法）で初めて導入された荷主と運賃同盟との輸送契約。荷主が一定期間，一定量以上の貨物を積むことを約束し，定期船会社または同盟はその貨物を責任を持って一定運賃で運ぶことを保証する内容である。この契約は当事者の一方に契約違反があった場合の規定を設けることができる。84年米新海運法では従来，同盟が実施していた，荷主が同盟にすべての貨物を積む場合には運賃を割り引き，それに違反した際はペナルティーを課すという一手積み契約（二重運賃制）を廃止した。サービスコントラクトはこれに代わる運賃契約の1つである。

サービス残業
【service overtime work】
時間外手当が支払われない残業。日本労働弁護団などが1993年4月に開設した「サービス残業110番」によると，2002年12月に実施した際には1日で700件余りの相談が寄せられた。労働基準法違反であるサービス残業の解消に向け，厚生労働省は03年5月に監督指導の強化などを柱とする指針を策定した。

サービス貿易
【service trade】
金融，運輸，旅行，建設，情報通信などモノの貿易以外のサービス業の国際取引。サービス業は各国とも外国企業の参入を規制している例が多く，自由化の必要性が叫ばれている。このため，世界貿易機関（WTO）協定の1つとしてサービス貿易に関する一般協定（GATS）が発効。WTOはサービス貿易理事会を設け，サービス貿易の自由化を促進させることになった。→WTO

サービス貿易交渉
【service trade negotiations】
先進国で経済のサービス化が急速に進んでいるのに伴い，金融分野などサービスの分野での明確なルールづくりを求める声が高まったのに対応して始まった貿易の交渉分野の1つ。世界貿易機関（WTO）では「サービスの貿易に関する一般協定」（GATS）が定められており，公認会計士などの専門ビジネスや通信，建設，金融など11部門が自由化対象で，約束した内容より厳しい措置を維持したり，新たに

導入することを禁じている。WTOの新多角的通商交渉(新ラウンド)で2005年1月1日までに交渉を終えることになっている。

サプライサイドエコノミックス
【supply-side economics】
経済活動のうち需要面(demand-side)より供給面(supply-side)を重視する考え方。具体的な方策としては、①法人税、所得税などの減税措置、②政府支出の削減、③政府規制の緩和——など。減税により、貯蓄増→利子率低下→投資意欲増大→生産力向上という効果を期待、併せて労働意欲増大→生産力向上も期待する。さらに政府規制の緩和により民間部門の投資意欲が増大、生産力が向上し、ひいては物価水準の安定につながるとする。ことに1980年代にレーガン政権がサプライサイド派エコノミストの意見を多く採り入れた財政政策を打ち出したため、需要政策中心のケインズ派経済学に代わるものになりうるかどうか、その成否が注目された。
→レーガノミックス

サプライチェーンマネジメント
⇨SCM

36協定 ⇨ 時間外労働協定

サマータイム
【daylight saving time】
夏の間だけ時計の針を1時間進める制度。欧米など緯度が北に位置する国を中心に採用されている。アジアでは韓国などで一時採用されたものの、気候に合わないとの理由で長続きしなかった。

サミット Summit Conference ⇨ 主要国首脳会議

サムライ債
【Samurai bond】
国際機関や外国の政府、地方自治体、民間企業が日本の投資家を対象に円建てで発行する債券。正式には円建て外債といい、サムライ債はその愛称。初発行は1970年12月のアジア開発銀行債。79年3月には米国のシアーズ・ローバック社が民間企業として初の発行に踏み切った。その後、外国政府などの円建て資金調達が海外市場に流れる傾向が出ている。このため機動的な発行ができる主幹事決定方式や流通市場改善に役立つマーケットメーク機能の強化措置などが86年6月から実施された。さらに、88年10月からは発行登録制度が導入された。95年ごろから人気になった二重通貨債もサムライ債の一種。96年からは適債基準がなくなり、格付けがBB以下でも発行が可能になったことで、途上国などの起債が増加した。国債や日本企業の社債に比べて利回りが高くなることが多いが、2001年末には経済危機に直面したアルゼンチン政府のサムライ債が実質的なデフォルト状態に陥るなど、リスクの高さも意識され始めている。03年度の起債総額は9,500億円弱。

サムライCP
【Samurai CP】
外国の法人が日本で発行するコマーシャルペーパー(CP)のこと。大手銀行は海外に設置した特定目的会社(SPC)に手形や債権を譲渡し、それを裏付けにSPCは資産担保CPを発行している。このため、大手銀行の債権を担保にした資産担保CPはサムライCPになっている。→コマーシャルペーパー、資産担保CP

ザラバ
商品取引所における売買(競[せ]り)手法の1つで、一定時間内で売り手と買い手が値段で折り合い次第、先着順に取引を成立させていくやり方。相対の取引ごとに連続的に複数の値段

サリン
【sarin】
有機リン系の猛毒ガス。神経ガスの一種で,殺傷力は青酸ガスの500倍。1滴が皮膚についただけで死亡する。常温では無色無臭の液体だが,容易に気化し肺から体内に入る。ナチス・ドイツが第2次世界大戦中に化学兵器として開発した。最近では宗教団体の「オウム真理教」が密造して1994年と95年,地下鉄などでの無差別テロに使い大きな被害を出した。有機合成の専門家なら市販の薬剤を使って実験室レベルの施設で合成することができる。

サルファーフリー
【Sulfur free】
ガソリンや軽油などの石油製品中に含まれる硫黄の量を10ppm(1ppmは100万分の1)以下に抑えること,または抑えた石油製品。硫黄は自動車に装着された排ガス浄化装置中の触媒を劣化させる性質を持つことなどから,大気汚染を引き起こす原因の一つとされる。2004年7月時点の国内の規制では,ガソリンは100ppm以下,軽油は500ppm以下にすることが義務付けられている。石油業界ではガソリンを08年に,軽油を07年にサルファーフリー化することを計画しており,一部の石油元売りは05年1月から前倒しで供給することを明らかにしている。ただ石油業界全体で硫黄を除去する装置などに約千億円を投じる必要があるとの試算もあり,業界再編の引き金になる可能性もある。

三角協力
【trilateral cooperation】
先進国と途上国が,特定の途上国を支援するために協力すること。カンボジアの帰還難民定住策をめぐって,日本政府とインドネシアなどASEAN諸国が協力した事例がある。インドネシアを中心とする非同盟諸国は,南南協力構想を掲げ,途上国同士が助け合う路線も打ち出している。

三角債
【triangle bond】
中国の企業間の回収不能債権。メーカーの販売不振や株式投資の損失,発注後の資材価格の変動などで予定していた代金をメーカーから受け取れなくなった原材料業者が,さらに別の会社への債務を滞らせるというように連鎖的に起きる。経済引き締めに転じた1988年以降企業の資金不足で深刻化したため,当時の朱鎔基副首相が流動資金を積極的に投じていったん収束させた。その後再び拡大し,98年末には総額で1兆2,000億元に達したとみられる。

産学連携
【industry-university cooperation】
民間企業と大学などの研究機関が共同で研究を進め,産業力の底上げを図る仕組み。従来は企業から大学への研究委託や研究者の派遣が主流だったが,世界的な技術開発競争を受け,大学との共同研究に多額の資金を投じて事業化を目指す企業が増えている。政府も国立大学教員の民間企業役員との兼業を認めるなど,産学連携を制度面から後押ししてきた。2004年4月から国立大学が独立法人となり,技術移転機関(TLO)や大学発ベンチャーを通じて大学の研究成果の社会還元がさらに加速する見通しだ。

残価設定型ローン

新車販売時に，あらかじめ数年後の車両残存価格（下取り価格）を設定，新車販売価格から割り引いた上で分割払いにするローン。下取り価格を頭金に充当する考え方で，手持ち資金がなくても車を購入できる。また，下取り分を差し引いて分割払いにするため，通常のオートローンに比べて月々の支払い負担が軽くなる。海外では「バルーンローン」などの名称で個人リースとともに浸透している。1996年秋に英ローバー車を輸入販売するローバージャパンが導入して若年層を中心に広まり，その後フォード日本やトヨタ自動車なども導入，車の買い方の1つとして定着した。

産業カウンセリング

企業が社内に専門家を置くか，外部の専門家と契約して社員の心理的・精神的な問題解決に取り組むこと。リストラクチャリング（事業の再構築）に伴う配置転換や希望退職などで社員の精神的動揺も起きやすくなっており，カウンセリングの必要性は高まっている。日本産業カウンセラー協会の資格認定試験の受験者が急増，養成講座にもビジネスマンが集まるようになってきた。

産業基盤整備

【improvement of infrastructure industrial foundation】

産業の育成，発展にとって不可欠な施設を建設，整備すること。その対象としては，用地造成，港湾，道路，鉄道，用水，発電施設，橋，簡易飛行場などが中心で，このほか学校，病院，訓練所，保育園などを含めることもある。工業化を進める場合，こうした基盤が不十分だと生産の効率が低下し，流通面でも隘路（あいろ）にぶつかる。国内での地域開発でも産業基盤の整備が問題となることがあるが，多くは途上国への経済協力関係でこの言葉が使われる。産業基盤の整備には大規模な企画能力，膨大な資金を必要とするが，途上国の多くはこれらの先行投資が行われていないため，経済発展がなかなか進まないのが現状である。このため，わが国に対しても個別のプロジェクト単位でなく，産業基盤の整備，社会開発などを要望する声が，受け入れ国側から強まっている。→途上国

産業構造審議会

【Industrial Structure Council】

産業構造に関する重要事項を調査・審議する経済産業相の諮問機関。環境部会，知的財産政策部会，新成長政策部会，化学・バイオ部会，WTO部会など幅広い分野の部会や分科会が設けられている。

産業再生機構

【Industrial Revitalization Corporation Japan】

金融と産業の一体的な再生を目指し，官民共同で設立した組織。2003年5月から業務を開始した。過剰債務の重しで経営不振に陥った企業の債権を銀行から買い取り，主力銀行と協力しながら対象企業の再建を進める。債権の買取期間は2年。買い取ってから3年以内に，対象企業の経営を立て直したうえで債権を第三者に売却する。5年後の08年春に解散する予定。初代社長は元野村証券副社長の斉藤惇氏。銀行が持ち込んだ不振企業の再生案件を支援するかどうかを判断する産業再生委員会の初代委員長には，弁護士の高木新二郎氏。実務を取り仕切る最高執行責任者（COO）には，国内系コンサルティング会社出身の冨山和彦氏が就いた。→CEO，COO

コラム

産業再生
industrial revitalization

　政府は産業と金融の一体再生の担い手として産業再生機構を2003年4月に発足させた。過剰債務に陥った企業に対する金融機関の債権買い取りなどを通じて産業再編も視野に入れた再生支援がねらいだ。

　単なる「企業再生」ではなく、「産業再生」を進めるため、再生機構は支援決定にあたり、事業ごとに再生の可能性を判断している。場合によっては、過剰債務状態にある企業から優良事業を不採算部門と切り離してでも事業再生を進めることで、産業全体の競争力の向上や再生につなげていくためだ。民間部門ではこうした事業再生の市場メカニズムが未発達なため、民間に再生手法のモデルを示すことも役目としている。

　再生機構が04年7月中旬までに手掛けた案件は18件。いったん会社を法的整理したうえで支援したケースや、債権者間の利害調整、公的機関に対する債権放棄の要請など、様々な再生手法の具体例を民間に示してきた。

　これまで支援を決めたなかで最大の案件となるカネボウのケースは、「企業」ではなく、「事業」を再生する方向を示したことで、産業再生を見据えた典型例といえる。優良事業である化粧品部門を繊維、食品事業などを営む本体と切り離して別会社として再建。新会社には3,600億円程度の出融資を実施した。一方、残った本体については、天然繊維など不採算事業を整理、売却し、大幅なリストラに取り組む方針を示している。地域再生と産業再生を組み合わせる動きも注目を集めている。足利銀行の一時国有化の影響などを踏まえた栃木県の温泉街の宿泊施設への支援では、「再生ファンド」を設定する新しい方策を打ち出した。再生機構が全額出資する会社がファンドを通じて複数の支援先に出資したうえで、経理や営業企画などの業務もまとめて管理する方法で、地域と地元の産業の一体再生のモデルにしていく考えだ。

　ただ、カネボウを除くとこれまでの支援案件は小粒なものが多く「産業再生にはつながっていない」という批判も出ている。総合建設会社（ゼネコン）など供給過剰業界に対する再生機構の取り組みについては、「再編を促すよう関与すべきだ」との意見と「市場原理に任せるべきだ」という意見で割れている面もあるようだ。

　機構による債権買い取り期限は05年3月。買い取り決定から3年以内に債権や保有株式を売却するルールもある。残された期間にどれだけ支援案件を増やせるか。また、支援案件の事業再生を実現し、債権や株式の売却を進めて、産業の再編につなげていけるかどうか。今後の再生機構の動向に注目が集まっている。

産業再生法
【Law for Corporate Restructuring and Industry Revival】
企業が生産性の低い部門から高い部門へと経営資源をシフトさせる事業再構築を促すねらいで，1999年10月に施行された法律。正式名称は「産業活力再生特別措置法」。企業が合併や営業譲渡，過剰設備の廃棄など一定の条件を満たす事業再構築計画を主務大臣に提出，認定されると，税制上の優遇措置，商法上の手続きを簡素化する特例，政府系金融機関による低利融資などの支援措置を受けられる。2003年3月末までの時限立法だったが，経済産業省は同法を強化・延長した。従来は原則，個別企業のリストラを後押ししたが，改正法は供給過剰構造にある業界で複数の企業が共同で設備を廃棄したり不振企業の事業を他社が継承したりする場合も支援対象に加えた。

三峡ダム開発
【Development of Sanxia Dam】
長江（揚子江）中流の湖北省三斗坪に世界最大級の多目的ダムを造る計画。孫文の提唱以来，70年余り論争が続いたが，1992年4月の全国人民代表大会で3分の1近い反対・棄権を押し切り，10カ年計画に建設が盛り込まれた。下流の洪水防止や電力不足解消がねらい。主体工事だけで15年かかるが，完成すれば年間発電量は840億キロワット時が見込まれる。94年12月に正式着工したが，160万人以上とされる住民の立ち退きや環境への影響など問題も多い。97年8月に中国政府は発電設備の納入業者を欧州企業5社に内定。日立製作所など日本の大手8社は本体部分での受注競争に敗れた。

産業廃棄物
【industrial waste】
事業活動に伴って生じた廃棄物のうち，法律および政令で定められた19種類のもの。原因者負担の原則に基づき事業者が自ら処理処分することが義務付けられている。鉱さい，汚泥，動物のふん尿，がれき類などその中身は多様。1984年4月から建設廃材も項目に加えられた。年間排出量は4億トン（2001年度）で，埋め立て処理地の確保が次第に困難になったことから，産業界では再資源化処理に取り組む動きが活発となっている。爆発物や危険物は特別管理産業廃棄物とされる。

産業用ロボット
【industrial robot】
人間の手の運動機能に類似した機能を果たす機構部（マニピュレーター）とその制御装置によって構成された自動省力機器。業界団体の統計では基板上に電子部品を取り付ける電子部品実装機（マウンター）も入る。人間の腕や指に相当する部分が回転，屈伸，上下・左右移動，旋回などの動きをし，さまざまな作業をする。現在は塗装，溶接，ダイカスト，組み立て，プレス作業，搬送，加工物の自動着脱などに使われている。作業スピードの高速化，テレビカメラの利用などによる視覚や触覚機能の兼備，より高い判断力を持つ知能化も進んでいる。
→マニピュレーター

3元触媒
【three-way catalyst】
排ガス対策のうち窒素酸化物，一酸化炭素，炭化水素の3つの有害物質を同時に処理する触媒。この方式は触媒自体の耐久性と，触媒を効率よく働かせるためのガソリン濃度の調整が難点とされていたが，乗用車の1978年度規制対策として多く採用

されている。3成分同時処理触媒ともいう。

三次元CAD
【three dimention computer aided design】
コンピューターを使い立体形状で設計すること。設計段階で正確な形状や構造を認識できるので、試作や生産に入ってからの不具合が減り、開発から生産までの期間を大幅に短縮できる。設計した製品をコンピューター上で動かし部品の干渉などを調べられるソフトも増えている。

3次元測定機
【three-dimentional measuring machine】
対象物の縦、横、高さの3次元形状をデジタル表示する測定機。自由曲面などの複雑な形状を持った物体でも短時間に高精度の測定が可能。NC（数値制御）装置を取り付けると無人測定も行える。プローブ（測定子）を物体のあらゆる部分に次々に触れさせる接触式が主流だが、半導体レーザー、CCD（電荷結合素子）カメラを用いた非接触式の開発も進んでいる。→CCD

3市場信用残高
東京、大阪、名古屋の3株式市場での信用取引の買い残高合計、売り残高合計のこと。3証券取引所が毎週火曜日に前週末現在高の速報値、木曜日に、証券会社の店内食い合いや自己融資など内容を分けて確報を発表している。3市場の商いが全国の99％を占めているだけに、これが信用取引の全体を表しているといえる。買い残高の増加は先行き売り材料となってくることから、株価の波乱要因として株式市場でその推移が注目される。

30年国債
【thirty-years government bond】
期間30年の国債。日本の国債はこれまで20年が最長期ものとなっていたが、発行年限の多様化により、景気対策などで増発される国債の市場での消化を容易にするねらいから1999年9月に初めて発行された。5年物利付き国債も発行が始まり、多様な年限の国債が発行されることで、日本の債券市場も米欧に並ぶ厚みを増すことが期待されている。

酸性雨
【acid rain】
産業活動によって発生する気体状物質が大気中の水分と化合して酸性物質となり、雨に混じって地上に降る現象。石油などの燃焼時や自動車の走行時に発生する窒素酸化物（NOx）、硫黄酸化物（SOx）が最も大きな原因といわれる。古くから各地で被害が現れていたといわれるが、80年代〜90年代初め、欧州、北米を中心に、湖沼が強酸性になる、森林が大規模に枯れるなどの被害が相次ぎ大きな問題となっている。特にこれらの地域では他国で発生したと見られる原因物質による酸性雨被害が多発しており、国際問題ともなっている。最近は経済成長の著しい中国から出る汚染物質が韓国や日本に風で運ばれ、酸性雨の原因となっているとの見方も強い。日本や韓国など12カ国で2001年から、東アジア地域をカバーする酸性雨監視網が稼働した。

残存価額 residual value ⇨ 定額法
三通
【three direct links of communications and transportation】
中国と台湾の間の直接的な通商、通信、通航を指す。中国が交流拡大と祖国統一の実現のために1979年1月に呼び掛けた。台湾当局は中国との接触を拒否する当初の方針を徐々

に緩め，香港など第三国・地域経由での間接貿易や通信を認めるようになった。台湾は2000年の陳水扁総統就任後，「小三通」と呼ばれる中国福建省の都市と台湾の金門・馬祖島との三通，対中投資規制の緩和，金融機関の台中直接送金を認めた。だが，2004年5月現在，全面的な三通は実現していない。

暫定予算
【provisional budget】
予算編成が遅れたり，国会の審議が長びいたりして，年度の始まるとき（4月1日）までに本予算が成立しなかった場合，そのつなぎとして組む予算。10日〜2カ月程度の短期間の予算を組んで国会の承認を受ける。最近では1996年度に50日間，98年度に18日間の暫定予算を編成した。

3PL ⇨ サードパーティーロジスティクス

360度評価
直属の上司だけでなく，部下や同僚も評価者となり，多面的に能力や資質を評価する制度。多面評価制度ともいう。成果主義を定着させるため，上司から部下への一方的な評価だけでなく，異なる立場からの視点を加えて公平性や客観性を高める目的がある。1980年代に米国で導入が始まり，ここ数年，花王や日立製作所など日本企業にも広がっている。厚生労働省が2000年に行った調査によると，人事考課制度がある企業のうち26％で360度評価を導入している。

三位一体改革
【trinity reform】
国と地方の税財政の仕組みを変える改革のこと。税源の国から地方への移譲，補助金削減と地方交付税の抑制を同時に進める。政府は2004年度からの3年間で4兆円の地方向け補助金を削減し，地方が引き継いだ仕事の財源として，国の所得税の一部を地方の住民税に振り替えることを決めている。初年度となる04年度は1兆円の補助金を削減し，6,500億円分の税源を地方に移した。交付税は赤字地方債とあわせ，前の年度より約3兆円削った。

3面等価の原則
【principle of equivalent of three aspects】
同一の純国民生産物の流れを3つの異なった側面から見た，生産国民所得，分配国民所得，支出国民所得の3つの国民所得の大きさが等しいことをいう。これは次の式によってわかる。

　　生産国民所得（純国民生産物）
　　＝賃金＋利潤＝分配国民所得
　　＝消費＋純投資
　　＝支出国民所得
→国民所得

残油流動接触分解装置 ⇨RFCC

3割ルール
【30% rule for banks' profit performance】
国から公的資金による資本注入を受けている銀行に適用される行政上の措置。資本注入を受けた銀行の当期利益が，金融庁に提出した業務計画よりも3割以上下振れした場合に経営責任の明確化などを迫られる。特に，収益がいったん落ち込み，金融庁から改善を促す命令を受けた銀行が次の決算期でも再び3割ルールに触れた場合，頭取の退任や給与体系の見直しなどの厳しい対応が求められる。資本注入を受けた銀行の経営健全化を急がせ，公的資金の政府への返済を早めさせるねらいがある。UFJグループが2004年3月期決算の大幅赤字に伴ってトップ交代に追い込まれた背景にも，3割ルールの存在があった。

シーアイランド・サミット
【Sea Island Summit】
2004年6月9日から2日間にわたって、米国のシーアイランドで開催された30回目の主要国首脳会議。経済・貿易や安全保障、北朝鮮などの地域情勢などをテーマに討議され、イラク再建や中東地域の改革を一致団結して支援する方針を盛り込んだ議長総括を採択し閉幕した。議長総括には「主要国は一致団結してイラク暫定政権を支援（イラクの対外債務削減は明記せず）」「拡大中東・北アフリカの民主化と経済改革を支援」「大量破壊兵器の不拡散の行動計画を採択」「北朝鮮の核問題解決に向けた6カ国協議を支持。核や拉致などの包括解決に向けた努力を支持」「力強さを増す世界経済を歓迎」「産油国の増産決定に留意。エネルギーの供給拡大と効率的な利用を促す」「WTOの新ラウンドは7月末までの枠組み完成を主要国の閣僚に指示」などが明記された。

シアトル系カフェ
【Seattle-originated café bar chains】
米国ワシントン州シアトルで創業した「スターバックスコーヒー」や「タリーズコーヒー」に代表されるセルフサービス式の外資系コーヒーチェーン。日本では1996年8月にスターバックスが東京・銀座に1号店を開いた。濃厚なエスプレッソなど深煎りコーヒー豆を使ったコーヒーが主力商品。泡立てたミルクやチョコレートといった多彩なトッピングを自分の好みで注文できるスタイルが若者を中心にうけ、店舗数が急増している。

シーア派 ⇨ スンニ派・シーア派

シエラレオネ内戦
【Sierra Leone civil war】
西アフリカのシエラレオネで1991年から断続的に続いている反政府勢力、革命統一戦線（RUF）と政府軍の交戦。ダイヤモンド鉱山の支配権をめぐる大規模な内戦に発展した。99年7月に3回目の和平協定が調印され、国連は武装解除を目的に国連シエラレオネ派遣団（UNAMSIL）を派遣した。しかし2000年5月、RUFは協定を事実上破棄、再び攻勢を強め、国連要員が拘束される事態となった。しかし01年5月、RUFと政府系民兵各派は武装解除に合意。2002年1月に内戦がようやく終結した。5月には6年ぶりの大統領選を実施し、現職のカバー氏が再選された。

市街化区域
【urbanization promotion area】
既成市街地とその周りの区域で優先的・計画的に市街化を図る区域のこと。都市計画法で、都市計画区域は開発を促進する市街化区域と無秩序な開発を抑制する市街化調整区域とに分けられることになっているが、2000年成立の改正都市計画法でこうした区域を線引きするかどうかは都道府県の判断にゆだねられることになった。市街化区域では、地方自治体が住居地域、商業地域、工業地域といった用途地域を決め、都市計画として少なくとも道路、下水道、公園などの都市施設を重点的に整備する。→線引き、都市計画法

市街化調整区域 urbanization control area ⇨ 市街化区域

市街地再開発
【urban redevelopment】
都市の中で建物などの老朽化が著し

く，防災上からも危険な地域を広い公園と近代的な建物のある地域に作り変えること。都市基盤整備公団や自治体など公的機関が事業主体になることが多いが，地域の住民が再開発組合を組織することもある。主に駅前の密集地帯を対象とすることが多いが，東京の白鬚地区のように防災機能の強化を目的とすることもある。ただ，地域内の住民の権利の調整に時間がかかり，完成までに10年以上かかる場合が少なくない。また，バブル崩壊後の景気後退に伴って，再開発で建設する商業施設への入居見通しが立たず，再開発計画の見直しを迫られるケースも出ている。

時価会計
【market-value accounting】
企業が保有する株式，債券，デリバティブ（金融派生商品）などの金融資産を時価で評価し，損益処理すること。銀行，証券会社は1997年度から短期売買を目的にした有価証券取引を時価会計処理できるようになった。金融機関以外でも2000年度から時価会計が導入され，01年度からは持ち合い株など「その他有価証券」も貸借対照表上の時価評価が義務付けられた。

シカゴIMM
【International Monetary Market of the Chicago Marcantile Exchange】
シカゴ・マーカンタイル取引所の中にある国際通貨先物市場。上場商品は米ドル，ユーロ，日本円など主要通貨。通貨変動が激しくなるとユーロ，日本円を中心にIMM出来高が急増し，為替相場を揺さぶる。為替相場での投機的取引の動向を映す指標とされる。

シカゴ学派
【Chicago School】
米国・シカゴ大学のフリードマン名誉教授を中心に拡大した経済学派のこと。新自由主義学派ともいう。その主張の基本は，合理的な経済運営を図り，物価上昇を抑えるためには自由な価格機能の復活を図らなければならないとする。そのため政府の裁量的な政策には否定的で，民間の自由な行動を重視する。→マネタリズム

シカゴ商品相場
米国のシカゴにある商品取引所で形成される相場。シカゴにはシカゴ・ボード・オブ・トレード（シカゴ商品取引所），シカゴ・マーカンタイル取引所などの商品取引所があり，そこで形成される相場は米国だけでなく世界の商品取引の重要な指標となっている。なかでもシカゴ商品取引所の大豆，小麦，トウモロコシなどの相場は，世界の穀物相場を支配している。シカゴ・マーカンタイル取引所は米国財務省証券，生牛，生豚などを上場している。

時価主義 market price method (basis) ⇨原価主義

時価総額
【market capitalization】
上場株式時価総額。当日の終値に上場株数を掛けて出す。上場株式の財産評価。企業単位で見たり市場全体で見たりする。株式市場がどの程度の規模を持っているかを示す1つの指標で，時価総額の増減はその日にどんな株が動いたかを見る手掛かりにもなる。企業単位で見た時価総額は，最近では株式市場が各企業にどれくらいの評価を与えたかを示す指標として重視され，経営の目標を時価総額の極大化におく企業もある。

時価発行
【issue at the market price】
会社が新株発行の際，市場で売買さ

れている株式の時価を基準にして発行価格を決める増資方法。一般には、時価発行は公募の形をとっているので、公募増資と同じ意味で使われることもある。時価発行の利点は、①少ない発行株式で多くの資金を調達できるので、企業の株主資本充実に役立つ、②プライスメカニズムを通じて資金の適正配分が行われる、③株価が安定的になる——などが挙げられる。会社の体質に不相応な増資をすると、1株当たり利益を薄めるため投資家には不利で、資本市場の健全な育成を阻害することになる。時価発行のほか、額面価格で増資する額面発行もあるが、2001年の商法改正により額面が廃止されたため、額面発行増資という概念はなくなっている。
→公募増資

時間外労働協定
労働基準法第36条で、1日8時間、1週40時間労働を原則とし、この制限を超えて時間外労働や休日労働をさせる場合は、労使協定を結んで労働基準監督署長に届け出なければならないと規定している。この協定を時間外労働協定または36（サブロク）協定という。労働省（当時）は1998年の労働基準法改正に伴い、時間外労働の限度基準（1週間では15時間）を定めた。

色素増感太陽電池
【dye-sensitized solor cell】
有機色素と無機物の半導体を組み合わせた発電素子を使う太陽電池。二枚のガラスやフィルムの間に発電素子とイオンを通す電解質を閉じこめた構造。スイス連邦工科大学のグレッツェル教授が基本原理を開発した。フィルムを基板にすると、透明で薄く折り曲げられる。色素の種類で色を変えられ、アクセサリー感覚で使える太陽電池になる。移動時などに広げて携帯電話の充電に使うなど、屋根に設置するシリコン系とは異なる用途を目指した研究が活発。

士気調査 ⇨ モラールサーベイ

磁気ディスク
【magnetic disk memory】
ハードディスク装置内の記憶媒体。円板状のアルミニウムやガラスに磁性体の膜を作り、データを貯蔵する。一般に記憶容量が大きく、ディスクのどの部分に入れたデータでも直ちに取り出せるランダムアクセス方式なので、大型情報処理システム用の補助記憶装置はもちろん、ワークステーションやパーソナルコンピューター向けに小型のものが普及している。

直物相場
【spot rate】
外国為替市場での取引のうち、取引の翌々日に資金決済するものの相場をいう。普通、為替相場といえば直物相場を指す。これに対し、1カ月後、3カ月後というように直物より先の期日に決済する取引を為替市場では先物（forward）取引といい、先物相場は通常、2国間の金利差に相当する分だけ直物相場との間に格差がある。なお為替市場での先物取引は、期日に資金決済することを約束したものであり、反対取引による差金決済を前提とした金融先物市場での通貨先物（future）とは全く異なる。

事業債
【corporate bond】
民間企業が設備投資資金などの長期資金を不特定多数の投資家から調達するために発行する債券。通常、社債といえば事業債を指す。事業債は増資と並び、企業が直接、資本市場から資金を調達する手段である。かつては期間に制限があったが、最近は多

様な年限の事業債が発行されるようになっている。また国内でもデュアルカレンシー債や変動利付債が登場するなど、商品の多様化も進んでいる。→デュアルカレンシー債、変動利付債

事業再生
【corporate revival】
不振企業や法的・私的整理した企業などの再建を指す。企業丸ごとの再生を図る印象が強い「企業再生」に対し、不採算部門を切り離し、収益性の高い事業に特化させることで再建を図る手法。投資ファンドや弁護士など一部の専門家が手掛けてきたが、2003年4月の産業再生機構発足を機に、コンサルティング会社や税理士法人、金融機関などが専門の部署や子会社を相次ぎ設立した。成功のカギは一般的に早期着手と迅速再生とされる。

事業統合会社
石油化学業界などで2社以上のメーカーが共通する事業を分離して共同出資で設立した会社。複数の会社の事業を統合することで規模を拡大できるほか、物流の合理化や人員削減などの効果が見込める。1995年6月にポリオレフィン（ポリエチレンなど）事業で昭和電工と日本石油化学が日本ポリオレフィンを設立したのが始まり。汎用樹脂の分野で事業統合が進んでおり、塩化ビニール樹脂ではこの10年間でメーカー数が半分以下の5社まで減った。最近では電機など他業界にも統合の動きが広がっている。→汎用樹脂

事業部制
【divisionalization ; divisional system】
製品別、地域別、市場別に1つの事業部を作り、事業部長に生産から販売、利益管理まで一切の権限を与える経営手法。権限が下部に大幅に委譲されるため業務上の決定が早くなるなどの効果がある。なお、製造、販売、調達などの職能別に事業部を作ることを事業部制ということもある。事業部長が社長のように事業の全責任を負うところから、事業部のことを企業内企業と呼ぶこともある。→カンパニー制

仕切り売買
【transactions on dealers' basis】
有価証券の取引に際し、証券会社が時価とにらみ合わせた適当な値段で客から買い取ったり、手持ちの証券を売ったりして売買を成立させること。債券の場合は、仕切り売買が一般的。株式の場合、ビッグバンの一環で取引所集中義務が廃止されたのに伴い、機関投資家や外国人の大口取引を中心に急速に普及している。

資金移動表
【statement of variation of funds】
企業の資金の収入支出状況を示す表。資金収支に影響を与える要因はその期間の損益と貸借対照表項目の増減であるところから、損益計算書と貸借対照表を基にして作成する。表の構成は資金の収支を3区分とし、それらの総合収支じりは手持ち現・預金の増減として示す。資金収支の区分の第1は経常収支で、売り上げ収入のような経常的収入と材料費や人件費など経常的支出の収支関係を示す。第2の区分は税金、配当金の支払いや設備投資などの資金収支を表す決算・設備関係等収支。第3の区分は借入金の増減や社債、増資などによる資金収支を示す財務収支である。経常収支じりでマイナスになれば決算・設備関係等収支や財務収支でその不足分を補い、それでも不足する場合は現・預金を取り崩すことになる。企業の健全な資金収支としては、経

常収支段階で少なくとも決算資金を賄える程度の黒字を計上していることである。

資金運用表
【funds statement】
企業が一定期間内に資金をどのように調達し、またその資金をどのような資産に投入したかを分析するためのもの。 企業の投資行動を計量的に調べるとともに、その投資行動を投資資金の調達方法と照らし合わせることによって、長期的に見た資金繰りに無理がないかなどを判断できる。2期間の貸借対照表を比較し、それぞれの項目の増減によって資金の運用と調達を対比した表を作る方法がよく使われるが、貸借対照表だけでなく、損益計算書、付属明細書を利用し、さまざまな資金運用表を作ることができる。

資金ポジション
【bank's fund position】
金融機関の資金の貸借状態をいう。金融機関は預金受け入れ、金融債発行などの受信業務によって調達した資金を基に、貸し出しや有価証券投資などの与信業務を営んでいるが、この両業務によって生ずる資金の過不足の状況が資金ポジションである。 金融機関のコールローンや買入手形の残高が、コールマネーや売渡手形、金融機関借入金、日銀借入金などいわゆる外部負債残高を上回った場合をローンポジション、下回った場合をマネーポジションという。→金融機関

軸受け
【bearing】
回転する軸を支える機械部品で、摩擦を軽減する役割がある。すべり軸受けや転がり軸受けなどの種類がある。 一般的な転がり軸受けは外輪と内輪、転動体と転動体を支える支持器からなる。転動体には潤滑油をさし、回転による摩擦を減らす。軸受けにかかる荷重により、転動体は球体や円すい、円筒などさまざまな形をとる。用途は家電製品、自動車、産業機械など幅広く、直径が数ミリメートルの小径軸受けから1メートルを超える大径軸受けまである。最近では転動体を用いず、油などの流体で回転を支える流体軸受けなどもある。

仕組み債
ユーロ市場で発行される債券に、通貨スワップや金利スワップなどの金融手法を組み合わせたもの。 発行時に利率と償還額が確定されている普通債と異なり、仕組み債は利率や償還額が変動する。1銘柄当たりの発行額は大きくなく、特定の投資家向けに発行されることが多い。ユーロ債の発行市場が大きくなるにつれ、仕組み債も多様化している。具体的には、リパッケージ債、ステップアップ債、日経平均株価リンク債、ハイプレミアム・ハイクーポン債などがある。→通貨スワップ(交換)、金利スワップ

仕組み船
【tie-in ship】
海運会社が船を単純に造船所に発注するのではなく、リベリア、パナマなどに設立したダミー会社または特定の船主を発注者にして、船の完成後はその海運会社が用船する方式。 便宜置籍船が主に税金対策として行われるのに対し、仕組み船は自国の船員費が高騰したために、賃金の安い外国船員を乗船させるのがねらい。

資源有効利用促進法
【Law for Promotion of Effective Utilization of Resources】
製品や素材のリデュース(省資源)、リユース(再利用)、リサイクル(再資源化)の「3R」をメーカーや事業者に義

務付ける法律。循環型社会形成の一環として2001年4月に施行された。対象製品は69品目。04年4月の省令改正により、同年10月から家庭用パソコンにもリサイクルが義務付けられた。再利用業種に指定された品目の事業者に再生部品や再生資源の利用が義務付けられたり、リサイクル対象の品目の事業者に分別回収を行う必要が出たりする。パソコンではメーカーが連携して家庭の使用済みパソコンを回収・リサイクルする循環網を作り始めたり、再利用に伴う情報流出を防ぐソフトウエアが発売されるなど、新たな動きが広がっている。

自己金融
【self-finance ; internal financing】
企業が資金を調達する方法には、銀行からの借り入れ、株式発行などの外部調達と、内部調達の2つがある。自己金融はこのうち内部調達を指す。利益、減価償却、引当金などが源泉になる。→自己金融比率、株主資本

自己金融比率
【self-finance ratio】
企業が設備投資に際して、投下資金のうちどれだけを自己資金で賄ったかを示す比率。一般に高ければ高いほどいい。この場合、自己資金とは、未処分利益の中の配当金・役員賞与を除いた社内留保と減価償却実施額、諸引当金の積み増し額をいい、増資は含まない。

自己資金
有形固定資産増加分＋減価償却実施額
→自己金融

自己査定
【self-assessment】
金融機関が貸出債権の不良化の度合いを自らの判断で決定し、必要な償却処理をすること。金融当局の検査や考査に基づいて償却する従来の制度と異なり、自己判断に基づく。これにより自己資本比率が大きく下がった場合は、当局から業務改善命令など「早期是正措置」を受ける。

自己資本 shareholders' equity ⇨ 株主資本

自己資本比率 ⇨ 株主資本比率

自己資本比率規制
【capital-adequacy rule】
銀行の自己資本比率とは、貸出残高、保有有価証券などの総資産に占める資本金、引当金など内部資金の割合。国際決済銀行（BIS）の規制では株式などの含み益の一部も自己資本とみなしており、8％を維持することが求められている。国内業務に特化した銀行の最低基準は4％。貸し出しを回収できなくなった場合、内部に貯めていた自己資金を取り崩して穴埋めするので、この比率が高いほど経営の健全性は高いとされる。日本では金融機関の監督において自己資本比率に応じて金融機関に経営改善を求める早期是正措置を1996年に導入した。健全行の目安となるこうした基準を下回った場合は、一部の業務停止などを含む早期是正措置が金融庁から発動され、自己資本の早期回復が求められる。→BIS規制

自己申告制度
【self-return system】
従業員1人ひとりの個性や特技を的確につかみ、勤労意欲の度合いをよくのみ込んだ上で適切な人事異動を行うため、従業員に現在の仕事の適否や配転の希望などを申告させる制度。従業員の不平不満を取り除き、適正配置をするなどの効果があるとされる。実際に社員の希望通りに人事異動や転勤を行う仕組みはジョブリクエスト制度などと呼ばれる。

自己診断キット

【self-diagnosis medical kit】
がんや糖尿病など生活習慣病の検査を自宅でできるようにしたキット。主にドラッグストアや通信販売でキットを購入，指先から血液を数滴採取して宅配便などで医療機関に送付する。2週間程度で医師の所見などがついて報告書が届く。職場検診のない40歳以上の主婦や自営業者を対象とする「基本健康診査」の受診率は約4割（厚生労働省調査）にとどまる。2003年4月にはサラリーマンの医療費負担が引き上げられ，消費者の生活習慣病の予防意識も向上，自宅で簡単にできる健診サービスの需要は高まっている。

自己売買
【transactions on a dealer basis】
証券会社が株式などを売買する場合，顧客の注文を受けて行う場合と，顧客とは関係なく証券会社自身の勘定で行う場合がある。前者を委託売買，後者を自己（ディーラー）売買という。自己売買は株式取引の円滑化に役立つが，一方で顧客の注文と利害が対立することがあるうえ，売買損益に頼ると経営が不安定になるなどの問題もある。証券取引法で自己売買は委託売買の補完とみなされており，自己売買は行政指導で制限され，手持ち株の枠も抑えられてきた。だが1995年7月に自己売買でその日の新安値，新高値を付けることが可能になるなど，市場活性化の一環として規制が緩和された。

自己破産
【voluntary bankruptcy】
破産法に基づく負債整理の方法の1つで，債務者自身が裁判所に破産の申し立てを行い，破産宣告を受けること。破産者は弁護士や公認会計士になれないなどの資格制限を受けるが，選挙権，被選挙権を失うことはなく，戸籍に記載されることもない。宣告後，破産者に資産があれば裁判所の監督のもとで債権者に公平に分配する「破産手続き」が始まるが，個人破産者の多くは資産をほとんど持たないため，宣告と同時に破産手続きを完了する「同時破産廃止」の決定を受ける。その後，債務の「免責」を裁判所に申し立て，裁判所が認めれば，債務はすべて帳消しとなるうえ破産宣告に伴う身分上の制限も消える。→破産

自己融資
【financing [customer's debit balances] from brokers' own capital】
株式の信用取引で証券会社が，信用買いをする客に自分の手持ち資金を貸すこと。信用売りする客に自分の手持ち株を貸すことは自己貸株という。手元に資金や株券がない場合は，証券金融会社から借りてくることになる。→信用取引

資産効果
【assets effect】
物価上昇率が低くなると，貯蓄の目減りが小さくなることから金融資産や不動産などの実質価値が高まる。このため所得が貯蓄よりも消費に重点的に配分されるようになる現象のこと。英国の経済学者ピグーが最初に提唱したといわれている。また最近では株や土地の価格上昇で手持ち資産の価値が上がったのを背景に消費が増えることも指す。資産価格の下落を背景に消費が減る現象は，逆資産効果といい，バブル崩壊後の景気後退局面で見られた。

資産再評価
【assets revaluation】
企業の機械，設備など償却資産の簿価を時価へ評価替えすること。企業

は機械や設備を取得すると、買い替え時に備え、毎決算期に取得時の簿価ベースで一定額を買い替え資産（減価償却費）として積み立て、この分は税法上、損金扱いになっている。しかし、インフレが激しくなると、時価で減価償却した場合に比べ、簿価ベースによる減価償却費が過少となり、その分だけ利益が過大に計上される。そこで資産再評価を実施して、減価償却費の適正化を図ろうというわけで、わが国でも戦後のインフレーションの後始末として1950,51,53年の3回にわたって資産再評価が実施された。最近、金融機関の不良債権償却や自己資本比率規制の問題に絡んで、土地を含めた資産再評価の議論が高まりを見せ、99年3月期から2002年3月31日までに決算期を迎える企業は、事業用資産として保有している土地については評価益を資本に計上できるようにした。→減価償却

資産担保CP
【asset-backed CP】
キャッシュフローを生む資産を担保に発行されるコマーシャルペーパー(CP)。頭文字をとってABCPとも呼ばれる。例えば、売掛債権、手形などは回収すればキャッシュフローを生む。こうした資産を特定目的会社(SPC)に集め、そのSPCが将来入るキャッシュフローを担保にコマーシャルペーパーを発行する。日銀は、中小企業向け貸付債券などを担保にした資産担保CPを、資産担保証券(ABS)とともに2005年度末までの期間限定で買い入れることを決めた。

資産担保証券 ⇨ABS
資産デフレ
【asset deflation】
資産の価格がそろって下落する現象で、資産価格が極端に上昇する「バブル」の後に起こりやすい。株式や土地は企業などが金融機関から融資を受ける際の担保となっており、その価格が大幅に下がれば担保不足、融資債権の不良資産化といった問題が起こり、信用不安などに波及する恐れもある。また手持ち資産の目減りから個人消費が減退する逆資産効果も表れてくる。→バブル経済

資産・負債承継 ⇨P&A
自社株買い
【share buy-back scheme】
企業が自社の発行した株式を買い戻すこと。ストックオプション制度の導入に利用するほか、消却を目的に実施するケースが多い。会社の財産減少につながるため、商法は債権者保護の立場から原則的に禁止していた。しかし、①水膨れした株式数を減らせば、1株当たりの価値が増して株価対策に役立つ、②敵対的な買収を防ぐ、③従業員持株会の円滑な運営、④ストックオプション制度の導入——などの必要性から経済界は緩和を求め、1994年10月1日から緩和され、自社株買いは可能となった。97年の商法改正では、定款を変更すれば、認められた範囲で、取締役会が自社株消却のタイミング、規模などを決められるようになった。2001年の商法改正で、法定準備金のうち資本金の4分の1を上回る金額を取り崩して自社株買いに充てることができるようになった。04年3月末までの1年間に約2兆1,700億円の自社株買いが実施された。→ストックオプション

自社株買い消却
【retirement of a company's own shares】
企業が自社の株式を市場などから買い付けて、消却すること。発行済み株式数や株主資本の減少につながる。

効果的に実施すれば、一株利益を引き上げたり、株主資本利益率（ROE）を向上させることができる。余剰資金を有効に使い、株主への利益配分を高める手法で、米国では一般的になっている。日本では自社株買いは禁止されてきたが、1994年10月の改正商法の施行で事実上解禁された。98年3月には消却に充てる原資がそれまでの配当可能利益の一部から資本準備金にまで拡大された。これにより自社株消却に踏み切る主要企業が増えた。2001年の商法改正では、買い入れた自社株を企業が手元に置いておける金庫株が解禁された。これまで消却やストックオプション目的に限られていた自社株買いが自由化され、活用する企業が急増している。

自主開発油田

日本の企業が海外で発見し、採掘する権利を持つ油田のこと。1970年代の石油危機で原油調達に困った経験から、通産省（当時）は原油輸入量の約3割を自主開発原油とする目標を設定。石油公団を通じて油田開発を支援してきたが、多額の損失を出した反省から通産相（現経済産業相）の諮問機関である石油審議会は2000年、数値目標の撤廃など自主開発政策の見直しを提言。石油公団を廃止するなど、石油開発案件を大幅に絞り込んでいる。

自主マーチャンダイジング
【self-merchandising】

1980年代に入って、主に百貨店業界で使われ始めた言葉で、売り場の品ぞろえを、百貨店が自らの判断と責任で行うことをいう。戦後、百貨店業界では品ぞろえを問屋任せにし、販売員も問屋が派遣、売れ残った商品は問屋に返品する商慣習が定着した。しかし、それでは競合店との違いを打ち出せず採算も低いうえ、百貨店自身の商品開発力、販売力が育たないため、自主マーチャンダイジングの動きが出てきた。特に、最近は長引く消費不況でアパレルメーカーの商品供給力が低下しており、売り場活性化のため自主マーチャンダイジングに取り組まざるを得なくなっている。

市場介入
【intervention】

為替相場を安定的に維持するため、中央銀行が自国や他国の外為市場で手持ちの外貨を売ったり、外貨を買ったりすること。介入は国の外国為替資金特別会計を通じて行われ、介入資金については同特会が政府短期証券である「外国為替資金証券」（為券）を発行し、このほぼ全額を市場で公募することによって調達している。わが国の外為市場は1973年12月以来、変動相場制を続けており、原則として為替相場を市場における為替の需給にゆだねることにしているが、相場が大きく乱高下する場合には、政府・日銀が随時市場に介入して相場の安定を図っている（スムージングオペレーション）。また為替相場が、その国のファンダメンタルズ（経済の基礎的条件）から乖離している場合、相場水準の是正をねらった介入をすることもある。→外為市場、変動相場制、G7、プラザ合意

市場間競争
【competition among stock exchanges】

各国・地域には複数の証券取引所や証券市場が存在し、上場企業数や取引量を競っている。こうした国内および国際間の証券市場の競争のこと。米国ではニューヨーク証券取引所と店頭株式市場（ナスダック）が激しく覇権争いを展開しており、市場間の合従連衡も盛んなばかりでなく、ニュー

ヨーク証取がアジア企業上場を促進させたり、ナスダックが日本に新市場を設立したりするなど、国際的な主導権争いも激しくなってきた。東京証券取引所や日本のジャスダック市場の地盤沈下が懸念されている。→ヘラクレス

市場調査 ⇨ マーケティングリサーチ
市場内部要因 ⇨ 内部要因
市場のくら替え
【move from OTC market to stock exchange】
自社株が上場する所属市場が替わること。ジャスダックなど新興企業向け株式市場から東京証券取引所へ移るケースが代表例で、市場第2部から第1部へ昇格することは1部指定、第1部から第2部へ降格することは指定替えと呼ぶ。株式数や株主の分布状況、売買高の多寡などを基準に決まる。増資や株式分割を実施し、発行済み株式数を大幅に増やせば取引所へのくら替え上場の可能性は高まる。上場企業は成長段階に応じて所属市場を替える傾向が強く、大半は機関投資家の参加が多く、知名度が増しやすい東証1部を到達点としている。このためジャスダックや東証2部に長く滞留し続ける企業は、成長性に欠けると判断される場合もある。

市場の失敗
【market failure】
市場が競争的であっても、効率的な資源配分が達成できないこと。市場の失敗が生じる原因は、①外部性、②収穫逓増（平均費用逓減）、③公共財、④情報の不完全性——などである。したがって、政府には規制などを通じて市場の失敗を是正する役割がある。ただし、現在の日本のように規制が過度に存在すると、かえって資源配分を非効率にする。→収穫逓増の法則、パレート最適

市場メカニズム
【market mechanism】
価格や金利を媒介にして需給が柔軟に調整される仕組みを市場メカニズムと呼ぶ。価格メカニズムともいう。売り手と買い手が取引する場が市場であり、そこでどの程度の取引が行われるかは、モノ（実物市場）であれば価格、カネであれば金利が重要な役割を果たす。価格や金利が上がれば需要が減って供給が増えるし、逆の場合は需要が増えて供給が減るというように、需給の弾力的な調整が図られる。

地震探鉱
【seismic exploration】
石油や天然ガス、地熱の埋蔵の可能性を調査するための物理探鉱調査のうち最も有力な手段。石油やガスは背斜構造（おわんを逆さにした形状をもつ地層）と呼ばれる特有の貯留構造に埋蔵されているが、その発見のために人工的な地震波を地中に連続的に送り込み、その反射波の速度や形状を解析することにより、地層を詳しく調べることが必要となる。最近では複雑な地下構造を見るため地震波の観測地点を密にすることで、地層を立体的に把握する三次元（3-D）地震探鉱が一般的になりつつある。

ジス ⇨ JIS
システミックリスク
【systemic risk】
ある金融機関が経営破たんしたり、決済資金が不足したりして債務不履行になった場合に、決済システムに参加するほかの金融機関が連鎖的に決済不能となる危険性のこと。決済システムがマヒするため、銀行や証券会社といった金融機関が機能不全に陥り、預金の払い出しや株式の取引などが停止する可能性がある。リスクを

最小限に抑えるため、主要国では中央銀行が決済資金が不足しないように決済システムを監視している。

システムインテグレーション
【system integration】
企業の経営戦略立案の段階から参画し、情報システムの企画・設計、開発、保守まで一括して請け負うサービスのこと。ハード、ソフトのさまざまなノウハウが必要で、ある程度の企業規模がないとできない。コンピューターメーカーのほか、ソフト会社、コンサルティング会社などが将来伸びるサービスとして参入している。

システム運用
コンピューターの指示に基づいて株式の売買をすること。コンピューターに上場株式のデータを入力し、「安全性重視」「ハイリスク・ハイリターン」などの投資方針通りに分散投資のメニューを提供する。実際には日経平均株価などの株価指数に沿って投資収益を期待するインデックス運用が多い。システム売買が活発化してきた背景には、①機関投資家の運用資金の大型化、②運用担当者不足——などがある。→インデックスファンド

システム液晶
【system LCD】
ドライバー(駆動装置)などをパネル基板の枠部分に取り付け、画像表示部と周辺回路を一体化した液晶。一般的なLCD(液晶表示装置)は別に備えた半導体チップなどで制御するため部品点数が増えるが、システム液晶にすれば携帯情報端末(PDA)など携帯機器の小型化や消費電力の抑制ができる。LCDは韓国メーカーが世界シェアで上位に立っており、日本メーカーはシステム液晶を巻き返しの有効な手段と見ている。

システムLSI
【system LSI】
メモリー、MPUといった複数の半導体回路を1つのチップに集約したLSIのこと。システム・オン・チップとも呼ばれる。小さいスペースで高機能を実現するだけでなく、消費電力の大幅な削減が可能になる。家庭用ゲーム機や携帯電話をはじめ、DVD、デジタルビデオカメラなど多くの用途で使われている。用途によって回路構成などが異なり、汎用DRAMのような価格変動が起きにくく、日本メーカー各社が事業の柱に据えている。

システム思考法
問題解決に当たって、部分にとらわれず全体像を体系的にとらえる手法。手順としては解決すべきテーマのあるべき姿(目標像)を描く一方、現実の問題点をあらゆる角度から洗い出す。この目標と現実とのギャップを埋める手段を考え出す。これらの過程で当該セクションの担当者とコンピューター部門のスタッフとが徹底的に討議を重ねるのが特色。コンピューター利用で養った論理的思考法を実際の問題解決に応用したもの。

次世代コークス炉
【next generation coaking furnace】
高炉法に不可欠なコークスを低コストで製造、地球温暖化ガス(CO_2)の発生量や窒素酸化物の排出量も減らせるコークス炉。現行法が高価な粘結炭を使うのに対し、安価な一般炭が使える。日本鉄鋼連盟が1998年7月から本格的な実験に着手。ただし、既存のコークス炉の延命技術が進んだため、次世代炉の導入時期は不透明。

次世代主力戦闘機 ⇨JSF
次世代光ディスク
【advanced optical disc】
現在のDVD(デジタル多用途ディスク)の約4〜5倍の記憶容量を持つ光

ディスク。DVDが赤色レーザーで情報を読み書きするのに対し、短波長の青色レーザーを使用するのが特徴。東芝、NECが提唱する「HD DVD」、ソニーや松下電器産業など日米欧韓メーカーが参加する「ブルーレイ・ディスク」方式などが世界標準の規格を目指している。各社が量産技術の確立を進めており、2006年以降に本格普及が始まる見通し。→ブルーレイ・ディスク

私設取引システム
【private trading system；PTS】
株式売買を取引所外で行うための取引システムの総称。米国では大手投資銀行や証券ブローカー同士が提携して、取引所を通さず株式の売買ができるネットワーク作りが活発で、既存の証券取引所を脅かし始めている。個人投資家にプロの機関投資家なみの取引機会を与えるようなシステムも現れている。

事前協議制度
【prior consultation arrangement】
海運会社、港運業界、港湾労組が港湾荷役作業について話し合う仕組み。日本では長年の慣行で、雇用調整システムとして機能してきた。最近では米国や欧州から不公正だとして改善に対する強い要望があり、大幅に簡素化された。

事前購入割引
【air ticket discount for advanced purchases】
日本航空、全日本空輸などが1995年から開始した国内割引運賃。搭乗日の21日前までに予約すると大幅に安い割引運賃で航空券が買えるが、取り消しの場合は手数料がかかるなど条件がある。各社はJR新幹線への対抗策にも位置付けて、需要喚起をねらっている。

自然失業率
【natural rate of unemployment】
完全雇用失業率のこと。つまり、働きたくても働けない「非自発的失業」がなく、失業が、現行の賃金率では働こうとしない「自発的失業」や、移動が困難など労働市場の特性から生じる「摩擦的失業」のみであるときの失業率。ケインズは非自発的失業の解消のために有効需要政策を唱えたが、フリードマンは市場の調整機能から失業率が長期的には自然失業率の水準になることを主張した。→シカゴ学派、フィリップス曲線、マネタリズム、有効需要

自然増収
【natural increase in tax revenue】
本来の意味は税制を変えなくても増える税収額のこと。所得税は所得が増えるにつれて高い税率を適用する累進課税をとっているため、賃金の上昇などによって毎年、税収が自然に増える傾向にあった。法人税収も物価が上昇したり景気が拡大したりすれば自然に増える。しかし自然増収はそこから転じて、税収が予算で見込んでいた分より上回ることの意味にも使われている。

持続可能な開発委員会
【Commission on Sustainable Development】
冷戦後の最重要課題として各国首脳が地球環境問題を確認し合った、1992年の国連環境開発会議（地球サミット）の事後点検機関。93年2月、国連経済社会理事会の下に設置された。環境保全のための行動計画「アジェンダ21」の実施状況や各国政府の環境保全に関連した諸活動を検討し、経済社会理事会に報告する。メンバー国は日本を含め53カ国。→アジェンダ21

コラム

改正下請法と特殊指定
revised subcontract act and special designation

　2004年4月1日。物流業界にとって念願とも言える改正下請法（改正下請代金支払遅延等防止法）が施行された。

　1956（昭和31）年の制定から半世紀近い歴史を持つ下請法は，これまでメーカーなど発注側が下請け業者に対し「製造」「修理」の業務を委託する場合に限って代金の支払い遅延や減額，買いたたきなどの不当な行為を禁じてきた。今回の改正はソフト化する経済の実態に合わせ，放送番組や広告，コンピューターのプログラムといった「情報成果物」の作成，各種サービスを含む「役務」の提供にも業務委託適用範囲を拡大した。とりわけ「役務提供委託」が加わったことで，公正取引委員会は「役務の提供を営む会社がその役務を社外に委託する」場合の不正行為も規制できるようになった。改正論議の過程で内航海運業界などによる長年の働きかけが実った格好だ。荷主から元請け，さらに下請け業者に業務が発注される「受け身」の仕事が中心となる物流業界にとって，改正法の施行により"下請けいじめ"をある程度抑制する効果が期待できるわけだ。

　もっとも改正下請法そのものは文字通り"下請け"，つまり同じ業界の中で不利な立場にある業者に対する不公正な行為を規制するものだ。しかし物流業界では改正法の枠外にある「荷主と物流業者の間の取引関係の中に（優越的地位の）乱用が起こりがち」（日本物流団体連合会）。物流業者の取引先は宅配便を除くとメーカーなど大手企業が中心で「無理な要求でもしぶしぶ受けざるを得ない」。法案可決の際に付帯決議されたこの問題を補完するため，公取委は独占禁止法が規定する不公正な取引方法に物流業務を4月から「特殊指定」した。特殊指定とは特定の業種に絞って不公正な取引方法を指定するもので，これによりメーカーなど荷主が，その物流業務を請け負う物流業者に対して優越的地位を乱用する事態に網をかけられるようになった。

　「隷属的な業界」。業界自身がこう表現するほど，物流業者の経営環境は厳しい。その意味で下請法改正と特殊指定は業界の取引関係正常化に向けた車輪の両輪になる。各業界では「一つのスタート地点」（全日本トラック協会）など今回の動きを好機と位置付け，マニュアル作成や法施行後の実態調査などを開始している。

改正下請法が規定する親事業者の順守事項

- ●受領拒否
- ●下請け代金の支払い遅延
- ●下請け代金の減額
- ●不当返品
- ●買いたたき
- ●物の購入強制
- ◎役務の利用強制
- ●報復措置
- ●有償支給原材料等の対価の早期決済
- ●割引困難な手形の交付
- ◎不当な経済上の利益の提供要請
- ◎不当な給付内容の変更，やり直し

＊◎は改正法で追加した項目

私訴制度
【system allowing companies and consumers to file a suit against unfair trade practices】
不公正な商取引を民事訴訟で解決する制度のこと。取引の妨害や不当廉売（ダンピング）などの不正行為を対象に，被害を受けた企業や消費者が直接，裁判所に差し止め請求することができる。2000年5月の独占禁止法改正で01年から導入された。適用対象は，契約の横取りなどの取引妨害や不当廉売のほか，企業が共同で新規参入を妨害したり，価格や販売条件を拘束する再販行為など。カルテルは対象外。規制緩和の進展に伴い，市場競争を監視する独禁政策の強化が焦点。現行制度では，差し止め請求は営業上の利益保護を定めた不正競争防止法で部分的に認めているだけで，損害賠償を請求する場合も公正取引委員会の審決が必要となっている。

市中金利
【money [market] rate】
中央銀行の金利（公定歩合）に対して一般に市中金融機関の金利をいう。これには銀行が手形を割り引いたり，担保をとって貸し出したりする場合の金利，預金を受け入れる場合の金利などのほか，コールレートなども含まれ種類は多い。しかし，普通，市中金利というときは，市中銀行が貸し出す金利を指す。わが国では市中銀行の貸出金利の推移を示す統計として，日銀が作成・発表する「貸出約定平均金利」などがある。→公定歩合

市中相場
【free market price】
商社や問屋の取引価格。同じ商品でも時間，場所，相手，受け渡し・決済条件によって価格が違うので一定の条件付きで集約する。大別して商品の縦の流れの中で生まれる卸相場と，問屋と問屋の横の取引で形成される仲間相場の2種がある。入札会の出来値である入札会相場，生鮮食料品，生花などの卸売市場相場，商品取引所の商品相場などが一定の場所，決められた時間に競売買で生まれるのに対し，業者間で随時，相対で取引される価格である。各商品の需給状態をよく映すとともに，経済全般の動きの鏡でもある。

視聴率
【audience rating】
テレビ番組をどれだけの人が見たかを表す数字。民放テレビ局の収入の大部分を占める広告の料金に影響するため，各局とも視聴率向上に躍起となっている。視聴率調査会社は外資系のA・C・ニールセン日本支社とテレビ局や広告会社が出資しているビデオリサーチの2社体制が続いていたが，2000年3月にニールセンが撤退，ビデオリサーチの1社独占体制となった。1997年4月からは世帯のうち誰が見ているかを表す個人視聴率が導入された。

失業の輸出
【export of unemployment】
ある国の輸出増加は総需要の増加を通じその国の雇用を増やす半面，輸入国では輸入が増加して総需要，ひいては雇用が減少する事態を，輸出国から輸入国への「失業の輸出」と呼ぶ。

失業率 ⇨ 完全失業率

シックスシグマ
【six σ】
不良率を100万個につき3.4個未満にする統計学的な品質管理手法のこと。米モトローラが開発した。顧客ニ

ーズを把握する「測定」，欠陥の発生原因を探る「分析」，「改善」，改善結果を経営状況の変化に応じて管理する「定着」の4段階で進められる。欠陥をメーカー側の解釈ではなく，「顧客ニーズに合わないこと」と定義している点などに特徴がある。米ゼネラル・エレクトリック（GE）グループが1995年から世界規模で推進している例が最も有名。日本ではソニー，住友スリーエムなどが導入している。

シックハウス症候群
【sick house syndrome】
建築直後の住宅に入居したときに体が変調をきたす現代病。発症には個人差があるが，一般に目やのどの痛み，頭痛，吐き気などの症状が見られる。合板や壁紙の接着剤，塗料などに含まれる揮発性の有機化合物が原因とされる。これらの物質は高温なほど放散量が増え，住宅の高気密化が発症者増につながっている。国土交通省が建材などの使用基準を建築基準法に盛り込もうとするなど，国も対策に乗り出している。

失権株
【forfeited shares】
額面発行や中間発行など会社が株主割り当てで増資するとき，株主がその新株引き受けの権利を棄てて払い込みに応じなかった場合，その新株を失権株という。

実験経済学
【experimental economics】
経済活動をゲームにして，実験参加者のゲーム中の行動を分析し，制度設計に生かすことを目指した経済学。1940年代末に米ハーバード大学のチェンバレン教授が，市場のパフォーマンスを検証する実験を始めたことが始まりとされる。日本では，98年に「第1回実験経済学コンファレンス」が開催された。最近では，NTT情報流通基盤研究所が2002年，インターネットによるオークション取引の制度を設計するに当たり，大規模な実験を実施した。

実現主義
【realization basis】
企業収益の認識の基準となっている考え方で，企業が商品を販売して，これを注文主に引き渡したときに，その代金を売上高に計上するというやり方。これに対して，現金主義は，例えば月賦で商品を売る場合，商品を引き渡しても，その商品の代金全額を売上高としないで，入金のあった分だけ売り上げに計上する方法である。また，発生主義は，商品が未完成で注文主への引き渡しがすまなくても，一定の基準を設けて，代金の一部を売り上げに計上する方法のことである。税務会計上の発生主義は，権利確定主義または権利発生主義ともいわれるように，収入をもたらす権利の発生をもって収益とみなすもので，収入が実際にあったかどうかには関係なく収益を測定する。しかし企業会計は税務会計と異なり，権利・義務の発生という事実だけにとらわれることなく，会計慣行に従って費用・収益をとらえるので，両者は一致するとは限らない。

実効税率
【effective tax rate】
法人や個人に対して実際にかけられる税金の負担割合を示す。例えば法人に対する税金には法人税，法人事業税，法人住民税などがあるが，これらの税率を単純に加算したものは表面税率であり，実際の税負担を示すとはいえない。法人税法により事業税は損金に計上され，それだけ法人税の課税対象額は減る。したがって，一

定の法人所得に対する税金は表面税率で計算した場合よりも低くなる。このように、一定の所得について国税、地方税を合わせていくらの税金がかかるかを計算するものが実効税率であり、税金の重さを国際的に比較する場合の指標ともなっている。

執行役員
【executive officer】
商法で定める取締役とは異なる企業の経営首脳。商法上の取締役は本来、意思決定と監督という役割を担っているが、日本企業では実際には社員が「昇格」して取締役になり、日常の業務執行をすることが圧倒的に多い。迅速な意思決定を行い、意思決定と業務執行の役割を分けるために、本来の取締役とは別に執行役員を置く例が増えている。ソニーが1997年4月に取締役を従来の38人から10人に減らし、実務の責任者を執行役員に任命したのが先駆け。99年以降、採用企業が急増している。

湿式製錬
【hydrometallurgy】
銅や鉛、亜鉛などの金属を鉱石から採取するため不要な他の成分を分離、目的金属だけを取り出すことを製錬という。湿式製錬は、鉱石を水溶液溶媒に溶かし、電気分解や沈殿により目的金属を取り出す方法。鉱石をいったん乾かし溶鉱炉で溶かした後で電気分解により地金を取り出す「乾式製錬」と区別され、排ガスが出ないうえにエネルギー消費も少ないため、次世代の製錬方法として注目を集めている。

実質金利
【real rate of interest】
金利の水準を物価上昇率との関係で見たもの。例えば、年率10％を上回るインフレが続いている経済で名目金利が年率で1ケタであれば実質金利はマイナスとなる。このような場合には、お金を借りてモノを買ったり、設備投資をしたりした方が有利になるため、さらにインフレが激しくなることが多い。最近では金融政策の運営上、実質金利の動向を重視すべきだとの見方が強まっている。

実質国民所得 real national income ; national income at constant prices
⇨ 名目国民所得、国民所得

実質GDP
【real gross domestic product】
市場価格で評価した名目のGDP(国内総生産)を実質的な価値に直すため、基準年次(5年ごとに見直し、現在1995年)からの物価変動を織り込んだデフレーターで修正したもの。実質GDPの規模や成長率は国民経済の全体の姿を表し、政府はこうした実質GDPなどで表される経済見通しに基づいて、予算や景気政策などの財政金融政策を決定する。→国内総生産

実質成長率 real growth rate ⇨ 経済成長率、実質GDP

実質賃金 real wage ⇨ 名目賃金

実需
【actual demand】
実際に使うことを前提として品物を買う需要。今は欲しくはないが、将来の値上がりなどを見越して買い予約する思惑的な仮需要に対する言葉。→仮需要

実収入
いわゆる税込み収入で、世帯員全員の現金収入を合計したもの。世帯主や妻の勤め先収入のほか、内職収入、株式配当金、家賃収入などの財産収入、恩給、年金などの社会保障給付、さらに仕送り金など他の世帯からの受贈からなる。収入にはこのほか貯金引き出し、財産売却、借入金など現金

が手元に入っても，一方で資産の減少，負債の増加を伴う「みせかけの収入」がある。実際の世帯の収入動向を見るには，実収入か可処分所得が使われる。→可処分所得

実績配当型金銭信託
募集ごとにファンドを設定して，貸付金や有価証券，各種の金融商品などで資金を運用，実績に応じて収益を分配する個人向けの信託商品。ユニット型指定金銭信託ともいう。運用成績により利回りが変動するため，高い収益が期待できる一方で，元本割れのリスクもある。

疾病保険
【sickness insurance】
被保険者が病気にかかった場合，治療費や入院費，手術費などを支払う保険。わが国では被保険者が一定期間以上入院した場合は入院給付金を，不慮の事故や病気で手術を受けた場合は手術給付金を支払う，という内容のものが一般的。

仕手
【operator ; speculator】
主に投機的な玄人相場師のこと。仕手の売買の対象となりやすい株を仕手株という。仕手株は思惑や噂をきっかけに株価が乱高下しやすい。何人かの仕手が集まったグループ的な動きや法人組織を使った仕手もある。

シティー
【City (of London)】
英国のロンドン市東部にある約1.6キロ四方の地区で，世界的な金融，商業，海上運賃市場の中心地。株式取引所，穀物・非鉄金属・羊毛など各種商品の取引所，海運取引所（バルチックエクスチェンジ）のほか，イングランド銀行（中央銀行）を中心に英国および諸外国の銀行，金融機関が多数集まっている。普通シティーといえば，ロンドン金融市場の別名称ともなっている。1986年10月に「ビッグバン」と呼ぶ証券制度の大変革を実施，シティーは規制の緩い市場として世界の資金を呼びこんだ。金融インフラの整備により，欧州大陸市場に対し優位性を保っている。

指定(替え)
同一の証券取引所内で，第二部から第一部に移行するなど，上場している市場が替わること。→上場基準，監理ポスト，整理ポスト

指定基準 ⇨ 上場基準

指定産地
【designated vegetable production area】
相対的に消費量が多く，国民生活に欠かせない主要野菜の供給安定を目指して野菜生産出荷安定法に基づき農林水産大臣が指定した産地。暴落した場合に一定価格を補てんする制度の対象産地ともなる。2001年4月現在，キャベツ，キュウリ，トマト，タマネギなど14品目（出荷時期だと30種別）について，全国で延べ1,186の産地が指定産地となっている。

指定年金数理人
厚生労働省が企業年金の財政健全化をねらって厚生年金基金に義務付けた制度。各基金が担当の年金数理人を指定，指定された年金数理人は各基金の決算書の確認や四半期ごとの業務報告書などを点検する。継続的に基金を担当するホームドクター的な数理人を置くことで，専門家が財政状況を常に把握している体制にして責任を明確にする。

仕手株 speculative stock ⇨ 仕手
私的整理
【bankruptcy proceedings outside legal framework】
経営不振に陥った企業を，貸し手金

融機関など限られた利害関係者の話し合いによって再建しようとすること。金融機関の債権放棄と当該企業の再建計画とがセットになるケースが多い。迅速な処理が見込める半面、関連法規に基づいて裁判所の関与で再建・清算などの道筋が決まる法的整理に比べて透明性が欠ける傾向もある、とされる。

私的年金
【private pension】
民間が運営する年金制度。企業年金と個人年金がある。国民年金や厚生年金など、国が運営し全国民が加入する公的年金に対応する年金で、老後の生活で公的年金を補う役目を持つ。企業年金は、企業が従業員の福利厚生のために独自に設ける制度。個人年金は民間の生命保険会社などが販売する商品で、年金を受け取る期間や仕組みに様々な種類があり、個人が任意で購入する。2004年10月施行の年金改革法で公的年金の給付削減が決まったことで、老後の生活資金を自助努力で確保する手段として、より注目が集まっている。

自動化施工システム
【automated construction system】
労働集約的な建築・土木工事の省力化をねらって開発された施工技術。コンピューター制御の各種建設機械を利用するため、3K(きつい・汚い・危険)職場とされてきた工事現場の作業環境の改善に役立つ。高層ビルの建設、シールドトンネルの掘削など、既に一部の大型プロジェクトで採用されている。→シールド工法

自動車の基準・認証制度
【automobile standard and certification system】
国が定めている安全や環境面での基準と、その基準に合格しているかどうかを確認(認証)する制度で、自動車を輸入したり、国内で販売したりする際に必要となる。1台1台、国がチェックするのが原則だが、大量生産する自動車にはメーカーが国に代わってチェックする型式指定という制度もある。米国などは「日本の基準・認証制度は非関税障壁」と批判しているが、国土交通省はメーカーの負担が大きく軽減される型式指定の取得を呼びかけている。世界的には各国・地域ごとに異なる基準を統一するため、国連欧州経済委員会は1998年に自動車の統一基準と相互承認に関する国際協定(グローバル協定)を採択。2000年8月に発効した。日本は99年8月に加盟した。

自動車リサイクル法
【Automobile Recycling Law】
自動車メーカーに廃車後の自動車のリサイクルを義務付ける法律。使用済み自動車を業者により解体し、部品や素材を再使用、再利用する。費用は自動車購入時にユーザーが支払う。メーカーが生産した製品の廃棄後まで責任を負う拡大生産者責任の概念を適用した。2002年7月成立。

自動測量
大地の形状を測るデジタル写真測量、位置を測定する全地球測位システム(GPS)などがある。デジタル写真測量は航空写真などアナログの地図情報をデジタル変換して数値化し、デジタル画像の解析技術を使って地形の測量ができる。現在は地形の高低も同時に測定できるシステムが実用化されている。デジタルスチルカメラを使用して画像データを直接コンピューターに送り、複数の3次元座標を自動計測できるシステムもある。GPSは人工衛星を使って位置を測定するシステム。精密測量分野での応用が進んでいる。

自動翻訳システム
【automatic translation system】
和文英訳，英文和訳などの翻訳を自動的に実施するコンピューターシステムのこと。機械翻訳ともいう。普通はパソコンなどで使うソフトウエアの形をしており，パソコンメーカー，ソフトメーカーなどが商品化している。インターネットの急速な普及で，海外のホームページを閲覧する人が増え，パソコン用の英文和訳ソフトの市場は急拡大している。現在の自動翻訳システムの能力は決して一人前ではないが，性能をよく認識した上で使うと，翻訳スピードを相当，向上できる。実際に使うときは，文章を事後に人間がチェックすることも不可欠だ。

シナジー効果
【synergy effect】
経営学の用語で，相乗効果と訳す。複数の企業が独立に運営されるよりも，統合的に運営された方がより大きな経済成果が得られるという現象を説明する概念。例えば，コンビニエンスストアで電気・ガスなど公共料金を支払えれば，営業所の開設コストを節約できるうえ，店の客足増加も期待できる。言い換えれば，一石二鳥の効果があるものはすべてシナジー効果があるといえる。投資，生産，販売など各段階において存在する。

ジニ係数
【Gini coefficient】
一般に分布の不平等度を示す数値で，特に所得分配の不平等度を表すために使用される。横軸に人員の低額層からの累積百分率をとり，縦軸に所得の低額層からの累積百分率をとると，ローレンツ曲線が描かれる。この場合，対角（45度）線は均等配分が行われたときを示す線（均等線）となる。不平等度は均等線とローレンツ曲線で囲まれる面積（λ）で示される。そして均等線と横軸，縦軸で囲まれる三角形の面積をSとするとき，λ/Sをジニ係数と呼ぶ。ジニ係数は0と1の間の値をとり，値が1に近づくほど不平等度が高くなる。0.5を超えればかなり不平等な所得分配の状態にあるといえる。

シネマコンプレックス
【cinema complex】
複合映画館。1つのビル内に収容能力の異なる複数の上映館を設置する映画館の新形態。チケット売場や入場口，映写室などを共有できるため，効率的な運営ができるのが特徴で，米国では映画館の主流になっている。ヒット映画を中心に編成するため，1作品当たりの興行収入の増大にも寄与している。日本でも建築基準法などの規制緩和により，設置しやすくなっており，ショッピングセンターなどに併設されるケースが増えている。2003年時点で全スクリーン数(2,635)の半数を超えている。

支配証券
株主にとっての株式の価値を，支配権の行使という面から見た場合をいう。株主は，株主総会で1株について1票の議決権（経営参加権）をもつ。会社が，株式の買い占めの対象となった場合などは，「支配証券」としての価値が前面に出てくることになる。
→物的証券，利潤証券

支配力基準
連結決算を作成する際，連結子会社に当たるかどうかを判断する基準として，形式的な持ち株基準に加えて2000年3月期から導入された基準。従来なら子会社にならなかった持ち株比率50％以下の企業でも，グループでの持ち株比率の状況や役員の派遣，営業や財務，資金調達などの取引関

係により,実質的に経営を支配していると判断される場合には子会社とみなすという考え方。同様に,関連会社の判定については持ち株基準に加えて「影響力基準」が導入された。→連結会計制度

四半期業績開示
【disclosure of quarterly financial reports】
収益や財務の状況を適時公表するために3カ月に一度,業績を開示すること。日本ではソニーなど国際的なハイテク企業が先行して開示を始めた。新興企業向けの東京証券取引所マザーズでは四半期決算開示を義務付けているほか,2003年度からは全国証券取引所に上場している企業も四半期開示が義務付けられるようになった。

市販後安全対策
【post marketing surveillance】
医薬品の製造販売会社が自社の製品について,販売後の副作用情報などの安全情報の管理をすること。2005年4月の薬事法改正により,厚生労働省が製造販売承認を与える際,社内に市販後調査体制を持つことが条件に加わり,各社の調査・報告体制が一層強化されることになる。製薬各社は前倒しで専門組織を設置。医薬情報担当者(MR)らと連携しながら病院など医療機関から市販直後の安全情報を集中的に集められる体制を築いている。

地ビール
【micro-brewery's beer】
各地の地場企業などが生産する少量製造のビール。1994年4月1日に酒税法が改正され,ビールの製造免許取得に必要な年間最低製造数量が2,000キロリットルから60キロリットルに引き下げられたのに対応して始まった。日本酒メーカーや自治体主導の第三セクター,ホテル・旅館などが,地域独自の味を観光資源とするねらいから続々と参入した。しかし,ブームが去り,発泡酒などとの競合も加わって,経営が行き詰まるメーカーも出るなど,各社とも苦戦を強いられている。初期投資の負担が大きく,一般的に大手メーカーの製品より割高になるため,全国で売れるブランドの育成は困難との見方もあるが,価格を抑え,卸・小売業者を通じて全国販売をねらう動きも出始めている。99年3月には業界団体「全国地ビール醸造者協議会」も発足した。

時分割
【time sharing】
通信回線やコンピューターなどを多重活用するとき,時間を分割して一定の微小時間は1つの目的に使い,次の微小時間は別の目的に使う方法。通信回線やコンピューターを効率よく利用するための技術。例えばコンピューターの例で見ると,端末機器の情報入出力速度に比べてコンピューターの処理速度が著しく速いので,複数の利用者が同時に使っても各利用者はあたかも自分1人だけが利用しているようにすぐ答えを得ることができる。この時分割処理システムをTSSという。通信回線でみると,時分割のほかに周波数分割などの多重利用の方法がある。

私募債
【bonds offered through private placement】
少数特定の投資家を対象に発行される債券のこと。公募債と違って財務内容を公表する必要がない,公募債に比べて流動性が極端に低い,などの特徴がある。わが国では銀行や生損保などの適格機関投資家に発行する

プロ私募と，50人未満の不特定な投資家を対象に発行する少人数私募に分けられる。→公募債

私募投信
【privately placed investment trusts】
特定少数の投資家を対象に募集される投資信託のこと。募集人数が50人未満の「少人数私募」と，銀行，生命保険会社などのプロの投資家を対象にした「プロ私募」がある。日本版ビッグバンの一環として1998年12月に解禁された。投信会社が複数の企業年金からまとまった資金を受け取り，数年間は解約しない契約を結んで合同運用することも可能。特定の顧客向けに一般の投資家には理解しにくい高度な運用手法を駆使できる。株安，低金利という資金運用難のなかで，私募投信を通じてヘッジファンド運用などを行う地方金融機関も増えている。

資本回転率
【capital turnover ; turnover ratio of capital】
売上高（年換算）を資本で除した比率。1年間の売上高を確保するために資本をどれだけ利用したかを示す。この率は，高ければ高いほど，資本を有効に使ったことになる。使用総資本回転率，株主資本回転率，営業資本回転率などがある。鉄鋼業などの装置産業の場合，使用総資本回転率は低くなる。

$$\frac{売上高（年換算）}{資本（期首期末平均）} \times 100$$

資本組み入れ
【capitalization ; conversion】
1982年10月の改正商法で，時価発行増資などで資金を調達した場合，調達額の半分以上を資本金に組み入れることになったこと。資本準備金，利益準備金，再評価積立金を資本金に組み入れることもある。→資本準備金，利益準備金

資本コスト
【capital cost】
企業が資本を調達する際にかかるコストのこと。企業は債権者から融資や社債払込金などの形で負債を取り込み，株主からは増資などで株主資本を調達する。負債のコストは支払利息や発行費用など。株主資本のコストは配当や株主の期待収益率を加味したもの。資本コストはこの負債コストと株主資本コストを加重平均したもの。負債コストは利率などから明確に表れるのに対し，株主資本コストは株主の期待収益率（確定利付き証券でないために，株主が要求するプレミアムのこと）を反映しているのが特徴。一般的にいうと，仕手株は期待収益率が高く，株式市場全体と同様に動きがちな株は期待収益率が低い。資本コストも同様になる。

資本財
【capital goods】
富を生産するために使用される土地以外の財貨をいう。これに対して生産財は広い意味では土地を含み，さらに労働までを含む。資本財は人間によって生産された手段ないし中間生産物として，広義の生産財から土地と労働を除いたものである。資本財は1回限りの使用で消耗するか，長期にわたって使用されるかによって，流動資本財と固定資本財に分けられる。流動資本財は原料，材料などであり，固定資本財は機械，装置，その他の工場設備である。なお投資財は普通，資本財と同じ意味に使われている。→生産財，消費財

資本市場
【capital market】
長期の資金の調達・運用が行われる

市場で，短期金融市場と対比される。広義の資本市場 (money market) は本来，貨幣市場のほか狭義の資本市場 (capital market) をも含む。貨幣市場は期間1年未満の資金を調達する市場で，いわゆる短期金融市場に対応し，狭義の資本市場は設備資金が調達される市場で，いわゆる長期金融市場に対応する。しかし最近では money market というと，狭義に解釈して貨幣市場ないし短期金融市場だけを指す。一方，資本市場ないし長期金融市場は，長期貸し付け市場と証券発行市場に分かれる。長期貸し付け市場は金融機関が長期貸し出しをする市場で，このように金融機関を介して資金が流れることを間接金融と呼ぶ。これに対し，証券発行市場は株式，公社債の発行市場であり，直接金融と呼ばれる。株式は自己資本を調達するもので，償還株式のような特殊なものを除いては償還が無期限であり，貸借関係はないが，株式市場も長期金融市場に含まれる。→発行市場

資本収支
【balance of capital account】
国際収支のうち証券投資や直接投資の動向を示す勘定。直接投資と証券投資などから成る。1996年1月の改定により企業の直接投資のうち配当として配分されない内部留保額も再投資収益として直接投資に含めることになった。

資本準備金
【capital reserve】
法律で積み立てることを強制された法定準備金の1つ。1982年10月から実施の改正商法では，時価発行増資などで調達した資金は調達額の2分の1を超えない額を資本準備金とすることになっている。減資の際に生じる減資差益や合併の際に発生する合併差益も資本準備金に属する。→資本組み入れ

資本剰余金
【capital surplus】
剰余金のうち利益剰余金を除く部分で，資本取引から生じた剰余金。資本組み入れ超過金，合併差益，減資差益などの資本準備金や，再評価積立金，国庫補助金などがある。→資本準備金

資本ストック
【capital stock】
企業の生産関連設備の総量を金額に換算した値。資本ストックの伸び率は設備投資の循環を示す指標で，設備のストック調整を見る目安になる。新規の設備投資が落ち込んだり，過剰な設備の廃棄が増えたりすると，資本ストックは伸び悩む。

資本生産性
【productivity of capital】
資本，つまり機械などがどれだけの能率を上げているかを示す指標。普通，固定資本（特に生産設備）と生産量との比率で表され，機械台数に対する生産量，運転時間に対する生産量——などの形で計られる。

資本注入
【capital injection】
金融システムを立て直すために，政府が公的資金で銀行の増資を引き受けて自己資本を増強させること。1997〜98年の金融危機時に優先株や劣後債などの形で合計9兆3,000億円を整理回収機構が引き受けた。政府は注入条件として各行に経営健全化計画の提出を義務付け，リストラの徹底を求めている。2003年5月には金融危機の恐れがある場合の対応を定めた預金保険法102条を初めて発動，りそなグループに2兆円弱の公的

資金の注入を決めた。

資本逃避(キャピタルフライト)
【captal flight】
政治、経済情勢などの悪化を警戒して投資資金が国外に流出していくこと。 海外からの投資マネーにとどまらず、国内の資金が安全性を求めて一斉に海外に移動すれば、大規模な資本逃避が発生する。この過程では通貨下落、金利上昇、株価下落がスパイラル的に進行し、金融・資本市場が大混乱する可能性がある。日本でも、財政赤字の拡大を背景に国債相場が急落したり、円相場が急落したりして資本逃避が発生し、深刻な金融危機を招くリスクが指摘されている。

資本と経営の分離
【separation of capital and administration】
会社の所有者と経営者が異なること。 資本主義の初期には、1人または数人の資本家が会社の全資本を所有するとともに直接経営に当たっていた。これを所有者支配という。しかし、経営規模の拡大と資金需要の増大から、資本を広く多数の投資家から募るようになった。これに応募した株主の多くは、株式の配当または売買益による利殖が目的で、経営に参加することが目的ではない。そこで、所有者は雇用経営者に経営を代行させるようになった。こうした経営者は出資者である必要はなく、経営の知識と能力を持つために経営者になっている。

資本の限界効率
【marginal efficiency of capital】
企業家がある資本を1単位増やそうとするとき、その新資本が生み出すと予想される収益率をいう。 例えばある資産の存続期間を2年とし、1年目の末に110万円の収益を、2年目の末に121万円の収益を上げるものと予想し、その資産を2年で使い古して、新たに同じ資産を手に入れる費用を200万円とすれば、資本の限界効率は10％になる。ケインズは投資が資本の限界効率と利子率によって決まると考えた。→限界消費性向, 流動性選好

資本輸出
【capital export】
物の輸出と対比するもので、借款、投資の形で行われる資本の国際移動のこと。 借款の場合、輸出された資本を輸入国側が自由に動かせるもの(アンタイドローン)とそれを使って実施する事業計画など使途を指定するもの(タイドローン)がある。投資の場合は、直接その国の事業に資金を投入してその事業を動かしたり、新しく事業を起こしたりする直接投資と、株や債券などを買うことにより間接的にその国の事業に参画する間接投資がある。→タイドローン, アンタイド

シームレスパイプ
【seamless steel pipe (tube)】
鋼板を丸めて溶接するのが普通の鋼管の作り方だが、シームレスパイプは円柱型の半製品を加熱して孔をあけ生産する。継ぎ目無し鋼管ともいう。 継ぎ目がないため一般の鋼管より丈夫で漏れなどが生じない。主に油井管や油送管として使われ、石油・天然ガス開発には欠かせない鉄鋼製品である。特に日本からは天然ガス開発向け輸出が増えており、国内では住友金属工業がトップシェア。為替や原油価格に需要が左右されやすく、新日本製鉄は主に輸出向け製品から2000年度末に撤退した。

指名競争入札
【designated bidding (system)】
公共工事で発注官庁が建設業者を決

める入札制度の1つ。官庁が実績や技術力などを元に数社を指名, この中で入札し受注業者を決める。ゼネコン（総合建設業者）汚職を契機に, 指名の過程で官民癒着が生じるとの批判が起こり, 建設省（当時）は1994年度から7億3,000万円以上の公共工事は一般競争入札, 2億〜7億3,000万円の工事は公募型指名競争入札, 1億〜2億円の工事は意向確認型指名競争入札などという具合に制度を改めた。→一般競争入札

社外監査役
【non-exective internal auditor】
1994年10月施行の改正商法で, 選任が義務付けられた。資本金5億円以上または負債総額が200億円以上の「大企業」が対象。続発した企業の不祥事で監査体制を強化するほか, 日米構造協議で社外重役の導入を求められたことに対応するねらいもある。2001年の商法改正で, 「大企業」の監査役は半数以上（最低2人）を社外監査役とすることが義務付けられた。→監査役

社会資本
【social infrastructure】
道路, 港湾, 下水道, 公園, 通信, 郵便, 空港, 灯台, 河川や海岸の堤防, ダムなど, 特定の人のためのものではなく国民経済全体の基礎として, その円滑な運営を実現するためにあるものの総称。公共のためのものであり, その地域の独占的性格や, 営利事業として成り立ちがたい性格などの理由から, その確保は政府ないし公共機関で行うのが普通。また経済の成長を図るためにも, 社会資本の拡充が経済政策の大きな柱となっている。

社会主義市場経済
【socialist market economy】
1993年3月の中国の全国人民代表大会で新たに経済発展の基本方針として憲法に盛り込まれた概念。憲法は「社会主義の公有制を主体としながら, 資源分配などの面で市場が基礎的な役割を果たす経済」と定義している。具体的には政府がマクロ調整を通じて経済をコントロールし, 企業活動を自由化して官民が協調して成長を目指す。国有企業の所有と経営の分離や, 債券, 株など有価証券市場の育成なども市場経済化の1つと位置付けられている。

社会的生産基盤 ⇨ インフラストラクチャー

社会的責任投資
【socially responsible investment ; SRI】
資産運用の際の企業評価の基準に, 従来の財務内容に加え倫理, 社会, 環境など「企業の社会的責任」への取り組み度合いを組み込んだ投資手法。世界での投資規模は300億円を超え, 米国や英国では総運用資産残高の1割程度を占めていると見られる。日本でも2000年前後にエコファンドが相次いで登場。企業の社会的側面を重視するSRIファンドも登場している。→企業の社会的責任

社外取締役
【outside director】
自社以外から登用した取締役。取締役は他の取締役をチェックする必要があるが, これまではメーンバンク（主取引銀行）や親会社から受け入れるケースが大半で社長などに対する経営監視機能が弱いという課題があった。最近は経営の透明性を高めるために企業と直接, 利害が薄い異業種の経営者や有識者などを起用する例が増えている。2002年5月に商法が改正され, 大会社（資本金5億円以上または負債総額200億円以上）は2人以上の

社外取締役を起用し，取締役候補の決定権を社外取締役にゆだねることなどを条件に，監査役を廃止できる米国型の取締役制度を選べるようになった。03年4月に施行された。

若年失業
【youth unemployment】
若年層を中心にフリーターが増えたり，失業率が高まるなど雇用情勢が不安定になっていること。15～24歳の失業者数は1993年の46万人から2003年には68万人に増加。同じく失業率も93年の5.1％から03年は10.1％に上昇し，全体の平均のほぼ2倍の水準となっている。若年層の雇用が低迷すると，中長期的には競争力や生産性の低下など経済基盤の弱体化を招く恐れがある。

車検の簡素化
【simplification of automobile inspection system】
政府の規制緩和方針を受け，運輸省（当時）が道路運送車両法を抜本改正，1995年7月から車検を簡素化した。簡素化の柱は，①6カ月点検の義務付けの廃止，②12カ月，24カ月ごとの点検項目の半減，③車検前の整備を義務付けた「前整備・後検査」原則の廃止，④車齢11年を超える自家用車の車検有効期間を1年から2年に延長——の4つ。ユーザーが自家用車を日常的に点検する自己責任原則を打ち出す一方，「前整備」原則がなくなったことで，ユーザー車検が容易になった。点検項目の削減で検査費用も多少安くなった。運輸省はまた，日米包括経済協議の自動車・同部品交渉の合意を受け，一般の車検以外の国の検査の簡素化も決めた。ブレーキなど重要な保安部品の修理の際に義務付けられている「分解整備検査」，スキーキャリアやルーフラックの取り付けなど車の大きさが変わる改造の際に必要な「構造等変更検査」について，条件を大幅に緩和することになった。

社債 ⇨ 事業債
社債管理会社不設置債
【corporate bond with no trustee】
社債管理会社は，社債権者（社債を保有する投資家）の法定代理人として発行企業の財務内容を監視し，発行企業の倒産時に元利金の支払い請求などをする。一般にメーンバンクが務めているが，商法の規定で社債の券面が1億円以上で販売先を機関投資家に限っている場合は，必ずしも設置しなくてもよい。不設置債の第1号は1995年9月に発行したソフトバンク債。社債管理会社の代わりに，元利払い事務などだけをする財務代理人（FA＝Financial Agent）を置くことからFA債とも呼ばれる。社債発行経費が節約できることから，以後，企業の間に急速に普及。無担保普通社債の大半を不設置債が占めるようになった。

社債決済制度
【corporate bond settlement system】
現在の国内の社債，地方債，利付金融債は，社債等登録法に基づいて登録され，投資家が売買した場合の決済は，登録機関（銀行）が持っている社債登録簿上の名義移転によって行われる。全国約150の登録機関の間で登録済み証を物理的に移動させる必要があり，日数がかかるなど，決済リスクが大きかった。そこで大蔵省（当時）証券局長の私的研究会「社債受け渡し・決済制度研究会」が改革案作りに着手，1996年5月28日に，①登録済み証廃止，②オンライン網構築，③オンライン網の情報を一括

処理する中継機関の設置——などの内容の報告書をまとめた。これを受けて取引当事者と登録機関を結ぶネットワークの運営法人「債券決済ネットワーク（JBネット）」が設立され、97年12月から業務を開始した。今後は登録制度が大きく変わる予定で、証券保管振替機構に一元化されることになっている。→債券登録業務

社債担保証券
【collateralized bond obligation；CBO】
多数の企業が発行する社債をプールし、これを担保に発行する証券。元利払いの優先度に差を付けた証券を複数発行し、最も優先度が高い部分はトリプルAなど高い格付けを確保できるような仕組みを整える。CBOに参加することで、社債の発行が難しい低格付けや無格付けの企業でも、金融市場から資金調達の道が開けることになる。一方、投資家側にもCBOに投資すると、少額の投資でも投資先の分散効果が得られるなどのメリットがある。国内では、1998年12月に17社が参加し700億円を調達したCBOが最初で、その後も発行が相次いでいる。

社債の管理業務
社債は長期の資金を調達するために発行するものなので、償還についての安定性、確実性が必要とされる。このため法律に基づいて、①社債権者に代わって元利金の償還に関する一切の権限を持つこと、②担保付きの社債の場合には担保の管理をすること——が定められている。これを社債の管理という。社債管理に当たるものには大きな信用が必要なので、管理機関は金融担当相の免許制。社債を発行する会社と最も関係の深い都市銀行か信託銀行、長期信用銀行などがその地位についている。最近は地方銀行も乗り出してきた。従来は社債管理と社債の発行事務を代行するのを合わせて受託と呼んでいたが、受託制度が廃止され、管理と事務代行業務に分かれた。1993年10月の商法改正で国内の起債では社債管理会社の設置が義務付けられた。ただ券面1億円以上の機関投資家向け社債は設置しなくてもいいとされ、95年秋以降の不設置債の急増に結びついた。→事業債

ジャス ⇨JAS
ジャスダック ⇨JASDAQ
ジャスダック市場
【Jasdaq Stock Market】
日本を代表する新興企業・中堅企業向け株式市場。証券会社の店頭でコンピューターシステムを通して売買する。日本証券業協会が開設・運営し、1983年11月に現在の取引制度が整備された。公開基準は98年12月に大幅に緩和された。東京証券取引所第二部など上場市場より緩く、税引き前利益が黒字であることなどの条件を満たせばよく、四半期開示を条件に赤字でも公開できる第2号基準も新設された。2001年2月には市場運営の大半が株式会社ジャスダックに移管され、同年7月、一般呼称がジャスダックとなった。02年4月からは時価総額上位銘柄など約50の銘柄からなる指数「Jストック指数」の公表を開始。03年4月からは9カ月間時価総額が5億円を下回ると上場廃止になる基準を設けるなど市場の質の向上にも取り組んでいる。年間約100社の新規上場があり、04年5月末時点での上場社数は924社。04年内に取引所への転換を予定しているが、流動性の向上や、マーケットメーク制度の整備など課題も山積している。

ジャスダック値付け新システム

ジャスダック市場の値付け(マーケットメーク)制度が2003年5月6日から新システムに移行した。これまで値付け制度には、証券会社ごとに約定価格が異なったり、約定価格より高い買い注文を出しても約定されないという指摘があった。そうした投資家の不満を解消し、最良気配値での約定を保証することで売買の透明性を高めるのがねらい。具体的には、従来は証券会社が自社のシステムでも対応できた2単元(単元は最小取引単位)以下の注文を、ジャスダックの値付けシステムに委託することを義務付けた。ジャスダックのシステムが投資家に最も有利な気配から約定するため、証券会社も自ら提示する売買の気配値の差(スプレッド)を縮めるようになる。システム移行後、実際に気配値の差が縮まる傾向が出ており、一定の成果は表れている。

ジャスト・イン・タイム方式
【just-in-time】

入荷材料を在庫せずにそのまま使うという商品管理方式。在庫をゼロにして在庫費用を極端に圧縮しようとするもので、トヨタ自動車のかんばん方式が代表例。材料が製造ラインに乗るときに関連会社から次の材料の搬入があるという状態に近づけるのが理想とされる。しかし、最近の人手不足に端を発した物流経費の上昇、さらに、1995年1月の阪神大震災による幹線道路分断の影響で、物流が混乱したことなどから、見直しの動きもある。コック方式、ボーナスペナルティー制などとも呼ばれる。→かんばん方式

社団法人
【corporation】

慈善事業をするとか非営利事業をするといった一定の目的を持って何人かの人が集まり作った団体を社団法人という。これに対して1つの財産(それが多くの人々からの寄贈による場合もあれば、ある1人の人が寄贈する場合もある)を運営することを目的とする団体を財団法人(foundation)という。社団法人は社員総会という議決機関と理事という執行機関と監事という監督機関とによって運営されている。財団法人は社員がいないので社員総会がなく、理事がその機関を運営している。

社内公募制

企業があるポストの要員を、広く社内から募集する制度。通常の人事異動方式に比べて、意欲のある希望者を発掘できるメリットがある。このため、新規事業への進出などに伴い人材を確保する手段として、社内公募を実施する企業が増えている。ただ問題点として、現状の組織や処遇に不平不満を持つだけの社員が集まってしまったり、既存の組織の秩序を乱す恐れも指摘されている。このため実施にあたっては人材の評価方法の確立、秘密の保持などが必要となる。

社内資本金制度

事業部を利益計算の単位として、責任、権限を与えるため、事業部ごとの「資本金」を定め、事業部の業績評価を厳しくチェックできる制度。内部資本金制度ともいう。

社内ベンチャー

企業が本業とは異なる市場への進出や新しい製品の開発をねらいに、企業の内部に独立した事業体を設けること。似たような組織に事業部制があるが、事業部制は既にある程度確立した事業を独立採算制で推進するのに対し、社内ベンチャーはゼロから事業を起こすための組織。あたかも企業の中で独立の企業のように活動する。

短期間に新規事業を育成する有効な手段として米国の大企業の間に広まり、代表例として3M、IBMなどの社内ベンチャーが挙げられる。日本でも組織活性化をねらいに社内ベンチャーを試みる企業が増えている。→事業部制

社内預金
【in-house deposit system for corporate employees】
使用者が従業員の預金を直接受け入れ管理する制度。もともと企業の資金調達手段の1つとして始まった。労働者の足止めにつながる恐れがあるため、あくまで従業員の任意の委託が前提。また、不当に低い金利で預金させられるのを防ぐために、一定以上の利子を付けなければならないことになっている。市中金利の低下から社内預金金利を数回にわたって引き下げた後、下限金利だけを改める方式へ移行、下限金利については2001年からは市場動向に合わせて簡単に決められるようにした。

社内留保 ⇨ 内部留保

社内レート
企業が輸出入の採算をはじく場合、その計算の前提として独自に設定する為替レート。為替が変動すると輸出入の採算がブレるため、企業は将来の経営計画を立てにくくなる。このため、その時々の実勢レートと為替見通しをもとに社内レートを設定、これに基づいて輸出入のコストを計算し、経営計画を立てる。一般に輸出型企業の場合、円高だと輸出採算が低下するが、収益見通しにゆとりをもたせるため、社内レートは実際の為替相場より円高に設定することが多い。

ジャパンプレミアム
【Japan premium】
邦銀が海外で資金を調達する際、資金の出し手である欧米などの銀行から要求される金利上乗せ幅。石油ショック後、日本の経済力に対する不安から欧米の銀行が邦銀との取引を絞り、プレミアムが付いたことから名付けられた。1995年の大和銀行の巨額損失事件以降のプレミアムはそのとき以来の本格的な邦銀不信のためで、邦銀の信用力低下を背景に、金融システム不安などで拡大の兆しが強まった。

ジャンクボンド
【junk bond】
格付けが投資適格(BBB格以上)に満たないBB格以下の社債のこと。信用力が低い分、利回りが高いのが特徴。ジャンクボンドは"くず債"の意味であることから、ハイイールドボンドと呼ぶケースも増えている。ハイイールドとは高利回りということ。1980年代に米国で企業買収のため資金調達手段として盛んに発行されたが、デフォルト(債務不履行)の多発や、最大の取扱業者であったドレクセル・バーナム・ランベールの倒産で、90年にはほとんど発行がない状態まで落ち込んだ。しかし、その後、新興企業による資金調達の増加などをテコに再び発行が急増。99年以後はITブームを背景に、情報通信関連の新興企業が相次ぎ発行した。適債基準の撤廃から、日本でも96年に入り、ブラジル、メキシコ、トルコ、ルーマニアなどが相次いで低格付けの円建て外債を発行している。日本企業でも、BB格の一部企業が少額の社債を発行するようになっている。

上海閥
【Shanghai clique】
上海市長だった江沢民・中央軍事委員会主席が党・政府の中枢に抜てきした上海出身の有力幹部グループの

総称。江主席らは存在を否定しているが、自らの権力基盤を固めるため、当時の部下らを中央指導部に集め上海閥を築いているとの見方が専らだ。その数は党や政府の要人など数十人といわれるが、北京を中心に他地方からの反発も強く、人事のバランスが崩れ、中央指導部の安定を損なう懸念もある。

上海万博
【Shanghai Expo】
2010年に上海で開く中国初の万国博覧会。02年12月の博覧会国際事務局の総会で開催が決まった。万博史上最多の7,000万人の入場者数を見込む。総投資額は約30億ドルと見られる。中国にとって08年に予定する北京五輪に次ぐ国際的な巨大イベントで、招致決定前から、2020年の国内総生産（GDP）を2000年の4倍に増やすという国家目標を達成するために必要といわれていた。

上海浦東地区開発
【Shanghai-Putong Development Project】
1990年4月に中国政府が正式決定した国家レベルの都市開発プロジェクト。上海を中心に江蘇省、浙江省など周辺地域全体の発展を促すため金融面を中心とした対外開放の特別措置を実施し、経済、貿易、金融センターを目指している。浦東開発区は上海市の旧市街区と黄浦江をはさんで向かい合う552平方キロメートルの地区。道路、橋、発電所などインフラストラクチャー（社会的生産基盤）を中心に、総投資額は最終目標とされる21世紀半ばまでには約1,000億元が見積もられている。

収益還元価格
【theoretical land price】
土地を活用して得られる収益から逆算して求める地価のこと。「理論地価」ともいう。具体的にはビルの賃料収入などの期待収益を利子率で割ることで導かれる。収益はビルの賃貸料などから推定、利子率には一定のリスクプレミアムを加えるのが一般的。バブル期の地価は、土地の収益性に見合った価格から大きく乖離して上昇した。日本の不動産評価は従来、周辺の取引事例を重視するあまり、収益還元の考え方を軽視しがちだったが、最近は不動産証券化の拡大とともに収益還元の考え方を加味した価格での売買が一般的になってきている。

収穫逓減の法則
【law of decreasing returns】
ある一定の農地で働く労働者の数が増えるほど、労働者1人当たりの収穫は小さくなるという法則。初めはこのように農業についていわれたが、現在では広く他の生産要素を一定とし、ある生産要素のみを増加させたとき、その単位当たり生産が漸減していく事実を示す。つまり、生産要素の限界生産力漸減である。この逆の現象として、工業部門の大規模生産の利益に見られるような収穫逓増の法則がある。

住基ネット
【nationwide personal information database network using smart cards】
住民基本台帳ネットワーク。国民一人ひとりに11ケタの番号を付けて氏名、住所、性別、生年月日の4情報をオンラインで管理し、行政手続きに必要な本人確認に使うシステム。2002年8月5日に稼働した。03年8月から希望者に配布された本人情報を記録したIC（集積回路）カードを使えば、住民票の写しを全国どこの区市町村でも受け取れる。自治体の中には、個人情報保護の面で懸念が

残るとして参加を拒否するところも表れた。

従業員持株制度
【employees' stock ownership program (plan)】
従業員が自己の勤務先の会社の株式を取得し、保有することについて会社がなんらかの便宜や経済的援助を与えてこれを奨励する制度。従業員持株制度は欧米では古くから発達していたが、日本では1960年代後半に入って急速に普及した。自社株の購入方法としてはストックオプション制度を導入する企業も増えている。これは、会社側から見て、①会社と従業員の利益共通意識を生み出し、企業の生産性の向上を図る、②安定株主層を増やし、企業の資金調達を安定化する——などの利点がある。しかし、会社が倒産したときの救済措置がないこと、財形貯蓄が税法上優遇されているのに対して税法上の恩典が全くないなど、今後改善されるべき点も残されている。

重債務貧困国
【heavily indebted poor countries ; HIPCs】
対外債務に苦しむ国々を指す世界銀行、国際通貨基金（IMF）の定義で、42カ国。サハラ以南のアフリカの国々が大半を占めている。1999年6月の主要国首脳会議（ケルン・サミット）ではこうした国々に対する2国間の政府開発援助（ODA）債権の削減率を100％にまで引き上げることで合意した。

自由参入 free entry ⇨ 完全競争

自由準備
【free reserve】
米国の連邦準備銀行加盟銀行の手元資金のうち、法定準備を超える部分、つまり「過剰準備」から「連銀からの借入金」を差し引いた部分を指す。この額が大きければ市中銀行の貸し出し、投資能力も大きいわけで、米国の市中銀行の貸し出し能力を測る重要な尺度となる。

終身雇用
【lifetime employment】
企業が特別の事情がないかぎり、新学卒で採用した従業員を定年まで雇用する慣行。年功序列型賃金、企業内労働組合と併せて日本型の企業経営を支える「三種の神器」とされてきた。バブル崩壊後は、早期退職や出向・転籍など終身雇用と相いれない人事政策も目立ってきた。転職に対する抵抗感が薄れていることも、終身雇用が揺らいでいる背景にある。

自由診療
【medical services not covered under health insurance】
健康保険などの公的医療保険が適用されない診療行為。治療費の全額が患者の負担となる。最先端の治療技術や、日本では認可されていない薬を使った治療などがこれに当たる。歯科は内科などの医科に比べて自由診療に当たる治療が多い。

修正倍率
【ratio of adjusted stock price average to simple arithmetic average】
修正平均株価の単純平均株価に対する倍率。日本の修正平均株価はダウ・ジョーンズ社が考案した修正法を用いて計算され、日経平均株価（日経平均）の名で日々公表されている。例えば、修正平均が20,000円で、単純平均が1,000円だとすると修正倍率は20である。→単純平均株価

住宅金融公庫
【Housing Loan Corporation】
住宅金融公庫法に基づく政府系金融機関。設立の目的は国民の住宅建設

及び住宅取得に必要な資金で、銀行及び普通の金融機関では融通できない長期低利の融資を行うこと。通常は固定金利での融資であるため、市場金利が低水準のときに融資を受ければ、借り手にとってのメリットが大きい。資金源は主に政府に頼り、政府出資および財政投融資資金からの借り入れなどで賄う。特殊法人改革により2006年度末までに廃止され、民間金融機関の住宅ローン債権の証券化支援を主業務とする独立行政法人に衣替えされることが決まっている。

住宅金融専門会社(住専)
【housing loan company】
都市銀行や信託銀行などが1970年代に設立した、個人向け住宅ローンを主な仕事にするノンバンク。全部で8社あった。資金不足に悩む都銀や店舗網が少ない信託銀行など母体行の補完をするのが本来の目的だったが、バブル期に不動産・建設関連融資を増やし、大量の不良債権を抱えて96年に7社が経営破たんし、6,850億円の公的資金による損失穴埋めのうえで清算された。7社は整理回収機構に資産・負債が継承されている。

住宅財形
【housing accumulation savings】
年金財形などと同じく勤労者財産形成促進法に基づく勤労者のための財形貯蓄。持ち家の取得を目的に、満55歳未満の勤労者が事業主の協力を得て給与・賞与から一定額を定期的に積み立てる。積み立ては5年以上。住宅取得費用にあてるときだけ引き出しが認められている。住宅の建築に際しては自己資金のほか財形住宅ローンなども利用できる。1988年4月からの新税制で財形貯蓄非課税制度が原則廃止され、一般財形貯蓄の利子に一律20%の分離課税が適用されるようになった。住宅財形はこれを機に新たに設けられたもので、年金財形と合わせ合計500万円までの利子については非課税の特典を受けられる。

住宅性能表示制度
【housing performance labeling system】
住宅品質確保促進法(品確法)に基づき、2000年10月から実施された制度。戸建て住宅、マンションなどを対象に、耐震性など構造の安定性、省エネルギー対策など9分野において、住宅の持つ性能を2〜5等級で評価する。国土交通相が指定する性能評価機関が設計、建設の2段階で検査、評価する。性能表示を受けた住宅は将来、住宅会社との間でトラブルが生じた場合、申請料1万円で各弁護士会などが作る指定住宅紛争処理機関に仲裁や調停を依頼できる。

住宅着工戸数
【new housing starts】
住宅投資の動向を把握するための基本的な経済指標で、国土交通省が毎月末に公表する。持ち家、借家、分譲住宅ごとの利用者関係別や業界ごとの建築主別のほか、建築工法別、地域別などに区分してまとめている。調査対象月の翌月末に結果が判明するので、景気の先行指標のひとつにもなる。床面積が10平方メートル以下の住宅は対象外。床面積からは、平均的な住宅の規模の推移が分かる。建築主は建築基準法に基づき、都道府県知事に建築工事届けを提出しなければならないが、工事費予定額は調査対象外のため、一戸当たりの単価は分からない。

住宅品質確保促進法
すべての新築住宅のうち壁や柱、基

礎など「構造耐力上主要な部分」について，10年以内に，雨漏りや亀裂が入るなど欠陥が生じた場合，住宅を購入した個人が売主に補修請求できることを定めた法律。2000年度からスタートした。このほか，耐久性や省エネルギー性など個々の住宅の品質を格付けする住宅性能表示制度の創設も盛り込んでいる。

住宅ローンの証券化商品

銀行が保有している住宅ローン債権を信託銀行に一括して信託し，信託銀行がその信託受益権を投資家に販売する仕組み。信託期間満了時に，信託したローン債権を買い戻す方式と，買い戻しの義務を負わない売り切り方式がある。銀行などにとっては，通常なら元利金の受け取りに何十年もかかる住宅ローン債権を現金化することで，新しい貸し出し原資が得られるメリットがある。売り切り方式の場合は貸出債権（資産）を減らすことで自己資本比率を向上させる効果もある。

自由貿易協定
【free trade agreement ; FTA】
特定の国や地域が相互に関税などの貿易障壁を撤廃する取り決め。1958年に設立された欧州経済共同体（EEC）が第1号とされる。これまで世界貿易機関（WTO）での多角的貿易交渉に軸足を置いていた日本も方針を転換し，2002年1月にシンガポールとのFTAに署名した。

自由貿易圏
【free trade zone】
特定の国，地域の間で関税，非関税障壁を取り除いた統一市場を形成するもの。圏内の各国，地域は自由貿易のメリットを最大に得ることになる。欧州連合（EU）や，米国とカナダ，メキシコが結んだ北米自由貿易協定（NAFTA）が典型。1993年のASEAN自由貿易地域（AFTA）や95年の南米南部共同市場（メルコスル）など各地で創設の動きが強まっているほか，最近では中国が2001年11月，ASEANと10年以内に自由貿易圏を創設することで合意した。

住民税
【local inhabitants tax】
地方税の中で最も重要な税目。都道府県民税と市町村民税から成るが，いずれも個人と法人の所得を課税対象とする。法人に対する住民税は法人税割りと均等割り，個人の場合は所得割りと均等割りなど3種類に分けられる。所得割りは国税の所得税と同じように個人の所得に応じて課税，均等割りは所得の多少にかかわらず一定税額を課税する。2003年度税制改正で，個人住民税は現行の3種類に配当割りなどが加わった。

重要財産委員会
【asset and loan management committee】
2003年4月に施行された改正商法で，委員会等設置会社に移行せず，監査役制度を維持する企業が，社外取締役の招へいなどの要件を満たせば設置できるようになった仕組み。重要財産委員会は3人以上の取締役で構成し，取締役会が決議事項の一部を委任。重要な財産の処分や多額の借財を決定する。経営の迅速化がねらいで，取締役会への報告義務がある。大手企業ではホンダが同年4月に設置している。

受益証券
【beneficiary certificate】
広い意味では信託証書を証券にしたものを指すが，普通は信託財産の管理，運用の結果，生まれてくる利益をもらうことのできる権利（受益権）を表示した証書。→信託

主幹事会社
【lead manager】
事業会社には1社だけでなく複数の証券会社を幹事会社としているところが少なくないが,幹事会社の中で株式や社債の引き受け数量が最も多く,特に発行手続きなども含め,中心となって資金調達のパイプ役をつとめるのが主幹事会社である。事業会社が株式や社債・転換社債の募集,売り出しを行うとき,中心となって引き受け・あっせん役をつとめる証券会社を幹事会社という。

需給ギャップ
【gap between demand and supply】
経済の供給力と現実の需要との間の乖離を指す。経済が成長する過程で消費や投資,輸出などの需要の増大と供給力の拡大は短期的には一致しない場合が多い。需要が供給力を上回っている場合を「需要超過」,逆の場合を「供給超過」という。需給ギャップが「需要超過」に傾くと景気は過熱状態を示し,金融引き締めなど需要抑制策がとられる。逆に「供給超過」に傾くと失業率の上昇,物価の低下など,景気は後退局面に入る。バブル崩壊以降,日本経済の回復の足取りが重いのは,1980年代後半に企業が供給力を増やし過ぎたことによる需給ギャップの縮小に時間がかかっていることが大きな要因の1つ。景気調整策はこの需給ギャップのぶれを最小限度にとどめ,なめらかな経済成長を実現することを目的としている。→GDPギャップ

需給調整規制
【supply-demand adjustment for public for transportation systems】
国土交通省が航空,鉄道,バスなどの交通機関の交通量を制限し,安定した交通網の確立を目指す一種の総量規制。例えばバスの場合なら,走行する地域,車両数などを制限している。運賃改定にも同省の認可が必要だ。だが,こうした規制は事業者間の自由な競争を阻んでいるとの批判が強まったため,国土交通省は段階的に規制を撤廃する方針を決めた。航空と鉄道は1999年度に改正法を施行して自由化を実現したほか,旅客船は2000年10月に実現,乗り合いバスとタクシーは02年2月に規制緩和が実現した。

需給調整条項
【regulation to demand and supply】
過当競争による共倒れを防ぐために,所管官庁が需要動向に応じて新規参入を認めるかどうかを判断すると明記した法律上の規定。例えば電気通信事業の場合,独自の通信回線を持つ第一種事業は初期投資額が膨大であることなどを理由に,電気通信事業法には過剰な設備投資を防止する需給調整条項が盛り込まれ,新規参入を許可する要件としていたが,通信自由化の流れで1997年11月に廃止した。

授権株式数 number of authorized shares ⇨ 授権資本

授権資本
【authorized capital】
株式会社が取締役会の決議だけで,株式を発行できると認められている資本金額。その株数を授権株式数といい,授権株式数をいくらにするかは株主総会で決める。

酒税改正
【revision of liquor tax】
製造者・輸入引取人から徴収する酒類に課される税の改正。米国や欧州連合(EU)が日本の蒸留酒の税率格差は不当として世界貿易機関(WTO)に提訴し,1996年に日本の敗訴が

確定した。これを受けて大蔵省（当時）は97年10月から2001年にかけて3段階で税率格差を見直した。2000年にはビールと発泡酒の格差是正が焦点になった。「麦芽酒」として簡素化する大蔵省の案に対し、ビール大手5社が反対した。その後もビールと発泡酒の税率格差是正を目指す財務省の動きは続き、ビールの酒税を据え置く一方で、03年5月から発泡酒の酒税を350ミリリットル缶で約10円引き上げた。

受精卵移植
【embryo transfer】
牛を中心に家畜改良の決め手として注目されている技術で、優良な雄と雌の交配でできた受精卵を、別の雌に移植して優良な子畜を産ませる。「借り腹」とも呼ばれ、ホルスタイン（乳牛）に和牛の受精卵を移植して、和牛の子牛を産ませることも可能。牛は通常、1年に1頭しか子牛を産まないが、受精卵であれば排卵促進剤の利用で月に1度の交配で平均8～10個も得られるから、優良な子牛をたくさんつくることができ、遺伝形質も短期間で探れる。農林水産省・福島種畜試験場は1984年7月、受精卵を分割して移植することにより、双子づくりに成功している。

受託・委託制度
放送分野で、番組を制作する事業者（委託放送事業者）と、こうした番組を送信する事業者（受託放送事業者）とに分けて免許を与える制度。受託事業者は送信設備を保有しているため、「ハード・ソフト分離制度」ともいわれる。日本では1992年のCS（通信衛星）放送を皮切りに、2000年にはBS（放送衛星）放送でも導入された。

出荷指数 shipment index ⇨ 生産者出荷指数

出資型非営利法人
【invested type nonprofit organizaiton】
個人や法人の出資によって活動資金を集める、営利活動を目的としない法人組織。出資者が法人の正式な構成員になる。組織にとっては活動費と構成員を同時に集められることが利点。出資者に活動を十分に知ってほしいという組織の狙いもある。現在、非営利法人の資金調達は寄付が中心だが、環境問題など活動範囲の広がりで資金需要が高まる中、団体側から政府に対し、NPO（非営利組織）などと同様に法律上の制度として承認を求める声があがっている。

出資証券
【subscription certificate】
特殊法人に出資したものに対し、その持ち分を表す有価証券のことを特に出資証券という。日銀の場合が有名で、証券取引法上も有価証券と認められている。

出生前診断
【medical treatment for fetus】
胎児や受精卵の染色体や遺伝子を調べ、生まれてくる子供に先天性の病気があるかどうかを事前に診断すること。胎児の周りの羊水を調べる羊水診断、胎盤の一部を調べるじゅう毛診断がある。最近では、妊婦の血液を調べて胎児がダウン症などである確率を推定する「母体血清マーカー」という検査も広がっている。このほか人工授精で得た受精卵の遺伝子を調べ、正常なものだけを母体に移植して妊娠につなげる受精卵診断も実施されていたことが2004年2月に判明した。こうした診断は「健康な子供を生みたい」という親の切実な思いに応えることができると評価する声がある一方、男女産み分けや障害者を生ま

せないための技術であり差別を助長するとの反対意見も強い。

首都機能移転
政治, 行政, 司法の中枢機能を東京圏(都心部から60キロメートルまで)の外に移す構想。東京一極集中の是正策として第4次全国総合開発計画(4全総)で検討課題とされ, 1992年12月には議員提案による「国会等の移転に関する法律」が成立。同法に基づき国会等移転調査会が93年4月に発足, 95年12月に移転の対象や手順, 移転先の選定方法を定めた最終報告をまとめた。96年6月の法改正に基づいて同年12月に国会等移転審議会(首相の諮問機関)が発足した。99年秋に候補地を福島・栃木(阿武隈・那須), 岐阜・愛知(東濃・西三河北部), 三重・畿央の3地域に絞り込んだが, その後の一本化作業は難航。2003年5月, 衆院特別委員会は候補地の絞り込みを断念する報告書を採択。衆参両院合同の政党間協議会で協議を続けている。

首都圏基本計画
首都圏整備法に基づく法定計画。政府は第5次首都圏基本計画(1999～2015年度)を99年3月に決定した。一極依存構造を是正するため, 首都圏の各都市が相互に機能分担する「分散型ネットワーク」の形成を掲げている。

首都圏第3空港
羽田, 成田に次ぐ首都圏で3番目の空港。航空需要の拡大に対応するために, 建設の必要性が指摘されている。建設候補地としては東京湾奥や千葉県木更津沖, 神奈川県金田湾などが挙がったが, 国土交通省の調査検討委員会は2001年5月に, 騒音問題を考えれば陸上での新空港建設は難しいとの認識で一致。羽田空港に4本目の滑走路をつくる再拡張を優先して進めることを決めた。

ジュネーブ条約
【Geneva Conventions】
武力紛争時に適用される負傷者や捕虜, 一般の人々の保護などについて定めた条約。1949年にスイスのジュネーブで結ばれた4条約と77年に採択された2つの追加議定書からなる。戦争捕虜は常に人道的な待遇を受けるとともに, 拷問や暴行など個人の尊厳を侵害する行為を禁じている。大規模戦闘が終結した後のイラクで起きた米兵によるイラク人虐待がジュネーブ条約に違反したとの批判があり, 2004年6月に行った米国と欧州連合(EU)との首脳会合で, ジュネーブ条約を順守する原則が共同宣言に盛り込まれた。

酒販免許の規制緩和
【liquor license deregulation】
酒類小売業免許は「人口基準」「距離基準」という2つの規制に守られていた。このうち, 既存店から一定の距離以内での新規出店を認めない距離基準規制は2001年1月に撤廃された。一定人口あたりの免許数を定めた人口基準規制も2003年9月に撤廃, この時点で酒類販売は事実上, 完全自由化された。コンビニエンスストアや食品スーパー, ホームセンターなどの参入が予想される中, 自民党は中小既存店保護を目的に, 酒販店過当競争地域の免許付与を制限する法律を時限立法で制定した。

需要インフレ demand-pull inflation ⇨ デマンドプル型インフレ

需要関数 demand function ⇨ 需要供給の法則

需要供給の法則
【law of demand and supply】
1 商品の需要量・供給量とその価格

との関数関係を述べた法則。①仮に1商品の供給側の事情を一定として，需要量が増えると価格は上がり，需要量が減ると価格は下がる。これを需要の法則という。②仮に1商品の需要側の事情を一定として，供給量が増えると価格は下がり，供給量が減ると価格は上がる。これを供給の法則という。③価格が上がると，やがて需要が減り，供給が増えてくる。その反対に価格が下がると，需要が増え，供給が減ってくる。④価格は需要と供給が等しくなる水準に落ち着こうとする傾向を持つ。均衡理論によれば，価格は需要と供給の一致する点で決まり，これを均衡価格といっている。上記③の場合は価格が独立変数，需要量または供給量が従属変数である。したがって，価格をp，需要量をDとすれば，$D = f(p)$ となる。これを需要関数といい，これを曲線に書いたもの（価格の高低に従って需要量が連続的に示す変動の跡を曲線に書いたもの）を需要曲線という。次に供給量をSとすれば，$S = f(p)$ となる。これを供給関数といい，これを曲線に書いたものを供給曲線という。完全競争条件を満たす市場では，需要曲線と供給曲線の交点，つまり需要と供給の一致点で価格が決まる。

需要曲線 demand curve ⇨ 需要供給の法則

主要国首脳会議
【Summit Conference】
サミット。世界の政治，経済の諸問題を話し合うため日米英仏独伊カナダ露8カ国と欧州連合（EU）首脳が毎年開いている会議。石油ショック後の世界不況の深刻化を背景に1975年11月，当時のジスカール・デスタン仏大統領の提唱で始まった。第1回の開催地は仏ランブイエで，参加国は日，米，英，仏，独，伊の6カ国。カナダは第2回から，EC（現EU）代表は第3回から参加した。ロシアは97年の米デンバーから加わった。日本では93年に東京，2000年に沖縄で開催している。当初は経済問題を話し合う目的だったが，80年代からアフガニスタンやイランなど国際政治問題も討議されるようになった。90年代は北朝鮮やロシアなどが主要テーマに取り上げられた。もともと世界主要国の首脳がひざをつき合わせて話し合うのが目的だったが，徐々に官僚化してしまった。このため，02年6月のカナダ・カナナスキス会議では随行人数を制限して首脳同士の対話に重点を置いた。03年6月に仏エビアンで開いた会議には，初めて中国も参加した。04年6月の米シーアイランド・サミットではイラク問題が主要議題となった。

需要予測方式
株式や債券などの新規発行や売り出しに際して，投資家の需要を調べて積み上げ，発行額・売り出し額や価格などを決める方式。ブックビルディング方式とも呼ばれる。日本では1993年7月，クライスラーの三菱自動車工業株売り出しに際して採用されたのが最初。この方式を採用すれば，適正な条件を設定できるので，市場に悪影響を与えないというメリットがある。ただ，需要予測は短期間で行なわなければならないので，引き受けシンジケート団から中小証券が排除されるなどの問題点も指摘されている。

種類株
【class stock】
議決権や配当の権利などが普通株とは異なる株式。従来は，議決権がない代わりに優先的に配当が受け取れる配当優先株などに発行が限られていた

が，2002年4月施行の改正商法で発行制限が大幅に緩和され，企業はさまざまな権利を盛り込んだ株式を発行できるようになった。例えば，資産売却や合併といった特定の決議事項のみに対する拒否権を盛り込んだ株式などがほぼ自由に設計できる。種類株の活用で企業の資金調達手法が多様化するほか，ベンチャーキャピタルなどが投資先企業の経営監視を強化することも容易になる。

シュレッダーダスト
【shredder dust】
廃家電や廃車などから再利用可能な部品を取り去った後に残る最終廃棄物のこと。裁断機（シュレッダー）にかけることからこの名前が付いた。1995年の廃棄物処理・清掃法（廃掃法）の改正で，シュレッダーダストは水質汚染の心配のない，設備の整った「管理型」の処分場にしか埋め立てできないことになった。ただ，そうした処分場はもともと数が少ないうえ，地方に偏在していることから，①都市部で不法投棄が増えかねない，②高額の処分費用がかかる——との懸念が広がっている。環境・経済産業両省は，2005年1月に施行する自動車リサイクル法の規定に，廃車から発生するシュレッダーダストのリサイクル率を段階的に引き上げるなどの対策を講じている。

循環型社会
【recycling-oriented society】
限られた資源を再利用しながら有効に活用し，環境への負荷をできる限り減らした社会。廃棄物の発生の抑制（reduce），製品の再使用（reuse），再利用（recycle）の3Rが基本となる。2000年には循環型社会形成推進基本法が成立した。家電リサイクル法，容器包装リサイクル法などの個別法も制定されており，政府は大量生産・大量消費の時代からの脱却を目指している。01年には初の「循環型社会白書」もつくられた。03年にはリサイクルなどの数値目標を盛り込んだ循環型社会形成推進基本計画を決めた。→資源有効利用促進法

循環的成長
【cyclical growth】
一国の生産水準は上昇トレンドの上で景気変動を繰り返すという考え方。循環としては通常，①長期波動（コンドラチェフの波），②主循環（ジュグラーの波），③小循環（キチンの波）の3つがある。①は40〜70年，②は8〜10年，③は2〜3年単位の波動である。これらの発生メカニズムの説明には，内生的なもの（経済の内部に原因を求める）と外生的なもの（経済以外の天候などに原因を求める）があるが，今のところ定説とされるものはない。

純金積立口座
毎月一定額の金を買い増す貯蓄型の口座。1983年から一部の都市銀行が取り扱いを始めたが，93年に地銀が参入してブームに火が付いた。銀行のほか，商社，貴金属地金会社や鉱山会社も手掛け，現金化だけでなく，指輪などの宝飾品に等価交換できる。月に3,000円程度からの少額投資ができるのが特徴。

巡航ミサイル
【cruise missile】
ジェットエンジンを推力としレーダーとミニコンピューター，慣性航法装置を内蔵，地形照合装置（TERCOM）で地形を判断，自動的にコースを割り出して飛行するミサイル。低高度で飛行するため相手側のレーダー波を避けることができる。着弾誤差は10〜30メートル以内ときわめて命中精度

しゅん

が高く，相手方のサイロ内のミサイルも破壊できるという。

純資産 ⇨ **株主資本**

準天頂衛星
【quasi-zenith satellite】
政府と産業界が2008年度からの運用を目指している新しい通信・測位用衛星。日本とオーストラリアの間で8の字を描くような軌道に3機打ち上げる。常に3機のうちどれかが日本の天頂付近に来ているため，地上を走る乗り物などが衛星からの信号を受けやすい。全地球測位システム（GPS）の精度が現在の数十メートルから25センチ程度に向上するほか，乗り物の中でも大容量のデータ通信が可能になり，移動しながらでも映画や音楽が楽しめるようになるといわれている。

準備預金制度
【reserve deposit requirement system】
支払準備制度ともいう。銀行預金の一定割合を中央銀行に無利子で強制的に預けさせ，その割合を上下させて通貨量を調節する制度。預金準備率を上げ下げすれば銀行の運用する資金量を増減できるので，金利政策や公開市場操作と並んで有力な金融の量的調節手段である。無利子預金なので民間金融機関はできるだけ準備預金を少なくしようとする。だが，準備率を下回ると日銀は過怠金を納めさせることでペナルティーを科す。こうした準備預金の積み立てペースをコントロールすることで，日銀は短期市場の金利を誘導している。

省エネルギー法
【Law Concerning Rational Use of Energy】
正式名称は「エネルギー使用の合理化に関する法律」。1979年6月に成立したのち，省エネ強化の動きに合わせて93年に大改正された。熱管理法を発展的に解消，エネルギー使用者に省エネルギーの判断基準を示す一方，省エネルギー努力をしていない企業を国が指導，勧告し，それに従わない企業には罰則を科す。工場，建築物，機械器具の3つの分野にわけ，それぞれ省エネルギーの基準を設定する。99年の再改正では，エアコンなど製品について最も省エネにすぐれた製品を基準に目標を決める「トップランナー方式」を採用した。また2002年の改正では，ビルの新築や改築の際，建築主や入居者が省エネ計画を作るよう義務付けた。

障害者支援費制度
障害者が自立した生活を送るために，公的資金を一部利用して機能訓練や生活に関する援助を受ける制度。2003年4月に導入された。障害者が自ら利用したい福祉サービスを選んでサービス提供事業者と契約する。障害の重度や生活の状況に応じてサービスの種類や期間，利用者負担額が決まる。従来は自治体が施設やサービスを利用者に割り振り，利用者に選択の自由はなかった。サービスを提供する指定事業者数の不足や利用者の意思表示の有効性をどう判定するかなど問題を指摘する声もある。

傷害保険
【casualty insuranse】
生命保険（第1分野）と損害保険（第2分野）の中間に位置する，保険の「第3分野」商品。第3分野には，商品内容が生命保険に近いがん保険・医療保険も含まれるが，傷害保険は損害保険系の商品。2001年7月に大手保険会社による第3分野商品の販売が解禁されたのを機に，損保会社が生保系商品の販売を，生保会社が損保系商品の販売を開始。生損保の

紹介予定派遣
【temp to perm】
派遣期間終了後に正社員として採用されることを想定して、人材派遣会社が派遣先企業に労働者を派遣すること。 派遣期間が事実上の試用期間となり、企業はその労働者の能力を見極める採用の判断がしやすくなる。労働者派遣法の改正などに伴い2000年12月から解禁、04年3月には医療分野も対象に加わった。紹介予定派遣を行うには、人材派遣事業者と職業紹介事業者の両方の許可が必要で、派遣業と職業紹介業の相互参入が活発になっている。→人材派遣業

償還
【redemption】
債券やユニット型投信などの期限が来て投資家に資金を返すこと。 債券の場合、償還期限が来て返すのを満期償還、期限が来る前に返すのを期中償還という。期中償還にはあらかじめその時期を定めておく定時償還と、発行者の判断で随時行う随時償還がある。また、その償還のやり方によって、償還分を抽選で決める抽選償還と、発行者が市場から買い入れる買い入れ償還がある。→ユニット型投信

償還差益
【profits (gains) from re-demption [of bonds]】
公社債を発行するときには、額面発行（パー発行という）ではなく割引発行となることがある。例えば額面100円に対して発行価格は98円50銭の場合、償還価格（額面）との差1円50銭を償還差益という。 一度発行された公社債を流通市場から100円未満の値段で買った場合も、買い値と額面との差額が償還差益となる。投資家にとって毎年受け取る利子のほかに償還差益も利益となるので、公社債の最終的な利回りは、償還差益を日割り計算したものを含めて算出する。割引国債や割引金融債などの割引債には利子がなく、割引発行による償還差益だけを利子の代わりに付けている。→金融債

償却前利益
【pre-depreciation profit】
固定資産の減価償却をする前の段階でとらえた利益をいう。 会社が健全経営をするためには、減価償却を十分にすることが大切で、財務諸表に出てくる純利益としては、償却後の利益が計上される。言い換えると、この利益だけでは、本当の収益力がわからない。その前の段階に立ち入って、減価償却その他の内部留保が手厚く行われているかどうかを見る必要がある。→固定資産、減価償却、財務諸表、内部留保

商業手形
【commercial bill (paper)】
商取引に基づいて代金支払いのために振り出す手形。 商品の買い手から売り手あてに振り出される約束手形と、売り手が代金取り立てのために振り出す指し図手形に買い手が引き受けをした為替手形の2つがある。

商業統計
【commercial statistics】
商業の規模や商店数、分布など商業全体の実態をとらえるため、経済産業省（旧通産省）が日本標準分類による小売業、卸売業のすべてを対象に実施する調査。 1952年の調査開始から76年までは2年ごと、79年以降、97年までは3年ごとに実施した。97年以降は本格調査を5年に一度とし、本格調査から2年後に簡素な内

容の「中間調査」をする方式に改めた。調査開始から約1年後に速報,約2年半後に確報を発表する。2002年の速報では小売業の商店数が前回調査に比べて7.6％減の130万43店と,40年前の水準に落ち込んだ。年間販売額も2調査続けて減少したが,業態別シェアで総合スーパーが百貨店を上回ったり,パート・アルバイト比率が50％に迫るなど流通業の動向が見て取れる。

上空通過料
【control service fee】
レーダーや無線,管制施設のサービス料として国は航空会社から航行援助施設利用料(航援料)を徴収する。上空通過料は,航援料のうち,日本には離着陸せず上空を通るだけの航空機から徴収するもの。国土交通省は2000年1月から上空通過料を導入した。通過料は日本の上空付近を通過する場合で一機8万9,000円,それ以外の太平洋上や一部日本海側の管制空域を通る場合で1万6,000円。管制サービスの利用者負担を公平にするのがねらいで,実際に日本の空港に離着陸する航空機から取る航援料は引き下げる。海外では既に上空通過料の徴収が一般的だ。→空港使用料

証券アナリスト securities analyst ⇨
アナリスト

証券化
【securitization】
債権や不動産など一定のキャッシュフローを生む資産を組み替えて証券とし,第三者に売却すること。資産の保有者にとって資金調達の一手段となる。ローンや賃貸ビルなどの利息や賃貸料などが証券を購入する投資家にとって期間収益になるが,資産の保有者にとっても資産の圧縮や効率活用につながり,利用する企業が増えている。海外などに特定目的会社(SPC)を設立して,証券を発行することが多い。証券化によって,資産の小口化,定型化が進み,第三者が比較的自由に売買できるメリットがある。仲介する証券会社や銀行などのビジネスとしても注目されている。

証券会社間売買
証券取引所を通さず証券会社間で行う取引。公社債売買やドル建てワラント売買のほとんどは,投資家からの売り買いの注文に証券会社が直接応じる店頭取引だが,証券会社には一定の手持ち債券が必要。この在庫を証券会社間で融通し合う取引のこと。受け渡し時期など売買条件や価格は証券会社相互の話し合いで決められる。1973年8月,公社債の証券会社間取引の仲介を専門に行う日本相互証券が設立され,証券会社間売買の大半がここで行われるようになった。業者間取引ともいう。

証券会社の自己資本規制
【capital-adequacy rules for securities company】
経営の健全性維持を目的に,業務に伴うさまざまなリスクに対応できるように証券会社に一定の資本の確保を義務付けた金融庁の規制。1989年8月からの試行期間を経て90年4月から本格的に実施された。具体的には,マーケットリスク(資産の流動化に際し,価格変動によって価値が減少するリスク),取引先リスク(取引相手の契約不履行で損失を被るリスク),基礎的リスク(経常費用の支払い,証券事故,事務ミス等証券会社が日常的な業務を行っていくうえで留意すべきリスク)の3つを計量化して合計した額を上回る,固定化されていない自己資本(自己資本から非流動

資産を控除したもの)の保有を義務付けている。なお,非固定化自己資本をリスク額で割って百分比したものを自己資本規制比率と呼ぶ。97年の相次ぐ証券会社破たんを受け,より実態を反映させやすく算定方法を一部変更,99年半ばから新基準が適用された。

証券金融会社
【securities finance company】
株式の信用取引のための貸株,融資を行い,証券会社,投資家のため証券担保の金融をする会社。公社債流通金融も大きな業務。金融庁がその業務を監督する。日本(東京),大阪(大阪),中部(名古屋)の3社がある。→信用取引

証券決済システム改革法
【the acts for securities settlement system】
国債や株式など商品によって分かれている証券決済制度の統一を柱とする証券取引法の改正など関連法の総称。有価証券を券面ではなく電子情報でやり取りする「ペーパーレス化」が進んできたことを踏まえて,共通の振替機関の設立を進めている。決済期間の短縮や事務量の削減がねらい。このほか元本と金利を分けて流通させるストリップス債や少額でも投資できる個人向け国債など国債発行の多様化に必要な措置も盛り込んだ。2003年1月に施行した。→個人向け国債

証券総合口座
【comprehensive securities account】
証券版の「普通預金口座」。マネー・リザーブ・ファンド(MRF)を中核に,投資家の投資資金から生活資金まで総合管理する。例えば,株式,債券,投資信託を売買する際も,MRFから買い付け代金を支払う一方,売却代金は自動的にMRFに払い込まれるようになり,銀行口座から資金を出し入れする必要がなくなる。1997年10月に解禁された。

証券代行
【transfer agent】
証券会社が会社から株主名簿を預かり,名義書き換えだけでなく,株券の引き換え,分割,併合,住所変更,配当金の計算あるいは新株発行の場合の手続きなど,会社の株式事務を一切代理して行うこと。名義書き換え代理人ともいう。証券会社が自発的に投資家のために名義書き換えを取り次いだり,会社から指定されて投資家の名義書き換えを取り次いだりする場合もある。証券会社が担っていた証券事務業務の代行を強化する会社が増えている。

証券仲介業
【stock brokarage business】
証券取引の窓口は従来,証券会社に限られていたが,2004年4月から,証券仲介制度が導入され,法人や個人が証券会社と業務委託契約を結び,登録を受ければ,投資家と証券会社の取引の仲介が可能になった。銀行・証券の業務分離の観点から議論になっていた銀行による参入も同年12月から可能になる。販売チャネルが拡大することで,証券市場の拡大が期待されている。

証券投資顧問業法
投資顧問業を規制するための法律。1986年秋にスタートした。投資顧問業を有価証券の運用に関して手数料などをとって助言する業者と定義し,登録制にした。また登録業者のうち,一定の資格を持つ業者は申請に基づいて投資一任業務ができる。法律は誇大広告や利回り保証の禁止,クーリングオフの考え方の導入を盛り込み,悪質業者を取り締まる規定を

設けた。一方で、ディスクロージャー制の導入など開かれた投資顧問業づくりを目指している。98年12月の金融システム改革法施行に伴い、参入規制が緩和されたほか、証券業の兼業も可能になった。

証券投資信託 securities investment trust ⇨ 投資信託（投信）

証券取引所
【securities (stock) exchange】
証券取引法に基づいて設けられ、株式や債券などの証券を売買するところ。有価証券市場は発行市場と流通市場の2つに分けられるが、証券取引所は流通市場の中心機関である。戦前の取引所は株式会社、または半官半民の組織をとっていたが、戦後は証券取引法で会員組織となった。証券業者のうち一定の資格を持ったものが会員となり、この会員が集まって取引所を運営する組織で、取引所内の商いは会員業者だけに限られ、取引所でついた値段がその株の公定相場として権威を持ってきた。1990年代後半、市場のグローバル化や市場間競争の激化に伴い、取引所も経営判断の迅速化や情報投資の拡大に対応する必要が高まり、会員組織の見直しが求められるようになった。99年の証券取引法改正で証券取引所を株式会社化する道が開けたのを受けて、大阪証券取引所は2001年4月、東京証券取引所は同11月に株式会社に転換した。わが国の取引所は長らく東京、大阪、名古屋、京都、広島、福岡、新潟、札幌の8カ所にあった。ただ、地方取引所は取引低迷が続くなかで存在意義が問われ、2000年3月には広島、新潟の2証券取引所が東京証券取引所と合併した。その後、京都証券取引所も大阪証券取引所と合併した。→証券取引法

証券取引所の株式会社化
【incorporation of a stock exchange】
公開された株式や債券を売買する場である証券取引所は会員の証券会社が出資する特別な法人として活動していたが、これを株式会社に衣替えすること。2000年12月施行の改正証券取引法で可能になった。組織の意思決定を早くし、情報技術（IT）を利用した先端的取引などに必要な資金の調達をしやすくするねらいがある。日本では01年4月、大阪証券取引所が初めて株式会社となり、同11月に東証も移行した。

証券取引審議会
【Securities and Exchange Council】
証券取引法に基づいて、証券市場をめぐる重要事項に関し調査審議するため1952年に設置された大蔵大臣の諮問機関。これまでにさまざまな提言や審議を行ってきた。例えば、83年6月には「株式市場の機能拡充について」と題して店頭市場の整備などについての報告をまとめた。同年末からは公社債市場の問題について取り組み、85年末には投資顧問業法について答申した。86年は株価指数先物取引、オプション取引について検討した。88年にはインサイダー取引、企業ディスクロージャーなどについて報告した。91年には銀行、証券の業務範囲について最終報告をまとめ、93年は投資信託の改革を答申。97年6月には株式売買委託手数料を99年度下期に完全自由化するなどの証券市場改革案を盛り込んだ報告書をまとめた。98年にこれまでの証券取引審議会、金融制度調査会などを統合、金融審議会に一本化された。

証券取引等監視委員会
【Securities and Exchange Surveillance Commission】

インサイダー取引や損失補てんなどの調査や証取法で禁止された大量推奨販売などの検査を主要業務とする「日本版SEC」。大蔵省(当時)の付属機関として1992年7月に発足。現在は金融庁の外局。93年5月に日本ユニシス株の相場操縦事件で会社社長など2人を東京地検に告発したのが，同委員会による告発第1号。→SEC

証券取引法
【Securities and Exchange Law】
証券(株式，社債など)の売買を公正，円滑にし，一方，投資家を保護しようという法律。証券の新規発行または売り出しのときの規定をはじめ，証券業者の監督，証券取引所の機構，証券売買の方法など，有価証券に関することはほとんどこの法律で規定されている。1985年の改正では債券先物取引に関する事項を盛り込み，88年の法改正で株価指数先物取引，インサイダー取引規制，企業ディスクロージャーの改善などが加えられた。90年以降では，5％ルール導入，株式公開買い付け制度の全面見直し(90年)，損失補てんおよび取引一任勘定の禁止(91年)，証券取引等監視委員会の設置，有価証券の定義の整備，銀行と証券の業際問題の解決(92年)などの改正が行われている。日本版ビッグバンに伴い，証券会社を免許制から登録制にするなど，大幅に改正された。

証券保管振替機構
【Japan Securities Depository Center Inc.; JASDEC】
株券保管振替法に基づく保管振替制度の受け皿組織。1984年に財団法人として発足し，2002年1月，東京証券取引所や日本証券業協会，大手証券会社などが出資して株式会社化した。金融機関や投資家から主に株券を預かり，売買に伴う所有権移転や資金決済を管理している。証券業界は決済期間の短縮に向けて保振機構を積極活用。株券を移送せずに口座振替だけで決済できるよう預託を機構に集中することなどを進めている。03年3月には電子コマーシャルペーパーの振替業務を始めるなど，電子情報による証券の振替機関としての役割も高まっている。→コマーシャルペーパー

証券免許制
【licensing system of securities companies】
証券会社の営業が政府の免許で行われる制度。1965年の証券取引法改正によって，新会社については同年10月から，既存会社については68年4月から実施された。しかし，市場の仲介者の参入規制見直しの一環として，98年12月に登録制に移行した。ただし元引受業務，PTS(私設取引市場)，店頭デリバティブの3業務は認可制で，最低資本金などの条件を満たす必要がある。

商工ローン
【collateral-free "shoko" loans mainly to small companies】
即時，無担保の零細企業向け短期融資。金融機関の「貸し渋り」が常態化するなかで急成長した。貸し出しが100万円単位になると定収のある会社員らを連帯保証人にする場合が多いが，業者が保証人に「根保証契約」(保証限度)の説明を十分にしないケースが多くトラブルが多発。1999年には大手の「日栄」「商工ファンド」などの社員が脅迫的な取り立てをしていたとして逮捕された。

上場株式時価総額 total market value of listed shares ⇨ 時価総額

上場基準
【initial listing requirements】
株式や債券を取引所に上場するために必要な最低の条件。東京証券取引所の株式上場基準は、市場間競争の激化を受けて徐々に緩和され、直近では1999年1月に大幅な緩和が実施された。現行の上場基準は、①上場株式数400万株以上、②株主数は上場株式数1,000万株以上2,000万株未満の場合1,000人——などで、従来存在した1株当たり株主資本、1株当たり利益、配当についての基準は廃止された。また、上場基準の審査に当たっては企業集団(持ち株会社など)を対象にすることを明確化。一方、3年間債務超過の場合や、時価総額が一定の基準を長期に渡って下回った場合などは上場廃止とするよう、廃止の基準は強化された。

上場商品
【listed commodity ; listed brand】
商品取引所の先物取引の売買対象となっている商品。商品取引所法施行令で現在、金、銀、白金、パラジウム、原油、ガソリン、灯油、アルミ、トウモロコシ、大豆、小豆、コーヒー生豆、馬鈴薯、天然ゴムなどが上場商品として定められている。上場商品の資格として、規格がはっきりしていること、実需家のニーズがあること、流通量が多いことなどが挙げられる。オプション(選択権売買)、指数取引など無形商品の上場も認められている。

上場投資信託
【exchange traded funds ; ETF】
日経平均株価や東証株価指数などの株価指数に連動するよう運用される投資信託で、証券取引所に上場されている。株式の個別銘柄と同じようにリアルタイムで売買できる。価格変動が株式運用の初心者にもわかりやすく、運用コストも低いうえ、信用取引や対象とする株価指数との裁定取引なども可能。米国ではさまざまな指数に対応したファンドがある。日本では個人投資家を株式市場に呼び込むことをねらって2001年7月に導入された。04年5月末現在、東証・大証合わせて18銘柄が上場している。

証書貸し付け
【loan on deeds】
金融機関が行う資金貸し出しの一種で貸付先から借用証書を徴収する。主として設備資金を貸し出す場合に利用され、担保の設定、元利の支払い方法などが明確に規定される。期間は1年以上が多く、手形貸し付けのように印紙税の負担がないため活発に利用されており、貸し付けの過半を占めるに至っている。→金融機関

乗数 multiplier ⇨ 乗数理論

乗数効果 multiplier effect ⇨ 乗数理論

乗数理論
【theory of multiplier】
経済現象において、ある経済量が他の経済量の変化によって変わる場合、その変化が一度では終わらず次々と変化を呼んで、最終的には当初の変化量の何倍かに達する変化をすることがある。このような変化の波及関係を分析し、最初の経済量の変化によって最終的に生み出された総効果の大きさがどのようにして決定されるかを明らかにした理論。最終的に生み出された総効果を乗数効果といい、ある独立変数の変化に対する総効果の割合を乗数という。この乗数理論はケインズ体系の基本の1つをなしている。

譲渡性預金 ⇨ CD

消費財
【consumer goods ; consumer's goods】
人々が欲望を満たすため日常生活で

直接消費する財貨。消費者が購入，利用するところから消費者財ともいう。また消費財は人々の生活にすぐ役立つように完成されたものであり，人々の欲望を満たすという意味で，直接財，完成財，享楽財ともいう。これに対して生産財を間接財という。ただ，同じ財でもその使い道によって消費財にもなり生産財にもなるものがある。例えば家庭で使う電気は消費財だが，工場で使う電気は生産財である。→生産財，資本財

消費者契約法
商品の購入やサービスを受ける際の契約トラブルから消費者を守ることを目的とした法律。2000年4月に成立，2001年4月に施行された。規制緩和や高齢化の進展に伴って予想されるトラブルの増加に対応して，消費者と事業者との契約すべてを対象とした新たな包括的な民事ルール。契約時に事業者側が重要事項を説明しなかったり，偽って説明した場合には，契約して5年以内で，「だまされた」と気づいてから6カ月以内であれば契約を取り消せる。強引な勧誘があった場合も同じ。ただ，国民生活センターなどへの苦情件数は増え続けており，個人に代わって不当な勧誘行為の差し止めを請求できる消費者団体訴訟制度などの導入が検討されている。

消費者信用
【consumer (consumer's) credit】
消費者が信用を元手に，代金後払いでモノを買うこと。①掛け買い（いわゆるツケを制度化したクレジットカード方式や，クーポンによる1回払い方式など），②月賦（頭金を払って商品を受け取り，残金は毎月分割の後払い方式），③消費者金融——などがある。

消費者心理
【consumer's sentiment】
消費者の景況感とそれに基づく消費態度を指す。消費者心理が好転すれば消費支出が増えるし，逆に冷え込めば消費は停滞する。個人消費支出は実質GDP（国内総生産）の約55%を占めており，経済成長率を高めるうえでその動向は重要な意味を持つ。

消費者物価指数
【consumer price index ; CPI】
毎月1回，総務省統計局が発表する消費者物価の動きを表す指数。2000年を100とし，一般消費者の家計支出の中で重要度が大きく，購買頻度が高く，永続性のある商品とサービスを選び，毎月中旬（12日を含む週の水，木，金のいずれか1日）の値段を調査する。東京都区部の指数はその月のうちに，全国の指数は翌月中に発表される。東京都区部指数は，その月の価格を基準時の価格で割り，これに2000年の家計調査の品目分類による消費支出額から作ったウエートを掛け，加重平均する。全国指数は，品目別に全国平均の価格指数を出し，これをさらに全国平均の消費支出額ウエートで加重平均して作成する。

消費者ローン
【consumer loan】
金融機関などによる個人向けの貸し付けなどを指し，企業向け融資などと区別している。消費者金融会社が得意とする無担保の小口融資の需要が伸びると見た銀行などが，収益拡大をねらって，利ざやの大きいこの分野に相次ぎ参入している。与信審査のノウハウなどに乏しい銀行が，消費者金融会社と提携するケースも増えている。商工ローンの過剰な取り立て行為が問題となったことをきっかけに，貸付上限金利を年約40%から

29.2％に引き下げる改正出資法が2000年6月に施行された。

消費税
【consumption tax】
1989年4月1日から実施された付加価値税タイプの間接税。すべての商品・サービスの取引に課税するのが原則で，当時の税率は3％。事業者は売り上げにかかる消費税額から仕入れにかかる消費税額を控除した額を納付するが，消費税分は商品・サービスの価格に転嫁し，最終的には消費者が負担する仕組みになっている。97年4月からは税率を5％に引き上げ，このうち1％を地方消費税とした。膨らむ社会保障費用の財源として税率の引き上げ論議が出ている。

消費性向
【propensity to consume】
可処分所得の中から消費に回した割合をいう。貯蓄に回した割合は貯蓄性向。この割合は所得の大小，階層などで違い，消費または貯蓄に対する心理的傾向を表す。一般に所得が増えるにつれて消費も増えるが，消費の増える割合は所得が大きくなるにつれて小さくなる傾向がある。→限界消費性向，平均消費性向

商品価格スワップ
【commodity price swap】
金利や為替など金融市場で発達したデリバティブ（派生）商品の技術を商品分野に応用したもので，金融と商品のハイブリッド（複合）商品ともいえる。一般には変動する原油や非鉄金属など商品の価格を固定し，メーカーやユーザー企業が採算を確定するために利用する。日本では外銀，商社などが仲介する。

商品勘定
【trading account】
証券会社や銀行などの金融機関が，顧客の売り買いのニーズに合わせて有価証券を売買する勘定。いわゆるディーリングとしての有価証券の売買はこの勘定を通して行う。→投資勘定

商品先物市場
【commodity futures market】
将来の特定期日における商品の売買契約を現時点で結ぶ先物取引を行う市場。通常は商品を実際に受け渡すことなく差金決済する。売買額の10分の1程度の証拠金を納めるだけで取引に参加できるため，株式の現物取引などに比べて投機性が高い。日本では7つある公設の取引所が市場を運営している。金，アルミニウム，ガソリンなど鉱工業品を上場する取引所は経済産業省，トウモロコシ，コーヒー，粗糖など農産物を上場する取引所は農林水産省が所管する。海外の商品先物市場は資産運用の場として積極的に使われているが，国内市場は顧客トラブルの頻発などで取引額が伸び悩んでいる。両省は2003年12月，産業構造審議会（経済産業相の諮問機関）商品取引所分科会で改善策について答申をまとめた。

商品先物取次会社 ⇨FCM
商品市況
【commodity market】
商品の取引状況のこと。荷動き，値動き，決済条件，受け渡し条件などが売り手に有利となった場合を市況の好転といい，逆に買い手に有利になった場合を市況の悪化という。経済活動を敏感に反映し，景気の先行きを読む指標となる。→日経主要商品価格指数

商品指数先物
【commodity index futures】
商品指数の先物取引。1990年の商品取引所法の改正に伴い，国内でも米国のような商品指数先物の上場に

道が開かれた。95年3月に旧神戸ゴム取引所が世界の主要6取引所の天然ゴム価格を基に天然ゴム指数先物の取引を開始したほか、関西商品取引所も穀物指数を上場した。→商品取引所法

商品投資顧問会社 ⇨CTA
商品投資事業法
商品ファンドの国内での解禁を目的とする法律。1991年に成立した。投資家保護の観点からファンドの販売、投資顧問業者を経済産業・農水・財務の三省大臣の許可制とし、顧客に対する運用状況の報告などを義務付けている。また、資本金や出資総額などが一定額に達しなかったり、十分な財産的基礎がない場合は開業を認めないとしており、無許可業者に対しては3年以下の懲役または300万円以下の罰金の罰則規定を設けている。このほか、これまであいまいだった商品ファンドの定義を「顧客から集めた資金の50％以上を商品に投資するもの」と規定、債券などの組み入れを制限している。→商品ファンド

商品取引員
商品取引所で商品を売買する会社。商品取引所で直接、売買取引ができるのはその取引所の会員に限られている。しかし、より多くの人が参加した方が公正な価格形成ができる。商品取引所の会員である商品取引員はこうした一般の人の委託を受けて商品売買を行う。取引員となるためには主務大臣の許可が必要。

商品取引所
【commodity exchange】
先物取引をすることを主な目的としている会員組織。商品取引所法（1950年8月公布）によって設立された。決済月の一定日に売買による差金決済、あるいは現物の受け渡しをする。現在、全国に7カ所の商品取引所があり、原油、石油製品、繊維、穀物、ゴム、砂糖、貴金属などを取引している。

商品取引所法
【Commodity Exchange Law】
商品取引所の上場商品の適正な価格形成と円滑な流通を図ることを目的に、取引所の組織、売買取引の管理などについて定めた法。1950年に制定公布されて以来、業界の発展につれて数次の改正を繰り返しており、90年には通産（当時）、農水両省が業界の育成を目指して40年ぶりの抜本改正を行った。また他金融の規制緩和をにらんで99年4月から改正商品取引所法が施行され、新規上場の審査期間が短くなった。2004年5月にも改正法案が成立。市場の信頼性を高めるため、証拠金制度などが厳格化された。

商品ファンド
【commodity fund】
投資家から集めた資金を主として商品先物で運用する投資商品。先物市場で取引されているすべての商品が運用の対象になり、貴金属、原油、農産物などのほか、通貨や金利なども含まれる。商品先物はハイリスク・ハイリターンが原則だが、ゼロクーポン債や金の現先取引を組み込んで元本を確保しているケースも多い。米国では1987年のブラックマンデーの際も高利回りを維持したことから急成長した。89年から商社やリース会社が日本への持ち込みを始めている。ノンバンクによる販売を支援する通産省と証券会社の販売を奨励している大蔵省（いずれも当時）との垣根問題に発展したが、91年4月に商品投資事業法（商品ファンド法）が成立。農水産省を含め3省の共同所管で92年4月に施行され、国内での設定が可能にな

った。98年6月8日から最低販売額規制が撤廃された。2003年度の新規設定額は4年ぶりに200億円を超えた。

商品ファンド運用管理会社 ⇨CPO
商物分離
配送などモノを動かす過程を物流というのに対し，帳簿上の取引の流れを商流（帳合い）という。従来，消費財のメーカー，卸，小売りの取引は商流と物流が一体だったが，最近，流通効率化の一環でこの商・物を分離する動きが，日用雑貨品，医薬品，化粧品などの分野で広がっている。商物分離が容易になってきたのは，コンピューターシステムの発達で，受発注，在庫管理などの業務に人手がかからなくなったことが大きい。

商法改正
【revised Commercial Law】
経済社会の変化を映し，商法はしばしば改正されている。1991年4月施行の改正商法では，①無償増資，株式配当を株式分割に統一した，②優先株の発行条件を緩和した，③社債発行枠の拡大，④最低資本金制度の導入——などが盛り込まれた。93年10月施行の改正商法のポイントは，①株主代表訴訟の手数料を一律8,200円に引き下げる，②社外監査役を義務付ける，③帳簿閲覧権の基準緩和，④社債発行限度枠の撤廃——などで，株主権の強化が進んだ。94年10月からの改正では自社株買いなどの要件が緩和された。97年5月に成立した改正商法ではストックオプションの6月解禁が決まった。99年には株式交換制度，2000年には会社分割法制が導入された。2001年の商法改正では，大企業は従来型の監査役制度か，経営監視と業務執行を分ける米国型の取締役制度のどちらかを選べるようになった。米国型を選択する企業では執行役が業務を遂行し，取締役の役割は経営の監視が中心になる。取締役の任期は最長で1年。取締役会には3人以上で構成する報酬，指名，監査の3委員会を設け，委員の過半は社外から採用する。社外取締役は複数の委員を兼務可能。このほか株主代表訴訟での取締役の賠償責任の軽減，株式売買単位の引き下げの容易化，子会社の取締役，従業員にもストックオプションの取得解禁，金庫株の解禁，株主総会の招集通知や議決権行使を電子メールでも可能にするなど，幅広く規制を緩和した。→会社分割，監査役，ストックオプション

情報家電
【digital home appliances with communications capabilities】
デジタル情報の高速処理能力と通信機能を併せ持つ家電製品。ネットワークとデジタル技術を融合した家電製品を指す場合が多く，インターネットと接続して調理法を取り入れ，自動的に料理する電子レンジなどがこれにあたる。消費者にとっては家電の利便性が高まり，メーカーは新たな付加価値を持つ商品として期待している。

情報技術協定 ⇨ITA
情報公開法
【Law Concerning Access to Information Held by Administrative Organs】
政府の保有する行政文書の開示を求める権利を定めた法律。2001年4月1日に施行された。対象は各省庁，国立大学，国立病院などの行政機関で，国会や裁判所，公益法人は対象外となる。住所，国籍を問わず，誰でも請求できる。申請者は請求書に開示を求める文書の具体名を書き込み，中央省庁や各地の出先機関に提

出もしくは郵送する。行政機関は30日以内に書面で回答する。文書は公開するのが原則だが、①個人や法人、②防衛や外交、③犯罪捜査——などに関する情報は非公開となる。

情報収集衛星
【Information Gathering Satellite】
日本政府が軍事情報に限らず、災害状況の把握など安全保障にかかわる情報を広く収集するために導入した多目的衛星。2003年3月、①地上の約1メートルの物体を識別・撮影できる光学センサー型②夜間・悪天候でも撮影できる剛性開港レーダー型の2基が打ち上げられた。運用は内閣衛星情報センターが担当している。システムは2種各2基の計4基で構成し、地上の特定地点を1日に最低1回、撮影できる体制を整える計画。03年11月には、システムを完成させる2基を搭載したH2Aの6号機が打ち上げられたが、打ち上げに失敗した。98年の北朝鮮による弾道ミサイル発射実験を契機に政府が導入を決定した。導入にあたっては米国製衛星の輸入も検討されたが、最終的には自主開発を決め、99年、三菱電機などが開発に着手した。→H2Aロケット

情報セキュリティー
【information security】
コンピューターによる情報管理やコンピューター間の情報通信など情報システムの安全性や信頼性を確保すること。外部から通信回線を通じて不法に侵入し、データを盗み見したり改ざんするコンピューター犯罪を防衛したり、安全に通信文を送ったり、電子マネーをやり取りすること、あるいはその技術を指す。コンピューターウイルス対策も重要課題。コンピューターセキュリティー、ネットワークセキュリティーなどともいう。金融、産業、流通、研究開発、さらに個人レベルまでコンピューターのネットワークが大規模に拡大すればするほど、ひとたびコンピューター犯罪が起きた時の被害も甚大で、安全性の確保はますます重要になっている。このため、基礎技術としてより解読の難しい暗号方式の研究や、外部からの侵入を防ぐファイアウォール(防火壁)、指紋や声などの特徴をID代わりに使うシステムなどの開発が進んでいる。→暗号

情報の非対称性
【asymmetric information】
中古車の売り手と買い手、保険会社と加入者などが取引する際に生じる、商品や契約内容についての知識量の隔たり。こういった取引では、品質の劣った商品を選ぶ「逆選択」や、契約後に契約者が行動を変える「モラルハザード(道徳的危険)」が生じやすい。このため、中古車であれば一定期間は無料修理を約束するなどの「シグナリング」、保険では支払いの一部を加入者負担にするなどの「インセンティブ(誘因)」を組み込む必要があるとされる。2001年のノーベル経済学賞は、これらを分析したJ.E.スティグリッツ・コロンビア大学教授ら米国の3教授が受賞した。

常務会
【board of executive managing directors】
経営の重要事項を協議する機関で、事実上、企業の最高意思決定の場であることが多い。普通、社長、副社長、専務、常務などで構成し、部長兼取締役は含まないのが一般的。事務局として企画室、管理室などのスタッフが置かれる。最近、常務会の決議事項が増え過ぎて迅速、有効な意思決定ができないとしてさらに下部へ権限委譲する動きも出ている。

剰余金
【surplus】
財政用語で、予算年度末決算のときに出てくる使い残りのお金。歳入予算が歳出予算を上回った部分を指す「決算上の剰余金」と、決算上の剰余金から決算前に認められた公共事業の繰り越し事業費など使途確定事業費を差し引いた「純剰余金」に分類される。

省力化投資
【labor-saving investment】
設備の自動化などで生産活動に必要な人員を減らすことを目的にした投資。若年層を中心とした人手不足が1980年代半ば以降、顕著になり、企業は十分な従業員数を確保しにくくなった。このため、自動化システムやコンピューターの導入により、少ない人手でも生産やサービスを維持、拡大できる体制整備を急いでいる。こうした企業の投資ニーズが日本全体の設備投資を下支えしてきた。

食育
【food education】
食の安全についての知識や食べ物をバランス良く食べるための知識、食文化などを学んだり、教えたりすること。子供だけでなく、すべての消費者が自分の健康のために適切な食品を選んだり、組み合わせたりできるようにする。BSE(牛海綿状脳症、狂牛病)問題の発生後、消費者の農畜産物や食品に対する不安は膨らんでいる。農林水産省では、食育の必要性を訴えるフォーラムを開いたり、民間ボランティアを中心に地域で食育を進めたりする方針だ。自民党は食品の安全教育などを盛りこんだ食育基本法案を2004年の通常国会に提出した。

食肉のセーフガード
食肉の緊急輸入制限。輸入急増による国内畜産農家の打撃を緩和する目的で、ガット・ウルグアイラウンド農業合意に基づき1995年度から導入された。豚肉、牛肉に適用される。豚肉の場合、年度初めから各四半期までの累計輸入量が過去3年間の平均輸入量を19％上回ったとき自動的に発動され、輸入基準価格が引き上げられる。国産豚肉の生産減などを背景に95年と2001年、04年に発動された。牛肉の場合は、冷凍、冷蔵それぞれについて個別に適用され、年度初めからの累計輸入量が前年同期を17％上回った場合、輸入関税が50％まで引き上げられる。04年8月、冷蔵牛肉に適用された。

職能考課
【performance rating；assessment of performance】
職能給を決めるに当たっての個人の能力評価をいう。能力には、実際に発揮された能力だけでなく、将来に発揮されるであろう潜在的能力も含まれる。

食品安全委員会
【Food Safety Committee】
食品の安全性を確保するために、政府が設置した内閣府の独立行政委員会。2003年7月1日に発足した。食品添加物や農薬、遺伝子組み換えなど食品を通じて消費者の健康に影響を与える問題について情報を集め、科学的な分析をして、厚生労働省や農林水産省に必要な規制を勧告する。委員は科学者ら数人で構成。BSE(牛海綿状脳症、狂牛病)問題で揺らいだ食品行政への信頼を取り戻すために設立することになった。

食品リサイクル法
食品廃棄物の発生抑制と再資源化を食品関連企業に義務付ける法律。正式には食品循環資源再利用促進法。

2000年5月に成立し、2001年5月に施行された。食品関連企業とは小売、外食、ホテル、加工メーカーなど食品を扱うすべての企業。生ごみの量を生産工程の改善や肥料での再利用、脱水・乾燥などで減らすよう求める。特に年間100トン以上の食品廃棄物を排出する事業者には06年度までに20％以上の削減を義務付ける。農林水産省が実施状況を調査し、再利用などが著しく不十分な企業には企業名の公表など罰則規定がある。

植物ゲノム
【plant genome】
植物がもつ全遺伝情報のこと。実験植物モデルとして使われるシロイヌナズナや商品価値の高いイネはすでに解読が完了、ゲノム情報が公開されている。ゲノムに埋もれている遺伝子を見つけだして機能を解明すれば、多収量で味がよく健康にもよい新品種の開発も夢ではない。特にイネゲノムは事業化の種を物色する企業の草刈り場となっている。小麦やトウモロコシにも応用できるため、欧米企業が収量や病害虫への抵抗性を高められる有用遺伝子探しに注力。日本では2003年3月、農林水産省がイネ遺伝子探しのプロジェクトに着手している。

植物検疫
【plant quarantine】
港や空港で輸出入する野菜などの植物に有害な動植物が付着していないかどうかを点検すること。植物防疫ともいう。日本は2001年4月に各港や各空港の1日の検査件数に上限を設け、超過分を翌日の検査に回す制度を導入。中国や米国は意図的な野菜輸入制限だと批判した。

植物ステロール
【vegetable sterol】
大豆の胚芽（はいが）などに含まれる天然の成分で、コレステロールの吸収を阻害する効果があり、食品メーカー各社が機能性食品の成分として着目している。水や油に溶けにくく、食品や飲料に配合することが難しいが、食用油各社が2000～01年にかけて植物ステロールを配合した食用油を相次いで発売した。欧米ではコレステロールに対する関心が高いため、植物ステロールの認知度は高い。マーガリンなどに配合した製品も販売されている。

植物たんぱく
大豆、小麦などの植物種子から工業的に濃縮または分離したたんぱく質を主原料とする食品素材。粉末状、ペースト状のものと、粒状、繊維状のものに大別される。それぞれの特性に応じ、ハムなどの畜肉加工品、ちくわなどの水産練り製品、各種冷凍食品の原料、増量材として広く使われている。ここ数年、から揚げなど主体食品（植物たんぱく50％以上使用）も増えてきた。例えばハンバーグの原料として利用すると、畜肉だけと比べ機械による成型性が向上し、加熱調理しても大きく縮まない。

職務給
【job-based pay system】
年功や資格、肩書きでなく、職務（仕事）の大きさや重要度に応じて決まる給与のこと。社員の仕事を責任の大きさ、部下の人数、難易度などの基準に沿って複数の等級に分け、それぞれに給与を定める。例えば、同じ支店長という肩書きでも等級が違えば、給与も差が付くことになる。若くて能力のある社員を等級の高いポストに抜てきし、責任の重さにふさわしい給与で報いることも可能になる。日本企業ではこれまで、資格や能力評価で給与を決める職能資格制度が普及してきた。しかし資格には年功主義が色

濃く残る場合が多いほか，能力評価も客観性を維持することが難しいといった問題点が指摘され始めている。職務給はこれらの課題を解決する手法の1つとして，NECやキヤノン，東芝，帝人など大企業を中心に導入例が増えている。→職務分析

職務発明
【inventions made by employees during work hours】
社員が会社の命令で業務の中で生み出した発明のこと。基本的には会社のものとなる代わりに，社員は「相当の対価」を受け取ると特許法は定める。ただ，日本企業が社員に支払ってきた報酬が不十分だったこともあり，2001年8月に青色発光ダイオードの発明者の中村修二・米カリフォルニア大学サンタバーバラ校教授が元勤務先を訴え，04年1月の東京地裁判決で請求金額満額の200億円の対価を認められた。こうした問題をきっかけとして，発明対価を求めて企業を訴える裁判が頻発している。一方，産業界からは「職務発明の現行制度は企業の経営を不安定にする」などと，特許法の職務発明規定の廃止または改正を求める声が高まった。特許庁はこうした声を受けて04年の通常国会に特許法改正案を提出，可決された。改正後は，企業が発明対価の策定について合理的な社内手続きを行っていれば，その対価を尊重する。改正特許法は05年4月に施行されるが，発明対価を巡る裁判が減るのか，効果は不透明だ。

職務分析
【job analysis】
時間研究やモーションスタディ（動作研究）などで従業員の仕事を公平に分析して基準を作り，この基準に照らし合わせて各人の仕事の内容，責任，仕事の難しさ，その仕事に必要な経費，能率などを明らかにすること。この職務分析は，何千とある従業員の仕事を1つずつ分解する繁雑な作業であるが，職務給を採用する上で，必要な職務評価を行うには，ぜひとも実施しなければならない手続きである。

食物繊維
【dietary fiber】
食物中の繊維質のこと。小麦やリンゴ，コンニャクなどに多く含まれ，セルロースやリグニンといった物質で構成される。腸内では水分を吸収して便を軟らかくするなど，排便効果がある。合成食物繊維のポリデキストロースを配合した大塚製薬の清涼飲料「ファイブミニ」のヒットで一躍知名度が高まった。最近では糖尿病の予防などの効果もあるとの研究結果も出ており，血糖値の上昇を抑制するという食物繊維入りの飲料や食品も登場するなど，機能性食品の有力な候補物質となっている。→保健機能食品

食料自給率
【food self-sufficiency rate】
一国の食料消費量のうち，国内で生産している割合。日本では農林水産省が毎年度の自給率を公表している。自給率を示す数字には，①金額を基準にした食用農産物総合自給率，②食料の中心となるコメ，麦などの穀物自給率，③供給熱量ベースの自給率——の3種類があり，海外と比較する場合には供給熱量ベースの自給率を使うことが多い。2002年度は熱量ベースで40％。政府は新しい農業基本法の施行を受け，2010年度の望ましい食料自給率の目標を熱量ベースで45％に設定した。同目標の達成に向け，農業の担い手づくりや農産物の品質向上に取り組む。

ショップ・イン・ショップ

【shop-in-shop】
文字通り，店の中にある店。イン・ショップという場合も多い。百貨店やショッピングセンターなど大型店でよく見掛ける。売り場の一部を独立させ，全く別の店のように内装やレイアウトを工夫，演出しているのが特徴。アクセサリー，高級婦人服などファッション性の高い商品を扱う際，経費をあまりかけずに雰囲気を盛り上げられる利点がある。

所得決定の貯蓄・投資理論 saving-investment theory of income determination ⇨ 貯蓄・投資の所得決定論

所得効果
【income effect】
英国の経済学者ヒックスによれば，ある商品の価格の下落はその商品に2つの違ったルートを経て影響を与える。1つは価格の下落が消費者の実質所得を増やし，その商品の購買力が高まる。これは所得が増えて需要が増えるときの効果と同じである。もう1つはバターとマーガリンという同じ用途のものがあるとき，バターが値下がりするとそれまでマーガリンを買っていた者がバターを買うようになり，バターの需要が増える。これは実質所得に影響を与えない相対価格の変化による効果である。前者を所得効果，後者を代替効果(substitution effect)といい，所得分配の理論に応用される。この他，国際貿易の分析で，価格が不変ならば所得が増大すると輸入が増えるといった関係が明らかにされているが，これを所得効果という場合も多い。→所得分配

所得控除
【deductions and exemptions from taxable income】
所得税の課税に当たって，所得からあらかじめ一定の金額を控除するもの。所得控除には基礎控除，配偶者控除，扶養控除，配偶者特別控除，障害者控除，老年者控除，寡婦（寡夫）控除，勤労学生控除，雑損控除，医療費控除，社会保険料控除，生命保険料控除，損害保険料控除，小規模企業共済等掛金控除，寄付金控除の15種類があるが，2003年度の税制改正で配偶者特別控除が実質的に廃止された。→所得税

所得税
【income tax】
個人の年間の所得に課せられる税。給与所得，利子・配当所得などに課せられる源泉所得税，主に事業所得や不動産所得などに課せられる申告所得税の2つがある。

所得分配
【income distribution】
年々の純国民生産物が，その生産に参加した経済主体間でどのような法則により配分されるかを普通，所得分配という。機能的分配，制度的分配論などがあるが，最近では所得の人的分配がより重要な問題になっている。人的分配とは個人間の所得分布の状態で，富者と貧者との所得の分割である。所得分配の統計的研究は，財政支出，社会保障などの政策の基礎となる。→国民所得，消費性向

ジョブディスクリプション
【job description】
企業で働く人々の職務の範囲や仕事の難易度，責任の重さなどを総合的に点数化し，それに見合った報酬を支払うために作成する「職務記述書」のこと。また，この手法を取り入れた人事制度。部長や課長など職場でのポストに対する値付け作業ともいえ，「ジョブサイズ」（仕事の大きさ）と呼ぶ場合もある。米国の人事コンサルテ

ィング会社，ヘイ・グループが考案し，米国の大手企業に浸透。日本でも成果主義の報酬体系を導入した企業の多くが，この考え方を取り入れている。

ジョブレスリカバリー
【jobless recovery】
雇用の増加を伴わない景気回復。1990年代初め，米国で景気が回復しているにもかかわらず，失業者が増加し続ける現象が起こったことから，こういわれた。リストラクチャリング（事業の再構築）の一環として企業が情報技術（IT）を導入する一方，思いきったアウトソーシング（業務の外部委託）を進めた結果，失業者が増えたことが原因とされる場合が多い。

ジョブローテーション
【job rotation】
社員の職務を定期的に変え，いろいろな仕事を経験させる人材育成の一方法。一定の職務に永年携わるとベテランになる半面，仕事がマンネリズムに陥る欠点があることから，このマンネリズムを打破し視野の広い人材を育てようというのがねらい。社員の専門性が高まらないとして，日本では否定的な意見が増えている。

所有期間利回り
債券を償還期日まで保有せず途中で売却した場合，保有期間中に得られた収益が投資額に対して年率でどの程度になるかを示すもの。計算式は以下の通り。

$$\frac{表面利率 + \dfrac{売却価格 - 買付価格}{所有期間}}{買付価格} \times 100$$

つまり所有期間利回りとは，所有期間中の利子収入（インカムゲイン）に同期間中の値上がり益（キャピタルゲイン）を加えたものが，投資額に対してどれくらいの割合になるかをはじいたもの。所有期間利回りは売却時の価格によって大きく左右されるので，購入時に確定する最終利回りとは性格が違う。債券価格が値下がりするような場合には，値下がり損（キャピタルロス）が出るため，所有期間利回りがマイナスになることもある。

所有と経営の分離 separation of ownership and management ⇨ 資本と経営の分離

シリコン太陽電池
【silicon solar cell】
シリコンを使って太陽光エネルギーを電力に変換する発電システム。大きく分けてアモルファス（非結晶），単結晶，多結晶の3種類がある。アモルファスは光から電力への変換効率が低いが材料コストが安く電卓など民生用機器に用いられる。現在，住宅用太陽電池などで主流である単結晶シリコンは，変換効率に優れるが輸入原料不足から価格が高騰しがちである。多結晶シリコンは単結晶よりも変換効率は低いが，製造コストが安いうえ製造工程の自動化も容易であるため次世代の太陽電池として期待される。

シリコンバレー
【Silicon Valley】
米カリフォルニア州サンフランシスコ市南東になだらかに広がる渓谷地帯で，半導体やパソコン，情報通信分野のメーカーが集結している。半導体の基板には主にシリコンが使われるため，シリコンバレーという呼び名が付いた。ヒューレット・パッカードやインテルをはじめ，ベンチャー企業を中心に数百社以上が生産拠点を構えている。2001年のIT（情報技術）バブルの崩壊で，倒産する企業も相次いだが，起業は衰えず，新陳代謝が最大の強みといえる。

自律コンピューター
【autonomic computer】

自分の状態を常に監視し，トラブルを自ら回避したり，損傷を最小限に食い止めて自力で回復する機能を備えた次世代のコンピューター。2002年に発生したみずほ銀行の決済システムの誤動作は，巨大コンピューターシステムのもろさを露呈した。システムの巨大化が進むにつれ，更新や拡張のたびに隅々まで動作の確認をすることが難しくなる。自律コンピューターが不可欠になると見て，米IBMや東芝，NECなどが開発を進めている。

シーリング ⇨ 概算要求

シールド工法
【shield method】
トンネル掘削工法の1つ。シールドという鋼製筒状の構造物を掘削の進行に従って，ジャッキで押し込んでいく。手掘り式と機械式がある。最近，水の圧力を使って崩壊を防ぐ泥水加圧式シールド工法の使用が増加してきた。同工法を応用し，地中でシールドを接合するMSD工法（メカニカル・シールド・ドッキング工法）も開発され，省力化が進んでいる。

白衿族
【white-collar-group】
中国の外資系企業に勤めるサラリーマンを中心とする中間層。英語のホワイトカラーの中国語訳でもある。こうした中間層は中国の旺盛な消費を支えているといわれ，今後は社会一般に対する発言力を強めると見られる。ただ，白衿族は上海，北京など経済発展が速い沿岸部の都市に集中しており，内陸部の都市の低所得層との経済格差が拡大し，社会不安につながることを中国政府は恐れている。

白物新三種の神器
【garbage processor, dishwasher / dryer and IH range】
生ごみ処理機，IH（電磁誘導加熱）クッキングヒーター，食器洗い乾燥機のこと。冷蔵庫，洗濯機といった「白物家電」は普及率が高まり以前に比べ売れなくなった。まだ家庭に普及していない白物家電を売り込もうと，松下電器産業が2004年4月の新製品発表時に「キッチン三種の神器」として売り出したのがきっかけ。苦戦が続く白物事業の救世主として，各社とも新製品開発に力を入れる。

新エネルギー
【alternative energy source】
石油や原子力など旧来型のエネルギーに対して，風力，太陽光など自然エネルギーのほか水素を利用した燃料電池などを指す。コストが高いのが欠点だが，地球温暖化の原因となる二酸化炭素の排出量が少ないなど環境にやさしいという利点がある。その活用がエネルギー政策の1つの課題となっている。政府も助成措置をとっており，2001年に策定した計画では，1999年度実績で1次エネルギー供給の1.2％だった新エネルギーの比率を2010年度に3.2％に増やす。

新型転換炉
【advanced thermal converter reactor ; ATR】
中性子の無駄を極力少なくし，できるだけ多くのウラン238をプルトニウムとし，天然ウランを有効利用するため，動力炉・核燃料開発事業団（動燃）が中心となって開発した日本独自の原子炉。最大の特徴は天然ウラン，濃縮ウラン，プルトニウムのどれでも核燃料として使用できる点。新型転換炉の原型炉「ふげん」が完成したものの，それに続く実証炉の建設計画は撤回された。また動燃が1998年10月に核燃料サイクル開発機構に改組されたことに伴い，ふげんも廃炉となることが決まった。

新型肺炎，重症急性呼吸器症候群（SARS＝サーズ）
【severe acute respiratory syndrome】
2002年の冬に中国南部の広東省で流行が始まり，03年の春以降，アジアを中心に世界各地に広がった新興感染症。同年夏までに流行は終息したが，累計の感染者は8,500人近く，死亡者は800人以上に達した。現在も散発的に感染者が出ている。病原体は人間の鼻風邪などを起こす「コロナウイルス」の新種で，主にせきなどに伴うしぶきを介する「飛まつ感染」で広がる。急な発熱やせき，肺炎などが典型的な症状で，ひどい場合は死に至る。特効薬やワクチンはまだ開発中で実用化されていない。

新株
【new share (stock)】
会社が増資して新しい株式を発行するとき，既に発行されている株式（旧株）に対して，新しく発行される株式のこと。別に子株ともいう。→増資

新株引受権付社債 ⇨ ワラント債
新株予約権
【equity warrant】
あらかじめ決めた価格で株式を取得する権利。2002年4月に施行された改正商法では「新株予約権制度」が創設された。以前の商法では，こうした権利はストックオプション（自社株購入権）として自社の取締役・従業員に付与したり，転換社債（CB）や新株引受権付社債（ワラント債）に随する場合に限られていた。法改正で新株予約権の単独発行ができるようになり，付与対象者の制限もなくなった。特にストックオプションとして利用する場合は，従来より使い勝手がよくなる。子会社の社員や社外の顧問などにも付与することが可能で，新興企業を中心に利用が広がっている。また新株予約権は企業の資金調達の一手法としても活用範囲が広い。

新借り入れ融資協定 ⇨ NAB
シングルマーケット
独り暮らしの人が生み出す市場のこと。老若男女を問わず独り暮らしをする人は増えている。具体的には，独身サラリーマンやOL，単身赴任者，高齢者の独り暮らしなどが挙げられる。マンションの間取りやスーパーの総菜の個食対応など，少人数世帯向けの商品も多様化している。

人工筋肉
【artificial muscle】
高分子を使った柔らかい材料で，人の筋肉のように音もせず滑らかに動く駆動装置。電気やイオンを通す高分子に電圧をかけて動かすものが多く，生物より力の強い人工筋肉も開発されている。人工筋肉を研究開発するイーメックスの製品は，医療用カテーテルや観賞用の魚ロボットなどに応用が始まった。圧力や湿度などを感知する人工筋肉もあり，指先のような微妙な力加減が可能なロボットの実現などにつながると期待を集めている。

人口推計
【population projections for Japan】
国立社会保障・人口問題研究所が5年ごとに実施している日本の人口の予測。正式名称は「日本の将来人口推計」。直近では2002年1月に公表している。最新の推計は従来の推計よりも少子化が進むと見ているのが特徴。晩婚化が進んでいるうえに，結婚しても子供を作らない夫婦が増えていることが背景にある。1人の女性が一生に産む子供の数（合計特殊出生率）は長期的に1.39で安定，総人口は06年の1億2,774万人をピークに減り始め，50年には1億59万人になるとしている。

コラム

鳥インフルエンザ
Avian influenza

インフルエンザウイルスに感染して起こる鳥の病気で,特に症状が重く死亡率が高いものを「高病原性鳥インフルエンザ」と呼ぶ。1990年代後半から韓国や中国,ベトナム,タイなどアジアで猛威をふるい,ニワトリの大量死が起こった。人間への感染はまれとされるが,ニワトリと接触する機会の多い養鶏業者らが感染,20人を超える死者も出た。もともと鳥インフルエンザウイルスには人間から人間に感染する力はないが,ウイルスが突然変異して感染力が高まれば新種のインフルエンザとして大流行する恐れがある。

日本では2004年1月,山口県で79年ぶりに「高病原性」のウイルスへの感染が確認され,その後,大分県,京都府でも見つかった。特に京都府丹波町では,鶏の大量死が起こった浅田農産船井農場が意図的に通報を遅らせた「人災」で感染が拡大。匿名の通報で発覚した後は,長期にわたる鶏や卵の移動制限が続き,家畜伝染病予防法や補償制度の不備が露呈した。国も家畜伝染病予防法を改正するなどして対策をとった。

アジアで流行したウイルスがどのように国内に入ってきたか,専門家の間でも意見が分かれていたが,04年7月,農林水産省の究明チームが「国外から渡り鳥を介してウイルスが持ち込まれた可能性がある」とする最終報告書をまとめている。

報告書では農場などの周辺調査の結果として国外から人間や物を介してウイルスが侵入したとは考えにくいと指摘。感染しても生き続けるカモなどの渡り鳥が運び役になりうるとした。国内に侵入したウイルスが発生場所の鶏舎などに入り込んだ経路については,渡り鳥と鶏がじかに接触する機会は少ないため,従業員や鶏用の飲み水,鶏舎周辺に生息するネズミや昆虫などの小動物が媒介した疑いがあるとした。

感染症の専門家が危ぐするのが,突然変異による感染力の増大だ。鳥と人間のインフルエンザウイルスが人やブタの体内で混ざって再集合して人から人へと感染する新型ウイルスが生まれれば,世界的に大流行して大勢の人の命を奪う危険性がある。中国とベトナムが04年3月,タイが同5月にそれぞれ「終息宣言」を出していたが,同4月から7月にかけて再発が確認された。今後新たに日本に侵入し,再び感染が広まる恐れがあり,農林水産省と厚生労働省が注意を呼びかけている。防疫対策の一つとしてワクチンの接種もあるが,農水省はワクチン接種でインフルエンザの発症は防げても感染自体は防げないことや死亡した鶏の抗体検査でウイルス検査の有無が識別できないことなどを理由にワクチンの使用を原則禁止。鶏舎の防疫設備を充実させることを求めている。

人工生命
【artificial life】
生物の振る舞いや進化の仕組みを取り入れて、高度な機能を持つシステムを作り上げる手法。AL（A-ライフ）と略称する。1980年代後半に生まれた考え方だが、簡単なプログラムから多種多様な動きをするロボットや、利用者がいちいち指示を与えなくても適切な処理をするソフトウエアの開発に役立てようと研究が進んでいる。人間が事細かに設計、制御する「トップダウン」式の従来の科学技術のアプローチとは違い、システムを自律的に進化させてモノを生み出す「ボトムアップ」式の立場をとるのが特徴。人間が考えもつかない優れた機能を機械に持たせられる可能性もあり、産業界にも大きなインパクトを与え得る。実際に有機分子を使って生命の進化を探る試みや、芸術、ゲームソフトなどのエンターテインメント分野で応用する例もある。

人口動態統計
【dynamic statistics of population ; vital statistics】
絶えず変動する人口現象を明らかにするため、厚生労働省統計情報部が行っている調査。総務省統計局の静態統計（国勢調査）に対し、動態統計という。出産、死産、死亡、結婚、離婚の5種の調査をまとめた統計で、この統計から政府は社会保障政策の企画、出生・死亡率の計算、雇用の見通しなどを立てる。

人工皮革
【artificial suede (leather)】
合成繊維を原料に天然皮革の構造をまねて作り出したもの。構造は0.01デニール（9,000メートルで1グラムの糸の太さを1デニールと呼ぶ）程度の超極細繊維の束を3次元方向に絡み合わせポリウレタンを含浸させた不織布。このほかに、織物や編物で風合いを天然皮革に似せたものもある。特徴は、軽い、臭いがない、水に強い、シワになりにくいなど。東レの「エクセーヌ」と、クラレの「クラリーノ」が代表的な商品。

申告所得
【taxable income】
法人の所得の1つで、申告利益ともいう。法人税額を決める基礎となる利益で、毎事業年度ごとに税務署に申告する。営業報告書記載の利益の経理処理は企業会計原則に基づいているのに対し、申告所得（利益）は税法に基づいて経費などを処理する。このため両者の額は一致しない。

申告納税制度
【tax payment system by self assessment】
納税義務者が自ら税額を計算して、税務署（地方税の場合は地方自治体）に申告書を提出、これに基づいて納税する制度。納税者の自主性を尊重しており、正確な申告書の提出を前提としている。所得税、法人税、相続税をはじめ、間接税でも酒税、物品税などで広く採用している。

申告分離課税
【separate self-assessment taxation】
有価証券譲渡益（キャピタルゲイン）課税の納税方法。株式、転換社債などの譲渡益の15％を所得税（国税）、これとは別に6％を個人住民税（地方税）として、確定申告を通じ、他の所得と分離して納税する。ただし、2003年1月から5年間に限り、上場株式の売却益は10％の優遇税率が導入されている。

新古書店
消費者から新品同様のきれいな古書を買い取って安値で販売する業態。

清潔さなど本の状態をもとに定率の値段を決めるため、従来の古本店と比べ書籍に関する知識が必要なく、チェーン展開しやすいとされる。「新古書店」と呼んで、本の希少価値などによって値付けをする従来の古本店と区別する。1990年以降ブックオフコーポレーションなどの登場で市場が急拡大した。出版不況の中、新刊書籍が売れない一因として新古書店を批判する声も出ている。

人材銀行
ホワイトカラーの中高年層を専門に職業を紹介する厚生労働省所管の機関。大都市の主要職安が所管し、その近隣に設置されている。

人材派遣業
【worker dispatching undertakings】
企業の要求に応じて、労働者を派遣する事業。1986年の労働者派遣法の施行で解禁された。2004年3月の法改正で、製造業務と医療(紹介予定派遣のみ)も対象に拡大。港湾運送、建設、警備、医療(紹介予定派遣以外)を除き、原則自由に派遣できる。派遣労働者は仕事上の指揮命令については派遣先の企業から受けるが、雇用契約は派遣会社と結び、賃金も派遣会社からもらう。派遣会社が常用雇用者として雇う場合と、派遣会社に登録しておき、仕事があるときだけ雇う場合がある。登録型の人材派遣をするには厚生労働大臣の許可が必要で、常用雇用だけの場合も届け出が必要となる。→労働者派遣法、紹介予定派遣

人材流動化
【increased job mobility】
日本企業の終身雇用制が崩れる中、1つの企業にとどまらずに、仕事や職場を変える社員が増加している傾向を指す。専門技術などを生かして、より高額な報酬が得られる企業に転職するケースも少なくない。企業側も中途採用枠を広げるなど、雇用制度の見直しに着手しているほか、民間の職業紹介会社も数多く登場。ただ、人員削減で解雇された中高年層の再就職先の確保が課題になるなど、柔軟な労働市場づくりが必要になっている。

新事業創出促進法
【Law for Facilitating the Creation of New Businesses】
個人の創業や、企業による新分野への進出を通じた新たな事業の創出を後押しするため、1999年2月に施行した法律。企業は同法に基づいて一定の条件を満たした「事業革新計画」を策定、経済産業省が承認すれば、税制上の特例措置や政府系金融機関による低利融資を受けられる。例えば企業が特定部門を別会社化する場合、新会社の設立にかかる登録免許税の軽減などを受けられる。

シンジケートローン
【syndicated loan】
銀行、保険会社など複数の金融機関が同じ時期に同一の条件で実施する協調融資。一般的に融資団を組成し政府、公共機関、民間会社などに対して、共同で資金を貸す。途上国に対するシンジケートローンは中央銀行ないし政府系の銀行に対するバンクローンになる場合もある。バブル期には邦銀が海外で多額の融資をしたが、最近は減少している。逆に国内でリスクの少ない新たな融資手法として関心を集め、残高も増加傾向にある。→途上国

人事考課
【merit (performance) rating ; man-rating】
従業員の業務遂行能力や成績を査定すること。勤務評定、能力考課と呼

ぶ場合もある。人事考課を行う人（管理監督者）が考課項目ごとに査定し、それを基に各人の昇給、賞与の決定、昇進、異動などの参考にするのが普通のやり方。人事考課は、人事管理の基本であり、厳密、適正に行うことが望まれる。

新自由主義学派 neoliberal school
⇨ シカゴ学派

深層面接法
【depth interview】
面接対象者の深層心理を診断、分析する面接方法で、口頭質問や絵を示し、あるいはロールシャッハテスト（インクなどによる無定形の相似形に描かれたシミを見せて何を連想するか）を示してその反応を検査する。それによって現在の心理状況、過去の境遇、性格、適性などを調べる。

信託
【trust】
金銭、有価証券、不動産などの財産の所有者が信頼のできる他人に一定の目的に従ってその財産の管理または処分を依頼すること。→信託銀行

信託業法の改正
信託業への参入と対象財産の拡大を求めた改正の動き。管轄官庁の金融庁では金融審議会第2部会のもとにワーキンググループを設置。産業界などからの要望が強い受託可能財産の拡大と金融機関以外の者の信託業への参入を中心に検討している。政府の知的財産戦略本部が知的財産推進計画の中で信託方式での知的財産の流動化を政策目標として示した。現行信託業法は信託業に参入する基準や規制などの整備がされておらず、信託業務は銀行などが「金融機関の信託業務の兼営等に関する法律」に基づいて認可を受け兼営する形態でされているのが現状。信託の対象となる受託財産も①金銭、②有価証券、③金銭債権、④動産、⑤土地およびその定着物、⑥地上権および土地の賃借権に限定されている。

信託銀行
【trust bank】
銀行法に基づいて設立されている点では普通銀行の一種。これまで、普通銀行は短期金融を扱う銀行、信託業務を取り扱う信託銀行は長期金融機関の一種として区分されていたが、短期金融と長期金融の垣根は崩れつつある。従来の主な業務は、貸付信託や金銭信託で集めた資金を長期に貸し付け、利益を受益証券所有者（貸付信託の場合）や金銭の委託者（金銭信託の場合）に分配することである。最近では、不動産仲介や証券代行、遺言信託などの手数料収入を中心とした業務への移行を進めている。証券会社や都市銀行なども子会社参入の時期を経て、信託免許を取ったり、代理店となったりすることで、一部信託業務ができるようになった。信託業法改正が予定されており、改正法が成立すれば信託財産に関する規制がなくなるほか、信託会社の設立も可能になる。→信託

信託財産留保金制度
投資信託を満期償還前に換金するとき、一定の金額を投資家から徴収し、信託財産に組み入れる制度。解約に際して生じる売買手数料などの費用を解約する投資家が負担することで、ファンドの運用の安定性を確保するのがねらい。最近ではオープン投信の中に、追加設定の際に留保金を徴収するタイプも登場している。追加設定に伴って加わった資金で株式などを買い付ける際の手数料を、追加購入した投資家に負担させるのがねらい。→クローズド期間

信託報酬
【commission fees received from investors in investment trusts】
投信信託の運用・管理のための費用で，ファンドを保有している間は常に負担する。最近設定された日本株ファンドの場合，年間で投資額の1.5％前後かかるが，実際には日割り計算で日々，信託財産から差し引かれる。投信会社が受け取る委託者報酬と，ファンド資産を管理する信託銀行が受け取る受託者報酬に大別できる。投信会社は委託者報酬の一部を代行手数料として販売会社に払う。販売手数料不要のノーロード型では高めに設定される傾向もあり，投資家はトータルのコスト負担を確認する必要がある。

人的資本理論
【theory of human capital】
機械や工場など物的資本に対し，人間に体化された熟練，技術，知識を人的資本と定義。それを得るための教育や訓練を投資とみなすことによって，労働者の生産性や賃金を分析しようとする経済理論。1960年代に入って，セオドア・シュルツ，ゲーリー・ベッカーらシカゴ学派の学者を中心に展開された。これによって，学校教育や企業内訓練（OJT）の重要性が理論的に明らかにされた。

新発10年国債利回り
【yield on newly issued 10-years government bond】
その時点で残存期間が最も長い10年国債の利回りで，長期金利の指標となっている。従来は既発の10年国債から①発行量・販売高が多い，②クーポンレートがその時の流通利回りに近い，③保有が偏っていない——などの条件を満たした銘柄を国債指標銘柄とし，債券相場の動向を見る指標としていたが，新発国債に売買の中心が移り，指標銘柄の意義が薄れたため，1999年3月から指標銘柄は選定されなくなっている。通常，長期債の利回りといえば，直近の新発10年国債の利回りを指すようになった。現在，10年国債は毎月発行されているため，新発10年国債の銘柄も毎月交代している。

新BIS規制
国際決済銀行（BIS）が導入を予定している新しい自己資本比率規制。従来の貸し倒れなど信用リスクをにらんだ規制に加えて，市場リスクにも耐えられるように自己資本を積み増すことを主眼としており，現行規制より厳しい内容となる。当初は，2004年の導入を目指していたが，各国の利害調整に手間取り，01年6月に05年への延期を公表。中小企業向け融資などを巡る各国の意見調整にも手間取っており，06年末の導入を目指している。BISのバーゼル銀行監督委員会が01年1月に発表した改正（新BIS規制）案によると，現行規制に加え，格付けをはじめとする企業の信用度に応じて銀行が融資額などの管理を徹底するよう貸し出しの質の向上も求める。①融資先の企業や国の信用度をきめ細かく計測，リスクに応じた自己資本を積むように求める，②銀行による内部管理体制の確立と情報開示の徹底，③事務処理事故や不正などで損失が発生するオペレーショナルリスクを把握し，適正な自己資本を積むように求める——などがポイント。リスク量の測定にはバーゼル委員会が定めた算式のほか，各銀行の持つリスク管理の内部モデルの利用も認めている。その条件は，①過去のデータの観測期間が1年以上，②毎日リスクを計算する，③債券や為替など各商品

別のリスクは単純合計して最大損失額を予測する——など。1997年末(日本は98年3月末)から導入した。→BIS規制

新貿易自由化交渉
【new multilateral trade liberalization negotiations】
ウルグアイラウンドに次ぐ多角的貿易交渉。世界貿易機関(WTO)によるものとしては初の交渉。1999年5月,東京での四極通商会議(日・米・加・EU)は,交渉対象をWTO協定で合意済みの農業・サービス等のほか,鉱工業品も含む広範なものとすることで合意した。また前交渉が妥結まで7年かかった反省から3年程度で終了することでも一致した。99年11月,シアトルでのWTO閣僚会議で実質的な新交渉が始まったが,閣僚交渉が決裂,協議が継続している。2001年11月にカタールで開始した新ラウンドでは,反ダンピング措置の見直しなど通商ルールの整備・強化と,農業などの自由化推進が2本柱となっている。→ウルグアイラウンド,WTO

新ポ発会
商品取引所で行われている先物取引では納会の翌日か,毎月第1日の立ち会い(発会)に新しい先ぎり(新ポ)がたって売買を始めるが,その先ぎりの最初の立ち会いのこと。新ポが1つ前の限月より高い場合は順ざや発会,安い場合は逆ざや発会という。→納会,商品取引所

新宮沢構想
【new Miyazawa plan】
宮沢喜一蔵相(当時)が1998年10月に提唱したアジア諸国に対する総額300億ドルの金融支援。アジア各国政府が債券発行や借り入れで資金調達する場合の日本輸出入銀行(現国際協力銀行)の保証,利子補給のための基金創設,円借款などがその内容で,韓国,インドネシア,タイ,マレーシア,フィリピンの5カ国が対象。2002年11月時点で,210億ドルが活用された。

信用買い残の評価損益率
【appraisal gain/loss ratio for outstanding balance bought on margin】
信用取引で決済されずに残っている残高が信用取引残高で,買いの残高を信用買い残,売りの残高を信用売り残という。買い残がある時点でどれだけの含み損益(評価損益)を抱えているかを見る指標が評価損益率。公表されていないが,日本経済新聞では,東京,大阪,名古屋3市場の各週末現在の信用取引残高,いわゆる3市場残の確報値(毎週木曜日発表)を基に近似値を算出,掲載している。→信用取引

信用収縮
【credit shrinkage】
明確な概念規定はないが,不良債権処理に伴い金融機関の自己資本比率が低下することなどにより,貸し出し余力が大幅に縮小するのが原因で起こる現象と理解されている。金融機関が貸し出しの回収に動くため,いわゆる「貸し渋り」よりも企業の資金繰りに与えるマイナスの影響が大きいとの見方もある。また,信用力が低下している企業が手形取引を拒否されたり,現金取引を要求されたりする「企業間信用の厳格化」も含まれる。

信用状
【letter of credit ; L/C】
銀行が取引先企業の依頼に応じてその信用を保証するために発行する証書。貿易為替で信用状というのは,外国貿易のときに輸入業者から依頼を受けて発行する信用状で,輸入業

者が支払い不能になった際、相手国の輸出業者に対し、発行した銀行が支払いを肩代わりする。これを輸入業者の立場からは輸入信用状と呼び、輸出業者の立場からは輸出信用状と呼ぶ。

信用乗数
【credit multiplier】
金融機関が経済活動に必要なお金を貸し出す能力を示す指標。マネーサプライ（通貨供給量）をマネタリーベース（日銀券と準備預金の合計）で割って算出する。金融機関の貸し出し能力が高まると信用乗数は上昇し、能力が落ちると乗数は低下する。バブル期に急上昇したが、1992年をピークに低下基調に転じた。99年に入って金融システム不安の後退や日銀のゼロ金利政策の効果で、一時低下に歯止めがかかったものの、株価下落などを背景に2001年秋以降、再び低下。その後、急落するなど不安定になっている。

信用取引
【margin transaction (trading)】
証券会社から資金や株券を借りて株式の売り買いをすること。つまり客は一定の証拠金か、その代用の証券を担保に入れれば、業者から資金を融通してもらって株を買うことができる。また逆に株を持っていなくても、同様にして株を売ることができる。信用取引を利用すると、手持ちの資金以上の取引ができるため、成功すればそれだけ成果が大きいが、半面、損をしたときは痛手も大きい。→信用取引銘柄

信用取引の期日
株式の信用取引を手じまわなければならない期限のこと。通常、1つの銘柄が高値をつける前後に信用取引による買いも膨れ上がることが多い。このため、高値をつけた後、信用期日が接近すると反対決済のための信用売りが増えてくるので、株価のマイナス要因となる。これを期日圧迫として警戒するが、こうした売り物が一巡すると値動きが軽くなるため、逆に期日明けとして好感されることがあり、期日が近づくにつれ期日明け後の値動きの軽さを見込んで買い向かっていく動きが出てくることがある。一時、3カ月と6カ月の選択制になっていたが、98年に再び6カ月に一本化された。

信用取引の規制
株式市場が過熱し、投機的な色彩が強まった場合、証券取引所と金融庁は、投資家保護と公正な株価維持のため、信用取引を規制することがある。信用規制は、全銘柄同時に行う全面規制と個別銘柄を対象にした個別規制がある。規制の手段には、①委託保証金率の引き上げ、②委託保証金の一部の現金徴収、③代用有価証券の担保掛け目の引き下げ――などがあり、いくつかの手段を併用することが多い。また個別規制では、該当銘柄について売買内容を取引所に報告させ、信用取引の売買状況を毎日公表する方法もとられている。

信用取引の金利
信用取引で株式売買をする場合、買い方は証券会社から資金を調達して買い、売り方は売却代金を証券会社に預けた形をとる。したがって買い方は証券会社に対して一定の金利を支払い、売り方は逆に証券会社から一定の金利を受け取る。これが信用取引の金利で、以前は買い方日歩、売り方日歩と呼んだが、現在ではそれぞれ買い方金利、売り方金利と呼ぶ。また、証券金融会社が証券会社に資金を貸す貸借取引の場合、これを融資金利という。逆に証券会社が売り

方になり証券金融会社から受け取る金利を貸株代わり金金利という。信用取引の金利水準は取引所が決定していたが、1999年10月から証券会社が自由に決められるようになった。また、売り残高(借株)が買い残高(貸株)を上回ると売り方は品借り料を払う。これを逆日歩という。2002年春のいわゆる「3月危機」回避策の一環として金融庁が空売りに対する規制を強化、空売りする投資家から一定の借り賃を徴収することになった。

信用取引銘柄
【stocks for margin trading】
信用取引の対象となる銘柄。1991年10月から東証2部の銘柄の一部にも広がった。ただ、実際には証券金融会社の貸借取引の対象となる銘柄が信用取引の中心となる。ジャスダック市場上場銘柄も対象になった。→貸借取引

信用リスク
【credit risk】
融資や金融資本市場でのオフバランス取引をした後に、与信先の収益や財務内容が悪化して契約を履行できなくなる危険性のこと。最終的には債務不履行や倒産によって保有する債権の元本や利息が回収できなくなる。金融機関は貸倒引当金の計上などの形で損失が発生する。信用リスクには政情不安などで国の安全性が損なわれる「カントリーリスク」と、企業の経営が悪化して債務の支払いに不安が生じる「コーポレートリスク」がある。債権の安全性を維持するため、信用リスクを定量的に計測するシステムを導入する金融機関が増えている。→格付け、オフバランス取引

診療報酬
【medical fee】
医療保険で決められた医師の診療行為に対する報酬。厚生労働大臣が官報に告示する点数表に個々の診療行為、例えば盲腸炎の手術料が6,420点というように具体的に示されている。1点を10円として報酬に換算する。日本の場合、検査や投薬が増えるほど報酬が膨らむ「出来高払い方式」が特徴だが、医療費増大の一因になっているとの指摘もある。厚生労働省はどのような治療をしても報酬を一定にする「定額(包括)払い制」の段階的導入を進めており、2003年4月からは大学病院での入院治療について一部で定額払い制の導入を始めた。04年度から一定条件を満たす民間病院にも拡大した。

す

水銀汚染
【mercury pollution】
アルキル水銀化合物(メチル水銀・エチル水銀)が引き起こす神経系障害。手足がしびれ、言語障害、聴力、視力が衰える。水俣病が典型。水銀化合物には無機系のものと有機系のものがあり、後者はアリル水銀化合物とアルキル水銀化合物がある。無機化合物やアリル化合物は体外に排せつされやすいので重症中毒になりにくい。

水素エネルギー
【hydrogen energy】
水素を燃焼させたりして得られるエネルギー。旧工業技術院がニューサンシャイン計画の新エネルギーの1つとして取り上げ、開発を進めている。欧米でも開発が活発。①原料に資源的な制約がない、②燃やしても生成物は水だけでクリーンであり、自然の循環を乱さない、③パイプ輸送できるので

経済的で効率的輸送ができる,④エネルギー貯蔵の手段となる——という特徴がある。熱源としての利用のほか,自動車燃料,燃料電池の燃料など利用分野は広い。ただ,実用化には低コストの水素製造技術や爆発防止・保安技術,輸送・貯蔵技術などの確立が課題。

水素吸蔵合金
【metallic alloys for hydrogen storage】
①温度を下げるか圧力を加えると水素を吸収して金属水素化物となり,同時に熱を発生する,②逆に温度を上げるか圧力を下げると水素を再び放出し,熱を奪う——という性質を持つ新金属素材。水素貯蔵合金ともいう。携帯電話などの2次電池に使われるほか,燃料となる水素を蓄える手段としてハイブリッドカー・燃料電池自動車への利用の研究が進んでいる。合金の種類は大別すると鉄・チタン系合金,マグネシウム・ニッケル系合金,希土類系合金に分けられるが,いずれも同様の機能を持つ。

水素ステーション
【hydrogen station】
燃料電池車に燃料の水素を供給するための設備。水素製造装置,貯蔵タンク,圧縮装置,注入装置などで構成している。カセイソーダや鉄鋼などの製造工程で副産物として大量に発生する水素を集めて,ステーションに輸送・貯蔵する方法のほか,ステーション敷地内で水素を製造する方法がある。後者では天然ガスやガソリンなど化石燃料を改質して水素をとり出す方法や,水を電気分解する方法などがある。水素は燃料電池の燃料に使い,水と電気しか発生しないクリーンな発電装置として注目されており,水素自体も水力や風力など温暖化ガスの二酸化炭素を出さないエネルギー源で作る方法が将来は主力になると見られている。→燃料電池車

水中コンクリート
【underwater concrete】
水の中でも強度が落ちずに固まるコンクリート。コンクリートは一般にセメントと水,砂利などの骨材を混ぜて練る。固まらない状態で海の中などに入れると水に洗われてセメントと骨材がバラバラに分離してしまう。しかし,水中コンクリートはポリマー(高分子)系の素材を混ぜてあるので水中のコンクリートに粘性を持たせることができ,セメントと骨材の分離が起きない。混ぜる素材にはアクリル系とセルロース系がある。コンクリートとしての圧縮強度はアクリル系が優れ,表面のならしやすさにつながる流動性はセルロース系が幾分勝る。アルミナの量をできるだけ少なくして,強度を維持するセメント系固化材の開発も進んでいる。

垂直的分業
【vertical international specialization】
先進国と途上国との間の,先進国が資本集約的な工業製品を生産し,途上国の原材料品と交換するという形の国際分業で,水平的分業に対する言葉。垂直的国際分業ともいう。→途上国,水平的分業

スイッチOTC
【switched OTC】
医師の処方が必要な医療用医薬品の主成分を,分量などを変更することで薬局の店頭で売れるようにしたもの。OTCはover the counterの略で,大衆薬の意。転用大衆薬とも呼ばれる。一般の大衆薬に比べて効果が高いのが特徴。日本では1983年から導入が始まった。これまでは風邪薬や水虫薬などだったが,97年に胃腸薬が登場し,種類が拡大した。一方,99年

6月には医療用医薬品を経ず，いきなり大衆薬にした「ダイレクトOTC」として発毛剤の販売も始まった。厚生労働省は大衆薬の普及に向け，医薬品メーカーにスイッチOTCの開発を促す方針を打ち出している。

水平的分業
【horizontal international specialization】
A国は自動車を，B国は船を生産して互いに交換するというように，2国間で工業製品（あるいは原材料品）をやり取りする分業で，垂直的分業に対する言葉。水平的国際分業ともいう。水平的分業は通常，先進国同士で行われると考えられてきたが，最近は日本とアジア諸国間などでも急速に進展している。→垂直的分業

数理経済学 mathematical economics
⇨計量経済学，計量経済モデル

数量イメージ調査
イメージから商品の需要予測を行う市場調査の一手法。現在ある商品の普及率，今後1年間の伸び率，ブランド別の占有率の3点について，消費者が抱いているイメージを数字的にとらえ，①今後の需要予測，②宣伝PRの方向，③マーケティングミックス（広告店，販売店対策など販売促進方法の組み合わせ）の合理的配分——などを解明しようというもの。

スキャンロン方式
【Scanlon plan】
生産性向上による成果配分方法の1つ。人件費の占める割合を定め，実際の支払い賃金との差額を賃金増額に振り向けるやり方で，売上高に対する人件費率を一定とするのが特徴。米国のスキャンロン・マサチューセッツ工科大学教授の発案。

スキル管理
従業員の能力を常に最高度に発揮できる状態に管理しておくこと。高能率，高賃金を目指す管理方法の1つで，不良率の低下が最大のねらい。

スクランブル
【scrambling】
放送衛星からの電波の盗視聴を防ぐなどのために信号を一定の法則に従って暗号化すること。衛星を使った有料テレビ放送などスクランブルのかかった電波を受信するには専用のデコーダー（暗号解読機）が必要。スクランブルにはもともと米国で開発されたビデオサイファーや東芝など日本メーカーが開発したコアテックなどの方式がある。

スケルトン貸し
カーペットや壁・天井などの内装工事を施していない粗壁状態のビルを賃貸する手法。欧米などではテナントがスケルトン状態で賃借し，自前で内装工事するのが一般的だが，日本ではテナントの意向に関係なく一律に標準内装を施すケースがほとんどだった。しかし，日本でも顧客のオフィス賃借料コストの低減ニーズの高まりなどから，森ビルや三菱地所が一部導入するなど，今後はスケルトン貸しが増えてくる可能性がある。

スタグフレーション
【stagflation】
景気停滞下のインフレ。停滞を意味するスタグネーション（stagnation）とインフレーション（inflation）の合成語。経済活動が停滞しているにもかかわらず，インフレが続く状態を示す。逆に，物価安定のなかで，景気が上昇軌道を歩む状態をディスインフレーションと呼ぶ場合がある。→インフレ，OECD

スタッフ staff ⇨ラインとスタッフ
スタンダード・アンド・プアーズ株価指数 ⇨S&P株価指数

スタンドバイクレジット
【stand-by credit】
①商社の海外支店が現地の外国銀行から融資を受けるときにわが国の為替銀行が保証に立つこと。例えば、日本の在米商社が米国の銀行から資金を借り、その返済を日本の銀行が保証するとき、この保証の目的で日本の銀行が発行する信用状をいう。
②国際通貨基金（IMF）が包括的な信用供与を行い、実際の資金引き出しはその限度内でいつでも認めるという方式をとったとき、これをIMFのスタンドバイクレジットという。→IMF

スーダン内戦
【Sudan's civil war】
スーダン南部で1983年から続いていたアフリカ最大規模の内戦。北部のアラブ系イスラム教徒主導の政府が、国内全域にイスラム法を導入したことに対し南部の黒人キリスト教徒らが「スーダン人民解放軍（SPLA）」を結成して反発、武力闘争に発展した。2004年5月26日、政府とSPLAが争点となっていた係争地の帰属などで合意。議定書に調印したことで、内戦終結にめどをつけた。21年続いた戦闘や飢餓で約200万人が死亡したとみられる。

スチールハウス
【steel-structured housing】
枠組み材に木材ではなく鋼材を使うツーバイフォー形式の住宅。鋼材はさびにくいように亜鉛メッキを施した軽量形鋼。米国やオーストラリアで普及している。耐震性の高さや森林資源保護に役立つ点が注目されている。日本でも鉄鋼各社が商品化、スチールハウスの2003年度着工数は前年度比18％増の約1,900棟（約2万戸）と採用が広がっている。

ステップアップ債
【step-up bond】
償還が近づくにつれ、利率が高くなる債券。1980年代後半に海外市場で発行が活発化、国債の大量償還時代を迎え、運用難に悩む生損保などの日本の機関投資家が購入した。日本では発行が認められていなかったが、発行市場の規制緩和が進む中で、90年代に入って認められるようになり、95年3月にトーア・スチールが初めて発行した。その内容を見ると、償還期限4年で、表面利率は前半2年が3.3％、後半2年が4.0％となっている。調達した資金で建設する工場が稼働するころになって利払いの負担が増すという仕組みだ。ちなみに、逆に初めの利率が高く、後に低くなる債券をステップダウン債という。

ステルス戦闘機
【stealth fighter】
レーダー波を反射しにくくするために機体のデザインを工夫したり、赤外線の放出量を抑えたりすることなどによって発見されにくくした米国の戦闘機。ロッキード社が開発し、1981年に初飛行、82年に実戦配備された。米国防総省が存在を認めたのは88年になってからで、90年4月に初めてF117A戦闘機の写真を公開した。89年のパナマ侵攻で実戦に投入。99年のユーゴスラビア空爆にはB2ステルス爆撃機が参加した。ユーゴ空爆ではF117Aが撃墜され、ハイテク機のもろさを露呈した。

ストック
【stock】
蓄え、存在量、在庫。→フロー

ストックオプション
【stock option】
自社株をあらかじめ決められた価格（行使価格）で買える権利。従業員や経営者も株主と同様に株式の値上が

り益を享受するための制度で、米国企業では数多く採用されている。行使価格は発行時の時価程度で、3〜4年間の権利行使禁止期間が決められているのが通例。日本では1995年秋の新規事業法改正により、同法の認定を受けた株式非公開企業に限り認められた。上場企業ではワラント債を発行、ワラント部分を買い戻して報酬として役員や従業員に与えたり、オーナーの保有株を現物支給するなどの「疑似ストックオプション」を採用したりする企業が増えていたが、商法改正によって企業は97年6月から新しい報酬制度として役員や従業員向けにストックオプションを導入できるようになった。

ストック調整
【stock adjustment】
企業の生産設備や在庫などの総量(ストック)を適正な水準に修正していくこと。 景気が拡大から後退に転じる過程で期待していたほど需要や所得が伸びなくなりストックが過剰になって、調整が始まる。ストック調整は投資(または投資的行為)の循環の一局面でもある。

ストップ
【stop】
株式市場や商品市場では、相場が一方向に動いて、暴騰、暴落により市場が混乱するのを防ぐため、1日の値幅を制限している。これをストップという。 この制限いっぱいの値上がりをストップ高、逆に値下がりをストップ安という。①株式の場合、株価の水準に合わせて段階的に値幅制限を決めている。例えば100円未満の銘柄は上下30円、100円以上200円未満の銘柄は同50円、200円以上500円未満の銘柄は同80円、500円以上1,000円未満の銘柄は同100円、1,000円以上1,500円未満の銘柄は同200円、1,500円以上2,000円未満の銘柄は同300円、2,000円以上3,000円未満の銘柄は同400円、3,000円以上5,000円未満の銘柄は同500円——などに分けている。②商品取引の場合、小豆は最高450円、最低350円の幅と決められている。遺伝子非組み換え大豆は最高1,400円、最低600円、ゴムは2〜6円、綿糸40単は3〜6円で、生糸は80〜180円、乾繭は60〜80円となっている。

ストップロス
【stop-loss transaction】
損失限定ルール。 先物取引は「もうかれば大きいが、損する時も大きい」危険な面を持つため、一般投資家は売買に参加しにくいことを考慮し、損が一定額に達した時は自動的に取引を打ち切る。商品ファンドの投資などでは普及している。

ストラクチャード・ファイナンス
【stractured finance】
資産担保証券(ABS)をはじめとする新しい枠組みによる資金調達手段。 かつてはプロジェクトファイナンス、リース、企業の合併・買収(M&A)、ABSなどを包括する意味で使われていた。しかし最近ではストラクチャード・ファイナンスをABSとほぼ同義で語る人が多い。日本語では「仕組み債」と訳す人もいる。

ストラテジスト
【strategist】
マクロ経済、ミクロ経済などさまざまな情報を総合判断したうえで、最も効率のよい投資戦略を練り、投資家やファンドマネジャーなどに対して提案する専門家のこと。 証券会社、投資信託会社、投資顧問会社などで活躍している場合が多い。具体的には、

資金をどの業種に、どの市場に、どの商品に集中および分散投資すれば、高い資金効率を上げられるかを考える。

ストラドル取引
【straddle transaction】
2種類の商品間の価格差を利用した取引。例えば金，銀，白金相場は同じ貴金属として連動して動くことが多いが，変動のスピードが異なるため，2商品間の価格差（価格比）が拡大したり，縮小したりする。この価格差（比）が縮小すると予想した時に割高な方を売ると同時に割安な方を買い，実際に縮小した時に買い戻しと売り戻しを同時に行って利益を収める。見込みと反対に価格差（比）が拡大すると損をする。価格差（比）が先行きさらに拡大すると予想した時は割安な方を買い，割高な方を売る。

ストリップス債
【strips bond】
利付き債を元本部分と金利部分に分離した割引債。投資時点で運用利回りを確定したい機関投資家などの需要が見込まれる。米国では，1985年に本格発行して以来，市場が拡大し，98年末までに償還期間10年超の国債の約3割がストリップス債になっている。英独仏も90年代に採用。日本でも証券決済システム改革法で導入が決まり，財務省が2003年に導入した。

ストリーミング
【streaming】
インターネットでデータを受信し，データを保存せずにすぐにパソコンで再生していく逐次再生技術。データがパソコンに残らないため，データの違法複製に対しては比較的安全といわれる。データを一度保存してから再生するのはダウンロード（取り込み）。

ストレージ
【storage device】
複数のハードディスク駆動装置（HDD）を内蔵，数百ギガ（1ギガは10億）～数テラ（1テラは1兆）バイトと企業などで扱う大量のデータを保存する外部記憶装置。広義ではフロッピーディスクや光磁気ディスクなど，データを記憶する媒体全体を示す。ストレージはインターネットの普及や動画像の保存などデータ量の急激な増大で需要が高まっている。特にネットワークで接続してデータを効率よく管理できる，SAN（ストレージ・エリア・ネットワーク）などの技術が注目を集めている。

スパイ衛星
【reconnaissance satellite】
高度数百キロの低軌道から各種の偵察を行う衛星で，広義では偵察衛星，電子偵察衛星，早期警戒衛星，核爆発探知衛星を，狭義では偵察衛星を指す。偵察衛星は光学カメラなどを使い，ミサイル基地など軍事基地，軍事演習などのほか穀物の生育状態まで撮影する。米国は年間8個前後，旧ソ連はコスモスシリーズと呼ばれるものを打ち上げていた。電子偵察衛星は相手側の無線電波（通信波からレーダー波まで）をテープに録音，自国上空で地上に送信する。早期警戒衛星はミサイルの赤外線を赤外線センサーでとらえ，発射をいち早くキャッチ，防空に対処するもの。日本が2003年3月に打ち上げた情報収集衛星も，スパイ衛星の一種といえる。→情報収集衛星

スーパーオーディオCD
【super audio compact disc】
直径12センチの光ディスクを使った音楽録音用の新規格。技術的にはCD規格の延長線上にある。ソニーとオランダ・フィリップスが開発し，

1999年5月にソニーがプレーヤーとソフトを発売した。CD規格を上回る高音質が特徴。CD規格がカットしていた20キロヘルツ以上の高音を記録でき、理論上は100キロヘルツまで対応する。高音質オーディオ規格としては同等の高音質を再現するDVD（デジタル多用途ディスク）オーディオを松下電器産業などが推進している。

スーパーK
【super K】
極めて精巧に造られた米ドルの偽札。紙幣番号の頭文字が「K」で始まるためこう呼ばれる。誰がどこで製造したものかの確証はないが、特定の国家の関与を指摘する向きもある。これに対抗して偽札判定機の開発が進んでいる。

スーパーごみ発電
ごみ焼却熱の利用効率を高める目的で、ごみ焼却炉の廃熱ボイラーとガスタービン複合発電を組み合わせた発電システム。発電効率は通常のごみ発電が10～15％程度にとどまるのに対し、30％近くまで上昇する。環境省などの後押しで自治体による採用の動きが活発化している。

スーパー・ゴールド・トランシュ
super gold tranche ⇨ リザーブ・トランシュ

スーパーコンピューター
【supercomputer】
科学技術専用のベクトル処理を高速にこなす電算機のこと。原子力研究、地震分析、気象予報などのほかCAD、シミュレーション（模擬実験）など複雑で膨大な計算をするのに利用される。米クレイ・リサーチ社のほか、わが国でも富士通、NEC、日立製作所が製品化している。クレイ・リサーチ社は1996年6月に米シリコン・グラフィックス社（現SGI）に買収された。97年にはクレイ・リサーチのダンピング提訴が認められ、日本メーカーは米国市場から締め出された。2001年2月にはNECとクレイは和解。01年5月、米国商務省がダンピング課税解除を決め、NECなどは対米輸出を再開した。

スーパー301条
【Super 301 Provisions of the 1988 Omnibus Trade Act】
米包括通商法の条項の1つ。1988年8月、1974年通商法301条（不公正貿易慣行への報復）を強化する形で成立した。主な規定は、①通商代表部（USTR）が輸入障壁を持つ国と慣行を特定し、その障壁の撤廃を求めて交渉する、②相手国が3年以内に撤廃に応じない場合は、関税引き上げなど報復措置を発動する――など。不公正な貿易慣行を持つ国をはっきりさせ、交渉期限も定めて、米通商代表部（USTR）に積極的に交渉させるのが目的。クリントン前政権は保護主義圧力が高まるたびに、94年、97年と同条項を復活。同条項に基づく2001年の年次報告では前年に続き日本の自動車・同部品、板ガラス、公共事業を懸念分野として挙げた。ネギなど農作物に対する日本の暫定セーフガード（緊急輸入制限）についても重大な懸念を表明した。

スーパーセンター
【super center】
ディスカウントストアと食品スーパーを組み合わせた業態。1980年代から米国で普及し、米ウォルマートも87年に実験を始め、90年代後半に米国内で本格展開した。形態は平屋で、店舗面積は1万5,000～2万平方メートル。購買頻度の高い生鮮・加工食品と低価格の雑貨、家電などを組み合わせており、運営効率は高いとさ

れている。日本ではイオンやPLANT, ベイシアなどが積極的に展開し, ウォルマート傘下の西友も04年にスーパーセンター1号店を開いた。

スーパー定期
【super-teiki time deposit】
金融機関が1991年に預入額300万円以上で発売した自由金利の定期預金。93年6月から定期預金金利が完全自由化されたので, 預入額300万円未満もスーパー定期として発売された。都市銀行などは原則として預入額300万円以上と同未満で金利差を設けているが, こうした区切りをなくしている金融機関もある。

スーパーバイザー
【supervisor】
製造業の場合は工場の職長クラスを指すが, 小売業ではチェーン店の店舗運営指導者のことをいう。特にフランチャイズチェーンでは, フランチャイジー(加盟店)への経営マニュアル提供と, それに基づく現場での指導を行うスーパーバイザーは不可欠。商品の陳列方法, 在庫管理, 各種施設の維持状態など100項目以上について点検する。月に数回は店舗を巡回するのが普通だが, 加盟店の業績の事前分析も重要。→フランチャイズチェーン

スーパーメジャー
【super majors】
1990年代後半から2000年代初めにかけて, 国際的に事業を展開する大手石油会社(メジャー)同士が合併を繰り返して生まれた超大規模メジャー。合併は, 世界的な規制緩和の流れで, 業界再編による経営合理化を迫られたため。米国のエクソンモービル, シェブロンテキサコ, 英蘭ロイヤル・ダッチシェル, 米英BPが代表格。石油の開発・生産という上流部門, 精製・販売の下流部門の両方を持つが, 利益の大半は上流部門で得ているケースが多い。一方, 日本の大手石油会社は下流部門に比重を置いている。

すばる
国立天文台がハワイ島マウナケア山頂直下に建設した大型天体望遠鏡。1991年から約400億円を投じ99年に完成した。心臓部の主鏡は直径8.2メートルと1枚鏡の光学望遠鏡としては世界最大。2003年4月, 東京大学の岡村定矩教授らはすばる望遠鏡を使い, 「ビッグバン」によって誕生して間もない宇宙に既に銀河が存在していたことを発見した。日本の天文学者が世界を驚かす観測事業を手掛ける原動力となっている。

スパンデックス
【spandex】
ポリウレタン系弾性繊維。繊維自体がゴムのように伸び縮みし, 伸縮性が必要なスポーツウエアや水着, くつ下などの製造には欠かせない素材となっている。ゴムは経年変化で弾力を失っていくことが多いが, スパンデックスはこうした変化が起こりにくい。水着に使用した場合, プールの水に含まれる塩素に弱いという欠点があったが, 耐熱性, 耐塩素性を高めた新タイプの素材も登場している。

スービック
【Subic】
マニラの北西約80キロに位置するオロンガポ市内の港湾地区。かつて旧米海軍基地があり, 冷戦時代にはベトナム・カムラン湾の旧ソ連軍基地や中国をにらむ最前線の役割を担った。1992年11月, 米国からの基地返還後, フィリピン政府は約1万8,000ヘクタールの跡地を「経済特区」や複合リゾート, オフショア金融センターなどに再生する計画を進めている。

港湾設備や3,000メートル級の滑走路，工場，発電所，オフィスビル，病院，住宅などがそのまま残されたため，経済特区開発は比較的順調。政府は海軍の「スービック自由港」と空軍の「クラーク特別経済区」を結ぶ交通インフラ整備プロジェクトを進行中。船舶，航空機，トラック，鉄道を活用した貨物の一貫輸送体制を構築する計画だ。産官学の連携を強化するため，日本の大学の分校を誘致し，環境・エンジニアリング・海洋分野での研究・開発機能を向上させる構想もある。

スピンオフベンチャー
【spin-off company】
大企業などから分離・独立したベンチャー企業。親元企業の本業と相乗効果が薄い事業や技術を核に設立されることが多い。子会社などとは異なり，経営権は原則としてベンチャー側が握る。日本では親元企業の支援を受けない企業をスピンアウト，技術供与など一部支援を受ける企業をスピンオフと呼ぶことが多い。国内大手には有望な技術や人材が多く埋もれており，これらを有効活用するスピンオフベンチャーの増加が期待されている。

スピントロニクス
【spintronics】
電子の自転（スピン）と電子工学（エレクトロニクス）を組み合わせた造語で，電流や電圧，光などで電子スピンの方向を制御する新しい技術をいう。ハードディスクなど現在の記憶装置もスピンを用いているが，磁気ヘッドを機械的に近づけてスピンの方向を制御している。これに対し，スピントロニクスは回路を使って電子的にスピンを制御するので，デバイスを格段に小型化，高性能化できる。これまでの限界を超える超高密度メモリーや高機能トランジスター，量子コンピューター素子などの実現につながると期待されている。

スプレッド取引
【spread transaction】
先物相場は通常，期近より期先が高いことを利用し，期近を買うと同時に期先を売って期近と期先の値差分だけ利益を確保する取引。一度売買がセットできると，その後の相場変動にかかわらず当初見込んだ利益を確保できる。安全，確実な取引というのが利点。

スプレッドプライシング
【spread pricing】
流通している国債の利回りに対する上乗せ幅（スプレッド）で投資家の需要を測り，発行金利を決める起債方式。市場実勢を反映した発行条件になるため，円滑な発行が可能になる。また，スプレッドを基準に債券を売買する機関投資家にとっては，社債と政府保証債，地方債などを比較して割安，割高の判断が容易になる。

スペシャリティーケミカル
【speciality chemicals】
特殊化学品。汎用化学品に対する総称。特徴として，①ユーザーの最終用途に関する詳細な知識を織り込んだ技術開発が必要，②製品の種類は多いが生産量は少ない，③販売には多くの技術サービスを必要とする――などが挙げられる。合成樹脂などに比べ価格の変動が小さく，企業業績への貢献は大きい。

スペシャル301条
【Special 301 Provisions of the 1988 Omnibus Trade Act】
知的所有権侵害国の特定・制裁をする米包括通商法の条項の1つ。映画などの著作権や，特許，商標など米国企業の知的所有権を十分に保護し

ていない国に対し、保護制度の強化を求めるのが目的。1988年の包括通商法改正で新しく設けた条項で、交渉を必要とする国を「優先交渉国」、要注意国を「優先監視リスト」、また、一般的な注意を必要とする国を「監視リスト」に挙げ、対象国に制度の改善を促す。米通商代表部（USTR）は91年4月、中国、インド、タイの3カ国を同条項施行以来初めて「優先交渉国」に特定した。6カ月間（最大9カ月）交渉し、その間に問題が解決しなければ制裁手続きに入る。

スペースシャトル
【space shuttle】
地上と宇宙の間を行き来できる有人宇宙連絡船。従来のロケットのように使い捨てでなく、何回も再利用可能な宇宙輸送システムなので、経済的に宇宙の開発・利用ができるとされたが、その後経費が膨らみ、現在は「エンデバー」を最後に生産を中止している。米航空宇宙局（NASA）が1972年から9カ年計画で約70億ドル以上の巨費を投じて開発した。利用方法は最大積載能力30トンのオービタにいろいろな実験装置を載せて、無重量状態での材料やライフサイエンス実験などをしたり、人工衛星や惑星探査機を乗せ、そこから打ち上げたりする。利用面では単に実験ばかりでなく、新素材や新薬の製造など産業利用の可能性も大きい。オービタには計7人が乗り込める。2002年5月までに4人の日本人宇宙飛行士が搭乗している。03年2月に「コロンビア号」が大気圏再突入の際に空中分解し、打ち上げ計画が中断、再開のメドは立っていない。

スペースチャーター
【space charter】
海運会社が、他の海運会社が運航する貨物船の船腹の一部を借り、自社が引き受けた貨物を輸送してもらうこと。共同配船、共同運航ともいう。共同配船のメリットは投入船隻数を増やすことなく、配船頻度・寄港地を増やせることにある。

スポット原油
【spot oil】
長期契約によらない当用売買用の原油。原油需給次第ではスポットものに回る原油の量がかなり増減する。産油国が直接ロッテルダム市場などに出す分やメジャー（国際石油資本）、石油精製会社が余剰原油を販売する際などに使われる。→石油スポット市場

スポンジチタン
【titanium sponge】
チタン精錬の方法としては、ルチル鉱（酸化チタン）を四塩化チタンに変え、これをマグネシウム還元するのが一般的だが、この場合に得られる金属チタンは海綿状なので、スポンジと呼ぶ。これに対し、スポンジを真空中で溶解して固めたものはチタンインゴットという。インゴットを板や管に加工したものがチタン展伸材で、軽く強いため航空機関係をはじめ、海水淡水化装置、原子力発電用復水管などの素材として重要性が増している。国際的に金属チタンの流通はスポンジの段階で行われる。日本は旧ソ連邦諸国に次ぎ米国と並ぶスポンジ生産国。

スミソニアン合意
【Smithsonian Agreements】
1971年12月にワシントンのスミソニアン博物館で開かれた10カ国蔵相会議で合意された国際通貨に関する一連の措置のこと。この時合意された国際秩序をブレトン・ウッズ体制にまねてスミソニアン体制と呼ぶこともある。主な内容は、①ドルの切り下げ（金価格の引き上げ）と各国通貨の調

整(ドルに対する切り上げ),②為替変動幅を従来の平価の上下1％から暫定的に2.25％に拡大する――などで,円の16.88％の切り上げもこの中で決まった。しかし,「スミソニアン秩序」の為替レート体系はきわめて不安定かつ暫定的な性格のもので,その後1年余りの間に相次ぐ通貨危機に見舞われた末,73年2月から3月にかけて全主要通貨のフロート移行によって崩壊した。→IMF

スミソニアン体制 Smithsonian system ⇨ スミソニアン合意

スムージングオペレーション
【smoothing operation ; smoothing-out operation】
変動相場制のもとでは為替相場は原則として市場の需給関係にゆだねられるが,そのなかで中央銀行が相場の乱高下を防ぐために市場に介入すること。スムージングインターベンション(介入)ともいう。例えば東京外国為替市場で一時的に大量の円売りが出た場合,そのままでは円相場が急落する恐れがあるので,日銀は円買い介入で下落のペースを和らげる。1995年春の円急騰時に日銀は東京市場で円売り・ドル買いの市場介入を続けたほか,米欧市場でも米欧通貨当局に円売り介入を委託した。

スモールオフィス・ホームオフィス ⇨SOHO

スモールカー
【small-car】
エンジン排気量1000～1500ccクラスの乗用車の総称。成熟時代に突入,需要の伸び悩みが顕著になっている日本の自動車市場で,セカンドカー,女性のパーソナルカーとして需要が拡大した。燃料消費効率が良く,価格が安いのが売り物。トヨタ自動車「ヴィッツ」,日産自動車「マーチ」,ホンダ「フィット」などが代表格。2003年以降は新車効果の一巡などから販売は減少傾向にある。

スライディングパリティ sliding parity ⇨ クローリングペッグ

スラグ
【slag】
鉄鉱原石を溶鉱炉で溶かして鉄を作るときに出てくる原石中の不純物のこと。原石から粗鋼(銑鉄)をつくる高炉から出てくるものを高炉スラグ,粗鋼から鋼鉄をつくる転炉から出てくるものを転炉スラグという。高炉スラグは銑鉄1トン当たり約300キログラム発生し,転炉スラグは鋼鉄1トン当たり約120キログラム発生する。また,ごみ焼却の分野でも廃棄物減容化のため灰などをスラグにする動きが進んでいる。かつては有効な利用法もなく,製鉄所におけるやっかい物として,せいぜい埋め立て用に使われる程度だった。しかし,埋立地の減少とともに,その処理が大きな問題となり,最近はセメント材料,路盤材,砂代替品,肥料などに幅広く使われるようになったほか,人造宝石としても実用化され始めている。

スラッジ
【sludge】
産業廃棄物の一種で,水中の浮遊物が沈澱し,泥状になったものをいう。下水道や産業排水処理の副産物として大量に発生する。これを処理するには,まず水分を落とすことが必要。しかし低コストの脱水技術が確立されておらず,排出者はその処分に頭を悩ませている。→産業廃棄物

スロット
【slot】
空港の発着枠。1回離陸すると1スロット,離着陸すると2スロットを使うことになる。空港の管制能力や離

発着可能な時間帯，滑走路の本数などの制約で各空港の1日当たりのスロットには限度がある。日本の空港では成田，羽田の主要2空港でスロットが満杯状態で，スロットを獲得できないため新規路線の開設が難しくなっている。

スロット配分ルール
【slot allocation rules】
スロットとは空港の発着枠で，各国の政府は内外の航空会社が航空機を空港に発着できる回数，つまり発着枠に制限を設け，一定のルールに基づいて配分している。そのルールのこと。発着枠を航空会社別に配分するルールは国ごとに異なる。日本の場合は成田空港，羽田空港といった代表的な空港の混雑が激しく，発着枠を増やせない状態が続いていたため，米国政府などから航空会社の新規参入を阻んでいると批判を受けてきた。国土交通省は1998年秋に7年ぶりに成田空港の発着枠を見直した。羽田空港については管制の効率アップなどを通じて2000年7月から発着枠を増やした。配分ルールを決めるため運輸省（当時）は有識者懇談会を設けて協議。地方路線の充実度や事故の頻度などを基準に航空会社に点数を付け，評価が高い会社に発着枠を多く配分するルールを確立した。

スワップ協定
【swap arrangement】
中央銀行同士が主に為替相場の安定を図るため，互いに自国通貨を預け合うことができるように取り決めた協定。つまり2カ国の中央銀行が一定額の自国通貨を一定期間，相互に預け合い，預かった外貨で自国通貨を買い支えたりして為替相場の安定に役立てる。約束の期限が来て双方が返済するときは預け合いを実行したときと同じ為替相場を適用することを原則としている。

スワップコスト
【swap cost】
スワップ取引をする場合に，足元の相場の開き（spread）から受ける損失をいい，そのスプレッドを年率に直した金利相当分が該当する。

スワップ取引
【swap transaction】
為替を売買する当事者が，直物為替と先物為替の売買注文を同時に出すこと。貿易業者が為替銀行との間に結んだ為替予約の期限を延ばしたり，銀行が自行の外国為替の持ち高を調整したりするために行う。直物を売って同時に同額の先物を買う，あるいは逆に直物を買って先物を売るなどの場合がある。

スンニ派三角地帯
【Sunni Triangle】
イラク中部でフセイン政権時代に重用されたイスラム教スンニ派の住民が多く住み，反米・反占領軍感情が強い地域。バグダッド，イラク中西部のラマディ，フセイン元大統領の出身地ティクリートに囲まれていることからこの名がついた。その一角のファルージャでは米国民が惨殺されるなど特に強硬派が多く，2004年に入ってからも米軍と地元武装勢力との間で激しい戦闘が続いた。またティクリート付近では03年11月に日本人外交官2人が襲撃され死亡する事件も起きた。

スンニ派・シーア派
【Sunni, Shiite】
イスラム教の2大宗派。スンニ派は慣行を意味するスンナを語源とし，預言者ムハンマドの血を引かない第1代から第3代のカリフ（ムハンマドの後継者）も「正統カリフ」として敬う。シーア派はムハンマドの従弟で第4代カ

リフのアリの子孫のみを正統な後継者と認めており、「アリに従う者」が語源。世界のイスラム教徒の9割近くがスンニ派である。イランの国教にもなっているシーア派はバーレーン、サウジアラビア東部、イラク南部などに分布するが、少数派として差別を受けてきたことから、各国で反体制グループを組織するケースが少なくない。イラクではシーア派が人口の7割程度を占めるが、フセイン大統領の属するスンニ派が支配の中核を占め、政府の要職にはあまり就けない状況だった。今後イラクが民主化し、反米的傾向の強いシーア派が勢力を拡大すれば政情不安にもつながりかねない。

せ

税外収入
【non-tax revenue】
法人税、所得税をはじめとする税収以外の収入をいう。 国の税外収入の内訳は、①印刷局、国立療養所などの官業益金および官業収入、②国有財産などの売り払いによる政府資産整理収入、③日銀の益金など雑収入、④公債及び借入金――となっているが、公債及び借入金は税外収入に入れない。

税外負担
【non-tax payments】
国民所得統計で税金に近い性質を持つとされているもの。 例えば、個人関係では免許および手数料、懲罰および没収金、弁償および違約金、授業料および入学検定料、法人関係では懲罰および没収金、弁償および違約金など。→国民所得勘定

税額控除
【tax credit】
所得税や法人税、消費税の納付額を計算する際に、算出した税額から差し引く(控除する)ことができるもの。 所得から差し引く所得控除とは異なる。具体的な制度としては①法人税の所得税額控除、外国税額控除、所得税の配当控除のように、源泉徴収などの形で前払いした税額や制度上前払いしたとみなす税額を控除する制度、②住宅取得控除、増額試験研究費控除など政策的な特典として設けてある制度、③仕入れ価格に含まれている消費税を控除する制度の3種類がある。→所得控除

成果主義
【performance-based personnel evaluation】
仕事の成果や業績に基づいて社員の給与や役職を決める仕組み。 年齢や勤続年数が算定基準となる「年功主義」に比べ社員のやる気を引き出す効果があるといわれ、産業界全体で導入が広がっている。目標に対する達成度などで評価し、賞与に反映させるのが一般的だが、給与の一部あるいは全部に取り入れたり、退職金や年金に反映させる動きもここへきて増えている。ただ、導入に際しては公正で透明性の高い評価の仕組みが不可欠となる。導入の効果を高めるには、評価者研修や苦情処理制度、社員がやりたい仕事を希望できる社内公募制度といった、社員の士気を高める施策を取り入れる工夫も求められよう。→年功序列型賃金体系

生活改善薬
【life style drug】
生命に別条はないが、日常生活上、気になる体の症状や体調を改める医療品。 経口避妊薬「ピル」や、ファイザー製薬の性的不全治療薬「バイ

アグラ」のほか、発売初年度に約300億円の売り上げを記録した大正製薬の発毛剤「リアップ」が代表的。市場拡大を期待する医療品メーカーは多いが、国内では医療保険の適用対象になっていないという課題もある。バイアグラとピルは入手には処方せんが必要な医療用医薬品だが、原則として診療費、薬剤費は全額患者負担。保険非適用が処方数拡大の足かせになっていると見るメーカーもある。最近では「リアップ」のような一般用医薬品（大衆薬）でも睡眠改善薬「ドリエル」などの新製品が投入されている。

税源移譲
【transfer of taxation resources from the central government to local municipalities】
国と地方の税財政改革（三位一体改革）の柱の1つで、国税の一部を減らして地方税を増やす改革。国税収入と地方税収入は3対2の比率だが、最終的な歳出規模では国と地方が2対3となっており、自治体は国から補助金や地方交付税交付金などをもらって行政サービスの財源を補っている。だが、財源の多くを国に依存すると、自治体の政策に中央省庁の意向が反映しやすくなり、地方の自主性が損なわれる恐れがある。このため国から地方に権限を移すだけでなく、地方の税源を充実させることが地方分権の大きな課題になっている。納税者の負担は変えない。政府は2006年度をめどに、国の所得税から地方住民税に3兆円を移す方針。現在、国は補助金を配って自治体に仕事をさせているが、三位一体改革では自治体の政策の自由度を高めるため、補助金を廃止し、引き続き残る仕事の財源を税源移譲して補う。ただこの手法では、もともと住民税の納税額が多い地域に財源が集まる弊害があり、大都市と地方の自治体で公平に税財源を分け合う仕組みが必要とされる。→三位一体改革

税効果会計
【tax effect accounting】
企業会計と税務会計を切り離して、税金を企業会計上の税引き前利益を基準にして計算し、実際に支払う税法上の税金額との違いを前払税金や未払税金などとして処理するやり方。貸倒引当金などを有税で計上した場合、税法上では損失が確定するまでは損失として認められないために、その期に税金を支払うが、税効果会計を導入した決算では損失が確定した時点でいずれ還付される税金を見込んで、会計上は税金の支払いがなかったことにする。導入しない企業会計では引当金を損失としたうえで、支払った税額も計上するため、税引き利益は大幅に落ち込む。税額の変化で企業の税引き利益が大きく変化することがなくなり、企業の業績を継続的に見るうえで便利になる面もある。1977年から実施された連結財務諸表制度では任意の採用が認められていたが、単独決算では当初予定より1年前倒しで99年3月期決算から導入が認められた。2000年3月期からは連結、単独ともに義務付けられた。

税効果資本
【deferred tax assets】
繰り延べ税金資産とも呼ばれる。税務会計上の仕組みで、あらかじめ払った法人税の中から、将来戻ってくると見込まれる還付分を資産として先取りして資本に計上すること。一般企業にも認められている会計上の措置だが、現在は金融機関の自己資本との関係で問題になることが多い。金融

機関は自己資本比率（国際基準は8％以上）が業務を続ける上で重要な指標となるが，自己資本の多くの部分を税効果資本に頼っている場合，将来確実に計上できるかどうか疑問視されるためだ。竹中平蔵氏が金融担当相に着任した2002年秋から，税効果資本を厳格に見積もるべきだという流れが強まった。約2兆円の公的資金を資本注入したりそなグループ，一時国有化された足利銀行でも多額の税効果資本の計上による実質的な資本不足が問題になった。

生産関数
【production function】
単位期間当たりの生産物数量と生産要素（生産に用いられるすべての要素で，労働，土地，資本の3つに大別される）の数量との間に存在する一定の技術的関係を表す関数。経済理論において技術的与件として仮定される。企業の理論で生産関数があるのは，技術的に代替できるいくつかの生産要素の組み合わせの中で，経済的に最も有利な組み合わせを選ぶにはどうしたらいいかという手掛かりを求めるためである。一国の生産関数の実例として最も有名なものは，コブ，ダグラス両氏が戦前の米国経済について統計的に計測したもので，これをコブ・ダグラス型生産関数という。

生産管理
【production control】
商品の生産工程の設計，工程管理，作業の標準化およびその指揮，監督をひっくるめていう。原価を引き下げるためには，設計仕様や資材調達の仕方などを改善する方策が必要となる。

生産工学 ⇨IE
生産国カルテル
【producers' cartel】
1次産品生産国が価格変動を防ぐために結ぶ輸出カルテル。世界的な広がりを持つものとして，石油のOPEC（石油輸出国機構），銅のCIPEC（銅輸出国政府間協議会），鉄鉱石のAIOEC（鉄鉱石輸出国機構）などがある。OPEC加盟各国が利害の対立から生産割当などで必ずしも足並みがそろっていないのをはじめ，他のカルテルも本来の機能を果たしていない。→OPEC

生産財
【production goods ; producer's goods】
消費財を生産するために使用される財貨。生産者が購入，利用するところから生産者財ともいう。消費財を第1次財ともいい，第1次財を作る生産財を第2次財，第2次財を作るものを第3次財，以下順を追って第何次財という。また第2次財以下のあらゆる生産財を高次財といい，高次財の中間にあるものを中間財，究極の生産財を最高次財ないし究極生産財ともいう。→資本財，消費財

生産者出荷指数
【index of producers' shipments】
月々の物資の出荷量をある一定時期の出荷量を基準として指数にしたもの。出荷指数ともいう。経済産業省が作成，毎月発表する。対象となる品目数は521。景気見通しのための重要な指標の1つ。

生産者製品在庫指数
【index of producers' inventory of finished goods】
生産者の月々の在庫量を，ある一定の時期の在庫量を基準として指数化したもの。経済産業省が毎月発表する。対象となる品目数は375。対象範囲は，公益事業を含む産業総合となっているが，実質的には鉱工業だけ

生産能力指数
【index of production capacity】
ある時期の生産能力を一定の時期の生産能力を基準として指数化したもの。経済産業省が毎月発表する。対象品目は、機械工業が約半分を占め、これに次いで鉄鋼、繊維、化学などが中心である。生産能力の算定基準は、「固定設備が正常な状態で十分実働したときの産出量をもって生産能力を表す」ことになっている。

生産緑地
【productive green area】
生産緑地法（1974年）で定めた市街化区域内農地。91年の改正により、500平方メートル以上のまとまりのある農地で30年間以上営農を継続する意志があれば指定を受けられるようになった。ただし、従来緩かった転用規制は強化され、原則として営農が不可能にならない限り宅地などへの転用はできない。92年度からの市街化区域内農地への宅地並み課税導入とセットになった制度改正で、農地扱いで税優遇を受けながら土地の値上がりを待って宅地として売却するケースなど、いわゆる偽装農地の横行を防ごうというもの。

制震工法
【vibration control system】
地震の揺れをコントロールする施工技術。原理的には建物の固有周期と同じ周期の重りの付いた振り子が、地震の揺れを吸収し、耐震機能を発揮する。重りや水タンクを置いて揺れを自然に吸収するパッシブ（受動）型、重りを機械的に動かすアクティブ（能動）型、両者の長所を生かしたハイブリッド型がある。→免震工法

税制適格年金
【tax-qualified pension plan [program]】
厚生年金基金と並ぶ代表的な企業年金。国税庁が認可し、一定の優遇税制が適用される。約9万社、1,000万人が加入している。企業や従業員から集めた掛け金を将来の年金、退職金給付に備えて、生命保険会社や信託銀行、投資顧問会社などに運用を委託している。→確定給付企業年金法

生鮮食料品の予約取引
卸売市場で青果物を通常の競（せ）り取引によらず、入荷前日までに集めた産地の出荷情報などをもとに値決めする取引手法。1999年の卸売市場法改正により、「競（せ）り原則」が廃止され、予約取引も通常の取引形態の1つとなった。

製造物責任
【product liability ; PL】
製造業者が製造物の欠陥により他人の生命、身体、財産を侵害したときに損害を賠償する責任。1994年に製造物責任（PL）法が成立し、95年に施行された。それまでは民法709条の不法行為責任という規定があったが、消費者は製造業者の過失を詳細に立証しなければならなかった。PL法では製品の欠陥を立証すれば損害賠償を請求できるようになった。製品を引き渡してから10年、被害者が賠償責任のある製造者を知ったときから3年という時効期間がある。

生態学 ⇨ エコロジー

生体適合材
【biocompatible material】
人間の体内に埋め込んでも、拒絶反応が起きない特殊物質。一般に人間の身体は異物が入ると、これを除去しようとする拒絶反応を示す。このため、器官の一部を他の物質に置き換える

のは極めて難しい。生体適合材は身体との親和性を高めたもので、外科医学の進歩に大きく貢献した。生体適合材は大きく無機物質と有機物質に分けられる。無機物質ではセラミックスやガラスが中心。現在のところ、人工骨や人工歯根で実用化の道が広がっている。天然の骨と同じ硬さや弾力を持ち、周りの肉との親和性も高い。有機物質では各種ポリマーの開発が進んでいる。人工血管や心臓弁膜、コンタクトレンズが主な用途。人工材料を使うとどうしても血栓ができてしまうが、最近の生体適合材はこうした点も技術的に克服しつつある。

成長率のゲタ
物価やGDP（国内総生産）などの前年度の平均に対する前年度の年度末の水準の乖離率。例えば、物価の年度平均上昇率を見る場合、前年度の平均より年度末の水準が高ければ、当年度中に全く変化がなくても、当年度の平均は前年度の平均水準より上昇することになる。つまり、年度の初めからゲタをはいた分だけ背が高くなるようなものなので、ゲタと呼ぶ。

成長率の瞬間風速
【instantaneous wind speed】
1期前の四半期に対する今四半期の実質GDP（国内総生産）の伸びを年率に換算したもの。普通、経済成長率は年間のGDPの伸びによって表されるが、これを"平均風速"に見立てた場合、ある四半期だけの成長テンポについて見ると"瞬間"になるという考え方。換算方法は四半期のGDPの季節調整済み前期比伸び率を4乗して求める。→経済成長率

性転換手術
性を変える目的で性器の形成や切除を行う手術。日本精神神経学会が1997年5月、自分の性に強い違和感を持つ性同一性障害の最終的な治療手段として認めた。この指針に従い、埼玉医科大学が98年10月に30歳代の女性を対象に手術を実施した。性同一性障害の患者は男性で2万～3万に1人、女性で10万～15万人に1人といわれており、手術を受ける患者は急速に増えている。

製販同盟
【producer-retailer alliance】
食品など消費財メーカーと小売業者が新製品を共同開発したり、売れ筋や在庫情報を交換し合ったりするなどの業務提携をすること。消費者ニーズを小売りがメーカーに直接伝えることで、販売機会を逃さず、ムダな在庫も圧縮できる。販売数量が減っても、製販とも利益を確保しやすいので、最近、こうした動きが広がっている。

税引き利益
【aftertax profits ; taxed profits】
企業の利益表示の1つで、法人税を差し引いた後の利益。損益計算書に示される最後の利益で、配当金支払いの直接原資に当たるという点で重要な意味を持つ。ROE（株主資本利益率）、PER（株価収益率）などの指標の利益では税引き利益が使われる。
→損益計算書

整備新幹線
【five planned Shinkansen】
北海道（青森―札幌）、東北（盛岡―青森）、北陸（高崎―大阪）、九州（福岡―鹿児島と福岡―長崎の2つ）の5つの新幹線。全国新幹線鉄道整備法に基づき、1973年に整備計画が策定されたが、財源のめどが立たず棚上げされていた。88年8月に東北（盛岡―青森）、北陸（高崎―長野、糸魚川―新黒部、高岡―金沢）、九州（八代―西鹿児島）の3線5区間の着工が決定。高崎―長野間は97年秋、盛

岡―八戸間は2002年末，新八千代―鹿児島中央間は04年3月に完成した。これ以外の未着工区間の取り扱いについては，96年5月に国と地方公共団体の費用負担の割合を規定する国鉄長期債務特別措置法が成立した。98年には東北（八戸―新青森），北陸（長野―上越），九州（船小屋―新八代）の3線3区間を新たに着工。2001年には北陸（上越―糸魚川，新黒部―富山），九州（博多―船小屋）の2線3区間を着工した。

政府開発援助 ⇨ODA
政府管掌健康保険
【government-managed health insurance】
政府が管理・運営する健康保険制度で，政府が保険料を集め，加入者が使った医療費を医療機関に支払う。主に中小企業の従業員を対象としている。2002年3月末の加入者は3,630万人。加入者の医療費自己負担割合は原則3割。保険料率は年収の8.2％。

政府間取引原油 ⇨DD原油
政府系金融機関
【government-affiliated financial institutions】
政府の全額出資による金融機関で，政府の政策に沿った投融資を行う。資金源は政府出資や財政融資資金からの借り入れである。民間金融機関では引き受けにくい金融を手掛け，民間金融機関を量的，質的に補完しているが，一部では民間金融機関との競合も見られる。1995年に閣議決定した「特殊法人の整理・合理化」方針に基づいて，99年4月に国際協力銀行法が成立，10月に日本輸出入銀行と海外経済協力基金を統合し，国際協力銀行が発足した。また日本開発銀行と北海道東北開発公庫が日本政策投資銀行に，国民金融公庫と環境衛生金融公庫が国民生活金融公庫に衣替えした。ただ，民業圧迫批判や経営効率化を求める声も多く，さらなる再編も政府内で検討されている。

政府経済見通し
【government's economic growth forecast (projection)】
政府が次年度の経済運営の手掛かりとするため，予算の編成と並行して作成する経済見通し。内閣府が原案を作成し，財務省，経済産業省と意見調整した上で，閣議で決定する。個人消費，設備投資，財政，輸出など重要項目を積み上げて国民経済全体の成長率を算出する。これと同時に完全失業率，物価，鉱工業生産なども明らかにする。大型の補正予算を編成したり，内外経済情勢に大きな変化が生じた場合などには年度途中に改定されることもある。

政府紙幣
【currency notes issued by the government】
本来，紙幣を発行する役割を持つ中央銀行に代わって政府が発行する紙幣のこと。政府・日銀が政府紙幣と日本銀行券の一対一交換を保証すれば，国民にとって両紙幣は同じ機能を持つことになる。ただ政府紙幣の発行は，中央銀行が国債を無制限に引き受け資金を提供することと経済的には同じ意味合いを持つ。中央銀行がインフレを懸念して資金供給を拒否するような事態は起きないため，国家が一度に巨額な財政支出を必要とする場合に適している。1877年の西南戦争時，明治政府は莫大な戦費を政府紙幣の発行で調達し，激しいインフレを招いた。このため通貨価値の安定を目指し，82年に創設された日銀が独

占的に銀行券を発行することになった。

西部大開発（中国）
【China's Western Development Plan】
中国で経済発展が遅れている西部地域の開発計画。西部地域とは陝西省，甘粛省，青海省，新疆ウイグル自治区，寧夏回族自治区，四川省，雲南省，チベット自治区，重慶市，貴州省，それに広西壮族自治区，内蒙古自治区を加えた12省・市・自治区で，中国の国土面積の7割を占める。しかし鉄道や道路，電気，水道といったインフラ整備が遅れ，上海市など東部沿岸地域と比べてGDPは10分の1程度。貧困地域も少なくない。中国は2001〜05年の経済発展の方針を定めた第10次5カ年計画に西部大開発計画を盛り込んだ。インフラを整備して経済区を設けるなど都市を拠点に発展させ，天然ガスといった西部の豊富な資源を東部に輸送する構想だ。開発には外資を活用する考えで，土地使用や税収などで優遇政策を設けたほか投資環境も整備していくとしている。

政府短期証券
【financing bill ; FB】
一時的に政府の支払金が不足する場合，つなぎ資金を調達するために発行され，年度内または発行後1年以内に償還される割引方式の証券。従来は日銀がほぼ全額を引き受けていたが，1999年度から公募入札方式に変更，日銀以外の金融機関も買えるようになった。満期までの期間も2カ月から3カ月に延ばした。市場実勢に沿った金利で発行することで短期金融市場の中核商品に育て，海外からの資金を受け皿とし，円の国際化につなげようというねらい。また，民間の金融機関がFBを保有するようになったことから，日銀はFBを対象とした金融調節も実施するようになった。ただし，短期国債（TB）とオペ上の扱いは一本化されており，FBのオペもTBのオペもともに短期国債オペとされている。

生物化学的酸素要求量 ⇨BOD
生物多様性条約
【Convention on Biological Diversity】
地球上の多種多様な動植物種を保護する条約。個々の生物ではなく，生態系そのものを保全する。地球上には，確認されているだけでも，140万種の動植物がいるが，年間4万種が絶滅している。1993年12月末に発効，94年11月末に第1回締約国会合をナイロビで開いた。生態系保全のための技術移転の進め方や資金調達問題などについて議論する。日本はこの条約に基づいて生物多様性国家戦略を95年10月に策定，2002年春には新生物多様性国家戦略を作った。

生物農薬
【biological pesticide】
殺虫性を持つ線虫やウイルスなどの微生物，あるいは害虫自身が生産しているフェロモンやホルモンなどの働きを利用する農薬の総称。害虫をエサとする天敵昆虫も含まれる。環境汚染や薬害などの農薬に対するマイナスイメージを払拭するものとして，期待が集まっている。BT（バチルスチューリンゲンシス菌）と呼ばれる細菌が体内で産出する結晶たんぱくを殺虫成分とする「BT剤」などが代表例。→昆虫農薬

政府認証基盤
【government public key infrastructure ; GPKI】
政府が管理・運営する公開かぎ暗号方式によるデジタル署名を使った認証

システム。政府が進める電子政府構想「e-Japan戦略」計画の中核で、行政機関と企業や個人などが書面をやり取りする際の本人確認や改ざんを防ぐ。各省庁の認証サーバー（CA）を相互接続して運用する。→公開かぎ基盤

政府保有株
【government-owned stock holdings】
日本電信電話（NTT）やJR各社，日本たばこ産業（JT）など民営化企業の発行済み株式のうち，政府が保有する株式。NTTやJR東日本，JTの上場に際しては，政府保有株を売り出しによって放出した。政府は財政の穴埋めとして政府保有株の売却を計画しているが，政府保有株の放出は株式市場にとっては潜在的な需給の圧迫要因になっている。このため，1996年5月に行われたJTの第2次放出や，同年秋のJR西日本の上場に際しては，売り出し価格の決定にブックビルディング方式を導入するなど，需給関係を崩さない配慮がされた。→ブックビルディング方式

生分解性プラスチック
ある一定の条件下で自然に分解するプラスチックで，一般には地中に埋めると水と二酸化炭素などに分解される。大別すると，でんぷんにアルコールなどを加えてつくる「でんぷん系」，微生物が体内に取り込んだたんぱく質を取り出してつくる「微生物生産系」，化学合成によってつくる「化学合成系」の3種類がある。欧米の化学会社が商業生産を始めたが，国内でも昭和高分子などが自社開発している。プラスチック容器の処理問題が深刻化する中で注目されている。

生保の株式会社化
相互会社の生保が株式会社に転換すること。増資などにより自己資本を機動的に調達でき，合併・買収などの再編も進めやすくなる利点がある。日本の生保は大半が相互会社で，株主ではなく契約者の代表が総代として取締役の選任など重要事項を決定している。国内生保では2002年4月に大同生命保険が初めて株式会社化して上場し，翌年には太陽生命保険も続いた。株式会社化に際して保険会社は契約状況に応じて契約者に株式を割り当てる。

生保の実質純資産
生命保険会社が全契約者に保険金をすべて支払った後にどれだけ資産が残るかを示す指標で，相互会社の自己資本に相当する基金に有価証券の含み損益を加えた「広義の自己資本」。時価評価した有価証券や不動産などの資産から一部準備金を控除して算出する。有価証券などの含み損益を勘案するため，貸借対照表上では資産超過でも実質純資産がマイナスになれば，金融庁は「実質債務超過」として業務停止命令を出すことができる。

生保の予定利率引き下げ
【cut yields guaranteed by life insurance companies】
生命保険会社が契約者に約束した運用利回り（予定利率）を契約の途中段階で引き下げること。1980年代から90年代前半までの高金利時代に販売した生保商品の予定利率は年5～6％の高水準であり，生保各社はその後の低金利の影響で運用実績が予定利率に届かない「逆ざや」状態に陥っている。このため金融庁が予定利率の引き下げを可能にする保険業法の改正案を2003年の通常国会に提出，同年7月に成立した。生保が予定利率引き下げを実施すると，契約者が受け取る保険金が減額される。利率

引き下げの上限は3％で、これを超える予定利率の契約が対象になる。実施できるのは将来、経営の継続が困難になる可能性がある生保に限られ、金融庁の承認と契約者の代表である総代の4分の3以上の賛成（株式会社の場合は株主の3分の2以上の賛成）を得る必要がある。

生命保険契約者保護機構
【Life Insurance Policyholders Protection Corporation of Japan】
生命保険会社が破たんした場合、保険契約の移転や補償対象の保険金の支払いのために必要な資金を援助する組織。1998年12月に設立された。保険金の支払いに備えて積み立てる準備金の9割まで保護する。民間拠出金1,000億円、公的資金枠4,000億円の計5,000億円の安全ネットとして2005年度末まで存続する。金融庁はそれ以降の公的資金枠の継続に慎重で、保護水準の引き下げを含む制度改定を検討している。

整理回収機構
【The Resolution and Collection Corp.】
破たんした金融機関から譲り受けた不良資産を管理・回収・処分する組織。不良債権問題の解決を促進するため、預金保険機構の全額出資子会社として1999年4月に住宅金融債権管理機構と整理回収銀行が合併して発足した。同年6月にはサービサー（債権管理回収業者）の営業免許を取得、健全銀行や政府系金融機関の不良債権の買い取りも始めている。→不良債権

整理信託公社
【Resolution Trust Corporation】
米国で破たんした貯蓄金融機関(S&L)を処理するために1989年に設立された整理機関。日本の整理回収銀行のモデルとなった。業務終了の95年末までに747社を整理し、接収資産4,650億ドルの大半を売却した。抵当権の行使などで得た住宅は市場価格より安く売り、住宅政策にも一役かった。

整理ポスト
会社更生法の適用を申請した会社など、上場廃止が確実になった会社の株を売買するポスト。すぐ上場廃止すると株主の持ち株の処理などで不便になるため、一定期間このポストへ移して投資家の便宜を図るもの。従来、特設ポストでこうした売買が行われてきたが、1973年6月から監理ポストと整理ポストに分離された。整理ポスト入りした銘柄は原則として3カ月後に上場廃止となる。

政令指定都市
地方自治法に基づく政令で指定された人口50万人以上の都市。大阪、名古屋、京都、横浜、神戸、北九州、川崎、札幌、福岡、広島、仙台、千葉の12市に、2003年4月1日、浦和・大宮・与野3市の合併市であるさいたま市が加わった。指定都市になると市の中に行政区間がしかれ、県の収入であった地方譲与税などが市の収入となり、厚生、衛生、建設などの権限も県から市へ委譲される。

ゼオライト
【zeolite】
アルミナケイ酸ソーダのことで、イオン交換作用に優れ、硬水を洗剤が溶けやすい軟水に変えるなどの作用がある。トリポリリン酸ソーダなどのリン酸塩に代わる合成洗剤ビルダー（補助剤）として使われ、水質汚濁の心配が少ない無リン洗剤の主流となっている。最近は、吸着性を利用して、工業用ガス浄化や汚水処理用にも使われ始めている。

コラム

市町村合併と道州制
mergers of municipalities and their reorganization into larger administrative blocs

　総務省によると，市町村数は2003年1月の3,217から04年4月には3,100に減少。04年度は39件（4月中旬時点での予定を含む）の合併が実現する。合併の具体策を協議する法定協議会は534あり，1,891の市町村が参加。合併後の庁舎の位置や自治体名，財政状況を巡って破談となるケースもあるが，このままいけば2,000台を切る可能性もある。

　合併が急速に進んだ背景には，財政上の優遇措置を盛り込んだ市町村合併特例法が05年3月で期限切れを迎えるため，「駆け込み派」が増えたことがある。政府はこの合併ムードを維持するため，同法の失効をにらんだ合併関連3法を04年5月に成立させた。財政優遇は薄くしたが，旧市町村に法人格を認める「合併特例区」や都道府県知事の合併あっせんといった制度を設けた。合併は本来，地方分権の推進による国からの権限移譲に備え，受け皿としての体力を強化するのがねらいだ。だが，財政難で単独の生き残りを断念する町村が続出。結果的に地方財政の効率化が優先されている。こうした成り行き任せの合併では，地方自治の放棄となるうえ，住民への行政サービスにしわ寄せが出るとの懸念する声もある。

　さらに，都道府県の再編も視野に入ってきた。市町村の力が強くなれば，国の行政と二重になる都道府県は不要とみなされる。有力なのは「道州制」の実現。連邦制では司法権と立法権を自治体に与える憲法改正が必要となり，府県合併では国からの権限移譲が進まないので，全国を複数のブロックに分けて国の権限を移譲する道州制を導入する案が浮上している。地方制度調査会が03年11月にまとめた「基本的考え方」によると，区域は都道府県を越える広域自治体を想定している。国の出先機関である地方支分部局が担う仕事を請け負わせ，ブロック全体にかかわる産業振興や雇用，防災，国土保全などを主な役割に挙げた。

2003年度以降に誕生した主な自治体

合併日	旧自治体名と自治体数	新しい自治体名
03年4月1日	山梨県八田村など6町村	南アルプス市
03年4月1日	熊本県上村など5町村	あさぎり町
03年4月21日	山口県徳山市など4市町	周南市
03年9月1日	長野県更埴市など3市町	千曲市
03年12月1日	三重県北勢町など4町	いなべ市
04年2月1日	岐阜県古川町など4町村	飛騨市
04年3月1日	新潟県両津市など10市町村	佐渡市
04年3月1日	長崎県厳原町など6町	対馬市
04年4月1日	京都府峰山町など6町	京丹後市
04年4月1日	愛媛県川之江市など4市町村	四国中央市

世界銀行
【World Bank】
正式には国際復興開発銀行（International Bank for Reconstruction and Development；IBRD）という。1944年のブレトン・ウッズ協定に基づいて設立され，46年6月に業務開始した国際金融機関の中心的存在。当初は各国の戦災からの復興と開発の促進が目的だったが，現在では途上国向けの融資が中心で商業ベースで長期のハードローン（条件の比較的厳しい融資）を行う。世銀融資の対象にならないプロジェクトにソフトローン（条件のゆるやかな融資）を行う第2世銀（IDA＝国際開発協会），途上国の民間企業に融資するIFC（国際金融公社），国際投資紛争調停機関（ICISI），多国間投資保証機関（MIGA）と合わせて「世銀グループ」と呼ぶ。世銀は各国の出資によって運営されているが資金不足が悩みで，組織の改革と効率化が課題となっている。近年はサハラ以南のアフリカの貧困，環境問題などに加え，アジア通貨危機対策や東欧向けの融資にも力を入れてきた。本部はワシントン。
→IDA，IFC

世界経済白書
【Japanese Perspective on the World Economy】
海外経済の動向を総括し，分析するとともに問題点を提起するため，内閣府が毎年発表しているもの。諸外国の主要な経済問題についても調査，分析している。

世界食糧計画
【World Food Program；WFP】
1961年に国連食糧農業機関（FAO）11回総会の決議を受け策定された世界的規模での食糧難救済対策。130カ国以上が参加して，①途上国が新たに経済社会開発プロジェクトを策定した場合，②地震，豪雨など天災や政治動乱により大規模な食糧不足が発生した場合——を対象としてコメ，麦など穀物から魚の缶詰までさまざまな食糧，食料品を供給する。援助の原資は現金1，現物2の割合でFAO加盟各国から調達する。内戦による飢餓が深刻化していたソマリアなどアフリカ諸国が救援活動の中心となっているほか，95年からは食糧危機が深刻な朝鮮民主主義人民共和国（北朝鮮）に対してコメを援助している。

世界貿易機関 ⇨WTO
世界貿易機関（WTO）農業交渉
【WTO agricultural negotiations】
世界貿易機関（WTO）加盟国が農産物の貿易自由化について話し合う交渉。新多角的通商交渉（新ラウンド）の開始に先駆けて2000年に始まった。関税の引き下げ幅といった各国・地域共通の基準を03年3月までにまとめ，05年1月までの最終合意を目指している。日本と欧州連合（EU）は農業が環境保護や国土保全などさまざまな機能を持つことを主張し，急速な自由化を求める米国やオーストラリアに対抗する構えだ。

石特会計
正式には，「石炭並びに石油及びエネルギー需給構造高度化対策特別会計」という。石炭，石油と，石油代替エネルギー対策について，政府の経理を明確にするため，一般会計と切り離して特別会計の制度をとっている。その勘定は2つに分かれ，石炭対策は原重油関税収入を，また石油とエネルギー需給構造高度化対策は原重油関税収入と一般会計から繰り入れる石油税をそれぞれ財源としている。この財源により，石炭については，①合理化安定対策，②鉱害対策，③

産炭地域振興対策——などが主に進められている。また、石油についてはその開発、備蓄、技術開発に、エネルギー需給構造高度化は省エネルギー対策、海外炭開発、ソーラーシステム普及促進、ローカルエネルギー開発の石炭液化技術の開発などに主な支出を振り向けている。1993年春の法律改正で、正式名称を「石炭並びに石油及び石油代替エネルギー対策特別会計」から今の名称に変更した。

セキュア・ソケット・レイヤー
⇨SSL

石油規制の緩和
石油産業基本問題検討委員会が1987年6月に出した報告に基づいて通産省(現経済産業省)が決めた石油産業の生産・規制に関する規制の段階的廃止プログラム。①87年度の精製設備許可制の運用を弾力化、②88年度末のガソリン「PQ(生産指導)を廃止、③89年度末に給油所の建設・転籍規制の撤廃、④91年度末の原油処理量指導撤廃——で5年間のプログラムを完了した。63年施行の石油業法の下で規制による秩序維持を柱としてきた石油行政を180度転換する措置といえる。これに続く規制緩和として、石油製品の輸入を石油会社に限定している特定石油製品輸入暫定措置法(特石法)が96年3月末で撤廃された。

石油公団廃止
経済産業省所管の特殊法人である石油公団は、2003年度中に業務を資産処分や管理に絞り、04年度末をメドに廃止される。多くの石油開発事業に失敗、巨額の累積債務を抱え込んだ同公団は、小泉政権が01年に着手した特殊法人改革の第一弾となった。石油開発のための出資や債務保証など一部の業務は、新たに作る独立行政法人が引き継ぐ。石油公団廃止関連法は02年7月に成立した。経済産業省が当初提出した法案には公団の即時廃止を求める堀内光雄自民党総務会長らが反対。公団資産を引き継ぐ特殊会社の設置法案提出を見送るなど修正を経て成立した。

石油コンビナートの統合
【Refinery integration】
石油製品を作る製油所とエチレンなどの化学品を作る化学工場を一体的に運営し、これまで廃棄していた副産物を相互融通したり、電力や熱などを共同利用したりすること。コンビナート全体として運営コストを下げ、海外企業などとの競争に備えるのがねらい。石油元売りや化学会社でつくる石油コンビナート高度統合運営技術研究組合(RING)などが中心になって研究を進めている。出光興産と三井化学が隣接する工場間でできる効率化を進める契約を結んだほか、ジャパンエナジーは水島コンビナート(岡山県倉敷市)で旭化成と山陽石油化学(大阪市)向けに自家発電燃料の液化石油ガスを、鹿島石油(東京・港)は鹿島東部コンビナート(茨城県神栖町)で三菱化学向けに重金属を含む特殊なガスを、それぞれ化学品の材料として融通することを検討している。コスモ石油と丸善石油化学は国の補助も含めて総額で約30億円を投資し、同成分を燃えやすいガソリンに変える装置を建設、これまで廃棄していた化学成分をガソリン原料に転用する。

石油先物取引
【oil futures trading】
原油やガソリンなど石油製品は他の市況商品と同様に現物、先物の双方で市場が形成されている。石油相場は現実の需給関係だけでなく、政変、戦争、産油国の価格政策、油田労働

者のストなどさまざまな要因で動くため，他の商品に比べ先物市場の重要性が高い。その半面，本来のリスク回避機能よりも，商品ファンド資金などによる投機の舞台にもなりやすい。製品の末端市況の形成などに活用されれば，価格決定の透明度が増し，消費者，石油会社双方に利点があるとの評価もある。世界にはニューヨークのマーカンタイル取引所（NYMEX），ロンドンの国際石油取引所（IPE）などの石油先物市場があり，日本でも東京工業品取引所などが1999年7月にガソリンと灯油先物を上場させた。

石油スポット市場
【spot oil market】
長期契約に基づかない原油，石油製品をいわゆる当用買いで取引する市場で，欧州最大の港，オランダのロッテルダムが最大の市場である。シンガポール，東京，カリブ海沿岸諸国もスポット市場としての役割を果たしている。石油会社は一時的に特定油種が不足することがあるため，長期契約以外に原油を調達する必要性が生じる。そこで，原油だけでなく製品についても余分の手持ちがある会社，あるいは追加調達したい会社が集まって，互いに融通し合う市場が自然発生的にできた。取引所そのものが存在するわけではなく，取引は電話1本で成立，市場には産油国，石油会社，商社のほか大小のブローカーが参加する。1980年ごろからメジャーの原油流通における支配力が弱まるにつれ，スポット市場の比重も高まってきた。今では，石油価格の指標的な役割を果たしている。

石油税
【petroleum tax】
原油，ナフサなど石油製品全般に課税する税金。課税対象は原油，揮発油，灯油，軽重油など広範囲にわたり，納税義務者は国産原油では採取者，輸入原油・輸入石油製品については輸入業者になっている。この税収は一般会計の歳入となるが，これに見合う額を石炭・石油特別会計に繰り入れ，エネルギー対策に使うことになっており，実質的には目的税の性格をもつ。

石油製品価格月決め制
【monthly pricing of petroleum products】
原油価格と為替レートの変動に応じて石油製品の卸値を毎月改定する制度。1990年の湾岸危機を契機に石油製品の価格体系を透明にするねらいで導入された。ガソリン，灯油，軽油，A重油などが対象。多くの元売りが今も採用しているが，近年の安売り競争に対応し，週決め制に移行するところもある。

石油製品先物
【oil [petroleum] products futures】
東京工業品取引所で1999年7月から始まったガソリン，灯油の先物取引。石油製品の先物取引は国内初で，石油会社などのヘッジ（保険つなぎ）ニーズにこたえる市場として期待されている。海外ではニューヨーク，ロンドンでガソリンなど石油製品の先物取引が行われている。同取引所はアジア地域の指標としての役割も期待されている。2003年9月には軽油を上場した。

石油製品のバーター
【barter trade of petroleum products】
石油元売り同士が，ガソリンスタンドや取引先への配送コストが安い相手の製油所や油槽所を利用して石油製品を供給し合う物流提携の1つ。石油製品は企業間の品質差がほとんどない

ため，石油産業自由化に伴うコスト削減策として広がっている。

石油TES

TESは，トータル・エネルギー・システムの略。石油を燃焼させることで生じるエネルギーを総合的に有効利用するシステム。石油ボイラーと蒸気タービンを組み合わせ，熱と電気を併給するシステムはこれまでも産業分野などで使用されていたが，近年は需要地立地型の，建物ごとに設置するケースが増えている。ディーゼルエンジン，ガスタービンエンジンなどで発生させた動力を発電や圧縮式ヒートポンプの駆動に使用するとともに，排熱を冷暖房や給湯に利用する。石油TESという場合，このエンジン使用のものを指す。燃料にはA重油，灯油，軽油を使用する。石油需要が伸び悩む中で石油各社は需要拡大策として，システムの性能向上，拡販に取り組んでいる。→コージェネレーション

石油デリバティブ

【oil derivatives】

原油や石油製品の価格上昇や下落などによるコスト変動を回避する，市場外で行われる店頭取引。激しく変動する価格を固定化する取引が代表的。例えば灯油を原油コストから計算して1キロリットル2万円で売りたい石油会社は，金融機関や商社などと2万円で契約を結ぶ。その後契約期間中に灯油の価格が1万5,000円まで下がっても，金融機関などから差額の5,000円が支払われて2万円の収入は確保される。逆に灯油が2万5,000円まで値上がりすると金融機関などへ5,000円の支払いが発生するが，2万円の収入は確保される。銀行，外資系証券会社など金融機関や大手商社が引き受け手となり，石油業界，航空会社，海運業界などが積極的に利用している。

石油の業者間転売品

【petroleum products traded between wholesalers】

石油元売り系列外で取引される石油製品で，製品総販売量の数％を占めるといわれる。業転品と略す。石油製品は通常，元売り→ガソリンスタンドを運営する特約店と流通するが，元売りの製販ギャップなどが生じる場合に系列外へ流れる。系列製品より安く取引されるため，スタンド安売り競争の一因となっている。また不透明な取引が珍しくなく，旧三菱石油から大阪の石油卸業「泉井石油商会」に巨額な資金が流出した「泉井事件」でも業転が利用された。石油審議会は1997年，流通分野の取引先選択の拡大をねらい，業転品を通常取引の一環と位置付ける答申を出した。

石油備蓄計画

緊急時に備えて一定量の石油を備蓄する計画。日本は原油供給の99.7％を海外からの輸入に依存しているため戦争のぼっ発などの外的条件の変化で輸入がストップし，経済混乱に陥ることを避けるために一定量の備蓄が必要とされる。石油備蓄法を制定して民間石油会社に備蓄の義務付けを行うとともに，半官半民の共同備蓄会社を設立して備蓄基地を建設，また民間会社の原油購入や施設建設に対する長期低利の融資を行うなど助成策を講じている。

石油輸出国機構 ⇨OPEC
セキュリタイゼーション ⇨ 証券化
セキュリティー

【security】

インターネットなどのネットワーク上でデータや情報をやり取りする際，情報が外部に漏れたり，改ざんされてしまうのを防ぐための方法や安全性の度

合いのこと。ネット上の取引の拡大を背景に重要性が高まっており、暗号を使ったデータの秘密化や受発信者の本人確認などの仕組みが考案されている。コンピューターウイルス対策、ネットワークへの不正侵入検知 (IDS) など適用分野は幅広い。

セクシュアルハラスメント
【sexual harassment】
職場で女性に対して性的な問題で経済的・心理的に不利益、不快感を与えること。「セクハラ」「性的嫌がらせ」ともいう。米国では雇用差別を禁じた1964年成立の公民権法第7編に基づき、女性ならではの被害を受けることは雇用差別になる、との理由から損害賠償を求める訴訟が頻発している。日本でも96年の福岡セクハラ訴訟をはじめとし、訴訟が増えている。

セグメント情報
【financial information by segment】
部門別、地域別の売り上げや損益を示す会計情報。企業会計審議会はディスクロージャー強化策の1つとして1988年5月に『セグメント情報の開示に関する意見書』をまとめた。これを受けて有価証券報告書提出企業は91年3月期から連結決算で、①事業部門ごとの売上高と営業利益、②国内、海外別の売上高——を公表することが義務付けられたが、事業部門の区分けは企業の判断に任される。国内、海外別の営業利益は、大蔵省令に基づき95年3月期決算から初めて開示が義務付けられた。

世代会計
【generational accounting】
税金などの政府への負担と年金などの政府からの受益を、世代別に生涯にわたって現在価値化して計算したもの。各世代の個人にとっての財政負担の大きさを示す直接的な指標であるとともに、世代間再分配の指標にもなる。財政赤字が短期的、マクロ的な指標であるのに対し、世代会計は長期的、ミクロ的な指標ともいえる。世代会計の考え方は、家計は生涯にわたる所得の制約のもとに消費・貯蓄を計画するというライフサイクル理論に立脚している。

瀬戸際外交
【brinkmanship diplomacy】
全面的な対決も辞さない強気の姿勢で危機を演出し、自らの要求を相手に受け入れさせようとする外交政策。立場の弱い国が強国と敵対した際に起死回生の策として展開する例が多い。代表格は北朝鮮で、1993～94年の核危機で当時のクリントン米政権に次々と圧力をかけた末に、北朝鮮への重油提供を盛り込んだ「米朝枠組み合意」にこぎつけた。だが、2002年秋以降の核問題では強硬なブッシュ米政権に瀬戸際外交が通用せず、逆に国際社会での孤立を招くことになった。→米朝枠組み合意

セーフガード
【safeguard】
　特定品目の輸入が激増して、国内の競合業界に重大な損害を与え、または与える恐れがあると思われるときに、発動できる緊急輸入制限。世界貿易機関 (WTO) は原則として加盟国が貿易上の制限を実施することを禁止しているが、セーフガードはその特例として認められている。2001年には日本がネギなど農産物3品目に対する暫定セーフガードを実施すると、中国が日本製の自動車など3品目への報復関税を実施。03年には米国が中国の繊維3品目に特別セーフガード発動を決定するなど、各国の保護主義化が懸念される傾向が出ている。

セル

【CELL】
東芝、ソニー、米IBMが共同で開発している高性能の超小型演算処理装置（MPU）のこと。膨大な映像・音声データを高速で処理する機能を備え、デジタル家電、パソコン、携帯電話機、ゲーム機などが相互につながるブロードバンド（高速大容量）環境での利用が見込まれている。2005年に量産を始める計画で、ソニーはゲーム機や高精細テレビなどに搭載する見通しだ。

セル生産方式
【cell production system】
製品組み立ての大半を1人から数人の従業員が手掛ける生産方式。同一規格の製品が大量に売れた時代はベルトコンベヤーによる分業体制が主流だった。しかし、多様化する消費者の好みに合わせ、多品種少量生産が中心になると生産性が低下する。セル生産方式ではラインを新設せずに設備の手直しで対応できる。携帯電話やAV機器など組み立て作業が大きな比重を占める製品に適する。1992年にソニーが愛知県のビデオカメラ工場で採用した後、急速に普及した。

セルフガソリンスタンド
【self-service gas station】
客自身がガソリンなどを給油するガソリンスタンド。欧米では普及しているが、日本は消防法の規制で禁止されていた。石油産業の規制緩和の一環で、1998年4月に解禁された。セルフ化でスタンドの省力化が進むと期待されている。エクソンモービルやコスモ石油などが積極出店しており、2003年12月末で、3,306店に達した。

セルフ販売
【self-service selling】
化粧品・トイレタリー製品などを店頭の棚に並べ、消費者が自由に手に取って選ぶ販売手法。店員が接客、説明する対面販売に対する用語。資生堂など大手化粧品メーカーはこれまで対面販売を中心にしてきたが、消費者の商品知識が豊富になり、低価格志向も強まったため、セルフ専用ブランドの開発を積極化、セルフ対応の子会社などを通じ販売を強化している。

セルフメディケーション
【self medication】
医師の処方箋なしで買える一般用医薬品（大衆薬）などを活用し、一般の人が医師に頼り切らずに情報を収集して自らの健康に気を配ることを促す考え方。市販の風邪薬などの需要拡大につながるため、大衆薬メーカーやドラッグストアなどが普及活動に力を入れている。高騰が続く薬剤費の抑制にも効果が期待されているが、医師や薬剤師の間では薬の副作用問題などを懸念し、慎重に取り組むべきだという意見もある。

セルフレジ
【self checkout lane】
スーパーなどで、顧客が自分で商品バーコードをスキャンして精算するレジ。小売業者にとってはレジ係など人件費削減につながり、消費者にとっては精算過程を自分で正確に管理できるため満足度が高いとされる。米ウォルマートやKマートなど外資流通企業が導入を進めている。

セレクトショップ
【select shop】
趣味性の高い品ぞろえを売り物に、複数のブランドを仕入れて販売する衣料品専門店。米国の「マックスフィールド」や英国の「ブラウンズ」などが先駆け。日本では1952年創業の三浦商店（現シップス、東京・文京）、

76年創業のビームス（東京・新宿）が草分け。特定のブランドの好不調に影響されることなく、流行に合わせて独自ブランドと国内外のブランドを機動的に組み合わせて販売するのが特徴で、90年代以降急速に成長した。いずれも、独自ブランド商品の比率が高まっている。99年には、ワールド系のユナイテッドアローズ（東京・渋谷）が初の公開企業となった。

ゼロエミッション
【zero emission】
廃棄物をゼロにする活動。資源循環型社会の実現のために、自治体や企業で目標として掲げる動きが広まっている。ビール醸造で出る搾りかすをキノコの栽培に利用するなど、さまざまなリサイクルシステムが考案されている。

ゼロ金利政策
【zero-interest policy】
日本銀行が1999年2月12日の政策委員会・金融政策決定会合で決めた金融緩和策。日銀が毎日、短期金融市場の資金需給を調節する際に必要以上の資金を供給して、金融政策の操作目標としている無担保コール翌日物金利（オーバーナイト金利）をできる限り低めに誘導し、市場金利全体が低下するよう促す。市場の加重平均で見た翌日物金利は短期資金取引の仲介業者の手数料を差し引くと「実質ゼロ％」となる0.02％まで低下した。日銀はデフレ回避に向けた窮余の策として導入した。その後、日銀は2000年8月にゼロ金利を解除し短期金利の誘導目標を0.25％に引き上げたが、景気悪化に配慮し、01年2月に0.15％とし、さらに同3月には量的緩和を実施し、実質ゼロ金利に戻している。

ゼロクーポン債
【zero-coupon bond】
表面利率（クーポン）がない（ゼロ）代わりに、額面を下回る価格で販売される中長期の債券。つまり中長期の割引債。1981年4月に米国の大手小売業者J・C・ペニーが発行したのを皮切りに、米国やユーロ市場での起債が相次いだ。長い期間にわたって利払いをせずに資金調達できるのが特徴で、米国の高金利時代の落とし子といえる。日本では、92年1月にセガ・エンタープライゼスがゼロクーポンの転換社債を発行した。なお、クーポンは付いているが、その水準が市中金利に比べて極めて低く価格が額面を大幅に下回っている債券を、ディープディスカウント債と呼ぶ。

戦域ミサイル防衛 ⇨TMD

船級
【[ship's] classification】
船が外洋の航海に適するという保証。船の良否はその構造が堅固で、材料にいいものが使ってあり、安心して航海できるかどうかにかかっている。船の質を鑑定するのが船級協会で、この協会で決めた船の格付けが船級である。世界的に有名な船級協会の船級には英国のロイド（LR）、米国のアメリカン・ビューロー（AB）、フランスのビューロー・ベリタス（BV）、ノルウェーのノルスケ・ベリタス（NV）などがあり、日本にも日本海事協会（NK）船級がある。

先行指標
【leading indicator】
景気の動向を示す各種の経済指標のうち、景気の動きに先がけて動くものを指し、マネーサプライや商品市況などが含まれる。これに対し、景気の動きと一緒に動くものを一致指標、景気の動きに後からついていくものを遅行指標という。→景気循環

全国液卵公社
【Japanese Liquid Egg Corp.】
鶏卵の価格安定と国内の液卵生産流通体制を整備するため,1971年6月,畜産振興事業団(当時)や道府県,農業団体が出資して設立された公社。鶏卵の価格水準が異常に低落したり,その恐れがあったりするとき,公社で指定する価格形成機関(荷受会社)から鶏卵を買い入れて,供給量を調節し価格を支えようとするもの。価格形成機関は鶏卵価格安定基金(全国鶏卵価格安定基金と全日本卵価安定基金)に加入している生産者が出荷している荷受会社に限定している。

全国農業協同組合連合会 ⇨ 全農

潜在株調整後1株利益
【full diluted earnings per share】
新株予約権付き社債の株式オプションは,それぞれ株式への転換価格や新株引受権の行使価格が決まっている。この価格に基づいて未転換の分がすべて転換,行使された際に新たに発行することになる株式を潜在株という。潜在株は株式の需給や1株利益に影響を与えることがあるため,1996年3月期決算から,上場,店頭上場企業が開示を始めた。

潜在失業者
【the latent unemployed】
狭い意味では求職活動をしていない失業者のこと。働く意欲があるものの,不況などにより再就職できる可能性がないと判断して求職活動をやめた主婦などを指す。また広い意味で,本来望む職業ではないが生計費を得るために低賃金,単純労働の職でも仕方なく就いているという不完全就業者を潜在失業者に含める場合もある。最近では,企業の合理化に伴って発生する必要人員を上回る過剰雇用者(企業内失業者)を潜在失業者と呼ぶケースが多い。

潜在需要 latent demand ⇨ 有効需要

潜在成長率
【potential rate of growth】
国内総生産(GDP)を生み出すのに必要な供給能力を毎年どれだけ増やせるかを示す指標。生産活動に必要な工場や機械設備などの「資本」,労働力人口と労働時間の積で表される「労働」,これらの生産要素を産出に変える「技術進歩」という3つの伸びの合計が潜在成長率となる。政府の経済財政諮問会議は構造改革を進めることによって,実質で平均2%近い潜在成長率を達成できるとの見方を示している。→国内総生産

潜在成長力 ⇨ 潜在成長率

全社的品質管理 ⇨TQC

全人種選挙
アパルトヘイト(人種隔離)政策が全廃された南アフリカ共和国で1994年4月に実施されたすべての人種が参加する民主的な選挙。アパルトヘイト打倒を求めていたアフリカ民族会議(ANC)が有効投票数の6割を上回る圧勝となり,5月にマンデラANC議長が下院で南ア初の黒人大統領に選出された。99年5月に下院任期切れに伴う全人種選挙でもANCは引き続き第一党となり,ムベキ副大統領がマンデラ氏の後任大統領に選出されている。

選択的支出
【selective expenditure】
消費者の支出のうち,不要不急で所得低迷などの影響を受けやすい支出項目を指す。総務省の家計調査では,消費支出総額の変化率に対する費目支出の変化率の比を表す支出弾力性が1未満の費目を基礎的支出,1以上の費目を選択的支出と定義している。選択的支出には教育費やパック

旅行代金，パソコンなどの教養娯楽用耐久財などが含まれる。

選択料金制

一定の条件下で電話の通話料金や基本料金を割り引く制度。あらかじめ決められた定額料金を支払うと，かけた量に応じて支払う通話料金が通常より割安になるサービスが主流。NTTでは特定市外局番を指定し，そこへの通話料金を割り引く「テレチョイス」や深夜時間帯に限り，市内電話を無制限にかけられる「テレホーダイ」などがある。通話量が減少する深夜や週末などに適用される場合が多い。基本料金の高い携帯電話では，発信の少ないユーザー向けに基本料金を下げて，通話料金を高めに設定するサービスなどもある。

センターフィー

【center fee】

小売業や卸売業が運営する物流センター，配送センターなどに商品を納入する業者(メーカーや卸売業者など)が販売先に支払うセンターの使用料。センターに納品すれば納入業者は販売先の店舗や営業所にまで配送しなくても済むため，販売先はその分の物流経費をセンターフィーとして納入業者に要請する。しかしセンターフィーは料金体系が不透明で，販売先が一方的に決めているといわれており，合理的な料率を模索する取り組みが不可欠だ。

全農

【National Federation of Agricultural Cooperative Associations】

全国農業協同組合連合会。経済事業面での農協組織の中枢機関。肥料や農業機械，農薬，飼料などの生産資材と生活用品を都道府県経済農協連合会(経済連)，単位農協を通じて農家に供給する一方，農家が作った農畜産物を単位農協，経済連を経て販売し，できるだけ多くのものを生産から販売まで農家の手で行うことを目標としている。最近ではジュースなど最終製品の販売事業にも積極的である。2002年には子会社の全農チキンフーズによる食肉の虚偽表示問題が発覚し，大池裕会長が引責辞任した。

線引き

【divisions between urbanization promotion areas and urbanization control areas】

都市計画法は，都市計画区域を市街化区域と市街化調整区域に分けることになっているが，この区域の設定を「線引き」と呼んでいる。→都市計画法，市街化区域

船腹(量)

【(oceangoing) merchant fleet】

船舶の大きさを表す概念。単位にはトン数が使用されているが，それにもいろいろな種類がある。最も標準的なのが総トン数(gross tonnage) G・Tで，船舶の上甲板下の積量と上甲板上の客室，船員用室などを加えた容積を100立方フィート＝1トンとして計算。造船量や各種の船舶の合計量を表すのに用いる。また貨物船やタンカーなどの船腹量を表すのに用いられるのが重量トン数(dead weight) D・Wで，積載できる総重量を表す。通常の貨物船やタンカーの場合，総トン数の1.5倍ぐらいが重量トン数である。このほか総トン数から機関室，船舶操縦室，船員室など運航用の容積を差し引いた純トン数(net tonnage)，船体の重量によって排出される重さを計算して算定した排水トン数(displacement tonnage)などがある。

専門職制度

「部長―課長―係長」というライン職位とは別に専門職のための職位(例え

ば専門部長—専門課長—専門係長）を作り，専門スタッフをそれぞれに当てはめていくやり方。これらの人々は，部下を持たず管理職務にわずらわされることなく，特定の職務について専門的に突っ込んで研究できる。スペシャリストを育成優遇する制度といわれる。→ラインとスタッフ

専門大学院
【graduate school teaching a specialized subject】
専門職業人養成に特化した大学院。1999年に文部省（当時）が大学院設置基準を改正し，制度化された。現在，設置されている分野は経営管理，国際協力，公共政策など。実践的な教育を行うため，教員組織，カリキュラムについて，従来とは異なる基準が定められている。→1年制大学院

専門大店
特定商品群の品ぞろえや売り場に比重を置いた百貨店の一形態。従来のようにあらゆる商品を取り扱うと非効率なうえ，店の特徴を出しにくいとの反省から生まれた。例えば「ファッション専門大店」は婦人服や紳士服，服飾雑貨にフロアの大半を割き，家電や家具などの売り場を絞り込んでいる。最近は不振店を専門大店に転換する例が相次いでいる。

戦略的提携
【strategic alliance】
ベンチャー企業と大企業，業種の壁を超えた企業同士，また日本企業と海外の企業などがそれぞれ研究開発，生産・販売などの得意分野を分担して対等の立場で共同事業を推進すること。

戦略備蓄
【strategic stockpile】
埋蔵地域が偏っている資源や軍事産業，ハイテク産業などに欠かせない稀少鉱物を，供給に混乱が起きた場合に，経済に与えるダメージが大きいとして，各国政府が一定期間の国内消費分を備蓄しておくこと。対象になるのは石油をはじめとして，プラチナ，クロム，ニッケル，マンガン，コバルト，ニオブ，チタンなど。日本は「経済安全保障備蓄」として原油・石油製品を官民合計で約150日分，ニッケルなど稀少金属7種を平均約50日分備蓄している。イラク戦争の戦闘終結後の2003年4月下旬に開かれた国際エネルギー機関（IEA）閣僚理事会では戦略備蓄の一段の強化の必要を訴える声明を採択した。中国も2019年までに90日分の輸入量に相当する石油の備蓄体制の構築に乗り出した。

そ

騒音基準
【standard of noise pollution control】
騒音規制法などに規定する騒音の環境基準。地域を特に静穏を要する地域，主として住居用の地域，商工併用地域などに区分，昼間・夜間に分けて騒音のレベルを規制している。1998年6月に改定，新たに幹線道路沿いの屋外基準値が特例として設けられた。

総額表示
【tax-inclusive price】
2004年4月から義務付けられた消費税込みの価格表示。よりわかりやすい表示方式として財務省が消費税法を改正した。税額が表面化せず"通税感"が薄れるため，将来に消費税率を引き上げるための布石との見方も

多い。企業は流通業界を中心に値札変更やレジシステム更新に追われたほか、4月以降は見た目上の価格の割高感が増したため、買い控え現象が起きるなど大きな影響をもたらした。

総括原価方式
各種の公共料金を決定する際に採用されている基本的な考え方の1つ。原材料費や人件費、減価償却費など公益事業を進めるのに必要なさまざまなコスト（原価）を積算し、適正な利益を上乗せしたものに等しい金額を、事業者がサービスの利用者から徴収できるようにする。電気料金やガス料金、電話料金が総括原価方式に基づいて算定されている代表的な公共料金。事業者は常に一定の利益が保証されているので、サービスの安定供給という面では優れているが、厳しい競争にさらされないためにコスト削減努力がおろそかになりがちという欠点がある。

早期購入割引 ⇨ 事前購入割引
早期是正措置
【prompt corrective action】
監督当局が金融機関に対し収益の回復や資本の増強、店舗の統廃合など経営の是正を指導する措置。金融機関の破たんの未然防止策として、1998年4月から施行された。自己資本比率が一定の水準を下回れば、業務改善計画の提出や増資計画の策定、業務停止命令などを段階的に実施する。99年に金融監督庁（当時）は幸福銀行、東京相和銀行などに発動した。

早期退職制
【early retirement program】
退職金などの給付内容を優遇し、定年前に退職を促す制度。企業が抱える過剰人員の削減策の1つだが、ITバブルの崩壊で2001年に導入および制度を拡充する企業が急増、終身雇用を尊重してきた松下電器産業グループでも実施し、1万人超が応募した。対象年齢も引き下げ傾向にあり、入社後1年が経過すれば、対象になる企業も出てきた。

総合課税
【taxation on aggregate income】
同じ税目でも租税の対象がいろいろある場合、これらをひっくるめて加算し、その合計額に課税する方法。例えば所得の中には給与所得、事業所得、不動産所得というように所得税の対象になるものがいくつもあるので、これを一括して全体に課税している。

総合割賦方式
【designated installment payment by credit card】
購入した商品ごとに、カード利用者が返済回数を「3回」「10回」などと指定できる仕組み。返済の終了月が分かるため、リボルビング方式に比べ消費者には人気がある。年間約2兆3,000億円の市場規模を信販系カード会社が独占していたが、2001年からは銀行系カード会社にも開放された。

総合小売業 ⇨ GMS
総合的品質管理 ⇨ TQC
総合土地政策要綱
【guidelines for comprehensive land policy】
バブル期の地価高騰を抑えるため、1991年1月に閣議決定した土地政策の指針。90年10月の土地政策審議会（首相の諮問機関）による「土地基本法を踏まえた今後の土地政策のあり方についての答申」を踏まえ、土地神話の打破や利用価値に応じた地価の適正水準への引き下げを土地政策の目標として位置付け、土地取引規制の的確な運用や土地利用計画の充実、住宅・宅地の供給促進などの

方針を打ち出した。ただバブル崩壊で土地を取り巻く経済・社会環境が大きく変わったため，政府・与党から土地政策の転換を求める声が強まり，96年4月に当時の橋本龍太郎首相が土地政策審議会に「今後の土地政策のあり方について」を諮問。97年2月には，土地政策の目標を地価抑制から有効利用に転換することなどを盛り込んだ新要綱を閣議決定した。

相互援助資金制度
【Management of Mutual Assistance Support System】
全国信用金庫協会（全信協）と全国信用金庫連合会（全信連）が運営する信金の相互援助制度。経営不振に陥った信用金庫の運営再建を低利融資などで支援し，業界の信用力の維持・向上を図る制度。大型破たんが発生すれば処理額が膨らみ，業界内だけでは対処できなくなるため，2002年4月に事実上廃止された。

相互接続
通信事業者同士の回線をつなぐこと。1985年の通信自由化後，もっぱら日本電信電話（NTT）の市内回線に新規参入事業者（NCC）の回線をつなぐ形で実現してきた。ただ，当事者間の合意を前提にしているため，NTTの合意が得られないとNCCが望む新サービスが進みづらい点が問題視されている。相互接続の円滑化は90年3月の政府措置（NTT法付則）で明文化されたが，さらに円滑な接続を進めるため接続協議促進のための専門機関の新設なども検討され，97年6月，接続ルールを決めた改正電気通信事業法が国会で設立された。このため2000年度からはNTTが総務省に接続料金の認可を求めることになり，事業間交渉から総務省とNTTの折衝に舞台が移った。

総固定資本形成
【gross domestic fixed capital formation】
国民総支出を構成する項目の1つで，国内で一定期間内にある固定資産に追加される財貨とサービスの合計価額。国民所得勘定の中の資産形成勘定の1項目ともなっている。総固定資本形成は民間と政府（含地方自治体）に大別されるが，民間の住宅には個人部門の住宅建設と企業部門の社宅建設などが，企業設備には機械，工場の建設が含まれる。政府部門は住宅建設，政府企業の設備，一般政府の道路，港湾，庁舎建設などの3要素から成っている。

増資
【capital increase】
株式会社が資本金を増やすこと。資金調達のために，新株を発行するのを有償増資といい，時価発行や中間時価発行増資などがある。

総資金利ざや
【total average interest rate spread】
銀行が取り扱うすべての資金の運用利回りと調達利回りの差。銀行の経営実態を示す代表的な指標。運用利回りは貸出金利息や保有有価証券利息・配当金，コール・手形市場での運用利回りなどを平均して算出，調達利回りは預金利息やコール市場からの借り入れ利息に物件費・人件費などを含めてはじき出す。

総需要管理政策
【management of aggregate demand】
財政金融政策を適切に運営することによって，国民経済全体で見た需要の増加を供給力の増加に見合うように調整する政策運営のこと。1930年代にケインズの新しい経済学が登場し，この影響を受けて需要量を全体として調整する政策が広く行われるよ

うになった。需要が供給を下回って不況になったり、逆に需要の方が大きく膨らんで景気が過熱したりすることのないように需要を喚起したり、抑制したりして景気の変動をなめらかにするのがねらい。

創造科学技術推進事業
【Exploratory Research for Advanced Technology】
トランジスタのような技術革新のシーズ（芽）を発掘、育成するため、科学技術庁が1981年度から新技術開発事業団（現科学技術振興機構）を実施母体として発足させた事業。産業界、大学、公的研究機関の優れた研究者や世界の頭脳を組織の壁を超えて結集し、独創的な技術のシーズを探る。研究組織は研究業績と指導力のともに卓越したプロジェクトマネジャーをテーマごとに任命し、その下に15～20人の研究者が参加する。15億～20億円をかけ、5年の研究期間が終了すると研究チームは解散する。2000年末までに45プロジェクトが終了している。

相続税・贈与税の一体化
【unification of inheritance and gift taxes】
米国などの「累積課税方式」のこと。生前贈与のたびに過去の贈与の累積額をもとに税額を計算し、前年までの納税額を差し引いた額を納めるが、一定の控除枠の範囲に累積額が収まっている間は贈与税が生じない。死亡時の相続では生前贈与にかかった納税分を差し引き、贈与と相続を精算して税額を計算する。日本は贈与税と相続税を分け、贈与税負担をより重くしているが、生前贈与の促進策として2003年1月から相続時精算課税制度を導入。対象者については両税の一体化が実現した。

総代会
相互会社組織になっている生命保険会社の意思決定機関。相互会社は、保険契約者が社員となり、会社経営に参画する形態になっており、契約者の代表が、経営方針や保険配当を総代会で決める。機能としては、株式会社の株主総会に似ている。

増値税
【value-added tax】
中国が1994年1月、歳入不足を補うために導入した付加価値税の一種。商品などの国内流通各段階で課している。税率は17％（農産物など一部13％）。輸出促進のため輸出品については当初、全額を還付するとしていたが、不正な還付請求の横行などで還付金が税収を上回る事態になり、還付率は段階的に引き下げられた。外資系企業も還付対象だが実際にはほとんど還付されていない。2004年1月から還付率がさらに引き下げられたため、素材や中間財を中心に中国の生産者の輸出意欲が減退している。

想定元本
【notional amount】
金融派生商品（デリバティブ）の取引規模を示す代表的な指標。都市銀行をはじめ大手銀行は1995年3月期分から情報開示を始めた。実際に取引する金利などを計算するうえで使う名目上の元本のため、資金がすべて移動しているわけではない。

総平均法
【periodic average method】
棚卸し資産の払い出し原価を計算する方法の1つ。一定期間における期首棚卸し資産および期中に取得した棚卸し資産の合計金額を同じく合計数量で割って平均原価を求める。この計算を1カ月ごとに行う場合を月別総平均法といい、1会計期間を1期

として行う場合を期別総平均法という。総平均法は計算が簡単だが、月末または期末にこの計算が行われるので、払い出しが行われるごとに個別の原価を知る必要がある場合には不適当である。→棚卸し資産、移動平均法

総報酬制
【gross medical fee payment system】
2003年4月から導入された厚生年金、健康保険の保険料徴収方法。従来はこれらの保険料は主に会社員の毎月の給与から徴収しており、ボーナスからはわずかな額しか徴収していなかった。総報酬制では月給にもボーナスにも同じ料率をかけて保険料を徴収する。従来の制度では年収に占めるボーナスの比率が高い人ほど保険料負担が軽いという不公平が生じていたため。厚生年金の場合、従来は月給に17.35％（これを労使折半）、ボーナスには1％（同）の料率がかかっていたが、新制度では両方に13.58％（同）がかかる。政府管掌健康保険では従来、月給に8.5％（同）、ボーナスに0.8％（事業主0.5％、労働者0.3％）がかかっていたが、すべてに8.2％（労使折半）がかかる。月給にもボーナスにも料率をかける上限額が定められている。

総量規制
【regulations on total emission】
各地域の汚染物質の総排出量を規制する制度。従来の濃度規制では工場など排出源の新増設、操業度の上昇などで汚染が進行することをくい止めることができなくなったため出てきた考え方。各地域の汚染物質の総排出量を決め、工場ごとに総排出量を割り当てる。環境庁（現環境省）では、硫黄酸化物については1975年4月1日から実施し、固定発生源のNOx総量規制は82年度から、東京、神奈川、大阪で実施している。また排水については79年6月から東京湾、伊勢湾、瀬戸内海の3海域の関連地域で実施している。しかし、各地域で許容されるべき総排出量、すなわち環境容量をどう算定するか、という問題や、工場ごとに許容量を配分した後、これが既得権となり一層の汚染削減の意欲を失わせるのではないか、といった問題は残っている。

即時グロス決済 ⇨RTGS

底入れ
① 【bottoming out】
景気調整過程の最終段階の状況を示す言葉。一般的には、「景気がこれ以上悪くならない」という状態を指して使う場合が多い。景気底入れ期に見られる経済現象の特徴は、減産体制の強化、出荷の回復など在庫調整がかなり進んでいることを裏付ける動きが表面化する一方で、機械受注など一部の景気先行指標が上昇傾向に転じるなど、景気の動きにバラつきが目立ってくることである。
② 【touching the bottom】
相場が下がって底をつき、上向きになりかけること。

底割れ
【(economy is) sinking into a double-dip recession】
景気が低迷しているときに、さらに企業倒産や失業が増えるなど景気が一段と冷え込むこと。いったん底入れした後に、景気が再び悪化する局面で使う場合が多い。

素材インフレ
【inflation led by law material prices】
国際的な鉄鋼、石油化学製品など素材価格の上昇のこと。中国など新興国の経済成長により、工業製品など

に使う鋼材や合成樹脂の需要は増加している。これに対し資源、素材各社は増産を急ぐが、巨額な投資が必要で時間もかかるため需給がひっ迫、価格上昇につながっている。鉄鋼の場合、2003年後半から原料の鉄鉱石、石炭の価格が上昇。日本の鉄鋼各社は価格への転嫁を急いでいる。こうした素材価格の上昇が最終製品にまで波及するかどうかが焦点となっている。

組織培養
【tissue culture】
遺伝子組み換え、細胞融合と並ぶバイオテクノロジーの基本技術の1つ。生物の体の一部を切り取り、試験管やタンクで増殖させる。動物の体の一部を切り取ってタンクで増殖させたり、植物の細胞をフラスコの中で増やし、1枚の葉から数百本の植物を作り出したりすることができる。海外で見つけたランやヤマユリなどを組織培養することで大量生産することが可能となる。また遺伝子組み換えや細胞融合でできた新しい細胞を量産するにも、この組織培養技術は欠かせない。

ソーシャルアントレプレナー
【social entrepreneur】
社会起業家。福祉や教育など社会的な課題の解決と収益性を両立させることを目指す起業家を指す。事業としても成り立たせることで、起業家は責任を持って継続して取り組むことができる。ソーシャルアントレプレナーが経営する事業体を株式会社やNPO（非営利組織）などの形態によらず、ソーシャルベンチャーと呼ぶ。正確な統計はないが、ソーシャルアントレプレナーは増加基調にある。途上国の農家と直接取引して農産物を輸入販売する事業や高齢者への弁当宅配事業など、社会性の高い事業などに取り組んでいる。米国ではすでに、ソーシャルアントレプレナーの必要性が認識されており、育成する活動も盛んになっている。ハーバード大学やスタンフォード大学では大学院などに専門のコースも開設されている。日本ではNPO法人のETIC（東京・渋谷）などの民間組織が支援活動に取り組んでいる。

租税条約
【Taxation Convention】
国際的な二重課税を回避し、同時に脱税を防止する目的で締結される条約。相手国の居住者について互いに一定税率を超えて課税しないよう規定している。わが国は米国、英国、フランス、ドイツ、スウェーデン、ノルウェー、デンマーク、インド、パキスタン、中国など45カ国と条約を結んでいる。

租税弾性値
【elasticity of tax to national income】
租税収入の増減と経済成長率の増減との間には、名目GDP（国内総生産）が1％増えると税収が1.2％増えるというように一定の関係がある。このGDPの増加率を1とした場合の租税収入の弾力性を示す数字を租税弾性値という。租税は国民所得や消費の増減率よりも大きな振幅で増減することが多く、特に累進的な所得税は弾性値が大きい。税収弾性値ともいう。

租税特別措置法
【Special Taxation Measures Law】
特定の税法に当分の間特例を設けることを規定した法律。所得税、法人税、相続税などが軽減または免除され、あるいは課税標準、税額の計算、徴収について特例が認められる。特定の経済政策の効果を上げるために行う政策減税の1つだが、「不公平税制」との批判もある。

外税
【tax-exclusive price】
消費税の税額表示方法の1つで,本体価格とは別に税相当額を請求する方式。消費者は代金を支払うたびに消費税を意識することになる。2004年4月からは税額を含めた総額を表示することが義務付けられた。

ゾーニング条例
【Zoning Ordinance】
米国の市町村,郡が制定する土地利用規制条例。地域ごとに建設してもよい施設の種類を挙げ,その他の開発を認めない厳しい規制が特徴。最近日本でも"街作り型規制策"を模索する自治体の間で関心が高まっている。一般に行政区域をC(商業地域),R(住居地域),I(工業地域),特別地域などに分け,さらに小区分に分割する。その小区分ごとに,①施設の種類,②高さ,または容積率,③敷地境界線から施設までの距離(セットバック)——などを定め,開発計画を審査する。条例の運用のため住民代表によるゾーニング(または計画)委員会が組織され,ゾーンの変更を伴う計画については委員会が公聴会を開いて幅広く住民の意見を聞く。環境,交通,治安など周辺地域への影響を審議し,小売店間の競争を主な理由とする開発反対は基本的に認められない。

ソフトウエア
【software】
ハードウエアに対するもので,コンピューターシステムを有効に動かすためのあらゆる手法,技術などの総称。データ処理の手順書であるプログラムはソフトウエアの1つ。最近では,これを広義に解釈,ものに対する利用の仕方,考え方を一般にソフトウエアともいっている。→ハードウエア,アプリケーションソフト

ソフトダラー
【soft dollars】
機関投資家などが特定の証券会社に株式の注文を出す見返りとして,その証券会社から調査情報などのサービスを提供された場合,事実上の手数料の割引が起きる。米国では,こうした手数料サービスをソフトダラーと呼んでいる。ソフトダラーには,証券取引所法などで法的な手当てがされている。

ソフトVE
VE(価値工学)手法を間接(ソフト)部門に導入する場合をいう。VEによる合理化は生産(ハード)部門より設計,開発部門で実施した方が効果が大きく,こうした生産の川上部門に導入する場合と,営業や事務部門の業務改善,組織の効率化などに使う場合がある。まだ歴史は浅いが今後の普及が見込まれている。→VE

ソブリン格付け
【rating of sovereign bonds】
ある国の政府が発行する外貨建ての国債や政府保証債などの元本や利子の支払いの安全度を示す,格付け会社の評価。ムーディーズ・インベスターズ・サービスの場合,最高の安全度を示すAaa(トリプルA)から最も低いCまでのさまざまな段階を簡単な記号と数字で示す。2002年5月にムーディーズは日本政府の発行する円建て国債の格付けを2段階引き下げ,最上級から6番目の「A2」(シングルA相当)にした。主要7カ国(G7)で最低,イスラエル,南アフリカ共和国と並んだ。ただ海外で発行された日本の債務は「Aa1」(ダブルAプラス相当)。1997年のアジア通貨危機の局面では,韓国やタイなどの格付けが急激に引き下げられたことで資本の逃避が加速し,経済の悪化に拍車をかけ

ソリューション
【solution】
OS(基本ソフト)も含めたシステムをカスタマイズすることや顧客の経営実態などを視野に入れたアイデアの提供なども含む概念。米IBMが1987年に策定した経営プランの中で使用したのが最初。当初は新技術を使って開発したコンピューターを顧客に手渡すまでに必要なカスタマイズや使用法の説明のことを指した。

ソルベンシーマージン
【solvency margin】
生命保険会社の財務体質の健全性を測る尺度の1つ。1998年3月期から生保各社が情報開示を始めた。保険会社が保有している資産の運用リスクや手持ちの保険契約が持つリスクに対して,どの程度の対応力(支払余力)があるかを示す。具体的には当期未処分剰余金や危険準備金,土地の含み益などから求めたソルベンシーマージン総額を,保険リスク合計と資産運用等リスク合計の平均値で割ったものに100をかけて計算する。手持ちリスクと支払余力の比が1対1なら,ソルベンシーマージンは200%となる。これが最低限の水準を示し,200%を下回ると金融当局が経営改善を命じる早期是正措置の対象となる。保険会社は相互会社形態をとっているため自己資本を持たない。銀行のように自己資本比率を使えないため考え出された。2001年3月期から外国有価証券の含み損益も反映させるようになった。

損益計算書
【profit and loss statement ; income statement】
一定の会計期間における全収益とそれに対応する全費用を列挙して,その期間の経営成績を明らかにするもの。つまり,収益は入ってくる金,費用は出ていく金であり,それが本業で発生したものか,本業以外で発生したものかを分けて表示していく。収益と費用には,発生主義原則(発生した時点でデータを起こす)と収益・費用対応の原則(収益とそれに対する費用を対応させて表示する)が適用される。貸借対照表がある一時点(通常は期末)のストック(財政状況)情報を表しているのに対し,損益計算書は一定期間のフロー(資金の流れ)の情報を示す。
→貸借対照表

(損益計算書の例)

| 営業収益
－営業費用 |
| 営業利益
＋営業外利益
－営業外費用 |
| 経常利益
＋特別利益
－特別損失 |
| 当期利益 |

損益分岐点
【break-even point】
売り上げとその売り上げを獲得するのに要したすべての費用とが一致する点。費用をちょうど回収できる売上高がどれだけであるかを表す。この損益分岐点以上の売上高を上げることによって,はじめて利益が生まれる。損益分岐点は次式で計算するが,これを売上高で割った比率が損益分岐点比率で,低ければ低いほど収益力が高いことを示す。

$$損益分岐点 = \frac{固定費}{1-\frac{変動費}{売上高}}$$

尊厳死
【death with dignity】
不治の病で死期が迫った場合に延命のための医療を中止し、人間らしい尊厳を保ちつつ死ぬこと。延命医療の発展とともに社会的関心が高まり、日本尊厳死協会に尊厳死の宣言書(リビングウイル)を登録している人は、2002年末までに10万人を超えた。日本医師会、日本学術会議も容認の見解をまとめた。

損失補てん
【compensation for stock investment losses】
証券会社などが、証券投資で生じた顧客の損失を埋めること。1992年の証券取引法改正で、証券投資をする前に投資家に損をさせないことを約束する「損失保証」の禁止に加え、投資後に損失を補てんすることの禁止規定を明文化した。

存続可能性
【going concern】
企業が将来にわたって安定した経営を続けられるかどうかの可能性。公認会計士が企業の財務内容を監査する際に、もし存続可能性について疑問を生じるような事象がある場合、監査報告書に注記する必要がある。企業会計審議会などの場で投資家が存続可能性を正確に判断できるように、財務情報の開示を拡充させたうえで、注記を基準化する動きが進んだ。2003年度決算から、リスク情報を企業が幅広く開示する新ルールが導入された。

た

帯域免許制度
【bandwidth licence system】
利用方法を限定せずに,一定の電波帯域を通信・放送事業者に使わせる免許制度。例えば地上波テレビ局がデータ放送を新規に手掛ける場合,現行制度では新たにデータ放送免許を取得する必要があるが,帯域免許制度では,こうした手間が省ける。日本では導入の是非について議論がある。

代位弁済
【payment in subrogation】
企業や個人が返済できなくなった債務を保証協会などが肩代わりする制度。住宅金融公庫の場合,6カ月以上返済が滞ると,債務保証を引き受けている公庫住宅融資保証協会が代位弁済し,協会が個人から資金を回収する。企業向けには各都道府県の信用保証協会が債務保証している。景気低迷と景気対策に伴う基準緩和で代位弁済額は過去最高水準で推移している。

ダイオキシン
【dioxin】
2つのベンゼン環(C_6H_6)が2つの酸素を仲介にして結合した化合物の総称。このうち水素が塩素に置き換わったものに毒性がある。最も毒性が強いのは2,3,7,8—四塩化ジベンゾダイオキシン(TCDD)で,強い発ガン性,催奇形性のほか,生物の生殖機能を乱すといわれる内分泌かく乱化学物質作用を持つ。1980年代以降,ごみ焼却に伴い発生するダイオキシンが問題になり,国内で発生するダイオキシンの8〜9割は廃棄物を含めた廃棄物焼却場由来とされる。99年にダイオキシン対策関係閣僚会議が設置され,2002年度までにダイオキシン類の総排出量を97年比約9割削減することを決定。鉄鋼や紙・パルプ工場も規制対象に追加した「ダイオキシン類対策特別措置法」が2000年1月に施行されたほか,02年12月には焼却炉に対する排出規制が一層強化され,自治体は焼却炉の更新を進めている。最近はダイオキシンと似た毒性を持つコプラナーPCB(ポリ塩化ビニール)をダイオキシン類に含める考え方が一般的。

ダイオキシン耐容1日摂取量
【tolerable daily intake of dioxin】
発がん性を持ち,奇形の原因となるダイオキシンを毎日一定量だけ摂取すると仮定し,生涯にわたり摂取し続けても健康に悪影響を及ぼさない許容値。世界保健機関(WHO)欧州事務局が1990年,人の体重1キログラム当たり10ピコ(1ピコは1兆分の1)グラムと定めたが,生物の生殖機能を乱す環境ホルモンとして働く疑いが強まり,98年5月に同1〜4ピコグラムに改定した。これを受け,日本も99年6月に,4ピコグラムに改定した。

対外純資産
【net external assets】
国全体としての対外的な資産残高から負債残高を差し引いたもの。対外資産は外貨準備,援助,銀行の対外融資,日本企業の対外直接投資など。対外負債は外国人の対日証券投資,邦銀による外貨資金の借り入れなど。2003年末の日本の残高は前年末比1.4%減の172兆8,180億円。1991年以降,世界1位を続けている。

大学発ベンチャー

University-based start-up

大学または大学教官が持つ特許や技術，研究成果などをもとに起業したベンチャー企業。大学の教官が取締役や技術顧問を兼務したり，設立時に出資するケースが多い。2000年に国公立大学教官の民間企業の役員兼業が解禁されて以来，各地の大学で設立が相次いでいる。新産業創出の担い手として期待が高まっており，経済産業省は04年度までに大学発ベンチャー企業を1,000社にする目標を掲げた。ただ，企業経営に明るい人材や資金の不足など課題も多い。

大規模小売店舗立地法
【Large-Scale Retail Store Location Law】

小売店舗周辺の生活環境の保持を目的に，百貨店，スーパーなど店舗面積が1,000平方メートルを超える大規模店の設置者に，①駐車場の確保と交通対策，②騒音対策，③廃棄物対策，④街並みづくりへの配慮——など環境への配慮を求める法律。略称は大店立地法。1998年5月に成立，2000年6月施行。経済規制から社会規制への転換と地方分権に主眼を置き，運用主体を都道府県と政令指定都市とした。地元商業者の事業機会の確保を目的に大規模店の店舗面積や年間営業日数などを調整する大規模小売店舗法（大店法）は2000年5月末に廃止された。

対共産圏輸出統制委員会 ⇨ ココム

対抗関税
【counter tariff】

相手国が国内産業保護などのために緊急に関税を引き上げた場合，それに対抗して相手国からの輸入品にかける関税を引き上げる措置。世界貿易機関（WTO）に提訴された国がパネル（紛争処理小委員会）の勧告に従わない場合，提訴国は最恵国待遇の原則に違反する差別的な関税引き上げや輸入数量制限などの対抗措置を取ることができる。

代行返上
【return of a portion of corporate pension assets back to the government】

企業年金制度の1つである厚生年金基金が保有する資産のうち，公的年金部分に相当する資産を国に返上すること。厚生年金基金は，企業独自の年金部分と厚生年金の一部を国に代わって運用・給付する代行部分の2つの部分で構成されている。1966年に制度が始まった際，企業の独自部分だけよりも代行部分を併せ持った方が運用益も大きくなり利点が多いとしてこのような仕組みになった。しかしバブル崩壊後，運用利回りが低迷し，代行部分があるとその分，積み立て不足も増え，企業負担が重くなる状態となった。このため，政府は2002年度に施行した確定給付企業年金法の中で代行返上を認めることとした。04年4月1日時点で341基金が資産を国に返した。→厚生年金基金，確定給付企業年金法

対顧客相場
【customer rates】

銀行が外国為替の市場相場（銀行間の取引相場）に基づいて，輸出入業者など一般のお客との取引に適用する相場。銀行相場ともいう。対顧客相場は市場相場を基準にして，これに金利や手数料などを加算して決められる。

第5次全国総合開発計画
【5th Integrated Program for National Development】

国土総合開発法に基づいて政府が1998年3月に閣議決定した新しい

総合計画。日本全土に「北東」「日本海」「太平洋新」「西日本」の4つの国土軸を設定，太平洋ベルト地帯に人口が集中する国土構造から多軸型国土への転換を提案している。全国各地域とアジア各国を日帰りで行き来する「東アジア1日圏」のほか，地域の拠点都市と周辺地域を半日で往復する「地域半日交通圏」を打ち出し，地域交通のインフラ整備に重点を置いた。伊勢湾口（愛知，三重）など6カ所の海峡横断橋のプロジェクトを羅列するなど，巨大計画を優先する従来方式を踏襲している。現在，国土審議会（国土校通相の諮問機関）で，第5次全総に代わる新たな国土計画づくりを進めている。

第3号被保険者
【dependent spouses of salaried workers under the national pension】
日本では全国民が公的年金制度に加入することになっており，このうち主に専業主婦が制度に加入する場合の名称。1986年4月の制度改革で導入された。第1号被保険者は国民（基礎)年金に加入する自営業者らを指し，第2号被保険者は厚生年金や共済年金に加入する会社員や公務員を指す。第3号被保険者は自らに収入がないので保険料を負担しないが，基礎年金に加入する。この財源は第2号被保険者全体で負担する。働いて保険料を納めている女性から不公平だとの批判もある。→基礎年金

第三者割り当て増資
【allocation of new shares to a third party】
発行会社がある特定者，例えばその会社の従業員や取引先などに増資新株の引受権を与える増資。特定の縁故者に割り当てることから縁故割り当て増資ともいう。→増資

第3世代携帯電話
【third generation cellular】
今の携帯電話やPHS（簡易型携帯電話）に次ぐ第3世代の移動体通信システム。地上基地局と衛星を利用して電波を中継し，世界中どこでも同じ端末を使い，映像をやりとりできるのが特徴。NTTドコモやKDDIがシェア拡大に向けてつばぜり合いを繰り広げている。

太子党
【Taizi group】
中国共産党幹部や革命烈士の子弟たちを揶揄（やゆ）的に指し示す表現で，香港のマスコミが使い始めた。「太子」とはプリンスの意味で，親の七光りによって党や政府での地位・特権を享受し，婚姻によって閨閥（けいばつ）を形成しているという皮肉が込められている。地位・特権を悪用しているとの噂も絶えず，彼らに対する学生や市民の怒りが1989年の民主化運動を激化させた。周恩来元首相の養子の李鵬元首相，故鄧小平氏の子息らは太子党の代表格とされる。

貸借対照表
【balance sheet】
特定期日（決算期日）の企業の資産と負債を対照表示したもの。企業が調達した資本は負債（貸方）の部に掲げられ，このうち株主資本（内部負債＝自己資本ともいう）は資本，他人資本（外部負債）は負債に振り分けられる。一方，これらの資本を運用して得た資産は資産（借方）の部に掲げられる。資産と負債は必ず同額になるようにきており，釣り合い（バランス）がとれているところから，貸借対照表を英語ではバランスシートという。損益計算書，剰余金計算書，キャッシュフロー計算書などとともに，最も重要な財務諸表の1つといえる。　→損益計算

書

貸借取引
【loan transaction】
証券会社が，客に貸す資金や株のうち自己融資で賄えない分を，証券金融会社から借りる取引のこと。株式の信用取引では，証券会社が客に買い入れ代金や売り渡しの株券を貸す建前になっており，資力のある大きな証券会社は自己資金を客に貸している（自己融資）。しかし自己融資で賄えない分は，証券金融会社との貸借取引により，客にまた貸しをするのが普通である。貸借取引を利用できる銘柄を貸借銘柄という。→信用取引，委託保証金

貸借銘柄 ⇒ 貸借取引

第10次5カ年計画(中国)
【10th Five-Year Economic Development Plan】
2001年から05年までの中国の経済発展の方向性と数値目標を定める計画。世界貿易機関（WTO）加盟に伴う経済構造改革で失業率が5％まで上がることを容認するなど，国際化と市場開放の痛みを覚悟する内容となっている。5年間の平均経済成長率は7％前後と見込み，中小の国有企業や農業の改革のほか，発展が遅れる西部地域の大開発計画を盛り込んだ。また情報技術（IT）産業を産業発展のカギとして重視。高速通信網の整備などを重点的に進めるとしている。

退職勧奨
【encouragement to retire】
経営側が雇用者に対して退職を勧めること。いわゆる「肩たたき」で，年齢や部門を限定して特定の雇用者を対象に実施する場合が多い。勧奨の度合いによって雇用者に選択の余地が少ない指名解雇に近いケースもある。最近は大企業を中心に希望退職の募集など早期退職制度を設け，中長期的に取り組むケースが目立っている。

退職給付会計
【retirement pay [benefit] accounting】
企業年金・退職一時金に関する情報を時価で開示する会計制度。上場企業には2001年3月期から導入された。企業が退職後の従業員に支払いを約束しているお金を退職給付として把握し，将来に支払うためには現時点でどれだけ備えが必要なのかを退職給付債務として開示する。実際の退職給与引当金や年金資産の合計額と計算上必要とされる退職給付債務を比較して，不足があれば積み立て不足となる。積み立て不足には現金拠出や引当金計上などの処理が義務付けられるため，収益を圧迫する要因となる。退職給付会計の導入時に表面化する積み立て不足は最長15年で償却することが義務付けられる。

退職給与引当金
【retiring allowance reserves ; reserves for retirement allowances】
従業員（役員を除く）が退職するときに雇い主の法人が支払う退職給与金の費用に充てるため，貸借対照表の負債の部に設けられた引当金のこと。→引当金

耐震改修促進法
【Law on Promotion of Renovation for Earthquake-Resistant Structures】
正式名称は「建築物の耐震改修の促進に関する法律」。1995年1月の阪神大震災の被災地で，現行基準を満たさない建物に大きな被害が出たことを受けて，同年12月25日に施行された。3階建て以上，床面積1,000平方メートル以上で，不特定多数の

人が利用する建物の所有者に，耐震診断・改修の努力義務を課した。

対人地雷全面禁止条約(オタワ条約)
【Convention on the Prohibition of the Use, Stockpiling, Production and Transfer of Anti-Personnel Mines】
対人地雷の使用，製造，貯蔵などを全面禁止する国際条約。1997年12月にカナダ・オタワで調印。99年3月に発効し，2003年12月時点で139カ国が批准している。米中やロシアといった主要国や朝鮮民主主義人民共和国(北朝鮮)などは国防を理由に加盟していない。日本は98年9月に批准した。条約の締結，発効過程では非政府組織(NGO)や国連が大きな役割を果たした。

大深度地下利用法
【deep underground utilization system】
道路や地下鉄,上下水道など公益性の高い事業を進めるため,地下40メートル超を「大深度地下」と定義し,地下空間の利用を図る法律。2000年5月に特別措置法として成立した。首都圏,中部,近畿の3大都市圏を対象とし,土地所有者への補償や用地買収は原則不要。土地の入り組んだ権利関係にかかわらず事業を進められる利点がある。

大西洋マグロ類保存条約
【International Commission for the Conservation of Atlantic Tunas ; ICCAT】
大西洋のマグロ類資源を管理，保護する国際条約。2003年5月時点で加盟国は日本，米国，カナダなど漁獲国35カ国で構成。大西洋でのマグロ類の資源状況を把握するため，各国から漁獲データを収集し，科学的なデータをもとに各国の漁獲目標や割り当てを設けている。大西洋のクロマグロが絶滅の危機にあるとして，スウェーデンがワシントン条約で保護するよう提案したが，ICCATはクロマグロの漁獲割当量を削減する決議案をまとめ，受け入れられた。02年の魚獲割当量を巡って日中や米欧が対立，01年11月の総会は割当量を決められなかった。

代替効果 substitution effect ⇨ 所得効果

代替投資商品
【alternative investing assets】
上場株式や債券に投資する伝統的な資産運用と異なる投資手法の総称。未公開株などに投資するプライベートエクイティ投資や金融派生商品(デリバティブ)，売り買い(ロング・ショート)両建て，商品ファンドなど運用対象や手法は幅広い。株式や債券といった既存の投資商品と相関性が低く，相場全体の動きに左右されにくい。このため投資家が代替投資を活用すれば，運用資産全体のリスクを分散する効果があるとされる。相場に連動しない収益を追求するのが特徴である。ただ，投資手法が複雑なため，投資に失敗すると損失が広がる可能性もある。

対中円借款
【yen loan to China】
1979年12月，大平首相が訪中した際，華国鋒首相との会談で政府ベースの円借款について合意したのが最初。「79年度分として500億円までの円借款が供与されるよう協力する」と公約した。2002年度までの対中円借款の累計額は2兆9,505億円。ただ中国の高い成長率や国防費の伸びを背景に，自民党などに対中援助の縮小を求める声があることから，2000年5月の日中外相会談では日

本側が正式に見直しの意向を表明。2000年末、外務省経済協力局長の私的懇談会が対中ODAを減額の方向で見直すことを提言。03年度分は約970億円と3年連続で前年度比2割を超す減額となった。

対テロ戦争
【anti-terror war】
2001年9月11日に起きた米同時テロを受け、ブッシュ政権が宣言し、展開する一連の「テロとの戦い」。米国は世界中に広がる過激派組織摘発のため世界各国の協力を要請し、「テロ包囲網」の構築を急いだ。アフガニスタンを拠点にするテロ組織「アルカイダ」と、その指導者であるサウジ出身のウサマ・ビンラディン氏が同時テロの背後にいると断定。アルカイダの壊滅と同組織をかくまっていると米国が見るアフガニスタンのタリバン政権崩壊をねらい、米国は02年10月にアフガニスタン攻撃に踏み切った。タリバン政権は崩壊したが、ビンラディン氏は生き延びたもようで、その後もアルカイダによると見られるテロが続いている。米国はさらに、大量破壊兵器の開発疑惑問題もテロとの戦いの一環に位置付け、03年3月に始まったイラク戦争で同疑惑が取りざたされていたフセイン政権を崩壊させた。

大統領教書
【Messages of the President】
合衆国憲法では、米国大統領は連邦の状況について毎年1回情報を連邦議会に与え、また自らの施策について議会の審議を勧告することが義務付けられている。このために大統領が議会に送るメッセージを教書という。定期的なものとして現在次の3つがある。①一般教書(State of the Union Message)＝大統領は毎年1月に議会の上下両院合同会議に臨み、内政外交の全般的状況を分析し、かつ施政方針を明らかにして必要と認める立法を行うよう要請する。これに基づいて与党議員が必要な法案を提出する。この教書を年頭教書ともいう。②予算教書(Budget Message)＝次会計年度の予算大綱を議会に示すためのもの。これには米国の国防費、対外援助費などが含まれるので、一般教書とともに全世界の関心を集めている。③経済報告(Economic Report)＝一般に経済教書といっている。大統領はこの中で当面の経済情勢を分析し、これを基礎にして高度の雇用維持と経済の健全性を保障する計画を発表、必要な立法を勧告する。

大統領経済諮問委員会　⇨CEA

タイドローン
【tied loan】
ひも付き融資。資金を貸す側があらかじめ用途を指定して、またその運用を監督する形で行われる借款。輸出業者が輸入業者に信用を供与し、代金支払いを一定期間繰り延べる延べ払い輸出はその典型である。

対内直接投資
【direct foreign investment in Japan】
外国人の投資家が、経営参加や技術提携を目的として日本企業の株式を取得すること。2002年度は対内直接投資額よりも日本人が海外企業の株式を取得する対外直接投資が上回っている。

第7次空港整備7カ年計画
【7th Seven-Years Airport Improvement Plan】
1996～2002年度の7カ年にわたる空港整備を規定する計画。運輸相(現国土交通相)の諮問機関である航空審議会(現交通政策審議会)が検討し、97年12月に閣議決定した。当初は5カ年計画だったが、計画を2

年延長。6次空整で進めた3大プロジェクト（成田空港の整備，羽田空港の沖合展開事業，関西国際空港の開港）に続き，国際的なハブ（拠点）空港整備が最優先課題。①関西空港の二期工事，②中部新国際空港の着工，③首都圏第3空港の候補地選定と事業具体化——を新しい3大プロジェクトとして盛り込んでいる。→首都圏第3空港

第2世銀 ⇨IDA
第二地銀
【second association of regional banks】
第二地方銀行協会に加盟している銀行の通称。2004年3月末現在50行ある。国民銀行，幸福銀行，東京相和銀行のほか，中部銀行など経営破たんが増えており，経営体力の弱さが問題になっている。

対日投資会議
【Japan Investment Council】
日本への直接投資を促すことを目的に1994年7月に発足した会議。首相を議長，経済財政担当相を副議長とし，メンバーは閣僚で構成する。海外企業の日本への直接投資の環境を改善することや直接投資に関する政府の施策を周知することを目的としている。小泉純一郎首相は2003年1月の施政方針演説で「海外からの直接投資残高を5年で倍増する」と表明，これを受け，同年3月に「対日投資促進プログラム」をまとめた。外資の誘致で経済の活性化を図るねらいがある。

第2東名・名神
【Second Tomei-Meishin expressway】
東名・名神高速道路の渋滞緩和のため，これに並行する形で国と日本道路公団が建設を計画している高速道路。総延長は490キロメートル。1993年11月にはこのうち303キロメートルについて事業化着手を認める施行命令が出された。最終的には片側3車線にするが，建設費削減のため，当面は2車線とする区間が多い。採算性の確保のため，凍結論も出ている。

対米武器技術供与
【transfer of military technologies to the United States】
政府は1983年1月に「米国に対する武器技術供与は武器輸出3原則によらず，日米相互防衛援助協定（MDA）の枠内で実施する」との統一見解を打ち出し，武器輸出3原則の実質的な修正に踏み切った。これまでに支援戦闘機「F2」システムの生産にかかわる技術などを対米供与している。

太平洋・島サミット
【Japan-Pacific Islands Forum Summit Meeting】
太平洋諸島フォーラム（PIF）に加盟するフィジー，オーストラリアなど16カ国・地域の首脳を日本に招く国際会議で，正式名称は日本・太平洋諸島フォーラム首脳会議。2，3年に1度の割合で開催する。第1回を1997年に東京，第2回を2000年に宮崎県で開いた。3回目となった03年5月の沖縄県での会議では「沖縄イニシアチブ」を採択し，日本政府は安全保障，環境，教育，保健，経済成長の5分野で支援を約束した。

タイム・シェアリング・システム ⇨時分割
タイムラグ
【time-lag】
経済諸量の変動の時間的ズレをいう。ラグとは，ある刺激が与えられてから，その影響が他の部分に及ぶまでの時間のことで，次の種類がある。①乗数期間としてのラグ＝乗数理論によれ

ば、ある経済量の変化は他の経済量に何倍かの変化を与えるが、それには時間がかかる。これが乗数期間としてのラグで、さらに次の3つに分かれる。(a)支出ラグ(消費ラグ)＝消費者が労働報酬を受けてから、それを消費に支出するまでの時間。(b)産出量ラグ＝企業が売上高の変動に気づき、それに応じて産出量を変えるまでの期間、(c)収入ラグ＝企業が生産を増やすにつれて労働、土地、資本の生産要素への支払いが増え、これが個人に分配されるまでの期間。②資本懐妊期間としてのラグ＝資本設備の建設または買い付けの注文が出されたのち、生産されて実際に引き渡されるまでの期間。③生産期間としてのラグ＝資本設備が完成して、その生産力が実現するまでの期間。これらのラグのうち、どれを重く見るかは学者によってまちまちである。タイムラグを景気循環の要因とする学説をラグ理論という。→乗数理論、景気循環

大メコン圏構想
【Greater Mekong Subregional Program】
メコン川周辺のタイ、ベトナム、ラオス、カンボジア、ミャンマー、中国の6カ国が協力して1つの経済圏を開発する構想。多国間協力によってインフラ投資などへの資金を有効利用するほか、物資や労働力の移動に関する制限を大幅に緩和する。中核事業は「東西経済回廊プロジェクト」。タイからラオスを経てベトナムへ至るルートに橋を建設するとともに、既存の道路を改修する。日本とアジア開発銀行(ADB)が資金協力している。

ダイヤモンド半導体
【diamond semiconductor】
基板に人工ダイヤモンドを使う次世代半導体。シリコンは150℃以上の高温下では使えず、動作速度を表す対応周波数は2～3ギガ(ギガは10億)ヘルツが限界とされている。これに対してダイヤモンド半導体は、1,000℃以上でも損傷せずに性能を維持できる。シリコンの10倍以上の電圧に耐え、トランジスタに使えば無線通信速度を10倍に高められる。大容量無線通信用や周辺温度が上がりやすい車載用として開発が進められている。経済産業省の試算では、2010年に1,000億円規模の市場に育つ見通しである。

代用証券
【substitute securities；collateral securities】
信用取引のとき、取引の証拠金の代わりに用いる証券のこと。証券の銘柄は指定されたものに限るが、現金と違って値が動くため、時価の何割かに評価される。これを掛け目という。銘柄、掛け目は必要に応じて変更される。→信用取引

太陽電池
【solar cell】
太陽光エネルギーを直接電気に変える半導体素子などの総称。シリコンの単結晶、多結晶、非晶質(アモルファス)、ガリウム・ヒ素、酸化チタンを素材にした各種組成の太陽電池が開発されている。光電変換効率は薄型多結晶を使ったもので15％、2010年の設置コストは1キロワット当たり現在の半額の30万円程度となる見込み。人工衛星用の高性能、高価格製品が実用化されているほか、かばんの中に入れて持ち歩き、携帯電話の充電に使う折り曲げられるタイプなども研究が進んでいる。メーカーはハウスメーカーと協力して屋根一体型太陽電池の販売に乗り出した。2002年度に累積の発電量は63.7万キロワッ

ト。政府は10年までに482万キロワットという導入目標を掲げている。

耐用年数
【durable years ; period of depreciation ; service life】
会社の固定資産が事業の用に供されてから、次第に価値を減じ、ついに役立たなくなるまでの期間をいう。資産の種類別に法定耐用年数が細かく決められており、それに基づいて減価償却が行われるが、法定の耐用年数はその資産の耐久性や技術の進歩による陳腐化などを織り込んで算定されている。→固定資産、減価償却

対リビア制裁決議
国連安全保障理事会決議748号。国連安保理が1992年3月31日採択、同4月15日発効した決議。88年のスコットランド上空での米パンナム機爆破事件のリビア人容疑者2人の米英いずれかへの引き渡しと、国際テロの放棄をリビアに要求するもの。99年4月、南アフリカなどの仲介によりリビアが容疑者をオランダに引き渡したことで安保理は対リビア制裁停止を決めた。米国はリビアをテロ支援国家としており、経済制裁を続けてきたが、2003年に同国が大量破壊兵器の廃棄に応じたことで、04年4月、金融・通商分野で大幅な制裁緩和に踏み切った。

大量破壊兵器
【weapons of mass destruction】
核、生物、化学の三種類の殺傷能力、建築物の破壊能力が高い兵器を指す。最も致死率が高い核兵器には高濃縮ウランとプルトニウムの2つの型の核爆弾がある。2大核兵器保有国の米ロは保有量の大幅削減を決めているが、国際社会では北朝鮮、イランなどへの拡散が懸念されている。製造が比較的容易な兵器として、通常爆弾に放射性物質を詰めてまき散らす「汚い爆弾」もある。米国はアルカイダなどのテロ組織が「汚い爆弾」を使用することを恐れ、核物質の国際管理体制の強化を訴えている。「汚い爆弾」の殺傷能力は低いが、汚染除去が困難で市民生活がパニックに陥るのは間違いない。主な生物兵器としては炭疽菌、ボツリヌス菌がある。たいていの菌類に対してワクチンが開発されているが、入手が容易な菌の拡散を防ぐのは不可能。化学兵器にはサリン、VXなどの神経ガス類が多い。いずれも致死率が高く、早期に市民を汚染地域から避難させる必要がある。

大量保有報告書
【report on large shareholders】
5％ルールに基づいて金融庁に提出される書類のこと。その写しは発行会社と証券取引所にも送付される。5％ルールは、正式には大量保有開示制度に基づくものであることから、大量保有報告書と呼ぶ。また大量保有者(上場企業の株式を発行済み株式数の5％を超えて保有する者)は、大量保有報告書を提出した後も、発行済み株式数に占める保有割合が1％変動したり、その株を担保に差し入れるなど重要な事項に変更があれば、そのつど、変更報告書を提出しなければならず、特に株を肩代わりなどによって譲渡した場合は変更報告書に譲渡の相手先やその値段を記載する必要がある。→5％ルール

ダイレクトバンキング
【direct banking】
銀行が店舗を使わず、郵便などを通じて顧客と直接、接点を持つこと。店舗運営には多大な費用がかかるため、効率的な経営を目指す欧米の銀行は早くから店舗以外での取引に力を入れてきた。不良債権の処理で体

力が消耗した邦銀もリストラの一環で店舗の統廃合が必要になり、欧米を手本にインターネットや電話での振り込み、振り替えなどのサービスを競っている。

ダイレクトマーケティング
【direct marketing】
従来の販促・広告活動以上に、より直接的な形で消費者情報を収集し、市場開発する考え方。具体的には、ダイレクトメールやカタログ販売、電子メールマガジンの配信などのことで、消費者行動の多様化と細分化を背景とする。インターネットの登場で劇的にコストが低下、可能性が広がっている。

ダウ工業株30種平均
【Dow-Jones Industrial Average】
ニューヨーク証券取引所に上場している代表的な30銘柄で構成される平均株価。米ダウ・ジョーンズ社が算出し、発表している。1896年に12種平均としてスタート。1928年以降は30銘柄で固定している。株式分割などの権利落ちによって株価が下落した場合は、構成銘柄の株価の合計額を割る「除数」を小さくして連続性を維持している。このダウ修正方式は日経平均株価の算出にも採用されている。
→日経平均株価

ダウ・ジョーンズ商品相場指数
【Dow-Jones Commodity Index】
米国のダウ・ジョーンズ社が毎日発表する米国の商品相場指数。「現物」(スポット)と「先物」(フューチャーズ)の2つの指数がある。構成は金、銀、銅、木材、牛肉、豚肉、コーヒー、砂糖、大豆、小麦、トウモロコシ、綿花の12品目で無加重方式で計算している。基準年月日は1974年12月31日(=100)→ロイター商品相場指数

託送
日本では電気事業は通常、地域独占の企業が発電から送電、配電までを一貫して行っている。そのため発電事業に新規参入しようとすると、送配電網がないことが大きなネックになる。既存の電力会社が新規参入者の電力を有料受託し送配電することを託送といい、企業が自家発電した電気を自社の別の工場などに送る「自己託送」と、卸電力販売する際に送電線を使う「卸託送」とがある。規制緩和で先行した通信分野では、NTTが市内回線を第二電電に開放しているが、電気事業では託送が同じ意味を持つ。都市ガス事業でも既存の事業者がガス専管を使って新規参入者のガス輸送を代行する託送制度を導入した。

宅配便
【home delivery service】
道路運送法上の定義はないが、一個単位の貨物を一定の料金で一定の期間内に届けるトラック運送事業。普通30キログラム以下の小荷物の短期間輸送を売り物とし、翌日ないし翌々日の配達が多い。路線トラックのほか、航空などを利用するケースもある。料金は届け先の地域ごとに1個いくらとした地帯別個建て運賃を採用、一般消費者にもわかりやすくなっている。トラック業界全体が伸び悩む中で、大衆貨物を開拓した宅配便は、インターネットショッピングの普及で企業発消費者向けの取り扱いが急増している。2003年4月に発足した郵政公社は宅配便に相当する「ゆうパック」を強化しており、宅配便会社との競合が激しくなっている。

ダークファイバー
【dark fiber】
敷設はされているが光信号が通ってい

ない未使用の光ファイバー。新規参入をねらう通信事業者が借りれば,迅速・低コストで通信網を構築できる。鉄道会社や電力会社は本業用に敷設した光ファイバーの有効活用策として,ダークファイバー貸し出し事業を展開。NTT東西地域会社も2000年12月から電話局間を結ぶ「中継系」と,電話局と顧客を結ぶ「加入者系」のダークファイバーを他の事業者に貸し出している。

多孔質セラミックス
1マイクロ(1マイクロは100万分の1)メートルから1ミリ程度の微小な穴が一定に分布するセラミックス。触媒,吸着材,特殊なヒーターなどに用いられる。代表的なものはセラミックフィルター。耐熱性や強度に優れているため,液体のろ過や電解膜を利用した燃料電池などのほか,最近では脱臭剤にも利用されている。また微孔に微生物が付着しやすいため,微生物を利用した下水処理システムに応用されている。

多国間主義
【multilateralism】
他国へ不利益をもたらさないように,2国間の問題でも世界全体の枠組みの中で調整すべきだという考え方。政治,経済の国際的相互依存が深まる中で強調されてきた。世界貿易機関(WTO)の自由,多角,無差別の原則は多国間主義の典型。→WTO

多国間投資協定
【Multilateral Agreement on Investment】
直接投資に関する初の包括的国際ルール。経済協力開発機構(OECD)が1995年9月以降,97年の妥結を目標に作成交渉を続けていたが延長。98年の閣僚理事会での妥結を目指していたが,欧米間での意見対立が激しいうえ,非政府組織(NGO)の反対もあり,同年12月に締結交渉が打ち切られた。当初は投資の自由化と保護を目的とし,投資を巡る紛争が起きた場合に備え,紛争処理機構も整えるとの構想があった。OECDが既に作っている資本自由化コードなどと違い,法的拘束力を持ち,投資優遇措置の制限などを含む幅広い内容を目指していた。

他社株転換社債
【exchangeable bond ; EB】
債券として発行されるが,償還時に,現金でなく,あらかじめ決められた銘柄の株式を受け取ることもある商品。償還日の数日前に設定された計算日の株価が当初決められていた転換株価を下回った場合,現金で償還されずに,償還対象の株式を受け取る。転換価格より株価が上がった場合,投資家は額面の100%を現金で受け取るのが基本的な仕組みの例。株式で受け取る場合,結果として額面割れ投資となる可能性が高い。リスクがある分,通常の債券より利回りが高い。2000年に発行が急増した。対象となる株式の発行企業の許可を取る必要がないため,ソニー,富士通など償還時に株券を受け取る投資家が増えて,個人株主が急増したが,その後株価下落で損をするケースが増えた。

立ち会い外分売
通常の立ち会い場での売買では,売買株数が多過ぎて株価の変動が激しくなり,適正な売買ができないと予想される場合,取り扱い証券会社が取引所の承認を得て,立ち会い時間外に分売するもの。分売の方法は,①取引所が承認した日の終値から10%以内の割引値段で買い付けの申し込みを受ける,②申し込み株数が多いと

きは，証券会社の自己買い付けよりも，顧客からの委託を優先する——などとなっている。これにより，小口の株主を数多く作ることができるので，浮動株主作りの場合などに利用される。

タックスヘイブン
【tax haven】
租税回避地。法人税や利子・配当の源泉課税がゼロないしは非常に安いか，それとも別の税制上の特典がある国。カリブ海のケイマン諸島，南太平洋のニューヘブリデス諸島など，大洋に浮かぶ辺ぴな島や小さな国が多く，主として多国籍企業が利用する。最近は麻薬資金などの資金洗浄（マネーロンダリング）にも使われているという。また，パナマ，リベリアは船会社専門の税金避難地として古くから有名。2000年6月，経済協力開発機構（OECD）は非課税もしくは非常に低い税率で金融やサービス関連企業を国外から誘致している35の国や地域をタックスヘイブンと特定。リストを公表し，税制度の見直しや情報公開を強く迫ってきた。この結果，タックスヘイブンと名指しされた国・地域が，緩過ぎる金融規制や税制の見直しを相次ぎ表明。OECDが02年4月に公表した新リストに残ったのはモナコ，リベリア，リヒテンシュタインなど7カ国・地域にとどまり，マネーロンダリングやテロ資金運用に対する国際監視の強化が実効を上げ始めている。03年5月にはオーストラリア北東の島国バヌアツがリストから除外された。

建玉
【contract】
先物やオプション市場で成立した売買契約のうち，未決済の残高をいう。売り約定のものを「売り建玉」，買い約定のものを「買い建玉」と呼ぶ。既存建玉から反対売買や権利行使されたものを決済分として除外して算出。会員の報告をもとに取引所が公表する。単に未決済残高を示すだけでなく，市場規模や相場の地合いをはかる重要な指標のひとつ。

棚卸し資産
【inventories】
販売のために所有している資産。非製造業では，商品，積送品（委託販売のため他店に発送した商品），未着品（既に買い入れ済みで運送の途中にあるもの）などに分類され，製造工業では，原・材料，仕掛かり品，製品，半製品，貯蔵品，消耗品などに分類される。

棚卸し資産回転日数
【inventory turnover period】
棚卸し資産がどのくらいの期間，企業の手元に在庫としてとどまっているかを日数で見るもの。これによって，棚卸し資産に対する販売効率，つまり仕入れた原材料や生産した商品が，どれだけよく売れているか，またひいては資産が能率よく動いているかが分かる。この日数が長い場合でも，原材料を安いときに大量に仕入れたとか，季節的に販売に変動のある場合は，その時期に備えて早めに仕入れを行うという例があるので，一概にはいえないが，一般的には，この日数が短いほど経営効率がいい。

$$\frac{棚卸し資産（期首期末平均）}{売上高（年換算）} \times 365$$

他人資本 borrowed capital ; foreign capital ⇨ 株主資本

たばこ会社訴訟
【lawsuits against tobacco companies】
米国の州政府や反喫煙団体，喫煙者らが喫煙によって健康被害がもたらさ

れたなどとして，フィリップ・モリス，RJRナビスコなどのたばこ会社を相手に起こしている訴訟。1997年6月の合意内容は暗礁に乗り上げたが，たばこ会社が2,460億ドルの賠償金を払うとともに，広告自粛などに応じたため，98年11月までに全州と和解した。訴訟負担はたばこ会社の収支を圧迫，赤字や減益が相次いだ。2002年10月にはカリフォルニア州で64歳の女性がフィリップ・モリスを相手取った裁判で280億ドルと個人に対して最高額の賠償を命じる評決が出るなど，訴訟はその後も相次いだ。

多頻度少量(小口)配送
メーカーや問屋が少ない量の商品を頻繁に小売店に配送すること。食品などの場合，商品の鮮度を保てるほか，小売店にとっては在庫を少なくできる利点がある。半面，物流コストが余計にかかるほか，交通渋滞や人手不足に拍車をかけているとの指摘もあり，配送回数を少なくできる一括物流を導入する小売企業が増えている。

ダブル・スタック・トレイン
【double stack train】
コンテナ2段積み列車。ダブルデッカーともいう。1台車当たり5つのプラットフォームを持ち，1プラットフォーム当たり2個の40フィートコンテナを積むことができる。通常15～20台車で1列車編成され，合計150～200個の40フィートコンテナ(20フィートも可能)転送が可能。1976年に米国で試験輸送が始められ，現在では海運会社が複合一貫輸送の内陸輸送用に運行しているケースがほとんど。従来のコンテナ1段積み列車に比べ運賃を大幅に削減でき，輸送効率を上げられる。

ダブルハルタンカー
【double-hull tanker】
船体を二重構造化したタンカー。船体のうち外殻が破損しても油槽の原油や重油の流出を防ぐことができる。シングルハル(一重構造)と比べ，流出事故の発生率は1/2から1/3。タンカーの大型化に伴い，座礁や衝突で大量の原油などが流出する事故が相次ぎ，海洋汚染が深刻な問題になった。このため90年代に入って国際海事機関(IMO)を中心に規制強化が進められ，シングルハルの大型タンカーは原則的に2005～10年にかけて退役することが義務付けられている。

ターミナルアダプター
【terminal adapter】
主にISDN(総合通信網)を使うときに必要な通信機器。パソコンをつなぐだけでなく，電話機やファクシミリなどのアナログ通信機器も接続できる。ルーターと機能を組み合わせた製品もありNECが多くのシェアを持つ。→ISDN

タミル問題
【Tamil problem】
スリランカの人種抗争問題。人口約1,900万人のうち仏教徒のシンハラ人が約80％と多数を占めるのに対し，ヒンズー教徒のタミル人は約10％にすぎない。1972年に結成したタミル人過激派「タミル・イーラム解放のトラ」(LTTE)は多数派シンハラ人へのテロを続けている。タミル派による87年4月のコロンボ爆弾テロと，これに対する政府の報復をきっかけに，自国南部にタミル人を抱えるインドが介入。両国は7月にタミル人の自治拡大を認める和平協定に調印，インド平和維持軍(IPKF)が進駐した。これに反対するシンハラ過激派「人民解放戦線」(JVP)はIPKF撤退問題をからめ，要人テロを繰り返した。

94年にタミル人との和解を公約にしたクマラトゥンガ大統領が就任(99年12月再選)。95年1月に暫定停戦の合意が成立したが,その後停戦は破れている。2002年9月からノルウェーの仲介で和平交渉が始まったが,03年11月には和平に慎重なクマラトゥンガ大統領が突然,和平推進派の閣僚を罷免。その後も政情の混乱が続いている。

ダメージトレラント
建物の設計段階で,大地震が起こったときに壊れる部材を特定し,その部材に揺れの被害を集中させて柱・梁など主構造部を守る方法。壊れる部材は取り替えられるように設計する。1995年1月の阪神大震災後,低コストの制震工法として,建設業界に広まり始めた。

タリバン
【Taliban】
1970年代末にアフガニスタンに侵攻したソ連軍とのゲリラ戦に参加した難民キャンプ出身のイスラム神学生らが結成した武装イスラム組織が母体の組織。94年にアフガン南部の神学校を拠点にタリバンを結成。略奪や都市攻撃を繰り返す旧ゲリラ勢力を一掃して市民の熱狂的な支持を得た。その後98年までにアフガン全土の90%以上を制圧し政権を握った。市民にはイスラム教の戒律厳守を求め,女性に対するベール着用強制やテレビ放送の禁止などを相次ぎ命令。2001年3月にはイスラム教が説く「偶像崇拝禁止」を理由に世界的な仏教遺跡であるバーミヤンの石仏群を破壊し世界的な非難を浴びた。01年9月に起きた米同時テロに対して,米国は事件の首謀者とされるウサマ・ビンラディン氏をかくまっているとしてアフガニスタンのタリバン拠点を大規模空爆,特殊部隊を投入するなどしてタリバンを崩壊に追い込んだ。だが,タリバンの最高指導者オマル師やビンラディン氏は依然行方不明で,残存勢力もなおアフガン国内やパキスタンで活動を続けていると見られる。→対テロ戦争

タリフクォータ ⇨ 関税割り当て制
タールサンド
【tar sand】
油砂。砂に揮発成分を失った石油が混じってアスファルト状になっているもので,カナダのアルバータ州アスバスカ,ベネズエラなどに集中して分布している。オイルサンドともいう。地表に固体状または半固体状で存在しており,それをかき集めて熱処理を加え,精製すると重質油がとれるが,生産プラントに膨大な資金がかかる。一部商業化段階に入っている。

多連装ロケットシステム ⇨MLRS
ターンアラウンドマネジャー
【turnaround manager】
経営破たんした企業や過剰債務を抱え破たん寸前の企業で,事業の再生に取り組む専門家。資産の売却や証券化,人員削減などによる負債の圧縮から,非中核事業の売却や撤退,中核事業への集中投資による競争力強化まで手掛けるため,税務や法務,財務,経営という幅広い知識が要求される。国内では投資ファンド,金融機関,コンサルティング会社,弁護士などが手掛けることが多いが,事業会社の経営者が担うこともある。

単位価格表示 ⇨ ユニットプライス制
単位型投信 ⇨ ユニット型投信
団塊ジュニア
【second-generation babyboomers】
1970年代前半の第2次ベビーブーム期に生まれた比較的人口の多い世代。戦後すぐの1940年代後半の第

1次ベビーブーム期に生まれた「団塊の世代」の子供たちという意味で「ジュニア」を付けた。団塊の世代と団塊ジュニアはそれぞれ，行動パターンや消費性向が比較的似ている人々の集団とされ，さまざまな企業が主要な消費者として位置付けている。→コラム「X世代（ジェネレーションX）」

短期外資
【short-term foreign capital】
期限1年以内の外資。日本の場合，短期外資といえば，ユーロマネー，輸入ユーザンス，非居住者円預金，クリーンローンなどがある。輸入ユーザンスを除くと浮動性が高く，外貨準備高を大きく増減させる要素になる。→外貨準備高

短期金融市場 short-term money market ⇨ 資本市場

短期国債
【treasury bills】
発行から償還までの期間が1年以内の国債。国債の大量償還・借り換え対策として，1986年2月から発行されている。3カ月，6カ月物のほか，99年4月，1年物を新たに導入した。短期国債を大量償還の期日前に発行することで一時的な資金調達手段として利用できる。それでいったん現金償還した後，短期国債の償還期日に合わせて改めて本格的な借り換え債として，中期国債なり長期国債を発行しようというもの。これにより，一定月に集中する大量償還分の借り換えを分散，平準化できる。→政府短期証券

短期資本規制
【controls on short-term capital】
アジアや中南米などの新興市場国が巨額の資金の引き揚げに見舞われ通貨危機に陥った経験を踏まえて，ヘッジファンドなどの短期資本の動きに一定の規制をかけようというもの。1999年7月のケルン・サミットの蔵相会合がまとめた報告は，危機時の例外的な対応として，新興国の政府が資本の流出入を規制することを認める方針を初めて示した。流出規制としてはかつてチリが実施した外貨預金に高い預金準備率を設定するなどの手法がある。

単元株
【stock trade unit】
株式の売買単位を企業が自由に決められる制度。株式の売買単位を原則として額面総額が5万円（額面50円なら1,000株）となるように定めた単位株制度に代わり，2001年秋施行の改正商法で導入された。単元株制度では企業が定款を変更して100株や50株を1単元とすれば，売買単位を引き下げられる。議決権は1単元ごとに付与される。株価が高い企業にも投資しやすくなり，個人投資家のすそ野拡大に効果があると期待されている。

短SAM
【short-range surface-to-air missile】
射程が比較的短い地対空ミサイルを指す。防衛庁が開発したものは最大速度マッハ2，射程数キロの超低空侵入機を対象としており，高射機関砲より遠く，高い空ににらみをきかせるものと期待されている。誘導方式は空中ロックオン赤外線ホーミングといい，地上からの誘導は飛行途中までで，敵機に近づくとミサイル自ら赤外線ホーミングで自動追跡する。東芝を主契約者として1966年から開発が始まり，79年までに実用試験が終わり，81年から装備化された。開発費は約120億円。同クラスの地対空ミサイルとしては独仏共同開発のローラントなどがある。→中SAM，SAM

短資 ⇨ コール
短資市場 call market ⇨ コール
単純平均株価
【simple arithmetical stock price average】
個々の銘柄の株価を合計して銘柄数で割ったもの。正確には単純算術平均株価という。

男女雇用機会均等法
【Equal Employment Opportunity Law】
職場での男女平等を目指し、募集・採用、配置・昇進における差別解消を企業の努力義務とし、定年・解雇・退職、一部の教育訓練や福利厚生での差別は禁止規定とする法律。1979年の国連総会で婦人差別撤廃条約が採択されたため、条約の批准に必要な国内法整備の一環として86年に施行された。97年6月、それまで努力義務規定としていた募集・採用面での差別撤廃を差別禁止規定とする改正法が成立、99年4月から全面施行された。併せてセクシュアルハラスメント防止のための企業の配慮義務の新設や、時間外・休日労働、深夜業などの女子保護規定の撤廃も盛り込まれた。

炭素基金
【carbon fund】
二酸化炭素(CO_2)などの温暖化ガスの効率的な削減を目指して世界銀行が設立した基金の名称。1997年の温暖化防止京都会議で認められた「クリーン開発メカニズム(CDM)」(先進国が途上国の温暖化ガス削減に協力した場合、削減分の一部を先進国の成果として計算してよいとの枠組み)に基づいて、先進国の企業や政府が出資した資金を世界銀行が仲介、途上国の風力・水力発電所などのプロジェクトに投資し、そこで得られた成果(温暖化ガスの排出削減分)を温暖化ガスを排出してもよい権利、「排出権」として出資比率に応じて出資者に再配分する。仕組みは排出権取引市場にかなり似ているが、参加者が出資者などに限定される分、取引がスムーズに進むと期待されている。→排出権取引

炭素税
【fossil fuel tax】
地球温暖化につながる二酸化炭素(CO_2)の排出を抑制するため、二酸化炭素の排出源である石油や石炭など化石燃料の消費に掛ける税金。地球環境保全のための財源対策である「環境税」構想のうち最も有力な税目。フィンランド、オランダなどが既に導入しており、日本にも導入を検討する動きが出ている。

炭素繊維
【carbon fiber】
分子構造で炭素の正六角環が編目状になったグラファイト(黒鉛)状の炭素からできた高強度、高弾性の繊維。アクリル繊維を焼いて炭素化して作るPAN(ポリアクリロニトリル)系と、産業資材に使われる石炭、石油残渣等から作るピッチ系がある。比重は鉄の4分の1で、重量あたり強度は10倍という特徴から、ゴルフのクラブシャフトやテニスラケット、釣竿などのスポーツ用途や、航空・宇宙用等、用途開発も盛ん。ピッチ系の中で低価格のものは、高温断熱材やシール材としても使用されている。最近では米ボーイングや欧エアバスが次世代旅客機の主要構造材に採用するなど航空用途の需要が拡大。欧州で盛んな風力発電用の羽根や自動車部品などにも採用が始まっている。東レ、帝人、三菱レイヨンの日本メーカー3社グループが世界シェアの7割強を占める代

表的な先端材料の1つ。

弾道ミサイル防衛
【Ballistic Missile Defense】
早期警戒レーダーなどで飛来する弾道ミサイルを発射直後に探知,迎撃ミサイルで着弾前に撃墜する防衛システム。日本政府は2003年12月,弾道ミサイル防衛システムの導入を正式決定した。地対空誘導弾パトリオット3(PAC3)と海上配備型スタンダードミサイル3(SM3)を米国から購入,06年度末に一部を稼働,11年度までに整備する計画。政府は北朝鮮の弾道ミサイル発射実験を契機に1999年度から,TMD(戦域ミサイル防衛構想)を進める米国との共同技術研究を開始したが,この結果を待たずに米が開発したシステムの採用を決めた。日米の共同技術研究はイージス艦からミサイルを発射する次世代の「海上配備型上層システム」(現在の「海上配備型ミッドコース防衛システム」)が対象。日本側は三菱重工業を取りまとめ役に,「ノーズコーン」「赤外線シーカー」「キネティック弾頭」「第2段ロケットモーター」の設計,試作を行っている。

単独運用指定金銭信託
【individually operated designated money trust】
委託者が,株式などの有価証券や貸付金など,どのように金銭を運用するかについて大まかに指定して,具体的な銘柄や貸付先の選定については信託銀行に任せる指定金銭信託の一種で,委託者ごとの資産を単独で運用するもの。通称,指定単。複数の委託者の資産をまとめて運用する合同型と区別する。主に公的年金や簡易保険などの積立金(公的資金)を運用する受け皿として利用される。

単品管理
販売時点情報管理(POS)システムなどを駆使して集めたデータを分析し,死に筋のカット,売れ筋の品ぞろえ強化をする作業。小売業が利益を増やす手段の1つに商品を買い取りで仕入れて粗利益を稼ぐ方法があるが,それには在庫を抱えるリスクが伴う。このため,単品管理を徹底させ,商品を売り切る力を高めていくことが極めて重要になる。

ダンピング提訴
【dumping petition】
輸入した製品の価格が,輸出国内での販売価格を下回る値段で販売されて,かつ輸入国の同種製品を作る産業に被害を与えているとして,輸入国の業界が政府に訴えること。業界などからの提訴により,政府当局が調査に乗り出し,シロかクロの判定を出す。クロならば反ダンピング関税を掛けることが世界貿易機関(WTO)協定上の権利として認められている。近年,先進国だけでなく途上国からもダンピング提訴が増加している。

担保掛け目
【assessment rate of collateral】
株式の信用取引や国債の先物取引を利用すると,証拠金だけで株式などを買うことができる。その場合,現金の代わりに担保として差し入れる代用有価証券に適用される掛け目のこと。担保として差し入れた株式や債券などの有価証券を代用有価証券と呼ぶ。例えば時価100万円のものであっても80万円にしか評価されないなら,現金100万円の代わりには時価125万円相当のものを入れなければならない。この場合掛け目は80%となる。この掛け目を変更することによって相場の過熱を防いだり,相場の押し上げ要因に利用したりすることができる。

地域開発投資
【regional development investment】
経済開発が遅れた地域を支援する民間主導の投資手法。米国を中心に市場が拡大している。伝統的な金融システムでは見落とされがちだった地域社会に資金供給し、活性化に結びつけるのが狙い。社会的責任投資（SRI）を重視する個人や機関投資家が、預金や証券購入を通して地域開発を支える。零細企業向けの融資ファンドやベンチャーキャピタルも重要な担い手。日本でも地域開発の主体が国から民間に移りつつあり、今後、普及が予想される。

地域金融機関
【regional financial institutions】
地方銀行、第二地方銀行、信用金庫、信用組合など営業地域が一部に限られる金融機関の総称。経営者の資質など取引先企業との長期的な取引関係から得られる情報に基づいて融資する「リレーションシップバンキング」を特徴とする。金融庁は2003年3月にまとめた行動計画で、03〜04年度の2年間を地域金融の「集中改善期間」と設定。大手行のように不良債権残高を半減させるという数値目標を置かない代わりに、収益力向上や企業再生機能の強化、情報開示の充実などを求めている。→リレーションシップバンキング

地域通貨 ⇨ エコマネー

地域冷暖房
一定地域の多数の建物に同時に冷暖房をすること。家庭のセントラルヒーティングやビルの空調を地域的に拡大したもので、中央に冷暖房プラントを作り、そこからパイプを通して周辺のビルに冷暖房機能を供給する。最近は東京ガスなど大手都市ガス会社が中心となって、都市ガスを使った地域冷暖房を東京の新宿、大手町、池袋などで実施している。また東京電力も1987年度から兼業申請し、地域冷暖房事業に本格参入。石油業界も食い込みをねらっている。

チェチェン紛争
【conflict over Chechenya】
ロシア南部のカフカス地方にあるチェチェン共和国で、ロシアからの独立を求める武装集団とロシアとの間で行われている紛争。ロシアは1994年12月、91年に独立を宣言し内戦状態が続いていた同共和国に軍事介入した。しかし武装集団側はロシア南部でテロ活動を行い、ロシア軍と「血で血を洗う」戦いが続いた。96年4月にドダエフ大統領が死亡したことからロシア側との和平交渉が本格化、8月末に停戦合意が成立。97年1月のロシア軍完全撤退を経て大統領選が行われ、穏健派のマスハドフ総司令官が新大統領に選ばれた。モスクワなどで起きた連続爆破事件を機に、ロシア軍は99年9月末にチェチェンに再び進攻、反政府武装勢力の犯行と見られる自爆テロが引き続き起きるなど、紛争は長期化の様相を呈している。

チェルノブイリ原発事故
【Chernobyl nuclear accident】
旧ソ連・ウクライナ共和国（当時）のチェルノブイリ原子力発電所で1986年4月26日に発生した史上最大の原発事故。当時のソ連政府は死者は約60人、周辺住民13万人が避難したと発表したが、死者は7,000人に及ぶとの説もある。放射能汚染はソ連国内から欧州全域に広がり、同地

域の農業に大きな打撃を与えた。この事故は西側諸国の反原発運動を刺激し，IAEA（国際原子力機関）は原発事故に伴う早期通報条約と国際援助条約を採択した。チェルノブイリ原発のうち放射能漏れ事故を起こした4号炉は事故直後にコンクリート詰めの「石棺」となり，2号炉と1号炉も96年末までに閉鎖。残る3号炉は，2000年6月の米ウクライナ首脳会談で同年12月に閉鎖することで合意，チェルノブイリ原発は事故から15年近くを経て完全閉鎖された。

チェーンストアオペレーション
【chain-store operation】
多店舗展開のための経営手法。本部を軸にして，人口の集まる地域にどんどん店を作っていく方式。仕入れ，事務計算，人材配置などを本部で集中管理し，チェーン店は販売に徹するのが特徴。最近は地域に合わせたきめ細かい店舗運営を行うため，仕入れの一部を任せるなど店舗の権限を強化する動きが目立ってきた。

地価公示制度
【government appraisal of land prices】
地価公示法に基づき，1月1日時点の全国の土地価格を不動産鑑定士，同士補の2人以上に評価させ，これを国民に年1回公表する制度。投機的な土地売買を抑制して売買価格の適正化をねらいとしたもので，公示された価格は，民間で土地を売買する場合の有力な目安となる。また地方公共団体や公団などの公的機関が土地を収用する場合にも，地価公示法に基づく買収価格の基準となる。

地下室付き住宅
【house with basement space】
一戸建てやマンションなどで，地下部分を活用したもの。1994年6月の建築基準法の一部改正で，延べ床面積の3分の1を限度に容積率に算入しなくてもよい規制緩和措置が取られた。住宅メーカーなどは除湿，換気などに留意した工法開発で「じめじめした暗いイメージ」を払しょく。収納庫やカラオケルームのほか，都市部では主寝室や居間としての利用も高まっている。

地下水汚染
1980年代から発がん性の恐れのある3種類の塩素系有機溶剤による地下水汚染が深刻化している。3物質は半導体の洗浄などに使われるトリクロロエチレン，ドライクリーニングに使うテトラクロロエチレンとフロン原料の四塩化炭素。貯蔵施設などからの漏れが原因と指摘されている。旧厚生，旧通産両省は89年4月に3物質を製造，輸入の際に事前届け出が必要となる「化学物質の審査及び製造等の規制に関する法律」の「第二種特定化学物質」に指定した。2003年には茨城県神栖町（かみすまち）の井戸水が有機ヒ素化合物で汚染されていることがわかり，社会問題化した。

地価税
【land-holding tax】
個人，法人の持つ土地の相続税評価額に一定の税率で課税することで，土地の資産としての有利性を減少させることをねらった税制。それまで土地保有にかかる税は地方税（固定資産税と都市計画税）だけで，地価税は初の国税。税額は土地評価額から基礎控除分を引いたものに税率を掛けて引き出す。基礎控除は個人や中小企業（資本金または出資金1億円以下）が15億円か，課税対象地の総面積に3万円を掛けた額のどちらか高い方になる。1992年からの施行で税率は0.3％だったが，96年度から0.15％

に下げられ、98年度から課税を停止している。

地球温暖化
【global warming】
二酸化炭素（CO_2）などの温暖化ガスにより、地球の平均気温が上昇する現象。フロンによるオゾン層破壊と並んで地球環境問題の主要テーマになっている。観測データによれば、既に100年間で0.5℃程度の温暖化が進んでいる。国連の「気候変動に関する政府間パネル（IPCC）」は、現在のペースで温暖化ガスが増えると、21世紀末に今より1.4～5.8℃気温が上昇すると予測している。気温上昇は大陸部で大きく、植生や気候の変化によって農作物に被害が出る恐れがあるとしている。また、海水が温められて膨張したり南極や北極圏の氷が溶けて海水面が上昇する可能性もある。IPCCの試算では1990年から2100年の間に海面は0.09～0.88メートル上昇する。温暖化防止への世界的な取り組みとしては、92年の国連環境開発会議（地球サミット）で地球温暖化防止条約が締結され、94年3月に発効した。97年12月に開かれた地球温暖化防止京都会議で、先進国に温暖化ガス削減目標を課す議定書が採択された。98年11月のブエノスアイレス会議では温暖化ガスの排出権取引について議論された。

地球温暖化防止条約
【the United Nations Framework Convention on Climate Change】
二酸化炭素（CO_2）など温室効果ガスの排出を抑制して地球の温暖化を防ぐ条約。正式名称は「気候変動に関する国際連合枠組条約」。1992年5月に採択、同年6月の地球サミットで署名を開始し、94年3月に発効した。先進国は二酸化炭素の排出量を90年代末までに90年水準に戻すことが努力目標になっていた。94年3月に発効。第1回締約国会議は95年3月にベルリンで開催され、97年に京都で開かれた第3回締約国会議で、2010年をメドとした先進国の二酸化炭素排出量を90年比で約5％削減することを盛り込んだ議定書を採択したが、米国が01年の3月に不支持を表明、議定書は米国を除く日欧ロなどで発効する見通し。→京都議定書

地球環境基金
【Global Environment Facility；GEF】
世界銀行、国連環境計画、国連開発計画が途上国の地球環境保全活動を支援するため、1991年に発足させた基金。地球温暖化対策、生態系の保護、オゾン層保護などの分野を対象にしている。先進国中心の世銀方式で運営されているため、途上国から自分達の意見が反映されないとの不満が強い。

地球再生計画
【New Earth 21】
産業革命以来200年かけて変化した地球環境を、科学技術によって今後100年の間に再生することを目指す計画。1990年の先進国首脳会議（ヒューストン・サミット）で日本が提唱した。最大の目的は地球温暖化をもたらす大気中の二酸化炭素（CO_2）の大幅な削減。前半の50年間は温暖化など地球環境変化の科学的解明を急ぎながら、省エネルギーの推進や太陽光発電、燃料電池などの開発・利用に力を入れる。また核融合や宇宙太陽光発電など革新的な次世代対策技術の開発にも取り組む。後半はこれらの対策を総合的に活用することにより、緑豊かな地球を取り戻し、二

酸化炭素排出量を限りなく小さくする。→核融合，燃料電池

地球サミット ⇨ 国連環境開発会議

地球シミュレータ
【earth simulator】
宇宙開発事業団，海洋科学技術センター，日本原子力研究所，NECが共同開発した超高速コンピューター。地球温暖化や天変地異の影響を予測するねらいで旧科学技術庁が約400億円を投じ，5年がかりで2002年春に完成した。従来のスーパーコンピューターより1,000倍早い計算能力を持ち，地震原因となる地殻変動の予測などで成果を上げている。ナノチューブ（筒状炭素分子）の原子レベルでの解析など，産業応用でも成果が出始めている。

地区計画制度
大都市圏でミニ開発による住環境の悪化が深刻な問題になってきたため，地方自治体が良好な街づくりを計画的に進め，ミニ開発を防止できるように1980年5月の都市計画法改正で制度化された。市町村が小学校の通学区域程度を1地区として，その地域の建築物の用途制限，家の高さや容積率，敷地面積などの最高・最低限度，道路，公園などの位置を定め，地域としてまとまりのある市街地をつくる。現在5種類の地区計画制度があり，用途地域指定のある都市計画区域の約1％が同制度を適用している。対象地域では開発業者や個人が家を建てる場合，市町村長に届け出なければならない。→都市計画法

遅行指標 lagging indicator ⇨ 先行指標

地産地消
【local production and local consumption movement】
地域内で生産した農産物をその地域で消費すること。輸入食品が増えるなか，食品の安全性に対する関心が高まり，新鮮で安全な農産物を求める消費者が増えている。一方，地方自治体などは地場農業の振興や地域の活性化につながるとして地産地消を推進。学校給食や地元の飲食店での利用や，地元スーパーでの販売を促進する運動が起きている。輸送コストを削減できるので消費者には農産物を低価格で入手できるメリットもある。

地上デジタル放送
【terrestrial digital broadcasting】
画像や音声などをデジタル信号として送る方式の地上波放送。首都圏など3大都市圏で2003年末から放映が始まった。その他の地域は06年から始まる計画。完全に普及するまで現行のアナログ放送は残るが，11年には廃止されデジタル放送に完全移行する。高画質放送，双方向データ放送，携帯電話など移動体向け放送など新たなサービスが受けられ，利用する場合はデジタルテレビなどの専用受信機が必要となる。

地政学的リスク
【geopolitical risk】
地域紛争や戦争の可能性など，特定の地域が抱える政治的・軍事的な緊張の高まりが，他の地域も含めた経済活動に悪影響を与えるリスク。2001年9月の米同時テロの発生後，米国で強く意識され，株式や外国為替相場の不安定要因になった。米連邦準備理事会（FRB）が02年9月に発表した声明の中で同リスクに触れ，広く使われるようになった。イラクや中東情勢，世界各地に拡散するテロ，北朝鮮の核開発疑惑などが例として挙げられる。

地層処分
【geological isolation of nuclear

waste】
原子力発電所から出る「核のごみ」を地下深くに埋めて処理する方法。 日本は使用済み核燃料を再利用する政策をとっているが、この場合も高レベル放射性廃棄物が残り、隔離しなければならない。日本を含め大半の原発保有国は、「核のごみ」対策として地層処分を選択している。埋める場所の岩盤強度や地下水の及ぼす影響などの調査研究が既に始まっている。フィンランドが2001年5月、世界で初めて地層処分場所を決めた。日本でも2030～40年代に地層処分が開始される予定。

地対空ミサイル ⇨SAM、短SAM、中SAM

窒素酸化物 ⇨NOx

知的財産推進計画
特許や著作権など知的財産の創造や活用を通じ、日本の産業の国際競争力回復を目指すための具体策をまとめた計画。 2003年7月に政府の知的財産戦略本部が決定した。大学の評価に特許収入などを用いることで知的財産の「創造」を促したり、知財裁判専門の高等裁判所（知財高裁）を創設して知財の「保護」を強化したりする。国内外における模倣品の取り締まり強化や、映画、ゲームソフトといったコンテンツ（情報の内容）関連産業の拡大も進める。政府はこの計画に従って今後3年間に約270の施策に集中的に取り組み、必要な法改正などを実施する。

知的所有権
【intellectual property rights】
特許権、実用新案権、意匠権、商標権の工業所有権に著作権を加えた総称。 日本では工業所有権は特許庁、著作権は文化庁の所管だが、考え方や法体系は各国で異なる。世界知的所有権機関（WIPO）で知的所有権保護のための国際ルール作りが進められている。最近ではインターネット上の住所であるドメイン名と商標の問題や遺伝資源など新しい分野での問題が議論されている。国内ではネット上の音楽や映像などコンテンツの取引を促進するため、著作権法や特許法を見直す方針が政府の新IT戦略本部がまとめた2002年度の年次計画に明記された。

知的所有権保護条項
【section of intellectual property】
1988年米包括通商法に盛り込まれた。米企業が持つ特許権、著作権が外国企業に侵害された場合、外国製品の輸入差し止め措置をとるとの関税法337条を改正・強化したもの。 旧法は米企業に被害立証責任があり、また米企業が該当商品を製造していない場合は発動されなかったが、改正により被害の立証なしに米国際貿易委員会（ITC）に提訴できるうえ、ITCは調査開始から90日以内に輸入の仮差し止めができるようになった。また米企業が関係商品の研究・開発段階でも「米国内にその産業が存在する」とみなして保護措置をとれる。→知的所有権

地熱発電
【geothermal generation】
地下の高温の天然蒸気を利用する発電。 米国、イタリア、ニュージーランドなどで実用化されており、わが国でも脱石油の代替エネルギーとして、また国内資源活用の観点から、開発を進めている。九州電力の八丁原発電所（11万キロワット）など約55万キロワットが運転中。ただ、地熱発電の候補地はほとんどが国立・国定公園内にあるため、環境問題で解決しなければならない点も多い。

知能ロボット

人間の視覚や聴覚，触覚に相当するセンサーを取り付けて，人間並みの作業能力を実現したロボット。人工知能（AI）技術を駆使して，自ら学習したり，人間と違和感なく対話したりするロボットも含む。産業界では，微妙な力加減が必要なネジを開け閉めしたり，ばら積みされた加工物を1つ1つつかみ取ったりするロボットが実用化され，工場の自動化を推進して，生産コストの削減に役立っている。一方，半導体回路の高集積化を背景に，情報処理機能は着実に高度化している。ソニーのペット型「AIBO（アイボ）」では育った環境に応じて性格が変わるなど，「知能化」はパーソナルロボットの親しみやすさを実現する技術として重要視されている。→パーソナルロボット

チベット問題
【Tibet issue】

チベットは1950年の中国の人民解放軍進駐と51年の平和解放協定締結により中国政府の統治下に置かれたが，17世紀以降，長らくチベット仏教（ラマ教）の活仏（かつぶつ）ダライ・ラマを最高指導者とする政教一致の社会が続いたため民族意識が強く，紛争の火種がくすぶっている問題。59年には中国の農業集団化政策などに反対する「チベット動乱」が発生，ダライ・ラマ14世がインドに亡命した。66年に始まる文化大革命では仏像や寺院などの文化財が破壊され，89年には独立を求める大規模なデモが起き戒厳令が発令された。ダライ・ラマ亡命政権と中国政府の間では活仏の認定を巡る争いもあり，ダライに次ぐ権威があるとされるパンチェン・ラマの後継者に，それぞれ違う少年を選んでいる。

地方公営企業
【enterprises run by local municipalities】

地方自治体が独立採算で手掛ける収益事業。通常の行政サービスの収支を扱う一般会計と別に，公営企業会計を設けて管理する。2002年度決算では，全国3,255自治体が上下水道や病院など1万2,613の事業を運営している。総収支は79億円の黒字だが，自治体の運営でコスト感覚に欠けるため施設整備などの投資額が膨張。事業から得られる料金収入だけでは運営資金を賄えず，一般会計からの繰り入れや地方債の増発で補っているのが実情。

地方公社

地方公共団体が一部出資して設立した法人。第3セクターともいわれている。地域開発，都市開発，道路建設，運輸など設立の目的は広範囲に及ぶ。地方住宅供給公社，地方道路公社，地方土地開発公社は特別法に基づいて設立されているので特に地方3公社といっている。地方自治法では，自治体の首長は出資額が2分の1以上の法人の事業計画と決算書類の提出を義務付けている。バブル期には観光関係などの第3セクター新設が相次いだが，その多くがずさんな事業計画などにより経営危機に陥っている。

地方交付税
【distribution of the local allocation tax】

地方公共団体の財源不足を埋めるのと地方団体間の財源調整のため，国税5税（所得税，法人税，酒税，消費税，たばこ税）の一定割合を国から地方公共団体に配分する資金。複雑な算定方法や9割の自治体が受け取っていることへの批判があり，国と地方の税財政改革（三位一体改革）の課

題となっている。

地方債
【municipal (local government) bond】
地方公共団体が国や金融機関から借り入れる資金のうち、返済が2年以上にまたがるもの。証書借り入れと証券発行の形式がある。地方財政法5条で認められており、同法で起債の範囲は、①公共事業、②出資及び貸付金、③地方債の借り換え、④災害復旧事業――などに制限されている。発行には総務大臣の許可が必要だが、2006年4月からは起債の許可制が事前協議制になる。

地方債格付け
【rating of municipality bonds】
総務省では各自治体の信用力は同一としているため、地方債は最も人気の高い東京都債とほぼ同一の条件で全国の自治体が発行している。しかし、実際には流通市場で各自治体の信用力を反映し、①東京都債、②6大都市債、③その他ローカル債――の3つのグループに分かれ、流通利回りには格差が付いている。こうした市場での選別の動きと地方財政の悪化を受け、格付投資情報センター（R&I）は、1998年、公募地方債を発行している都道府県と政令指定都市の地方債償還能力の格付けを初めて発表した。それによると全自治体がダブルA格だったが、ダブルAプラスからダブルAマイナスまでの格差があった。

地方債計画
【local bond plan】
ある年度間の地方債の発行総額、事業別の発行額の配分、地方債消化先の大まかな配分などを決めたもの。まず総務省が作った案を基に、翌年度の国の一般会計予算、財政投融資計画、景気動向などと関連させ、総務、財務両省が中心となり国の予算編成と並行して作成する。

地方財政計画
【fiscal plans of local governments】
すべての地方公共団体の1年間の歳入、歳出の見込みを示す計画。地方財政の計画的な運営を図るため、政府は毎年度、国の予算や政策に照らしてこの計画を策定し、国会に報告するよう義務付けられている。地方財政計画には、①地方財源を保障する、②地方財政のあるべき姿を示す――といったねらいがあり、どうしても収支のつじつまを合わせることができない場合には、国は地方交付税や地方債の増額などの措置をとる。→地方交付税

地方証券取引所のベンチャー企業向け市場
【regional stock market for start-ups】
地域産業の育成や地元企業の上場促進を目的に、各地方の証券取引所が設けている上場制度。成長途上にある新興企業を主な対象としており、大企業中心の既存市場に比べ業績や企業規模、株主数などの上場基準が緩い点が特徴だ。名古屋証取が1999年10月にセントレックス、札幌証取が2000年4月にアンビシャス、福岡証取が同年5月にQ-Boardをそれぞれ開設した。有力企業の相次ぐ重複上場廃止で取引低迷が続く地方証取にとっては、新たな投資対象を提供し、市場全体の活性化につなげる狙いもある。

地方譲与税
【national tax revenue transfered to local treasuries】
地方道路譲与税、特別とん譲与税、石油ガス譲与税などの総称。国税として徴収されるが、そのまま交付税および譲与税配付金特別会計に組み入れられ、都道府県に譲与される。地

方団体が徴収しない点で地方税と異なり，複雑な配分方法をとらない点では交付税と異なる。

地方単独事業
地方公共団体が地方税や地方債などの自主財源を使って，その団体の自主的な判断で行う事業。県単事業などと略される。これに対し国からの補助金など一種のひも付き財源に基づいて実施するものを補助事業という。

地方分権一括法
地方分権を推進するため，2000年4月に施行された法律。制度の上では，国と地方が「上下・主従」から「対等・協力」の関係になり，地域の実情に合った政策を打ち出しやすくなった。最大の成果は，国が自治体を下請けと位置付けて事務を代行させる「機関委任事務」の廃止。機関委任事務を定めた351の法律が改正され，その55％が自治体自身の責任で実施する「自治事務」に代わった。このほか，権限の委譲も積極的に行われ，使途を限定した「法定外目的税」の創設など，独自課税もしやすくなり，東京都のホテル税など各地で独自の税創設が相次いでいる。

チャイニーズウォール
【Chinese wall】
証券会社の引受部門と営業部門の間の情報障壁。中国の万里の長城になぞらえてこう呼ぶ。上場企業のファイナンス情報など株価に影響を与える情報を公表以前に知り得る引受部門が，営業部門にこれを流して顧客勧誘に使うことはインサイダー取引にあたる。1988年5月の証券取引法改正に伴うインサイダー取引規制の強化に対応して，証券会社はチャイニーズウォールの徹底のため，企業情報を一元的に管理する部門の増員や，機構改革などを行った。

チャート
【chart】
株価の過去の動きを示したグラフ。ケイ線などともいう。日本生まれの代表的なチャートがローソク足。その日の始値，高値，安値，終値を基に描く形がローソクに似ていることからこう呼ばれる。過去の一定期間の株価を平均して表す移動平均線，値幅が一定以上変動したときに図形を書き足すカギ足や練り足，新値足など，着目する内容に応じてさまざまなチャートが考案されている。株式相場の先行きを占うには，大きく分けてテクニカル分析とファンダメンタルズ分析の2つの方法がある。前者は，過去の相場のパターンや傾向を分析し，体系化された経験則に基づいて今後の動きを類推する手法で，チャートはこれに使われる。これを専門にする人をチャーチスト，テクニカルアナリストとなどと呼ぶ。それに対し，後者は株価の前提となる収益に注目し，為替や金利の動向，景気指標などから将来の企業業績を予測して売買のタイミングなどを判断する。→ファンダメンタルズ

チャネルマーケティング
【channel marketing】
大量の商品を低コストで安定的に流す目的で，メーカーが流通チャネルに働きかける活動一般を指す。古くは家電や化粧品メーカーによる小売店の系列化などが知られている。最近はDS（ディスカウントストア）やGMS（総合小売業），大型専門店などの新業態が力をつけ，価格決定権を握っている。メーカー側は，既存チャネルへの対応と合わせ，価格を維持しながら売り上げを伸ばすための工夫を迫られており，業態別の商品開発など，新しい形のチャネルマーケティングが

活発化の兆しを見せている。

中央銀行
【central bank】
一国の金融制度の中心的な機関として特別法に基づいて設立された銀行。英国のイングランド銀行，ドイツの連邦銀行，フランスのフランス銀行，日本の日本銀行，米国の連邦準備制度理事会（FRB）などがそれで，次のような機能を持っている。①通貨量の調節＝一国の法定通貨である銀行券を発行する独占権を持ち，通貨を供給するとともに，経済情勢ともにらみ合わせて通貨量を調節する，②銀行の銀行＝市中銀行を中心とする金融機関に対して，手形の再割引などによって貸し出しを行い，また支払準備金（準備預金）の受託者として，あるいは市中金融機関の手形交換じり決済金の受託者として資金を受け入れる，③政府の銀行＝国庫金の収納や支出，保管を行うほか，公債の発行，償還などの事務を担当して政府の事務を代行する，④金融政策＝貸出金利を上げ下げする金利政策や公開市場操作，支払準備制度などによって金融市場の調整・安定を図る，⑤外国為替の集中決済機関＝国内の金と外国為替とを集中的に保管し，外国為替の決済と管理に当たるとともに，外国との金融上の協定の当事者となる。→FRB，公開市場操作，準備預金制度

中央防災会議
【Central Disaster Management Council】
地震や噴火などの自然現象による災害や，大規模な火事・爆発などの人為的な災害を未然に防いだり，発生時の被害を抑えたり，災害からの復旧を図ったりする計画を策定・推進する国の組織。首相が会長を務め，閣僚や学識経験者などがメンバーとなる。内閣府に事務局が設置されている。2003年5月末，静岡県を中心に発生すると予想されているマグニチュード（M）8クラスの東海地震について，国として初めての「東海地震対策大綱」を決めた。

中間決算
【interim financial results】
年1回決算会社が中間でまとめる半期（6カ月）決算のこと。1974年の商法改正をきっかけにほとんどの会社が年1回決算に移行したため，それ以降，クローズアップされた。77年に企業会計審議会が中間決算作成基準を答申したが，その最大の特色は本決算に比べ，会計処理の簡素化を認め，中間決算は本決算を予測する情報と規定したことにある。費用の計上方法に企業のある程度の恣意性を認め，会計士の監査方法も簡略化されているため，中間決算は従来の年2回決算会社の6カ月決算とは異なる。2000年3月期からは連結決算にも中間決算が求められた。

中間貯蔵
【intermediate storage of spent nuclear fuel】
原子力発電所から発生する使用済み核燃料を一時的に保管すること。東京電力が青森県むつ市に中間貯蔵施設の建設を計画中で，同市は2003年6月に受け入れを表明した。今後，知事が同意すれば，予定地の詳細調査を実施し国に事業認可を申請する。10年の操業開始を目指しており，東電が持ち込んだ燃料は50年間貯蔵した後，搬出する予定。現在，使用済み核燃料は各地の原発敷地内に貯蔵しているが，10年ごろには満杯になる可能性もある。国は，使用済み核燃料を06年に日本原燃が稼働予定

の再処理工場（青森県六ケ所村）に搬入し，ウランやプルトニウムを取り出して一般の原発などで再利用する「核燃料サイクル」政策を推し進めている。再処理工場の年間処理能力は全国の原発から出る使用済み核燃料量を下回るため，国と電力会社は中間貯蔵の早期実現を目指していた。

中間配当
【interim dividends】
決算期の途中で支払われる配当をいう。1974年の商法改正を契機にわが国の大多数の決算は従来の年2回から年1回に変更されたが，商法では「前期末の剰余金の範囲内で期央に金銭の分配をしてもいい」としており，多くの会社がこの制度を定款に織り込んでいる。ただし，株式配当は認められておらず，現金のみ。それも決算期のちょうど中間で支払うことになっており，変則決算の場合は中間配当ができない。また中間配当を行った結果，期末の配当可能利益が欠損になった場合，取締役がその欠損額を会社に賠償しなければならないことも規定しているので，定款に同制度を導入しても，実際には中間配当を見送ることも少なくない。

中間法人
【ChukanHoujin Entity】
町内会や同窓会，趣味のサークルなど，限定された関係者の利益のために活動する非営利目的の団体に与える法人格。法人の債権者に対する責任が有限となる有限責任中間法人と構成員である社員が無限責任を負う無限責任中間法人という2つの形態がある。導入は2002年4月だが，破たんしたゴルフ場を再生するための主体や業界団体など，最近になってビジネスへの利用が目立ち始めている。とりわけ，不動産開発のための資金を調達するための枠組みなど金融関係への利用が増えると見られている。従来は海外のタックスヘイブン地域などに設立していた特定目的会社（SPC）を活用した。

中間留分
石油製品のうち，灯油，軽油，A重油の総称。これら3品の需要は石油製品の中でも極めて多い。輸入する原油の中で，これら3品の生産に不向きな重質原油の比率が高まる傾向にあるが，石油精製会社は重質原油からこれら3品をより多く生産する設備を導入し対応している。かつて政策的に価格を低く抑えられたため，ガソリンの値段だけが突出し，国際的に見ていびつな価格体系となっているが，石油輸入自由化を機に元売りの多くが，ガソリンと中間3品の税抜き卸値を揃えた新価格体系に移行している。

中期国債
【medium-term government bond】
発行から償還までの期間が2〜6年の国債。国債の個人消化を増やさなければならなくなったとして，大蔵省（当時）は1975年に中期割引国債（5年），次いで78年度以降，2,3,4年の利付国債の発行に踏み切った。2000年2月からは5年利付国債の発行も始まっている。→国債

中期国債ファンド
【medium-term government bond fund】
株式を組み入れず，公社債を中心に運用する投資信託の一種。1980年に野村証券が第1号を発売した。主に2年から4年の中期利付国債を重点的に組み入れる。このため，比較的利回りが安定している。いつでも購入でき，購入後30日過ぎれば手数料なしで換金できる。当初は中期国債

の組み入れ比率が50％以上という制約があったが，88年3月に30％以上に緩和された。短期公社債投信と同様，99年7月から組み入れ債券に時価評価が導入され，2001年4月からは実績分配型に移行した。このため，マネー・マネジメント・ファンド（MMF）との商品性の違いがなくなったことなどを受け，野村アセットマネジメントなどが償還に踏み切った。

中期防衛力整備計画
【midterm defense buildup program】
防衛力整備の具体的方法を示した政府計画。1995年12月に96年度から2000年度の5年間の総額を25兆1,500億円とすることを決定した。しかし財政再建を掲げる当時の橋本政権は97年6月，中期防の総額を98年度からの残り3年間で9,200億円削減し，24兆2,300億円にとどめることを決定した。2001年度からの新中期防では国内でのテロ・ゲリラ戦やコンピューターシステムを破壊するサイバーテロなど新たな脅威への対応が焦点となっている。

中空糸
【hollow fiber】
ストローのように内部が空洞となった繊維のこと。特殊な口金で紡糸したり，紡糸原液に不活性ガスを添加したりして作る。中空糸の用途として脚光を浴びているのが工業用水のろ過膜と人工腎臓，透析用の膜。中空糸の中に血液などの溶液を通すと，繊維の壁にある無数の微細な穴がフィルターの役目を果たし，老廃物や不純物を取り除く。中空糸型人工腎臓は人工腎臓の中で定番商品となっている。近年では家庭用浄水器などにも活用範囲が広がっている。

中国株投資信託
【China equity investment trust】
中国株を運用対象とする投資信託。中国株は一般には中国本土と香港の株式市場に上場する中国，香港企業の株式を指す。中国では上海，深圳（シェンチェン），香港の3市場があるが，日本国内で販売される中国株投信は流動性に配慮して大半が香港市場の銘柄を組み入れている。中国株と一口にいっても，上海，深圳市場で外国人が投資できるB株があるほか，香港市場では中国本土企業株の香港H株，中国本土系の香港企業株のレッドチップがある。2004年ごろからは個人の人気を集め純資産残高が急増。中国人しか投資できなかった人民元立てのA株を組み入れた投信が登場するなど商品の多様化も進んでいる。→投資信託（投信）

中国脅威論
【argument over a menace from China】
中国の経済的発展につれ，東南アジアを中心に広がっている，中国の大国化を警戒する論調。国防費の急膨張，南沙諸島の領有権争い，台湾海峡でのミサイル・軍事演習などの問題が背景にある。2004年予算の国防費は前年当初予算比11.6％増の約2,100億円となった。02年には1ケタ台の伸びにとどめ周辺国の懸念に配慮していたが，軍事力の近代化を図るため再び重点配分することにした。

「中国圏」経済
【"China bloc"economy】
同じ言語，似た文化を持つ中国，台湾，香港を合わせた経済圏。域内総生産（GDP）は約1兆6,400億米ドル（2002年）と日本の3分の1程度にすぎないが，中国の急成長で圏内の貿易が急拡大し，アジアの経済成長をけん引している。中国は香港とモノやサービス市場を相互開放する経済協力協定（CEPA）を締結。台湾にも協

定締結を提案し，経済の結びつきは一段と緊密になるもよう。ただ政治的には域内で火種を抱える。中国返還から7年経った香港では中国の締め付けに反対するデモが起き，台湾では独立志向の強い陳水扁総統が04年春に再選され，中台関係は依然，緊張状態が続いている。

中国の為替レート統一
【unification of China's renmin-bin rate】

通貨当局が決める公定レートと外貨調節センターの市場レートの2本立てだった人民元交換レートを統一，管理された変動相場制に移行する措置。1994年1月から施行。これにより人民元は3割以上切り下がった。同時に80年4月以来の外貨兌換券の発行も停止された。4月には銀行間の外国為替市場が新設され，中国人民銀行（中央銀行）が前日の市場の終値をもとに決める基準レートを中心とした取引も始まった。ただ，外貨との交換が貿易決済など実需に基づく経常取引に限定され，株売買などで得た利益を海外送金したり，投機的に人民元を売買することはできない。

中国の金融体制改革
【financial structure reform in China】

1979年に経済改革を始めて以来，国の年次計画に従って唯一の銀行である中国人民銀行（中央銀行）が国有企業に資金を供給するだけの機能しかなかった中国の銀行制度が大きく変化した一連の改革を指す。84年までに人民銀行の中央銀行の機能以外の業務を引き継ぐ中国農業，中国，中国建設，中国工商の4大国有商業銀行が設立され，87年には中国交通銀行が初の株式銀行として営業を開始した。91年3月に邦銀など外銀の上海支店開設を認可。94年には国家財政赤字を国債発行で補てんするようになり，債券市場の育成を始めた。同年には4大国有商業銀行の政策金融を引き継ぐ中国国家開発，中国農業発展，中国輸出入の3銀行を設けた。95年3月には中央銀行法を施行。同年7月には政府などの融資圧力を受けない商業銀行への転換を促すため，商業銀行法を施行。商業銀行の設立基準や管理規定などを初めて立法化した。銀行間の通貨市場なども生まれ，96年4月には上海に全国統一のコール市場を作った。97年3月には一部外銀が人民元の取り扱い業務を開始した。その後，経済活動の活発化とともに資金需要が高まり4大国有商銀などの不良債権比率も高水準に達している。

中国の経済体制改革
【economic structure reform in China】

中国の経済体制改革は1978年12月の共産党第11期三中全会で決定された。外国資本・技術の導入による対外開放策と農村の統制緩和で生産意欲を高める農村改革が柱だ。84年10月の第12期三中全会では都市経済への大幅な市場原理導入を決定。87年10月の第13回党大会は「中国は社会主義の初級段階にある」と規定し，土地使用権の譲渡などを容認した。92年には当時の最高実力者・鄧小平氏の南方視察を機に改革・開放を加速。97年9月の第15回党大会は国有制を核とした社会主義経済の「公有制」の解釈を広げ，資本主義の手法である株式会社制度を本格的に取り入れると決めた。この結果，80年に国有企業や国有持ち株会社の就労人口が全体の7割を超えていたが，90年代後半には3割を下回り，その後も低下傾向にある。

人民元の切り上げ問題
revaluation of the yuan

　中国の通貨である人民元の為替レートが低く設定されすぎており、ドルなど主要通貨に対してレートを切り上げるべきだとする議論。米国の2003年の対中国貿易赤字は1,200億ドルを超え、過去最高を記録した。米国政府は中国が低い人民元レートを利用して廉価な製品を大量に米国に輸出し、米国内の雇用を奪っていると批判を強めた。

　中国は1994年にインターバンク外為市場を設立し、形式上は変動相場制度を採用した。だが、中央銀行である中国人民銀行が外為市場の取引に介入し、相場水準を1ドル＝8.28元前後にほぼ固定してきた。米ドルと元の間のレートは変わらず、円やユーロなど他の主要通貨がドルに対して上昇しても、元は米ドルと固定されたまま上昇しない。元の米ドル連動制、あるいは米ドルペッグ制度ともいわれる。中国に直接投資し、輸出入業務に従事する外資系企業にとっては為替リスクの心配が要らず、便利な制度だ。

　中国は03年にモノの輸出では英仏日を抜いて世界3位となった。現在の中国の経済実力からすれば、1ドル＝4.0元程度が適正水準だと主張する意見もある。インターバンク市場での変動幅を徐々に広げ、経済実勢に近づけるべきだとする意見も有力だ。元の外国通貨との交換性の確立や取引の自由化にも明確な道筋をつけるべきだとする。

　中国政府は元の切り上げや為替制度の変更に慎重な姿勢を貫いている。中国の輸出の6割は外資系企業が手がけており、元が上昇すれば外資系企業の輸出が打撃を受け、直接投資が細りかねない。1億数千万人とされる潜在失業者の問題が顕在化する。元上昇に伴って海外から投機資金が流入し、不動産バブルや金融機関の不良債権問題を引き起こす懸念も指摘されている。

　中国の反論に対し、元の緩やかな上昇を認め、中国経済の構造改革に取り組むべきだという意見も見られる。私営企業の育成で内需を振興し、外資による輸出依存型の経済体制からの脱却を求めるものだ。08～10年ごろには抜本的な為替制度の改革に乗り出さざるを得ないと予測する内外の専門家が多い。

1ドルあたりの人民元レートの推移

中国の国有企業改革
【state-owned enterprises reform in China】
中国政府による国有企業の経営改善をはかる一連の改革を指す。中国では工場や機械設備などすべての生産資材が公有の企業を一般に国営企業と呼んできたが，市場経済への移行に伴って政府が経営権を企業に移管する動きが強まり，1993年3月の全国人民代表大会で憲法を修正，国有企業に名称を改めた。

中国の資本市場
【stock markets in China】
中国では1990年11月に上海証券取引所が発足，91年7月には深圳（シェンチェン）証券取引所が正式営業を始めた。95年8月には米モルガン・スタンレー・グループとの合弁投資銀行が株式の引き受けなど本格的な証券業務を開始，証券業務の対外開放も進めている。中国政府は証券市場の健全な育成のため証券委員会を政府内に設立，同委員会の下部機関として日常的な市場の管理に当たる証券監督管理委員会も発足させた。97年7月の香港返還前には株式市場が過熱し，証券会社の自己売買や国有企業の株式投資を禁止する規定を発表。98年12月には証券法が成立し，上場手続き，証券会社の機能などが定められた。株式には，A株とB株がある。A株は国内向けで人民元で取引，B株は外貨で売買する海外投資家向けだったが，2001年2月にはB株も国内の投資家に開放された。04年5月現在，上場銘柄数と時価総額はA株が上海で808社，約40兆円，深圳では482社，約16.7兆円だった。B株は，上海で54社，約5,300億円，深圳では56社，約6,600億円に達した。1元＝約13円で計算した。

中国の人権問題
【human rights issue in China】
中国の「人権侵害」を巡る問題。中国では欧米諸国で基本的人権とみなされている思想・信教・集会・結社・表現といった自由が厳しく制限されている。米国はこれについて，かねて「人権侵害」と非難していたが，1989年6月の天安門事件以降，人権問題での対中批判を一段と強めている。これに対して中国は「内政干渉」と反発しながらも，97年10月に国際人権A規約（経済的，社会的，文化的権利）に調印，98年6月にはB規約（政治的，市民的権利）への参加を表明するなど人権を尊重する姿勢を示している。2002年5月には中国・瀋陽の日本総領事館に駆け込んだ亡命希望の朝鮮民主主義人民共和国（北朝鮮）脱出者5人を北朝鮮に送還せず，フィリピン経由で韓国に出国させた。

中国の人口問題
【population issue in China】
中国の人口爆発を巡る問題。中国の総人口は1989年に11億人，95年には12億人を突破した。2002年3月に発表された国勢調査では12億8,453万人だった。党・政府は一人っ子の場合には各種優遇措置を与え，2人以上子供を生むと罰金を科す，といった一人っ子政策を軸とする計画出産キャンペーンを展開している。だが，人口の基数が多いため，今も毎年2,100万人，毎日5万8,000人が全国で生まれているとされる。中国政府は05年までは人口を13億3,000万人以下に抑制することを目標に掲げている。しかし，農村などには戸籍のない子供が相当数おり，実際の人口は既に13億人を大きく上回っていると見られる。中国の人口爆発

は地球規模で深刻な食糧・エネルギー不足を招く可能性が強い。一方、一人っ子政策には西側の人権擁護団体などから批判がある。

中国のWTO加盟
【China's entry into WTO】
1986年7月に中国は関税貿易一般協定（ガット）締約国としての地位の回復を求める申請をした。中国は、国民党政権時代の47年にはガット創設国の1つで、その後国共内戦などでガットとの公式関係が中断していたが、「（ガットでの）地位の回復」を求めたもの。95年1月にガットを引き継いで世界貿易機関（WTO）が発足すると、早期加盟を国家目標に設定し、条件整備を進めた。加盟のために関税が大幅に引き下げられ、国内企業への影響が予想されたが、中国指導部は、①国際的発言権が強まる、②各国からの最恵国待遇により輸出市場が拡大する、③計画経済の時代から引きずる非効率な経営体制や商習慣が改まる――などの理由から加盟する方が利益があると考えた。2001年から05年までの第10次5カ年計画にもWTO加盟を前提とした対外経済開放政策を盛り込んだ。01年12月に加盟を果たした。中国は加盟時に、穀物やたばこ、運輸など一部の商品・サービスを除き、外国企業の国内市場への参入規制を段階的に撤廃、最終的に06年12月11日までに実施すると公約した。もっとも市場開放のスピードは分野によってばらつきが大きい。加盟後2年間で、外国銀行による中国企業との人民元の直接取引、外国の銀行・生命保険・損害保険会社の業務開放都市・地域の拡大などは実施された。しかし04年3月には米国が中国の半導体税制で米企業に不利だとして、中国を初めてWTOに提訴した。

中SAM
【mid-range surface-to-air missile】
陸上自衛隊が配備する改良ホークの後継として開発中の地対空ミサイル。山かげなどからも射撃能力を持ち、侵入航空機のほか、小型の空対地ミサイルへの迎撃能力も持たせる。三菱電機を中心に研究が進んでいる。→短SAM，SAM

中山間地直接支払い制度
【direct payment farmer in the hilly and mountainous areas】
耕作条件が不利な中山間地域の農家に農業の継続を促すために、国や自治体が農業所得の一部を直接支払う制度。特定農山村、半島、離島など地域振興立法が規定する地域のうち、1ヘクタール以上の農地が支払い対象となる。継続的な農作業の維持を条件に、農地の傾斜度などに応じて支払い額を決める。国土や環境保全などで農業が果たす「多面的機能」を認めたうえで、その対価の一部を公的に負担する考え方に基づく。

中小企業技術革新制度
【Japanese small business innovation research】
国の研究開発予算を中小・ベンチャー企業に重点配分する制度。中小企業向けの支出目標を設定し、研究開発から事業化までを支援する。米国の制度を参考に1998年に成立した新事業創出促進法で設けた。米国ではハイテク分野の事業化を促して雇用の拡大につながっている。

中小企業基本法
【Small and Medium Enterprise Basic Law】
中小企業政策の方向性を示す法律で、「中小企業の憲法」とも呼ばれる。同業種組合の結成による規模の利益追

求を目指していたが，経済の変化が速くなっているなどの環境変化を受けて，1999年に全面改正した。改正の主なポイントは創業や経営革新，異業種間の連携，直接金融市場での資金調達を支援対象としたこと。全体の底上げから自助努力の支援へと重点を移したという。政府系金融機関による低利融資などの対象となる「中小企業」の範囲についても，製造業で資本金1億円以下としていたのを3億円以下に拡大した。

中小企業退職金共済制度
【retirement allowance mutual aid system of the medium and small enterprises】

中小企業の退職金支払いを保護，支援するために厚生労働省が設けている制度。中小企業の事業主が掛け金を支払い，独立行政法人勤労者退職金共済機構が運用，従業員の退職時に退職金を支給する。2004年3月末時点で，約40万の事業主が加入，労働者数は約260万人に達している。02年11月に予定利率を年3.0％から年1.0％に引き下げた。このほか，期間を定めて雇用される労働者を対象として建設業・清酒製造業・林業従事者の退職金共済制度がある。

中小企業等投資事業有限責任組合法
Limited Partnership Act for Venture Capital Investment ⇨ 投資事業有限責任組合法

中心市街地活性化法
商業空洞化の進む中心市街地の活性化を目的とした法律。大規模小売店舗法の廃止に向けた措置として1998年7月に施行。市町村が中心市街地についてまとめた街づくり基本計画に基づき，第3セクターなどのタウンマネジメント機関（TMO）が具体的な事業計画を策定。国がこの計画を了承すれば，対象地区の土地区画整理事業や道路・駐車場など公共施設の整備，中小商店の高度化事業，商店街の空き店舗対策などに補助金や低利融資など各種の助成措置や特例制度などが適用される。2004年5月末時点で基本計画の提出は全国で610件あり，TMOの認定を受けたのは330件ある。

中水道
【water supply system of reclaimed water for reuse】

産業排水や生活排水，下水などを処理して循環利用する施設を指す。呼び名の由来は，上水道と下水道の中間に位置するところから来ている。また，水洗トイレの洗浄用水や散水用水など用途が身体に直接触れない雑用途に限られるところから，雑用水道とも呼ばれる。東京や大阪などの人口密集地帯で上水道の供給力が限界に来ていることや，都市によっては下水道の受け入れ能力が不足していることから，水の循環利用により，上水の消費と下水の排出をともに削減するのがねらい。→リサイクル資源

中台関係
【China-Taiwan relation】

1949年に国民党政権が中国共産党との内戦に敗れて台北に移って以来，中台間では経済交流は進んでいるが，政治的には依然対立している。台湾は80年代に入って民主化や中国との敵対関係の改善に乗り出し，87年に台湾本島の戒厳令解除，91年に共産党を反乱団体と規定した憲法の改正などを実施した。93年には49年以来最高レベルの接触となる中台双方の交流団体トップの会談も実現させた。経済交流も進み，中台間の貿易や台湾企業による中国進出も一定の制約下で発展している。ただ台湾は

共産党の支配が続く中国との統一を拒否、中国が求める三通(直接の通商、通信、通航)の解禁にも応じていない。台湾独自の外交活動を巡っても中台間には激しいつばぜり合いがあり、95年には李登輝総統(当時)の訪米を理由に中国が威嚇のため台湾海峡で軍事演習を実施した。2000年5月には台湾独立を党綱領に掲げていた民主進歩党の陳水扁氏が総統に就任。01年に入って李登輝前総統が日本を訪問、米国も訪れる意向を表明。陳総統が5月、訪米して議員と会談するなど事実上の外交活動を展開。中国はこれに反発し、中台関係はさらに不透明感を増した。台湾は03年5月の世界保健機関(WHO)総会を機に、WHOへのオブザーバー参加を求めたが、中国の反対で失敗した。

中東開発銀行
正式には中東・北アフリカ開発銀行。中東和平の進展と合わせて、地域開発プロジェクトの実施を通じ、中東の経済発展につなげようという構想の融資を扱う実施機関。1994年10月の中東経済サミットで提唱された後、続く95年10月の同サミットでも設立の方針が打ち出された。96年8月に設立協定で最終合意。19カ国が参加を表明しているが、和平停滞を反映して実現は遅れており、設立協定を批准したのは日本とオランダだけにとどまっている。

中東民主化構想
【Strategy to advance freedom and democracy in the greater Middle East】
2003年11月に米ブッシュ政権が打ち出した、イラクの民主化をてこに教育・技術支援などを通じて中東全域の民主化を進める戦略。これに対し、中東地域と独自のかかわりを持つ欧州やアラブ諸国から「米主導の押しつけ」と反発が高まった。04年6月の第30回主要国首脳会議(シーアイランド・サミット)では政治色を薄め、経済・教育支援に重点を移した「拡大中東・北アフリカとのパートナーシップ」(Partnership for Progress and a Common Future in the Broader Middle East and North Africa)を採択。主要8カ国(G8)と中東各国の外務、経済担当大臣らが定期的に対話し改革の具体策を協議する「未来へのフォーラム」創設、10万人の教員養成による識字率向上、女性や若者ら25万人を対象とした起業家・職業訓練などが柱となっている。

中東和平会議
【Middle East Peace Conference】
米国とソ連(当時)の共同開催で1991年10月30日、アラブ、イスラエル各国の首脳がスペインの首都マドリードで一堂に会し、第1次中東戦争以降初めて実現した両陣営の直接対話。その後交渉は多国間、2国間に分けてワシントン、モスクワなどで断続的に開催された。マドリード会議への招待状には、中東和平交渉の枠組みとして、①個別交渉開始から1年以内に暫定自治機関を設置する、②暫定自治開始から3年目に占領地の位置付けについて協議を開始する、③同5年以内に占領地の最終的な地位を確定する——と明記された。93年9月にパレスチナの暫定自治共同宣言、94年5月に先行自治協定に調印するなど大きな進展を見せた。その後、イスラエルは94年10月、ヨルダンと平和条約に調印するとともに、チュニジアと相互連絡事務所の設置で合意。11月にはモロッコと連絡事務所の相互設置でも合意した。96年からはイスラエルの政権交代に

伴って和平も前進と後退を繰り返したが、対パレスチナ強硬派のシャロン・リクード党首によるイスラム教の聖地訪問強行でパレスチナ人とイスラエル軍との衝突が激化。さらに2001年2月にシャロン氏が首相に就任したため双方の対立はさらに深刻化し、和平交渉は完全に暗礁に乗り上げた。イスラエルや自治区内などではパレスチナ人過激派による自爆テロや要人暗殺が相次ぎ、多数の犠牲者が出ている。このためイスラエル軍は02年2月、テロ組織壊滅を目指して自治区に侵攻、3月末から1カ月余りにわたってアラファト議長を議長府内に監禁した。この間にも米国や欧州連合(EU)などは平和交渉再開を目指して仲介に乗り出したが、協議は難航した。しかし03年5月、米国が提案した中東和平「行程表」をイスラエル、パレスチナがひとまず受け入れたことで交渉再開の機運が高まり、6月にはヨルダンで米国をまじえた三者首脳会議が実現した。→パレスチナ自治政府

中東和平の指針となるロードマップ（行程表）
【The Roadmap to peace in Middle East】
イラク戦争で大規模な戦闘がほぼ収束した2003年4月30日、米国と欧州連合(EU)、ロシア、国連の4者がイスラエルとパレスチナ自治政府に対して正式に提示した新和平案。05年のパレスチナ国家創設を大目標とし、途中の第1段階ではテロと暴力を即時停止し、第2段階では暫定的な国境を持つパレスチナ国家を創設。最後の第3段階で国境を正式に画定し、イスラム教、ユダヤ教双方の聖地であるエルサレムの帰属や難民などの問題を解決する計画。03年6月の米、イスラエル、パレスチナによる3首脳会談では2国家の平和的共存で合意。2000年9月以来暗礁に乗り上げていた和平プロセスがようやく再開した。だが、この直後からイスラム原理主義組織ハマスによる自爆テロや、これに対するイスラエル軍の報復攻撃などが相次ぎ、ロードマップは前途多難な状況となった。

中部国際空港
【Chubu International Airport】
第6次空港整備5カ年計画で「調査空港」に位置付けられた新しい国際ハブ(拠点)空港。国と愛知、岐阜、三重3県と名古屋市、中部空港調査会が分担して調査を進め、名古屋の南35キロの伊勢湾常滑沖に海上空港として建設する。2005年2月の開港目標時に3,500メートル滑走路を1本、規模約470ヘクタールの空港を計画。将来の全体構想では4,000メートルの滑走路2本を整備することになっている。開港までの事業費は7,680億円を想定している。

中米自由貿易協定
【Central American Free Trade Agreement；CAFTA】
米国と中米5カ国(コスタリカ、エルサルバドル、グアテマラ、ニカラグア、ホンジュラス)が2004年5月に調印した関税の撤廃や大幅削減などを柱とする協定。米国にとっては、メキシコ、カナダとの北米自由貿易協定(NAFTA)に次ぐ多国間通商協定になる。各国が批准手続きを終え、協定が発効すれば、米国がこれらの国々への輸出品に課せられている関税の約80％が即時撤廃される。一方で、中米各国からサトウキビをはじめとした農産品などの対米輸出の伸びが見込まれ、米国内には警戒感も強い。

中ロ軍事交流

【military exchange between China and Russia】
ソ連崩壊後のロシアと中国との軍事関係緊密化への一連の動き。1992年12月に初めて中国を公式訪問したエリツィン大統領（当時）が中国側と軍事協力で合意した後，93年11月にはグラチョフ国防相（当時）が訪中，中国当局と中ロ国防協力協定など軍事交流拡大のための文書に調印した。装備の近代化を急ぐ中国と外貨獲得手段を確保したいロシアの思惑が一致する形で，潜水艦，戦闘機などロシア製武器の対中輸出も中ロ貿易のかなりの部分を占めている。米国の一極集中が進む中で，これに対抗する中ロ両国の協調関係は一段と進展し，2000年7月には江沢民国家主席とプーチン大統領が国家ミサイル防衛（NMD）反対と，両国間の安保協力をうたった共同声明を発表した。

超過償却
【extra-depreciation】
税法で定められた範囲（普通償却）を超えて減価償却を行うこと。広い意味では，租税特別措置法で認められている特別償却も含むが，一般には有税による償却のことをいう。→減価償却

長期エネルギー需給見通し
【long-term outlook for energy demand and supply】
経済産業省・資源エネルギー庁の策定する長期的なエネルギーの需要・供給見通し。エネルギー総供給量のほか，石油，石炭，原子力，天然ガス，新エネルギーなどエネルギー源別の構成も示す。これに従って電力の需給見通しも作成する。2004年にははじめて2030年度の見通しを策定する。温暖化ガス削減の国際公約を達成するため天然ガスの導入促進や省エネルギー対策の強化，新エネルギーの利用拡大などを盛り込む。

長期金融市場 long-term money market ⇨ 資本市場

長期金利
【long-term interest rate】
期間1年以上の金利。長期金利には，国債，事業債，金融債など公社債の応募者利回りおよび流通市場利回り，長期信用銀行，信託銀行，生損保など長期金融機関の長期プライムレート，都市銀行などの新長期プライムレート，信託銀行の貸付信託予想配当率，定期預金金利などがある。新発10年物国債の金利を指標にすることが多い。

長期修繕計画
【long-term repair plan】
分譲マンションの経年劣化に伴う修繕の計画を，長期にわたり予想される修繕の内容や予算，積立金の額とともにまとめたもの。従来は管理会社の提案を管理組合が承認した物件に限られていた。日本高層住宅協会の会員会社は1995年11月以後に発売する物件すべてに長期修繕計画の設定を義務付けるとともに，販売時から毎月の修繕積立金を提示，積み立てを始めた。

長期信用銀行
【long-term credit bank】
長期信用銀行法に基づく銀行で，債券（金融債）発行で調達した資金を長期産業資金として供給することを主要業務として設立された民間金融機関。日本興業銀行，日本長期信用銀行，日本債券信用銀行の3行だったが，長銀と日債銀はバブル期の巨額の融資が裏目に出て経営が破たんし，特別公的管理（一時国有化）下に置かれた。その後，長銀は米リップルウッド・ホールディングスを中心とする投

資組合に譲渡されて「新生銀行」に、日債銀はソフトバンクなどを中心とする企業連合に譲渡されて「あおぞら銀行」になった。ただ企業は設備投資など長期の資金を社債などで市場から直接調達し始めており、「長期信用銀行の役割は終わった」という指摘は多い。興銀は第一勧業銀行、富士銀行とともに統合してみずほフィナンシャルグループとなった。新生銀行も2004年4月に普通銀行に転換した。
→金融債

長期波動 long waves ⇨ 景気循環

超硬工具
【cemented carbide tool】
超硬合金を素材とする工具の総称。 超硬合金は粉末状の炭化タングステンとコバルトなどを焼き固めて作り、ダイヤモンド並みの硬さを持たせたもの。金属部品や金型を加工する切削工具や液晶に薬品を塗布するなど精密な作業をする耐摩工具がある。最近は超硬工具に窒化チタンなどを被膜してさらに表面の硬度を高めたものが主流になっている。

超高純度金属
【ultrahigh purity metal】
不純物を極限まで取り除いた純度の高い金属。 例えば通常の鉄製品は純度99〜99.9％だが、東北大学では製法を工夫してそれより不純物が1ケタ少ない99.9989％以上の超高純度鉄が作られている。鉄は塩酸や硫酸に入れるとたちまち溶けるが、超高純度鉄はほとんど溶けず、手で楽に曲げられるほど軟らかい。従来の常識を覆すこうした超高純度鉄の特性こそが、実は鉄本来が持っていた性質で、それが不純物の存在によって隠されていた。超高純度金属の研究が進めば、金属の新たな特性や応用分野が開けると見られている。

超極細繊維
【microfiber】
直径がマイクロ（100万分の1ミリ）単位の細い繊維。 人工皮革の研究から本格的な技術開発が始まり、肉眼では見分けられない合成繊維まで開発され、新合繊技術の基本になっている。あまりに細くなると人体が異物と感じなくなることに着眼、人工皮膚、血管に利用する研究が進むなど衣料以外の先端分野でも関心を集めている。身近な例では微細な汚れまで取り除く眼鏡ふき、繊維間の細かなすき間に毛細管現象を起こして吸水性を高めるタオルなどがある。

調査捕鯨
【scientific research program on minke whales】
国際捕鯨条約第8条で認めている科学調査のための捕鯨。 IWC（国際捕鯨委員会）は商業捕鯨のモラトリアム（一時禁止）を決定しているが、調査捕鯨は各国政府の判断により実施できる。日本も商業捕鯨モラトリアムを受け入れたが、将来、商業捕鯨を復活させるためには資源状態の正確なデータが必要であるとして、1987年の総会に調査捕鯨計画を提出、調査捕鯨を継続している。反捕鯨国が大勢を占めるIWCでは日本に対し、調査捕鯨の停止を求める勧告が再三決議されている。日本は2002年に山口県下関市で開いたIWC年次会合で、北西太平洋での調査捕鯨を拡大する方針を示し、反捕鯨国の批判を浴びた。
→IWC

超小旋回油圧ショベル
履帯（クローラー）の幅、全長の範囲で上部が旋回する油圧ショベル。 通常の油圧ショベルは旋回の際、エンジンなどを搭載している運転席後部やバケットなどのアタッチメントを装着した

アーム部が履帯より外側にはみ出してしまうのに対し、超小旋回型は作業空間が小さくて済むため、道路工事で反対車線を通行止めにしなくて済むなどの利点がある。

調整インフレ
【adjustment inflation】
国際収支の黒字超過や税収不足、国内の物価下落を解消するなどの目的でとるインフレ政策。明確な定義があるわけではないが、一般的には高めのインフレ目標を設定しあらゆる金融調節手段を使って実現しようとする考え方とされる。日本経済のデフレを止めるために調整インフレを採用すべきだとする主張があるが、日銀は適切なインフレ率を設定することが困難などの理由で採用すべきでないと主張している。→インフレ

調製品
【processed product】
コメ、小麦粉、脱脂粉乳、砂糖など国が実質的に輸入を管理している農産物に、一定の割合以上で他の食品を混ぜた加工品のこと。調製品になると、海外の安い農産物が合法的、あるいは低い関税率で輸入できるようになる。代表的なのが、米の粉に砂糖やとうもろこし粉を15％以上混ぜた米粉調製品、小麦粉に15％以上の砂糖などを混ぜた小麦粉調製品。砂糖に甘味料ソルビットを混ぜた加糖調製品の輸入も増えており、国内砂糖メーカーの収益を圧迫する一因となっている。

調整保管
【adjustment storage】
供給過剰で価格が暴落したり、その恐れが強まったりしたときに公共団体、生産者団体が実施する保管事業。過剰分を市場から一時的に隔離し、価格を下支えするというのがそのねらい。コメ、鶏卵、食肉、マグロなどの農水産物が対象となっているケースが多い。

朝鮮半島エネルギー開発機構
⇨KEDO

調達制度改革
【reform of the Defense Agency's procurement program】
調達実施本部を舞台にした装備品価格の水増し請求事件など1998年秋に発覚した不祥事を受け、防衛庁が99年春に打ち出した装備品の調達制度に関する改革策。現行の制度が不正の温床になったとの反省から、①競争契約する装備品を増やし、やむを得ず随意契約する場合でも選定理由を明示する、②恣意的な要素が入りやすい原価計算方式を見直す、③調本を解体し、原価計算部門と契約部門を分離する――などの施策で調達の透明化を目指す。ただ、装備品は特定企業しか製造能力を持たない例が多いなど、市場原理の考え方を取り入れるのにも限界があるほか、諸手続きの厳格化で企業側の負担が増えると懸念する声も出ている。

長短分離
【separation of long-term and short-term credit】
長期金融専門機関と短期金融を主な仕事とする普通銀行との活動分野を分けたわが国特有の金融制度。資金調達面では、長期の有力な資金調達手段である金融債の発行は長信銀などに限られていたが、金融制度改革により普通銀行に中・長期預金、長期信用銀行に短期金融債の導入が認められ、長・短の垣根が低くなった。

超長期国債
【super long-term government bond】
国が発行する国債のうち、元本を償還するまでの期間が10年より長いも

の。2004年時点で15年、20年、30年の3種類がある。10年債の大量償還をならすなどの目的で発行されている。3種類のうち、15年債は10年債の金利変動に合わせて発行後に利息が変化する「変動利付き国債」、20年、30年債は発行時に決めた利息が償還まで変わらない「固定利付き国債」となっている。最も発行量が多い20年債が超長期国債の指標と位置付けられる。

超電導
【superconductivity】
ある物質を一定温度以下に冷やすと電気抵抗が突然ゼロになり、いったん流れ出した電流が永久に流れ続ける現象。1911年にオランダの物理学者、オンネスが水銀で初めてこの現象を発見した。摂氏零下250度以下の極低温で超電導になる金属、合金系物質は実用段階に入っている。これに対し86年にIBMのベドノルツ、ミュラーが、セラミックス系の酸化物が比較的高い温度で超電導になることを発見、これを受けて世界中で一斉に新しい高温超電導物質の探索と応用研究が始まった。大電流の無損失送電、小型で強力な超電導磁石、医療診断装置、リニアモーターカーなどへの応用が期待されている。2001年には青山学院大学の秋光純教授らが金属で電気抵抗がゼロになる温度が高い物質を発見して、再び応用に注目が集まっている。

超電導電力貯蔵システム
【superconducting magnetic energy storage system】
超電導を利用して電気を蓄えておくシステム。超電導状態では電気抵抗がゼロになるため、電流を流しても熱が発生せず、電気が失われない。そこで、超電導のループをつくり、電流を流し続けることで電気エネルギーを貯蔵する。また、高温超電導体の磁力で回転体を浮上させ、そこに電気エネルギーを蓄える「超電導フライホイール」も提案されている。電力貯蔵は余剰電力をためて需要の多い時間帯に供給したり、非常時の大電力の電源に活用するなどの利用が期待されており、超電導以外の方式も含めて研究開発が進んでいる。

直鎖状低密度ポリエチレン
【linear low density polyethylene】
通称LLDPE。低密度ポリエチレンの一種。中低圧法で生産されながら高圧法ポリエチレンと似た性質を持っていることから、第3のポリエチレンとも呼ばれる。従来の高圧ポリエチレンに比べ重合反応が中低圧領域でできるため、設備費やエネルギーコストが安く、低密度ポリエチレンの4割を占める。

直接還元製鉄
【direct reduction process】
鉄鉱石を溶かした後に精錬し鋼を作る高炉法に対し、天然ガスなどを炉に吹き込み、鉄鉱石を直接還元し鋼を作る製鉄法。歴史は高炉法より古いが、最近は中近東、東南アジアなど天然ガスの豊富な地域で採用が広がっている。高炉に比べ、①投下資本が少なくてすむ、②年産50万トンから100万トンの小規模生産に適している、③コークスが不要で天然ガスや石炭が使える――といったメリットがある半面、熱量効率が低い、鉄の歩留まりが悪いなどのデメリットもある。日本では、神戸製鋼所が独自の製鉄法の開発やプラント拡販に力を注いでいる。

直接金融
【direct financing】
個人や機関投資家が新たに発行される株式や債券を買い、発行会社の資

金調達に直接参加する方式。この場合の証券投資は、流通市場（売買市場）で買うのではなく、発行市場で買うことを意味する。これに対して、個人や機関投資家が金融機関へ預貯金をし、金融機関がこの資金を各企業に貸し付けたり、発行される証券を買って企業に投資したりする場合を間接金融という。格付けの高い優良企業は間接金融より直接金融の方が有利な条件で資金を調達できるため、銀行離れが急速に進んでいる。

直接税
【direct tax】
税金を納める者と実際に税金を負担する者が一致する税金。所得税、法人税、相続税、固定資産税、事業税などがある。直接税は納税者の能力に応じて課税できるという利点がある。半面、納税者の収入に税務署が立ち入ることへの反発や、間接税に比べ重税感が強いという欠点がある。また景気動向によって税収が大きく変動しやすく、安定していないのも特徴。
→間接税、所得税、法人税

直接投資
【direct investment】
経営参加や技術提携を目的として、企業の株式を取得すること。これに対して、間接投資は値上がり益または利回り採算を目的とした証券投資で、市場を経由して行われる。→直接金融

直接取引原油 ⇨DD原油
直接販売原油 ⇨DD原油
直接利回り
【direct yield】
公社債は毎年支払われる利息が決まっているが、この利息収入の投資額に対する割合。計算式は次の通り。

$$\frac{表面利率}{買付価格} \times 100$$

直動案内装置
【linear guideway】
鉄製のレールと台座からなる機械の直線運動を支える部品。台座の内部を鋼球が循環しており、摩擦による摩耗を軽減する。駆動装置を取り付けたボールねじなどと組み合わせて利用する。工作機械や半導体製造装置などが主な用途。直動案内装置同士を垂直に組み合わせることで、XY方向の移動を支えることもできる。大型の直動案内装置は建築物の内部に組み込んで、地震による揺れを軽減する免震装置としても使われることがある。

著作隣接権
【peripheral copyrights to software】
著作物の伝達に重要な役割を果たしている実演家（俳優・演奏家・歌手・演出家など）、レコード製作者、放送事業者を保護する権利。演奏家は著作物（音楽）を奏でるだけで著作物を新たに創造しているわけではないが、演奏次第で聴き手の感じ方が変わることから、演奏は著作物の創作に準じる行為とみなされる。保護される権利は実演家の録音・録画権や放送権、レコード製作者の複製権・貸与権、放送事業者の複製権・再放送権など。権利の存続期間は最初の録音や放送の翌年から数えて50年。例えば海賊盤が問題になっているレコードの複製には、作曲家など著作者だけでなく実演家やレコード製作者の許諾も必要になる。

貯蓄性向 propensity to save ⇨ 消費性向
貯蓄・投資の所得決定論
【savings-investment theory of income determination】
ケインズが『一般理論』で唱えたマクロ分析の核心をなす理論で、国民所得は消費と投資からなる有効需要の

大きさによって決定されるというもの。所得から消費を差し引いた貯蓄は必ずしも全額投資されるとは限らないから、貯蓄に見合うだけの投資需要がなければ国民所得の水準は低下し、貯蓄も減少することになる。ケインズは、所得水準が不変のとき貯蓄と投資が一致する点で利子率が決定されるという、古典学派の「貯蓄・投資の利子率決定論」を批判した。→有効需要

貯蓄・投資バランス
【savings-investment balance】
国民経済計算の定義から、経常海外余剰＝(民間貯蓄－民間投資)＋(政府収入－政府支出)という関係が成り立つ。この恒等式は一国の経済活動は事後的に見ると、貯蓄・投資バランスを反映していることを示しており、経常収支の不均衡は国内の貯蓄と投資の差ということになる。日本の場合、経常収支の黒字が続いてきた原因は、家計部門の貯蓄率が高く、国内の投資に吸収されないためとされてきた。しかし、高齢化社会の進展で家計貯蓄率は低下しつづけている。

貯蓄預金
【savings account】
流動性預金の金利自由化の第一弾として1992年6月に、民間金融機関と郵便局が一斉に取り扱いを始めた商品(郵便局は「貯蓄貯金」)。普通預金のような決済機能はもたないが、金利は普通預金より高く、いわば普通預金と定期預金の中間に位置する金融商品。94年10月から流動性預金金利が完全自由化されたのに伴い、預入金額や期間の多様化など、各行によってさまざまな商品性の見直しが実施された。

直間比率
【ratio of direct and indirect taxes】
税収全体に占める直接税と間接税の割合のこと。直接税と間接税のどちらに重点を置くかは各国の社会経済事情などによって異なる。

賃金インフレ
【wage inflation; wage push inflation】
賃金が上がって消費者の所得が増えると、一般に需要が増えて物価が上がり、物価が上がるとまた賃上げが行われるという、いたちごっこを繰り返す。こうして起こるインフレをいう。→インフレ

賃金決定方式
賃金水準は毎年、「春闘」と呼ばれる経営者側と労働組合との交渉で決まってきた。かつては労組の上位団体が賃上げの具体的な目標値を決め、業種別の労組(単産)や、企業内労組(単組)が経営者側と交渉してきたが、こうした高度成長時代に確立された方式は日本経済の低迷の長期化で転換を迫られている。2004年はベースアップ要求を断念し賃金水準を維持、交渉内容を一時金に集中する労組が続出した。ベアは物価上昇などで相対的に下がった賃金の回復・向上が目的だが、持続的な物価下落であるデフレの進行、経済のグローバル化に伴う過剰雇用の発生などを背景に「まず賃金より雇用維持」との考えを優先。福利厚生制度の改善も目立った。年齢や勤続年数に応じて毎年、一定の時期に賃金が自動的に上がる「定期昇給」も姿を消し始めた。同じ勤続年数の社員でも成果や能力に応じて賃金に格差を付ける成果給・能力給の広がりなどもあり、従来の賃金決定方式が大きく変わりつつある。→連合

賃金割増率
【overtime premium pay rate】

労働基準法で定められた平日の時間外労働や休日労働に適用する賃金アップ率。1993年に国会で成立した労働基準法改正により「25〜50％の範囲内で命令で定める」となった。平日の時間外労働については25％以上，法定休日労働は35％以上が必要。

つ

追加型投信 ⇨ オープン型投信

通貨オプション
【currency option】
通貨を一定価格で売買する権利のこと。売る権利をプットオプション，買う権利をコールオプションという。輸出入企業が決済時の為替変動リスクを回避する場合に利用するほか，銀行や投資家は値ざや稼ぎを目的としてオプションを売買する。例えば，実勢相場が1ドル＝90円のとき，3カ月後に1億ドルの輸出代金を円に換えたい企業があるとする。将来円高・ドル安が進むと思えば，1ドル＝85円でドルプットを購入しておく。3カ月後に実勢相場が1ドル＝80円になっても，オプションを行使して1ドル＝85円でドルを円に換えることができる仕組み。ただオプション料が必要になる。

通貨供給量
【money supply】
金融機関以外の民間部門が保有する現金通貨，預金通貨，準通貨などの残高をいう。日銀のマネーサプライ統計では，現金通貨に全国銀行，信用金庫，農林中金，商工中金の要求払い預金を加えたM_1と，M_1にこれら金融機関の定期性預金を加えたM_2，そしてM_2に郵便局，農協，信用組合，労働金庫などの預貯金と金銭信託，貸付信託の元本を加えたM_3の3種類の指標を毎月発表している。マネーサプライは物価や景気の動向と密接な関連があるため，各国が金融政策の運営上重視しており，米国やドイツでは政策的に伸び率の目標値を設定して通貨供給量を調節している。わが国では1978年7〜9月期から日銀が予測値を発表しているが，目標値の公表はしていない。

通貨スワップ（交換）
【currency swaps】
ドルと円など異なる通貨建ての債務を交換する金融取引。日本では1984年4月に外国為替取引の実需原則が撤廃されてから広がった。外債を発行する日本企業が為替リスクを回避するため，外債を実質的に円債務に切り換える手段として普及しており，海外で資金調達する日本企業にとって欠かせない金融取引。固定金利となっている債務同士を交換するのが一般的で，元本交換に際しては取引時点での為替レートを適用する。債務を交換するスワップ取引には通貨スワップのほか，ドル固定金利建て債務とドル変動金利建て債務という具合に同一通貨建てで金利だけが異なる債務を交換する金利スワップもある。2000年5月，日本，中国，韓国と東南アジア諸国連合（ASEAN）は，対外的な資金繰りが苦しくなったとき，互いに外貨を融通し合う「通貨スワップ協定」で合意。02年3月には，この約束に基づき，外貨準備高で世界1位の日本と同2位の中国が通貨スワップ協定に調印した。

通貨バスケット
【basket of currencies】
為替政策の1つで，自国通貨をいく

つかの主要な貿易相手国通貨の加重平均と連動させる方式。例えばある国の通貨を円70％，ドル30％のバスケットに連動させると，円が対ドルで1％上昇してもその国の通貨の対ドル上昇は0.7％にとどまり，為替は安定する。アジア諸国が実質的にドル連動制を採用していたことがアジア通貨危機の一因と見て，新興市場国の通貨を円，ドル，ユーロなどのバスケットに連動させるべきだとの意見もある。

通貨発行益
【seigniorage】
中央銀行が通貨を発行することによって得る利益。中央銀行は，紙など本来は安価なものに一定の価値を付けて通貨として発行しており，その差益である通貨発行益を手にする。日銀は，通貨発行益の多くを国庫納付金として国民の手に戻すことにしている。日銀が株式などリスク性の高い資産の購入を増やし，その結果として損失が膨らむと，通貨発行益を十分に国庫に納付できなくなる可能性も指摘されている。

通関ベース
【custom-clearance basis】
貿易額をとらえる場合，税関を通過した物の流れを基準にして集計したものを通関ベース貿易額という。これに対して，通関量とは関係なく外国為替の受け払いを集計したものを為替ベース貿易額という。通関ベース貿易額は，為替の受け払いを伴わない賠償輸出，経済援助などを含み，また輸出はFOB，輸入はCIFで集計するので，為替の額面だけでとらえた為替ベース貿易額とは一致せず，また時間的にもズレがある。→FOB，CIF

通信回線の接続料
【telecom interconnection fee】
通信事業者が他社の通信回線を借りるときの使用料。地域通信網を独占するNTT東西地域会社の接続料が高過ぎて新規参入を阻害しているとの批判が内外の通信事業者に根強い。2003〜04年度は平均で5％引き上げられ，新電々各社などから批判されている。

通信販売
【mail-order sales】
広告やカタログ誌，ダイレクトメールを見た消費者が電話やはがき，インターネットで注文し，商品を配送させる販売方法をいう。小売店の少ない欧州諸国や，国土が広く遠隔地の消費者にも商品販売する必要があった米国で発達した。日本でも通信教育用の教材を代表例として戦前から通信販売といえるものはあったが，一般商店が扱う商品が通信販売に乗るようになったのは戦後。米国のマーケティング手法が入ってから急速に拡大した。百貨店や出版，クレジットカード業者，通信販売専業のほか，テレビ局，メーカーなども通信販売に力を入れ始めており，消費者の利用度も高まっている。まだ，欧米の水準には達していないが，インターネットを中心に今後成長が見込まれている。

通知預金
【deposit at notice】
銀行に預入後一定期間たてば，いつでも引き出せる預金。通常，引き出し禁止期間を最低でも当初7日間とし，その後は2日前に予告すれば引き出すことができる。定期預金のように安定性はないが，引き出す前に預金者が通知するので，銀行では安心して運用できる。このため，金利も普通預金に比べて高い。ただ1999年以降は金融緩和を受けて，普通預金と同一水準で推移している。

通年採用
 毎年春の定期採用以外にも,時期を問わずに社員を採用すること。狭義には新卒者を卒業以降の1年間のうちに採用することを指す。広義には中途採用や帰国子女・外国大学卒業者の秋季採用も含めて,年間を通じて人材を獲得すること。労働市場の流動化とともに,多彩な人材を雇用するために,通年採用に踏み切る企業が増えている。必要な時期に必要な人材を獲得することで総人件費を柔軟に調節できることも,通年採用に乗り出す企業が増えている理由である。

付け売り
 木材取引の一種。付け売り問屋は自らの計算とリスクにより木材を買い取り,小売店に販売して利益をあげる。最近は工務店などユーザーに直接売るケースも増えている。「市売り」に対して「付け売り」と呼ばれる。東京都江東区の木場および新木場に密集しており,近年は外材製材品が扱い品目の中心になっている。→市売り

つなぎ売買
【hedging】
 値下がりによる現物の損失をカラ売買で回避する方法。掛けつなぎ,保険つなぎともいう。売りつなぎと買いつなぎがあるが,大部分は売りつなぎである。株式や商品を持っている人がその値下がり損を防ぐために株式では信用取引,商品の場合は清算取引で売っておくこと。→信用取引,空売り

ツーバイフォー工法
【two-by-four method】
 北米を中心に発達した建築工法で,2×4インチ(1インチは2.54センチ)角など規格化した木材を利用し,規格部材に構造用合板や石こうボードなどを打ちつけた壁の力で家全体の重みを支える。ワク組み壁工法ともいう。熟練技術者不足など一戸建て木造住宅技術の壁を乗り越える住宅建築技術として,建設省(当時)が1974年8月,正式に建築基準法の一般工法と認めた。部材の種類が多過ぎ,技術習得に時間のかかる在来工法(軸組み工法)とは対照的に,使用材の規格化を徹底して現場施工の単純化を図ろうというもの。国土交通省によると,2003年度のツーバイフォー住宅の新設着工戸数は8万3,920戸で前年度比6%増えた。

て

低アルコール飲料
【low alcoholic drink】
 酒税法上の定義はないが,一般的にはアルコール度数が10度未満でビールを除いたアルコール飲料を指す。1980年代に登場した「缶チューハイ」のブームをきっかけに新分野の製品が増えている。99年にはサントリーが350ミリリットル缶で希望小売価格(消費税別)140円の「スーパーチューハイ」を発売,低価格缶チューハイの流れを決定づけた。これをきっかけに酒類メーカーが相次ぎ低価格缶チューハイを投入,2001年にはキリンビールとアサヒビールが追随し,市場が拡大した。サントリーの「カクテルバー」などのカクテル類も人気が高い。

低温流通体系 ⇨ コールドチェーン
定額償却 straight-line depreciation
⇨ 定額法
定額貯金
【teigaku deposit certificate】
 郵便貯金の一商品。一定額のお金を一時に預け入れるもので,据置期間後(預入日から6カ月後)はいつでも払

い戻しを受けられるうえ利息が半年複利で付くことから，高金利の時期には人気を集めた。最長10年間預け入れることができ，期間が長くなるほど高利回りになる。金融システム不安が高まった1997年秋以降の預金の「郵貯シフト」で残高増に拍車が掛かった。しかし2000年4月以降，90年代初めの高金利時代に預けられた定額貯金が大量満期を迎え，一部は投資信託や外貨預金など民間金融機関に流出した。

定額法
【method of fixed percentage on cost；straight-line method；fixed instalment method】
減価償却の方法の1つ。固定資産の耐用年数の間，毎期同一額を償却していく方法で，この方法による償却を**定額償却**という。"減価償却の方法としては，このほかに定率法があるが，日本の税法によると，有形固定資産は定額法か定率法のどちらか，無形固定資産は定額法で償却することになっている。定率法は固定資産の期首未償却残高に毎期一定率を掛けて償却額を計算する方法で，この方法による償却を**定率償却**という。これは残高が逓減するようになっているので，早い期間に多く償却できるため理想的な償却法である。

[定額法]
$$\frac{取得価額 - 残存価額}{耐用年数}$$

[定率法]
$$償却率 = 1 - \sqrt[n]{\frac{残存価額}{取得価額}}$$

nは耐用年数

→減価償却，有形固定資産，無形固定資産

定額方式
【lump sum tax credit】
特別減税において所得の額にかかわらず一定額を控除する方式。子供の数など家族数で減税額が決まる。1998年4月に総合経済対策の一環として追加された2兆円の特別減税では，夫婦と子供2人の標準世帯の減税額は7万2,500円。第1回の6万5,000円と合わせて98年の標準世帯の減税額は13万7,500円となった。控除額が納税額を上回る人が増えて納税者が減少するうえ，課税最低限が約471万円に上昇するなどの問題点が指摘された。→特別減税

定期借地権付き住宅
【house with specified period of leasehold】
1992年に施行された新借地借家法で創設された定期借地権を使った住宅。借り手は借地権の存続期間経過後に更地にして土地を返還する義務を負う一方で，通常の所有権分譲価格の6割前後で住宅を手に入れられる。一般定期借地権の存続期間は50年以上。当初は戸建て住宅が多かったが，最近はマンションでも普及しつつある。

定期借家権
【fixed-time house rental】
借家や商業ビルを，契約期間の終了時に更新しないという条件で賃貸する制度。1999年12月に公布された「良質な賃貸住宅の供給の促進に関する特別措置法」により，2000年3月から施行された。かつての借地借家法では，貸主が賃貸契約の更新を拒否するためには「正当な事由」が必要とされ，事実上借り手が自発的に退出しなければ契約を更新せざるを得なくなっていた。これが「良質な借家」が供給されない原因と経済学者などから指摘されていた。

低コスト航空会社
【low cost carrier】
大手航空会社(network carrier, legacy carrier)と比べ半額などの運賃で運航する格安航空会社。No-frills airlineとも呼ばれる。欧州や米国のほか，航空自由化を受けて東南アジアでも設立が相次いでいる。一般的に①使用料が高い主要空港を避けて地域の第二空港を拠点に運航，②食事や飲食，機内誌などのサービスは簡素化，③インターネット予約などを活用して手数料を節減，④小型機を中心にした2地点間の路線展開，などの特徴を持つ会社が多い。ライアンエア（アイルランド），サウスウエスト（米），アジアエア(マレーシア)などが代表例。米ユナイテッド航空，豪カンタス航空なども対抗して別ブランドで格安航空市場に参入している。

低周波騒音
人間が耳で聞き分けることのできる音は，周波数が20～1万8,000ヘルツのものとされているが，この耳に聞こえない20ヘルツ以下の低周波数による"騒音"のことをいう。通常の騒音とは異なって，直接うるささを感じさせないが，人体に圧迫感を与えたり，建具や窓を振動させ，2次的な騒音を出すということで，最近問題になり始めている。発生原因は，主として町中にある工場の機械装置とされており，特に圧縮機，送風機，ポンプ，キューポラ，振動フルイ，キルン，洗浄装置などとされている。機械でなくても，高速道路橋を自動車が走行するとき，新幹線トンネルに列車が突入するとき，航空機エンジンのテスト時，あるいはダムの放流時にも発生するといわれる。

ディスインフレ
【disinflation】
一般的に，物価上昇率が低く，インフレが収束した状態を指す。ディスインフレーションの略。物価上昇率が継続的にマイナスである（下落している）デフレーション（deflation＝デフレ）と区別される。通常，景気が後退期に入ると財・サービスの需給が緩んでディスインフレに移行しやすくなり，さらに需給ギャップが広がるとデフレに陥る可能性が出てくる。2003年には日本ではデフレが続いたが，米欧でもディスインフレからデフレへの事態の深刻化を危ぶむ声が出た。

ディスカウントキャッシュフロー
【discount cash flow；DCF】
投資の対象となる事業や資産が将来生み出すキャッシュフローを現時点で予測し，その現在価値を評価する手法。割引現在価値ともいう。キャッシュフローは同じ額であっても，その価値は時間の経過とともに変化する。例えば金利が年10％，毎年のキャッシュフローが1億円とすると，1年後のキャッシュフローの現在価値は，1億円を1.1で除した約9,091万円，2年後は1億円を1.1の2乗で除した約8,264万円となる。このように，DCFは一定の期間を想定し，毎年見込めるキャッシュフローを一定の金利（割引率）で割り引き，合計して求める。現在価値の合計額から初期投資額を差し引いた金額を「正味現在価値」（net present value；NPV）と呼び，投資の判断に当たっては一般に，NPVがプラスなら投資は可能，マイナスなら不可能と考える。ただ，DCFでは金利にいかにリスクを織り込むかや，将来キャッシュフローをどう正確に予測するかが難しいといった指摘がある。このため，投資や事業の価値判断をする際にはリスクや事業環境の変化などを勘案し，さまざまな将

来シナリオを描いて個々にDCFを求めて比較したり、金融のオプション理論を実物資産に応用し、将来の不確実性を織り込むリアルオプションを活用したりする場合もある。→キャッシュフロー，割引率，リアルオプション

ディスカウントストア
【discount store ; DS】
低価格店，割引店。単なる安売り店と違い，仕入れから物流，店舗運営，人材配置に至るまであらゆる面でコストを削減し，低価格を実現した業態。1970年代後半からカメラ，眼鏡，紳士服，時計などの分野で，商品の供給過剰などを背景に低価格店が続出したのが始まりで，ディスカウンターと呼ばれた。80年代後半から，円高に伴って海外で調達した割安商品の販売が広がり，商品の幅が拡大した。しかし専門店や量販店での低価格販売が当たり前となった現在では，業態として区分することが難しくなっており，一般的には総合ディスカウントストアを指す場合が多い。このところ消費者は価格の安さに加えて品ぞろえの豊富さ，サービスの良さを重視する傾向にあり，DSも深夜営業など特徴を打ち出す必要に迫られている。

ディスカウントTOB
【discount take-over bid】
買い付け期間や株数，価格を公表し，不特定多数の株主から買い取る「株式公開買い付け制度」(TOB)の一方式。買い取り希望者は不特定多数の株主からの取得を目指し，通常は時価よりも高い買い付け価格を提示する。ただ売買の少ない新興企業の株式は時価が企業価値を反映していないとの理由で，買い付け価格が時価を下回ることがある。既存株主は株価急落に巻き込まれる可能性があるが，TOBに応じる経営者側は会社存続を最優先にディスカウント価格での買い付けに応じる。2002年10月に地図出版の昭文社が，東証マザーズ上場の日本コンピュータグラフィックの株式を発表直前時点の株価を55％下回る価格で買い取った例がある。→TOB

ディスカウントブローカー
【discount broker】
通常よりも大幅に安い手数料で株式売買の注文を受ける証券会社。実際の店舗を持たず，顧客からの注文はインターネットや電話で受け付ける。従業員数も最小限に抑える。投資情報はインターネットを用いて提供する。こうした徹底したコスト削減により，株式売買委託手数料を割り引く。米国で1975年に手数料が自由化されたことを契機に登場した。日本でも94年4月に売買代金が10億円を超える手数料が自由化されたのに続き，99年10月に完全に自由化されたため，新規参入が相次いでいる。個人の売買代金のうち約半数がネット取引である。ただ，手数料の値下げ競争と情報サービスの拡充に伴う経費増加が，ディスカウントブローカーの収益を圧迫している。

ディスクロージャー
【disclosure, corporate disclosure】
主として投資家保護の立場から企業の内容を一般に公開すること。その際，迅速，公平，正確さの3原則を同時に満たすことが求められる。ディスクロージャー制度の大枠は証券取引法，商法が定めているが，証券取引所や公認会計士，証券会社，報道機関などの動きも上場会社のディスクロージャーを促進させている。日本では欧米に比べ開示情報の質，量とも見劣りしていたが，会計ビッグバンに伴う連結中心主義への移行，キャッシュフロ

一計算書の開示、四半期開示の普及などでキャッチアップが進み始めた。

ディーゼルエンジン
【diesel engine】
独出身のルドルフ・ディーゼルが開発したエンジン。燃料には主に軽油を使う。燃料室内の空気を高圧縮によって高温にし、そこに燃料を噴射、自然着火させて燃焼させる。ガソリンエンジンに比べて熱効率がよく、燃費性能も高い。環境面ではガソリンエンジンよりも二酸化炭素の排出量が少ないという利点はあるが、排ガス中に粒子状物質や窒素酸化物など人体に影響を及ぼすとされる物質も含まれており、その低減が技術上の課題。日本では商用車への搭載が大半だが、排ガス浄化技術の発達を受けて欧州では乗用車に搭載するケースも増えている。

抵当権
【mortgage ; hypothec】
民法369条以下の規定で債務が履行されないとき、目的物を競売し、その代金から抵当債権者が他の債権者より優先して弁済を受けることを目的とする担保物件。競売権と優先弁済権とがある。質権と違って留置効力を持たないから、弁済期まで債務者もしくは物上保証人の手元に目的物の占有を残しておく。

ディフィーザンス
【defeasance】
企業が発行した社債の債務をバランスシートから消してしまう新しい財務手法。企業は社債の元利金に相当する現金や国債を銀行に拠出し、取り消し不能の信託契約を結ぶ。これにより社債の償還は確実になるため、バランスシートから債務を外すことができる。公認会計士が認めており、電力会社を中心に2001年前半から急増している。ただ、投資家は企業のバランスシートを見て債務が減っているために財務内容が改善されたと誤解する可能性もあり、一部の機関投資家の間では問題視する声も出ている。

ディーラー
【dealer】
証券市場用語では、自己勘定でリスクをとり証券の売買をする証券会社の担当者などを指す。自己勘定の売買には、証券会社が自社の資産運用の効率を図る場合と、顧客からの売買注文に対して自らがその相手方となって売買を成立させる場合とがある。日本の証券会社はディーラー業務と顧客の委託注文を受けて売買するブローカー業務などを兼業している。→ブローカー

定率減税
【fixed-rate tax reduction】
税額を一定割合で削減する減税方式。納税額の多い高額所得者ほど減税額が多くなるため、減税の上限額を設けるのが一般的。1994年には所得税・個人住民税の一律20％を割り引く形で実施された。99年は所得税20％、住民税15％を実施。夫婦と子供2人のサラリーマン標準世帯では年収約862万円が98年に比べた税負担増減の分岐点となった。2004年度から05年度にかけて縮小・廃止を議論する。

定率償却 diminishing balance depreciation ⇨ 定額法

定率法 fixed percentage of diminishing value method ; fixed percentage [on reducing balance] method ⇨ 定額法

低リン化
水質汚濁の1つの要因であるリン分を削減すること。リンや窒素は海域、湖沼に流れ込むことによって富栄養化

現象や赤潮発生の原因になる。水質中のリンは最近工場排水より生活、畜産排水に多く含まれる傾向となってきているため、下水道の整備が急務となっている。一方、生活排水中にはし尿などに加え、合成洗剤が主要なリン発生物質として含まれているため、下水道の整備とともに合成洗剤中のリンに着目、合成洗剤をリンを含まない粉石けんに替えようという運動を起こしている自治体もある。→富栄養化

手形売りオペ
【bill selling operation】
日銀が振り出した手形を市中に売却し、市場から資金を吸収するオペレーションの1つ。日銀は1994年5月に8年ぶりに売りオペを再開した。金融市場が資金余剰になり、政府短期証券（FB）売却だけでは資金を吸収し切れなくなったため。入札方式を採用、市場実勢を尊重するようにしている。

手形買いオペ
【bill buying operation】
信用度の高い企業が振り出した手形、あるいはそれを担保として金融機関が振り出す手形を日銀が買い入れて、金融市場に資金を供給すること。日銀の量的金融調節手段であるオペレーション（金融市場操作）政策の中で、短期国債（TB）を対象とする現先買いオペと並んで重要な位置を占める。

手形交換
【clearing of bills】
金融機関が受け入れた手形、小切手類を金融機関相互間で取り立てず、一定のとき、一定の場所に一括して持ち寄り、相互に相殺できるものは相殺して残った金額だけを決済する方法。東京はじめ全国で約500カ所に手形交換所があり、毎日交換を行っている。

手形の割引
【discounting of bill】
銀行融資の1つの形態で、商品の売買に伴って生じた商業手形を、手形の受取人（商品の売り主）から支払期日が来る前に、その期日までの利子を天引きした金額で買い取るもの。天引きする利子を割引料という。この手形は、実際の商取引から生じたものだけに、手形の支払期間は短く、支払いは確実であり、割引料は手形貸し付けの金利よりも安くなっている。→手形（割引）市場

手形レート
【bill rate】
金融機関が短期的に資金を運用したり、調達したりする場である手形市場で成立する金利。日銀のオペレーションの対象になっている。→手形（割引）市場

手形（割引）市場
【discount market】
手形の割引を仲介として、金融機関同士が短期間の余裕資金を融通し合う市場。1971年5月に発足した。従来は、コール市場が短期資金のうちでも期間1週間程度のごく短期の資金を融通し合う場であるのに対し、手形割引市場は短期資金のうち期間1〜6カ月のやや中期の資金運用、取り入れの場となっていたが、88年11月、89年4月の見直しによって、現行の1週間〜1年まで期間が広がった。→コール

テーク・オーバー・ビッド ⇨TOB

テークオフ
【take-off】
離陸。米国の経済学者ロストウが著書『経済成長の諸段階』で提唱した経済成長段階の1つ。経済成長の段階によって近現代史を、①伝統的社会、②離陸のための過渡期、③離陸

期、④成熟への前進期、⑤高度大衆消費時代——に分け、米国、西ヨーロッパ、日本などは第5段階に入っているが、インドや中国は離陸期にあるとした。ここから一般に経済発展の前段階を示す言葉として使われることもある。

テクノストレス
【technostress】
コンピューター端末機やOA機器を長時間扱う人にたまりがちなストレス。 広く情報化社会が人間に与えるストレス全体を指す場合もある。ひどくなると胃痛、めまい、ノイローゼ、倦怠感などさまざまな症状が現れる。

テクノスーパーライナー
平均時速約70キロメートルで航行する高速船。 アルミ合金製の軽量双胴用船体にガスタービン2基、ウオータージェット推進器2基、高速ディーゼル機関4基を備える。東京湾と小笠原父島港を結び2005年春に就航する予定。従来片道26時間かかったのが16～17時間に短縮される。第一船は三井造船が建造し、1万4,500トン、全長140メートル、最大旅客定員約740人となる。

デザインビルド方式
【design-build format】
建設工事の設計業務と施工業務をまとめて同じ業者に発注すること。 民間工事では一般的だが、公共事業では発注者の国、自治体などが設計・工事監理するのが原則だったが、コスト削減をねらい設計も民間に任せるケースが出始めている。ただ、地方自治体では取り組みが遅れており、民間側から一括発注を求める意見が多い。

デジタル
【digital】
情報などの量を数字で表現して処理する手法。 表現に使う数字の最小単位をあらかじめ決めてあり、これを足し合わせて大きさを表現する。したがってデジタルで表す量の変化は1,2,3……など断続的な数値になる。断続値の中間の値は表現できないので近い方に代表させるため厳密ではないが、半面、計算しやすいのが最大の特徴。コンピューターはほとんどデジタルの世界で構成されている。デジタル化する、ということとコンピューター制御化するということが同義で使われる場合が多い。情報を伝えたり複写する際にも、誤りやズレが生じにくくなる利点がある。デジタルに対比されるアナログは連続的に動く時計の針のようにすき間なく数値を扱う手法。無限に細かく量を表現することになり、計算が面倒でコンピューター処理しにくい。伝達や複写のたびに原データから際限なくズレていく恐れもある。

デジタル家電
デジタル技術を駆使した家電製品。 現在は「新三種の神器」と呼ばれるデジタルカメラ、薄型テレビ(液晶・プラズマ)、DVDレコーダーの三種類を指すが、新製品の増加に伴い範囲が広がる可能性が高い。電子情報技術産業協会の予測では液晶テレビの2004年の国内市場規模が前年の1.8倍の270万台、DVDレコーダーも同1.8倍の350万台と伸び、部品の製造、家電量販店など幅広い業種にデジタル景気をもたらしている。

デジタル・シグナル・プロセッサー
⇨DSP

デジタルスケール
【digital scale】
デジタル表示式位置測定装置のこと。 測長機本体のスケール、スケールから測定値を読み取る検出器、その値をデジタルで表示するカウンターからなる。これを使えば熟練工でなくても容

易に読み取りができる。ミクロン単位の加工精度を出せるほか，既存の工作機械にも簡単に付けられる。このため近年，市場規模が拡大し，国産，海外メーカー間の競争が激しくなっている。

デジタルスチルカメラ
【digital "still" camera】
銀塩フィルムの代わりに磁気ディスクや半導体メモリーなどを画像の記録媒体とするカメラ。カメラボディとフィルムに相当する電荷結合素子（CCD），メモリーなどに記録した画像をテレビ受像機などに映し出すための専用再生装置の3つからなり，現在ではカメラボディ背面にある液晶モニターで撮影した画像を見られるのが一般的。現像が不要で即座にモニターなどで見ることができるが，プリンターを接続すればプリントも可能。1988年12月にキヤノン，ソニー，コニカが製品化，発売したが，定着しなかった。95年にカシオ計算機がデジタルカメラを発売，パソコン向け画像入力機器として大ヒット，以後参入メーカーは30社を超えた。2003年は全世界で前年比77％増の4,341万台の出荷を達成，04年も6,090万台超の出荷が見込まれている。プリントした際の画質もCCDの高性能化で大幅に向上した。

デジタル通信
【digital communication】
電話やファクシミリ，テレビ，コンピューターのデータなどの情報をすべて「0」と「1」から構成されるデジタル信号でやり取りする通信方式。従来は電気の波形の変化で表すアナログだったが，デジタル通信では通信回線の使用効率が向上し，通信コストの低減が期待できる。さらに雑音に強い高品質の通信ができるようになる。日本電信電話（NTT）では，まずデータ通信の分野で，デジタル通信網の提供サービスを1979年12月から開始，現在はISDN（総合デジタル通信網）整備がほぼ完了した。→ISDN

デジタルデバイド
【digital divide】
情報化社会の進展によって，インターネットやコンピューターなどが急速に普及した結果，それらを自由に使いこなせるかどうかで情報収集能力に決定的な差が付くようになってきた。デジタルデバイドとは，そうした差によって生活水準や収入に格差が付く状況の総称。米国の商務省の調査によれば，年収が7万5,000ドル以上の豊かな家庭は貧困層に比べ，パソコン保有率やインターネットへのアクセス率で圧倒的に高い数字を示している。こうした構図は国際間にも成り立っており，途上国と比べて先進国は，パソコン保有率もインターネットへのアクセス率もはるかに高い。ただ，所得が高く豊かだからネット使用率が高いのか（そもそも高賃金を得やすい人がインターネットやコンピューターの勉強にも熱心なのか），それともネット使用率が高いから所得格差が付くようになるのか（インターネットやコンピューターの勉強に熱心な人が結果的に高賃金を得るようになるのか）の因果関係は必ずしも定かではない。

デジタルVTR
映像と音声の信号を0と1のデジタル信号に置き換えて記録する方式のVTR。VHSなど，信号を電流の周波数や波形に変換して記録するアナログ方式に比べて，画質と音質が向上する。複写しても画質の劣化が小さく，パソコンを使うと映像を簡単に編集できる。家庭用では，松下電器産業，ソニー，日本ビクター，オランダのフ

ィリップスなどが，統一規格の「DV方式」を決めた。主にデジタル方式のビデオカメラで使われている。

デジタル放送
【digital signal broadcasting】
アナログ方式の電波信号を画像圧縮技術を用いてデジタル信号に置き換えて伝送する放送のこと。アナログに比べると，同じ幅の周波数帯域でより多くの情報を送れるのが最大の特色。チャンネル数を飛躍的に増やせるほか，これまで不可能だった大容量のコンピューター処理用のデータ伝送などもできる。CS放送に引き続き2011年までにはケーブルテレビ，BS放送，地上波放送がすべてデジタル放送になる。

デジタルマニュファクチャリング
【digital manufacturing】
情報技術(IT)を使った製造技術革新の総称。生産現場のアナログ情報をデジタル化して制御技術を高めたり，三次元CAD/CAM(コンピューターによる設計・製造)システムを活用して製品の試作回数を減らしたりする。試作回数が減ると同時に歩留まりの向上にもつながる。東芝が工場の生産工程を遠隔管理するシステムを導入するなど，全社的に推進するメーカーが増えている。

手数料自由化
【liberalization of commission payment】
投資家が株式売買の際に証券会社に払う委託手数料の自由化。日本では，売買代金によって委託手数料が決められている固定制をとってきた。しかし，1991年の損失補てん事件を機に「固定制が損失補てんの温床になっている」との批判が高まり，94年4月から売買代金が10億円を超える大口取引については自由化された。99年10月から小口も含め完全自由化された。

デスバレー
【death valley】
優れた研究開発成果や技術があるにもかかわらず，製品化や事業化に失敗する状況。典型例は田中耕一氏のノーベル化学賞で注目を集めたたんぱく質の質量分析器。同氏が所属する島津製作所ではなく欧州企業がヒット商品に育て，製薬，バイオの研究開発には欠かせない機器となった。島津製作所は研究で先陣を切ったが，事業化では後塵を拝した。技術先行の製品開発が多い日本企業や技術系の大学発ベンチャーに見られる問題だ。デスバレー克服は日本が産業競争力を回復する必要条件とされる。

データウエアハウス
【data warehouse】
直訳すれば「データ倉庫」。日々蓄積されていく膨大なデータから必要な情報を抽出し，時系列情報も含んで構築したもので，主に金融や流通業など大量のデータを扱う業界での意思決定支援に用いられる。例えば流通業では過去数年間の購買データを分析することで，どんな特売品をどんなタイミングで投入すべきかといった戦略決定に役立てられる。数兆バイトに上る大規模なデータ倉庫を構築する企業も現れ始めている。

データセンター
【data center】
電子商取引などインターネットビジネスを手掛ける顧客企業のサーバーを預かり，顧客のネット事業の運用管理を代行する施設。ネット事業はシステムを年中無休で連続運転する必要があり，自社でサーバーを管理できないネット事業者が多い。プロバイダー(インターネット接続業者)などは，専

門技術をもつデータセンター事業者にサーバー管理などを委託すれば，人件費などが削減できサービスの質も高められる。富士通など情報通信大手のほか，東京電力など異業種もデータセンター事業に参入している。ネット関連事業者だけでなく，一般企業が社内通信網などを安全・確実に運営する上でも不可欠な存在になっている。

データベース
【data base】
情報検索，照合は別個のデータファイルから引き出すより，1つに集中して広範囲のデータを検索する方が効率的である。このように情報を多目的に使えるようにデータの蓄積構造，索引構造を考慮して作られたデータファイル群を指す。データプールあるいはデータバンクともいう。これによって重複したデータやその保守が不要になり，企業内各部門による同一データの使用に互換性を持たせられる。

データ放送
【data broadcasting】
地上波などテレビ放送の電波のすき間を使い，各種のデータを家庭のテレビやパソコン端末まで送り込む放送サービス。現在の普通のテレビ画面は525本の走査線で構成しているが，そのうち21本の走査線は「垂直帰線消去期間（VBI）」と呼ばれる電波のすき間になっている。データ放送ではこのすき間に図形や画像，文字などの情報を組み込む。21本のうち使うのは4本分。最大毎秒約40キロビットの伝送容量があり，ホームページの情報を送るのに十分な速度である。現在は地上波のほかCS（通信衛星）デジタル放送でもデータ放送サービスが提供されている。2000年12月に開始されたBS（放送衛星）デジタル放送で，データ放送とインターネットを組み合わせた双方向型サービスが本格化した。

データマイニング
【data mining】
「マイニング」は鉱石の採掘を意味する。膨大なデータの中から有用な情報や法則性を掘り当て，活用することから名付けられた分析手法。米国の金融業などで活用され，日本でも大量生産・大量販売のマスマーケティングの限界を越える有力な手法として注目されるようになった。この手法を使えば，蓄積した顧客の購買履歴や嗜好などのデータから，顧客の価格に対する意識や次に顧客が何を買う確率が高いかなどを予測できる。顧客に必要な情報を選別して活用することにより精度の高いワン・トゥー・ワン・マーケティングが可能になる。消費者は不要な販促情報に悩まされることなく，欲しい情報を受け取れる。

鉄鋼摩擦
【dispute over Japanese steel imports into U.S.】
2002年3月，米国が輸入鉄鋼製品に高関税をかける緊急輸入制限（セーフガード）を発動したのを発端に，欧州連合（EU）や中国が暫定的なセーフガードで対抗するなど各国を巻き込んだ通商摩擦のこと。日欧は米国からの輸入品に関税を上乗せする報復措置をちらつかせる一方，米国の鉄鋼輸入量が減少しているのにセーフガードを発動したのは世界貿易機関（WTO）の協定違反だとしている。WTOの紛争処理小委員会（パネル）は米国の措置をWTO違反だと認める最終報告をまとめ，当事国に示した。

鉄スクラップの輸出
【export of steel scrap】
解体，廃棄されるビルや自動車から回収する鉄くず（老廃くず）と，金属製品の工場で発生する鉄の切りくず

(発生くず)である鉄スクラップの輸出。鉄スクラップは鉄鋼メーカーのうち主に電炉が原料として使い，製品に再生される。鉄鋼生産が拡大する中国や韓国では老廃くずが少ないため，日本からの輸出が急速に増加。2003年の輸出量は2000年に比べ2倍以上に膨らんだ。日本国内の需給もひっ迫し，スクラップ価格は04年春までの3年間で4倍に跳ね上がった。電炉が生産する棒鋼価格も3年で約2倍に上昇するなど，国内の製品価格への影響も大きい。

デットアサンプション
【debt assumption】
いったん発行した債券の元利払いの債務を銀行などに肩代わりしてもらうこと。銀行などから見ると債務を引き受けることになる。債券を発行したところは債務肩代わりの対価を預金などの形で銀行に支払い，銀行はこれを貸し付けなどで運用する。この運用で得た元利金を元手にして，銀行は発行者に代わって債券の元利金を投資家に支払っていく。日本企業について見ると，1982年3月に伊藤忠商事がドル建て債について行ったのを皮切りに80年代半ばに実施するところが目立った。その後は一時，下火になったが，90年代半ばになって再び活発になった。90年代前半に発行した高金利債券を，この手法を利用して業績に余裕のあるうちに実質繰り上げ償還し，将来の金利負担を軽減するのがねらい。

デット・エクイティ・スワップ
【debt equity swap】
企業が金融機関に対して抱えている債務と株式を交換することで，「債務の株式化」と呼ばれる企業の再建支援策の1つ。債務を株式化すれば，企業の元本返済の負担はなくなり，利子を払わなくても済む。金融機関にとっては貸出金を回収できなくなるものの，再建に成功して将来，企業の価値が高まれば，株式から配当を受けたり，株式の売却によって利益を得たりする可能性も出てくる。一方で再建の可能性をよく検証せず安易に債務の株式化に踏み切ると，企業，金融機関の双方にとって問題の先送りにしかならない場合もある。

デット・エクイティ・レシオ
【debt equity ratio】
企業の財務体質の健全性，安全性を計る指標の1つ。株主資本に対する有利子負債の比率を百分率で示したり，有利子負債が株主資本の何倍あるかで示したりする。株主資本の代わりに時価ベースの株式時価総額で計算する場合もある。一般に数字が低いほど，元利支払い能力があり，不況に対する抵抗力が高いとされ，格付け機関が格付けを決める重要なポイントになっている。

デット・サービス・レシオ
【debt service ratio】
一国の対外債務返済額の輸出額に対する割合をいう。年間の公的対外債務返済額をD，同じく総輸出額をSとし，

$$D／S×100（\%）$$

で表す。カントリーリスク評価の基準の1つで，一般に20％を超えると外貨事情が極端に悪いと判断され，融資対象として不適格とされることが多い。輸出資源に恵まれない途上国や，1次産品価格の下落や戦争，石油危機などで経済事情が悪化した途上国はデット・サービス・レシオが高い。
→カントリーリスク

デット・デット・スワップ
【debt debt swap】
金融機関による企業の再建支援策の

1つ。融資債権を株式に変えるデット・エクイティ・スワップに対して，通常債権を劣後ローンに切り替えることをデット・デット・スワップと呼ぶ。より一般的には，優先債務を劣後債務に切り替えるなど債務を返済条件を変えた別の債務と交換することを指す。金融庁が企業再建手法として導入を呼びかけ，地域金融機関が注目している。中小企業の株式は売却しにくく，経営者も介入を警戒して金融機関に株式を持たれるのを嫌う。劣後ローンへの切り替えなら，金融機関は劣後ローンを資本の一種とみなして通常の債務を縮小できる半面，中小企業側も借り入れ条件の変更だけで済み，受け入れやすい。ただ，返済順位が後回しになる劣後ローンは企業が破たんすると価値がなくなる公算が大きく，中小企業にしっかりした再建計画があることが支援策をとる前提になる。

デノミ
【denomination reduction；downward redenomination】
デノミネーション。本来は，貨幣単位の呼称という意味だが，通常，貨幣の呼称単位の切り下げという意味に使われている。例えば100円を1新円にすること。この場合，切り下げ前の貨幣単位の呼称と切り下げ後の貨幣単位の呼称を区別しないと混乱するので，例えば，旧円，新円などの名称を用いる。インフレのため金額の表示が膨大になって計算，記帳，支払いなどの作業がやっかいになるのを避けるのが目的で，貨幣単位で表示される一切の金額が一律に切り下げられる。新貨幣の発行，流通に伴う設備投資など経済効果があるとする意見もある。→インフレ

デノミネーション ⇨デノミ

デパ地下・ホテイチ
日本の百貨店は地下に食料品売り場を構えていることが多く，語源は「デパートの地下食料品売り場」。もともとは銘菓や珍味，高級食材が主体だったが，生鮮品やベーカリー，和洋中の総菜類，弁当などにも取扱商品を拡大した。飲食コーナーの併設店も増え，豊富な品ぞろえや高級感と値ごろ感を兼ね備えた価格設定で，外食店から顧客を奪っている。近年は都市ホテルが1階に持ち帰り総菜店を開く例も多く，デパ地下との対比から「ホテイチ」と呼ばれている。

デビットカード
【debit card】
デビットは即時決済を意味する会計用語で，与信枠を設けるクレジットの反対語。キャッシュカードで買い物をすると利用者の預金口座から即時に代金を引き落として払い込む仕組み。欧米では普及しており，国内では1998年に日本デビットカード推進協議会が設置された。大蔵省（当時）が97年の規制緩和で「機械化通達」を廃止，実用化にメドが立った。さまざまな業界で実用化が進んでおり，2003年度の取引金額は5,309億円を超えた。

デファクトスタンダード
【de facto standard】
事実上の業界標準。国際標準化機構（ISO）や日本工業規格（JIS）など公的機関が制定した規格や規定に対して，市場競争を通じて業界の標準的地位を占めた規格や製品などをこう呼ぶ。技術進歩の急速な情報通信分野では，時間のかかる公的規格を待たず，企業や技術者グループが事実上の業界標準として先に普及させたうえで，ISOなどで採用するケースも多い。また最近は，企業が自社の規格を業界

標準にするため、技術情報を公開する戦略をとることが増えてきた。米マイクロソフトのパソコン用基本ソフト、ウィンドウズのようにいったん業界標準の座につくと業界での支配的地位に立てるため、企業戦略上、重要なテーマとなっている。

デフォルト
【default】
一般に公社債の利払いが遅滞したり、元本の償還が不能となること。債務不履行ともいう。社債を発行している企業が倒産した場合などに、こういう状態に陥るが、日本企業の普通社債については、最近まで受託銀行が残存の社債を額面で買い取る場面がほとんどで、実質的なデフォルトはなかった。しかし、社債の受託制度が変わったうえ、銀行も不良債権問題の重荷から体力がなくなっており、デフォルトで一般投資家が損失を被るケースが出てきている。2001年秋に経営破たんしたマイカルが発行していた社債約3,500億円はデフォルトとなった。また同年末にはアルゼンチンが発行したサムライ債が事実上のデフォルト状態に陥った。

デフレ
【deflation】
モノやサービスなどで広範に需要が供給を下回り、物価が下落している状態。政府は「継続的な物価下落」と定義している。政府は2001年4月に、日本経済は戦後初めて「緩やかなデフレにある」と認定している。デフレ下ではモノの価値が下がり、カネの価値が上がるため、実質的な債務負担が増加したり、売り上げが減少したりして企業収益が減少する。政府は日銀と一体となって06年度までにデフレ脱却を確実にすることを目標に掲げている。→インフレ

デフレギャップ deflationary gap ⇨ インフレギャップ

デフレーション ⇨ デフレ

デフレスパイラル
【deflationary spiral】
物価の下落と景気の悪化が同時進行する状態のこと。具体的には、①物価下落によって企業の売り上げが減少する、②賃金などが短期的には下方硬直的であるため企業収益が減少する、③企業行動が慎重化し設備や雇用の調整が行われる、④設備投資や個人消費などの需要の減少が物価下落につながる——という悪循環が生じることをいう。→デフレ

デフレーター
【deflator】
一定期間の経済現象を分析する場合、その間の価格変動分と実物変化分を分けて分析した方が便利な場合が多い。実質的な分析のためには価格変動分を差し引いて修正する必要があり、このときに使う価格修正要因がデフレーター。価格修正因子ともいう。デフレーターは物価指数と密接な関係を持っている。

デポジット制度
【deposit refund system】
製品価格にあらかじめ預託金を上乗せして売り、製品使用後に販売店など回収拠点に持ち込むと預託金が払い戻される制度。預託金はリサイクルシステムの運用などに活用される。北欧などで定着しており、スウェーデンではワインなどのガラス瓶の回収・再利用に貢献している。日本でも制度導入に踏み切る自治体が出てきた。

テポドン1号
【Taepodong-I ballistic missile】
朝鮮民主主義人民共和国（北朝鮮）が開発した弾道ミサイル。2段式ミサイルで1,500キロメートル以上の射程

を持つと推定される。1998年8月に行われた発射実験では、2段目部分が日本上空を通過し、三陸沖に着水した模様だ。北朝鮮は「弾道ミサイルではなく、人工衛星打ち上げロケット」と主張しているが、日米政府は衛星が軌道に乗った形跡は見られないとして北朝鮮の主張を否定している。日本全土を射程に収めるミサイルの開発に北朝鮮脅威論が高まり、戦域ミサイル防衛（TMD）の日米共同研究の推進や情報収集衛星の打ち上げ、ミサイル防衛の導入など、日本の安保政策に変化をもたらす契機となった。また、テポドンの製造技術が中東諸国などに流出しているとの懸念も出ている。→弾道ミサイル防衛

テーマパーク
【theme park】
従来の乗り物中心の遊園地と異なり、一定の主題（テーマ）のもとにアトラクションやショーなどを盛り込んだ娯楽施設。日本では1983年に千葉・浦安にオープンした東京ディズニーランドがブームの火付け役になった。2001年にはユニバーサル・スタジオ・ジャパン（大阪府）が開業し、東阪の2大パークに入場者が集中する傾向がある。

デマンドプル型インフレ
【demand-pull inflation】
インフレをいくつかの種類に分類した場合に取り上げられる代表的なものの1つ。景気が上昇して過熱段階に達し、国民経済的に見て総需要が総供給を上回るために生じる物価上昇を指す。需要インフレ、需要超過インフレともいう。賃金など生産コストの上昇に原因するコストプッシュ型インフレと対比されることが多い。→インフレ、コストインフレ

手元流動性（比率）
企業の営業規模に対して、手元にどれだけすぐに取り崩せる資金があるかを示す指標。この倍率が高いほど、企業の資金繰りのゆとりが大きいことを示す。手元資金量（貸借対照表上の現・預金勘定と一時保有の有価証券の合計）を営業規模（1カ月平均の売上高）で割って算出する。

デュアルカレンシー債
【dual currency bond】
二重通貨債。払い込みおよび利払いと償還が異なる通貨で行われる債券で、1982年ごろ、国際金融市場に登場した。85年には払い込みおよび利払いが円、償還はドルという形の円債が海外市場で発行された。さらに90年代に入って国内でも発行が認められ、94年3月に高島屋が同じく払い込みおよび利払いが円、償還はドルというデュアルカレンシー債を発行した。発行者は長期の為替予約などにより、償還金額を確定したうえで、発行コストを通常の普通社債より低くできるという。なお、払い込みと償還は同じ通貨（通常は円）にし、利払いだけを別の通貨にするのを、逆デュアルカレンシー債と呼び、95年9月に丸紅が日本企業では初めて発行した。

デュアルシステム
【dual system】
職場での実習と学校での研修を同時並行で進め、仕事に必要な技能を効率的に身に付けさせる制度。ドイツで普及している。日本でも若年層の高失業率やフリーターの増加などを背景に、2004年度から厚生労働省が日本版として「実務・教育連結型人材育成システム」を導入した。例えば、高校卒業者を企業が実習生として採用し、週3日は専修・各種学校で職業訓練を受け、残る2日は企業の現

場で実習する5カ月程度の短期訓練は04年4月にスタート。1～3年程度の長期訓練は10月から実施。

デューデリジェンス
【due diligence】
資産の適正評価手続き。不動産や債権、プロジェクトや企業が持つ収益性やリスクなどを複数の観点から詳細・公正に調査してその価値を算定する業務。不動産の場合、基本的に収益還元法に基づく評価が適用され抵当権をはじめとする権利関係の状況が対象となる。不動産投資信託の解禁や不動産の証券化などに関連して利用されるほか、M&Aや経営破たんした企業の価値を測るために用いることが多い。

テリトリー制
【sales teritory system】
1地区1販売会社制。メーカーの代理店政策の一形態。一定地域ごとに特定の代理店を設置し、その地域はその卸が独占的販売権を得る。メーカーはその卸を配送、販売促進、アフターサービスなどの拠点とする。家電製品や再販商品を扱うメーカーに採用する企業が多い。この制度は、流通経路の短縮や物流コストの削減など合理化が図れる半面、「すみ分け」で同系列問屋間の競争がなくなるという欠点がある。国内自動車メーカーもディーラーに責任地域を設け、その地域内での積極販売を義務付けるテリトリー制を敷いているが、公正取引委員会の指導などもあり、是正される方向にある。

デリバティブ
【derivative】
金融派生商品。金融商品の価格変動リスクを回避し、低コストでの調達や高利回りの運用といった有利な条件を確保するために開発された取引。外国為替や金利など本来の金融商品から派生した。広義では通貨先物や金利先物取引などを含めるが、狭義でスワップやオプション取引などを指すことが多い。元々はリスク回避の手段として開発されたものの、最近はデリバティブ自体を投機対象とする取引が拡大している。その結果、逆に金融商品の価格変動を大きくするケースが増えており、各国の金融当局の間ではデリバティブの規制強化を検討したり、情報開示を進めたりする機運が高まっている。→オプション①

デリバティブ投信
【derivatives investment trust】
株式や債券などの派生商品(デリバティブ)を活用した投資信託商品の総称。1995年1月に実施された投信の規制緩和で登場した。先物の売りを使い、株式や債券の下げ場面で利益を得る形の商品や、レバレッジを効かせたハイリスク・ハイリターンの商品、オプションの売りと先物の売り買いを組み合わせてリスクを限定しながらハイリターンを目指す形など、さまざまな商品が登場している。

デレギュレーション
【deregulation】
もともとは統制撤廃の意味だが、最近は、政府が民間に課していた各種の規制を緩和、廃止することで、民間の活力を取り戻そうとする一連の経済政策を指す。1980年代の米国のレーガン元大統領、英国のサッチャー元首相の政策が代表的。米国では、通信・放送、運輸、金融の3分野で特に著しく、航空運賃、電話料金の引き下げ、金融商品の多様化をもたらした。半面、企業間の競争が激化し、それまでの業界秩序が崩れ、低所得者層へのサービスが低下したとの批判も強い。電力自由化で2000年

に表面化したカリフォルニア州の電力不足は，規制緩和の在り方に一石を投じた。

テレビ会議
【teleconference】
複数の会議場をインターネットなどの通信回線で結び，テレビ画像，音声，文書などを互いにやり取りしながら進める会議。従来のように，参加者すべてが1カ所に集まる必要がないため，時間，出張旅費の節約になり，会議開催も柔軟にやれるという利点がある。現在はIP（インターネットプロトコル）方式のシステムが主流となっている。ノルウェーのタンバーグ，米国のポリコム，日本のソニーなどが主要メーカー。

テレビゲーム機
【video game machine】
テレビに接続し，テレビをモニターとして使うゲーム機。1983年に任天堂が発売した8ビット機「ファミリーコンピュータ」が爆発的に普及し，認知された。現在，MPUの処理能力は128ビットまで進化している。128ビットの代表機種はソニー・コンピュータエンタテインメント（SCE）の「プレイステーション2」。2001年には任天堂の「ニンテンドー ゲームキューブ」，米マイクロソフトの「X-BOX」が登場した。「プレイステーション2」はインターネット接続が始まり，デジタル家電の一翼を担い始めた。

テレビショッピング
【TV shopping】
テレビ番組で商品を宣伝し，消費者から直接注文を取る販売方法。コマーシャルや，一般の番組内に組み込んだスポット広告を放映するケースもある。無店舗販売の1つで，家電製品，宝石，家具などの量販店や専門店も，店舗販売と並行して販売促進策の1つとして採用している。触ったりしないと品質がわかりにくい商品の販売には向いていないが，遠隔地のテレビを見ている人にも呼び掛けられるなど店舗販売にない利点を持っている。最近では，CATVなどに向けた24時間型通販専門チャンネルの成長が目立っている。大手のジュピターショップチャンネルなどを中心に，録画から24時間通して生放送に切り替える動きも出ている。

テレマーケティング
【telemarketing】
電話を利用した市場調査，通信販売，宣伝広告などのサービス。人件費を抑えながら顧客との関係を強化できる利点が企業の注目を集めている。顧客情報データを表示するパソコンを備えた「コールセンター」がテレマーケティング手法の代表例。通信販売や携帯電話の受け付けにとどまらず，特定顧客に的を絞った金融商品の販売にも利用されるようになった。大手企業はNTTグループ，ベルシステム24，もしもしホットラインなどで，インターネットとの融合を目指す動きも出ている。

天安門事件
【Tiananmen Square crash】
1989年5～6月，中国の民主化を求める学生，市民らは北京の天安門広場を占拠して政府との対話を訴えた。これに対し当局は5月20日，北京の主要部に戒厳令を施行し，6月4日未明に人民解放軍を投入，武力によって民主化運動を弾圧した。中国当局の公式発表では200人以上，西側の人権擁護団体の推定などでは2,000人以上の死者が出たとされる。こうした一連の混乱，特に6月4日の弾圧を「天安門事件」，「6・4事件」などと呼ぶ。76年に起きた天安

門事件と混同する可能性がある場合は「第2次天安門事件」と呼ぶことがある。この事件によって趙紫陽総書記は失脚し、西側諸国は対中経済制裁を実施するなど、中国を大きく揺さぶった。

転換価格
【conversion price】
転換社債を株式に転換する場合に、株式1株を転換社債額面何円と交換できるかを表すもの。転換社債の発行時点の株価を2.5～5％程度上回る水準に決められるのが一般的。この転換価格を株価が上回ってきたときに、転換価格で株式に転換し売却すれば、株式売却益を得ることができる。

転換社債
【convertible bond；CB】
発行するときは社債だが、所有者の請求により、株式に転換できる、いわば社債と株式両方の性格を持った有価証券。転換により発行する株式の発行価格(転換価格)を、転換社債発行時の株式時価を基準に決める時価転換社債が一般的。株価が転換価格を上回ってくれば、保有者には転換するメリットが出てくる。発行会社にとっては、株価上昇に伴い株式への転換が進むにつれて比較的滑らかな株主資本充実が図れるという利点がある。時価転換社債は、わが国では1966年9月に日本通運が発行したのが最初。バブル期には月間で1兆円発行されることもあった。ここ数年、発行額は減少していたが、2003年度は株高などの追い風もあって発行が大幅に増えた。この間、償還期限は2～15年と多様になった。また、90年代に入って、クーポンの付いていないゼロクーポン転換社債や、発行後一定期間を経過した場合に保有者が割増償還請求できるプットオプション付き転換社債、クーポンを高くすると同時に転換価格のアップ率を高くしたハイクーポン・ハイプレミアム債が国内でも登場するなど、商品内容も多様化している。02年4月施行の商法改正で新株予約権という概念が導入され、転換社債の法的位置付けは新株予約権付社債に変更された。新株予約権付社債のうち、①社債の発行価格と新株予約権の行使に際して払い込むべき全額が同額で、②新株予約権の行使時に必ず社債が全額償還されて社債の償還額が新株予約権の行使の払込金に充てられるものを転換型新株予約権付社債とみなすことになった。→新株予約権

転換社債の乖離率
転換社債(CB)の時価とパリティ(理論価格)との差で、CB時価がパリティに対して何％高いか、あるいは何％低いか(逆乖離)を示す。算出式は(CB時価－パリティ)÷パリティ×100。一般には乖離率が低くなるほど株価との連動性が強まる。また、乖離率が高いことが即、割高とはならない。株価の先高観が強い場合や、逆に株価が転換価格を大きく下回りCBの社債価値が強調される場合、乖離率は高くなる。

電気事業法
【Electricity Enterprise Act】
電力事業を規制するため、1964年に施行された法律。電気事業者(電力会社)の参入や料金、保安規制などを規定している。95年4月に改正法が成立、96年1月から施行された。改正内容は、①電力会社に電気を販売する「卸売り事業」への参入自由化、②特定地域内での電気小売り解禁、③季節・時間帯別料金など割引料金の認可制から届け出制への変更——など。2000年3月の改正では大口

電力の小売り自由化が実現。01年から始まった総合資源エネルギー調査会・電気事業分科会の審議では、07年度をメドに電力小売りを全面自由化することが決まった。

電気自動車
【electric car】
ガソリンの代わりに各種の電池を動力源とする自動車。排ガスの出ない自動車として注目された。米カリフォルニア州が2003年以降は州内の全販売台数の10％を超低公害車が占めるよう自動車メーカーに義務付ける方針を打ち出したなどの理由から開発機運は高まった。ただ、1回の充電当たりの走行距離が現状では最高200キロ程度と短いことや、車両価格の問題など課題は多く、普及は官公庁や電力会社など一部に限られている。最近はメーカーの開発の比重が発電しながら走行できる燃料電池に移行しており、電気自動車は一定の役割を終えようとしている。

電気通信事業法
【Telecommunications Business Law】
通信事業について参入許可やサービス変更に関する許認可など基本的な規則内容を定めている法律。2001年の改正でNTT東西地域会社に加え、携帯電話市場で強い市場支配力を持つNTTドコモも支配的事業者に指定。他社がドコモの通信網を使う際の接続料の公開を義務付けた。2004年4月に、自前の回線の有無で分けていた第1種、2種の事業区分を廃止する改正が施行された。

天候相場
生産地の降雨、気温などを材料に上下する相場。商品の相場は基本的に需給関係で決まるが、生育期に入った農産物の場合、産地の天候が極めて大きな材料としてクローズアップされる。例えば、大豆は米国で作付けが始まる5月から収穫期の9月にかけて、産地中西部の天候や気象予報を材料に相場が毎日のように大きく動く。大豆は適度な雨を必要とするため、晴天が続くと買い注文が集まる傾向がある。

天候デリバティブ
【weather derivatives】
気温や降水量、積雪量などさまざまな気象条件を取引の条件とした金融商品。天候による収益の変動を避ける目的で利用される。例えば冷夏により減益が予想される企業は、増益が期待できる企業やリスクを引き受ける金融機関などと契約を結び、契約気温を下回った場合は一定額を受け取り、上回った場合は一定額を支払う仕組み。1997年に米国で初めて取引され、経営破たんした米国のエネルギー大手、エンロンが主要な参加者となって、ガス会社などエネルギー業界中心に市場が拡大してきた。

電子決済
【electronic settlement】
インターネット上でクレジットカードや電子マネー、デビット（預金自動引き落としサービス）などで支払いする技術・サービスの総称。ネット上では個人情報や決済情報が第三者に盗み見されたり、不正に改ざんされる危険性がある。電子決済では本人を確認する仕方がサービスの重要な要素になり、暗号でデータを秘匿したり、会員にパスワードを渡すなどして犯罪を防止している。

電磁鋼板
【electromagnetic plate and sheet】
変圧器やモーターの鉄心に使われる鋼板。珪素を普通鋼材より多い3～4％含んでいる。一定方向に高い磁性を示す方向性電磁鋼板と、すべて

の方向に均質な磁気特性を示す無方向性電磁鋼板がある。電流が流れる際に鋼板の中で熱エネルギーとして消費される電力ロス（鉄損）をできるだけ少なくするようにしている。

電子航法
【electronic navigation】
航空機や船舶の航行安全を確保するため，電子技術を利用して航法援助や航行管理を行うもの。電子航法の最新型としては，衛星航法が実用化されており，これは人工衛星を打ち上げ，衛星の電波を利用して船舶や航空機の位置を正しくつかむとともに，運航管理，航行管制，救難などの業務に役立てている。

電子CP
【electronic commercial paper】
コマーシャルペーパー（CP）を無券面化し，発行，管理，売買，償還など一切の手続きを電子化したもの。有価証券のペーパーレス化，電子化の第一弾として2003年4月から発行が始まった。取引はすべて証券保管振替機構の端末で行われるため，紙の印刷，受け渡し，管理などの事務コストがかからない。従来型のCP取引ではCPの券面を仲介会社職員や現金輸送車で運んでいたため盗難リスクもあった。ただ，投資家側のシステム対応の遅れや手数料設定が手探り状態になっていることもあって，従来型取引も並存している。04年3月末の発行残高は1兆4,000億円強。→コマーシャルペーパー

電子商取引
【electronic commerce】
一般的には，電子的なネットワークを介して商取引のあらゆる業務を行うことを指す。コンピューター利用の普及により爆発的に広がっている。主な業務としては，ネットワーク上での売買取引，資金決済，インターネットを介した商談など。消費者と生産者が直接取引するなど既存の流通機能を大きく変革し，価格引き下げなどを実現している。経済産業省は，国内の企業間電子商取引の市場規模は2006年には125兆円に，消費者向け電子商取引は16兆円に膨らむと予測している。ただ，ネット上の取引は相手が確認しにくく，詐欺などトラブルに巻き込まれる可能性があるので，「身元」証明，認証制度の重要性が高まっている。

電子商取引ネットワーク
【electronic commerce network；ECN】
コンピューターネットワークを活用して株式を売買する電子的な証券取引市場の総称。証券会社や機関投資家が互いに株式を相対で取引できる。従来の取引所の取引時間外も稼働しているため1997年以降，米国で急速に広がった。米店頭株式市場（ナスダック）銘柄のECN売買シェアは約半分。ニューヨーク証券取引所（NYSE）上場銘柄の取引にも力を入れているが，まだ1割に満たない。日本でも制度面では創設可能。2000年7月，沖縄サミットで採択された沖縄IT憲章では，途上国の電子商取引ネットワークへの参加の奨励もうたわれた。

電子書籍
【e-book】
専用のウェブサイトからパソコンやPDA（携帯情報端末）に有料でダウンロードし，利用者が好きなときに読む書籍，またはそのサービスのこと。日本では富士通系のパピレス（東京・台東）が1995年ごろから参入，大手出版社が共同運営する「電子文庫パブリ」も2000年9月にサービスを始めた。紙の本と比べて音声や動画を組

み込める利点があるが,目が疲れて画面が読みづらい,表示ソフトが共通化していないなどの課題がある。ソニー,松下電器産業が専用端末を商品化。

電子署名
【digital signature】
インターネットなどネットワークを介してデジタル通信する際に,発信者が確かに本人であることを受信者が識別できるようにする暗号技術。デジタル署名,電子サイン,電子印鑑ともいう。公開鍵暗号と呼ばれる暗号技術を使って送信し,受信者が公開情報と組み合わせて確認したり,認証局と呼ばれる第三者機関を設置しておき,ここが本人であることを保証する。電子メールなどでは相手の顔や筆跡が見えず,データの偽造やコピーも可能で,こうした本人確認の手段が重要になる。2001年4月に施行された「電子署名・認証法」では電子署名に印鑑と同じ法的効果を与えた。

電子署名・認証法
【Electronic Signature Law】
電子商取引の普及を目的として,2001年4月1日に施行された法律。電子文書にネット上の身分を証明する電子署名がある場合,その内容を本人の意思とみなすことなどを定める。従来,紙の私文書に本人の署名か押印があれば,その意思に基づいて書かれたとみなし,文書を裁判上の証拠と認めている。新法が電子文書にも署名・押印のある紙の文書と同じ効力を認めたため,ネットの利用者は相手の顔を見ずに正しい相手と改ざんのない書類をやり取りできる。

電子透かし
【digital watermarking】
音楽,写真,映像などのデータにひそかに著作権情報などをコンピューター処理で埋め込んでおく技術。通常は見たり,聞いたりできないが,特殊なデータ処理をすると表れる。マルチメディアのコンテンツ(情報の内容)がインターネットなどで広く流通するには欠かせない技術。電子透かしを埋め込んでから市場に供給し,いざというときに正当な著作権を主張したり,不法流通のルートを突き止めるのに利用する。

電子スチルカメラ ⇨ デジタルスチルカメラ

電子政府
【electronic government】
政府や自治体への申請や届け出をインターネットで手続きできるようにする構想で,政府は2003年度をめどに実現を目指している。政府は01年3月にまとめた「e-Japan構想」で電子政府の実現までの重点計画を示した。行政手続きに伴う負担を減らすほか,情報通信ネットワークの普及を後押しするねらいもある。貿易や電気通信などの申請がネットで可能になり,国税の申告や有価証券報告書の提出や閲覧もネットで可能になる。ただ官公庁のホームページにハッカーが相次ぎ侵入したように,不正アクセスや情報の改ざんを防ぐ技術の早期確立が課題になっている。現在,より先進的な電子化を実現する「e-Japan戦略」が構想中だ。→e-Japan戦略

電子データ交換 ⇨EDI

電磁波シールド材料
電子機器からの電磁波の漏れや同機器への侵入を防ぐ材料。OA機器などの電子機器は自ら高周波の電磁波を放射するとともに,外からの電磁波の混入で誤動作することがある。また人体に悪影響を及ぼすという指摘もあり,低コストで対応できる技術開発が求められている。素材は,プラスチックに金属を混ぜた導電性コンパウンド

（成形前材料）と，銅や銀の導電ペーストで配線パターンを覆ってしまうものの2つに大別される。コストが安く加工が簡単なため，OA機器の多くには導電性コンパウンドが採用されている。電子機器の小型・軽量化に伴い，より軽く，より電磁波遮蔽性の優れた素材の開発が課題になっている。

電子ビーム露光装置
【electronic beam exposure equipment】
ブラウン管などに使われる電子ビームを使って，半導体回路を形成する装置。いくつか方式があり，ニコンや東京精密などが研究開発を進めている。一般的なレーザー光では難しくなりつつある線幅45ナノ（1ナノは10億分の1）メートル以下の回路形成が可能という。

電子ペーパー
【electronic paper】
ディスプレーと紙の長所を持ち合わせた次世代の携帯型ディスプレー。雑誌のように丸めて持ち運べるのが特徴。有機ELなど次世代ディスプレー技術が使われる。大日本印刷や凸版印刷，キヤノンなど数多くのメーカーが研究開発に取り組み，電子出版など幅広い分野での利用が見込める。

電子マネー
【electronic money】
デジタル信号に置き換えられた現金情報のこと。お札や硬貨の代わりに「お金」として小口決済などに使われる。ネットを経由した電子商取引での決済手段などとして実用化の機運が急速に高まっている。プラスチックカード上のIC（集積回路）チップに銀行口座から「お金」を移して持ち運ぶのが一般的。ネット上での決済だけに使われるものもある。コンビニなどが導入を進めており，大手銀行はキャッシュカードのIC化にあわせ，電子マネーの機能を搭載する。

電子メール
【E-mail】
パソコンや携帯電話などで作成した文書や画像をインターネットを通じて特定の相手に送るシステム。郵便では宛先として相手の住所や氏名を書くが，電子メールでは「アドレス」と呼ばれる文字列を打ち込む。インターネット通信の最も基礎的な利用方法で，ビジネスだけでなく学校や家庭での利用も盛ん。ただ，不要な広告や勧誘を送りつける「迷惑メール」の問題も顕在化している。

電子稟議
【decision-making through electronic network communication】
グループウエアと呼ばれるコンピューターソフトを使い，パソコンのネットワーク上で日本独特の意思決定方法である稟議の決裁を実行すること。紙の稟議書と違い，決裁者全員に同時にうかがいを立てることができ，起案者からも，どこで決裁が止まっているか分かるため，意思決定の時間を大幅に短縮できる。役職者の階層を減らし，フラット化した組織で特に大きな効果を発揮している。→グループウエア

店頭株
【over-the-counter stocks】
取引所を通さず証券会社の店頭で売買されている株式。一定の基準を満たして公開した店頭上場銘柄と，かつては取引所に上場していたが上場廃止基準に抵触して上場廃止になった管理銘柄がある。

店頭上場株 ⇨ 店頭株
店頭デリバティブ
【OTC derivatives】
取引所を通さずに銀行や証券会社の

店頭で取引される金融派生商品（デリバティブ）。金融ビッグバン（大改革）の一環として，1998年12月から正式に取引が可能になった。店頭デリバティブは相対で取引されるため，株価指数先物・オプションといった上場デリバティブと比べ，柔軟な商品設計が可能で，さまざまな種類がある。具体的な商品としては，日経平均株価の動きと収益が連動する日経平均連動債，企業の信用リスク自体をやり取りするクレジットデリバティブなどがある。

店頭取引
【over-the-counter transaction】
証券取引所を通さずに証券会社の店頭で株式や債券を売買する取引を指す。債券は店頭取引が主体。

電波時計
【radio-controlled clock】
日本標準時の情報を乗せた標準電波を内蔵のアンテナで定期的に受信し，自動的に時刻を修正する機能の付いた時計。標準電波は独立行政法人通信総合研究所が運用しており，10万年に1秒の誤差といわれるセシウム原子時計を基準にしている。電波送信所は1999年に開局した福島局（福島県）に続き，2001年には九州局（佐賀県）が開局し，日本全国で電波を受信できるようになった。目覚し時計や掛け時計，腕時計などに採用が進んでいる。

電力貯蔵用NAS電池
【NAS electricity storage batteries】
鉛蓄電池に代わる電力貯蔵用の電池。電力貯蔵密度は鉛電池の3倍あり，設置面積が少なくて済む。このため，都市部など需要地の近くに置き，深夜に充電・貯蔵し，電力消費のピークとなる昼間に放電する。電力消費の平準化を促す1つの方策として注目を集めており，東京都などが導入を進めている。

電力の小売り自由化
電力小売り事業に，既存の10電力会社以外も自由に参入できるようにする措置。電気事業法の改正により，大口電力については2000年3月に実現した。これを受け，商社やガス会社などが参入，外資系企業も関心を強めており，競争激化によって国際的にも割高な日本の電力料金を引き下げる効果が期待されている。総合資源エネルギー調査会（経済産業相の諮問機関）は，07年に電力小売りを家庭向けまで全面自由化する方針を決めた。→電気事業法

電力融通
発電所を効率よく運転することによって発電経費を抑制し，同時に電力供給の安定化を図るため，電力会社相互の間で電力を送受すること。融通の中には全国融通，2社間融通がある。全国融通は電力9社が相互に電力を送受するもので，ある社の一時的な供給力不足を補うためにする需給応援融通，火力発電経費の節減と水力の有効利用を図るための経済融通，需給協力融通などがある。2社間融通は隣接2社の間でするもので，相手の供給区域に近い発電所や送変電設備を有効に利用するために融通し合うもの。その中で特定の発電所，または特定の需要家に対する融通電力の受給を特定融通という。

と

ドイモイ（刷新）政策
【doi moi policy】
1986年12月のベトナム共産党第6

回大会で打ち出された，政治改革と開放的な社会主義型市場経済を目指すスローガン。同大会では改革派のグエン・バン・リンが書記長に就任し，それまでの経済政策の失敗を自己批判するとともに，ドイモイ政策を採択した。91年6月にド・ムオイ書記長が就任するとドイモイ政策にはさらに拍車が掛かった。現在の最重要課題は，①市場経済の導入加速，②国民に機会を平等に与えることによる潜在力の発揮，③地域・世界経済への統合——の3点。99年5月には国有企業への優遇措置を見直した会社法が国会を通過。民間企業が活発に活動するための素地が整った。2000年7月には国内初の証券取引所をホーチミン市に開設した。懸案の米越通商協定交渉も01年末に発効した。しかし国営企業の抜本的改革，まん延する汚職の改善など取り組むべき課題は依然山積しているほか，国内では急速な対外開放への警戒心も強まっている。

ドゥ・イット・ユアセルフ ⇨DIY
東欧のEU加盟問題
1980年代末の民主改革以後，市場経済移行を進める東欧各国は旧ソ連の混乱やコメコン解散により，これまで依存してきた経済ゾーンを失い，政治・経済統合を目指すEC(現EU)に急速に接近することになった。そこでハンガリー，チェコスロバキア(当時)，ポーランドの中欧3国は91年12月，またルーマニアは93年2月にECとの間で連合協定(EC準加盟協定)を結んだ。協定では正式加盟の可能性についても触れられていたが，98年3月の欧州協議会で東欧11カ国のEUへの新規加盟交渉が事実上スタートした。同月末からは11カ国のうちポーランド，ハンガリー，チェコ，スロベニア，エストニア，キプロスと具体的な個別交渉も開始。2000年2月からはルーマニア，スロバキア，ラトビア，リトアニア，ブルガリアの東欧5カ国とマルタを合わせた6カ国とも加盟に向けた個別交渉を始めた。新規加盟には民主主義と市場経済の定着が必須の条件であり，加盟候補国は今後，財政の健全化や政治制度の改善が一層求められることになる。EUは02年12月の首脳会議で中・東欧諸国など10カ国との加盟交渉を終え，04年5月に25カ国体制に正式に移行した。新規加盟国は，ポーランド，チェコ，ハンガリー，スロベニア，スロバキア，エストニア，ラトビア，リトアニア，キプロス，マルタの10カ国で，拡大後のEUは人口約4億5,000万人の巨大な共同体に生まれ変わった。今回の加盟対象に入らなかったブルガリアとルーマニアは07年の加盟を目標に交渉を続ける。

投下資本収益率 ⇨ROI
糖価調整法
2000年10月，国内産糖の保護と合理的な砂糖価格の形成を目的に制定された法律。1965年にスタートした糖価安定法を大幅に改正したもので，国産糖原料や輸入原料糖に入札制度を導入することなどを明記している。

東京工業品取引所
【The Tokyo Commodity Exchange；TOCOM】
日本初の総合商品取引所。1984年11月に東京金，ゴム，繊維の3取引所を統合，誕生した。金，銀，白金，(天然)ゴム，綿糸，毛糸，パラジウムに加え，97年4月にアルミニウム，99年7月にはガソリンと灯油が試験上場された。わが国で唯一の貴金属の公設先物市場。91年4月から貴金属の先物取引にシステム売

買を利用したザラバ手法を導入した。2001年9月に中東産原油，03年9月には軽油を上場。04年5月からは金のオプション（選択権売買）の取引も始まった。→商品取引所

東経110度CS
【geostationary communications satellite launched above 110 degrees of east longitude】
通信衛星（CS）の1つで，放送衛星（BS）と同じ軌道上，東経110度から電波を送る。2000年10月に打ち上げられた。既存のCSは東経124度と128度にあるため，BS放送とCS放送を見るには2つの受信機が必要だった。共通の受信機が使えるようになるため，加入者が伸び悩んでいるCS放送の起爆剤になるのではとの期待が寄せられている。双方向データ通信などデジタル技術を生かした放送が可能になる。02年4月から本放送が始まった。→デジタル放送

統合基幹業務システム
【enterprise resource planning；ERP】
総務や会計，人事，生産，販売など企業の基幹業務に必要な情報を統合的かつリアルタイムに処理し効率的な経営スタイルを目指す経営概念。企業はERPソフトを活用することで，システム開発の短期化だけでなく業務の効率化をシステム稼働時から実現できる。独SAPや米オラクルなどERPソフト大手が日本での営業を強化している。

統合国際深海掘削計画
【Integrated Ocean Drilling Program】
日米が中心となり，地震や津波の原因である地震発生帯を直接掘削する国際計画。2003年10月にスタートし，04年3月には欧州連合が参加した。日本側は，掘削計画に用いる「ちきゅう」を建造中で，05年度に完成する予定。約1万2,000メートルの長さのドリルで，水深4,000メートルの海底の地下7,000メートルを掘削する能力を持つ。地殻変動の解明や地殻内新生物の探求などの研究が計画されている。

糖鎖
【sugar chain】
ぶどう糖などの糖が鎖状につながった高分子。特に，細胞の表面やたんぱく質に結びついたものをいう。細胞同士の情報伝達や，体内に入ってきた異物を見分ける免疫系などに重要な役割を果たしている。糖鎖の役割が詳しく分かれば，ウイルス感染やがんなどの新たな診断方法や治療薬の開発につながると期待されている。ヒトゲノム（人間の全遺伝情報）解読終了後の研究の焦点の1つで，政府や製薬業界などは構造解析や自動合成をする装置の開発などに乗り出している。

当座貸し越し
【bank overdraft】
銀行貸し出しの一種で，当座預金を受け入れている取引先に対し預金額以上の小切手を振り出すことを認めるもの。

当座比率
【quick ratio】
現・預金や売掛金などからなる当座資産と流動負債との割合を示す。

$$\frac{当座資産}{流動負債} \times 100$$

即時支払い能力の大小を見るためのもので，100％以上，つまり当座資産は流動負債と同額かあるいはそれ以上であるのが理想とされる。流動比率を補足する意味で重要である。

投資
【investment】
厳密には設備，製品，原材料など実

物資産投資の他に債券などへの金融資産投資があるが，景気論議などで一般に「投資」という場合，固定資本財への投資（設備投資）を指す。固定資本財は使用のたびに，または年月とともに摩損するか老朽化して，その価値が減耗するもので，この減耗部分を補充するための投資を更新投資，置き換え投資，補てん投資という。資本財の減耗分を差し引かない資本財の増加分を粗投資といい，減耗分を引いた純追加分を純投資という。また投資は再投資と新投資に区分される。再投資は資本財，特に固定資本財の減耗分を補充する部分で更新投資に見合い，新投資は純投資に見合う。→在庫投資

投資勘定
【investment account】
投資活動の対象として有価証券を計上する勘定。証券会社や銀行など金融機関が一投資家として保有する資産（有価証券）を売買する勘定。ポートフォリオともいう。顧客からの注文を受けて売買する商品勘定（ディーリング）と区別される。→商品勘定

投資減税
【investment tax credit】
企業減税の1つ。経済体質改善のために総需要管理よりも供給面の政策を重視すべきだというサプライサイドエコノミックスの大きな柱として注目を集めた。投資減税を主張するエコノミストによると，生産活動を刺激し供給能力の拡大を図れば雇用拡大，生産性の向上につながり，長期的に見てインフレ圧力もはねのけられるという。逆に投資環境が改善されないと，供給能力が需要の伸びを下回り，インフレやエネルギー面での制約が大きくなるという。→サプライサイドエコノミックス

投資顧問業
【investment advisory business】
投資に関連した情報のサービスを提供したり，証券売買について助言したりする業務。米国では1940年投資顧問法によってSEC（証券取引委員会）の規制を受けている。日本でも高齢化社会の到来を背景に，拡大する企業年金の運用を求める動きが引き金となって，投資顧問業が脚光を浴び出した。しかし，投資顧問業者をめぐるトラブルが相次いだこともあり，1986年5月，投資顧問業法が国会で成立した。これにより，投資顧問業者は登録を義務付けられる一方で，認可を受けた業者は運用そのものを引き受ける投資一任業務ができることになった。

投資財 investment goods ⇨ 資本財

投資事業有限責任組合法
企業に投資する資金の受け皿としての組合の内容を定めた法律。2004年4月に改正され大企業や上場企業に出資できるようになったほか，融資も可能になり企業再生でのつなぎ融資（DIPファイナンス）や債務の株式化（デット・エクイティ・スワップ）など活用の範囲が広がった。もともとベンチャー企業に投資する目的で定められ改正が重ねられている。03年4月にファンド総額の半分まで融資や債権の買い取りに対応。ベンチャー関連では02年末に出資対象を有限会社に広げられた。事業への投資も可能になった。設立間もない大学発ベンチャーやゲーム，アイドルなどのコンテンツ（情報の内容）制作への投資も可能になっている。

投資者保護基金
【investor-protection fund】
証券会社が経営破たんした際，預かっていた顧客資産を返還できなくなっ

た場合にその資金を補てんするため証券会社が共同で設立した基金。従来は寄託証券補償基金がその機能を担っていたが、資金を寄付に頼るなど基盤が弱かったため、1998年12月に同補償基金を改組、証券取引法上の組織として発足した。証券会社が顧客資産を完全に分別管理していれば、経営破たんしても顧客資産返還に支障は出ないが、日本では99年4月までは預かり金を一時的に使うことが違法でなかったため、97年以降、経営破たんし顧客資産が返せなくなる会社が相次いだ。補てんのための拠出額が膨らむことを警戒した米国証券などが「第二基金」を設立、国内証券会社を中心にした基金と分裂して発足したが、分別管理体制が整ったことから、2002年7月に「日本投資者保護基金」として結合された。

投資収益率
【rate of return on investment】
一定額の資金を株式に投資したときの収益率。株式利回りは株価に対する配当の比率で示されるが、投資収益率は配当のほか株価の値上がりや無償増資など、その株式を保有することによって得られるすべての収益を合算した収益率である。→PER

投資乗数
【investment multiplier】
投資が増減した場合に、消費などの増減を通じて所得がどれくらい増減するかを示す指数。その理論はケインズ経済学の核心をなすもので、ケインズの所得決定式によると、投資乗数は次のように表される。

$$\frac{1}{1-限界消費性向}$$

ないし $\frac{1}{限界貯蓄性向}$

つまり、所得の増加分のうち消費の増加に回る割合(限界消費性向)を1から引いた限界貯蓄性向の逆数が投資乗数であり、投資の増加分に投資乗数を掛けただけ有効需要が増え、したがって所得の増加が生ずる。限界消費性向を0.6とすれば、投資乗数は、

$$\frac{1}{1-0.6}=2.5$$

となるから、投資が100億円増えた場合に有効需要は250億円増加することになる。こういう仕組みになるのは、まず100億円の投資が最初に有効需要100億円を生み、この100億円を受け取った人々が40％を貯蓄して残りの60億円を支出する。この60億円を受け取った人々が24億円を貯蓄して36億円を支出する……といった具合いで、100＋60＋36＋21.6＋12.96……と次第に収れんして総和が250億円となって静止するからである。→乗数理論、限界消費性向、有効需要

投資信託(投信)
【investment trust fund, mutual fund】
投資家から資金を集めて投信委託会社(運用会社)が証券を中心に運用し、その利益を投資家に分配する金融商品。ただし、投資した元金の保証はなく、損になることもある。証券で運用する投信としては、株式投資信託と公社債投資信託がある。株式投信は主に株式で運用するが、一部は債券や短期金融商品でも運用する。一方、公社債投信の運用対象は債券が中心。その仕組みは、投信委託会社が信託銀行と信託契約を結び、それに基づいて委託会社が受益証券を発行、証券会社が投資家から資金を集める。この資金で信託財産を作り、株式や債券に投資する。信託財産の運用は投信委託会社(委託者という)

が担当し，委託財産の管理，収支計算は信託銀行（受託者という）が行う。投資信託に投資した人は受益者と呼ぶ。わが国の投資信託は契約型と呼ばれ，投資家が換金したときに信託財産の一部減少が認められている。1998年12月からは会社型投信もできるようになった。多くの有価証券に分散して投資するため，値下がりの危険が薄められること，専門家がそれを担当することが特徴といわれ，①資金があまり多くない，②株式投資の経験がない，③経験があっても，株価の動きや会社の動きに気を配るのが面倒だ——というような人に向いた投資対象だといわれている。2000年には，投資対象を「証券」に限るとの制限が見直されるなど法改正され，不動産に投資する投信も設定・運用できるようになった。→株式投資信託，公社債投信，不動産投資信託

透湿防水素材
雨や水をはじき，内部へ浸透するのを防ぐ「防水性」と，水蒸気や熱を発散させる「透湿性」の両機能を同時に持つ布のこと。水の分子より小さく，水蒸気分子より大きい微孔（直径0.3〜10ミクロン）のあいた皮膜を利用する。加工方法には①微多孔を持つフィルムと織物とを接着剤で貼り合わせるラミネート法，②織物の表面に樹脂を吹き付けると同時に微多孔を生じさせるコーティング法，③極細繊維を高密度に織り上げる方法がある。→高密度織物

投資保険
民間企業の途上国に対する投資を促進するため，政情不安や深刻な経済危機によって被った損失を保証する保険。経済産業省などが窓口となって提供している。海外投資元本保険と海外投資利益保険がある。

投資保証協定
【investment protection agreement】
民間企業の海外投資リスクを回避するため政府間であらかじめ結んでおく取り決めのこと。その内容は投資企業の財産保全はもとより，投資相手国がその収用，国有化を打ち出した場合，①法手続きに基づき迅速で効果的な補償をする，②補償は市場価格を基準とし，その本国への送金も自由にする，③必要に応じて企業に代わって政府が損害などの請求をすることができる——などが骨子。これまで財産保全など一部について抽象的な規定しか盛り込んでいなかった通商航海条約に比べ，かなり広範で具体的な内容となっている。

東証アローズ
【Tosho Arrows】
東京証券取引所の投資家向け情報発信センター。コンピューター取引への全面移行に伴って1999年4月に閉鎖した株式売買立会場を衣替えし，2000年5月にオープンした。「マーケットセンター」「プレゼンテーションステージ」「インフォメーションテラス」「オープンプラットホーム」「メディアセンター」の5つで構成される。上場企業による記者発表，一般投資家の決算短信などの資料閲覧，テレビ中継などの場として利用されている。

東証株価指数
【Tokyo Stock Price Index】
日経平均株価と並ぶ代表的な株価指標で，略称はTOPIX。市場全体の動きを的確に反映させる目的で東京証券取引所が1969年7月1日から発表している。各銘柄の株価に上場株式数を加味して算出しているのが特徴。つまり株式市場の動向を上場株式の資産価値の変化で見る。銘柄ごとに上場株式数でウエート付けした時

価総額を基準時である68年1月4日の時価総額で割って算出する。増資,新規上場など上場株式数の変化に応じて基準にしている時価総額を修正し,指数に連続性を持たせるようにしている。対象銘柄は第一部上場の全銘柄。東証第一部株価指数は全銘柄を対象にした総合株価指数と,資本金の規模別に大型,中型,小型の各株価指数,業種別(33業種)の株価指数などがある。TOPIXは,88年9月から東証で株価指数先物取引の対象となっている。→日経平均株価,時価総額

鄧小平の南巡講話
【Tong Xiao-ping's policy talk in southern region】
1992年の旧正月前に,中国の最高実力者だった故鄧小平氏が広東省の深圳(シェンチェン)や珠海(チューハイ)などを視察。華南地方の経済発展ぶりをたたえて各地で行った改革・開放を促す講話。これをきっかけに,中国は88年のインフレを鎮静化させるためにとっていた引き締め政策を休止させ,92年は国民総生産(GNP)14.1%という高成長を達成することになった。講話では,沿海の経済特区や開放都市のより一層の開放や外資の導入などが奨励された。

投信の運用評価
【return assessment of investment trust fund】
投資信託を過去の運用実績をもとに評価することで,投資家が購入する際の参考にする。一定期間に基準価格がどれだけ安定的に上昇したかで各投信をランキング,上位から星印を付けるのが一般的。騰落にリスクを勘案したり,グループ分けの仕方などで違いがある。海外ではモーニングスターやリッパーなど民間会社が第三者の立場から運用を評価,実績を上げている。日本でも1997年から証券投資信託協会が投信データの提供を開始,格付投資情報センターなど20社以上の民間会社が投信の運用評価に乗り出している。

投信の基準価格
投信の価値を示す価格。当初元本を1万円として,その後の運用結果によって価格が変動する。ファンドの純資産額を募集口数で割って算出する。

投信の銀行窓口販売
金融ビッグバンで,銀行は1997年12月から投信会社へ店舗の一部を貸して投信を販売できるようになった。さらに98年12月から銀行本体でも投信が売れるように制限が緩和された。短期間での資金の出し入れが少なく,安定的に資金が入ってくるのが銀行窓販の特徴といわれ,解禁直後はマネー・マネジメント・ファンド(MMF)などが売れ筋の中心だった。最近では株式投信の販売を強化する銀行も増えてきた。投信販売全体に占める銀行窓販経由の比率は残高ベースで3割近く(2004年3月末)に達しており,証券会社と並ぶ販路として定着している。

投信の純資産
【net asset value of investment trust fund】
投資信託の運用資産の規模を示す数字。個別ファンドの場合にも,投資信託全体の規模を表す場合にも使う。投信に組み入れた株式,公社債などをその時の時価で換算し直した金額。あるファンドがスタート時に募集した金額を設定元本といい,純資産と設定元本の差額に分配金を加えたものが運用成果となる。ファンドの純資産を募集口数で割った金額がいわゆる基準価格となる。

コラム

毎月分配型投信
monthly return investment trust

購入した投資家に分配金を毎月支払うタイプの投資信託。通常の投信は年に1～2回決算をして、期中に十分な超過収益があれば決算に合わせて分配金を出す仕組みが多い。毎月分配型は決算を毎月実施することにより、その都度、分配金を支払う。

例えば、1万口あたり40円の月間分配金を出している投信の場合、額面で1,000万円分を購入すれば毎月4万円の分配金（税引き前）が得られる計算だ。年金以外にまとまった月収がない高齢者などが分配金の受け取りを目当てに購入することが多い。

従来の投信は基準価格の値上がり益に期待して購入する投資家が多かったのとは対照的だ。

1990年代後半から販売が始まり、低金利時代が長引くにつれて人気が広がった。2004年5月末時点では国内で130本超が設定され、純資産残高の合計は7兆円台と株式投信全体の3割を突破。投資信託の1つのジャンルとして完全に定着している。

なかでも人気の商品は国際投信投資顧問が設定する「グローバル・ソブリン・オープン」で、純資産残高は04年5月に3兆円台に乗せ、国内で最大の投信に成長している。

外国債券を主な組み入れ対象とする商品が主流。外債は国内の債券より金利が高く、安定的に高い利息収入を得ることができる。これが高い分配金を毎月支払う原資になっている。

組み入れる外債の種類は先進国の政府や国際機関などが発行する高格付け債が一般的だが、投機的とされる新興市場国の債券や社債など低格付け債を含む投信もあり、信用力の低下で債券価格が下がる可能性がある。外債で運用するため為替変動の影響を受けやすく、購入後に円安が進めば差益が出るが、逆に円高になれば損失が発生することが多い。

また、長期金利の動向も考慮に入れる必要がある。金利が上がって、新しく高い利率の債券が売り出されると、従来の低い利率の債券は値段を下げざるを得なくなり、価格が下がる。つまり、長期金利が上がると基準価格は下がることになるからだ。

最近では決算期の異なる不動産投資信託（REIT）を複数組み込んだ毎月分配型投信も登場している。

投資家には利点が多そうだが注意点もある。投信によっては、多めの分配金を払い続けた結果、投資元本が目減りしているケースもあるためだ。高めの分配金に目を奪われず、元本の変動を表す基準価格の変動も加味して総合的に損得を判断することが必要だ。

投信の直販
【direct selling of investment trust fund】
投資信託会社が証券会社や銀行を通さずに直接,投資家に自社の商品を販売すること。1992年4月から大蔵省(当時)が認可していた。コストがかかり過ぎることなどを理由に,当初はほとんどなかったが,最近ではインターネットを通じて募集をするなど,直販を積極化する動きも出ている。

投信のパフォーマンス
【performance of investment trust fund】
投信の運用成績のこと。一般的に基準価格と呼ばれる数字で判断する。基準価格が上昇していれば,運用成績が向上したことを意味し,基準価格の下落は成績の低下となる。ただし,投資家に分配金を支払ったファンドは当然その分基準価格が下がるので,分配金を含めた運用成績を見ることが必要。日本経済新聞では毎週日曜日に代表的な追加型投信の過去6カ月,1年,3年の分配金を含めた基準価格騰落率を掲載している。→投信の基準価格

投信の目論見書
【prospectus of investment trust fund】
投資信託の商品内容や運用方法などを詳細に説明した文書。従来,投信の販売に際しては簡素な受益証券説明書が使われていたが,1998年12月の制度改革で,この目論見書の交付が義務付けられるようになった。運用会社が監督官庁に届け出る有価証券届出書と同じ内容を求められる。情報開示強化の一環だが,すべてを読むには大量の時間が必要でかつ難解との批判が多かった。こうした反省から2004年12月から,記載内容を大幅に簡略化する規制緩和が実施される。インターネットを使って配信する際の要件も緩和されている。

闘争民主党
【Indonesian Democratic Party Struggle】
1999年6月7日投票のインドネシア総選挙で第一党となった非イスラム系政党。民族主義派などから幅広い支持を集めた。スハルト大統領時代の旧公認政党,民主党から分離・独立。スカルノ初代大統領の長女,メガワティ氏が党首を務める。同年10月の大統領選ではメガワティ党首を候補に立てたが,イスラム組織「ナフダトール・ウラマ」のワヒド議長に敗れた。同党首は副大統領に就任した。その後,ワヒド大統領解任に伴い,メガワティ副大統領が大統領に昇格した。

導電性高分子
【electroconductive polymer】
一般に高分子(プラスチック)は電気絶縁性に優れているが,導電性高分子は金属並みの導電性を持つプラスチック。金属は原子が金属結合して結晶を構成しているが,一部の電子が結晶内を自由に動き回るため導電性をもつ。ポリオレフィン系のプラスチックにカーボンブラックや銀,銅を加えると高い導電性を示し,静電防止材,電磁波遮蔽(シールド)材などに利用される。

東南アジア諸国連合 ⇨ASEAN
東南アジアのテロネットワーク
【terrorist network in Southeast Asia】
2001年9月の米同時テロを実行したアルカイダとつながりが推測される東南アジアの複数のテロ組織が協力し合うネットワーク。東南アジア全域に組織を張り巡らす「ジェマー・イスラ

ミア(JI)」、フィリピンの「アブサヤフ」「モロ・イスラム解放戦線」、マレーシアの「マレーシアン・ムジャヒディン運動」などが連携しているとされる。02年10月のインドネシア・バリ島での爆弾テロ以降、東南アジア各国政府はテロ組織やネットワークの撲滅に向け協力関係を強化している。

東南アジア非核兵器地帯条約
【agreement on nuclear-free Southeast Asia】
東南アジア域内での核兵器の開発や製造、配備、実験を禁止する条約で、1995年12月にバンコクで開かれた東南アジア諸国連合(ASEAN)首脳会議で、当時非加盟のカンボジア、ラオス、ミャンマーも含めた10カ国が調印した。アジアで初めての多国間の非核地帯条約で、核兵器保有国にも条約の尊重をうたった付属議定書への調印を求めた。

東南アジア友好協力条約
【Treaty of Amity and Cooperation in Southeast Asia】
東南アジア諸国連合(ASEAN)域内の平和秩序を規定した条約。国連憲章に基づき、加盟国間の①主権・領土の保全、②内政不干渉、③紛争の平和的解決、④経済、社会、文化面での協力——などを規定している。1976年当時のASEAN加盟5カ国が調印。87年にASEAN域外の国も加盟できるようにし、2003年10月のインドネシア・バリ島でのASEAN首脳会議で中国とインドが署名。日本は日米安全保障体制との整合が取れなくなる恐れがあるとして加盟に慎重だったが、中印両国の署名を受け方針を転換。04年7月、パキスタンとともに条約に署名した。

豆乳
【soy milk】
大豆から作った乳状の液体。豆腐はこれに苦汁(にがり)などを加えて作る。いわば大豆をジュースにしたもの。"畑の牛乳"との異名をとる通り、たんぱく質のほかに生活習慣病の予防に効果があるとされるリノール酸、ビタミンEなどを豊富に含む。

東北振興
【Revitalization of Northeast China】
中国の遼寧、吉林、黒竜江の東北3省を対象とする復興策。2002年11月の第16回共産党大会で振興策の方向性が打ち出され、03年10月の第16期中央委員会第三回全体会議(三中全会)で政府内部の検討項目から党の決定に格上げされ、西部大開発と並ぶ地方振興策となった。外資・民間資本導入による国有企業改革を柱に経済再生を図る。東北3省は中国建国当初、重工業が発達し中国経済のけん引役だった。改革・開放以降、市場経済化の波に乗れずに沿海部に比べ経済発展は立ち遅れ、1989年に全国の14.2%を占めた3省の工業生産額は02年には8.6%にまで低下。設備の老朽化した国有企業や多数の失業者を抱える苦境に陥っている。

同友会
【Japan Association of Corporate Exectives】
経済同友会の略。1946年に中堅企業の経営者有志83人が集まって誕生した経済団体。経営者が個人の資格で会員になり、個々の企業の立場にとらわれず、国民経済全体の立場から進歩的な意見を出すという特色を持つ。

登録債
【registered bond】
債券を発行するとき本券を発行せず、あらかじめ指定された登録機関に債券

の額面，番号などを登録するだけで社債権者の地位が確保される債券。大半の債券はこの形式を取る。①盗難，紛失の恐れがない，②元利金の受領が便利である，③集中的な事務処理が可能——などが利点とされているが，銘柄ごとに登録機関が異なる現行の制度のままでは活発な流通が困難との不満も根強い。このため，1997年に登録済み証の廃止，ネットワークの構築，中継機関が設立された。→債券登録業務，社債決済制度

道路公団民営化
【privatization of the Japan Highway Public Corporation】
高速道路を建設・運営する日本道路公団など4公団の民営化のこと。4公団は，採算の悪い道路建設を進めた結果，債務が膨張した。経営効率化で危機打開をはかるため，2004年に6社に再編，05年度から民営化することが決まった。それに合わせて道路の建設・管理コストを削るとともに，商業施設の直営化で収益を向上させ，今後45年で累積債務を完済する方針も打ち出された。ただ，従来の高速道路整備計画（9,342キロメートル）の未整備道路は全線建設することで決着した。さらに，道路建設の際の借金に政府保証が付く仕組みが新たに導入されることになり，「改革は骨抜きになった」との批判も多い。

道路交通情報通信システム
【vehicle information and communication system ; VICS】
渋滞や交通事故などの情報を財団法人道路交通情報通信システムセンターに集め，同センターが道路壁に設置する情報発信機などを通して，自動車に搭載したカーナビゲーションシステムに伝達する新しい交通情報サービス。ドライブしながら渋滞情報がリアルタイムに分かるのが利点。

道路特定財源
国の道路特定財源は揮発油税，石油ガス税，自動車重量税の3税。このうち揮発油税と石油ガス税（税収の2分の1）は道路整備緊急措置法による法定特定財源。1971年に創設した自動車重量税は政府内で使途を明確に規定しないまま運用上，国分税収（4分の3）の8割相当額を道路整備に充ててきた。予算の硬直性を招いている特定財源制度の象徴として，2001年4月に発足した小泉内閣は道路特定財源の使途の見直しに取り組んでいる。

特殊鋼
【special steel】
一般的には，鉄と炭素だけからなる普通鋼以外の鋼材のことを指す。特殊な性質を得るため他の金属を加えた合金鋼と，熱処理を施した高級炭素鋼に大別される。合金鋼にはクロムやニッケルを加え耐蝕性を高めたステンレス鋼や，タングステン，モリブデンを加え高温での硬さと強さを増したギアなどに使う構造用合金鋼，またドリル向けなどの合金工具鋼などがある。高級炭素鋼には炭素の含有量を増やして硬さを高めた炭素工具鋼などがある。

特殊法人
政府が国家的見地に立って特に重要と考える産業を育成，振興するために法律に基づいて設立した機関で，公団，事業団などをいう。資本金の一部を政府が出資するほか，財政投融資資金を投入しているものも多い。特殊法人の統廃合は行政改革の柱の1つで，政府は官民の役割分担や政策コストの面から事業内容を見直し，2002年度から05年度まで合理化を集中的に進める方針。

独占禁止法
【Anti-Monopoly Law ; Act Concerning Prohibition of Private Monopoly and Maintenance of Fair Trade】
私的独占，不当な取引制限，不公正な取引などを禁止し，自由競争を通じて企業活動を盛んにするのが目的の法律。正式名称は「私的独占の禁止及び公正取引の確保に関する法律」。私的独占とは，有力な事業者や何社かの事業者が共謀して，新規参入の妨害などをすること。不当な取引制限（カルテル）とは，その業界に属する事業者が連絡を取り合い，価格や数量，設備などについて互いに拘束，有効な競争ができない状態にすることを指す。また不公正な取引とは，不当廉売（ダンピング）や抱き合わせ販売，優越的地位の乱用などのこと。公正取引委員会は，不正行為があった場合，申告に基づいて調査を始める。違反行為者に対して違反状態を解く措置を命ずる排除措置命令や，カルテルに対する課徴金などの措置をとることができる。→カルテル

特定海外債権引当金
累積債務国からの債権回収がむずかしくなることに備え，銀行が債権の一部を引当金として内部留保しておく制度のこと。1982年度決算から適用された。この引当金は原則有税扱い。

特定金銭信託
【Tokkin-specified money trust managed by trust banks in accordance with instructions of investors】
投資家から資金を預かり，信託銀行がその資金を運用する金銭信託の一種。投資家が運用対象，取得，処分の時期などすべて指定できるが，間に投資顧問会社が入り運用の指示をすることも多い。企業会計上，企業が既に保有している株の簿価とは切り離して株を売買，処理できるのが特徴。生命保険のほか信用金庫といった中小金融機関や事業会社などの活用が目立ち，一時，"第3の機関投資家"とまでいわれた。特定金外信託と同様，1990年以降，株価急落に伴い含み損が大量に発生，解約する一般企業が増えた。一方で，95年夏からの株価の回復を受けて一部地方金融機関などの間には新たに設定する動きもあったが，残高はピークに比べ低迷している。

特定口座
【specially designated brokerage account】
個人投資家が上場株式などの売買で得た利益にかかる税金の計算や納付を証券会社が代行する口座。2003年1月からの新証券税制で株式などの譲渡益の源泉分離課税が廃止され，確定申告が必要な申告分離課税に一本化されたことに伴って始まった。証券会社が源泉税額を納付することで投資家が税務署で申告しなくて済む「源泉徴収口座」と，証券会社が作成する年間取引報告書を使って簡単に申告できる「簡易申告口座」の2種類がある。

特定資産流動化法
不動産・債権の証券化を促進することを目的に1998年9月に施行された法律。正式名称は「特定目的会社の証券発行による特定資産の流動化に関する法律（SPC法）」。証券化する際に，現資産の譲渡先となる特定目的会社（SPC）の設立を容易にするため，1,000万円以上の資本金，3人以上の取締役といった会社設立のための要件を，SPCの場合はそれぞれ300万円，1人に緩和した。2000年5月の法改正では，SPCの登録制

から届出制への移行が認められるなど，より機動的な証券化ができるようになってきている。→特定目的会社

特定石油製品輸入暫定措置法
1986年1月に施行されたガソリン，軽油，灯油の輸入資格者を規定している法律で，96年3月末で廃止された。輸入業者について，①輸入製品と国内生産品の弾力的組合せの能力を有する，②外国製品を国内規格に適合させるよう改質できる品質調整能力を有する，③緊急時の安定供給のため備蓄能力を有する――の3つを条件とし，実質上，輸入業者を石油精製業者に限定していた。暫定措置法の廃止により商社や小売り業者などが輸入ガソリンを販売し始め，割安な海外製品の流入でガソリンの内外価格差縮小が期待されている。

特定通常兵器使用禁止・制限条約
地雷やナパーム弾など，過度に被害を与えるような通常兵器の使用を禁止する条約。1983年に発効した。ただ，国際紛争のみを対象にするといった限界があり，95年に地雷を重点に置いた改正作業に着手。96年に終了した条約再検討会議では，内戦での使用禁止など，対人地雷の大幅制限を盛り込んだ。地雷はカンボジア，アンゴラなどの内戦で多数の民間人を殺傷している。地雷については99年3月に対人地雷全面禁止条約が発効し，全廃を目指している。

特定非営利活動促進法
【Law to Promote Specified Nonprofit Activities】
ボランティア活動などをする民間の非営利組織（NPO）に，寄付金の管理や物品購入，運営の面で支援を受けられる法人格を付与するための法律。1998年12月に施行された。国際協力や災害援助，人権擁護，子供の健全育成など17分野が対象となる。団体の事務所が1つならばその所在地の都道府県が，事務所を複数の都道府県に持つ団体であれば内閣府が，条件を満たしているかどうかを判断したうえで法人として認証する。2004年3月末時点で，全国のNPO法人の認証数は1万6,160。政府・与党は公益法人改革を進める中で，当初はNPO法人も改革の対象に含める方針だったが，課税強化を懸念するNPO法人から反発の声が出たため，当面は対象から除外することになった。→NPO，公益法人改革

特定引当金
【an allowance for special purpose】
研究開発引当金，海外市場開拓準備金，為替変動準備金などが主なもので，これまで特定引当金として貸借対照表の負債の部に計上されてきた。これらの性質を分けると，①将来必ず費用として支出する負債性引当金，②資産から控除される形で表示する評価性引当金，③利益を留保する剰余金の色彩が濃い引当金――の3種類となる。従来の商法に基づく分類だが，企業会計本来の意味の引当金は①と②に限られる。そこで1982年施行の新商法では「特定の支出，または損失に備えるための引当金を貸借対照表の負債の部に計上できる」とした。利益留保性の引当金は資本の部に計上するべきだとしている。

特定保健用食品
【specially designated health foods】
体調を整えたり病気の予防に役立つなどの保健効果の商品への表示を厚生労働省が認めた食品。1991年に制度が発足，2001年に改正された。04年4月末で約410品が表示許可を得ている。許可を得るには，試験データをはじめ膨大な量の書類提出が必

要など，審査は厳密という。整腸効果をうたったオリゴ糖関連商品，カルシウム飲料，体内に中性脂肪が残りにくい食用油，整腸作用のあるヨーグルトなどが認可を受け，販売されている。

特定目的会社
【special purpose company ; SPC】
金融機関や不動産会社などから保有している債権や不動産を譲り受け，有価証券を発行して資金を調達するために設立される会社。小口化して広く投資家から資金を集めることができる。金融機関にとっては資産を減らし，新規融資に回すことができるというメリットがある。1998年の国会でSPC設立を容易にするSPC法（特定資産流動化法）が成立し，9月に施行された。さらに2000年の国会で，証券化する対象資産を広げる改正をした。→SPC法

特別会計
【special account】
道路や港湾の整備など特定事業を進めるため，国の代表的な予算である一般会計とは区別して財政資金を扱う会計。使途を限定した財源や年金保険料，事業収入のほか，国の一般会計からの繰入金で賄っている。特別会計は2002年時点で37あり，事業の実施，資金の運用，国債償還などの機能を持つ。財務省が一括して編成する一般会計とは別に各省庁が個別に管理しているため，縦割り行政の温床となっている。→一般会計

特別検査
【special inspections】
金融庁が主要銀行を対象に2002年3月期に初めて実施した検査。初回の検査では大口融資先のうち株価や格付けが急に下がるなど経営不振に陥った企業を149社選び，不良債権に分類しているかどうかを調べた。その結果，34社を新たに破たん懸念先以下に区分し直し，不良債権の処理に伴う損失も膨らんだ。2003年3月期には竹中平蔵金融担当大臣の下で再実施し，金融機関の自己査定に基づく不良債権の判定になお甘さが残る点を示した。04年3月期にも三度目の特別検査を実施。企業の再建計画の妥当性を問い直す姿勢を強めている。

特別減税
【special tax cut】
税率構造などはいじらずに一定の税額を控除する方式などをとる減税のこと。政府は景気対策の一環として1994年に5.5兆円規模で特別減税を実施し，95年からは制度減税3.5兆円と特別減税2兆円を併用する「2階建て」方式をとった。この特別減税は所得税は年5万円，個人住民税は2万円を上限とし，所得税・個人住民税額の15％分を控除した。95～96年の2年間続け，97年は打ち切り，一連の減税との見合いで同年4月から消費税率を5％に引き上げた。しかし景気下降で98年にまず2兆円，続けて2兆円で総額4兆円の特別減税が復活した。→定額方式

特別公的管理
【temporary state [government] control】
1998年10月23日に施行された金融再生法に基づき，民間銀行を政府の管理下に置くこと。一時国有化ともいう。日本長期信用銀行の経営危機をきっかけに法制化された。大手銀行などの破たんによる経済・社会的な混乱を防ぐのが目的で，再生法施行日に適用を申請した長銀が第1号。同年12月には日本債券信用銀行にも適用した。特別公的管理銀行は，

政府が選んだ新経営陣のもとで，不良債権の分離，旧経営陣の責任追及などを進め，譲渡先を選定して特別公的管理を終える仕組み。2001年3月末で再生法は廃止されたが，同4月施行の改正預金保険法に「特別危機管理」制度と名前を変えて，国有化の枠組みを引き継いだ。同制度は03年11月の足利銀行の一時国有化で初めて適用した。

特別支援
【special support】
経営難や自己資本不足に陥った銀行を公的資金注入と日銀の特別融資を通じて支え，金融システム全体の危機に波及するのを防ぐ仕組み。不良債権を再生勘定に分離して不良債権処理を集中的に進めるほか，金融庁は対象行に検査官を派遣して再建計画の進ちょく状況を監視する。2002年10月に政府がまとめた金融再生プログラムに盛り込まれ，03年5月にりそなグループに対して初めて適用された。

特別清算指数
【special quatation；SQ】
先物・オプション取引が期日を迎えたときにそれを決済する価格。日経平均先物の場合，ある限月物の最終売買日の翌日の日経平均株価採用銘柄の寄り付き価格の平均が特別清算指数になる。手数料などを別にすれば，この指数より安く買い建てるか，高く売り建てていれば利益が出る。この指数が特に注目されるのは現物株と株式先物との裁定取引との関連。現物株を買って先物を売る形で裁定取引している投資家はこの指数の算出日の朝，現物株を売りに出すケースが過去にはあった。

特別セーフガード
【special safeguard rule】
ウルグアイラウンド（多角的貿易交渉）の関税化品目を対象にした緊急輸入制限措置のこと。一般のセーフガードが輸入急増による国内事業者の被害を立証しなければならないのに対して，一定の輸入急増や価格低下で自動的に発動できる。日本は生糸や小麦粉で発動した。

特別土地保有税
【special landholding tax】
土地の取得や保有にかかる市町村税。高度成長期の土地高騰を受け，投機的な土地取得を抑制しつつ宅地供給を促進する目的で1973年度に創設された。ただし，免税点がかなり高く，一般に有効に利用されていると認めた土地は納税義務が免除されており，実際は低・未利用地に課税されている。

特別引き出し権 special drawing rights
⇨SDR

匿名組合
商法535条が定める組合のこと。匿名組合員である出資者と営業をする者（営業者）の共同形態。営業者が事業運営を担当し出資者が事業運営という面に出てこないことから匿名組合と呼ばれる。出資者は出資比率に応じて事業が生み出す利益から配分を受ける。不動産を流動化する場合，資金調達する特定目的会社（SPC）を匿名組合として利用することが多い。映画制作費やアイドルの活動資金を調達するなど，活用法が多様化。SPCを介して特許権を流動化させるケースも出てきている。

独立行政法人
【independent administrative institution】
政府の事業を分離・独立させて効率的に運営するための法人。主務官庁から毎年支給される運営費交付金の

使途は裁量に任され，組織改編などの自由度も高まる。一方で，貸借対照表，損益計算書など財務諸表の作成を義務付けられ，外部から存続も含めた業績評価を受ける。2001年4月に国立博物館，大学入試センターなど57法人が発足。03年4月には財務省の造幣局と印刷局がそれぞれ分離して独立行政法人となったのに続き，04年4月には国立病院が独立行政法人に移行した。このほか，政府は特殊法人改革の一環として，03年秋から05年度までに住宅金融公庫など約40の特殊法人を独立行政法人にする計画。国立大学も独立行政法人の一形態である国立大学法人になった。

独立国家共同体
【Commonwealth of Independent States；CIS】
1991年末のソ連邦解体とともにバルト3国，グルジアを除いた旧連邦構成共和国で設立された国家連合。現在はグルジアも加盟し，旧ソ連を構成した15の共和国のうちバルト3国以外の12共和国すべてがCIS加盟国となっている。91年12月8日，ロシア，ウクライナ，ベラルーシのスラブ系3共和国の指導者が独立国家共同体を創設することで合意したことがきっかけとなった。各国は外交政策の調整や共同経済地域を発展させるために協力する。最高決定機関は3カ月に1度以上開かれる加盟国首脳会議。各国は市場経済移行を目指し，価格自由化や国営企業の民営化など一連の経済改革を遂行中だが，インフラ不足や莫大な対外債務が足かせになり，西側各国の援助を求めている。一方，ロシアとベラルーシが97年4月に単一経済圏の実現や軍事協力を推進する連邦条約に調印。ウクライナはEU（欧州連合）への加盟意思を明確にした。こうした動きを受けて，ロシアはエネルギー，安全保障面をテコとした求心力回復に乗り出しており，プーチン大統領も2003年5月の年次教書演説でCIS諸国との関係強化を外交上の課題として挙げた。

特例公債
「公債発行に関する特例法」に基づいて発行される公債。普通，赤字国債と呼んでいる。→赤字国債

塗工紙
【coated paper】
表面に顔料などの塗料を塗布した紙のこと。特に1平方メートル当たり12グラム以下の紙を微塗工紙と呼ぶ。通常の紙に比べ表面に光沢があり印刷適性がよく，カラー印刷が鮮明になるなどの特徴があり，カレンダーやカタログ，パンフレットなどに広く使われている。

都市基盤整備公団
公営住宅や都市開発を手がける住宅・都市整備公団を改組して1999年に発足した特殊法人。分譲住宅部門から撤退し，都市開発と賃貸住宅に重点を置く。特殊法人改革により2004年度に廃止され，都市再生を主業務とする独立行政法人の都市再生機構に衣替えすることが決まった。

都市計画法
【City Planning Law】
都市地域の道路，鉄道，公園，上下水道など都市施設の配置や土地利用の形態に関する規制を定めた都市造りの基本法。1968年6月に全面改正したもので，知事は都市計画区域を今後10年間で積極的に市街化する市街化区域と当分は市街化しない市街化調整区域の2つに分け，無秩序な市街化や非効率な公共投資を防ぐとともに，新しく開発許可制度を設

けて，都市計画区域内で宅地開発などの開発行為を規制する。また，同区域内で利用を規制された土地について地方公共団体は先買い権などを行使できる。93年6月から改正都市計画法を施行し，それまで3区分だった住居系の用途地域を7区分に拡大し，住宅地に対する商業施設の無秩序な進出を抑制している。2000年成立の改正法では商業地の容積率を緩和したり，都道府県や市町村に大幅に権限を委譲したりした。→市街化区域

都市再生本部
【Urban Rejuvenation Headquarters】
東京など大都市圏で大型開発プロジェクトを推進する目的で2001年5月に発足した。本部長は首相。国土交通相と官房長官が副本部長を務める。内閣府に事務局があり，国土交通省や東京都，民間からの出向者が専属スタッフとして詰めている。02年6月，民間活力を利用して都心の再開発を進めるため，地域限定で規制を緩和する「都市再生特別措置法」が施行された。

土壌汚染
【soil pollution】
土地が，①鉱業廃棄物の微量重金属，酸性降下物，②農薬や肥料，③不適切なごみ処理——などによって汚染されること。典型的なものは，鉱山などの周辺のカドミウム汚染田で，土壌を取り去るか，土を入れ換えるなどの対策がとられている。カドミウム，銅とヒ素の3物質について農用地基準が，六価クロム，水銀，カドミウムなど25物質について溶出基準が設けられている。最近では半導体工場で使われるトリクロロエチレン，ごみ焼却によって発生するダイオキシンなどの汚染も問題になっている。→ダイオキシン

土壌汚染対策法
【Soil Pollution Control Measures Law】
有害物質を扱っていた事業所を宅地や公園などに変える際，土地所有者に土壌の汚染調査を義務付ける法律。汚染が確認された場合には，所有者が客土や覆土，舗装などの対策をとる。汚染者が判明した場合は処理費用の負担を求められる。2002年5月に成立し，03年2月に施行された。

土壌汚染防止法
カドミウム，銅，ヒ素といった土壌汚染物質に汚染された地域を復元，改良する目的で1971年6月から施行された。対象は農地だけで，市街地の汚染は含まれない。汚染地域の指定は各都道府県知事が行う。指定された地域では，表土の入れ換え，かんがい用水路の新設などの対策を進め，汚染物質の削減に努めている。

途上国
【developing country】
統一された定義はないが，一般に先進国と旧共産圏諸国を除く，比較的所得水準が低く工業化の遅れた国を指す。世界銀行では1997年の1人当たり国民総生産（GNP）で3,126ドル以上9,655ドル以下を中所得国，785ドル以上3,125ドル以下を低中所得国，これを下回る国を低所得国としている。クウェート，サウジアラビア，アラブ首長国連邦，カタール，オマーン，リビアなどの産油国を資本余剰石油輸出国として他の途上国と区別することもある。アジア，アフリカ，中南米の国が大半で，産業構造が農林水産業などの1次産品に依存している国が多い。最近では一口に途上国といっても産油国と非産油国，新興工業経済群（NIES）と途上国では経済状態が随分異なってきており，

分極化が進んでいる。

都心温泉
【urban spa】
都心部で営業する温泉施設。地方の観光地などにある一般の温泉と区別して使う。東京では2003年3月から6月にかけて、臨海副都心に「大江戸温泉物語」(江東区)、東京ドーム敷地内に「ラクーア」(文京区)、練馬区の遊園地・としまえん横に「庭の湯」が立て続けに開業した。主婦や、仕事帰りの会社員などが利用するため、平日でも安定した売り上げが見込める。朝まで営業する施設では、簡易の宿泊施設として利用する客も多い。

土地再評価法
【Land Revaluation Law】
企業が保有する本社や工場、賃貸ビルなどのある事業用土地を時価で評価し直し、含み損と含み益の差額を株主資本に反映できるようにした法律。保有するすべての事業用土地を路線価などで再評価する。通算して再評価価値が簿価より高くなった場合は、実際に売却した際に負担する税金分(繰り延べ税金負債)を差し引いた額を「再評価差額金」として資本の部に算入できる。2002年3月末を期限とする時限立法では、上場企業の450社が利用した。

土地収用権
【eminent domain】
特定の公共事業、例えば道路、河川、住宅団地の建設などのために土地が必要なときに、国、地方公共団体などが、その土地を強制的な手続きで収用または使用できる公の権利。

土地流動化
【incentives to promote land transactions】
地価下落で動かない土地やビルなどの不動産取引を活発にさせること。政府の「担保不動産等関係連絡協議会」は1997年3月末に土地流動化の総合対策をまとめた。①虫食い状態の土地から数カ所を選び出し、税制上の優遇措置が受けられる土地区画整理事業を活用する、②担保不動産の証券化を進める——などが柱。さらに98年4月、住宅・都市整備公団による土地の買い上げなどを盛り込んだ土地・債権流動化トータルプランを策定。2000年冬には複数の物件をまとめて投資対象とする不動産投資信託が解禁された。01年4月に政府がまとめた緊急経済対策には金融機関の不良債権処理を促進するため、不動産証券化の推進など流動化策が盛り込まれた。

土地利用基本計画
【Basic Land Use Plan】
適正な土地利用を図るため、国土利用計画法に基づいて都道府県知事が作成する計画。都市地域、農業地域、森林地域、自然公園地域、自然保全地域の5つの地域区分と、土地利用の基本方針や地域区分が重複する地域の調整指導方針、公的機関の開発保全整備計画を定めた土地利用の調整などに関する事項から成っている。土地取引の規制、開発行為の規制、遊休土地対策などを実施するための基本計画として、都市計画法、農業振興地域の整備に関する法律、自然環境保全法などに基づく計画の上位計画として行政部内の総合調整機能を果たすとともに、土地取引については直接的に、開発行為については個別規制法を通じて間接的に規制の基準としての役割を果たすという二面性を持っている。

特許協力条約
【Patent Cooperation Treaty ; PCT】
発明を保護するための国際協力に関

する条約。1970年6月にワシントンで調印され、78年1月に発効。日本は同年10月に加盟。加盟国は2003年3月で115ヵ国。主な内容として、①1つの出願ですべての締約国に出願したのと同じ効果をもたせる、②国際調査、国際出願制度の創設、③途上国に対する技術援助——などが盛り込まれているが、特許の出願から取得まで時間がかかり、手続きも煩雑との批判もある。2000年、米国は2国間以上にまたがって特許を取得するための国際出願の手続きを効率化し、将来は一国で特許を得れば「世界特許」として認める構想を提案した。→WIPO

特許権 ⇨ 知的所有権

特許権の証券化
【securitization of patent】
企業などが保有する特許権を特定目的会社（SPC）に譲渡し、SPCが特許権から生じる収益を支払いに充てる債券などを発行、投資家から資金を調達する方法のこと。信用力が劣るため銀行から借り入れが困難な企業でも、特許権で事業化資金を調達できる利点がある。あまり利用されていない特許の有効活用にもつながるとの指摘もある。国内ではテレビ顕微鏡開発企業が自社の工学関連特許を証券化した例がある。

特許調和条約
世界各国でばらばらの特許制度を統一し、独創的な発明を世界どこでも公平に保護する条約。世界知的所有権機関（WIPO）で条約締結を目指し協議している。条約中の最大の論点は、最初に出願した者に特許を与える「先願主義」への統一だが、米国は最初に発明した者に特許を与える「先発明主義」を主張している。「先願主義」を巡る協議は棚上げされ、現在は特許出願書類の様式統一など実務面での議論を専門家レベルの会合で行っている。→WIPO、TRIPs協定

独禁法の域外適用
外国市場で発生した不正行為に対し自国の独占禁止法を適用して処罰すること。外国企業に独禁法を適用できるのは自国市場内でカルテル、再販売価格の拘束などの不正行為があった場合に限るとの解釈がこれまでは先進国間で一般的だった。しかし、米政府が外国市場を開放させるため、反トラスト法（日本の独禁法に相当）を拡大解釈し、例えば米国製品が輸出相手国の市場で共同ボイコット（複数の企業による取引拒絶）を受けたようなケースも適用対象にすることを検討。1994年5月には域外適用の第1号として、米司法省が英ガラス大手のピルキントン社を米連邦地裁に提訴した。

独禁法の適用除外
【exceptions for applying Anti-Monopoly Law】
経済実態に応じて独占禁止法の適用を除外するために設けられた規定。この規定に基づき、先発企業を保護するために競争を制限してきたが、公正取引委員会は規制緩和の流れの中で適用除外の見直しを進めている。1999年には独禁法適用除外制度整理法案が成立。不況・合理化カルテルの廃止、適用除外制度をまとめた適用除外法の廃止、内港海運カルテルなどを規定している個別法の改正などを一括して処理した。2000年には独禁法を改正し、電気、ガスなど公益性の強い事業に対する適用除外（自然独占）を廃止。残る適用除外制度は知的財産権、小規模組合、再販売価格維持制度の3種類となった。

コラム

知的財産・職務発明裁判
lawsuits for intellectual property and inventions at work

　特許などの知的財産は企業に大きな利益をもたらす。一方で，企業は発明者が特許の対価を求めて企業を訴える職務発明裁判に悩まされている。中でも2004年1月30日に東京地裁が下した「200億円判決」は産業界に大きな衝撃を与えた。青色発光ダイオードの開発者，中村修二・米カリフォルニア大学サンタバーバラ校教授に対し，元勤務先の日亜化学工業が200億円支払うように命じたからだ。

　中村裁判だけでなく，オリンパス光学工業，日立製作所のケースなど，最近は発明者に有利な判決が相次いでいる。さらに04年3月にはフラッシュメモリーの開発者である舛岡富士雄・東北大教授が元勤務先の東芝を訴えるなど，裁判が衰える気配は見えない。

　この職務発明裁判の根底には2つの問題がある。ひとつは社員発明者に企業への対価請求権を認めている特許法35条の存在。同条は「企業は社員発明者から特許を譲渡してもらい，その特許を独占的に使えるが，その際に相当の対価を支払う」と定めている。相当の対価とは「特許によって企業が得る利益や発明者の貢献度を考慮して決める」とだけ定めているために，条文通りに解釈すると対価が巨額になるケースが出てくる。このため特許庁は35条の見直しを含む特許法改正案を04年の通常国会で通過させた。ただ，その効果はまだ不透明だ。もうひとつは知財を生み出す技術系社員に対する企業の処遇が不十分なのではないかという論議である。また「企業の利益に貢献しているのは発明者だけではない」という論議に発展する可能性もあり，企業が知財によって得た利益をどう社員に配分するかを総合的に見直す契機となるかもしれない。

職務発明を巡る主な裁判の状況
（「企業の利益」は裁判所による認定額）

訴えられた企業	判決時期など	対象技術	企業の利益（円）
オリンパス光学工業	最高裁，03年4月	光ディスク技術	5000万
日立製作所	東京高裁，04年1月	CD読み取り技術	約11億8000万
日亜化学工業	東京地裁，04年1月	青色発光ダイオード	約1200億
味の素	東京地裁，04年2月	甘味料	約80億
日立金属	東京高裁，04年4月	窒素磁石	約1億2000万
キヤノン	東京地裁，審理中	プリンター技術	―
三菱電機	東京地裁，審理中	フラッシュメモリー製造技術	―
東芝	東京地裁，審理中	フラッシュメモリー	―
デンソー	東京地裁，審理中	自動車用燃料ポンプ	―
シャープ	東京地裁，審理中	液晶ディスプレー関連技術	―

特恵関税
【preferential duties】
特定の国に対し，特に関税率を低くしたり，関税そのものを廃止したりして，他の国よりも貿易上有利な待遇を与える制度。これは世界貿易機関（WTO）の一般的最恵国待遇の原則に反するが，世界貿易の現実に照らし合わせ例外的に認められている。ただ，一般関税が全体として低下しているため，その差は縮小している。→最恵国待遇，南北問題，途上国，WTO

ドットネット
【.net】
米マイクロソフトが2000年に発表した，インターネット経由でさまざまなサービスを提供する構想。「.net」の導入で特定のホームページから複数の異なるサービスを，あたかも1つのサーバーが提供しているかのように利用できるため，利便性が高い。マイクロソフトは今後4～5年程度で，サービスを利用するための基盤となるソフトや接続方式などの規格を構築する予定。同社はパソコン用OS「ウィンドウズXP」に個人情報の管理や電子認証に使う「パスポート」機能を搭載，「.net」への対応を進めている。

トドラー
【toddler】
英語で「よちよち歩く人」を意味し，マーケティングの年代別分類ではおおむね2～6歳を指す。団塊ジュニア世代（1971～74年生まれ）の子供たちの多くがこの年代にさしかかっており，孫への出費を惜しまない団塊世代の祖父母も含めた消費が期待できる有望市場として，ファッション業界などで注目を集めている。まだ自己主張をする年齢ではなく，親の好みが商品を選ぶ基準になりやすい。

豆満江開発構想
【Tumen River Area Development Program】
中国，朝鮮民主主義人民共和国（北朝鮮），ロシアの国境を流れる豆満江河口流域の総合開発計画。経済特区に大型工業団地を造り，外国企業を誘致して輸出基地に育てる構想。国連開発計画（UNDP）が中心となり計画を進めてきた。北朝鮮も経済再建策の目玉として，羅津など2港を経済特区に指定，外資導入に向けた法整備を進めている。1995年末には関係3カ国が開発調整委員会を，韓国，モンゴルを加えた5カ国が諮問委員会を設置するなど具体化へ向けた動きが出ている。UNDPは99年6月の諮問委員会でプロジェクトの資金支援を担当する「豆満江・北東アジア投資公社」の設立を中，ロ，韓国，北朝鮮，モンゴルに提案した。同公社は世界銀行，アジア開発銀行などとインフラ建設や進出案件に協調融資するほか，投資企業の銀行借り入れに対する保証を担当する。

ドミナント出店
【dominant strategy】
出店場所を一定の地域に限定，集中的に店を設けて同業他社に対する優位性を打ち出す戦略。商品の物流や店舗管理などを効率化し，コストを削減できる半面，店舗数の増加に伴って小商圏でも成立する店をつくる必要も出てきている。徹底したドミナント出店を進めている企業には食品スーパーやホームセンター，コンビニエンスストアなど日常生活に密着した商品を取り扱うチェーンが多い。

ドメイン名
【domain name】
インターネットで住所を示す文字列。ドメイン名の管理は当初，米政府の委託を受けた米ネットワーク・ソリュ

ーションズが独占していたが，ネットの急速な普及を受けて他社にも開放された。ドメイン名登録は基本的に早いもの勝ちであることから転売目的で先行取得する例が多く，知的所有権関連の紛争も広がっている。

トライアル雇用
【trial employment】
採用を前提にした試用雇用のこと。学卒未就職者の若年失業者や中高年，障害者らを原則3カ月間の試用雇用として受け入れる企業を国が助成し，常用雇用への移行を目指す。企業にとっては，試用雇用期間中にその人材を十分見極めてから常用雇用として採用するかどうか判断できるとともに，採用直後に必要となる育成費用を国の支援で軽減できる。求職者も仕事への適正などを踏まえたうえで職に就きやすくなる。

トラッキングストック
【tracking stock】
特定の事業部門や子会社の業績に連動して価格変動する株式。子会社業績連動株または事業部門業績連動株と訳す。企業にとっては対象となる子会社や事業部門の組織形態，経営支配権はそのままにして，子会社や事業部門の成長性を担保に資金調達できるのが最大のメリット。成熟した本業ではなく，成長性の高い分野に特化した株式を発行することで，有利な資金調達が可能になることが多い。半面，調達した資金の使途が親会社の裁量にゆだねられ，必ずしも対象となった子会社や事業部門に使われるとは限らない，などの不透明さがある。投資家は議決権を十分に行使できないケースも多い。米ゼネラル・モーターズが1984年に買収した情報処理サービス会社を対象に発行したのが最初。日本では2001年6月にソニーが子会社のインターネット接続会社，ソニー・コミュニケーション・ネットワークを対象に初めて発行した。

ドラッグストア
【drugstore】
従来の薬局・薬店が医薬品を主体としているのに対し，医薬品・化粧品・衛生用品などの健康・美容関連用品から洗剤やトイレットペーパーなどの日用雑貨までを幅広く品ぞろえした店を指す。セルフ販売が主体で，駅前や商店街立地から，車社会に対応して郊外に立地，駐車場を備えた500～1,000平方メートル程度の大型店舗まで出店形態は幅広い。

トランクルーム
【trunk room】
倉庫会社や物流会社が一般消費者から貴重品，骨とう品，家財など非商品を預かる施設のこと。貸金庫や温度・湿度調整のできる専用施設から，従来の倉庫スペースをそのまま利用しているものや国鉄払い下げのコンテナを野積み利用しているものまでさまざま。最近は企業から不要不急の書類などを預かり，あらかじめ設定した期限を過ぎると処分するサービスも手掛けている。倉庫業界は産業界の低成長下で貨物の保管量が伸び悩む傾向にあるため，従来の倉庫を転用するなどトランクルームサービスに力を入れているほか，異業種からの参入も見られる。

トランスジェニック動物
【transgenic animals】
体内に他の動物などの遺伝子が組み込まれている動物。遺伝子導入動物ともいう。受精卵のときに遺伝子を導入する。新しい形質を持った動物を意図的につくることができるので，人間しかかからない病気を発病したり，人間とよく似た症状を示す疾患モデ

動物として，病気の解明や治療薬の開発研究に役立つ。1993年にはポリオ（小児まひ）に感染するポリオマウスが世界で初めて実用化，エイズマウスやO157も登場した。また最近は，ホルモンや医薬品などの有用物質を体内で生産する"生きた工場"にしたり，人間と同じ免疫機能を持ったブタを作り，心臓や肝臓の移植向けの臓器を作らせる研究も進んできている。マウスだけでなく，ブタやヒツジ，ウシなどもでき，カイコなどの昆虫でも研究が進んでいる。

取り組み
株式の信用取引の買い残と売り残の状態およびその関係のこと。一般に買い残，売り残ともに多いときは取り組みが厚いといい，両方が接近しているときは取り組みがいいという。株価の先行きを占うのに使われ，買い残，売り残が高水準で，接近している場合は，株価の強弱感が対立していることを示している。

取締役会
【[meeting of the] board of directors】
取締役が集まって会社の重要な事項を決定する機関またはこの機関の会議。利益金処分，授権資本の増加，定款変更などは最高議決機関である株主総会で決めるが，その他，代表取締役の選任，新株発行，準備金の資本金組み入れ，社債発行，中間配当の決定など会社の業務執行については，過半数が出席した取締役会議で決めることができる。1982年施行の新商法では貸借対照表，損益計算書などの決算案も取締役会の承認事項となった。97年からは，自社株の消却も定款を変更すれば，取締役会の決定で可能となった。2002年の商法改正で，資本金5億円以上か負債が200億円以上の大企業の場合，社外取締役を複数起用すれば，監査役制度を廃止できるようになった。その際は取締役会の中に，取締役候補を選任する指名委員会，監査役の役割を担う監査委員会，取締役の報酬を決める報酬委員会の3委員会を設置することが条件となる。各委員会ともメンバーは3人以上で，過半数は社外取締役とする。

トリハロメタン
【trihalomethane】
有機塩素系化合物の一種でメタンCH_4の4つの水素のうち3つが塩素などに置き換わったものの総称。塩素原子に置き換わったクロロホルムが最も一般的。各種の生成経路があるが，最近，水道原水に含まれるフミン質（草や葉が腐って生成する）と消毒用の塩素が化合してできるトリハロメタンが水道水に混入することによる健康被害の懸念が強まっている。このため厚生労働省は，総トリハロメタンが年平均で水1リットル中に0.1ミリグラム以下とする水道水質基準を設けている。環境省は95年，飲料水だけでなく工場排水についても，トリハロメタン発生の原因となる有機物の排水基準を設けた。

取引所 exchange ⇨ 証券取引所，商品取引所

取引所会員
【exchange members】
会員組織の取引所に加入している**証券業者または商品取引業者**。→証券取引所，商品取引所

取引所外取引
【off-exchange trading ; trading outside exchanges】
証券取引所以外で行う株式の売買取引のこと。日本では従来，株式の売買については取引所集中義務が課せられ，日本証券業協会が運営する店

頭（ジャスダック）取引以外の取引所外取引は原則として認められてこなかった。しかし、日本版ビッグバンの一環で取引所集中義務が撤廃され、証券会社が投資家の売買注文に取引所を通すことなく応じることができるようになった。米国では取引所外の電子取引ネットワークが発達しており、既存の取引所システムを脅かす存在になりつつある。

取引所集中義務
【requirements to trade stocks only through stock exchanges】
証券会社に対して、上場株式の売買は必ず証券取引所を通すように義務付けた規制。価格の透明性や取引の公正性を確保するために、東京証券取引所などが会員規則として取引所以外での取引を禁じ、東京市場では取引所で付く株価以外での取引はできなかった。しかし、システム運用など投資家のニーズの多様化に対応するため、1998年12月に取引所集中義務は撤廃され、取引所外での取引が解禁された。日本相互証券は2000年9月、国内で初めて取引所の立会時間外に注文を成立させる株式の私設取引システム（PTS）を稼働した。
→取引所外取引

取引動機 transaction motive ⇨ 流動性選好

ドル化
【dollarization】
米国以外の国家がそれまでの自国通貨を廃止し、代わりに米ドルを通貨として採用することをいう。2000年3月にエクアドルがドル化を決定し、翌月からドルと自国通貨スクレの交換を開始した。経済の不振でスクレが急落し、危機的状況に陥ったのが原因だ。01年1月にはエルサルバドルが自国通貨とドルとの併用を認める政策をスタート。グアテマラでは同年5月、代金の支払いや銀行預金などで外貨の使用を認める外貨使用自由化法が施行された。

トレーサビリティ
【treaceablity】
生産から流通を経て販売にいたるまでの過程の追跡可能性のこと。trace（追跡）とability（可能性）を組み合わせた言葉。特に、肉や野菜といった生鮮食品やそれらを原料とする加工食品を扱う業者が、生産や販売に関する情報を開示して、小売店や消費者が川下からそれらの情報をさかのぼってたどれる仕組みを指す。BSE（牛海綿状脳症）などの感染症や異物混入、食中毒などの食品事故に際して、発生源や流通ルートを特定し、製品回収や消費者への情報伝達を迅速に行えるメリットもある。国産牛について個体識別番号を割り当てて管理する仕組みが完成し、2004年12月から情報の管理・公開が義務付けられている。ほかに豚肉や鶏肉、加工食品でも導入が進んでいる。

トロイオンス
【troy ounce】
金、銀など貴金属や宝石の重量を量る単位。1トロイオンスは31.1035グラムに相当する。英国で始まり世界に広がった。

トロン
【tron】
理想的なコンピューターアーキテクチャーの構築を目的として、1984年に坂村健氏（東京大学）によって提案されたコンピューターのOS（基本ソフト）。従来のOSに比べ高度な情報処理ができるのが特徴。携帯電話に使用されるなど、パソコン以外のネット端末にも用途の拡大が期待されている。

な

内外価格差
【price differences between domestic and overseas markets】
国内価格と海外価格の差をいう。特に円高が進むと、ドル換算での国内価格と海外での価格の差が大きくなる。経済産業省の2002年度の調査では、消費者向けの製品・サービスについて、東京の価格水準はニューヨークの1.24倍、ロンドンの1.06倍、パリの1.13倍となっている。基本的には、輸入を拡大すれば国内価格は下がるわけで、政府は内外価格差是正を政策目標の1つに取り上げている。最近は中国などから低価格の輸入品が急増しており、内外価格差の是正が物価下落の要因の1つともなっている。

内外金利差
【differential between internal and foreign interest rate】
国内金利と海外金利の差のこと。国際的な資金の移動に大きな影響を与える。日本の金利が海外（欧米主要国）より低くなれば、日本で債券などを買って資金を運用していた海外の投資家はより高い金利を求めて海外へ資金を移動させようとする。また、国内の貿易業者は輸出入に必要な資金を国内の円で賄おうとするようになり、いわゆる円シフトが起こる。日本の金利の方が高くなれば、逆の現象が起こる。内外金利差を比較するにはユーロ円とユーロドルのレートを使う場合が多い。

ナイジェリア民主化
1983年から続いたナイジェリアの軍事政権が99年5月29日、16年ぶりに民主化政権に移行したこと。83年のクーデターからナイジェリアでは軍事政権が続いた。93年の大統領選で11月、無血クーデターにより政権を取ったアバチャ暫定統治評議会議長は議会や政党を解散、政敵を次々と弾圧した。95年10月に98年からの民政移管を発表し、政党の認可を開始したが、実質は野党不在の状態となっていた。98年8月に予定されていた大統領選を控え、出馬表明していたアバチャ議長が6月に急死。後任のアブバカル議長は大統領選の実施をいったん見送り、新しい民主化プロセスで大統領選を99年3月に実施することを発表、自身は不出馬を表明した。98年6月には、アバチャ政権時に民主化要求をして投獄されていたオバサンジョ元最高軍事評議会議長らを釈放、同年11月、オバサンジョ氏が大統領選立候補を表明。99年3月の大統領選でオバサンジョ氏が圧勝し、5月29日に就任、16年ぶりの民主政権が誕生した。

内需
【domestic demand】
国内の需要のこと。大きく分けて民間需要と公的需要があり、民間需要は民間最終消費支出（個人消費）、民間住宅、民間企業設備、民間在庫品増加から、公的需要は政府最終消費支出、公的固定資本形成、公的在庫品増加から構成されている。

内部収益率
【Internal Rate of Return；IRR】
予想されるキャッシュインフロー（資金の流入）の正味現在価値（NPV）の合計と投資金額が等しくなる収益率。例えば投資金額が10億円、予想されるキャッシュインフローが1年後に5億円、2年後に4億円、3年後に3億

円の場合, IRR (r) は「10 = 5 ÷ (1 + r) + 4 ÷ (1 + r)2 + 3 ÷ (1 + r)3」で計算され, およそ10.65%となる。IRRが資本コストを上回れば投資すべき案件であると判断できる。

内部要因
【internal factor】
株価を変動させる要因を市場の内外に分け, 市場の内部に基づくものを市場内部要因, または内部要因という。景気動向や企業業績などを市場外部の要因とすれば, 信用取引の動向, 証券会社の資金事情, 機関投資家の運用状況などが内部要因といわれるもの。特に信用取引の動向から内部要因の良さ, 悪さがいわれることが多いが, これは株式の需給関係に結び付いていることによる。→信用取引

内部留保
【internal reserves】
当期の利益から税金, 配当金, 役員賞与など社外に流出する分を差し引いた残りを蓄積したもの。会社の決算を示す貸借対照表では「資本合計」の部に記載され, 具体的には法定準備金の1つである利益準備金と剰余金, それに当該決算の利益増加分のことをいう。この内部留保と資本金, 資本準備金の合計を株主資本といい, 総資産に占める割合が高ければ高いほどその会社の安定性が高いといえる。

内分泌かく乱化学物質
【endocrine disrupting chemicals】
生物がごく微量でも摂取するとホルモンの働きを乱し, 生殖器の発達や性行動に影響を及ぼす疑いのある物質。特に胎児が影響を受けやすいとされ, 「世代を超えた毒性」が指摘されている。1990年代に入り, ワニの生殖器の異常や魚のオスがメス化するなど野生生物に異変がみつかり, 欧米で研究が進んだ。絶縁材などに使われたPCB (ポリ塩化ビフェニール), 殺虫剤のDDTなど既に規制されている物質のほか, 樹脂原料として広く使われるビスフェノールAやフタル酸エステルなどが内分泌かく乱化学物質 (環境ホルモン) として疑われ, 日本でも旧環境庁の検討会が97年に67種の化学物質をリストアップした。ただ, 1ppt (1兆分の1) というごく微量で働くため, 検出や毒性評価が難しいことが課題になっている。2004年6月, 環境省は19種の物質について実際の環境から検出されるような低濃度ではほ乳類への明らかな影響は確認できないとある中間評価をまとめ, 毒性評価は仕切り直しになった。

仲卸業者 ⇨ 卸売業者

中食
家庭外で調理された食品を購入して持ち帰り, 家庭の食卓で食べる食事の形態。具体的には持ち帰り弁当, スーパーやコンビニエンスストアの弁当・総菜, 冷凍食品, 出前, 宅配ピザなどが含まれる。家庭内で調理して食べる「内食」, 家庭外で調理されたものを家庭外で食べる「外食」との中間に位置することからきた造語。

仲間取引
【traders' transaction】
同一段階にある卸商間の横の取引。綿糸, 鋼材, 非鉄, 家電製品などでよく行われる。綿糸の場合, 糸商と糸商が直接取引するケースはまれで両者の間に仲介者 (ブローカー) が入ることが多いが, 鋼材, 非鉄はほとんど直接取引される。この仲間取引で成立した価格を仲間相場といい, 当該商品の動向を占う上で重要な役割を果たしている。

ナショナルトラスト
【National Trust】
美しい自然や史跡を無秩序な開発か

ら守るために，募金活動で集めた資金でそれらの土地を購入し，保護・管理する**市民運動**。19世紀末に英国で始まり，現在では日本でも活発になってきた。北海道の知床半島の土地を国民から1口8,000円の募金を集めて購入し，山林原野を保護する「知床国立公園内100平方メートル運動」や，和歌山県の天神崎を別荘開発から守るために始まった市民運動などが代表的なもの。

ナショナルブランド ⇨NB
ナスダック
【National Association of Securities Dealer's Automated Quotations ; NASDAQ】
全米証券業協会（NASD）の管理下で1971年2月から実施している**コンピューターによる米国店頭株式市場の相場報道システム**。マーケットメーカー（証券会社）が自分の取り扱い銘柄について，売り・買いの呼び値をコンピューターに入力，それが端末機の画面に映る仕組みになっており，投資家はこれを見て一番有利なマーケットメーカーに売買注文を出す。このシステムの採用で店頭市場の価格形成に対する投資家の信頼が高まった。

7E7
【Boeing 7E7】
米ボーイングが2008年就航を目指す**次世代旅客機**。愛称は「ドリームライナー」。全長56メートル，全幅57メートルで，座席数は200～300席。標準型，短距離型，胴体延長型の3機種を開発する。「7E7」は開発コード名で「E」はEfficient（高効率）の頭文字からとられた。主翼や胴体など機体重量の50％に複合材を採用，既存の同クラス機に比べて燃費効率を20％向上させる。02年12月に開発構想を発表，04年4月に全日本空輸から50機の確定受注を獲得して正式に開発着手を決定した。初飛行は07年の予定。「B767」型機の後継機と位置付けられる。日本からは三菱重工業，川崎重工業，富士重工業が共同開発に参加する。三菱重工は大型旅客機で世界初となる複合材を採用した主翼を担当，川重は前部胴体など，富士重は中央翼などを分担する。日本勢の分担比率は35％に上り，これまで共同開発に参加した「B767」型機での15％，「B777」型機での21％を上回る。炭素繊維複合材は東レが独占供給する。→A380, B777

7カ国財務相・中央銀行総裁会議
Meeting of Finance Ministers of The Seven Leading Industrial Countries ⇨G7

77カ国グループ
【Group of 77】
1964年に発足した**途上国・地域のグループ**。G77ともいう。経済・社会の開発に関する途上国の意見をまとめ，先進国に対する発言力を強めるのが主なねらい。発足当初の77カ国から，現在は133カ国にまで拡大したが，経済発展の段階が大きく異なるなど立場の違いも顕在化し，まとまりに欠ける面も出ている。2000年4月にはキューバで初の首脳会議を開催，経済のグローバル化が途上国に与える影響などを討議した。

ナノカーボン素材
【carbon nanomaterials】
ナノ（ナノは10億分の1）メートル単位で分子構造を制御した**炭素材料**。他の素材にない熱や電気の伝導性，高強度，分子特性を持つことが特徴で，代表がカーボンナノチューブとフラーレン。カーボンナノチューブは昭和電工が直径80ナノメートルと150

ナノメートルの商品を量産しリチウムイオン二次電池に添加することで、長寿命化を実現。NECはナノチューブの一種であるカーボンナノホーンを触媒に使った燃料電池搭載のパソコンを2004年中にも発売予定だ。直径1ナノメートルで、サッカーボールのようなかご状のフラーレンは三菱商事と三菱化学が共同で設立したフロンティアカーボンが生産する。いずれも用途開拓が課題。昭和電工はカーボンナノチューブ研究の第一人者である信州大学の遠藤守信教授とベンチャー企業を設立し、模索中。フラーレンはゴルフクラブなどスポーツ関係への応用からスタートし、将来は医薬関係での利用が期待されている。

ナノガラス
【nanotechnology glass】
レーザー光や熱、力を加え、ガラスの内部に1ナノメートル(1ナノ＝10億分の1)レベルの大きさの穴や結晶、規則的な構造を与えたもの。例えば大きさのそろった穴を開けるとガスや有害物質を効率よく分離する膜となるし、半導体の微粒子を分散させると従来より大幅に明るいディスプレー材料ができる。光を曲げたり、合体したり、分けたりする素子を集積した光回路もできる。新エネルギー・産業技術総合開発機構(NEDO)などが情報通信や環境分野への応用を目指した技術開発を進めている。

ナノ繊維
【nano fiber】
ナノメートル(1ナノ＝10億分の1)の単位で構造を工夫したり、表面に加工した繊維。ナイロンやポリエステルなど合成繊維の吸湿性を高めたり風合いを良くしたりした。国内繊維メーカーでは東レが髪の毛の1,000分の1、数十ナノメートルの太さで吸湿性を高めたナイロン繊維を開発。帝人は光の屈折率の違うポリエステルとナイロンを70～100ナノメートルの厚さで61層に積み重ね、光の角度や強さで色が変化する発色繊維「モルフォテックス」を開発、ジーンズなどに採用されている。低コストの中国などに押されている日本の繊維産業の競争力向上につながるとして、国も開発を支援している。

ナノテクノロジー
【nanotechnology】
分子や原子レベルで物質を巧みに操り、これまでにない機能や新材料を生み出す基盤技術の総称。超微細技術ともいう。ナノは10億分の1を表す単位。2000年初め、米政権がナノテク研究を国家戦略に掲げて、一躍世界の注目を集めるようになった。日米欧中心に研究開発競争が激しい。半導体の微細化のように大きな塊から小さな作品を作り出す「トップダウン型」と、特殊な顕微鏡や物質が自然に集まる自己組織化と呼ばれる現象などで分子を1個ずつ積み上げていく「ボトムアップ型」と呼ぶ正反対の研究手法がある。2010年に関連市場規模は国内だけで27兆円に達するとの民間予測もある。

ナノバイオ
【nano-biotechnology】
分子のレベルで物質を操るナノテクノロジー(超微細技術)と生命の仕組みを解明するバイオテクノロジーを組み合わせて、医療技術や環境中の微量物質の検出などへの応用を目指す研究分野を指す。日本はナノテク戦略で米国に後れを取ったが、ナノバイオ分野では工学・化学・生物学・医学など各分野の研究者・企業が活発に集い、比較的優位に立っているといわれる。2010年には約2兆円の世界

市場に育つと見込まれている。患者の体調を把握する機能をもつ人工臓器や難病治療の効果を高める薬物送達システム（DDS）などの実現を目指し、産官学の連携が活発になっている。→ナノテクノロジー

ナノパーティクル
【nanoparticle】
分子レベルで物質の構造を制御する技術を使って製造するナノメートル（1ナノ＝10億分の1）レベルの大きさの超微粒子。電子、医薬、化粧品などの分野で用途が広がっており、化学、金属など素材メーカーが新素材の開発を競っている。例えば記録媒体の磁気ディスクでは、磁性粒子を小さくすれば記録容量が高まる。また、金属酸化物を使った化粧品向けの紫外線遮蔽剤なども開発されている。→ナノテクノロジー、フラーレン

なべ底景気
景気の局面が不況に入ったまま、なかなか回復に至らない状態。なべの底のように景気がだらだらと低迷するところからこの名がある。神武景気後の1957〜58年の不況のときに生まれた言葉。

鉛フリーはんだ
【lead-free soldering】
原材料に鉛を使わないはんだのこと。廃家電の回路基板に含まれる鉛が土壌に漏出して地下水の汚染源になっていることが問題となり、欧州などで鉛はんだの使用を制限する動きが強まっている。これに対応し、亜鉛などを代替物とする「鉛フリーはんだ」に切り替える電子機器メーカーが増えている。

名寄せ
【identification of multiple accounts under the same name as a single entity】
破たんした金融機関に預金者が複数の口座を開設している場合、預金保険機構が預金者の名義ごとに預金を集計すること。ペイオフの解禁に伴い、預金保険機構は破たん金融機関の預金者に預金を払い戻す前に名寄せを終えなくてはならない。名寄せに時間がかかるとそれだけ払い戻しが遅れるため、預金保険機構は金融機関に対し預金者の住所、生年月日などのデータを普段から正確に管理しておくよう要請している。

ナレッジマネジメント
【knowledge management】
企業の競争力を向上させるため、主に社員1人ひとりが個別に持つ知識や情報を発掘、整理し、全社的に再利用できるようにする経営手法のこと。具体的には、職人的な経験も含め、役立つ技術、知識を持った従業員に加え外部の人材から情報を収集、データベース化し、さまざまな方法で分析、検索できるようにする。営業や開発、生産など部門を超えて「知識」を共有することで、営業効率の改善や生産性の向上を図れる。欧米にはナレッジマネジメントを遂行するための統括責任者を置く企業も多い。

南沙・西沙諸島
【Spratly and Paracel islands】
南シナ海の諸島。西沙は中国とベトナムが、南沙は両国に加え、台湾、フィリピン、マレーシア、ブルネイが領有権を争っている。北東アジアとインド洋を結ぶ軍事・交通上の拠点にあるうえ、周辺海域には豊富な石油・天然ガスが埋蔵されているといわれる。ベトナム戦争終結後、両諸島を巡り中越間で衝突が起こるなどしていたが、1992年の在比米軍の撤退で南シナ海に軍事的空白が生まれると、中国の南下が目立ち始めた。92年2

月，中国は新たに公布した領海法の中で両諸島を自国の領土と規定した。95年2月，フィリピンのラモス元大統領は南沙諸島ミスチーフ環礁に中国が建造物を建設したと非難。中国側は「漁民の避難所」と反論したものの，フィリピンによる中国漁船のだ捕など問題がエスカレート。96年5月には中国が国連海洋法条約を批准するとともに西沙諸島の領海範囲を公表し，ベトナムなどの反発を招いた。2000年5月には中国とフィリピンの首脳が北京で会談。同地区の行動規範作りに貢献するとした共同声明を発表した。

南水北調
【the plan of building big canals from south to north】
中国南部を東西に貫く大河である長江の水を北部の黄河や主要都市に引く大きな運河を3ルート建設する計画。黄河の水量減少に危機感を強めた中国政府が2002年末に発表した。50年の完成予定で，総事業費は約5,000億元（約7兆5,000億円）と推定される世界最大級の公共事業でもある。3ルートのうち最も長いのは湖北省と北京市を結ぶ中央ルートで，東京・福岡間の距離にほぼ匹敵する約1,250キロメートル。険しい山岳地帯を通る西ルートでは先進国の企業が持つ高度な技術が不可欠と見られている。

南南協力
【South-South cooperation】
途上国同士で行われる国際協力のこと。従来，政府開発援助（ODA）などの国際協力は，先進国が途上国を援助するという南北協力がほとんどだった。しかし最近は先進国の中で「援助疲れ」が見え，開発援助が鈍化する一方で，途上国の中でも一部のASEAN諸国のように高い成長率を背景に被援助国から援助国へと移行する動きが見られる。例えば，タイはこれまで日本などからの援助を受け入れてきたが，このところ，ラオス，カンボジア，ミャンマーなど周辺諸国に対しては農業，軽工業分野の人材育成などを支援するようになっている。風土や技術水準に類似点があることも南南協力を進めやすくしている。

南南問題
【South-South problem】
「南側」と呼ばれる途上国間の経済格差およびそれに伴う諸問題のこと。豊富な石油資源を持つOPEC（石油輸出国機構）や，工業開発が比較的進んでいるアジアや中南米の途上国と，開発の遅れているサハラ以南のアフリカ諸国などとの間には，1人当たりの所得に大きな差が生じ，これがさらに開発テンポの差となって現れている。このため，両者の利害対立が目立っている。近年はタイのインドシナ諸国への援助に見られるように南南協力が登場。先進国の援助疲れが広がる中で注目を集めている。→南北問題, 途上国, OPEC

南部アフリカ開発共同体 ⇨SADC
南米共同市場 ⇨ メルコスル
南北キプロスの再統合
【reunification of Cyprus】
キプロス共和国（ギリシャ系）と北キプロス・トルコ共和国（トルコ系）の南北分断が続く地中海の島国キプロスを再統合しようという国連の提案。双方を対等な立場で位置付ける連邦制を導入する構想で，地域の安定につながるとして欧州連合（EU）も受け入れを働き掛けた。だが，2004年4月末に行った再統合の是非を問う国民投票では，北キプロス・トルコ共和国で65％が賛成する一方，キプロス共

和国で76％が拒否したため同提案は否決。これに伴いキプロス共和国は同年5月1日に北キプロス・トルコ共和国を伴わずに単独でEUに加盟した。

南北経済協力推進委員会
【Inter-Korean Economic Promotion Committee】
韓国と北朝鮮による2000年9月の第3回南北閣僚級会談で，韓国側の提案により設置が固まった経済協力問題を協議する機関。同年12月の第1回以降，03年央までに5回開催された。北朝鮮の核兵器開発問題が明らかになった後は，核問題を巡り双方の議論が空転するなどの影響が出ているが，第5回会議では韓国によるコメ40万トンの支援や南北鉄道の連結式開催などで合意した。

南北問題
【North-South problem】
「北」の先進工業諸国と「南」の途上国との経済格差およびそれに伴う環境破壊などの諸問題を指す。途上国は産業構造が生産性の低い第1次産業に偏っていること，第2次産業でも資本規模が小さく，技術も遅れていることから発展の速度が遅い——などの不利な条件を負っている。そのうえ人口増加のペースが速いため成長が阻害され，先進諸国との経済格差は広がる一方である。近年，森林の伐採の是非など，環境保護を巡る論議で，開発の権利を主張する「南」と保護の重要性を唱える「北」との間に亀裂が広がりつつある。→非同盟諸国

難民条約
【Convention Relating to the Status of Refugees】
難民保護を目的にした条約で，1951年にジュネーブで開いた国連の全権委員会で採択された。同条約によると，難民は「人種，宗教，国籍，政治的意見などを理由に迫害を受ける恐れがあり，自国の保護を受けられない者」と規定している。また条約加盟国は受け入れた難民に対し，職業，教育，福祉などの行政上の措置について，自国民と同等の待遇を与えるよう義務づけられている。日本は82年1月に同条約に加盟した。

に

二元的所得税
【dual income tax】
所得税の考え方の1つで，金融・不動産関連の金融・資本所得を給与など勤労所得と分離し，勤労所得に比べ低い税率を一律でかけること。北欧諸国が1990年代に採用した。現在は認められていない株式売却損と利子収入の相殺など金融所得の中で損益通算が可能になる。投資に失敗した際の税負担が軽くなり，リスクのある投資を促す効果が期待できる。金融所得が膨らんでも累進税率は適用されず，税負担の軽い海外への資産逃避も抑えられる。

2国間主義
【bilateralism】
日米包括経済協議に代表されるように，2国間で経済問題などを解決すること。最近，米国を中心に2国間協議での問題解決を図る傾向が強まっており，自由貿易をめぐる多国間ルールを話し合う世界貿易機関（WTO）など多国間交渉との兼ね合いが課題となっている。→WTO，多国間主義

21世紀COEプログラム
【The 21st Century COE Program】
世界最高水準の研究教育拠点作りを目指して，文部科学省が2002年か

ら始めた事業。COEはCenter of Excellenceの意味。生命科学，化学・材料科学など10分野に分けて形成し，研究水準の向上と世界をリードする人材育成を目指す。02,03年度は，85大学246件が採択され，東京大学が交付額38億1,470万円で1位だった。

二重船体タンカー
【double-hull tanker】
船体を頑丈な二重構造にした石油タンカー。1989年に起きた大型石油タンカー「エクソン・バルディーズ号」の原油流出事故を機に，海洋汚染防止の必要性が叫ばれ，国際海事機関（IMO）は93年7月以降に建造するタンカーについて二重構造を義務付けた。一重構造に比べて20％程度多い鋼板を必要とし，コストも高くなるが，環境対応で需要は増加している。

二重反転プロペラ
【contra-rotating propeller】
左右に互いに反転する2つのプロペラを同軸上に前後に配置した船舶用の推進システム。通常のプロペラ1基の場合は，回転エネルギーの30～40％は後方への水流とならず，プロペラ周辺で渦を巻くだけの損失となる。この渦を逆方向に回転する後方プロペラで回転して推進効率を高めることで，燃料費は13～15％節約できる。仕組み自体は1800年代にスウェーデンのジョン・エリクソンが考案したが，歯車や軸受け技術が伴わず，三菱重工業と石川島播磨重工業がそれぞれ1993年に開発に成功，大型タンカーに初めて実用化した。川崎重工業と日立造船，住友重機械など5社も96年に共同開発で追随。各社とも軸受け部分などの仕組みが異なるが，基本的にはプロペラ1基の荷重が従来の約半分で済むため，キャビテーションと呼ばれる泡や振動の発生が少なく，船舶の省エネ推進システムとして効果的。

ニース条約
【Nice Treaty】
欧州連合（EU）の加盟範囲をポーランドなど旧共産諸国にまで広げ，現在の15カ国から27カ国体制にすることを盛り込んだ条約。加盟国数が増えるため，全会一致で決める政策を減らし，多数決制を適用する分野を拡大する。また統合の推進力を保つため，一部の加盟国だけで政策統合を進められる枠組み（先行統合）も創設した。多数決に際しての各国の持ち票見直しでも合意，加盟候補国の東欧12カ国への割り当ても決めた。2002年12月に関係国すべてが批准を終えた。

日銀預け金
【deposit with the Bank of Japan】
日銀は普通銀行，その他の金融機関と当座取引を行っており，広い意味ではこれら金融機関の日銀に対する預金を預け金という。しかし，狭い意味では準備預金制度による準備預金のことを日銀預け金と呼び，この狭い意味の方に使われることが多い。→準備預金制度

日銀貸し出し
【Bank of Japan loans；loans from the Bank of Japan】
日銀が市中金融機関に全国の本支店を通じて貸した資金。市中金融機関は預金量が多く，企業などの借り入れ需要に比べ手元資金が豊富なときは日銀から借りたりしない。しかし市中金融機関の資金繰りに不足が生じた場合，日銀は輸出貿易手形や商業手形の再割引をしたり，国債や社債などを担保に信用を供与する。→金融の量的規制

日銀券発行高
【Bank of Japan notes issued】
1,000円札や1万円札などの日銀券で日銀の窓口から持ち出されて全国に流通している総額のこと。市中銀行に滞留している日銀券も含まれる。経済が好景気で個人の所得や消費，企業の現金取引が盛んになると発行規模が膨れ，不景気になるとその逆になるので，日銀券発行高は景気を見る1つの指標となる。ただし日銀券発行高は毎日動いており，1年のうちでも特に年末やボーナスシーズンには現金の動きが激しく，銀行の手持ちが足りなくなるので日銀券の市中への流出が多くなり，発行高は増える。わが国の発券制度は1942年から管理通貨制度を採用していて一応無制限に発行できるが，それではインフレになるため，財務大臣が経済規模を考慮して最高発行限度を決めている。

日銀考査
【bank supervision by the Bank of Japan】
日銀が大手銀行や地方銀行などの取引先金融機関に対して資産，営業状態を実地調査（考査）し，経営について助言，指導すること。正式には金融機関考査という。2〜3年に1回程度の割合で実施する。対象金融機関は信用金庫，在日外銀，証券会社なども含む。従来の考査は日銀と民間金融機関との間の私的契約に基づいていたが，1998年4月の改正日銀法では日銀の業務の1つとして明記された。これを受けて，日銀は信用リスク，決済リスクなどのリスク管理体制の点検を重視する考査方針を策定。テーマごとに集中考査を実施するなど考査の周期や内容を柔軟に設定していく方針を確認している。考査の結果は，日銀特融を実施するかどうかの判断材料にもなる。金融庁も金融機関の検査を実施しており，日銀考査と金融庁検査の協力体制が課題になっている。

日銀政策委員会
【Policy Board of the Bank of Japan】
日銀の業務，組織，会計や公定歩合などの金融政策を決める最高意思決定機関。1998年4月の改正日銀法施行に伴い，政府からの独立性強化と意思決定過程の透明性向上を図った。旧法では総裁のほか，都市銀行，地方銀行，農業，商工業の代表1人ずつと，大蔵省（現財務省）と経済企画庁（現内閣府）からの議決権のない政府代表委員1人ずつの計7人で構成していた。新法では日銀執行部から正副総裁3人と審議委員6人の計9人の構成になった。政府委員は除外されたが，財務省と内閣府は職員を出席させて，意見陳述や議決延期を提案できる。公定歩合の変更は米連邦公開市場委員会（FOMC）と同様，事前に公表した日程に沿って開く政策決定会合で決める。同会合の議事要旨も約1カ月後に公開する。→金融政策決定会合

日銀短観 ⇨ 企業短期経済観測調査
日銀帳じり
【principal accounts of the Bank of Japan】
日銀が毎日発表する日銀券発行高，日銀貸出高，国債残高（日銀手持ち分）の3つをいう。日銀の営業状況を示す諸勘定のうち特に重要なもので，国民所得の増加や生産，消費の動きに応じて絶え間なく変化するので，わが国の経済の動向を見るうえでの重要な指標である。→日銀券発行高

日銀当座預金
【BOJ current accounts】
銀行や証券会社などが日銀や他の金

融機関と資金を決済するために日銀内に口座を開設している預金。各金融機関が預金者への払い戻しに備え、一定量預けることを義務付けられている準備預金が含まれる。日銀は国債や手形などを金融機関と売買する公開市場操作（オペレーション）で預金残高を操作して、市場の資金量を調節する。現在は大量の資金を積むことで、金融機関を通じて企業への貸し出しなどが増える効果を期待する量的金融緩和政策を進めている。

日銀特融
【special loan by the Bank of Japan】
日本銀行が経営不安で資金不足に陥りそうな金融機関に対して、無担保で資金を貸す特別融資。改正日銀法38条に基づき、首相と財務相の求めに応じて実施する。日銀では特融の条件として、①信用秩序の維持に重大な支障が生じる恐れがある、②資金供給が必要不可欠である、③経営者などの責任を追及してモラルハザードを防ぐ、④日銀の財務の健全性を継持できる——という4つの原則を設けている。最近では1997年秋に破たんした北海道拓殖銀行、山一證券など金融機関の破たんのたびに発動されている。ただ、2002年4月のペイオフ解禁によって日銀特融も公的資金によって全額保護されなくなったため、回収不能になるリスクが高まった。従来から公的資金による全額保護がない証券会社向けでは、97年に山一證券に対して実施した特融のうち1,400億円程度が焦げ付く見通しになった。こうしたことから日銀は4原則の運用を徹底する方針。一方、政府は健全な金融機関であっても風評などで一時的な預金流出が起きる恐れがあるとして、日銀特融の柔軟な実施を求めている。

日銀ネット
【Bank of Japan financial network system】
日本銀行金融ネットワークシステムのこと。金融機関と日銀の間をオンラインで接続し、当座預金の振替などの各種取引を、金融機関側の端末操作によって決済する仕組み。1988年10月からまず営業系システムの中の当座預金のオンライン振替がスタート。90年5月からは国債系のネットが開始。決済の効率化、確実性の確保が目的。95年1月の阪神大震災に匹敵するような大災害が首都圏で起きた場合に備え、大阪支店にバックアップセンターを設置した。2001年1月から即時グロス決済（RTGS）が導入された。

日銀の銀行保有株買い取り
【direct underwriting of cross-shared stock held by banks by the Bank of Japan】
日銀が、自己資本額を超えて株式を持つ銀行から、直接時価で企業との持ち合い株式を購入する措置。銀行経営が株価変動に左右される状況を改め金融システムを安定させる効果をねらって、日銀が2002年秋に日銀法43条に基づき特例として導入した。買い取りの期限は03年9月末。購入額の上限は当初2兆円、03年3月に3兆円に拡大した。購入した株式の株価が下落すれば、日銀から国への納付金が減る。

日銀法改正
【revision to the Bank of Japan Law】
1997年6月11日に改正日銀法が成立し、98年4月から施行された。旧日本銀行法は第2次世界大戦中の1942年に戦時立法として制定された。終戦後、連合国総司令部（GHQ）の意向を受け、政策委員会の

設置など一部改正されたものの、その後は大幅改正は見送られ、国家統制色の濃い表現などが残っていた。50年代末に金融制度調査会で改正が検討されたが、日銀の独立性を巡り大蔵省（当時）と日銀が対立し、双方の主張を併記した答申をまとめた。96年に入って大蔵・金融行政の見直し論の一環として政府・与党内で今回の日銀法改正論が浮上したもの。改正日銀法は、旧法を全面改正し、日銀の独立性を高めるために金融政策の最終決定権限は日銀政策委員会にあることなどを明記した。→改正日銀法

日米規制緩和協議
【Japan-U.S. negotiations on deregulation】
市場の相互開放などを目指す規制緩和について日米間で実施していた協議。1999年5月の日米首脳会談で日米規制緩和協議共同報告書を承認した。報告書は日本側措置として、①日本電信電話（NTT）の接続料金引き下げ促進、②公共事業の入札手続きの透明化、③構造用合板の規格改正、④新薬承認審査期間の短縮——などを要請。米側措置としてインターネットに関する国際通信の費用分担の見直しや世界貿易機関（WTO）アンチダンピング委員会の尊重などを求めている。2000年夏の協議では通信事業者がNTT東西地域会社に支払う通信回線接続料金大幅引き下げで合意。同協議は2001年7月に期限切れとなったが、同月設立に合意した協議の枠組み「成長のための日米経済パートナーシップ」の規制緩和専門家会合に衣替えして再スタートした。

日米航空協定
【Civil Air Transport Agreement between Japan and the United States of America】
日米間で航空路や運航便数などについて取り決めている協定。1952年に締結されたが、当時の国力の差を反映し日本側に不利な内容で結ばれたため、76年以降たびたび協定の改定交渉が持たれてきた。98年1月、日米政府は、路線や便数の設定で自由な運航権を持つ「先発企業」に全日空、日本貨物航空を加えて日米3社と同数にすることで合意。46年ぶりに日本政府が目指していた不平等の是正が実現した。米側はまだ航空の完全な自由化（オープンスカイ）を求めているが、日本は反対姿勢。2001年7月以降、協議が途絶えていたが、03年11月に審議官級の協議が再開した。

日米構造協議
【Structural Impediments Initiative】
日米の貿易不均衡是正を目的とした協議で、ブッシュ元米大統領（現大統領の父）が開催を提案した。テーマは日本側が米国の低貯蓄率と過剰消費、残存する輸出規制などを、また米国側が日本の流通制度、投資障壁、土地利用などを取り上げた。1990年6月の最終報告では、日本側措置として大規模小売店舗法（大店法）の大幅な緩和や公共事業の新10カ年計画策定、米側措置として財政赤字削減など計13分野の構造改善策を取りまとめた。また92年7月の事後点検会合で日本側は排他的商慣行の是正、政府調達手続きの簡素化を表明、米側も財政赤字削減などを約束した。次のクリントン前政権では個別品目ごとの日本市場でのシェア拡大をねらうなど対日姿勢を強化し、93年7月10日に宮沢元首相と共同で声明を発表し、日米構造協議に代わる新たな通商交渉の枠組みとして日米包括経

済協議が誕生した。

日米装備技術定期協議 ⇨S&TF

日米通信回線接続料問題
【Japan-U.S. dispute over NTT connection fees】
接続料の高さが外資の通信会社の進出のネックとなり，自由競争を阻害しているとして米政府は大幅に引き下げるよう要求，日米摩擦の焦点の1つとなっている問題。接続料とは，長距離や携帯電話会社が日本電信電話（NTT）東西地域会社の市内回線を利用する際に支払う回線使用料のことで，総務省の認可のもとに決定される。2003年4月にNTTは電話接続料の約5％の引き上げを実施した。

日米鉄鋼ダンピング問題
【dispute over alleged dumping of Japanese steel products in the U.S.】
日本企業が鉄鋼製品を米国へダンピング（不当廉売）輸出したと米鉄鋼業界が反発したことをきっかけに，米議会で保護主義的な法案が浮上するなど，**日米関係にまで波及した貿易紛争**。米鉄鋼業界は輸入品との競争激化でベスレヘム・スチールが工場を閉鎖するなど経営難に陥った。1998年9月，日本やロシアからの輸入熱延鋼板を対象にダンピング提訴を実施。厚板や冷延鋼板まで提訴対象を広げた。米国際貿易委員会（ITC）は2000年8月までに11件のうち7件についてクロ認定を下した。一方，01年12月，業績悪化で事業統合に動き出したVSスチールとベスレヘム・スチールが米政府に米通商法201条に基づく鉄鋼製品の緊急輸入制限（セーフガード）の発動を要求。日米協議は決裂して米国は02年3月にセーフガードを発動。日本はこれに対して世界貿易機関（WTO）に提訴した。日本政府は報復関税の発動を検討したが，米政府が適用除外を拡大して対米輸出の約7割が対象外となったのを受けて同年8月に報復見送りを決定した。03年5月，WTOの紛争小委員会はWTO違反と認める最終報告を出した。米国は上級委員会に上訴したが同年11月にWTO協定違反が確定した。日本政府はこれを受けて，310品目に及ぶ報復関税導入をWTOに通報した。米国は12月，セーフガード撤廃を発表し，日本と欧州連合は報復関税の発動を見送った。

日米独占禁止協定
独占禁止法の運用を巡り，日米間の事前通知や情報交換といった内容を記した2国間協定。1999年5月，日米首脳会談で基本合意した。相手国企業に独禁法違反の疑いがある場合，相手国当局に通報や調査を依頼できる仕組みを定めた。米政府が自国の反トラスト法に基づいて日本企業を調査する域外適用の乱用に歯止めをかける反面，板ガラス市場など米側が不満を持つ分野では米当局が日本の公正取引委員会に調査を要請する機会が増える可能性がある。→反トラスト法の域外適用

日・メキシコ自由貿易協定
【Japan-Mexico Free Trade Agreement】
日本とメキシコ間のすべての貿易に関し関税を撤廃する協定。2001年6月にフォックス・メキシコ大統領が来日した際，小泉首相は2国間の協定締結の可能性を検討しようと提案，両国間の貿易にかかわる問題点などを洗い直す研究会を開くことになった。ジェトロとメキシコ側の共同研究では，この協定が締結されれば日本企業がメキシコの持つほかの各国との自由貿易協定網を利用して欧米市場に参入するのが容易になると結論付け

た。04年3月，両国はFTA締結に合意した。

日経株価指数300
【Nikkei Stock Index 300】
日本経済新聞社が1993年10月8日から算出・公表を開始した株価指数。構成銘柄を300に絞り込んだ時価総額加重平均方式の指数で，投資家が運用の基準として利用するうえでの利便性と，市場の動きを的確に知るための指標性を併せ持つのが特徴。対象銘柄は，東京証券取引所第1部銘柄からまず値付き率が著しく低い銘柄や，財務体質，収益力の劣る銘柄を除外，その残りから業種のバランスなどを考慮しながら時価総額の大きさを基準に選んでいる。また年1回，定期的に銘柄入れ替えをする。その値動きは東証株価指数（TOPIX）に似ている。この指数を対象にした先物・オプション取引が94年2月に大阪証券取引所に上場された。→東証株価指数

日経国際商品指数
【Nikkei World Commodity Price Index】
日本経済新聞社が1985年4月に開発した国際商品指数。基準時（=100）は1980年平均で，構成品目はナフサ（粗製ガソリン），ガスオイル（軽油），重油，小麦，大豆，トウモロコシ，銅，アルミニウム，金，銀，コーヒー，砂糖，綿花，天然ゴムの14。OECD（経済協力開発機構）の輸入統計をベースに，指数の算出方法も加重幾何平均となっている。ロンドン，ニューヨーク，シカゴ，シンガポール各市場のドルベースでの国際商品相場を全体的にとらえるのに便利。国際商品指数としては，ダウ・ジョーンズ，ロイターなど伝統的なものがあるが，日経国際商品指数は，石油製品3品目を採用しているのが特色。

日経主要商品価格指数
【Nikkei Index of Commodity Prices】
日本経済新聞社が開発した商品価格指数。毎日発表する17種と，月1回月末に発表する42種があり，42種は総合指数と9つの類別（鋼材，非鉄，繊維，木材，化学製品，石油製品，紙，食品，その他）がある。また42種は速報値を週1回発表している。基準年次は1970年。算定方式は無加重幾何平均。いずれも需給に敏感に反応する商品を対象としているため，その時々の需給に応じて的確に動き，景気の先行指標として重要な役割を果たす。79年3月から42種が経済企画庁（現内閣府）の「25系列による景気動向指数」に採用された。

日経商品先物指数
日本経済新聞社が開発した，国内の商品取引所に上場されている主要8品目の商品先物相場を指数化したもの。商品先物の相場全体の動きが把握できる。取引の多い先ぎりの相場を採用し，最終節の約定価格（終値）で1日1回算出する。1985年平均を100とし，無加重幾何平均法で計算する。構成品目は金，銀，白金，天然ゴム，大豆，小豆，粗糖，生糸。8品目の「総合指数」のほか，貴金属，農産物，繊維の「類別指数」もある。商品先物指数はインフレの先行指標という機能を持つ。多くの市況商品の中でも，商品取引所に上場されている商品は特に市況性が強い。個々の商品の需給の変化，為替や金融情勢の変化に敏感に反応し，インフレの兆しが見え始めるとすばやく反映する。

日経平均株価
【The Nikkei Stock Average】
米国のダウ・ジョーンズ社が開発した

修正算式を用いて算出した東京証券取引所第1部上場225銘柄の平均株価のこと。日本では東証が1949年5月16日を基準として平均株価を算出してきたが、71年7月末に日本短波放送が引き継ぎ、さらに85年5月からは日経平均株価とした。49年5月16日の東京証券取引所再開日の225種単純平均176円21銭が基準となっている。一般に平均株価といえば、個々の銘柄の株価合計を銘柄数で割ったものだが、これだと市況の変動とは無関係な増資権利落ちによる値下がり分が含まれてしまう。これを修正し、長期間にわたって平均株価を比較できるようにしたのが修正算式。長期にわたる株価推移を見るうえで便利で、日本の中心的な株価指標となっている。2000年4月に構成銘柄の選定基準を大幅に見直し、30銘柄を入れ替えた。新基準ではこれまで以上に市場流動性の高さを重視するとともに、売買高当たりの価格変動率を考慮に入れ、市場全体の動きを反映しやすくした。今後も原則として毎年10月に構成銘柄の定期見直しを実施する。この株価指数を使った先物商品が86年9月からSIMEX（シンガポール国際金融取引所、現在のシンガポール取引所）に、88年には大阪証券取引所に上場された。90年9月にはCME（シカゴ・マーカンタイル取引所）にも上場し、日本の代表的な株価指数として、24時間の先物取引が行われている。

日産バリューアップ
【NISSAN Value-Up】
日産自動車が2004年4月に打ち出した、2005年度から2007年度まで実施する3カ年の中期経営計画。カルロス・ゴーン社長がコミットメント（必達目標、公約）として①2007年度に世界販売台数で年間420万台達成、②世界の自動車業界でトップレベルの営業利益率維持、③投下資本利益率（ROIC）20％以上の確保——を打ち出している。

日産180
【Nissan 180】
日産自動車が2000年度から進めてきた経営再建策「日産リバイバルプラン」が予定より早く達成されたため、2002年4月からスタートさせた新たな中期計画。①05年9月末までに世界販売台数の100万台増、②売上高営業利益率（連結ベース）8％、③自動車事業の有利子負債ゼロ——の3つが柱となる。このうち②と③については02年度に達成。残る課題は①のみとなっている。

日商
【Japan Chamber of Commerce and Industry】
日本商工会議所の略。

日中漁業交渉
【Japan-China fishery negotiations】
日中両国政府は2000年2月、日中新漁業協定の発効で合意した。1997年11月の協定署名から2年以上に及ぶ交渉を経て、ようやく発効したもの。東シナ海はイワシやサバの好漁場とされ、各国の漁船による乱獲が懸念されてきた。99年末に妥結した日韓漁業交渉と合わせ、東シナ海の漁業資源管理に向けた新秩序ができることになった。ただ、日中両国の合意では、相手国の操業許可が不要な新水域に漁獲総量の上限を設けないなど、比較的緩やかな規制内容になっている。

日朝平壌宣言
【Japan-North Korea Pyongyang Declaration】
2002年9月17日に訪朝した小泉

純一郎首相が平壌で金正日総書記と会談した際に両首脳が署名した共同文書。日本は過去の植民地支配を謝罪し，終戦までの「過去の清算」を日朝国交正常化後に経済協力の形で実施することを明記した。朝鮮半島の核問題を包括的に解決するため国際的合意を順守することも盛り込んだ。金総書記は小泉首相との会談で拉致事件を認め謝罪したが，宣言の中では具体的な言及はない。

日本経済団体連合会 ⇨ 日本経団連
日本経団連
日本(にっぽん)経済団体連合会の略。産業，金融，貿易の各業界団体の全国的総合団体。総合対策委員会をはじめ，経済各分野にわたる常設委員会，懇談会のほか，各専門委員会などを置き，業界相互の連絡を緊密にするとともに，経済界の意見をまとめて政府，国会に具申するなどの活動をしてきた。2002年5月に経団連と日経連が統合して誕生した。

日本郵政公社
【Public Postal Corporation】
2003年4月から郵便貯金，簡易保険，郵便の3事業を引き継ぐため，50年ぶりに設立された国営の公社。国の直轄事業のときに比べ，郵便事業に関連した民間企業への出資や子会社の設立などが認められ，経営の自由度が拡大した。郵貯，簡保についての国の支払い保証は継続する。07年には民営化する方向で政府内の検討が進んでいるが，抵抗も根強い。

2・28事件
【2.28,1947,uprising in Taiwan】
1947年に台湾で起きた国民党政権に対する台湾民衆の暴動。2月28日に起きたことからこの名が付いた。日本の敗戦後，中国大陸から国民党の官僚や兵士が台湾に入ったが，汚職・腐敗が広がったうえ軍紀も乱れ台湾民衆の不満が高まった。事件のきっかけはヤミ煙草を売っていた婦人から台湾専売局の密売取締官6名が煙草と売上金を押収したこと。集まった群衆に取締官が発砲したことで暴動に発展し台湾全土に広がった。当局は武力による制圧に乗り出し，政治家や医師，教師ら多くの知識人を捕らえて処刑した。約2万人が死亡したとされる。この事件で，もともと台湾に住んでいた「本省人」と戦後に大陸からやってきた「外省人」との間に大きな溝が生まれた。87年に台湾で戒厳令が解除されて以降は当局も事件の清算に乗り出し，被害者に対する補償問題を処理する機関も発足した。

日本異質論
【Revisionism】
金融や貿易で大きな経済力を蓄えた日本の輸出攻勢やM&A(企業の合併，買収)などに対し警戒感を抱く欧米諸国の間で1980年代後半から沸き起こった論議。「日本は経済システムや商慣行などあらゆる点でわれわれ(欧米)とは異質な国である」という考え。これを根拠に対日制裁の正当性を説く強硬派も米議会には多い。「日本異質論」の背景には日本人の「働き過ぎ」や日本的経営方針などが指摘されているが，根底には日米関係の質的変化に対する双方の認識のズレがある。

日本型401k
【defind-benefit pension program】
米国で普及した確定拠出年金401kの日本版。税制上の優遇措置を受けながら掛け金を積み立て，老後に使うという仕組みは米国と同じだが，貯蓄商品に近い米国と比べ，日本型401kは公的年金の補完の色合いが強

く，制約が多い。例えば米国では一定の条件を満たせば途中で積立金を取り崩せるが，日本型は60歳になるまで原則取り崩しはできない。米国では企業が支払う掛け金に社員個人が上乗せして積み立ててもよいが，日本型では個人による掛け金の上乗せは認められない。2001年10月から導入。
→401kプラン

日本語ドメイン
【Japanese language domain name】
ホームページの住所に当たるドメイン名に日本語が使えるようにしたもの。アルファベットの羅列ではなく，「日経.com」など日本人に分かりやすい表記になる。2000年11月から登録を開始した。ただ，実際に日本語ドメインが使用されるには，技術仕様が標準化され，メールリーダー，ウェブブラウザなどのアプリケーションが日本語ドメイン名に対応することが必要。01年7月には日本語ドメイン名の普及を目指す「日本語ドメイン名協会（JDNA）」が設立され，標準化，アプリケーションの対応などの準備を推進している。

日本実験モジュール
【Japanese experiment module】
米国の有人宇宙基地に連結する日本の「宇宙実験室」。「きぼう」の愛称がつけられ，最大4人の宇宙飛行士が搭乗し，科学観測，通信，材料実験・製造，ライフサイエンス，理工学実験などをこなす。直径約4.2メートル，長さ約11.2メートルの円筒型与圧部にばく露部，補給部，マニピュレーターなどが付く。宇宙開発事業団が三菱重工業，石川島播磨重工業など10社の参加を得て1990年初めから開発を始めた。2004年から米スペースシャトルを使って打ち上げる計画だったが，03年2月のスペースシャトル事故も影響して遅れる可能性が高まっている。

日本証券業協会
【The Securities Dealers Association of Japan】
大蔵大臣の監督を受ける社団法人として1973年7月1日に日本証券業協会連合会および全国10ブロックの証券業協会が統合して発足した団体。会員は全国の証券会社で，主な事業は，①自主規制規則等の立案，制定，実施，②会員に対する監査，③取引に関する苦情，紛争のあっせん，調停，④店頭取引の管理――など。とりわけ，自主規制機能の強化により，証券会社の信用を高め，日本の資本市場の国際化に対応していくことを課題にしている。92年の証取法改正などにより，自主規制機関としての性格を強めた。証券界の業界団体としての性格も持っていたが，各社の利害が多様化する一方，証券税制の改革などが進み，業界団体としての意義は薄れてきた。

日本商品先物取引協会
【Commodity Futures Association of Japan】
商品先物取引における紛議やトラブルを調停する自主規制団体。1999年4月の改正商品取引所法の施行に伴い，従来あった業界団体の日本商品取引員協会を改組して発足した。協会は投資家の苦情処理のほか，場合によっては制裁委員会や調停委員会を開き，投資家と商品取引会社との不祥事に介入できる。

日本・シンガポール自由貿易協定
【Japan-Singapore Free Trade Agreement】
2001年7月末の政府間協議で合意，02年4月発効。正式名称は日・シンガポール新時代経済連携協定。農

水産物を除くほぼすべての品目で関税を撤廃、投資やサービス分野でも相互に優遇措置を与える2国間協定で、日本が締結した初めての自由貿易協定。1999年末に自由貿易協定の研究開始で合意し、2000年9月に研究終了、01年1月から政府間協議に入った。協定の主な内容は、①互いの輸入品に課している関税を原則撤廃。ただし農水産物は例外で大部分の関税率は据え置き、②投資、サービス分野でも相互に優遇措置、③日本での特許取得をシンガポールが自動的に受け入れる体制を導入──など。協定発効により、日本のシンガポールからの輸入額に占める無関税物品の金額の比率は85％程度から90〜95％になった。→自由貿易協定

日本政策投資銀行
【Development Bank of Japan】
特殊法人の整理の一環で日本開発銀行と北海道東北開発公庫が1999年10月に統合して発足した銀行。設備資金や政策性のある分野の事業への資金の貸し付けなどが主な業務。2001年4月から法的処理に入った再建企業向け融資も始めた。民間との競争禁止などを規定している。業務内容と体制のスリム化と効率化が課題。

入札オペ
【tender operation】
日銀が金融調節の一環として実施する手形などの売買オペレーションを入札方式ですることをいう。市場の自由な金利形成を促進し、機動的に金融政策を実施するために、1978年6月から導入された。現在の入札オペは東京に本支店のある金融機関を対象とし、その日のうちに入札から落札までを決める。こうした機動的オペにより、相場の乱高下を防ぐねらいもある。手形のほか90年からは短期国債（TB）もオペの対象に追加。97年11月には、大型の金融破たんの続発で市場金利が急上昇したことを受け、初の現金担保付き債券貸借オペ（レポオペ）を実施した。中小企業の資金繰りを改善するため、日銀は資産担保コマーシャルペーパー（ABCP）も買いオペの対象とした。→公開市場操作、資産担保CP

ニューエコノミー
【new economy】
生産性の上昇によって米国経済からは景気循環が消滅してしまい、インフレなき長期景気拡大が実現したとする考え方。情報技術（IT）の発展による在庫管理の効率化や規制緩和による企業間競争、労働市場の柔軟性などが米国経済の質を変貌させ、理想的な経済構造をもたらしたとされる。1990年代の長期景気拡大を背景にした米国の自信の表れといえるが、学会でコンセンサスが得られているわけではない。2000年秋以降の米国の景気減速で極端なニューエコノミー論は影を潜めた。

ニュートリノ
【neutrino】
物質を構成する基本粒子である素粒子の1つ。存在が予言されていたが、1969年に米国の実験で初めて見つかった。通常の物質とほとんど反応することがなく、あらゆる物質を通り抜けてしまうため、光や電波と異なり検出が難しい。太陽などの恒星は大量のニュートリノを常時放出している。特に星が寿命を終えて大爆発を起こす際には膨大な量を宇宙に放つ。このニュートリノをとらえれば、星が放つ光や電波などの観測では得られない星の中心の様子や星の進化などの情報を得ることができる。小柴昌俊・東京大

学名誉教授がニュートリノ観測実験での功績から、2002年にノーベル物理学賞を受賞した。

ニューロコンピューター
【neurocomputer】
人間の脳細胞の情報処理機能を工学的に模倣したコンピューター。本物の脳に比べるとまだ能力は低いが、文字、音声、画像などの自動認識に優れており、人間のように学習して最適な処理を取り入れる仕組みがある。マルチメディア分野や各種の自動制御などへの応用が期待される。

認証局
【certificate agent】
インターネット上の身分証明書に当たる「電子証明書」を発行するコンピューターシステム。当事者が顔を合わせない電子商取引では、詐欺などを防ぐために本人確認とデータの改ざん防止が重要。認証局は、行政機関や民間企業が運営、第三者として電子商取引当事者の身分などが改ざんされていないことを証明する機能を果たす。

認証保育所
【Tokyo-stylecertified day-care centers】
東京都が2003年に導入した保育施設への補助制度。ゼロ歳児保育や長時間（13時間）運営を実施するなど、一定のサービスや設備基準を満たす保育施設に対し、開設費や運営費の一部を補助する。利用者と保育者は直接契約するのも特徴。多額の補助金が出る認可保育所は条件が厳しく株式会社はほとんど参入していないが、認証保育所では駅前ビルのテナントとして施設を開設するなど、異業種が保育サービスへ参入する大きなきっかけとなった。その後、仙台市やさいたま市など他の自治体でも、保育施設への同種の補助制度が始まっている。

ぬ

ヌーボマルシェ
【Nouveau Marché】
1996年2月に開設されたフランスの店頭株市場。パリ証券取引所の母体のフランス証券取引所協会（SBF）が設立した全額出資子会社が運営している。革新的な事業展開で成長している中小・ベンチャー企業が公開対象で、創業後の赤字段階でも公開できる。公開申請企業には、3年間の詳細な事業計画書の提出を求めているほか、公開企業には四半期ごとの決算報告書の開示を義務付けるなど、情報開示の基準を厳しくしているのが特徴。業種は半導体、バイオテクノロジーから美容室、ペット店などと幅広い。

ね

ネオコン
【neoconservatism】
新保守主義。米政界や言論界などで注目を浴びている保守的な思想で、そうした思想を持つ政治家、知識人らも通称「ネオコン」と呼んでいる。東西冷戦などを背景にリベラル派から保守派に転じた共通の経歴を持つことから、この名が付いた。1980年代初めに、民主党員ながら共和党レーガン政権の国連大使に就任したジーン・カークパトリック氏らが先駆け。ブッシュ政権では、ウルフォウィッツ国防副長官、ボルトン国務次官（軍備管理・国家安全保障担当）らが代

表格。2003年3月に国防政策委員会委員長を辞任したリチャード・パール氏もネオコンの重鎮とされる。イラク戦争を巡る議論では主張が政策決定に大幅に取り入れられて注目を浴びた。シンクタンクや大学の研究所にも人脈は広がっており、ブッシュ政権に大きな影響力を持つ戦略国際問題研究所（CSIS）やアメリカン・エンタープライズ公共政策研究所（AEI）には、ネオコン系知識人が集まっているとされる。中でも、PNAC（Project for the New American Century）は小規模なシンクタンクながら、ブッシュ政権への影響力の大きさで注目されている。「ウイークリー・スタンダード」誌編集長も務める代表のウイリアム・クリストル氏と共同創設者のロバート・ケーガン氏は、ネオコンの理論的支柱といわれている。

熱可塑性エラストマー

加熱すると柔らかくなり成型しやすくなる半面、常温では弾性があり樹脂とゴムの長所を併せ持つ高分子材料。エラストマーはゴム状弾性体のこと。TPEとも呼ぶ。代表的なものはスチレン系、オレフィン系、塩化ビニール系で、このほかにウレタン系、エステル系がある。一般のゴムはゴム状高分子にカーボンブラックなどの充てん剤や薬品を添加し、高温で架橋（加硫）をしてつくる。しかし、熱可塑性エラストマーは充てん・加硫工程が不要で、成型後の再利用も可能。最近はウレタン系—ポリカーボネート、ウレタン系—ABSなどの複合（アロイ）型の高機能型が登場し始めている。自動車のバンパーやエンジンルームの部品、電気製品の外装（ハウジング）、土木材料などの用途に使われる。

熱交換器
【heat exchanger】

空調機や冷蔵・冷凍庫の主要部品で1つの流体からほかの流体へ熱を伝える装置。熱には温かいところから冷たいところへ移る性質があり、伝熱面を隔てて気体と気体、気体と液体、液体と液体の間で熱を授受する。円筒（シェル）と多数の伝熱管（チューブ）の中に流体を通すシェルアンドチューブ式や伝熱管の周りにひれ（フィン）をつけたフィンチューブ式、凹凸のある伝熱板を重ねて交互に流体が流れるようにしたプレート式、外管の中に伝熱管を挿入した二重管式などがある。

熱水鉱床
【thermal deposit】

海底火山の火口部付近に銅、鉛、亜鉛、銀などの金属が高品位に堆積（たいせき）したもの。海底にしみ込んだ海水がマグマに熱せられて噴出する際に、溶けていた金属が急速に冷やされて固まったもので、有望な海底資源の1つ。1960年代に紅海で鉱床の存在が確認されていたが、70年代に米国が東太平洋で発見して以来、米国、フランス、ドイツなどが激しい調査競争を繰り広げている。日本でも伊豆諸島近海などで発見されている。

ネッティング
【netting】

原材料や製品の輸出入などにより生じた債権と債務について、特定の期日に一括して相殺し、差額分のみを資金決済すること。海外に事業展開する企業の場合、本社と海外関連会社の相対取引だけでなく、複数の関連会社間でまとめて相殺するマルチネッティングを採用する動きもある。従来は本社は日本円を外貨に換えて海外関連会社に送る一方、関連会社は外貨を円にして本社に送るため、取引のたびに銀行に為替手数料などを払う必要があったが、ネッティングで

コストを削減できる。旧外為法では大蔵省（当時）の事前許可が必要だったが，改正外為法で不要になった。銀行などの金融機関が決済リスクを減らすため，為替や先物取引に導入することもある。

ネット起債
債券の発行や流通市場における値付けなどを，インターネットを通じて行う新しい起債手法。2000年1月に欧州市場で始まり，日本でも広がった。引受証券会社による需要予想や発行条件の決定，投資家の買いや売りの注文など，電話やFAXで行っていたが，これをネットで行う。従来の方法より速く業務が処理でき，コストも軽減されるため，広がる可能性もある。

ネット証券取引
【internet-based stock trading】
インターネットを利用して株式の売買を注文する手法。日本では1999年10月の株式委託手数料の完全自由化を機に広がり，ネット取引を手掛ける証券会社は大手証券からネット専業証券まで50社以上になった。パソコンや携帯電話などを通じてどこでも簡単に注文が出せる利便性と手数料の安さを武器に急速に拡大し，個人の株式取引に占めるネット取引の比率は04年に入り70％になった。取引時間を夜間まで延長したり，売買の対象を投資信託に拡大，さらに銘柄解説などの情報提供機能も強化されるなどで，新たな個人投資家層を拡大した。半面，ネット証券は手数料の引き下げ競争を展開しており，ネット専業証券の間では生き残りのための再編の動きも加速している。

ネットスーパー
【net supermarket】
生鮮，加工食品，介護用品など通常のスーパーの店頭に並んでいる商品をインターネットを使って注文し，受注した事業者が指定された場所に配達すること。米国では電子商取引（EC）の中でもこのネットスーパー業態が急速に台頭しつつある。日本でも2000年5月から大手スーパーの西友が東京都内の一部地域でサービスを始めた。店舗の営業時間に立ち寄りにくい共働き世帯，トイレットペーパーやミネラルウォーターなどかさばる商品を持ち帰りづらい高齢世帯などの利用率が高い。スーパーだけでなく，コンビニエンスストアでもネットスーパーに参入する動きもある。

ネット大学
【internet university】
インターネットで大学の講義を配信し，単位を取得させる遠隔教育。欧米では有名大学のネット講座や，ネットだけで存在する「サイバー大学」の開校が相次いでいるが，日本では大学間の交換授業や英語教育，学内向けに限定した授業などで始まった段階。ネット大学の受講が国際的に広がれば，卒業資格や単位認定の国際的なルールづくりが必要になる。教育サービスは世界貿易機関（WTO）の交渉テーマに含まれており，今後，米英などが卒業資格などの標準化を求めることが予想される。

ネットバブル
【internet [net] bubble】
インターネット関連ビジネスを手掛ける企業の株価が急騰したこと。ネットが広く普及していた米国で生まれ，日本を含む世界各国の市場へ広がった。日本のバブル経済同様，ピークから崩壊に向かう前後に指摘され始めたため，発生の時期は明確ではない。情報技術（IT）の活用を中核に，「景気循環が消えた」とまでもてはやされた

米国のいわゆるニューエコノミーをリードする形で，1990年代半ばころから関連銘柄の株価上昇が目立つようになった。コンピューターの2000年問題への対応策として実施された大掛かりな金融緩和もその背景の1つ。ITやハイテク関連銘柄の多いナスダック（米店頭株式市場）の活況がその象徴だった。日本ではソフトバンクなどのほか，99年末以降に相次いで開設されたベンチャー向け新市場の上場銘柄が人気化した。こうした流れが逆回転し始めたのが2000年春。4月に米国株が急落，その後，代表銘柄だったインテルの業績悪化などを機にバブルは一気にはじけた。

ネットワーク家電
【electronic appliances that can be built into a network】
通信機能を持ち，情報のやり取りや遠隔操作ができる仕組みに対応した家電製品。外出先から携帯電話などで冷蔵庫の中身を確認して買う物を決めたり，帰宅前にエアコンのスイッチを入れたり，といったことが可能になる。家の中でも就寝前に部屋の照明やテレビの電源の消し忘れはないかなどを，まとめてチェックできるようになる。東芝や松下電器産業，日立製作所などが製品を発売。家電業界では市場拡大が期待されているが，魅力的な用途の実現や機器同士の互換性確保など，本格普及には課題も多い。

ネットワークのオープン化
日本電信電話（NTT）は1995年9月，それまで独占的に利用していた同社市内網を他事業者にも開放し，自由な接続を認めると発表した。KDDIなど新電電各社は2001年5月からNTTの市内網を利用して市内電話サービスを始めた。NTT東西は光ファイバーの心線を貸し出すダークファイバー接続も2000年末から開始した。→ダークファイバー

根抵当
【fixed collateral】
銀行と企業の間では絶えず継続して取引が行われるが，借りる側があらかじめ銀行に一定の抵当を入れてその抵当額（担保として認める金額）を決めておき，その範囲内での借り入れはいちいち抵当を入れなくてもいいようにしている。これが根抵当。当座貸し越し契約を結ぶ場合などによく使われる。

値幅制限 ⇨ ストップ

年間臨時給協定
【annual agreement for extra wage】
その年に支給される夏のボーナス，冬のボーナス，それ以外の臨時給与の支給額，時期などを春闘時などに労使間で決めておくこと。労使が年中交渉に追われることは双方の損失になるとの考えから，年1回の団体交渉で年間の賃金を決めてしまう方式。春闘一括方式，年間賃金協定ともいう。

年金ALM
【pension ALM】
ALMはassets and liabilities management（資産・負債総合管理）。年金制度の健全運営を目的として，厚生年金基金などが負債特性に応じて資産を効率的に運用すること。まず，掛け金計算の前提としている予定利率や将来の給付支払いのために必要な流動性などを勘案して，資産サイドのリスク許容度を把握，運用基本方針を定め，資産配分を決定するという手順をとる。資産・負債のリスク特性の分析には高度な専門知識が必要で，運用機関などのコンサルティングを受けることが多い。年金の運用規制の緩和を受け，重要性が増している。

コラム

年金改革法
pension reform law

　国が運営する公的年金制度を手直しするための法律。自営業者らが入る国民年金，会社員の厚生年金，公務員の共済年金と，制度ごとに法律は分かれているが，年金改革の際は，厚生年金と国民年金の法律を先に改め，追随して共済年金の法律を変えることが多かった。

　前回1999年の制度改革では，景気低迷に配慮し，企業や個人が負担する保険料の引き上げ計画を凍結。この影響で保険料収入が落ち込み，年金財政は悪化した。年金財政を建て直すため政府は2004年の通常国会に14年連続で保険料を引き上げる年金改革法案を提出。野党は反対したが，与党の賛成により同法案は6月に成立した。

　公的年金は現役世代が負担する保険料から高齢者に年金を支給する「世代間扶養」の仕組み。日本は長寿化で年金受給者が予想以上に増える一方，少子化で現役世代は政府見通しを超えるスピードで減少している。今は高齢者1人を4人の現役世代が支えているが，2025年頃には約2人で1人を支える構図に変わり，現役1人当たりの保険料負担が重くなり過ぎる。そこで04年の年金改革法では現役世代が負担する保険料の引き上げに併せ，給付水準も徐々に引き下げて収支を調整する「マクロ経済スライド」という仕組みも導入する。年金受給者と比べ労働力人口が大幅に減少すれば，その分だけ年金水準を下げて財政悪化を防ぐ。厚生年金の夫婦モデル世帯（夫は40年会社員，妻は専業主婦）が受け取る年金水準は現在，現役世代の平均手取り年収の59.3%。これが徐々に50.2%まで低下する。

　このほかに，離婚時に夫婦間で厚生年金を分割できるようにする仕組みや，保険料を免除される育児休業期間（現行1年）を最長3年に延長できる仕組みも導入。高齢者が働きながら受け取る年金の算定ルールも変更する。現在は60歳代前半の会社員は全員，厚生年金を一律2割カットしているが，05年度から2割カットを廃止。一方で70歳以上の会社員には収入が一定水準以上なら年金額を削減する制度を導入する。

年金改革法の骨子

▽厚生年金の保険料率（年収の13.58%）を2004年10月から引き上げ，2017年度以降は18.30%に

▽国民年金の保険料（月1万3,300円）を2005年4月から引き上げ，2017年度以降1万6,900円に

▽厚生年金の給付水準（モデル世帯が現役世代の年収に対する割合で現在は59.3%）を引き下げ，2023年度以降は50.2%に

▽基礎年金の国庫負担割合（現行3分の1）を2009年度までに2分の1に引き上げ

年金財形
【pension "nest-egg" savings】
勤労者財産形成促進法に基づき，勤労者の老後生活安定のため設けられた積立貯蓄。55歳未満の勤労者を対象とし，給与や賞与から天引きした一定額を5年以上にわたり定期的に積み立てる。年金の受け取りは満60歳以降。指定日から5年以上20年以内の期間内で年金を受け取ることができる。1988年4月からの新税制で財形貯蓄非課税制度は原則廃止されたが，住宅積み立て，年金貯蓄を目的とした財形貯蓄については合計550万円までの利子が非課税扱いになっている。年金財形は勤労者が退職した後も利子非課税枠の適用を受けられる。

年金資金運用基金
【Investment Fund Government Pension】
公的年金の積立金を国内外の債券や株式に投資して運用するために設立された特殊法人。年金福祉事業団の事業を引き継ぐ形で2001年4月に発足した。年金改革の一環として，06年度には独立行政法人に移行する予定。

年金の一元化
【integration of pension】
厚生年金，国民年金，国家公務員共済，地方公務員共済，私立学校職員共済などの各制度に分立している複雑なサラリーマンの公的年金制度を1つにまとめようという考え方。年金の一元化については，全制度を統合一本化すべきであるとの考え方から，分立したままでも給付の仕組みを共通にする考え方まで，種々のバリエーションがある。政府は，一元化の第一歩として1997年度にJR，JT，NTTの3つの共済を厚生年金に統合。さらに2002年4月に農林漁業団体職員共済組合と厚生年金を統合した。

年金の積立不足
【shortage in pension fund】
企業年金で運用利回りが予定利回りを下回り，将来の給付に必要な積立金が不足すること。厚生年金基金など確定給付型と呼ばれる企業年金は将来の年金給付額を決めてから掛け金を設定，毎年の予定利回りを超える運用を目指して必要な年金原資を積み立てる。多くの企業では予定利回りを年5.5～3.0％に設定しており，これを下回る運用実績しか残せない場合は利差損が発生し，本来必要な積立金に達しない。加入者の平均寿命が予測より伸びた場合なども積立不足が発生する。積立不足が生じると，企業は追加拠出を求められるが，業績の悪化などで企業の負担感は重くなっている。

年功序列型賃金体系
【seniority order wage system】
学歴別に決まった初任給を基礎に，勤続年数や年齢によって賃金が上がっていく仕組みのこと。新卒後，定年までの雇用を保証する終身雇用制と並ぶ日本の雇用慣行の1つ。ただ，能力に優れていても年齢が若いために低賃金を余儀なくされたり，中高年というだけで高賃金が支払われる形で矛盾が拡大し，組織の硬直化を招いたため，企業の生産性を高めるため見直す企業が相次いでいる。代わりに勤続年数や年齢とは無関係に成果を上げた人に高い賃金を支給する成果給・能力給を導入したり，賃金体系の中でこうした成果主義の割合を増やしたりするところが増えている。→成果主義

年頭教書 ⇨ **大統領教書**
燃費規制法

【Energy Policy and Conservative Act】
エネルギー使用削減策の一環として，1975年12月に米国で成立した法律で，自動車の燃費改善をメーカーに義務付けるのがねらい。85年までに米国のメーカーが生産する乗用車全車種の加重平均で，1ガロン当たり27.5マイル（1リットル当たり11.7キロメートル）以上の走行距離を確保するよう各社に技術開発を課した。米連邦議会は2002年にこの規制を強化する法案を議論したが，米ビッグスリーの反発などもあり否決された。カリフォルニア州などが独自に規制の強化に乗り出している。

年俸制
【annual salary system】
会社が個人の能力評価や実績をもとに年間の賃金を決定する制度。個々の社員が毎年の目標を設定し，年度末に達成度を評価して，会社との交渉のうえ翌年の年間給与を決めるのが典型例。学歴と社歴が給与算定の基礎になる年功序列型賃金体系に比べ，社員のやる気を引き出す効果があるといわれる。低成長時代に入り，年功制のもとでは増加する一方だった賃金カーブを年俸制で是正したいと考える企業も多く，導入企業が急速に増えている。

年率換算
月，四半期（3カ月），半年ベースで見た統計の値を年ベースに直すこと。例えば四半期ベースの統計の場合，実数値は4倍，前期比の増減率は4乗するのが一般的方法。ある四半期の実質GDP（国内総生産）が125兆円ならば，それを4倍した500兆円が年率換算の値。その期の実質経済成長率が前期比1％の場合，1.01（＝1＋0.01）を4乗したものから1を引いた4.06％が年率換算の成長率になる。

燃料電池
【power (fuel) cell】
燃料（主に水素）と酸化剤（主に酸素）を電気化学的に反応させて，その反応エネルギーを電気として直接取り出す直流発電装置。最新の石油火力が40％強のエネルギー効率であるのに対し排熱利用と合わせ，約80％という高いエネルギー効率が得られるのが最大の特徴。窒素酸化物などの排出量も少ない。比較的コストの低いリン酸型システムが先行して普及しているほか，新エネルギー・産業技術総合開発機構（NEDO）なども第2世代の溶融炭酸塩型，第3世代の固体電解質型，第4世代の固体高分子型の開発に力を入れている。中でも常温に近い低温で発電できる固体高分子型は自動車用動力源として注目され，メーカーの開発競争が激化。また家庭用の開発も始まり，東京ガスが出力1キロワット級の家庭用を2005年3月までに発売する方針を打ち出すなど，普及に向けた動きが活発化している。

燃料電池車
【fuel-cell vehicle】
水素と空気中の酸素を化学反応させたときに発生する電気で動かす低公害自動車。二酸化炭素（CO_2）など温暖化ガスや窒素酸化物（NO_x）など大気汚染物質の排出をほぼゼロにするため「究極の低公害車」といわれる。水素を取り出す方法については，①水素タンクを車に直接搭載②メタノールを車上で改質③ガソリンを車上で改質——の3方式がある。世界的に統一されていないが，車上での改質でなく純粋水素をタンクに補充しながらの方式が最も有力視されている。自動車メーカーではトヨタ自動車とホンダが

2002年末に商用化，独ダイムラークライスラーや日産自動車も追随しており，量産化に向けて開発競争が激しくなっている。

燃料(原料)費調整制度
【fuel cost adjustment system】
燃料(原料)費に基づき3カ月単位で電気・ガス料金を見直す制度。電気の場合は，①原油，②液化天然ガス(LNG)，③石炭——の燃料費，ガスの場合は天然ガスや液化石油ガス(LPG)などの原料費を基準価格と比較し，料金を調整する仕組み。いずれもデータは財務省が発表する通関統計を使用，1996年1月から施行した。燃料費と為替の変動を電気料金に素早く反映させるのがねらい。ただ，燃料価格の変動が5％の範囲内にとどまる場合は調整は行わない。

の

ノーアクションレター制度
【no-action letter system】
官庁が企業の求めに応じて法令の解釈を文書で回答する制度。2001年度に始まった。主に新事業が合法か違法かを確認するために使う。従来は企業が官庁にこのような問い合わせをしても，対応した個々の官僚の裁量によって法令解釈が変わることがあった。こうした裁量行政を改めることも，この制度を導入した目的の1つ。問い合わせから回答までの時間は1カ月が目安。問い合わせ企業への回答後に広く公表されることもあるので，同様の問い合わせをしようとしていた企業の参考にもなる。

納会
【final session of the month】
取引所での，毎月の最後の立ち合い。当該限月の最終決定日で，未決済の建玉（たてぎょく）は差金決済または現物の受け渡しで決済される。納会値段が前日に比べて高いか安いかによって高納会，安納会という。また年末の最終立ち会いを大納会という。

農協
【Agricultural Cooperative】
農業協同組合の略称。農産物の販売，生産，生産資材の購買，金融，技術・経営指導などを行う，農民を組合員とする団体。全国に約900あるが，約500農協への合併集約を進めている。組織は末端の市町村レベルに単位農協，都道府県に販売，購買，信用，共済，開拓，畜産，厚生などの各農協連合会，中央にそれらの全国農協連がある。経営指導など政策的問題については都道府県と中央にそれぞれ都道府県農協中央会と全国農協中央会（全中）がある。→農協再編

農業協同組合 ⇨ 農協
農業経営安定対策
【measures for stable farm management】
所得が減少した農家に対し，政府が一定分を補てんすることによって，農家が安定した経営を続けることができるようにすること。自民党が2000年12月に40万程度の「意欲ある農家」を対象に経営安定対策を導入する考えを提示。農林水産省も食料自給の中核を担う農家を育てることを目指して，01年2月に検討を始めた。04年産米からコメの価格が下がった場合，大規模コメ農家のみに補助金を支払う枠を設ける。農家全体の経営安定対策については検討が続いている。

農協再編

【consolidation of Agricultural Cooperatives】
全国の農業協同組合の数は2004年2月現在920。農協関係者は約500農協への再編を目指しているほか，上部組織の信用農協連合会（信連）や経済農協連合会（経済連）を中央の農林中央金庫などに統合する方針である。合併集約を進めてはいるが，農家の農協離れもあって経営は悪化している。

農業生産法人
【incorporated agricultural organization】
農業を営む法人組織である農業法人の1つで，農業経営のために農地を利用できる法人を指す。このほかに，養鶏業など農地を使わない「一般農業法人」がある。農業も個人経営に比べて法人経営の方が資本調達，技術・ノウハウの取得，人材の確保が容易であるため，農地法は経営形態の1つとして農業生産法人の設立を認めている。農業生産法人が農地を取得するためには，①取得後の農地のすべてで農業を行う，②業務執行役員の過半数が農作業に従事，③農事組合法人，合名会社，合資会社，有限会社のいずれかである──などの条件を満たさなければならない。しかし，農林水産省は担い手確保のため規制緩和に着手。2000年度からは株式会社形態を認めたほか，25％まで外食企業や商社などの資本参加も認められた。→株式会社の農地取得

農業の多面的機能
【multi-functionality of agriculture】
農業が食料生産のほかに環境保護や国土保全など多様な機能を持っていることを指す。農産物などの貿易自由化を議論する世界貿易機関（WTO）の新ラウンドで，貿易の性急な自由化に反対する根拠として農林水産省が主張している。米国などの農産物輸出国は，この考えに反発している。

農業保護削減
【reduction in trade-distoring support of agriculture】
各国の国内農業保護措置の削減への一連の取り組みを指す。1980年代に農産物の過剰問題が発生，助成金を出して輸出品の価格を下げる輸出補助金競争など農産物貿易に混乱が生じ大きな問題となった。86年のサミットなどを通じ，農業問題の解決には，各国の国内農業保護措置の協調的削減などの取り組みが必要という問題意識が生じ，87年の経済協力開発機構（OECD）閣僚理事会で「各国が協調して漸進的な農業助成の削減などで，市場原理に即した農業生産を実現していく」ことが合意された。このあとウルグアイラウンド農業交渉の場で保護の削減が話し合われ，農業基盤整備，所得補償などを除く保護政策は金額換算して95年度から6年間で20％削減することで合意した。

農産物輸入自由化
【free trade of agricultural products】
ガット上認められない農産物の輸入数量制限を撤廃すること。日本は輸入制限で国内の果実，畜産農家などを保護してきたが，米国などから市場開放圧力が強まった結果，1988年に決着した日米牛肉・オレンジ交渉と農産物12品目交渉で，牛肉とオレンジ果実をそれぞれ91年4月から，12品目のうちプロセスチーズ，トマト加工品など10品目も90年4月までに自由化することを決めた。93年12月に日本はコメの部分自由化を含む農産物の自由化に合意した。95年1月にガットに代わり世界貿易機関（WTO）が発足し，農産物の一段の自

由化が求められている。→ウルグアイラウンド

脳死移植
【brain death organ transplant】
脳死者から摘出した臓器を、その臓器がうまく働かない患者に移植する医療。脳死とは、①深いこん睡、②瞳孔の固定と散大、③脳幹反射の消失、④平たん脳波、⑤自発呼吸の停止——の5つの条件が6時間以上続いた状態。呼吸を担う脳幹が壊れ、蘇生する可能性がない。人工呼吸器で呼吸を保ち、動いている臓器を取り出す。日本では1968年の札幌医大以来、移植が途絶えていたが、97年に臓器移植法が成立、99年3月に高知赤十字病院で31年ぶりに臓器提供が実現した。

濃縮ウラン
【enriched uranium】
人工手段でウラン235の割合を天然ウランよりも高めたもの。天然ウランはその99.3％がそのままでは核分裂しにくいウラン238で、核分裂するウラン235は0.7％しかないが、濃縮ウランはこのウラン235の濃度を高めたもの。軽水炉型原子炉には約3％に濃縮したものを使う。その製法には、①気体拡散、②熱拡散、③遠心分離、④電磁分離——などの方法がある。わが国は核燃料サイクル開発機構が開発した遠心分離技術をもとに、日本原燃が青森県六ケ所村に商業プラントを運営中。

納税者番号制度
納税者に番号を付け、各人の資産や所得を正確に把握し、脱税や課税もれをなくすことをねらいとした制度。金融所得の一体課税を実現するうえで、不可欠になるとの指摘があり、政府税調が導入に向けた検討を進めている。ただ、プライバシー保護や経済取引への影響などを指摘する意見も根強い。

農地転用制度
【bureaucratic process for farm land conversion】
農地を農業以外の目的に転用する際の制度で、農地法は優良な農地を確保して農業生産力を維持する立場から転用を制限、許可制にしている。農地は維持確保する必要性が高い順に第一種、第二種、第三種があり、第三種の転用は原則許可、これに対し第一種農地は原則として許可してこなかった。農林水産省は1989年からこの規制を一部緩和、地域活性化に結びつく需要に対しては、第一種農地でも転用を許可できるように制度を改めた。

農林系金融機関
【agricultural financial institutions】
農林中央金庫や、各都道府県にある信用農業協同組合連合会（信連）、共済農業協同組合連合会（共済連）など、農協系の金融機関の総称。農林中金、信連が預金などの金融事業、共済連が保険などの共済事業を行う。農林系金融機関は、本来の農業向けの貸し付けが伸び悩んだため、バブル期に不動産向け貸し出しを積極的に進めた旧住宅金融専門会社（住専）への融資を拡大。旧住専8社の借入金残高のうち、農林系の融資が約45％を占めた。→住宅金融専門会社（住専）

農林石
米材丸太、北洋材丸太の体積をはかる単位。1農林石は約0.278立方メートルに相当する。日本農林規格法に基づく石単位。

ノースカン在庫
【norscan inventories】
米国、カナダ、スウェーデン、フィンランドの合計4カ国の紙パルプメーカ

一の市販製紙用パルプ総在庫（グランドパルプなど機械パルプは含まない）。2000年12月まではノルウェーを加えた5カ国だったが，生産量の減少などから01年1月以降は4カ国が対象。かつては世界の市販量の70％以上がこれらの国によって供給されていたため，その在庫水準は国際需給の重要な指標である。ただ，ブラジルやチリなど非ノースカン諸国の比率が高まっており，2004年1月からは非ノースカン15カ国を加えた世界19カ国の在庫が国際在庫として公表されるようになった。→非ノースカン在庫

ノックアウトマウス
【knock-out mouse】
特定の遺伝子をつぶして（ノックアウト）機能しないようにした遺伝子操作マウス。遺伝子が関わる病気の解明や新薬の開発などの実験動物として利用される。1つの遺伝子をつぶしたノックアウトマウスの異常を見れば，その遺伝子の生体内での働きを特定できる。ノックアウトマウスは発生の初期段階の胚（はい）を操作して作る。糖尿病など人間の病気と似た症状を示す病気モデルマウスを作製，研究することで病態や病因の解明が進んでいる。

ノドン1号
【Nodong-1 ballistic missile】
朝鮮民主主義人民共和国（北朝鮮）が開発した弾道ミサイル。射程は1,000キロと推定される。1993年5月末に日本海で試射実験が行われ，北朝鮮の核開発疑惑と合わせ，アジアでの軍事的緊張の一因となっている。米国が戦域ミサイル防衛（TMD）への参加を日本に呼びかけているのもこのため。→弾道ミサイル防衛，テポドン1号

延べ払い輸出
【export on a deferred payment basis】
輸出業者が輸入業者に対して，代金の支払いを一定期間猶予する形の輸出。輸出代金は，輸出すればすぐに決済されるのが普通だが，プラント類などでは輸出金額が大きいので相手側の支払いが苦しい場合がある。また，先進諸国の途上国への輸出競争が激しくなると，頭金をいくら，残額を何年払いといった決済方法がとられる。

ノーベル経済学賞
【Nobel Prize for Economics】
ノーベル賞はダイナマイトの発明者であるスウェーデンの化学者，アルフレッド・ノーベルの遺志を受け継ぎ1896年に設定された賞金制度。経済学賞は経済学分野での功績があった人に贈られるもので1969年に新設された。2003年まで53人の歴代経済学賞受賞者を国別に見ると，米国34，英国8，ノルウェー，スウェーデンが各2，オランダ，旧ソ連，フランス，ドイツ，インド，イスラエル，カナダが各1となっている。99年には「マンデル・フレミング・モデル」として知られる開放経済モデルを構築した米コロンビア大学のロバート・マンデル教授が受賞。2000年には計量経済学の分野で実績のある米カリフォルニア大学バークレー校のダニエル・マクファデン教授と，シカゴ大学のジェームズ・ヘックマン教授が受賞した。両氏は個人や家計などのミクロデータの数量的分析で独自の領域を切り開いたことが評価された。01年は米コロンビア大学のジョセフ・スティグリッツ教授，米カリフォルニア大学バークレー校のジョージ・アカロフ教授，米スタンフォード大学のマイケル・スペンス教授の3氏に贈られた。3氏は経済主体によって持つ情報に偏

りがある場合の経済行動を分析した。02年には米プリンストン大学のダニエル・カーネマン教授と，米ジョージ・メイソン大学のバーノン・スミス教授が受賞した。両氏は，経済学に心理学的，実験的手法を導入して，取引や投資の分析や仕組み作りに応用する道を開いたことが評価された。03年には米国人で米ニューヨーク大学のロバート・エンゲル教授と，英国人でカリフォルニア大学サンディエゴ校のクライブ・グレンジャー名誉教授の両氏が受賞した。経済予測などに使われる時系列分析が予測や分析の精度を高めるのに貢献があったことが受賞の理由になった。時系列分析は時間の経過に伴う株価や金利の動きを数量データにして，変数の特性を描き出す統計学の手法の1つである。

ノミナル
【nominal】
商いを伴わない名目だけの相場（気配値）。例えば，大きな事件が起こったとき，売り方が売り渋り，商いの成立はないものの，相場だけがぐんぐん上昇する場合がこのケース。また，鋼材などではメーカーが販売値を決める直前，売り方，買い方ともメーカーの出方をうかがい，商いを一時止めることがまれにあり，これもノミナルの一因になる。

のれん代
【goodwill】
企業が持つ営業権のこと。企業買収に要した資本コストが被買収企業の公正価値を上回る場合，その差額を指す。従来の会計基準ではのれん代を貸借対照表上の無形固定資産として計上し，それを一定の年数で償却する手法で処理してきた。昨今のM&Aブームで多額ののれん代が財務諸表に現れるようになったことで，その価値を適正に評価することが求められるようになった。具体的には価値が著しく下がった場合，のれん代を減損し，一括して費用計上するようになった。しかし，企業会計基準委員会は，2006年4月から適用する新ルールで一括計上を認めないことにした。10年以内の複数年数で均等処理することになる。

ノーロード
【no load】
投資信託の購入時に徴収される販売手数料（ロード）が無料であること。株式投信の場合，購入金額に対して2～3％の販売手数料がかかるのが一般的だが，これを無料にすることで購入時の投資家の負担を下げ，資金を集めるねらいがある。販売側は投信の残高を増やし，残高に応じて毎期得られる代行手数料の部分を拡大して収益源とする。ただノーロードである分，信託報酬が割高になっている場合がある。

ノンアルコールビール
【alcohol-free beer】
一般的にビールのような味わいを持ちながら，アルコール分1％未満の飲料を指す。これまでは輸入品中心の市場だったが，2002年以降，サントリーやサッポロビールなどビール各社が自社商品を発売する動きが広がっている。背景には02年6月の道路交通法の改正で飲酒運転にかかわる罰則が強化されたことや，健康志向の高まりからアルコール摂取を気にする消費者が増えたことがあるといわれている。ただ1％未満とはいえアルコール分を含むため，主婦連合会などが景品表示法上の不当表示だと主張，ビール各社は「ビールテイスト飲料」などの表現を使うようになっている。

ノンストップ自動料金収受システム

【electronic toll collection system ; ETC】
有料道路の料金所を止まらずに通過できる新たな交通システム。自動車に通信装置を取り付け，料金所の出入り口のアンテナとの間で無線でデータをやり取りし，料金を銀行口座などから引き落とす仕組み。国土交通省は一部道路でサービスを開始し，対象となる道路を順次増やしている。2003年度末までに全国約1,300の料金所のうち約1,200をETC対応に切り替えた。料金所周辺の道路渋滞を緩和する効果があるという。高度道路交通システム(ITS)の中核技術と位置付けられている。

ノンバンク社債法
【Law on Bond Issuance for Financial Companies】
消費者金融などのノンバンクが社債の発行を通じて，貸し付けのための資金調達をできるようにした法律。正式名称は「金融業者貸付業務社債発行法」。1999年5月に施行した。投資家保護のために発行可能なノンバンクは資本金10億円以上に限定しており，銀行並みの経営情報の開示も義務付けている。

ノンリコースローン
【nonrecourse loan】
非遡及型融資。通常の融資は企業自体に資金を貸し付けるため，担保を処分しても残存額に満たない場合は債務が残り，引き続き返済を求められるが，ノンリコースローンでは特定の事業を対象に融資し，返済は担保の範囲内に限定される。金融機関は事業の収益性を融資を実行するかどうかの判断基準とし，一定のリスクを取る代わりに通常より高めの金利を設定する。これまで日本ではほとんど普及していなかったが，不動産の証券化などプロジェクト型の融資で実例が増えている。

は

バイイングパワー
【buying power】
取引上優位な企業の購買力。大手小売業は合併したり、提携したりして取扱高を増やすにつれ、メーカー・問屋に対し取引上の力関係を強めている。納入価格の引き下げを店頭価格に還元するなど消費者メリットもあるが、メーカー・問屋は、大手小売業と取引できなくなることを恐れて大手の要求に応じがちであり、これが行き過ぎると独禁法上の不公正な取引方法になる疑いが出てくる。

排煙脱硝
【flue gas denitrogenization】
排ガス中から窒素酸化物を取り除くこと。窒素酸化物の発生を抑制する方法としては他に燃焼法の改善、低NOxバーナーの改良などがあるが、除去効率の高いのは排煙脱硝。湿式法と乾式法の2通りの方法があり、現在のところアンモニアでNOxを水と窒素に分解する湿式法の技術開発の方が一歩進んでいる。乾式法では硫黄酸化物やばいじんにおかされない触媒の開発、湿式法では副生品や排水の処理問題解決が今後の課題となっている。→NOx

排煙脱硫
【flue gas desulfurization】
重油などを燃焼させたときに出る排煙から亜硫酸ガスを除くこと。重油脱硫が燃料から硫黄分を取り除くのに対し、これは燃焼によって発生した亜硫酸ガスを除去する。重油脱硫に比べ燃料の性状を問わない利点がある。特に石油危機で低硫黄重油の価格が高騰して以来、脱硫方法の本命となっている。湿式法と乾式法の2つがあり、湿式法は排煙をアルカリなどの水溶液で洗って亜硫酸ガスを除く方法。乾式法は活性炭や活性マンガンで亜硫酸ガスを除去する。日本では現在は湿式法が主流。

バイオインフォマティクス
【bioinformatics】
バイオテクノロジーと情報技術(IT)を組み合わせ、コンピューターを使って遺伝子やたんぱく質の機能を解析する手法。日米欧などの国際プロジェクトや米バイオ企業により、人間の全遺伝情報(ヒトゲノム)の解読が完了、ゲノムを画期的な新薬の開発につなげるゲノム創薬が期待されている。ただ、ヒトゲノムは30億も並ぶデオキシリボ核酸(DNA)の配列データにすぎず、どの部分が遺伝子か、あるいはその遺伝子がどんな機能を持っているかを調べたりする際に不可欠の手法とされる。遺伝子の機能を調べるには、既に機能の解明されている遺伝子やたんぱく質の情報が収められたデータベースとの比較により推測するのが有力な手段。ただ、人間の遺伝子は3〜4万個程度あるうえに、機能解析の際には臨床データやマウスなど他の動物の遺伝子情報との比較も必要で、情報の処理量は膨大だ。そのため、高い処理機能を持つ演算装置、高度な検索機能を持つソフトウエア、膨大な情報をストックする記憶装置などの開発が急務で、2010年には2兆円を超える市場規模の産業に育つと見られている。

バイオエシックス
【bioethics】
生命科学に関わる倫理的な問題を議論する学問。生命倫理と訳す。生物学や医学の発展に伴い、生命をどこ

まで物質として扱っていいか，生と死の境界をどこに置くべきか――など難しい問題が浮かび上がっている。これらの問題については科学だけでなく，宗教，法律，心理学，倫理学，哲学など広い立場からの議論が進んでいる。米国を中心に1960年代から1つの学問分野として発展してきたが，日本では遺伝子治療や臓器移植，代理母などの問題とからんで最近さかんに論議されるようになった。旧科学技術会議は，クローン人間の問題をきっかけに97年に生命倫理委員会を発足している。現在は総合科学技術会議の中の生命倫理専門調査会が胚の取り扱いについて検討を進めている。→遺伝子工学

バイオエタノール
【Bio Ethanol】
サトウキビかすや廃木材などバイオマス（量的生物資源）から作ったエタノールで，ガソリン代替燃料になる。高濃度アルコール含有燃料はエンジンのアルミ部品などを腐食させ，自動車事故につながるとの指摘もあり，2003年8月には「揮発油等品確法」が改正され3％までなら混合可能になった。二酸化炭素排出量が増え続けている運輸部門の地球温暖化対策として注目されており，環境省が混合比率3％の「E3」を普及させる戦略を描く。

バイオディーゼル
【Bio Diesel Fuel】
バイオマス（量的生物資源）を原料にした油脂を，粘性の低いメチルエステルにした燃料で，ディーゼルエンジン用の軽油を代替できる。欧州では菜種や大豆油から製造され，マレーシアやインドネシアなどではパーム油からの生産が検討されている。日本でも廃食用油から作られ，ごみ収集車用の燃料に一部地域で使われている。京都議定書上の取り決めでバイオマスは燃やしても国の温暖化ガス排出量に組み込まれないため，運輸部門の温暖化防止対策として注目されている。

バイオテクノロジー
【biotechnology】
生命工学。生命活動の仕組みを科学的に解明し，その仕組みや生命活動そのものを産業技術として応用しようという技術。1973年に生命の基本となっている遺伝子の本体DNA（デオキシリボ核酸）を自由に操作し，他の生物の遺伝子につなぐ遺伝子組み換え技術が完成したことで，新しい産業として注目されるようになった。現在ではこの技術を使った医薬品や洗剤が広く商品化され，応用範囲は農作物や畜産にも広がっている。2010年の国内市場規模は25兆円と予想されている。→DNA

バイオ特許
【biotechnology patent】
遺伝子やたんぱく質，細胞などを対象にした特許権。民間企業が医薬品や病気の検査薬などを実用化する際には必要になる。ヒトゲノム（全遺伝情報）の解読に伴って，どのような発明や発見に権利を与えるかの新たなルール作りが進められている。欧米に遅れている新薬開発での巻き返しを目指し，文部科学省はたんぱく質の構造・機能に関する特許を積極的に取得する方針を打ち出した。最近は中国のバイオ特許出願数も増えている。

バイオハザード
【biohazard】
病院や研究所などで研究のため取り扱っている有害な微生物が実験室から外部にもれ，研究者や一般の人々にまで害を与えること。生物災害，生物事故とも呼ばれる。これまではラッサ熱，マールブルグ熱，天然痘など

の原因となる病原性の強い微生物を扱う特殊な研究機関，病院だけの問題と考えられていたが，遺伝子工学研究の広がりにより大学，企業，工場でもバイオハザード対策が必要になってきた。遺伝子工学では国が決めたガイドライン(実験指針)により，微生物を物理的に封じ込める特別な施設を使用することなど対策が義務付けられている。茨城県つくば市の理化学研究所や東京・新宿の国立感染症研究所では，安全性を問題に周辺の住民が実験差し止めの裁判を起こしたことがある。

バイオプラスチック
【Bio Plastic】
土中の微生物によって水と二酸化炭素に分解する「生分解性プラスチック」を指すことが多い。プラスチックは焼却をすると有毒ガスが発生する可能性があり，また土に埋めても分解せずに形が残るなど廃棄処理が難しかった。生分解性プラスチックには石油由来と農産物などバイオマス(量的生物資源)由来がある。最近は生分解しなくても，バイオマス由来のプラスチックをバイオプラスチックと呼ぶこともある。地球温暖化への関心の高まりから，燃やしてもCO_2を排出をしないと見なされるバイオマスが注目されている。耐久性が求められる自動車市場には後者の意味のバイオプラスチックの需要拡大が期待されている。

バイオベンチャー
【bio-venture】
バイオテクノロジーの領域で事業を展開するベンチャー企業の総称。企業や公的研究機関の研究成果を産業界の応用研究や商品化につなげる重要な役割を担っている。創薬など医薬品の研究開発や食料品の改良，生産向上などに加えて，環境分野に技術を応用する場合が多い。大阪大学発のアンジェスMGなどのように，国立大学の独立行政法人化に伴って大学教員が産業界などと協力して企業化する例も出ている。

バイオマーカー
【bio marker】
人間が発する様々な生命情報を数値化，定量化した指標。医薬品や特定保健用食品の開発に必要不可欠なものであるため，製薬・食品業界を中心に注目を集めている。大学発ベンチャーでもバイオマーカーの研究に取り組むところが増えている。糖尿病のバイオマーカーとしては，血糖値が知られる。このほかにも老化や疲労などの病状を把握する上で重要なバイオマーカーの開発が進んでいる。

バイオマス
【biomass】
生き物(bio)と集まり，量(mass)を組み合わせた言葉で，最近では「生物資源」として使われることが多い。もともとは一定地域内に存在する全生物の重量を示す生態学の用語が，米国エネルギー省(DOE)の代替エネルギー開発プロジェクトFuel-from-Biomass(バイオマスからの燃料生産)により「量的な生物資源」という新しい概念が定着した。バイオマスには農産物や林産物などの植物体のほか，クロレラやスピルリナなどの微生物，油をとる鯨などの動物体も含まれる。生物はすべてバイオマスといえるわけだが，小麦や米など農産物を食糧として利用する場合には呼ばない。バイオマスは燃料や化学原料として使われ，食糧危機の解消や環境に優しいエネルギー源として注目されている。さとうきびなどからとったバイオマスをアルコールに転換し，自動車燃料とする試みが日本でも始まっている。

コラム

生体認証
biometrix

　指紋や顔，目の虹彩，手の静脈など個人の持つ体の特徴を測り，その情報を鍵のように使って本人かどうかを確認する技術。情報を不正な閲覧や複製から守るのに欠かせない技術として，建物や部屋の出入りや情報システムの利用など企業向けの市場で利用が拡大している。携帯電話に指紋認証を搭載するなど消費者向け市場も動き始めた。

　生体認証が重要視されているのは，ほかの認証技術よりも簡便で偽造に強いためだ。パスワードは解読が比較的容易なうえ，忘れたり，操作中に他人にのぞき見されたりするおそれもある。急速に普及してきたICカードも紛失や盗難の恐れがあり，他人に不正に使われるリスクがある。

　2001年の米同時テロを機に，犯罪への備えを確実にしたいとの考えから生体認証が注目されるようになった。米政府は外国人の入国審査時に写真撮影による顔の照合と指紋押なつを義務付ける制度を導入した。日本でも，金融機関で預金引き出しの際の本人確認に静脈認証を活用する例が出始めた。顔認証は住宅の防犯性を高める目的で需要が拡大している。指紋に比べて利用者の心理的な抵抗が少なく，チェック時に顔の画像データが残るため犯罪者や不審者が敬遠する効果もあるという。

　生体認証の中で最も普及しているのが指紋認証だ。03年の販売実績では，全体の約8割を占める。指紋認証は小型化が進み，ノートパソコンや携帯電話にも搭載できるようになった。

　生体認証にも弱点がある。体調や加齢に伴い体の特徴は変化する。ほかの認証技術に比べて装置が高価なことも課題。何らかの方法で生体情報を盗めば，複製も不可能ではない。実際に写し取った指紋を複製し，なりすましに成功したという実験例もある。複数の生体情報と組み合わせたり，鍵やカードと併用したりすることで安全性を高める必要がある。

主な生体認証の種類と特徴

生体認証の種類	特徴	代表的なメーカー
指紋	価格が安く小型化が容易。指紋がすり切れたり，見えなくなったりした人は特定できない。	富士通、ソニー、日立製作所、三菱電機、NEC
顔	心理的な抵抗が少ない。眼鏡をかけたりひげを生やしたりすると判別が難しくなる。	オムロン、東芝、NEC
虹彩	誤認率が低い。米イリジアン・テクノロジーズが基本特許を所有	沖電気工業、松下電器産業
静脈	心理的抵抗が少なく，複製が難しい。システムが複雑	日立製作所、富士通、バイオニクス
声	声紋の波形や周波数を認識。マイクとソフトウエア処理で可能	アニモ、オムロン、ニュアンス・コミュニケーションズ

バイオリアクター
【bioreactor】
生体細胞内で営まれている生物化学反応を、人工の容器の中で再現しようという装置。生物反応装置、生物類似反応器などと訳されている。血液成分の検査などに使う医療用の小型のものから、化学工業に使う大型のものまで作られている。バイオリアクターの内部には物質生産に関与する酵素や微生物、動植物細胞などを固定してある。高温高圧でしかできなかった化学反応が常温常圧でできるなど、化学プラントの小型、省エネルギー化などが進むと期待されている。

バイオレメディエーション
【bioremediation】
微生物の働きで汚染された土壌や地下水を浄化する技術。汚染が低濃度で広範囲におよぶ場合には、土壌の入れ替え処理など従来の方法に比べ低コストですむのが特徴だが、浄化に1カ月ほど要する。トリクロロエチレンなど化学物質による汚染浄化で有望視されている。

排ガス規制
【regulation on exhaust gas and noise emission】
自動車の排気中に含まれるHC（炭化水素）、NOx（窒素酸化物）や粒子状物質（PM）など自動車による公害を減らすため、1960年代半ば頃から始まった法律による自動車性能の規制措置。関連する法律は公害対策基本法、大気汚染防止法、道路交通法、道路運送車両法などで、乗用車、トラック・バス、二輪車などの車種別やガソリン・LPG、軽油（ディーゼル車）など燃料別に排ガスの許容限度（規制値）を定め、この条件を満たせない自動車は生産することができない。国は現在、ガソリン車に比べNOx、PMの排出が多いディーゼル車の排ガス規制に重点的に取り組んでいる。2002年10月から「新短期規制」、05年には世界で最も厳しいとされる「新長期規制」を導入する。地方自治体も99年8月、東京都の石原慎太郎都知事が「ディーゼル車NO作戦」を開始、02年10月からは規制を満たせない自動車の乗り入れ規制を始め、首都圏の他の自治体も追従している。このため自動車業界は規制を先取りした自動車の開発を促進。石油業界も粒子状物質（PM）の元となる軽油中のイオウを低減した低硫黄軽油の普及に取り組んでいる。

廃棄物処理法
【Waste Management and Public Cleaning Law】
正式には廃棄物の処理及び清掃に関する法律。従来の家庭ごみだけを対象にした清掃法では対応できない問題が多くなってきたため1970年12月制定されたもの。家庭から排出される一般廃棄物と、企業が排出する産業廃棄物とをこの法律ではじめて明確に区別した。91年に廃棄物の発生量の急増に対応して、減量化、リサイクル推進などを明確にする改正が行われた。2003年6月には不法投棄の未遂罪を新設し、法人が一般廃棄物を不法投棄した場合の罰金を1億円以下に引き上げ、立ち入り検査の権限強化などの改正案を決めた。04年4月に成立。

配偶者特別控除
【special exemption for spouse】
サラリーマンの妻の内助の功など配偶者に報いるため、通常の配偶者控除のほかに設ける控除。妻の年収に応じ、段階的に控除額が低くなるのが特徴。配偶者控除だけの場合、妻の年収が一定以上になるとかえって家計全体の

税負担が重くなるという「パート問題」を解消するねらいから導入された。所得税の課税最低限引き下げに向け、2004年1月から実質的に廃止となった。

バイク便
【delivery service by motorcycles】
都市部を中心に成長してきた新しい輸送サービスの一種。文書類などの小口貨物をオートバイにより迅速に届ける仕組み。渋滞などに左右されないメリットを生かして企業からの利用が拡大。1980年代初めから急成長を続けてきた。90年12月施行の貨物自動車運送事業法で初めて運送事業の一種に位置付けられ、92年12月には運輸省への届け出と事業用ナンバープレートの着用が義務付けられた。2003年からは特定信書便事業に参入すれば信書の配達も可能になっている。

廃車リサイクル
プラスチックや鉄、ガラスなど廃車の素材を回収して再利用すること。現在年間400万台が国内で廃車となっている。従来、国内では廃車をディーラーなどが引き取った後、解体業者に渡す。解体業者はまだ使えるエンジン、バッテリー、タイヤなどを取り外して、車体を破砕業者（シュレッダー）に売るシステムになっている。2005年1月に施行される「自動車リサイクル法」では自動車所有者からリサイクル料金を徴収。自動車メーカーや輸入業者は廃車からフロンやエアバッグを回収、最後に残る自動車破砕くず（シュレッダーダスト）までを再資源化する義務を負う。シュレッダーダストは繊維やガラス、ウレタンなどを含むために分別が難しく、現在は埋め立て処理が中心だが、高温で融解してガス化・熱回収するなどの方法が今後は増えると見られている。

買収ファンド
【company acquisition fund】
複数の投資家から資金を集め、その資金を生かして企業の経営権を取得。リストラなどで収益力を高めたうえで株式を第三者に売却したり、公開したりして利益を得る。成長企業だけでなく経営破たん企業を対象にすることも多い。発行済み株式の過半数を取得し、経営に参画することが特徴。米国では機関投資家の資金運用先として定着している。日本でも、フェニックス・キャピタル、アドバンテッジパートナーズといった買収ファンドの設立が相次ぎ、破たん企業や経営不振企業の買収・出資に名乗りを上げるなど、急速に存在感を高めている。

排出基準
環境基準を達成するため、公害源となる汚染物質を排出する最高値を定めたもの。工場や事業場に対する具体的な規制。大気汚染防止法、水質汚濁防止法などで基準値が定められている。また、各地の実情に応じてより厳しく規制する上乗せ基準を設定する権限が各都道府県知事に与えられている。

排出権取引
【emission trading】
地球温暖化の原因となる二酸化炭素（CO_2）などを排出する権利を国や企業の間で売買する仕組みのこと。1997年の地球温暖化防止京都会議でCO_2の国際取引の導入が決まった。国や企業がCO_2の排出削減目標を国内の省エネ活動などでは達成できない場合、削減目標を達成した国や企業から排出権を買い取って穴埋めをする。省エネ投資をするよりも安いコストで削減目標を達成できるといわれる。日本では2003年から取引実験

が始まった。欧米では民間企業が独自に相対取引に着手し、英国は02年春に官民一体で国内取引を始め、欧州連合（EU）も05年から試験的に実施する。08年からは国際取引が始まる予定。

排水基準
【effluent standard】
公共用水域の水質を保全するため、水質汚濁防止法では全国一律の水質基準を決めて、この基準に合致しない排水の排出を禁止している。例えばカドミウムでは1リットル当たり0.1ミリグラム、水銀はアルキル水銀が検出されないことなどと定めている。ただし地域の特殊事情により、これよりもさらに厳しい排水基準を都道府県が設定することが認められている。2001年6月にはホウ素、フッ素、アンモニアなどが追加された。→COD

バイト
【byte】
8ビットから成る情報の単位。2の8乗で256種類の情報を表現できる英字、カナ文字、特殊文字は1バイトで1字、漢字は2バイトで1文字、数字は1バイトで2字表現することができる。→ビット

配当可能利益
【profit available for dividend】
会社が決算期ごとに計上する利益のうちから配当金に向けることのできる部分を指す。会社は利益が出なければ配当はできないという大原則がある。しかし、出た利益を勝手に配当金に向けることを認めると、会社の基礎を危うくするため、商法では配当可能利益を規定している。具体的には貸借対照表の純資産から、①資本金、②資本準備金および利益準備金、③その決算期に積み立てる利益準備金、④繰り延べ資産として計上した開業準備費、試験研究費、開発費の合計額が②と③の合計額を超えるときはその超過額——の4つを差し引いた額を限度としている。→貸借対照表、資本準備金、利益準備金、繰り延べ勘定

配当性向
【payout ratio】
税引き利益のうち配当金の支払いに向けられる比率。配当性向が低いほど利益処分に余裕があるといえる。

$$\frac{配当金総額}{税引き利益金} \times 100$$

配当利回り
【dividend yield】
配当収入が投資額に対してどの程度の割合かを表す指標。1株当たりの年間配当金を株価で割って算出する。例えば、株価が1,000円の銘柄で1株当たりの年間配当が10円の場合、配当利回りは1％となる。預貯金など他の金融商品と直接に収益率を比較できる特徴があり、低金利が長期化する中で指標として注目を集めている。前期の配当で算出する実績配当利回りと今期の予想配当を用いる予想配当利回りがあるが、予想配当利回りを使うのが一般的である。

売買監理銘柄
株買い集めなどで大量保有報告書が提出されており、かつ株価が大きく動くなど売買状況に著しい変動があると認められる場合に証券取引所が売買監理銘柄に指定する。かつてあった特別報告銘柄制度を引き継いだもので、投資家の注意を促すのがねらい。貸借銘柄の場合、この銘柄に指定されれば、日々信用残が公表される。→大量保有報告書

売買証拠金 ⇨ 委託保証金
売買同時入札 ⇨ SBS
ハイパーインフレ

【hyper inflation】
物価がきわめて短期間の間に数倍，数十倍に騰貴するような激しいインフレ。戦争や大災害の後に起こることが多い。戦争や災害で工場・設備が破壊され，供給力が縮小する一方，抑えられていた需要が爆発的に出て通貨の流通量が急激に膨張するために起こる。これに反して，穏やかなインフレをマイルドインフレという。→インフレ

ハイパーマーケット
【hyper market】
英国，フランス，ドイツなどヨーロッパで発達した小売り形態。徹底したディスカウント販売を武器に勢力を拡大している。売り場面積が2,500平方メートル以上の規模で倉庫式店舗（ウエアハウスアウトレット型）にセルフ方式を採用，食品，耐久消費財，建材などを扱っている。スーパーマーケットよりも大規模で品ぞろえが豊富なことからハイパーの名称が付いた。

ハイパワードマネー
【high-powered money】
定義式は現金通貨プラス預金銀行の日銀預け金（日銀当座預金）。日本銀行が供給する通貨のことを指す。マネタリーベースやベースマネーと呼ばれる。このお金が民間銀行に供給されて貸し出しの原資になる。

ハイビジョン
【Hi-Vision】
高品位テレビ（HDTV）の日本の方式。映画のように高精彩で臨場感のある映像を実現しようと，日本放送協会（NHK）が中心となって開発した。走査線は現行テレビの525本の2倍強の1125本。画面の縦横比は9対16（現行3対4）の横長。1994年から実用化試験放送が始まっている。2000年12月からBSデジタル放送が始まり，NHKのほか，民放5系列，日本衛星放送（WOWOW）によりデジタル方式のハイビジョン放送がスタートした。

ハイブリッド車
現行のガソリンエンジンやディーゼルエンジンと電気モーターなどを組み合わせた車。排ガスに含まれる有害物質の排出量を少なくできるのが利点。燃費効率も通常のエンジン車より大幅に高められる。トヨタ自動車が97年12月に世界初の量産タイプのハイブリッド車「プリウス」を発売した。ホンダは小型車「インサイト」「シビック」などに搭載している。日産自動車が2006年から米国でトヨタのハイブリッドシステムを搭載した車を発売するなど，ハイブリッド技術を軸にした企業間提携も加速している。

バイヤーズクレジット
【buyer's credit】
海外の輸入者に信用を与える取引の形態の1つで，輸出国の金融機関が輸出者を通さずに直接，輸入者に信用を供与するもの。輸出者としては，輸出代金を現金で受領でき，またその結果，為替リスクを回避できる。バイヤーズクレジットは，輸出国で貿易取引と金融の当事者とを分離する方式のため，輸出者と金融面を担当する機関とが，輸出交渉の初期の段階から歩調を合わせていることになる。

バイラテラリズム ⇨2国間主義
廃炉
【decommissioning】
寿命がきた原子力発電所の原子炉を処分・解体すること。原子炉の寿命は運転開始から30年といわれており，日本でもすでに老朽化した日本原子力発電の東海発電所1号機が1998年3月で閉鎖された。2003年3月には核燃料サイクル開発機構「ふげん」

も運転を終了。今後30年かけて廃炉作業を進める。運転開始30年を迎える原発が相次ぎ廃炉される可能性があるが、ただ経済産業省と電力業界は、老朽化した原発の保守管理を強化することで60年まで運転延長が可能としており、原発立地難から寿命延長をする動きも出てきそうだ。原子力委員会廃炉対策専門部会は82年3月、廃炉に関してまとめた報告書の中で、原子炉の処分方法として、①原発を閉鎖して管理する、②原子炉を遮へいし、放射能を隔離する、③原子炉を解体撤去する——の3つを挙げている。一方、廃炉で発生する廃棄物で汚染度合が極めて低いものについて、一般の廃棄物として処理できるよう、法改正も進んでいる。

ハウスウエディング

邸宅風挙式。洋館など一軒家（ゲストハウス）を貸し切った挙式や披露宴の形態で、1990年代後半から一軒家のレストランや洋館を企画会社が結婚式用に起用したのが始まり。貸し切りのため自宅に招くような独自の感覚で挙式ができる点が受け、従来のホテルや専門式場での画一的な挙式を敬遠したカップルを中心に人気が高まった。結婚情報誌「ゼクシィ」の2003年の調査では、結婚式会場としてゲストハウスやレストランなどを活用した人は2割程度に達した。

バウチャービジネス
【voucher business】
街のレストランなどで使える食券（バウチャー）の発行を代行するニュービジネス。福利厚生の一環として社員の昼食を援助したいと考える企業向けに、印刷した食券の提供、食券を使える加盟飲食店の募集、使用済み食券の回収まで一連のサービスを提供、企業や飲食店から手数料を徴収する。企業が社員に昼食代を渡せば所得税の課税対象となるが、食券ならば1カ月7,400円以内、その半額以上を社員が負担するとの条件付きで、非課税扱いとなる。バウチャービジネスはこの規定を生かす形で始まった。ヨーロッパでは戦後早くから普及していたが、日本には1980年代半ばに登場、成長している。主なバウチャービジネスの会社としてバークレーヴァウチャーズ（東京）がある。

パケット通信
【packet telecommunications】
データを一定長のパケット（荷札をつけた小包）に区切って伝送するパケット交換技術を利用した通信サービス。複数のデータ通信で回線を共有するため効率が良い。伝送するデータ量で通信料金が決まるため、インターネット接続に適している。NTTドコモのiモードもパケット通信の1つ。

派遣店員
メーカー、問屋など小売店へ商品を納入する企業が、自社の製品を販売するために派遣する店員。販売に際し、専門的な商品知識が必要な場合などは、販売実績を上げるうえで店員を派遣する側にも利点がある。ただ、人手不足を原因に、小売店側が単純労働のために派遣を求めてくるケースもあり、メーカー、問屋との摩擦の原因の1つになっている。公正取引委員会では、①小売店が優越的地位の乱用により派遣を要請する、②メーカーなどの指示に基づき、派遣店員が販売価格の設定に影響を与える——ことなどを「不公正取引」として、独占禁止法に抵触すると判断している。

破産
【bankruptcy】
倒産した会社の処理方法の1つ。倒産処理のうち、裁判所に処理をゆだ

ねる場合は、破産法、会社更生法、民事再生法のいずれかの法律に基づいて実行される。破産は、会社の解散を前提に、債権者が残された資産を分配する最も厳しい方法。会社更生法は再建の可能性があり、債権者にとっても会社を存続させる方がプラスと裁判所が判断した場合に適用される。破産を申請する企業は会社更生法や民事再生法の適用を申請する企業に比べ経営状況が悪い場合が多い。倒産会社自身が破産を申し立てるケースを自己破産という。

橋本・エリツィン・プラン
【Hashimoto-Yeltsin Plan】
1997年11月のクラスノヤルスク首脳会談で合意した、日ロ経済協力推進のためのプログラム。投資保護協定締結やロシアの世界貿易機関(WTO)加盟を目指し、エネルギー開発も進める。98年4月のエリツィン前大統領訪日時には、宇宙開発、対ロ外国投資促進、中小企業育成、温暖化ガス削減などを新たに盛り込んだ。→クラスノヤルスク合意

バスケット売買
【basket trading】
機関投資家が複数の株式をまとめて証券会社に発注する取引。日経平均株価やTOPIXなどの株価指数に連動する形にして実行するケースが比較的多い。

バズマーケティング
【buzz marketing】
いわゆる口コミのこと。テレビCMなどマス媒体を使うのではなく、女子高生の間に噂を広めてヒット商品を生み出すなど、人づてに伝わる情報の信頼性をマーケティング活動に利用する。学生サークルにサンプルを配ったり、クーポン付きのフリーペーパー(無料配布紙)を街頭配布するなど販促ツールと併用する手法もあるほか、インターネットや電子メールも利用される。バズはハチがぶんぶんうなる音や、無駄話などの意味がある。

バーゼル条約
有害廃棄物の輸出入を厳しく規制する条約。先進国の有害廃棄物輸出による途上国の環境汚染を防ぐことが目的で、1992年5月にスイスなど20カ国以上が批准、発効した。医薬品の製造から生ずる廃棄物や金属・プラスチックの表面処理から生ずる廃棄物などで有害なものを規制対象に挙げている。日本は93年9月に加盟。

パーソナルロボット
【personal robot】
人間の身の回りの活動を手助けするロボット。ロボット技術の将来の応用分野の1つとして考えられている。掃除、洗濯、炊事などを代行する家事ロボットや、高齢者・身体障害者の食事・移動など身の回りの世話をする福祉ロボットなどがある。現在のロボットの活動範囲は主に工場内にとどまっているが、将来は駅や病院など公共の分野に広がり、次の段階として個別家庭が想定される。ソニーはペット型ロボットを商品化、内蔵された各種センサーやプログラムなどを通じて歩いたり、感情を表現することに成功している。→知能ロボット

パターン認識
【pattern recognition】
機械によって、外界に現れた事象をパターンとして判別認識すること。具体的には、文字、図形、音声の認識をする機械がこの機能を持つが、現在のOCR(光学式読み取り装置)、音声認識装置はその初歩的なもので、将来はニューロコンピューターと結び付いたより高度な認識装置も出現すると見られている。→OCR

バーチャルコーポレーション
【virtual corporation】
複数の企業，部門，人材がネットワーク上で連携をとりながら，あたかも1つの企業のようにプロジェクトに取り組む形態。直訳すれば「仮想企業」。別組織に属する商品開発，市場調査などのスタッフを機動的に結集することで，市場や技術の変化への迅速な対応や事業の効率化が可能になる。経営資源が限られるベンチャー企業にとってもメリットの大きい組織体系といえる。

バーチャルブランチ
【virtual branch】
双方向通信を活用したネットワークのなかに設置する仮の店舗。1995年から都市銀行などが，インターネットを通じて預金口座の開設や公共料金自動引き落としなど各種申し込みの受け付けを始めている。「バーチャルブランチ」というと，このサービスを指すことが多い。24時間，全国どこからでも利用できるのが特徴。インターネット専業銀行が顧客管理を効率的に行うために仮想支店を設けて口座管理するケースもあり，この店舗もバーチャルブランチと呼ばれる。

バーチャルモール ⇨ 仮想商店街

バーチャルリアリティ
【virtual reality】
仮想現実感。コンピューターを使って現実に近い仮想世界を作り出す技術。具体的には，コンピューターグラフィックスによってリアルな3次元の立体映像を作り，眼鏡型のディスプレーに映し出して臨場感を演出。特殊な手袋をはめて映像の中の物体を触ったり持ち上げたりすることも可能になっている。一部のショールームなどで実用化されており，医療や建築，製造現場，デザイン，娯楽といった分野にも使われ始めた。

波長多重通信
【wave-length multiple telecommunication】
1本の光ファイバーで波長の異なる複数の光信号を同時に送る通信方式。光波長分割多重伝送（WDM）通信とも呼ぶ。伝送容量を大幅に高めることができ，例えば電話用の回線とケーブルテレビ（CATV）用の回線を1つにまとめられる。大陸間を結ぶ基幹回線では，既に100以上の波長を重ねてデータを伝送している。→光ファイバー

ハッカー
【hacker】
一般的にコンピューターネットワークを経由して他者のシステムに入り込み，何らかの影響を与えようとする人。技術者やパソコンマニアなどが腕試しと称して大型コンピューターの安全保障システムの関門破りを試みる場合が多いが，最近は「ネットワーク上ではあらゆる情報が共有されるべきだ」という理念を掲げるハッカーがネットワーク参加者の強い支持を取り付けるケースもある。不正なシステム侵入者のことはクラッカー（cracker）という。ハッカーは本来は，「コンピューターおたく」のことを指し，むしろコンピューターとネットワークの文化を作ってきた人々のことをいっていた。

バックアップライン
【backup line】
企業が資金を借り換えるまでの短い期間，金融機関がある限度内で信用を供与する約束をすることがある。このときの限度枠をバックアップラインと呼ぶ。CP（コマーシャルペーパー）発行に関して主に用いられる言葉。例えば企業が1カ月満期のCPを発行し，1カ月後新しいCP発行により借り換

えをしようとする。このときに短期金利が急上昇すれば発行がスムーズにいかない。このため金融機関は新規発行までの短期間、一定額の資金を供与する。バックアップラインは企業の短期資金の調達が潤滑に行われることをねらったもの。→コマーシャルペーパー

バックエンド費用
【back end】
使用済み核燃料の再利用や放射性廃棄物を地下に埋めるなど原子力発電所の後処理事業にかかる費用のこと。 電気事業連合会が2003年末に公表した資産では総額18兆8,000億円が必要になる。このうち約半分は電気料金の一部として回収する既存の積立・引当金制度で確保できる。制度が未整備で財源が手当てできていないものの一部は、電力自由化で大手電力から新規参入事業者へ移った顧客も含めて全利用者から回収する仕組みを新たに作る。

バックマージン
【back margin】
メーカー、問屋などが販売した商品の価格をさかのぼって下げ、その差額を販売先に返却すること。 販売促進の手段として使われる場合と、相場の変動が激しく、メーカーが問屋に販売後、まだ問屋が売らないうちに値が下がり、問屋が大損したときなどに行う場合とがある。リベートの一種といえ、形鋼など相場変動の激しい市況商品でよく行われる。

発行市場
【issue market ; investment market】
証券市場の機能のうち、流通市場に対応した言葉で、新たに発行する株式の募集、既発行株式の公開売り出し、公社債の売り出しなどが当てはまる。 しかし、建物など物理的な市場があるわけではなく、いわば抽象的な市場で、発行者、証券引き受け業者、投資家が市場を構成する。流通市場は売買市場ともいい、いったん発行された証券が売買される市場で、抽象的市場にとどまらず、証券取引所のような具体的な形をとるケースが多い。

発行済み株式数
【issued shares】
企業が実際に発行している株式数。 1株当たりの利益や純資産を計算する際の分母になる。企業は株主総会で決められた授権株式数の枠内で取締役会の決定により新株式を発行できる。かつては額面に発行済み株式数を掛け合わせたものが資本金と一致したが、1982年施行の商法改正で無額面株式の導入や、新株時価発行の際の発行額の2分の1以上の資本金組み入れなどの措置が取られた。自社株買いが94年から認められたこともあり、資本金と発行済み株式数とは対応しなくなった。

発行登録制度
【issuing system】
社債など有価証券の発行者があらかじめ発行予定額を登録しておけば、一定期間内はそのつど届け出をしなくてもよい制度。 発行者は有利な時期を選んで適宜何回かに分けて発行できることになり、機動的な資金調達が可能になる。1999年から未上場会社も一定の条件を満たせば利用が可能になった。

発行日取引
株式の発行日決済取引の略。近く発行される予定の株式などについて、それが発行されたときに受け渡しをする約束で、ひとまず値段と株数を決めておく一種の予約売買である。 つまり、未発行の新株などを取引所に上場し、

一定の証拠金を取って取引所の監督の下に売買しているのが発行日取引である。

バッジシステム
【BADGE system】
BADGE は base air defense ground environment の頭文字をとったもので，自動防空警戒管制組織のこと。全国のレーダーサイトでとらえた飛行体をコンピューターで瞬時に敵か味方を識別してその高度，方向，速度を算出，直ちに戦闘機やミサイルに伝達してその誘導，攻撃，帰還までの操作を自動的に行う。防衛庁の現行バッジは1968年度に運用を開始したが，老朽化したため88年度から新システムへ更新した。2001年度から始まった中期防でも警戒管制機能の強化が盛り込まれた。

パッシブ運用
【passive investing】
市場全体の値動きに連動させることを目指した運用手法のこと。国内では東証株価指数（TOPIX）を指標として採用するケースが多い。連動性の高さを重視する場合は，TOPIXが対象とする東証一部上場の1,500銘柄超をすべてそろえてファンドを組成する。ファンドの組成コストを抑えるねらいで，時価総額が小さく株価指数への影響度の低い銘柄を組み入れない手法もある。ファンドマネジャーが投資する銘柄を選別し，市場平均を上回る成績を目指すアクティブ運用に比べて，機械的に銘柄を組み込むパッシブ運用は各種手数料が割安という利点がある。→アクティブ運用

発生主義 accrual basis ⇨ 実現主義

バッチ処理
【batch processing】
コンピューターによる情報処理の一方式。発生した情報を即時にコンピューターに入れるのではなく，一定時間または一定量をまとめて，一括処理する。

発泡酒
【low-malt beer】
麦芽を原料にした発泡性の酒。水を除く原料のうち麦芽の重量比が67％未満のものを発泡酒といい，それ以上はビールになる。さらに麦芽比率が50％未満だとビールに比べて酒税が安い。1998年のキリンビールの「麒麟淡麗〈生〉」の発売で市場が拡大。2001年には大手で最後発となるアサヒビールも「本生」を発売した。その後も各社の新商品発売が相次ぎ，ビールに発泡酒を加えた市場での発泡酒の比率は04年で4割弱に上る。

ハードウエア
【hardware】
コンピューターを構成する入力，出力，記憶，演算，制御の5つの装置を指す。コンピューターは，ハードウエアがいくら優秀，高性能でも，このハードウエアを十分活用させる技術（ソフトウエア）が完備されていなければ宝の持ちぐされになる。→ソフトウエア

パートタイム労働者
【part-timer】
パートタイム労働法では「1週間の所定労働時間が同一の事業所に雇用される通常の労働者の1週間の所定労働時間に比し短い労働者」となっている。一般的には「1日，1週間，1カ月当たりの所定労働時間が通常労働者より短い労働者」もしくは「職場でパートタイマーやアルバイトなどの名称で呼ばれている労働者」を指す。厚生労働省の調査では，週35時間未満の労働者は2003年度に1,259万人に達し，労働者総数の2割強を占める。退職金や賃金，雇用保険など労働条件面の整備が課題になっている。

ハードディスク装置
【hard disk drive ; HDD】
コンピューターの記憶装置の一種でHDDと略す。表面に磁気記録膜のある円盤を高速で回転させ、磁気ヘッドでデジタルデータを記録・再生する。フロッピーディスクや光ディスクのように記憶媒体を取り外せないためコンピューターに固定して使う。ただ、日立製作所などがディスクの取り外しができる大容量の記憶装置の開発に取り組んでいる。画像データの記録用に高速大容量化を目指した技術開発が進んでいる。→磁気ディスク

パートナーシップ協力協定
【Partnership and Cooperation Agreement】
欧州連合（EU）諸国とロシアの通商・外交関係を定めた協定。2004年5月、EU拡大により旧ソ連の勢力下にあった東欧諸国がEUに加盟するにあたり、ロシアは中・東欧との貿易関係が不利になるなどとして新規加盟国とは同協定を結ばない意向を表明し、EUとロシアの間で一時、亀裂が走った。04年4月、ロシア政府は同協定に付属する議定書に署名することで合意。合意文書は、新規加盟国への協力協定適用を求めるEUにロシアが応じる一方、加盟国拡大に伴うロシア側の懸念にEUが配慮する内容となっている。

ハートビル法
高齢者や身体障害者にとって不自由のない設備を持つ建築物は、容積率の特例、自治体や政府系金融機関から資金援助や低利融資を受けられることを定めた法律。正式名称は「高齢者、身体障害者が円滑利用できる特定建築物促進法」。1994年9月に施行された。対象となるのはスーパー、百貨店、ホテル、劇場、飲食店、銀行など。認定されるには、車いす同士がすれ違える廊下の幅の確保、車いす使用者用のトイレを各階に設置するなど、21項目にわたる。第1号はジャスコの南方店（宮城県南方町）。「ハートビル」は、人に優しい建物（ハートフルビルディング）の略で、和製英語。2003年4月からは改正法が施行され、2,000平方メートル以上の映画館や劇場に「基礎的基準」が義務付けられた。

パトリオット
防衛庁が旧式化した「ナイキ」の後継として導入を進めている中距離地対空ミサイル。米陸軍の委託を受けた米レイセオン社が主開発担当企業となって開発し、1980年から本格生産に入った。ドイツ、オランダなどが配備している。日本に侵攻する航空機を撃破する主要手段の1つで、敵の電波妨害に強く、同時に多数の敵機に対処でき、しかも地上30メートルの超低空から3万メートルの高空までカバーできる。91年初めの湾岸戦争ではイラク軍の弾道ミサイル「スカッド」の攻撃に対処するため、イスラエルやサウジアラビアに配備された。フェイズド・アレイ・レーダー（能動型電子走査レーダー）と呼ばれる3次元レーダーを備え、同時に複数の目標を捕捉、効果的に対応できる。米国の戦域ミサイル防衛構想（TMD）でも迎撃兵器の中核に位置付けられている。→弾道ミサイル防衛

ハネウエル特許
米国の制御機器メーカー、ハネウエル社が持つカメラの自動焦点（AF）や自動フラッシュなどに関する特許合計4件のこと。日本のカメラメーカーなどが特許侵害しているとして8社を提訴され、ミノルタとの和解166億円を含め、これまでに11社と3億1,000

万ドルを超える和解金支払いで合意した。

羽田空港の国際化
【plan to allow international flights to use Tokyo's Haneda airport】
羽田空港を国際線も利用できるようにする構想。東京都の石原慎太郎知事らが推進を主張している。石原都知事は2002年3月、小泉純一郎首相と会談、都市再生の一環として「羽田空港の国際化を5年でやろう」と提案した。ただ、成田空港を抱える千葉県は、「国際・国内線の住み分け」を前提に国に協力してきた経緯から強く反発。01年2月から羽田空港で国際チャーター便が解禁されたこともあり警戒している。また、羽田空港の国際化に道を開く再拡張事業として、4本目の滑走路を新設する事業をめぐっては、当初難色を示していた神奈川県などが費用負担に応じたことで、09年にも完成する見通しになった。→国際チャーター便

パネル調査
【panel research】
同一の集団(例えば消費者、小売店など)を継続的、規則的に、面接や郵送などの方法により調査するマーケティングリサーチの1つの方法。購買慣習、製品の使用状況、仕入れ・売り上げ状況、広告効果などを調査の対象とする。パネルの選定は年齢、社会的地位、収入、地域的分布など調査目的に従って経済的に母集団を代表するよう妥当なものでなければならない。
→マーケティングリサーチ

パフォーマンス
【performance】
証券市場では株式や債券などの値動きや、投資信託、年金などのファンドの運用成績、投資効率を指す。日本では一定期間内での運用利回りの実績を意味することが多い。

ハブ空港
【hub airport】
自転車の車輪の軸受け(ハブ)とスポークの関係のように、放射状に航空路線が展開されている空港のこと。空港同士をバラバラに結ぶ場合に比べ、限られた航空機を効率的に使うことができる。乗客にとっては、いったん乗り換える必要があるが、便数や路線が充実した航空サービスを利用できる利点がある。成田、伊丹両空港は発着枠に制約があり、本格的なハブ空港とはいえず、関西国際空港にハブ空港としての機能が期待されている。アジアでは各国で、大規模なハブ空港が誕生している。

バブル経済
【bubble economy】
日本では1986年以降、金融緩和を背景に株や土地の価格が高騰した。株や土地を持っている企業や個人はそのために保有資産の額が増え、これを担保に低利で資金を借り入れたりした。このように収益性などから見た実力以上に資産の価格が上昇したことで浮揚したこの時期の日本経済をバブル経済と呼ぶ。バブルは英語で泡のことで、もともと為替などの相場の変動メカニズムを説明する用語。特別な理由なしに上昇(下落)を続けるが、ある水準になると泡がはじけるように急反落(反騰)する傾向をとらえて使われる。

早場米
【early harvested rice】
早い段階で収穫時期を迎えるコメの総称。早期米ともいう。コメは9月から10月にかけてが収穫のピークだが、早場米だと8月以前に収穫される。特に九州、四国南部など温暖地で7月下旬に収穫されるコメを超早場米と呼ぶ。端境期に市中に出回る新米

のため贈答用などに人気が高い。出荷時期が早いほど価格評価が高まり、産地では出荷時期の前倒し競争が激化している。しかし、秋に収穫するコメに比べると品質が劣ることも多く、最近は消費者の関心がやや薄れている。オーストラリアなど南半球産米の輸入と競合するとの見方も根強い。

はやぶさ
文部科学省の宇宙科学研究所が開発した世界初の小惑星探査衛星。 2003年5月9日に鹿児島宇宙空間観測所からM5ロケットで打ち上げた。火星の近くにある小惑星まで2年をかけて到達し、砂を採取、07年6月にオーストラリアの砂漠にパラシュートで落下する予定。主力エンジンは燃費の良いキセノンを使ったイオンエンジンを採用しているほか、小惑星の砂の採取などは搭載したコンピューターで独自に判断できる機能を備えたハイテクロボットの役目となっている。

パラダイム
【paradigm】
一般的には一時代の支配的なものの見方、考え方をいう場合が多い。正確にはある科学者集団が共有している考え方(信念、理論的前提、応用のためのテクニックなど)を指す。 明確な定義はない。米国の科学哲学者、トマス・クーンが展開した概念。クーンによれば科学は「通常科学→危機→革命→新しい通常科学→……」という経路で進歩する。通常科学とは、パラダイムの整備と拡大とに励む科学者集団の「パズル解き」(理論の精緻化や実証など)をいう。研究者が大きな失敗に直面したり、競合するパラダイムが出現すれば通常科学は危機を迎える。ついには新たなパラダイムが支配的となり、その下での通常科学が生まれてくる。クーンは科学の進歩をこのように不連続な革命ととらえた。ただし、経済学をはじめとする社会科学がクーンの見方に合致するかどうかには異論もある。

パラメーター
【parameter】
日本語に訳すと助変数あるいは媒介変数となるが、一般にはそのまま用いられる。 今、ある期間の消費関数を $C = aY + b$ ($C = $個人消費支出, $Y = $可処分所得)という形で特定化して計測したとすると、計測の結果得られた係数 a, b がパラメーターである。この場合、a は限界消費性向(可処分所得が1単位増加した場合、個人消費支出が何単位増えるかを示す)である。この a, b という係数は特定の計測期間については一定の値をとる常数と考えられるが、経済情勢が異なる他の期間について計測すれば異なった値が得られる。経済の実証分析では、このパラメーターの変化を分析することが非常に重要な意味をもつ。このように、ある条件のもとでは一定の値をとるが、条件を変化させると異なった値をとる係数をパラメーターという。消費関数や投資関数などのパラメーターは個人あるいは家計の消費行動、企業の投資行動の形を表現しているので構造パラメーターといい、税率のように政策的に変え得るパラメーターを政策パラメーターという。

バランスシートCDO
【balance sheet CDO】
合成債務担保証券(CDO)のうち、既存の貸出債権の切り離しなどオリジネーターのバランスシートを軽くするために発行するもののこと。 最近では資金調達目的のCDOやリスクヘッジのためのCDOも含めて呼ぶ場合がある。
→合成債務担保証券(CDO)、アービトラージCDO

バランスシート調整
【balance sheet adjustment】
　企業が負債の圧縮や収益性の改善のため、投資行動などを抑制すること。バランスシートとは企業の貸借対照表を指す。資産価格が上昇したバブル期には、企業は資産も負債も両立てで増加させた。バブル崩壊後、土地など資産価値の下落と収益の低下に直面し、企業は負債の圧縮や、過剰な設備、雇用の調整を行わざるを得なくなった。

バランスシート不況
　企業の過剰債務や金融機関の不良債権が正常な経済活動を阻害している状況を指す。明確な定義はないが、バランスシート（貸借対照表）調整の遅れが景気低迷の要因となっていることを示す。過剰債務を抱える企業は利益を得ても借入金の返済を優先するため、新たな投資や新規事業への進出を手控える傾向が強い。銀行も不良債権処理を迫られるために企業向け融資には慎重になり、経済活動が停滞する恐れがある。バブル崩壊後の地価下落が担保不動産の価値の目減りを招き、それが過剰債務や不良債権の発生につながっている。

バランススコアカード
【balanced scorecard】
　企業のビジョンと戦略を明確にして、経営トップだけでなく組織の末端にまで浸透させるマネジメントシステム。1991年に米ハーバード大学のロバート・キャプラン教授らが開発した経営手法。顧客や業務プロセスなどの視点から目標を設定し、達成するための戦略プログラムを作成、実行する。会社全体の経営目標をもとに、各部署や個人が具体的な目標値を決定。結果を評価しにくいあいまいな目標設定はしない。一般的な中長期の経営計画に比べ、進ちょく状況が確認しやすく、短期で事業計画を見直せる利点がある。

バリアフリー
【barrier-free】
　障害者や高齢者が生活していく際の障壁（バリア）を取り除き（フリー）、だれもが暮らしやすい生活・社会環境を作ろうという考え方。もともとは、段差をなくしたり、手すりを付けるなどの工夫や配慮を施した設計を意味する住宅・建築用語として登場した。最近では、住宅関連業界が商品に積極的に採用しているほか、手で触っただけで入・切がわかるスイッチといった視覚障害者に配慮した商品・サービスの開発など、さまざまな分野でバリアフリーの考え方が取り入れられつつある。

パリクラブ
【Paris Club】
　主要債権国会議。パリに集まり会議を開くことからパリクラブと呼ばれる。資金繰りが苦しくなった国が仏財務省に繰り延べ要請したのが始まり。議長は仏財務省の次官クラスが務める。IMF（国際通貨基金）、BIS（国際決済銀行）と連絡を取りつつ、特定国の公的債務（政府債務および政府保証付債務）の返済について協議する。同クラブは1996年4月末、ロシアが旧ソ連から引き継いだ対外公的債務約450億ドルの9割に相当する400億ドル強について、返済期限を最長25年繰り延べることでロシアと合意、99年8月にロシアの抱える2000年末までに期限を迎える約80億ドルの公的債務の最長15〜20年の返済繰り延べ（リスケジュール）に合意した。ロシアはさらに繰り延べを求めたが国際金融機関などは返済能力があるとしたため、01年1〜3月分は期限通

りに返済した。2000年4月にはインドネシアの58億ドルのリスケジュールも決めた。03年4月にはイラク復興に向け同国債務を包括的に調査する姿勢を打ち出している。→リスケジューリング

パリティ
【parity】
転換社債（CB）を株式の面からとらえた理論上の価格。パリティとは「同等、同格」の意味で、株式の時価に相当するCBの本来的な価値を示す。株式時価÷転換価格×100で求められる。例えば、転換価格500円、株式時価600円の場合、CBのパリティは120円となる。株式時価＝転換価格ならパリティは100円となる。転換権の行使を前提とした場合、CB時価がパリティを上回っていれば割高、下回っていれば割安と判断される。

バリュー・アット・リスク
【value at-risk】
デリバティブ（金融派生商品）取引におけるリスク管理手法の１つ。過去の為替相場、金利動向などの統計をもとに、将来生じる可能性がある最大損失額を算出し、リスク量として計測する。リスクを数値化し客観的に判断するのがねらい。主要米銀が先行し、大手銀行も導入を進めている。

バリューエンジニアリング ⇨VE
バリュー株
【value stock】
企業の本来の価値（本源的価値）と比較して現在の株価が割安な水準に放置されている株式。割安かどうかは個別企業に対する訪問調査や株価純資産倍率（PBR）などの株価指標を基に判断する。株価収益率（PER）は市場平均より低くなる傾向がある。→グロース株

バリュー・チェーン・マネジメント
【value chain management；VCM】
価値連鎖経営の略。メーカーであれば開発、資材調達、生産、販売、代金回収、航空会社であれば機体の購入、チケット販売、運航、機体整備、銀行なら資金の調達、運用、融資債権の回収というようにさまざまな業務から成り立っている。こうした一環した業務の流れを「価値の連鎖」ととらえて、業務効率の改善をねらう経営手法。業務分解していけば、どこを自前でやり、どの業務を外注したり情報技術を駆使して「中抜き」できるかが分かる。

波力発電
【wave-activated generator】
波の運動エネルギーを利用して発電すること。具体的には波による水位の変化を空気圧に変えタービンを回す仕組み。仮に波高2メートル、周期6秒の波だと、幅1メートル当たり25キロワットの電気エネルギーが得られる。現在、航路標識や観測用の小容量電源として実用化されている。

バルクキャリヤー ⇨バルク輸送
バルク輸送
【traffic in the bulk commodities；to carry the bulk commodities】
バラ積み輸送のこと。鉄鉱石、石炭、穀物などを大量に運び、船1隻単位での契約となる。単品でかつバラのまま輸送するのでバラ積み輸送という。バラ積み輸送を行う船をバラ積み貨物船（バルクキャリヤー）という。この船は大量に運べるので、トン当たりの運賃が割安である。

パルス符号変調方式 ⇨PCM
パルマラットの不正経理事件
【Parmalat scandal】
イタリア食品メーカー最大手パルマラットで2003年12月、英領ケイマン諸島の子会社を通じて米バンク・オ

ブ・アメリカの口座に所有しているはずの39億5,000万ユーロ相当の証券や現金が"消滅"するなどの不正経理疑惑が発覚した問題。経営危機に陥った同社は同月24日,パルマ地裁に破産法の適用を申請した。現在,伊政府管理下で経営合理化など再建計画に取り組んでいる。純負債額は143億ユーロにのぼる見通し。伊捜査当局は創業者のカリスト・タンツィ元会長兼最高経営責任者(CEO)や財務役員らを逮捕し,不透明な資金の流れを調査しているが,バンカメ,シティバンク,ドイツ銀行など大手金融機関,会計事務所の関与が取りざたされており,「欧州版エンロン事件」だと指摘する声が出ている。

パレスチナ自治政府
1993年9月のパレスチナ暫定自治宣言と94年5月に調印したパレスチナ先行自治協定に基づいて,イスラエル占領地のガザ地区とヨルダン川西岸のエリコにおける治安維持と行政を執行する機関。アラファトPLO議長が自治政府の議長で拠点をガザに置く。暫定自治は5年を超えない期間と定められ,外交と対外的な安全保障を除く行政権限を持っている。96年1月評議会選挙を実施し,自治政府議長にアラファト議長を選出した。95年9月の自治拡大協定に基づき,ベツレヘム,ラマラなど西岸6都市で順次自治区となった。議会にあたるのが評議会で,88議席のうちアラファト議長の与党ファタハ公認候補が55議席を占める。99年5月4日に暫定自治の期限を迎えたが,自治政府は「独立宣言」を保留した。その後イスラエルに対する自爆テロなどを防止できなかったことで2002年2月にイスラエル軍の自治区侵攻を招いた。これを背景にアラファト議長は5月,自治政府の改革案を発表。首相ポストの設置などを表明した。これに従って03年4月,穏健派のマフムード・アッバス氏が首相に就任。同氏の辞任を受け同年11月,新たに就任したアハマド・クレイ氏の新内閣が発足した。

パレスチナ民族評議会
【Palestine National Council;PNC】
占領地内外のパレスチナ人の最高意思決定機関。パレスチナ自治政府の評議会議員のほか,占領地外の代表も加わり定数は669人。議長はサリム・ザヌーン氏。パレスチナ国家樹立に向けた大きな一歩となった1994年5月の先行自治協定以降では,96年4月にガザで開催,パレスチナ解放人民戦線(PFLP)などを除く約570人が参加した。99年4月には欧米日などの要請を受け入れる形で,暫定自治合意の期限となる5月4日にパレスチナ国家の独立宣言を当面はしないことを決議した。

パレート最適
【pareto optimum】
資源配分の最も効率的な状態をいう。イタリアの経済学者パレートが最初に言及した。生産の効率と交換の効率の2つについて,次の条件を満たしていなければならない。前者については,ある1つの財の生産量を増やすためには他の財の生産量を減らさなければならない状態にあること。後者については,ある消費者の効用を増加させるためには他の消費者の効用を減少させなければならない状態にあること。パレート最適の状態は以上の2つの条件が同時に成立している場合を指す。パレート最適の「最適」とは資源配分の効率に対する意味であり,経済学で規範を考察する場合は,所得分配の望ましさも検討する必要がある。

コラム

イスラエル・パレスチナの分離壁
Separation fence/wall between Israel and Palestine territories

　イスラエルのシャロン政権が，パレスチナ人による自爆テロを防ぐことを目的にヨルダン川西岸地区に建設している壁およびフェンスのこと。パレスチナ自治政府は，和平交渉を通じて確定することになっている双方の境界線をイスラエルが一方的に決めるものだとして反発する一方，パレスチナ市民を隔離して日常生活での自由を脅かすと強く非難している。

　計画している分離壁は総延長約700キロメートルに及び，2004年7月時点で約200キロメートル分が完成した。移動式コンクリート壁を並べただけの部分がある一方，金属のフェンスを張り巡らせて侵入者を感知するセンサーを配備した「国境線」に近い部分や，壁の上に監視塔を備えた場所もある。ユダヤ人入植地を防御するため，ヨルダン川西岸とイスラエルの境界（いわゆるグリーンライン）から西岸側に食い込んでいる部分も少なくない。

　パレスチナ側はナチスによるユダヤ人虐殺（ホロコースト）の頃の収容所の壁になぞらえ，国際社会にその不当性を強く訴えている。イスラエル寄りとの批判が強いブッシュ政権も壁の建設は問題視しており，建設ルートが西岸側に大きく食い込む部分について変更を求めているもようだ。

　国連総会は壁建設是非について国際司法裁判所（ICJ）に判断を求める決議を採択。これを受け，ICJは04年7月，壁は国際法に反するとの判断を示した。ただ，法的拘束力はない。これに先立って，イスラエルの最高裁判所は同年6月，エルサレム西部に計画中の防護壁約30キロメートル分について，パレスチナ人の生活を脅かすとして建設用地の収用命令を白紙に戻す判決を下した。シャロン政権はこれに従って，一部ルートを変更する意向を表明した。同様の判決は今後も予想され，シャロン政権はさらなる計画変更を余儀なくされる可能性がある。

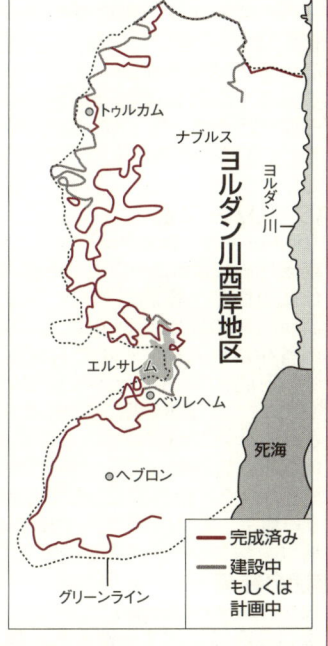

バレル
【barrel】
原油の容量を表す単位で、1バレルは159リットル。アメリカで原油の生産が始まった140年ほど前、原油を酒だるで運搬していたことから樽を意味する英単語がそのまま単位になった。一般的に、製油所の生産能力や油田の規模は1日に精製または生産できる原油の量をバレルで表す。

ハローワーク　⇨　公共職業安定所

パワーセンター
【power center】
カテゴリーキラーと呼ばれる、極度に専門化された安売り店だけを集めた新しい形のショッピングセンター。1980年代半ばから後半にかけて米国で生まれた。通常は屋根のないオープンエアーの形式をとり、敷地の半分以上を核店舗（1店ないし複数）が占め、数店の専門店がテナントとして参加する。売り場面積の総計が3万平方メートル以上で、核となる店舗がそのうちの70％を占めるもの、というのがおおよその目安。→カテゴリーキラー

パワーリバース債
【power reverse bond】
非居住者によるユーロ円債を利用した仕組み債の一種。当初の1～2年は高い利率の固定利回りで、その後は為替相場に連動する変動利付債。債券の期間は30年などの超長期債が中心だが、発行体が期限前償還を選べるコール条項が付いているのが特徴。はじめの数年間、高い利回りを確保できるので、投資家にとっては都合のよい商品。2004年は、学校や財団、地銀、信金などが購入を進めた。

範囲の経済
【economy of scope】
規模の経済に対する考え方。単一製品の生産量を増やすことによって単位当たりコストを切り下げ、収益を増大させる規模の経済に対し、範囲の経済は製品の種類を増やし経営多角化を進めることによって収益を増大させることを指す。経営多角化の経済ともいえる。このような経済性が生まれるのは、ある製品の生産過程に他の製品の生産にほとんどコストなしで転用できる共通の生産要素が存在するため。具体的な例としては、電卓とデジタル時計、化学繊維とバイオ、小売業とクレジット業などがある。

番組供給会社
【program supplier】
CATV（有線テレビ）や衛星放送事業者などにテレビ番組を供給する会社。一般のテレビ局と異なり、映画やスポーツ、ニュースなど特定の分野に特化しているケースが多い。番組を収録したテープをCATVなどに送るのではなく、民間通信衛星を使って番組送信するのが一般的。最近では、商社などを中心に複数の番組供給会社を統括する会社も増えている。

バンクミーティング
【bank meeting】
文字通り銀行の集まり一般を指すが、特に企業が銀行に対して協調融資を求める際に開く説明会のことをいう場合が多い。多数の銀行が参加する協調融資では、これまでその企業と取引関係がなく、財務の内容を良く知らなかった地方銀行なども加わるケースが多い。このため、企業はバンクミーティングに幅広く銀行を集め、財務の健全性、貸出金返済の確実性などを説明し、多くの銀行の参加を募る。

反グローバル化運動
【anti-globalization movement】
人やモノ、資金が国境を越えて自由に行き来する世界のグローバル化に反対する運動。米国を筆頭に先進国が

主導する世界の均一化が貧富の格差を拡大し、環境や文化の多様性も破壊しているとの理念に基づく。グローバル化の浸透に呼応するように、1990年代後半から急速に活発になってきた。運動が頂点に達したのは、2001年7月のイタリアでの主要国首脳会議（ジェノバ・サミット）。世界各地から数十万人のデモ隊が集結し、先鋭化した一部の団体が警官隊と衝突、サミット史上初めて死者が出る事態にまで発展した。この他、世界貿易機関（WTO）、世界銀行、国際通貨基金（IMF）などの国際経済機関も批判の対象になっている。

パンケーキ問題
【pancake】
新規電力事業者が大手電力の営業地域をまたいで電力を顧客に送る際、課される橋渡し料金（振替料金）が積み重なり高額になる問題。福岡市に発電所を持つ事業者が東京の顧客に電力を売る場合、現行では九州、中国、関西、中部の各電力会社に振替料金を支払わなければならない。新規事業者は実質的に商業化できず、大手電力会社間の競争の阻害要因にもなるため、電力小売りの自由化範囲の拡大に合わせ2005年春に廃止されることが決まっている。

反原発運動
米国、欧州はじめ世界各国で、環境保護グループなどにより展開されている原子力発電所建設に反対する運動。特にドイツ、オーストリア、スウェーデンなど北欧諸国で盛り上がり、大きな政治問題となっている。1979年3月の米スリーマイル島原発事故、さらに86年4月の旧ソ連・チェルノブイリ原発事故で、欧州を中心に環境保護活動家などによる原発反対の運動はさらに勢いづいた。88年5月には米ニューヨーク州で建設途中の原発を廃棄することが住民投票で決まったほか、同6月にはスウェーデン議会が国内で操業中の原発全部を2010年までに段階的に廃棄することを目指した法案の第一段階を可決した。93年11月にはオランダ議会でも同国の主力原発の03年までの閉鎖を決議、ドイツも2000年に原発の段階廃止を決定した。02年2月、ドイツで脱原発法が成立、稼働中の原発の平均運転期間を32年で廃止、新規建設を禁止した。ベルギーも同年3月、2025年までの全廃を決めた。一方、米政府は01年5月に「新国家エネルギー政策」を発表。ガソリン・原油高などを背景に原発の積極利用へと方針を大きく転換した。→チェルノブイリ原発事故

万国著作権条約
【Universal Copyright Convention】
ユネスコの主唱で1952年にジュネーブで結ばれた著作権に関する国際条約。ベルヌ条約の加盟国と未加盟国の関係、未加盟国間の関係を規定したもので、©記号が著作権者名、最初の発行年とともに表示されていれば、著作権は保護される。日本は56年に加盟。

反ダンピング関税
【anti-dumping duties】
ダンピング防止の目的で懲罰的に課される関税。ある国の企業がある商品を国内の販売価格より安く輸出し、これを輸入した国の産業が大きな打撃を受けた場合、輸入国の政府は国内産業を保護するため、その品目の関税率を値引き分だけ引き上げることが認められている。反ダンピング関税は世界貿易機関（WTO）で認められた措置だが、その乱用は保護主義につながる恐れがある。→ダンピング提訴

反ダンピング(不当廉売)法
【Anti-Dumping Act】
外国製品が不当な価格で安売りされ，それによって国内関連産業が打撃を受けるのを防ぐ米国の法律。手続きは，国内業者の提訴に基づき商務省が調査するかどうかの判断を示し，国際貿易委員会(ITC)がダンピングがあったかどうかの仮決定を出す。「クロ」と判断されると商務省が高率のダンピング関税を課す。この間，当該製品の関税評価は差し止められる。ガット・ウルグアイラウンドではう回輸出でダンピング関税から逃れることを防ぐため，①輸入国う回，②第三国う回，③完成品肩代わり輸出——も規制対象にすることで合意した。ブッシュ政権は2002年3月に外国製の鉄鋼製品の輸入抑制のため3年間の緊急輸入制限(セーフガード)を発動した。日本の熱延鋼板や表面処理鋼板はダンピング関税が掛けられている。→ウルグアイラウンド

半導体製造装置
【semiconductor producing equipment】
半導体の材料となるシリコンウエハー(基板)を加工し，組み立てて半導体を製造する装置の総称。製造工程は成膜，露光，切断，検査など400〜500工程に上る。主な装置は回路パターンを焼き付けるステッパー(縮小投影露光装置)，ウエハー上の回路や半導体チップを検査するテスター(試験装置)など。2003年度の日本製装置の販売額は前年度比36％増の1兆1,671億円だった。

半導体用高純度ガス
【high-purity gas used semiconductor fabrication】
半導体製造工程で材料としてや清浄などの目的で使われる工業ガス。例えばシリコンウエハーの工程では，シランガスと水素を反応させてシリコンを製造する。ウエハーから半導体を作る工程では，窒素，水素，酸素などの一般的なガスのほか三フッ化窒素など数十種類の特殊ガスを使う。これらガスに不純物が混じると不良品が発生する恐れがあるため，工業ガス各社は高純度で精製する技術を競っている。

反トラスト法の域外適用
米国版独占禁止法に当たる反トラスト法を米国外の企業活動に適用すること。米司法省は1995年4月に運用指針を決定。「企業の国籍や活動場所を問わず，米経済に影響を与える競争制限行為には適用できる」と明記，外国企業への監視強化を打ち出した。だが国内法を国家主権の及ばない域外に適用するのは国際法上問題があり，日本の公正取引委員会などは見直しを強く迫っている。95年12月に日本製紙がファクシミリ用感熱紙値上げをめぐり米司法省から同法の適用を受けた。同社は裁判で争ったが，98年1月米最高裁判所が訴えを棄却。板ガラスにまで波及する中，日米両政府は一方的な域外適用抑制も視野に，情報交換の徹底などを盛り込んだ日米独占禁止協定をまとめ，99年5月の首脳会談で原則合意した。→日米独占禁止協定

万能細胞 ⇨ES細胞
販売時点情報管理 ⇨POS
販売手数料
【sales commission fee】
投資信託の購入時に販売会社に支払う手数料。株式投信で購入金額の2〜3％程度，公社債投資で1％程度が一般的で，これに消費税がかかる。料率は完全自由化された株式売買委託手数料同様，販売会社が自由に設定できる。銀行や運用会社自身，イ

ンターネット経由など販売チャネルの多様化に伴い，手数料ゼロの「ノーロード投信」なども増えている。→ノーロード

反腐敗闘争
【anti-corruption campaign】
中国では改革・開放政策による経済発展に伴い，職権を乱用し，汚職を働くといった共産党や政府の幹部の腐敗・堕落が深刻化している。それらの防止を目指す運動のこと。1993年には政府次官が関与した中国最大の詐欺事件が発覚。同年8月の党中央規律検査委員会第2回全体会議を契機に，腐敗の防止・撲滅を目指す「反腐敗闘争」を強力に推し進めることになった。反腐敗闘争は95年春以降，上海市や江蘇（こうそ）省，広東（カントン）省など沿海部へも広がった。最高人民検察院の98年の活動報告によると，公務員の職権に絡む汚職（贈収賄）などの犯罪の捜査・立件は3万5,084件で，人数は4万162人に達した。ただ，反腐敗闘争はポスト鄧小平時代における自らの地位と権力を揺るぎないものにしようとねらう江沢民・中央軍事委員会主席が仕掛けた，との見方が根強く，95年4月に反対勢力とされた陳希同・北京市党委員会書記は汚職を理由に解任され，97年9月には党籍をはく奪された。

汎用樹脂
【general-purpose resin】
一般の成型品，包装材料，雑貨，家庭用品など幅広い用途に使われる合成樹脂のことで，通常は低密度・高密度ポリエチレン，ポリプロピレン，ポリスチレン，塩化ビニール樹脂の熱可塑性の5樹脂を指す。この5樹脂の国内生産量は年間約1,000万トンで，全合成樹脂の7割を占めている。

ひ

ピア・ツー・ピア
【Peer-to-Peer】
特定のサーバーに依存せずに，ネットワークで接続されたパソコン同士でデータをやり取りする技術。ファイル交換ソフト「Win MX」などで利用されている。利用者同士が直接通信するため匿名性高い。ADSL（非対称デジタル加入者線）など，ブロードバンドサービスの普及で製品が市場に登場しつつある。

ヒアルロン酸
【hyaluronic acid】
鶏の鶏冠（とさか）や牛の眼球のほか，人間の皮膚では表皮の下にある真皮の細胞と細胞のすき間を埋めるように存在している物質。コラーゲンやエラスチンなどと皮膚細胞が絡み合ってできている真皮は年を取るに従って水分量が減少していくと言われているが，その原因の1つがヒアルロン酸の生成量の減少とされている。ヒアルロン酸の持つ保湿成分が注目され，ヒアルロン酸を配合した化粧品や医薬品のほか，食品などの需要が拡大している。量産方法には鶏冠から抽出する方法や微生物を発酵させて精製する方法などがある。国内では紀文フードケミファやキューピーなどがヒアルロン酸を量産している。

非価格制限行為
メーカーが製品の価格ではなく，その販売地域，販売先などについて流通業者に具体的な制限を加えること。日本では，化粧品，家電などの専売店がその象徴的な例として挙げられることが多い。小売店，問屋側にとっ

てもさまざまな経営上の利点がある半面，創意工夫による事業活動を妨げるなどの問題点もある。とりわけ，①流通業者間の競争が制限され，価格が硬直的になりやすい，②新規参入の障害になる恐れがある——の2点については米国などからも批判が強い。公正取引委員会は，流通業者の①取り扱い商品に関する制限，②販売地域に関する制限，③取引先に関する制限，④販売方法に対する制限——の4点について，有力メーカーがそれを実施すれば，独占禁止法に抵触するという見解を示している。

比較広告
【comparative advertising】
同業他社の商品を引き合いに出して，自社商品の優位性を誇示する広告。他社商品に対するひぼう，中傷になったり，消費者に誤った情報を与える恐れがあるとして，わが国ではなかなか広まらなかったが，1987年4月に公正取引委員会が景品表示法上，問題にならない適正な比較広告のガイドラインを示し，比較広告が事実上，解禁された。その後，日本ペプシコーラのコカ・コーラを引き合いに出すテレビCMなどが登場。

比較生産費説
【theory of comparative costs】
貿易による国際分業がなぜ成立するかを明らかにする，国際貿易論では最も基本的な理論。リカードが提唱した。比較優位説（comparative advantage theory）ともいう。この考え方によると，各国はおのおの自国内で生産費が相対的に低い財の生産に特化し，他の財は他国から輸入するのが各国にとって最も利益がある。これを生かすためには自由貿易が必要である。この考え方で最も重要なのは，他国との絶対的な生産力の差ではなく，自国内の産業間の生産力の差がカギを握っているという点である。

比較制度分析
【comparative system analysis】
新古典派経済学が完全競争モデルを最も効率的な経済システムとして理想化してきたのに対し，絶対的にすぐれたモデルは本来存在せず，多様なシステムが共存し，競争することがより大きな経済利益をもたらすという考え方に基づく。そうした経済利益の構造と前提条件を経済学の分野で確立された普遍的な手法を用いて解明する目的で生まれた。例えば，ゲーム理論などを用いて，日本と米国の経済システムの違いを明らかにすることなどが期待されている。

非核ゾーン
【nuclear weapon-free zone】
核兵器の生産，保有，実験，貯蔵，輸送が禁止された一定の空間あるいは地域。非核ゾーンの設置を決めた条約としては1959年南極条約，67年宇宙条約，68年中南米非核化条約（トラテロルコ条約），85年の南太平洋非核地帯条約（ラロトンガ条約）などがある。さらに95年12月に東南アジア10カ国が東南アジア非核地帯化条約を承認，96年4月にはアフリカ大陸の43カ国がアフリカ非核地帯化条約に調印。南半球の非核ゾーンが拡大している。

東アジア共同体構想
【East Asian Community】
日中韓3カ国と東南アジア諸国連合（ASEAN）で構成する「東アジア」地域で，経済連携を中心に①政治・安全保障，②開発，③社会・文化——分野までを含む幅広い連携を目指すという内容。2003年11月，小泉純一郎首相が提唱した。同年12月に開いた日本・ASEAN特別首脳会議

で構想推進の合意を盛り込んだ「東京宣言」を採択した。中国，韓国でも「成功すれば将来は欧州連合（EU）に対抗できる」との期待が高まっている。

東アジア経済圏
【east asia economic area】
東南アジア諸国連合（ASEAN）加盟10カ国と日本，韓国，中国を中心に貿易や投資の障壁を極力取り除いた経済圏の構想。ASEANが日本と自由貿易協定（FTA）締結を中心とした包括的経済連携の構築，韓国，中国ともそれぞれFTA締結の準備を進めているほか，2国間でのFTA締結・計画も多く，実現に向けた動きが活発になっている。→自由貿易協定

東アジア・ラテンアメリカ・フォーラム
【East Asia Latin America Forum】
シンガポールのゴー・チョクトン首相の発案によるアジア，中南米諸国など27カ国の首脳会議。歴史的，地理的に関係の薄かった両地域が幅広い分野での連携強化を図るのがねらい。アジアからはASEAN諸国，中国，韓国，日本のほか，オーストラリア，ニュージーランドも参加する。1999年9月に事務レベル協議を開催。2001年3月にはチリで外相会合が行われた。米州自由貿易地域（FTAA）構想もにらみ，貿易・投資分野の対話を活発にする。経済・社会の成熟度では共通する要素が多いアジアと中南米がそれぞれの経験を共有し合い，金融改革の道を探る場にもなりそうだ。→ASEAN

東アフリカ共同体
【East African Community；EAC】
東アフリカのケニア，タンザニア，ウガンダで構成する地域協力機構。設立は1999年で本部はタンザニアのアルーシャ。67年〜77年にも同名の組織が存在したが，社会主義的な経済政策をとっていたタンザニアと自由主義的なケニアの関係悪化などから消滅していた。加盟3国は2004年3月2日に関税同盟に調印。地域経済の活性化を急ぐとともに，3国の西方に位置するルワンダとブルンジの新規加盟に向けた交渉も進んでいる。

東ティモール問題
【East Timor problem】
小スンダ列島に位置するティモール島の東半分をめぐる独立紛争。1945年のインドネシア独立とともに西半分はインドネシア領となったが，東半分はポルトガルの統治が続いた。74年にポルトガルが植民地支配を放棄。翌年，東ティモール独立革命戦線が独立を宣言したが，インドネシア軍が軍事介入。同国は76年に併合を宣言した。99年8月の住民投票では独立派が圧勝。10月には独立派指導者のシャナナ・グスマン氏が7年ぶりに帰還した。インドネシア国民協議会による併合決定の撤回を経て，国連東ティモール暫定統治機構の統治下に入った。現在は国際軍に代わって国連平和維持軍が展開。2002年4月の大統領選でグスマン氏が当選し，同年5月，正式に独立した。

非課税貯蓄制度
【tax-free savings system】
一定の貯蓄から生じる利子について所得税や住民税の課税を免除する制度。1988年4月の税制改革に伴い原則廃止となったが，障害を持つ人や母子家庭など一定の条件を備えた人を対象に一部制度が残されており，これを新非課税貯蓄制度という。障害を持つ人や母子家庭などには，①マル優（少額貯蓄非課税制度），②郵便貯金，③国債や地方債だけに認める特

別マル優(少額公債非課税制度)――の3種類,サラリーマンには財形(勤労者財産形成)年金・住宅貯蓄非課税制度だけが認められている。

光IC
【optical integrated circuit】
光を出したり受けたりする素子と,光を増幅,スイッチングする素子を1つに集積化した回路。光ファイバーを使ったブロードバンド(高速大容量)通信に欠かせない中核部品。光の通路となる光導波路を基板上に形成するのが基本で,様々な関連部品を小型化して集積する。複雑な信号処理を可能とする次世代技術であるフォトニック結晶などの研究開発も企業や大学で急ピッチで進んでおり,世界的にも日本が強い分野の1つ。

光アクセス
【optical access】
従来の銅線に代わり,家庭やオフィスにつながる加入者回線を,大容量通信が可能な光ファイバーに置き換えること。NTTの東西地域会社は電話局と家庭間をすべて光ファイバー化する構想の実現に向け,光ファイバー化を進めてきた。これまでは企業向けサービスに限られていたが,2001年夏からは一般家庭向けに最大で毎秒100メガビットのネット常時接続サービスを月額9,000円程度の定額制で提供開始したほか,東京電力など電力系もサービスを開始している。04年2月には加入件数が100万件を超えた。家庭での光ファイバー利用はFTTH(ファイバー・トゥ・ザ・ホーム)とも呼ばれ,低価格化が進む中でADSLの対抗軸として注目されている。

光磁気ディスク
【magneto-optical (MO) disk】
レーザー光と磁場を利用して高密度に情報を記録するコンピューター用の大容量情報記憶媒体。MOディスクと呼ぶことが多い。ディスクの記録膜にレーザー光を当てて熱し,磁化の方向を変えることで信号を記録する。データを読み出すには,ディスク表面の光の偏向角の変化を利用する。ディスクには直径が3.5インチと5.25インチの2種類がある。パソコン用に普及しているのは3.5インチ型で,媒体を自由に持ち運べることからフロッピーディスクに代わる記憶媒体として普及が期待されていた。記憶容量は230メガバイトや640メガバイトのものが普及しているが,「GIGAMO」と呼ばれる2.3ギガのものも登場している。5.25インチ型はさらに高容量の9.1ギガ(1ギガは10億)バイトのものもあり,医療や印刷,製版などの業務用途に使われる。

光触媒
【photocatalyst】
光があたるとにおいや汚れの元となる有機物を水と二酸化炭素に分解する物質で,酸化チタンが代表的。日本企業が研究開発では大きくリードしている。外壁やガラスに塗布しておけば清掃の必要がなくなるため,大型建築物や住宅などで採用されるケースが増えている。そのほか,エアコンや空気清浄器,冷蔵庫の脱臭剤向けにTOTOやダイキン工業などが商品化している。元々は紫外線に反応するため,屋内で利用する場合は紫外線の光源が必要だったが,ここにきて蛍光灯などの可視光でも反応する光触媒が開発され,屋内での利用拡大が見込まれる。2003年の世界市場は約400億円とみられているが,20年には国内だけで2,000億円程度に拡大すると特許庁は推定している。今後はタイルやガラスなど外装材の他,においやほこりを除去する空調機器での利用

増が見込まれる。JR東海は新型新幹線の喫煙車両の脱臭に利用するほか、宇部興産が循環式風呂の水質浄化システムに取り入れるなど応用が進みつつある。

光通信
【optical communication】
信号を電気信号に変えて伝送する電気通信に対し、信号を光に変えて伝送する通信方法。光は周波数が高く、広い帯域を取れるため、伝送容量が大きい。すでにNTT、電力会社などが光通信技術を使って基幹・中継回線を構築しており、加入者宅までのアクセス回線にも光通信が広がりつつある。2000年11月、政府の「IT国家戦略」で05年までに全国1,000万世帯に光通信網を整備する計画が掲げられた。→光アクセス

光ディスク
【optical disk】
データの読み書きにレーザー光を使う円盤状の記憶媒体。レーザーの熱でディスクの相(状態)を結晶や非晶質に変化させてデータを記録する相変化光ディスクや、ディスク表面の磁極をN極かS極に変えて記録する光磁気ディスク(MO)などがある。記憶容量が大きいため、動画など大容量を扱う必要のあるマルチメディア分野への応用が進んでいる。ゲーム機やパソコンで普及しているCD-ROM(コンパクトディスクを使った読み出し専用メモリー)も書き込みはできないが、光ディスクの一種にあたる。CDの次世代の記憶媒体の本命とされるDVDも光ディスクの一種。

光ファイバー
【optical fiber】
光信号の伝送路のこと。電気信号を送る電線に相当する。光信号を内部で反射させることで情報を遠方に運ぶ。石英ガラスを材料にしたものが主流になっているが、近距離用にはプラスチックのファイバーも開発されている。太さは0.1ミリ程度。送れる情報量が多く、電気的雑音を受け付けないなど、優れた特徴がある。光ファイバーを用いた光通信システムは実用化が進み、長距離を結ぶ基幹通信網のほか、工場内のデータ伝送、電話回線への応用も活発化してきている。

引当金
【allowance ; provision ; reserve】
将来予想される特定の支出や損失に備えるために積み立てるお金のこと。従来は引き当ての目的を明示すれば、貸借対照表の負債の部に計上し、実質的に利益を圧縮することが広範に行われていた。

ピギーバックシステム
【piggyback system】
トレーラーやトラックによる貨物輸送の途中、貨物列車の台車の上にトレーラー(またはトラック)ごと積んで輸送する方法。特に長距離輸送の場合、トラックの燃料費や途中の運転手の人件費が削減できるなどコスト、時間の点でより効率のよい輸送が期待できる。日本ではJR貨物が一部区間でサービスをしていたが、効果が薄く2001年3月に中止した。

ピグー効果 Pigovian effect ⇨ 資産効果

非公募債 ⇨ 公募債

非再販本
書店などが自由な価格で売ることができる本のこと。1980年10月に公正取引委員会の指導で、定価販売を義務付けた本の再販売価格維持(再販)制度が一部緩和され、①定価販売本を出す出版社でも、非再販本を出せる(部分再販)、②定価販売本でも刊行後一定の期間がたてば、出版社の

判断で非再販本として出せる(時限再販)——が認められた。定価販売本と合わせて店頭販売する書店も増えてきている。→再販売価格維持契約

ビジネスサーベイ
【business survey】
景気動向調査。景気の見通しや経営計画について企業からの回答を集計したもので、いわば景気見通しの世論調査である。日本では、内閣府の「法人企業動向調査」、日銀の「企業短期経済観測調査」があり、景気動向に対する民間企業の考え方を知る意味で重要な経済指標である。

ビジネススクール
【business school】
企業経営の専門的な教育を施し、経営者を養成する経営学大学院で、修了すればMBAの資格が得られる学校。米国のハーバード大やコロンビア大などのビジネススクールが有名。日本では1963年創立の慶應ビジネススクールが草分けだが、近年設置する大学が急増。2000年に開設した一橋大学院国際企業戦略研究科はトヨタ自動車と世界規模の共同研究を実施、米コロンビア大と英ロンドン大が日本で短期集中講座を開くなど多様化しつつある。

ビジネスモデル特許
【business model patent】
インターネットやコンピューターなど情報技術(IT)を使った新しいビジネス方法の発明に与えられた特許。ネットオークションなど電子商取引や金融取引の方法など金融ビジネス関連の特許が代表的。書籍などのネット販売会社アマゾン・ドット・コムの「ワンクリック特許」などが知られる。インターネットの普及に伴い米国で出願が急増、注目を集めたのをきっかけに日本でもブームとなった。

非上場株
【unlisted stocks ; over-the-counter share】
上場されていない株式の総称。

非消費支出
支出のうち税金や社会保険料の支払いなどを指す。ほかに家庭菜園の借地料、消費者金融から借金をした場合の利子の支払いなども含まれる。個人が実際に消費、貯蓄に充てることができる可処分所得は、受け取った所得から非消費支出を差し引いたもの。

ヒストリカルDI
【historical DI】
景気動向指数の一致指数を加工した指標で、景気の局面転換の重要な判断材料となる。一致系列の個々の指標ごとに、「山」と「谷」を決め、山から谷へ至る期間をすべてマイナス、谷から山の期間はすべてプラスとして作成する。50％を上から下へ切る直前の月が「景気の山」、下から上へ切る直前の月が「景気の谷」にあたる。

非線形光学材料
特定波長の光を入射すると波長や屈折率、強度を変化させる性質を持つ材料。波長を2分の1にする2次材料と、3分の1にする3次材料とがある。非線形とは入力に対して線形(比例的)に応答しないという意味。有機系と無機系があり、無機系は既に波長変換素子として実用化されている。しかし有機系の方が変換効率が1桁以上良く、ノイズなどの影響を受けない。このため光記憶(メモリー)や表示装置に利用するには、有機材料の波長変換素子の実現が必要とされている。東レやHOYA、日本油脂などが有機系の非線形光学素子を開発し、実用化への研究を進めている。

非対称デジタル加入者線 ⇨ADSL
ビット

ビット
【binary digit ; bit】
2進法の1ケタを表す数字のこと。情報量の最小単位。一般にコンピューターは0と1の組み合わせ（2進法）で数の計算、論理演算を行うが、1ビットでYESかNOかなど2つの状態のいずれか一方を示すことができる。ビットをいくつかずつ組み合わせて1つの文字や数字、記号を表す。アルファベット26文字の1つ1つは5ビットで表せる。主記憶装置の素子はそれぞれが1ビットの情報を表すようになっている。→バイト

ビデオ・オン・デマンド
【video on demand ; VOD】
好きなときに見たい番組や映画などを自宅のテレビに呼び出して見られるサービス。従来のCATV（有線テレビ）のような一方的サービスではなく、視聴者は映像を止めて見たり、好きな部分を繰り返し見たりすることができ、料金も視聴した分だけを支払う。マルチメディア時代の新サービスとして、商用サービスが始まっている。

ビデオカメラ
【camcorder】
動画をビデオテープやDVD（デジタル多用途ディスク）、半導体メモリーなどに記録・再生する装置。従来はアナログ方式が主流だったが、1999年にデジタルがアナログを逆転し、国内市場の90％以上を占めるまでに成長している。日本メーカーが高い世界シェアを持つ。

非同盟諸国
【non-aligned nations】
東西冷戦下で、どちらの陣営にも属さず、自主独立の中立主義に立ち、途上国の経済的地位の向上を目指してきたアジア、アフリカ、アラブ、中南米各国などのグループ。3年に1度首脳会議を開く。インドのネール首相、ユーゴスラビアのチトー大統領（いずれも当時）らが中心となり、1961年9月、ベオグラードで第1回非同盟首脳会議を開いた。当初メンバーは25カ国だったが、98年9月現在で朝鮮民主主義人民共和国（北朝鮮）を含む114カ国とパレスチナ解放機構（PLO）。しかし、メンバーが増えるにつれて、経済格差が拡大したこともあって、利害対立も深刻化。東西冷戦の終結に伴い、存在意義を問う声も上がっている。98年9月の首脳会議では、経済問題を中心に南北対話を橋渡しするとの路線を改めて明確にした。

1株当たり純資産 ⇨ 株価純資産倍率

1株当たり利益
【earnings per share】
税引き利益を発行株式総数で割ったもの。投資家に支払われる配当金の源泉は利益金であり、1株当たり利益が大きければ配当に回す分を多くすることができる。企業の収益力を見る1つの指標となる。一般には優良会社が大きいが、過小資本の会社も高水準になる。→PER

ヒトクローン技術規制法
【Legislation Banning Human Cloning】
正式には「ヒトに関するクローン技術等の規制に関する法律」。元の人間と全く同じ遺伝情報を持つクローン人間を作ることを禁止する法律で、2001年6月6日から施行されている。クローン技術の悪用を防ぎ、「人間の尊厳」を守る立場を明確にしている。元の人間と同じ遺伝情報を持ったクローン胚、ヒトと動物の生殖細胞を受精させた交雑胚、ヒトと動物の胚を混合した胚などを母胎に戻すことを禁止、胚を一定以上成長させないことでクローン人間の誕生を防ぐ。

違反者には10年以下の懲役または5,000万円以下の罰金を課す。生命科学の技術や研究を罰則付きで禁止した国内で初めての法律。3年後に見直すことが決まっている。→クローン

ヒトゲノム計画
【human genome project】
人体の設計図であるヒトの全遺伝子を解析する巨大科学プロジェクト。ヒトの染色体を構成する約30億のDNA塩基対の配列を決定し、遺伝病やガン、老化などの研究や治療に役立てる。米国を中心に国際協力でプロジェクトが進行。1996年に染色体上の目印を網羅する「染色体地図」が完成し、全塩基配列を読み取る「大規模シーケンス」が始まった。98年からは米国の民間企業も解読に乗り出し、2001年2月には概要版を公表、03年4月に解読完了を宣言した。遺伝子数は3万2,000個前後と推定されている。→DNA

非ノースカン在庫
【non-norscan inventories】
非ノースカン諸国の紙パルプメーカーの、市販製紙用パルプ総在庫。製紙原料のパルプは米国やカナダ、スウェーデンなど北米・北欧の4カ国(ノースカン)のメーカー在庫が国際需給の目安となってきた。ただ、最近はインドネシアやチリ、ブラジルなど新興生産国の台頭が著しく、生産量ではノースカン諸国に肩を並べつつある。国際市場の需給を見るにはノースカンとともにこれら非ノースカン諸国の在庫にも注意を払う必要がある。特に市販の広葉樹パルプでは最近新増設された設備の大半をインドネシアやブラジル、マレーシアなどの新興生産国が占める。国際市況形成のうえで新興国の影響力が高まっている。→ノースカン在庫

日々公表銘柄
証券取引所と日本証券業協会は、信用取引の過度の利用を未然に防止するため、ガイドラインを設け、これに該当した銘柄のうち必要と認めるものを日々公表銘柄とし、信用取引残高を毎日公表する。それまでの注意銘柄に代わり、1995年に導入された。ガイドラインは残高基準と株価・売買高基準からなる。残高基準は、①売り残高の買い残高に対する比率が60%、②売り残高の上場株式数に対する比率が10%、③買い残高の上場株式数に対する比率が20%——となっている。株価・売買高比率は、①値幅制限に対して50%程度の株価変動が2〜3日以上続いた場合、②上場株式数に対して10%程度の売買高が2〜3日以上続いた場合——としている。

日歩 ⇨ 信用取引の金利

非木材紙
【non-wood pulp paper】
木材以外の植物を原料にした紙。最近はアオイ科の一年草「ケナフ」やサトウキビの絞りかす「バガス」の紙がエコロジーブームの中で注目され、百貨店の紙袋や名刺などに採用されている。この他ワラ、竹、アシ、麻類もパルプ原料となる。基本的には、和紙がコウゾ、ミツマタから作られているように、製紙原料は古くは非木材植物が普通だった。しかし、収率、製造コストとも木材に劣り、安定生産が難しいなどの課題がある。

ひも付き鋼材
【sales to endusers by long-term contract】
鉄鋼メーカーが販売する鋼材のうち、ユーザーがどんな用途に使っているかわかっているもの。自動車や電機向けの薄鋼板、造船用の厚鋼板、大型工

事向けの鋼材が代表例。新日本製鉄ではひも付きの割合が6割を超える。これに対し，流通加工業者，商社などを通じて不特定多数のユーザーに販売する鋼材を「店売り」と呼ぶ。

ひも付き販売

主として鉄鋼メーカーが自動車，造船など特定の大口需要家と直接交渉し，価格や数量，品質などを長期にわたって安定的・継続的に取り決める販売形態。商社を介して代金決済する点以外は，メーカーの直接販売に近い。メーカーは生産段階から特定の需要家向けにラインを組み，製品を直接需要家に配送する。メーカーが問屋に製品を売り切り，最終需要家を特定できない「店売り」販売に比べ，メーカーにとって生産計画を立てやすい。

ひも付き融資 tied loan ; conditional loan(financing) ⇨ タイドローン

100円ショップ

【100-yen shop】

全商品を100円均一で販売する小売店。不況を追い風に急成長している。品ぞろえは雑貨や文房具，加工食品などが中心だが，商品開発が急速に進んで一部では生鮮食品や化粧品なども扱うようになっており，取扱商品は約6万品目となっている。150～600平方メートル程度の売り場面積で駅ビルやスーパーの中などにテナント出店することが多いが，1,500～2,000平方メートルといった大型店をショッピングセンターの核店舗として出店する例も出ている。

112条評価益

保険業法112条によって保険会社だけに認められている株式含み益の益出し方法。株式の時価が簿価を上回っている場合，金融庁の認可を受けて，時価を超えない範囲でその株式を評価替えできるというもの。一般企業が株式の益出しをする場合は，株式市場で売り買いを同時に成立させるクロス取引などによって簿価から時価への評価替えを行う。保険会社が112条で評価益を出す場合は株式市場を通す必要がないため，株式売買手数料などが不要で，いくらで評価するかも時価の範囲内なら自由になる。

ヒューマン・フロンティア・サイエンス・プログラム

【Human Frontier Science Program ; HFSP】

日本が欧米の先進国に呼び掛けて推進している基礎生命科学の共同研究計画。脳，神経，免疫など複雑な生体メカニズムの解明を目指す。1989年10月にHFSP推進機構が発足した。本部はフランスのストラスブール。90年3月に初の研究助成，海外留学援助，国際会議開催への出資を決めた。2004年開始の研究では，世界各国の33チームが助成を受けた。留学していた研究者に帰国後も資金を提供する「キャリア開発奨励金」も新たに始まった。

病院会計基準

【hospital accounting standard】

正式名称は「病院会計準則」。病院の経営状況を把握するため厚生省（当時）が1965年に導入した。企業会計に準じた内容で，企業会計原則の変化を受け，83年に現在の基準に見直した。ただ，医療法人など民間病院が病院会計基準に基づき財務諸表を作っているのに対し，公的病院は国立，自治体立など設立主体別にばらばらの基準を使っている。そのため厚生労働省では2004年度より全病院に共通する新しい会計基準を導入し，官民問わず病院の経営を比較できるようにする計画。

病院評価
【hospital evaluation】
病院の安全体制や診療の質，経営管理などが十分かどうか第三者が評価すること。相次ぐ事故による医療不信を背景に，患者が病院評価を求める声は大きくなっている。日本では厚生労働省や日本医師会が設立した，財団法人の日本医療機能評価機構が1997年より評価事業を開始。一定の水準に達していると認められた病院に認定証を発行している。2004年5月末時点で，全国の病院の約14％にあたる1,260病院が認定を受けた。大手格付け会社スタンダード・アンド・プアーズが「病院格付け」に乗り出すなど，民間企業による病院評価も始まりつつある。

評価性引当金 valuation reserve ⇨ 引当金

評価損
【appraisal losses】
企業のもつ資産の時価が帳簿価格より低くなった場合，帳簿価格を時価まで引き下げることによって生じる損失。有価証券など金融資産，棚卸し資産などが評価替えの対象となる。例えば為替の変動が激しい際には，円高になると外貨建ての債権に，円安になると外貨建ての債務に，為替変動に伴う評価損が生じる。わが国の会計制度は原価主義を資産評価の基本としているため，未実現利益である資産の評価益の計上はできないが，財務の健全化を図る意味から資産価値が下落した場合には決算期末の時価を基準に評価損を計上する。

標準バスケット方式
【currency basket system】
1974年7月からIMFのSDR（特別引き出し権）の新しい価値表示方式として採用された仕組み。当初は主要16通貨の相場を加重平均して決めていた。つまりSDRのバスケット（かご）に入れられた16通貨がフロートの中で変動し，全体としてSDR価値の大きな変動を防ぐ仕組みになっていた。しかし通貨構成が複雑過ぎることからIMFは80年9月，5大通貨による価値表示に改め，SDR表示の簡素化が実現した。その後，ユーロの誕生によりバスケット通貨はドル，ユーロ，円，ポンドの4通貨となった。→SDR

表面処理鋼板
【surface treatment plate and sheet】
鉄の弱点である腐蝕，さびを防ぐため，表面にメッキ，塗装など何らかの処理を施した鋼板。亜鉛メッキを施したトタンや，すずメッキを施したブリキなども表面処理鋼板の一種。最近は亜鉛とニッケル，亜鉛とアルミといった合金をメッキした鋼板，冷蔵庫のパネルに使う木目模様を印刷した鋼板，塩化ビニールやフッ素樹脂で被覆したものなど，多様化が目立つ。従来，家電やOA機器には，さびにくい性質を持った物質で表面を覆う「クロメート処理鋼板」が幅広く使用されてきたが，最近では人体に有害な六価クロムを含まない「クロメートフリー鋼板」の拡販に各社は力を注いでいる。

ビルトインスタビライザー
【built-in stabilizer】
自動安定装置。景気の変動を自動的に調節する機能のこと。累進課税制度や社会保障制度の発達に伴い，景気が上向けば税収が増加し失業保険の支払いが減少，不況になればその逆の現象が出るというように，現在の財政はその構造自体の中にこの機能を持っている。つまり景気の波に応じて財政収支は自動的に黒字，赤字の波が出る仕組みで，これが景気の変動を緩和する働きをする。→景気循環

コラム

中医協(中央社会保険医療協議会)
Central Social Insurance Medical Council

　医療費の単価である診療報酬の改定を審議し、答申する厚生労働相の諮問機関。メンバーは健康保険組合や経営者、労働組合など診療報酬を支払う側の代表である「支払い側委員」、医師や歯科医師、薬剤師といった診療報酬を受け取る側の代表である「診療側委員」、そして公益代表の「中立委員」の3者で構成される。

　診療報酬は初診料が274点というように点数で表し、医療費に換算する際に1点10円で2,740円と計算する。診療報酬は診断や手術、検査など医師の技術料のほか、薬や医療材料などモノの代金も対象となり、全体で数千項目にも及ぶ。改定は医師の収入や患者の支払い額に直接影響する。

　原則として2年に1度実施される診療報酬の改定作業は大きく2段階に分かれる。まず年末の政府予算編成に合わせて診療報酬全体の改定幅を決める。その後、全体の改定幅に収まるように診療行為や薬価の点数を項目ごとに決定する。第1段階の全体の改定幅決定にあたっては薬価の市場実勢や医療機関の経営状態などを考慮するが、政治決着するケースもある。

　2004年春、中医協を舞台にした歯科医師への診療報酬を巡る贈収賄事件が発覚した。02年度の歯科医師の診療報酬改定を巡り、日本歯科医師会会長らが支払い側委員に対し、歯科医師に有利な意見を述べてほしいとの趣旨でわいろを贈ったとされる。

　00年度の改定で新設した「かかりつけ歯科医初診料」は通常の初診料より高く設定されたものの、請求の条件が厳しかったため、歯科医師の報酬を大きく上げるには至らなかった。このため日本歯科医師会は請求条件の緩和を要求していた。

　02年度の診療報酬改定の議論で、わいろを受け取った支払い側委員が態度を軟化させたといい、日本歯科医師会の要求が反映された形で決着した。

　そもそも数千項目に及ぶ診療報酬は複雑でわかりづらいうえ、贈収賄事件を受けて診療報酬は利害関係者同士の密室交渉で決まっているのではないかとの批判が高まった。中医協の20人の委員の枠のうち支払い側、診療側の委員は各8人の枠なのに対し、学識者など公益委員の枠は4人。この委員構成が診療側と支払い側の密室交渉を許した一因との批判もあった。このため坂口力厚労相は中医協の組織の在り方を見直すと表明。厚労省は再発防止に向け、運営面の見直しと、委員構成の変更などの改革を検討している。

貧困国債務の帳消し
【cancellation of debt for poor countries】
貧困国政府が国民への教育，福祉予算などを増やすことができるように，こうした国の対外債務を無条件で帳消しにしようという運動。一部の非政府組織（NGO）が52カ国の債務の相当額の削減を要求。これに対し，日本をはじめとする主要7カ国は条件付きながら2国間公的債務の100％削減を表明，世界銀行など国際機関を通じた多国間債務もある程度は削減される見通し。

品質管理 ⇨QC

ふ

ファイアウォール
【firewall】
①銀行業務と証券業務を兼営することにより生じる利益の相反や不正取引を防止し，投資家や預金者を保護するとともに，銀行による産業支配などを防止するために，銀行と証券子会社の間に設ける規制のこと。1920年代の米国で，銀行が貸付金を回収するために貸付先に証券を発行させるなどの不正行為が続発し，銀行が直接または子会社を通じて証券業務を兼営することにより生じる利益相反を排除するため，グラス・スティーガル法により両業務の兼営を原則禁止した。日本も米国と同様に銀行・証券分離策をとっているが，93年の金融制度改革で銀行の証券子会社設立による証券業務への本格参入が実現，改めてファイアウォールの重要性が指摘されている。
②インターネットとパソコン端末の間に設置し，やり取りするデータを監視することで，外部からの不正侵入を防ぐシステム。ルーターに組み込んだハードウエアと，個人でも導入しやすいソフトウエアがある。名前の由来は「防火壁」。インターネットに常時接続する人の増加に伴い不正侵入による被害も増えており，ファイアウォールの需要が出てきている。設定には専門的な知識が必要だったが，最近は手軽に利用できるソフトが登場している。

ファイナンシャルプランナー
【financial planner；FP】
消費者に資産の管理・運用方法を助言する専門家。日本ファイナンシャルプランナーズ協会などの民間団体が資格試験に基づき認定しており，2002年からは厚生労働省が「FP技能士」を国家資格にも認めている。大半は銀行や証券会社などの金融機関に勤務する企業内FPで，独自に事業を行う独立系FPは日本ではまだ少ない。日本でも，確定拠出年金（日本版401k）の導入などに伴い，FPに対する需要が今後増加すると見られている。

ファイル交換ソフト
【file-sharing software】
ユーザー同士がネットを通じてファイルを交換するためのソフト。ユーザーの端末同士を直接つなぐピア・ツー・ピア（P2P）技術を基盤とする。1999年1月のナップスター，2000年3月のグヌーテラが第1世代で，主に音楽データ交換に使われた。02年頃からTV番組，ゲーム，映画，一般のソフトといった多様なコンテンツの交換へ移行。03年現在，インターネットで利用できるP2Pアプリケーションは海外でKaZaAやGrokster，Morphemusなど，国内はWinMX，Winny（ウィ

ニー）など合計130種以上とされる。
→コラム「ウィニー」，ピア・ツー・ピア

ファインケミカル
【fine chemicals】
精密化学。厳密な定義はないが，石油化学など素材を生産する基礎化学と区別するために使われている言葉。製品の性格から見ると，①加工度が高い，②用途が限定されており，大量生産できない，③直接最終消費されるかそれに近い商品——ということになる。ファインケミカル製品としては，医薬品，写真感光剤，合成食品，染料，有機顔料，各種添加剤，界面活性剤などがその分野に入る。わが国の化学工業は製品の高付加価値化，新規需要の開拓の両面からファインケミカル分野への志向を強めている。

ファインセラミックス
【fine ceramics】
磁器などのセラミックスを高度利用しようという分野，あるいはその製品の総称。セラミックスは耐熱，耐食，電気的絶縁性などに優れているが，ファインセラミックスは高純度の原料を使うなどしてこれらの特徴を高めたもの。アルミナ，ケイ素，炭素，窒素など，地中に無尽蔵にある元素を有効利用する技術でもある。金属に代わる新世代の材料として既に電子産業などで広く使われ，今後も宇宙，工業用などに大きな市場が見込まれている。

ファウンドリー
【foundry】
半導体受託生産会社。顧客から受け取った半導体回路の設計データに基づき，半導体チップを受託生産する。台湾の台湾積体電路製造（TSMC）が1987年から始めた新しい半導体ビジネスモデルで，ほかに台湾の聯華電子（UMC），シンガポールのチャータード・セミコンダクターが知られる。米国に多い半導体設計会社からの受託で急成長した。かつては大手半導体各社の下請け的な性格が強かったが，現在は生産能力や投資規模で日本メーカーを上回っている。最近では中芯国際集成電路製造（SMIC）など中国メーカーが台頭している。

ファクタリング
【factoring】
企業の売掛債権を買い取り，自己の危険負担で代金回収を行う業務。この業務を利用すれば，企業は金利を支払う代わりにこげつきなどの危険を回避できる上，売り掛け相手の信用調査などもしないで済むなどという利点がある。大手銀行が周辺業務としてファクタリング会社を作る例が多く，みずほコーポレート銀行は中国での同業務に参入した。

ファクトリーアウトレット ⇨アウトレットストア

ファクトリーオートメーション ⇨FA

ファシリティマネジメント
企業の持つ土地や設備の効率活用を目指す経営手法。情報・通信機器の導入などに重点を置く従来のOAとは違い，オフィス賃貸料や建物・空間の利用法，人の配置などを総合的に分析，管理する。

ファストフード
【fast food】
早く食べられる食べ物のことで，それらを提供する飲食店を指す言葉としても使われる。注文を受けてから短時間のうちにハンバーガーやフライドチキン，牛丼などを出す店が代表例。少品種大量販売を目指し，主力メニューを絞り込み，調理は極限まで合理化して，価格も相対的に低く抑えている。

ファブレス
【fabless】
自社の生産設備によるモノ作りよりも,独自の製品設計やソフトウエア,デザインなどを競争力の武器にする経営手法。生産を他社に委託したり,特許などのライセンス収入を重視して収益率を上げる。米国の半導体メーカーが基本的な特許で日本より優位に立っている例や,デザインに伝統を持つ欧州企業,各種センサーのキーエンスなどがファブレス企業の例とされる。高付加価値経営の戦略として注目される一方,ファブレス化が進むと産業が空洞化する懸念も大きく,賛否両論がある。

ファミリーフレンドリー企業
【family-friendly company】
仕事と育児・介護が両立しやすいさまざまな制度を持ち,従業員が多様で柔軟な働き方を選べるように取り組んでいる企業のこと。少子高齢化が加速し,核家族化が進む中で,育児や家族の介護は労働者が就業を継続するうえで大きな課題となっている。

ファンダメンタルズ
【fundamentals】
国際経済を安定させるための基礎的条件で,経済成長,物価,国際収支などを一括していう。これらの均衡が崩れると,各国間の通貨に強弱が生じ,世界経済が不安定になるとされている。こうした意味で一般的に使われるようになったのは,1978年7月のボン先進国首脳会議以降のこと。同会議で日本や西ドイツが国際経済安定のためには米国がドル対策に力を入れることだと主張したのに対し,カーター米元大統領が各国の経済成長対策,インフレ抑制,国際収支の均衡こそが重要であると"ファンダメンタルズ論"を展開したのが最初である。

ファンド・オブ・ファンズ
【fund of funds】
集めた資金をさまざまな投資信託を購入する形で運用するタイプの投資信託。1つのファンドに投資することで複数のファンドに分散投資するのと同じことになるのでこう呼ぶ。リスク分散がしやすいという利点がある。半面,手数料が割高になる。1998年の投信改革で海外からの持ち込み販売が解禁され,99年には国内での設定もできるようになった。2003年には不動産投資信託(REIT)のファンド・オブ・ファンズが解禁されるなど多様化している。

ファンドトラスト
【fund trust】
指定金外信託のこと。信託銀行が投資家から資金を預かり,自由裁量で公社債や株式などで運用し,信託期間が終わると債券や株式など現状財産のままか現金で投資家に返済する。機関投資家向けが中心で,企業が保有する株式と経理上切り離して,株式を売買できるのが特徴。利回りは運用状況によって異なり,信託銀行は運用代行料として信託報酬を受け取る。→特定金銭信託

ファンドマネジャー
【fund manager】
機関投資家の運用担当者のこと。ファンドマネジャーは専門知識に基づいて独自の投資判断を下し,資産の運用を行う。ファンドマネジャーが投資計画を立てるに当たっては運用資産の性格に応じ投資収益を最大にする努力を要請されている。このため,資金事情の変化や株式市場の変動に応じて,絶えずポートフォリオ(組み入れ内容)を変えて投資計画を見直すことが重大な仕事となっている。最近ではファンドマネジャーの個性を前面に打

ち出した株式投信も登場している。また、運用成績を上げるためにファンドマネジャーに年俸制を導入する投信会社も増えている。→投資信託(投信)

フィナンシャルアドバイザー
【financial adviser】
発電所建設や油田開発、通信・交通基盤整備など巨額の資金を必要とするプロジェクトファイナンスでの資金調達面や、M&A(企業の合併・買収)での助言役となる金融機関。事業主の意向に沿って資本金の調達、銀行融資、債券の発行、株式の上場、リスク分析などについてアドバイスする。高度な税務、財務、会計上の専門知識や外国政府との折衝力が必要で、欧米系金融機関が優位に立っている。邦銀勢や大手国内証券も手数料収入を増やすため業務を強化している。→プロジェクトファイナンス

フィナンシャル・タイムズ100種総合株価指数
【Financial Times-Stock Exchange 100 Index】
英国の経済紙フィナンシャル・タイムズが毎日集計、発表しているロンドン株式市場の株価指数。先物取引の対象を提供するために1984年に導入されたもので、83年末を1,000とした時価総額指数である。採用100銘柄は時価総額を基準に金融なども含む幅広い業種から選択されている。ロンドン市場の指数としては、同じフィナンシャル・タイムズ株価指数でも、工業普通株30種を対象にしたFT30種指数が長らく使われていたが、87年の大暴落のころからFT100種指数が代表的な指数の地位を占めるようになっている。

フィリップス曲線
【Phillips curve】
賃金上昇率と失業率との間にある、失業率が低ければ賃金上昇率が高く、失業率が高ければ賃金上昇率が低い、という関係を表した曲線。英国の経済学者A.フィリップスが、1862～1957年の英国の統計から経験的に導き出した。最近では賃金上昇率と失業率というよりは物価上昇率と失業率の関係と見る方が一般的。

フィールドバス
【field bus system】
プラント内で、数千個に及ぶ流量計やバルブなどのフィールド機器の計測データをデジタル信号でやり取りするための広義の構内情報通信網(LAN)。今までのアナログ方式と違って1本の電線ケーブルに複数の機器を接続可能で、現場の配線数を大幅に削減できる。制御システムとフィールド機器間で双方向通信が可能となり、機器の保全も無人化できる。規格の標準化を巡り対立していた横河電機などのグループと米ハネウェル社が中心のグループが協力することで合意、世界的な統一規格の普及に取り組んでいる。

フィルム液晶
【film liquid crystal display】
プラスチックなどのフィルム状基板を使って、薄さと柔軟さを持たせた液晶。従来のガラス基板の液晶に比べ、電極の取り付けが難しい、消費電力が大きいなどの難点もあるが、材料の研究が進めば、折りたためる液晶も開発可能といわれる。電子ペーパーの有力候補の1つとされる。

フェアトレード
【fair trade】
公正貿易。通常の貿易取引では弱い立場にある途上国の生産者から、通常の取引価格より2～3割高く一次産品や手工芸品を買い取る貿易形態。生産者らの生活を支援し、経済・文化的な自立を促すのがねらい。1950

～60年代に欧米の非政府組織（NGO）が活動を始めたのがきっかけ。日本でも80年代頃から「草の根貿易」としてすそ野が広がり，現在はNGOに加え，民間の会社組織が手掛けるケースも多い。

富栄養化
【eutrophication】
湖沼，海域などの水に窒素，リンなどの栄養分が増えること。湖沼は栄養物の流入により生物生産が大きくなり，草，藻が増え，次第に湖底の堆積物が多い富栄養湖となる。自然状態では数千年かかるが，最近は工場排水や家庭排水などの流入で20～30年で富栄養湖となる。富栄養化が進むと沼地に近づき，上水源として使用できなくなる。海域でも瀬戸内海などの閉鎖性のところでは富栄養化が進み赤潮の原因となっている。環境省は閉鎖性海域である東京湾と大阪湾など10海域の富栄養化による海洋汚染を防ぐため，原因となる窒素とリンの環境基準値を決めた。

フェイル
【fail】
2001年1月から始まった債券の即時グロス決済（RTGS）で，債券の売り手が指定された決済日に債券を買い手に渡せないこと。フェイルを起こしても，すぐに債務不履行となるわけではなく，海外市場も含めて時々，発生している。ただ，債券市場で機関投資家は債券を次々に転売することが多く，フェイルが起きると途中で売買が途絶えてしまう。フェイルが恒常化すると市場が混乱するため，日本証券業協会が中心になってフェイルに関するルールを規定，フェイルをした金融機関は相手に遅延損害金を支払うことになった。

フェデラルファンド
【federal fund】
米国の連邦準備制度加盟銀行が連邦準備銀行に保有する資金残高。加盟銀行は資金の一定割合を法定預金準備として連邦準備銀行に預託する義務を負い，常にこの維持，調整に努めているが，この残高の過不足調整の過程で銀行間のフェデラルファンド取引が行われている。法定準備以上に残高を持つ銀行が資金の不足する銀行にこの余剰分を一時的に貸し付け，翌日返済の無担保貸し付けの形をとる。日本でいうとコールに相当する。金利水準はFRBの指示に基づいてニューヨーク連銀がオペにより誘導する。公定歩合操作と並び，米金融当局の金融政策を知る最も重要な手掛かりである。

フェリカ
【Felica】
ソニーが開発した短距離通信技術で，同技術を採用した非接触型IC（集積回路）カードの愛称。独自の通信方式を採用しており，ISO（国際標準化機構）などの国際規格としては認定されていない。高速な情報処理・通信が特徴。国内では東日本旅客鉄道（JR東日本）のプリペイドカード「Suica（スイカ）」に採用されて以降，累計で900万枚以上が生産されており，事実上の業界標準を獲得している。

フェロアロイ
【ferroalloy】
合金鉄。鉄と非鉄金属などとが混じり合った状態の鉄鋼副原料。例えば鉄とクロムならばフェロクロムとなるが，このほかフェロニッケル，フェロマンガンなどがある。用途によって鋼中の不純物を除去したり無害化したりする脱酸清浄用と，鋼質を改善・向上させる成分添加用（特殊鋼用）に大別される。

フェロー制度
高度な専門分野を持つ研究者を処遇するための制度。呼び方はまちまちだが，新日本製鉄やソニーなどが導入している。もともと米国のIBM社が優秀な技術者や研究者を「フェロー」として，自由な研究活動をさせているのにならった。新日鉄を例に取ると，最高で副社長並みの扱いにするなど，研究者の処遇と社内的地位を大幅に高めている。

フォトレジスト
【photoresist】
半導体の回路をウエハーに焼き付けるときに使う感光性の材料で，高分子化合物から作られる。半導体の集積度が向上，露光に使う光線がg線からi線，さらにArFレーザーなどに進歩しているため，露光時の線幅が90ナノ（1ナノ＝10億分の1）メートルの最新の半導体に対応した製品が開発され，65ナノメートル用もサンプル出荷が始まっている。

フォーミュラプラン
【formula plan】
米国で行われている証券投資法。予測の限界を認め，材料や環境の変化を無視して一定の計画で機械的，自動的に売買をするので，オートメーション投資法ともいう。日本でも投信委託会社が，フォーミュラ方式のファンドを持っている。いろいろな種類があるが，主なものは次の通り。①ドル平均法＝一定の時期に一定の銘柄を一定の金額だけ買う方法。相場が高いときは株数が少なく，安いときは株数が多くなるのが特徴。②尺度法＝一定の銘柄を一定株数の値動きに応じて売買する方法。株数と値動きを一定にして売り買いするので，値動きの激しい銘柄の比較的短期の投資向き。③定額法＝資産のうち株式に回す資金を一定にしておく方法。株価が上がると売却し，下がると買い増して手持ち株式の金額を一定にする。④定率法＝定額法が株式の金額を一定にするのに対し，定率法は資産に占める比率を一定にする方法。やはり株価が上がるとその比率が上がるので株式を売却，下がると買い入れる。⑤変率法＝株価の変動に応じて，株式の比率を変える方法。株価が上がればその比率を下げ，株価が下がると比率を上げて，投資妙味を大きくしようとする。

フォワーダー
【forwarder】
自らは実際の輸送手段を持たないが，多数の荷主から集めた貨物をまとめ，荷主に代わって発送人となり運輸会社と運送契約を結んで戸口から戸口までの運送責任を負う業者。混載業者，利用運送事業者ともいう。航空，海運，陸運それぞれの輸送手段に対してフォワーダーが存在するが，特に混載航空貨物を扱う航空貨物代理店や異なる輸送手段を組み合わせて国際輸送責任を負う国際複合一貫輸送業者などが代表的な例。

フォワード
【forward】
先渡し取引のこと。将来のある時期にあらかじめ設定したレートで所定の金額を取引する契約を結ぶ。取引成立と実際に引き渡す時期が異なることでスポットと区別される。フューチャー（先物取引）と違い相対取引が中心。

付加価値
【added value ; value added】
生産や流通などの過程で新たに生み出された価値。例えば，販売額から原材料費などのコストを差し引いた金額。国内で新たに生み出された付加価値の総額が国内総生産（GDP）にな

る。→国内総生産

付加価値税
【value added tax ; VAT】
製品やその部品が売られるたびごとに課税される消費税の一体系で,「生産者→卸売業者→小売業者→消費者」の各流通段階ごとに増加した価値(付加価値)の部分が課税対象となる。例えば,ある業者が500ドルで部品を買い,機械に組み立てて800ドルで売れば,差し引き300ドルが課税対象部分となる。仕入れ段階の税額を控除するので,「前段階課税方式」と呼ばれる。

不拡散型輸出規制
核兵器や生物・化学兵器など大量破壊,大量殺りく兵器やその関連品が世界各地に拡散するのを防止する目的で,先進国が中心となって制定した輸出規制。核,生物・化学兵器のほか,その輸送手段であるミサイルの関連品も対象。ココム(対共産圏輸出統制委員会)規制が東西冷戦の終結で1994年3月末で解散し,96年11月からスタートした武器輸出の新しい管理体制,ワッセナー協約に引き継がれた。湾岸戦争の教訓から不拡散型輸出規制の重要性が増している。

付加税
【surtax】
企業グループ内の親会社と子会社の損益を通算して法人税を納める連結納税制度を選択した場合,通常の法人税(税率30%)に上乗せされる税(同2%)。2003年3月期決算からの連結納税導入に伴う税収減を穴埋めするため,04年3月末まで2年間設けられた。連結納税ではグループ企業の黒字と赤字を相殺するため,単体での課税に比べて税負担が軽くなることも多いが,付加税がかかることによってかえって負担が重くなる企業もある。このため,産業界からは付加税が連結納税制度の利用を妨げているとの批判が出て,04年3月末で正式に廃止された。→連結納税制度

負荷率
【load factor】
電気設備中で実際に使われる電力(キロワット)を負荷という。負荷率は,ある期間(日,週,月,年など)の最大電力に対する使用電力の平均値の比率のこと。発電所は昼間の高い負荷に合わせて建設するため,昼間の負荷を電力需要が低下する深夜に移行する「負荷平準化」が課題となっている。

不完全競争
【imperfect competition】
完全競争でも独占でもない状態。生産物の差別化を伴う独占的競争の場合と寡占の場合がある。現実の経済界はほとんど不完全競争の状態にある。→完全競争,寡占

普銀転換
当初は相互銀行が普通銀行に転換することを指して使われ出した。従来,普通銀行は都市銀行と地方銀行だけだったが,1989年2月1日に相銀68行のうち52行が普銀に転換,95年5月末までに地方銀行との合併などに伴い,65行が普銀となった。相銀の普銀転換(第二地方銀行化)に伴い,全国相互銀行協会も第二地方銀行協会に名称を変えた。その後,91年4月に信用金庫として初めて八千代信金が普銀転換した。さらに金融制度改革法の成立によって長期信用銀行も普銀への転換が可能になり,新生銀行(旧日本長期信用銀行)が2004年4月に普通銀行となった。

複合一貫輸送
【intermodal transportation】
各種の輸送機関の特性を生かし,自

動車―船舶―自動車，自動車―船舶―鉄道―自動車などの形で，荷物を発地から着地まで一貫して輸送する方式。輸送時間の短縮とコストの引き下げがねらいで，典型的な方式としては，「大型トレーラーによる広域集荷―トラックターミナルでの混載―大型クレーンによる荷役―フレートライナー―着地ターミナルからの大型トレーラーによる広域配送」がある。

複合汚染
【combined pollution】
NOx，SOx，鉛，炭化水素などいくつかの汚染物質が相互に影響し合うことによって起こる汚染現象。それぞれの汚染物質が個別に人体や自然に与える影響については判明しているものが多いが，複合汚染の実態についてははっきりしていない。環境庁（現環境省）は全国6都市を対象とした1970〜74年度までの5年間にわたる複合大気汚染健康影響調査を77年2月に発表，窒素酸化物による複合汚染が健康にある程度影響することをつきとめた。代表的なものとしては光化学スモッグがある。最近では，生物の生殖機能を乱すとされる環境ホルモンの複合汚染を危ぐする研究者もいる。作家有吉佐和子のベストセラー『複合汚染』はこの問題を取り上げたもの。→NOx，SOx

複合材料
【composite materials】
いくつかの素材を組み合わせて高機能を持たせた材料。コンポジットともいう。代表例としてはガラス繊維と樹脂を複合したガラス繊維強化プラスチック（GFRP）がある。炭素繊維とエポキシ樹脂，フェノール樹脂などを組み合わせた炭素繊維系の複合材も用途が広がっている。このほか繊維強化金属など新しい複合材も続々と登場しており，産業用素材として浸透している。

複合繊維
【composite fiber】
2種類以上の異なる繊維を複合して1本の糸にしたもの。違う性質を組み合わせ相乗効果をねらった。芯（しん）糸とその周りをくるむ鞘（さや）糸による二重構造糸，紡績段階での複合紡績糸，ポリマー段階で接合するコンジュゲート糸がある。芯がポリウレタンで鞘がナイロンのゾッキ糸はパンスト用に欠かせない。合繊各社は天然繊維と合繊，異種の合繊同士を複合させて自然にない風合いの新素材を開発，次世代の衣料素材として提案している。

複合発電
火力発電の総合熱効率は40％強で既存の技術では限界に近づいたといわれている。そこで，ガスタービン発電で使った高温ガスで蒸気を発生させ，その蒸気で別のタービンを回す蒸気タービン発電とを組み合わせ，効率を高めようとする発電方式。電力会社が現在計画中のLNG発電所はほとんどがこの方式で，国内では東北電力の東新潟火力が初めて熱効率50％を達成した。

複雑系
【economics of complex systems】
森羅万象をより小さな単位に分解して調べ，構成要素の理解から全体を知る手法（要素還元法）を基本としてきた近代科学に対して，複雑なものを複雑なまま全体としての視点でとらえる手法。系の中から自発的に発生する秩序（自己組織化や創発）を扱う。

複式簿記
【double-entry bookkeeping】
貸借の原理により，取引が財産に及ぼす内容を記帳集計する方法。つまり資産（借方）と資本および負債（貸

方）との等式を基にし，取引の増減をそれぞれの勘定の借方と貸方に同一価格で一対に複式記入する。したがって，それぞれの取引については借方と貸方とが等しく，簿記全体については借方合計と貸方合計が等しくなる。これを「借方，貸方平衡の原理」という。

複占 duopoly ⇨ 寡占
複線型人事制度
【multiple-track personnel promotion system】
会社内のキャリアに2つ以上のコースを設ける制度で，主に管理職を目指す社員と，専門職を目指す社員とを区別して処理する制度を指す。管理職資格層の肥大化に伴い，従来の「係長→課長→次長→部長」といった単線型の昇進コースのみではポストが不足し，処理し切れなくなったのに対応したもの。人的経営資源の有効活用がねらいで，単線型人事制度ではかえって適材適所を欠く弊害もあったが，能力活用の場を広げる可能性が期待されている。

含み資産
【hidden assets；latent property；off-the-book property】
会社の資産の価値が帳簿上に表示されたものを上回っている場合，その差額をいう。減価償却が進んで実際に使用できる資産の表示価格（簿価）が非常に少額になった場合とか，土地などの評価益が隠されている場合などに含み資産が生まれる。株式など有価証券でも簿価を時価が上回っていれば，その分は含み資産となる。→減価償却

含み資産株 stock with hidden assets
⇨ 含み資産
含み損益
【unrealised profits and losses】
有価証券，土地などの貸借対照表上の価格と時価との差額。つまり時価で売却または評価替えした場合に発生するであろう利益や損失のこと。1991年3月期決算から有価証券報告書に上場株式をはじめとする有価証券や先物取引などの時価評価額を記載することが義務付けられ，含み損益に関する情報公開の道が開かれた。現在は時価会計の導入により，有価証券については簿価と期末の時価との差額を株主資本に直接反映するようになったうえ，減損会計が厳格に適用されることで有価証券の含み損を貸借対照表に抱え込んだままという企業は少なくなった。

覆面介入
【stealth intervention】
政府・日銀が外国為替市場で実施する為替介入のうち，その事実を公表しない手法。例えば円高が進んでいるときに円売り介入の事実を隠せば，市場に円を売りたい人も多いとの錯覚を与え，円高の勢いをそぐ効果が期待できる。覆面介入を実施する際には介入を依頼する銀行を絞り，1回の介入額も少額にすることが多い。2003年1月中旬移行の円高局面で，政府・日銀が多用した。

不公正貿易報告書
【report on unfair trade policies】
自由貿易を阻害する主要貿易相手国の政策や措置について，経済産業相の諮問機関である産業構造審議会が毎年まとめる報告書。1992年に初めて作成された。米通商代表部（USTR）が毎年公表している「外国貿易障壁報告」の日本版ともいえ，日本の貿易慣行を批判してきた米国や欧州などに対する反論の性格も持っている。不公正かどうかの判断は，世界貿易機関（WTO）の規則を基準にし

ている。2004年度版では外国政府の貿易政策約100項目が不当と指摘している。

符号分割多元接続 ⇨CDMA

負債
【liabilities】
企業が第三者から借りている資金など。他人資本ともいう。貸借対照表では負債の部を流動負債(借入金,買掛金,支払手形,賞与引当金など),固定負債(長期借入金,社債,退職給与引当金など)に区分している。→貸借対照表,流動負債,固定負債,引当金

負債性引当金 liability reserve ⇨引当金

負債比率
【ratio of total liabilities to net worth】
会社の負債総額を株主資本額で割った百分比で,企業資本構成の安全度,特に他人資本への依存度を示すための指標となる。この比率が低いほど「借金の少ない会社」である。

$$\frac{負債}{株主資本} \times 100$$

→負債,株主資本

不織布
【non-woven cloth】
天然繊維,化学繊維,ガラス繊維,金属繊維等を文字通り織らずに,化学的あるいは物理的な方法で結合させた布地のこと。製造工程が短く,低コストで生産できる。特殊針で繊維をからませるニードルパンチ法,化繊の紡糸工程から連続してローラーや接着剤を用いて接着させて製造するスパンボンド法,新しいものでは高圧水流で繊維を絡み合わせるスパンレース法などがある。素材としてはハード素材とソフト素材のほぼ中間に位置し,加工性の良さ,用途に応じた設計が可能なことから,需要の裾野は極めて広い。用途は衣服の芯地やカーペット,ナプキン,おむつカバー等の使い捨て製品。最近では,不織布を使った床ふきモップの需要が定着している。さらに農業シート,集塵フィルター,電気絶縁材等の産業用を中心に用途拡大が進んでいる。

不斉合成
【asymmetric synthesis】
成分は同じだが右手と左手のように対称的な構造の化学物質(光学異性体=キラル)を作り分ける技術。光学異性体は形は似ているが性質は大きく異なり,例えばハッカの成分のメントールでは片方にしかスッとする独特の香りはない。もともと生物は酵素を使って作り分けているが,触媒を使って人工的に作り分ける技術を開発した名古屋大学の野依良治教授らは2001年,ノーベル化学賞を受賞した。香料のほか医薬などの分野に応用が広がると見られている。

不正侵入検知システム
【intrusion detection system; IDS】
ネットワークやサーバーに不正に侵入を試みるハッカーを自動的に検知し管理者に通報するシステム。ネットに流れるデータを監視し,異常な情報やデータ量の急激な変化を感知,内容を分析して不正な利用者を探し出す。安全上の欠陥を突くタイプのウイルス発見にも役立つ。

付属明細書
【report by-laws】
商法によって株式会社が作成を義務付けられている書類の1つ。会計方針の変更理由,資本金・法定準備金の増減,社債・借入金の増減や固定資産の取得・処分の明細,担保設定の明細などを記載する。商法では代表取締役は貸借対照表・損益計算書などを監査役に提出してから3週間以

内に付属明細書を監査役に提出することを義務付けている。これは監査報告書作成の際に付属明細書を利用して監査内容の充実を図るため。また付属明細書は監査を受けた後、会社に備え置き、株主や債権者の閲覧に供することになっており、改正商法では会社内容の開示（ディスクロージャー）を促す意味から、「計算書類規則」の中では付属明細書の記載内容の充実をうたっている。

札割れ
【undersubscription】
入札において参加者からの応札が予定ほど集まらないこと。一般には金融市場の資金需給が大幅に緩んでいることを背景に、日銀の資金供給オペの入札で金融機関の応札額が供給予定額に届かない状況を指す。日銀が金融の量的緩和政策を始めた2001年3月以降では5月に多発した。日銀は円滑な資金供給に支障がある場合には中長期国債の買い切りオペを増額すると決めており、債券市場で増額観測が広がった。日銀は同年5月下旬にオペ金利の刻み幅を細かくすることを柱とする対策を策定し、札割れの多発を回避している。

プーチン政権
【Putin administration】
2000年3月26日のロシア大統領選でプーチン大統領代行兼首相がジュガノフ共産党委員長ら対立候補を大差で破り、同年5月7日正式に発足した政権。首相にはカシヤノフ第一副首相兼蔵相が昇格、懸案の経済改革に取り組んでいる。治安機関出身らしくプーチン政権のキーワードは「法の独裁」。政治面では地方への統制を強めて中央政府の権限強化に着手。経済でも違法な取引や資金の海外流失防止に努め、海外からの投資誘致に向けた法制度の整備を最優先する。エリツィン政権が敷いた欧米との協調路線を踏襲するが、一方で国益重視の外交姿勢も鮮明にしている。就任以来、高い支持率を維持しており、04年3月の大統領選で再選された。

普通銀行
【ordinary bank】
銀行法に基づき、一般から集めた預金を資金源に主として短期金融を営む銀行のこと。普通銀行は一般個人や企業の貯蓄を預金として受け入れ、これを資金源に融資を行うとともに、①当座預金勘定を持ち小切手を取り扱う、②内国為替網を形成し隔地送金などを行う、③投融資活動を通じ現金準備の何倍かの預金通貨を創造する――など、金融機関のうちでも中心的な役割を果たしている。→金融機関、普銀転換

物価指数
【price index】
物価の動きを知るための指数。ある一定の時点を基準として（普通100とする）、その前後の物価の動きを基準との比較で見るもので、ある一定時点に比べて物価がどれくらい変動したかを見る尺度となる。企業物価指数（旧卸売物価指数）、消費者物価指数などがある。

物価変動会計
【inflation accounting】
企業の所有する資産は物価の上昇によって含み益を生じる。物価の上昇が著しいと取得価格によって表示した資産額では企業の実体にそぐわないことになる。これを是正するために資産額を物価変動に合わせて表示し、企業の資産実体を明らかにしようとするもの。インフレ会計の一種。

ブックビルディング方式

【book-building formula】
株式や債券を発行したり，売り出したりする際，こういった条件だと，どのくらいの注文が入るかを証券会社が集めて募集条件を決める方式。需要予測方式とも呼ばれる。具体的には本社が各支店に投資家の動向を実際に探らせ，各支店からの注文見込みを集計して決めるため，売れ残りのリスクが小さい。引き受けシ団に入る証券会社ごとに実施し，最終的に主幹事証券が全体の需要をまとめる。国内の社債では日本電信電話（NTT）が1991年12月に採用して以来，この方式が一般的になった。株式では93年7月，クライスラーの三菱自動車工業株売り出しに際して採用されたのが最初である。政府保有株では96年の日本たばこ産業（JT）株の再売却で初めて採用された。

物質特許
【patent for substance】
化合物などの物質そのものに対する特許。1976年から日本でも物質特許が認められるようになった。製造方法だけに認める製法特許より強い権利を主張できる。遺伝子研究や超電導物質などでは物質特許を巡る国際競争が激化している。

ブッシュ政権
【Bush administration】
2001年1月20日，共和党のジョージ・ブッシュ氏の第43代大統領就任により発足した政権。発足後に公約の大型減税を実施するなど順調にすべり出したが，情報通信（IT）バブルの崩壊に続いて同年9月11日に同時テロに見舞われた。「テロとの戦い」を最優先課題に掲げてアフガニスタン空爆に踏み切り，タリバン政権を崩壊させた。次いで，イラクの大量破壊兵器開発疑惑を外交上の最優先課題に掲げ，03年3月19日にイラク戦争開戦に踏み切った。4月9日にバグダッドが陥落してフセイン政権が崩壊し，戦争は短期で終結したが，治安回復が遅れるなどイラク復興は難航している。湾岸戦争に勝利しながら経済政策失敗で再選を果たせなかった父親の二の舞を恐れる大統領は11年間で総額7,260億ドルという大規模減税を提案した。しかし議会は財政赤字拡大を恐れ，総額3,500億ドルに抑えることで合意。大統領もこれを受け入れたが，期待できる効果は限定的になった。

ブッシュドクトリン
【Bush doctrine】
米同時テロを背景にブッシュ政権が打ち出した新たな国防政策。ブッシュ大統領は2002年6月の演説で「脅威が現れる前に敵に挑む」と，初めてテロ組織などに先制攻撃を仕掛ける方針を表明。同年9月に発表した「国家安全保障戦略」報告書で正式に国防政策として採用した。同報告書では，「国際社会の支援を取り付ける努力は続けるが，必要な場合は先制攻撃による自衛権行使の単独行動も辞さない」として，先制攻撃と単独行動の可能性を明記した。こうした論理は，できる限り戦争を避けることを目指してきた第2次世界大戦以降の国際社会のルールに反するとの批判が根強く，国連憲章にも反するとの見方が多い。

物的証券
【securities on property】
株主にとっての株式の価値を，物としての側面から見た場合をいう。企業が解散した場合に，株主は，所有する株式数に応じて，残った財産を分けてもらう権利（残余財産分配請求権）をもつ。これを株式の「物的証券」

沸騰水型軽水炉 ⇨BWR

プットオプション
【put option】
あらかじめ定められた期日までに一定の価格で売る権利のことをいう。例えば，これから日経平均株価が下落すると予想すれば権利行使価格7,000円のプットをオプション価格500円で買う。見通しが正しく，相場が行使価格からオプション料を引いた6,500円を下回れば権利を行使して利益が得られる。日経平均が下がるほど利益が大きくなるが，予想とは反対に相場が上昇して損失が出ても，権利を放棄すれば，損失はオプション料に限定される。→コールオプション

不定期船運賃指数
【freight index】
不定期船に積む荷物は石炭，穀物，鉱石などが大部分だが，これらの運賃は市況の変動が激しく，航路・船型によっても異なる。そこで世界的に運賃市況の動向を正確につかむため考えられたのが運賃指数である。一定期間の運賃をとってこれを100とし，それを基にある期間の運賃水準を算出している。

不適正決算
【presentation of financial conditions deemed unappropriate by a CPA】
公認会計士から「不適正」と監査報告書に表示された決算をいう。有価証券報告書に記載されている財務諸表が規則通りに作成されておらず，会社の経営成績や財務状態が正しく反映されていないと判断した公認会計士は，問題点を指摘した限定意見を付け，「不適正」と表示する。ただ会計処理基準を変更するなど継続性の原則に反するだけの場合は，公認会計士は限定意見を付けた「適正」と表示する。→有価証券報告書，財務諸表

フード・アンド・ドラッグ
通常の食品スーパーとドラッグストアを同一店舗内に組み合わせた業態。購買頻度の高い食料品と医薬・化粧品を集中的に扱うことで，集客力の向上を目指している。米国では一般的な業態だが，国内でも最近になってCFSコーポレーションや食品スーパーのいなげやなどが出店している。

浮動株
【floating stocks】
市場に絶えず流通している株。浮動株が多い銘柄は株価の動きも緩やかだが，浮動株が少ない場合にはわずかの売り買いで株価は大きく変動する。普通，大型株の場合，浮動株の比率は高い。逆に発行済み株式数が少なく品薄株だと浮動株は少ない。

浮動株指数
【float share index】
発行済み株式全体ではなく，親会社が保有している株や，銀行との持ち合い株を除いて，実際に市場で流通している株式だけを基準に算出する指数。東証がTOPIX（東証株価指数）について導入を検討している。年金資金などを運用する機関投資家は運用実績をTOPIXに連動させるパッシブ運用に傾斜してきた。この結果，東証1部の全銘柄の時価総額に応じて，一斉に売買することになり，固定株の比率が高く浮動株が少ない銘柄の株価が適正価格に対して，大きく変動するケースが多かった。

不動産共同投資事業
【syndication business of real estate】
不動産事業者が法人や個人投資家から広く事業資金を調達し，出資者が組合を組織するなどして共同で不動

産事業を進める方式。1995年には投資家保護を目的に不動産特定共同事業法が施行され、2001年に1口500万円の最低出資制限が撤廃され、投資家が買いやすい小口化商品をつくれるようになった。不動産投資信託とともに、不動産の値上がり益に依存することなく個人の豊富な金融資産を都市開発に振り向ける手段として注目されている。

不動産投資信託
【real estate investment trust ; REIT】
投資家から集めた資金で不動産を購入し、賃貸収入や売却益を配当として投資家に分配する金融商品。2000年の通常国会で改正証券投資信託法が成立し、同年11月に解禁された。主力商品の「会社型投信」の場合は、不動産会社や金融機関がペーパーカンパニーとなる投資ファンドを設立し、不動産の売買などは運用会社に委託する仕組み。米国ではREIT(リート)と呼ばれる。

不動産の証券化
【securitization of real estate】
不動産に関する権利を証券として発行し、ビル建設など不動産プロジェクトの資金を調達する仕組み。日本にはビルやマンションなどの共有持ち分を分割した不動産の小口化商品はあるが、まだ証券として認められていない。不良債権の処理に際しては、証券化が成否のカギを握るといわれている。自民党がまとめた金融再生トータルプランでは、まず優良物件の証券化で資産担保証券(ABS)市場をつくることを提唱している。

フードコート
ショッピングセンターやアミューズメント施設で、軽飲食店を集めた飲食スペース。客席は各店共通。1つの企業がすべての店舗を経営する例と、複数の企業が個々に出店する例がある。集客に便利なうえ、建物の設備費用や内装費がかからない低コストの出店形態として注目されている。

部分肉
【primal cut meat】
牛肉、豚肉を主要部位にカットした肉のことで、家畜の体を縦に2分割した骨付きの枝肉に対し部分肉と呼ばれる。輸入肉は大部分が部分肉で流通し、国産肉も部分肉流通が増えてきた。主要部位のカット、名称は統一がとれていないが、代表的な部位は次の通り。豚肉=モモ(英語名ハム)、ロース(ロイン)、バラ(ベリー)、肩ロース(ショルダーバット)、ウデ(ピクニック)、ヒレ(テンダーロイン)。牛肉=肩ロース(英語名キューブロール)、バラ(ブリスケット)、内モモ(トップサイド)、外モモ(シルバーサイド)、ヒレ(テンダーロイン)、トモロース(ストリップロイン)、ランまたはトモサンカク(ランプ)、ウデ(クロッド)。なお胸から首にかけての全体をクロップと呼ぶ。

部分肉流通センター
【Japan meat trading center】
農林水産省が食肉流通改善のために設営した施設。1981年5月営業開始。神奈川県川崎市東扇島の埋め立て地の約10万平方メートルに及ぶ用地に対面型店舗、冷蔵庫があり、食肉加工メーカー、生産者団体などが入居している。90年7月には大阪市に2番目のセンターが開業した。枝肉を中心に扱う従来の卸売市場と違い、このセンターではモモ、バラなど部分肉を公開取引して産直体制により流通コストを低減する一方、部位別取引価格を公表することで部分肉取引の全国的な指標を作ることがねらい。
→部分肉

不法就労
【illegal employment】
外国人が出入国管理及び難民認定法などに違反して就職して働くこと。主に①観光ビザで入国して働く，②留学，就学で認められるアルバイトの範囲を超えて長時間働く——などがある。出入国管理法では就労目的の在留資格を専門・技術者にしか認めていないが，実際には工場や建設現場で働く不法就労の単純労働者が増えている。国別ではタイ，中国，フィリピン，韓国などが多い。

ブミプトラ政策
【bumiputera policy】
マレーシア政府が1971年から進めているマレー人優遇政策。ブミプトラとはマレー語で「土地の子」という意味で，マレー系など先住民族のことを指す。マレー系は総人口の61％を占めているが，経済の実権は中国系住民（人口比率30％）に握られているため，不満が強く，69年には800人以上の死傷者を出した人種暴動（5.13事件）が起こった。ブミプトラ政策はこの事件を契機に政府が設定したが，中国系住民からは逆差別だとの批判も強い。98年以降，アジア通貨・金融危機に対応して，華人資本の活用による経済活性化策としてマレー人優遇策を見直す動きも出ている。

ブーメラン効果
【boomerang effect】
経済援助や海外投資を行った場合，その投資が生産力化して商品が資本輸出国に流れてきたり，資本輸出国の産業と競合したりすること。投げたブーメランがもとに戻ってくる様子に例えている。

フューチャー
【futures】
将来の価格を予測したうえで，前もって価格を決めて取引する先物取引の1つ。不特定多数の市場参加者が1カ所に集まって一定のルールのもとに取引するのが特徴。取引所などが，決済時期を「限月」と呼ばれる月単位に設定したり，取引の締め切りを一定の日に指定したりする。さまざまなニーズや相場観を持った多数の参加者による売買が集中するため，取引が円滑に進みやすい。一方で，一部の投資家が巨額の資金を動かして相場変動を加速させることもあり，投機手段として利用されることもある。国内では，例えば東京金融先物取引所が短期金利などのフューチャー取引の場を提供している。

プライスキャップ
【price cap】
電気や鉄道など公共料金を決める際に，政府が設定した上限価格（プライスキャップ）の範囲内での申請を認める制度。政府がコストに適正利潤を上乗せする額を認可する総括原価制と比べ，企業が自社の判断で料金を決めることができる。1970年代に欧米で公益事業の民営化が進んだ結果，英国では電力・ガス料金，米国での電気通信で導入されているが，日本では採用されていない。

プライストーク
社債の需要予測をする際，用いる手法。社債を引き受ける主幹事証券会社が，この社債ならどのくらいの条件でどのくらいの消化が可能か，引き受けシンジケート団を構成する各証券会社に打診することをいう。各証券会社からの回答に基づいて主幹事は条件を決める。

プライスバンド制
【price band system】
原油価格の変動に対して石油輸出国機構（OPEC）加盟国が生産量を適切

に調整するため発案された仕組み。2000年3月の総会で非公式に合意した。アラビアンライト，ドバイなどOPECの主要7油種平均（バスケット）価格が20日連続して目標範囲の1バレル22～28ドルから外れた場合，総会決議を経ずに日量50万バレル単位で自動的に増減産することになっている。04年に入り，40ドル前後の最高値圏で推移しているため，価格帯が有名無実化している。

フライ・バイ・ライト
【fly-by-light】
航空機の操縦・制御方法の1つ。従来，油圧や機械機構で動かしていた動翼などを電気信号で作動させるのがフライ・バイ・ワイヤ。フライ・バイ・ライトはさらに進化し，光を用いて機体を制御する。電気制御と異なり磁気の影響を受けないため安全性が向上する。実機への採用は，これから。

フライ・バイ・ワイヤ
【fly-by-wire steering system】
パイロットの操作を電気信号に置き換え，翼面やエンジン出力などを制御する航空機の操縦方式。軍用機の場合，機械機構や油圧機構など被弾の際の致命傷を少なくできる。また最近はエアバス・インダストリーのA320やボーイングのB777など，民間航空機にも採用されている。

プライバシーマーク
【privacy mark】
経済産業省の外郭団体，日本情報処理開発協会が，個人情報を扱う企業を対象に1998年から交付している認証。管理責任者の配置，年1回以上の管理状況の確認など一定基準を満たし，情報の安全な取り扱い体制が整備されたことを保証する。情報サービス会社などの取得例が多い。また近年はインターネットを悪用した個人情報の流出が社会問題となっており，人材派遣や印刷業界のほかネット関連のベンチャー企業でも取得企業が増えている。2004年6月初めまでに791社が認定を取得し，個人情報保護法の成立でさらに拡大が見込まれる。→個人情報保護，人材派遣業

プライベートエクイティ
【private equity】
未公開株。取引所で売買される公開株と異なり，私募などの形で関係者間で私的（プライベート）に売買される。未公開ベンチャー投資と企業の部門買収などのバイアウト投資が2本柱で，投資家が経営参画して企業価値を高めるのが特色。流動性が乏しいためベンチャーキャピタルや，買収ファンドなどの専門家が主な投資主体となっている。米国で1960年代から発展，年金資金の流入加速で90年代に急拡大した。日本でもベンチャー投資が先行する形で発達，バイアウト投資も急増している。

プライベート・エクイティ・ファンド
【private equity fund】
財務基盤が弱い未公開企業を買収し，経営に参加して経営を安定させ，企業価値を高めるのが目的のファンドで，多数の出資者を募る形態をとる。投資先企業の株式公開後に，その株式を売却して利益を確保するのが一般的。金融ビッグバンを機に日本でも設立する動きが目立つ。

プライベートバンキング
【private banking】
金融機関が個人資産家の財産を総合的に管理し，相続や資産運用などについて，金利見通しや新商品の内容，税制など広範囲の情報を提供したり，本人に代わってさまざまな手続きをしたりする業務。資産家を取り込めば，運用などさまざまな波及取引が見込め

るため、これまで欧米の金融機関より出遅れていた邦銀各行も、収益拡大策の柱と位置付けて取り組みを強化している。

プライベートブランド
【private brand ; PB】
自主企画商標。卸売業者や小売業者が単独で、またはボランタリーチェーンなどを組織し、自ら設定した商標のこと。活発なのはスーパーや百貨店のPBで、消費者にとっては安いこと、店にとっては利幅の大きいことが特徴。

プライマリーディーラー
【primary dealer】
ニューヨーク連銀が公認した政府証券ディーラーのこと。有力証券会社の象徴といわれる。連銀は公開市場操作による政府証券売買で市中の通貨量を増減させたり、市中金利を誘導したりする。この公開市場操作で政府証券を売買する相手が公認ディーラーになる。公認ディーラーの数は約40社。公認ディーラーになるには政府証券の売買高シェアが1％以上あることなど厳しい条件がある。日本の財務省も2003年から国債の入札制度に同様の仕組みを取り入れた。

プライマリーバランス
【primary balance】
国債発行を除いた歳入と国債の元利払いを除いた歳出の差。均衡していれば行政サービスを借金に頼らない範囲で実施していることを表し、赤字なら後世代に借金をつけ回していることを表す。

プライムレート
【prime rate】
米国の市中貸出短期金利の代表格。一流企業向け最優遇貸出金利を指す。米国のプライムレートは大恐慌直後の1934年に登場した。当時は「銀行が損失を受けずにすむ最低貸出金利」を指していた。プライムレートの動きは企業の資金需要や金融市場の長期的見通しを基に決定されるもので、経済の実態を反映するといわれる。近年ではプライムレートを下回る金利による貸し出しが大幅に増えており、「最優遇貸出金利」という定義に必ずしも当てはまらなくなっている。

ブラウザー
【browser】
一般にインターネットで文章や画像、動画などホームページの情報を画面上に表示して見るための閲覧ソフト。最近では端末に組み込まれ、自動的にブラウザー上で稼動するソフト「ウェブアプリ」の動作環境として利用されることも多い。ブラウザーは当初、米国イリノイ大学で開発された「モザイク」が有名だった。その後、「ネットスケープコミュニケーター」が流行、現在は米マイクロソフトの「インターネットエクスプローラー」が大きなシェアを握っている。マイクロソフトはウィンドウズ98以降、ブラウザーとOS(基本ソフト)を統合した。

プラザ合意
【Plaza Accord of 1985】
1985年9月22日にニューヨークのプラザホテルで開かれた5カ国蔵相会議（G5）におけるドル高是正のための合意。それまでのドル独歩高を修正し、対外不均衡を為替相場面の調整で是正するのが目的だった。この合意に基づき各国はドル売りの協調介入に乗り出し、1ドル＝240円台が85年末には1ドル＝200円まで一気に修正され、その後の円高・ドル安の基調をつくった。

プラズマパネル
【plasma panel】
プラズマテレビや公共ディスプレーの

画面などに使われるパネル。ガラス板の間に封入した特殊ガスに電圧をかけて放電現象を起こし、発生した紫外線で蛍光体を刺激し発光させる。ブラウン管のように電子ビームを走査する必要がないため、奥行き10〜20センチと薄くすることができる。プラズマテレビは液晶テレビと並ぶ薄型テレビの代表製品で、日立製作所や松下電器産業など日本メーカーの世界シェアが6割を超える。

ブラックマンデー(暗黒の月曜日)
【Black Monday】
1987年10月19日(月曜日)の、ニューヨーク株式市場の大暴落のこと。これを受けて翌日の東京株式市場も空前の暴落となった。世界大不況の引きがねになった1929年10月24日の株価暴落が「ブラックサーズデー(暗黒の木曜日)」と呼ばれたことにならって、87年10月19日をブラックマンデーと呼ぶ。

フラッシュメモリー
【flash memory】
電気的に一括消去・再書き込みできるROM(読み出し専用メモリー)のこと。DRAM(記憶保持動作が必要な随時書き込み読み出しメモリー)など従来のメモリーと違って電源を切ってもデータが消えないうえ、プリント基板に載せたままの状態でデータを消去し、さらに新たな情報を書き込むことができる。主に携帯電話のプログラム格納に使うNOR型と、デジタルカメラのメモリーカードに使うNAND型がある。用途も徐々に拡大しており、当面は市場の成長は続く見通し。

プラットホーム
① 【Platform】
「基盤」という意味を持つ、コンピューターの規格を表す用語。中央演算処理装置(CPU)や主基板(マザーボード)など使われる部品があらかじめ決められている。特にパソコンと互換性のある構造を持つインテルのCPUを使ったコンピューターを「インテルアーキテクチャー(IA)」と呼ぶ。マイクロソフトの「ウィンドウズ」などの基本ソフト(OS)と組み合わせて基盤とする場合もある。
② 【platform】
正式には「プラットホームフレーム」で、自動車のフロア部分を指す。日本語では「車台」と訳す。広義には、フロア部分に搭載するエンジンや変速機といった駆動系の配置なども含めた総称としても使われる。日産自動車が2002年に投入した小型乗用車の日産「マーチ」(欧州名「マイクラ」)と資本提携先の仏ルノーが04年にも発売する次期「クリオ」で共通プラットホームを採用するなど、自動車メーカーの間では複数車種のプラットホームを共通化することで、コスト削減につなげる動きが加速している。

フラーレン
【fullerene】
炭素原子がカゴ状に結び付いてできたボール状分子。炭素60個からなる「C60」が代表的で、直径は約1ナノ(10億分の1)メートル。C36やC70など多くのタイプがある。化学的に非常に安定的で、壊れにくいなどの優れた性質がある。がんやエイズなどの新薬、水素貯蔵、太陽光発電、超電導などへの応用が有望視されている。カーボンナノチューブと並ぶ代表的なナノテク素材。1985年に米ライス大学のリチャード・スモーリー教授など3人が発見してノーベル賞を受賞した。

フランチャイズチェーン
【franchise chain ; FC】
メーカー、販売会社、外食企業などがチェーン主宰会社(本部=フランチ

ャイザー）となり，独立店舗を加盟店（フランチャイジー）にした小売り形態。本部が加盟店に統一の商号や商標を使用させ，同一のイメージのもとに事業する権利を与え，経営を指導する。場合により，加盟店にサービスや材料など商品を供給したり，経営指導料（ロイヤルティー）を取ったりする。店舗出店に関する投資の大部分を加盟店が負担するため，フランチャイザーは自己資本の投下をあまり必要とせずにチェーン網を拡大できる。だが，フランチャイズ契約の中には不完全な例がしばしばあり，トラブルが発生することもある。このため明確な契約が望まれている。

ブランド肉
【premium-brand meat】
産地や通称名を冠し，一般の普及畜肉との差異化を図って販売される牛肉や豚肉，鶏肉。畜肉は種畜や生育方法などにより味や品質に差があるとされ，特に牛肉では「松阪牛」「近江牛」といったブランド（銘柄）が高級食材として以前から認知されてきた。これに習い，販売拡大や地域活性化をねらう生産者や流通業者，自治体が地元で育てられている畜肉の売り込み戦略の1つとしてブランド化に活発に取り組んでいる。

プラント輸出
【export of industrial plants】
生産設備，大型機械の輸出のこと。例えば発電設備，船舶，車両，製鉄機械設備，化学機械設備，炭鉱機械設備，紡績設備などの輸出で，工場の設備全体のような大口のものもある。契約から引き渡しまでの期間が普通の商品の輸出より長くかかり，値段もかさむので，一般には延べ払い（分割払い）の形をとることが多い。

フリーキャッシュフロー
【free cash flow】
企業が生産や販売などの事業活動で得た収入から売上原価などを引き，さらに設備投資や実際に支払った税金などの支出を差し引いた金額。純現金収支ともいう。事業活動に伴い，企業に残る現金を示す。企業は有利子負債の削減や株主配分の原資などに自由に使うことができる。

フリークエント・ショッパーズ・プログラム
【frequent shoppers program；FSP】
小売業が顧客にIDカードを持たせ，購買履歴を把握することにより，個々の顧客のニーズにきめ細かく対応した特典を提供するマーケティングプログラム。航空会社のマイレージプログラムと同じく，自社に対する顧客の忠誠度を高めるのがねらいのもの。一般的な小売店では2割の顧客が利益の8割を生み出すといわれる。FSPの最大の目的は利益貢献度の高い優良顧客を選別して囲い込み，結果として売上高や利益を増加させることにある。小売店とクレジットカード会社が相互に特典を融通し合うなど，業種を超えて連携し利用促進を図る試みも始まっている。

フリーター
【freeter young workers enjoying the flexibility of part-time work】
一般に，学生でも主婦でもなくアルバイトなどの臨時の職業だけで生計を立てている労働者のこと。バブル期に生まれた造語で「フリーアルバイター」の略。2003年版の『国民生活白書』は「15～34歳のうちパート・アルバイト（派遣などを含む）や働く意志のある無職の人」をフリーターと定義した。フリーターは1990年の183万人から年々増加し，2001年は417万人と，対象年齢層の総人口の2割を占

めるまでになったと推計しており、職業能力や専門知識の低下を招く恐れがあると指摘している。→パートタイム労働者

フリータンカー
【free tanker】
船会社が石油会社と長期の原油輸送契約を結ばずにスポット市場に投入している保有タンカーのこと。その時々の市況運賃（スポット）で運航する。したがって、石油ショック直前のように運賃が暴騰している時には、タンカー会社はフリータンカーを多く抱えているほど大きな利益をあげることができる。しかし、最近のように市況が低迷している時はその逆となる。

ブリッジバンク
【bridge bank】
破たん金融機関の預金、融資の受け皿となり業務を継続するために設立される銀行。1998年10月成立の金融再生法で制度化され、2001年4月以降は改正預金保険法に仕組みが引き継がれた。金融機関が破たんし受け皿探しが難航する場合は預金保険機構の全額出資のブリッジバンクを設立、破たん金融機関から営業譲渡を受け、受け皿を探す。ブリッジバンクの存続期間は管財人派遣から最長3年。それまでに譲渡先が見つからなければ清算される。破たんした中部銀行と石川銀行の第二地銀2行の受け皿として02年3月に初のブリッジバンクが設立された。

プリパッケージ型倒産
【prepackaged bankruptcy】
法的破たん処理に先だって、事前にスポンサーや再生のための事業計画を立ててから倒産すること。破たん処理後、事業が中断して顧客や取引先が離散するのを防ぐねらい。スムーズに進めるためには主要な債権者と合意しておく必要がある。米国の倒産処理では一般的。日本でも民事再生法の導入や投資ファンドによる企業再生が活発になる中で、この考え方に基づいた倒産処理が増えつつある。2003年に改正された会社更生法にも盛り込まれた。元東証上場企業の福助が投資ファンドのMKSパートナーズ（東京・千代田）の支援を受けて民事再生法を申請したのが代表的事例。

プリプレス
印刷前工程。印刷物の入稿・編集から印刷用フィルムを出力するまでの工程を指す。文字や画像の入力、面付け、製版などを含む。従来、専門の業者による分業体制が確立していたが、DTP（デスクトップパブリッシング）の登場によって、コンピューターによる処理の高速化や工程の融合が始まった。

不良債権
【bad [nonperforming] loans】
金融機関が融資した後、約束通りに返済されなくなった貸出金のこと。金融機関のバランスシートに、利益を生まない資産として計上されている。融資先が倒産した破たん先債権、金融支援先向けの要管理先債権などが代表例。金融庁は銀行に対し、融資に占める不良債権の割合を引き下げるように求めている。→分類債権

不良債権の一括売却
【bulk sale of nonperforming loans】
バルクセール。不良債権の処理方法の1つで、複数の債権と担保不動産をまとめて第三者に売却する。1990年代初めの米国で、破たんした貯蓄金融機関（S&L）の担保不動産を売却する際に、整理信託公社（RTC）が初めて導入し、不良債権処理を促進した。日本の金融機関も不良債権処理のため、バルクセールを積極的に活用

しており，都市銀行が2001年3月期にバルクセールで処理した額は1兆2,300億円程度だったが，その後外資系金融機関などを中心に国内市場のすそ野は広がっている。

不良債権の最終処理
【final disposal of non-performing loans】
金融機関が不良債権を貸借対照表（バランスシート）から完全に切り離して処理を終えること。貸倒引当金を積んで回収不能になるのに備える間接処理と異なり，地価下落などにより担保価値が目減りしても追加処理を繰り返す懸念がない。金融機関の不稼働資産が減り，収益を生む成長分野に資金を供給できるようになるなどの効果も見込まれる。方法は，企業の倒産に伴う貸出金の直接償却，バルクセールなどによる外部への売却，債権放棄など私的整理の3通りがある。政府は2001年4月に，破たんした，破たん懸念がある不良債権について，新規発生分は3年，既存分は2年以内に最終処理するよう銀行に求めた。政府は整理回収機構への売却を推奨しており，02年1月には，整理回収機構による不良債権の買い取り強化を盛り込んだ改正金融再生法が施行された。02年3月期に大手銀行は6兆円規模の最終処理を実施した。→不良債権，整理回収機構

不良債権の証券化
【securitization of bad loans】
金融機関が保有する不良債権などを有価証券に転換すること。高利回りの金融商品にすることで機関投資家への販売が容易となり，不良債権残高を圧縮できる。米国では企業の資金調達・財務体質改善の手段として一般的で，日本でも本格化しつつある。銀行などが抱える不良債権の最終処理の手段として注目されている。

フリーレント方式
【free-rent system】
ビルなどのオーナーがテナントを誘致するために使う賃料値引き方式の1つ。入居開始から数ヵ月間の賃料を無料にするケースが多い。もともとは米国で広がっていた方式だが，月額賃料を下げずにテナントを集めようとする日本のビルオーナーの間にも広がっている。

フリーローン
使途を制限しない個人向けローン。住宅ローンなどと違って融資対象が制限されず無担保で借りられる代わり，個人向けローンの中では金利が高い。給与引き落としや公共料金の振り込みなど取引内容によって，金利を優遇する銀行が増えている。

プール協定
【pool agreement】
同一定期航路の海運会社があらかじめ航路内の荷物の取り分を決める協定。船主間の過当競争を防止するのが目的。海運同盟自体が品目別運賃を決めるなど一種のカルテル行為だが，競争が激化すると運賃のヤミ・ダンピングなどが横行することがある。このため海運同盟はプール協定でカルテル強化を図る。ただ，プール協定は独占の弊害が出る恐れもあるので，米国などではプール制は禁止されている。航空会社間でもいくつかの国際路線で海運に準じた運賃プール協定を結んでいる。

プルサーマル
【plutonium thermal reactor use】
原子力発電所の使用済み燃料からプルトニウムを取り出し，ウランと混ぜて作ったMOX燃料を，既存の軽水炉型発電所で再利用すること。ウラン資源の有効利用策として，フランス

やドイツで実績がある。日本では政府が1997年2月、プルサーマルを「現時点で最も確実なプルトニウム利用方法」と位置付けた。これを受け電力各社は99年から2010年までに全国で16〜18基の原発でプルサーマルを実施する計画を打ち出しているが、99年度に予定していた関西電力高浜原発、東京電力福島第一原発での実施は、関電がMOX燃料を発注した英メーカーでのデータねつ造問題などで延期された。04年3月に福井県が関電高浜原発の計画再開を了承、07年度の実施に向け準備が進んでいる。さらに九州電力が玄海原発で、四国電力が伊方原発で行うため地元に申し入れなど実現に向け動きが活発化している。

ブルーストリーム計画
【Blue Stream Plan】
ロシア産の天然ガスを、黒海に敷設したパイプラインからトルコ領内を経て西側各国に供給する計画。1999年11月、ロシアの天然ガス独占企業体ガスプロムが日本の大手商社連合（三井物産、住友商事、伊藤忠商事）などとの間で海底パイプラインの建設契約に調印した。

プール制
高速道路の通行料金を決める際に、複数の路線の収支をひとまとめにして計算するやり方。新たに道路をつくった場合、恩恵を受けない地域の利用者にまで負担がかかるとの批判がある。早めに整備した高速道路の方が総じて交通量が多く、採算も良いのに対し、建設が後になった道路ほど建設費用がかかりがちになる面もある。行政改革の一環で制度自体の廃止も検討されている。

ブルートゥース
【Bluetooth】
パソコン、プリンターなど10メートル程度の距離にあるデジタル機器を無線で接続する通信規格。コードにつなぐ煩わしさや設定をする手間が不要で、簡単に情報をやり取りできる。携帯電話とは異なる周波数帯域を使用し、通信料もかからない。1998年にスウェーデンのエリクソンや東芝など通信機器・家電メーカー5社が提唱、その後世界の多くのメーカーが賛同した。名称は10世紀に近隣諸国を統治したデンマークの大王の名に由来する。

プルトニウム
【plutonium】
原子番号94の人工の元素で、天然には存在しない核燃料物質。原子力発電所で核燃料のウランを燃やすと、ウランのうち"燃えない"ウラン238成分が核分裂の仲立ちをする中性子を取り込み、プルトニウムに変化する。プルトニウムを燃やす原子炉としては、日本の新型転換原型炉「ふげん」が世界一の実績を持つが、経済的に見合わないため廃炉が決まった。また、本命視されていた高速増殖原型炉「もんじゅ」が1994年4月5日に臨界を達成したが、95年12月にナトリウム漏れ事故を起こし、運転を中断した。ウランと混合して軽水炉で燃やす「プルサーマル」は欧州などで行われているものの、日本では実施例はない。ただ、プルトニウムは毒性が強く、しかもウランに比べ少量でも核兵器が作れるので、核拡散防止の観点からその取り扱いが国際的な問題になっている。

ブルーレイ・ディスク
【blu-ray disc】
青色レーザーを使って映像や音楽などのデータを記録する光ディスク。現行の光ディスクの代表製品であるDVD

（デジタル多用途ディスク）は赤色レーザーを使い，4.7ギガ（ギガは10億）バイトのデータを記録できる。青色レーザーは赤色レーザーよりも波長が短いため，狭い範囲に多くの記録用ドット（点）を打ち込める。このためDVDと同じサイズで23ギガバイト以上の記録が可能。DVDではデジタルハイビジョン放送を画質を落とさず録画することはできないが，ブルーレイでは約2時間の録画が可能。

フレキシブル・マニュファクチュアリング・システム
【flexible manufacturing system；FMS】
多品種少量自動生産システム。ロボットやNC工作機械，自動倉庫，無人搬送車などで構成し，多様な市場の需要に応じられるようにした生産システム。自動車工場や家電工場などで導入が進んでいる。コンピューターのダウンサイジング（小型機種への需要シフト）に伴ない，本社のホストコンピューターが制御する集中管理型FMSから，工場内のワークステーションやパソコンが制御する分散管理型FMSへと形態は変化し始めている。

フレックスタイム
【flex-time】
1987年の労働基準法改正で本格的に認められた勤務形態。従業員が1日のうち自由な時刻に出社および退社できる企業の労働時間管理制度。従業員は週あるいは月間の所定労働時間を必ずこなすことが前提条件となっている。

ブレトン・ウッズ協定 Bretton Woods Agreement ⇨ ブレトン・ウッズ体制

ブレトン・ウッズ体制
【Bretton Woods system】
IMFを中心とした戦後の国際通貨体制をIMF体制と呼ぶが，1944年のIMF設立およびその活動開始から，米国がドルと金の交換停止を発表した71年8月のニクソンショックまでの戦後4分の1世紀間，世界経済を支えてきた国際通貨体制をブレトン・ウッズ体制と呼ぶ。ブレトン・ウッズ体制の主な目的は第2次世界大戦前，各国の平価切り下げ競争により国際経済，通貨制度が破たんした反省から，IMFを通じて加盟国の為替相場を安定させることだった。このため純金1オンス=35ドルという金の公定価格に基づいて，金またはドルに対する各国のIMF平価を設定，この平価は基礎的不均衡是正の場合にしか変更できないと規定していた。つまり，ブレトン・ウッズ体制では，各国は金・ドル平価を基準とし，為替相場を維持し，それが危うい場合は介入する義務を負い，この義務は米ドルによるものであった。また，米国はドルを金と公定価格で自由に交換すると保証していたため，各国とも安心してドルを介入通貨として使用，為替相場の安定に努力した。しかし，71年8月15日，米国が金とドルの交換を停止したことによりブレトン・ウッズ体制の主柱は崩れ，この体制は崩壊，国際通貨は総フロート時代を迎えた。
→IMF

プレミアムビール
【premium beer】
原料を厳選したり，熟成期間を長くするなどしたビール。コスト高のため，通常のビールより価格は割高になる。代表的な製品はサッポロビールの「ヱビス」，アサヒビールの「富士山」など。2001年にはサントリーが「モルツ・スーパープレミアム（現ザ・プレミアムモルツ）」を発売した。03年に入ってサッポロが「ヱビス〈黒〉」を，キリンビールが「まろやか酵母」を全

国発売するなど、高付加価値の市場開拓をねらった各社の新商品発売が加速している。

フレームリレー
【frame relay】
通信手順(プロトコル)を簡略化することで、高速でデータを送れるパケット(小包)通信方式。光ファイバーの登場で回線品質が向上し、通信エラーが減少しているため、プロトコルが簡略化でき、毎秒1.5～2メガビットの伝送速度でデータが送れる。企業向けデータ通信はサービスとして普及したが、現在はさらに高速で安価な「IP-VPN」や「広域イーサネット」への代替が進んでいる。→広域イーサネット

ブレトン石
ブレトン法に基づく石単位。一般的に南洋材丸太の取引で使われる。計算式は次の通り。

$$V = 0.7854 \times \left\{ \frac{(末口直径+元口直径)}{2} \right\}^2 \times 長さ \times \frac{1}{10,000}$$

直径と長さは現在、メートル法で計ることが多い(元来はインチ、フィート建て)。1ブレトン石は約0.278立方メートルである。

フロー
【flow】
流れ、または流量。一定の期間に需要または供給として、経済組織の中を流れる量をいう。例えば、国民所得は一定の期間(普通は1カ年)の財貨とサービスの純生産物の流れをとらえたものであるから、フロー概念である。これに対しストック(stock)は蓄え、存在量と訳されているもので、一定の時点で経済組織の中に存在する(または経済主体が所有する)財貨全体の量である。例えば、国富は国民所得を生み出す元本で一国の経済財の存在量であるから、ストック概念である。なお、国富の中で資本存在量というストックに加わる増加分が資本形成、つまり投資というフローである。→国民所得

ブローカー
【broker】
モノの売り買いを仲介する人のこと。証券市場用語では株式・債券などの有価証券の売買を仲介する業者を指す。証券取引法で定めた証券会社の営業免許のうち2号免許を金融庁が認めたものだけが、有価証券の売買の仲介ができる。1981年の銀行法改正で、国債など公共債については銀行も営むことができるようになった。

ブローカーズブローカー ⇨BB

プロクシーファイト
【proxy fight】
株主総会の議案として異なる提案をした株主側や会社側などが、自らの提案への賛成の委任状を株主から取り付けようとする、委任状獲得合戦のこと。株主総会では、代理出席や郵送分を含めた株主の議決権行使の総数のうち、過半数の賛成が得られれば、その議案を会社は実行しなければならない。日本ではあまり例がなかったが、2002年5月、東京のアパレル会社の株主総会に関して会社側と実質的な筆頭株主がプロクシーファイトを展開。結局、筆頭株主側の議案は過半数の賛成を得られなかったが、日本の企業統治(コーポレートガバナンス)の在り方に一石を投じた。

プログラマブルコントローラー
【programmable controller】
マイコンを組み込んで、あらかじめ設定した順序通りに機械の動きを制御する装置。生産現場で容易にプログラミングできるのが特徴。プログラム

を組み替えることで生産ラインの各種自動機器の作業手順を容易に変えられるため、多品種少量生産システムに適している。最近はデータ処理、特殊演算、通信などの各種機能を持つ高機能タイプの開発が盛んで、FAの中核機器として注目を集めている。

プログラム売買
【program trading】
一定の条件で売りや買いの判断をするようプログラムを組んだコンピューターで、株式を運用すること。1987年10月の株価暴落の際にニューヨーク市場では、先物とのさや取りのための現物株売り指令が出たことが、現物市場の下げを増幅したとされている。先物・現物のさや取りのためのコンピューター運用を指すことが多い。→システム運用

プロジェクションテレビ
【projection TV】
小型ブラウン管や液晶表示装置の画像を装置内部から映し出すテレビ。投射型テレビともいう。通常のブラウン管方式のテレビでは不可能な50インチ前後の大画面が得られる。技術改良の結果、「暗い」「ぼやける」といった弱点が克服でき、主に米国や中国で普及している。

プロジェクトファイナンス
【project finance】
銀行が開発計画の調査、立案段階から参画して必要な資金を融資すること。融資を受けるプロジェクトの実施主体が償還責任を一部もしくは全く負わず、プロジェクトの産物を担保にするのが特徴。石油、石炭など資源開発案件のほか、不動産の再開発などに使われる。このため多数の銀行による協調融資の形態をとる。邦銀が幹事となる案件も多い。公共事業を民間企業が国や自治体に代わって行うプライベート・ファイナンス・イニシアチブ(PFI)もプロジェクトファイナンスの一形態といえる。→PFI

プロセスオートメーション
【process automation】
石油化学などのプラント全体を制御する自動化システム。肉体的な繰り返し作業を各種の機械に置き換え、知的な判断、指令などの作業をコンピューターを主役にした集中制御装置に任せることによって、人手を一挙に削減する。同時に、正確かつ高速で昼夜の別なく生産活動を続ける無人工場への橋渡し的な役割を果たす。

プロダクツ・ポートフォリオ・マネジメント
【products portfolio management；PPM】
企業はいろいろな製品、事業の組み合わせを持っているが、市場の魅力度(成長性)と自社の強味(市場占有率)を基準に、このうち将来も利益の上がるもの、今は利益が出ているが、将来は利益の出なくなるものなどをあらかじめ区別する手法をいう。企業としては、ヒト、モノ、カネ、技術の経営資源を将来性のある事業に集中して投入する必要があるが、そのためにはPPMが欠かせない。

ブロック経済
【bloc economy】
いくつかの国の経済が結び付いて1つの経済圏を構成するもので、広域経済とほぼ同じ意味。欧州連合(EU)などが代表的。EUが1993年1月に市場を統合、さらに99年に通貨統合を始めたほか、米国、カナダ、メキシコの3カ国による北米自由貿易協定(NAFTA)が94年1月1日に発効、さらに米州34カ国が北米、中南米、カリブ海地域を統合する米州自由貿易地域(FTAA)の2005年実現に向

けて交渉を進めているなど，最近ブロック経済構築の動きが目立っている。→EU，北米自由貿易協定

プロテオミクス
【proteomics】
ゲノム（全遺伝情報）という設計図をもとに作られるたんぱく質の構造や機能などを網羅的に調べる研究。たんぱく質は，一部の異常が病気を引き起こす原因となる。疾患に関連するたんぱく質が分かれば，それが他のたんぱく質とどのように相互作用するか明らかにでき，疾患メカニズムを突き止めることも可能。創薬のターゲット探しに有効な手法で，たんぱく質の特定とともに，効率的な解析手法の開発などが進められている。

プロテオーム
【proteome】
プロテイン（たんぱく質）と遺伝子の総体を意味するゲノムとの合成語。ゲノムの設計図に従って体内で発現するすべてのたんぱく質の集まりを指す。1994年にオーストラリアの研究者が考案した。たんぱく質の構造や機能，相互作用などを調べるプロテオーム解析（プロテオミクス）は，ゲノムを解析するだけではわからない病気の治療や医薬品の開発につながる。ポストゲノム研究として注目を集めており，国内外で研究が活発化している。

フロート ⇨ 変動相場制

プロトコル
【protocol】
通信手順。通信機同士が情報をやり取りする際の約束ごと。プロトコルが違うと日本語と英語で双方が話し合っているようなもので，情報が伝わらない。異機種間の交信を可能にするためには情報を送る相手に応じて同じ言葉，つまり情報の同じ仕様，規則，順序などで話をする必要がある。国際的にも標準化が進められており，インターネットでは，「TCP/IP」という通信プロトコルが主に使われている。→TCP/IP

ブロードバンド通信
【broadband communications】
光ファイバー，ADSL（非対称デジタル加入者線），CATV（ケーブルテレビ）回線などを使った高速インターネット通信のこと。従来のダイヤルアップ通信は反対に「ナローバンド」とも呼ばれる。ブロードバンドでは動画や音声，音楽などがスムーズに送受信できる。特にADSLは低価格を武器に急速に普及，利用者は2004年3月末に1,100万を突破した。さらに高速な光ファイバーがブロードバンドの「本命」とされる。国内ブロードバンド通信の利用者数は04年5月末に1,500万人を超えた。

プロバイオティクス
【probiotics】
欧州で提唱された考え方で，抗生物質（アンチバイオティクス）の対比語。元々は摂取することで人間の健康に有益な効果をもたらす生きた微生物（菌）という意味だが，最近ではそれらを含んだ食品を指すことが多い。ヨーグルトや乳酸菌飲料などで増えている。明治乳業が2000年に発売した，胃潰瘍の原因の1つとされるピロリ菌を抑制する効果があるLG21菌を含んだヨーグルト「明治プロビオヨーグルトLG21」を契機に，ブームが起こった。

プロバイダー
【provider】
インターネットへの接続サービスを行う企業のこと。ISP（インターネット・サービス・プロバイダー）ともいう。高速・大容量の回線や海外専用線などを持つ一次プロバイダーと，それらの

設備は一次プロバイダーに間借りする二次プロバイダーがある。料金体系は、回線使用量に応じて徴収する従量制と、いくら使っても基本料金のみで済む固定制がある。代表的な事業者に、ニフティ(@nifty)、NEC(BIGLOBE)などがある。価格競争などにより採算性が悪化している事業者も多く、再編が進んでいる。

プロパティマネジメント
【property management ; PM】
オフィスビルなど不動産から得られる収益を最適な運営管理によって最大化すること。清掃、警備、水道・電気設備の管理といった現業からテナント対応や改修計画の策定まで、ビルの効率的な管理を通じて資産価値を維持・向上させるのが目的。適切な運営管理はビルの稼働率や賃料収入確保のカギになる。大手不動産各社はビルオーナーからのPM業務受託をアセットマネジメント(AM)業務とともに拡大している。→アセットマネジメント

フロリダ州再集計問題
【vote recounting in Florida】
2000年11月の米大統領選で大票田のフロリダ州で票の集計ミスがあったとして当選者の確定が1カ月以上も遅れるという異例の事態になった問題。共和党のブッシュ・テキサス州知事と民主党のゴア副大統領が立候補した大統領選は歴史的な接戦となり、州ごとに互角の戦いを展開する中、25人の選挙人をもつフロリダ州での勝敗が焦点となった。小差でブッシュ氏の勝利が宣言されたが、投票用紙に穴を開けるパンチ方式の不備が表面化。全米の得票数でしのぐゴア氏が、集計に疑義を呈したため手作業による再集計にもつれ込んだ。両陣営対立は訴訟合戦にまで発展して、前代未聞の混乱に陥ったが、連邦最高裁が「フロリダ州の手集計継続を認めない」という判断を下したことを受けて、ゴア氏が敗北を宣言した。当確情報を二転三転させたことで混乱に拍車をかけたメディアの責任も問われた。

フロン
【chlorofluorocarbon】
メタン、エタンなどの炭化水素に塩素やフッ素が結合した人工化合物。沸点が低く化学的に安定した特徴を生かして、各種の冷媒、消火ガス、スプレーの噴霧剤、溶媒などに需要がある。毒性は低いが成層圏で太陽光線によって分解、塩素を放出して上空のオゾン層を破壊するため、地表に降り注ぐ紫外線量を増やし皮膚ガンや白内障を誘発したり、農地や海洋の生態系に悪影響を及ぼすとの指摘が強まっている。→フロンガス規制

フロン回収法
【CFC Collection Law】
カーエアコンや業務用冷蔵庫などに含まれるフロンガスを回収し無害化することを事業者に義務付ける法律。2001年6月に成立し、02年4月に施行された。カーエアコンについては、自動車を生産したメーカーにフロンの回収・破壊の責任を負わせる「拡大生産者責任」を導入した。家庭用のエアコンなどに含まれるフロンは家電リサイクル法で回収されている。ただ、市中に出回るフロンの約7割は冷蔵庫などの断熱材に閉じ込められた泡に含まれており、このフロンの回収が急務となっている。

フロンガス規制
スプレーの噴霧剤や電子部品の洗浄用などに幅広く使われているフロンに対する国際規制。1985年に日米欧、旧ソ連など各国間で取り決めた「オゾ

ン層保護のためのウィーン条約」に基づいて，87年に「オゾン層を破壊する物質に関するモントリオール議定書」を採択した。それ以降の締約国会議で特定フロンと呼ぶフロン11,12,113,114,115の5物質は95年末に全廃，代替フロンHCFC（ハイドロクロロフルオロカーボン）も2020年に全廃が決まった。代替フロンHFC（ハイドロフルオロカーボン）はオゾン層は破壊しないが，温室効果が二酸化炭素に比べてはるかに高いため，排出規制に乗り出した国もある。代替フロンに代わる物質の研究もあるが，フロンと同等の性質を持つ物質はみつかりそうにない。01年通常国会で成立したフロン回収法では，自動車のクーラーのフロンはユーザーの費用負担で回収することなどを定めた。

分散投資
【diversified investment】
複数の銘柄や業種に分けて投資すること。1つのもの，あるいは同じ種類のものに投資を集中するよりも，例えば株式と不動産と預貯金に分けたり，株式投資の場合でも，いくつかの銘柄，いくつかの業種に分けたりして投資した方が，損害のリスクを分散できる。

分子素子
【molecular device】
分子1個でできたトランジスタやメモリー，スイッチなどの電子素子。今のトランジスタ素子が雑誌1ページ分の大きさとすると，分子素子はそのページに印刷されたピリオド程度になる。米国では何度でもオン・オフ可能な分子スイッチや分子メモリー，分子電線が試作され，これらを組み合わせた中央演算処理装置の研究も始まっている。これが分子コンピューターで，今のスーパーコンピューターが指先に乗るほどの小型化が実現する。→ナノテクノロジー

分子農業
【molecular farming】
植物の遺伝子を組み換えて産業上有用な物質を作る工場として利用する技術。病原性大腸菌やマラリアに対する抗体を含むジャガイモなど「食べるワクチン」のほか，生分解性プラスチックなどの工業原料を作らせる技術の開発が進んでいる。植物は主に大気中の二酸化炭素と太陽エネルギーを利用するため生産コストが低く，工場で生産する場合の8分の1程度といわれる。植物の遺伝子組み換えに関する主要特許が相次ぎ期限切れを迎える2004〜05年に商業化が広がるとの見方もある。→遺伝子組み換え植物，生分解性プラスチック

分子標的薬
【molecular target drugs】
病気の発症や悪化の分子レベルでの仕組みに基づき，特定のたんぱく質などだけをねらい打ちする新世代の薬剤。これまで慢性骨髄性白血病のイマチニブ（商品名グリベック）などが実用化している。2002年7月には肺がん治療薬ゲフィチニブ（商品名イレッサ）は世界に先駆けて日本で承認されたが，副作用で死亡する患者が相次ぎ問題となった。薬効や副作用には個人差が大きく，遺伝子レベルで患者の体質を見極める必要がある。

分社経営
組織が肥大化した企業が活性化のため，いくつかの企業に組織を分割すること。最近は多角経営のため分社化を積極的に進める企業が多い。分社経営のメリットとして，①責任体制の明確化，②研究開発の効率化，③税制上の利点——などがある。しかし，一方では管理部門の重複によるコスト

増，研究部門の交流減少から独創的商品が生まれにくいなどのデメリットも指摘されている。

粉飾決算
【window-dressing settlement】
会社の資産内容や収支状況を良く見せるために，貸借対照表や損益計算書の数字をごまかした決算。利益の水増しを指す。株主や下請企業，債権者などに損害を与えるので，商法や証券取引法で禁止されている。

分税制
【tax segmentation system】
中国が1994年から導入した徴税制度。地方が集めて一定割合を中央に納めていた税金を国税と地方税に分けて徴収，中央の財政基盤を強化する。税収の中央への分配率は2000年までに現在の30％から60％に引き上げる方針だったが，導入1年目にして分配率は58.5％に上昇，目標をほぼ達成した。導入に当たっては税収入が減少する地方，なかでも沿海都市では既得権益を侵され，中央の権限強化につながる制度として抵抗が根強く，94年3月の全国人民代表大会では分税制を盛り込んだ予算案に大量の反対・棄権票が出た。

分離課税
【separated taxation】
総合課税に対する例外で，利子や配当，土地の譲渡所得などの所得については，他の所得とやや性質が異なるので，納税者が選択すれば，他の所得と分離して課税することになっている。→総合課税

分類債権
【loan categories】
金融機関は自己査定を通じて，個別に判断した回収見込みにより貸出債権を，①健全債権である第1分類，②回収に注意を要する第2分類，③回収に重大な懸念がある第3分類，④回収不能の第4分類――に区分している。金融機関の不良債権処理はこの分類に基づいて実施される。このほか，金融再生法に基づく開示基準もあり，金融再生法は債権を，①正常債権，②要管理債権，③危険債権，④破産更正債権およびこれらに準ずる債権――の4区分に分けている。→不良債権

ベアリングズ倒産
【collapse of Barings Plc.】
1995年2月，英国ベアリングズのシンガポール法人の英人ディーラー，ニック・リーソン氏がデリバティブ（金融派生商品）への投機に失敗したことが表面化，イングランド銀行は救済を断念し，同社は倒産した。オランダの金融・保険グループ，INGグループの傘下入りが決まり，「女王陛下の銀行」の名前が消滅することを回避した。

米移民流入規制
【regulations on immigrants into U.S.】
米政府が1996年2月，従業員に不法移民がいると判明した企業に対し，政府との取引を原則1年間停止するとの大統領令や，カリフォルニア州などで国境警備の強化を打ち出したことを指す。米国への移民は年間100万人に上り，不法移民は30万人ともいわれている。こうした移民が賃金水準を下げ，結果として米国人の雇用機会を奪い，福祉ただ乗り，貧困・犯罪の温床になっているなどの批判が高まってきたことに対応したもの。これに対し，外国人技術者への依存度が

高いソフトウエア業界などは、頭脳流出による国際競争力低下につながると反発している。

米・EU間バナナ紛争
【U.S.-EU dispute over banana trade】
欧州連合（EU）がカリブ海地域やアフリカの旧植民地産のバナナ輸入を優遇しているとして米国や中南米諸国が反発、EUのバナナ市場開放を求めて世界貿易機関（WTO）に提訴した紛争。1997年9月にEUが敗訴、99年1月に旧来の輸入制度を改めた。しかし、米国は改正後も依然、WTO違反の状態が続いているとし、EUから輸入するチーズ、豚肉などに100％の制裁関税を課すことを決め、WTOに承認を要請。99年4月にWTOは米国の要請を認めた。2001年4月、EUがカリブ海諸国など旧植民地用に設定した無関税輸入枠を7月から見直す一方、米資本が生産する中南米産の輸入を促進するほか、06年から全面的に関税化に移行することで合意し、紛争は決着した。

米大型減税
【large-scale income tax cut】
米国で2001年から11年間で1兆3,500億ドルを減税する措置。ブッシュ大統領が選挙公約に掲げていたもので、米議会も原則同意し、実現にこぎつけた。所得減税、教育減税、相続税の段階的な撤廃などが骨子となっている。減税幅は大統領が提唱していた1兆6,000億ドルより圧縮され、「高額所得者を優遇している」という民主党からの批判にも配慮を迫られた。ブッシュ政権はさらに03年5月、03年から11年間で3,500億ドル減税する法律を成立させた。株式の配当課税をめぐっては、最高税率を38.6％から15％に引き下げたうえ、二重課税を軽減した。ただ、相次ぐ減税で財政赤字拡大を懸念する声も強まっている。

ペイオフ
【payoff】
経営破たん金融機関の預金を預金保険機構を通じて預金者に払い戻すこと。ペイオフの対象になるのは預金の元利合計の一定額。2002年4月1日から、定期預金、信用金庫や信用組合の定期性預金に関しては、元本1,000万円とその利息分しか預金者への払い戻しが保証されなくなった。当初は普通預金などについても03年4月からペイオフの対象とする予定だったが、政府は02年10月に2年間の解禁延期を決定した。05年4月以降は無利子の決済性預金のみが全額保護の対象となる。

米海運法
【Shipping Act】
米国の海運政策の中心となっている法律。米国の海運政策当局であるFMC（連邦海事委員会）の拠りどころである。特色は米国の強い独禁政策を反映していることで、米国関係の同盟がすべてオープンコンファレンス（開放的同盟）でないと認められないのはその象徴的な例。海運先進国のほとんどが同盟の歴史的役割を認め、伝統的なクローズドコンファレンス（閉鎖的同盟）を認めているのと比べると、米国の海運政策の違いが際立っている。1984年6月になって自由競争の促進をねらった新海運法が施行されたが、更なる規制緩和を目指した内容の新海運法（Ocean Shipping Reform Act of 1996）が99年に施行された。

米会計検査院 ⇨GAO

平均株価
【stock price average】
株式市況全体の変動を見たり、個々

の銘柄の株価と市況のすう勢を比較したりするために利用される指標で、一定数の銘柄について毎日株価の平均値を求める。これは計算方法の違いにより、①単純平均株価、②修正平均株価、③加重平均株価——があるが、それぞれ一長一短があり、他の株価指標と併用して見ることが望ましい。→日経平均株価、単純平均株価

平均消費性向
【average propensity to consume】
家計が平均して可処分所得（手取りの収入）のうちどれだけを消費にあてたかを示す指数で、消費者行動をつかむ手掛かりとなる。通常、消費の変動は所得の変動よりも小さく、不況期に所得が減少すると平均消費性向が上昇して、景気を下支えする効果が働く。近年は企業がリストラを強化するなかで、家計の平均消費性向が上昇している。→消費性向

米金融制度改革法
【Gramm-Leach-Bliley Act of 1999】
銀行、証券、保険の業務の垣根を撤廃することを記した米国の法律。金融持ち株会社の傘下で銀行、証券、保険の兼業が認められる。クリントン前大統領が1999年11月に署名、成立した。大恐慌時代の1933年に銀行・証券の垣根を設けたグラス・スティーガル法の制定以来66年ぶりの大改革。業態を超えた買収・合併が可能になり、米金融機関の再編を加速する一因となった。

米国際貿易委員会 ⇨ITC
米国新農業法
【New Agricultural Law】
米国国内の農業補助金を2002年から07年までの6年間で517億ドル上積みする内容で、02年5月に成立した。小麦や大豆などの価格が落ち込んだ場合に所得を補てんする制度を設けたほか、環境保護対策も盛り込んだ。オーストラリアなどの農産物輸出国や欧州連合（EU）は保護主義的な法律だと批判。世界貿易機関（WTO）新多角的通商交渉（新ラウンド）の波乱要因となっている。

米国土安全保障省
【U.S.Department of Homeland Security】
米国本土のテロ対策を統括する巨大官庁。2001年9月の米同時テロの再発を防ぐねらいから、沿岸警備隊、連邦緊急事態管理庁など8省庁22部局を統合し、03年1月に発足した。年間予算は約400億ドル、職員数は約17万人に上る。初代長官は国土安全保障局長だったトーマス・リッジ氏。本部はワシントン。→対テロ戦争

米国同時多発テロ事件 ⇨ 対テロ戦争
米穀年度
【rice-year】
前年の11月1日から当年10月31日までの1年間を米穀年度という。会計年度より始まるのが5カ月早い。これは戦前、新米の流通が11月ごろに本格的になるため決められたもの。

米国の医療保険改革
クリントン前大統領が財政赤字削減のため推進していた政策の1つ。ブッシュ政権も公約として掲げている。高齢化などをにらみ長期的な政府負担の抑制を迫られている。米国の医療保険制度は高齢者対象のメディケア、低所得者対象のメディケイドの公的保険と一般の民間保険から成っているが、米国全体では保険に加入していない人口が相当の割合を占める。これらの無保険者に保険を提供し、多くの先進国が目指している国民皆保険制度を確立すると同時に、医療費

の抑制を目指している。

米国のエネルギー政策
【national energy policy of U.S.】
原子力発電の利用拡大や,規制緩和による石油,天然ガスの生産・供給増を盛り込んだ米国の新たな国家エネルギー政策。ブッシュ政権が2001年5月に発表した。原発は1979年のスリーマイル島事故以来,国民の不安が強まった上,発電コストも高いという理由から新規建設がなく,建設推進は大きな政策転換となる。ガソリン価格の高騰やカリフォルニア州の電力危機などが表面化したため,大幅な見直しに踏み切ったとされる。ただ,石油産業とかかわりの深いテキサス州出身のブッシュ大統領がエネルギー業界からの働きかけに応じた結果という観測もある。原発推進への転換は日本をはじめとする海外の原子力政策にも影響を及ぼしそうだ。

米国の対中最恵国待遇
【Most Favored Nation (MFN) status for China】
米通商法のジャクソン・バニク修正条項により,米国は中国のMFNについて毎年延長手続きを必要としていたが,クリントン前政権の打ち出した対中積極関与政策の一環として2000年に対中MFN恒久化法が成立した。しかし,恒久化は中国の世界貿易機関(WTO)加盟を条件としているため,01年6月,ブッシュ政権は中国のWTO未加盟を受けて議会に1年延長を要請。01年12月に中国のWTO加盟が実現したのに伴い,恒久化を正式決定した。

米財政均衡問題
【issue of balanced budget in U.S.】
ブッシュ(父)政権末期の1992会計年度に過去最大の2,900億ドルを記録した米連邦予算の財政赤字をいつまでに,どのようにゼロにするかを巡る大統領と議会との論争。96年の大統領・議会選挙で民主,共和両党とも公約に掲げ,97年5月に2002年度の財政均衡でようやく決着した。骨子は,①高齢者医療費支出を中心に5年間で2,700億ドルの歳出削減,②一方で株式譲渡益(キャピタルゲイン)課税などを中心として実質850億ドルの減税,③年間450億ドルの税収増を前提──など。歳出削減の内訳はメディケアの支出減が1,150億ドル,国防費が770億ドル,低所得者医療費補助(メディケイド)が140億ドル,その他の行政経費節減が640億ドルなど。米国経済の好調が続き,税収が大幅に増えたため,98年度(97年10月～98年9月)には690億ドルの黒字を計上した。しかし,株式バブル崩壊を受けた税収減などで02年度は1,590億ドルの赤字に転落した。03年度は景気低迷やイラク戦争に伴なう歳出増などで赤字額は過去最大の3,742億ドルに達した。04年度は4,000億ドルを超える見通し。このためブッシュ大統領は04年1月の一般教書演説で5年間で財政赤字を半分にすると公約したが,具体案に乏しく,懐疑的な見方が根強い。

米州開発銀行
【Inter-American Development Bank ; IDB】
米州内の経済や社会発展の促進を目的に資金と技術援助を提供する金融機関。発足は1960年で,本部はワシントン。現在の加盟国は米国,カナダ,ラテンアメリカ諸国に日本,イスラエル,欧州16カ国を加えた46カ国。2001年の融資総額は78億ドルに達した。長期的な開発プロジェクトの支援に加え,世界的な金融危機

や自然災害に端を発する問題に対しても融資や無償技術協力を実施している。

米州機構　⇨OAS
米州サミット
米国、中南米諸国による首脳会議。1993年12月に当時のゴア米副大統領が「経済、貿易、環境などをテーマに話し合うため中南米諸国を米国に招きたい」と述べたのが発端。94年1月に北米自由貿易協定（NAFTA）が発効した後、クリントン前政権は自由貿易協定を中南米に拡大する構えを見せた。中南米との結束を強化するのがねらい。2001年4月、カナダのケベック市で開催された第3回では05年末までに米州自由貿易地域（FTAA）を実現させることで合意した。

米州自由貿易地域
【Free Trade Area of the Americas ; FTAA】
北米、中南米、カリブ海地域全体を1つの経済統合体として貿易・投資に関する共通のルールを作り、一大自由貿易地域を創設しようという構想。1994年に米マイアミで開いたキューバを除く米州34カ国の第1回米州サミットでクリントン前米大統領が提唱した。98年4月のサンティアゴでの第2回米州サミットで構想の実現に向けた貿易交渉委員会と9つの作業部会の設置を決定。2001年4月のカナダ・ケベックでの第3回米州サミットでは、05年1月までに交渉を終え、同年12月までの発効を目指すことが決まった。さらに、参加国の民主主義に関して、民主体制を損なった国家は首脳会議参加への「克服しがたい障害をもつ」とし、事実上参加資格を失うことが明記された。実現すれば人口約8億人、域内総生産（GDP）13兆ドルの世界最大の経済ブロックとなる。

米証券取引委員会　⇨SEC
米大統領経済諮問委員会　⇨CEA
米中関係
【China-U.S. relation】
米国と中国は政治・経済体制や人権に対する考え方の違い、台湾、武器輸出などの問題でしばしば摩擦を起こしながら、そのつど関係を修復してきた。1997年の江沢民・中国国家主席（当時）の訪米、98年のクリントン前米大統領訪中によって、両国は「建設的で戦略的なパートナーシップ」構築に向けて努力することで一致した。99年前半には米軍による在ユーゴスラビア中国大使館誤爆が起きたが、両国の決定的な関係悪化には至らなかった。2000年5月に米下院が中国への最恵国待遇（MFN）恒久化法案を可決。ブッシュ米政権誕生直後の01年4月には中国軍機と接触した米軍機が中国・海南島に不時着する事件が発生したが、両国は事故原因を明確にしないまま幕を引いた。02年4月から5月にかけては胡錦濤・国家副主席が訪米、米国から元首級の扱いを受けた。胡氏は03年3月、国家主席に昇格し、両国が互いに重視している事実を印象付けた。

米中軍事交流
【military exchange between China and U.S.】
1979年の米中国交回復前後に始まったが、両国間の人権や台湾問題を巡る摩擦を受けて中断することが多く、一進一退を繰り返している。89年の天安門事件をきっかけとした米国の対中武器輸出の禁止のほか、92年の米国の台湾へのF16戦闘機輸出発表、95年の李登輝台湾総統（当時）の訪米、96年の台湾総統選時の中国

の台湾海峡における軍事演習，99年のユーゴスラビアの中国大使館への米軍機の誤爆事件などが交流を妨げる要因となった。この間，米国の関与政策が功を奏し，中国の92年の核拡散防止条約（NPT）調印，両国の国防幹部の相互訪問，艦船の相互寄港などが実現している。ただ中国による米国の核技術盗用疑惑に見られるように両国間には根強い不信感があって距離を縮めるのは困難との見方もある。

米朝枠組み合意
【U.S.-North Korea Framework Agreement】
北朝鮮が核開発を凍結する見返りに，軍事転用しにくい軽水炉型原発2基と年間50万トンの重油を提供するとした，1994年10月の米国・北朝鮮の合意。北朝鮮は93年に核拡散防止条約（NPT）脱退を宣言し米朝関係が緊張したが，枠組み合意により北朝鮮は核兵器の原料を生産できる同国北西部・寧辺の黒鉛減速炉の開発を凍結し，危機は収束に向かった。しかし，2002年10月に平壌での米朝高官協議で北朝鮮が核開発計画の継続を認め，日米韓などが重油の供給を停止したことで，北朝鮮は同年12月に黒鉛減速炉など核施設の再開を発表。これ以降，北朝鮮が核兵器保有を認めるなど核危機が再燃した。

米通商法301条
【Section 301 of the Trade Act of 1974】
貿易相手国政府の不公正貿易慣行に対する報復措置を定めた米国法。正式には1974年通商法301条。1984年通商法の修正で適用対象がハイテク，サービス，投資にも広がった。外国政府による不合理な行為として，①米企業に市場機会を与えない，②企業設立の機会を与えない，③適切な知的所有の保護を与えない――などの点を挙げている。USTR（通商代表部）が調査して違反と判断すれば，大統領が輸入制限に踏み切れる。88年には市場障壁がある国が3年間で撤廃しない場合，報復措置をとる「スーパー301条」や，報復措置の権限を大統領からUSTRに移すとともに「不公正慣行」の範囲を広げた301条改正を盛り込んだ88年包括通商法が成立した。クリントン前政権下では95年5月に日本製高級車を対象に301条に基づく制裁候補一次リストを公表し，日本車メーカーの譲歩を引き出し，6月の日米自動車交渉決着に結びつけた。このほか，著作権や特許など米国の知的所有権を保護しない国を対象とした包括通商法301条スペシャル（知的所有権侵害国の特定・制裁）に基づき中国などを対象に監視している。

米通信改革法
【U.S. Telecommunication Law】
米国の通信やメディア産業の国際競争力強化をねらい，1996年2月に成立した法律。地域電話，長距離電話，CATV（有線テレビ）の3業種の垣根を原則撤廃するほか，テレビ・ラジオなどメディア産業の資本規制も大幅に緩和する内容。料金設定の自由化なども盛り込まれている。通信分野では84年の旧AT&T分割以来の流れを180度逆転させたほか，通信と放送産業の相互乗り入れが可能になった。具体的には地域電話への長距離電話会社やCATVからの参入を促し，逆に地域電話会社の長距離通信事業を認める。成立直後に地域電話大手同士の合併やCATV事業者の買収が実現するなど，業界再編が加速している。

並列コンピューター
【parallel computer】
情報処理を行う演算処理装置(プロセッサー)を複数持つコンピューターで,通常のコンピューターより高速な処理ができる。プロセッサーが1,000個以上のものを「超並列コンピューター」と呼ぶこともある。商用機は米国が中心だが,日本でも富士通,NEC,日立製作所が製品を出している。海外では,チェスの世界チャンピオンに勝った米IBMの「ディープブルー」が有名。近年では複数のパソコンをつないで並列処理するシステムも登場。従来より安価にシステムを構築できるため注目を集めている。

並列処理
【parallel processing】
ある仕事をこなすときに,1人よりも複数で手分けした方が速いのと同じように,複数のCPU(中央演算処理装置)で大量の情報を高速処理しようという技術。専用のCPUで高速処理する従来技術を「ベクトル型」と呼ぶのに対し,「スカラー型」と呼ばれる。高価で処理速度の速いCPUの代わりに安価なCPUを複数用いることで,以前の汎用機並みの性能が安価に得られる。そうしたコンピューターを並列コンピューターといい,特に数百～1,000個単位のCPUを用いて超高速処理ができる装置を超並列コンピューターと呼ぶ。

米連邦公開市場委員会
【Federal Open Market Committee ; FOMC】
米連邦準備理事会(FRB)の理事7人と地区連邦準備銀行の総裁5人から成る委員会。金融政策の目標や公開市場操作の方針決定などの機能をもつ。年に8回,ワシントンのFRB本部で開かれる。年間8回のスケジュールは毎年3月か4月の会合で決定し,その間の情勢急変には臨時会合や電話による話し合いで対応している。会合の内容については,議事録要旨,政策指令,採択状況,反対意見の理由等が次回定例会合開催週に公表される。

米連邦住宅貸付抵当公社
【federal home loan mortgage corporation】
通称フレディマック。連邦住宅抵当公社(ファニーメイ)と並ぶ政府系の住宅金融機関。住宅ローンを銀行などから買い取り,これを裏付けにモーゲージ担保証券(MBS)を発行,投資家に販売する。米国での住宅供給を増やすねらいから1970年に設立。その後,民営化された。2003年になって,過去の収益を意図的に修正していた疑いが浮上。社長や最高財務責任者などが更迭された。

米連邦通信委員会 ⇨FCC
米連邦取引委員会 ⇨FTC
平和のための協調協定 ⇨PFP協定
北京五輪
【Olympic Games in Beijing】
2008年の夏季五輪。国際オリンピック委員会(IOC)が01年7月の総会で北京五輪開催を決定した。同年12月に世界貿易機関(WTO)に加盟した中国が国際社会により積極的に関与する節目のイベントとなる。中国は開催決定時ですでに総額16億5,000万ドルを投じてスポーツ施設建設を進め,北京五輪を機に一段の経済発展を実現する考え。中国にとって北京五輪成功が当面の重要な課題の1つで,それまでは人権問題なども含め,日米などとの摩擦は極力避ける方針とされる。

北京・上海高速鉄道
【Beijing-Shanghai high-speed train】

北京と上海の間に高速鉄道を敷設する中国版の新幹線建設計画。第10次5カ年計画に事業が盛り込まれた。天津，南京，蘇州などを経由し，全長約1,300キロを7時間程度で結ぶ。1,000億元（1元＝約13円）の投資が見込まれる中国最大のプロジェクトの1つだ。採用する技術方式を巡っては，日本の新幹線，フランスのTGV，ドイツのICEと日仏独が独自の鉄道システムの導入を目指し，激しい受注合戦を展開している。日本は，国土交通省や商社など官民が一体となって中国の鉄道建設に協力する体制を敷いている。

ベースメタル
【base metal】
鉄，銅，鉛，亜鉛など古くから使われ，比較的埋蔵量の多い金属。クロムなど埋蔵量の少ない希少金属（レアメタル）に対してこう呼ばれる。銅は主に電線，電子部品材料に使用され，鉛はバッテリー向け需要が多い。亜鉛は近年，自動車向け鋼板の防錆用に需要が増加している。国内鉱山はほとんど閉鎖したため，海外から鉱石を輸入している。

ペッグ制
【currency peg system】
自国・地域通貨の価値を他の主要通貨に連動させる通貨制度。相場が通貨当局の想定範囲を外れそうになると，外国為替市場の介入を実施する場合が多い。貿易相手国の通貨の加重平均に連動する「バスケット制」や，変動幅を一定範囲に抑える「バンド制」などで相場変動を管理する国・地域がある。

ヘッジ外債
【hedged investment for foreign bond】
為替変動リスクを回避したうえで行う外国債券投資のこと。外国債券に投資する場合は，その債券自体の価格変動リスクとともに，投資者の自国通貨と外国債券の通貨の為替変動リスクが発生する。例えば，日本の投資家が米ドル債に投資した場合，その後円高ドル安になれば為替差損が発生する。ヘッジ外債は，為替予約などを使ってこうした為替リスクをヘッジして投資する手法で，日本の生命保険会社などが行っている。個人向けの外債投資信託にもこのタイプのファンドがある。

ヘッジファンド
【hedge fund】
株式や為替など変動商品への投資にあたって，先物やオプションなどの金融派生商品での運用も行い，相場の上下にかかわらず収益を追求するファンド。資金の出し手が少数で規制の対象にならないものが多い。買いだけでなく，売りのポジションも積極的に取る。米国の投資家ジョージ・ソロス氏が設立した「クオンタムファンド」が有名。運用規模が巨額になり，為替相場などのかく乱要因などになっているとの指摘がある。アジア通貨危機に際して大量の空売りを仕掛けそのきっかけを作ったともいわれ，規制を求める声も多くなっている。最近では特定のファンドや運用者よりも，ヘッジファンド全体としての動向に注目が集まるようになっている。

ヘッジング　⇨つなぎ売買
ヘッドハンティング
【headhunting】
経営幹部や新しい事業分野について社内に有能な人材がいない場合などに外部から適任者を引き抜くこと。専門のスカウト会社を使い，現在の企業よりもポストや給与などで有利な条件を示してスカウトする例が多い。日

本よりも先に不況の長期化を経験し、大規模なレイオフ（一時解雇）が常態化した米国で専門会社が発達した。終身雇用が大きな特徴とされてきた日本でも、雇用調整の動きが本格化したことや情報技術（IT）の人材不足から増加傾向にあるといわれている。

ペットボトル
【polyethylene terephthalate bottle】
ポリエチレンテレフタレート（PET）というプラスチックを使った容器の一種。従来ガラスびんだったしょう油びんがこれに変わったのを皮切りに化粧品、食用油、清涼飲料などの容器向けに需要が急増している。ガラスびんに比べて軽くて割れにくいうえに、透明性や色ツヤに優れることが特徴。厚生省（当時）が1982年2月に清涼飲料容器にも認可した際、飲料業界各社はごみ増加に配慮して、1リットル未満の小型ペットボトルについては使用の自主規制を決めた。しかし、小型ペットボトル入りの輸入ミネラルウオーターの急増などから、業界団体である全国清涼飲料工業会は96年4月、自主規制を解除した。97年に容器包装リサイクル法が施行され、使用済みペットボトルの回収・リサイクルが進んでいる。

ベビー・ベル
【Baby Bell】
1984年のAT&T分割に伴って誕生した、米国の7つの地域電話会社の総称。全米を7分割した地域でそれぞれ独占的に電話事業を手掛けてきた。さらに、96年2月に米国通信改革法が成立。通信と放送の垣根が撤廃され、地域電話会社も長距離通信、有線テレビ（CATV）に参入できるようになった。一方AT&Tも地域電話事業に参入できるようになり、各地域で独占体制にあったベビー・ベルは一気に競争市場に押し出された。ベル・アトランティックはナイネックスと合併後、2000年に独立系のGTEと合併し、ベライゾン・コミュニケーションズとなった。USウエストは新興長距離通信のクエスト・コミュニケーションズが買収。これらの再編の結果、米国地域電話会社はベライゾン、クエスト、SBCコミュニケーションズ、ベルサウスの4社に集約された。

ヘラクレス
【Hercules】
大阪証券取引所が運営する高成長企業を対象とした株式市場。旧名称はナスダック・ジャパン。全米証券業協会（NASD）とソフトバンクが、新市場創設を目的として新会社ナスダック・ジャパンを99年6月設立。大証と業務提携してナスダック・ジャパン市場を始動した。取引開始は2000年6月。将来は米欧アジアの3極市場をオンラインで結び、24時間取引を目指すとしたが、日本経済や株式相場の低迷でナスダック・ジャパンの業績も悪化。ナスダックはついに02年8月、日本撤退を発表した。大証は同年12月、名称をヘラクレスに変更して市場運営を継続した。新しい名称はギリシャ神話の英雄ヘラクレスにちなんで付けた。ただ、ナスダックブランドを失った後、新規上場社数が急減しており、市場の魅力作りが課題。04年4月に大証が上場し、話題を呼んだ。

ヘルシンキ会議 ⇨ 欧州安保協力機構
ヘルスビューティケア ⇨ HBC

ベルヌ条約
【Berne Convention】
「文学的及び美術的著作物保護万国同盟創設に関する条約」のことで、著作権の国際的な保護を目的とする条約。1886年にスイスのベルヌで締

結されたのでこう呼ばれる。加盟国は保護同盟（事務局はベルヌ）を組織し、同盟国民の著作物には内国民待遇を与えること，著作権の効力は発生主義（登録などの手続きを要しない無方式主義）によること，著作権は著作者の生存期間及び死亡後の一定期間保護されることなどを原則としている。

変額保険
【variable-rate insurance】
満期返戻金および死亡保険金が生命保険会社の資産運用成果によって増減するハイリスク・ハイリターン型の保険。1950年代後半にオランダで初めて登場した。死亡保険金には最低保証制度を設けるが，途中で解約した場合の解約返戻金や満期返戻金にはない。わが国では86年10月から発売。相続税対策で銀行の保険料ローンと組み合わせるケースが多く，バブル崩壊後に満期返戻金を上回るローンを抱えた契約者が生保と銀行に損害賠償を求める訴訟が相次いだ。

便宜置籍船
【flag-of-convenience vessels】
パナマ，リベリア，バハマなどの外国に船舶を登録することを便宜置籍といい，こうして登録された船舶を便宜置籍船という。これらの国では船舶保有に関する税金，諸経費が安いうえ，船員その他に関わる規制が緩いので，自国の厳しい制約を嫌う先進国船主が大いに活用している。

ベンチャーキャピタル
【venture capital】
将来性はあるものの，まだ経営基盤が弱く，普通の金融機関ではリスクが大きく融資しにくいベンチャー企業に対し，株式の取得などを通じて投資する企業。投資先の企業が株式を公開することで得られるキャピタルゲインによって収益を上げるのが一般的。第1次石油危機前の第1次ベンチャーキャピタルブーム，1980年代前半の第2次ブームを経て，90年代半ばから第3次ブームを迎えた。東京証券取引所のマザーズなど新興企業向け市場の創設により，ベンチャー企業の設立から公開までの期間が短縮。その結果，従来の銀行・証券系だけでなく，ソフトバンクなどの事業会社や経営コンサルタントなどが相次いで独立系のベンチャーキャピタルを設立している。また99年後半からは外資系ベンチャーキャピタルも日本企業への投資を始めた。ただ，ネット株バブルの崩壊などで新興のベンチャーキャピタルの一部は撤退・縮小している。

ベンチャー向け新市場
【new stock markets for start-ups】
ベンチャー（新興企業）の育成と新たな投資対象の提供をねらいに，既存の市場とは別に開設された市場。成長性の高い事業を手掛けていることを前提に，創業後間もない企業や赤字で資金調達に制約がある企業などに株式上場の道を開いた。既存市場に比べ，業績や企業規模，審査期間などに関する上場基準が緩やかなのが特徴。ナスダック（米店頭株式市場）の日本進出構想に触発される形で東京証券取引所が1999年11月にマザーズを開設，2000年6月にはナスダック・ジャパン（現ヘラクレス）での取引が大阪証券取引所でスタートした。各地の証券取引所は地元企業の活性化も目指し，名古屋証取がセントレックス（99年10月），札幌証取がアンビシャス（2000年4月），福岡証取がQ-Board（同5月）をそれぞれ開設した。ただ，景気低迷やナスダック・ジャパンの日本撤退などが響き，上場数や売買は当初の予想を下回っている。→ヘラクレス

ペンティアム
【Pentium】
米国の半導体メーカー，インテルが製造しているMPU（超小型演算処理装置）の名称。パソコンの心臓部に当たる計算機能をつかさどり，現在普及しているものの中では最も高性能のシリーズである。米マイクロソフトの基本ソフトであるウィンドウズと並び，パソコンの事実上の業界標準になっている。→ウィンテル

変動相場制
【floating exchange rate system】
各国通貨の価値を固定せずに市場の動きを通じて決める制度。1978年4月に発足したキングストン体制では，各国は固定相場制でも変動相場制でも自由に採用できることになっており，変動相場制を認知，名実ともに総フロート時代となった。ただIMFは加盟国の85％の多数決で固定相場制への復帰を宣言できることになっている。→IMF

変動費
【variable costs】
一定の生産設備の下で，操業度の変化につれて，その大きさが変動する原価費目。可変費ともいい，固定費（不変費）と対照的なもの。変動費の最も代表的なものは原材料費で，燃料費や夜勤手当など人件費の一部も変動費に含めることが多い。売上高に対する変動費の比率を売上高変動費比率という。各企業とも，新しい生産方法の開発や，使用原材料の吟味によって売上高変動費比率を引き下げようと努力している。なお，売上高から変動費を差し引いたものを限界利益という。→固定費

変動プライムレート
【floating (flexible) prime rate】
米国の商業銀行が一流企業向けの最優遇貸出金利であるプライムレートを資金需給の実勢に応じて弾力的に動かす制度。米国のプライムレートは大恐慌直後の1934年にできて以来，各行によって固定的に運用されてきたが，71年10月にシティ・バンクが初めて「変動制」を実施した。その方式は3カ月物CP（コマーシャルペーパー）金利の週平均値に，0.6251％上乗せするというものだった。現在シティ・バンクはCD（譲渡可能定期預金証書）に上乗せする方式をとっている。→プライムレート

変動利付債
【floating-rate note】
償還期限までの間，ある一定期間ごとに表面利率が変動する債券。債券は固定利付きのものが普通だったが，1970年代以降，金利の変動が激しくなるとともに，発行者，投資家双方が金利変動リスクを避けるために国際金融市場で開発された。73年に発行されたスペインのビスカヤ・インターナショナル債が最初といわれる。表面利率は一般に短期市場での調達金利に一定のスプレッドを上乗せした形で決めることになっており，通常3カ月あるいは6カ月ごとに変動する。最近は国際金融市場だけでなく米国市場などでも発行されている。日本では83年2月に発行された超長期国債で初めて導入された。日本企業では94年4月の三井造船債が第1号。なお，市中金利が上昇するとクーポンが低くなるという，逆変動利付債もある。

ポイントカード
【point-card system】

小売店が購買額に応じて消費者にポイントを与え、一定水準に達した時点で買い物券などと引き換えるカードシステム。百貨店、商店街、ショッピングセンターなど中小小売店の集積体が、主に顧客を固定化するために使用している。クレジットカードやキャッシュカードと組み合わせて利便性を高めるケースが多い。一部の家電量販店ではポイント還元率が10％以上で、低価格訴求の有力手段となっている。

ポイント式退職金
勤続年数や役職、人事考課などで個人別に点数（ポイント数）を設定し、これにポイント単価をかけて退職金支給額を算出する手法。退職金と基本給の相関関係がなくなるため、企業側には、毎年の昇給が直接、退職金負担増にならないというメリットがある。勤続年数ではなく、個人業績をより濃く反映させる仕組みといえる。

貿易管理令 ⇨ 貿管令
貿易・サービス収支
【goods and service account】
国際収支のうち、モノの輸入と輸出のバランスを表す「貿易収支」とサービスの流れを表す「サービス収支」を合わせたもの。日本ではIMF基準に準拠した国際収支の新統計に切り替えたのに伴って1996年から導入された。サービス収支は従来の貿易外収支から対外直接投資収益や証券投資収益、労働所得などを除外して、貿易取引と同様の性質を持つサービス取引をまとめたもので、輸送、旅行、金融、情報などサービスの種類別に細かい内訳を算出している。海外旅行者の急増や特許使用料の海外への支払い超過などにより、サービス収支は赤字基調になっている。

貿易統計
【customs statistics】
輸出または輸入された物資のすべての動きをとらえるため、財務省が毎月、毎年、税関の資料を基に作成、発表するもので、外国通関実績ともいう。計上価格は、輸出はFOB、輸入はCIFで1,000円単位で集計する。外国為替統計ではつかめない無為替輸入もつかめることや、物資の出入りが中心であるため時間的に外為統計より早いことが特徴。→CIF，FOB

貿易保険
【export insurance】
戦争や内乱などで輸出代金が回収不能となった場合、損害額の一定割合を補償する保険。被害額が大きいうえ、事故の発生率などが算定しにくいため、民間の保険会社ではなく政府が引き受けている。所管する経済産業省は2001年4月、貿易保険業務を担当する部署を独立行政法人の「日本貿易保険」として分離した。行政改革の一環で、民間企業の経営手法を取り入れて業務の効率化とサービスの向上を図るのがねらい。保険契約はそのまま経産省が再保険の形で引き受けるため、実質的には政府が業務を続けている。

包括通商法
【Comprehensive Trade Act】
当初の包括通商法案は、1988年6月にレーガン大統領（当時）の拒否権発動に伴い廃案となった。成立したのはこの法案の中の工場閉鎖事前通告条項などを除いた修正案で、88年8月23日に発効した。正式名称は「1988年包括通商・競争力強化法」。全体として、従来のガットの多国間主義、無差別主義を否定、通商政策について大統領裁量権を縮小し、2国間主義、報復措置に重点を移している。日本や欧州の各国から保護

主義的だとして強い批判が出た。主な条項には，スーパー301条（不公正貿易国・行為の特定・制裁）や知的所有権保護強化条項，反ダンピング制裁強化条項，金融報復条項，関税法337条強化条項などが挙げられる。米国産業の競争力強化のために教育，職業訓練強化条項を盛り込んだほか，先端技術計画（ATP）を創設。→スーパー301条

包括的核実験禁止条約 ⇨CTBT

包括払い制
【Diagnosis Procedure Combination】
入院一日当たりの費用を病気の種類ごとにあらかじめ一定水準に定めた診療報酬の計算制度。検査や投薬など処置に応じて医療費が膨らむ従来の「出来高払い」とは異なり，同じ病気・治療法の場合には一日当たりの入院費が一定になる。厚生労働省が2003年4月から全国の大学病院や大規模病院で順次導入した。医療費の抑制や入院期間の短縮が狙いで，入院が長くなると一日当たりの金額が段階的に少なくなる仕組み。病院経営にとっては，人材配置や検査費用などの効率化が課題になる。

包括利益
【comprehensive income】
貸借対照表に直接算入してきた持ち合い株の評価損益や為替換算調整勘定，土地再評価なども企業活動で生じた損益であるとして，損益計算書に反映させた最終利益のこと。賃貸ビルや工場などの固定資産は，減損処理で発生した損失のみを反映させる。営業活動による収益と利息などの金融収益に分け，さらに本業から生じた収益と，保有資産・負債の時価変動による収益とに分けて格子状に表示。純利益の項目はなくなる。全体を足した額が包括利益になり，純資産の増減に一致する。

貿管令
【Export Trade Control Ordinance】
輸出貿易管理令の略で，貿易管理令ともいう。国際収支の均衡維持と外国為替および国民経済の健全な発展を図るという目的で，1949年に作られた。経済産業大臣は輸出に一時的に枠をはめたり，完全にストップしたりできる。最近では日本の事情より国際取り決めによる規制が多い。

放射光
【synchrotron radiation】
光に近い速度の電子の方向を強力な磁場で曲げるときに出る，X線など波長の短い極めて強力な光。超微細な半導体加工や巨大たんぱく質の構造解析，難病診断などへの応用が考えられている。住友重機械工業，石川島播磨重工業，三菱電機などが小型のSR装置を開発した。日本は世界最大の放射光施設「SPring8」を兵庫県西部の播磨科学公園都市（西播磨テクノポリス）に建設し，1997年秋から本格運用が始まった。

放射性廃棄物
【radioactive waste】
原子力発電など原子力を利用するときに発生する放射能を持った廃棄物。放射能の強さにより，使用済み核燃料再処理工程の濃縮廃液の高レベル廃棄物と，原子炉冷却廃液，使用済みのイオン交換樹脂などの低レベル廃棄物がある。原発の建設が進むに伴い，これら廃棄物が蓄積され，その処分が問題になっている。現在，日本では発生源で隔離，貯蔵しているのがほとんど。特に高レベル放射性廃棄物は処分地が決まっておらず，2002年末からは原子力発電環境整備機構が最終処分地の候補地公募を始めた。処分コストは巨大になると予想され，

原発の経済性に影を投げかけている。

方針管理 ⇨ **目標管理**

法人事業税
【enterprise tax on corporation】
法人が事業活動を行う際に地方自治体の行政サービスの提供を受けていることに着目して課税する地方税。普通法人の場合，各事業年度の所得が課税標準で，標準税率は9.6％。事業税の課税ベースを給与総額などの所得以外の基準にも広げる外形標準課税の2004年度から導入された。→外形標準課税

法人所得
【income of private corporations】
一定期間内の民間の法人企業，協同組合の稼ぎで，税を控除する前の金額。内閣府がまとめる国民経済計算の中の国民所得の一項目である。

法人税
【corporation (corporate) tax】
株式会社や有限会社，協同組合などのように法人組織で事業を営んでいるところが，その事業から得た利潤に対して課される税金。日本は海外に比べて法人の税負担が重いとの批判があり，課税対象を広げることを前提に税率の引き下げが検討されてきた。国の法人税と法人事業税など地方の法人課税を合わせた実効税率は1997年度49.98％，98年度46.36％，99年度40.87％と段階的に引き下げられてきた。税制改革では外形標準課税の導入などで実効税率をもう一段下げる検討が進んでいる。

放送衛星
【broadcasting satellite；BS】
広い地域を対象にした放送電波を中継する人工衛星。これを利用すれば，テレビ電波の弱いテレビ難視聴地域を解消でき，しかも，日本全国の各家庭に一挙に放送できる。放送衛星はデジタルハイビジョン（高品位テレビ）への利用のほか，特定の利用者に特定地域のニュースなどを配信するデータ放送への利用も期待される。通信衛星（CS）や地上の光ファイバーを使った伝送技術が急速に進歩しており，これらとの競合が予想される。

放送法
【Broadcast Act】
放送内容の取り締まりを目的としたものではなく，希少な電波を公共の福祉に役立てて使うため不偏不党や表現の自由などの原則を示している法律。1950年に施行。衛星放送などの普及によるテレビの多チャンネル化が進み，インターネットの登場などで通信と放送の垣根があいまいになるなかで，法改正を求める声が強まりつつある。一企業が複数の放送局を支配することを禁じる「マスメディア集中排除原則」は緩和された。→衛星デジタル放送

法定準備金
【legal (statutory) reserves】
資本の欠損補てんに備えるため法律で強制された結果生まれた積立金。貸借対照表の資本の部に計上され，商法では，資本準備金と利益準備金に分かれる。これに対して，法律の強制を受けない積立金が任意積立金で，資本の部の剰余金の科目の1つとなっている。2001年の商法改正で法定準備金のうち，資本金の4分の1を上回る部分については配当原資として取り崩しが可能になった。過去の時価発行増資で積み上がった資本準備金などを株主に返還するのが目的。改正前は，取り崩しは損失処理などの目的に限られていた。取り崩しの手続きについては株主総会の普通決議で承認を得ればよい。→内部留保，貸借対照表

法定労働時間
【statutory working hour】
企業が労働者を働かせることができる労働時間の法律上の上限。これを超えて働かせる場合に企業は労働者との間で時間外協定を結び、労働基準監督署に届け出た上で、労働者に対し、割増賃金を支払わねばならない。割増率は最低25％。労働基準法では同法制定の1947年以来、週48時間と規定していたが、日本の「長時間労働」に対する国際的な批判などもあって段階的に短縮し、97年4月からは週40時間制に移行した。

放電加工機
【electric discharge machine】
電気を放電させたときに生じるエネルギーで金属を削る工作機械。放電する電極を加工物に押し当てるようにして彫り進む形彫型と、放電するワイヤで糸ノコ式に加工物を加工するワイヤカット型の2種類がある。複雑な加工が短時間に無人でできることから、金型の加工用に使われ、リニアモーターを使った高速機種も登場している。ただ、近年は回転する工具を加工物に押し当てて切削するマシニングセンターが高精度化し、市場を侵食されつつある。

放熱鋼板
【heat-releasing steel sheet】
熱を放出する機能を持つ鋼板。鋼板の表面に熱を放出する性質がある特殊な皮膜を施してある。箱型にして内部を温めた場合、鋼板に伝わった熱が皮膜を通じて外部に出ていく。パソコンなどの電子機器は内部に熱がこもるとICの誤作動などにつながるため、冷却用のファンなどで熱を強制的に外に逃がすことが多い。最近は小型で熱がこもりやすい電子機器が増えているため、効率よく熱を逃がす放熱鋼板が一部で採用され始めた。

報復関税
【retaliatory tax (duties)】
自国の輸出品が差別されたことに報復するため、その国からの輸入品に高い関税をかけること。1995年に米国は日本市場が閉鎖的で米国車が売れないと主張し、日本からの輸入高級車に100％関税をかける報復措置を発表したが、国際的な批判を浴びて撤回した。2002年には米国の鉄鋼緊急輸入制限（セーフガード）措置に対して、日本は初めて報復関税措置を発表、世界貿易機関（WTO）に通報したが、最終的に米国がセーフガードを撤廃したのを受けて報復関税も見送った。

包容（太陽）政策
韓国の金大中・前大統領が推進した対北朝鮮の融和政策のこと。南北対話・交流を促進して信頼を醸成し、朝鮮半島の平和を実現しようとする考え。金前大統領は1998年の就任以来一貫してこの政策を推進、2000年6月には南北首脳会談を実現させた。だが、その後は南北対話に進展が見られず、北朝鮮の核開発問題も新たに浮上、韓国内には政策の効果を疑問視する声が増えた。金氏の次の盧武鉉大統領は包容政策を発展・継承する新たな「平和繁栄政策」を掲げている。

簿外債務保証
【hidden guarantee of obligation】
信用力や担保が十分でない企業などが金融機関から借り入れを受ける場合、信用ある親会社などがその借り入れ返済を保証することを債務保証というが、債務保証額を財務諸表上に記載しない場合を簿外債務保証と呼ぶ。

簿外資産

unlisted assets
【unlisted assets】
会計帳簿を離れ，会計管理の対象外にある会社の資産をいう。例えば工場の工具類などは支給されたとき帳簿上ではそれが消耗したものとみなして材料費として処理されるが，物品は工場内に残っている。このように正常な会計処理に伴って発生する帳簿外の所有資産をいうが，広い意味では粉飾による隠された利益など，不正な手段で蓄積した資産も含める。

保管振替制度
【central depositary system】
株券などの売買に際し，決済および株主の移動を口座の振り替えだけで行う制度。1991年10月からスタート，92年10月までにごく一部の企業の株式を除きジャスダック銘柄を含む公開株すべてが対象になっている。84年に施行された「株券の保管及び振替に関する法律案」に基づく保管振替制度で対象となる有価証券は株券のほか，新株引受権証書，ワラント債，ワラント，転換社債（新株予約権付社債），国債，普通社債で，直接参加者は証券会社，銀行などの金融機関，証券取引所である。それ以外の投資家は証券会社などを通じて間接的に参加することになる。発行会社が自らの株券をこの制度の対象とするかどうかは任意だが，東証上場会社のほとんどが対象としている。株券の場合の具体的な仕組みは以下の通り。直接参加者の自己分および顧客から預託を受けた株券（保護預かり株券）は保管振替機関である証券保管振替機構に再預託され，各会社の株主名簿上で保管振替機構の名義に書き換えられる。会社はこれとは別に証券会社から通知を受けて実質株主名簿を作成，原則としてこの実質株主名簿に記載された者を株主として配当の支払いや議決権行使の通知などを行う。

北東アジア
【Northeast Asia】
一般的に日本，中国，韓国，ロシア，モンゴル，北朝鮮の広大な地域を指す。近年ではこの地域に自由経済圏を構築し，経済発展を共同で追求すべきとの論議も活発。背景には，欧州連合（EU）や北米自由貿易協定（NAFTA）など他地域で進む経済のブロック化に対する危機感がある。ただ，北東アジアでは北朝鮮問題など安全保障面の難題や過去の歴史認識問題などを抱え，経済統合を実現するには多くの障害もある。

北米自由貿易協定
【North American Free Trade Agreement；NAFTA】
米国，カナダ，メキシコの3国間で相互に市場を開放するための協定。1994年1月1日に発効した。①3国間の全品目の関税を15年以内に撤廃する，②金融市場を自由化する，③知的所有権の保護を図る——との内容。

ポケット株
【pocket stock】
米証券のゴールドマン・サックスが2000年8月にインターネット専業証券を通じて販売を始めた個人投資家向けの金融商品。正式名称はポケット株ワラントで，一定期間に株式を売買する権利を証券化したカバードワラントの一種。値動きを対象銘柄の株価とほぼ連動するようにしてリスクを小さくしている。発行価格を5〜50円に設定して1,000単位で売買するため，5,000円から5万円で購入でき，株式ミニ投資（ミニ株）よりも少額の資金で値がさ株に投資できる。ただし通常の株式ではないので配当や議

決権はなく、償還期限があるため期限が来れば売却しなければならない。
→株式ミニ投資

保険管理人
【insurance company custodiar】
保険会社の経営が破たんし、財務大臣が業務の停止命令などの措置をとった場合に、保険会社に代わって業務や財産の管理を担当する者。財務大臣が選任する。1997年以降、業務停止命令を受けた日産生命保険や東邦生命保険、第百生命保険などの場合は保険管理人として生命保険協会が選ばれ、破たん処理策を策定した。生命保険協会と弁護士、公認会計士がこの任に当たることが多い。

保健機能食品
【food with health claims】
いわゆる健康食品の中で、2001年4月に厚生労働省が表示基準などを定めた機能表示ができるものの総称。従来の「特定保健用食品（特保）」に加え、「栄養機能食品」を新たに追加した。栄養機能食品は、ビタミン、ミネラル類などを一定以上含む食品について、「夜間の視力の維持を助ける栄養素」などと成分の持つ機能を表示できるのが特徴。消費者の健康志向で健康食品の市場規模が拡大しているが、科学的根拠のない誇大広告や強引な販売手法などが問題となるケースも多く、統一的な基準づくりが急務といわれていた。ただ、表示可能な成分が一部のビタミン・ミネラル類に限定されており、メーカーからはメリットが小さいとの声も出ている。

保険業法
【insurance business law】
生命保険会社や損害保険会社の業務範囲などを規定している法律。1995年5月に約半世紀ぶりの抜本改正が国会で成立し、96年4月から新保険業法が施行された。金融自由化を保険分野でも実施していくための改正で、主なポイントは、①子会社を通じての生損保相互参入、②保険会社が経営破たんした場合、合併などで救済した会社に業界で資金援助する「保険契約者保護基金」の設立、③企業向け損害保険料設定の一部自由化、④保険会社から独立した販売チャネルとなる保険仲立ち人（ブローカー）の導入、⑤経営の健全性をチェックする指標であるソルベンシーマージン（支払い余力）の導入――などとなっている。その後の2000年6月の改正で、経営不振の保険会社を早期に整理するため、相互会社にも金融機関の会社更生法にあたる更生特例法が適用できるようになり、千代田生命保険、協栄生命保険などに適用された。このほか保険契約者を株主にして相互会社を株式会社に転換する具体的なルールが定められた。

保険つなぎ ⇨つなぎ売買
保険の第3分野
【third sector insurance market】
生命保険と損害保険のはざまにある、がんや医療などの保険商品、またはそうした商品を扱う業務のこと。以前はこの分野への参入を外資や中堅保険会社に限定しており、例えばがん保険ではアメリカンファミリー生命保険がシェア8割強を握っていた。日米協議などで解禁が問題となり、2001年1月から解禁された。日本の大手保険会社が相次いで参入、新規参入した国内生損保は解禁1年で約174万件の契約を獲得した。

保険ブローカー
保険業者と契約者を仲立ちする専門業者。保険仲立ち人。高度な知識やノウハウが要求され、保険会社から独立して複数の会社の保険を扱う。従

来の代理店や外務員などと違い、契約者のニーズをくみ取って活動するのが特徴。大蔵大臣(当時)の諮問機関である保険審議会が1994年6月にまとめた保険制度改革の柱の1つで、96年度から実施された。

保護貿易主義
【protectionism】
貿易収支の改善や国内産業の保護を目的に輸入を制限すること。方法としては関税の引き上げ、輸入割り当て制、輸入課徴金制、輸入担保金制などがある。輸入を制限すること自体は、例えば途上国が国内の産業を育成する場合など、国際的にもある程度認められている。しかし、国際的に認められる制限措置であるかどうかは明確な国際基準があるわけでもなく、ケースによっては貿易戦争など深刻な事態を招きかねない。1999年1月にはクリントン前米大統領の大統領命令で「スーパー301条」が復活し、国際的に保護貿易主義であると非難されている。

ボゴール宣言
【Bogor Declaration】
1994年11月にインドネシアのボゴールで開かれたアジア太平洋経済協力会議(APEC)非公式首脳会議で採択された宣言。域内の貿易・投資の自由化について、先進工業国は2010年、途上国は20年までに達成するとの政治的決意を明記した。宣言ではこのほか、貿易ブロック化の動きに反対するとともに、貿易・投資を円滑にするためのプログラムの促進や、人材育成、中小企業の振興などをうたっている。95年のAPEC大阪会議では自由化の進め方を定めた行動指針を採択、加盟国・地域は96年秋のAPECマニラ会議に具体的なスケジュールと行動計画を提出した。行動計画には各国別の関税引き下げや外資規制緩和措置が盛り込まれた。ただ、97年の経済危機以降は首脳宣言を具体化する各論部分で交渉が難航。安全保障問題の重要性が見直されるなど、APECのあり方そのものが問い直される展開が続いている。

ポジション調整
【position adjustment】
外為取引や先物取引などで、その取引対象(通貨、商品など)を売り過ぎている状態(売り持ち)と買い過ぎている状態(買い持ち)のバランスを調整するための売買のこと。外為取引では、外貨の買い持ちが膨らんでいるときにその外貨の価値が下がれば損をするし、逆に売り持ちに傾いているときに外貨の価値が上がればやはり損になる。このため、銀行や機関投資家、投機筋などは、できるだけ損失を避けながら利益を上げるために、持ち高(ポジション)の売りと買いのバランス調整を行う。

補助金
【subsidy】
国の政策を誘導・実現するために、国が関係団体に配るお金のこと。2004年度の予算総額(一般会計と特別会計の合計)は29兆7,503億円(前年度比4.5％増)。交付先は地方自治体が最大で、全体のほぼ7割を占める。地方向け補助金の内訳は社会保障が11兆円、文教・科学振興が3兆円、公共事業関係が5兆円。三位一体改革ではこの地方向け補助金を削るのが課題だが、老人医療や生活保護など社会保障関係の伸びが目立つ。自治体以外の配り先には特殊法人や独立行政法人などがある。

ホスティング
【hosting】
ハードディスクを貸し出すレンタル事

業。データセンターやインターネット接続業者（プロバイダー）が保有する一部容量を貸し出すサービスで、ウェブサーバーやメールサーバーのホスティングが一般的。利用者は企業名などを入れた独自ドメインを持ち、ホームページの運営や電子メールの送受信ができる。独自に設備を購入し、保守・管理を行う場合よりも大幅に費用を節約できる。利用者が自分で保有する設備に場所貸しをする「ハウジング」もある。

ポストゲノム
【post-genome】
人間の生命の設計図を解読する「ヒトゲノム計画」の成果を活用した研究。ゲノムの構成物質であるDNA（デオキシリボ核酸）から合成されるたんぱく質の機能を調べたり、個人の体質を左右するDNAの違いを解析する。体質に応じて薬を使い分けて副作用を軽減する「テーラーメード医療」の実現につながるといわれる。米国のバイオベンチャー企業が積極的に取り組み、製薬企業の研究支援事業を立ち上げている。→プロテオーム

ボスニア・ヘルツェゴビナ紛争
【Bosnia-Herzegovina issue】
1991年6月のスロベニアの独立などによる旧ユーゴスラビア崩壊により、イスラム教徒、セルビア人、クロアチア人が混住するボスニア・ヘルツェゴビナで始まった各民族の三つ巴の内戦のこと。92年3月、イスラム教徒主導のボスニア政府は独立を宣言したが、これに不満を持つセルビア人勢力（全人口の3割）はセルビア共和国の支援を受け政府軍と戦闘状態に入り、圧倒的武力で国土の7割を押さえた。クロアチア人勢力もこの争いに加わった。95年5月にはサラエボ近郊のセルビア人勢力に対して北大西洋条約機構（NATO）軍が空爆を実施。セルビア人勢力がイスラム勢力に対して報復攻撃を行うなど、民族間の憎悪は根強く、包括和平交渉は難航した。しかし、米国のデートンで和平協議を続けてきた三勢力首脳は95年11月、ようやく和平で合意した。12月にはパリで正式に和平調印し、3年半に及ぶ紛争に終止符が打たれた。NATO軍を主体とするボスニア平和維持部隊（SFOR）は90年代前半のセルビア人勢力指導者カラジッチ氏の逮捕作戦を展開中。欧州連合（EU）は2003年1月に500人規模の警察部隊を派遣した。

ホスピス
【hospice】
末期がん患者など、全快する可能性がなくなった患者が余生を送るために入る医療施設。欧米で発展し、日本でも少しずつ「ホスピス病棟」「緩和ケア病棟」を名乗る医療施設が増えている。2004年6月時点で、全国ホスピス・緩和ケア病棟連絡協議会の会員施設は195に上る。延命が医療の第一目標になると、患者の末期はチューブだらけで機械にしばりつけられてしまうケースが多い。ホスピスは、こうした医療への反省から生まれ、医療行為は痛み止めなど限られたことしか行わない。

保税制度
【bonded system】
輸入貨物からの関税の取り立てを一時的に保留する制度。輸入手続きや単なる出荷待ちの場合に一定期間保税されるほか、加工後に輸出する目的で輸入する原料は加工中保税し、輸出が確認されると関税を免除する仕組みになっている。また、保税を認められた地域あるいは展示場、倉庫などを保税地域と呼ぶ。

コラム

セカンドオピニオン
second opinion

　現在受けている診断や治療について，患者が主治医以外の医師から受ける意見のこと。患者の権利を守る制度として，米国で1980年代に提唱された。患者が，症状や治療法について十分な説明を受け，納得した上で治療法を選択するインフォームド・コンセントの理念を支える制度の1つとして注目を集める。

　これまで，日本にはセカンドオピニオンを積極的に勧める医師は少なかった。カルテを外部の医師に開示することへの抵抗感や，患者を別の病院に取られることへの懸念が強かったからだ。患者の側も，医師への遠慮から実際にセカンドオピニオンを求める人は少数派だった。しかし近年，最適な治療を求める患者のニーズに応え，競争力を高めるため積極的にセカンドオピニオンを取り入れる病院が出始めた。

　実際，セカンドオピニオンのほとんどは元の医師と同じ所見で，新しく話を聞いた医師の方に乗り換えるケースはほとんど無いとの指摘がある。セカンドオピニオンを聞いた患者はより積極的に治療に取り組む傾向もあり，主治医のメリットも小さくない。

　2002年4月の医療法改正で病院がセカンドオピニオンを受けられる専門外来の開設を広告できるようになり，民間病院をはじめ大学・国公立病院などにも広がりを見せた。

　神奈川県では9つある全県立病院に04年7月からセカンドオピニオン制度を導入した。希望する患者は主治医から紹介状と診療データを受け取り，別の病院の専門医を訪ねる。

　市民団体や医療関連の財団などが，セカンドオピニオンに協力する医師のリストを作成し利用を促す動きもある。厚生労働省の「2002年受療行動調査」によると，同一の病気や症状で複数の医療機関を受診した患者は18.1％と2割弱を占めた。その大半はセカンドオピニオンを求めていたとみられる。

　ただ，普及には課題もある。現在，セカンドオピニオンには保険が適用されておらず，医師が対価を確保するのが難しい。そのため，採算面を意識すれば30分で2万円など，かなり高額な料金設定をせざるを得なくなっている。また患者側からも「主治医に利用の希望をどう伝えたらいいのか」「カルテ開示の申し込み方が分からない」といった制度の利用に関して不安を訴える声もある。

　中央社会保健医療協議会（中医協）での議論は難航しており，この先保険が適用される見通しは立っていない。本格的な普及のためには制度面からの後押しが求められている。

補正予算
【supplementary budget】
会計年度の途中で手直しして国会に提出,成立した予算をいう。国の予算は,一会計年度の一切の収支の見積もりだから,途中で変更することは原則としてできないが,予算が成立して実行の段階に入った後で,財政法29条に基づき著しい情勢の変化があった場合に限って予算を追加変更することができる。当初予算より支出を増やすものを増額補正,減額について補正の手続きをとるのを減額補正という。

母川国主義
サケ,マスなど川をさかのぼって卵を生み,ふ化してから再び海洋に戻る魚については,公海で漁獲する場合も母川国の許可が必要とする考え方。1985年4月に妥結した日ソ漁業協力協定の締結交渉では旧ソ連が母川国の権利を強く主張するなど,サケ,マス等の沖どり禁止要求の根拠となっている。

ポータルサイト
【portal site】
「ポータル」とは英語で「玄関,入り口」の意味で,インターネットに接続したときに最初に見るサイトを意味する言葉。インターネット利用者が欲しい情報を選び出すための検索機能や関連するホームページに飛べるリンク機能を備える。ジャンル別に複数の関連情報を束ねる「カテゴリー型」とキーワードで絞り込む「ロボット型」の検索タイプに大別される。

北海油田
【North Sea oil field】
英国領海とノルウェー領海にまたがる北海の大油田。英国領海では1969年12月にモントローズ油田が発見されたのを皮切りに,フォーティーズ,ブレント,ニニアンなど発見済みの主要な油田は約20に上る。英国政府が発表した推定埋蔵量は約30億トン。代表油種は英国産のブレント。

ホット・ダイレクト・ロール
【hot direct rolling】
連続鋳造機や分塊圧延機で作られた高温の鋼片を加熱炉を通さず,直接次工程の熱間圧延機に送る技術。連鋳比率が平均95%を超えるわが国鉄鋼業界では,連鋳・熱延の両工程の直結化(CC—DR)を一般に指している。加熱炉での消費エネルギー分だけ省エネ効果がある。連鋳と熱延の工程間で鋼片を高温に保つ技術,表面に傷のない無欠陥鋼片の製造技術の確立が採用にあたっての課題となる。鉄鋼各社は高周波誘導加熱を取り入れて生産ライン上で鋼片を保温したり,探傷器の精度向上によって対応している。

ポット方式
【pot system】
欧米市場で広く普及している債券の発行様式の1つ。起債に当たって主幹事証券が需要動向に関する情報を投資家の具体名を付けて1つのつぼ(ポット)に入れて共有し,適切な条件決定につなげる方式。世界銀行など国際市場で大規模に起債する発行体が活用するケースが多い。2000年6月に起債したドイツテレコムのグローバル債でも採用され,米ドル換算で約150億ドルと過去最高の起債額であったにもかかわらず,円滑に発行ができた。日本では01年4月に静岡銀行の普通社債で初めて取り入れられた。

ホットマネー
【hot money】
国際金融市場を動き回る短期資金。各国の金利差や為替相場の変動につけ込んでヘッジファンドなどが投機的

な利益をつかもうとする場合と、国内の通貨不安を嫌って行われる資本移動の2つがある。①移動が一時に大量に行われること、②資金が流動的形式をとること——が特徴で、為替の需給関係を大きく揺さぶり、国際金融をかき乱す。ヘッジファンドが典型的なホットマネーの性格を持つことが多く、巨額の投機資金として通貨情勢や国際金利に大きな影響を与えている。また、国際金融市場に限らず、金、原油など商品市場内の投機資金や、もうけ口を求めて国内市場を動き回る投機的な短期資金もホットマネーと呼ばれ、例えば1996年3月には高金利をねらってチェコに流入していたホットマネー約5億ドルがチェコ政府の投機抑制策を嫌って国外に流出している。97年7月以降の東南アジア通貨危機もヘッジファンドの投機を契機としたホットマネーの流出が原因。99年末から2000年初めには原油相場をつり上げる役割も果たしたといわれる。

北方領土の共同経済活動
【joint economic activity on northern territories】
プリマコフ・ロシア外相が日ロ平和条約締結への地ならしの第一歩として、1996年秋の訪日で正式に行った提案。ネムツォフ第一副首相は97年6月に来日した際、漁業や運輸、観光などを協力できる分野として挙げたうえで、関税や法律運用の優遇措置を適用する考えを示した。日本側は北方領土の主権問題が棚上げされる可能性があると見て警戒している。98年4月に静岡県川奈で行われた日ロ首脳会談で、エリツィン前大統領が共同で大規模水産加工施設を建設することなど具体案を提示したが、日本側は検討すると答えるにとどめた。現在、実務レベルでは北方四島周辺海域での栽培漁業の実施へ向けた検討が進んでいる。

ボートディール方式
【bought deal】
欧米市場で活発な債券引き受け方式で、事前買い受け方式と訳す。主幹事証券会社と、発行希望者の2者だけで発行条件を決めるのが、この引き受け方式の特色。販売を担当する引き受けシンジケート団(シ団)は、条件決定後に編成する。主幹事以外の証券会社は発行条件を見てから、引き受けるか、引き受けないかを判断すればよい仕組みになっている。あらかじめシ団メンバーの意向を聞く必要がない分だけ、機動的な発行ができる。日本ではあまり一般的ではない。

ポートフォリオ
【portfolio】
多種類の銘柄や金融商品、不動産などを組み合わせた運用資産のこと。機関投資家などが活用する投資手法で、性格の異なる資産に幅広く分散投資することで、期待リターンをあまり変化させずに価格変動リスクを抑える効果があるとされる。機関投資家は運用資産のリターンやリスクが期待値に近くなるように、国内株や海外株、国内債券など資産別の配分比率を決める。そのうえで、資産クラスごとに組み入れる銘柄や業種の割合を決定する。

ポートフォリオインシュアランス
【portfolio insurance】
相場下落時でも安定運用を目指す、主に機関投資家向けの投資技法。投資する際に最低収益水準(フロアー)を決めておき、この水準を資産価値が下回らないよう、コンピューターでコントロールする。価値下落の危険がある資産(株や債券)と、価値下落の危

険がない資産(コールローンなど短期金融商品)の構成を変えたり,先物やオプションをヘッジ手段として用いたりする。ポートフォリオインシュアランスの理論は米国で発達したが,1987年ごろから日本でも証券界中心にこの手法を取り入れた投資信託を開発するなど,商品化に踏み切る動きが相次いだ。

ボトル缶
【bottle can】
清涼飲料などで利用が広がってきた缶容器の1つ。従来の缶と異なりペットボトルのように開閉ができるふたが付いており,数回に分けて飲むことができるうえ,持ち運びも容易という特長を持つ。ペットボトルよりも遮光性が高いなど品質面でのメリットも大きい。お茶やコーヒーなど様々な種類の飲料に使われているうえ,ホット飲料用のボトルや飲み口を広くするなど飲料の商品開発競争と並行して様々な工夫が続いている。

ボトルネックインフレ
【bottleneck inflation】
生産要素(労働力,土地,資本)の一部が不足する,つまり隘路(あいろ)ができることによって生産能力の増加テンポが需要の増加速度に追い着かず,物価が上昇すること。1973年春から秋にかけて,金融の超緩和を背景に需要が急増して供給が追い着かずにモノ不足,物価騰貴を引き起こしたが,このインフレは生産要素の需給が窮迫したために生じたという面と,電力,鋼材,化学製品など一部の製品が極端に不足し,その結果,それらを材料にした製品が品不足になり,物価騰貴が次々と広がった面があった。このため,ボトルネックインフレだったという指摘もある。→インフレ

骨太の方針
【Outline of Basic Policies for Macroeconomic Management and Structural Reform of the Japanese Economy】
経済財政諮問会議が2001年6月に最初に決定した当面の政策運営の枠組み。「経済財政運営と構造改革に関する基本方針」が正式名称。毎年6月に改訂している。2004年版では,05年度から06年度を新たな成長に向けた基盤強化を図る「重点強化期間」と定義。民間や地域主導の経済社会システムの構築,スリムな政府の実現,社会保障制度の改革を通じた安全・安心の確立などを課題に挙げた。→プライマリーバランス

ホームシアター
【home theater】
自宅の居間や書斎で,映画館並みの音響や映像を鑑賞できるシステム。前方左右,正面,後方左右の計5本のスピーカーと低音用のサブウーハー,AVアンプで構成する「5.1チャンネルサラウンド」と呼ばれるシステムが一般的。後方から車に追い越される場面では映画館と同じように後方から前方に音が流れていく。薄型大画面のプラズマ・ディスプレー・パネル(PDP)テレビやDVD(デジタル多用途ディスク)プレーヤーなどを組み合わせて販売するメーカーも増えている。

ホームセンター
住関連用品を幅広く取り扱い,低価格で販売する業態。日用雑貨,DIY(日曜大工)園芸を中心に,ペット,家具・インテリア,カー用品,レジャー,家電などの分野で平均3万アイテム,多い店では10万アイテムを超える品ぞろえで集客する。最近は家庭の需要にとどまらず,建築・農業資材や業務用高材を強化し,工務店などの業者を大口顧客として開拓する動

きも目立つ。大型駐車場を確保できる郊外立地が特徴だが、工場撤退跡などを利用し都市部に進出する動きも出てきた。→DIY

ホームファッション
【interior decoration goods】
リビングや寝室を彩るカーテンやカーペット、雑貨などインテリア商品全般をいう。ただ、従来の家具類とは異なり、ダイニングやキッチンなど具体的な生活シーンを提案しながら商品構成をするのが特徴だ。消費者の「住環境」に対する関心の高まりを受けて、ホームセンターやスーパーなどが相次ぎ専門売り場の展開に取り組み始めた。

ホームページ
【home page】
インターネットに接続した利用者が、情報を検索したり、データを取り出すための表紙画面。利用者はWWW(ワールド・ワイド・ウェブ)を介し、検索作業を容易にする閲覧ソフト(ブラウザー)を使って、情報提供者がデータを蓄積したサーバーに接続する。それぞれのページが持つ固有のURLを指定して接続することも可能。→インターネット、ブラウザー、WWW

ホームヘルパー
【home helper】
日常生活に支障のある高齢者宅を訪問し、介護や家事支援サービスを提供する職業。厚生労働省が定めた1～3級のホームヘルパー養成講座の修了生が、公的介護保険が定める介護サービスの仕事に従事できる。業務内容はおむつ交換などの身体介護、食事や洗濯などの生活援助の2類型。介護保険での報酬額はそれぞれ違う。03年4月の介護報酬見直しに伴い、身体介護と家事援助の両方を含む複合型は廃止された。また、30分以内の短時間サービスに対する報酬の比率が上がった。

ホーム・ミール・リプレイスメント
home-meal replacement ⇒HMR

ボラティリティ
【volatility】
オプション取引に使われる言葉で、株価などが将来どの程度変動するかの予想を表す。変動率、価格変動性などと訳す。オプション価格を決める要因は、期日までの時間、金利などがあるが、ボラティリティの変化が価格を最も大きく左右する。ボラティリティが大きくなると、オプション価格も上昇する。

ボランティア休暇
【community service leave】
社員が福祉などボランティア活動に従事する場合、一定の条件で有給の休暇を認める制度。企業への社会貢献の要請の高まりや労働時間短縮の流れを受け、1991年ごろから急速に導入する企業が増えた。無給・長期のボランティア休職を採用しているところもある。もっとも、目的を限定した休暇制度は時短の推進とはいえないとの見方もある。

ポリイミドフィルム
【polyimide film】
耐熱性と絶縁性に優れた電子材料用の素材。製法はいくつかあるが、芳香族系のビフェニルテトラカルボン酸二無水物(BPDA)とジアミンを溶媒中で重合、膜状に加工する方法などがある。フィルムと銅はくを張り合わせてプリント配線板などに製品化し、携帯電話やデジタルカメラ用の折り曲げ可能な配線板材料として需要が急増している。

ポリオレフィン
【polyolefin】
代表的な合成樹脂(プラスチック)。

一般に石油化学製品の基礎原料であるエチレンから作るポリエチレン，プロピレンから作るポリプロピレンを指す。ポリエチレンの中には低・高密度ポリエチレンと直鎖状低密度ポリエチレンがある。主にフィルムなどの包装材や容器，自動車部品に使われる。

ポリカーボネート
【polycarbonate】
代表的な汎用エンジニアリングプラスチック。ビスフェノールAとホスゲンを原料に製造する。透明で耐熱性，強度など各種特性のバランスがとれているのが特徴。DVD（デジタル多用途ディスク）など情報記録媒体用途に加え，電子・電気部品，機械・工具部品のほか建材部門でも需要を拡大している。最近は自動車部品向けにも伸びている。

ポリシーミックス
【policy mix】
財政政策，金融政策，為替政策，構造政策など各種の経済政策手段を一体的に運営すること。財政支出の意図的増減や租税政策の活用による景気調整策の運用は政府の手に任され，金融政策は中央銀行の手にゆだねられているが，国民経済を安定的に成長させるために，こうした政策手段の組み合わせによって，相互に衝突し合う政策目標を同時に達成しようという考えから生まれたもの。最近では規制緩和を中心とする構造政策の重要度が高まっている。

ポリフェノール
【polyphenol】
植物に特有の成分で，ベンゼンに水酸基が結合したフェノール性水酸基を分子内に多数含む化合物の総称。必須アミノ酸の1つであるフェニルアラニンから生合成される。数千種類存在し，赤ワインや茶などに含まれるタンニン類，カテキン類，大豆に含まれるイソフラボン，そばのルチン，ココアのカカオマスポリフェノールなどが有名。活性酸素を除去する抗酸化作用があるとされ，その健康効果に注目が集まっている。

ポリプロピレン
【polypropylene】
プロピレンの重合で得られる合成ポリマー。ポリエチレンと似ているが，強度が高いのが特徴。射出成型，押し出し成型，紙やアルミニウムへのコーティング，フィルム，繊維，テープとさまざまな加工ができるのも強み。ポリプロピレンのフィルムは蒸気，液体の透過性がきわめて少ない。引き裂き強度も大きく，耐熱・耐薬品性がよいため，各種包装用フィルムとして用いられる。リサイクルしやすいという特性を生かしてバンパーなど自動車部品にも多く使われる。汎用樹脂の中では最も成長性が高いといわれており，ポリエチレンの生産を減らし，ポリプロピレンの生産を増やすよう生産設備を改良する石化メーカーも増えている。

ポリマーアロイ
【polymer alloy】
高分子材料の混合体。複合樹脂とも呼ぶ。違った種類の樹脂を混ぜることによって，それぞれの持つ長所を生かした新しい特性を生み出す。自動車，電機などの素材は要求性能が多様化しており，これに単一の樹脂で対応するのは難しい。そこで近年，ポリマーアロイが注目され出した。例えばABS樹脂とポリカーボネート樹脂のポリマーアロイは自動車のフロント外装材などに使用され始めている。金属と金属の合金（アロイ）に似ていることからポリマーアロイと呼ばれる。

ホールセールクラブ

【wholesale club】
米国で生まれた小売りの新業態。文字通りの意味は，会員制を採用して一般消費者へも商品を販売する卸売店のこと。大量販売，簡易包装によって低価格を実現する。日本でも消費者の低価格志向を背景に急増しており，大手スーパーも進出している。1999年4月には米国最大手のコストコが福岡県に1号店を開設した。

ホールディングカンパニー ⇨ 金融持ち株会社，持ち株会社

ボールねじ
【ball screw】
工作機械や半導体製造装置などの産業機械の部品。らせん状に溝をいれた鉄製の軸にナットと呼ばれる部品をねじこむ。ナットの内部にはパイプをめぐらせ，潤滑に回転するためにボールがパイプを循環する。軸の端にモーターを取り付けることで，回転運動を直線運動に変えることができる。産業機械の位置決めに利用することが多く，半導体製造装置などではより高精度の位置決め性能が要求されている。

ホログラフィー
【holography】
レーザーを利用した記録方式。立体写真としても知られる。電球で像を浮かび上がらせる方法（レインボーホログラム）や自然光で立体像を浮かび上がらせるリップマンホログラムなどいろいろな手法がある。バーコードの読み取り用装置に普及しているほか，工業計測に活用する動きも活発で，振動状態などの測定に利用されている。最近ではカラー液晶ディスプレーの画素や光メモリーの製造に応用する研究も進んでいる。

ホワイトウォーター疑惑
【White Water scandal】
クリントン前米大統領夫妻が友人のマクドゥーガル夫妻とともに1978年に設立した「ホワイトウォーター開発」を巡る疑惑。マクドゥーガル氏が買収した貯蓄金融機関の資金がホワイトウォーター開発を通じてクリントン氏の州知事選に流用され，その見返りに州知事だったクリントン氏が便宜を図っていたとの疑い。リノ司法長官（当時）は94年1月に特別検察官を指名し，ホワイトハウス高官の大陪審召喚，大統領法律顧問の辞任に発展した。96年1月，ヒラリー夫人がファーストレディーとしては初めて連邦大陪審で証言，4月にはクリントン大統領本人がアーカンソー州連邦地裁でビデオによる証言を行った。97年に入りマクドゥーガル被告が検察当局が知り得なかった証拠を提供することで大幅な減刑を受ける司法取引を成立させた。98年1月には連邦捜査局（FBI）の要人ファイルが持ち出された疑惑に関連して，ヒラリー大統領夫人も聴取された。

ホワイトボックス
【White Box】
独立系メーカーなどが市場に単品で流通する汎用部品を使って組み立てたパソコンの総称。家電量販店がこうしたメーカーなどと共同で商品化した独自仕様のパソコンを指すことも多い。大手メーカーとほぼ同性能の汎用部品を中心に使うため，同機能の製品でも価格を割安にできる。2004年度の出荷台数は100万台と，国内パソコン市場の1割弱に達する可能性が大きい。米国ではすでに販売台数の4割をホワイトボックスが占めるといわれる。

香港返還
【retrocession of Hong Kong】
1898年に決まった九竜半島新界の99年間の租借期間が切れるのを機に，香港全域が英国から中国に返還

されたこと。1984年に中国と英国が調印した共同宣言に基づき，97年7月1日に実現。中英の合意によると，中国へ返還された後の50年間は中国が主権を持つ「特別行政区」として資本主義体制を続ける「一国二制度」を適用するとしている。99年2月，香港特別行政区政府は香港最高裁が移民制限政策を違法と判断したことに反発。中国全国人民代表大会に法解釈を求めることにしたため，高度な自治を保証した一国二制度の有効性が問われている。2002年2月に董建華氏が無投票で行政長官に再選され，野党は自治のダイナミズムが失われると反発した。

本州四国連絡橋
【Honshu-Shikoku Bridges】
本州と四国を結ぶ橋。尾道―今治，神戸―鳴門，児島―坂出の3ルートがある。田中角栄元首相の日本列島改造構想の1つの柱となっていたが，1973年秋の石油危機に端を発した総需要抑制策強化によって着工が凍結された。しかし75年に入って景気の停滞が一段と進んだため，政府は同年8月に凍結を一部正式に解除した。計画よりも実際の利用は大きく下回り，本州四国連絡橋公団は事実上破たん。1兆3,400億円を国が肩代わりすることが決まった。

本船渡し　⇨FOB

ボンドインデックス
【bond index】
公社債流通市場の総合的な利回り水準を示す指標。日本経済新聞社は「日経公社債インデックス」を開発，短期債，中期債，長期債にわけて，毎日利回りを発表している。また1995年10月からは国債市場の動向をより的確に示す日経国債インデックスの算出，公表も開始した。近年ではモルガン・スタンレーなど米国系の大手証券が独自の指数を開発しており，機関投資家が採用している。

ボンド制度
【bond system】
建設工事の遂行を民間保証会社が発注者に保証する制度。保証会社が保証書（ボンド）を発行するのでこの名がある。大きく分けて，入札への参加能力を証明する「入札ボンド」と落札した会社の履行能力を保証する「履行ボンド」の2種類がある。1993年12月の中央建設業審議会の報告で検討が提言された。建設省（当時）は談合の温床といわれる工事完成保証人制度（同業者同士で履行を保証する制度）の代替として，96年度から履行ボンドを本格的に導入することを決めた。損害保険会社が住宅建設会社の建設能力を審査し，住宅の完成を保証する住宅分野のボンド制も検討している。

ま

マイクロウエーブ
【microwave】
極超短波ともいう。明確な定義はないが、一般には周波数が3ギガ～30ギガヘルツ、波長で10センチ～1センチメートルのSHF（Super High Frequency, センチメートル波）帯の電波のこと。通信衛星などに使われている。広義には周波数300メガヘルツ以上、波長1メートル以下の電波を指し、UHF(Ultra High Frequency, デシメートル波)、EHF (Extremely High Frequency, ミリメートル波)も含める。マイクロ波は周波数が高いので周波数帯域も広く取ることが可能になり、大量の情報の伝達に向く。テレビ放送や多重通信に利用されている。周波数が高くなると性質が光に近くなり、直進性が高くなる。雷などの影響を受けにくいほか、任意の方向にだけ強力に電波を送り出せるが、高層ビルなどの障害物に当たると反射してしまう。→UHF, VHF

マイクロ化学
【microchemistry】
環境汚染物質の検出や化学反応工程を微小なシステムで実現する技術のこと。半導体微細加工技術を使い、ガラスチップ上に数百ナノ～100マイクロメートル幅の溝を作成し、そこに極微量の化学物質を流し込んで反応させるシステムなどがある。短時間で解析でき、大掛かりな実験設備が不要になる利点がある。環境汚染物質などを分析する際に使うサンプルの量が減るため、分析室の汚染や危険性を低減することができる。医療・環境分野で実用化が期待されている。

マイクロガスタービン
【micro gas turbine】
自動車、航空機のタービン技術を応用した発電機。需要地密着型の分散型電源として注目を集めている。動作原理はガスタービンと同様で、燃料は都市ガスやLPガス。出力は30～200キロワット。電気だけでなく発電時に発生する熱をそのまま冷暖房に使うコージェネレーション（電熱併給）システムとして利用する場合も多い。エネルギー効率は80％を超え、都市ガス会社のほか電力会社も子会社などを通じて事業化に乗り出している。

マイクロソフト分割
【split-up of Microsoft Corp.】
ソフトウエア最大手の米マイクロソフトを基本ソフト（OS）事業会社とインターネット閲覧ソフト（ブラウザー）を含む他の応用ソフト事業会社とに分割しようという構想。同社の反トラスト法（米独占禁止法）違反訴訟で米司法省が主張。一審のワシントン連邦地裁でジャクソン判事は2000年、同社の違反を認める判決を下し、同社を2分割するよう求める是正命令を出した。しかし01年6月、ワシントン連邦高裁は一審の是正命令を覆して地裁に差し戻すよう命じた。高裁が「一審の判決は競争促進の適切な手段ではない」と判断したことで、分割回避の方向が事実上決まった。司法省は同11月、マイクロソフトと合意した和解案を発表した。①基本ソフト（OS）と応用ソフトの接続部分に関する技術情報の開示、②パソコンメーカーがOS「ウィンドウズ」上で競合ソフトを自由に追加できるようにする、③競合するソフト開発会社への報復措置の禁止——などが柱。02年11月、ワシントン連邦地裁はこの和解

案を「公共の利益にかなう」と判断し承認。同時に和解案に反対するカリフォルニア州など9つの州政府が提出していた是正措置要求を拒否する判決を下し、マイクロソフト訴訟は事実上終結した。

マイクロマシン
【micromachine】
超小型の機械・装置のこと。はっきりとした定義はないが、普通マイクロ（100万分の1）メートルサイズの機械とされる。基礎研究段階にあるものの、実用化されれば精密機械の中に入り込んで修理するロボットや体内に入って病気を治療するロボットなどが実現するとして期待されている。

毎月勤労統計調査
【monthly labor survey statistics】
製造業、サービス業など9大産業に属する事業所における労働者数、給与額、労働時間数、出勤日数の変動を敏速に伝える動態統計。主に給与、労働時間、常用労働者数などを調べて集計しており、この中の製造業の所定外労働時間（残業代）は、景気動向指数の1つに採用されている。

マイナス金利
【negative interest rate】
貸し手が借り手に利息を払ってお金を貸す取引の金利。銀行が目先に必要なお金を融通し合うコール市場では2003年1月24日に初めてマイナス金利の取引が成立した。この金利で取引をしているのは外国銀行。ドルと円を交換する取引で邦銀から円を安く仕入れられるため、余った円を比較的信用力の高い銀行との間でマイナス金利を付けて市場でやりとりしている。同年6月25日には日銀史上初めて、短期の指標金利がマイナス0.001％となった。

マイライン
【My Line telecom carrier selection service system】
利用者があらかじめ利用したい電話会社を登録する制度。いったん登録しておけば、「0077」など電話会社ごとに決まっている専用番号をダイヤルしなくても、登録した電話会社を使うことができる。登録は「市内」「県内市外」「県外」「国際」の4区分ごとに可能。2001年5月から導入された。導入に合わせ、NTTグループやKDDIなどが割引メニューを開始し、市内通話、長距離通話を問わず、料金値下げ競争が激しくなった。

マイルドリセッション
【mild recession】
緩やかな景気後退のこと。近年は、政府の不況対策が進歩し、ビルトインスタビライザーの作用や弾力的な金融財政政策の採用により、景気循環の波が次第に小幅になってきている。米国では近年、depression（不況）という言葉をあまり使わずrecession（後退）を使うことが多いが、これは景気下降の振幅が小さく、下降してもV字型に立ち直ってdepressionに陥る可能性が小さくなったためと見られる。さらに後退が軽微になると、マイルドリセッションといわれる。もっと穏やかな景気後退はrolling adjustment（波状調整）などともいわれる。
→景気循環、ビルトインスタビライザー

膜利用装置
【membrane utilized apparatus】
逆浸透膜や限外ろ過膜などの高機能分離膜を組み込んだ水処理、液体処理装置。高機能膜は孔径が1マイクロ（100万分の1）メートル以下という超精密膜のため膜利用装置は微細物質を除去したり、必要成分を濃縮・回収する機能に優れている。半導体

製造用などの超純水供給、海水淡水化、下水や排水の再利用、自動車燃料用の高純度アルコール製造、各種製造プロセスでの活用と、近年その適用分野は急速に広がっている。→逆浸透膜

マクロ
【macro】
「巨大な」という意味を表す連結形で、ミクロmicroの「微小な」という意味を表す連結形と対照的なもの。例えばmacrophysics（巨視的物理学）とmicrophysics（微視的物理学）がそれである。このように自然科学の分野で使われていた言葉が経済学に導入され、マクロ経済学、ミクロ経済学の名が生まれた。最近ではマクロが「総体」、ミクロが「個別」という意味の和製英語になり、マクロはGDP（国内総生産）の、ミクロは企業の代名詞のようになった。→マクロ分析、国内総生産、国民総所得

マクロ経済学 macro-economics ⇨
マクロ分析

マクロ分析
【macro-analysis】
巨視的分析ともいい、国民所得や物価水準などの集計量を使った分析のこと。個別の経済主体を対象としたミクロ（微視的）分析（micro-analysis）と対照をなす。均衡価格論によれば、価格は市場の需要と供給の一致するところで決まるが、社会全体の需要と供給を導き出すものをつきとめようとすると、個々の消費者や生産者の行動にさかのぼって分析することになり、さらに欲望をできるだけ多く満たそうとする消費者の行動と、利潤をできるだけ多く上げようとする生産者の行動まで分析することになる。このようにミクロ分析の対象は、①各家庭を単位とする消費経済主体（家計）と、②各企業を単位とする生産経済主体のような個別的な経済主体（経済単位）で、客体は個々の財である。つまり、ミクロ分析は、これらの財を媒介とした個別的主体相互の関連、したがって、究極においては価格関係を中心とした経済の動きを研究することである。古典派経済学はミクロ分析を主流としたが、ケインズが1936年に出版した『雇用・利子及び貨幣の一般理論』でマクロ分析の対象にしたのは経済社会全体の集団的、総体的な経済行為で、それらを国民所得、雇用、有効需要、投資、貯蓄、消費、産出高などの集計量（集計値）を使って分析する。ミクロ分析とマクロ分析の区別は、研究対象の点で個別と総体であり、研究方法の点で価格分析と所得分析である。なおミクロ分析を行う理論をミクロ（微視的）経済学、マクロ分析を行う理論をマクロ（巨視的）経済学という。→国民所得

マーケットメーク
【market make】
証券会社が株式や債券の売り、買いの気配値を出し、その値段での売買注文に応じること。ジャスダック上場株式の一部銘柄や円建て外債で実施しており、流通市場の活性化を図っている。円建て外債では市場実勢を無視した起債を事前に防ぐこともねらい。主幹事証券会社は新発債の募集期間中、幹事団やシンジケート団メンバーの売りに対し買い向かう義務を負う。仮に主幹事証券が発行体の意向を重視し過ぎて市場実勢とはかけ離れた発行条件で決めると、他の証券から実勢価格を大幅に上回る値段で売り物を浴びるおそれがあるわけで、それが歯止めになって安易な条件決定が防げる。ジャスダック市場では証券会社の提示する売り買いの気配値の差

が大きいことで一部からは批判も出た。→サムライ債

マーケティング
【marketing】
商品, サービスを生産者から消費者へ円滑に移転するためのビジネス活動をいう。消費者としては, その必要とする大量で多種多様の商品を望ましい価格で望ましい方法により望ましいときに提供されることが必要である。一方, 生産者にとっては大量生産による多くの標準化された商品を低い費用で早く供給することが望まれる。このような消費者と生産者の希望を結合して能率的な供給をすること。そのための活動として市場調査, 商品化計画, 販売促進, 宣伝広告などがある。

マーケティングマネジメント
【marketing management】
商品が流通機構を通して消費者の手に渡る間に起こる種々の業務活動(マーケティング活動)を管理すること。その中の主なものは, 流通技術の研究, 割賦販売, そのための販売金融をどうするかなどである。流通技術の研究とは, どのような販売経路を使うかとか, どのような輸送方法をとるかを研究することなどをいう。→マーケティング

マーケティングリサーチ
【marketing research】
企業がその製品の販売について行うあらゆる情報の収集, 記録並びに分析活動をいう。特に消費と生産との関連の研究, 製品の市場調査, 卸売りと小売関係などを主な対象とする。マーケティングリサーチはその仕事を専門的に行うエージェンシー(代理店)ないし研究所で代行することがある。→マーケティング

マザーズ
【Mothers (Market of the high-growth emerging stocks)】
東京証券取引所が1999年11月に設立した新興企業向け株式市場。高い成長が見込めるベンチャー企業ならば赤字でも上場可能な点が特徴。同年12月以降, 新規上場が相次いだが, 元経営者が逮捕されたり, お家騒動を起こす企業が現れたため, 市場イメージが低下。新規上場社数も落ち込んだ。しかし2002年5月に市場改革を実施, マザーズから東証第一部, 第二部に市場変更する企業も登場し, 再び新規上場が増えだした。最近はバイオ関連企業が多く上場するなど特色が出てきた。

マザーマシン
【mother machine】
「機械を作る機械」の意味で, 工作機械や鍛圧機械などの生産設備・機器の総称。特に金属部品を切削加工する旋盤やマシニングセンターなどの工作機械は, 製造業が成立する上で欠かせない設備であるため, マザーマシンの代表とされる。米国が国防上の理由で国内工作機械メーカーを保護したように, 先進国各国はマザーマシン産業を重要産業と位置付けている。

マシニングセンター ⇨MC
マージン取引 ⇨ 信用取引
マスタートラスト
【master trust】
複数の信託銀行や生命保険会社に預けている厚生年金基金や税制適格年金などの年金資産を特定の信託銀行が一元的に管理し, 有価証券の保管・決済, 資金決済, 資金管理などを行う業務を指す。統一的な会計報告や運用機関ごとの成績評価なども取り扱う。受け皿となる信託銀行をマスタートラスティーと呼ぶ。年金基金の効率的な資産管理につなげること

ができ，運用機関に支払っている報酬を引き下げることも可能で，米国で定着している。

マーストリヒト条約
【Maastricht Treaty】
1991年12月，オランダのマーストリヒトで開いた当時の欧州共同体（EC）首脳会議で決まったEC基本法（ローマ条約）の改正条約。欧州連合条約ともいわれる。93年11月に発効。単一通貨ユーロ導入の条件やスケジュールを定めた。

マーチャンダイザー制
【merchandiser system】
主に商社，卸・小売りなど販売業で，商品ごとに担当者を決め，商品に関する一切の責任と権限を持たせる仕組み。マーチャンダイザーは市場調査，商品化計画，仕入れ，価格設定，商品陳列，販売促進から販売結果の数値掌握まで一貫して携わる。このため計画立案，仕入れ，販売，商品管理などの各種の経験・能力を備えている必要がある。

マーチャンダイジング
【merchandising】
マーケティング活動の1つで，商品化計画とも訳される。最近の考え方では，需要は作られるものではなく，作り出すものとされている。需要を作り出すには，需要者の動きをよく調べて，需要を刺激する必要があり，その後，生産コストとにらみ合わせながら，こういう商品を作ることが良いという結論を出す。「市場調査―商品化計画―宣伝―販売促進」などが円滑に進まなければ業績を伸ばすことはできない。マーチャンダイジングは商品化計画，セールスプロモーション，広告宣伝活動を含めた広い意味に解釈され始めており，単なる商品化計画をプロダクトプラニングと呼ぶようになっている。→マーケティング

窓口問屋方式
小売店が，物流体制の整った卸売業者を配送の窓口として選び，食品や日用雑貨など同じ分野の商品を扱う他の卸の商品を一括して配送させる制度。1回の配送時の商品取扱量が増え，配送車の積載効率も上がり，低コストで卸から小売店に配送できるようにする。小売店にとっても荷受けや検品作業の合理化につながる。

窓販
【over-the-counter sale】
銀行の窓口で銀行以外が取り扱う商品を販売すること。銀行を利用する人が全国の店舗網で多様な商品を購入できるようになる。日本版ビッグバンの一環として大蔵省（当時）は投資信託と保険商品の窓販解禁を検討してきたが，他業態からの反発で進展が遅れていた。1983年4月から国債窓販が始まり，投信は98年12月から，保険商品は2001年度に始まった。保険については，金融審議会が07年3月をメドにすべての保険商品の窓販解禁する方向を打ち出している。

マニピュレーター
【manipulator】
人間の上肢に類似した機能を持つ機械の総称。作業の対象物を移動させるものを指す用語で，各種ロボットに共通する基本概念である。人間が操作するマニピュレーターにはじまって，同じ動作を自動的に繰り返す固定型，さらにコンピューターの指令によってさまざまな組み合わせ動作を行う数値制御タイプが登場するなど，急速に複雑，高度になっている。

マニフェスト
①【manifest system for industrial waste】
産業廃棄物管理票。企業など産業廃

棄物の排出者が，委託処理の状況を流れに沿って確認するのに使う伝票。廃棄物処理法は，排出者に管理票の5年間保存を義務付けている。不法投棄が跡を絶たないため，排出者が適正処理に責任を持つことを目的にしており，1997年の改正で原則としてすべての産業廃棄物が対象となった。収集・運搬，中間処理，最終処分など，処理業者はそれぞれの業務を終えると，業務内容などを記入した伝票を排出者に返送する。

② 【manifesto】
政党が政権公約として有権者に示す政策綱領のこと。具体的な数値目標や財源，実行期限などが盛り込まれている点で，いわゆる「公約」とは異なる。英国などで盛ん。日本では，2003年11月の衆院選で初めて各党がそれぞれ独自のマニフェストを掲げて政策論争した。

マネーサプライ money supply ⇨ 通貨供給量

マネジドフロート
【managed floating of exchange rate】
フロート制度の下で，通貨当局によって管理された為替相場のこと。短期間，特に毎日のように相場が乱高下した場合，貿易取引やその他の経済活動に混乱をきたすことを理由に，各国中央銀行は為替相場を完全には放置せず，介入(manage)する。時には，相場の維持が露骨なねらいの下に行われることがあり，各国の利害が対立することがある。このため，IMFの改正協定では「変動相場制の運営に関するガイドライン」を設け，IMFが各国の為替政策を監視することになった。
→変動相場制，IMF

マネジメント・バイイン
【management buy-in】
企業買収の一形態。投資ファンドなどの投資家が買い手となって企業や事業部門の経営権を取得，経営陣を入れ替えるなどして経営を改善し，企業価値を高めること。現経営陣が既存株主から会社を買い取るMBOと対比される。投資家ではなく，外部の経営チームが主導権をとって取り組む場合も多い。日本ではアドバンテッジパートナーズ（東京・千代田）が先駆け。最終的には株式公開やほかの事業会社などへの株式売却で利益を得る。
→MBO

マネタリズム
【monetarism】
安定的な経済成長を導く手段として，貨幣政策が最も重要だとする考え方。貨幣量と物価の間に比例的な関係があるとの前提に立ち，政策当局に求められる役割は通貨供給量を最適に保つことだけだとする。主唱者はシカゴ大学のミルトン・フリードマン名誉教授らで，マネタリストと呼ばれる。金利操作や財政出動による景気の安定化を目指すケインズ主義とは立場を異にする。→通貨供給量

マネタリーベース
【monetary base】
日本銀行が金融市場で銀行などの金融機関に供給しているお金の残高。現金と金融機関が日銀に置く当座預金の合計額で，金融機関の手元資金量に相当する。この資金には利子が付かないため，通常なら金融機関はそれを嫌って主に貸し出しに回して利益を上げようとするので，マネタリーベースを増やせば貸し出しも増え，景気を上向かせることが期待できる。2001年春から日銀が実施している量的緩和政策でも，マネタリーベースを大幅に増やすことが目標になっている。ただ，企業の資金需要は低迷しており，マネタリーベースの増大が貸

し出し増加には結びつかず、国債などに向かう状況が続いている。

マネー・マネジメント・ファンド
【money management fund】
米国のマネー・マーケット・ファンド（MMF）をまねて1992年5月に作られた追加型の公社債投資信託。日本でMMF＝エムエムエフといえば、この投信を指す。投資信託委託会社が運用し、証券会社で取り扱っている。国内外の公社債や譲渡性預金、コマーシャルペーパー、コールローン等を運用対象とし、毎日決算を行い、運用実績に応じて利益の全額を分配する。正午までに入金した場合はその日から分配金が付く。また分配金は1カ月分をまとめ税金を差し引いたうえで、原則として毎月の最終営業日に自動的に再投資する。破たんした米エネルギー大手エンロンの社債を組み入れていたMMFが元本を割り解約が殺到。2002年に日興アセットマネジメントなどが繰り上げ償還に踏み切った。野村証券が法人向け販売を打ち切るなどで、残高が低迷している。→MMF

マネーロンダリング
【money laundering】
資金洗浄。麻薬取引によって得た不正資金や賄賂、テロ資金などを口座から口座へと移し、資金の出所や受益者を分からなくすること。違法行為で得た"汚れた資金"が口座を転々とするうちに"きれいなカネ"に洗濯（ロンダリング）されるという意味で使われている。この資金ルートを解明できれば、麻薬取引ルートもつかめ、組織を摘発できる。このため、米国やEUなどの主要国が麻薬資金の取締法の制定に乗り出している。1999年8月、米銀バンク・オブ・ニューヨーク（BONY）を通じた国際通貨基金（IMF）のロシア支援資金を含むマネーロンダリングが発覚した。日本では2000年2月、金融監督庁（現金融庁）が「特定金融情報室」（日本版FIU）を設置、「マネーロンダリング天国」の汚名返上に取り組み始め、04年には「ヤミ金」と呼ばれる不法貸金業者による大規模なマネーロンダリングが摘発された。OECDが04年2月の段階でマネーロンダリング対策に非協力的としている国・地域はクック諸島、グアテマラ、インドネシア、ミャンマー、ナウル、ナイジェリア、フィリピン。対象国では法制度の見直しが始まるなど、実効をあげつつある。

真水
【real water】
明確な定義は確立していないが、一般に政府が景気対策として打ち出す公共事業のうち、当該年度に支出され、同年度の国民総生産（GNP）に寄与する公共投資の額を指す場合が多い。国庫債務負担行為（ゼロ国債）などのようにすぐにお金の支出に結び付かないものは景気対策の事業規模を水膨れさせるにすぎないという批判から、「真水論」が活発になってきた。

マルタ会談
【Malta summit】
1989年12月2,3日の両日、地中海のマルタで開かれた米ソ首脳会談。同会談は、第2次大戦後四十数年続いた冷戦に終止符を打ち、新秩序模索の時代に入った区切りとされている。ブッシュ米大統領とゴルバチョフ・ソ連大統領（いずれも当時）は、①欧州通常戦力交渉（CFE）の90年内調印、②90年6月の米ソ首脳会談での戦略兵器削減条約（START）交渉合意、③関税貿易一般協定（ガット）へのソ連のオブザーバー参加、④東欧民主化支持——などで合意し

マルチ商法
【multilevel marketing system】
親ねずみが子ねずみを生み，子ねずみが孫ねずみを増やしていくように，販売員をねずみ算式に増加させ，物を流通させる市場開発策。ピラミッドセリングともいう。米国で発達し，わが国にも登場した。だが，物が売れるかどうかに関係なく販売組織が無原則的に拡大し，末端販売員が在庫を抱えやすいなどの弊害もあり，1976年6月公布された「訪問販売法（2001年6月に特定商取引法に改称）」で同年12月から規制され，01年6月には取引の金額規定が廃止されるなど規則が強化された。

マルチメディア端末
ローソン，ファミリーマートなどのコンビニチェーンが導入した情報端末。パック旅行，興行チケット，パソコン，ブランド品など従来店舗で販売していなかった商品を，画面に触れるだけで注文できる。デジタル処理された楽曲や写真などを直接販売するサービスも始まっている。セブン-イレブンは都内1,200店に導入したが売上不振で2002年秋にすべて撤去し，一部サービスを高性能コピー機に継承した。ローソンとファミリーマート，スリーエフが全店に置く一方で，サンクスとサークルケイも03年春にすべて撤去するなど，戦略が二極化している。

マル優 non-tax system for small savings ⇨ 非課税貯蓄制度

マンガン団塊
【manganese nodules】
深海底資源として期待されているジャガイモ程度の大きさの鉱石。マンガンをはじめ銅，ニッケル，コバルトなど重要な金属を含んでいる。金属資源として注目されたのは，1950年代に太平洋の水深3,000～6,000メートルの深海底に豊富にあることが確認されてから。埋蔵量はニッケルで陸上の150倍以上といわれる。87年12月，国連海洋法準備委員会で日本は太平洋ハワイ南東沖公海のマンガン団塊鉱区を取得。採鉱技術の確立が課題になっている。

万景峰号
【Mangyongbong】
北朝鮮の貨客船。正式名称は就航した1992年にちなんで「万景峰（マンギョンボン）92号」。総トン数9,672トン，定員350人。北朝鮮の元山（ウォンサン）と新潟を約30時間で結ぶ。在日朝鮮人の祖国訪問のためなどに毎年20～30回往復。02年9月の日朝首脳会談で北朝鮮が日本人拉致を認めて謝罪。同船がミサイル関連部品の密輸や不正送金などに関与していたとの疑惑も浮上するなど国際社会の風当たりが強まった。03年6月に約5カ月ぶりに予定していた新潟入港は取りやめになったが，その後は運航を再開している。

マンモグラフィー
【Mammography】
乳がんの検査に使うエックス線撮影装置。乳房エックス線診断装置ともいう。乳房を上下・左右から器具で挟んで固定して撮影する。乳房を構成する組織のうち，皮膚や脂肪はエックス線を通しやすいため黒く映るが，乳腺やがんの可能性がある腫瘍（しゅよう）は白く映る。従来の医師が触って診断する視触診では発見が難しい，五ミリ程度の微少ながんも発見できる。検査画像をもとに複数の医師が診断できるようになるため，検診の精度を上げることが可能になった。装置の値段と画像を読み取る医師の育成が今後の課題。

み

ミクロ micro ⇨ マクロ，マクロ分析

ミクロ分析
【micro-analysis】
微視的分析。→マクロ分析

ミサイル防衛
【Missile Defense ; MD】
飛来したミサイルを早期警戒レーダーで探知し，迎撃ミサイルで撃ち落とすミサイル防衛構想。米政府が提唱し，同盟国にも参加を求めている。米国防総省は2005年の第一次配備を目指していたが，迎撃実験に相次ぎ失敗したため，クリントン前大統領は配備決定を先送りした。米政府は米本土を防衛する国家ミサイル防衛と海外で展開する戦域ミサイル防衛に二分していたが，ブッシュ政権は両者を一体化してミサイル防衛構想と呼んでいる。米国防総省は02年12月に，大陸間弾道弾迎撃ミサイル（地上型）とイージス艦搭載の海上型をそれぞれ最大20基ずつ05年までに配備する方針を明らかにした。大陸間弾道ミサイル（ICBM）を無力化する構想には，軍事バランスを崩すという懸念からロシアや中国だけでなく，欧州の同盟国からも懸念が表明されている。日本は1999年戦域ミサイル防衛の共同研究に着手したが，集団的自衛権などの問題も絡んで慎重論も根強い。→弾道ミサイル防衛

未実現利益
【unrealized profit】
まだ販売されていないためその価値が実現していない状態の利益のこと。現金や売掛金，受取手形などといった資金の裏付けのない未実現利益の計上は損益計算を不確実にするため，原則として禁止されている。なお割賦販売では，販売と同時に未実現利益が生じるが，このうち期中に現金で回収した部分についての利益は当期の実現利益として計上し，残りの部分についての利益を割賦販売未実現利益として翌期以降に繰り越す。

水の安全保障
【water security】
「貧困を撲滅し，十分な衛生状態を実現するために必要な水資源を確保することは，国土防衛や紛争の解決などと同様の安全保障上の課題」とする考え方。飲料など生活に適する「きれいな水（safe water）」が将来十分に確保できないとの危機感が背景にあり，国連は2003年を「国際淡水年」として水資源の持続的利用を訴えた。国連や非政府組織（NGO）などによると，きれいな水を日常利用することができない人々の数は世界で11億人に達し，毎年500万人が水関連の病気で死亡する。地球上の水の量は14億立方キロメートルだが，淡水はわずか2.5％。うち人類が利用できる水は3割で，全体の0.8％しかない。25年には人類の3分の2が中程度から高程度の水不足に直面すると予想されている。国連は00年に開いた「ミレニアム総会」で，15年までにきれいな水を利用できない人の数を半減させる目標を設定し，途上国での上下水道整備，衛生状態の改善，河川流域開発などを先進国が積極的に支援していくことを決めた。

店売り販売
ひも付き販売に対し，需要家の指定されていない取引のこと。問屋が自由に小口需要家や特約店，問屋仲間に販売する。品種別では小棒やH形鋼など条鋼類のウエートが高い。→ひも

付き販売

未達
募集予定額に応札額が達しないこと。「札割れ」ともいう。元国債ディーラーの作家が、国債の未達をきっかけに債券相場が暴落するという小説を書いて話題を呼んだことがあったが、債券市場では2002年9月に10年国債入札で初めての未達が起こり、混乱を招いた。国債引受シンジケート団が不足分を引き受けたが、相場は下落、国債市場改革に不安を投げかけた。

3つの代表
【the representative of three sectors】
2002年11月の中国共産党大会が、党規約に明記することを承認した思想。中国共産党が「先進的な生産力」「文化」「（私営企業家を含む）最も広範な人民の利益」の3つを代表するという考え方で、改革・開放政策で勢力を伸ばした私営企業家の入党を公認する根拠になった。江沢民・前党総書記（現中央軍事委員会主席）が提唱した。この規約改正で、中国共産党は階級闘争を背景とする前衛政党から国民政党に生まれ変わるきっかけを得た。一方、中国政府の経済運営手法は、強力な政府がさまざまな資源を開発に集中し、人権保障などよりも経済成長を優先させる「開発独裁」の色彩を強めた。

ミッドセンチュリー
【mid-century】
1950年代前後に欧米で大量生産された家具とそのデザイン。機能性の高いシンプルかつモダンなデザインでプラスチックや成型合板など安価な素材を取り入れたのが特徴。デザインやインテリアに興味を持つ若者を中心に人気が高まり、ミッドセンチュリーの専門店やインテリアにミッドセンチュリーを使った飲食店が相次いで登場している。デザイナーでは米国のチャールズ＆レイ・イームズ、デンマークのアルネ・ヤコブセン、日本の柳宗理らが有名。

ミッドデッキタンカー
【mid-deck tanker】
三菱重工業が開発したタンカーの原油流出事故防止技術。ミッドデッキはタンカーの貯油槽に水平の中仕切り（ミッドデッキ）を入れ、側面は二重化した船。仕切りは船のきっ水線よりも下にあり、万が一船底が損傷しても水圧で油が船体内部に押し込まれる。船の側面は二重化し、横から衝突されても外壁が壊れただけでは油が流出しない。船体構造を二重化した「ダブルハルズ」と同様の防止効果があるとされる。

緑の党
【Green Party】
主にドイツで活動する、環境保護を強く主張する政党。市民運動団体を母体に左右の環境保護主義者、既成政党への不満層が緑の党の基盤になっている。核利用反対、公害防止、自然環境の保護、風力・太陽熱などの代替エネルギー開発、交通システムの改善、教育制度の改革などその主張は多岐にわたる。党内に保守派から共産主義者まで抱えているため結束力で問題を残しつつも、最近の世界的な環境保護への関心の高まりとともに、他の欧州諸国でも勢力を伸ばしている。勢力拡大を背景に欧州連合（EU）の環境政策にも影響を与えている。1998年9月のドイツ総選挙後に成立した社会民主党のシュレーダー氏を首相とする内閣には、緑の党が連立のパートナーとして初めて加わり、フィッシャー党首が外相として入閣した。地球温暖化防止のための京都議

定書の批准でEUが世界をリードした原動力となった。

ミドルウエア
【middleware】
コンピューターの基本ソフトとアプリケーション（応用）ソフトの橋渡しをするソフトウエア。各種アプリケーションを連携させて、さまざまなサービスを提供する。ネットワークや分散処理システムを構築するものなど製品は幅広いが、基本ソフトの一部としてとらえることもある。

みなし大会社
【firms deemed as big companies under revised Commercial Code】
2003年施行の改正商法で設けられた新しい会社区分。会社は資本金・負債の規模によって大会社（資本金5億円以上または負債200億円以上）、中会社（資本金1億円超5億円未満で負債200億円未満）、小会社（資本金1億円以下で負債200億円未満）に分けられるが、このうち中会社が定款で「会計監査人の監査を受ける」と定めれば、みなし大会社になる。大会社並みに3人以上の監査役設置が求められ、会計監査人監査も受けるようになるため、経営の透明度が高まる効果が期待される。

南アジア自由貿易圏
【South Asia Free Trade Area；SAFTA】
インド、パキスタン、スリランカなど7カ国で構成する南アジア地域協力連合（SAARC）が2004年1月の首脳会議で合意した域内の貿易自由化構想。その際に採択した「イスラマバード宣言」では、2006年にSAFTAを発足させ、10年間で域内関税を0～5％まで引き下げることが定められている。東南アジア諸国連合（ASEAN）の域内FTAをモデルにしているが、南アジアは東南アジア以上に域内国間の経済格差が大きいだけに、細部の調整には難航も予想される。

南アジア地域協力連合 ⇨SAARC

南太平洋諸国会議
【South Pacific Forum】
1971年、南太平洋の新興独立諸国の地域協力を目的に設立された機関。オーストラリア、ニュージーランドを加えた16カ国・地域が参加している。98年8月にミクロネシア連邦のポンペイ島で開催した首脳会議では、南太平洋をクジラのサンクチュアリとする宣言を採択。2000年4月に日本で開いた「太平洋・島サミット」では、クリーンエネルギー開発など環境に優しいインフラの改善などを盛り込んだ「宮崎宣言」を採択した。

南太平洋非核地帯条約
【South Pacific Nuclear Free Zone Treaty】
1985年、クック諸島ラロトンガ島で開かれた第16回南太平洋諸国会議で採択した条約。ラロトンガ条約ともいう。南極条約、中南米を対象としたトラテロルコ条約に次ぐ3番目の非核地帯設置条約。締結国の核所有や核実験、放射性廃棄物の海洋投棄の禁止など16カ条からなる。適用領域は赤道以南、南緯60度以北、オーストラリア領海以東、西経115度以西。加盟しているのはオーストラリア、ニュージーランド、フィジーなど13カ国・自治領。

ミニ公募債
【municipal bonds targeting local residents】
「住民参加型ミニ市場公募債」の略。地方自治体が発行する公募債のうち、地域住民などを対象に発行したもの。2002年春からスタート。総務省は04年度に総額3,000億円を見込ん

でいる。当該自治体の住民だけでなく、周辺住民やその地域に営業拠点を持つ企業が購入できる場合もある。「高知市龍馬債」などユニークな名称もあり、資金の使途を博物館や公園などの整備、建設などにあらかじめ決めるケースも多い。償還期間は3年から5年と短く、購入単位も1万円から10万円というものが多く、個人でも買いやすい。利回りは自治体によって異なるが、機関投資家向けに発行する公募債より高く設定されることが多い。安全性が高いことに加えて、観光施設の割引券やコンサート招待といった特典付きのケースもあり、人気が高まっている。

ミニ高炉
【Small blast furnace】
主に内容積が数百立方メートルの高炉を指す。鋼材消費が急増している中国で、2003年に乱立した。日本で稼働する内容積4,000立方メートル以上の大型高炉と比べると生産性は劣るが、少額の投資で建設できる。中国で年率20％を超える鋼材生産増の原動力となった。だが04年に入って中国政府は鉄鋼分野での過剰な投資を問題視し始め、生産効率が悪く、環境対策も遅れたミニ高炉の建設を規制し始めている。

ミニ・ディスク・プレーヤー ⇨MD①
ミニマムアクセス ⇨ コメ関税化
ミューチュアルファンド
【mutual fund】
投資信託の米国における通称。ミューチュアルファンドは会社型の投資信託で、投資家はいつでも購入・売却できる。→投資信託（投信）

ミリ波
【extremely-high-frequency wave】
波長1～10ミリ、周波数30ギガ～300ギガヘルツ（ギガは10億）の電波。近距離なら、携帯電話などに使われているマイクロ波の約10倍の情報を伝送できる特色があり、自動車用衝突回避レーダーや非接触式IDカードシステムなどへの応用開発が進められている。素子開発が難しく、利用開拓が遅れていた。

民活法
【Private Participation Promotional Law】
民間事業者の能力の活用による特定施設整備の促進に関する臨時措置法。技術革新や情報化、国際化など経済環境の変化に対応した民間による施設づくりを促進し、内需拡大を進める目的で1986年5月につくられた。95年11月の法改正で対象が拡充され、研究開発・企業化基盤施設、国際見本市市場施設など17種類、39施設が対象となった。これらの建設主体として、地方公共団体と民間事業者が第3セクターを作り、税制優遇、債務保証のほか、建設費の5％に対して国3分の2、地方自治体3分の1の割合で補助金を交付する。

民間在庫品増加
【increase in stocks】
総支出勘定および資本形成勘定を構成する項目の1つで、一定期間内に企業が所有する原材料、仕掛かり品、製品などの物量的増減を金額で示したもの。ただし、建設、輸出向け以外の船舶、重機械の仕掛かり工事は総固定資本形成の項目に含まれる。また、家計や民間非営利団体および一般政府の所有する財貨は含めない。

民間債務返済のメキシコ方式
【Mexico formula for repayment of private sector loans】
累積債務問題などで通貨が急落したメキシコに対し、国際金融界が1983年に適用した民間対外債務の

返済繰り延べ方式。通貨下落で外貨建て債務の返済負担が実質的に膨らみ、返済難に陥った企業を救済するのが目的。98年には通貨下落で経済が行き詰まったインドネシアに適用した。中核になるのは、政府が為替リスクを負う「為替調整基金」の設立。債務者は基金に対し、自分たちに有利な為替レートで債務相当額を現地通貨建てで払う。外国銀行が債務返済を一定期間猶予し、その間基金は返済原資を運用、猶予期間の終了後、市場実勢レートにより債務を返済する。猶予期間中に為替レートが回復せずに生じた差額は、原則として政府が保証する。

民工潮
【flow of population from rural areas into urban cities】
中国の農村から都市へ流入する浮動人口のこと。1988年の経済過熱期に働き場を求めて農村から多くの人々が都市に出てきたのが始まり。92年以降の経済の活況で沿海都市部と内陸農村部の経済格差が一段と広がり、都市への人口流入圧力は強まる一方だ。従来、「盲流」と呼ばれていたが、93年ごろからマスコミが「民工潮」(みんこうちょう)という新語に改め、「労働力(民工)の移動は経済成長の表れ」と評価する論調を展開。だが、流動する農民は2,000万人から1億人以上ともいわれ、農村から都市への人口移動は大きな課題となりつつある。所得格差の拡大と農村の余剰労働力の増加で、民工潮は今後も増大することは確実で、治安の面からも対策を急ぐ必要がある。

民事再生法
再建型の新しい企業倒産法。2000年4月施行。倒産手続きを迅速にし、資産の劣化や取引先、従業員の離散を抑制、早期の再建を促すために制定された。①事業継続に著しい支障をきたす場合には破たん前でも適用申請できる、②債権者の過半数かつ債権額の過半の同意で再生計画が承認される——などが特徴。再生計画の提出は再生手続きの開始決定後でもよく、開始決定も申し立てから早い時期に出る。

む

ムーアの法則
【Moore's Law】
半導体最大手の米インテルの創設者、ゴードン・ムーア氏が提唱した「半導体回路の集積度は1年半で倍増する」という法則。回路線幅の微細化により半導体チップの小型・高性能化が進むという意味で、半導体業界では長年にわたり、技術開発のロードマップ(指標)としてきた。しかし、現在では回路線幅は90ナノ(ナノは10億分の1)メートルが実用化段階を迎えつつあり、いずれ原子そのものの大きさに近づいて、微細化は2010年ごろには壁に突き当たるという見方が強い。

無菌充てん
【aseptic】
食品を雑菌が入り込まない状態で容器に充てんする技術で、長期保存を可能にする。従来のレトルト(加圧加熱殺菌)処理法と比べ加熱温度や時間が短くて済むため、食品の風味の変化や栄養素の破壊が少なくなる。元来はロングライフ牛乳の生産技術として開発され、1961年にスウェーデンのテトラパック社が紙容器への充てん法として確立した。飲料など液状食品からスタートしたが、現在では米

飯類など固型食品に応用され始めている。クリーンルーム並みの無菌充てん技術が普及してきたことが背景にある。

無形固定資産
【intangible fixed assets】
具体的な物財ではないが、会社経営に役立つ資産。①営業権、特許権、実用新案権、意匠権、地下権、鉱業権などのような法律上の権利、②営業権（のれん）のように事実上価値のある権利、③電話加入権、側線専用権などのような専用権――が含まれる。
→固定資産

無人搬送台車 ⇨AGV

無税償却
【tax-free write-offs】
貸出先の倒産などにより貸出債権に損失が見込まれる場合、これを税法上の課税所得とならない「損金」として処理する手法。債権放棄などにより貸出債権そのものを貸借対照表から落とし、帳簿上の債権額を減額する「直接償却」、貸出債権はそのまま残るが損失相当分を引当金に計上する「間接償却」の2種類がある。
→有税償却

無洗米
【wash-free rice】
ヌカを精米段階で取り除き、とぎ洗いをしなくても炊けるようにして商品化した米。1990年代前半に登場した。炊飯の手間を減らせるほか、とぎ汁が出ず環境に優しい点が人気を集めている。とがずに済むため、米に含まれるビタミン類が水に溶けて流出する心配がないのも特徴。生協やスーパーが取り扱いを拡大し、家電メーカー各社も無洗米対応の炊飯器を増やしている。全国無洗米協会の推定では2002年度の生産量は前年度比55％増の66万5,000トンに増えた。ただ、まだ統一した品質基準がなく、現在食糧庁が策定に取り組んでいる。

無線LAN
【wireless local area network】
有線ケーブルを使わず、電波や光などの無線で通信するLAN（構内情報通信網）。オフィスや家庭内の配線工事が不要。コードレス電話の親機に相当する基地局機器を設置し、子機に相当する無線LANカードをノートパソコンに差し込めば、街角でもインターネットが楽しめる。最大毎秒11メガビット（メガは100万）とアナログ電話回線の200倍に相当する通信ができる「IEEE 802.11b（あいとりぷるいーはちまるにーてんいちいちびー）」が普及。2002年に入り、毎秒54メガビットとさらに高速の「IEEE 802.11a」対応の機器も販売されている。最近では、さらに通信速度が速い「IEEE802.11g」やセキュリティーを高めた「IEEE802.11i」などの新規格も策定に向け進んでいる。無線LANを活用し、街角で高速ネット接続を楽しめるようにした「ホットスポット」の設置も広がっている。

無断変速機
【continuously variable transmission；CVT】
一対の滑車（プーリー）とその周囲にかけた金属ベルトやチェーンで変速比を自在に変えられる自動変速機。エンジンの最も効率の良い回転数を維持できるのが特徴で、3〜5種類の歯車を切り替える従来の変速機に比べて、燃費を10％前後改善できるとされる。変速時のショックがないため乗り心地も良くなる。1980年代初めに富士重工業が初めて量産にこぎ着け、小型車に搭載した。現在も日本の自動車メーカーが実用化で先行している。

無担保コール
【unsecured call loan】
担保の必要のない資金取引。インターバンク市場の1つで，1985年7月に始まった。有担保コール市場に参加しづらい外国銀行が資金調達の場として利用するケースが多かったが，88年11月の新金融調節以降は都市銀行などにも開放され，市場規模が急速に拡大し，90年7月には月中平均残高で初めて有担保コール市場を上回った。期間は翌日物から1年物まである。特に翌日物金利は日銀の金融調節による誘導対象で，金利自由化により公定歩合に匹敵する重みを持つに至っている。

無担保債
【unsecured bond】
担保の裏付けのない債券をいい，元利金の支払いはもっぱら発行会社の信用に依存する債券。わが国では昭和初期の金融恐慌の教訓を生かして1933年以降，社債は担保付きで発行されてきた。ただ転換社債については，73年から条件付きながら無担保で発行できるようになり，79年には松下電器産業が戦後初めて完全な無担保転換社債を発行した。日本企業による完全無担保の公募普通社債発行は85年のTDK債が戦後第1号。その後は適債基準の緩和で，無担保債を発行できる企業の範囲が広がった。さらに96年1月発行決議分からは適債基準，財務制限条項とも撤廃されたため，無担保債の発行が一般的となった。→財務制限条項

無法者政権
【outlaw regimes】
ブッシュ米大統領が2003年1月の演説でイラクなどを非難して使った言葉。イラク，イラン，北朝鮮について，ブッシュ米大統領は02年1月の一般教書演説では「悪の枢軸（Axis of Evil）」と名指ししたが，03年1月の演説では「大量破壊兵器の保有を目指す無法者政権」と呼び名を変えて非難，対イラク開戦の正当性を国民に訴えた。米国は同年10月，アフガニスタンのタリバンについてテロリストをかくまう無法者政権であるとして，英国とともに空爆，タリバン政権を崩壊させた。→悪の枢軸

め

名義貸し
【lending street name】
自分の名義を他人の財産や権利のために貸すことだが，株式市場では証券業者が名義が出ることを嫌う顧客，特に大口投資家のために自社の名義を貸すことをいう。税金対策に使われることが少なくなかったうえ，自社株保有の変形として行われたこともあるといわれ，1972年に証券局長通達で禁止された。

名実逆転
【greater real economic growth over nominal growth】
実質経済成長率が名目成長率を上回ること。実質成長率は名目値から物価の上昇分を割り引いてはじき出すため，通常の経済では実質成長率の方が低くなる。日本では，価格破壊と円高の影響で，1994〜96年度にかけて名実の成長率が逆転した。不況を背景としたデフレの進行で，98年度以降は名実逆転が常態化している。

メイプルリーフコイン
【mapleleaf coin】
カナダ王室造幣局が発行しているコインで，金貨とプラチナ貨がある。純度

がそれぞれ99.99，99.95と高く，毎日の地金の相場に連動して価格が決まる地金型コインの代表格。

名目国民所得
【nominal national income】
国民所得を算定するに当たって，それを測定時の生産物の市場価格に基づいて表したもの。貨幣国民所得ともいう。これを物価指数（GDPデフレーター）を用いて物価の変動を除去して表したものが実質国民所得である。→国民所得，GDPデフレーター

名目賃金
【nominal wage】
労働者が自己の労働の対価として受け取る貨幣額のこと。名目賃金では労働者の報酬が高いか低いかわからないので，その貨幣額をそのときの物価指数で除して貨幣賃金の実際上の購買力を見る必要があり，後者を名目賃金に対し実質賃金という。物価下落が進むデフレ下では，賃金水準が一定の場合，実質賃金が名目賃金を上回る「名実逆転」と呼ばれる現象が起きる。

メガディーラー
【megadealer】
マルチフランチャイズ方式で複数メーカーの商品を販売する自動車ディーラー。米国の自動車メーカーとディーラーは日本の系列関係のような密接なつながりを持っていないため，異なるメーカーの車や同一メーカーでも複数ブランドの車を同じ経営者が販売できる。日本でも地場資本の有力ディーラーを中心に，メガディーラーを目指す動きが出ている。

メカトロニクス
【mechatronics】
メカニクスとエレクトロニクスを合成した造語。機械系の技術と電子・情報系の技術とを融合した技術や製品のことを指す。近年，コンピューターや半導体の技術進展，小型化に伴ってその市場は広がっている。例えばNC工作機械は工作機械というメカにコンピューター制御が結び付いて操作が格段に容易になり，発展を遂げた。

メガピクセル
【megapixel】
ビデオカメラやデジタルカメラなどが搭載している「電子の目」であるCCD（電荷結合素子）の画素が100万程度あることをいう。画素が多いため高画質が特徴。特にデジタルカメラでは，メガピクセル機で撮影した写真の画像は銀塩フィルムの写真と大差ないレベルまで向上した。このため，パソコンユーザーに限られていたデジタルカメラの普及に一役買っている。

メガフロート
【mega-float】
浮体式海洋構造物。造船技術の浮体製造技術を応用して鉄製の物体を洋上に浮かべる。空港，石油備蓄基地，港湾物流拠点，漁業基地としての利用計画が上がっている。独自の製造技術を持つ造船各社は，埋め立てに比べて初期投資が小さく，環境への影響も抑えられると主張して普及を目指しているが，維持管理コストの削減など課題も残っている。関西国際空港の建設でも利用提案があったが，実績不足を理由に採用されなかった。羽田空港に四本目の滑走路を建設する再拡張計画でも提案されている。埋め立てと桟橋の併用方式が最適と主張しているゼネコン（総合建設会社）各社と意見の隔たりが大きい。

メキシコ通貨危機
【Mexican peso crisis】
1994年末，メキシコ政府が自国通貨ペソの切り下げと変動相場制への移行を実施したのを機に発生した通

貨危機。移行前に1ドル＝約3.47ペソだった為替相場は一時1ドル＝7.5ペソ前後の水準まで下落した。テキーラショックともいう。この背景にはペソの過大評価と経常収支赤字の拡大とともに北米自由貿易協定（NAFTA）加盟後に膨らんだ貿易赤字やチアパス州の先住民武装蜂起といった国内政治要因がある。米国主導で行われた総額488億ドル（米200億ドル，カナダ10億ドル，IMF178億ドル，BIS100億ドル）の国際支援によりメキシコは短期的な流動性危機から脱した。

メジャー
【International Oil Majors】
メジャーズともいう。石油の探査，掘削，回収などいわゆる上流部門からパイプラインやタンカーによる輸送，精製，販売，石油化学など下流部門にいたるまで大きな力を持つ国際石油資本を指す。かつてはエクソン，モービル，ガルフ，スタンダード・オイル・オブ・カリフォルニア（ソーカル），テキサコの米国系5社に，オランダ・英国系のロイヤル・ダッチ・シェル，英国系のブリティッシュ・ペトロリアム（BP）の2社を合わせた7社がメジャーと呼ばれ，石油ショック以前は共産圏を除く世界の石油生産の大半と原油価格決定権を握っていた。OPEC（石油輸出国機構）の勢力伸長，産油国の国有化政策の推進によって自由世界の石油生産に占める比率は50％以下に低下，原油価格決定権も奪われた。最近では1999年1月に英BPが米アモコと合併しBPアモコが発足したほか，エクソンとモービルも合併するなど再編が進んでいる。

メセナ
【mécénat（仏）】
ローマ帝政初期の大臣で，芸術・文化の擁護者だったメセナを語源とする仏語。芸術・文化の支援活動を指す。欧米では企業によるメセナ活動が早くから始まり，個々の企業のほかフランスの「ADMICAL」（商工業メセナ推進協議会，設立1979年），米国の「BCA」（企業芸術擁護委員会，同67年）などの団体が幅広い活動を展開している。日本でも88年の日仏文化サミットをきっかけに機運が高まり，90年に「企業メセナ協議会」がスタート。2004年4月1日現在の正会員数は145社。より大きな概念に，民間企業の社会貢献活動を指す「フィランソロピー」という言葉がある。

メタノール車
【methanol-fueled vehicle】
窒素酸化物（NOx）をはじめとする排ガスの総量を削減するため，ガソリンや軽油など石油系燃料に代わって，メタノール（メチルアルコール）を新燃料に使う自動車。燃料効率から見ると，同量の燃料でディーゼル車（軽油車）の6割程度の距離しか走らないが，価格が軽油の半分程度なので，経済性は悪くないという。メタノールは燃料電池車の燃料としても注目を浴びている。ガソリンなどに比べ，発電に必要な水素が取り出しやすいためだ。カナダの燃料電池ベンチャー，バラード・パワーシステムズはメタノール改質の燃料電池をダイムラークライスラー，米フォード・モーターと共同開発している。ただ，メタノールは毒性があり，水に溶けやすい性質のため，車の燃料として疑問視する声もある。

メタロセン触媒
機能性の高い樹脂の生成を可能にする触媒。ポリエチレン，ポリプロピレンなどの重合の際，特定の助触媒と組み合わせて使う。分子量，分子量分布，組成，組成分布について均一

性を高めることができるほか、樹脂の立体構造を制御できるという特徴があり、薄くて強いフィルム生産などが可能になる。化学各社はメタロセンよりも高機能の触媒開発を急いでいる。

メタンハイドレート
【methane hydrate】
天然ガスの主成分であるメタンが低温高圧下で水に大量に溶け込み、シャーベット状になったもの。1リットルの水に約200リットル分のメタンが含まれており、地中に気体として存在する天然ガスに比べ、資源量が大きい。シベリア、アラスカなど永久凍土地帯の地中、水深が数百メートル以上の海溝陸棚、大陸斜面などにあるといわれ、日本近海ではオホーツク海、南海トラフに存在が予想されている。地球上では数百兆立方メートルの埋蔵量があると見られており、「未来の天然ガス資源」として政府が開発調査に乗り出したほか、帝国石油、石油資源開発などが開発鉱区を出願している。

メディアレップ
【media representative】
インターネットのウェブサイトやメールマガジンといった媒体(メディア)を抱える会社の代理人として、その媒体に広告を載せたい企業を橋渡しする事業者のこと。主としてメディアの立場に立って広告枠の企画などを手がけ、インターネット上の広告代理店や広告主企業に販売する。広告代理店などにとっては広告枠の買い付け窓口の役割を果たす。ネット市場が広がるにつれて事業者の収益性が高まり、株式を公開する企業もある。

メモリーカード
【stamp-size memory card】
内部にフラッシュメモリーを搭載した切手サイズのカードで、文字や音声、静止画などを記録できる。デジタルカメラや携帯情報端末、ボイスレコーダー、モバイルパソコンなど機器間で情報をやりとりする記憶用カードとして利用が広がっている。ただ、規格は複数あり、標準化争いも活発化している。主なものにはデジタルスチルカメラで搭載が進んでいるスマートメディア、松下電器産業、東芝、米サンディスクが提唱するSDカード、ソニーが推進するメモリースティックがある。

メルコスル
【MERCOSUR】
南米共同市場の通称。1991年3月、ブラジル、アルゼンチン、ウルグアイ、パラグアイの4カ国首脳がパラグアイのアスンシオンで会談し、欧州共同体(EC)のような共同市場を南米でも形成することで合意、アスンシオン共同宣言に調印した。発足は95年1月1日。域内関税はサービス分野を除く約90％の品目について撤廃した。対外共通関税は85％の品目について平均12％を課す。共同市場の規模は4カ国の国民総生産(GNP)の合計で約5,700億ドル(2002年実績)に達し、総人口は約2億人を超える。隣接するチリとボリビアとは96年6月に自由貿易協定を締結。両国は準加盟国となった。03年12月、ペルー、ボリビア、エクアドル、コロンビア、ベネズエラのアンデス共同体とも自由貿易協定締結で合意した。米国や欧州連合(EU)はその将来性に注目しているが、米州自由貿易圏(FTAA)創設を図る米国との間には、中南米経済統合をめぐる主導権争いも起きている。

免疫抑制剤
【immunosuppressive drugs】
体外から入った異物を攻撃する免疫機能を抑える医薬品。副作用が強いため、通常は臓器移植後に起こる拒

絶反応を抑えるためにのみ使われる。特にスイス大手製薬会社のノバルティスファーマ社が開発した「サイクロスポリン」は脳死体からの心臓, 肝臓移植を欧米などで定着させた薬として知られる。また, 藤沢薬品工業が開発した「FK506」は, ポスト・サイクロスポリンとして注目されている。副作用として, 免疫力低下に伴う感染症, がんなどがある。

免震工法
建物に加わる地震の揺れを小さく抑える建築技術。日本では基礎と建物の間にクッション材を入れる方式が主流。クッション材には円盤状の鋼板とゴムを交互に積み重ねた積層ゴムなどが使われる。ゴムが地震の揺れをゆっくりとした動きに変えると同時に, 建物を元の位置に戻す働きをする。振動を減衰させることで, 建物内部の家具などの倒壊を防ぐ。建物最上階にジャイロを取り付けて傾きを補正する装置を使うこともある。

免税点
【duty-free allowance】
納税義務が免除される基準期間における課税売上高の上限のこと。2004年1月から従来の3,000万円から1,000万円に引き下げられた。個人事業者は05年分から, 事業年度が1年の法人については05年3月決算分から適用される。期間でいえば個人事業者の05年分の基準期間は03年の売上高, 事業年度が1年の法人では05年3月決算分の基準期間は03年3月決算分となる。

メンタルヘルス
【mental health】
心の健康管理。技術が高度化し, 組織が複雑化するにつれ, 人々の環境への適応は困難となってきた。このため, 心身の不調を感じながら, 日常の仕事や生活にやっとのことで対応している"半健康人"が増えてきた。こうしたことから, 産業界でも経済的効率性のみを追求するやり方に反省機運が出てきている。身体の健康だけでなく, 心の健康管理についても日常的に取り組む「産業カウンセリング」を重視する企業も多い。

も

目標管理
【management by objective】
従業員に業務目標を与え, それを達成する方法は従業員の自主に委ねる管理方法。さらに進んで目標設定まで従業員に委ねる場合もある。いずれの場合も管理者は命令せず, 従業員の自主的決定に必要な情報を与え, 従業員相互間の調整などを行う。組織の巨大化に伴う従業員の無気力化を防ぎ, 勤労意欲を向上させる管理方法。設定した目標の達成度を基に賃金や処遇を決める成果主義賃金制度を取り入れる企業もある。TQCの枠組みの中で行われる目標管理のことを特に方針管理と呼ぶことがある。→TQC

目標相場圏
【target zone】
ターゲットゾーン構想。複数の国が他国通貨との関係をにらみながら, 自国通貨のレート(為替相場)を一定の目標範囲内の変動に収めることで, 通貨安定をねらう。この考え方は古く, 1973年の2, 3月に主要国通貨が一斉に変動相場制に移行, 通貨体制が一種の無政府状態になった際にも論議された。94年7月には国際通貨制度の新たな枠組みを提唱している「ブ

レトンウッズ改革委員会」がターゲット構想を柱とする改革案をまとめた。ヘッジファンドなどの投機的な売買で急激に為替相場が変動し，貿易取引の採算や輸出入物価の騰落を通じて実体経済に悪影響が及ぶのを防ぐねらい。しかし97年のアジア通貨危機では目標相場圏そのものが投機の目標となり機能しなかった。99年1月に独仏の蔵相が共同でユーロ，米ドル安定のための目標相場圏導入を提唱したが，各国の同意を得られなかった。

モーゲージ担保証券
【mortgage backed securities】
米国の代表的な資産担保証券（asset backed securities）で，住宅ローン債権の流動化をねらって発行される。金利や満期などの類似した多くの住宅ローンをプールして信託，その信託財産の持ち分として受益証券を発行する。住宅には政府機関や民間保険会社のローン保険がかかるほか，元利金の支払いに対してはジニーメイ，ファニーメイなど政府機関が保証する。比較的高い利回りが実現するが，固定金利ばかりではなく，変動金利型や金利にオプションが付いたものもある。日本国内では三和銀行が1999年に初めて発行した。

モジュール
【module】
複合部品。自動車業界で複数の部品を部品メーカーがあらかじめ一体化し，完成車メーカーに納める方式が増加している。完成車メーカーは組み立て時間の短縮や部品在庫の低減ができる。運転席周りのメーター類やエアコン，ダッシュボードなどを一体化した「コックピットモジュール」や車体最前部のラジエーターやコンプレッサーなどで構成する「フロントエンドモジュール」が一般的。車両軽量化につながる技術としても注目が高い。

モジュール化
【assembling parts in a module】
モジュールとは機能的なまとまりを持ったユニット。システム全体をモジュールに分解し，それぞれの接合部分についてのルールを公開することでモジュールを独立して設計，運営できるようにする仕組み。自動車などの製造過程や企業組織の運営に利用されている。

モスクワ条約
【Moscow Treaty】
2002年5月24日にモスクワで，ブッシュ米大統領とプーチン・ロシア大統領が調印した，戦略核弾頭の大幅削減条約。双方が6,000発以上保有している戦略核弾頭を2012年までに1,700～2,200発の範囲に大幅削減することを確認した。正式名称は「戦略攻撃兵器削減条約」。従来の核軍縮条約と比べ核弾頭の削減幅は大きいが，種類ごとの削減数の内訳を規定していないうえ，削減した核弾頭の備蓄も認めている。

モーダルシフト
【modal shift】
貨物の輸送方式をトラックから海運，鉄道，航空機などの大量輸送機関に切り替えること。トラック輸送の進展によって引き起こされた交通渋滞や人手不足などを解消し，輸送時の二酸化炭素（CO_2）の排出量を削減するのが目的。トラックからの転換先としては日本貨物鉄道（JR貨物）や内航海運への期待が高いが，長編成列車の運行，増便を可能にする社会資本の整備や諸規制の緩和など推進に向けた課題は残されている。

モーダルミックス政策
【modal mix】
自動車，鉄道，海運などの各交通機

関がそれぞれの特性を生かして連携し，効率的な輸送体系を作る考え方。1992年夏に建設省（当時）が今後の道路整備指針として打ち出した。バスから鉄道などへの乗り継ぎを迅速にする接続陸橋の整備や，空港，港湾，新幹線につながる道路の整備を進めようとするもの。

持ち株会社
【holding company】
株式の所有を通じて傘下企業の経営を支配し，グループ全体の経営計画立案などに携わる会社。配当を主な収入とする。特に生産活動などの事業を行わない企業を純粋持ち株会社，銀行や証券会社が設立する場合は金融持ち株会社と呼ぶ。持ち株会社がグループ全体の戦略立案や個別企業の経営チェックを行い，個別企業は経営の独自性を確保しながら，業務の執行に専念する。各企業は個別事業ごとに収益を管理することになるため，不採算事業が明確になり，利益率の向上が期待できる。人事制度や給与体系などを事業の内容に応じて決める利点もある。独占禁止法が改正され，1998年12月に設立が解禁された。→金融持ち株会社

持ち分法
【equity method】
有価証券の評価方法の1つ。企業が連結決算を行う際に出資比率20～50％の関連会社や非連結子会社に対する投資に適用される。出資比率に応じて関連会社の利益を比例配分する。従来は連結損益計算書では法人税充当後に「持分法による投資損益」という項目を設けて記載してきたが，1999年3月期から営業外損益で表示され，連結経常損益に反映されるようになった。米国ではこの持ち分法が定着している。日本では，78年3月期決算会社から連結決算制度が導入されたが，連結の対象となるのは出資比率が50％を超える会社で，持ち分法を採用するかどうかは企業の自由意思に任されていた。しかし，持ち分法は決算書類を作成するのが面倒だが，連結決算の内容がより正確となるため，各方面から日本でも持ち分法を強制するべきだとの声が高まり，84年3月期決算会社から持ち分法の適用も義務付けられた。子会社がなく，関連会社だけある場合，連結決算を作成する必要はなかったが，決算が連結中心となった2000年3月期からは持ち分法投資損益で開示することになった。

モチベーションリサーチ
【motivation research】
購買動機調査。消費者がどのような動機で商品を買ったかを科学的に調査すること。このような動機をできるだけ確実につかむことによって，メーカーは消費者に好まれる商品を市場に出すことができるし，販売店は消費者に喜ばれる商品を仕入れ，それを上手に陳列して販売促進の効果を上げることができる。特に最近は価格よりも品質で商品を選ぶ消費者が増えており，この好み（感性）の分析が重視されている。

モデム
【modem】
変調を表すモジュレーションと復調を意味するディモジュレーションを組み合わせた合成語で，変復調装置とも呼ぶ。コンピューターを端末としてデータをやり取りする場合，電話回線ではコンピューターのデジタルデータをそのまま送ることができない。そこでモデム内部でデジタル信号をアナログ信号に変換（変調）してから送る。送信されたアナログ信号は再び相手側の

モデムでデジタル信号に変換（復調）される。

元売り
【oil wholesaler】
石油製品について全国的な1次販売権を有する業者のことで、精製設備を持っているかどうかは関係ない。具体的には新日本石油、出光興産、昭和シェル石油、コスモ石油、ジャパンエナジー、エクソンモービル、東燃ゼネラル石油、キグナス石油、太陽石油、九州石油、三井石油の11社。元売りは特約店契約を結んだ販売店を通じて製品を販売するほか、大口需要家などには直売もする。

モノクローナル抗体
【monoclonal antibody】
人間など高等動物の免疫機能を応用した医薬品。高等動物はウイルスのような外敵を排除するため、血液中の白血球の仲間であるリンパ球がそれを異物（抗原）と認識して取りつき無害化する抗体（たんぱく質）を作るが、それらの抗体のうち、同じ種類だけを人為的に大量に複製したものをいう。1975年に英国のC.ミルシュタイン博士らが世界で初めて実現した。感染症やがんの診断薬、免疫抑制剤などとして商品化されている。

モバイルインターネット
【mobile internet】
携帯電話や携帯情報端末（PDA）を利用したインターネットの接続サービス、接続システムのこと。NTTドコモのiモードが代表例。情報の入手やオンラインショッピングなど多機能化が進んでいる。第3世代携帯電話でブロードバンド（広帯域）が実現し、鮮やかな映像や音声が楽しめるようになった。

モバイルコンピューティング
【mobile computing】
移動性や携帯性の高い小型携帯情報端末を使って、ビジネスマンが外回りの現場でオフィスのパソコンと営業情報をやり取りしたり、電子メールを送受信するなどコンピューターの新しい利用形態。携帯端末ではシャープの「ザウルス」シリーズが国内で最も人気が高いが、米マイクロソフトが開発した携帯端末用基本ソフト（OS）「ウィンドウズCE」を搭載した製品や、携帯電話やPHS（簡易型携帯電話）との一体型製品が商品化されるなど、ユーザーにとっての選択の幅も広がっている。→PDA

モラトリアム
【moratorium】
法令を出して債務の返済を一定期間だけ猶予させること。戦争、暴動、天災のような異常時には不安が高まって債権の回収が激増するが、結果的に回収が困難になり、国内の信用制度の崩壊を招く。このような事態が予想されるとき、当局が法令により返済猶予に踏み切る。国際的には対外債務の返済が滞った累積債務国に見られる。ブラジルは1987年2月に外貨準備高の減少を理由にモラトリアムを宣言、民間銀行団に対する中長期債務680億ドルの利払いを停止した例がある。

モラールサーベイ
【morale survey】
勤労意欲（士気）調査。従業員が自分の仕事、職場、同僚、上役、待遇などにどのような感情を持っているかを調べること。従業員の不満や希望を聞き、必要な対策を立てて従業員の士気を高めるのがねらい。

モラルハザード
【moral hazard】
道徳的危険とか倫理の欠如と訳される。責任感が薄れているという意味。もともとは保険用語。例えば、自動

車保険に加入すると自動車事故に対する注意が希薄になるなど、被保険者の保険加入によって危険事故の発生する確率が増大することを指す。最近では金融機関や預金者が行動に節度を失うことを指すことが多い。例えば預金保険制度が充実していると、預金者は「預金保険制度が保証してくれるから大丈夫」と、経営が危ぶまれている金融機関にも預金してしまう（預金者のモラルハザード）。銀行側は護送船団方式で行政に守られてきたため、最後は国が助けてくれるという気持ちがある。このため、経営不振に陥ると普通より高い利子を付けて資金を集め、そのコストを吸収するためさらにリスクの高い貸付先に高金利で融資する（金融機関のモラルハザード）。こうした悪循環が続くと金融不安を招く。

もんじゅ
【Monju fast breeder nuclear reactor】
動力炉・核燃料開発事業団（動燃、現・核燃料サイクル開発機構）が、高速増殖炉の実用化を目指すため、実験炉「常陽」に続く炉として建設した原子炉。1994年4月に臨界に達し、95年7月に試験送電を始めたが、同年12月に二次系配管からナトリウムが漏れる事故が発生。事故の通報や伝達をめぐり動燃の"情報隠し"が相次ぎ発覚。原子力への信頼を揺るがす"事件"となった。2003年1月には名古屋高裁が当時の設置許可を無効とする判断を下した。政府はこれを不服として最高裁に上告中で、運転再開の見通しは立っていない。

モントリオール議定書
【Montreal Protocol】
オゾン層保護のため1985年に採択したウィーン条約の締結国が、フロンなどオゾン層破壊物質の生産・消費を規制するため87年9月に採択した議定書。規制対象物質はクロロフルオロカーボンやハロン、四塩化炭素など8物質。フロンについては各国の生産・消費量を89年から段階的に削減、98年までに86年水準の50％まで削減することを決めた。しかし、その後の研究でオゾン層保護には不十分とわかり、全廃スケジュールを改定。特定フロンや四塩化炭素は95年末全廃となったほか、特定ハロンは93年末全廃と前倒しになった。このほか、代替フロン（HCFC）を2020年に、臭化メチルを05年に全廃することが決まった。日本ではフロン回収破壊法に基づき、02年から業務用冷凍空調機器とカーエアコンのフロン類の回収が義務付けられた。

や

役員報酬の個別開示
【disclosure of individual executive compensations】
個々の役員の報酬を明らかにすること。上場企業の役員報酬は、情報開示を強化する観点から、2003年度決算から総額開示が実質的に義務付けられた。一方、個々の役員の報酬まで明らかにする個別開示については、東京エレクトロンが1999年から開始しているが、「報酬額の多寡が議論されやすい」「プライバシーの問題が絡む」として後ろ向きの企業が多い。企業間のヒトの流動性が高い欧米に比べ、日本では役員報酬の「相場」がないという意見もある。役員報酬は業績連動が主流になりつつあり、委員会等設置会社の取締役会だけでなく、一部の企業で任意の設置が進んでいる報酬委員会で、報酬の算出について外部のチェックも受ける動きも出ており、個別開示の是非を巡る議論が強まる可能性がある。

約定ショートセール
債券取引の約定日時点で空売りの状態にあること。実際の受渡日までに市場で債券を調達すればよいため、相場の下支え要因になることが多い。

役職定年制
【executive age-limit system】
企業で部長、課長といった役職にある人が一定の年齢に達し、それより上のクラスへ昇進しない場合、役職を解かれ、専門職や補佐職などに回る制度。65歳への定年延長のうねりが高まる中で、若手の意欲をそがず、組織の活性化を維持するための"苦肉の策"といえる。既に多くの企業が実施している。

約束手形
【promissory note】
振出人が一定の金額を一定の時期に特定の金融機関で支払うことを約束した手形。取引の実際面では、商品の買い主がこの約束手形を振り出すことによって売り主の信用を受け、売り主はこれを銀行に割り引いてもらって資金の回収を図るのが普通。銀行が貸し出しを行うときに、借り手を振出人、銀行を受取人とする約束手形を書かせ借用証書の代わりとしてこれを受け取ることもある。

ヤコブ病 Jakob Disease ⇨ クロイツフェルト・ヤコブ病

薬価基準
【drug tariff】
医療保険で使うことができる医薬品の品目とその請求価格の一覧表。具体的には医師が患者に使った薬について、薬剤費として健康保険など各医療保険制度に請求できる金額を指す。健康保険財政の健全化を目指す一方、薬づけ医療に対する批判の強まりを受けて、厚生労働省は薬価基準を実勢価格に合わせ、順次引き下げている。

ヤードスティック方式
【yardstick regulation】
競争がないため経営効率化が進みにくい公益事業などの分野で、競争原理を働かせるために採用する料金制度。英国の水道事業などで導入されているが、日本でも電力分野で1996年から採用した。企業の自主的な努力を前提にしながらも、設備投資の圧縮など各社の経営効率化の努力を比較して、経営見直しが進んでいない会社には監督官庁などが料金引き上げ申請の際に減額査定したり、各社ごと

の格付けを公表して一層の経営努力を促したりする。「ヤードスティック」とは英語で物差し，基準の意味で，経営効率の高い企業の指標を基準に比較するためこう呼ばれる。

山元
鉱業生産者，精錬業者のこと。石炭や非鉄金属でよく使われる。金，銀，銅，鉛，亜鉛の場合，この山元が出す価格を山元建値と呼び，相場の指標となる。

ヤミ価格協定
【price-fixing agreement】
相互に競争関係にある事業者間で行われる価格協定のこと。独占禁止法は，不当な取引制限を禁止している（独禁法3条）が，この不当な取引制限に当たる共同行為を一般にヤミ・カルテルと呼んでおり，ヤミ価格協定はその一種。ヤミ・カルテルは，価格，数量，技術，設備などの面で互いに拘束し合うため，一定の取引分野で実質的に競争が制限されることになる。販売価格に関するヤミ・カルテルには，1977年の独禁法改正で課徴金が掛けられるようになった。公正取引委員会は企業や個人が内部告発した場合に課徴金などを減免する制度の導入を検討，2004年通常国会への改正法案提出を目指したが日本経団連などの反対により，先送りとなった。→カルテル

ヤミ・カルテル ⇨ ヤミ価格協定

遺言信託
【last will trust】
信託銀行に遺言書の管理を委託，死後は自分の財産を遺言によって処分，分配させる制度。遺言信託の期間は10年，15年と長期にわたる例が多く，契約受託者は財務管理能力があり，永続性のある法人でなければならない。このため日本では契約受託者になれるのは信託銀行に限られている。高齢化社会の進展により遺言をきちんとした形で残したいと考える人が増えたことから，信託銀行が取り扱う遺言信託の件数が増えている。→信託銀行

優越的地位の乱用
取引上の地位が相手方よりも優越していることを利用して，正常な商慣習に照らして相手方に不当に不利益な条件で取引すること。独占禁止法が不公正な取引方法として列挙する行為（2条9項）のうち，公正取引委員会が一般指定で禁じている行為の1つ（一般指定10号）。具体的には金融機関による不当な歩積み・両建て預金，百貨店，大手スーパーの納入業者への押し付け販売，手伝い店員の強制など。

有価証券報告書
【financial statement】
有価証券届出制度によって，有価証券の発行価格または売り出し価格の総額が1億円以上の募集または売り出しを行う会社や株式を証券取引所に上場，あるいは日本証券業協会に登録している会社が，各事業年度毎に事業年度終了後3カ月以内に提出を義務付けられている書類。金融庁や証券取引所で誰でも閲覧できるようになっている。2004年6月からは企業にインターネットによる有価証券報告書の提出も義務付けられた。有価証券報告書には会社の概況，事業内容，設備状況，営業状況，財務諸表などが記載されている。また有価証券報告書に虚偽の記載をしていた場合，

金融庁は訂正報告書を提出させるほか，証券取引法違反で告発することがある。

有機EL
【organic electroluminescence】
電流を流すと発光する有機化合物を利用したディスプレー。自ら発光するため，液晶と異なりバックライトが不要で，機器を薄型化でき，動画を鮮明に表示できる。液晶に次ぐ有力ディスプレー技術として世界で100社以上が研究開発に取り組んでいる。技術開発で先行しているのは低分子材料だが，真空中で加工する必要がない高分子材料も注目を集めている。東北パイオニアやサムスンSDIが量産しているほか，セイコーエプソンなども技術開発を進めている。→電子ペーパー

有機農産物
【organic farm products】
農薬や化学肥料をできるだけ減らし，土を重視した有機農法によって作られた作物。化学物質を多用する近代的な農法への不安から，生産者と消費者が協力し合う形で徐々に広がってきた。しかし，表示物の基準が曖昧であてにならないとの批判もあり，農林水産省は2000年6月からJAS（日本農林規格）の改正法に基づく有機農産物の表示基準を施行。有機農産物を3年間農薬を全く使わない農場で栽培したものとするなど，厳格な定義を設けた。05年春からJASの対象を豚や牛などの畜産物にも広げる方針だ。→JAS，JAS法

有機農産物認証団体
【organic crop authentification organization】
有機農産物や食品が，特定の基準に基づいて生産されていることを確認し証明する団体。農林水産省は市場に出回る有機食品の信頼性を高めるため，2001年4月からは農水省に登録認定機関として登録された認証団体から認証を受けなければ「有機」と表示できないこととした。国内団体のJONA（日本オーガニック＆ナチュラルフーズ協会）や海外団体など，複数の民間団体が実績を積んでいる。→オーガニック食品

有機農法
【organic agriculture】
堆肥による土作りを行った農地で化学肥料や農薬を全く，またはほとんど使わずに野菜や果物を育てる農法。自然本来のもつ生産力を重視する農法で，土壌の汚染，人体への悪影響などさまざまな弊害を生んでいる化学肥料農法に対する反省も手伝って見直されている。農林水産省は改正日本農林規格（JAS）法で有機農産物の表示基準を設定，2001年4月から条件を満たさない農産物は有機表示ができなくなった。→オーガニック食品

有期労働契約
【terminable labor contract】
企業と従業員が期間を定めて労働契約を結ぶこと。期間の定めのない正社員の契約とは区別され，有期契約の社員は通常「契約社員」と呼ばれる。労働基準法は原則1年を超える契約を禁止しているが，1999年の法改正で一部の職種は上限が3年に延長された。さらに2004年1月から契約期間の上限は原則3年，一部5年に延長された。

有形固定資産
【tangible fixed assets】
会社の持つ資産のうち，具体的な物財。土地，建物，構築物，船舶，車両・運搬具，機械装置・工具，器具・備品，建設仮勘定の8つを指す。

→固定資産

有効求人倍率
【job-offer to job-seeker ratio】
全国の公共職業安定所に申し込まれている求職者数に対する求人数の割合。求職者1人あたりの求人数の割合を示し、統計のとり方としては前々月からの求職者数と、それ以前からの雇用保険受給者数の合計（有効求職者数）を分母にとり、前々月からの求人数（有効求人数）を分子として計算する。1倍以下であれば求職が求人を上回り、人余りの状態を示している。有効求人倍率に対し、当月だけの新規求職者数と新規求人数の割合を新規求人倍率という。

有効需要
【effective demand】
実際に物を買うだけのお金があって物を手に入れようとする欲求、購買力の裏付けのある需要をいう。これに対して購買力に関係なく物を欲しがるのを絶対的需要という。また、お金は持っていても物資統制のため物が手に入らないとか、値段が高いために手が出ないが安くなれば買えるとか、所得が増えれば買えるといった場合などのように、なにかの事情で表面に現れない需要を潜在需要という。ケインズの有効需要の原理は彼の雇用理論の基本となるもので、その要点は次の通り。①総雇用量は総有効需要によって決まる。失業は総有効需要の不足のためである。②雇用が増えれば所得は増え、所得が増えれば消費も増えるが、消費の増え方は所得の増え方よりも少ない。そこで、雇用の増加を維持するに足る需要を確保するためには、所得とその所得から支出される消費との差額を埋めるだけの新投資（投資の増加）がなければならない。→マクロ分析

有事関連3法
【three defense acts】
日本が他国から武力攻撃を受けた場合の対処方針などを定めた「武力攻撃事態対処法」「改正自衛隊法」「改正安全保障会議設置法」の3法のこと。武力攻撃事態対処法は外部から侵略行為などを受けた場合を「武力攻撃事態」と位置付け、事態が発生すると政府は安全保障会議を招集し、対処方針を閣議で決定。内閣に対策本部を設置し、国の行政機関や地方自治体に具体策を指示する。改正自衛隊法は個々の部隊の運用を円滑にするもの。有事法制は「戦後政治のタブー」といわれてきたが、1977年の福田赳夫内閣当時の研究開始から26年を経て、2003年6月の国会で成立、施行された。

融資枠契約
【commitment line】
企業が金融機関に手数料を支払う代わりに、必要なときに一定金額まで資金を借りられる契約。融資枠のことをコミットメントラインという。企業は資金繰りを安定させることができ、金融機関も資産を当面、膨らませることなく手数料収入が得られる。米国では主流の取引だが、日本では1999年3月に成立した「特定融資枠契約に関する法律」で本格的な導入につながった。最近は主取引銀行以外と契約を結ぶ例や、融資の実施を前提とした設定など多様化している。

融通手形
【accommodation bill ; kite】
商業手形は商取引に基づいて代金支払いのために振り出されるが、融通手形は資金融通のため、商業手形と見せかけて振り出されるもの。略して融手という。また商業手形は商取引の裏付けがあるので実手形といい、融通

手形は裏付けがなく，振出人と受取人がなれ合いで発行するので，空(から)手形，なれ合い手形ともいう。融通手形には，好意手形と書き合い手形があるが，書き合い手形が大部分を占めている。好意手形は甲が乙に頼み，乙を支払人，甲を受取人として乙に振り出してもらった手形，書き合い手形は甲が乙あてに振り出すと同時に乙が甲あてに振り出した手形。→商業手形，手形の割引

郵政関連4法
【set of four bills for deregulating the nation's postal system】
郵政事業に関連する4つの法律。郵便事業への民間参入を認める「信書便法」と民間開放に伴い必要となる既存法の一括改正を盛り込んだ「信書便関係法整備法」，郵政3事業を2003年4月から国営の公社に移行するための「日本郵政公社法」，その関連法制を一括して整備する「日本郵政公社法施行法」の4法。

有税償却
【taxable write-offs】
貸出先の経営内容の悪化などにより貸出債権に損失発生が予想されるが，税法上はその損失が「損金」とならずに課税所得に組み込まれてしまうことをいう。企業会計上は健全性の原則を重視して引当金計上により「損失」を計上するが，税務上は無税償却基準に該当しないため，損失相当分が「損金」とならず，課税所得に加算される。その際，会計上の利益に比べて負担し過ぎた税金が将来の税負担から軽減されると見込んで前倒し計上するのが繰り延べ税金資産。2003年3月期決算では，繰り延べ税金資産の過大計上が問題にされたりそなグループが公的資金の注入に追い込まれた。→無税償却

優先株
【preferred stock】
普通株に対し，配当や企業が解散する場合の残余財産の分配などについて優先権をもつ株式のこと。優先株には，一定の配当を受けた後，なお利益が十分ある場合に，これを受け取ることのできるものや，普通株へ転換できるものなどさまざまな種類がある。日立造船が1976年秋，わが国初の転換型の優先株発行に踏み切った。91年4月の商法改正で発行手続きが簡素化され，94年3月に旧さくら銀行が発行した。その後は自己資本の充実を迫られた銀行の資金調達手段として定着しつつある。

優先出資制度
信用金庫や信用組合など協同組織金融機関の自己資本充実策として旧大蔵省が2000年に導入した制度。かつては，協同組織金融機関は組合員以外からの出資を認められておらず，銀行のように外部資金による自己資本充実ができなかった。そこで，議決権はないが高配当の優先出資証券を一般投資家向けに発行，協同組織の会員以外から幅広く資本を調達できるようにする仕組みを設けた。

有線テレビ ⇨CATV
有担保コール
【secured(collateralized)call loan】
銀行など金融機関が互いに融通し合う短期資金のこと。国債や手形などの担保が必要で，無担保コール取引と区別している。期間を定めない無条件物と2日から6日物までがある。1989年6月からは，市場参加者がレートを決める「オファービッド制」が導入され，金利決定の自由化が進んでいる。

誘導品
【derivative】

ナフサを分解して得たエチレン、プロピレンなどを重合して作った石油化学製品。合成樹脂や中間原料など数は多く、具体的には、高密度・低密度ポリエチレン、ポリプロピレン、スチレンモノマー、塩化ビニール、アクリロニトリルなどを指す。

郵便貯金の自主運用
郵便貯金はその全額が旧大蔵省の資金運用部に預託され、財政投融資に充当されてきたが、運用の効率アップをねらいに、1987年から国会で旧郵政省による自主運用が認められた。この自主運用資金を「金融自由化対策資金」といい、87年度に2兆円の枠でスタートした。2001年4月から資金運用部への預託が廃止され、郵貯が自主運用する形式となった。

有利子負債
【liabilities with interest】
金利を支払わなければならない負債のことで、長短借入金に社債・転換社債、受取手形割引高、借り入れ有価証券（現先市場を通じた資金調達）、従業員預り金を加えたもの。従業員預り金を除く場合もある。有利子負債の比率が大きいほど株主資本の比率が低くなるわけで、財務体質は不健全といえる。支払利息・割引料を有利子負債（期首期末平均値）で割ったものが、有利子負債利子率である。

有料職業紹介事業
【free charging employment placement project】
対価をとって職業紹介をする事業で、厚生労働大臣の許可が必要。ただ求人誌のように、求人企業や求職者に労働者や職業をあっせんせずに、求職者や求人企業の情報を提供するだけならば職業紹介にあたらず、許可はいらない。1997年4月からホワイトカラー職種の紹介について原則自由化され、99年12月から、港湾運送、建設の仕事以外は職業紹介できるようになった。→人材派遣業

ユーコス事件
【Yukos Incident】
ロシア石油大手ユーコスの前社長でロシアで一番の富豪だったホドルコフスキー氏が2003年10月に逮捕され、ロシアの政財界を揺るがし続けている事件。次期大統領の座を狙ったホドルコフスキー氏が同年12月のロシア下院選を前に野党に資金提供し、政治的野心を強めてプーチン政権と対立したことが発端とされる。ユーコスは税務当局から巨額の脱税で訴えられ、モスクワ仲裁裁判所から約34億ドル（約3,700億円）の追徴課税の支払いを命じられた。04年7月に欧米日銀行団から債務不履行（デフォルト）通告を受け、同社は破産かプーチン政権側に経営権を引き渡すかの瀬戸際に立たされている。

ユーゴスラビア空爆
【Air-raid against Yugoslavia】
ユーゴスラビア連邦（現在は国家連合、セルビア・モンテネグロ）は1999年2月、コソボ自治州のアルバニア系住民との和平案を拒否。欧米ロの仲介した和平交渉は決裂し、北大西洋条約機構（NATO）軍は3月24日、対ユーゴ空爆を開始した。その後、ユーゴ軍がコソボからの撤退を開始したためNATO軍は6月10日に空爆を停止した。→コソボ紛争

輸出自主規制
【voluntary export restraint (voluntary restraint arrangement)】
輸出相手国の輸入制限を回避するため、輸出国側が自主的に輸出を規制すること。貿易管理令や輸出入取引法に基づいて政府が規制する。自主規制には2種類あり、対米乗用車規

制のように日本側の自主判断で実施するもの(VER)と、鉄鋼のように政府間協定に基づいて規制するもの(VRA)がある。

輸出貿易管理令 ⇨ 貿管令

ゆとり教育
【relaxed education】
知識偏重の「詰め込み教育」への批判を受けて、文部科学省が打ち出した新路線の通称。2002年度から小中学校で新学習指導要領に基づく教育がスタートしており、従来との変更点は学校5日制の完全実施、それに合わせた授業時間2割、学習内容3割の削減、「総合学習の時間」の導入など。余裕のあるカリキュラムの中で生徒自らが学び考える姿勢を身に付けることを目指すが、産業界などを中心に、子どもの学力の低下につながり、競争力低下を招くとの批判も出ている。

ユニタリータックス
【unitary tax】
合算課税。ある州に進出している企業の工場、事業所が納めるべき州税額を、州外の親会社、子会社、関連企業が全世界であげた収益なども合わせて算定する。したがって特定の工場、事業所などが赤字を計上していても、親会社を含む全体の業績が黒字ならば課税されるし、逆の場合には払わずに済む。日本企業や経団連は同税は二重課税で対米投資の障壁になるとして、米国にミッションを送り同税の廃止を訴えてきた。その結果、オレゴン、インディアナ、フロリダ、コロラド、ニューハンプシャーなどの州が相次いで撤廃した。米最高裁判所は1993年末からカリフォルニア州のユニタリータックスの違憲性について審査を開始したが、94年6月に合憲判決を下した。

ユニット型投信
【unit-type investment trust】
単位型投信。設定後に必要に応じて追加設定し新しい資金を集めるオープン型投信に対して、1回の設定ごとに独立した投信を設定、その後に追加設定を行わない投信の総称。→投資信託(投信)、オープン型投信

ユニット住宅
【unit-based prefabricated house】
1部屋または2部屋程度のルームユニットを工場で配管、配線、インテリアまで含めて完成し、建築現場では各ルームユニットを組み合わせて1戸の住宅にするプレハブ住宅の一種。工場生産比率が高いので、現場作業期間が短く、コストの低減も図れる。わが国では1971年に積水化学工業が「ハイム」の商品名で発売したのが最初。同社の工場生産比率は約80%で、50日間で完成させるシステムを確立した。

ユニットプライス制
【unit price system】
例えば300g入り150円の調味料には「10g当たり5円」、200cc入り140円のシャンプーには「10cc当たり7円」というように、一定の単位当たりの価格を示す方式。単位価格表示制ともいう。消費者の比較購買性向の高まりから導入が広がった。

ユニドー ⇨UNIDO

ユニバーサルサービス
【universal service】
サービスを提供するコストに地域で差があっても、全国均一の料金体系で利用者がサービスを受けられるようになっていること。例えば、封書やはがきは最低80円、50円で全国どこからどこへでも配達される。NTTの電話料金であれば、市内料金は全国どこでも3分8.5円。

コラム

株式会社学校
school operated by stock companies

　株式会社による学校の運営は地域限定で規制を緩和する国の構造改革特区の制度で認められ，可能になった。

　2004年4月から，大学院や大学，中学校が開校している。専門学校や塾などを運営し，一定の実績を持つ株式会社が参入している。たとえば，情報技術(IT)技術者やクリエーターを養成しているデジタルハリウッド(東京・千代田)が大学院を，会計・法律の専門学校を運営するLEC(東京・港)が大学を，進学塾から発展した朝日学園(岡山県御津町)が中学校を運営している。

　従来の学校教育は画一的で，児童生徒に対する教育・育成機能が十分でないとの認識が広まりつつある。

　小中学校などではいじめや不登校が問題となり，大学や大学院では卒業・修了しても企業などのニーズに十分に応えられていない。こうした状況を踏まえ，株式会社やNPO(非営利組織)などがかねて，フリースクールなどの運営を始めていた。今回，特区制度でこうした状況が追認された格好だ。

　文部科学省によると，教育を担う学校の運営を株式会社には認めていなかったのは，学校経営の安定性と継続性に問題があるためだという。一定の面積の運動場を設けたり，天井までの高さなどの細かな基準を満たした校舎を作る必要もあったりするなど，効率的な経営を目指す企業にとっては，設備の条件も参入障壁となっていた。

　特区にこのほど認定された地域ではこうした規制が撤廃され，参入が容易になった。

　株式会社が学校を設立するには，自治体との連携が不可欠。現状では特区を申請する主体になれるのは地方自治体だからだ。このため，株式会社がこれまで活動していた地域以外の遠隔地で学校を開校する例も少なくない。たとえば，大阪市に本社を置く学習塾・大検予備校運営のジャスダック上場企業，ウィザスは05年4月，茨城県高萩市に広域制通信高校「ウィザス高校」を開校する。在宅学習支援のアットマーク・ラーニング(東京・渋谷)は石川県美川町にインターネットを活用した高校を開く。

　04年に開校した学校の滑り出しはほぼ順調。定員を大きく上回る応募があり，デジタルハリウッドは大学，LECは大学院を05年4月に追加して開校する計画だ。先行した株式会社が教育と収益の両面で安定した実績を残し続けられるかどうかが，株式会社学校という新制度を定着させるうえでのカギになる。

ユニバーサルデザイン
【universal design】
年齢や身体能力にかかわりなく，すべての生活者に適合するデザイン。1990年代初頭に米ノースカロライナ州立大学のロナルド・メイス氏が提唱した。高齢者や障害者の不都合を取り除くバリアフリーから一歩進んだ考え方で，日本でも住居，家電製品，食品，日用品からファッションまで着実に広がっている。財団法人共用品推進機構（東京・千代田区）によると，2000年度時点の市場規模は前年度比22％増の2兆2,549億円。→共用品

ユニバーサルバンク
【universal bank】
銀行，証券，生損保といった金融の各業務を顧客にすべて提供できる金融機関。もともとは旧西独で三大銀行が証券業務を始めたのが最初。欧州市場統合に向けて欧州共同体（EC，当時）がこの方式を採用したため，世界の金融機関が目指す方向とする声が多い。銀行，証券を分離してきた日本でも，金融持ち株会社の解禁などを受けて関心が高まっている。広義では同じ資本系列の個別の会社が各金融業務を別々に担当する英国型のケースもユニバーサルバンクと呼んでいる。

ユニバーサルファッション
【universal fashion】
年齢，体形，障害の有無にかかわりなく，誰もがおしゃれを楽しめる機能性衣料の総称。体形の変化に応じてサイズ対応の幅を広げた衣料なども含まれる。日本では1999年に「ユニバーサルファッション協会」（東京・中央区，織田晃理事長）が発足し，推奨商品の認定などを通じて啓もう・普及活動に取り組んでいる。アパレルメーカーや小売りが商品の開発・販売に乗り出しており，地方自治体のなかにも地場繊維産業などの活性化策の一環として普及に取り組むケースが出ている。

輸入インフレ
【imported inflation】
一般的には海外諸国からの輸入品の値上がりで国内物価が上昇すること。1973年秋の石油ショックで石油価格が暴騰し，狂乱物価が発生したのはその典型的な例である。→インフレ

輸入住宅
【houses built with imported materials】
外国から資材別または1棟分のパッケージで輸入して国内で建築する住宅。海外の住宅設計の考え方に従っていることや，海外の部資材が一定以上使われている点などを目安に，国内の一般住宅と区別されている。バブル崩壊後，住宅メーカーや地方工務店などの参入が相次いだ。米国，カナダ，北欧のメーカーの製品や部資材の使用が多い。

輸入促進地域
【foreign access zone；FAZ】
「輸入の促進及び対内投資事業の円滑化に関する臨時措置法」に基づき国が指定する地域。空港，港湾やその周辺部に輸入関連施設を集積する構想で，都道府県や市が策定した地域輸入促進計画を国が承認すれば，指定地域内に立地する輸入促進事業者や外国・外資系企業は補助金や地方税の減免といった支援措置が受けられる。

輸入割当制
【import quota system】
特定の輸入品目について輸入量の総枠を決め，国ごとに輸入量を管理して国内の弱い産業を保護する輸入制限の方式の1つ。輸入者がIQ（輸入

割当)品目を輸入するには、経済産業省の輸入割当証明と外国為替銀行の輸入承認が必要。割当量は輸入者や需要者の過去の輸入実績や設備能力などが主な基準になる。IQ品目数は先進主要国では貿易自由化の進展に伴い減る傾向にあるが、多額の累積債務や一次産品価格の低迷に悩む途上国の間では次第に増えてきている。

ユニラテラリズム
【unilateralism】
単独行動主義。イラク戦争に向けた米国の外交努力で国連の役割を軽視するなど、ブッシュ政権の単独行動主義的な傾向が鮮明になった。新たな国防政策「国家安全保障戦略」でも、単独での軍事行動の可能性を明記している。安全保障以外の分野でも、温暖化ガス削減を目指した京都議定書から離脱するなど、米国が国際協調よりも国益を優先する傾向が強まっている。米国が圧倒的な軍事力を背景に唯一の超大国になった弊害ともいえる。これに対して、自国の影響力低下を恐れる仏独やロシア、中国などは警戒を強め、米国との摩擦が目立っている。

ユビキタス
【ubiquitous】
1989年に米ゼロックス社のパロアルト研究所が提唱した概念。社会や生活空間の至るところにコンピューターが存在し、知りたい情報にいつでも接続できる環境を指す。CPU(中央演算処理装置)の集積度の向上によるコンピューターの小型化や、インターネットなどの通信インフラの進化で、実現に向けて注目を集めている。消費財に超小型のICチップを埋め込み、商品の情報や生産地・生産者などの情報をその場で取得する仕組みがユビキタスコンピューティングの例として挙げられる。

ユーラトム
【European Atomic Community ; Euratom】
欧州原子力共同体。欧州連合(EU)の基礎をなす3共同体の1つ。EU加盟の15カ国が加盟。1958年1月に発足した。ヨーロッパでのエネルギー資源不足に対処して、原子力産業の開発を加盟国共同で進めようとするもので、①産業の動力源となる核物質をプール(共同管理)し、②原子力発電の科学的知識や技術を交換し、③加盟国共同出資で核物質を生産する原子力工場を作ること——などが目的。イタリアのイスプラに共同原子力研究所を持つ。

ユーレカ計画
【Eureka project】
欧州高度先端技術計画。1984年4月にフランスのミッテラン大統領が提唱、米国や日本に後れをとっているハイテク分野で巻き返しを図ろうと当時の欧州共同体(EC)加盟国に呼び掛けた。新素材、大型コンピューター、高出力レーザーなどの分野を中心に技術開発を進めている。欧州域外企業の参加も進み始めている。なお、ユーレカとは、アルキメデスが入浴中、比重の原理を発見した時に叫んだと伝えられるギリシャ語で、「そうか、わかった」の意。

ユーロ
【euro】
1999年にスタートした欧州連合(EU)の通貨統合で採用された単一通貨。99年1月にまず資本取引などで使用が開始され、紙幣と硬貨の流通開始は2002年1月。その後は各国通貨とユーロがともに流通し、数カ月以内に各国通貨の流通を停止してユーロを唯一の通貨に切り替えた。イタ

リアやギリシャではユーロ流通開始をきっかけに便乗値上げが横行し，社会問題化した。各国通貨とユーロの交換レートは98年末の欧州通貨単位（ECU）の水準を基に決定され，ECUは99年1月の通貨統合からユーロにそのまま切り替わった。

ユーロ円
【Euroyen】
日本以外で流通する円資金。欧州を中心に香港，シンガポールなどが市場になっている。都市銀行が国内の規制をう回するために海外に放出した円資金や，外国企業が海外市場で発行する円建て債の代わり金などがある。

ユーロネクスト
【Euro next】
欧州の5カ所の取引所が統合した多国籍の証券取引所。2000年9月に，フランス，ベルギー，オランダ3カ国の証券取引所が合併して発足。2001年10月にロンドン国際金融先物取引所（LIFFE）を買収，2002年2月にリスボン証取（ポルトガル）が合流した。パリ証取が3カ国の主要上場銘柄などの大型株，アムステルダム証取が先物や金融派生商品（デリバティブ），ブリュッセル証取が中小企業などの株式を取り扱う。欧州では米店頭株式市場（ナスダック）の英国進出などで証券取引を巡る国際競争が激しくなっており，各取引所の合従連衡が相次いだ。ユーロネクストやロンドン証取は2001年夏に自社株を上場した。

よ

要介護認定
【selection (certification) of recipients of nursing care services under the nursing care insurance program】
公的介護保険を利用する前に市町村から受ける認定で，どの程度の介護が必要かを示す「要介護度」を決める。要介護度は，最も軽い「要支援」から寝たきりなど手厚い介護が必要な「要介護5」まで6段階に分かれている。要介護度に応じて保険から給付される介護サービス費が決まる。介護が必要ない「自立」と判断された場合には，公的介護保険制度のサービスを受けることはできない。認定結果を決めるのは保健・医療などの専門家で構成する介護認定審査会。審査会は，市町村の職員やケアマネジャーが高齢者の自宅を訪問し，体の状態などを調べる「訪問調査」の結果と，主治医の意見書をもとに，要介護度を決定する。

要管理債権
【loans reguiring close monitoring】
金融機関の貸し出しのうち，3カ月以上の延滞があったり，金利減免など貸し出し条件の緩和を実施した債権。不良債権の一種だが，破たん先や破たん懸念先に比べれば回収できる可能性が高い。このため貸し倒れに備えて積む引当金の水準は，破たん先の100％，破たん懸念先の70％程度に対して，要管理は20～30％程度にとどまる。要管理債権の対象企業は経営の将来性の評価が難しい段階にあり，要管理債権の扱いが企業再生の分かれ目になりやすい。

容器包装リサイクル法
【Law for Promotion of Recycling of Containers and Wrappings】
正式名称は「容器包装に係る分別収集及び再商品化の促進等に関する法律」。容器包装ごみについてメーカーにリサイクル（再利用）を義務付ける法律。消費者は分別排出の責任，市町

村は分別収集の責任を負い，役割分担してリサイクルを促進するのが目的。1995年に法律が成立し，97年4月から施行された。まずガラス容器，ペットボトルが対象になり，2000年度から段ボール，プラスチックが加わった。

揚水式発電
【pumping-up hydraulic power generation】
夜間電力で下のダムの水を上のダムにくみ上げ，昼間は上から下に放流して発電する方式。夜間の余剰電力を利用して昼間のピーク時の電力需要を補うために考えられた。発電量の調整が困難な原子力発電と組み合わせて利用するのが効果的で，原子力発電の比重が高まるにつれ，大規模な揚水発電設備の建設が進んでいる。

用途地域制度
地域ごとに建物の用途を決めて，他の用途の建物の建設を規制する制度。1993年6月から以下の12地域となった。第1種低層住居専用地域，第2種低層住居専用地域，第1種中高層住居専用地域，第2種中高層住居専用地域，第1種住居地域，第2種住居地域，準住居地域，近隣商業地域，商業地域，準工業地域，工業地域，工業専用地域。

溶融還元製鉄法
【direct iron ore smelting reduction process】
安価な一般炭と粉状のままの鉄鉱石を炉内で溶融し，銑鉄を作り出す製鉄法で，鉄鋼業界が実験を推進している。現在，主流の高炉法では原料炭の一種である粘結炭をコークスに変える一方，鉄鉱石を焼き固めて焼結鉱化するという事前処理が必要で，原料投入から銑鉄を取り出すまでに数日間かかるが，この製鉄法はわずか数時間で済む。大幅な人員削減も可能。原材料費も安上がりで，高炉法には不可欠なコークス炉，焼結炉などの設備が要らず，生産コストも低減できる。二酸化炭素などの発生量も少なく環境対策にも有効。高炉は一度操業を開始すると10年以上連続稼働させるのに対し，溶融還元法では一時停止，再稼働が容易なため，需要に応じた弾力的な生産が可能。新日本製鉄，JFEグループなど高炉各社が次世代製鉄法と位置付け，研究を進めている。

預金準備率
【reserve requirement ratio】
金融政策の重要な手段である準備預金制度は，金融機関の預金の一部を中央銀行に強制的に預けさせて通貨量を調整する。その場合，無利子で中央銀行に預けさせる金額の預金残高に対する比率を預金準備率という。わが国では1957年5月に「準備預金制度に関する法律」が施行され，59年9月にこの法律に基づいて初めて預金準備率が設定された。わが国の場合は制度上，準備率の下限はなく，上限は72年5月に従来の10％から20％に引き上げられている。その範囲内で財務大臣の認可に基づいて日銀政策委員会が運用する。→準備預金制度

預金保険
【deposit insurance】
銀行の経営が不振になったり信用恐慌が起きたりすると，預金が焦げ付いてしまう恐れがあるが，そのようなことのないよう預金にかける保険。保険料は預金という財産を受け入れる側（金融機関）が保険機関（日本の場合は預金保険機構）に支払うので，預金者は債権の一定部分の安全性を保つことができる。2002年4月のペイオ

フ解禁で，普通預金の保険料が定期性預金よりも高く設定されたが，03年度には再び見直され，若干引き下げられた。

預金保険機構
【Deposit Insurance Corp.】
預金保険制度を運営するために1971年に設立された特殊法人。制度に加入している金融機関からの保険料収納，加入金融機関が預金の払い戻しを停止した場合の預金者への保険金の支払い，破たん金融機関の処理に対する資金援助などが主な業務内容。96年6月の法律改正で業務が拡充され，旧住宅金融専門会社（住専）の債権回収などが特例業務として新たに加わった。旧住専の債権回収をしていた住宅金融債権管理機構は，99年4月に整理回収銀行を吸収合併して，整理回収機構として発足した。→ペイオフ

預金保険機構債
【bond issued by the deposit insurance corp.】
金融システム安定化のために発足した預金保険機構が発行する債券。1999年から起債が始まった。経営不安になった銀行などへ注入する資本金を確保するため，入札形式で毎月発行している。2004年度の発行予定額は約5兆1,000億円。中期債で主として機関投資家が購入している。国債に準ずる評価で安全性が高く，流動性もそこそこあるため，人気商品となっている。

予算教書　Budget Message ⇨ 大統領教書

余資運用
【management of idle money】
企業が余裕資金を定期預金や現先市場で運用すること。例えば，設備投資を計画して増資や借り入れで資金を調達しても，実際の支払いまでには時間のズレがあるため，一時的に余裕資金が発生するが，企業は少しでも資金を有利に活用しようとする。

予想利回り
【prospective yield】
将来（主に当期）の予想配当を基準にした利回りのこと。株式利回りは1年の配当金を株価で割って出すが，この配当は一般に確定している前期の配当を基準として計算する。将来の配当は予想が困難な場合があるからだ。しかし投資を目的とするなら，多少の困難はあっても予想利回りを見る必要がある。これを一定数の銘柄について調査，平均したものが予想平均利回りである。→利回り

預貸金利ざや
【interest margin】
銀行など金融機関の収益性を示す指標で，貸付金の受け取り利息と預金への支払い利息との差。厳密には貸出金利回りから預金債券コストを引いたもので，これに有価証券利回りや外部負債コストなどを含めたものを総資金利ざやという。

預貸率
【loan-deposit ratio；ratio of loans to deposits】
銀行の総預金残高に対する総貸出金残高の比率をいう。金融機関の体力に貸し出しが見合っているかを見る指標の1つ。銀行の資産構成が，良いか悪いかを見る1つの手掛かりともなる。→オーバーローン

予定利率
【guaranteed yield】
生命保険会社が契約者の支払う保険料を設定するときに，あらかじめ将来の資産運用で得られる収益を見込み，その分を保険料から割り引く。その割引率のこと。予定利率が低いほど同

じ保険料でも受け取る保険金などが少なくなる。最近では運用利回りが予定利率を下回る「逆ざや」で生保の収益が減少。03年の保険業法改正で生保各社が自主判断で金融庁に申請，承認を受けた上で契約者の代表である総代の4分の3以上の賛成（株式会社の場合は株主の3分の2以上の賛成）が得られれば引き下げが可能となった。

ヨハネスブルク宣言
【Johannesburg Declaration】
2002年8月末から9月初めにかけて，南アフリカのヨハネスブルクで開いた「持続可能な開発に関する世界首脳会議（環境開発サミット）」で採択された宣言。環境保護と開発の両立，貧困の撲滅を目指す各国の決意を示す文書で，「生産・消費形態を変え，天然資源を保護することが持続可能な成長を実現する不可欠な条件」とし，これまで以上に環境保護に力を入れるよう求めた。このサミットは，1992年の「アジェンダ21」の理念を実現するための手段を話し合うのが目的。各国政府の取り組みを定めた「行動計画」では，有害な化学物質の規制強化や漁業資源の永続的な利用など一部に成果があった。しかし，数値目標の導入を巡り米国と欧州，先進国と途上国が複雑に対立し，具体的な目標を掲げられない分野が目立った。→アジェンダ21

予約相対取引
中央卸売市場法が，1971年に卸売市場法に改正されたときに生鮮食品取引の改善策として盛り込まれた取引方式。生産者，卸売業者，大口需要家が対象品目について生産状況，市況などを協議し，一定期間にわたって取引価格，数量を事前に決定する。市場内取引ではあるが，競（せ）りによらない値決めとなる。生産者には採算価格を保証し，買い手は安定価格で安定供給を受けられる利点がねらい。95年4月から数量のみをあらかじめ契約し，価格は卸値を基準に決定する数量契約方式を追加した。

4大改革
【the four pillars of big reform】
2003年3月に開いた中国の第10期全国人民代表大会（全人代，国会に相当）が選出した胡錦濤国家主席をトップとする新指導部の政策目標。農村の収入増と社会保障（農業），国有資産の管理の徹底（企業），不良債権の処理加速（金融），政府と企業の分離及び行政の簡素化（行政）の4分野にわたる。

401kプラン
【401k plan】
米国の確定拠出型年金の1つ。米国の歳入法401k条項に適格する要件を満たすことで，この名称がある。企業の拠出金が限度額まで損金算入できる，従業員の拠出分も所得控除の対象となる，しかも運用収益は非課税など税務上の恩恵が大きいことから，比較的高収入の勤労者世帯を中心に普及している。いわゆるベビーブーマー世代がこの401kを積極的に利用し，特に1990年代に続いた低金利のなかで，ミューチュアルファンドを通じて積極的に株式に資金を向けたことが米国株高の一因になったとされている。日本でも企業年金の積み立て不足拡大を受けて確定拠出型年金導入機運が高まり，その代表モデルとして一躍注目を浴びることになった。2001年10月に制度が発足，04年3月末で2,379社が導入している。

ライフサイクルアセスメント
【life cycle assessment ; LCA】
ある製品が製造から使用，廃棄までの各段階でどれだけ資源やエネルギーを使い，各種の汚染物質を出すかを定量的に分析して，環境への影響を総合的に評価する手法。企業がより環境負荷が少ない素材や設計を選択する判断材料になり，日本でも大手企業が導入を進めている。国際標準化機構（ISO）はLCAの原則と枠組みを1997年に規格化した。欧米では，企業活動に伴って起こる環境負荷をこの手法で数値化し，企業の「環境会計」報告書づくりに結びつける試みも始まっている。

ライフサイクル(型)ファンド
【life-cycle fund】
株式組み入れ比率の異なる複数のファンドで構成する株式投資信託。投資家は長期運用を前提に，自らの人生設計と年齢や資産内容によるリスク許容度に合わせてファンドを選択・乗り換えできる。幅広い対象に分散投資するバランス型投信の一種。各ファンドの資産は通常，国内の株式と債券，海外の株式と債券という資産クラス別の4つのマザーファンドで運用する。確定拠出型年金（日本型401k）の主力商品として運用会社が設定に力を入れている。→日本型401k

ラインとスタッフ
【line and staff】
経営用語で，ラインは直系組織，スタッフは参謀組織を意味する。ラインは上級職員から下級職員に順にラインをなしてつながっている組織。ラインの職員は経営の主な活動を執行する責任，権限を持っている。スタッフの職員は，専門的な知識を活用して，ラインに助言するのが主な役目である。企業規模の小さいうちはライン組織だけでいいが，規模が拡大するにつれて，職能が分化してスタッフが発生する。

ラインロビング
【line-robbing】
特定の価格帯の商品群では他店に絶対負けない品ぞろえをすること。ラインはこの特定価格帯のことであり，ロビングは奪うことを意味する。1つの店に何でも置くのではなく，自社で強い商品に特化していくこと。例えば，衣料品チェーンのしまむらのように，衣料品なら低価格商品だけを取りそろえて他店を寄せ付けないようにしている手法。強力なチェーン店を作り上げるためには有効な手法といわれる。

ラスパイレス式
【Laspeyres formula】
フィッシャー式，パーシェ式などとともに，加重平均による総合指数算出の方式の1つで，各項目のウエート（重要度）を基準時でとったもの。個別品目iの基準時の基本量（物価指数では価格）をX_{i0}，比較時の基本量をX_{it}，基準時の条件量（物価指数ではウエートの取引量）をY_{i0}とすると，

$$\frac{\Sigma X_{it} Y_{i0}}{\Sigma X_{i0} Y_{i0}}$$

例えば基準時の生産財と消費財の取引量の比を10対4とし，基準時の価格を100としたときの比較時の生産財価格を160，消費財価格を140とすれば，100の10倍と100の4倍との和（基準時の取引金額）と，160の10倍と140の4倍との和（比較時

にも基準時と同じ割合で取引されたと仮定した場合の取引金額)との比率154.29が、この場合の指数となる。

ラップ口座
【wrap account】
証券会社が個人投資家に投資アドバイスや株式売買などの資産運用・管理サービスを一括して提供する口座。投資家は銘柄の選択や売買タイミングなどの判断を証券会社に一任し、売買取引ごとではなく運用資産残高に応じて一定割合の手数料を払う。すべての手数料を抱合することから「ラップ(包む)」と呼ばれる。米国では1975年の株式委託手数料の自由化後に登場、証券会社の中核業務の一つになっている。日本では2004年4月から規制が緩和され証券会社がサービスを提供しやすくなった。大手証券会社が投資顧問会社と提携するなどしてサービスに乗り出している。

ラニーニャ
【La Niña】
「エルニーニョ」と対をなす現象。ペルー沖を中心とした赤道東太平洋の海面水温が数年に一度、数カ月間にわたって低下する現象。エルニーニョがスペイン語で「神の子」を指すのに対し、ラニーニャは「女の子」の意。ラニーニャが起きると、エルニーニョほどではないが世界各地の気候変動の原因となる。日本では寒冬になりやすいとされる。最近では1999年に発生した。→エルニーニョ

ランニングストック
【running stock】
運転在庫。企業がある規模で生産、営業活動を続けるために必要な在庫を指し、その量は消費量、販売量との関係で決まる。正常の運転在庫を超えたものが過剰在庫または滞貨となり、企業の経営を不健全にする。

り

リアルオプション
【real option】
代表的な金融派生商品(デリバティブ)であるオプションの理論を応用し、事業会社の実物投資の価値を評価する手法。事業会社の投資決定には「NPV」(正味現在価値)という評価法を使い、投資による利益とコストを現在価値で比較して採算に合うかどうかを見極めるのが一般的だった。これに対してリアルオプションはNPV法で考慮しない将来の不確実性などを織り込み、投資の成否をよりきめ細かく分析する。

リアルタイム防災
【real-time disaster prevention】
震源に近い地震計でいち早く微小な震動(P波)を観測し、地震の衝撃波(S波)が到達する前にインターネットなどで遠隔地へ速報を伝えて被害の拡大を防ぐこと。新幹線の防災システムとして実用化が始まったが、全国に専用の地震計の整備が進み、気象庁を中心にさまざまな応用で実証試験が始まっている。工場のラインの停止、エレベーターの近くの階への緊急停止、学校内などでの避難通報、住宅の火の元の確認など。2005年内にも住宅向け装置が実用化される見込み。

利益供与罪
【punishment for offering illegal profit】
1982年10月1日施行の改正商法で設けられた罰則。改正商法では、総会屋をなくすことを目的として、会社が株主の権利の行使に関連して財

産上の利益を供与することを禁止している。総会屋に金を与えてはいけないということである。利益供与したかどうかの判定については推定規定があり、例えば総会屋が発行する雑誌に広告料として払ったとしても、金額が大きければ利益供与したとみなされる。97年の商法改正で利益を要求しただけでも罪を問われることになった。

利益準備金
【profit reserve】
債権者保護を目的に法律で強制した積立金。資本金の4分の1に達するまで中間配当時には配当額の10分の1を、期末の現金配当についてはその10分の1以上を積み立てなければならない。欠損補てんに充てるほか、資本金に組み入れることもできる。

利益率
【profit rate (ratio); rate of return】
企業の利益が、企業活動の規模を示す他の数量、特に売上高または資本に対して、何%に当たるかという比率。利益の金額だけ見たのでは企業の収益力がわからず、また他社との比較もできないので、この比率が収益力の高低の指標とされている。例えば、経常利益の売上高に対する比率を売上高経常利益率、利益の総資産に対する比率を使用総資本利益率という。

リオ宣言
【Rio Declaration】
1992年6月に開かれた国連環境開発会議(地球サミット)で採択された地球環境保全と経済成長の両立を目指す基本原則。途上国の開発の権利を認める一方で、各国の効果的な環境法制定を求める。先進国には大量生産・大量消費型社会の変革、持続可能な開発の実現を迫っている。

リコール
【recall】
製品に欠陥があった場合などに製造者が無料で行う回収、修理・交換。自動車を例にとると、製造者は道路運送車両法に基づき国土交通省に届け出た上でユーザーに告知し、無料で回収・修理をしなければならない。1997年に富士重工業、2000年には三菱自動車が、欠陥を届け出ず内密に回収・修理したとして行政処分などを受けた。米国では2000年に、ブリヂストン・ファイアストンが同社のタイヤ破損で多数の死傷者が出たとの指摘を受けて大量のリコールを実施した。国内のリコール対象車台数は01年度に過去最多の327万台になり、02年度も300万台を突破するなど、高水準が続いている。

リコンフィギュラブルプロセッサー
【reconfigurable processor】
チップ1枚に多数の演算回路を積み、加算、減算など役割を瞬時に切り替えて、チップ全体の機能を柔軟に変えるプロセッサー。多数の演算回路を並列処理させるので、低い動作周波数でも現行の高性能プロセッサーをしのぐ能力が出せる。1～3個の演算回路で集中処理する「フォンノイマン型」のプロセッサーとは設計思想が異なる。半導体開発ベンチャーのアイピーフレックスが富士通などから出資を受けて開発を進めている。

リサイクル資源
【recycled resources】
一度、市場に出回った商品を回収して再び原料として活用する素材。代表的なのが古紙、鉄スクラップ。ほかに廃木材、廃プラスチックや自動車バンパーなどで再生資源化が進んでいる。大都市のごみ増大を機に回収促進の機運が高まり、1991年10月にはリサイクル法が施行された。97年にはガラス容器とペットボトルを対象

に容器包装リサイクル法が施行された。2000年には紙製容器包装なども加えられた。01年に施行された家電リサイクル法を受けて、廃家電から鉄やプラスチックなどが取り出されており、リサイクル資源の供給量はさらに増加する可能性が高い。

リサイクル法

増大する廃棄物の量を減らし、資源の有効活用を図る法律。分別回収がやりやすいように材質の表示や廃棄物の再資源化、副産物の利用促進をうたっている。自動車やテレビなど6品目が設計や構造などに根本的な変更を必要とする「第一種指定製品」に指定され、リサイクル推進の重点品目となっている。2001年からは、メーカーが消費者から引き取った製品に関して冷蔵庫と洗濯機は50％、テレビは55％、エアコンは60％を部品や材料として再利用しなければならない「家電リサイクル法」が施行された。このほか「建築資材リサイクル法」「容器包装リサイクル法」「食品リサイクル法」も施行されている。

利差損益

生命保険会社は顧客から受け取った保険料を株式や債券などで運用し保険金支払いに備えているが、保険料や保険金を決めるために、運用の目安となる利回りとして保証利率（予定利率）を設定している。しかし、株式相場や金利など経済環境の変化により、実際の運用利回りと保証利率との間には格差が生じる。こうして、実際の運用利回りが保証利率を下回ったときに発生する損失を利差損、上回ったときに発生する利益を利差益と呼ぶ。同様に、厚生年金基金や税制適格年金など企業年金では掛け金や給付水準を決める予定利率を設定しており、予定利率と実際の運用利回りに差が出てくると、利差損益が発生する。いずれもバブル崩壊後の株価下落や低金利の影響で、利差損が発生し、生保経営や企業年金の財政を悪化させる原因となっている。

リザーブ・トランシュ
【reserve tranche】
IMF（国際通貨基金）加盟国が短期的な国際収支難に見舞われたとき、各国が払い込んだIMF出資金を自動的、無条件で引き出せる外貨部分のこと。1976年1月のIMF協定改正前は各国ともIMFにクォータの25％を金で、75％を自国通貨で払い込んでおり、このうち金で出資した分に見合う外貨引き出しをゴールド・トランシュという。また、他国による自国通貨引き出しでIMFの保有する自国通貨が出資割り当ての75％を下回っている場合も、その部分については無条件でIMFから外貨を引き出せることになっており、この部分をスーパー・ゴールド・トランシュと呼んでいる。この2つを合わせIMF加盟国はIMFが保有する自国通貨がクォータの100％になるまで自由な引き出しを認められていた。新協定では25％の金の払い込みが廃止され、原則としてこの分はSDRで払い込まれることになったが、従来通りゴールド・トランシュ、スーパー・ゴールドトランシュの自由な引き出し制度はそのまま維持され、リザーブ・トランシュと呼ばれるようになった。→IMF、IMFクォータ、SDR

利潤証券
【profit-sharing securities】
株主にとっての株式の価値を、配当される利益の側面から見た場合をいう。株主は、企業から利益の配当を受ける権利（利益配当請求権）をもつ。これを株式の「利潤証券」としての側面という。→支配証券、物的証券

リージョナルチェーン
【regional chain store】
特定の地域だけに展開する小売店網。販売量では全国的に展開するナショナルチェーンにかなわないが、資金力の乏しい地方小売店が無理なく店舗数を増やす場合、この形をとることが多い。遠隔地から商品仕入れをする手間が省けるだけでなく、その地域の消費特性に合った品ぞろえが容易にでき、経営に小回りがきくなど利点も多い。新しい店舗を出す際にも、地元商店との摩擦が少ない。

リジン
【lysine】
必須アミノ酸の1つ。リジンは体内で必要量を十分に作れないため、食品のたんぱく質から必要量を摂取しなければならない。ところが食品のうち植物性たんぱく質、特に穀類にはリジンが不足しているため、工業的に製造したリジンを補うことによってたんぱく質の摂取レベルを高める試みが1968年ごろから活発化してきた。現在はブタ、ニワトリなどの飼料添加剤としての需要が中心。味の素は世界シェア35％を握るリジン生産の最大手。

リース
【lease】
物品賃貸のこと。設備投資資金を貸す代わりに設備そのものを貸す産業で、俗に物融ともいわれる。リース会社はユーザーの希望に応じて産業機械、工作機械などをメーカーから購入し、これを3年から5年契約でユーザーに貸し出すのが通例。わが国にリースが導入されたのは1963年のこと。

リース会計
【lease accounting】
日本でも企業金融の一形態としてリースの利用が増えているが、それに伴う会計処理方法のこと。米国ではFASB（財務会計基準審議会）基準書第13号で詳細に決められており、一般的な設備リースの形態であるファイナンスリースの場合、リース期間にわたるリース料の現在価値相当額を資産と負債に計上、これに見合う減価償却計算をすることになっている。これに対して日本でも1993年に企業会計審議会がリース取引にかかわる会計基準を取りまとめ、94年4月1日以後に始まる事業年度から適用された。国際会計基準との整合性を図っていくことが今後の課題となっている。

リスクウエート
【risk weight】
債権の安全性を示す数値。国際決済銀行（BIS）が決めた銀行の自己資本比率の算出に使用する。国債など最も安全な債権のリスクウエートは0％となり、リスクアセットとして算入されないため、BIS規制上の自己資本をリスクアセットで割った数値である自己資本比率が高くなる。2001年1月には新たなBIS規制草案をバーゼル銀行監督委員会が公表、中小企業や個人向け融資の算入割合を軽減するなどリスクウエートの細分化の考え方が示された。04年5月に最終決定され、06年12月末から段階実施する予定。

リスク管理債権
【bad loans disclosed under SEC standard】
銀行が1998年3月期から公表を始めた新基準の不良債権の名称で、貸出金の返済状況に着目したもの。旧基準で公表してきた「破たん先債権」と「延滞債権」に「3カ月以上延滞債権」「貸し出し条件緩和債権」を加えたもの。従来の延滞債権は、6カ月以上元利払いが滞った債権だったが、米証券取引委員会（SEC）基準並

みに拡大した。銀行の不良債権の情報開示に対する不信感が市場で強まっているため、銀行界が開示範囲を拡大した。2003年9月末には全国銀行合計で31兆円と貸出金の約7％を占めている。→不良債権、分類債権

リスク限定型投信
【limited-risk investment trust】
株式投資信託の一種で、株式相場の下落による損失を一定限度に抑えることをうたった商品。典型例には、日経平均などの株価指数に価格が連動するが、銀行保証やデリバティブ（金融派生商品）を組み合わせることで株価が下がっても運用終了時には投資元本の最低9割を償還する仕組みのものがある。2000年から本格的に販売されるようになり、投信の購入経験が浅い個人投資家の人気を集めている。

リスク資本
【risk capital】
高リスクをとって高い収益率を目指す投資資本。株式のように元本保証がなく元手を失うリスクがある代わりに成功すれば高い収益を得られる投資対象に流れる資金。日本は米国と比べてベンチャーキャピタルへの投資が活発でなく、機関投資家である生命保険会社も資産の相当部分を低リスク・低収益のマネーマーケットで運用するなどリスク資本の存在感が薄い。金融機関が抱える不良債権を高リスク・高収益の投資対象とするような市場機能もほとんどなく、リスク資本の欠如が経済が活性化しにくい一因とされている。

リスクマネジメント
【risk management】
リスクを予想し、リスクが現実のものになってもその影響を最小限に抑えるように工夫すること。1950年代半ばに米国で保険理論の1分野として展開されたのが始まり。わが国でも企業活動の国際化や多角化に伴って関心が高まっている。一般にはリスクの発見、確認から始め、そのリスクの頻度と企業財務の安定性に与える影響を測定、リスクマトリックスを作る。それぞれのリスクの処理方法を多面的に検討しておき、費用と効果を勘案して最適な処理法を選択する仕組み。最近では国内でも経営レベルでリスクマネジメントを統括する最高リスク管理責任者の育成も始まっている。

リスケジューリング
【rescheduling】
債務返済の繰り延べ。外国から金を借りている国が貸し手の国や金融機関に返済する時期を当初契約より年または会計年度単位で順繰りに遅らせること。途上国の場合、1次産品の輸出価格下落などで国際収支が悪化し他国から借りた外貨の返済が困難になった際、債権者に対し当年度返済分を翌年度に、翌年度返済分を翌々年度にという具合いに返済期限繰り延べ要請を行い、債権者側が協議してこれを認めればリスケジューリングが成立する。また返済猶予の方法として、返済期限を迎える借り手の国が債権者から新たな融資を受けて当面する債務の返済に充てるという方法もあり、これはリファイナンス（再融資）と呼ばれる。債権者が国である公的債務の場合、通常パリで開く主要債権国会議（パリクラブ）で対応を決める。→パリクラブ

リストラクチャリング
【restructuring】
事業の再構築のこと。企業は半永久的な存続を目指すが、その過程で成長分野の拡充、不採算部門の切り捨

てなどにより収益力，成長性の維持を図ろうとする。好況時には鉄鋼や造船業界の新規事業進出など前向きの例が多かったが，1991年以降の不況局面では，事業の縮小・再編，それに伴う人員や有利子負債の削減など，後ろ向きのリストラが増えている。収益立て直しのための合理化策をリストラと呼んでいるケースも少なくない。

リースレート
【leasing rate】
金など貴金属の現物を各国の中央銀行などが借りる際の金利。貴金属のリース市場とは，取引所のような建物があるわけではなく，貸し手と借り手の相対（あいたい）取引が行われる場のことを総称して呼ぶ。貸し出しする現物の量に対して借り手が多くなればリースレートは上昇する。金先物の理論価格は「現物価格＋諸経費（倉庫保管料など）＋市中金利－リースレート」で計算できる。

リセッション
【recession】
景気後退。景気循環の一局面で，好況が中断し生産活動の低下，失業率の上昇などが生じる。この状態がさらに進むと不況（depression）になる。米国では実質GDP（国内総生産）が2四半期以上連続して減少（対前期比）した場合をリセッションの目安としている。→景気循環，国民総所得

リチウムイオン電池
【lithium ion battery】
コバルト酸リチウムの正極と炭素系の負極の間をリチウムイオンが往来して電気を発生させる蓄電池のこと。ニッケルカドミウム電池に比べ，同じ体積で3倍の3.6ボルトの電圧がある。不完全な充放電を繰り返していると，見かけ上の電気容量が減って能力が低下する「メモリー効果」もない。ノートパソコンやデジタルカメラで使われ，携帯電話では安価なニッケル水素電池から切り替わりが終了しつつある。三洋電機，ソニー，松下電池工業など主要メーカーが参入。中国などアジア系メーカーも参入している。

リチウムポリマー電池
【lithium polymer battery】
繰り返し充放電できる二次電池の一種。液体の電解質を用いる従来のリチウムイオン電池と異なり，固体またはゲル状のポリマー電解質を用いる。包装部材や周辺電子回路を簡略化できるため，小型化や搭載機器に合わせた形状の変更が容易。携帯電話端末や携帯情報機器，小型パソコンなどに向き，リチウムイオン電池と市場開拓で競合しつつある。

利付金融債 interest-bearing bank debenture ⇨ 金融債

リッチメディア
【rich media】
インターネットのホームページや電子メールなどで，文字や静止画だけでなく，音声や動画といった豊かな表現も用いること。また，こうした表現を用いて制作された媒体（メディア）などを指す。ブロードバンド通信の普及やFlash，Java，HTMLといった表現技術が登場したことを背景に，データ量が多くインパクトのあるリッチメディアが増えている。音声や動画を含んだネット上の広告をリッチメディア広告などと呼ぶ。

リテールサポート
【retailer support】
メーカーや問屋が取引先の小売店に対して実施する経営支援のこと。小売店の業績を向上させるのが目的で，サービスメニューは，①新製品や売れ筋商品の情報提供，②店舗の内外装や売り場作りの提案，③販売や広

告・宣伝の提案，④競合店や顧客層の調査，⑤POS（販売時点情報管理）システムやEOS（補充発注システム）の導入支援，⑥小売店の従業員教育，⑦店員の派遣，⑧貸付，信用保証などの金融支援，⑨経営のアドバイス——など多岐にわたる。かつてはメーカーや問屋の営業担当者がカンと経験で実行することが多かったが，近年はコンピューターを用いて商品の効果的な陳列方法（棚割り）を割り出す「棚割りシステム」が普及するなど情報化が進んでいる。日本では商品納入量を増やすために無料でサービスを提供するケースが多い。

リニアモーターカー
【maglev train (superconducting magnetically levitated train)】
車両に取り付けた電磁石と，軌道に沿って並べた磁気コイルの間の吸引力と反発力を推進力とする鉄道交通システム。磁力で車体を浮上させる。車輪を使う従来の方式ではスピードを上げると車輪がレール上で空回りして推進力がレールに伝わらなくなるが，浮上方式ではこうした推進力の損失がないので，高速運行できる。また，車両と軌道が接触しないので，騒音はぐっと少なくなる。旧国鉄から引き継いで鉄道総合研究所が開発を進めているのは，車両に超電導磁石を積んで磁力の反発力で浮上する方式。時速550キロメートルを目指すJR方式は独リニアなどと比べ実用化の点で一歩後れを取っている。山梨県の東八代郡境川村―南都留郡秋山村間にある全長42.8キロメートルの実用実験線では，さまざまな実験走行が行われている。

リバースモーゲージ
【reverse mortgage】
高齢者が所有する不動産を担保に年金方式で生活資金の融資を受け，最終的にその不動産を処分して返済する仕組み。高齢者は担保となる持ち家に住み続けることができるのが特徴。東京都武蔵野市が1981年4月に日本で初めて導入し，その後いくつかの自治体に広がった。融資額や条件は自治体によって異なる。現在の制度は担保が事実上，土地に限られているなどの欠点があり，利用件数はあまり伸びていない。

リパッケージ債
【repackage bond】
仕組み債の一種。発行済みの固定利付債券や変動利付債券，エクスワラントなどを集めて新たに組成した債券をいう。近年の運用難を背景に証券会社などが様々な商品を開発，機関投資家向けに販売している。2004年の半ばに話題を呼んだのは，転換社債型新株予約権付社債（CB）の株式に転換する権利（オプション）部分を切り離し，残った社債部分を組み替えて作った「CBリパッケージ債」。証券会社が社債部分だけを買い取り，特別目的会社を通じて販売した。同じ企業の信用力を裏付けとしながら，利率が社債より高いことなどから，人気を集め，CBリパッケージ債の発行額は1兆円を超えたとの説もある。

リビアの大量破壊兵器廃棄
【Libya's decision to abandon its weapons of mass destruction programs】
大量破壊兵器の開発疑惑を持たれていたリビアの最高指導者カダフィ大佐が2003年12月，開発の事実を認め，国際社会への公開と廃棄を確約した一件。この動きを受けて，米国は04年4月，1980年代から続けてきた対リビア経済制裁を解除。6月には国交を回復し，首都トリポリに代表

部を開設した。リビアは「テロ支援国家」などとして15年以上受けてきた国連や米国からの制裁措置により、経済成長が停滞していた。大量破壊兵器の破棄に踏み切ったことで、豊富な天然資源などを生かし、国際的な産業交流を活性化するための足場固めに成功した。

リフレーション
【reflation】
通貨再膨張。デフレーションから抜け出て、まだ激しいインフレーションにはなっていない状態をいう。これに対し、インフレーションは抜けたがデフレーションにはなっていない段階をディスインフレーションという。→インフレ、デフレ

リフレ政策
【reflation policy】
不況下で生産活動が停滞しているとき、インフレを避けながら金利の引き下げや財政支出の拡大などにより景気を刺激し、景気回復を図ること。リフレ政策の代表的な例は、1933年から34年にかけて米国で行われたニューディール政策である。日本でも、バブル崩壊後の不況時のマネーサプライ低迷をリフレ政策によって解消すべきとの論議が高まった。→リフレーション

リベート
【rebate】
メーカーが商取引の中で一定の条件を満たした卸や小売店など流通業者に対して支払う割戻し金。売上高の伸び、新製品の導入、チラシへの掲載、陳列方法などに応じて細かく金額が定められており、非常に複雑な仕組みになっている。大手スーパーが決算協力という名目で臨時のリベートを要求したり、翌年のリベートを前借りしたりするケースもあり、優越的地位の乱用で独占禁止法に抵触するとの指摘もある。ただリベートは事務処理が煩雑で、ち密な収益管理もできないため、最近はリベートを簡略化する動きが広がっている。

リボルビングクレジット
【revolving credit】
中期資金の調達方式の1つ。融資契約期間内ならば、あらかじめ契約した融資限度の枠内で、実際の資金の必要に応じ、短期の手形を振り出す形で随時借り入れの実行ができる方式。手形の発行残高が融資限度額を超えなければよく、また資金が不要なときは融資枠まで借りなくてもよい。さらに、手形が短期のため、融資期限が絶えず到来、必要に応じて手形の再発行で借り入れを継続できることからこの名（revolving＝回転式）が付けられている。

リボルビング払い
【revolving system】
回転信用方式。クレジット販売の一方式で、略してリボ払いとも呼ばれる。商品ごとに月々決まった額を支払う月賦販売と異なり、返済回数を限定せずに、毎月、未払い代金の残高に対して一定率の金額または一定額を支払う仕組み。決められた利用限度額内であれば、いくらでも買い足すことができる。しかし従来の分割払いに比べて支払い終了月がわからない、など日本の慣習になじみにくい面もある。

利回り
【yield】
投資額に対し1年間にどれだけの利子、または配当が付くか、その率を利回りという。国債などの場合は投資額に対する金利の割合、株式の場合は投資額に対する配当金の割合をいう。

コラム

ビジョナリーカンパニー
visionary company

　米スタンフォード大学のジェリー・ポラス，ジェームズ・コリンズ両教授が1994年に著した，同名の経営書で提唱した概念。理念（ビジョン）を持ちながら事業環境の変化に挑み続け，半世紀以上に渡って優良企業でありつづける会社を指す。

　ポラス氏らは長年にわたり各業界を代表する一流企業として，スリーエム（3M），アメリカン・エキスプレス，フォード，GE，IBM，ジョンソン&ジョンソン，メルク，ソニー，ウォルト・ディズニーなど18社を研究した。そして，各社の歴史を調べながら同業のライバル企業と比較することで，これらの一流企業が長期間にわたって業界での地位を保ち続ける理由が「基本理念」にあることを突き止めた。

　例えばメルクでは基本理念として「人間の生命を維持し改善すること」と定めている。同社は企業を買収する際もこの理念に照らして自問する。企業は往々にして利益の最大化を求めがちだが，メルクのような長期的な目標を持つ企業の方がパフォーマンスも良い。

　「ビジョナリーカンパニー」の株式の累積総合利回りは90年までの65年間で市場平均の15倍に達し，ライバル企業よりも高い（2倍）。また，「大胆な目標を立てる」「多くの戦略や製品を試す」「進歩への強い意欲を持つ」などの風土が，こうした企業群に共通してみられるという。

　一方，両教授の研究は「すぐれた会社が設立されるにはすぐれたアイデアが前提」「優良企業にはカリスマ性を持った偉大なリーダーが必要」「成功し続けている企業は利益の追求を最大の目的としている」——などといった，従来の優良企業に対する常識を覆した。

　「ビジョナリーカンパニー」と同様に，優良企業の特性について提唱された概念としては「エクセレントカンパニー」が知られる。経営コンサルタントのトム・ピーターズらが82年に著した同名のベストセラーで有名になった。「行動の重視」「顧客への密着」「自主性と起業家精神」「"ひと"を通じての生産性の向上」「価値観に基づく実践」「基本の軸から離れない多角化」「単純な組織・小さな本社」「厳しさと緩かさの両面を同時に持つ」の8つが「エクセレントカンパニー」の企業特性として挙げられている。

　「ビジョナリーカンパニー」は「エクセレントカンパニー」と比べると，50年以上という長期間にわたって各業界での地位を保ち続ける企業群から，その永続性の理由を分析した点に特徴がある。「ビジョナリーカンパニー」は90年代に一斉を風靡（ふうび）した経営理念の1つで，多くの経営者に影響を与えた。

利回り曲線
【yield curve】
デフォルト（債務不履行）の危険性が同じで，満期までの期間だけが異なる債券について，横軸に満期までの期間を，縦軸に利回りを取った平面上に，各債券の利回り（一般的には最終利回り）をプロットし，それを一本の線につなげたもの。通常，満期までの期間が長くなるにつれ，利回りが高くなる「右上がり」の形になる。長期債の保有には途中売却に伴う価格変動リスクなどがあるため。ただ，金融引き締め期には「右下がり」になるなど，その時々の金融情勢に応じてさまざまな形を取る。利回り曲線の形から今後の金利動向を推測したり，どの期間の債券が割安（割高）かを判断したりする。

流体軸受け
【fluid dynamic bearing】
回転する軸を気体や液体の圧力によって支える軸受け。軸受けとして一般的なボールベアリングは複数の鋼球で回転を支え，軸と鋼球が点で接触する。これに対して流体軸受けは軸と流体が面接触するため，回転精度が高いとされる。コンピューターのハードディスク駆動装置で，ディスクを高速で回すスピンドルモーターに採用されるケースが急増している。記憶容量が大きくなるにつれてディスクの密度が高くなり，モーターの回転精度が厳しく問われるようになったためだ。

流通外資
【foreign retailer】
世界規模で事業展開する外国資本の流通業。ここ数年の出店規制緩和や地価下落を追い風に，2000年12月に仏カルフールが日本1号店を出店したのをはじめ，独メトロ，米ウォルマート・ストアーズ，英テスコなどが参入した。日本での追加買収にも積極的な姿勢を見せており，国内流通業の再編や淘汰（とうた）の引き金となっている。ただ，きめ細かさを求める日本の消費者を相手に苦戦を強いられている企業も少なくない。

流通系列化
メーカーあるいは卸が自社製品などを売りやすくしたり，価格を維持するため，卸や小売店を組織化し独自の販売経路を作ること。資本関係以外にも各種の販売店支援策やリベートなどによって強い絆を結ぶことが多い。こうした系列化が進んだ業界では，系列外企業の新規参入は極めて難しい。このため，米国は「外国製品の輸入拡大を防ぎ，販路開拓を困難にする排他的非関税障壁だ」として非難を強めた。国内にも系列化が過ぎると販売計画が安易になったり，維持にコストがかかり過ぎると欠点を指摘する声があり，リベート制や返品制度の改善が重要な経営課題となっている。

流動資産
【current (liquid) assets】
固定資産に対する概念で，原則として1カ年以内に資金として回収される資産をいう。具体的には現金，預金，売掛金，受取手形などの当座性の資産と商品，製品，原材料，前渡し金などの営業性の資産をいう。現金化の容易なものほど，資産勘定の上位に記載される。→固定資産

流動性選好
【liquidity preference】
ケインズが使った言葉で，財産を貨幣の形で保有しようとする欲求であり，ひと口にいえば貨幣に対する需要である。財産を証券などの財貨で持っているよりも貨幣で持っていれば，いつでも必要なときに他の財貨やサービスと交換できる。つまり他の物と交換しや

すいというお金の性質は、水が流れるように流動的であることから流動性といわれる。人々が財産をなるべく貨幣の形にしておこうとする動機は、次の3つに分けられる。①取引動機(transaction motive) ＝日常の取引に便利なこと、②予備的動機 (precautionary motive) ＝不時の必要に備えること、③投機的動機（speculative motive) ＝将来の物価の変動に当たって投機的に利ざやをかせぐこと。

流動性選好説
【liquidity-preference theory of interest】
貨幣供給量と、資産の一部を最も流動性の高い貨幣によって保有しようとする人々の欲求（流動性選好）との関係から利子率が決まるという理論をいう。

流動性のわな
【liquidity trap】
利回りが極端に低下（債券価格は上昇）すると、多くの人が利息の少ない債券を保有するよりも現金や流動性預金を選好するようになる。このような状況では、中央銀行がいくら資金供給を増やしてもそれ以上の金利低下に結びつかず、設備投資など需要の拡大に結びつかないという考え方。日本では1990年代末から日銀による金融の量的緩和で実質ゼロ金利状態が続いている。日本経済は流動性のわなにはまっているとする主張もある。

流動性預金
【liquid deposit ; floating deposit】
当座預金や普通預金のように預金者がいつでも自由に引き出せる預金。1994年10月から金利が自由化された。

流動比率
【current ratio】
流動資産を流動負債で割った比率。会社の短期の支払い能力を判断するために使う分析指標で、比率が高いほど支払い能力が大きいことになり、200％以上が理想的といわれるため、「2対1の原則」と呼ばれることがある。

$$\frac{流動資産}{流動負債} \times 100$$

→流動資産

流動負債
【current liability (liabilities)】
固定負債に対立する概念で、原則として支払い期限1カ年以内のもの。短期負債ともいう。支払手形、買掛金、短期借入金、未払い金、前受け金、預かり金などがこれに当たる。→固定負債

量子暗号通信
【quantum cryptography】
第三者が絶対に解読できない、極めて安全な次世代の暗号通信方式。光子1個ずつに情報を乗せて伝送する。盗聴があると確実にその痕跡が残るため、最初にカギとなる数字を送って盗聴がないことを確認し、その数字を使って通信文を暗号化すれば、秘密は確実に保てる。現在の通信暗号にはコンピューターを使った解読手法がある。実際には計算に数億年かかるので心配がないが、将来、超高速の量子コンピューターが実現すれば現実の危険が生じる。量子暗号は各国の国防当局や通信企業、大学などが研究を進めており、都市間通信の実験に成功している。→量子コンピューター

量子効果素子
超ミクロの0.1マイクロ（マイクロは100万分の1）メートル以下の世界で発生する「量子効果」という現象を利用した素子。低消費電力で超高速動作する次世代素子として注目を集めている。素子の微細化によって素子

動作を担う電子の数が少なくなり、従来とは違った原理で動く。半導体メーカー各社が電子一個一個の動きを制御する単一電子トランジスタなどの開発を競っている。半導体材料を細い線状に加工した量子細線や小さな点状の量子箱が、量子効果素子を作るうえでの基本構造となる。→ナノテクノロジー

量子コンピューター
【quantum computer】
暗号の解読や複数の目的地を回る最短経路の探索など、特定の問題について驚異的なスピードで答えを出してくれる未来のコンピューター。パソコンだと1兆年以上かかるインターネット用の通信暗号の解読を、軽く数分でこなすことが理論的に証明されている。現在のコンピューターとは全く異なる動作原理で動き、実現には新たな計算理論の確立と基本素子の開発が必要。現在はようやく基本素子の候補が出始めたところで、登場するのは2030年ごろと見られる。NEC、NTT、米IBMなどが研究に取り組んでいる。

量的金融緩和
【quantitative financial deregulation】
中央銀行が通貨供給量（マネーサプライ）を増やすことが景気刺激策になるという考え方。バブル経済崩壊後の不況は、金融ひっ迫のために長期化したとする。金利より通貨供給量を重視する点で、マネタリズムの流れを汲んでいる。→マネタリズム

量的金融緩和の解除条件
【conditions for lifting quantitative monetary easing】
日銀が金融システム安定とデフレ防止のため、短期市場金利の指標であるコール金利を実質ゼロ％に誘導するとともに、市場で必要とする量以上に潤沢な資金を供給する「量的緩和政策」をやめる前提条件のこと。日銀は2003年10月に金融政策の透明性を高めるため、解除に3つの条件を示した。第1は消費者物価指数（CPI、全国、除く生鮮食品）の前年同月比上昇率が基調的にゼロ％以上になると判断できること。第2はCPIの変動率が再びマイナスになると見込まれないこと。さらに、これら2つの条件を満たしたうえで、経済・物価情勢が量的緩和政策の継続を必要としないと総合的に判断できることが必要としている。

旅客手荷物搬送システム ⇨BHS
旅程保証
パッケージ旅行の旅程が変更された場合、一定の割合で旅行会社が消費者に対して変更補償金を支払う制度。安易な旅程変更を防ぎ、消費者を保護する目的で、1996年4月に改正された旅行業法に盛り込まれた。出発日・帰着日の変更、行き先の観光地の変更、利用ホテルの格が下がったなど、実際の旅程がパンフレットの記載と異なった場合、旅行会社に補償金を求めることができる。

リレーションシップバンキング
【relationship banking】
金融機関が顧客と長期で密接な関係を築くことで蓄積した企業情報に基づいて行う融資などの金融サービス。貸し手と借り手の関係から通常は入手しにくい信用情報が得られるため、金融機関・企業双方のコストが軽減される。地域金融機関に有効なビジネスモデルとされ、金融庁の金融審議会は2003年3月、地方銀行、第二地方銀行、信用金庫、信用組合に対し、こうした機能を強化することで中小企業と地域の再生を図るよう求めた。

理論価格 ⇨ パリティ

リングメンバー
【ring member】
LME（ロンドン金属取引所）の立会場（リング）での取引権を持つ会員。LMEでの取引はこのリングメンバーを通さないとできない。日本では三菱商事の英国子会社トライランド・メタルズがリングメンバーになっている。

リーン生産
リーン（lean）は脂身のない肉の意味。マサチューセッツ工科大学の研究グループが1990年、トヨタ生産方式を「リーン生産」と命名した。大量生産の次にくる、多品種少量生産に効率的に対応できる生産方式と位置付けたのを機に、欧米で導入熱が高まった。

る

累進課税
【progressive tax】
所得金額などが大きくなるにつれて次第に高い税率を適用する課税方式。わが国では、所得税、住民税、相続税などで、所得、資産額が増加するにつれて、その増加部分に順次高い税率を適用する超過累進制をとっている。日本は所得課税の最高税率が国際水準より高いと指摘されていたが、1999年分から、所得税、住民税を合わせた最高税率が65％から50％に引き下げられた。

累積赤字
【accumulated deficit】
企業の赤字が積み重なって前の決算期からの繰越利益があっても食いつぶしてしまうと、未処理の欠損金が残ることになる。この未処理欠損金の累計額をいう（貸借対照表上の当期未処理損失）。

累積債務
【accumulated debt】
途上国の対外債務が返済を上回るペースで拡大し、巨額に積み上がること。途上国の中長期の公的債務は、1970年の約700億ドルから97年には1兆4,000億ドル以上に拡大。返済に支障をきたし、世界の通貨・金融市場に影響を与えるなどの問題が起きている。82年にメキシコが返済遅延に陥ったのを機に中南米諸国に危機が広がり、表面化した。海外からの借り入れに頼って急速な開発政策を進めた一方、世界景気の停滞で輸出が減少し、資金繰りが急速に悪化したのが原因。97年からのアジア通貨危機対策として、韓国やタイ、インドネシアなどが、それぞれ1,000億ドル以上の国際支援を受けたほか、ロシアの債務も急増し、問題となっている。アフリカなどの重債務貧困国の債務問題では、主要国首脳会議が政府開発援助（ODA）の返済を免除する方向を打ち出している。

ルーター
インターネットなどのコンピューター通信網を支える装置。「パケット」と呼ばれるデータの最小単位に書かれているあて先情報を読みとって、適切な経路を選択しながら情報を配送する。複数台のパソコンを所有する家庭が多くなっており、モデムと違って複数のパソコンをインターネットに接続できる「ブロードバンドルーター」の利用も広まっている。最大手は米シスコシステムズ。日本メーカーは苦戦しており、中国メーカーからOEM供給を受け販売している場合もある。日立製作所が次世代のインターネット方式である「IPv6」対応の装置で健闘している。

ルック・イースト政策
【Look East Policy】
マレーシアのマハティール前首相が打ち出し，1980年代に国家を挙げて進めた発展政策。国家の発展策を外国の例から学ぼうとする際，西洋に偏りがちな視点を東方に向け，日本や韓国などを見習うべきだとする考え方。成長を見込む製造業労働者の日本研修などを国家プロジェクトとして推進した。この政策を追い風に，日本企業も積極的にマレーシアに進出。その結果，同国は90年代に年率8〜9％という高度経済成長をおう歌した。最近ではインド政府がこの例に注目し，「ルック・イースト路線」と称して東南アジアや日本との経済連携の促進を模索している。

れ

レアアース ⇨ 希土類磁石
レアメタル ⇨ 希少金属

レイオフ制
【lay-off system】
一時離職制，一時解雇制。不況による操業短縮などで人手を減らす場合，事業主は労働組合と協定し，将来再雇用することを約束して一時解雇する制度。米国などでは，業種別，企業別にいわゆる先任権に基づいて決められた順位に従って実施されており，解雇はその順位の遅い者，つまり新参の者から，再雇用は逆に順位の早い古参者から行われる。

冷凍トン
冷凍機の冷凍能力を表す単位。日本冷凍トンと米国冷凍トンの2通りある。1日本冷凍トンは摂氏零度の水1,000キログラムを24時間後に摂氏零度の氷にする冷凍能力。同じく1米国冷凍トンは同じ水2,000ポンド（907.2キログラム）を同じ氷にする能力。またワットで換算すると1日本冷凍トンとは1時間当たり3.86キロワット，1米国冷凍トンは同じく3.52キロワットである。1999年11月から冷凍能力を表す正式単位として「ワット」が採用されているが，「冷凍トン」は商慣行として，今なお使用されている。

レーガノミックス
【Reaganomics】
大幅減税と歳出削減により米経済の再生が実現するというレーガン元米大統領の掲げた経済哲学のこと。①政府支出の削減（小さな政府の実現），②サプライサイドエコノミックス（供給面重視の経済学），③政府規制の緩和・撤廃，④マネタリズム（通貨供給量を重視する金融政策）──の4本柱から成っている。財政と貿易が同時に赤字となる「双子の赤字」を招いたとされる半面，1990年代後半からの好景気の土台を築いたという評価もある。→サプライサイドエコノミックス

レセプト
【Rezept（独）】
医療機関が健康保険組合などの保険者に診療報酬を請求するときの明細書。1人の患者につき毎月1件作成される。患者の傷病名，治療開始日，処方や手術の情報，診療報酬点数などの情報を記載。医療費の不正請求を防止するため，1997年6月から，がん告知の問題など診療上の支障がある場合を除き，患者本人や親族が要求すれば原則として開示が認められるようになった。

劣後債
【subordinated debentures】
発行会社が破産宣告を受けた時など

に元利金の支払い順位が一般の無担保社債よりも低い債券。一般の債務の返済の後に初めて返済を開始するので、自己資本に近い性格を持つ。劣後債については一定割合で自己資本に含めることを認められており、自己資本比率の維持、向上が課題となっている銀行による発行が増えている。主に生損保などの機関投資家が購入する。これの融資によるものが劣後ローンになる。償還期限のない永久劣後債も増えている。

劣後転換社債
【subordinated convertible bond】
債務の返済順位の低い転換社債。経営危機に陥った場合でも債務返済順位が低いことから、内部留保として活用できる。このため、国際決済銀行(BIS)の自己資本比率規制では、株式含み益と同様、広義の自己資本とみなされている。

劣後ローン
【subordinated loan】
貸出先が倒産したときなどに、他の通常の融資の回収が終わってからでないと返済が受けられない無担保の貸出債権。1990年6月に大蔵省(当時)が解禁し、都市銀行、地方銀行などが生命保険、損害保険会社から借り入れている。貸出期間は5年超。金利は長期プライムレート(最優遇貸出金利)を基準にした変動金利のケースが多い。株式の含み益などと異なり、相場に左右されないため、都銀などは安定的な自己資本の充実策として借り入れを急増させてきた。

レトルト食品
【retortable food products】
食品をアルミニウム製やビニール製の容器に密封し、レトルト(高圧がま)の中で摂氏120度前後の高温で滅菌したもの。缶詰と基本的に製造方法は同じだが、軽量で取り扱いが簡単なため、さまざまな食品に利用されている。ただ、高温殺菌するため、味や食感の劣化などは否定できず、米飯分野などでは無菌パックなどに需要がシフトしている。レトルト(retort)はオランダ語で蒸留器を意味する。→無菌充てん

レトロフィット
【retrofit】
既存の建築・土木建造物を最新の耐震基準を満たすように構造補強すること。狭い意味では、歴史的価値の高い建物を、外観や内装を残して耐震補強することを指す。1989年の米国サンフランシスコ地震後、急速に増え、日本でも95年1月の阪神大震災をきっかけに注目を集めている。

レバレッジドリース
【leveraged leasing】
レバレッジは「てこ」の意味。航空機や船舶といった大型案件で主に利用されるリース。リース会社が出資者を募って匿名組合を作らせ、機材を購入し、航空会社などにリースする。出資者は少ない金額でリース事業から生じる課税繰り延べ効果の還元を受けられるので、この名前が付いた。

連結会計制度
【consolidated accounting system】
子会社や関連会社などを含めたグループ全体の業績、財務内容を反映する会計制度。2000年3月期からは詳細な連結決算の開示が求められ、有価証券報告書の記載も連結決算が主で、単独が従となり、欧米企業同様に、連結中心の会計基準となった。同時に子会社以外のグループ企業でも支配力・影響力が強ければ、持ち株比率が低くても連結対象に含まれるようになる。連結会計で事業や製品、地域別のセグメント情報、現金

収支などを子会社なども含めて集計するため、経営者も投資家もグループ全体で見た事業の収益性が把握できる。連結会計に基づく連結納税制度は2002年度から適用が可能になった。
→支配力基準

連結決算
【consolidated accounting】
親会社だけでなく子会社・関連会社を含めた決算。決算内容は連結財務諸表の形で公開する。日本では1978年3月期決算会社からその作成が義務付けられた。持ち分法を採用する会社が少なく、企業グループの実態を正確に反映していないとの批判が強く、大蔵省（当時）は84年3月期から持ち分法の適用を義務付けた。2000年3月期からは連結決算が主、単独決算が従となり、本格的な連結決算時代に入った。→連結財務諸表

連結財務諸表
【consolidated financial sheets】
親会社とその傘下にあるグループ企業とを単一の組織とみなして作成する財務諸表。証券取引法では連結貸借対照表、連結損益計算書、連結剰余金計算書、連結キャッシュフロー計算書、連結付属明細書の5つを指す。具体的にはそれぞれの企業の貸借対照表、損益計算書を合算するわけだが、結合の過程で親子会社間の債権、債務および損益取引が相殺され、グループ間の取引で生じた内部利益が排除される仕組みになっている。この結果、グループ間での決算操作の余地が極めて小さくなり、企業の実態がより明確に示されるという利点がある。わが国では1978年3月期決算から証券取引法に基づいて連結財務諸表制度が導入され、上場会社は連結財務諸表を作成しなければならなくなった。

連結対象子会社
【companies consolidated】
連結決算の連結対象となる子会社のこと。出資比率が50％超の子会社は原則としてすべて連結対象に含まれる。また、親会社と子会社の合計で50％超の株式を保有している会社（孫会社）も連結対象となる。出資比率が20～50％の関連会社と非連結子会社は「持ち分法」という会計手法で連結決算に経営成績を反映させる。2000年3月期からは「実質支配力基準」を導入、役員派遣など経営への支配力や影響力を加味して連結する企業の範囲を広げた。これにより業績の悪い企業の出資比率を20％未満に下げて連結の適用から除外するのを防ぐ。→持ち分法

連結納税制度
【consolidated tax payment system】
合同申告制度とも呼び、子会社や系列会社など関連会社が共同して納税する制度。米国などに続き日本でも2002年度に出資比率100％の子会社を対象とした連結納税制度が導入された。従来通りの個別申告による納税制度の下では、仮に関連会社に欠損会社が出た場合、その企業の欠損額がいくら大きくてもその企業の納税額がゼロになるだけである。しかし、連結納税制度を採用していれば企業グループ全体の合算した益金に課税されるため、関連企業のうち1つでも欠損を出せば関連会社全体の益金が減少し、納税額は個別申告納税制度のもとでの合計納税額に比べ少なくてすむ。04年4月から、法人税の急減を避けるための連結付加税が廃止となり、導入が加速するとみられる。

連合
【Japanese Trade Union Confederation】
正式名称は日本労働組合総連合会。

全日本民間労働組合連合会，総評，同盟，中立労連，新産別の労働4団体の民間単産・単組の大半が結集，1987年11月20日に発足した。民間労組の再編を目指して82年12月にスタートした緩やかな協議体「全民労協」が母体になっている。連合発足に伴い，これまで各労働団体を中心に進められてきた春闘も「連合春闘」の旗の下に一本化された。

連合国暫定当局
【the Coalition Provisional Authority；CPA】
2003年4月にフセイン政権が崩壊した後のイラクを占領してきた米国主体の連合軍による暫定統治組織。04年6月28日，イラク暫定政権に主権が移譲され，14カ月余りにわたる占領統治は終了し，イラク人による主権国家が誕生した。

連続焼鈍設備
【continuous annealing furnace】
自動車の車体軽量化の決め手となる高張力冷延鋼板や缶用鋼板の量産化に役立つ設備。冷間圧延後の処理工程である，①電気清浄・焼鈍，②防錆冷却，③調質圧延，④検査，⑤リコイリング——の5工程を連続化し，1つの設備で行えるようにした。従来の焼鈍炉では1週間かかって処理していたところをわずか十数分で済ませてしまう。しかも急加熱と急冷却が可能であるため，プレス加工しやすい高張力鋼板が製造でき，わが国の鉄鋼大手が導入している。→高張力鋼

連続地中壁工法
【slurry wall construction method】
タンクの本体部分を地中に埋め込む液化天然ガス（LNG）地下タンクなどを建造する際に欠かせない土木工法。数メートル幅の穴を地下100メートル程度まで掘り下げ，地中に壁面を構築するため，凹凸のない平滑な壁面を掘る掘削技術がポイントになる。LNG地下タンクでは地下水の浸入を防ぐ役目を果たす。

連単倍率
【ratio of consolidated net profits to parnet-only net profits】
単独決算の業績に対する連結決算の割合。通常は単独の税引き利益と連結の純利益で比較する。1倍を超えれば子会社，関連会社の合計の利益が親会社の利益を上回っていることを示す。1倍未満は親会社の利益の方が大きい。

連邦準備銀行 Federal Reserve Bank；FRB ⇨FRS
連邦準備制度 ⇨FRS
連邦準備理事会 ⇨FRB

ろ

ロイター商品相場指数
【Reuter's Index of Commodity Prices】
英国のロイター通信社が毎日集計，発表している商品相場指数。構成品目は，国際貿易に重要な小麦，銅，羊毛，綿花，コーヒーなど17品目で，基準日は1931年9月18日（＝100）。国際商品相場の全体的動きを見るには非常に便利なので世界的な権威を持っている。ただ，英CIF相場のためポンド相場が下がった分だけ指数が押し上げられるのが欠点。→ダウ・ジョーンズ商品相場指数

労災保険
【worker's compensation insurance】
正式名称は労働者災害補償保険。労働者の執務中の災害，通勤途中の災害に対する保険給付制度。労働福祉

事業として被災労働者の社会復帰の促進，援護に加え，適正な労働条件の確保なども実施している。雇用保険と合わせて労働保険という。

労働安全衛生管理システム
【occupation health and safety administration system ; OHSAS】
工場など事業所で労働災害や疾病などの発生を防止するため，安全と衛生を総合的に管理する仕組み。英規格協会が1996年に提唱した「BS8800」を基に欧州の規格団体が共同で規格化した「OHSAS18001」を99年に発行。国際標準化機構（ISO）で国際規格化の検討が進んでいる。事業所内の危険源を洗い出し，危険の程度や発生の可能性を調べたうえで危険防止の実行計画を策定，計画の進ちょくや危険度低減など実績をチェックする。日本でも電機や情報，化学メーカーなどがOHSASなどの認証を取得している。

労働基準法
【Labor Standards Law】
1947年にできた労働者の労働条件についての統一的な保護法典。憲法27条の規定（労働権）に基づいており，①労働憲章的な規定を定めている，②封建的な制度を一掃した，③8時間労働制，週休制など最低限守られるべき労働条件を定めている——などが特徴。旧工場法などを発展させてできたものだが，経済発展や産業構造の転換などによって，例えば第3次産業の労働条件保護にはそぐわない面も出てきているのが実情。厚生労働省は2003年の改正で①裁量労働制の手続きの簡素化，②有期雇用契約の延長，③解雇ルールの明確化——などを盛り込み，04年4月から施行した。

労働協約
【labor [collective] agreement】
労働条件その他について，労働組合と使用者または使用者団体との間に締結される協定で，債務的事項と規範的事項の2つがある。債務的事項は労使双方とも互いに拘束されるもので，規範的事項は賃金，労働時間などの労働条件のように労働者の待遇について個々の労働契約の基準となる事項である。労働協約は3年を超えて定めることはできない。

労働契約承継法
【Act Concerning Labor Contract Succession in Case of Corporate Divestiture】
会社分割における労働者の転籍などのルールを定めた法律。2000年5月に成立，01年4月に施行した。分割部門の労働者が分割会社に転籍する場合は，本人の同意は不要と明記した。主に分割部門以外で働く労働者が転籍する場合は，本人の同意が必要となる。このほか会社分割する際，分割計画を承認する株主総会の2週間前までに，労働者に通知することを義務付けている。

労働災害
【labor accidents】
労働者が仕事をしているときに，建物や設備，原材料，燃料，蒸気，粉じんなどによって，また作業行動などに起因して受ける，負傷・疾病・死亡などの災害。労働安全衛生法，労働基準法，労働災害防止団体法などでこうした労災防止のために，事業者や労働者が守るべき事項を細かく定めている。産業の高度化や構造転換で，労働災害による死傷者数は1961年をピークに長期的には減少傾向が続いている。

労働者派遣法
【Worker Dispatching Law】

「労働者派遣事業の適正な運営の確保及び派遣労働者の就業条件の整備等に関する法律」の略称。派遣社員の雇用条件の整備や労働者の権利の確保がねらい。正社員を減らして人件費を抑制しようとする企業は派遣社員を積極的に活用し，2002年度の派遣社員数は213万人と，過去最高となった。00年12月からは将来，正社員に登用する前提で企業に派遣する紹介予定派遣がスタート。04年3月に施行された改正労働者派遣法により，これまで原則1年に制限されていた派遣期間は最長3年となり，製造業への派遣も解禁された（期間は1年）。また，紹介予定派遣に限り，病院などの医療機関への医師・看護師派遣もできるようになった。対象業務は拡大されたが，派遣期間が短いため製造現場での採用実績は少ない。医師の紹介予定派遣の活用も出足が鈍く，浸透に時間がかかるとの見方が多い。→紹介予定派遣

労働生産性
【labor productivity】
単純には能率のことをいう。投下した労働量と，その結果として得られた生産量との割合。労働量には生産に投下された延べ労働時間をとり，生産量は重量や長さなどで計るのが普通である。この表し方には，①生産物単位当たりに要した労働量（労働時間），②1単位の労働量（労働時間）当たりの生産量——の2つがある。このほか，付加価値と労働量（労働力）との比率で見る労働生産性もある。→労働生産性指数

労働生産性指数
【labor productivity index】
労働生産性を示す指標。2つの算出方法がある。1つは，生産品目別の労働生産性（生産物1単位当たりの労働量，または一定の労働量当たりの生産量）を計算し指数にしたもので，わが国では労働省（当時）が労働生産性統計調査（生産物1単位当たりの労働時間）に基づいて1983年まで作っていた。もう1つは生産量指数を投下労働指数で除して算出するもので，わが国では生産性本部が発表している指数（経済産業省の生産動態統計の生産量指数と投下労働量指数で計算している）が代表的である。

労働分配率
【labor's relative share】
所得の分配の中で労働者が受け取る分け前の割合。国民所得の中に占める賃金，俸給の割合を求める方法と，付加価値に占める人件費の割合を指していう場合がある。法人企業統計調査（財務省）のデータによれば，日本企業の労働分配率は70％台前半で高止まりしている。→国民所得

労働力人口
【labor force working population】
満15歳以上の人口のうち，労働力調査期間である毎月末の1週間に，収入を伴う仕事に多少でも従事した者，および休業中の就業者と完全失業者の合計をいう。これに対して，15歳以上の人口で，学生，病弱者，働く意思と能力を持たない者を非労働力人口という。→労働力調査

労働力調査
【labor force survey】
国民の就業・失業状況や労働者の動きを知るために行う調査。総務省が毎月発表する。労働力人口，就業者，完全失業者，非労働力人口の数と動きを産業別，従業上の地位別などに調査する。完全失業率については4半期ごとにブロック別の数値を発表しているが，総務省は2002年に初めて都道府県別の数値を試算値として公

表した。→労働力人口，完全失業率

老年者控除
【tax deductions for elderly people】
年齢が65歳以上で，かつ合計所得金額が1,000万円以下の場合，50万円が所得金額から差し引かれること。ただし，05年分の所得税から廃止されることになっている。

ローカル・エリア・ネットワーク
⇨LAN

ロコ・東京
【Loco Tokyo】
金などの「東京渡し」を条件とした現物市場。取引の中核をなすのが商社や地金商で，①ディーリング，②東京工業品取引所との裁定取引，③現物のデリバリー——などを目的としている。ロコ・東京の金価格は，基本的にはロンドン価格をベースに，東京までの輸入コスト（運賃と保険料）を上乗せした価格となる。金の輸入コストはおおむね1トロイオンス当たり1ドル程度。→ロコ・ロンドン

ロコ・ロンドン
【Loco London】
ロンドン受け渡し条件の金取引。ロコはラテン語で「場所」の意味がある。特に盛んなのは香港。自由貿易市場である香港には英国，スイス，米国の金ディーラーの支店が多数進出し，電話取引を通じて一大金市場を形成している。時差の関係から日本とほぼ同じ時間帯にあるため，日本の輸入業者は香港のロコ・ロンドン市場との間で取引を行うことが多い。東京での受け渡し条件つきのロコ・東京市場もあるが，取引は停滞している。→金市場，ロコ・東京

ロシアの安全保障会議
大統領の最高諮問機関で，国内政治や外交，防衛，治安，経済など幅広く政策を協議する。書記をトップとする書記局を常設。大統領が議長を務め，書記のほか外相，国防相ら主要閣僚がメンバー。議会に対抗する権力機関としての性格が強い。1998年3月に国防会議が廃止されて以降，国防，軍改革も担当，再び安保会議の重要性は増している。2004年3月にイワノフ前外相が安保会議書記に就任した。

ロシアの新興財閥
【emerging business conglomerates in Russia】
ロシアの経済改革や国営企業民営化，国債発行などを通じて1990年代に台頭してきた企業グループ。ロシア最大の銀行オネクシムを中心とするインターロス，モスト銀行から派生したメディアモスト，自動車販売のロゴバスからスタートしたベレゾフスキー氏のグループなどがある。ただ，新興財閥による政治への関与を嫌うプーチン政権との対立は根深く，2001年以降政権と対立した新興財閥が経営するテレビ局が相次ぎ放送停止に追い込まれた。

ロシア・ベラルーシ連邦条約
【Russia-Belarus Union Treaty】
1997年4月2日，エリツィン・ロシア前大統領とカシェンコ・ベラルーシ大統領が調印した条約。両大統領は，同年5月23日に連邦条約に付属する規約に，99年12月には連邦創設条約に調印。2000年1月，連邦国家が正式に発足した。両国は同じスラブ民族で，歴史・文化的，経済的に結びつきが強く，主権を維持しながら共同軍事防衛や統一した経済システム，法体系の導入を目指す。しかしロシアのプーチン大統領は02年8月，「統一国家」の創設を提唱。事実上ベラルーシを吸収・統合する構想で，ロシアに吸収されることを恐

れるベラルーシは反発している。

ロジスティクス
【logistics】
直接の意味は兵站(へいたん)だが，物流合理化の手段としてその考え方が採り入れられ，原料手当て，生産，保管，販売に至るまでの流れの中に，物流を最も効率的に組み込む総合的，戦略的なシステムを指すようになった。例えば，原料手当ての面だけで物流合理化を考えると，その後の過程での合理化を妨げる要因を生んだりするので，全体をトータルシステムとして組み立てようというもの。

ロースクール
【law school】
弁護士，検察官などの法律家を養成する米国などの専門機関。「法科大学院」ともいう。日本でもより多くの法律専門家が必要になるとの見通しが強まり，2004年4月から学生を受け入れた。司法制度改革で求められる法曹人口の増加を支える専門教育機関で，主に大学が設立母体となる。修了年限は3年で，法学部などで法律の基礎知識を身に付けていれば，2年コースの選択も可能とする計画。

ロスシェアリング
【loss sharing】
政府が経営破たんした銀行を受け皿銀行に譲渡した後，一定期間中に貸出先の倒産などで新たな損失が発生した場合，その一部を政府が負担する制度。これによって，受け皿銀行は破たん銀行の資産内容が多少不透明でも，譲渡先として名乗りを上げられる。また政府は譲渡交渉を迅速にまとめられるため，破たん銀行の資産劣化を抑えられる。米国では一般的な手法だが，日本でも2000年の預金保険法改正で関連規定が盛りこまれた。

6カ国協議
【Six-party talks on North Korean Nuclear Issues】
日本，米国，韓国，中国，ロシアと北朝鮮の6カ国が北朝鮮の核問題について話し合う多国間協議。中国が議長国となり，北京で開催されている。2003年4月の米朝中3カ国の協議後，日韓などが参加国の拡大を要求。経済支援など実利を得たい北朝鮮もこれを容認し，03年8月に最初の6カ国協議が開かれた。04年6月までに3回協議を開いたが，核放棄の対象や核凍結の手順を巡り米朝の意見が対立，問題解決の糸口は見えていない。

ロードプライシング
【road pricing】
一定の地域に入ってきたり，特定の道路を利用する自動車に料金を課すことなどで交通量を削減する方法。シンガポールやノルウェーなどで導入済みで，東京都も2003年度以降にスタートさせる方向で検討している。将来はノンストップ自動料金収受システム(ETC)と組み合わせて課金する案が有力だ。→ノンストップ自動料金収受システム

ロビイスト
【lobbyist】
米国の議会スタッフ，議員に接近して，立法化されようとしている法案などを契約企業などに有利になるように誘導しようとする人々のこと。時には法案の作成そのものを促進，あるいは妨害したり，内容に注文を付けたりすることもある。ロビーとは議会への陳情や請願を仲介する圧力団体のこと。ロビイストの登録義務の強化，接待や贈答品の規制強化などを盛り込んだロビイスト規制法が1995年12月に成立。外国企業の活動を監視する

ねらいもある。

ローマクラブ
【Club of Rome】
核兵器から南北問題，地球環境に至るまで急速な技術革新の一方で，ますます深刻化する現代社会の諸問題を世界的な視野からシステム分析の手法で解決しようとする国際団体。1968年4月，欧米の政，財，学界のリーダーが中心となって，ローマで結成したもので，民間ベースでOECDにも側面協力している。

ローミング
【roaming】
移動電話（携帯・自動車電話）やポケベルサービスを異なる事業者間のエリアにまたがって受けられるようにすること。首都圏，中部圏，関西圏を営業区域とするKDDI傘下のツーカーグループのユーザーは，エリア外では同じ周波数帯を使って携帯電話サービスを展開するボーダフォンのネットワークを使って電話が接続されている。

ローロー船
【roll-on roll-off vessel】
ロールオン・ロールオフ船の略。貨物の積み降ろしをトレーラーやフォークリフトなどによって行う船のこと。本船の船尾や船側に設けられたランプ（傾斜板）を通って船内に運び込まれるもので，リフトオン・リフトオフ（lift-on lift-off vessel）というクレーンを使って貨物の積み降ろしをするコンテナ船と区別して特にこう名付けられている。内航の貨物船に多いが自走式の自動車船もローロー船の一種。

ロングライフミルク
【long-life milk】
普通の牛乳に比べ長期間腐敗せずに保存できる牛乳。略称はLL牛乳。摂氏138～140度の超高温加熱で瞬間的に牛乳に含まれるすべての細菌を殺し無菌にしたうえ，無菌の容器に充てんする。常温でも1～2カ月保存できる。別名，滅菌牛乳。流通合理化や需要拡大に役立つため，米国では一般的だが，賞味期限に厳しい日本ではあまり普及していない。

ローン担保証券
【collateralized loan obligation；CLO】
金融機関の貸出債権を担保に発行する証券。住友キャピタル証券とメリルリンチ証券が1999年2月に共同で募集した国内初のCLOでは，880億円を発行した。他の金融機関の貸出債権を買い集めて組成するCLOは富士銀行（当時）が99年4月に国内の金融機関では初めて販売した。

ロンドン・ガイドライン
【London Guideline】
核拡散防止条約（NPT）に加盟していない国からの核拡散を防ぐために，日本，米国，ソ連（当時）など7カ国が核関連資機材の輸出について1978年に定めた指針。具体的にはプルトニウム，原子炉，重水などを輸出する際に供給国，需要国の双方で核開発転用の防止措置をとることを義務付けている。その後，オランダ，オーストラリアなどが加わり，2000年6月時点で38カ国が同ガイドラインの取り決めに参加している。イラクの軍事的な突出を背景にして起こった湾岸戦争を教訓に，ガイドライン参加国は92年4月，工作機械，ベリリウムといった核兵器の製造に使われる恐れのある汎用品についても輸出を規制することで合意した。各国は国内の業者が規制対象品目を輸出する際，相手国の輸入者や使用目的を審査しなければならない。

ロンドン金属取引所　⇨LME
ロンドンクラブ

【London Club】
民間セクターの抱える対外債務を話し合う日米欧などの民間銀行による調整組織。「パリクラブ」が公的債務を扱うのに対し，ロンドンクラブは主要国の民間金融機関が集まり，処理策を協議する。債務国政府に返済要求交渉を行うための非公式グループ。国際収支状況の悪化で累積債務問題に直面した債務国に対し，返済条件を変更して債務を将来に繰り延べるなどの救済策を実施。中南米やロシア，ブルガリア，インドネシアなどで協定を締結してきた。

ローンパーティシペーション
【loan participation】
金融機関が短期の貸付債権（ローン債権）をコマ切れにして販売すること。セキュリタイゼーション（証券化）の進展で米国の商業銀行の間で急拡大している。銀行は企業からの短期の資金融資に応じる一方，ほぼ同時にそのローン債権を細かく分けて投資家に販売する。銀行にとっては資産の増加を防ぐことができるので，自己資本比率を維持することができ，経営の健全性を保てる。年金基金や一般の事業会社などが資金の運用対象に組み入れるなど，投資家層も広がってきている。

ロンバード型貸出制度
【Lombard-type lending facility】
日銀が金融機関の申し出に応じて，担保の範囲内で資金を貸し出す制度。金融市場における流動性供給の改善をねらって，2001年2月に導入された。日銀特融など従来の貸し出しでは，実施するかどうかは日銀が決めていたが，同制度では金融機関が自らの判断で資金を借りることができる。基本的に，貸出期間は翌営業日までとして，金利は公定歩合が適用される。多くの金融機関が日々の資金繰りを調整しているコール市場の翌日物金利が公定歩合を超える水準まで上昇するのを防ぐ効果がある。海外では欧州中央銀行（ECB）が導入している。

わ

ワイヤレス・ローカル・ループ
【wireless local loop；WLL】
家庭やオフィスに引き込む加入者回線として,有線の代わりに無線を使うサービス。1999年初めから提供が可能になった。市内網をほぼ独占する日本電信電話(NTT)の東西地域会社への回線依存度を減らせるうえ,光ファイバーなどを自前で敷設する場合に比べ,初期費用が安く済むのが利点。22ギガ(ギガは10億)ヘルツ帯などの無線電波を活用する。光ファイバーの管路を確保しにくいオフィスビル街などで利用されるケースが多い。

ワーキングホリデー
【working holiday】
相手国の文化や生活を理解するために,青少年に最長1年間の長期滞在と,その間の旅行資金を補うための仕事を互いに認める制度。日本はオーストラリア(1980年から),ニュージーランド(85年から),カナダ(86年から),韓国(99年4月から),フランス(99年12月から),ドイツ(2000年12月から),英国(01年4月から)との間で設定している。

ワク組み壁工法 ⇨ ツーバイフォー工法

ワークシェアリング
【work-sharing】
雇用確保のために1つの仕事を多人数で分け合うという考え方。労働力の供給過剰の時代にあって,労働者が賃金の伸びを抑制しても雇用の確保を優先するという意味で使われる。失業を防ぎ,パートタイマー,高齢者など短時間労働を希望する人に職場を供給する効果があるとされるものの,所得抑制に流れやすくなるという問題もはらんでいる。1993年から独フォルクスワーゲン社などが採用している。99年6月から日野自動車が労使で協定を結び,55歳以上の間接部門の組合員250人を対象に1日8時間勤務を7時間勤務に短縮し,10％の人件費カットと引き換えに雇用確保に動いた。2000年春闘では厳しい雇用情勢を反映し,ワークシェアリングを論議した企業が目立った。

ワークステーション
【workstation】
一般事務処理や科学技術計算やソフトウエア開発,エンジニアリング分野で多用されている小型コンピューター。ネットワークを使った分散処理や同時に複数の業務を実行する場合に適している。32ビットあるいは64ビットのCPU(中央演算処理装置)を持ち,OS(基本ソフト)はUNIXが主流。

ワシントンコンセンサス
【Washington consensus】
米国の首都ワシントンを頂点とする国際政治・経済の権力構造を指す。もともとは米国が強い影響力を持ちワシントンに本部を置く世界銀行,国際通貨基金(IMF)が,援助を条件に途上国の経済政策立案に深く関与することについて使われた言葉。米国の信奉する民主主義,市場経済,人権重視などの考えを他国にも採用させる考え。ただ,最近は世銀,IMF内でも途上国それぞれの事情に沿った政策を進めるべきとの考えが強まっている。

ワシントン条約
【Washington Convention】
絶滅の危機にある野生動植物の国際取引を規制する条約。絶滅の危険性について3つのランクに分けて規制内容を決めている。学術研究以外の目

的では，輸出入を全面的に禁止する品目としては，ジャイアントパンダなど約550品目に上る。

ワッセナー協約
【Wassenaar Arrangement】
冷戦時代のココム（対共産圏輸出統制委員会）に代わる新たな戦略物資の輸出管理機構。ワッセナー取り決め，または新ココムともいう。旧ココム参加国に加え，ロシア，ポーランドなど旧社会主義国やスイス，オーストリアなど中立国も参加し，発足時の加盟国は33カ国。規制は1996年11月1日から発動した。事務局をウィーンに置き，年1回総会を開くほか，年数回開催するワーキンググループで対象リストの見直しなどを行う。旧ココムが社会主義陣営に西側の最新技術が流出して兵器開発に利用されるのを防ぐことをねらっていたのに対し，ワッセナー協約はテロ支援国などへの通常兵器や関連汎用品の輸出を管理することを目的としている。対象品目は約110品目。紳士協定の性格が強く，加盟国が非加盟国に対象品目の輸出を許可するかどうかは各国の判断にゆだねられる。規制対象国は明文化しておらず，世界全域をモニターするのが原則だが，各国が念頭に置いているのは，テロを支援しているとされる朝鮮民主主義人民共和国（北朝鮮），イラン，リビアなど。

ワラント
【warrant】
分離型ワラント債は発行後，社債部分と新株引受権部分が分離するが，その新株引受権部分のこと。取引所では新株引受権証券と呼んでいる。一種のコールオプションであり，リスク限定で大きな収益をねらえる金融商品として投資家の間に根強い人気がある。ワラントの価格は今後の株価上昇期待，株価の変動度合い，そして行使期限までの残存期間などによって左右される。最近では外国証券などがカバードワラントと呼ばれるオプションの証券化商品を取り扱うケースが増えている。→ワラント債

ワラント債
【warrant bond, bond with stock purchase warrant】
社債発行企業の新株を発行時の株価を基に決められたある一定の値段（行使価格）で，社債券面に応じた一定の割合（付与率）の額だけ引き受ける権利の付いた社債。正式には新株引受権付き社債という。ワラントボンドの頭文字を取ってWBと表記することもある。新株引受権という甘味剤が付いており，その分，クーポンを普通社債より低くできる点で転換社債と似ているが，転換社債は転換権の行使によって残高が減っていくのに対して，ワラント債は新株引受権が行使されても，償還まで残高は変わらない。日本企業については，1981年の商法改正で発行が認められた。当初は社債部分と新株引受権部分が分離できない非分離型しか発行できなかったが，85年11月に分離型の発行が認可された。80年代後半のバブル期には，分離型が大量に発行されたが，90年以降は株価の低迷で発行が停滞している。さらに94年4月から，新株引受権の価値の部分（ワラントバリュー）に見合う金額を発行から償還までの期間，毎期均等に償却していくことが義務付けられたため，決算上，収益圧迫要因になるとして企業がワラント債発行を敬遠するムードが一段と強まった。ワラント債発行は上場企業にしか認められていなかったのが，96年からは店頭上場企業にも認められるようになったが，発行は株式相場の低

迷を映して極めて低い水準が続いている。新型のワラント債としてはソニーが95年9月に発行した役員向けワラントがある。ワラント債のワラント部分を役員に支給し、エクスワラント（社債部分）は引受証券会社が機関投資家に販売する。2002年4月施行の改正商法で新株予約権という考えが導入されたことで、ワラント債の法的な位置付けも変化した。従来の分離型のワラント債は、社債と新株予約権を同時に募集しかつ同時に割り当てるものを指すことになった。また非分離型のワラント債は新株予約権付社債の一種となった。

ワラントバリュー
【warrant value】
ワラント債の額面100％に対するワラント部分の価値。仮にワラントバリューが20とすれば、社債部分は80になる。ワラント債を発行するにあたっては、ドル建て債の場合、エクスワラントの最終利回りが同じ年限の米国債の利回りを1.2〜1.3％程度上回るように、ワラントバリューと表面利率を設定する。→エクスワラント

割引金融債 discount bank debenture ⇨ 金融債

割引債
【discount bond】
償還まで途中の利息は付かないが、発行価格が償還価格（額面）より低く、その差額が利息に相当する債券。ゼロクーポン債の一種で、わが国で現在定期的に発行されている割引債としては割引金融債（同1年）がある。このほか、短期国債（TB）や政府短期証券（FB）も割引発行である。→短期国債、政府短期証券

割引率
【discount rate】
退職一時金や年金など将来の支払いに必要なお金を現時点でいくら備えていればよいかを算出する際に、前提となる利回り。退職給付債務などの計算に用いるが、一般に期間の長い国債や政府機関債、格付けの高い社債の利回りなどを使う。割引率を引き下げると、積み立てなければならない資金が増える。最近の低金利の長期化により、割引率を下げる企業が増えており、退職給付債務が増加する要因となっている。

ワールドカー
【world car】
多国籍化した自動車メーカーは効率的に小型車を開発しようと、国際分業による共同開発、部品の共通化、あるいは1つの基本設計を基にした小型車を世界各地の工場でつくるなどの動きを強めている。このような車をワールドカーと呼ぶ。欧米各地のフォード系子会社で部品生産を分担したフォードの「フィエスタ」などがその具体例。最近はトヨタの「ヴィッツ」やホンダの「フィット」など世界的な需要の見込める小型車に多い。国際提携が加速した結果、複数社間で共通の車台を使ったワールドカー開発が盛んになっている。

ワールドスケール
【world scale ; WS】
タンカーの1航海の用船料を示す運賃指数。タンカー航路は世界にちらばっており、輸送距離が異なるので、用船契約を円滑に行うため主要航路（ペルシャ湾ー日本など）の基準運賃を指数で表している。燃費や港費が変動するため、指数と実質運賃（ドル建て）の関係は毎年1月1日に発表される基準運賃表で決められる。1969年以来、タンカー市況を表す世界共通の指数として利用されている。

湾岸協力会議

【Gulf Cooperation Council ; GCC】イラン革命や旧ソ連のアフガニスタン侵攻による危機感を背景に，ペルシャ湾岸のアラブ産油国が経済，安全保障など各分野で域内協力を強めようと1981年5月に設立した会議。王制，族長制の国だけで構成されているのが特徴で，将来は「欧州連合（EU）の中東版」を目指す。参加国はサウジアラビア，クウェート，アラブ首長国連邦（UAE），カタール，オマーン，バーレーンの6カ国。常設事務局はサウジアラビアの首都リヤドに置き，事務局長はサウジアラビア出身のフジャイラン氏。同会議の首脳会議は半年に1度，外相あるいは他の代表による閣僚級会議は2カ月に1度，各国持ち回りで開く。湾岸戦争で米国の支援を受けたことや，その後の安全保障でも米国からの兵器輸入を進めていることから親米的な空気が強い。99年11月の首脳会議では2005年の域内関税共通化で合意，00年末の首脳会議では域内単一通貨導入でも基本合意するなどかつての政治機構から経済協力機関へと大きく踏み出した。→湾岸戦争，イラン・イラク戦争

湾岸戦争
【Gulf War】
1990年8月2日未明，イラク軍が突然クウェートに侵攻したことに端を発する戦争。 イラク軍は6時間で全土を制圧，ジャビル・クウェート首長はサウジに脱出，亡命政府を樹立した。世界各国はこのイラクの軍事行動を非難，国連安全保障理事会で対イラク経済制裁決議を採択し，クウェートからの即時撤退を求めた。国連安保理は91年1月15日を最終的なイラク軍のクウェート撤退期限としたが，イラク側はこれを拒否。撤退期限翌日の16日，多国籍軍がイラク，クウェートを空爆，「砂漠の嵐」と呼ばれる作戦が始まった。イラク側からの目立った反撃がないまま，多国籍軍は軍事・産業施設に爆撃を繰り返した。2月24日，多国籍軍は70万の兵力で地上戦に突入，28日にはクウェート市を解放し，ブッシュ米大統領（現大統領の父）は戦闘停止を宣言，勝利演説を行った。11日に国連安保理がイラクの停戦受け入れを確認，正式に湾岸戦争が終結した。この戦争はハイテク戦争とも呼ばれ，パトリオットミサイルなど多くの新兵器が登場した。また，多くのアラブ諸国が多国籍軍に加わったのに対し，PLO，ヨルダンなどが親イラクの姿勢を見せるなど，「アラブは1つ」と主張するアラブ民族主義の終えんを印象付けた。

ワンストップ行政サービス
【one-stop administrative service】
縦割りでバラバラに提供している行政サービスを1カ所で手続きできるようにするシステム。2002年から郵便局で住民票の写しなどを取り寄せられるようになった。

ワンストップショッピング
【one-stop shopping】
消費者が多種多様な商品を1カ所で買い求めること。 消費者には買い回り時間や労力を節約するため1カ所でまとめ買いしたいという便利性志向がある。これに伴い店の方では，必要なものをできるだけ多く購入できる便利さの提供が重要になってきた。消費者の欲求に沿って，ワンストップショッピングをねらいに百貨店，スーパー，専門店が同居するショッピングセンターが全国各地で作られている。

ワン・トゥ・ワン・マーケティング
【one to one marketing】
顧客を大きな塊であるマスとしてとら

えるのでなく，1人ひとりを個別の存在として見るマーケティング戦略のこと。購買履歴や年収，資産，趣味などの属性情報から顧客をグループに分け，特定の商品情報を提供することなどで新たな購買を促す。消費低迷が続く中，マスマーケティングだけでは困難な需要の掘り起こしのため，この戦略を重視する消費財メーカーや専門店が増えている。

ワンビリング
【one billing】
市内・国内長距離・国際など従来の業務区分にとらわれず，通信会社が顧客に一括して請求書を発行し通信料金を徴集すること。最近はインターネット接続など，電話以外のデータ通信サービスを含める動きも出ている。顧客の利便性向上だけでなく，通信会社のコスト低減にも有効な方策となり得る。

ワンプライス販売
【one-price selling】
自動車の新車販売で最初から実売価格を明示し値引きを一切しない方法。購入者の車両価格に対する不信感を払しょくするため，一部の販売会社が導入している。日本の自動車メーカーには最大5の販売系列がある。販社は激烈な競争を勝ち抜くため，営業スタッフが購入希望者と交渉を重ねるうちに値引き額を拡大して買う気にさせている。この結果，同一車種でも購入者によって最大50万円程度の価格差が生じ，批判が出ていた。

A380
【Airbus 380】
欧州のエアバスが開発中の総二階建ての超大型旅客機。全長72メートル,全幅76メートルで,座席数は555席。2005年に初飛行,06年就航の予定。日本からは三菱重工業や富士重工業,ジャムコなど18社が部品などを供給している。米ボーイングはエアバスに対抗して,「ジャンボ・ジェット」として知られる「B747」型機を大型化する「B747X」構想を打ち上げたが,顧客を獲得できずに01年3月,計画を事実上凍結。超大型機に代わり,亜音速の高速旅客機「ソニック・クルーザー」構想を新たに発表したものの,02年末にはこれも棚上げし,経済効率を追求した中型機「7E7」の開発構想を打ち出した。→7E7

ABC
【activity based costing】
活動基準原価計算。米国生まれのコスト計算手法で,ハーバード・ビジネス・スクールのロビン・クーパー氏らが1987年に体系化した。製品ごとのコストを正確に計算するため間接費用を従来より厳密に割り振るのが特徴。工場の自動化で相対的に間接費の比重が高くなったことから注目されている。

ABCP
【asset-backed commercial paper】
企業が短期資金を調達するため,売掛債権や貸付債権を裏付けに発行する資産担保コマーシャルペーパー(CP)。債権から得られる資金をCPの元利金払いに充てるので,企業は自らの信用力にかかわらず市場から資金を調達しやすい。CPは銀行や証券会社が設ける特定目的会社(SPC)を通じて投資家に販売する。日銀は2003年7月から中堅・中小企業の資金繰りを改善させ,ABCP市場を育てる目的で,金融機関からABCPを買い取る金融政策を始めた。

ABS
【asset-backed securities】
資産担保証券。債権を担保にした証券商品で,債権を特定目的会社(SPC)に譲渡,SPCが債権を担保に有価証券を発行し,投資家に販売する仕組み。1996年4月にはリース,クレジット債権などを対象とするABSの国内発行が解禁されたほか,最近では住宅ローンや消費者ローン,割賦債権などを担保にしたものも発行されている。

ABWR
【advanced boiling water reacter】
改良型沸騰水型軽水炉。これまで原子炉圧力容器の外に設置していた原子炉冷却材再循環ポンプを内蔵する「インターナルポンプ」「改良型制御棒駆動機構」「鉄筋コンクリート製格納容器」など新技術を採用している。東京電力柏崎刈羽原子力発電所で2基が運転している。→BWR, PWR

ADB
① 【Asian Development Bank】
アジア開発銀行。アジア・太平洋地域の途上国の経済開発向け資金を融資するために設けられた開発金融機関。1966年12月正式調印,発足した。本部はマニラ。最大の出資国である日本が歴代総裁を出している。現総裁の千野忠男氏は99年1月就任。加盟国・地域数は全部で61。業務内容は,開発を進めるための技

術援助・調査活動と，長期低利で融資する特別業務に分かれている。特定のプロジェクトへの融資を原則とするが，数カ国にまたがる事業も融資の対象となる。2001年の新規融資額（承認ベース）は約53億ドル。日本は2000年5月のバンコク総会で100億円規模の「貧困削減日本基金」を提供すると表明，01年5月のホノルル総会では新たに79億円を追加拠出する方針を示した。

②【African Development Bank】
アフリカ開発銀行。アジア開発銀行と区別するためAFDBと略されることもある。1964年9月，アフリカ諸国の経済，社会開発の促進を目的として設立された。開発計画の作成，資金調達，技術援助，融資などを行っている。82年12月から域外国の加盟が始まった。本部はコートジボワールのアビジャン。加盟国はアフリカ域内53カ国，域外は24カ国。日本は83年2月に加盟した。98年末時点での授権資本は約233億ドル。日本の出資額は4.6％を占め，域外国としては米国に次ぎ2位。

ADF
【Asian Development Fund】
アジア開発基金。1973年4月の第6回ADB（アジア開発銀行）年次総会で，途上国向け低利借款資金をプールするため設けられた基金。74年6月に運営開始。融資条件は一律に無利息，返済期間35～40年（うち据え置き10年），貸し出し手数料1％。99年の融資額は11億ドル。

ADR
【American Depositary Receipt】
米国預託証券。正確な略称はADRs。米の証券市場で外国株式（原株）に代わり売買される代替証券のこと。米国市場で海外の原株を直接売買することは取引の慣習や制度の違いで障害があり，流通性に欠ける。そこで原株は発行国の銀行（副受託機関）に預けておいて，その見返りに米国の銀行（受託機関）がADRを発行する仕組み。

ADSL
【asymmetric digital subscriber line】
非対称デジタル加入者線。既存の電話線を使いながら，高速でデータをやり取りする技術「DSL（デジタル加入者線）」の一種。電話局からユーザーまでの下り方向と，その逆の上り方向で，データを送るスピードが異なることから「非対称(asymmetric)」と呼ぶようになった。スピードは最高で毎秒40メガ（1メガは100万）ビットが主流。日本では1999年末にサービスが始まり，2000年末に日本電信電話（NTT）グループが参入。01年9月にソフトバンクグループが従来の半額以下の2,000円台でサービスを始めたのを機に急激に普及，04年4月末の全国の利用者数は計1,150万人。ブロードバンド（広帯域）接続の1つだが，光ファイバーが本格的に普及するまでの過渡期のサービスとの見方もある。→ブロードバンド通信

AFTA
【ASEAN Free Trade Area】
ASEAN自由貿易地域。東南アジア諸国連合(ASEAN)域内で関税を0～5％に引き下げ，欧州連合(EU)や北米自由貿易協定(NAFTA)に相当する自由経済地域を作ろうとする構想。1991年7月にタイのアナン首相（当時）が提唱，92年1月にシンガポールで開いたASEAN首脳会議で採択したシンガポール宣言に盛り込まれた。2002年1月に発効。先発6カ国（タイ，インドネシア，マレーシア，シンガポール，フィリピン，ブルネイ）は03年に関税引き下げ適用品目の

99％以上で関税率を5％以下に引き下げた。後発4カ国はベトナムが06年，ミャンマー，ラオスが08年，カンボジアが10年に目標を達成する予定。→ASEAN，EU，北米自由貿易協定

AGV
【automated guided vehicle】
コンピューター制御で自動・無人運行する台車。必要なときに必要なものを目的地に運ぶことができることから，工場のFA化やFMS（フレキシブル生産システム）化に役立つ。今後，量販店，病院，オフィスなどにも導入されると見られている。→FA

AIM
【alternative investment market】
英国の中小・ベンチャー企業向け店頭株式市場。ロンドン証券取引所が運営しているが，立会場はなく，すべてコンピューターシステムで売買している。株式を公開する企業に対し，利益・資産・株式数などの数値基準を設けていないのが最大の特色。証券会社の幹事制度はなく，公開企業に情報開示や市場ルール順守を指導するアドバイザーが主幹事証券の代わりを務める。アドバイザーには証券会社のほか法律事務所もなれる。1995年6月の市場開設で，公開企業数は2004年4月末時点で800社超に増えている。業種はサービス・流通業や伝統的な中小製造業が多い。

ALM
【asset liability management】
金融機関がリスクを抑えながら最大の収益をねらう総合的な取り組みのことで，資産・負債の総合管理と訳す。例えば銀行の場合，すべての預金や貸し出しの金利，期間を把握したうえで，公定歩合の変動などがあった場合に収益がどう変わるかを予測，全行的にどういう調達や運用をするかを決める。戦略を決めるALM委員会は，通常，頭取が委員長を務めており，銀行の頭脳としての役割を担う。ALMは米国の銀行がまず導入し，日本の銀行は1970年代後半から導入を始めた。金利の自由化が進むとともに，銀行の収益は金利動向によって左右されるようになっており，リスク管理の手法としてALMの重要性が高まっている。金融機関以外にも，長期的に安定した運用を目指す年金基金がALMを積極的に導入し始めている。

ANC
【African National Congress】
アフリカ民族会議。南アフリカ共和国の主要政党で，議長はムベキ大統領。1994年に全人種参加の選挙が実現するまでは，アパルトヘイト（人種隔離）政策撤廃のために運動を繰り広げた黒人解放組織だった。90年2月，解放運動のシンボルだったマンデラ氏が28年ぶりに釈放されるとともにANCは合法化された。94年4月の総選挙で6割を超える票を得て圧勝。同5月にマンデラ政権が誕生した。高齢のマンデラ議長は97年12月の全国大会で議長職をムベキ副大統領に譲った。99年6月の総選挙でもANCは圧勝し，ムベキ新大統領が誕生した。

AOL
【America Online】
世界最大のプロバイダー（インターネット接続業者）サービス。1985年にスティーブ・ケース氏が米AOLを創業。3,000万人を超える会員を抱える世界最大のネットサービスへと成長した。2001年1月に，メディア業界の巨人，米タイム・ワーナーと合併。新興ネット企業とメディア界の大御所

という異色の取り合わせが「史上最大の企業合併」と評された。だが，AOL部門の会員数は03年末に2,430万人と，1年で220万人減少。ブロードバンド会員の流出が続いている。日本法人は04年6月，イー・アクセスが事実上，買収している。

APEC
【Asia-Pacific Economic Cooperation】
アジア太平洋経済協力会議。日本やオーストラリアなどの提唱を受けて環太平洋地域の域内経済協力体制が具体化し，1989年11月にオーストラリアのキャンベラで初の閣僚会議を開いた。参加国は日本，東南アジア諸国連合（ASEAN）7カ国，韓国，中国，香港，台湾，ロシア，オーストラリア，ニュージーランド，パプアニューギニア，米国，カナダ，メキシコ，チリ，ペルーの21カ国・地域。同地域は世界の成長センターとして高い経済成長を遂げているが，各国間の格差が依然として大きい。今後の発展を維持，強化する意味から相互関係をより深めていくのが目的。近年は政治・安全保障も重要なテーマになっている。2003年にタイのバンコクで開いた首脳会談では核開発など北朝鮮問題が焦点となった。

API比重
【API's baumé degree】
原油の比重を示す指標。米石油協会（API）の基準で算定されるためこの名称がついた。一般の比重とは逆に数値が大きいほど軽い。比重が軽い原油は高級製品であるガソリン，軽油などが多く分解できるため高品質とされる。APIで32度以下が重質原油，36度以上が軽質原油とされる。原油価格はAPI比重に応じて決定されることが多い。

APS
【advanced photo system】
写真フィルムやカメラの規格で「新写真システム」と訳される。従来の35ミリフィルムに比べてカートリッジが25％程度小さく，容器からはみ出したベロの部分がないため，フィルムを電池交換のように簡単に装填できる。磁気により，さまざまな撮影データなどを記録できることも特徴。世界の2大フィルムメーカーである米イーストマン・コダックと富士写真フィルムに日本のカメラメーカーのキヤノン，ミノルタ，ニコンの3社が加わり共同で提唱，開発した。1996年4月以降，新システムに対応するフィルム，カメラが一斉に発売された。2001年に国内で発売されたコンパクトカメラのうち31％がAPSカメラ。ただ，デジタルカメラの急速な普及によりAPSカメラの出荷量は急減しており，同事業から事実上撤退するメーカーも出始めた。

ARF ASEAN Regional Forum ⇨
　ASEAN地域フォーラム

ASEAN
【Association of Southeast Asian Nations】
東南アジア諸国連合。1967年8月，タイ，インドネシア，マレーシア，フィリピン，シンガポールの東南アジア5カ国が結成した地域協力機構。84年1月からはブルネイも加盟国となった。76年2月にバリ島で開いた第1回首脳会議では，「一体化宣言」と「友好協力条約」を調印し，77年8月の第2回会議では経済協力問題を中心としたコミュニケを採択した。域外先進国との経済関係強化のため，78年からは日本，米国，EU，オーストラリア，ニュージーランド，カナダ，韓国の外相を含めた拡大外相会議も開いている。92年1月，シンガ

ポールで開催した首脳会議ではASEAN自由貿易地域(AFTA)構想を採択した。その後95年7月にベトナム、97年7月にミャンマー、ラオスが加盟し、99年4月のカンボジア加盟で域内のすべての国からなる「ASEAN10」を実現した。→AFTA

ASEAN地域フォーラム
【ASEAN Regional Forum ; ARF】
アジア太平洋地域の安全保障問題を外相級の閣僚が自由に話し合う目的でスタート。23カ国・機構が参加。1994年にバンコクで初会合を開いた。「信頼醸成」「予防外交」「紛争解決」の3段階を経て機能強化を図る計画になっている。99年夏までに第一段階がほぼ終了した。現在は次のステップである予防外交に進むための移行期と位置付けられている。これまでの会合ではインドとパキスタンの核実験、朝鮮民主主義人民共和国(北朝鮮)のミサイル発射問題、ミャンマーの民主化問題などを協議した。ただ、6カ国・地域が領有権を主張している南沙(スプラトリー)諸島問題など、具体的な解決策を見つけられないまま持ち越されているテーマも多い。このため予防外交の定義を明確にするとともに、議長の役割を強化する取り組みに着手。より実効性のある具体策を打ち出す方向で参加メンバーとの調整を進めている。

ASIC
【application specific integrated circuit】
特定用途向けIC。エイシックと読む。狭義にはゲートアレイ(半特別注文の論理回路)、スタンダードセルやセルベースIC(標準となる回路を組み合わせて構成するIC)、顧客の要求に応じて最初から回路を設計するカスタム(特別注文)ICを指す。広義には時計用、カメラ用、自動車部品用など、特定の用途にある程度まとまった数量を使う専用ICを含む場合もある。半導体不況でメモリーなど汎用ICの価格が暴落して以来、半導体メーカーはASICの設計、製造能力を増強し顧客獲得を図った。顧客も自社の機器の小型化やノウハウの秘密保持に役立つため、順調に市場が拡大している。

ASP
【application service provider】
インターネット経由で財務管理や営業支援などの各種ソフト(アプリケーション)を貸す業者(プロバイダー)のこと。ネットにつながっているパソコンさえあれば利用でき、ソフトを購入する場合や自らシステムを構築する場合に比べて、初期投資や運営費用が安く済む。常に最新のソフトを使える利点もある。ソフトの提供だけでなく、データの管理や処理も同時に請け負っているところが多い。従業員100人規模の企業への導入ならば、これまでは100台のパソコンの一台一台に同じソフトを導入する必要があったが、ASPならばその手間は省ける。家庭でもADSL(非対称デジタル加入者線)をはじめとする常時接続が広がっており、資産管理、家計簿、年賀状作成、データ保管などの分野でASPの利用が進みそうだ。

AVMシステム
【automatic vehicle monitoring system】
車両位置等自動表示システム。電波を利用して、運行中の自動車の位置や活動状況の情報を自動的に集め、運行管理センターで常につかんでおくシステム。タクシーやバス、トラック運送業界を中心に、地方自治体や金融関係にも利用が広がっている。

AVパソコン
【audiovisual personal computer】
情報処理だけでなくテレビやラジオを視聴できるなど，AV（音響・映像）機能を搭載したパソコン。テレビ番組をハードディスクに録画できたり，DVD（デジタル多用途ディスク映画の再生，動画や画像の編集などパソコン1台で多目的に利用できる。パソコン各社がシェア拡大を目指し，AV機能を強化した商品を発売している。

AWACS
【airborne warning and control system】
空中早期警戒管制機。地上のレーダーが捕そくできない超低空や遠距離から攻撃してくる敵航空機を早期に発見するとともに，敵機を迎撃する味方側の航空機，艦艇を空中から指揮・統制する航空機。防衛庁は1993，94年度予算で2機ずつ，計4機を発注した。98年から正式配備されている。

A株・B株 A share, B share ⇨ 中国の資本市場

B

B777
米ボーイングと三菱重工業，川崎重工業，富士重工業など5社が共同開発した300～400席級の大型旅客機。全長73メートル，全幅60メートル。1990年10月，正式に開発着手，95年に就航した。日本の航空機各社は胴体部分などを担当。日本勢の分担比率は21％で，初めて共同開発に参加した「B767」での15％を上回った。→7E7

BB
【broker's broker】
公社債の業者間取引を仲介する業者。最大手の日本相互証券は1973年7月に証券会社の共同出資で設立された。85年6月からはフルバンクディーリング（既発債の売買）開始に伴い，証券会社だけでなく都市銀行，長期信用銀行などもこの会社を利用できるようになり，86年には銀行も出資した。その後，キャンター，ガーバンの外資が参入。97年にはトウキョウフォレックス，日本短資，上田短資，八木短資が証券子会社を設立して，債券業者向け売買を始めた。証券取引所に上場されていない公社債も仲介するため，業者にとっては利用価値が大きく，流通市場の円滑化に役立っている。日本相互証券は2000年秋に株式の業者間取引仲介も始めた。

BBレシオ
【book-to-bill ratio】
出荷額に対する受注額の割合。半導体製造市場の需給関係を示す指標。国際半導体製造装置材料協会（SEMI）や日本半導体製造装置協会（SEAJ）など半導体製造装置メーカーの業界団体が加盟企業から寄せられた過去3カ月間の受注額の平均を同じく過去3カ月の出荷額平均で割って算出。1.0を下回ると需給関係が悪化，上回ると上昇局面に入った目安とされる。日本製装置では半導体メーカーへの納入が集中する決算期末の3月に低下する季節要因がある。

BHS
【baggage handling system】
旅客手荷物搬送システム。航空会社がチェックインカウンターで受託した旅客手荷物を，便別に割り付けられた所定の場所に搬送・仕分けする。バーコードタグによる自動仕分け方式を採用。近年の空港施設の大型化に伴い，機能も高度化している。

コラム

ブログ
blog

　個人が主体になって，出来事を記事単位で記録・公開するウェブサイト。「ブログ」はウェブ(Web)上での記録(Log)を表す造語「ウェブログ(Weblog)」が縮まった言い方。個人の日記や評論などを公表する手段として，利用者が拡大している。

　インターネットのホームページに日記を書き込むのと異なり，ブログはあらかじめ用意されたフォーマットに記事のタイトル，更新日，内容などを書き込む。これにより，書き込んだ内容がデータベース化され，記事内容の種類や更新時刻によって簡単に検索，分類できる。別の利用者が書いたブログに匿名で意見を述べる「コメント」機能や自分のブログにリンクを張ることができる「トラックバック」機能により，ブログ間で意見を交わすことが可能。

　ブログは1996～97年ごろ，米国でサイトの開発やプログラミングなどを手掛ける技術者らが自分自身のサイトをリンクし合う中で生まれたとされている。ただ発祥には諸説があり，開発者は明らかになっていない。米国で本格的にブログが広まったきっかけは2001年9月11日の同時多発テロ。大手メディアの報道に対して，リンクを張って自身の意見を述べるブログが続出。事件の背後関係や個人の思想・信条などがブログを通じて活発に議論され，マスメディアによらない情報発信手段として注目を集めた。

　日本での利用者拡大のきっかけとなったのは大手インターネット接続事業者のニフティ。03年12月にブログサービス「ココログ」を開始した。これに追随して他の接続業者やポータル(玄関)サイト運営企業も自社サイトの利用者拡大をねらい，相次いでブログサービスを展開し始めた。金融コンサルティング会社社長の木村剛氏が経済問題などを評論する「週刊！木村剛」など，著名人がブログを使い，自身の考えや日々の動向を紹介するようになったことも，利用者拡大に拍車をかけた。

　ブログを提供している代表的なサイトとしてはココログのほかに，はてなの「はてなダイアリー」やライブドアの「ライブドアブログ」などがある。

　日本では個人が自身の「身辺雑記」を公表する場として普及が進んでいるが，企業が利用するケースも増えてきている。名古屋市の松坂屋本店では販売員が現場の目線で売れ筋商品などを伝える「@honten-nikki」を掲載。ニフティはトラブルが起きた際の社長のおわびコメントをブログで掲載した。企業の意見を発信すると同時に利用者の声を集める手段としてブログを活用する事例が増えている。

BI
【business intelligence】
ビジネスインテリジェンス。統合基幹業務（ERP）や顧客情報管理（CRM）システムと連携して使い，各種データを自由に抽出，解析できるソフト。パソコンや統計について専門知識を持たなくても，表計算やワープロソフトと同じような感覚で操作できるのが特徴。財務，販売，生産などの企業活動で収集したデータをもとにさまざまな解析を加えたうえで，事業戦略の立案に役立てることができる。大手企業を中心に導入例が増えており，収益管理や経営計画の策定につなげている。

BIOS
【basic input output system】
基本入出力システム。コンピューターのアプリケーション（応用）ソフトとプリンターやキーボードなど機器部分を結ぶOS（基本ソフト）の一種。ROM（読み出し専用メモリー）に書き込んであるためファームウエアと呼ぶ場合もある。互換パソコンなど互換機を実現するためには不可欠のものだが，機能が似ていると構造も似てしまうため，IBMと松下電器産業，NECとセイコーエプソン間の紛争のように著作権紛争の原因となった。1993年にIBMがBIOSの著作権を侵害したとして京セラを相手どり，187億円の損害賠償を求める訴えを東京地裁に起こしたが，95年和解した。

BIS
【Bank for International Settlements】
国際決済銀行。1930年5月，スイスのバーゼルに設立された主要国の共同出資による国際銀行。当初は第1次世界大戦後のドイツの賠償問題を円滑に処理するのを主なねらいとして発足した。現在は主に出資国中央銀行間の政策協力の場になっている。月1回例会を開き，日銀からも総裁や理事が出席，景気，経済，金融問題などについて討議，意見交換する。また毎年6月には，年次総会が開かれ，年次報告は世界経済の動向を知る格好の資料とされている。91年の年次報告では自己資本比率規制（BIS規制）を定めたが，邦銀は永久劣後債の発行解禁などで93年3月末の期限までにようやく8％の基準を達成した。97年末（邦銀は98年3月末）からは従来の信用リスクに加え，保有する有価証券などの相場変動リスク（市場リスク）に備えるため，市場リスク規制を導入，2006年末には新BIS規制が適用される予定。→BIS規制，新BIS規制

BIS規制
【BIS Rule】
日米欧主要国の中央銀行や銀行監督機関で構成する国際決済銀行のバーゼル銀行監督委員会が定めた，国際業務を営む民間銀行の自己資本比率規制（国際決済銀行＝BIS＝規制）のこと。1988年7月の中央銀行総裁会議で最終合意した。同規制によると，自己資本の項目は普通株式や公表準備金などコアとなる自己資本と補完的自己資本とに分かれ，少なくとも半分はコア項目で構成しなければならない。また，自己資本比率を計算する際の分母には，資産のリスク（危険度）に応じてウエート付けした総資産を用いる。各銀行はこうして計算した自己資本比率を8％以上にしなければならない。同委員会は現在，銀行の抱える資産の健全性をより正確に把握し，それに見合った自己資本を求めるために，資産の危険度を把握する基準（リスクウエート）の細分化を検討しており，2006年の新基準適用を目指している。→BIS，自己

資本比率

BMD
【Ballistic Missile Defense】
弾道ミサイル防衛の略称。→弾道ミサイル防衛

BOD
【biochemical oxygen demand】
生物化学的酸素要求量。水がどの程度汚れているかを示す基準で、水の中の有機物が微生物によって浄化されるときに必要な酸素の量で表す。単位はppmが一般的だが、mg/lを使うことも多い。この数字が大きければその水の汚れがひどいことを示す。例えば、1キログラムの水中に1ミリグラムの酸素が必要なときが1ppm。

BOT方式
【Build Operation Transfer】
途上国の外資導入策の1つで、外国企業が自らの責任で調達した資金で途上国などに産業基盤施設を建設し(build)、これを自らで操業し(operate)、事業収入で資金を回収、一定の期間後に設備を途上国に引き渡す(transfer)方式のこと。途上国にとっては、政府債務を増加させずに外資による産業基盤などの整備が可能になる。設備としては、発電所、有料道路、鉄道、港湾、空港、工業団地、通信、その他プラントなどさまざまなものがある。日本でも欧米に比べ割高な公共事業費の削減策の一環として、BOT方式による民間活力の導入を求める声も出ている。

BRICs
ブラジル、ロシア、インド、中国の4カ国を指す造語。それぞれの国の頭文字を取ってBRICs（ブリックス）と総称する。4カ国は世界1,2,5,8位の人口大国。今後、国内需要の大幅な拡大が見込めることから、世界の企業が成長市場として注目している。米大手証券ゴールドマン・サックスが2003年秋に発表した投資家向けリポートの中で「2039年までにBRICsの経済規模が現在のG6合計を上回る」と予想したことも世界企業の関心を高めた。

BS broadcasting satellite ⇨ 放送衛星

BSE Bovine Spongiform Encephalopathy ⇨ 牛海綿状脳症

BSデジタル放送
【BS digital broadcasting】
2000年12月に始まった新しい衛星放送。アナログ放送に比べて高画質で、従来の地上波放送で発生していた難視聴問題なども解消できる。既存のテレビに専用受信機をつけるか、BSデジタルの受信機能を内蔵したテレビを購入、アンテナを設置すれば受信できる。テレビの番組と同時に商品情報などのデータを送信することもでき、電話回線を通じて放送局と家庭を結ぶ双方向サービスも可能。リモコンを使ってテレビショッピングもできるなど、電子商取引のインフラとしても期待されている。

BS放送
【broadcasting satellite】
国際的に割り当てられた衛星放送用周波数を利用した放送サービス。日本は東経110度の軌道位置に12チャンネルが割り当てられている。1989年にNHKがアナログ本放送を開始。91年には日本衛星放送(WOWOW)が有料放送をスタートした。2000年12月からは、民放5系列などが加わり、BSデジタル放送が始まった。

BtoB
【business-to-business；B2B】
インターネットを利用した企業同士の電子商取引。Bはビジネスの略。自

動車メーカーによる部品の調達や流通業者による商品の仕入れなどが代表例。取引相手が広がり、中間業者を省くことなどによりコストの削減につながることが多い。

BtoC
【business-to-consumer；B2C】
インターネットを利用した企業と消費者との電子商取引。Bはビジネス（企業）、Cはコンシューマー（消費者）の略。米アマゾン・ドット・コムが代表格。複数の企業が参加した「電子商店街」なども登場している。消費者はインターネットの画面に表示された情報をもとに購入する商品を選び、住所や氏名、クレジットカードの番号などの個人情報を企業に送信して注文する。企業にとっては流通コストの削減につながる。

BWR
【boiling water reactor】
沸騰水型軽水炉。普通の水（軽水）を減速材とする原子炉のうち、炉内で作った熱湯から直接発生する蒸気でタービンを回して発電するタイプをいう。蒸気を別系統の水に熱伝導させる加圧水型（PWR）に比べ熱交換器、冷却材ポンプなどが省略できる。日本では東京電力などがBWR、関西電力などがPWRを採用している。→ABWR、PWR

C

C^4I
コマンド(指揮)、コントロール(統制)、コミュニケーション(通信)、コンピューター、インテリジェンス(情報)の頭文字の略。戦闘の経過を正確に把握し、情報をうまく活用できた方が優位に立つとの発想のもと、1970年代から米軍が本格的に研究してきた。近未来の戦闘が陸海空の広大な領域に広がり、情報の収集と指揮に迅速性を要求されることから、軍事組織内で「C^4I」の5機能が一層重視され、電子技術が取り込まれ始めた。防衛庁もC^4I強化をうたい、衛星通信回線利用やレーダーなど電子装備の近代化に力を入れている。

CAD/CAMシステム
【computer-aided design/computer-aided manufacturing system】
コンピューターによる設計・製造。コンピューターの助けで製品を設計し、その設計データをもとに自動生産するシステムのこと。コンピューターと対話しながら設計を進めていく点で自動設計システムと異なる。1960年代に米国の自動車、航空機メーカーなどが相次いで実用化した。従来は製品の断面図を作成する2次元CADが主流だったが、最近は立体形状を直接作成する3次元CADへの移行が進んでいる。製品開発期間の短縮に直結するため、製造業の情報化戦略の中核を担うようになっている。

CAE
【computer-aided engineering】
コンピューターによるエンジニアリング。CADで作成した製品モデルをコンピューターの中で詳細に検討し、そのデータをもとにモデルを修正、設計を変更するシステム。いわば試作品をコンピューターの中で何回も作るのと同じことで、試作品を実際に作り直す手間が省け、新製品開発期間の短縮や、コストの低下に役立つ。→CAD/CAMシステム

CALS
【continuous acquisition and life-cycle support】

製品の発注から，流通，保守までのすべてのサイクルの文書や図面情報をデータベース化して，そのデータを調達者と供給者の間で即時にやり取りするシステム。当初は米国防総省が1980年代後半に軍需製品の調達文書などを電子化する目的で構想したものだが，民生分野にも広がり，商務省なども参加する国家プロジェクトとなった。文書で使われるデータを互換ができるようにデジタル処理して標準化，利用者は規格に沿った文書データをやり取りする。製造開発期間やコストを大幅に削減して，これまでの製造を根本から改革する構想として注目されていたが，現在では企業間のエレクトロニックコマースの概念に含まれつつある。

CARDS
【credit certificates for amortizing revolving cards】
クレジットカード債権を信託し，これを証券化した受益証券。米国で発達している。金銭信託などの資産を証券化した商品（ABS）の中で最も発行額が多い。日本でも1993年4月の証券取引法改正で，CARDSを証取法上の有価証券とするなど，導入に向け法整備などが進められている。

CATV
【community antenna television】
同軸ケーブルや光ファイバーなどの有線で各家庭に映像，音声を配信するシステム。もともとは山間僻地や大都市のビル陰などのテレビの難視聴対策で生まれたが，40チャンネル近くを放送できる伝送容量の大きさやゴーストなどが出ない画質の良さ，インターネット接続サービスや電話サービスなどマルチメディアサービスのインフラとしても注目されている。

CBO
【collateralized bond obligation】
複数の企業の社債を特定目的会社（SPC）に譲渡し，これらの社債を元利金払いの裏付けとして発行する証券のこと。社債担保証券ともいう。リスクを分散することで信用力が高まり，低い金利で資金を調達できる。単独では社債を発行できないような中小企業でも，無担保で直接金融市場から資金を調達する機会が広がるとされる。2003年には東京都が中小企業の資金調達を多様化するためにCBOの発行を主導した。

CB・Q平均
【CB・Q average】
東京証券取引所に上場されている転換社債（転換社債型新株予約権付社債，CB）全体の相場動向を見る代表的な指標。金融ベンダーのQUICKが開発した。転換社債の相場動向を表す指標としては東証発表の単純平均があるが，新規上場や上場廃止など市況変動以外の要因で価格が動いてしまうという欠点がある。そこで株式市場の日経平均株価同様，除数を使って連続性を持たせた。具体的には，①整理ポスト入り，②新規上場，③整理ポスト入りせずに直接上場廃止──の銘柄があった場合に新除数を計算している。基準価格は1975年1月4日の単純平均。→QUICK

CBT・ユーレックス同盟
シカゴ商品取引所（CBT）とユーレックス（ドイツ・スイス連合の先物取引所）が共同で使用する電子取引システム。シカゴ商品取引所の旧電子取引システム「プロジェクトA」の後継システムとして2000年から稼働。単一画面でCBTの立ち会い時間外にCBTに上場している農産物や金融商品の取引が可能なほか，ユーレックスの上場商品も売買できる。米国，ドイツ以

外では英国、フランスで稼働。日本でも2000年11月に稼働が認可された。

CCD
【charge-coupled device】
電荷結合素子。米国のベル研究所が開発した半導体素子。光の量を電気信号に変え、信号を蓄積（記憶）し、転送するという3つの機能を備えている。人間の目の役割を果たす電子の目として脚光を浴びている。1980年にソニーが世界で初めてCCD搭載カメラを製品化した。用途としてはデジタルスチルカメラやデジタルビデオカメラ、カメラ付き携帯電話機が代表格、各社とも画面を構成する最小単位である画素数を増やし画質の向上に取り組んでいる。→デジタルスチルカメラ

CCV
【control configured vehicle】
直訳すれば「操縦装置が機体の形状を定めた航空機」との意味になるが、一般的には運動能力向上機と訳す。小型高性能コンピューターと電気式操縦装置によりどうすれば機体の安定を保てるかを瞬時に計算し、計算結果を電気信号に変えて補助翼の一種であるカナード翼や方向舵を動かし、自動的に舵をとる。カナード翼の働きにより、機体の姿勢を変化させずに上下・左右に移動できるなど従来の航空機では考えられなかった運動ができる。このため先進各国は次世代戦闘機にCCV機能は不可欠と見て開発を急いでおり、米国は何回かCCV研究機の試作、飛行テストを行っている。→FSX

CD
【certificate of deposit】
預金証書という意味だが、普通は譲渡性預金のことをいう。銀行が発行する無記名の預金証書で、預金者はこれを金融市場で自由に売買できる。日本では1979年5月から発行開始された。発行金利は手形レートや現先レートを参考に決められている。日本のCDは指名債権方式で有価証券形式をとっていない。このため、流通性には限界があると見られたが、80年秋から短資会社の仲介による転売が増え始め、規模が拡大した。CDの流通市場の参加者には金融機関とその関連会社、短資会社、証券会社が認められている。

CDC
【Center for Disease Control】
米疾病対策センター。米公衆衛生局に属する部門の1つで、本部はジョージア州アトランタ。病気の原因や治療、予防について研究、国際活動も展開している。特に感染症については世界最先端の水準にあり、2003年春に流行した重症急性呼吸器症候群（SARS＝サーズ）の病原ウイルスの解明にも貢献した。→新型肺炎、重症急性呼吸器症候群（SARS＝サーズ）

CDMA
【code division multiple access】
符号分割多元接続。米国で開発されたデジタル無線技術で、現在ではデジタル携帯電話の基礎技術として注目を集めている。もともと軍事、宇宙技術として発展し、惑星探査船ボイジャーの通信システムにも採用された。携帯電話では国際電気通信連合（ITU）が標準化した世界共通規格の次世代携帯電話「IMT-2000（FPLMTS）」に採用されている。実用化している商用規格にはCDMAの基礎技術特許を持つ米クアルコム社が開発した「cdmaOne」がある。一方、次世代規格としてNTTドコモの基礎技術をもとに「W-CDMA」規格

を開発。米国もこれに対抗して，cdmaOneを発展させた形の規格，「cdma2000」を開発した。

CD-ROM
【compact disk read-only memory】
コンパクトディスクを使った読み出し専用メモリー。コンピューターの外部記憶媒体として使う。CDシステムはもともとオーディオ装置として開発された。国内ではデスク，ノート型パソコンのほかゲーム機，カーナビゲーションなどで採用が相次いでいる。また用途も従来のビジネス，ゲームから教育などへ広がっている。→ROM

CEA
【Council of Economic Advisers】
米大統領経済諮問委員会。米大統領直轄の政府機関で，米国の経済政策の決定に大きな力を持っている。大統領が議会に提出する経済報告の作成および経済動向の検討，経済政策についての大統領への勧告などが主な仕事である。ブッシュ政権は2001年，コロンビア大学のグレン・ハバード教授を委員長に指名した。03年2月，ハバード委員長が辞任を表明，後任にはハーバード大学のグレゴリー・マンキュー教授が就き，5月までに3人の委員が全員入れ替わった。

CEFTA
【Central European Free Trade Agreement】
中欧自由貿易協定。中部欧州での貿易自由化を目指すため，ポーランド，チェコ，ハンガリー，スロバキアの4カ国が1992年に設立した。その後旧ユーゴスラビアのスロベニアが加盟し，97年7月にはルーマニアも加盟。ブルガリアも98年7月に加盟条約に調印した。バルト3国への拡大も検討されている。ただ，各国は急激な自由化政策による経済の混乱もあり，貿易自由化に向けた動きは必ずしも順調ではない。

CEO，COO
【chief exective officer, chief operating officer】
米国企業で定着している経営組織上の呼び名。CEO（最高経営責任者）は企業全体の経営方針を決める最高権力者であり，COO（最高執行責任者）は企業運営の実務を担当，CEOとCOOで会社経営の中心的な役割を担う。このほかにCFO（最高財務責任者），CIO（最高情報責任者）などがあり，一般に各1人ずつが就任し，協力してCEOを支える。日本でも経営責任を明確にするため，会長，社長などの職位呼称とは別にCEOなどの肩書を設ける企業が増え始めている。

CFE条約
【Treaty on Conventional Armed Forces in Europe】
欧州通常戦力条約。戦車，火砲，装甲戦闘車，戦闘航空機，攻撃用ヘリコプターの5種類の攻撃兵器（通常戦力）を削減して低水準で安定させ，欧州の安全保障を強化することが目的。1989年3月，北大西洋条約機構（NATO）とワルシャワ条約機構（WTO）がウィーンでCFE交渉を開始。90年11月19日にパリで両機構加盟22カ国首脳がCFE条約に調印した。条約の有効期間は無期限。加盟国は30。99年11月，兵器数の上限を軍事ブロックから国別に変更するなどの修正を加えた。

CFRC
【carbon fiber reinforced concrete】
炭素繊維強化コンクリート。直径15ミクロン，長さ3～30ミリの炭素繊維を2～4％混入したセメント複合材料。曲げ強さはコンクリートの5～

10倍，伸び能力は50～60倍という驚異的な強靱さを示し，かつ比重は1.0という高性能建築材料。住友金属工業，鹿島，日本バルカー工業などが世界に先駆けて共同開発した。炭素繊維の製造コストが高いため単位当たり価格はコンクリートの数倍になるが，使用量が少なくて済む。

CFFC
【The Commodity Futures Trading Commission】
1974年に成立した商品先物取引委員会法に基づき設立した米大統領直轄の機関。商品取引所の上場商品が公正な価格を形成するよう監督する。農務省内にあったCEA（The Commodity Exchange Authority＝商品取引監督局）から発展したもので，買い占めなどの価格操作への告発権を持つ。

CG computer graphics ⇨ コンピューターグラフィックス

CGRT
【compensated gross registered tonnage】
標準貨物船換算トン。通常船舶の工事量を示す総トン数は船舶の全閉囲場所の容積をベースに算出するが，CGRTは船型の大型化，専用船化など多様化したことで用いられるようになった，造船工事量を示す指標。船種，船型によって係数が定められ，総トンにその係数をかけて算出する。

CIF
【cost, insurance and freight】
運賃・保険料込み価格。貿易の取引条件の1つで，FOB（本船渡し）とともに最も広く採用されている。売り手が商品の船積みから仕向け地までの元値段と運賃，保険料の一切を負担することを条件とした貿易契約である。CIF価格とは，輸出入商品の運賃・保険料込み値段（つまり着港渡し値段）のこと。CIFの変形として，①CIF&E（CIFのほかに為替リスクも売り手持ちとするもの），②CIF&C（特殊の手数料を含むもの），③CIF&I（為替手形に対する利息を含むもの），④CIF&CI（手数料と利息を加えたもの），⑤C&F（CIFの中から保険条件を取り除いたもの）――などがある。→FOB

CIS Commonwealth of Independent States ⇨ 独立国家共同体

CLO（ローン担保証券）
【collateralized loan obligation】
金融機関が企業に融資したローン債権をもとに債権プールを作り，これを裏付けにして発行する証券。信用力が低く単独では社債を発行できなかった中堅・中小企業も低金利で資金調達できる長所があり，経済活性化の新たな手段の1つとして需要の拡大が見込まれている。2000年4月には東京都が中小企業向けに導入した。大手銀行がリスク資産の圧縮のために利用する場合もある。

CMBS
【commercial mortgage-backed securities】
オフィスビル，商業ビルなど各種の商業用不動産に対する融資をひとまとめにして証券化した投資商品。購入した投資家は，当該不動産への資金を供与する一方，テナントから得る賃貸収入を源泉にした利息を受け取る。野村証券が米国で事業化し，巨大なビジネスに育て上げたが，1998年のロシア危機に端を発する世界的な金融混乱で価格が暴落，同社が巨額損失を計上する主因となった。普通の証券化商品に比べ，価格変動リスクが大きいとされる。

CMO

【collaterarized mortgage obligation】
モーゲージ証券の一種。モーゲージ証券は元の債権が住宅ローンであるため予定通り返済が進めば問題ないが，金利の動向次第では期限前の返済が発生する可能性があり，キャッシュフローや利回りが一定しないリスクが生じる。CMOはそのリスクを軽減するため，受益証券であるパススルー証券を担保に満期日と表面利率の異なる証券を3～4種類発行する形態をとる。投資家はこの中から投資ニーズに合わせ選択することが可能。ただし，CMOでも完全にキャッシュフローの不確実性をなくすことはできない。

CMOS型IC
【complementary metal-oxide semi-conductor integrated circuit】
MOS型IC（金属酸化膜半導体集積回路）の中で，導電極性が逆の関係にあるNMOS（N型金属酸化膜半導体）とPMOS（P型金属酸化膜半導体）の両方を対にした構造の半導体。消費電力が低く，雑音に比較的強いといった特長がある。メモリーやマイコンで主流の構造になっている。→MOS型IC

CNC
【computerized numerical control】
マイクロコンピューターを内蔵したNC（数値制御）装置のこと。信頼性が高く，使いやすいうえソフトウエアを記憶できるため，ほとんどのNC工作機械に採用されている。NC装置といえばCNC装置を指すと考えてよい。

COD
【chemical oxygen demand】
化学的酸素要求量。BOD（生物化学的酸素要求量）と同じく水の汚れ具合いを示す基準で，有機物などの汚染物質を酸化剤で酸化するときに必要な酸素の量で表す。単位はppmで表し，この数字が大きければその河川などの水は汚れがひどい。BODに比べて測定が容易なため，1979年に施行された水質総量規制はCODのみを削減対象としている。→BOD

CPO
【commodity pool operator】
商品ファンドの設定・管理会社。投資家から集めた資金を実際に運用する投資顧問会社（CTA）を選択，管理する。日本では商品投資事業法の施行に伴って1992年10月から認可が始まった。商社，商品取引会社，リース会社などが先行している。→商品ファンド，CTA

CPU
【central processing unit】
中央演算処理装置。パソコンやワークステーションなどの心臓部に当たり，大量のデータを効率よく処理する一方で，コンピューター全体を管理するという重要な役割を果たす。パソコンを快適に動かすには演算処理速度が速いCPUが必要で，これがパソコンの性能を左右するとされる。パソコン市場では，米インテルが開発した製品シリーズが事実上の業界標準となっている。

CRB先物指数
米国の商品取引所に上場されている大豆などの穀物，原油，貴金属，オレンジジュースなど17品目の商品先物相場を指数化したもの。米国の通信社，ナイト・リッダー・グループの一員であるCRB（コモディティ・リサーチ・ビューロー）社が原則として毎日発表している。穀物のウエートが高いが，米国内では別名「インフレ指数」と呼ばれるように，インフレ動向や，先物人気をつかむうえで重視されている。基準年次は1967年で，同年を100としている。→日経国際商

品指数

CRM
【customer relationship management】
企業が重要顧客との関係を強化して，商品やサービスを継続して購入してもらう経営手法。1人ひとりの嗜好や購買履歴などのデータに基づいて顧客のニーズを分析，それぞれに見合ったマーケティングや営業活動を展開する。顧客ニーズが多様化して，従来の大量生産とマスマーケティングを軸にした経営が行き詰まる中で注目を集めた。情報技術（IT）の進展で，膨大な顧客情報を活用するCRMシステムの構築が可能になった。

CRO
【contract research organization】
医薬品開発受託機関。製薬会社が実施する臨床試験（治験）にかかわる業務の一部，またはほとんどの業務を受託する。試験が国際基準に沿っているかどうかを管理する「モニタリング」と，データを収集・分析する「データマネジメント」が代表的な業務。米国では1970年代から普及し始め，日本では90年代にスタートした。製薬会社は新薬の研究に特化するため，治験業務を外部に委託する動きが進んでおり，市場は拡大傾向にある。

CRS
【computer reservation system】
コンピューターによる予約，発券システムの略。航空会社が営業用に構築したコンピューターシステム。単に航空機の座席予約だけでなくホテルやレンタカーなど旅行に関わるさまざまな予約をオンライン処理できる機能を備えている。航空会社の営業戦略に大きなウエートを占めるようになっており，CRSを巡って，日本の航空会社を巻き込んだ世界的な合従連衡が進んでいる。

CS
【customers satisfaction】
顧客満足。もともと欧米で確立された経営手法。消費者が成熟する一方，商品の機能や品質の差別化が難しくなっている中で，顧客サービスの個性化により消費者を獲得するというもの。企業本位の商品・サービス開発競争では限界にきており，顧客の期待や信頼に応えなくては生き残れないという顧客本位の考え方が基本。商品，サービス，企業イメージなどをこの観点からチェックし，経営戦略を再構築する。少子高齢化社会を迎え，同一顧客に反復して購買してもらう戦略が重要になっている。CSは顧客の生涯価値（LTV）を高める手法へと進化している。

CS放送
【communication satellite】
通信衛星（CS）を利用した放送サービス。チャンネル数を増やせるのが特徴。1992年にCSアナログ放送がスタート。96年に始まったCSデジタル放送は，2000年にディレクTVを統合した「スカイパーフェクTV」1社がサービスを提供している。02年4月にBS（放送衛星）と同じ軌道（東経110度）のCSを使った新CSデジタル放送が始まった。

CTA
【commodity trading adviser】
商品投資顧問会社。投資家から集めた商品ファンドの資金を設定・管理会社（CPO）の下で実際に運用する。米国市場では現在，2,000社以上のCTAが活動している。日本でも商品投資事業法に基づいて1994年に初めて認可され，商品取引会社などが参入している。→商品ファンド

CTBT
【Comprehensive Test Ban Treaty】

包括的核実験禁止条約。地下での核実験を含め「あらゆる核爆発実験とその他の核爆発」を禁止。包括的核実験禁止条約機構（CTBTO）を創設し，地震波などで違反実験を監視し，現地査察を実施することもできる。2年9カ月に及んだ条約交渉は，土壇場でインドが署名に強硬に反対したため，全会一致を原則とするジュネーブ軍縮会議では採択できず，1996年9月に国連総会で賛成多数で採択された。2004年6月現在で171カ国が署名，113カ国が批准している。しかし，原子炉を持つため発効のためには批准が条件となっている44カ国のうち，米国，中国，インド，パキスタン，朝鮮民主主義人民共和国（北朝鮮）など12カ国が批准していない。ロシアは2000年6月に批准したが，米国は99年10月に上院が批准を否定するなど共和党を中心に反対が根強く，発効のめどは立っていない。

CX
【CX transport plane】
航空自衛隊の輸送機「C1」の後継機の略称。国産初のジェット輸送機であるC1は1960年代の開発で老朽化が進んでいる。防衛庁は2001年度から5年の中期防衛力整備計画で，海上自衛隊の次期対潜哨戒機「PX」とともに国産の方針を決定。川崎重工業が主契約企業となり，02年1月に開発に着手した。07年度に初飛行の予定。→PX

DAC
【Development Assistance Committee】
開発援助委員会。OECD（経済協力開発機構）の下部機関として1960年に発足し，加盟国は164カ国。途上国の開発援助問題を専門に取り扱い，先進国側の援助政策の調整と戦略決定を行う。DACの決定はOECD理事会に勧告され，理事会の採択を経て加盟国に強制力を持つようになるが，実際には無修正で通る場合が多く，加盟国の援助政策に大きな影響力を与えている。96年5月に採択した「新開発戦略」では途上国が自らの開発に主体的に取り組み，援助国はパートナーとして協力するとの考え方を強調したうえで，2015年までに，①世界の総人口に占める絶対貧困人口比率を10％に減らす，②初等教育就学率を100％にする，③乳幼児死亡率を96年の3分の1に減らす――などを具体的目標に掲げた。→OECD，途上国，EU

DDR（ダブル・データ・レート）
【double data rate】
半導体メモリーであるDRAMのデータ読み書き規格の一つ。2002年に韓国サムスン電子などが量産を始めた。従来のDRAMは信号の波の1つにデータを1つ持たせて読み書きしていたが，DDRは1つの波に2つのデータを持たせて，読み書き速度を2倍にする。国内唯一のDRAMメーカーであるエルピーダメモリは，さらに処理速度が高い「DDR2」と呼ぶ製品の量産を03年夏に始めている。

DD原油
【direct deal crude oil】
直接取引原油。産油国がメジャーをはじめ外国の石油会社を通さず，消費国の石油会社へ直接販売する原油。1972年末，ペルシャ湾岸産油国が石油会社代表と結んだリヤド協定により，産油国が西側石油会社に任せていた原油の生産事業に参加し，原

油処分権を獲得したことで実現した。78年のイラン革命をきっかけに産油国がメジャー経由からDD方式へ原油販売を切り替えたため、その後DD原油の取引が急増した。産油国側には消費市場の情報、顧客のニーズを直接知りたいという願望があり、中間を排除したDD取引を重視している。DD取引の中でも商社を排除、石油会社に直接売るケースが年々増えている。直接取引できる政府間で行うものは特別にGGと呼ぶことがある。→メジャー

DHA
【docosa-hexaenoic acid】
ドコサヘキサエン酸。高純度不飽和脂肪酸の一種。人間では脳、網膜、心臓、精子、母乳に多く含まれ、乳幼児の脳の発達や脳の老化防止に役立つとされる。他の不飽和脂肪酸とバランス良く摂取すれば、ガンや血栓、リウマチの予防に役立つほか、コレステロールの増加を抑える作用があるといわれる。英国の栄養学者、M.クロフォード教授が著書『原動力』の中で「日本の子供は欧米の子供より知能指数が高い。これはDHAを多く含む魚をよく食べているからだ」と紹介したのをきっかけに、頭を良くする物質として注目度が高まった。青魚などに大量に含まれることから、水産会社などを中心に健康食品や医薬品に利用が広がっている。

DIPファイナンス
【debtor in possession finance】
経営破たんした企業のうち、民事再生法や会社更生法などの法律に基づいて事業再建中の企業に対し、運転資金などを融資する制度のこと。米国で、連邦破産法にそって旧経営陣が残り、再建に当たっている企業をDIP（debtor in possession）といい、それに対する融資は一般的に行われている。日本では従来、それに相当する融資制度がなかったが、破たん企業が増える中で、こうした融資を実施する金融機関が増加している。

DIY
【do-it-yourself】
第2次大戦後の英国で、物資不足、職人不足の状況の中で、自分のことは自分でやろうという社会運動として生まれたもの。現在は狭義には創作型ホビー（日曜大工、陶芸、ホームソーイングなど）を指すが、広義には衣食住全般に関して、自分で独自に工夫し、作っていく活動すべてを指し、消費者の間で人気が高まっている。日本でも日曜大工や園芸を中心としたDIY用品の大型店が増えている。
→ホームセンター

DLP
【digital light processing】
米テキサス・インスツルメンツ（TI）が1987年に開発した画像表示方式。16マイクロ（1マイクロは100万分の1）メートル角の微小な鏡を数十万個敷き詰めた半導体チップであるデジタル・マイクロミラー・デバイス（DMD）を使う。それぞれの微小な鏡が画像信号に応じてプラスマイナス10度の角度で光源の光を反射、全体として画像を構成する仕組み。「0」「1」のデジタル映像信号をそのまま処理できるので、画質に優れ、明るい。松下電器産業や、シャープなどがDLP方式のプロジェクターを製品化。日立製作所や三菱電機などがDLPを採用した大画面デジタルテレビを商品化した。映画フィルムをすべてデジタル化して投影する「デジタルシネマ」用にも利用されている。

DNA
【deoxyribonucleic acid】

デオキシリボ核酸。人間から微生物、植物にいたるまで、あらゆる生物の遺伝的な生命現象を支配している骨格。生物の細胞の中心にあり、生命活動を維持するのに不可欠な酵素など各種たんぱく質の設計図であり、その生産を指令、制御する暗号の役割も果たしている。この暗号はDNAの中にあるアデニン、グアニン、シトシン、チミンという4種類の塩基の配列の並び方で表現される。人間とカエル、微生物など生物の種の違いはこの塩基配列が異なることによる。DNAははしごがねじれたような二重らせん構造になっていることが1953年にワトソンとクリックによって解明され、2人はその発見により62年にノーベル賞を受賞した。現在ではDNAを人工的に大量複製することが可能になり、人間のDNAの一部を微生物のDNAに組み込むなど遺伝子組み換え技術も確立し、遺伝子工学の基礎になっている。

DNAチップ
【deoxyribonucleic acid chip】
遺伝子やDNA（デオキシリボ核酸）断片の識別に使う素子。 数センチ角のガラス基板などに数千本以上のさまざまなDNA断片をびっしりと並べた構造。例えば採取した染色体を細かく切断して多数のDNA断片とし、この溶液をチップと反応させると、チップ上と溶液中の特定のDNA断片同士が結合するので、溶液中にどんな断片が含まれているかを一度に大量に分析できる。病気と遺伝子の関係を研究したり、遺伝子レベルで個人に合う薬や治療法を判断する遺伝子診断に利用する。→DNA

DOE
【dividend on equity】
株主資本（自己資本）配当率。 企業が株主資本に対し、どの程度の配当を支払ったかを示す指標。一般に期初と期末の株主資本（純資産）の額を平均したもので配当金支払い総額を割って算出する。

DPF
【diesel particulate filter】
排ガス処理装置。 ディーゼルエンジンの排ガスに含まれる軽油の燃え残りなどカーボンを主成分とする粒子状物質（PM）を捕集するフィルター。PMは人体への有害性が指摘されており、車両からの排出量を規制する動きが広がっている。捕集したPMが増えると排気効率が低下するため、一定量を捕集するとフィルター内でPMを燃焼させて捕集性能を回復させるシステムも実用化されている。

DRAM
【dynamic random-access memory】
記憶保持動作が必要な随時書き込み読み出しメモリー。 ディーラムと読む。パソコンなどのコンピューターのデータ保持用として大量に使用するもので、汎用ICの代表選手。日本が強みとする分野だったが、米国や韓国勢が低価格品を武器に出荷量を拡大。採算悪化を受けて富士通が2001年に撤退し、東芝も02年に撤退した。現在はNECと日立製作所の折半出資会社のエルピーダメモリが国内唯一のメーカーとなった。1997年に16メガビットDRAMから64メガビットへ世代交代が進んだが、04年現在は1ギガビット品が出荷されるようになった。

DSP
【digital signal processor】
アナログ信号をデジタルに変換し、デジタル演算処理によって各種のデータ変換を行うIC（集積回路）。 米テキサス・インスツルメンツ（TI）が1982年

に初めて商品化した。パソコンによるデータ通信に使われるモデムなどが主な用途だが、デジタル信号処理が画像・映像、オーディオなどの分野にも広がったことで市場は急拡大している。高機能化する携帯電話端末の心臓部としても使われている。

DVD
【digital versatile disc】
デジタル多用途ディスク。映像や音楽、パソコンなどのデータを記録する光ディスク。記録容量は4.7ギガバイトとCDの約7倍で、大容量の記録媒体として世界的に普及している。日本では1996年にDVD映画ソフトを楽しめる再生専用機が登場。98年以降パソコンのデータ記録用DVDやビデオ録画機が発売された。2000年初めにDVDソフトを再生できるソニーのゲーム機「プレイステーション2」が登場し、ソフト数が急増、市場が一気に拡大した。ただ、記録用にDVD-RAMとDVD-RW、音楽用、パソコン用と規格が乱立し、普及の妨げになるとの指摘もある。このため規格策定団体では、すべてのDVDに対応する機器を「DVDマルチ」として、仕様をまとめた。

DVD-RAM
【DVD random-access memory】
データを書き換えられるDVD(デジタル多用途ディスク)。パソコンのデータを記録したり、テレビ番組を録画したり、記録媒体としてさまざまな利用が可能。1998年には日立製作所や松下電器産業が記録容量2.6ギガバイトのパソコン用装置とディスクを投入。その後4.7ギガバイトに拡大され、2000年に松下や日立がパソコン用装置、ビデオデッキ、ビデオカメラを発売した。規格策定段階でソニーとオランダ・フィリップスが別規格「DVD+RW」を打ち出したほか、パイオニアが「DVD-RW」を提唱、商品化するなど、規格が分裂した。

DVD-RW
【DVD-rewritable】
映像録画に用途を絞りパイオニアが提唱したDVD記録規格。書き換え可能回数はDVD-RAMの10万回に対し1,000回だが、機器の機構を簡素化できる。2000年6月に組織された普及推進団体にはメーカーが多数参加。独自規格DVD+RWを進めてきたソニーも加わり、松下電器産業、東芝、日立製作所のRAM陣営とRW陣営に業界が二分した。パイオニアはRAM陣営に先行して1999年末に録画機を商品化。パソコン周辺機器も発売し、両陣営のつばぜり合いが過熱している。

D-VHS
【digital VHS】
デジタル方式のVTR。従来のVHSと同じサイズで、VHSで記録したテープも再生可能。1996年に日本ビクターが日立製作所、松下電器産業などの技術協力を得て開発、98年に最終規格をまとめた。録画機として対抗するDVDよりも記録容量が大きい。現在、最長の480分テープの容量は50ギガバイトで、BS(放送衛星)デジタル放送のHD(高品位)映像を録画でき、長時間モードでは40時間録画が可能。99年7月にビクターが商品化し、ソニー、日立も商品を発売した。

E

eエコノミー
【e-economy, electronic economy】
インターネットを活用した新しい経

済。企業間電子商取引のBtoBや企業対消費者の電子商取引のBtoCなどが具体例。国境を越え，文字，音声，画像といった情報をすべてデジタル化してやり取りするのが特徴。取引コストの削減により生産性の上昇などの経済効果をもたらす。情報技術(IT)関連の産業全体を指すこともある。

eラーニング
【e-learning】
情報技術(IT)を利用した社員向けの学習方法。具体的にはインターネットなどを使って社員の能力開発を進める。1990年代以降，米国企業を中心に知識資産が企業価値の源泉であるとの認識が広がり，導入が加速した。日本企業は社員の教育ツールとして活用する例が多いが，米国企業では経営トップの戦略や業務改革などの内容をインターネットで社員に直接伝達し，社員の意識改革や経営戦略の実行につなげる動きが活発になっている。

EAEC
【East-Asia Economic Caucus】
東アジア経済協議体。マレーシアのマハティール首相が1990年に提唱した東アジアの国・地域のみを対象とした経済協力構想であるEAEG(東アジア経済グループ)が原点。日本，韓国，中国，東南アジア諸国連合(ASEAN)各国などをメンバーに想定している。96年2月にはアジア欧州首脳会議(ASEM)準備のため，ASEAN各国，日，中，韓の外相が会談するなど，EAECという名前は使わないものの既成事実化は進みつつある。この構想が浮上した背景には，欧米で進んでいる経済ブロック化など排他的，保護主義的な動きによって成長を続ける東アジア地域が悪影響を被るのではないか，という危機感がある。経済協力の具体的方法は明らかでないが，域内貿易・投資の促進などのために政策協調を進めることをねらっている。しかし，米国やオーストラリアなどを除外しているこの構想に対しては，米国が「APECを分割する」と強硬に反対。日本も米国に配慮して機構化には慎重だ。

EAI
【enterprise application integration】
仕様の異なる情報システムを統合して，あたかも単一のシステムのように稼働できるソフト。既存システムと電子商取引(EC)など新システムとの統合が容易にできるので，企業は新事業を早期に立ち上げることが可能。欧米で発達したEAIは，企業の合併や提携などで異なる情報システムを統合する動きが加速している日本企業でも採用が増えている。

EB exchangeable bond ⇨ 他社株転換社債

EBITDA
【earnings before interest, tax, depreciation and amortization】
利払い・税金・償却前利益。キャッシュ(資金)の流出を伴う費用だけを差し引いた利益。キャッシュ利益とも呼ぶ。売上高から売上原価，販売費・一般管理費(販管費)を引くと営業利益になるが，売上原価や販管費には実際に資金の支払いを伴わない費用が含まれている。企業のキャッシュフロー(現金収支)を分析する場合，こうした支払いを必要としないノンキャッシュ費用を控除する必要がある。ノンキャッシュ費用には減価償却費や繰延資産償却費，引当金繰入額などがある。企業を買収する際に，キャッシュフローを重視する欧米企業の場合，EBITを企業価値を測る指標の1つに

使うことが多い。株価が1株当たりEBITDAの何倍の水準にあるかを示すEBITDA倍率は株価の国際比較などで使われる。

ECB European Central Bank ⇨ 欧州中央銀行

ECCS
【emergency core-cooling system】
原子炉の非常用炉心冷却装置。原子炉内の一次冷却系のパイプ類が破損することによって、急速に冷却水がなくなるような突発的な事故を想定して設けた緊急用の安全装置。原子炉の中へ大量の水を送入することで過熱した燃料棒を冷やしたり、格納容器内に漏れた放射性物質を含む蒸気を凝結させ、破損を食い止めるシステムになっている。1986年4月、ソ連のチェルノブイリ原子力発電所で起きた事故は、この装置が作業員の規則違反で切られていたため、大きな事故となった。国内では91年2月の関西電力・美浜原発2号機事故で初めて作動した。

ECM
【electronic counter measures】
電子妨害、対電子対策。敵のレーダーを妨害したり、ごまかしたりする代表的な電子戦の方法。敵のECMに対して味方のレーダーや電子装置の機能を守るECCM装置とともにECM装置は現代の戦闘機や戦車、ミサイル、艦船など主力兵器には不可欠なものとなっている。ECMには、①強力な妨害電波を敵レーダーに浴びせて探知機能を妨害する、②おとりを放ったり電波反射体を散布することで敵レーダーの探知能力を下げる、③敵レーダーに細工をして自分について誤った情報を与える、などがある。

ECN electronic commerce network ⇨ 電子商取引ネットワーク

ECR
【efficient consumer response】
効率的な消費者対応。メーカー、卸、小売りが連携し、消費者のニーズに即応する流通の効率化を目指した取り組みのこと。米国の大手スーパー、ショーズのD・ジェンキンス元会長が提唱したのをきっかけに米国食品、日用雑貨業界あげての取り組みが広がった。生産から物流、販売までを一体化、商品の流れを円滑にすることで余分な在庫など価値を生まない無駄を排除するのが基本的な考え方。品ぞろえや販売促進、新商品開発面でも消費者に合わせた効率化を目指す。

EDA
【electric design automation】
「回路設計の自動化」と訳す。半導体回路が微細かつ複雑になるにつれて必要度が高まってきた電子設計用のCAD(コンピューターによる設計)ソフトのこと。機能・動作設計や、論理設計、レイアウト設計が可能。複数の機能を1つのチップ上に盛り込むシステム・オン・チップ(SOC)が増えつつある中、より複雑なレイアウト設計を省力化できるツールとして注目されている。

EDGAR
【electronic data gathering, analysis and retrieval】
米国SEC(証券取引委員会)が運営する企業決算、資金調達などの情報開示システム。発行会社などによる書類提出、SECの審査、投資家などによる閲覧の迅速化、効率化を目的に電子化した。日本でも日本版EDGARの構築に向け準備中。

EDI
【electronic data interchange】
電子データ交換。通信回線を介し、コンピューター(末端を含む)間でデー

タをやり取りすること。広義にはパソコン通信やLAN（構内情報通信網）もEDIに含まれるが，一般にEDIという場合は標準規約に基づいて企業間で商取引データを交換することを指す。商取引の迅速・正確化やペーパーレス化に役立つため，流通，金融といった業界で実用化が進んでいる。EDIは企業間の情報共有化を下支えしECR（効率的消費者対応）やQR（クイックレスポンス）に結び付くが，実施に当たっては，①取引の規約（ネットワーク契約など），②業務運用の規約（運用マニュアルなど），③情報表現方法の規約（メッセージフォーマット，データコードなど），④情報伝達方法の規約（伝送制御手順，ファイルのアクセス手順など）――の4レベルごとに標準化を進めることが必要。→ECR，QR，プロトコル

EDR
【European Depositary Receipt】
欧州預託証券。仕組みはADRと同じ。ADRが米国市場で流通しているのに対し，EDRは英国や欧州大陸で流通しており，ロンドン，ルクセンブルクなどの取引所に上場されている。→ADR

Edy
ソニーが開発した電子マネー方式。エディと読む。同社が開発した非接触型ICカードに搭載することができ，読み取り装置から数十センチ離れていても利用できる。コンビニエンスストアなどに置いた端末にカードをかざして蓄えたり，決済に利用できる。インターネット上の電子商取引（EC）でも使える。携帯電話を使ったECや高速道路の自動料金収受システム（ETC）での支払いも可能にする。同社は2001年1月にNTTドコモ，トヨタ自動車などと共同出資会社を設立し，エディを使った電子マネー事業に乗り出した。各社の採用が相次ぎ，日本の標準規格の座を占めつつある。

EEC
【European Economic Community】
欧州経済共同体。→EU

e-Europe
電子欧州行動計画。2000年6月，ポルトガルのフェイラで開いたEU首脳会議で採択された。米国に後れを取ったEUの情報化を急ぐのがねらいで，各国によるオンライン公共サービス，ブロードバンド（高速大容量）通信の促進，全学校のインターネット接続など64項目の整備目標を定めている。電子取引規制の見直しなど将来的に情報通信の完全自由化を目指している。

EGR
【exhaust gas recirculation】
排ガス再循環装置。排ガスの一部を吸気側に戻して窒素酸化物（NOx）の排出量を減らす。酸素が少ない排ガスを環流させることでシリンダー内での燃焼温度を抑えてNOxが発生しにくくするしくみ。トラックやバスに搭載されるディーゼルエンジンと組み合わされる。排気側から吸気側に戻す途中に「EGRクーラー」と呼ばれる熱交換機の一種を組み込み，排ガスの温度を下げてから環流させるのが一般的。

EIB European Investment Bank ⇨ 欧州投資銀行

EICAS
【engine indication and crew alerting system】
エンジンなど航空機システムの監視警報モニター装置。ボーイング747-400型機に代表される最新型ハイテク旅客機に取り付けられるコンピューターシステムで，エンジンなど航空機

の各システムを常に監視し，故障など問題が発生すれば，その重要度をコンピューターが判断し，必要なものから順に操縦席のディスプレー装置に表示していく。従来の航空機関士の業務の大半をこなすため，航空機関士が不要になり，操縦室内のクルーは2人(機長と副操縦士)ですむ。

e-Japan戦略
【e-Japan priority policy program】
政府の情報技術(IT)政策の中期的な指針となるIT戦略。2001年1月にまとめた「e-Japan戦略」は，05年までに世界最先端のIT国家を実現することを目指した。具体策として，光ファイバー網など超高速インターネットを1,000万世帯に，DSL(デジタル加入者線)など高速インターネットを3,000万世帯に普及させる目標がある。04年6月にまとめる年次計画は05年までの目標達成を確実にすると同時に，06年以降の布石を打つと位置付け，アジア諸国との協力やセキュリティ政策の強化など5分野を重点分野として設定する。

EMS
【electronics manufacturing services】
自社ブランドを持たず，複数メーカーからパソコンや携帯電話など電子機器の製造を請け負う事業形態。製造だけでなく，設計や部品調達，物流まで一貫して手掛ける。大手メーカーはコスト削減のために製造の外部委託を拡大しており，その需要を取り込むことで急成長した。量産効果を高めるため，積極的に工場買収を進めており，日本でもEMS大手の米ソレクトロンがソニーの工場を買収した。世界のEMS市場は2000年に過去最高の980億ドルを記録。その後は減少したが，06年には1,200億ドルになるとの試算もある。

EOS
【electronic ordering system】
補充発注システム。コンピューターや通信回線を利用して発注情報を収集する仕組みを指す。食品スーパーなどのチェーンストアが店舗ごとに商品の補充発注業務を行うために採用している例が多い。売り場ごとに在庫を調べ，このデータを店舗の端末機から通信回線で本部の主コンピューターに送信する。本部は発注伝票兼納品伝票を出力し，メーカーや問屋に渡す。発注業務の省力化，スピードアップなどに果たす役割は大きい。本部の主コンピューターとメーカーなどのコンピューターを連動させれば，さらに進んだ自動発注システムになる。

EPA
①【eicosa pentaeonic acid】
正式名はエイコサペンタエン酸。イワシやサバなど青魚の魚油に多く含まれている高純度不飽和脂肪酸の一種。血液中の中性脂肪やコレステロールを減らす働きを持つ。血栓を作りにくくする性質もあり，動脈硬化や心筋梗塞などの心臓病の予防に効果がある物質として注目されている。
②【economic partnership agreement】
経済連携協定。ある国や地域の相互間で，経済の幅広い分野で連携強化を目指す協定。自由貿易協定(FTA)の主要な要素である関税引き下げに加え，サービス，投資，人の移動の円滑化など，貿易にとどまらない分野で協定するのが特徴。多国間の交渉で合意づくりに時間がかかる世界貿易機関(WTO)より短期的に成果が出ることから，世界的に締結例が増えている。日本は2002年にシンガポールとFTAを締結。今年3月にメキシコと初のEPAの締結で合意した。現在は

タイ，フィリピン，マレーシア，韓国との間で締結交渉を継続している。日本は欧米諸国と比べると取り組みが遅れていると指摘されている。

EQ
【emotional quotient】
心の知能指数のこと。「情動指数」とも呼ばれる。知能指数（IQ）はいわゆる「頭の良さ」であり，心理学では過去の経験や知識を生かして新しい状況に対処する能力を指すのに対し，EQは仕事への取り組み方や感情表現，人間関係への関心の度合いを測る指数である。米国の心理学者が1980年代末に提唱した。社会人として成功する人はIQよりEQが高いとされ，学歴や職歴などを判断材料にしていた従来の人材の採用・育成手法に対して新たな指標を示した。IQは生涯変わらないが，EQは努力や社会経験により向上するという。米国では大企業が人材教育に取り入れているとされ，日本でも研修などに活用する企業が登場している。

ERP enterprise resource planning
⇨ 統合基幹業務システム

ESC
【electoronic stability control】
横滑り防止装置。自動車に車輪速度や操舵角を検知するセンサーを装着，運転状況に応じてブレーキやエンジンをコンピューターで制御する仕組み。横滑りを関知すると自動的に車両の進行方向を保つように働き，事故につながる危険な状況を回避する。装着率はドイツで5割を超すなど欧州を中心に普及。日本では6％程度にとどまるが，今後普及が見込まれている。従来は呼称が様々だったが，2004年に装置メーカーがESCに統一した。

ESCAP
【Economic and Social Commission for Asia and the Pacific】
国連アジア太平洋経済社会委員会。アジア極東地域各国の経済復興に必要な経済，技術の調査，研究などをまとめるため，国連の経済社会理事会の一部門として設置された。アジア・太平洋地域の共同経済開発などを推進している。本部はタイのバンコク。

ESCO
【energy service company】
顧客のエネルギー利用状況の診断や省エネルギー策の立案，設計などのサービスを実施する事業者。省エネによるコスト削減分から報酬を得る場合が多い。米国で1970年代後半から登場，日本でも経済産業省主導で普及に乗り出し，既存の電力，ガス各社や機器メーカーが顧客獲得の手段として活用を始めている。

ESOP
【employee stock option plan】
雇用主企業が従業員の年金を専用の信託に自社の株式によって積み立てることで，「繰り延べ自社株報酬」の効果を持つ確定拠出型年金プラン。米シアーズ・ローバック社が設けた自社株年金基金が原点といわれ，米国企業の間で導入する動きが広がっている。

ES細胞
【embryonic stem cell】
胚性幹細胞。万能細胞ともいう。精子と卵子が受精した受精卵（胚）のように血液や筋肉などあらゆる細胞に分化する能力がある細胞。マウスでは既に実用化していたが，人間では1998年11月に米ウィスコンシン大学などが世界で初めて開発した。パーキンソン病や脊髄損傷を修復する神経細胞，白血病を治す血液細胞など，難病治療に応用が期待されている。ただ，受

精卵を操作する倫理問題もあり，文部科学省が指針等を公表した2002年3月，国内で初めて京都大学のチームが作成の承認を受け，03年5月に成功した。04年3月に国内研究機関に無償で配布した。

ETC electronic toll collection system
⇨ ノンストップ自動料金収受システム

EU
【European Union】
欧州連合。西欧諸国を中心に15カ国が加盟する国家共同体で，域内で人と物の移動が自由な共通市場と単一通貨「ユーロ」を持つ。2004年には中・東欧などから10カ国が同時に加盟，総人口は15カ国時の約3億8,000万人から4億5,000万人に一気に膨らむ。機構には意思決定機関である閣僚理事会，政策決定機関である欧州議会，行政執行機関である欧州委員会などがある。同委員会の委員長は04年5月現在でプロディ伊首相。EUの母体であるEC（欧州共同体）は1967年7月にEEC（欧州経済共同体），ECSC（欧州石炭鉄鋼共同体），ユーラトム（欧州原子力共同体）の3組織の執行機関が統合されて発足した。当初は6カ国で発足したが順次加盟国を増やし，95年に15カ国体制となった。99年から通貨統合を開始，01年からは現金流通が始まった。発足以来の経済統合に加え，90年代半ばから政治統合を模索する動きも本格化。EUの外相ともいえる「外交・安保上級代表」ポストの新設や地域紛争に対応する「緊急対応部隊」の設立などが実現したが，イラク戦争に際しては外交政策を一本化できず，政治統合は難航している。

EU型付加価値税
【EU-type value added tax】
欧州連合（EU）各国で実施されている間接税。「生産者→卸売業者→小売業者→消費者」の流通段階ごとに価格の増加分（付加価値）に課税する。税額の転嫁を明確にし，重複課税を避けるために事業者に販売価格とそれに対応する税額を併記した仕送り状（インボイス）の発行，保管などを義務付けている点が特徴である。国によって15～25％と税率に大きな開きがあり一本化を急いでいる。また，欧州委員会は2000年6月，インターネットを使った音楽やゲームソフトなどの商取引に対する付加価値税の課税方法を決定，03年7月から実施する。①販売企業は各国ごとに異なる税率に沿って商品価格に税金を上乗せして販売，消費国の税当局に納税する，②日米などEU域外企業の場合，EU内の1カ国を選びその国に販売したものとして納税申告する――が柱。後者の場合，事実上，最も税率が低いルクセンブルクに納税する形になる。

EU緊急対応部隊
【EU rapid deployment force】
欧州独自の判断で紛争地域に投入できる緊急対応部隊（5万～6万人規模）。欧州各国はこれまで，旧ユーゴスラビアなど欧州域内の軍事紛争の処理では，米軍に大きく依存してきた。そのことへの反省から，欧州連合（EU）は1999年12月のヘルシンキでの首脳会談で，同部隊を2003年までに創設することで合意した。

EU憲法
【EU Constitution】
2004年6月，ブリュッセルで開いた首脳会談で採択された欧州連合（EU）の基本法。同年5月，中・東欧諸国など10カ国が加盟し，25カ国体制に拡大したEUの枠組みを定めた。各国による批准を経て，09年までの発

効を目指す。膨張する組織の効率化や民主的な運営，政治統合に向けた長期的ビジョンの提示が憲法制定の狙い。EU大統領，外相ポストの創設，欧州委員の定数削減，閣僚理事会の意思決定方式の変更（加盟国の少なくとも55％の賛成と，賛成国の人口がEU総人口の65％以上となることが必要）など，広範な改革を盛り込んだ。

EV
【enterprise value】
事業価値または企業価値と訳される。企業の株式時価総額に純負債（負債総額から現金・預金残高を引いた金額）を加えて求める。その企業を買収するときに必要となる実質的な買収金額ともいえる。償却方法や税率，金利などは各国で異なるため，企業の価値を国際比較するときなどに用いられる。EVをEBITDA（利払い・税金・償却前利益）で割ったEV／EBITDA倍率は，株式の投資指標として注目度が高まった。→EBITDA

EVA
【economic value added】
経済付加価値。米国スターン・スチュワート社が開発した独自の企業評価の指標。税引き営業利益から資本コストを差し引いて計算する。税引き営業利益は不良資産の引当金の増減やのれん代の償却費などを考慮し，独自の方法で調整したものを使う。キャッシュ利益に近い考え方で，キャッシュフローを重視した経営分析指標といえる。資本コストは投下資本にWACC（加重平均資本コスト）を掛けて算出する。株主資本コストという概念を加味している点で，通常の利益とは異なる。資本コストを上回る利益を上げていれば，EVAはプラスとなり，企業が経済的な価値を生んでいると考える。

EVSL
【early voluntary sectoral liberalization】
早期自主的分野別自由化。域内の貿易自由化推進のため，アジア太平洋経済協力会議（APEC）が打ち出した。1997年のバンクーバー会合で対象となる15分野を決定，そのうち林・水産物など9分野を優先的に自由化することにした。しかし，条約や協定のような拘束力を持たないため具体的な実施に向けたAPEC内の調整は難航。98年11月のクアラルンプール会合で優先9分野を世界貿易機関（WTO）へ移管することで合意，食品，民間航空機など残り6分野の関税部門についても99年にWTOへの移管が決まった。6分野の関税以外の部門については引き続きAPECで協議される。

F

F1
【first filial generation hybrid】
一代雑種。品種改良を進めた異なる性質を持つ品種を掛け合わせて作る種子や苗のこと。純系に比べ収穫量や耐病性などに掛け合わせた品種の良い特性を受け継ぐが，その性質は一代限りしか表れないという特徴を持つ。種苗メーカーなどにとっては，コメのF1種子を開発すれば毎年継続的に購入されるメリットがあるため，開発競争が激しい。種子の場合はハイブリッド種子とも呼ばれる。

F2
2004年から実戦配備された国産支援戦闘機。全長16メートル，全幅11メートル。最大速度マッハ2。国産支援戦闘機「F1」の後継機

「FSX」として計画，米ゼネラル・ダイナミックス（現ロッキード・マーチン）のF16をベースに開発した。複合材製の主翼や，アクティブ・フェーズド・アレイ・レーダーなど，日本の先端技術を盛り込んだ。計画当初は日本の独自開発を目指したが，日本の航空機産業の台頭を懸念した米国が介入し，激しい政治摩擦に発展した結果，1986年に日米共同開発が決まった。88年に日米両政府が了解覚書（MOU）を締結，三菱重工業が主契約企業となり開発に着手した。日米の分担比率は日本が60％，米国が40％。95年に試作1号機が初飛行，2000年から航空自衛隊三沢基地に配備され，04年3月から三沢基地で警戒待機に就いた。

F22

米空軍が主力戦闘機F15の後継機種として開発を進めている戦闘機。米ロッキード，ボーイング，ゼネラル・ダイナミックスの3社が共同開発した試作機「YF22」と，ノースロップ，マクドネル・ダグラスの共同開発による「YF23」が候補となっていたが，米空軍は1991年4月にYF22を選定した。95年に実用機F22として試験飛行を開始，2005年ごろから配備が始まる予定で合計339機を調達する。ステルス性を備えるほか超音速で巡航飛行できるようにするのがF15との大きな違い。ただ1機当たりの価格は1億ドルを超え，開発・生産の総額は650億ドルにのぼるといわれ，世界で最も高価な戦闘機となる。

FA

【factory automation】
広く工場全体の自動化システムを指す。NC（数値制御）工作機械や産業用ロボットを活用したFMS（フレキシブル生産システム）に代表される生産現場の自動化に設計部門の合理化まで含める。→NC工作機械，フレキシブル・マニュファクチュアリング・システム

FAO

【Food and Agriculture Organization】
国連食糧農業機関。1945年10月に発足。目的は，①各国民の栄養と生活水準の向上により飢餓をなくす，②食糧と農産物の生産と加工，流通の改善——にある。本部はローマ。加盟国は183ヵ国。日本は51年に加盟。総会は2年に1度開催。96年11月にはFAOの主催による初の世界食糧サミットが開かれ，「2015年までに栄養不良人口を半減する」目標を掲げた「ローマ宣言」を採択した。経済協力開発機構（OECD），世界保険機関（WHO）などとともに遺伝子組み換え作物の生産・開発，商品認可についてのガイドライン作りに乗り出し01年3月，WHOと合同で設置した食品規格（コーデックス）委員会で03年までに遺伝子組み換え作物の安全性を評価する基準を作成するとの最終報告書をまとめた。03年版報告書によると，途上国の栄養不足人口は増加傾向にあり，96年に掲げた「半減目標」の達成は難しい状況だ。

FASB

【Financial Accounting Standards Board】
米国の財務会計基準理事会。会計専門家によって構成され，実務上の財務会計原則を設定する基となる指針を設定する。資本市場の監督権限を握る米証券取引委員会（SEC）から，会計基準設定の権限を委任されている。指針はFASB内部での議論，公聴会，公開草案を経て報告書（ステートメント）として公表される。FASBをモデルとして，日本の企業会計基

準委員会が2001年に設立された。

FAZ foreign access zone ⇨ 輸入促進地域

FC franchise chain ⇨ フランチャイズチェーン

FCM
【Federal Communications Commission】
米連邦通信委員会。1934年の通信法に基づき設置された独立の行政委員会で, 上院の助言と承認を得て大統領が任命する7人の委員で構成。米国の有線または無線による州際通信や国際通信を規制する権限をもち, 放送事業を監督するほか, 通信・電話サービスを妥当な料金で利用できるように公衆通信業者を規制する。96年に制定された新連邦通信法を受け, 現在は通信会社の既存の業務領域を超えた相互参入による競争を促進するほか, 放送分野のデジタル化に重点を置いている。ブロードバンド利用世帯が13％にとどまっているのを受け, 2003年2月に地域通信大手の負担を軽減し, 設備投資を誘導する新規則を定めた。

FCM
【futures commission merchants】
商品先物取次会社。個人投資家や商品ファンドを管理するCPO (商品ファンドの設定・管理会社) からの売買注文を商品先物取引所につなぐブローカー。日本のFCMはすべて商品取引所の取引員だが, 米国などでは商品取引所に属さない非会員FCMもある。→商品取引員, CPO

FDIC
【Federal Deposit Insurance Corporation】
米連邦預金保険公社。1933年に米銀行法に基づき設立された。銀行が重大な金融困難に陥った際, 預金者への預金支払いを保証するとともに, 休業した国立銀行や州法銀行の管財人となる。85年春ごろから米国内で中小銀行や貯蓄貸付組合 (S＆L) の経営行き詰まり, 倒産が増えたことから, 同公社への関心が高まった。米下院は89年6月に経済不振に陥っているS＆Lの救済・再建法案を可決し, 事実上倒産状態に陥っている貯蓄機関の預金保険機関, 連邦貯蓄貸付保険会社 (FSLIC) を解体してFDICに統合することになった。

FED
【field emission display】
壁掛けテレビ用映像表示装置として先行するプラズマパネルの有力な対抗馬として期待されている薄型ディスプレーの1つ。画面を構成する画素に1個以上の微小な電子銃を配置。電圧をかけて飛び出た電子を画面の背面に塗った蛍光体にあてて発光させる仕組み。ノリタケ伊勢電子や米国メーカーが開発に力を入れている。また, キヤノンがFEDの一種であるSEDと呼ぶ方式を開発, 東芝と提携して40インチ以上の壁掛けテレビ用ディスプレーとしての実用化を目指している。→プラズマパネル

FEOGA
【Fond European d' Orientation et Garantie Agricole】
欧州農業指導保証基金。欧州連合 (EU) の中核である共通農業政策 (CAP) を実施するための基金。用途は主として, ①農業構造の改善, ②農産物価格が下落した場合の市場介入, ③農産物輸出補助。財源は農産物輸入課徴金や各国の割り当て出資に依存。

FeRAM
【ferroelectric random-access memory】
強誘電体を使った随時書き込み読み

出しメモリー。電圧をかけると結晶配置が変わって、その状態を維持する強誘電体を使っている。電源を切っても記憶したデータが消えない不揮発性が特徴。現在、普及しているDRAM（記憶保持動作が必要な随時書き込み読み出しメモリー）に比べて消費電力が1,000分の1程度と小さく、データの書き換え回数も飛躍的に高まる。電子マネー用ICカードや非接触型の個人情報（ID）カードなどでの応用が検討されている。2010年には世界で3兆円規模に成長すると見られている。松下電器産業がFeRAMを混載したシステムLSIを開発するなど、単品以外の製品開発も進んでいる。→DRAM

FFP
【frequent fliers program】
米国で発達した航空会社の顧客獲得策の1つ。自社便の利用客に対し累積搭乗距離に応じて一定距離の無料航空券などをプレゼントするもので、10年ほど前から米航空会社が相次いで開始した。マイレージサービスともいう。日本国内では不当景品類及び不当表示防止法（景表法）の規制があり、導入されていなかったが、米航空会社の日本国内での会員募集が活発化したことに対抗して、1993年以降、日本航空が国際線を対象に導入、97年4月からは全日本空輸、日本エアシステムも含めて国内線にも拡大し、激しい競争を繰り広げている。CRSと同様、世界の航空会社の提携を加速させる重要な要素にもなっている。→CRS

FIT
【free independent tour】
宿泊や観光をあらかじめセットしたパッケージのツアーとは異なり、経路や利用航空会社、ホテルなどを旅行者の好みによって選択し、組み立てていく海外旅行。個人海外旅行や海外自由旅行などと訳す。海外への出国者数は1,321万人（2003年度推計値、国際観光振興機構調べ）に達し、海外旅行経験者の中に従来のパッケージツアーでは飽き足らないという層が増えているため、FITへの注目が高まっている。旅行会社でも航空券や海外ホテルクーポンの単品販売を強化したり、宿泊と交通だけをセットして現地での団体行動をなくした「FIT型」パッケージツアーを企画するなどで対応している。

FIX
【financial information exchange】
電子証券取引の共通規格。FIXに対応したシステムをもつ投資家や証券会社の間では、売買注文、執行、取引内容の確認、約定など各段階のデータを瞬時にやり取りでき、ファクスや電話でのやり取りと比べ、効率化とスピード向上を図ることができる。電子取引のための投資負担の軽減にもつながる。欧米ではすでにFIXが普及しており、日本でも大手金融機関12社が「FIX日本運営委員会」を組織し、日本版FIXの規格作りに取り組んでいる。また、東京証券取引所は次期株式売買システムにFIXを採用することを決めている。

FLOPS
【floating-point operations per second】
コンピューターの処理速度を示す指標の1つで、フロップスと読む。1秒間当たりに可能な浮動小数点演算の回数で表し、100万回単位のMFLOPS（メガフロップス）、10億回単位のGFLOPS（ギガフロップス）で示すことが多い。既にテラフロップス級の大型コンピューターが製品化されている。

FOB
【free on board】
本船渡し。貿易上の取引条件の1つで、CIFとともに最も多く用いられる。売り手が約束の貨物を買い手側の手配した船舶に積み込み、本船上で貨物の引き渡しを果たすまでに生ずる一切の費用と危険とを負担する。それ以後は買い手の責任となる（CIFでは到着港まで売り手の責任）。FOB価格とは、本船積み込み値段または輸出港本船渡し値段ともいい、貿易商品を積み出し港で買い手に渡すときの値段のことをいう。→CIF

FPGA field programable gate array
⇨PLD

FRA
【futures (forward) rate agreement】
金利先渡し契約。将来取引する金利を前もって約定し、取引時に実際の市場金利との差額を決済する取引。企業や投資家が金利変動リスクを回避するために利用する。東京金融先物取引所で行われている金利先物取引とは違って、取引所を通さずに当事者が相対で取引する。この取引では通常の資金取引のように元本のやり取りをせず、金利部分の差額決済だけで済むため、その分リスクを軽減できる。また当事者同士の相対取引のため、金額や期間などの条件を自在に決められる利点がある。日本では1994年10月に解禁された。FRAの為替版として、将来の為替についてやり取りする「為替先渡し契約」（FXA）がある。

FRB
【Federal Reserve Board】
米連邦準備理事会。FRS（連邦準備制度）の運営機関で議長以下7人の理事で構成。公定歩合、支払い準備率の変更および公開市場操作の方針決定への参加、連邦準備券の発行、回収の監督に当たる。理事全員とニューヨーク連銀総裁および他の地区連銀総裁の中から交代で選出される4人の合計12人で構成された連邦公開市場委員会（FOMC）が公開市場操作の方針を決定し、実際の公開市場操作はニューヨーク連銀が行う。議長は大統領の指名を受け、議会の承認を経て就任する。ブッシュ大統領は2004年5月、アラン・グリーンスパン議長を再指名した。5期目の任期は08年6月まで。→FRS

FRN floatoing-rate note ⇨ 変動利付債

FRP
【fiber reinforced plastics】
繊維強化プラスチック。合成樹脂の中に繊維基材を混入させて機械的強度を向上させた樹脂の総称。寿命が長い、軽い、強い、腐らないなどの特徴を生かして、浴槽、ヨット、ゴルフクラブ、工業用絶縁材料など幅広い用途に使われている。ガラス繊維を混入するGFRPと炭素繊維を混入するCFRPに大別される。もとになる樹脂によっても、エポキシ系、不飽和ポリエステル系、シリコーン系、フェノール系などに分かれている。最も生産量の多いのは不飽和ポリエステル系のGFRP。

FRS
【Federal Reserve System】
連邦準備制度。米国の中央銀行制度で、1913年の連邦準備法によって設けられたもの。米国全土を12の連邦準備区に分け、各地区に1つずつの連邦準備銀行を作った。連邦準備銀行は株式組織で、その地区内の国法銀行（national bank）の全部と、州法銀行（state bank）の一部が株式を引き受けて設立されたもので、これ

らの銀行を加盟銀行という。中核となるのはニューヨーク連銀で財務省の代理人として内外の公的決済を行っている。→中央銀行，FRB

FSX
【fighter support X】
次期支援戦闘機。→F2

FTAA Free Trade Area of the Americas
⇨米州自由貿易地域

FTC
【Federal Trade Commission】
米連邦取引委員会。シャーマン法，クレイトン法など独占禁止法の実施状況の監査，価格協定などの不正競争の防止，食品，薬品などの誇大広告の取り締まりなどに当たる米国の独立政府機関。1914年に設けられ，必要に応じ司法権の発動を要請したり，自ら停止命令を発したりする。現委員長はウィリアム・ドナルドソン氏。

FTTH
【fiber to the home】
従来の銅線の電話線に替えて光ファイバーを一軒一軒の家庭まで張り巡らせる大容量，超高速の次世代通信網。音声電話から高品質動画像など大容量データまで1本の線で送受信できるようになる。国内では日本電信電話（NTT）が2005年までに全国展開する計画。第一弾として01年から，最大毎秒100メガビットのデータ伝送ができる個人向けの光ファイバー通信サービスを始めた。

FT株価指数 ⇨フィナンシャル・タイムズ100種総合株価指数

FUPカード
【frequent user's program card】
カードの利用金額に応じて，利用者に値引きなどの見返りがあるカード。カード発行会社と企業が提携して発行している。カード会社には新規会員の獲得につながり，企業側には顧客の囲い込みができるため，急増傾向にある。ジェーシービーなどがトヨタ自動車と提携し発行する「トヨタカード」では，カードの利用額に応じて現金の割り戻しが受けられる。

FXA forward exchange agreement
⇨FRA

G

G7
【Group of Seven】
日本，米国，ドイツ，英国，フランス，イタリア，カナダの主要7カ国のことをいう。この7カ国でサミット（主要国首脳会議）や財務相・中央銀行総裁会議などを開いている。サミットではマクロ政策，国際金融，貿易の3分野を従来通りG7で討議するが，1997年のデンバー・サミットから政治や環境など世界規模の問題についてはロシアの参加を認め「G8」となった。

G10
【Conference of Ministers and Governors of the Group of Ten (Countries participating in the General Arrangements to Borrow)】
日米欧10カ国財務相・中央銀行総裁会議の通称。IMF強化のためのGABに参加している米国，英国，ドイツ，フランス，イタリア，日本，カナダ，オランダ，ベルギー，スウェーデン，スイスの主要11カ国の財務相で構成される。1963年9月のIMFワシントン総会で設置。当初参加国は10カ国。84年4月にスイスが参加して11カ国となったが，現在も

G10と称している。国際金融面で重大な問題が起こったときには必ず開かれ、ここで決まった結論はIMFなどの決定につながることが多い。しかし、G10はIMFの正式機関ではなく、とかく先進国の立場を優先し過ぎるとの強い不満が途上国から出ている。→ IMF, GAB, SDR, G7

GAB
【General Arrangements to Borrow】
国際通貨基金（IMF）の一般借り入れ取り決め。IMFの通常の資金力を増やし、ドルやポンドなどある国の通貨への支援体制を強化するための協定で、1962年1月に締結され、同年10月に発効した。参加国は先進10カ国（G10＝米国、ドイツ、英国、フランス、イタリア、日本、カナダ、オランダ、スウェーデン、ベルギー）とスイス（83年末から正式参加）。これまで英国、フランス等主要国のIMF引き出しに際し重要な役割を果たした。期限は3回延長され今日に至っている。また92年4月にはGABを活用してロシア通貨のルーブル安定化基金を創設することが決まり、G10以外の国にも利用の道が広がっている。さらに95年1月のメキシコ通貨危機をきっかけに、新興市場での危機が世界的に広がるのを防ぐため、GABのメンバー国や資金規模を拡大する構想が検討され、97年1月に理事会で新借り入れ取り決め（NAB）の創設で正式合意した。→ G10, NAB

GAO
【General Accounting Office】
米国議会に付属する会計検査院。もともとは予算の執行状況を審査するための機関だが、現在はあらゆる分野にわたって議会のための調査を実施している。1990年には預金保険について「景気が後退すれば基金が底をつく」と上院に報告、米銀の経営状況の悪化ぶりを初めて公に警告するなどの実績を上げた。日本でも民主党が国会への行政監視院（日本版GAO）の設置を求めている。

GATT
General Agreement on Tariffs and Trade ⇨ ガット, WTO

GCC
Gulf Cooperation Council ⇨ 湾岸協力会議

GDP
gross domestic product ⇨ 国内総生産

GDPギャップ
【GDP-gap】
一国の全産業の潜在的生産能力と実際のGDP（国内総生産）との差のこと。つまり、不況などで企業が操業度を下げればこの差（ギャップ）は大きくなり、逆に完全雇用で全産業がフル生産を行えばこの差はゼロとなる。GDPギャップを算出するには、実際の国内総生産とその時点の潜在的生産能力を推計し、両者を比較する。

GDPデフレーター
【GDP deflater】
国内総生産（GDP）をある基準年と同じ価値をもつ貨幣単位で表記するために用いる物価指数。国内総生産の構成項目の個々の物価指数から間接的に作られるので、明示的（エクスプリシット）でないという意味でインプリシットデフレーターとも呼ばれる。

GIS
【geographical information system】
コンピューターの地図画面上に多様な属性データを重ねて解析する地図情報システム。人口統計や交通量調査、戸籍情報など多様な目的で活用されている。特に携帯電話など携帯情報端末と組み合わせて、エリアマーケティングに生かす企業が増えている。例えば、宅配業者の場合、宅配依頼の電話を受けた時点で、顧客の場所に

近い宅配車をGISの地図画面上ですぐに把握できる。今後は介護ビジネスなどでのGIS導入が増えそうだ。

GLOBEX
【global exchange】
シカゴ・マーカンタイル取引所（CME）がロイターと共同開発した，オンライン電子端末機による先物取引システム。世界各地の取引所をオンラインで結び，各種上場商品を24時間取引できる。パリ国際金融先物取引所（MATIF）に加え，シンガポール取引所（SGX）も参加している。

GMRヘッド
【giant magneto-resistive head】
コンピューターの記録装置であるHDD（ハードディスク駆動装置）に内蔵された，円盤形の記録媒体（ディスク）から情報を読み出すヘッドで，HDDの記録容量を決める中核部分。2004年春時点の読み出し能力は3.5インチ当たり80ギガバイト。年率100％を超すペースで性能向上が進んでいる。04年夏には120ギガバイトのヘッドが量産される見通し。

GMS
【general merchandise store】
総合スーパー。米国で発達した小売業の一形態。最も資本効率の高い経営を追求するため経営的にはチェーンオペレーションを行い，商品面では優れた商品開発力を備えている。取り扱い商品は日常生活に必要な商品を一応備えているが，米国では一般に食品は扱っていない。また物流面でも自社の店舗に効率的に商品を供給する物流システムを備えている。シアーズ・ローバック，J・C・ペニーなどがこれに当たるが，最近は百貨店との違いも不明瞭。日本では大手スーパーの大型店舗がこれに近い形態を採っている。ただ，品ぞろえが総花的なうえ，低価格業態に押され集客力が低下している店舗も多い。

GPS
【global positioning system】
全地球測位システム。複数の衛星から発する電波信号によって地上の正確な位置情報を得ることができる。米国防総省などが軍事目的で開発した。米国は1993年12月から全世界に無償利用を認めており，日本ではカーナビゲーションや船舶，航空機などの位置把握や測量などに活用されている。
→カーナビゲーションシステム，ガリレオプロジェクト

GRC
【glass fiber reinforced cement/concrete】
ガラス繊維強化セメント／コンクリート。セメントモルタルやコンクリートにガラス繊維を混合し強度を高めた複合材料。耐アルカリ性ガラスの開発により実用化された。混合するガラス繊維には長繊維と，これを1～5センチに切った短繊維があるが，セメントモルタルや石綿セメント製品に比べ，耐衝撃性や曲げ強度，粘り強さなどが数倍大きく，カーテンウォールやシェルターなど多くの用途が期待されている。わが国では英国ピルキントン社から技術導入した旭硝子や日本板硝子，太平洋セメント，また国産技術のカネボウ等，多くの企業が商品化している。

GUI
【graphical user interface】
キーボードによる文字入力でなく，画面上の絵文字（アイコン）や矢印をマウスで操作することでコンピューターとやり取りするインタフェース，またはそれを実現するソフト。パソコンの操作性を高めるのに不可欠な要素となっている。アップルコンピュータの「マックOS」が代表例だったが，最近で

はほとんどのコンピューター用基本ソフト (OS) が採用している。

GXロケット
【GX launch vehicle】
石川島播磨重工業，三菱商事，川崎重工業など航空宇宙関連7社が設立したギャラクシーエクスプレス社が，宇宙開発事業団と共同で開発し，2006年ごろの実用化を目指している中小型ロケット。高度200キロの低軌道に重さ4.4トンの衛星を打ち上げることができる。液化天然ガス燃料のエンジンを積んだ2段式ロケットで，1段目のエンジンを海外から導入する。2段目は宇宙航空研究開発機構が開発する。ギャラクシー社は開発コストを安く抑え，人工衛星打ち上げビジネスに参入する方針。

H

H2Aロケット
【H-ⅡA rocket】
重さ4トンの人工衛星を静止軌道に打ち上げる能力を持つ国産ロケット。全長53メートル，直径4メートル，重さ285トンの二段式ロケット。2001年8月に試験機1号機の打ち上げに成功した後，5回連続成功したが，03年11月，政府の情報収集衛星2基を搭載した6号機が打ち上げられたが，補助ロケットの本体からの分離に失敗し，地上からの爆破信号で破壊された。05年度以降の打ち上げ分から三菱重工業に完全移管される。三菱重工は03年，欧州のアリアンスペース，米ボーイングと商業衛星打ち上げの相互補完で合意，それぞれのロケットの打ち上げに支障が生じた場合，互いに代替する体制を整えた。H2Aの前身，「H2」は初の純国産ロケットとして1994年2月，初打ち上げに成功したが，98年2月と99年11月に2回連続で打ち上げに失敗した。H2AはH2の打ち上げ能力を倍増し，打ち上げコストの半減を目指して開発された。→宇宙航空研究開発機構

HACCP
【hazard analysis and critical control points】
ハサップという。危険度分析による衛生管理のこと。食品製造工程の品質管理プログラムの1つで，米国で宇宙食の安全性確保のために開発された。最終製品を抜き取り検査する検査方法と異なり，製造プロセス全体を管理するのが特徴。製造プロセスの中で予想される危害を分析 (HA) して重要管理点 (CCP) を特定する。各CCPごとに管理基準，監視方式，基準を外れた場合の修正措置をあらかじめ設定しておく。ゾーニングと呼ばれる各空間を区切って空気などが混じらないようにする措置も必要。システムが効果的に機能しているかどうかを確認する検証方式とともにフローチャートにまとめ，各CCPでのデータをすべてファイル保存する。厚生労働省が「任意の衛生管理基準」として乳製品や食肉製品など6品目を対象に承認制度を運営しているが，2000年夏の雪印乳業食中毒事件でその実効性が問われ，新規の取得が難しくなったとされている。

HBC
Health (健康) Beauty (美容) Care (ケア) を組み合わせた売り場のこと。健康志向の高まりを背景に，スーパーが積極的に売り場を拡充している。急成長業態のドラッグストアはいち早くHBC市場に着目した。米国では

1990年代初頭からHBC市場が登場した。

HDR
【high data rate】
米クアルコムが提唱する次世代携帯電話技術。画像や文字など非音声データの送受信専用で、通信速度は最大2.4メガビット。周波数の利用効率が高く、設備投資の低減につながる。

HIMR
日野自動車が開発した低公害車のエンジンシステム。発電、エネルギー回生(リサイクル)、エンジン動力補助など複数の機能を持つ自動車用システムで、NOx(窒素酸化物)や黒煙の低減、燃費率向上などに役立つ。日野自動車の「ディーゼル―電気ハイブリッドバス」で実用化されている。一方、三菱自動車工業、いすゞ自動車、日産ディーゼル工業の他のトラック3社は、停止時の制動エネルギーを油圧を通じて蓄え、再利用する蓄圧式の回生システムを実用化している。

HMR
【home-meal replacement】
家庭で作る食事に取って代わる調理済み食品を提供すること。米国食品マーケティング協会(FMI)が1996年に提唱、日本でも中食(なかしょく)、デリなどと呼ばれ、百貨店の食品売り場「デパ地下」やスーパーの総菜コーナーで定着した。レストラン並みの食事を手間をかけずに家庭で楽しむ消費者に対応する。→中食

HTML
【hyper text markup language】
インターネットのワールド・ワイド・ウェブ(WWW)上でホームページを作成するのに必要なコンピューター言語。ホームページの文書に特定の印(マーク)を付けることで文字の大きさ、色、レイアウトなどを指定できる。画像や音声を文書に結びつけることもでき、比較的簡単に使いこなせるのが特徴。近年、このHTMLを進歩させ、検索機能を持たせた新しい言語「XML」(拡張可能なマーク付け言語)が登場し、注目を集めている。→ホームページ、XML

H形鋼
【H-beams】
建築用鋼材の主力商品で、ビルの梁など構造材に使う。一部は土木工事の基礎杭としての用途も広い。国内では新日本製鉄など高炉3社と東京製鉄など複数の電炉が生産している。H形鋼の需要は建設景気を読むうえでの1つの指標になる。

H手順
日本チェーンストア協会(JCA)が流通業界の電子データ交換(EDI)のために1991年に定めた標準通信手順。92年に旧通産省が「H手順」として策定した。総合デジタル通信網(ISDN)を利用して大量のデータを高速で送ることができる。受発注のほかに、商品や売り上げなどさまざまなデータ交換に対応。2003年からJCAは次のEDI方式としてインターネットを利用した通信システムを推奨しており、それに準拠する新通信手順の策定を進めている。→EDI、プロトコル

I

iモード
【i-mode】
NTTドコモが1999年2月、世界で初めて商品化した携帯電話によるインターネット接続サービス。携帯電話機だけで多様なコンテンツ(情報の内容)

の閲覧や電子メールの送受信ができる。データを細切れにして送受信する「パケット通信」と呼ばれる通信技術を採用。電話のように通話時間ではなく通信量に応じて課金する。銀行口座への振り込みやチケットのネット予約も可能で、電子商取引（EC）の端末として重要視されている。2004年3月末時点で、加入は全国で4,100万件を超えた。

IAEA
【International Atomic Energy Agency】
国際原子力機関。原子力の平和利用促進が目的。1957年7月に52カ国が加盟して発足した。2003年5月現在、136カ国が加盟、本部はウィーン。最高執行機関は理事会で、35カ国で構成する。活動目標は①全世界における原子力平和利用の研究、開発、実用化の奨励および必要な物資、設備の提供、②科学的、技術的情報交換の促進、③核物質が軍事目的に使用されないための保障措置の実施——など。86年5月のチェルノブイリ原発事故後の9月には事故報告と情報交換を義務づける原子力事故早期通報条約と同援助条約を採択した。核兵器の生産に必要な物資・技術を取引する「核の闇市場」の封じ込め策を設けることが急務になっている。イランの核問題も抱え、核拡散防止体制の見直しに取り組んでいる。

IAS
international accounting standards ⇨ 国際会計基準

IATA
【International Air Transport Association】
国際航空運送協会。世界各国の民間航空会社が組織する団体。1945年に設立され、本部はカナダのモントリオールに、事務所はスイスのジュネーブとニューヨークにある。主な業務は、国際航空運賃の決定と会員会社間の運賃貸借の決済。会員各社はIATAの決めた運賃に拘束されるため、IATAは国際カルテルの役割を果たしている。しかし、70年代後半に米国が航空自由化政策を打ち出して以来、IATA未加盟の会社が勢力を伸ばし、IATA体制は動揺し始めている。

IBRD
International Bank for Reconstruction and Development ⇨ 世界銀行

ICCAT
International Commission for the Conservation of Atlantic Tunas ⇨ 大西洋マグロ類保存条約

ICGN（国際コーポレート・ガバナンス・ネットワーク）
【international corporate governance network】
1995年に設立された民間組織。企業統治に関する意見や情報を国際的に交換することが目的で、共同声明や投資方針を発表することも多い。本部ロンドン。米英の機関投資家を中心に約150の会員で構成する。カルパースなど有力な投資家が名を連ね、企業側も動向を注目している。年1回の総会は企業統治に関する国際会議としては最大規模といわれる。

ICカード
【integrated circuit card】
プラスチックのカードにIC（集積回路）を埋め込んだもの。従来の磁気カードと大きさ、厚さともほとんど変わらないが、記憶できる情報量が磁気カードに比べ格段に大きい。また、機密保持の面でも磁気カードに比べ優れており、高度情報化社会における新しい携帯メディアとしても期待されている。記憶量の大きさを生かし、これまで通帳に記録していた取引の明細をカードの中に入れたり、ICカードを使った電子マネーの実験も進んでいる。

ICタグ

小さなICチップに識別番号（ID）を記録し、無線電話で情報の読み出しや書き込みをするタグ（荷札）。商品の生産から物流、販売、廃棄までの過程全体を管理できるようになり、在庫管理や流通の効率化に役立つとされる。鉄道改札で使う非接触ICカードや鋼材管理などで実用化が始まっている。タグにどのようにIDを割り振るか、読み取り方式をどうするかなどで、標準化競争が起こっている。日本国内では「ユビキタスIDセンター」が標準化を進めている。

IDA
【International Development Association】

国際開発協会。世界銀行（IBRD）の姉妹機関で、第2世銀とも呼ばれる。1960年に設立され、比較的貧しい途上国に対し、世銀より緩い条件で融資、世銀開発融資を補完する。融資対象国は世銀が1人当たりGNPで1,505ドルから5,445ドル以下（99年ベース）なのに対し、IDAはこれより低い途上国としている。融資の返済条件は据置10年を含む35～40年。0.75％の手数料は課されるが無利子であり、途上国にとっては魅力ある機関となっている。2002年度の支出額は66億ドル。

IE
【industrial engineering】

産業工学、または生産工学。予算および原価管理、生産技術、経営管理方式、経営組織など経営上のあらゆる問題の合理化を工学的な手法を使って進めていくこと。①標準時間値の研究、②OR（オペレーションズリサーチ）やシミュレーションによる工場建設計画、工程管理、生産計画の検討、③一貫工程管理を円滑化するための日程の研究——などがある。→OR

IEA
【International Energy Agency】

国際エネルギー機関。世界の主要石油消費国で構成し、石油危機が生じた際の参加国内での需要抑制や融通、長期エネルギー計画の策定などを行う。第1次石油ショック直後の1974年11月にOECD（経済協力開発機構）理事会で設立を決議し、76年1月に発足したOECDの下部機関。現在、メキシコ、アイスランド、チェコを除くOECD加盟26カ国と欧州委員会が加盟している。本部はパリ。最高決定機関として理事会を置き、①緊急融通、②石油市場、③長期的協力、④エネルギー研究開発——の4常設作業部会、事務局が下部機構としてある。最近は環境問題への取り組みにも力を入れており、99年5月には二酸化炭素（CO_2）の排出量削減のため原子力エネルギー利用の重要性を確認する共同声明を採択した。

IFC
【International Finance Corporation】

国際金融公社。IDA（国際開発協会＝第2世銀）と並ぶ世界銀行の姉妹機関。自らの資金で民間プロジェクトに対して資本参加や融資をするほか、協調融資の主宰者として資金調達する。1956年に設立。加盟国175（2002年）。途上国の資本市場に関するデータ整備も手掛ける。世銀の貸し付けには政府保証が必要だが、IFCはこれを必要としない。

IGメタル

ドイツの金属産業労組の通称。290万人の組合員を抱えるドイツ最大の産業別労組で、ドイツ春闘のリード役。ドイツの政局を左右するだけでなく、インフレを監視する欧州中央銀行（ECB）の金融政策にも影響を与え

るほど強い発言力を持つ。同国では2001年3月、サービス産業分野の5つの労組が合同し、組合員数320万人と単産としては世界最大級の「統一サービス産業労働組合」を結成した。「IG」はドイツ語で工業労働組合(Industriegewerk-schaft)の略。

IH調理器
【induction heating cooking device】
IHは電磁誘導加熱の意味で、磁力線が金属製の鍋を通過すると過電流が流れ、熱を発生する仕組みを応用した調理器。鍋全体が発熱するので空気中に逃げる熱が少なく、熱効率が良い。発熱量はガス火力並み。ただ使える鍋は鉄、ステンレスなどで土鍋やガラスは使えない。卓上型とシステムキッチンに組み込むビルトイン型がある。

IISI
【International Iron and Steel Institute】
国際鉄鋼協会。世界の主要鉄鋼メーカーで組織する国際的な業界団体。1967年5月、単一産業によるこの種の団体としては世界で最初に設立された。本部はベルギーのブリュッセル。国連から非政府機関の認定を受けている。鉄鋼業に関する情報交換、調査活動や提言が目的で、日米欧が中心的な役割を担っている。世界約50カ国の主要鉄鋼メーカーのほとんどが参加している。

ILO
【International Labor Organization】
国際労働機関。社会福祉の向上と労働条件の改善を目的とした国連の専門機関。各国の政府、使用者代表、労働者代表で構成されており、労働立法や適正な労働時間、賃金、衛生に関する勧告を行ったり、その指導に当たったりする。所在地はスイスのジュネーブで、日本は1951年に再加盟し、54年から常任理事国となった。

IMF
【International Monetary Fund】
国際通貨基金。加盟国の出資で共同の為替基金を作り、これを各国に利用させて為替資金繰りの円滑化を助けることを目的に設立された国際金融機関。1944年7月、米ニューハンプシャー州のブレトン・ウッズで開いた連合国(44カ国)通貨金融会議で協定調印したあと、47年3月1日から業務を開始した。76年1月、キングストン(ジャマイカ)で開いたIMF暫定委員会で協定改正を決め、78年4月1日から発効した。これをキングストン体制とも呼ぶ。主な内容は、①フロート(変動相場制)の正式認知、②将来固定相場制に復帰する際の手続規定、③金の公定価格廃止と各国通貨当局の金取引の自由化など。76年6月からIMF保有金の売却を開始、売却価格と従来の公定価格(1オンス=42.22ドル)との差額金は途上国援助に使われ、80年5月に一応売却を終了した。90年代には世界銀行とともに、メキシコ、アジアでの通貨危機に際して緊急融資を実施するとともに、経済の自由化を強く促した。加盟国は現在184カ国(日本加盟は52年8月)。最高決定機関は年1回の総会で、加盟国の財務相および中央銀行総裁が政府代表として出席する。2004年6月現在、最大の出資国は米国で出資比率17.46%、投票権比率は17.14%。日本は2位で出資比率6.26%、投票権比率6.15%。

IMF-JC
【International Metalworkers Federation-Japan Council】
正式名称は全日本金属産業労働組合協議会(金属労協)。1975年12月に

それまでの国際金属労連日本協議会という名称から改められた。IMFは1904年に設立されたもので、一般金属，電機，自動車，鉄鋼，造船労働者で組織されている。JCはその日本の窓口で64年に発足した。

IMFクォータ
【IMF quota】
IMFの出資割当額。各加盟国の経済力や貿易量に応じて決められる。加盟国は割当額の25％を金，残り75％を自国通貨でIMFに払い込むことになっていたが，1978年4月の新協定で，これまでの金での払い込み分は原則としてSDR（特別引き出し権）で払い込むことになった。ただし，IMFが認める場合には他の加盟国通貨または自国通貨で払い込める。これら割当額による資金を一般資金と呼び，加盟国は国際収支が悪化した際，IMFの承認を得てこれを引き出し利用できる。→IMF，SDR

IMF国際通貨委員会
【International Monetary and Financial Comittee ; IMFC】
従来のIMF暫定委員会を常設化する形で1999年9月に設立されたもの。国際通貨や金融システムの管理・監督について理事会に報告や助言を行う。メンバーは日米欧主要国に世界各地域の代表を加えた24カ国。初会合を2000年4月にワシントンのIMF本部で開催し，世界経済の見通しやIMF融資の不正流用防止策などについて話し合った。

IMF借款
【IMF credit】
IMF加盟国の国際収支が悪化したり，外貨が不足したときにIMFから受ける融資のこと。本来は短期的な融資が中心だったが，石油危機後は中期的融資も行われるようになった。短期的な国際収支悪化に対処するためIMF加盟国が利用できる借款は，IMFの引き出し権により無条件に引き出せるリザーブ・トランシュと条件付きのクレジット・トランシュの2種類がある。また，中期の借款にはオイルファシリティや拡大信用供与などがある。その他，特に途上国向けの融資として，1次産品輸出国などが輸出の落ち込みによる国際収支悪化に対処するため利用できる輸出変動補償融資や，1次産品の価格安定を目的とした緩衝在庫融資などがある。→リザーブ・トランシュ，クレジット・トランシュ

IMFの金融特別審査
【financial sector assessment program】
1997〜98年のアジアやロシアの経済危機の反省を踏まえ，99年からIMFと世界銀行が加盟国の金融システムの安定性を監視するために導入した措置。個別金融機関を審査するのではなく，監督体制などを審査するのが特徴。まず金融監督・制度の国際基準の順守状況をチェック。中央銀行の独立性が保たれているかなども審査項目に入る。金融システムの安定性・脆弱性も評価する。日本が審査を受けているほか，先進国では英国，ドイツが受け入れを表明している。

IMFポジション
【IMF position】
IMF加盟国がIMFからいつでも自動的かつ無条件に引き出せる融資枠のこと。準備資産の性質を持っているためIMFポジションと呼ばれ，通常はリザーブ・トランシュのことを指す。→IMF，リザーブ・トランシュ

IMO
【International Maritime Organization】
国際海事機関。「海運に影響のある技術的側面の規制，慣行の国際的統一

化」と「自由通商を確保するため，政府による差別的措置・制限行為の除去」を目的としている。1959年に国連の専門機関として設置された。本部はロンドン。

IMT-2000
【International Mobile Telecommunications 2000】
世界共通の第3世代携帯電話システムの構想で，1つの携帯端末で世界中どこでも，いつでも，誰とでも通信ができるというもの。かつてはFPLMTS (Future Public Land Mobile Telecommunication Systems)と呼ばれた。これまでは日米欧でそれぞれの端末規格が異なっていたため，海外ではそのまま使えなかった。世界統一規格を作ろうと，電気通信の国際機関である国際電気通信連合(ITU)が21世紀初頭の導入を目標に，使用周波数帯などの標準化を実施した。NTTドコモがこの構想に沿う形で世界で初めて，2001年10月に第3世代携帯電話サービスを開始した。

IOSCO
【International Organization of Securities Commissions】
証券監督者国際機構。SEC(米証券取引委員会)など世界各国の証券市場の監督当局で構成する。証券取引の国際化に対応し，各国監督当局間の連携強化や情報交換を活発にするのがねらい。

IP
①【intellectual property】
設計資産。本来は知的財産権のことを指すが，半導体分野では知的財産権を取得した設計データのことを指す。情報処理の頭脳となるプロセッサーや，メモリーなどさまざまなIPが開発されている。IPをつなぎ合わせれば，システムLSI(大規模集積回路)の設計期間短縮に役立つ。IPをインターネットなどの通信回路を通じて世界的にやり取りさせる環境づくりなども活発になっている。→システムLSI
②【information provider】
通信回線により不特定多数の利用者にさまざまな情報を送る情報提供者。パソコン通信やインターネット，PDA(携帯情報端末)などのマルチメディアサービスが普及するためには，さまざまな分野の事業者がIPとなって，提供する情報の高度化が進むことがカギとなる。

IPCC
【Intergovernmental Panel on Climate Change】
気候変動に関する政府間パネル。地球温暖化が環境や社会に与える影響について科学的な立場から検討する機関。1988年に国連機関などが設立した。気候変動の原因と予測，社会・経済への影響，温暖化ガス削減政策の効果などについて，3つの作業部会が分析。5年に一度，報告書を出している。94年3月に発効した「気候変動に関する国際連合枠組み条約」をとりまとめる際には，地球温暖化について基礎となる知見を提供。2001年の総会では100年後の平均気温の上昇を前回より上方修正した第3次報告を承認した。

IPO
【initial public offering】
企業の株式公開時に，株式市場で不特定多数の投資家に対して新規株式を発行するため，証券会社などが募集業務を行うこと。転じて「株式の新規公開」という広い意味にとらえることもある。日本のジャスダック市場では，新規公開社数の制限解除や実質的な公開基準引き下げといった規制緩和が進み，1990年代半ばに

IPOブームが到来した。99年から新興企業向け市場の相次ぐ創設で資本市場からの有利な資金調達がしやすくなり、IPO件数は高水準で推移している。米国では、ベンチャーキャピタルや投資銀行、会計・法律事務所などがベンチャー企業を発掘・育成するIPO支援ビジネスが盛んだ。

IPP
【independent power producer [provider]】
独立系発電事業者。最終消費者に電気を売る一般電気事業者に対して、電気を卸売りする事業者。日本では1995年の電気事業法改正により「卸供給事業者」と位置づけられ、入札制度を通じて自由に発電市場に参入が可能になった。卸供給事業者の要件は、発電設備200万キロワット未満で、①10年以上かつ1,000キロワット超、②5年以上かつ10万キロワット超——のいずれかを供給すること。200万キロワット超の「卸電気事業者」とは区別している。海外では東南アジアを中心に急増する電力需要をまかなうためIPPを活用する動きが活発化。石油メジャーなどに混じり、日本の商社も積極的に参入している。→PPS

IPv6
【internet protocol version 6】
インターネット通信でデータをやり取りするルール、インターネットプロトコル(IP)の最新方式。v6はバージョン6の意味。現在のIPv4ではインターネット上の住所に当たるIPアドレスが約43億個割り当てられるが、いずれ不足する。IPv6では約43億の4乗個という天文学的な数のアドレスを設定できる。携帯電話、冷蔵庫、テレビや自動車などに個別のアドレスをつけ、携帯電話を使って外出先から炊飯器のスイッチを入れたり、ビデオの録画予約をしたりできるようになる。

IP-VPN
【Internet Protocol-Virtual Private Network】
通信事業者のIP(インターネットプロトコル)ネットワークを利用する仮想私設網(VPN)サービス。一般向けのインターネットサービスとは独立した、専用のネットワークを使って提供される例が多い。一般向けインターネットを利用する場合は「インターネットVPN」と呼ばれる。企業の複数拠点のLAN(構内情報通信網)を直接つなげたような状態を作り出せる。IP電話と組み合わせて、企業の拠点間で無料の内線通話を実現することも可能。NTTコミュニケーションズや日本テレコム、KDDIなどの通信会社がサービスを提供している。

IPアドレス
【internet protocol address】
インターネット上でデータを送受信する場合、送信元と送信先を識別するため設定している数字のこと。郵便の「宛先」と似ている。ネットワーク番号とホスト番号の組み合わせで成り立っている。急速にネットワーク利用者が増えたため、新たにIPアドレスをほぼ無限に増やすことができる「IPv6」と呼ばれるプロトコルが確立しつつある。→プロトコル

IP電話
【internet protocol telephone】
インターネット技術を活用し、音声をデジタル信号で細切れにして送り、受信側で復元して通話する電話。音声データが公衆ネット網を通る「インターネット電話」と、データ消失などの危険を避けるためデータ専用の回線を使う狭義の「IP電話」の2種類がある。通常の電話と異なり、距離に応じて

課金しないため，全国一律の低価格サービスが特徴。フュージョン・コミュニケーションズが中継回線をIP化したサービスを2001年に開始。現在はソフトバンクグループなどが提供している，末端回線までIP化するタイプが主流になっている。03年秋からは，固定電話からの着信も可能になった。

IP網
【internet protocol network】
インターネット技術を使いデータ通信専用に設計した通信網。従来の電話網のように高価な交換機を使わず，ネット用の安価な通信機器であるルーターで構成する。大容量情報を高速・低コストで伝送できるのが特長。国内では日本テレコムが「プリズム」という名称で2000年4月から商用化。NTTコミュニケーションズやKDDIなども軒並み実用化している。

IQ制 import quota system ⇨ 輸入割当制

IR
【investor relations】
自社株の投資価値を既存の株主や投資家に訴え，株主のすそ野を広げていく広報活動の一種を指す。投資家がリスクを取るに足るだけの情報を提供し，結果として株が買われて株価が上がれば，資本市場を通じた資金ファイナンスを円滑に進めることができるとされる。日本でもIRに力を入れ，専門の担当部署を設けたり，「IRミーティング」を開く企業が増えているが，事業報告書をビジュアル化するなど小手先の対応にとどまり，投資家が本当に望む情報の提供がされていないとの批判もある。

IRS
【Internal Revenue Service】
米内国歳入庁。税務行政や徴税事務を担当する米財務省の下部組織。日本の国税庁に相当する。

ISDN
【integrated services digital network】
総合デジタル通信網。1本の契約者回線で，通話をしながらファクシミリ通信やデータ通信，テレビ会議が利用できる。国内ではNTTが主に毎秒64キロビットの伝送速度のサービスを提供している。当初は，インターネット接続用に加入者が増加していたが，より高速で安価なADSL（非対称デジタル加入者線）サービスの台頭で利用者は2001年をピークに減少している。03年度の契約件数は914万件。光ファイバー通信もサービスが開始され，インターネット接続回線としての役割は終わりつつある。

ISMS
【Information Security Management System】
情報セキュリティー・マネジメント・システム。情報システムを安全に運営するための仕組み，制度。組織が保護すべき情報資産について，認可された者だけが参照できる「機密性」，正確であることを保証する「完全性」，認可された利用者が必要なときに参照できる「可用性」をバランスよく維持・改善し続ける組織や制度が求められる。ISMSは規格化されており，財団法人日本情報処理開発協会（JIPDEC）が運営する評価制度で認証を受けられる。JIS（日本工業規格）の「X5080」に相当する。

ISO
【International Organization for Standardization】
国際標準化機構。国際間の物資・サービスの流通を円滑化するため，工業品などの国際規格づくりを進めている。2003年末時点で148カ国が加盟しており，日本からはJIS（日本工

業規格）の調査審議機関である日本工業標準調査会が加盟。電気・電子分野の国際標準化はIEC（国際電気標準会議）が担当、通信分野はITU（国際電気通信連合）が調整に当たっている。→ISO9000、ISO14000

ISO9000
【9000 of the International Organization for Standardization】
ISO（国際標準化機構）が1987年3月にまとめた品質管理の指針。品質保証に関する国際規格で、5つの規格が定められている。商品の設計、部品調達から製造、検査、出荷、さらにアフターサービスまであらゆる部門を対象に、企業の品質管理・保証体制が整っているかを購入者に代わって第三者の審査登録機関が審査し、企業の工場や販売拠点など事業所単位で認証を与える仕組み。当初認証を取得する企業は製造業が中心だったが、最近では自動車教習所や人材サービス、金融機関などにも広がってきている。認証取得でサービスの質の高さをアピールする。

ISO14000
【14000 of the International Organization for Standardization】
1995年6月にノルウェーのオスロで開催したISO（国際標準化機構）総会で成立した環境管理・監査の規格。企業が社内に環境管理システム（EMS）を構築する際の手順などを定めた14001のほか、商品に環境管理を実施していることを表示するエコラベルの規格である14020、原材料調達から廃棄まで製品寿命全体の環境負荷をコントロールするライフサイクルアセスメント（LCA）を規格化した14040などがある。これらのISO14000シリーズは日本語化され、環境JISという規格になる。環境保護に敏感な企業や、政府機関などでは、入札条件としてISO14000の認証取得を求める傾向にある。また、最近では認証取得だけでなく、環境会計を導入する企業が相次いでいる。

IT
【information technology】
情報技術。情報通信に関する技術全般を指し、基礎から応用まで広範囲に及ぶ。データ処理を中心に発展してきた情報処理技術が通信ネットワークと結びついてコミュニケーション手段として発展し始めたことから、人文科学的な分野まで広がりつつある。

ITA
【Information Technology Agreement】
情報技術協定。コンピューターや半導体など情報関連機器・部品の関税を2000年までに撤廃することを定めたもの。1997年に発効した。2000年1月までに原則として関税は撤廃されているが、途上国については一部品目の撤廃時期が2000年を超えることが認められている。55カ国・地域が参加しており、情報技術関連の世界貿易の93％をカバーしている。現在、対象品目の拡大などについて世界貿易機関（WTO）で検討されている。

ITC
【International Trade Commission】
米国際貿易委員会。1974年通商法の成立に伴い、それまでの米関税委員会が改称したもの。関税問題、特に財務省の輸入ダンピング調査に基づく米国内産業への影響について評価示すのが主な業務。これらの評価に基づいて大統領に関税引き上げ、関税割り当てなどの勧告を行う。大統領は勧告を受けてから60日以内になんらかの決定を行うよう義務付けられている。現委員長はディアナ・オクン氏。

ITER

【international thermonuclear experimental reactor】
重水素と三重水素の核融合反応による発電炉の実用化を目指す,国際核融合実験炉計画。完成すれば,人類史上初めて核融合を実現する施設になる。当初,日米欧ロシアの四極共同で推進されていたが,米国が事実上撤退しいったんは三極共同になった。1988年に始まった概念設計は90年末までに終了,92年からは6年計画で将来の炉建設に備え,より詳細な設計に取り組んでいるが,各国の財政難で計画を3年延期した。1兆円規模の巨額な資金調達と建設地をどこにするかが大きな問題になったため計画を見直し,建設費を約5,700億円に圧縮した。その後,米国が復帰したほか,中国と韓国も参加を表明した。

ITIC
【International Trust and Investment Corporation】
国際信託投資公司。中国の中央政府や地方政府が外貨調達の窓口として設立したノンバンク。中国国内に200社以上ある。1998年10月に不動産や株式投資などで多額の損失を抱えた広東国際信託投資公司(GITIC)の清算が発表され,その後大連や福建など他のITICの債務利払い遅延が表面化したことから経営不安説が一気に広がった。邦銀など外国金融機関は政府に準ずる企業と見なし,融資や債券購入などの形で資金を提供していた。中国政府がGITICの債務返済を肩代わりしない方針を明確にしたうえ,登録済みの対外債務を優先して返済する当初の考えを99年1月になって転換したため,外資が対中投融資を縮小する一因ともなった。

ITS intelligent transport systems ⇨ 高度道路交通システム

ITTA
【International Tropical Timber Agreement】
国際熱帯木材協定。市場介入メカニズムを持たず生産国と消費国が協力して熱帯木材の貿易促進と環境保全の両立に努める。同協定に基づき生産国33カ国と消費国26カ国および欧州連合(EU)が国際熱帯木材機関(ITTO＝事務局・横浜)を組織する。1995年2月に「2000年までに木材輸出は持続可能な形に管理された熱帯林に限る」との目標を盛り込んだ新協定へ移行した。

IT一括法
【Package of E-commerce Related Laws】
電子商取引に対応するため,訪問販売法,割賦販売法,旅行業法など50の法律を一括して改正した総括的な新法。インターネットを使って商品を売買する電子商取引はホームページ上で商品やサービスを注文できるので便利だが,事業者が申し込みの承諾の有無を消費者にいちいち書面で通知して確認する義務があった。IT一括法により,それが電子メールなど電子的な手段でも可能になった。2000年秋の臨時国会で成立,01年4月に施行された。

IT戦略本部
【IT Strategy Headquarters】
IT(情報技術)基本法に基づいて高速インターネットの普及や電子政府の実現など国のIT戦略の基本方針を決める組織。すべての国民がITのメリットを享受できる環境を整備して「5年以内に世界最先端のIT国家になる」ことを目標とした「e-Japan戦略」を2001年1月に決めた。出井伸之ソ

ニー会長ら民間有識者と全閣僚で構成，本部長は小泉純一郎首相が務める。04年6月には，高速インターネット回線などITインフラの普及目標を，従来の利用可能人数から実際に利用している人数におきかえた新戦略を取りまとめる。→e-Japan戦略

IWC
【International Whaling Commission】
国際捕鯨委員会。国際捕鯨条約に基づき毎年鯨の捕獲枠，各国別割り当て数量などを協議する。第1回会合は1949年にロンドンで開かれ，毎年1回定期的に会合が行われている。加盟国49カ国。事務局はケンブリッジ（英国）。82年に商業捕鯨のモラトリアム（一時停止）が決まり，85年10月，商業捕鯨の5年間全面禁止が発効。87年6月の英ボーンマスでの総会は，調査捕鯨を厳しく規制する米国提案を採択，日本などに調査捕鯨を中止するよう勧告した。アイスランド，日本などの捕鯨国はこれに対し88年1月「捕鯨国会議」を開催，調査捕鯨の継続を強く主張。91年5月にアイスランドのレイキャビクで開かれた年次総会では，商業捕鯨の全面禁止措置の1年継続が確実になり，アイスランドはIWCからの脱退を決めた。94年5月のメキシコ総会では南緯40～60度以南を捕鯨禁止区域とするサンクチュアリ（聖域）案が可決され，日本は南極海での商業捕鯨再開の道を断たれた。さらに95年6月，ダブリンで開かれた年次総会では南極海の調査捕鯨中止決議が採択された。日本は「法的拘束力がない」として，現在も南極海での調査捕鯨を続けている。03年6月のベルリン総会ではクジラ保護のための「保存委員会」設置を決議，日本は抗議のため分担金支払い留保を検討している。

J

JANコード
【Japanese article number】
日本の共通商品番号コード。小売店における食品・雑貨の品目別売上高をPOS（販売時点情報管理）システムに登録するために，商品1つ1つに付ける記号。1978年にJIS（日本工業規格）で定められた。13桁の番号で，国名，メーカー名，メーカー内での商品番号などを示し，これを太さと間隔の異なる棒（バーコード）で表現する。JANコードに対応した商品の販売価格はあらかじめ店内の小型コンピューターに登録しておき，自動的に売り上げをレジに記録する。登録企業の増加に対応するため，日本でコードを管理する流通システム開発センターは，2001年から商品コードを5ケタから3ケタに減らす一方，企業コードを7ケタに増やした。ただ，製品の原材料情報などより多くの情報を盛り込むには限界があるため，情報量が格段に多いQRコードなど2次元コードの開発・普及も始まっている。→POS

JAS
【Japanese Agricultural Standard】
日本農林規格。日本の農林物資についての品質に関する規格。農林物資規格法に基づいて実施されているもので，加工食品や合板などについての品質向上をねらいとしている。1993年の法改正で特別な生産・製造法による農林物資にも適用する。有機農産物のほか，遺伝子組み換え食品も対象になる。JISと同様に，合格品にはJASのマークを付けることができる。→JIS

コラム

ジャスダックの取引所化
transformation of Jasdaq market into full stock exchange

　国内最大の新興企業向け株式市場のジャスダックは，2004年10月をめどに証券取引法上の「店頭売買市場」から東証などと同じ「取引所市場」に転換する。

　これに伴って運営主体は日本証券業協会から株式会社ジャスダックに完全移行する。上場申請企業に対し，ジャスダック自身が直接，審査し上場承認をする。

　これまで規制上できなかった立ち会い外分売や先物・オプション取引，売りや買いの希望価格を明示しない成り行き注文なども可能になり，流動性向上につながると期待されている。東証など他市場との重複上場も可能になる。

　取引所市場への転換の背景には，売買インフラなどの点で取引所市場とほぼ同じ機能を持っていながら，ジャスダック市場が法令制約上，取引内容が異なっていることがある。

　このため，証券会社など市場関係者から使い勝手の悪さを指摘する意見もあり，企業にとってジャスダック市場は「東証への通過市場」との意識が根強い。東証と同様の取引ができるようになることで，成長過程のベンチャー企業がより多くの資金を調達できるようになり，新規上場社数が増えるとみられている。取引所化に先駆け，ジャスダックは04年4月から制度信用取引と貸借取引を導入，流動性向上への第一歩を踏み出した。

　ただ，東証マザーズなど他の新興市場との上場企業獲得競争が激化しているうえ，取引が低迷する地方取引所は東証と合併する流れにある。他市場との重複上場も認められるため，他市場からの流入が期待できる半面，ジャスダック上場企業が東証との重複上場を選び，そのまま東証にくら替えするケースも新たに生じることになる。

　東証一極集中化が進むなか，ジャスダックが他市場と異なる点として強調しているのが，マーケットメーク制度。国内市場で唯一ジャスダックが採用している取引制度だ。

　マーケットメークとは，証券会社が株式の売り，買いの気配値を出し，その値段での売買注文に応じることだ。

　ジャスダック上場企業はオーナーの持ち株比率が高い分，流動性が低くなりやすい。証券会社が提示する気配値での約定を保証するマーケットメーク方式によって売買活性化をねらう。ジャスダックでは新規上場会社にマーケットメーク方式の採用義務付けを検討中。大株主や証券会社などとも協力し，貸株インフラの整備も進める。

JASDAQ
〔Japanese Association of Securities Dealers Automated Quotations〕
日本証券業協会が運営する中小中堅企業向けの株式流通市場。1991年10月に稼働した機械化システムにより，取引の約定・受け渡し業務を担うジャスダック・サービス（旧日本店頭証券）と各証券会社がオンラインシステムで結ばれ，証券会社の端末で入力された注文が瞬時にジャスダック・サービスに流れ，売買が約定されるようになった。また情報伝達システムが整備され，顧客はQUICKの端末を通じて証券会社の店頭で店頭銘柄の市況情報や企業情報がリアルタイムで入手できるようになった。店頭株の流通市場拡大に大きく寄与している。
→コラム「ジャスダックの取引所化」，QUICK

JAS法
〔Japanese Agricultural Standard Law〕
農林水産物の規格や表示義務について定めた法律で，正式名称は「農林物資の規格化及び品質表示の適正化に関する法律」。雪印食品などによる食品の虚偽表示が相次いで発覚した際に50万円以下という罰則の甘さを指摘され，法改正して個人は100万円以下，法人は1億円以下に引き上げた。農薬と化学肥料を3年間使わずに育てた農産物を有機食品として認証する制度も設けている。

Java
米国のUNIXサーバーメーカー大手，サン・マイクロシステムズが開発した，ネットワーク向けの新プログラミング言語。ジャバと読む。インターネットのホームページの画面は大半が静止画だが，Javaを使うと時々刻々変化する金融情報のグラフやゲーム，動画やアニメーションを取り込んだ画面を簡単に制作できる。また，開発環境さえ整えば，ワープロ，表計算ソフトなどのアプリケーションソフトも開発することができる。コンピューターの機種やウィンドウズ，マッキントッシュといったOSに関係なく実行でき，双方向性を持つ。従来の言語に比べ安全性・信頼性が高い，機能の拡張性が高いなどの特徴もある。携帯電話をはじめとした幅広い端末への採用が増えている。

JCA-H手順 ⇨H手順

JFEグループ
高炉2位のNKKと同3位の川崎製鉄が経営統合した企業グループ。2002年9月に持ち株会社JFEホールディングスを設立，その傘下に03年4月，鉄鋼，エンジニアリングなど事業別の再編会社が発足した。粗鋼年産規模は約2,700万トンと新日本製鉄に迫る。JFE誕生を機に新日鉄，住友金属工業，神戸製鋼所の3社が包括提携，高炉業界は2大勢力に分かれた。

JIS
〔Japanese Industrial Standard〕
日本工業規格。工業標準化法に基づいて規格を統一し，鉱工業製品の品質改善や生産の効率化，互換性の確保を進めるのがねらい。用語や単位を定める基本規格，製品の品質や寸法を定める製品規格の2種類があり，2004年3月末で9,293件のJISを制定している。合格した製品にはJISマークが表示されており，03年3月末現在で国内1万2,666件，海外で438件が認められている。現在は国の指定期間が認証業務を行っているが，05年10月からはこれを民間企業にも開放する。基準も変わるため，企業は08年9月までに認証を取り直す必要がある。→ISO

JR完全民営化
【full privatization of JR companies】
政府が国鉄の分割・民営化で誕生したJR各社の株式を完全に手放し、各社が自由に経営できるようにすること。運輸省（現国土交通省）は2000年末に東日本，東海，西日本の本州3社を完全民営化する方針を決定。事業計画や代表取締役人事，社債発行で国土交通省の認可を不要にする改正JR会社法が2001年に成立した。

JSF
【joint strike fighter】
次世代主力戦闘機，統合攻撃戦闘機。米空軍のF16，米海軍のFA18の後継機。英国海軍，米海兵隊を合わせた米英4軍で採用が決まっており，同盟国への輸出も加えると，約5,000機の調達が見込める。2001年にロッキード・マーチンが担当企業に選ばれた。08年に配備が始まる予定。

Jカーブ効果
【J-curve effect】
為替レートが変動しても調整効果が表れるまでには時間がかかり，短期的には逆方向の動きが見られる現象。ある国の通貨価値が上がった場合，その国の外貨建て輸出価格が上昇するため外貨建ての輸出金額（輸出価格×数量）は増える。その後，時間の経過とともに調整効果が表れて需要が減り，輸出金額も減っていく。一方，輸入については国内通貨建て輸入価格の下落によって需要が増えるまでには時間がかかり，輸入金額（輸入価格×数量）は急には増加せず，時間の経過とともに調整効果が表れる。以上の動きをグラフで示すと（縦軸に貿易収支，横軸に時間をとる）アルファベットのJ文字を逆にした形になるので，この呼び名がある。

K

KEDO
【Korea Energy Development Organization】
朝鮮半島エネルギー開発機構。朝鮮民主主義人民共和国（北朝鮮）の黒鉛減速型原子炉を軽水炉に転換することを支援する共同事業体。1994年10月の米朝枠組合意に軽水炉転換支援が盛り込まれたことを受け，95年3月に発足した。日本，米国，韓国，欧州連合（EU）が理事会を構成し，オーストラリア，ニュージーランド，カナダ，インドネシア，フィンランドなどが加盟している。95年6月にクアラルンプールで開かれた米国と北朝鮮の協議で両国は，北朝鮮に提供する軽水炉はKEDOが選定することなどで合意し，実質的に「韓国型」の軽水炉を供与することを決定。97年8月に咸鏡南道琴湖地区で軽水炉建設に着工。99年12月にKEDOと韓国電力公社が主契約を締結し，工事が本格化した。総工費は約46億ドルに上る見通し。ただ北朝鮮が核開発継続を認めたのに続き，2003年1月，核拡散防止条約（NPT）脱退を宣言し，米朝枠組合意が破棄される可能性が高まった。

L

Lモード
【L-mode】
NTTの東西地域会社が2001年6月に始めたサービス。液晶画面を備え

た専用の固定電話機から直接インターネットに接続し，情報検索や電子メールなどができる。ほかの通信会社も同様のサービスで追随。携帯電話機からのインターネット接続サービスはNTTドコモの「iモード」などが有名だが，Lモードはこれよりも送れるデータ量が多く，画面も一回り大きい。

LAN
【local area network】
構内情報通信網。オフィス内のパソコンなどを同軸ケーブルや光ファイバーケーブルで有機的に結びつける通信システム。パソコンを単体で使うのではなく，システムとして効果的に使うのに必要となる。同じLANの内にあるパソコン間ではファイルやプリンターの共有が容易になる。

LBO
【leveraged buy-out】
買収先の企業の資産を担保に借金をし，少ない自己資金で買収する方法。企業経営者がLBOによって自社を買収し，株式の非公開化を図る例も多く，この場合をMBO (management buy-out) と呼ぶこともある。買収する資金を外部から取り入れることも多く，出資者として共同で経営に当たる。MBOに投資するために，投資家から資金を集めファンドを形成するベンチャーキャピタルが注目されている。MBOファンドは投資した企業の株式公開や上場によって売却益をねらう。欧米ではファンドが機関投資家や年金などの運用対象になっている。

L/C letter of credit ⇨ 信用状

LCOS（リキッド・クリスタル・オン・シリコン）
【liquid crystal on silicon】
シリコン基板の上に液晶を形成した素子。通常のガラス基板液晶がバックライトの光を透過させるのに対し，光を反射させる方式。画素間に発光しない部分がある透過型液晶に比べて画素を微細化できるため，解像度と輝度が高い。液晶の応答速度も速いため，スポーツ中継や映画など素早い動画の表示を必要とする用途に向く。プロジェクション（投射型）テレビの表示素子への利用が期待され，日本ビクターなどが手掛けている。

LDC
【least developed countries】
後発発展途上国。途上国の中でもとりわけ発展の遅れている国々を指す。国連の開発計画委員会（CDP）は1人当たり国内総生産（GDP）が900ドル未満，人口が7,500万人未満，出生児の平均余命，1人当たりカロリー摂取量などを取りまとめたAPQLI指数が59未満などの基準を設けている。2001年9月現在で合計49カ国あり，地域別にはアフリカがアンゴラ，スーダン，ウガンダなど34カ国，アジアがアフガニスタン，ラオス，ミャンマーなど9カ国，大洋州がキリバスなど5カ国，中南米が1カ国（ハイチ）となっている。CDPは3年ごとにLDCなど低所得国全般について経済状態を中心に評価を行い，指定の変更を検討する。

LHC
【large hadron collider】
大型ハドロン加速器。欧州合同原子核研究機関（CERN）が2005年に運転開始を目指している世界最大の素粒子加速器。一周27キロメートルの巨大な真空リングに沿って超電導磁石を1,000個以上並べ，水素の原子核である陽子を光速近くまで加速して互いに衝突させる。宇宙誕生のビッグバン直後に匹敵する高密度・高エネルギーの状態を作り出す。発見されればノーベル賞級といわれる「ヒッグス

粒子」と呼ばれる素粒子を探るのがねらい。建設費は約2,000億円。日本からも研究者が参加するほか、政府が建設費の一部を拠出する。

LIBOR
【London Interbank Offered Rate】
ロンドン銀行間取引金利。通称ライボーレート。国際金融取引の基準となる金利で資金事情に応じて変動する。国際的な融資契約の際、金利はLIBORに何パーセント上乗せするかで決定されることが多い。なお、日本の金融システムに対する不安から、邦銀の提示する金利が有力欧米銀のLIBORを上回ることを「ジャパンプレミアム」という。

LIFFE
【London International Financial Futures Exchange】
ロンドン国際金融先物取引所。英国長期国債や短期国債、ユーロドル、米国国債などの金利先物をはじめ通貨先物、株価指数先物、オプションなどが取引されている。1982年9月に開設された。87年7月には日本の国債を外国市場として初めて上場した。長く欧州で最大の先物取引所だったが、ここ数年はドイツとスイスの連合体であるユーレックス(EUREX)にその地位を脅かされている。

Linux
リーナス・トーバルズ氏がフィンランドのヘルシンキ大学の学生だった1991年に独自に開発を始めたUNIX系の自由に配布・改変が可能なOS(基本ソフト)。著作権に配慮することなく改変・修正が可能な自由度の高さが特徴で、マイクロソフトの「ウィンドウズ」の対抗馬と目されている。プログラムの核であるソースコードをホームページで公開し、開発の協力を募ったところ、世界で10万人ともいわれる技術者がインターネットを通じて開発に参加し、94年に最初の公式版を発表した。ネットを使った独自の開発方式は「オープンソース方式」として注目されている。

LME
【London Metal Exchange】
ロンドン金属取引所。ロンドンにある非鉄金属取引所で、世界の非鉄金属取引の中心。1877年に設立、1982年から先物取引を始めた。銅、亜鉛、鉛、すず、アルミ、ニッケル、アルミ2次合金、北米向け特殊アルミ合金の非鉄8品目を上場。99年5月から銀も新規上場した。午前、午後各2回ずつ立ち会いが行われ、前場の終値はセツルメントプライスとして発表、国際取引の指標になっている。鉄鋼、プラスチック製品の上場を検討している。

LNG
【liquefied natural gas】
液化天然ガス。天然ガスを冷却して液体にしたもので、主成分はメタン。気体のときの600分の1の容積なので輸送しやすいが、摂氏マイナス162度の超低温まで冷却するプラント、超低温のまま運ぶ特殊な冷凍タンカーが必要。一方、欧米では天然ガスは気体のまま消費地までパイプラインで運ぶのが一般的だ。世界のLNG需要の70%近くが日本となっている。日本は年間4,500万トン強のLNGを輸入、その4分の3を電力会社、残りを都市ガス会社などが使っている。ただ、最近では韓国、台湾でも利用が急拡大している。供給源としてはマレーシア、インドネシア、オーストラリア、アラブ首長国連邦などがあり、石油に比べて地域が分散している。新規の供給源としてサハリン、カタール、オマーンなどがあるが、コストが上昇

するなどの問題も出ている。

LPG
【liquefied petroleum gas】
液化石油ガス。一般にはプロパンガスと呼ばれているが、プロパンガスとブタンガスを総称してLPGと呼ぶ。家庭用のほかタクシー燃料、産業用燃料、石油化学原料などに使われる。LPGは、①石油を精製するときに出てくる精製ガス、②石油化学工場でナフサを分解するときに出るガス、③石油系天然ガス——などの中にあるプロパン、プロピレン、ブタン、ブチレンなどを冷却、あるいは高圧(7～10気圧)により液化したものである。日本はサウジアラビア、アラブ首長国連邦、オーストラリアなどから輸入している。最近では中国、東南アジアで薪に代わる家庭用燃料として需要が急増している。

LTPS(低温ポリシリコンTFT)
【Low Temperature Poly Silicon】
様々な周辺回路をパネルに内蔵できる液晶技術。三洋電機が1995年に世界で初めて量産技術を開発した。アモルファスシリコンTFT(薄膜トランジスタ)は外付けの駆動ドライバーが必要だが、LTPSは駆動ドライバーを内蔵できるため額縁を狭くでき、低コスト化につながる。高精細化も容易。東芝松下ディスプレイテクノロジーは、LTPS技術を用いて光センサーを内蔵し、カラー画像を入力できる液晶パネルを開発している。

M

M₁ ⇨ 通貨供給量
M₂ ⇨ 通貨供給量
M₃ ⇨ 通貨供給量

M&A
【merger and acquisition】
企業の合併・買収。1975年ごろから米国でコングロマリット企業が経営の効率化や製品の高付加価値化を目的に、不要部門の売却や高い技術を持った企業の買収を活発化した。80年代には、為替相場の円高進行や貿易摩擦の激化に伴う海外進出のために、日本企業による海外企業のM&Aが盛んになった。最近は日本の大企業がリストラクチャリング(事業の再構築)を進める過程で、経営資源の「選択と集中」のために、事業部門や子会社を売却したり買収するケースが目立っている。また世界的な規模での競争が激しい通信、自動車、医薬品、金融業界などでは国際的なM&Aによる業界再編が進んでいる。

MBI management buy-in ⇨ マネジメント・バイイン

MBO
【management buy-out】
M&Aの一形態。事業部門や子会社の経営を任された執行責任者らがベンチャーキャピタルなど投資会社の資金支援を得て、本体企業から株式を買い取り当該事業ごと独立するもの。のれん分けに近い。企業の事業再編手段の1つとして活発化しており、金融機関を中心に仲介業務参入も相次いでいる。経産省なども定着を目指し、環境整備に力を入れている。

MC
【machining center】
NC工作機械の代表商品。工具を数十本以上収めたATC(自動工具交換装置)を持つ。順次新しい加工面に対応して必要な工具を自動的に配置し、フライス、穴あけ、中ぐりなど各種の作業を1台の機械で行う。段どりさえつければ、あとは全自動で運転でき

る。→NC工作機械

MD
① 【mini-disc】
直径64ミリのディスクで，1991年5月にソニーが開発した。録音ができる光磁気ディスクと，再生専用の光ディスクがある。音の情報を約5分の1に圧縮して記録する。録音時間は60分，74分，80分の3種類がある。2000年半ばに音質は劣るが長時間記録できる「MDLP」規格が登場，記録時間が4倍に伸びた。MD用のハードは92年にソニーが第1号機を発売。その後，各社から携帯型，ミニコンポ，ラジカセ，車載用のMD関連機器が出そろった。国内では若者を中心に市場に浸透，欧州は立ち上がりつつあるが，米国での普及が遅れている。2004年にはソニーがより大容量のデータを記憶できる「Hi-MD」規格を開発。ハードディスク搭載機に対抗するため，大容量化を進めている。
② 【Missile Defense】
ミサイル防衛の略称。→弾道ミサイル防衛

MEMS（マイクロ・エレクトロ・メカニカル・システム）
【micro-electro-mechanical system】
エッチング（食刻）や露光技術など半導体加工技術を使いマイクロメートルレベルで加工した可動部分のある微小機械。従来型の機械加工では困難な微細化を低コストで実現できる。自動車のエアバッグセンサーなどに実用化されているが，センサーだけでなく光通信，バイオテクノロジー，エネルギーなどへの応用をねらい，半導体加工技術を持つメーカーが研究を進めている。微小機械と化学，生物などさまざまな分野の技術融合に役立つと期待されている。

MIGA
【Multilateral Investment Guarantee Agency】
多国間投資保証機関。1988年に途上国への海外直接投資を促進するために世界銀行の一機関として設立。投資対象国での送金の規制，契約不履行，戦争など民間の保険で補てんできない政治的リスクに対する投資保証を個人投資家に提供する。受け入れ国政府へ投資を誘致するための技術的援助なども実施する。本部米ワシントン。参加国は159カ国（2004年3月現在）。投資保証期間は通常15年間。中南米，アフリカへの投資保証が多いが，97年の金融危機以後，アジアへの需要も高まっている。99年4月には日本企業の途上国への直接投資を促すため貿易保険の分野で通産省（当時）と協力することで合意した。2003年12月，日本人女性としては初の長官となる大村由紀子氏が就任した。→世界銀行

MIPS
【million instructions per second】
コンピューターの性能を示す指標の1つで，ミップスと読む。CPU（中央演算処理装置）の1秒間当たりの命令実行回数を表し，1秒間に100万回の命令を実行する演算速度が1MIPS。ハードウエアの処理速度の目安となる。ただ，アーキテクチャーの違いなどから，異機種のコンピューターをMIPSで単純比較はしにくい。

MLRS
【multiple launch rocket system】
多連装ロケットシステム。コンピューターによる射撃制御装置を備えた野戦用の中短距離用ロケットシステムでロケット6基入りパッケージを2つ備えており，最大12発の連射ができる。局地制圧型の陸上兵器で30キロの射程を持つ。米LTV社が開発生産して

おり，米国のほか独でも装備化されている。日本もアイ・エイチ・アイ・エアロスペースがライセンス生産をしている。

MMF
【money market fund】
米国の金融市場に流通している米国財務省証券や譲渡可能定期預金証書，コマーシャルペーパーなどの短期証券を専門的に組み入れ，運用する投資信託。正式にはMMMF（money market mutual fund）という。換金が自由で，しかも手数料なしで購入・換金できる。利回りも確実で，比較的高利回りであることから，1974年以降，本格的に普及した。購入残高に応じて小切手の振り出しもできるため急成長，預金金利の規制撤廃など米国の金融自由化の原動力となった。本格的な決済機能や融資機能も持った資金総合口座CMA（キャッシュ・マネジメント・アカウント）という画期的な商品の誕生にもつながり，危機感を強めた銀行がMMA（マネー・マーケット・アカウント）はじめ対抗商品を相次いで投入することになった。日本では同種の商品，マネー・マネジメント・ファンドのことをMMFと呼んでいる。→マネー・マネジメント・ファンド

MO magneto-optical ⇨ 光磁気ディスク

MOS型IC
【metal oxide semiconductor integrated circuit】
金属酸化膜半導体集積回路。半導体ICの1つで，バイポーラ型と対比される。シリコンなどの半導体表面を酸化して絶縁物とし，その上に金属などの電極を乗せた構造を持つ。素子間の分離が不要で配線が簡単なため高密度化しやすい。このため，記憶素子（メモリー）などに幅広く使われる。バイポーラ型に比べ演算速度は遅いが，消費電力が少ない。

MOX燃料
【mixed oxide fuel】
プルサーマルで使用する燃料のことで，使用済み核燃料から取り出したプルトニウムとウランを，酸化物の形で混合させてつくる。回収されたプルトニウムをリサイクルするため，燃料の利用効率は最大で25％程度上昇する。電力会社各社は2010年までに全国16～18基の発電所でMOX燃料を使ったプルサーマルを開始する計画。→プルサーマル

MPEG
【Moving Pictures Experts Group】
ブロードバンド時代には動画像をデジタル信号に変換，圧縮して通信回線などを通して機器間でやりとりすることになる。そのための機器間で互換性を持たせる圧縮方式。ISO（国際標準化機構）とIEC（国際電気標準会議）の傘下で約20カ国100社から参加した200人の技術者が規格作りに向けて検討を重ねてきた。画像の圧縮度によって3レベルあり，MPEG1，より解像度が高く衛星デジタル放送やDVD（デジタル多用途ディスク）などの分野で利用される同2，移動体端末を通じた動画のやり取りを目的にした同4が実用化されている。現在，動画の検索を目的にしたMPEG7の規格を作っている。

MPU
【microprocessor unit】
超小型演算処理装置。パソコン，ワークステーションなどのいわば頭脳としてデータ演算をこなす。急激な性能向上でかつての汎用コンピューター並みの機能をパソコンに持たせることが可能になった。高付加価値ICの代表

で，パソコン向けでは米インテルが市場の8割強を押さえている。近年，投入する命令を簡素化して演算処理を高速化したRISC（縮小命令セットコンピューター）型MPUの製品化が進み，ワークステーションの分野で高いシェアを占めている。RISC型に対し，従来型のMPUをCISC（複合命令セットコンピューター）と呼ぶ。

MRAM
【magnetic random access memory】
磁気技術を利用してセルの磁気の方向を変えることで「0」「1」を区別してデータを保存するメモリー。これに対して，DRAM（記憶保持動作が必要な随時書き込み読み出しメモリー）やフラッシュメモリー（電気的に一括消去・再書き込み可能なメモリー）など従来のメモリーは，セルと呼ぶ記憶回路内の電子の有無で「0」「1」の状態を作ってデータを保存する。消費電力を大幅に減らせる次世代メモリーとして，NECと東芝，米IBMと独インフォニオンテクノロジーズなどが共同開発を進めている。

MRF
【money reserve fund】
証券総合口座専用の短期公社債投資信託。株式や債券の売買資金，振り込まれた給与など証券総合口座に預け入れた資金は自動的にMRFで運用される。ここに資金をプールしておき，株式購入時の代金に充てるといった使い方をする。1円単位で預け入れでき，預け入れ当日から自由に解約・出金できるのが特徴。銀行の普通預金よりも高い利回りが期待できるが，運用対象が安全性の高いものに限定されており，従来のMMF（マネー・マネジメント・ファンド）よりも利回りは低い。

MTN
【medium-term note】
米国やユーロ市場で発行されるミディアム・ターム・ノート（中期社債）。償還期間は，中期だけでなく20年といった長期のものも発行されている。通常，MTNプログラムという仕組みを利用して発行される。発行の総額をまず設定しておき，その枠内なら，いつでも何回でもMTNを発行できるというもの。償還期間も自由に選べるので，負債の管理も容易になる。ドル建て，ポンド建て，マルク建てや円建てのほか，同じプログラムで異なる通貨のMTNを発行できるものもある。

MULTOS
【multi application operation system】
多目的ICカード用の専用OS。英モンデックスが中心になって設立した企業連合体MAOSCOが推進している。1枚のICカードに電子マネーやクレジット，定期やポイントシステムなど複数のソフトを載せられる。

MVA
【market value added】
市場付加価値。企業の市場価値（時価総額）から使用総資本を引いた値として定義される。企業の一期間の業績だけでなく，企業がこれまでいかに効率的に資本を投下してきたか，そして今後，いかに効率的に投下していけると投資家が期待しているのかを反映しながら企業を評価する数値。米国のコンサルティング会社スターン・スチュワートが開発したEVA（経済付加価値）のいわば"累積"版。→EVA

MVNO
【mobile virtual network operator】
仮想移動通信事業者。携帯電話やPHS会社から回線や設備を借りて自社ブランドで移動通信サービスを提供する会社。1999年に英ヴァージン・モバイルが世界で初めて開始した。日

本でも2001年からベンチャーの日本通信などがDDIポケットのPHS回線を利用して参入している。通信料を1年分前払いにしたり、企業内ネットワーク構築のソリューションの一部として提供するなど、既存通信会社にはない発想で新規参入企業が活躍できるメリットがある。

N

NAB
【New Arrangements to Borrow】
IMFの新規借り入れ取り決め。1994年末から95年初にかけて起きたメキシコ通貨危機を機に、国際的な金融システム安定への支援体制を強化するため、創設が決まった協定。資金総額を340億SDRと、従来の一般借り入れ取り決め（GAB）の2倍とし、大規模な資金拠出に耐えうるようにする。95年6月の7カ国首脳会議（ハリファクス・サミット）で提唱され、97年1月のIMF理事会で創設に正式合意した。GABメンバーの日米欧主要11カ国が170億SDRを分担し、同額を新たに参加するアジア、欧州、中東、オセアニアの十数カ国が負担する。NABは各国が公約した資金をIMFに貸し出し、IMFがその資金を通貨危機に直面した国に転貸する仕組みになっている。→GAB

NAFTA North American Free Trade Agreement ⇨ 北米自由貿易協定

NASA
【National Aeronautics and Space Administration】
米航空宇宙局。大統領直属の宇宙科学技術開発機関で、米国航空諮問委員会（NACA）を発展的に解消して1958年10月に発足した。航空と人工衛星、月ロケットなどの宇宙計画をはじめ、軍用ロケットに至る研究、実験を一手に引き受ける。アポロ計画で活動がピークに達したあと、ベトナム戦争の影響で活動が縮小したが、72年からのスペースシャトル計画などで再び活発な活動ぶりを見せている。科学技術の粋を集め信頼を誇ってきたが、86年1月のスペースシャトル「チャレンジャー」の爆発事故で世界に大きな衝撃を与えた。2003年2月の「コロンビア」の空中分解事故で再び重大局面を迎えたが、事故原因を究明した上で早期の運航再開を目指す。現局長はショーン・オキーフ氏。

NASDAQ National Association of Securities Dealers Automated Quotations ⇨ ナスダック

NATM工法
【new Austrian tunneling method】
最近日本でも普及してきたトンネル掘削の新工法。掘削した空洞の内側から地山（地表との間の地盤）に向けて2～3メートルの長さの鋼製棒（ロックボルト）を一定間隔で打ち込み、その上にコンクリート吹き付けをすることで、地山の圧力を受け止める工法。トンネルの耐久性が高く、従来のH形鋼が不要となるため経済性の高い工法として評価され、地質の悪い山岳トンネルから都市の地下トンネルまで活用の舞台が広がっている。

NATO
【North Atlantic Treaty Organization】
北大西洋条約機構。加盟国が1カ国でも攻撃されれば全加盟国への攻撃とみなし、必要なら武力も行使する軍事機構で、1949年4月4日、共産主義の脅威に対処するためワシントンで、米国、英国、フランス、カナダ、イタリア、ポルトガル、ベルギー、ル

クセンブルク，オランダ，デンマーク，アイスランド，ノルウェーの12カ国の加盟で発足した。その後52年にギリシャとトルコ，55年に西ドイツ，82年にスペイン，99年にチェコ，ハンガリー，ポーランドが加わって現加盟国は19カ国。2002年11月にエストニア，ラトビア，リトアニア，スロバキア，スロベニア，ルーマニア，ブルガリアの7カ国を07年に加盟させることを正式決定した。フランスは66年に米，英のNATO支配に反発し軍事機構を脱退したが，96年に復帰を決めた。最高決定機関は各国外相，国防相で構成する理事会。02年5月，NATOとロシアは対等な立場でテロ対策に取り組む理事会を創設した。戦略上の最高機関は北大西洋軍最高指令部。本部はブリュッセル。04年1月，オランダ前外相のデホープスヘッフェル氏が事務議長に就任した。

NATO・ロシア理事会
【NATO-Russia Council】
北大西洋条約機構（NATO）とロシアが2002年5月28日に調印したローマ宣言により創設された共同意思決定機関。これによって，ロシアは事実上NATOへの準加盟を果たしたことになる。この背景には米国による世界の一極支配に反発していたエリツィン・ロシア前大統領の外交路線を大きく修正したプーチン大統領の実利外交がある。新理事会創設により安全保障分野で欧米諸国と協調し，エネルギー開発，インフラ整備などの経済協力拡大につなげるねらいがある。

NB
【national brand】
名の通った一流メーカーの，しかも知名度と普及率の高い商品および商標名。メーカーブランドともいう。特に日用消費財メーカーの商品に多い。消費者の低価格志向が強まっていることから値引き販売が常態化した。大手小売業が独自に開発した低価格のPB（プライベートブランド）はNBと品質が見劣りせず，一時NBは苦境に立ったが，巻き返しに出ている。また最近は菓子やラーメンなど一見NBでも「止め型」などと呼ばれる，特定の小売りチェーン専用商品が急増している。→プライベートブランド

NC
【numerical control】
数値制御。コンピューターに記憶させた数値情報により，位置決め用モーターを制御する方式で，工作機械などの加工機に多用されている。ハンドル操作による手動方式と比べて，自動化しやすいうえ，精度も安定している。最近はパソコンにNCボードを搭載し，工作機械の数値制御をパソコンで行うパソコンNC装置も実用化されてきている。コンピューターへの情報入力にはフロッピーディスクなどを使うほか，ネットワークを通じてプログラムを直接引き込むことも多くなっている。

NC工作機械
【numerically controlled machine tool】
NC装置を搭載した工作機械で，MCやNC旋盤，NCフライス盤などが主流。位置決め用の数値情報などが入ったフロッピーディスクなどをNC工作機械にかければ，自動加工ができる。プログラムの作成は専用のパソコンを使うケースが多いが，NC工作機械に搭載されたディスプレー装置の指示に基づいてプログラムを作成する「対話型」の機種が増えている。最近はインターネットなどのネットワークを通じてプログラムを取り込めるタイプも増

NEEDS
【Nikkei Economic Electronic Databank Service】
日本経済新聞社のコンピューターによる，総合的な経済データバンクシステム。内外の各種の経済データや新聞記事情報などを，インターネット (Financial QUEST)，磁気テープ (NEEDS-MT)，ハードコピー (NEEDS-HC)，CD-ROM (NEEDS-CD-ROM) ——などの形で提供している。

NEET
【Not in Employment, Education and Training】
仕事に就かず，学校や職業訓練にも通わない無業者を指す。1990年代後半に英国で使われ始めた言葉で，現在は欧州全体でその解消が課題になっている。日本でも近年，若年層を中心に急増。その数は約30万人とも言われ，政府の就学，就業支援が課題になっている。日本の無業者には，親と同居して経済的な援助も受けている独身者（パラサイトシングル）も多く，無業者の就学，就業意欲をどう高めていくのかが，課題になっている。

NEPAD
【New Partnership for Africa's Development】
アフリカ開発のための新パートナーシップ。貧困撲滅や経済開発，世界経済との統合を目指すための努力を盛り込んでアフリカ諸国がまとめた計画。冷戦期のような先進国からの一方的支援に依存する体質から脱却し，アフリカ人による努力を国際社会が補完する，いわば「対等の立場」でのアフリカ発展を前提としたのが特徴。地域紛争の解決，民主化の促進，汚職の根絶など統治の改善といった分野での自助努力を約束し，アフリカ諸国が互いに監視し合う相互評価制度も盛り込んだ。日米欧ロシアの主要国はこの計画を評価し，これを前提に今後の支援を進めていくことを約束した。→アフリカ連合

NGO
【non-governmental organization】
非政府組織。もともと国連の場で政府機構とは区別される民間団体を指す言葉として使われ始めた。国連では経済社会理事会と協力関係をもつ国際民間団体を指し，社会福祉団体，労働組合，女性団体などさまざまな分野や組織形態の民間団体をすべてNGOと呼んでいる。日本では一般に，途上国の社会開発に従事する民間の非営利団体 (NPO) や，それを支援する外国の開発協力団体という意味合いが強い。→NPO

NMD
【National Missile Defense】
米国の国家ミサイル防衛構想。→TMD

Non-GMO食品 ⇨ 遺伝子組み換え食品

NOx
【nitrogen oxides】
窒素酸化物。燃焼の際，空気中の窒素と酸素が結合してできる「サーマル」NOxと，燃料中の窒素分が燃焼により酸化する「フューエル」NOxの2種類がある。発生するNOxはほとんどが一酸化窒素で，これが空気中の酸素と化合して二酸化窒素になる。排出源は工場の煙突，自動車のエンジン，発電所のボイラーなどから家庭のストーブに至るまで，広範囲にわたっている。光化学スモッグの原因ともなっており，環境省では自動車排ガスについては日本版マスキー法により，また工場など固定発生源については施設ごとに排出基準を設けて規制してい

る。1978年7月に改定された二酸化窒素（NO_2）の環境基準は1時間値の1日平均値で0.04〜0.06ppmとされている。

NOx規制
東京、大阪など大都市地域の窒素酸化物（NOx）による大気汚染を改善するための規制で、元凶のディーゼル車の排出ガスを抑制するのが自動車NOx法。1992年6月に制定され、特定地域においては、二酸化窒素（NO_2）に関する大気環境基準を2000年度までにおおむね達成することになっていたが、汚染は改善されていない。さらに健康に影響があるとされる粒子状物質（PM）対策も求められていることから、環境省は05年からディーゼル乗用車のPMを75〜85％、NOxを41〜50％削減する規制などに乗り出す。

NPM
【new public management】
新公共経営と訳す。公共部門に民間企業の経営手法を導入し、効率的で質の高い行政サービスを目指す手法のこと。日本では1996年の三重県による事務事業評価システムの導入が初の本格的な試みとされる。予算や人員など投入資源に対して、どれくらいのサービスを提供したのかをつかみ、これにより住民生活がどこまで向上したのかを測定する。戦略的な事業目標を立てて達成度を数値指標で測ったり、企業会計を導入してコスト意識を明確にしたりする。→PPP②

NPO
【non profit organization】
非営利組織。政府・行政から独立した自主的な集まりで、社会貢献や慈善のために活動する組織のこと。NPOには法人格を持たない任意団体として活用しているところもあるが、法人格を与える特定非営利活動促進法（NPO法）が1998年12月に施行され、2004年4月末までの累計で1万6,549法人が認証された。NGO（非政府組織）と似ているが、一般にNPOは営利企業との、NGOは政府との区別を強調する際に使う言葉。最近は「NPO／NGO」とひとまとめに扱うことが多い。またNPOのうち国際交流を行う団体を指してNGOと呼ぶ傾向がある。→NGO

NPO融資
【lending to non profit organization】
NPO（非営利組織）に対象を特化した貸し付けのこと。法人向け融資と異なり、経営成績や財務などに加えて、活動目的の社会性や組織運営の仕組みなども審査の対象になる。住宅ローン並みの低利が特長。個人の預金やローン取引など、裾野を広げることなども狙ったもの。ただ法人向け融資と同様に3期程度の活動実績が必要で、立ち上げ資金については対応が不十分な面がある。

NSG（原子力供給国グループ）
【Nuclear Suppliers Group】
核物質や関連機材を扱う国が輸出の際、核兵器に転用しないことを誓約させるなどのガイドラインを設定し、核拡散の阻止をねらう機関。インドが秘密裏に核開発を進めた反省から日米欧など7カ国が1975年に結成、現在の加盟国は40カ国。ガイドラインに強制力はないが、北朝鮮、イランなど核問題の続発を受け、国際原子力機関（IAEA）と並んで核拡散阻止を目指す機関として注目度が上がっている。2004年5月の年次総会では核物質と関連機材の輸出規制を大幅強化することで合意。NSGの輸出禁止リストに含まれない品目でも、核兵器生産の恐れがあると判断すれば禁輸

できる「キャッチオール規制」を採用した。→キャッチオール規制

NTT分離分割
【breakup [split-up] of Nippon Telegraph and Telephone Corp.】
日本電信電話（NTT）が1999年7月に、純粋持ち株会社の傘下で、長距離通信会社と東西の地域通信会社に分離・分割されたこと。96年12月にNTTと郵政省が合意。翌年6月に改正NTT法が成立し、決定した。ねらいは公正競争条件の確保と組織のダウンサイジングによる巨大組織の活性化。長距離会社はこれまで認められてなかった国際通信サービスも手掛けられるようになった。資本面も含めた完全分離分割を目指した郵政省と組織防衛を図ったNTTの妥協の産物ともいえる。

NT倍率
【Nikkei-TOPIX ratio】
日経平均株価を、東証株価指数（TOPIX）で割ったもの。株価指数は算出方法が異なるため、局面によって独自の動きをすることも多く、指数の動きの違いから相場の流れを読み取ることができる。日経平均は単純平均のため株価水準の高い銘柄（値がさ株）に左右されやすい。TOPIXは銘柄ごとの時価総額による加重平均のため、銀行株など大型株の影響を受けやすい。その時々の相場つきによってNT倍率は大きく変動することがある。→東証株価指数、日経平均株価

OAS
【Organization of American States】
米州機構。西半球における紛争の平和的解決と米州諸国間の相互理解の促進を目的とした地域協定。1948年調印の米州機構憲章に基づき51年12月発足。参加国は米国、カナダと中南米諸国の合計35カ国。62年にキューバが活動停止処分を受けたが、75年、解除された。2005年末までに米州自由貿易地域（FTAA）を実現させることを目指していたが、米国とブラジルの対立で延期の公算が高まっている。

OCR
【optical character reader】
光学式文字読み取り装置。この装置で紙に印刷された文字を読み取って、コンピューターに入力する。文字に光を当てて、反射した光の強弱パターンを装置側の文字データと照らして文字を認識する。OCR関連製品は帳票OCR、文書OCRの2タイプに分けられる。

ODA
【official development assistance】
政府開発援助、公的開発援助。先進国の政府機関による途上国ないし国際機関への援助。金利が高くつく民間の援助より条件が良いため受け入れ側に歓迎されている。贈与、借款、賠償、技術援助などの形をとる。開発援助委員会（DAC）は1973年1月1日以降調印されたすべての援助について贈与要素（グラントエレメント）が25％以上のものをODAに値するものと判断している。95年に正式決定したODAの供与対象国・地域の新基準は、従来の1人当たり国民総生産（GNP）の金額だけで選ぶ方式から、「出生率」「平均余命」「対外債務」など10指標による総合評価方式となった。新基準の導入で、台湾、香港、イスラエルなど10カ国・地域がODA対象から除外された。2001年の日本

のODAは98億4,000万ドルと前年比で27.1％も減少した。100億ドルを割り込むのは97年以来で、世界最大のODA供与国の座を米国に明け渡した。→途上国, DAC

ODA大綱
【ODA Charter】
日本政府が1992年6月に決定した政府開発援助（ODA）に関する基本方針。考慮すべき原則として、①環境と開発の両立、②軍事的用途への不使用、③被援助国の軍事支出と武器輸出入への注意、④民主化, 市場経済, 基本的人権の促進──を掲げる。対象としてはアジア重視、LDC（後発発展途上国）重視を打ち出した。ただ、ODA大綱に対しては、総花的で明確な戦略を欠いているとの指摘もある。

ODM
【Original Design Manufacturing】
相手先ブランドによる設計・生産。相手先のブランドで製品を製造し、販売するOEM業態が深化した形態。設計からマーケティングまで担当し、一部は物流や販売まで複数のブランド企業向けに提供する。典型例は台湾のパソコンメーカーで、米デルやヒューレット・パッカード向けに中国でパソコンを組み立て、米消費者に空輸している。コスト削減を目的にODMメーカーを利用する日米欧企業が増え、台湾ODM最大手の広達電脳はノート型パソコン生産量の世界シェア25％程度を有する。

OECD
【Organization for Economic Cooperation and Development】
経済協力開発機構。第2次大戦後、欧州の復興、経済協力を推進してきたOEEC（欧州経済協力機構）を、途上国援助問題など新たに生じた世界の経済情勢変化に適合させるため改組、1961年9月30日発足した機構。目的は、①財政金融上の安定を維持しながら雇用、生活水準の向上を達成し、世界経済の発展に貢献する、②途上国経済の健全な拡大に寄与する、③世界貿易の多角的、無差別な拡大に貢献する──など。下部機構には経済政策委員会（加盟国の共通の経済政策を検討する3つの作業部会がある）、開発援助委員会（DAC）、貿易委員会の3主要委員会と多数の専門委員会が設けられている。また、74年11月には、石油危機に対処するための国際エネルギー機関（IEA）が新たに設置された。現加盟国は30カ国、事務局はパリ。98年末にそれまで積極的に進めていた多国間投資協定（MAI）交渉を米欧の対立で打ち切るなど活動には限界もある。電子商取引や遺伝子組み換え作物に関するルール作りなどについても話し合いを行っている。→DAC, IEA

OEM
【original equipment manufacturing】
委託を受けた相手先のブランドで完成品、部品を供給すること。家電、自動車などで広く普及している。メーカー同士、メーカーと大手小売業が契約するものなどさまざまな形態がある。弱小メーカーが有名ブランドに頼って生産を受託する場合と、大手メーカーが過当競争を回避する目的で受託する場合の2通りが一般的。中国や東南アジアの安い労働力を利用してOEM供給を利用する企業が増加する一方、欧米からの日本への委託も多い。

OH1
陸上自衛隊の小型ヘリコプター「OH6」の後継機として防衛庁が日本で初めて純国産開発したヘリコプター。指揮、観測、偵察が主目的で、

複合材を使った回転翼，赤外線センサーやレーザー測距装置などを一体化した索敵装置などを備えている。川崎重工業を主契約企業に1992年度から開発に着手，95年度までに890億円を投じている。99年1月に量産機の納入が始まった。1機当たりの契約額はエンジンを除いて約15億円で，100機以上の調達が予定されている。

OIC
【Organization of Islamic Countries】
イスラム諸国会議機構。1971年5月創設。中東だけでなくアジアやアフリカなども含めた56カ国と1機関（パレスチナ解放機構）が加盟。3年ごとに定例首脳会議を開き，議長国が交代する。事務局はサウジアラビアのジッダ。イスラム世界の団結と相互支援を掲げており，パレスチナ問題などでしばしばイスラエルを非難する声明を発表してきた。2003年3月の緊急首脳会議では，米国などによるイラク攻撃への強い反対を打ち出した。

OJT
【on-the-job training】
職務を通じての訓練，職場内教育。日常の仕事を通して生きた教育をすること。Off-JT（職務を離れての訓練）が机上の学問になりがちなのに対し，業務を通じて仕事の進め方や必要な知識，技能などを社員に身につけさせるねらいがある。

OPEC
【Organization of Petroleum Exporting Countries】
石油輸出国機構。1960年9月，サウジアラビア，ベネズエラ，イラン，イラク，クウェートの5カ国によって**結成された"資源カルテル"。**本部，事務局をウィーンに置く。その後，カタール，リビア，インドネシア，アルジェリア，アラブ首長国連邦（UAE），ナイジェリア，ガボン（96年に脱退），エクアドル（93年に脱退）が加盟し，現在は11カ国で構成している。73年秋，第4次中東戦争勃発を機にOPECは一方的に値上げを断行した。この第1次石油ショックでは2カ月半で標準原油が1バレル＝3ドルから12ドル近くまで引き上げられ，「史上最強のカルテル」としてOPECは一躍世界にその名を轟かせた。その後，英国（北海油田）やメキシコなど非OPEC諸国の産油量が急増した結果，OPECのシェア低下と原油の供給過剰が表れ，OPECは83年3月に史上初めて基準価格の引き下げを余儀なくされた。2000年9月にベネズエラで開いた25年ぶりの首脳会談では，先進・消費国との対等な対話や燃料税の見直しを求める「カラカス宣言」を採択した。イラクに対する経済制裁が03年5月，13年ぶりに解かれ，生産再開に向けた動きに他の加盟国が神経をとがらせている。04年に入り，原油価格の高騰が続いていることに加盟国の意見が分かれた。「盟主」サウジアラビアが単独増産を突如表明したが，6月の総会で生産枠を1割程度引き上げることで合意した。

OR
【operations research】
経営用語としては，経営者の行う意思決定を数学的に行う方法。目的は，経営全般の見地から最適の方策を見つけることで，そのため資料を収集し，これを分析し，その間に存在する体系を見いだす科学的方法を用いる。手法としてはLP（線型計画法），シミュレーション，PERT，ゲームの理論などが代表的。→ゲーム理論，PERT

ORHA
【Office of Reconstruction and Humanitarian Assistance】

米復興人道支援室。イラク戦争終戦後のイラクを実質統治する国防総省傘下の組織として発足。ガーナー退役陸軍中将がトップに就いたが，治安回復にてこずったため，ブッシュ大統領は2003年5月，イラク統治の文民最高ポストに国務省出身のブレマー氏を指名，国防総省主導の統治体制を転換した。ブレマー氏は同年6月，ORHAを米英による暫定行政当局（CPA）に統合すると発表，復興人道支援を含めたすべての占領政策が同氏の指揮下で進められることになった。→対テロ戦争

OS
【operating system】
コンピューターの最も基本的な機能を定めるソフト。基本ソフトと訳す。アプリケーション（適用業務）ソフトを管理したり周辺機器とのデータのやり取りを管理するなど，重要な役割を果たす。→UNIX，ウインドウズXP

OTO
【Office of Trade and Investment Ombudsman】
市場開放問題苦情処理推進事務局のこと。本部長は首相で内閣府に事務局を置き，窓口は厚生労働，財務，経済産業，農水など関係11省庁に及ぶ。1982年1月に市場開放策の1つとして設置が決まったもので，外国企業や輸入業者が主に輸入検査手続きについての苦情，不満を各省庁に持ち込むことができる。

P

P&A
【purchase and assumption】
資産・負債の承継。米国で発達した金融機関の破たん処理手法の1つ。買い取り銀行が破たん機関の資産の全部または一部を買い取り，預金も全部または一部を承継する。この手法の導入で破たん機関の分割処理が可能になり，米S&L（貯蓄貸付組合）の処理が急速に進んだ。日本でもペイオフ解禁後の有力な破たん処理手法になると見られている。

PB private brand ⇨ プライベートブランド

PBEC
【Pacific Basin Economic Council】
太平洋経済委員会。日本，米国，オーストラリア，カナダなど太平洋地域の経済人が地域経済協力拡大のため1968年に設立した純民間国際組織。20の国・地域から約880の企業・団体が参加している。毎年5月の総会のほか，運営委員会を毎年1回開催している。2001年4月に第34回総会を東京で開催した。

PBR price book-value ratio ⇨ 株価純資産倍率

PBX
【private branch exchange】
構内交換機。企業内通信ネットワークの中核機器で，オフィス内の電話を内線，外線につなぎ分けたり，データ信号をやり取りしたりするのに使われる。回線数が100以下の小容量のものから，1,000を超える大容量タイプまで種類は豊富。最近は企業内ネットワークのIP（インターネットプロトコル）化に対応したIP-PBXや，PBX機能を通信業者側が一元管理するIPセントレックスが広がっている。

PCM
【pulse code modulation】
パルス符号変調方式。AM（振幅変調），FM（周波数変調）に続く第3の変調方式。それぞれ特定の符号を表

すパルス(脈動波)によって信号を送る。雑音が少なく、多重通信に向き、通信の秘密が保てるなどの長所がある。電話や衛星通信、衛星を使った高音質のラジオ放送に実用化されている。

PCT Patent Cooperation Treaty ⇨ 特許協力条約

PC工法
【precast concrete method】
コンクリート建築の部材を工場生産化した工法。普通は建築現場で仮枠を作り、これにコンクリートを流し込んでいるが、PCは工場で型枠に流し込んで部材を作り、現場では組み立てが主体になるため、品質にムラがなく、施工省力化が図れる。これまで壁や床板が多かったが、最近、柱やハリをプレハブ化するRPC工法の開発が進んでいる。現場打ちのコンクリートに比べ現場労働を少なくし、工期を短縮できることから中層集合住宅に多く取り入れられている。また、これとは別に、鋼線によって事前緊張を与えたいわゆるプレストレストコンクリートを使った工法(プレストレストコンクリート工法)を指すこともある。

PDA
【personal digital assistant】
携帯情報端末。1992年1月に米アップルコンピュータ(現アップル)が提唱した次世代の情報通信機器の概念。パソコンと電子手帳的な機能を兼ね備えた、マルチメディア時代の有力な個人用情報ツールといわれている。スケジュール管理、手書きメモ入力のほか、データベースに接続してデータを検索したり、文字・動画情報を送・受信したりする通信機能も持っている。

PDI
【predelivery inspection】
納車前点検整備。新車を顧客に納入する前にディーラーが実施する各種の点検・整備作業のこと。具体的には工場出荷時に塗った錆防止用のワックスを落とし、顧客の注文に合ったエアコンやオーディオセットなどを取り付ける作業を指す。ディーラーの整備・サービス要員は不足気味になっており、メーカーがPDI業務を肩代わりする例も出ている。

PDM
【product-data management】
製品データ管理。製品を設計・製造するために必要な一連のデータを管理するシステム。具体的にはCAD/CAMシステムで作成した設計データや加工データ、部品の構成情報、設計変更などで発生する文書などを扱う。製品のライフサイクル全般を網羅する膨大な情報を一元管理できるほか、必要に応じて社内外で共有することも可能。開発設計期間の短縮や管理コストの削減、製品の品質向上などにつながる。→CAD/CAMシステム

PDPテレビ ⇨ プラズマパネル

PER
【price earnings ratio】
株価収益率。株価がその株式会社の1株当たり利益の何倍になっているかを示す指標。市場全体の平均値を使って、全体の相場水準を見る指標としても重視されている。何倍が妥当かという絶対的水準はないが、その会社の成長力、競争会社との比較、過去の水準との比較などから、株価水準を判断するうえでの重要な指標。例えば、業種平均と比べて高ければ同業他社より割高、低ければ割安、というような使い方をする。

PERT
【program evaluation and review technique】
工事などの実行計画を組む場合、ど

のような方法で，どのような工程の進め方をしたら，人員や資材の無駄がないように配置でき，工期を短縮できるかを解明する最適工程管理の手法。複雑多岐な工事計画を工程ごとに解きほぐし，これを網の目のような関連図によって関係づけ，作業手順や作業の進行状況をひと目でわかるようにしたもので，工事日程や納期を割り出すのに利用する。

PEX運賃
【special excursion fare】
特別回遊運賃。航空会社が消費者に直接販売する正規割引運賃。国際航空運送協会（IATA）が定める全社共通価格のIATAペックスと，IATAペックスを含む一定幅内で各社が自由に価格設定して認可を受けるゾーンペックスの2種類がある。IATAペックスは，最少滞在日数と最多滞在日数，発着日が決まっている場合に適用される往復割引運賃。出発日により料金が異なる点が普通運賃と違う。ゾーンペックスは，日本発着の場合は国土交通省が半期ごとに定める幅の範囲内で，航空会社が便数や運航時間帯などの競争力に従って個別に定める。閑散期には割引率が高まるため，航空会社の包括旅行（IT）運賃航空券（パッケージ旅行の素材として旅行会社に卸す）がバラ売りされる際に生じる格安航空券と，ほぼ同額になることもある。1994年4月に新国際運賃制度の導入で，旅行会社向けでは15人以上で適用の団体包括（GIT）運賃が廃止され，代わりに1人から適用の個人向け包括（IIT）運賃が登場した。同時に，一般消費者向けでもゾーンペックスが認められるようになった。通常，ペックス運賃とはゾーンペックスを指すことが多い。

PFI
【private finance initiative】
道路や橋，博物館など公共部門が実施している社会資本の整備を民間にゆだねる手法の総称。1990年代初めに英国で広がり，途上国でも幅広く採用されている。建設して一定期間は民間が保有，運営した後に国や自治体に譲渡するBOT方式や，譲渡しないBOO方式などがある。追加景気対策の一環として99年に推進法が制定された。ただ，日本版PFIには政府出資や債務保証も盛り込んでおり，官民の責任分担が不透明になるとの指摘もある。

PFP協定
【partnership for peace】
「平和のための協調」協定と訳される。東西欧州の軍事協力を目指す協定で，1994年1月クリントン米大統領（当時）が北大西洋条約機構（NATO）首脳会議を前に冷戦後の欧州安保の新しい枠組みとして提唱した。NATOに加盟していない東欧諸国，中立政策を掲げる北欧諸国，さらに欧州に位置する旧ソ連諸国がNATOと個別に同協定に調印する。協定締結国はブリュッセルのNATO本部に武官を常駐させる。これまで20カ国以上が調印した。協定では，①合同軍事演習，②軍の文民統制，③共同の平和維持活動――などを定めている。冷戦後も「大国」を自任するロシアにだけは，同協定の枠組みを超えた範囲での関係強化を約束。ロシアはNATOの中・東欧諸国への拡大に反対するため協定調印を拒否していたが，95年5月31日にPFP協定の実施協定に相当する2文書に調印した。
→NATO

PHS
【personal handyphone system】
簡易型携帯電話システム。屋内では

コードレス電話機の子機として、屋外に持ち出せば携帯電話のように利用できる。携帯電話に比べサービス料金が安いことが特徴。有線で敷設するより短期に低コストで固定電話網が整備できるワイヤレス・ローカル・ループ（WLL）に活用されることもある。1995年からNTTパーソナル通信網、DDIポケット電話、アステルの3資本系列がサービスを始めたが、端末の乱売などで経営が悪化。98年に日本電信電話（NTT）は子会社NTTドコモ各社にPHS事業を移管した。一時、700万台を超えた普及台数も2004年3月末には514万台まで減少した。最大手のDDIポケットは01年春にデータ通信専用のパソコンなどに差し込む端末「エアーエッジ」を開始。月額5,000円弱で使い放題のサービスで加入者を増やしている。

PIPEs
【private investment in public equity】
パイプスと読む。上場株での未公開株投資。普段は未公開株を主な投資対象にしている投資会社やファンドによる上場株に対する投資を指す。増資の引き受けなどで株式の一定割合を取得。上場を維持したまま役員を送り込むなど経営に関与し、企業価値（株価）を高めた上で株式を売却する。国内ではアクティブ・インベストメント・パートナーズがニッセンに投資した事例などがある。通常の未公開株投資に比べ、投資先の経営内容に対するリスクが少ないほか、市場で売却ができるという利点がある。一方で大型投資など業績が悪化する施策を取りにくく、投資のリターンが株式相場全体の影響を受けやすいという弱点もある。

PKO
【peace-keeping operations】
平和維持活動。国連が平和維持軍（PK force）や停戦・選挙監視団などを紛争地域に派遣し、紛争の悪化を防ぐと同時に当事者間の和平を促進する活動のこと。安全保障理事会の決議に基づき設置される。当事者の同意や停戦の実現などが前提とされ、加盟国の軍隊のほか国連職員やボランティアが協力する場合が多い。2003年1月末現在、国連キプロス平和維持隊（UNFICYP）、国連コソボ暫定行政ミッション（UNMIK）、国連東ティモール支援団（UNMISET）などが13の国・地域で活動している。

PL product liability ⇨ 製造物責任

PLC
【power line communication】
電力供給のためのケーブルを情報をやり取りする通信網として活用する技術。電力線通信などと訳す。電気コンセントを接続口にパソコンやデジタル家電などでインターネット接続ができる。大きなインフラ投資をせずに、光ファイバーやADSL（非対称デジタル加入者線）に匹敵するブロードバンド（高速大容量）環境が実現可能となるため、世界各地で商用サービスや実用化に向けた実験などが相次いでいる。ただし日本では、アマチュア無線や短波放送に悪影響を与える恐れがあるとして、高速通信に必要な周波数帯域に利用制限がある。三菱電機や関西電力などが協議会を設立して、電波漏えいを防ぐ技術の確立や規制緩和の推進に取り組んでいる。

PLD
【programable logic device】
ユーザーが自前でプログラムを書き換えられるIC（集積回路）のこと。これまでは処理能力（ゲート数）が小さく、単価も高かったため、製品を試作する段階でカスタムICなどの代わりに使わ

れていた。しかしゲート数が拡大し微細化などによってコストダウンが進んだ結果、ゲートアレイなど特定製品の量産の際に使われるICの代替品として使用されるようになりつつある。ゲートを構成するセルの構造によって大容量のFPGA (field programable gate array) と中小容量のCPLD (complexed programable logic device) の2つに大別される。

PLO
【Palestine Liberation Organization】
パレスチナ解放機構。パレスチナの武力解放をうたい、1964年の第1回アラブ首脳会議の決議に基づいて創設された。パレスチナ自治政府が外交権を持たないため、国際的な代表権を保有した形となっている。90年8月に発生した湾岸危機とそれに続く湾岸戦争で、イラク支持の立場を取ったことから、反イラク産油国からの資金援助がストップ。湾岸諸国で働くパレスチナ人からの送金も細り、深刻な財政危機に直面した。しかし、93年9月のパレスチナ暫定自治共同宣言、94年5月の先行自治協定ではパレスチナ代表としての役割を果たした。パレスチナ自治政府でも中心的な役割を果たし、中東和平交渉のカギを握っている。だが、2002年3月にはパレスチナ人による自爆テロ続発に業を煮やしたイスラエル軍が自治区に侵攻、アラファト議長を1カ月以上にわたって監禁した。議長は解放後、米政府の強い要請もあって自治政府の改革に着手、03年4月には側近で穏健派のマフムード・アッバス氏が首相に就任し、新内閣を発足させた。

POS
【point of sales】
販売時点情報管理。小売店などで商品を売ったのと同時に、商品名や金額、時間などがコンピューターに伝達されるシステム。近年はこれに仕入れや配送、発注などの情報も加わった総合的なものとして使われることが多い。入力は主にレジスターでバーコードなどの光学的自動読み取り方式で行われる。収集した情報を多角的に分析することで経営戦略や在庫管理などに役立てる。1965年に米国で開発されたシステム。日本ではスーパーなどの量販店で発達し、百貨店や専門店でも普及している。

PPC
【plain paper copier】
一般には普通紙複写機と呼ばれるが、正確には間接静電式複写機。感光材料を塗布した感光紙でなく普通の用紙にコピーが取れるのが特徴。コピーの質も鮮明で、ジアゾ式複写機、直接静電式複写機 (EF) に代わって複写機の主流となっている。原稿を光学的に読み取るPPCは「ライトレンズタイプ」と呼ぶ。画像・文字をデジタル情報として読み込み、処理するデジタルPPCの普及が急速に進んでいる。

PPP
① 【polluter pays principle】
汚染者負担原則。1972年に経済協力開発機構 (OECD) 理事会が加盟国に勧告した原則。環境資源の合理的な利用と配分を助長すると同時に、国際貿易や投資におけるゆがみを防止するため、汚染防止に必要な費用を汚染者が負担すべきであるという考え方。これは汚染の責任を追及しようというものではなく、国際貿易の観点から資源の適正な配分を達成しようというねらいがある。これに対し、74年度の環境白書は、わが国ではこれまでの深刻な公害の実態から汚染原因者がすべて責任を負うべきだとする社会通念が確立されていることを指摘し、

OECDのPPPの考え方をわが国に適用する場合には，費用負担の範囲の拡大が必要であることを強調した。つまり汚染防除費用にとどまらず，環境の復元，被害者の救済，さらには近くの海が汚染されているため，遠くへ海水浴にでかける場合などに要する汚染回避費用まで汚染原因者の負担に含めるという考え方。この「日本型PPP」の提示はPPPに関するこれまでのさまざまな議論に終止符を打ち，1つの明確な概念を与えたことで評価されている。

②【Public Private Partnership】
官民パートナーシップと訳す。官民が連携して公共サービスを運営し，行政の効率化につなげる手法。英国のブレア政権発足以降に浮上した。公共部門に民間の経営手法を取り入れて行政改革につなげるNPM（新公共経営）をさらに進め，単に民間委託するだけでなく官も運営にかかわることで，行政によるチェック機能を働かせてサービスの質向上につなげる。地域住民が公共サービスの経営に参加することで，住民の望むサービスを実現しようとする側面もある。→NPM

PPS
【power producer and suppliers】
特定規模電気事業者。自由化対象の最終需要家に対して電気を小売りする資格を持つ電力会社以外の事業者。1999年の電気事業法改正により，電力会社の送電線を使って自由に小売り市場に参入することが可能になった。自前で発電所を持つ場合や，他社が持つ自家発電設備を活用して電気を供給する場合がある。実際に送電する場合は，電力会社の系統運用に支障が生じないよう，技術的な要件を満たす必要がある。自由化は2000年3月に始まり，当初は需要規模2,000キロワット以上の大口顧客に限っていたが，04年4月に500キロワット以上，05年3月には50キロワット以上に拡大することが決まっている。04年6月時点で15事業者がPPSの届け出を行っている。

PSI
【Proliferation Security Initiative】
拡散防止構想。ブッシュ米大統領が2003年5月に打ち出した，大量破壊兵器の拡散を防止するための新たな枠組み。ミサイル部品など関連物資を輸送段階などで差し押さえるため，不審な航空機や船舶を臨検する体制の構築を目指す。同年6月に第1回PSI会合が開かれ，11カ国が参加した。9月の第3回会合で「拡散阻止の原則」を採択。同月，オーストラリア沖の公海上で日米豪仏4カ国が参加して，不審船を強制的に検査する初めての合同臨検演習が行われた。参加国は04年7月現在で15カ国。

PTS
【proprietary trading system】
上場株式や債券を公的な証券市場を経由せずに売買する仕組み。私設取引システムと呼ぶ。1998年12月に，有価証券の取引所集中義務撤廃に伴い解禁された。当初は証券会社の参入が相次いだが，幅広い取引参加者を集められず業務休止に追い込まれたところもある。取引所のようなオークション（競売）方式ではなく，取引所の価格を基準にしたり，参加者の相対取引を通じて価格が決まる。市場が閉まっている夜間などの時間帯でも取引できるようになり，市場間競争を通じた売買コストの低下が期待されている。

PTT繊維
【PTT fiber】
ポリエステルとナイロンの良い部分を

併せ持つ次世代の合成繊維。柔軟で伸縮性に優れているうえ低温で染色できるため、羊毛や綿との混紡にも適している。ニット製品、下着、スポーツ衣料のほかシート生地、カーペット、寝具まで幅広い用途が見込まれる。旭化成と帝人が共同で事業展開しているほか、東レも事業化するなど日本企業が先行している。テレフタル酸などが原料で、正式名はポリトリメチレンテレフタレート。

PWR
【pressurized water reactor】
加圧水型軽水炉。100度以上に温度を上げても沸騰しないよう圧力を加えた軽水を冷却材、減速材とする原子炉。この高温の水を使って蒸気発生器で蒸気を作りタービンを回す。燃料には濃縮ウランを用い、原子力発電のほか、原子力潜水艦などの舶用炉として利用されている。世界の軽水炉の75％がPWRである。日本では関西電力などが導入している。→ABWR, BWR

PX
【PX patrol aircraft】
海上自衛隊の対潜哨戒機「P3C」の後継機のこと。防衛庁は2001年度から始まった中期防衛力整備計画（05年度までの5年）の期間中に航空自衛隊の輸送機「C1」の後継機とともに国産する方針を決めた。川崎重工業が主契約企業となり、02年1月から開発を始めた。→CX

Q

QC
【quality control】
科学的に品質を管理する方法。一定の原材料で作り出される製品の品質が変動する原因を統計分析して平均値ないしは傾向を見いだす。また各製品の品質に現れる変動が、原因を調べる必要のある変動であるかどうかを検証し、不備を除いて品質を改善する。品質を数字的につかむことで、品質の安定、向上が可能になる。→TQC

QCサークル
QC（品質管理）活動を現場段階で行う従業員の小集団。QC手法によって製品の品質向上を図るばかりでなく、日常的なあらゆる作業を改善し、生産性向上に役立てる。1960年代以降、日本の基幹産業で発達したもので、従業員の自主性や経営参加意識を育てる役割を果たしているといわれる。欧米でもこの手法を取り入れる企業が増えている。→QC, TQC

QE Quick Estimation ⇨ 国民所得統計速報

QR
【quick response】
繊維業界の情報化を進め、製品の生産・流通の期間を短縮、市場ニーズに素早く対応すること。1980年代初めに輸入品の攻勢に苦しんでいた米国の繊維業界で提案され、現在では原糸メーカーやアパレル、小売を巻き込んだ業界統一システムが稼働している。日本では93年に旧通産省が本格支援を打ち出し、94年にはメーカーや小売業界の団体で構成するQR推進協議会が発足した。連動して、中小企業総合事業団がJAN（日本商品番号）コードを採用したデータベースを構築、電子商取引や販売時点情報管理（POS）の活用を促している。さらに、日本百貨店協会など7団体が99年に通産省の支援でQRとSCM（サプライチェーンマネジメント）を実

地研究するQRAIプロモーションボードを設置し、2000年6月に報告書をまとめている。「年間2兆5,000億円のコスト削減」に役立つと見られている。→SCM

QUICK
【Quotation Information Center K.K.】
経済活動に欠かせない国内外の株式や債券の市況情報をオンライン・リアルタイムで提供する日本で最初の本格的な情報サービス会社。1987年7月、社名を株式会社市況情報センターからQUICKに変更した。71年10月に日本経済新聞社、英国のロイター通信社、日立製作所、有力証券会社、長期信用銀行、都市銀行の共同出資によって設立、74年4月からサービスを開始した。サービスの内容は、①ビデオサービス（端末機）、②ボードサービスによるリアルタイムでの情報提供——に大別できるが、特に端末機によるサービスでは、東京、大阪両証券取引所上場銘柄の現在値、呼び値、週足などの個別銘柄情報、日経平均株価や株価指数、市況解説などの市況情報、さらに経済、一般ニュースなどを呼び出し方式で、英語でも知ることができる。また外国為替情報のほか、株式店頭市場や外国株の値付けシステムも手掛けている。

R

RAM
【random access memory】
随時書き込み読み出しメモリー。ラムと呼ぶ。半導体素子の中の任意のセル（記憶の最小単位）を入出力端子に接続して外部回路につなげると、データを読み出したり、逆に外部からセルの中にデータを書き込むことができる記憶素子。コンピューターの計算過程、計算結果を一時蓄えたり、それを使って次の計算をしたりするのに用いるなど用途は広い。これに対してROM（read-only memory、読み出し専用メモリー）はセル中のデータの読み出ししかできない。→ROM

RDF
【refuse derived fuel】
ごみ固形燃料の略。紙くず、木くず、プラスチックなどの可燃ごみを粉砕し、圧縮・成形して作る燃料。高カロリーのため、ごみ発電に利用できる。自治体などで導入の動きが始まっていたが、発熱の可能性が指摘され、環境省がRDF製造施設の安全基準づくりに乗り出した。

REIT real estate investment trust ⇨
不動産投資信託

RFCC
【residual fluid catalytic cracking】
残油流動接触分解装置。原油の残りかすといわれる重油成分を分解して軽油やガソリンなどに作り替える装置の1つ。分解に使われる触媒が連続的に交換、再生されるため、効率が高い。この装置を使えば高価な軽質原油を使う代わりに安価な重質原油でもガソリンを大量生産できるため、世界の石油会社がこぞって導入した。だが、重質原油の消費量が増え、軽質原油との価格差が従来に比べて縮小傾向を見せているため、思ったほどの投資効果は上がっていない。

RISC
【reduced instruction set computer】
縮小命令セットコンピューター。コンピューターに仕事を実行させるには命令を下さねばならない。さまざまな仕事をさせるために命令の種類を増やし

続けてきたのがコンピューターの歴史であるといえる。しかし、命令の種類を増やし過ぎた結果、情報処理の速度が損なわれるマイナスが生じてきた。そこで、使用頻度の高い命令だけに絞り込んだのがRISCである。半導体が1つの仕事をこなす時間をクロックで表す。RISCはほとんどの命令を1クロックで片付け、処理時間が短縮できる。

RMA
【Revolution in Military Affairs】
軍事革命。情報技術（IT）を駆使した最先端の軍隊、兵器およびそのシステムで、戦争を大きく変えるといわれる。軍事衛星や無人偵察機などのセンサー機能と兵器を高度な情報処理・通信機能で結びつける。全地球測位システム（GPS）などで攻撃目標に誘導する最先端の高性能爆弾に代表されるハイテク兵器を用いる。米陸軍の第4歩兵師団はデジタル師団とも呼ばれ、司令官が携帯端末を保有する兵士の最適配置を即時に指示できる。湾岸戦争以降、米軍が先行している。

RNA
【ribonucleic acid】
リボ核酸。生物の細胞の核や細胞質に存在、DNAとともに生物の遺伝情報を担う生命の基本物質。DNAを鋳型にして作られ、たんぱく質の合成で重要な役割を果たす。その働きによりメッセンジャーRNA、転移RNA、リボソームRNAなどに分けられる。長らくDNAとたんぱく質に注目が集まり脇役と思われていたが、短いRNAに遺伝子を制御する働きがあることが分かり、細胞の運命を握る主役として注目されている。特に人工的に作ったRNAでねらった遺伝子の働きを抑え創薬に応用する「RNA干渉」と呼ぶ新技術の研究が活発だ。→DNA

RNA干渉
【RNA interference】
ねらった遺伝子の動きを特殊な人工RNA（リボ核酸）を使って確実に抑える技術。創薬につながる疾患遺伝子の探索や機能解明の手法として期待が高い。ハエや植物などにしか使えないと考えられていたが、2001年に人間に応用する手法が開発され、研究競争が一気に過熱した。米マサチューセッツ工科大学がエイズ、米スタンフォード大学がC型肝炎の治療の実験に成功するなど成果も上がっており、この技術を中核にビジネス展開するバイオベンチャーの動きが国内外で活発になっている。→RNA

ROE
【return on equity】
株主資本利益率。税引利益を株主資本で割って算出する。株主資本は一般に期首、期末の平均をとる。企業は株主が払い込んだ資本金などの株主（自己）資本と借入金などの他人資本を使って事業活動をする。この指標は株主資本をいかに効率的に使って収益を上げたかを示す。この利益率が高ければ、その分、1株の利益が高まっているわけで、株価を押し上げる要因になると見られている。

ROI
【return on investment】
総資本利益率あるいは投資利益率と呼ばれる。投下した資本がどれだけの利益を生んだかを測る尺度で、企業の収益性や資本の運用効率を表す代表的な指標。売上高利益率（利益を売上高で割って算出）と総資本回転率（売上高を総資本で割って算出）の積として求められる。近年、日本企業のROIが欧米企業に比べはるかに低いことが問題となっており、経営目標としてROIの向上をあげる例が増えて

649

ROM
【read-only memory】
読み出し専用メモリー。ロムと呼ぶ。形の決まった情報、特にコンピューターの動作手順などをあらかじめ記憶させ、利用するときは読み出しだけをする記憶素子。一度入れた記憶は消えない。CD（コンパクトディスク）を利用した「CD-ROM」が普及している。

RTC Resolution Trust Corporation
⇨整理信託公社

RTGS
【real-time gross settlement】
日銀が2001年1月から導入した新しい決済方式で、即時グロス決済と訳す。日銀の当座預金口座で行われる金融機関同士の資金決済を1件ごとに即座に実行する方式で、一定時にまとめて差額を相殺する時点決済に比べリスクが小さい。欧米各国も既に導入済み。銀行などは決済のために巨額の手元資金を用意する必要がなくなるため、決済額そのものを圧縮する動きが広がる公算が大きい。

S

SAARC
【South Asian Association for Regional Cooperation】
南アジア地域協力連合。1985年12月、バングラデシュのダッカで初の南アジア7カ国首脳会議を開催、共同宣言と「SAARC憲章」を採択して正式発足した。域内の経済水準向上や福祉充実、文化の発展などが主な目的で、加盟国はインド、パキスタン、バングラデシュ、スリランカ、ネパール、ブータン、モルジブの7カ国。

SADC
【Southern African Development Community】
南部アフリカ開発共同体。1980年に反南アフリカ共和国で結束するため南部アフリカ諸国が発足させた南部アフリカ開発調整会議（SADCC）が母体。92年に南アがアパルトヘイト（人種隔離）政策の放棄を固めたことを機に、経済開発の協力を主目的とするSADCに改組した。94年8月に経済力の強い南アフリカ共和国が加盟したことで本格的な地域協力組織となった。98年にはアフリカ統一機構（OAU）と協力し、コンゴ内戦の解決に向け積極的に仲介工作を進めるなど、安全保障面での動きも目立っている。加盟は14カ国。

SAM
【surface-to-air missile】
地対空ミサイル。発射地点が地表（または水上）で飛行物体を迎え撃つ。日本では、陸上自衛隊が改良ホーク、航空自衛隊がパトリオット、海上自衛隊がスタンダード、シースパローを装備している。改良ホークの後継として新中SAMの開発も三菱電機を主契約企業として進んでいる。→短SAM，中SAM

SBS
【simultaneous buying and selling tender system】
売買同時入札制度。輸入農産物入札などの際、事前にペアを組んだ輸入業者と卸売業者が連名で入札に参加する制度。1995年から始まったミニマムアクセスに基づくコメ輸入でも一部にこの方式が採用された。コメの場合は、政府が輸入業者から買い入れる価格と政府が卸売業者に売り渡す価格の差額（マークアップ）の大きいものから落札を決定する。

コラム

ソーシャル・ネットワーキング
Social Networking

　自分の人脈をネット上で公開し，紹介し合うネット版「友達の輪」。米国で急速に広がったサービスで，2004年春から日本国内でも続々とサイトが誕生している。大半が紹介制で，同じサービスに登録している知人を通じてのみ，新規登録が可能な仕組みになっている。

　加入希望者は，名前，住所，職業，趣味などをサイトに記入してサービスに登録すれば，サイト上に写真入りの自己紹介のページを持つことができる。ページには通常，サービスに参加している自分の知人らの自己紹介ページにリンクを張る仕組みが用意される。友人の知人リストを見て興味がわけば，相手の承認を得た上で自分の知人リストに加えることも可能。「出会い系」サイトとも似ているが，サービス加入時に紹介制という制限を設けることで一定の安心感を生み出している点が異なる。国内サイトの会員数は最大手でも数万人と，数百万人規模の米国に比べるとまだ小さいが，短期間で大きな成長を見せている。

　もっとも，発展途上のサイトが有料制を導入するのは難しい。米国でもサイト単独で収益が確保できているのは一握りだ。それでも，各社が注目するのは，マーケティングの道具としての可能性を秘めているからだ。不特定多数の会員を集めたサイトに比べ，趣味や仕事などが似通っている人が集まりやすい。この特徴を生かせば単なる広告配信だけではなく，興味・属性を絞り込んだ販促活動や市場調査などを展開できる。

　今後は犯罪目的の「悪意ある参加者」を想定した取り組みも必要になってくる。個人情報の公開レベルを親密さに応じて変えられる仕組みを導入するサイト，あえて加入料を課し，クレジットカードでの支払いを義務付けることで本人確認をするサイトなどが出てきている。ただ，安全性を高めるほど使い勝手が悪くなり，加入者を増やすのが難しくなる。やみくもに加入者を増やすと会員の質が悪くなり，マーケティングなどの応用ビジネスの発展も見込めない等のジレンマがある。

国内の主なソーシャル・ネットワーキング・サービス

サイト名（URL）	特徴
グリー (www.gree.jp/)	知人をコメント付きで他の知人に紹介できる
ミクシー (mixi.jp)	日記が充実。知人の日記にコメントを加えることができる
トモモト (www.tomomoto.net/)	「習い事・教えます」「求人・バイト紹介」などのコーナーが充実
フレンドマップ (www.friendmap.jp/)	自分の情報公開レベルを「直接の友だちに限る」などに設定できる

（注）URLのhttp://は省略

SBU
【strategic business unit】
戦略的事業単位。米国の経営コンサルティング会社，ボストンコンサルティンググループが開発した企業組織の区分。企業の主要事業を次のような要因で1つずつ分ける。①単一事業である，②明確な使命を持つ，③各事業単位が独立した競争相手を持つ，④責任ある経営管理者を持つ，⑤一定の経営資源を持つ，⑥他の事業から独立して計画を作る——など。1つのSBUは複数の事業部であったり，一事業部内の一生産ライン，単一製品やブランドなどさまざまな場合がある。経営者は各SBUの収益性，成長性，市場シェアに応じてヒト，モノ，カネの経営資源を配布する。米国のGE（ゼネラル・エレクトリック）社が初めて経営実務に応用している。

SCM
【supply chain management】
企業が取引先との間の資材調達や受発注，物流，在庫管理などを情報技術（IT）を活用して一貫管理する経営手法。先々の需要をコンピューターを使って高い精度で予測し，変化があれば生産や調達などを柔軟に変更し，全体を最適化する。余剰在庫を削減し，適正な生産体制を整備できるので需要動向の変化が激しい商品の生産に採用されている。米パソコンメーカーのデルでの採用事例が有名。

SDR
【special drawing rights】
IMFの特別引き出し権。もともとは国際流動性不足に対処するため金，ドルなど準備資産を補完する2次的準備資産として登場したが，1978年4月から発効したIMF新協定では金に代わって中心的な準備資産とすることや，各国通貨の価値基準の役割を果たすものであることなどが定められた。SDRの創出，配分は69年秋のIMFワシントン総会で決められ，翌年1月に約34億SDRの配分が行われ，その後72年までに約93億SDRが創出された。SDRの価値は当初1米ドル，純金にして0.888671グラムと等価と定められたが，ドルの切り下げで73年2月には1SDR=1.20635ドルとなった。しかし，フロート移行に伴い，74年7月1日以降，暫定的措置としてSDRの取引価値はいわゆる標準バスケット方式による方法で毎日計算，表示されるようになった。SDRの構成比率は5年ごとに見直される。米ドル，独マルク，仏フラン，円，英ポンドの5通貨によるバスケット方式だったが，ユーロの誕生により4通貨となった。2001～05年のSDRの構成比率は米ドル45％，ユーロ29％，円15％，英ポンド11％。円は96～2000年は18％だったが，国際性の低下により比率が引き下げられた。04年6月現在，1SDR＝約1.46ドル。→IMF，標準バスケット方式

SEC
【Securities and Exchange Commission】
米国の証券取引委員会。1934年に証券取引法によって設立された独立した監督官庁。証券行政をとりしきる。委員会は上院の承認を得て大統領が任命する5人の委員で構成される。本部はワシントン。日本では証券取引等監視委員会がこれに当たる機能を果たしているが，SECの力は証券取引等監視委員会よりはるかに強く，ロッキード社の対外不正支払い事件もSECの強力な調査によって明るみに出た。証券・金融市場の国際化に対応し，86年からは，大蔵省（現財務省）との間で定期協議を開催

し，証券会社の監督，市場監視など を進めている。

SEC基準
【GAAP (generally accepted accounting principle)】
米国会計基準の日本での呼び方。日本の企業が米国で社債発行や増資により資金調達をする場合，米国で一般に適用される会計基準に基づく財務諸表を公表する必要がある。それでなければ，米証券取引委員会（SEC）が認可しないため，日本では米国会計基準をSEC基準と呼ぶ。→SEC

SEO/SEM
【search engine optimization/search engine marketing】
インターネットの検索エンジンで特定のホームページを検索結果の上位に表示させて利用者を誘致するノウハウを指す。例えば健康食品通販サイト運営のケンコーコムは，検索エンジン大手のグーグルなどで「黒酢」や「にがり」といったキーワードで上位に表示されることで広告宣伝費をかけずに自社サイトへの集客を可能にしている。最近では検索エンジンを使った集客を有料で支援するコンサルティング会社も登場している。

SFA
【sales force automation】
営業支援システム。IT（情報技術）を駆使して科学的に製品やサービスの販売を効率化するシステム。製造や開発現場，財務会計業務などに比べ，精神論や根性論が根強く残りIT活用が遅れていた営業業務をテコ入れするために導入する企業が増えている。米国を中心に1990年代から普及し始めた。日本では，リストラによる営業人員削減を補い，潜在消費者を掘り起こす手段として注目されている。様々なシステムがあるが，顧客や商談情報と営業社員の行動などを一元管理し，有望顧客の抽出や営業資源の戦略的投入，商談の進行管理を徹底できる。携帯電話やPDA（携帯情報端末）を活用することで，営業社員の移動や報告業務も合理化する。

SFRC
【steel fiber reinforced concrete】
繊維補強コンクリート。コンクリートに長さ数ミリから十数ミリに切断した繊維を練り混ぜた複合材料。繊維が圧縮には強いが引っ張りには弱いというコンクリートの弱点を補い，ねばりも高めてひび割れ防止にも役立つ。繊維の素材で「鋼繊維」「ガラス繊維」「炭素繊維」などに分かれる。トンネルの吹き付けや道路の舗装，コンクリート2次製品など土木・建築分野で広く利用されており，多くの建設会社やコンクリート2次製品メーカーなどが応用開発を進めている。

SI system integration ⇨ システムインテグレーション

SIMEX
【Singapore International Monetary Exchange】
シンガポール国際金融取引所。アジアにおける初めての金融先物取引所で，1984年9月から取引が始まった。シカゴ・マーカンタイル取引所（CME）と基本的に同一の制度と規則を採用しており，CMEとの相互決済も可能である。現在，金，石油，先進主要国通貨やドル預金金利，米国財務省証券などの先物のほか，日経平均株価と日経株価指数300の先物なども上場している。SIMEXは99年12月にシンガポール証券取引所と合併し，シンガポール取引所（SGX）となった。

SIS
【strategic information system】
戦略的情報システム。コンピューター

をはじめ高度な情報技術(IT)を企業の戦略に積極的に活用すること。代表的な例が大手航空会社の予約システム。単なる事務作業の合理化, 顧客サービスの向上だけでなく, システムを使った顧客の囲い込みや新事業展開が可能になった。企業戦略決定の補助的手段でなく, そのシステムの構築, 存在が戦略として位置づけられる。

S&L 問題
【savings and loan association problem】
S＆Lは米国の貯蓄貸付組合の略。規制緩和の動きに乗じて業務を拡大, 多角化したが, 経営不振に陥り1988年には229社が倒産, 預金保険機関による支援合併や清算措置を受けた。89年8月, 米議会は救済法案を可決, 10年間で金利負担を含め1,660億ドルを投入することになった。また経営不振の再発を防ぐため, ①自己資本・総資産比率を3％以上にするなど自己資本基準を引き上げる, ②ジャンク債 (信用度の低い高利回りの債券) の保有を原則禁止する——などS＆Lへの業務規制の強化を決定した。その後, 90年代半ばになりS＆Lの経営状態は改善し, 不動産融資は増加に転じた。

SMO
【site management organization】
製薬会社の依頼を受けて臨床試験 (治験) を実施する医療機関の業務を支援する業態。治験施設支援機関と呼ばれる。看護士や薬剤師らを治験コーディネーターとして派遣するほか, 治験事務局の代行を手がけるなどして医療機関をサポートする。製薬会社の業務を支援するCROとは異なる。生活習慣病用の新薬の治験などは設備の整っていない診療所で実施することが増えており, SMOの市場は年率20％前後で伸びるとみられている。

SNP
【single nucleotide polymorphism】
一塩基多型。人間の遺伝子は個人や集団レベルで一部の情報が異なり, これを多型と呼ぶ。多くは遺伝子を構成する塩基という化学物質が1つだけ違っており, 病気のかかりやすさや酒の強さといった体質を決めている。人間は数百万個のSNPを持つ。体質に合わせて薬を使い分けるテーラーメード医療を実現するカギになるため, 日米欧の製薬企業や研究機関が解読作業を精力的に進めている。

SoC
【system on chip】
MPU (超小型演算処理装置) やアナログ, メモリーなど複数の機能の回路を1つのチップ上に集積したLSIのこと。システムLSIとほぼ同義語だが, システムLSIは複数のチップを1つのパッケージに納めたSIPも含む。デジタル家電や携帯電話機, ゲーム機向けなど顧客の要求に応じた特注品で, 設計を終えるまでに2年程度かかるため, 開発費は上昇傾向にある。

SOHO
【small office/home office】
自宅や小規模な事務所を拠点とし, 企業の外部委託業務などさまざまなビジネスに従事する事業者。一般的定義はないが, 個人事業者だけでなく広くベンチャー企業など中小企業も含める場合が多い。パソコンやインターネットの普及で, インターネットを利用した起業の機運が高まり脚光を浴びるようになった。政府や地方自治体は新たな雇用の受け皿として注目し, 入居用施設を用意したり信用保証制度を設けるなどSOHO振興に積極的。

SOx
【sulfur oxides】

硫黄酸化物。亜硫酸ガス（SO_2），無水硫酸（SO_3），三二酸化硫黄（S_2O_3），七二酸化硫黄（S_2O_7）の4種類があるが，主としてSO_2，SO_3が大気汚染の原因となっている。1973年春，環境庁（当時）が二酸化硫黄の1時間値の1日平均0.04ppm環境基準を告示した。→総量規制

SPA
【speciality retailer of private label apparel】
衣料品の製造小売業のこと。固有のコンセプトに基づいて商品開発し，商品の流通，販売活動，販売促進などを一貫して自社で管理するビジネス。より市場動向に即応した商品供給と流通経路の短縮による高い収益性が特徴。「ユニクロ」を展開するファーストリテイリングなど，中国での低価格生産を軸に日本のアパレル企業や小売業者でもSPAを目指す動きが広がりつつある。

SPC法
【Special-Purpose Company Law】
2000年5月に「特定目的会社の証券発行による特定資産の流動化に関する法律」が改正され，現在の「資産の流動化に関する法律（流動化法）」になった。流動化の対象となる資産が不動産，指名金銭債権などから財産権一般に拡大，全般に使い勝手が良くなった。大きな柱はSPCの簡素化と投資家保護の枠組み整備。SPCの最低資本金は300万円から10万円に下げられ，登録制から届け出制に切り替えられた。また流動化の仕組みとして信託（特定目的信託）が利用できるようになった。受益権は証券取引法の有価証券とみなされる。→特定目的会社

SPF豚
【specific pathogen free pig】
帝王切開などで胎児を無菌状態のまま取り出し，衛生管理の行き届いた無菌環境で育成した豚のこと。その豚を原々種として，原種豚，種豚（母豚），肉豚まで高級飼料を与えて飼育する。病気予防・治療薬を投与しないため，抗生物質などが残留している心配がない。また，特定の病原菌を持たずに健康体で育つため，肉の臭みが少ない。店頭で通常豚肉より高値で販売できるため，飼育を始める畜産農家が急増している。

S&P株価指数
【Standard & Poor's Stock Price Indexes】
ニューヨークのスタンダード・アンド・プアーズ社が1923年から発表している株価指数。500種の総合指数のほか，これを工業株425種，公共株50種，鉄道株25種に大分類した指数と，これをさらに91の部門に小分類した指数がある。62年からは41～43年の3年間の週平均時価総額を10として算出している。ニューヨークダウ工業株30種平均に比べてはるかに広い範囲の株式をカバーするので，株価指数先物取引にはS&P500種指数がもっとも広く使われている。→ダウ工業株30種平均

SQF2000
【Safe Quality Food】
欧州などへの食糧輸出が盛んな豪州で，1994年に開発された規格。HACCP（危険度分析による安全管理）の手法にISO9000シリーズなどの品質管理手法を組み合わせ，食品の安全性と品質の双方を担保する。取得費用はHACCPとISOを別々に取得する場合の半分で済むなど，コスト面での利点も小さくない。豪州や欧州，アジアなどで4000弱の企業が認証を取得している。今後，米国のス

ーパーと取引先のあるメーカーなどで普及が急速に進めば、食の安全に関するグローバルスタンダードになる可能性がある。日本での認知度はまだ低く、取得企業は10数社にとどまる。ただ、日本ハムやスターゼンなど、過去に食品偽装を起こした企業グループがブランド回復に取り組む過程で認証取得をめざすケースも出ている。

SRAM
【static random access memory】
記憶保持動作が不要な随時書き込み読み出しメモリー。記憶保持のための回路が不要となるため使いやすいが、素子構造が複雑で記憶容量はDRAMに比べ少なくなる。携帯電話など低消費電力性などが求められる情報機器などに使用する。→DRAM

SSL
【Secure Sockets Layer】
ブラウザー（ネット閲覧ソフト）に搭載される暗号化技術。インターネット上でのクレジットカード番号や電話番号など重要情報の傍受やなりすましなどを防ぐことができる。ブラウザー内に組み込まれているため、一般の利用者は特に意識することがなく利用できる。米ネットスケープ・コミュニケーションズが開発した。SSLを利用して、自宅など社外から社内システムに安全・簡単に接続するSSL-VPNと呼ばれるサービスも普及しつつある。

SST
【supersonic transport】
音速以上のスピード（マッハ2前後）を持つ超音速旅客機。英仏共同開発のコンコルド、旧ソ連のTU144が代表例。技術的にほぼ完成の域に達したものと見られ、航空業界の花形機種として一時注目されたが、コンコルドは価格の上昇と各国の騒音公害の規制強化で購入仮契約取り消しが相次ぎ、16機で生産は打ち切られた。ポスト・コンコルドを開発しようと、日米欧がそれぞれ機体とエンジンの研究開発を進め、2000年代前半に始まると見られる次世代SSTの国際共同開発に備えている。

START
【Strategic Arms Reduction Treaty】
戦略兵器削減条約。ブッシュ米大統領とゴルバチョフ・ソ連大統領（いずれも当時）は1991年7月31日、クレムリンで史上初めて戦略兵器を削減する同条約に調印した。条約交渉はSALTII（第2次戦略兵器制限交渉）が棚上げになったのを受けて82年6月に始まり、9年で合意に達した。87年12月に調印した中距離核戦力（INF）廃棄条約に続く核軍縮条約であり、東西冷戦の終結を象徴する歴史的な成果といえる。内容は、①戦略核運搬手段の上限は1,600基・機、②戦略核弾頭の総数6,000個、③うち弾道ミサイル搭載の弾頭数の上限は4,900個——など。START1は旧ソ連崩壊後ロシア、ウクライナ、ベラルーシ、カザフスタン、米国との5カ国条約に改められた。94年12月に正式発動し、2001年12月に履行が完了した。さらに93年1月、ブッシュ米大統領とエリツィン・ロシア大統領（いずれも当時）がモスクワでSTART2に調印。まず04年末までに戦略核兵器の総弾頭数を約3分の1に減らす。米上院は96年1月、ロシアは2000年4月に批准した。さらに米ロは02年5月、双方の核弾頭を1,700〜2,200発まで削減することで最終合意し、モスクワでの米ロ首脳会議で「モスクワ条約」に調印した。

S&TF
【System and Technology Forum】
日米装備技術定期協議。日米の防衛

当局が意見交換の場として1980年に設置して以来、年2回東京とワシントンで開催している。戦闘用車両のセラミックエンジン開発など具体的な案件のほか、将来の装備を巡る技術の帰属問題などを話し合う。96年からは防衛産学間の民間ベースの話し合いも始まった。

STN
【Super Twisted Nematic】
偏光板と偏光板の間に挟まれた液晶分子が240度ねじれているものを「超ねじれネマティック（STN）」液晶と呼ぶ。消費電力が少なく製造コストが低いので携帯電話などに幅広く使われてきたが、斜めからは見づらく反応速度が遅いため高精細の画像を映すのには適さない。動画を表示することが多くなった現在は、各画素にスイッチの役割を果たすトランジスタを付けて表示品質を高めたTFT（薄膜トランジスタ）液晶が主流になっている。

SUV
【Sports Utility Vehicle】
舗装路から悪路まで走行できる多目的スポーツ車。かつては悪路の走破性を重視し、トラックをベースに開発した車が多かった。最近は舗装路の走りを重視した「クロスオーバー」と呼ばれる乗用車ベースの車が増えている。特に米国で人気が高く、米国での年間の販売台数は約400万台。市場は大きく、世界のメーカーが参入している。

T

TCO
【total cost of ownership】
コンピューターシステムを運用するに当たって必要となる総経費のこと。パソコンやサーバーの設置といったシステム導入時の初期費用だけでなく、社員の研修費や機器の保守費用なども含む。コンピューターシステムの費用対効果を検証する際、導入時の費用だけで判断すべきではないとの発想から生まれた概念。ユーザー企業の情報関連システムのTCOを測定するサービスも出てきた。

TCP/IP
【transmission control protocol/Internet protocol】
インターネットで使われるパソコン間の通信手順で、1975年に開発された。データを「小包（パケットと呼ぶ）」に分け他のデータを合わせて送受信する。よりつながりやすいルートを探し、データは送られていく。このデータのやり取りで必要になる信号の形式や訂正方法などをプロトコルといい、TCP/IPはその1つ。→プロトコル

THAAD
【theater high-altitude area defense】
米国政府がSDI（戦略防衛構想）計画の基本コンセプトを継承して開発中のミサイル防衛システム。戦域ミサイル防衛（TMD）でも高層での迎撃を受け持つ。飛来する敵ミサイルを防衛区域の上空で迎撃し、空中で破壊する。ロッキード・マーチンが主契約企業となり研究開発を進めており、超高精度の目標追跡能力や超高速のデータ処理、レーダー能力などが課題。

TIBOR
【Tokyo Interbank Offered Rate】
東京銀行間取引金利の通称。海外ドル金利のほか、円金利としては365日間ベースの日本円TIBORと、360日間の海外円TIBORがある。国際的な基準金利であるロンドン銀行間取引金利（LIBOR）の日本版といえる。

従来は主要金融機関が個別にTIBORを発表していたが、「指標金利としての厳密さに欠ける」との指摘が出ていたことを受けて、全国銀行協会連合会が日本円TIBORについては1995年11月から、海外円TIBORについては98年3月から公表を始め、事実上の統一的指標となった。→LIBOR

TICAD Tokyo International Conference on African Development ⇨ アフリカ開発会議

TLO technology licensing organization ⇨ 技術移転機関

TMD
【theater missile defense】
米国の戦域ミサイル防衛構想。海外駐留米軍や友好・同盟国を戦術・戦域弾道ミサイルから防衛するためのシステム。1993年に当時の米クリントン政権が世界的な局地紛争の頻発や弾道ミサイルの拡散を念頭に、従来の戦略防衛構想（SDI）に代えて打ち出した。敵ミサイルの発射を衛星で探知し、上層では戦域高高度防衛ミサイル（THAAD）、低高度では地対空誘導弾パトリオット3（PAC3）などで対抗する。米国はTMDとともに、NMD（National Missile Defense、国家ミサイル防衛）として、米国本土を長距離の弾道ミサイルから防衛するためのシステムの開発を進めてきたが、2001年に発足したブッシュ政権はミサイル防衛を国防政策の重要課題と位置付け、TMDとNMDを一本化。02年6月には、弾道弾迎撃ミサイル（ABM＝Anti-Ballistic Missile）制限条約から脱退し、ミサイル防衛システム構築を積極的に推進している。→弾道ミサイル防衛

TOB
【take-over bid】
株式公開買い付け制度。主に経営権を支配するため、株式の買い取り希望者が、買い付け期間、株数、価格を公表して不特定多数の株主から買い取る方式である。この方式の有利な点は、①市場に出回る株が少ない場合でも市場価格より高い価格で売りを引き出すので、株を容易に集めることができる、②株数が目標に達しないときには買い付けを全部取り消してもかまわないため危険負担が少ない——などである。1990年の証券取引法改正では、（イ）公開買い付けをする場合、大蔵省（現財務省）への届け出は新聞公告と同日でよく、事前届け出を必要としない、（ロ）買い付け期間を従来の20日以上30日以内から20日以上60日以内に変更する——などを決め、従来に比べてTOBをしやすくした。一方で発行済み株式の5％以上の株式を取得する場合（従来は10％以上）などには財務省への届け出対象とし、ひそかな買い集めを抑制する措置をとった。最近では企業が自社株を買い入れ消却する場合の、自社株買いの手段として活用されるケースがある。

TOC
【theory of constraints】
制約理論。情報技術（IT）を駆使して生産・物流・小売りを総合的に効率化するサプライチェーンマネジメント（SCM）の根幹をなす基礎理論。ビジネス全体の流れの中でどこに効率の低下を招く制約条件があるかを見極め、それを改善することで全体の生産性を高める経営管理手法。米インテルなど有力企業が導入している。エリヤフ・ゴールドラット氏が考案し、同氏が小説仕立てで理論を紹介した著作「The Goal」は全世界でベストセラーとなった。→SCM

TOPIX Tokyo Stock Price Index ⇨

東証株価指数
ToSTNet
【Tokyo Stock Exchange Trading Network System】
1998年に東京証券取引所が導入した新しい株式売買システム。通常の取引は売りと買いの注文を時間優先，価格優先でつけ合わせるが，この方法では大口ないし複数の銘柄を希望する価格で売買することが難しい場合がある。このため，通常の取引時間外に，①大口取引と複数銘柄の売買を同時に執行するバスケット取引専門の市場であるToSTNet—1，②前日ないし当日の通常取引の終値で売買する市場のToSTNet—2を導入した。

TPM
【total productive maintenance】
全社的生産保全。生産性や品質の向上を図る生産保全（PM）の考え方は戦後米国から導入されたが，これを日本独特の職場小集団活動と組み合わせ，全員が参加して行う生産保全活動のこと。設備の故障をなくして設備効率を極限まで高めるのがねらい。日本で最初にTPMを導入したのは日本電装（現デンソー）だが，豊田合成，愛知製鋼といったトヨタ自動車系企業をはじめ導入企業は100社を超す。

TQC
【total quality control】
全社的品質管理。トップから従業員にいたる会社の全員がQC（品質管理）を理解し，組織的に製品の質を高めるよう努力すること。例えば，原料から商品までの流れ1つとってみても，それには「設計―製造―販売―顧客」のルートがある。しかし，これらの各段階がばらばらで行動すると，全体の意思統一がとれず，顧客の意向を無視した商品ができたり，販売されることになる。そこでTQCは，総務や人事など直接製品にタッチしない部門を含め，設計，製造，販売などの各部門がこぞって製品をよくしていこうという全社的運動である。→QC

TQM
【total quality management】
全社的品質経営。日本科学技術連盟がTQC（全社的品質管理）に代わる概念として1996年4月に打ち出した。従業員全員が品質管理だけでなく「将来何を作るべきか」という経営的課題にまで関心を持ち，経営の質を高めようと努力していくもの。

TRIPs協定
【Agreement on Trade-Related Aspects of Intellectual Property Rights】
貿易関連知的所有権協定。1995年の世界貿易機関（WTO）の創設に合わせて発効した。新たな貿易関連の国際ルールの一環。特許や商標など知的所有権の保護に関してWTO加盟国が守らなくてはいけない最低基準を明確化している。先進国には96年に，途上国には2000年に同協定の履行義務が課された。

TSA
【Transpacific Stabilization Agreement】
太平洋航路安定化協定。北米定期航路（アジア・日本―米国西岸）の安定化を目的に1989年3月から実施している協定。

Tボンド先物
【treasury bond futures】
米財務省証券の先物取引のこと。日本の機関投資家が投資する外債の中で最も投資規模が大きいのが，Tボンドと呼ばれる財務省証券。米国でも代表的な債券で，投資家にとってTボンドの変動がもたらす投資収益への影響は大きい。このため，先行きのリスクヘッジ手段として1989年12月

には東京証券取引所でTボンド先物取引が始まった。

U

UHF
【ultra high frequency】
極超短波。波長1メートルから10センチまで、周波数300メガヘルツから3ギガヘルツまでの電波。VHF（超短波）より波長が短く、指向性（直進性）が強いので、サービスエリア（到達範囲）は限られるが、より多数のチャンネルが取れる。→VHF

UHV送電
【ultra high voltage】
超々高圧送電。日本ではこれまで最高だった50万ボルトを超える100万ボルト級送電線を意味する。1992年に東京電力が群馬県から山梨県につながる100万ボルトへの昇圧を視野に入れた設計の送電線を初めて完成させた。電圧が高ければ高いほど送電ロスは少なくなるなどメリットは大きく、全国の電力会社が導入を検討している。

UNCTAD
【United Nations Conference on Trade and Development】
国連貿易開発会議。途上国と先進国との経済格差是正を目指し、南北双方が貿易・開発面で協力する機関。191カ国が加盟。1964年3月の第1回総会以降、ほぼ4年に1回、総会を開いている。事務局はジュネーブにある。常設機関の貿易開発理事会（TDB）と、1次産品や製品、特恵など7つの委員会がある。「UNCTADの機能のうち、貿易問題はWTO、技術協力はUNDPがそれぞれ肩代わりできる」として、UNCTADの廃止を求める声が先進国の一部に出始めている。→WTO、UNDP

UNDP
【United Nations Development Programme】
国連開発計画。1966年に発足した国連最大の途上国向け技術・開発援助機関。LDC（後発発展途上国）を中心に175の国・地域で、5,000を超すプロジェクトを推進している。途上国の資源の有効活用、生産性向上を促す。本部をニューヨークに置く。

UNIDO
【United Nations Industrial Development Organization】
国連工業開発機関。1967年1月に発足、86年1月から国連の専門機関となった。途上国の工業開発のための調査、計画作成、技術援助などが主なねらい。本部をウィーンに置く。加盟国は169カ国（2002年）。96年末に米国、97年にオーストラリアが脱退。組織の効率の悪さに対する批判は根強く、国連専門機関による工業開発支援を見直すべきとの意見も出ている。→途上国

UNIX
AT&T（米電話電信会社）のベル研究所で開発されたコンピューターのOS（基本ソフト）の1つ。アプリケーション（適用業務）ソフトウエアを効率的に作れるのが最大の特色。その秘密は、複数の人間がコンピューターを同時に使える機能（マルチユーザー方式）や、1人の人間が同時に複数の仕事をこなす機能（マルチジョブ方式）を備えている点にある。

USTR
【Office of the United States Trade Representative】
米通商代表部。国際通商交渉を担当

する大統領直轄機関で、1963年1月に通商交渉特別代表部（Office of the Special Representative for Trade Negotiations）として発足、80年1月にカーター大統領が改組、名称も変更された。米国の通商政策に関与する主な政府機関にはこのほか商務省、国務省があるが、USTRはこれら関係省と密接に協議し、対外交渉の窓口として、対日市場開放などを働きかけている。ワシントン、ジュネーブに次席代表が各1人置かれている。ブッシュ政権は2001年、ロバート・ゼーリック元国務次官を代表に指名した。

Uターン現象
大都会に就職した地方出身者が郷里に戻る形の労働力移動のこと。大都会の過密、住環境の悪化などで都会生活に愛想を尽かす人が増えていることが大きな要因。また、工場の地方進出で郷里での雇用機会が増え、地方の賃金水準も高くなっていることが、労働力の都会脱出を促している。最近では、郷里まで戻らずに途中の地方都市に就職するJターン現象も見られる。

VAR
【value at risk】
一定期間に一定確率で被りうる最大損失額。投資家への情報開示のため米国の金融機関に対し、金利、為替、商品、株式などの各トレーディング項目でVARの公表を求める声が高まっている。日本でも投資判断の尺度としてVARを利用するケースが増えている。

VE
【value engineering】
構造物の機能を変えずに設計・建設費を圧縮するコストダウン手法。設計案の再検討、工法の見直しのほか、自動化システムの導入や作業員の配置換えなどによって工費を節減する。生産性向上や工期短縮につながる。一般の民間建築工事で最初に導入されたが、一部自治体も採用し始めている。

VHF
【very high frequency】
波長10メートルから1メートルまで、周波数が30メガヘルツから300メガヘルツまでの電波。超短波という。直進的に伝ぱし、短波と違って地球を取り巻く電離層で反射せずに、通り抜けてしまうので、利用は見通しのきく範囲内に限られる。テレビやFMラジオの放送に利用されている。→UHF、マイクロウエーブ

VICS
【vehicle information communication system】
渋滞や所要時間、駐車場の空き情報などの道路交通情報を車載機にリアルタイムで提供するシステム。ドライバーが渋滞箇所を回避することで交通流を分散させたり、空き駐車場に誘導して安易な路上駐車を削減することで、「道路交通の円滑性・安全性の向上および環境改善」を達成しようというのが目的。1996年4月23日から首都圏および東名・名神高速道路でサービスを開始した。サービスエリアを順次拡大している。情報の流れは次の通り。①VICSセンターが各種道路交通情報を処理・編集、②道路わきに設置したビーコン（発信機）やFM多重放送を使って車に取り付けられたカーナビゲーションシステムなど

に情報を送信，③カーナビが文字表示，簡易図形表示，地図表示により，ドライバーに道路交通情報を提供。最近では，目的地まで最も短い時間で到着する経路を自動選択する動的経路誘導（ダイナミック・ルート・ガイダンス・システム）機能を搭載したカーナビが主流になりつつある。→カーナビゲーションシステム

VLCC
【very large crude oil carrier】
一般に20万重量トンから30万重量トンまでの大型オイルタンカーを指す。30万重量トン以上の大型タンカーはULCC（ultra large crude oil carrier）と呼んで区別する。かつては40万重量トン級も登場したが，現在完工，受注している船は20万～30万重量トンのものにほぼ集中している。

VMI
【vender management inventry】
パソコンなどの完成品メーカーが自社倉庫の一部を部品メーカーなどの納入業者に貸し出す在庫管理手法。完成品メーカーは必要な部品を適宜補充しやすくなるため，在庫の回転数を高め，製品の生産期間を縮めることができる。倉庫内の部品は納入業者側の在庫資産とするため，在庫の保有リスクを部品メーカーなどに転嫁することになる。NECや日本IBMなどが導入しており，今後は松下電器産業も国内外の製造拠点で取り入れる予定。

VOD video on demand ⇨ ビデオ・オン・デマンド

VPN
【virtual private network】
仮想専用線網。電話回線やインターネットなどの公衆網を使いながら，あたかも内線電話や専用回線のように使えるサービス。特に通信事業者のIP網をあたかも専用線のように使える「IP-VPN」は，民間企業などの間で急速に広まっている。専用線に比べ敷設・通信コストを大幅に削減できるのが特長で，本社と支店や工場などを結ぶネットワークとして使われている。

VRML
【virtual reality modeling language】
インターネット上でインタラクティブな3次元コンピューターグラフィックス（CG）画像を表示する技術で，米国SGI社などが開発した。従来，3次元CGは専用ソフトがないと表示できず，ソフト間でデータの互換性もなかった。VRMLなら普通のブラウザー（閲覧ソフト）で3次元CGを見られるうえ，3次元で描かれた建物や空間の中を自由に動き回ることができる。

VWAP
【volume-weighted average price】
売買高加重平均価格。「ブイワップ」と呼ばれることが多い。1日や半日など一定時間内に取引所で付いた個別銘柄の株価の平均値を，約定値ごとの売買高で加重平均して求める。1日の高値・安値や単純平均よりも取引の実態に近く，機関投資家と証券会社の間ではVWAPを基にした取引が一般的となっている。東京証券取引所は1998年から個別銘柄のVWAPを公表している。

W

WAN
【wide area network】
広域情報通信網。企業の本社と支店のように離れた場所にあるLAN（構内情報通信網）など複数のコンピューターネットワーク同士を相互接続して構

築する情報通信網。通信事業者などが提供する公衆回線・サービスを利用し、ルーターやブリッジなどのネットワーク機器で接続する。→LAN、ルーター

WDM
【optical wave-division multiplexing】
光波長分割多重。1本の光ファイバーに異なる波長の光信号を同時に流すことで通信容量を増やす技術。新たな光ファイバー回線を敷設せず既存ファイバー網を使って容量を飛躍的に上げられるため、通信事業者が低コストで基幹網などを整備できる利点がある。1990年代後半に米国で新興通信会社が乱立した背景には、WDM技術が確立したことがある。WDM機器の需給爆発を当て込んでNEC、富士通などが相次ぎ新製品を投入したが、世界的な通信不況でWDM機器需要は冷え切っている。

WHO
【World Health Organization】
世界保健機関。本部はジュネーブ。1948年4月7日発足、日本は51年5月に加盟。加盟国は192カ国・地域。「すべての人々が可能な最高の健康水準に到達すること」(憲章第1条)を目標とする。新型肺炎、重症急性呼吸器症候群(SARS＝サーズ)など感染症対策で中心的役割を担う。2003年5月の総会で、保健分野初の多国間条約となる、たばこの消費削減や喫煙による健康被害の解消を目指す「たばこ規制枠組み条約」を採択した。

WIPO
【World Intellectual Property Organization】
世界知的所有権機関。工業所有権(特許権、実用新案権など)や著作権などの知的所有権の保護を目的に設立された国連の専門機関。本部はジュネーブ。加盟国は179カ国。定例総会を年1回開くほか、臨時総会を年1〜2回開催している。2000年6月に特許出願手続きを国際的に統一・簡素化する「特許法条約」を採択した。05年6月からは電子出願に限って受理することも容認している。→知的所有権、ガット、ウルグアイラウンド、特許協力条約

WLL wireless local loop ⇨ ワイヤレス・ローカル・ループ

WTI
【West Texas intermediate】
米国の代表的な原油。テキサス州西部とニューメキシコ州南東部で産出する。API(米国石油協会)比重は36以上の超軽質原油で、硫黄分も0.5％以下と低い。ニューヨーク・マーカンタイル取引所(NYMEX)における先物取引の代表銘柄で、世界の原油市況の指標になっており、実際の生産量の数十から数百倍の取引量がある。最近では商品ファンド資金の流入などで投機的動きが強まっているとの批判もある。北米のWTI、欧州のブレント、アジアのドバイが世界の三大指標原油とされる。

WTO
【World Trade Organization】
世界貿易機関。関税貿易一般協定(GATT)ウルグアイラウンドの最終合意文書に署名した世界120カ国以上の政府の合意を受けて1995年1月に発足した国際機関。モノの貿易だけでなく、サービスや知的所有権を含めた世界の貿易を統括する機能を持つ。GATTウルグアイラウンドで合意した協定を参加各国が順守するように監視する役割を担うほか、世界の貿易を自由化するための枠組みの構築を進める。WTOは2年に1回参加国の

閣僚会議を開催する。2001年11月、カタールの首都ドーハで開催した閣僚会議は新ラウンドの開始をうたった閣僚宣言を採択。3年間の交渉で新たな通商ルールを作ることになった。また中国の加盟も承認した。03年9月にカンクンで開かれた閣僚会議は物別れに終わった。→ガット，ウルグアイラウンド

WWW
【world wide web】
最も普及している，インターネット上で情報を提供する一方式。欧州合同原子核研究機関（CERN）のテイム・バーナーズ・リーが1991年に開発した。情報提供の方式はいくつかあるが，「WWWブラウザー」と呼ばれる専用の閲覧ソフトと組み合わせて使う。WWWによって世界各地のサーバーがつながり，関連した情報を蓄積しているサーバーへ次々とアクセスできる。この機能を利用して次々とサーバーを渡り歩き，さまざまな情報にアクセスすることをネットサーフィンといい，これを楽しむ人をネットサーファーという。→インターネット

XML
【extensible markup language】
拡張可能なマーク付け言語。インターネット上のコンテンツ（情報の内容）を記述するための言語で，「HTML」の進化版として生まれた。HTMLの命令（タグ）が固定なのに対し，XMLはユーザーがタグを指定できる。データを管理，検索するのが容易なのが特徴で，電子商取引のコンテンツ記述やデータ管理に利用されることが多い。次世代ネットワークの基盤言語として期待されており，応用範囲は広い。→HTML

X理論
【X-theory】
経営学者マグレガーが主張している管理，組織の面から見た人間観の類型で，Y理論に対する言葉。人間は本来的に労働を嫌い，経済的動機によってしか労働しない。また指示されたことしか実行しないとするのがX理論。それに対して，人間にとって労働は遊びと同様に自己の能力を発揮し，自己実現を目指すものだから，本来的に楽しいものであり，自分で目標を設定して努力するというのがY理論。

YSX
日本が昭和30年代に開発した60人乗り旅客機「YS11」の後継機となるジェット旅客機。100席クラスを想定して，通産省（現経済産業省）が1989年度から開発調査費を計上，国際共同開発を目指して市場動向，搭載エンジン，設計技術などの検討に入っている。通産省からの委託を受け調査している日本航空機開発協会によると，98年から2007年までのこのクラスの新型機需要は500〜600機としている。日本は米ボーイングと事業化調査を続けているが，ボーイングが98年に旧マクドネル・ダグラスから引き継いだ100席クラスの「MD95」を「B717」として実用化すると発表。このため99年度から80席クラスにスケールダウンして検討を続けている。

Y理論 Y-theory ⇨X理論

コラム

X世代（ジェネレーションX）
generation X

　米国で第2次世界大戦後に生まれたベビーブーマーの子どもたちの世代で、おおよそ60年代後半から70年代前半生まれを指す。1991年にカナダ人作家、ダグラス・クープランドが発表した小説『ジェネレーションX』がベストセラーとなったことをきっかけに、この世代の特徴を表す呼称として定着した。理解できない、定義付けしにくいということから「X」と名付けられた。

　同世代の人口は5,000万人を超え、ベビーブーマー世代に匹敵する。家庭を持ち始める年齢に入り、車や住宅などの高額消費を担う米景気のけん引役として注目されたが、合わせて上の世代からは「つかみどころのない無気力世代」とも指摘され、従来型の大量生産・大量販売型のマーケティング手法が通用しにくい、一筋縄ではない消費行動が特徴といわれる。

　この世代は、ものごころの付いたころからテレビを中心とした大衆文化と大量消費社会にどっぷり浸り、テレビゲームやコンピューターなどの発展とともに育ったことで鋭敏な感覚を持つとされる。

　その一方で、経済一辺倒の社会には疑問を持ち、環境や人権などへの問題意識も高いといわれる。

　これにならって日本でも、いわゆる団塊ジュニア（71～74年生まれ）世代がX世代と呼ばれることもある。

　団塊世代の親の収入に支えられて不自由なく育ったものの、バブル経済崩壊による就職難などを経験し、閉そく感も抱えるという点では共通している。消費へのこだわりは強いものの、お仕着せを嫌う世代として、日本国内の消費財メーカーも市場の開拓には試行錯誤を続けている。

　最近ではそれ以降の70年代後半以降に生まれた世代が「Y世代」として、新たな脚光を浴びている。X世代よりさらに進んで、両親とも戦後の高度成長期に生まれ育ち、生まれたときからパソコンやインターネットに慣れ親しんだのが特徴。そのし好はますます細分化し、消費行動などが一段と読みにくい世代とされる。茶髪や、数年前のルーズソックスに短いスカートなどの女子高生の奇抜なファッションなど、インパクトのある流行もこの世代から生まれている。日本でも10代の芥川賞作家やプロゴルファーなどが続々誕生している。

　アニメなどいわゆる「おたく文化」が海外でも評価を受けつつあることもあり、そうした文化の推進役ともなっている「経済成長を体験していない最初の世代」（NYタイムズ）として、その独特の価値観が注目されている。

2005年版　経済新語辞典

2004年9月16日　1版1刷

編　者　　日本経済新聞社
©Nihon Keizai Shimbun, Inc. 2004

発行者　　小　林　俊　太

発行所　　日本経済新聞社
http://www.nikkei.co.jp/
東京都千代田区大手町1-9-5　〒100-8066
電話(03)3270-0251　振替 00130-7-555

編集協力・DTP組版　　（株）日本レキシコ
地図作成　　　　　　　（有）チャダル
印刷・製本　　　　　　大日本印刷（株）

ISBN4-532-21514-5

本書の内容の一部あるいは全部を無断で複写（コピー）・転訳載・光ディスクへの入力・抄録・要約およびネットワーク上で公開・配布することは、法律で定められた場合を除き、著作者および出版社の権利の侵害となりますので、その場合はあらかじめ小社あてに承諾を求めて下さい。

Printed in Japan

読後のご感想をホームページにお寄せください。
http://www.nikkei-bookdirect.com/kansou.html